2015
江苏统计年鉴
JIANGSU STATISTICAL YEARBOOK

（总第32期 №.32）

江　苏　省　统　计　局
国家统计局江苏调查总队　编

Compiled by
Jiangsu Provincial Statistics Bureau
Survey Office of the National Bureau of Statistics in Jiangsu

中国统计出版社
China Statistics Press

图书在版编目(CIP)数据

江苏统计年鉴. 2015 : 汉英对照 / 江苏省统计局, 国家统计局江苏调查总队编. -- 北京 : 中国统计出版社, 2015.8

ISBN 978-7-5037-7507-9

Ⅰ. ①江… Ⅱ. ①江… ②国… Ⅲ. ①统计资料—江苏省—2015—年鉴—汉、英 Ⅳ. ①C832.53-54

中国版本图书馆 CIP 数据核字(2015)第 170537 号

江苏统计年鉴-2015

作　　者 / 江苏省统计局　国家统计局江苏调查总队
责任编辑 / 佘竞雄　刘金成
执行编辑 / 刘学军　宣　严
装帧设计 / 王素捷
出版发行 / 中国统计出版社
地　　址 / 北京市丰台区西三环南路甲 6 号
邮政编码 / 100073
电　　话 / 邮购(010)63376909　书店(010)68783171
网　　址 / http://www.zgtjcbs.com
印　　刷 / 南京人民印刷厂
经　　销 / 新华书店
开　　本 / 880 mm×1230 mm　1/16
字　　数 / 2544 千字
印　　张 / 58　1.5 彩页
版　　别 / 2015 年 8 月第 1 版
版　　次 / 2015 年 8 月第 1 次印刷
定　　价 / 460.00 元

本书附同版本 CD-ROM 一张,光盘内容以书面文字为准。

如有印装差错,由本社发行部调换。

《江苏统计年鉴-2015》

编委会和编辑人员

Jiangsu Statistical Yearbook – 2015

EDITORIAL BOARD AND EDITORIAL STAFF

编者说明

一、《江苏统计年鉴－2015》(以下简称《年鉴》)是一部全面、系统反映江苏省2014年及历史重要年份国民经济和社会发展情况的资料性年刊,收录了江苏省及各地区大量的经济社会发展统计信息。

二、《年鉴》分为二十二个部分:1. 综合,2. 国民经济核算,3. 人口、就业和工资,4. 价格指数,5. 人民生活资,6. 固定资产投资,7. 财政、金融,8. 对外经济贸易,9. 能源、资源、环境,10. 农业,11. 工业,12. 建筑业,13. 运输、邮电和服务业,14. 批发零售、住宿餐饮和旅游,15. 教育、科技,16. 文化、体育、卫生,17. 公共管理、社会保障和社会组织,18. 城市经济与建设,19. 区域经济,20. 市县社会经济,21. 县(市)社会经济发展序列,22. 乡镇基本情况。另附录全国分省主要指标。为方便读者使用,各篇章前设有《简要说明》,对本篇章的主要内容、资料来源、统计范围、统计方法以及历史变动情况予以简要概述,篇末附有《主要统计指标解释》。

三、《年鉴》资料大部分来自年度统计报表,一部分来自抽样调查等。全国分省资料来自国家统计局出版的有关统计资料。

四、《年鉴》中所使用的度量衡单位均采用国际统一标准计量单位。

五、《年鉴》中国民经济行业分类按2011年国家标准《国民经济行业分类》(GB/T4754－2011)执行。

六、《年鉴》总量指标计算所采用的价格均为现行价格。

七、《年鉴》部分数据合计数或相对数由于单位取舍不同产生的计算误差未作机械调整。

八、《年鉴》表中"..."表示数据不足本表最小单位数;"空格"表示该项统计指标数据不详或无该项数据;"#"表示其中的主要项。

感谢国内外广大读者多年来对《年鉴》编辑出版工作的支持和帮助,欢迎继续提出宝贵意见,使《年鉴》的形式和内容更趋完善。

EDITOR'S NOTES

Ⅰ. *Jiangsu Statistical Yearbook 2015* (abbreviated as Yearbook hereafter) is an annual publication which provides comprehenisive and systematic data series about the national economy and social development in Jiangsu Province in 2014 and some selected data series in historically important years. It includes much statistical information on social and economic development in the province and in various regions.

Ⅱ. The Yearbook contatins the following twenty-two parts: 1. General Survey, 2. National Accounts, 3. Population, Employment and Wages, 4. Price Indices, 5. People's Living Conditions, 6. Investment in Fixed Assets, 7. Government Finance, Financial Intermediation, 8. Foreign Trade and Economic Cooperation, 9. Energy, Resource and Environment, 10. Agriculture, 11. Industry, 12. Construction, 13. Transport, Postal and Telecommunication Services, Service Industry, 14. Wholesale and Retail Trade, Hotels, Catering Services and Tourism, 15. Education, Science and Technology, 16. Culture, Sports and Public Health, 17. Public Management, Social Security and Social Organizations, 18. Urban Economy and Construction, 19. Regional Economy, 20. Social Economy of Cities and Counties, 21. Social Economy Development Alignment of Counties(Cities), 22. Basic Conditions of Villages and Towns, Appendix, Major Indicators by Region. To facilitate readers, the Brief Introduction at the beginning of each chapter provides a summary of the main contents of the chapter, data sources, statistical scope, statistical methods and historical changes. At the end of each chapter, Explanatory Notes on Main Statistical Indicators are included.

Ⅲ. The major data sources of this publication are obtained from annual statistical reports, and some from sample surveys. National major indicators grouped by provinces are obtained from relative statistical data published by the National Bureau of Statistics of China.

Ⅳ. The units of measurement used in the Yearbook are all internationally standard measurement units.

Ⅴ. The classification of national economic industry used in the Yearbook is the national standard of 2011's "The Classification on National Economic Industry", i. e. (GB/T4754 -2011).

Ⅵ. The price used for gross indicator's calculating are current prise.

Ⅶ. Statistical dicrepancies due to rouding are not adjusted.

Ⅷ. In the Yearbook, "…" indicates that the figure is not large enough to be measured with the samllest unit in the table; (blank) indicates that the figure is not available, "#" indicates the major component items.

We express thanks to the general readers of domestic and abroad for supporting and helping the work of compilcation and publication of the Yearbook. We sincerely welcome conitinued valuable suggestions from the general readers so that the form and content of the Yearbook can be further improved.

目　录

CONTENTS

1　综　合

General Survey

2 国民经济核算

National Accounts

3 人口、就业和工资

Population, Employment and Wages

4 价格指数

Price Indices

5 人民生活

People's Living Conditions

6　固定资产投资
Investment in Fixed Assets

7　财政、金融

Government Finance, Financial Intermediation

8　对外经济贸易

Foreign Trade and Economic Cooperation

9　能源、资源、环境

Energy, Resource and Environment

10 农 业

Agriculture

11　工　业

Industry

12 建筑业

Construction

13 运输、邮电和服务业

Transport, Postal and Telecommunication Services, Service Industry

14 批发零售、住宿餐饮和旅游

Wholesale and Retail Trade, Hotels, Catering Services and Tourism

15　教育、科技

Education, Science and Technology

16 文化、体育、卫生

Culture, Sports and Public Health

17　公共管理、社会保障和社会组织

Public Management, Social Security and Social Organizations

18　城市经济与建设

Urban Economy and Construction

19　区域经济
Regional Economy

20　市县社会经济
Social Economy of Cities and Counties

21　县(市)社会经济发展序列

Social Economy Development Alignment of Counties

22　乡镇基本情况

Basic Conditions of Villages and Towns

附录　全国分省主要指标

Appendix. Major Indicators by Region

1

综　合

General Survey

简 要 说 明

主要内容和资料来源

一、综合资料主要包括行政区划、国民经济和社会发展综合资料、基本单位统计资料以及私营个体统计资料四部分。

二、行政区划资料，由民政部门根据截止到上一年末全省行政区划变更情况整理提供。

三、国民经济综合资料是抽取全书的精华，通过对各篇章主要统计指标及其速度、结构、比例和效益等的加工计算，反映国民经济和社会发展的总体情况。

四、基本单位统计资料根据基本单位统计年报汇总整理。

五、私营个体统计资料，由工商行政管理部门整理提供。

Brief Introduction

Main Contents and Sources of Data

Ⅰ. This chapter consists of four parts: divisions of administrative areas, summary data on the national economy and social development, basic unit of statistics, private and individual statistics.

Ⅱ. Date about divisions of administrative areas is provided by Civil Affairs bureau which given the change of the administrative divisions end of year.

Ⅲ. Data on divisions of administrative areas in China are prepared and provided by the Ministry of Civil Affairs on the basis of the changes in the divisions of administrative areas as approved by the State Council at the end of the previous year.

Ⅳ. Date of basic unit is come from basic unit of statistics annual report. .

Ⅴ. Date of private and individual economy provided by Department of Business Administration.

自 然 概 况

位 置

江苏简称苏，位于我国大陆东部沿海中心，介于东经116°18′—121°57′，北纬30°45′—35°20′之间。东濒黄海，西连安徽，北接山东，东南与浙江和上海毗邻。

江苏地处美丽富饶的长江三角州，平原辽阔，主要有苏南平原，江淮平原、黄淮平原和东部滨海平原，自然条件优越，经济基础较好。

面 积

全省面积10.72万平方公里，占全国总面积的1.1%，海岸线长954公里。

河 流

全省境内河川交错，水网密布，长江横穿东西425多公里，大运河纵贯南北718公里，西南部有秦淮河，北部有苏北灌溉总渠、新沭河、通扬运河等。有大小湖泊290多个，全国五大淡水湖，江苏得其二，太湖和洪泽湖象两面大明镜，分别镶嵌在水乡江南和苏北平原。

资 源

江苏以地形地势低平，河湖众多为特点，平原、水面所占比例之大，在全国居首位，成为江苏一大地理优势。水产资源丰富，有广阔的海涂、浅海，东部沿海渔场面积达15.4万平方公里，其中包括著名的吕泗、海州湾等四大渔场，盛产黄鱼、带鱼、昌鱼、虾类、蟹类及贝藻类等。江苏也是全国河蟹、鳗鱼苗的主要产地。内陆水面4000多万亩，养殖面积1148万亩，有淡水鱼类140余种，已利用的有40多种。矿产资源分布广泛，品种较多，已发现的有133种。能源矿产主要有煤炭、石油和天然气；非金属矿产有硫、磷、钠盐、水晶、兰晶石、蓝宝石、金刚石、高岭土、石灰石、石英砂、大理石、陶瓷粘土；金属矿产有铁、铜、铅、锌、银、金、锶、锰等。粘土类矿产、建材类矿产、化工原料矿产、冶金辅助原料矿产、特种用途矿产和有色金属矿产，是江苏矿产资源的优势。

气 候

全省气候具有明显的季风特征，处于亚热带向暖温带过渡地带，大致以淮河—灌溉总渠一线为界，以南属亚热带湿润季风气候，以北属暖温带湿润季风气候。全省气候温和，雨量适中，四季分明。

Natural Resources

Location

Jiangsu (Short for Su) lies in the east of the country. It is situated in the center of the costal area, between 116°18′—121°57′E and 30°45′—35°20′N, with Yellowsea on the east, Anhui province on the west, Shandong on the north, and Zhejiang and Shanghai as its neighbours on the southeast.

Jiangsu seats on the beautiful and abundant Yangtze River Delta. Composed of vast plains, mainly South-Su, Jianghuai, Huanghuai and eastern plain by the sea, the province provides favorable natural conditions and good economic bases.

Area

The area of Jiangsu is 107.2 thousand square kilometres, occupied 1.1 % of the total national area. The coastline of the province is as long as 954 kilmetres.

Rivers and Lakes

In Jiangsu, there are rivers crisscrossing throughout the province, and distributes the network of waterways. The Yangtze River travels the whole area of Jiangsu, from west to east, for more than 400 kilometres. The Grand Canal flows south to north for 690 kilometres. There are Qinhuai River in the southeast of Jiangsu, Subei general irrigation canal, Xinshu River and Tongyang canal etc. in the north part. Among the 290 lakes of varying size in Jiangsu, the Taihu Lake and Hongzehu Lake are both listed among the national "Five Large Fresh Water Lakes", like two bright mirrors inlaid respectively into the southern region of the Changjiang River and Subei Plain.

Resources

The province is characteristic of topographical features in low and flat terrains, with numerous rivers and lakes. The proportion of plain and watersurface area is so large that it ranks the first in China and become a geographical superiority proportion. There are plentiful aquatic resources, vast shallow sea beaches and epeiric seas. There are 154 thousand square kilometres of fishing grounds on the eastern coastal area, composed of the four famous fishing grounds such as Lusi and Haizhouwan etc., abound in yellow croaker, hairtail, butterfish, shrimp and crab, and shellfish and algae. Jiangsu is also a main production area of crabs and young eels in the country. There are more than 40 million mu of interior water surface, with 11.48 million mu of aquatic farm. Among 140 kinds and more of flesh water fishes, over 40 are utilized. Numerous varieties of mineral resources are widely dispersed, 133 kinds of them have been discovered. The main sources of energy and minerals dispersed in Jiangsu are coal, petroleum and natural gas. Nonmetallic minerals contain sulphur, phosphorus, sodium, crystal, dyanite, sapphire, diamond, kaolin, limestone, quartzite, marble and pottery clay. Metallic minerals contain iron, copper, lead, zinc, silver, gold, strontium and manganese. The minerals as clay, construction materials, sand, chemical raw materials, metallurgical assistance raw materials, special purpose minerals and non-ferrous metal minerals become a mineral superiority of Jiangsu.

Climate

Located in a transition area from subtripical zone to temperature zone, Jiangsu shows a distinct characteristic of monsoon. Taking the Huaihe river to general irrigation canal as an approximate line of demarcation, the climate to the south of the line belongs to monsoon of tropical moist zone, while the climate to the north of the line belongs to monsoon of warm moist zone. Jiangsu has a warm climate, with moderate rainfall and distinct seasons.

综　合
GENERAL SURVEY

从数字看 2014 年的江苏
Jiangsu in Statistics　'2014

江苏的地位
Position of Jiangsu in the Country

地区生产总值	Gross Domestic Product	占全国	10.2%	10.2 percent of China
#第三产业	Tertiary Industry	占全国	10.0%	10.0 percent of China
人均地区生产总值	Per Capital GDP	高于全国	高 35222 元	Over 35222 yuan
固定资产投资	Investment in Fixed Assets	占全国	8.3%	8.3 percent of China
社会消费品零售总额	Total Retail Sales of Consumer Goods	占全国	8.6%	8.6 percent of China
进出口总额	Total Imports and Exports	占全国	13.1%	13.1 percent of China
#出口总额	Total Exports	占全国	14.6%	14.6 percent of China
粮食产量	Output of Grain	占全国	5.8%	5.8 percent of China
钢材产量	Output of Steel	占全国	11.8%	11.8 percent of China
发电量	Output of Electricity	占全国	7.7%	7.7 percent of China
居民人均可支配收入	Per Capita Disposable Income of Residents	高于全国	高 7006 元	Over 7006 yuan
城镇常住居民人均可支配收入	Per Capita Disposable Income of Urban Permanent Residents	高于全国	高 5502 元	Over 5502 yuan
农村常住居民人均可支配收入	Per Capita Disposable Income of Rural Permanent Residents	高于全国	高 4470 元	Over 4470 yuan

江 苏 的 人 口
Population of Jiangsu

年末常住人口	Permanent Population at Year-end	7960.06	万人	(10000 persons)
年末户籍人口	Registered Population at Year-end	7684.69	万人	(10000 persons)
从业人员	Employment	4760.83	万人	(10000 persons)
出生人口	Births	75.13	万人	(10000 persons)
死亡人口	Deaths	55.81	万人	(10000 persons)
结婚人数	Marriages	83.45	万对	(10000 couples)
离婚人数	Divorces	21.84	万对	(10000 couples)
人口密度	Density of Population	742	人/平方公里	(person/sq. km)
人口平均期望寿命(2010 年)	Life Expectancy(2010)	76.63	岁	(year)
男	Male	74.60	岁	(year)
女	Female	78.81	岁	(year)

江苏的经济发展
Economic Development of Jiangsu

		1979－2014 年平均增长(%) 1979－2014 Average Annual Growth Rate(%)	2011－2014 年平均增长(%) 2011－2014 Average Annual Growth Rate(%)
地区生产总值	Gross Domestic Product	12.3	9.8
第一产业	Primary Industry	4.6	3.6
第二产业	Secondary Industry	13.7	10.2
#工业	Industry	13.9	10.5
第三产业	Tertiary Industry	14.0	10.1
全社会固定资产投资	Total Investment in Fixed Assets	23.4	17.5
公共财政收入	Public Finance Revenue	14.2	15.4
社会消费品零售总额	Total Retail Sales of Consumer Goods	16.9	14.6
出口总额	Total Exports	20.5	6.0

江苏的一天
One Day in Jiangsu

地区生产总值	Gross Domestic Product	178.32	亿元	(100 million yuan)
第一产业	Primary Industry	9.96	亿元	(100 million yuan)
第二产业	Secondary Industry	84.53	亿元	(100 million yuan)
#工业	Industry	73.87	亿元	(100 million yuan)
第三产业	Tertiary Industry	83.83	亿元	(100 million yuan)
财政收入	Government Revenue	49.87	亿元	(100 million yuan)
货物运输量	Freight Traffic	571.57	万吨	(10000 tons)
竣工房屋面积	Floor Space of Residential Housing Completed	210.40	万平方米	(10000 sq. m)
社会消费品零售总额	Total Retail Sales of Consumer Goods	64.27	亿元	(100 million yuan)
出口总额	Total Exports	9.37	亿美元	(USD 100 million)
出版报纸	Newspapers Published	788.52	万份	(10000 copies)
邮寄函件	Letters Delivered	171.51	万件	(10000 pieces)

1－1 行 政 区 划（2014年）
Administrative Divisions(2014)

单位:个 (unit)

市 名	City	各级市单位数 Number of Cities at All Levels	县级单位数 Number of Counties	县 County	县级市 Cities at County Level	市辖区 Districts Under the Jurisdiction of Cities
全 省	**Total**	**13**	**99**	**21**	**23**	**55**
南京市	Nanjing	1	11			11
无锡市	Wuxi	1	8		2	6
徐州市	Xuzhou	1	10	3	2	5
常州市	Changzhou	1	7		2	5
苏州市	Suzhou	1	9		4	5
南通市	Nantong	1	8	2	3	3
连云港市	Lianyungang	1	6	3		3
淮安市	Huaian	1	8	4		4
盐城市	Yancheng	1	9	5	2	2
扬州市	Yangzhou	1	6	1	2	3
镇江市	Zhenjiang	1	6		3	3
泰州市	Taizhou	1	6		3	3
宿迁市	Suqian	1	5	3		2

1－1 续表 Continued

单位:个 (unit)

市 名	City	镇 Town	乡 Township	街道办事处 Subdistrict Office	村民委员会 Village Committee	居民委员会 Neighbourhood Committee
全 省	**Total**	**780**	**79**	**415**	**14428**	**6972**
南京市	Nanjing	17		83	287	942
无锡市	Wuxi	30		51	629	586
徐州市	Xuzhou	98		63	2041	646
常州市	Changzhou	37		21	650	377
苏州市	Suzhou	55		40	1041	1032
南通市	Nantong	73	2	26	1315	592
连云港市	Lianyungang	48	13	28	1432	245
淮安市	Huaian	86	24	14	1451	245
盐城市	Yancheng	97		20	1752	682
扬州市	Yangzhou	62	5	14	1014	351
镇江市	Zhenjiang	31		24	495	260
泰州市	Taizhou	73	6	18	1425	449
宿迁市	Suqian	73	29	13	896	565

1－2　国民经济和社会发展总量与速度指标

指　标	Item	总量指标 1978	1990	2000	2010
人口与就业	**Population and Employment**				
人口　（万人）	**Population　(10000 persons)**				
年末人口	Population at Year-end	5834.32	6766.90	7327.24	7869.34
城镇人口	Urban	800.77	1458.94	3040.81	4767.63
乡村人口	Rural	5033.55	5307.96	4286.43	3101.71
就业　（万人）	**Employment　(10000 persons)**				
就业人数	Employment	2777.72	4225.02	4418.14	4754.68
#职工人数	Staff and Workers	581.50	879.85	673.25	710.58
#国有单位	State-owned Units	366.37	536.88	411.40	263.95
年末城镇登记失业人数	Unemployment Registered in Urban Area		22.52	30.36	40.65
宏观经济	**Macroeconomy**				
国民经济核算　（亿元）	**National Economic Accounting　(100 million yuan)**				
地区生产总值	Gross Domestic Product	249.24	1416.50	8553.69	41425.48
第一产业	Primary Industry	68.71	355.17	1048.34	2540.10
第二产业	Secondary Industry	131.09	692.59	4435.89	21753.93
第三产业	Tertiary Industry	49.44	368.74	3069.46	17131.45
支出法地区生产总值	Gross Domestic Expenditures				
#最终消费	Final Consumption Expenditure	130.55	717.36	3710.72	17238.08
居民消费	Resident Consumption	115.15	608.29	2815.51	10942.82
政府消费	Government Consumption Expenditure	15.40	109.07	895.21	6295.26
资本形成总额	Gross Capital Formation	77.98	588.44	4044.78	21173.29
固定资本形成	Fixed Capital Formation	40.40	374.12	3225.42	20709.14
存货增加	Changes in Stock	37.58	214.32	819.36	464.15
固定资产投资　（亿元）	**Investment in Fixed Assets　(100 million yuan)**				
全社会固定资产投资	Total Investment in Fixed Assets	21.75	356.30	2995.43	22020.73
#国有单位	State-owned Units	20.70	134.86	1200.01	4438.46
集体单位	Collective-owned Units	1.05	74.87	455.86	902.96
#房地产开发	Real Estale Development		11.71	358.72	4299.38
财政　（亿元）	**Public Finance　(100 million yuan)**				
公共财政预算收入	Public Finance Budget Revenue	61.09	136.20	448.31	4079.86
公共财政预算支出	Public Finance Budget Experditure	28.38	100.97	591.28	4914.06

Principal Aggregate Indicators on National Economic and Social Development and Growth Rate

Aggregate Data		速度指标 Indicies and Growth Rate							
		2014年比下列各年增长(%) Index (2014 as percentage of the following years)					年平均增长(%) Average Annual Growth Rate		
2013	2014	1978	1990	2000	2010	2013	1979～2014	2001～2014	2011～2014
7939.49	7960.06	36.4	17.6	8.6	1.2	0.3	0.9	0.6	0.3
5090.01	5190.76	548.2	255.8	70.7	8.9	2.0	5.3	3.9	2.1
2849.48	2769.30	-45.0	-47.8	-35.4	-10.7	-2.8	-1.6	-3.1	-2.8
4759.89	4760.83	71.4	12.7	7.8	0.1	0.02	1.5	0.5	0.03
1418.57	1512.79	160.2	71.9	124.7	112.9	6.6	2.7	6.0	20.8
276.26	281.13	-23.3	-47.6	-31.7	6.5	1.8	-0.7	-2.7	1.6
37.61	36.57		62.4	20.5	-10.0	-2.8		1.3	-2.6
59753.37	65088.32	6481.8	1774.4	404.1	45.6	8.7	12.3	12.2	9.8
3469.86	3634.33	402.1	168.2	64.0	15.3	3.0	4.6	3.6	3.6
29086.08	30854.50	10190.4	2449.7	472.6	47.7	8.2	13.7	13.3	10.2
27197.43	30599.49	11246.7	2178.0	426.0	47.2	10.0	14.0	12.6	10.1
26695.63	31067.33	6181.0	2071.0	481.6	55.1	10.1	12.2	13.4	11.6
18895.30	22510.56	4799.5	1717.6	455.4	72.4	12.2	11.4	13.0	14.6
7800.33	8556.77	18253.0	4099.3	565.7	24.9	5.4	15.6	14.5	5.7
28929.97	29799.68	10444.6	1662.9	380.3	43.1	8.2	13.8	11.9	9.4
27997.26	28796.18	22326.7	2676.4	493.3	42.8	8.2	16.2	13.6	9.3
932.71	1003.50	369.9	23.2	-42.3	65.6	10.4	4.4	-3.9	13.4
36373.32	41938.65	192721.4	11670.6	1300.1	90.5	15.3	23.4	20.7	17.5
6865.27	8308.13	40035.9	6060.6	592.3	87.2	21.0	18.1	14.8	17.0
1639.37	1835.30	174690.5	2351.3	302.6	103.3	12.0	23.0	10.5	19.4
7241.45	8240.22		70269.1	2197.1	91.7	13.8		25.1	17.7
6568.46	7233.14	11740.1	5210.7	1513.4	77.3	10.1	14.2	22.0	15.4
7798.47	8472.45	29753.6	8291.1	1332.9	72.4	8.6	17.2	20.9	14.6

1-2 续表 1

指标	Item	总量指标 1978	1990	2000	2010
物价 （上年=100）	**Price （preceding year=100）**				
居民消费价格指数	General Consumer Price Index	100.1	103.2	100.1	103.8
商品零售价格指数	General Retail Price Index	100.2	102.3	98.6	103.2
工业生产者出厂价格指数	Ex -factory Price Index of Industrial Producers			101.1	107.3
利用外资 （亿美元）	**Utilization of Foreign Capital （USD 100 million）**				
合同外商直接投资	Contracted Foreign Direct Investment		2.44	106.11	568.33
实际外商直接投资	Actual Foreign Direct Investment		1.41	64.24	284.98
产 业	**Industry**				
农业	**Agriculture**				
农林牧渔业劳动力 （万人）	Number of Persons Engaged in Agriculture, Forestry, Animal Husbandry and Fishery （10000 persons）	2030.67	1714.49	1480.22	859.83
农林牧渔业总产值 （亿元）	Gross Output Value of Agriculture, Forestry, Animal Husbandry and Fishery （100 million yuan）	105.87	580.53	1869.73	4297.14
主要农产品产量 （万吨）	Output of Major Farm Products （10000 tons）				
粮食	Grain	2400.65	3264.15	3106.63	3235.10
棉花	Cotton	47.54	46.42	31.45	26.08
油料	Oil-bearing Crops	37.44	112.39	225.65	151.97
糖料	Sugar Crops	6.88	22.26	28.26	10.27
蚕茧	Silkworm Cocoons	2.63	12.00	9.01	7.91
猪牛羊肉	Pork, Beef and Mutton		158.38	227.41	223.91
水产品	Aquatic Products	39.76	118.25	308.79	460.44
工业	**Industry**				
全部工业增加值 （亿元）	Added Value of All Industties （100 million yuan）	117.10	634.13	3848.52	19277.65
主要工业产品产量 （万吨）	Output of Major Industrial Products （10000 tons）				
粗钢	Steel	54.51	190.18	617.16	6242.75
钢材	Rolled-steel	60.31	203.01	1401.83	9122.95
发电量 （亿千瓦小时）	Electricity （100 million kW · h）	126.42	404.47	909.69	3358.98
原煤	Coal	1707.02	2407.79	2479.02	2122.48
农用化肥（折100%）	Chemical Furtilizers	72.18	145.90	192.38	241.96
化学农药	Chemical Pesticide	4.92	4.51	17.23	61.76
水泥	Cement	444.10	1532.89	4599.52	15647.46
化学纤维	Chemical Fiber	2.11	40.76	190.99	1027.19
彩色电视机 （万台）	Color Television Sets （10000 units）	0.03	36.64	127.66	1766.89
家用电冰箱 （万台）	Household Refrigerators （10000 units）		83.18	285.17	812.49
建筑业	**Construction**				
建筑业从事主营业务活动的从业人员平均人数 （万人）	The average number of employees engaged in principal Business （10000 persons）		124.31	221.48	598.98
建筑业总产值 （亿元）	Gross Output Value （100 million yuan）		147.23	1546.17	12405.90
施工房屋面积 （万平方米）	Floor Space of Building Under Construction （10000 sq. m）		5241	21287	119036
竣工房屋面积 （万平方米）	Floor Space of Building Completed （10000 sq. m）		3308	12330	48560

Continued 1

Aggregate Data		速度指标 Indicies and Growth Rate							
2013	2014	2014年比下列各年增长(%) Index (2014 as percentage of the following years)					年平均增长(%) Average Annual Growth Rate		
		1978	1990	2000	2010	2013	1979 ~ 2014	2001 ~ 2014	2011 ~ 2014
102.3	102.2	514.4	188.3	40.1	13.0	2.2	5.2	2.4	3.1
101.4	101.6	359.8	118.2	21.6	10.0	1.6	4.3	1.4	2.4
98.0	98.3		90.0	19.4	-0.6	-1.7		1.3	-0.2
472.68	431.87		17587.9	307.0	-24.0	-8.9		10.5	-6.6
332.59	281.74		19867.5	338.6	-1.1	-14.2		11.1	-0.3
776.05	762.00	-62.5	-55.6	-48.5	-11.4	-1.8	-2.7	-4.6	-3.0
6158.03	6443.37	628.9	267.0	74.5	15.4	3.1	5.7	4.1	3.6
3422.98	3490.62	45.4	6.9	12.4	7.9	2.0	1.0	0.8	1.9
20.93	15.95	-66.4	-65.6	-49.3	-38.8	-23.8	-3.0	-4.7	-11.6
150.37	146.60	291.6	30.4	-35.0	-3.5	-2.5	3.9	-3.0	-0.9
9.56	10.11	46.9	-54.6	-64.2	-1.6	5.7	1.1	-7.1	-0.4
5.90	5.69	116.3	-52.6	-36.8	-28.1	-3.6	2.2	-3.2	-7.9
240.84	243.63		53.8	7.1	8.8	1.2		0.5	2.1
509.38	518.84	1204.9	338.8	68.0	12.7	1.9	7.4	3.8	3.0
25503.86	26962.97	10651.6	2467.5	502.1	49.2	8.4	13.9	13.7	10.5
9286.16	10195.51	18603.9	5261.0	1552.0	63.3	7.6	15.6	22.2	13.0
12398.00	13255.21	21878.5	6429.3	845.6	45.3	3.3	16.2	17.4	9.8
4288.91	4347.07	3338.6	974.8	377.9	29.4	0.1	10.3	11.8	6.7
2011.18	2019.20	18.3	-16.1	-18.5	-4.9	0.4	0.5	-1.5	-1.2
246.95	230.70	219.6	58.1	19.9	-4.7	-10.7	3.3	1.3	-1.2
75.73	99.81	1928.7	2113.1	479.3	61.6	7.3	8.7	13.4	12.8
17991.86	19439.06	4277.2	1168.1	322.6	24.2	3.7	11.1	10.8	5.6
1296.33	1312.17	62088	3119.3	587.0	27.7	-1.4	19.6	14.8	6.3
1059.00	1316.22	4387300	3492.3	931.0	-25.5	10.1	34.6	18.1	-7.1
1063.06	969.70		1065.8	240.0	19.3	10.4		9.1	4.5
782.36	828.27		566.3	274.0	38.3	5.9		9.9	8.4
21990.84	24592.93		16603.7	1490.6	98.2	11.8		21.8	18.7
196740	213039		3964.9	900.8	79.0	8.3		17.9	15.7
69010	76795		2221.5	522.8	58.1	11.3		14.0	12.1

指标		Item	总量指标 1978	1990	2000	2010
交通运输		**Transportation**				
货运量	(万吨)	Freight Traffic (10000 tons)	14626	49399	90436	188565
#铁路		Railways	3224	4235	4077	6374
公路		Highways	4488	27904	59056	123500
水运		Waterways	6557	15908	25902	48702
客运量	(万人)	Passenger Traffic (10000 persons)	25621	48339	107244	226627
#铁路		Railways	2752	4788	4891	9711
公路		Highways	18694	41850	101713	215850
水运		Waterways	4175	1701	514	590
港口货物吞吐量	(万吨)	Volume of Freight Handled at Seaports (10000 tons)	10183	17002	39200	158977
邮电通信业		**Postal and Telecommunications Services**				
邮电业务总量	(亿元)	Total Business Revenue (100 million yuan)	1.83	9.98	323.45	2194.60
函件	(亿件)	Number of Letters Delivered (100 million pieces)	1.63	3.30	5.74	9.36
年末固定电话用户	(万户)	Number of Eited Telephone Subseribers at Year-end (10000 househalds)			1138.06	2498.80
城市		Urban			535.43	1527.80
农村		Rural			602.63	971.00
年末移动电话用户	(万户)	Number of Mobile Telephone Subseribers at Year-end (10000 househalds)			619.50	5923.10
国内商业		**Domestic Trade**				
社会消费品零售总额	(亿元)	Total Retail Sales of Consumer Goods (100 million yuan)	84.79	515.43	2908.46	13606.34
对外经济贸易和旅游		**Foreign Trade and Tourism**				
进出口总额	(亿美元)	Total Imports and Exports (USD 100 million)	4.27	41.39	456.38	4657.93
进口		Imports	0.09	11.95	198.69	1952.43
出口		Exports	4.18	29.44	257.70	2705.50
接待海外旅游人数	(万人)	Number of International Tourists Received (10000 persons)	11.33	72.48	160.94	653.55
金融保险	**(亿元)**	**Banking and Insurance (100 million yuan)**				
金融机构存款		Deposits of Banking System	60.72	860.33	8400.75	58984.14
金融机构贷款		Loans of Banking System	115.29	1013.45	5967.66	42121.04
国内保险保费收入		Domestic Premium		9.31	132.03	1162.67
教育、科技、文化		**Education, Science and Technology and Culture**				
教育		**Education**				
高等学校本专科在校学生	(万人)	Students Enrollment in Institutions of Higher Education (10000 persons)	6.05	14.69	45.19	164.94
中等专业学校在校学生	(万人)	Students Enrollment in Specialized Secondary Schools (10000 persons)	3.84	13.99	43.62	68.30
普通中学在校学生	(万人)	Students Enrollment in Regular Secondary Schools (10000 persons)	385.85	281.97	373.64	368.61
小学在校学生	(万人)	Students Enrollment in Primary Schools (10000 persons)	868.90	612.29	718.55	398.78
科技		**Science and Technology**				
县以上科研机构数	(个)	Number of Scientific & Technological Research Institutions of County Level and Above (unit)		326	313	135
各类专业技术人员	(万人)	Scientific and Technical Personnel (10000 persons)	22.18	158.86	194.24	140.53

Continued 2

Aggregate Data		速度指标 Indicies and Growth Rate							
		2014 年比下列各年增长(%) Index (2014 as percentage of the following years)					年平均增长(%) Average Annual Growth Rate		
2013	2014	1978	1990	2000	2010	2013	1979 ~ 2014	2001 ~ 2014	2011 ~ 2014
194048	208623					7.5			
6806	6090					-10.5			
103709	114449					10.4			
70909	75328					6.2			
152172	156016					2.5			
13435	15374					14.4			
135555	137270					1.3			
2454	2563					4.4			
213987	226049	2119.9	1229.5	476.7	42.2	5.6	9.0	13.3	9.2
1252.18	1680.80	91747	16741.7	419.6	-23.4	34.2	20.9	12.5	-6.5
7.61	6.26	284.0	89.7	9.1	-33.1	-17.7	3.8	0.6	-9.6
2289.81	2133.61			87.5	-14.6	-6.8		4.6	-3.9
1275.85	1222.91			128.4	-20.0	-4.1		6.1	-5.4
1013.96	910.70			51.1	-6.2	-10.2		3.0	-1.6
7941.95	8070.35			1202.7	36.3	1.6		20.1	8.0
20878.20	23458.07	27566	4451.2	706.5	72.4	12.4	16.9	16.1	14.6
5508.44	5637.62	131777	13520.4	1135.3	21.0	2.3	22.1	19.7	4.9
2219.87	2218.93	2457186	18464.1	1016.8	13.6	0.0	32.4	18.8	3.3
3288.57	3418.69	81597	11513.1	1226.6	26.4	4.0	20.5	20.3	6.0
288.03	297.10	2522	309.9	84.6	-54.5	3.1	9.5	4.5	-17.9
85604.08	93735.61	154274	10795.3	1015.8	58.9	9.5	22.6	18.8	12.3
61836.53	69572.67	60246	6764.9	1065.8	65.2	12.5	19.5	19.2	13.4
1446.08	1683.76		17985.5	1175.3	44.8	16.4		19.9	9.7
168.45	169.86	2707.6	1056.3	275.9	3.0	0.8	9.7	9.9	0.7
56.68	54.00	1306.3	286.0	23.8	-20.9	-4.7	7.6	1.5	-5.7
296.74	288.62	-25.2	2.4	-22.8	-21.7	-2.7	-0.8	-1.8	-5.9
435.37	471.48	-45.7	-23.0	-34.4	18.2	8.3	-1.7	-3.0	4.3
131	132		-59.5	-57.8	-2.2	0.8		-6.0	-0.6
117.11	117.98	431.9	-25.7	-39.3	-16.0	0.7	4.8	-3.5	-4.3

指标	Item	总量指标 1978	1990	2000	2010
#工程技术人员	Engineering Personnel	7.83	31.84	44.84	19.00
文化	**Culture**				
图书出版量 (亿册)	Books Published (100 million copies)	1.94	3.44	3.47	5.17
杂志出版量 (万册)	Magazines Issued (10000 copies)	535	4107	11008	10475
报纸出版量 (亿份)	Newspapers Issued (100 million copies)	2.45	8.27	23.34	27.12
家庭、生活、环境	**Family, People's Livelihood and Environment**				
家庭	**Family**				
总户数 (万户)	Total Househalds (10000 househalds)	1423.11	1806.78	2220.38	2564.59
城镇居民平均每户家庭人口 (人)	Average Household Size in Urban Areas (person)		3.34	3.07	2.79
农村居民平均每户家庭人口 (人)	Average Household Size in Rural Areas (person)		4.10	3.74	3.68
居住	**Housing**				
城镇居民人均住房建筑面积 (平方米)	Per Capita Net Floor Space of Urban Residents (sq. m)	5.7	17.29	25.54	33.39
农村居民人均住房建筑面积 (平方米)	Per Capita Net Floor Space of Rural Residents (sq. m)	9.7	25.20	33.70	46.33
生活	**People's Livelihood**				
城镇居民人均可支配收入 (元)	Per Capita Annual Disposable Income of Urban Residents (yuan)	288	1464	6800	22944
农村居民人均可支配收入 (元)	Per Capita Annual Disposable Income of Rural Residents (yuan)	155	884	3595	9118
居民储蓄存款余额 (亿元)	Outstanding Amount of Saving Deposits (100 million yuan)	12.40	470.86	4456.83	23334.48
工资	**Wages and Welfare**				
工资总额 (亿元)	Total Wages of Staff and Workers (100 million yuan)	29.05	184.60	705.36	2841.33
职工平均工资 (元)	Average Wage of Staff and Workers (yuan)	513	2129	10299	40505
卫生	**Health Care**				
卫生机构数 (个)	Number of Health Care Organizations (unit)	9277	12366	12813	30961
#医院卫生院	Hospital and Commune Hospitals	2428	2491	2511	2433
床位数 (万张)	Number of Hospital Beds (10000 units)	12.29	16.45	17.31	26.97
#医院卫生院	Hospital and Commune Hospitals	11.07	14.54	16.18	24.74
卫生技术人员数 (万人)	Number of Medical Technical Personnels (10000 persons)	14.00	21.35	25.36	32.84
#医生	Doctors	5.70	9.94	11.44	12.90
市政建设	**Urban Civil Construction**				
自来水供水量 (亿吨)	Volume of Tap Water Supply (100 million tons)	3.51	25.67	35.34	48.28
排水管道长度 (公里)	Length of Sewer Pipelines (km)	1503	4099	11097	46867
年末实有道路长度 (公里)	Year-end Length of Paved Roads (km)	1893	5812	11011	31899
环境	**Environment**				
工业废水排放量 (亿吨)	Volume of Industrial Waste Water Discharged (100 million tons)		24.24	20.19	26.38
工业二氧化硫排放量 (万吨)	Volume of Industrial sulfur dioxide (10000 tons)			84.33	100.25
工业烟(粉)尘排放量 (万吨)	Volume of Industrial Dust Removed (10000 tons)			37.47	45.00

Continued 3

Aggregate Data		速度指标 Indicies and Growth Rate							
2013	2014	2014年比下列各年增长(%) Index (2014 as percentage of the following years)					年平均增长(%) Average Annual Growth Rate		
		1978	1990	2000	2010	2013	1979 ~ 2014	2001 ~ 2014	2011 ~ 2014
10.99	11.20	43.0	-64.8	-75.0	-41.1	1.9	1.0	-9.4	-12.4
5.66	5.59	187.9	62.4	61.0	8.0	-1.3	3.0	3.5	2.0
11846	11807	2106.8	187.5	7.3	12.7	-0.3	9.0	0.5	3.0
28.65	28.78	1074.7	248.0	23.3	6.1	0.5	7.1	1.5	1.5
2593.31	2601.33	82.8	44.0	17.2	1.4	0.3	1.7	1.1	0.4
2.99	2.99		-10.5	-2.6	7.2	0.0		-0.2	1.7
3.08	2.98		-27.3	-20.3	-19.0	-3.2		-1.6	-5.1
39.25	39.51	593.2	128.5	54.7	18.3	0.7	5.5	3.2	4.3
52.40	54.15	458.2	114.9	60.7	16.9	3.3	4.9	3.4	4.0
31585	34346	12180.6	2315.8	420.1	54.1	8.7	14.3	12.5	11.4
13521	14958	9602.6	1601.2	318.3	64.9	10.6	13.6	10.8	13.3
33823.90	36580.59	294905	7668.9	720.8	56.8	8.2	24.8	16.2	11.9
8041.98	9174.49	31481.7	4869.9	1200.7	222.9	14.1	17.3	20.1	34.0
57985	61783	11943.5	2802.0	499.9	52.5	6.5	14.2	13.7	11.1
31001	32000	244.9	158.8	149.7	3.4	3.2	3.5	6.8	0.8
2556	2570	5.8	3.2	2.3	5.6	0.5	0.2	0.2	1.4
36.83	39.23	219.2	138.5	126.6	45.5	6.5	3.3	6.0	9.8
34.12	36.49	229.6	151.0	125.5	47.5	6.9	3.4	6.0	10.2
42.90	45.85	227.5	114.8	80.8	39.6	6.9	3.4	4.3	8.7
16.97	17.86	213.2	79.6	56.1	38.4	5.2	3.2	3.2	8.5
48.93	48.81	1290.6	90.1	38.1	1.1	-0.2	7.6	2.3	0.3
62194	66256	4308.3	1516.4	497.1	41.4	6.5	11.1	13.6	9.0
36975	39070	1963.9	572.2	254.8	22.5	5.7	8.8	9.5	5.2
22.06	20.49		-15.5	1.5	-22.3	-7.1		0.1	-6.1
90.95	87.02			3.2	-13.2	-4.3		0.2	-3.5
45.56	72.05			92.3	60.1	58.1		4.8	12.5

1-3 国民经济和社会发展结构指标

Composition Indicators on National Economic and Social Development

单位:% (%)

指标	Item	1978	2000	2005	2010	2013	2014
人口与就业	**Population and Employment**						
人　口	**Population**						
城乡结构	Urban and Rural Structure						
城镇	Urban	13.7	41.5	50.5	60.6	64.1	65.2
乡村	Rural	86.3	58.5	49.5	39.4	35.9	34.8
性别结构	Sexual Structure						
男	Male	50.6	50.6	50.02	50.38	50.34	50.34
女	Female	49.4	49.4	49.98	49.62	49.66	49.66
就　业	**Employment**						
产业结构	Industrial Structure						
第一产业	Primary Industry	69.7	42.8	30.9	22.3	20.1	19.3
第二产业	Secondary Industry	19.6	30.2	37.2	42.0	42.9	43.0
第三产业	Tertiary Industry	10.7	27.0	31.9	35.7	37.0	37.7
经济类型结构	Structures by Ownership						
城镇非私营单位从业人员	Staff and Workers Employed in Urban Units	20.9	15.7	13.7	16.1	31.6	33.7
国有单位	State-owned	13.2	9.5	6.2	5.9	6.2	6.3
城镇集体单位	Collective-owned	7.7	2.7	0.8	0.6	0.8	0.8
其他单位	Others		3.5	6.7	9.5	24.6	26.5
城镇私营企业和个体就业人员	Urban Private Enterprises and Self-employed Workers	0.1	4.0	12.8	27.3	35.3	37.3
其他	Others	79.0	80.3	73.5	56.6	33.1	29.0
宏观经济	**Macro Economy**						
国民经济核算	**National Economic Accounting**						
地区生产总值产业结构	Industrial Structures						
第一产业	Primary Industry	27.6	12.2	7.9	6.1	5.8	5.6
第二产业	Secondary Industry	52.6	51.9	56.6	52.5	48.7	47.4
第三产业	Tertiary Industry	19.8	35.9	35.6	41.4	45.5	47.0
地区生产总值支出结构	Domestic Expenditures						
最终消费	Total Consumption	52.4	43.4	41.2	41.6	44.7	47.7
居民消费	Resident Consumption	46.2	32.9	28.7	26.4	31.6	34.6
政府消费	Government Consumption Expenditure	6.2	10.5	12.5	15.2	13.1	13.1
资本形成总额	Gross Capital Formation	31.3	47.3	50.9	51.1	48.4	45.8
固定资本	Fixed Capital Formation	16.2	37.7	47.8	50.0	46.8	44.2
存货增加	Changes in Stock	15.1	9.6	3.1	1.1	1.6	1.5
净出口	Net Exports	16.3	9.3	7.9	7.3	6.9	6.5
投　资	**Investment**						
经济类型结构	Structure by Ownership						
国有经济	State-owned	95.2	40.1	23.8	20.1	19.1	20.0

1－3　续表1　Continued 1

单位：%　　(%)

指标	Item	1978	2000	2005	2010	2013	2014
集体经济	Collective-owned	4.8	15.2	5.1	4.2	4.6	4.4
港澳台及外商投资经济	Hong Kong, Macao, Taiwan and Foreign Investment Economy		12.1	17.9	13.7	10.9	10.0
私营个体经济	Private and Individuals		10.9	30.0	35.9	41.6	43.8
其他经济	Others		21.7	23.2	26.1	23.8	21.8
资金来源结构	Structure of Funded Sources						
国家预算资金	State Budgetary Appropriation		2.5	0.7	1.1	1.2	1.3
国内贷款	Domestic Loans		16.3	13.8	12.6	11.8	11.5
利用外资	Foreign Investment		9.4	9.1	4.4	2.6	2.5
自筹资金	Fundraising		61.0	63.3	63.1	68.5	71.4
其他投资	Others		10.8	13.1	18.8	15.9	13.3
财　政	**Government Finance**						
公共财政预算支出结构	Structure of Public Finance Budgetary Expenditure						
#农林水事务	Operating Expenses of Agriculture, Forestry and Water	25.1	7.9	5.8	10.0	11.1	10.6
教育支出	Education	10.8	19.9	15.4	17.6	18.4	17.8
利用外资	**Utilization of Foreign Capital**						
实际外商直接投资结构	Structure of Foreign Direct Investment						
合资经营企业	Joint Venture Enterprises		35.4	18.9	16.6	11.9	15.3
合作经营企业	Cooperative Operation Enterprises		5.6	1.5	0.9	0.6	0.2
独资经营企业	Foreign Solely Funded Enterprises		59.0	79.0	80.1	87.3	81.3
外商投资股份制企业	Share Holding with Foreign Investment		0.04	0.7	2.3	0.2	3.1
产业经济	**Industrial Economy**						
农　业	**Agriculture**						
农林牧渔业产值结构	Structure of Gross Output Value						
农业	Farming	80.4	58.6	50.1	52.8	51.5	52.2
林业	Forestry	1.4	1.6	1.8	1.8	1.7	1.8
牧业	Animal Husbandry	15.8	23.0	23.2	21.5	19.9	18.4
渔业	Fishery	2.3	16.7	19.9	18.7	21.9	22.1
农林牧渔服务业	Service in Support of Agriculture			5.0	5.1	5.0	5.5
工　业	**Industry**						
工业产值按经济类型分	Grouped by Ownership						
#国有企业	State-owned	61.5	12.7	6.5	4.8	3.2	2.4
集体企业	Collective-owned	31.2	19.0	5.1	1.4	0.6	0.6
港澳台商投资企业	Enterprise Invested by Hong Kong, Macao and Taiwan Funds		9.1	11.8	10.9	10.9	11.1
外商投资企业	Enterprise Invested by Foreign Funds		18.6	28.7	28.8	25.0	24.1
工业产值按轻重分	Grouped by Light and Heavy Industry						
轻工业	Light Industry	52.4	43.2	31.2	26.6	26.3	26.6
重工业	Heavy Industry	47.6	56.8	68.8	73.4	73.7	73.4

1－3 续表2 Continued 2

单位:% (%)

指　标	Item	1978	2000	2005	2010	2013	2014
建 筑 业	**Construction**						
建筑业总产值结构	Structure of Gross Output Value of Construction						
国有经济	State－owned		24.4	19.8	9.7	4.0	5.4
地方	Local－owned		19.9	16.7	5.7	3.6	4.0
部属	Central－owned		4.4	3.1	4.1	0.4	1.5
城镇集体经济	Colletive－owned		24.4	3.5	5.4	4.2	4.2
乡镇企业及其它经济	Rural and Township Industry and Others		51.2	76.7	84.9	91.8	90.4
运 输 业	**Transportation**						
货运量结构	Structure of Freight Traffic						
#铁路	Railways	22.0	4.5	4.5	3.4	3.5	2.9
公路	Highways	30.7	65.3	67.6	65.5	53.4	54.9
水运	Waterways	44.8	28.6	25.9	25.8	36.5	36.1
对外经济贸易和旅游	**Foreign Trade and Tourism**						
出口商品结构	Structure of Exports						
#亚洲地区	Asia		51.3	45.4	39.2	47.7	47.3
欧洲地区	Europe		20.6	24.8	27.7	19.6	20.9
北美洲	North America		20.9	23.8	23.1	21.4	22.3
海外旅游人数结构	Structure of Tourists						
外国人	Foreigners	76.2	61.0	69.3	72.5	67.2	66.3
港澳同胞	Compatriots from Hongkong, Macao	23.8	16.8	11.9	9.8	4.7	5.1
台湾同胞	Compatriots from Taiwan		22.2	18.8	17.7	28.1	28.6
教育、科技、文化	**Education, Science and Culture**						
教　育	**Education**						
在校学生结构	Structure of Student Enrollment						
大学生	College and University Students	0.5	3.8	9.7	16.1	17.3	17.1
中学生	Secondary School Students	30.8	36.2	49.6	45.1	37.9	35.6
小学生	Primary School Students	68.7	60.0	40.6	38.8	44.8	47.3
专任教师结构	Full-time Teachers by Type						
大学	Colleges and Universities	3.0	5.8	10.5	15.1	15.9	15.2
中学	Secondary Schools	37.1	43.7	48.6	47.9	46.2	45.4
小学	Primary Schools	59.9	50.5	40.9	37.0	37.9	39.4
科　技	**Science and Technology**						
各类专业技术人员结构	Structure of Scientific and Technical Personnel						

1-3 续表3 Continued 3

单位:% (%)

指 标	Item	1978	2000	2005	2010	2013	2014
工程技术人员	Engineering Personnel	35.3	23.1	14.1	13.5	9.4	9.5
农业技术人员	Agriculture	6.1	2.4	2.1	1.9	2.2	2.2
科学研究人员	Scientific Research	5.5	0.9	1.2	1.1	0.7	0.7
卫生技术人员	Health Care	30.5	11.9	15.8	15.1	19.1	19.5
教学人员	Teaching	22.5	34.1	46.6	47.5	57.2	57.1
生活、卫生	**People's Livelihood and Healthcare**						
生 活	**People's Livelihood**						
城镇居民消费结构	Consumption Structure of Urban Residents						
食品	Food	55.1	41.1	37.2	36.5	28.4	28.5
衣着	Clothing	13.8	9.2	9.3	10.2	7.7	7.5
居住	Residence		8.2	9.2	8.6	22.5	21.7
其他	Others		41.5	44.3	44.7	41.4	42.3
农村居民消费结构	Consumption Structure of Rural Residents						
食品	Food	62.1	43.5	44.0	38.1	31.1	31.4
衣着	Clothing	12.1	5.4	5.4	5.4	6.3	6.4
居住	Residence	13.6	18.9	14.4	17.9	21.2	20.9
其他	Others	12.1	32.2	36.2	38.6	41.3	41.3
卫 生	**Healthcare**						
卫生机构构成	Structure of Health Care Institutions						
#医院卫生院	Hospitals and Commune Hospitals	26.2	19.6	16.2	7.9	8.2	8.0
门诊部	Clinics		0.8	2.4	1.7	3.0	3.1
妇幼保健院	Maternity and Child Care Institutions	0.9	0.9	0.7	0.3	0.4	0.3
疾病预防控制中心	Disease Protection and Controlling Centers	1.2	1.1	1.0	0.4	0.4	0.4
卫生技术人员构成	Structure of Medical Technical Personnels						
#执业医师	Doctors	40.7	45.1	42.3	39.3	40.0	38.9
注册护士	Registered Nurses	12.8	29.1	31.3	37.3	39.2	41.2
卫生机构床位数构成	Hospital Beds by Structures						
医院卫生院	Hospitals	90.1	93.5	94.1	91.7	92.4	93.0
疗养院、所	Sanatoriums (Stations)	1.1	3.2	2.5	0.8	0.8	0.7
其他卫生机构	Other Sanatation Organization	8.9	3.2	3.4	7.5	6.8	6.3

1－4　国民经济和社会发展比例和效益指标

Indicators on National Economic and Social Development

指　　标	Item	2010	2011	2012	2013	2014
人口与就业	**Population and Employment**					
出生率　(‰)	Birth Rate　(‰)	9.73	9.59	9.44	9.44	9.45
死亡率　(‰)	Death Rate　(‰)	6.88	6.98	6.99	7.01	7.02
自然增长率　(‰)	Natural Growth Rate　(‰)	2.85	2.61	2.45	2.43	2.43
城镇登记失业率　(%)	Registered Unemployment Rate in Urban Areas　(%)	3.16	3.22	3.14	3.03	3.01
国民经济核算	**National Accounting**					
服务业增加值占地区生产总值比重　(%)	Proportion of Value－added of Service Industry to GDP　(%)	41.6	42.7	43.8	45.5	47.0
人均地区生产总值　(元)	Per Capita GDP　(yuan)	52840	62290	68347	75354	81874
人均地区生产总值　(美元)	Per Capita GDP　(USD)	7806	9644	10827	12167	13328
全社会劳动生产率　(元/人)	The Labor Productivity of the Whole Employment　(Yuan / person)	87384	103250	113594	125540	136730
固定资产投资	**Investment in Fixed Assets**					
固定资产投资相当于地区生产总值比例　(%)	Proportion of Investment in Fixed Assets to GDP　(%)	56.0	54.4	59.4	60.9	64.4
全社会房屋建筑竣工率　(%)	Rate of Total Floor Space of Buildings Completed　(%)	36.5	34.0	35.2	33.0	31.6
消费	**Consumption**					
人均社会消费品零售额　(元)	Per Capita Retail Sales of Consumer Goods　(yuan)	17355	20368	23278	26329	29508
对外贸易	**Foreign Trade**					
进出口总额相当于地区生产总值比例　(%)	Proportion of Total Value of Imports & Exports to GDP　(%)	76.1	71.7	64.0	56.6	53.2
出口总额相当于地区生产总值比例　(%)	Proportion of Total Value of Imports to GDP　(%)	44.2	41.1	38.4	33.8	32.3
高新技术产品出口额占出口总额的比重　(%)	Proportion of New and High Technology Product Imports to Imports　(%)	46.5	41.4	40.0	38.9	37.8
机电产品出口额占出口总额的比重　(%)	Proportion of Electronic Mechanical Product Imports to Imports　(%)	69.6	66.5	66.2	65.2	64.8
一般贸易出口额占出口总额的比重　(%)	Proportion of Ordinary Trade Imports to Imports　(%)	36.6	40.4	42.5	44.3	46.3
加工贸易出口额占出口总额的比重　(%)	Proportion of Processing Trade Imports to Imports　(%)	59.1	55.1	48.8	45.6	43.7
财政	**Government Finance**					
公共财政收入相当于地区生产总值比例　(%)	Proportion of Government Revenue to GDP　(%)	9.8	10.5	10.8	11.0	11.1
公共财政支出相当于地区生产总值比例　(%)	Proportion of Government Expenditure to GDP　(%)	11.9	12.7	13.0	13.1	13.0
农业	**Agriculture**					
每公顷播种面积农产品产量　(公斤)	Output of Farm Crops per Hectare of Sown Area　(kg)					
粮食	Grain	6124	6219	6320	6385	6493
棉花	Cotton	1107	1031	1292	1348	1210
油料	Oil－bearing Crops	2646	2608	2785	2901	2937
工业	**Industry**					
总资产贡献率　(%)	Ratio of Total Assets to Industrial Output Value　(%)	16.24	16.7	15.42	15.80	15.87
资产负债率　(%)	Assets－Liability Ratio　(%)	57.76	58.2	57.26	56.70	54.92
流动资产周转次数　(次/年)	Turnover of Working Capital　(times/year)	2.81	2.78	2.57	2.67	2.71
成本费用利润率　(%)	Ratio of Profits to Industrial Cost　(%)	6.77	6.91	6.53	6.59	6.71
产品销售率　(%)	Proportion of Products Sold　(%)	98.51	98.59	98.82	98.99	98.73

续 表 Continued

指 标	Item	2010	2011	2012	2013	2014
建筑业	**Construction**					
建筑业劳动生产率 (元/人)	Overall Labor Productivity (yuan/person)	207117	248914	262833	281085	296918
产值利税率 (%)	Ratio of Pre－tax Profits to Gross Output Value (%)	7.06	7.02	7.04	7.13	7.02
交通运输业	**Transportation**					
铁路网密度 (公里/万平方公里)	Railway Density (km/10000 sq. km)	178	219	219	238	246
公路网密度 (公里/万平方公里)	Highway Density (km/10000 sq. km)	14021	14202	14377	14561	14694
邮电通信业	**Postal and Telecommunication Services**					
电话普及率(含移动电话) (部/百人)	Access to Telephones (include mobile phone) (set/100 persons)	109	115	125	129	129
移动电话普及率 (部/百人)	Access to Mobile Phones (set/100 persons)	77	85	95	100	102
旅游业	**Tourism**					
每一来华游客花费 (美元)	Expenditure per International Tourist in China (USD)	732	767	796	826	1021
国内旅游人均花费 (元)	Expenditure per Domestic Tourist (yuan)	1207	1254	1304	1347	1377
金融业	**Financial Intermediation**					
金融机构存款相当于地区生产总值比例 (%)	Deposits of Financial Institutions as Percentage of GDP (%)	142.4	133.8	139.6	143.3	144.0
金融机构贷款相当于地区生产总值比例 (%)	Loans of Financial Institutions as Percentage of GDP (%)	101.7	97.5	100.7	103.5	106.9
金融机构年末人民币贷、存款余额比例 (%)	Ratio of Loan to Deposit of Financial Institutions at year end (%)	71.4	72.8	72.1	72.2	74.2
教育	**Education**					
每万人口在校大学生数 (人)	Number of University and College Students per 10000 Population (person)	209.6	227.1	228.6	232.7	232.3
初中升学率 (%)	Promotion Rate from Junior Secondary Schools to Senior Secondary Schools (%)	97.5	97.7	98.0	98.3	
小学升学率 (%)	Promotion Rate from Primary Schools to Junior Secondary Schools (%)	100.0	100.0	100.0	100.0	100.0
学龄儿童入学率 (%)	Enrollment Ratio of Primary Schools (%)	99.9	99.9	100.0	100.0	100.0
科技	**Science and Technology**					
研发经费支出相当于地区生产总值比例 (%)	R&D Expenditure as Percentage of GDP (%)	2.1	2.2	2.33	2.45	2.50
高新技术产业产值占工业总产值比例 (%)	Proportion of New and High Technology Output to Industry (%)	33.0	35.3	37.5	38.5	39.5
每万人口发明专利拥有量 (件/万人)	Possession of Invention Patent per 10000 Population (uint/10000 persons)	2.50	3.74	5.73	7.84	10.22
卫生	**Health Care**					
每万人口执业(助理)医师数 (人)	Number of Licensed (Assistant) Doctors per 10000 Population (person)	16.4	17.1	19.9	21.4	22.4
每万人口医院、卫生院床位数 (张)	Number of Beds of Hospitals and Health Centers per 10000 Population (bed)	31.5	34.6	38.8	43.0	45.8
医疗机构病床使用率 (%)	Beds Utilization Rate of Medical Organizations (%)	83.8	84.2	84.1	84.2	84.0
人民生活	**People's Livelihood**					
城镇恩格尔系数 (%)	Engle Coefficient of Urban Household (%)	36.5	36.1	35.4	28.4	28.5
农村恩格尔系数 (%)	Engle Coefficient of Rural Household (%)	38.1	38.5	37.4	31.1	31.4
城乡收入比(以农民收入为1)	Income Ratio of Urban and Rural Residents(1 for a Rural Resident)	2.52	2.44	2.43	2.34	2.30
城市市政建设	**Municipal Works**					
用水普及率 (%)	Percentage of Population with Access to Tap Water (%)	99.6	99.6	99.7	99.7	99.8
燃气普及率 (%)	Percentage of City Population with Access to Gas (%)	99.1	99.0	99.4	99.6	99.5
人均公园绿地面积 (平方米)	Per Capita Public Green Area (sq. m)	13.3	13.3	13.6	14.0	14.4

1-5 江苏国民经济占全国的比重（2014 年）
Percentage of Jiangsu's National Economy in the Country (2014)

指标	Item	全国 Country	江苏 Jiangsu	江苏占全国的比重(%) Percentage to the Country of Jiangsu(%)
土地面积（万平方公里）	Land Area (10000 sq. km)	960	10.72	1.1
年末总人口（万人）	Year-end Total Population (10000 persons)	136782	7960.06	5.8
地区生产总值（亿元）	Domestic Gross Product (100 million yuan)	636463	65088.32	10.2
第一产业	Primary Industry	58332	3634.33	6.2
第二产业	Secondary Industry	271392	30854.50	11.4
第三产业	Tertiary Industry	306739	30599.49	10.0
人均生产总值（元）	Per Capita GDP (yuan)	46652	81874	高 35222 元
公共财政预算收入（亿元）	Public Finance Budget Revenue (100 million yuan)	140350	7233.14	5.2
固定资产投资(含农户)（亿元）	Investment in Fixed Assets(Including Farm Households)	512761	41938.65	8.2
#固定资产投资(不含农户)	Investment in Fixed Assets (Excluding Farm Households)	502005	41552.75	8.3
#房地产开发	Real Estate Development	95036	8240.22	8.7
社会消费品零售总额（亿元）	Total Retail Sales of Consumer Goods (100 million yuan)	271896	23458.07	8.6
进出口总额（亿美元）	Total Exports and Imports (USD 100 million)	43030	5637.62	13.1
#出 口	Exports	23428	3418.69	14.6
普通高等学校本专科在校生（万人）	Students Enrollment in Institutions of Higher Education (10000 persons)	2548	169.86	6.7
卫生机构床位数（万张）	Number of Beds of Health Care Institutions	660	39.23	5.9
卫生技术人员（万人）	Medical Technical Personnel (10000 persons)	759	45.85	6.0
#执业(助理)医师	Practitioner (Assistant) Doctors	289	17.86	6.2
居民人均可支配收入（元）	Per Capita Disposable Income of Residents (yuan)	20167	27173	高 7006 元
城镇常住居民人均可支配收入（元）	Per Capita Disposable Income of Urban Permanent Residents (yuan)	28844	34346	高 5502 元
农村常住居民人均可支配收入（元）	Per Capita Disposable Income of Rural Permanent Residents (yuan)	10489	14958	高 4470 元
工农业主要产品产量（万吨）	Output of Major Industrial and Agricultural Products (10000 tons)			
粮 食	Grain	60703	3490.62	5.8
棉 花	Cotton	618	15.95	2.6
油 料	Oil-bearing Crops	3507	146.60	4.2
粗 钢	Rough Steel	82270	10195.51	12.4
钢 材	Rolled Steel	112557	13255.21	11.8
发电量（亿千瓦小时）	Electricity (100 million kW·h)	56496	4347.07	7.7
水 泥（亿吨）	Cement (100 million tons)	24.8	1.94	7.9
农用化肥(折 100%)	Chemical Fertilizers (convert into 100 %)	6887	230.70	3.3
化学纤维	Chemical Fibers	4290	1312.17	30.6
布（亿米）	Cloth (100 million)	894	91.26	10.2
彩色电视机（万台）	Colour Television Sets (10000 set)	14129	1316.22	9.3
汽 车（万辆）	Moter Vehicles (10000 units)	2373	125.72	5.3

1-6 江苏的一天
One Day in Jiangsu

指标	Item	1978	2000	2005	2010	2013	2014
每天创造的财富	**Daily Production**						
地区生产总值（亿元）	Gross Domestic Product (100 million yuan)	0.68	23.43	50.96	113.49	163.71	178.32
第一产业	Primary Industry	0.19	2.87	4.00	6.96	9.51	9.96
第二产业	Secondary Industry	0.36	12.15	28.84	59.60	79.69	84.53
工　业	Industry	0.32	10.54	25.86	52.82	69.87	73.87
建筑业	Construction	0.04	1.61	2.97	6.78	9.84	10.68
第三产业	Tertiary Industry	0.14	8.41	18.12	46.94	74.51	83.83
#房地产业	Real Estate	0.02	0.82	2.19	7.13	9.06	9.77
财政收入（亿元）	Government Revenue (100 million yuan)	0.17	2.37	8.56	32.17	47.48	49.87
粮　食（万吨）	Grain (10000 tons)	6.58	8.51	7.77	8.86	9.38	9.56
猪牛羊肉（吨）	Meat (ton)		6230	6633	6135	6598	6675
水产品（吨）	Aquatic Products (ton)	1089	8460	10648	12615	13956	14215
粗　钢（万吨）	Steel (10000 tons)	0.15	1.69	9.00	17.10	25.44	27.93
钢　材（万吨）	Rolled-steel (10000 tons)	0.17	3.84	11.86	24.99	33.97	36.32
发电量（亿千瓦小时）	Electricity (100 million kW·h)	0.35	2.49	4.90	9.20	11.75	11.91
原　煤（万吨）	Coal (10000 tons)	4.68	6.79	7.72	5.82	5.51	5.53
水　泥（万吨）	Cement (10000 tons)	1.22	12.60	26.24	42.87	49.29	53.26
布（万米）	Cloth (10000 m)	385	924	1479	2424	2222	2500
每天消费量	**Daily Consumption**						
最终消费（亿元）	Final Consumption (100 million yuan)	0.36	10.17	20.98	47.23	73.14	85.12
居民消费（亿元）	Resident Consumption (100 million yuan)	0.32	7.71	14.63	29.98	51.77	61.67
城镇居民人均生活消费支出（元）	Per Living Consumption Expenditure of Urban Residents (yuan)	0.76	14.58	23.62	39.33	60.99	64.32
#食品烟酒	Food and Alcohol Tobacco Consumption	0.42	6.00	8.78	14.36	17.35	18.34
农村居民人均生活消费支出（元）	Per Living Consumption Expenditure of Rural Residents (yuan)	0.38	6.40	9.77	17.93	29.48	32.38
#食品烟酒	Food and Alcohol Tobacco Consumption	0.24	2.79	4.30	6.83	9.18	10.17
政府消费（亿元）	Government Consumption Expenditure (100 million yuan)	0.04	2.45	6.36	17.25	21.37	23.44
社会消费品零售总额（亿元）	Total Retail Sales of Consumer Goods (100 million yuan)	0.23	7.97	15.71	37.28	57.20	64.27
每天其他经济活动	**Other Daily Economic Activities**						
货物运输量（万吨）	Freight Traffic (10000 tons)	40.07	247.77	309.34	516.60	531.64	571.57
旅客运输量（万人）	Passenger Traffic (10000 persons)	70.19	293.82	397.82	620.90	416.91	427.44
竣工房屋面积（万平方米）	Floor Space of Housing Completed (10000 sq. m)		58.32	69.57	133.04	189.07	210.40
出版报纸（万份）	Newspaper Published (10000 copies)	67.12	639.45	734.25	743.05	784.93	788.52
邮寄函件（万件）	Letters Delivered (10000 pieces)	44.66	157.26	115.34	256.44	208.49	171.51
进出口总额（万美元）	Total of Imports and Exports (USD 10000)	117	12504	62450	127614	150916	154455
#出口	Export	115	7060	33694	74123	90098	93663
实际外商直接投资（万美元）	Actual Foreign Direct Investment (USD 10000)		1760	3611	7808	9112	7719
每天人口变动和婚姻	**Daily Population Changes and Marriages**						
出生人数（人）	Births (person)	2483	1808	1886	2079	2051	2058
死亡人数（人）	Deaths (person)	968	1299	1436	1470	1523	1529
结婚对数（对）	Marriages (couple)		1365	1293	2074	2476	2286
离婚对数（对）	Divorces (couple)		153	339	439	593	598

1-7 全省人均国民经济主要指标
Major Per Capita Indicators of Jiangsu National Economy

指标		Item		1978	2000	2005	2010	2013	2014
地区生产总值	(元)	Gross Domestic Product	(yuan)	430	11765	24616	52840	75164	81874
第一产业		Primary Industry		118	1442	1934	3240	4365	4572
第二产业		Secondary Industry		226	6101	13930	27748	36587	38812
工　业		Industry		202	5294	12494	24589	32081	33917
建筑业		Construction		24	808	1436	3159	4516	4905
第三产业		Tertiary Industry		85	4222	8751	21852	34212	38491
#房地产业		Real Estate		9	410	1058	3318	4162	4484
公共财政预算收入	(元)	Public Finance Budget Revenue	(yuan)	105	617	1751	5204	8283	9099
公共财政预算支出	(元)	Public Finance Budget Experditure	(yuan)	49	813	2215	6268	9834	10657
全社会固定资产投资	(元)	Total Investment in Fixed Assets	(yuan)	38	4120	11567	29573	45869	52754
#房地产开发		Real Estate Development			531	2045	5484	9132	10365
社会消费品零售额	(元)	Total Retail Sales of Consumer Goods	(yuan)	146	4001	7591	17115	26263	29508
进出口总额	(美元)	Total Imports and Exports	(USD)	7	628	3017	5941	6947	7092
#出　口		Exports		7	354	1628	3451	4147	4300
城镇常住居民可支配收入	(元)	Disposable Income of Urban Residents	(yuan)	288	6800	12319	22944	31585	34346
农村常住居民可支配收入	(元)	Disposable Income of Rural Residents	(yuan)	155	3595	5276	9118	13521	14958
居民储蓄存款	(元)	Outstanding Amount of Saving Deposits of Urban and Rural Residents	(yuan)	21	6083	13944	29652	42602	45955
在校大学生数	(人/万人)	Number of Students Enrollment in Institution of Higher Education	(person/10000 persons)	10	65	153	210	212	213
医院病床数	(张/万人)	Hospital Beds	(bed/10000 persons)	19	22	24	31	43	46
卫生技术人员数	(人/万人)	Medical Technical Personnel	(person/10000 persons)	24	35	34	42	54	58
#执业医师		Doctors		10	16	14	16	21	22
主要工农业产品产量	(千克)	Output of Major Industrial and Agricultural Products	(kg)						
粮　食		Grain		414	427	375	413	432	439
棉　花		Cotton		8	4	4	3	3	2
油　料		Oil－Bearing Crops		6	31	29	19	19	18
粗　钢		Steel		9	85	435	796	1171	1282
原　煤		Coal		294	341	373	271	254	254
发电量	(千瓦小时)	Electricity	(kW·h)	218	1251	2368	4285	5409	5468

1-8 全省法人单位数及从业人员数
Number of Corporations and Empolyment

项 目	Item	法人单位数(个) Corporation Units (unit)		从业人员(万人) Employees (10000 persons)	
		2013	2014	2013	2014
合 计	**Total**	**1062911**	**1395254**	**3633.44**	**3639.94**
按机构类型分	**Crouped by Type of Organization**				
企业	Enterprises	915317	1233493	3263.70	3260.58
事业单位	Institutions	37309	40690	180.87	183.86
机关	Agencies & Organizations	10111	10807	64.17	61.63
社会团体	Social Organizations	19155	22932	16.00	20.89
民办非企业单位	Non-enterprise Units Run by NGO	16948	19500	27.20	28.62
基金会	Fund Organizations	369	395	0.19	0.21
居委会	Neighborhood Committee	7161	7633	7.35	7.67
村委会	Village Committee	14541	15532	13.36	14.28
其他组织机构	Others	42000	44272	60.60	62.19
按登记注册类型分	**Grouped by Type of Registration**				
内资	Inner Funded	1032333	1361236	3105.02	3106.82
国有	State-owned	52695	57351	289.36	290.78
集体	Collective-owned	20083	22463	60.09	64.09
股份合作	Share Holding Cooperative	3466	3850	7.86	9.02
联营	Joint Ownership	1805	1938	3.57	3.70
国有联营	State Joint-owned	140	167	0.85	0.66
集体联营	Collective Joint-owned	423	483	0.77	0.88
国有与集体联营	Stale-owned and Collective Joint Funded	115	141	0.63	0.83
其他联营	Other Joint Funded	1127	1147	1.33	1.32
有限责任公司	Limited Liability Co., Ltd.	74840	95494	684.62	561.04
国有独资公司	State-owned Solely Funded Co.	1352	1466	34.92	29.96
其他有限责任公司	Other Responsibility Co., Ltd.	73488	94028	649.70	531.08
股份有限公司	Share Holding Co., Ltd.	10016	12281	164.18	150.45
私营	Private	753239	1024670	1736.87	1840.73
私营独资	Private Solely Funded	165841	209501	229.48	275.75
私营合伙	Private Partnership	14489	18601	20.75	24.35
私营有限责任公司	Private Responsibility Co., Ltd.	555272	774147	1402.30	1460.99
私营股份有限公司	Private Responsibility Co., Ltd.	17637	22421	84.34	79.64
其他内资	Others	116189	143189	158.46	187.01

1－8 续表 Continued

项 目	Item	法人单位数(个) Corporation Units (unit)		从业人员(万人) Employees (10000 persons)	
		2013	2014	2013	2014
港澳台商投资	Hong Kong, Macao and Taiwan Funded	12148	13588	194.10	193.22
与港澳台商合资经营	Join with Hong Kong, Macao and Taiwan Funded	3813	4148	58.45	59.87
与港澳台商合作经营	Cooperate with Hong Kong, Macao and Taiwan Funded	206	217	2.94	2.57
港澳台商独资	Hong Kong, Macao and Taiwan with Solely Funded	7755	8784	122.85	122.04
港澳台商投资股份有限公司	Hong Kong, Macao and Taiwan Share Holding Co.,Ltd.	281	333	8.45	8.10
其他港、澳、台商投资	Others	93	106	1.43	0.64
外商投资	Foreign Funded	18430	20430	334.31	339.90
中外合资经营	Sino-foreign Joint Funded	5339	5952	88.95	92.56
中外合作经营	Sino-foreign Cooperative Funded	281	322	4.91	5.00
外资企业	Foreign Solely Funded	12199	13409	228.77	230.93
外商投资股份有限公司	Foreign Funded Share Holding Co.,Ltd.	360	462	11.05	10.76
其他外商投资	Others	251	285	0.63	0.65
按行业分	**Grouped by Sector**				
农、林、牧、渔业	Farming, Forestry, Animal Husbandry and Fishery	28850	39210	43.97	59.30
采矿业	Mining and Quarrying	643	750	16.09	14.62
制造业	Manufacturing	346771	415407	1609.91	1700.99
电力、热力、燃气及水生产和供应业	Production and Supply of Electric Power, Heat Power, Gas and Water	2471	3026	18.39	19.68
建筑业	Construction	43284	66054	843.79	633.48
批发和零售业	Wholesale and Retail Sales	299067	410969	317.21	361.89
交通运输、仓储和邮政业	Transportation, Storage and Post	25948	35616	85.96	80.93
住宿和餐饮业	Hotel and Catering	11328	14902	44.82	49.17
信息传输、软件和信息技术服务业	Informaiton Transfer, Software and IT Services	21459	33158	54.81	55.08
金融业	Banking		6032		29.66
房地产业	Real Estate	29149	37498	68.73	70.66
租赁和商务服务业	Leasing and Commercial Services	77822	116728	107.46	122.59
科学研究、技术服务业	Scientific Research and Technical Services	40129	55509	68.70	75.09
水利、环境和公共设施管理业	Water Coservancy, Environment and Public Facility Management	7501	8832	22.07	22.24
居民服务、修理和其他服务业	Services to Households and Other Services	14760	21814	20.07	24.10
教育	Education	17858	20589	109.95	112.53
卫生和社会工作	Healthcare and Social Welfare	14231	16332	57.53	57.25
文化、体育和娱乐业	Culture, Sports and Recreation	15410	18888	20.19	22.32
公共管理、社会保障和社会组织	Public Management, Social Security and Organizations	66230	73937	123.79	128.35

注：本表 2013 年数据不含金融业、铁路运输业、保密军工业法人单位数据。

a) Data of 2013 don't conclude banking, railway transportation and confidential military industrial Corporation.

1-9 全省产业活动单位数及从业人员数
Number of Economic Activity Units and Employment

项 目	Item	产业活动单位数(个) Economic Activity Units (unit)		从业人员(万人) Employees (10000 persons)	
		2013	2014	2013	2014
合 计	**Total**	**1160821**	**1529820**	**3521.68**	**3688.15**
按机构类型分	**Crouped by Type of Organization**				
企业	Enterprises	989007	1341240	3137.99	3291.02
事业单位	Institutions	49331	53696	188.01	191.91
机关	Agencies & Organizations	14057	15424	66.50	64.95
社会团体	Social Organizations	19414	23347	16.02	20.98
民办非企业单位	Non-enterprise Units Run by NGO	16865	19340	26.65	27.71
基金会	Fund Organizations	381	398	0.20	0.22
居委会	Neighborhood Committee	7243	7686	7.37	7.67
村委会	Village Committee	14734	15615	13.33	14.14
其他组织机构	Others	49789	53074	65.61	69.56
按登记注册类型分	**Grouped by Type of Registration**				
内资	Inner Funded	1124655	1488002	3000.40	3154.85
国有	State-owned	71869	84005	311.94	329.95
集体	Collective-owned	28974	32728	62.21	70.75
股份合作	Share Holding Cooperative	3991	5131	10.09	12.62
联营	Joint Ownership	2330	2517	4.28	4.88
国有联营	State Joint-owned	246	295	1.01	0.86
集体联营	Collective Joint-owned	570	636	0.96	1.18
国有与集体联营	Stale-owned and Collective Joint Funded	186	225	0.70	0.61
其他联营	Other Joint Funded	1328	1361	1.60	2.23
有限责任公司	Limited Liability Co.	83117	106734	542.71	491.03
国有独资公司	State-owned Solely Funded Co.	1484	1635	23.60	22.82
其他有限责任公司	Other Responsibility Co., Ltd.	81633	105099	519.11	468.21
股份有限公司	Share Holding Co., Ltd.	13888	26778	139.21	144.78
私营	Private	793477	1075041	1762.83	1901.71
私营独资	Private Solely Funded	173046	217507	236.01	283.78
私营合伙	Private Partnership	15303	19459	21.56	25.36
私营有限责任公司	Private Responsibility Co., Ltd.	585864	813772	1421.80	1511.30
私营股份有限公司	Private Responsibility Co., Ltd.	19264	24303	83.46	81.28
其他内资	Others	127009	155068	167.15	199.12

1－9 续表 Continued

项 目	Item	产业活动单位数(个) Economic Activity Units (unit)		从业人员(万人) Employees (10000 persons)	
		2013	2014	2013	2014
港澳台商投资	Hong Kong, Macao and Taiwan Funded	14303	16452	193.11	195.71
与港澳台商合资经营	Join with Hong Kong, Macao and Taiwan Funded	4384	4818	59.75	62.74
与港澳台商合作经营	Cooperate with Hong Kong, Macao and Taiwan Funded	261	276	2.11	1.88
港澳台商独资	Hong Kong, Macao and Taiwan with Solely Funded	9153	10735	122.92	122.62
港澳台商投资股份有限公司	Hong Kong, Macao and Taiwan Share Holding Co., Ltd.	372	442	7.74	7.89
其他港、澳、台商投资	Others	133	181	0.58	0.59
外商投资	Foreign Funded	21863	25366	328.18	337.58
中外合资经营	Sino-foreign Joint Funded	6572	7694	88.01	93.24
中外合作经营	Sino-foreign Cooperative Funded	345	398	4.91	5.03
外资企业	Foreign Solely Funded	14049	16129	226.06	230.03
外商投资股份有限公司	Foreign Funded Share Holding Co., Ltd.	502	711	8.34	8.49
其他外商投资	Others	395	434	0.85	0.79
按行业分	**Grouped by Sector**				
农、林、牧、渔业	Farming, Forestry, Animal Husbandry and Fishery	29636	40018	45.69	61.27
采矿业	Mining and Quarrying	698	816	11.86	11.63
制造业	Manufacturing	350559	419541	1606.64	1690.11
电力、热力、燃气及水生产和供应业	Production and Supply of Electric Power, Heat Power, Gas and Water	3526	4050	20.16	20.29
建筑业	Construction	48192	72414	692.14	589.47
批发和零售业	Wholesale and Retail Sales	333739	453859	328.46	381.62
交通运输、仓储和邮政业	Transportation, Storage and Post	31195	42411	86.74	93.29
住宿和餐饮业	Hotel and Catering	15465	19736	49.60	55.81
信息传输、软件和信息技术服务业	Informaiton Transfer, Software and IT Services	26307	40129	56.68	61.93
金融业	Banking		23150		48.41
房地产业	Real Estate	33774	42909	73.19	78.69
租赁和商务服务业	Leasing and Commercial Services	84790	125574	113.58	133.30
科学研究、技术服务业	Scientific Research and Technical Services	42830	58393	69.92	78.88
水利、环境和公共设施管理业	Water Coservancy, Environment and Public Facility Management	8063	9448	22.50	23.47
居民服务、修理和其他服务业	Services to Households and Other Services	16008	23395	20.90	25.74
教育	Education	20203	23095	112.60	115.05
卫生和社会工作	Healthcare and Social Welfare	26675	29699	61.05	60.85
文化、体育和娱乐业	Culture, Sports and Recreation	16124	19639	21.03	23.26
公共管理、社会保障和社会组织	Public Management, Social Security and Organizations	73037	81541	128.95	135.09

注:本表2013年数据不含金融业、铁路运输业、保密军工业法人单位数据。

a) Data of 2013 don't conclude banking, railway transportation and confidential military industrial Corporation.

1－10　个体工商业基本情况（2014 年）
Basic Conditions of Self-employment Business（2014）

行　业　Sector		户数（万户）Households（10000 units）	#城镇 Urban	从业人数（万人）Employees（10000 persons）	#城镇 Urban	资金数额（亿元）Capital（100 million yuan）	#城镇 Urban
总计	**Total**	**371.07**	**257.96**	**642.51**	**473.76**	**3185.64**	**2190.95**
按行业分	**Grouped by Sector**						
农、林、牧、渔业	Agriculture, Forestry, Animal Husbandry and Fishery	7.84	2.96	15.59	6.28	204.83	79.38
采矿业	Mining	0.03	0.01	0.11	0.03	0.66	0.19
制造业	Manufacturing	34.16	18.47	94.18	54.13	424.52	231.69
电力、燃气及水的生产和供应业	Production and Supply of Electricity, Gas and Water	0.06	0.03	0.13	0.08	1.18	0.59
建筑业	Construction	1.57	1.01	3.74	2.74	28.97	14.24
交通运输、仓储和邮政业	Transport, Storage and Post	9.95	7.63	12.68	9.92	85.54	61.44
信息传输、计算机服务和软件业	Information Transmission, Computer Services and Software	0.99	0.74	1.57	1.22	6.86	4.54
批发和零售业	Wholesale and Retail Trades	247.12	170.85	363.35	268.38	1810.79	1280.16
住宿和餐饮业	Hotels and Catering Services	24.68	21.05	66.94	60.18	272.27	234.95
金融业	Financial Intermediation	0.01	0.01	0.01	0.01	0.08	0.05
房地产业	Real Estate	0.86	0.81	1.56	1.49	5.18	4.90
租赁和商务服务业	Leasing and Business Services	6.45	5.06	10.95	9.10	61.85	48.81
科学研究、技术服务和地质勘查业	Scientific Research, Technical Service and Geologic Prospecting	1.48	1.17	2.96	2.54	11.08	9.17
水利、环境和公共设施管理业	Management of Water Conservancy, Environment and Public Facilities	0.07	0.06	0.20	0.16	1.10	0.83
居民服务和其他服务业	Services to Households and Other Services	32.29	25.04	60.94	50.60	228.77	182.13
教育	Education	0.27	0.24	0.62	0.58	2.14	1.89
卫生、社会保障和社会福利业	Health, Social Security and Social Welfare	0.34	0.30	0.80	0.74	3.32	3.02
文化、体育和娱乐业	Culture, Sports and Entertainment	2.83	2.45	6.08	5.52	34.06	30.56
其他	Others	0.08	0.07	0.08	0.07	2.42	2.39
按地区分	**by Region**						
南 京 市	Nanjing	34.42	31.32	74.14	68.18	280.36	252.14
无 锡 市	Wuxi	24.76	22.75	45.72	42.69	122.15	112.85
徐 州 市	Xuzhou	35.38	24.29	56.31	41.28	216.09	141.05
常 州 市	Changzhou	21.89	20.86	43.17	40.86	135.84	126.97
苏 州 市	Suzhou	48.96	41.16	98.02	82.14	339.21	285.56
南 通 市	Nantong	53.41	16.54	73.63	25.06	274.03	87.15
连云港市	Lianyungang	13.67	9.08	20.11	13.49	97.45	65.18
淮 安 市	Huaian	20.27	13.83	36.92	26.89	210.52	129.36
盐 城 市	Yancheng	35.42	19.54	45.70	26.04	363.05	197.74
扬 州 市	Yangzhou	20.51	16.02	38.40	30.05	176.26	132.13
镇 江 市	Zhenjiang	14.93	10.48	30.01	20.36	254.36	149.10
泰 州 市	Taizhou	21.41	15.29	41.23	29.99	544.09	406.72
宿 迁 市	Suqian	26.04	16.80	39.17	26.74	172.21	104.99

1－11 私营企业基本情况（2014 年）

项　目	Item	户数（万户）Households (10000 units)	#城镇 Urban
总计	**Total**	**157.40**	**111.85**
按行业分	**Grouped by Sector**		
农、林、牧、渔业	Agriculture, Forestry, Animal Husbandry and Fishery	3.58	1.29
采矿业	Mining	0.05	0.02
制造业	Manufacturing	47.74	25.63
电力、燃气及水的生产和供应业	Production and Supply of Electricity, Gas and Water	0.16	0.11
建筑业	Construction	9.88	8.33
交通运输、仓储和邮政业	Transport, Storage and Post	3.76	3.01
信息传输、计算机服务和软件业	Information Transmission, Computer Services and Software	3.71	3.37
批发和零售业	Wholesale and Retail Trades	56.01	41.52
住宿和餐饮业	Hotels and Catering Services	1.31	1.16
金融业	Financial Intermediation	0.42	0.37
房地产业	Real Estate	3.48	3.02
租赁和商务服务业	Leasing and Business Services	13.42	12.11
科学研究、技术服务和地质勘查业	Scientific Research, Technical Service and Geologic Prospecting	8.60	7.73
水利、环境和公共设施管理业	Management of Water Conservancy, Environment and Public Facilities	0.44	0.32
居民服务和其他服务业	Services to Households and Other Services	3.40	2.58
教育	Education	0.19	0.17
卫生、社会保障和社会福利业	Health, Social Security and Social Welfare	0.12	0.11
文化、体育和娱乐业	Culture, Sports and Entertainment	1.16	1.03
其他	Others	…	…
按地区分	**by Region**		
南 京 市	Nanjing	20.62	19.46
无 锡 市	Wuxi	16.00	14.15
徐 州 市	Xuzhou	11.30	7.18
常 州 市	Changzhou	9.79	9.52
苏 州 市	Suzhou	29.56	23.99
南 通 市	Nantong	22.69	6.83
连云港市	Lianyungang	4.58	3.81
淮 安 市	Huaian	5.35	3.55
盐 城 市	Yancheng	11.40	5.86
扬 州 市	Yangzhou	7.69	5.69
镇 江 市	Zhenjiang	5.16	3.45
泰 州 市	Taizhou	6.77	4.62
宿 迁 市	Suqian	6.49	3.74

Basic Conditions of Private Enterprises (2014)

雇工人数（万人） Employees (10000 persons)	#城镇 Urban	投资者人数（万人） Investors (10000 persons)	#城镇 Urban	注册资金 Registered Capital	#城镇 Urban
1703.60	**1102.17**	**269.33**	**200.89**	**55825.06**	**41069.81**
25.58	9.43	4.99	2.01	870.83	395.34
1.04	0.33	0.08	0.04	46.41	32.33
803.60	453.30	80.33	46.94	17560.75	10397.25
2.24	1.49	0.29	0.19	151.80	104.22
235.92	142.91	17.91	14.88	5382.45	4018.93
35.40	26.14	6.64	5.31	1103.95	899.80
24.25	22.22	6.90	6.38	744.71	686.68
293.18	210.78	88.94	69.50	10648.87	7724.04
22.22	19.78	1.90	1.68	221.57	183.35
4.42	3.45	0.89	0.77	1697.81	1438.43
43.19	35.88	6.18	5.12	4096.63	3360.93
87.19	74.56	27.85	25.14	8270.28	7664.43
76.99	64.46	17.68	15.89	4138.21	3480.09
6.14	4.51	0.87	0.65	215.12	146.76
31.49	23.60	5.47	4.21	410.24	302.23
1.65	1.33	0.31	0.27	14.97	12.07
2.66	2.34	0.21	0.19	40.10	37.37
6.42	5.66	1.91	1.73	210.18	185.42
0.02	0.02	0.00	0.00	0.19	0.13
181.80	152.67	41.10	38.65	7063.90	6273.94
196.63	156.60	31.65	28.02	6625.38	5587.10
105.77	57.50	16.55	10.98	2857.20	2027.04
134.92	125.39	18.27	17.80	3471.71	3298.17
314.27	219.96	58.27	47.01	11490.96	9270.51
217.71	56.99	32.61	10.87	7425.11	2662.71
35.59	25.02	6.61	5.54	1647.72	1375.61
58.00	35.75	8.14	5.67	1761.89	1256.42
117.45	54.02	16.26	8.90	3446.98	1935.85
102.84	70.41	11.52	8.57	3164.09	2362.54
72.35	44.12	9.01	6.06	2522.61	1767.85
88.99	58.08	10.79	7.42	2638.33	1890.66
77.29	45.65	8.54	5.40	1709.19	1361.42

主要统计指标解释

行政区划 指国家对行政区域的划分。根据有关法规规定,我国的行政区域划分如下:(1)全国分为省、自治区、直辖市;(2)省、自治区分为自治州、县、自治县、市;(3)自治州分为县、自治县、市;(4)县、自治县分为乡、民族乡、镇;(5)直辖市和较大的市分为区、县;(6)国家在必要时设立的特别行政区。

平均增长速度 平均增长速度表明社会经济现象在一个较长的时期内逐期平均增长变化的程度,它不能根据各个环比增长速度直接求得,但与平均发展速度之间存在着一定的数量关系:平均增长速度 = 平均发展速度 - 1。

平均发展速度是一种根据环比发展速度计算的序时平均数,由于各时期对比的基础不同,所以计算平均发展速度不能采用一般的序时平均数的计算方法,计算方法分为水平法和累计法。水平法,又称几何平均法,即将环比发展速度按连乘法用几何平均数公式计算。累计法,也称方程法,根据一段时期内各年发展水平总和与基期水平的关系,列出方程式计算平均发展速度。水平法着重考虑最后一年所达到的发展水平;累计法着重考虑整个时期累计发展水平的总量。

本《年鉴》内所列的平均增长速度,均用"水平法"计算。从某年到某年平均增长速度的年份,均不包括基期年在内。如1978年以来的平均增长速度是以1978年为基期计算的,则写为1979 - 2014年平均增长速度,其余类推。

企业(单位)登记注册类型 是以在工商行政管理机关登记注册的各类企业为划分对象,以工商行政管理部门对企业登记注册的类型为依据,将企业登记注册类型分为内资企业、港澳台商投资企业和外商投资企业三大类。内资企业包括国有企业、集体企业、股份合作企业、联营企业、有限责任公司、股份有限公司、私营公司和其他企业;港澳台商投资企业和外商投资企业分别包括合资经营企业、合作经营企业、独资经营企业和股份有限公司。对不在工商行政管理部门进行登记注册的行政机关、事业单位和社会团体,主要按其经费来源和管理方式进行划分。

国有企业 指企业全部资产归国家所有,并按《中华人民共和国企业法人登记管理条例》规定登记注册的非公司制的经济组织。不包括有限责任公司中的国有独资公司。

集体企业 指企业资产归集体所有,并按《中华人民共和国企业法人登记管理条例》规定登记注册的经济组织。

股份合作企业 指以合作制为基础,由企业职工共同出资入股,吸收一定比例的社会资产投资组建,实行自主经营,自负盈亏,共同劳动,民主管理,按劳分配与按股分红相结合的一种集体经济组织。

联营企业 指两个及两个以上相同或不同所有制性质的企业法人或事业单位法人,按自愿、平等、互利的原则,共同投资组成的经济组织。联营企业包括国有联营企业、集体联营企业、国有与集体联营企业和其他联营企业。

有限责任公司 指根据《中华人民共和国公司登记管理条例》规定登记注册,由两个以上、五十个以下的股东共同出资,每个股东以其所认缴的出资额对公司承担有限责任,公司以其全部资产对其债务承担责任的经济组织。有限责任公司包括国有独资公司以及其他有限责任公司。

股份有限公司 指根据《中华人民共和国公司登记管理条例》规定登记注册,其全部注册资本由等额股份构成并通过发行股票筹集资本,股东以其认购的股份对公司承担有限责任,公司以其全部资产对其债务承担责任的经济组织。

私营企业 指由自然人投资设立或由自然人控股,以雇佣劳动为基础的营利性经济组织。包括按照《公司法》、《合伙企业法》、《私营企业暂行条例》规定登记注册的私营有限责任公司、私营股份有限公司、私营合伙企业和私营独资企业。

其他企业 指上述企业之外的其他内资经济组织。

与港澳台商合资经营企业 指港澳台地区投资者与内地企业依照《中华人民共和国中外合资经营企业法》及有关法律的规定,按合同规定的比例投资设立、分享利润和分担风险的企业。

与港澳台商合作经营企业 指港澳台地区投资者与内地企业依照《中华人民共和国中外合作经营企业法》及有关法律的规定,依照合作合同的约定进行投资或提供条件设立、分配利润和分担风险的企业。

港澳台商独资经营企业 指依照《中华人民共和国外资企业法》及有关法律的规定,在内地由港澳台地区投资者全额投资设立的企业。

港澳台商投资股份有限公司 指根据国家有关规定,经原外经贸部依法批准设立,其中港、澳、台商的股本占公司注册资本的比例达25% 以上的股份有限公司。凡其中港、澳、台商的股本占公司注册资本的比例小于25%的,属于内资企业中的股份有限公司。

中外合资经营企业 指外国企业或外国人与中国内地企业依照《中华人民共和国中外合资经营企业法》及有关法律的规定,按合同规定的比例投资设立、分享利润和分担风险的企业。

中外合作经营企业 指外国企业或外国人与中国内地企业依照《中华人民共和国中外合作经营企业法》及有关法律的规

定,依照合作合同的约定进行投资或提供条件设立、分配利润和分担风险的企业。

外资企业 指依照《中华人民共和国外资企业法》及有关法律的规定,在中国内地由外国投资者全额投资设立的企业。

外商投资股份有限公司 指根据国家有关规定,经原外经贸部依法批准设立,其中外资的股本占公司注册资本的比例达25% 以上的股份有限公司。凡其中外资股本占公司注册资本的比例小于25%的,属于内资企业中的股份有限公司。

行政机关、事业单位和社会团体 参照企业登记注册类型,主要按其经费来源和管理方式划分。具体规定如下:

(1) 行政机关:包括国家机关和政党机关,原则上均列为"国有"。但有特殊规定的,如供销社等,则列为"集体"。

(2) 事业单位:包括经国家机构编制部门和有关业务主管部门批准成立的各类事业单位,不包括实行企业化管理的事业单位。事业单位的划分办法如下:

① 由国家财政预算拨款或列入财政预算外资金管理以及经费主要来源于国有主管部门或国有上级单位的事业单位,列为"国有"。

② 经费主要来源于集体单位的事业单位,列为"集体"。

③ 公民个人(或个人合伙)开办的事业单位,列为"私营"。

④ 上述以外的其他事业单位,如果其经费来源不明确,按管理方式进行归类。

(3) 社会团体:包括经民政部门批准成立以及未纳入社会团体管理条例范围的工会、妇联等各类社会团体。社会团体的划分办法如下:

① 未纳入民政部社会团体管理条例范围的工会、妇联、共青团、青联、工商联、科协、侨联等社会团体,国家拨款设立的基金会或基金管理组织以及经费主要来源于国有业务主管部门或国有上级单位的社会团体,列为"国有"。

② 经费主要来源于集体单位的社会团体,列为"集体"。

③ 公民个人(或个人合伙)开办的社会团体,划为"私营"。

④ 上述以外的其他社会团体,如果其经费来源不明确,改按管理方式进行归类。

Explanatory Notes on Main Statistical Indicators

Divisions of Administrative Areas refers to the division of administrative areas by the State. The relative laws stipulate that 1) the whole country is divided into provinces, autonomous regions and municipalities directly under the Central Government; 2) provinces and autonomous regions are further divided into autonomous prefectures, counties, autonomous counties and cities; 3) autonomous prefectures are further divided into counties, autonomous counties and cities; 4) counties and autonomous counties are further divided into townships, ethnic townships and towns; 5) municipalities directly under the Central Government and large cities are divided into districts and counties, 6) the State shall, when necessary, establish special administrative regions.

Average Annual Growth Rate shows the average growth rate of social and economic development during a longer period. It can not be directly calculated by chain based growth rate. The relation is:

Average Annual Growth Rate = Average Speed of Development - 1

Average speed of development is the time series average of speed which calculated by chain based. Because the reference bases during the different periods are not same, average speed of development can not be calculated by the general method. Level approach and accumulative approach for calculating average speed of development rate are applied. The "level approach", or the method of calculating the geometric average, is derived by the formula of geometric average of the chain - based speeds of development, or comparing the level of the last year of the interval with that of the beginning year; the other is called the "accumulative approach" or the "algebraic average", "equation" method, which is derived by the summation of the actual figure of each year in the interval divided by the figure in the base year. The level approach focuses on the level of the last year, while the accumulative approach emphasizes the aggregate development in the duration.

The average annual growth rates listed in the Yearbook are calculated by the level approach. The base year is not listed in the duration for which average annual growth rates are computed. For instance, the average annual growth rate since 1978 is shown as the average annual growth rate of 1979 - 2014 without showing the base year 1978.

Registration Status of Enterprises Enterprises are classified into 3 categories, namely domestic - funded enterprises, enterprises with investment from Hong Kong, Macau and Taiwan, and enterprises with foreign investment, according to the registration status of an enterprise in industrial and commercial administration agencies. Domestic - funded enterprises include State - owned enterprises, collective – owned enterprises, cooperative enterprises, joint ownership enterprises, limited liability corporations, share – holding corporations Ltd., private enterprises and other enterprises. Included in the enterprises with investment from Hong Kong, Macau and Taiwan and enterprises with foreign investment are joint – venture enterprises, cooperative enterprises, sole investment enterprises and share – holding corporations Ltd. For government agencies, institutions and social organizations which are not registered in industrial and commercial administration agencies, they are classified mainly by their sources of funding and manner of management.

State – owned Enterprises refer to non – corporation economic units where the entire assets are owned by the State and which have been registered in accordance with the Regulation of the People's Republic of China on the Management of Registration of Corporate Enterprises. Not included from this category are solely State – funded corporations in the limited liability corporations.

Collective – owned Enterprises refer to economic units where the assets are owned collectively and which have been registered in accordance with the Regulation of the People's Republic of China on the Management of Registration of Corporate Enterprises.

Cooperative Enterprises refer to a form of collective economic units (enterprises) where capitals come mainly from employees as their shares, with certain proportion of capital from the outside, where production is organized on the basis of independent operation, independent accounting for profits and losses, joint work, democratic management, and a distribution system that integrates remuneration according to work with dividend according to capital share.

Joint Ownership Enterprises refer to economic units established by two or more corporate enterprises or corporate institutions of the same or different ownership, through joint investment on the basis of voluntary participation, equality, and mutual benefits. They include State joint ownership enterprises; collective joint ownership enterprises; joint State – collective enterprises; and other joint ownership enterprises.

Limited Liability Corporations refer to economic units established with investment from 2 – 50 investors and registered in accordance with the Regulation of the People's Republic of China on the Management of Registration of Corporations, each investor bearing limited liability to the corporation depending on its share of investment, and the corporation bearing liability to its debt to the maximum of its total assets. Limited liability corporations include solely State – funded limited liability corporations and other limited liability corporations.

Share – holding Corporations Ltd. refer to economic units registered in accordance with the Regulation of the People's Republic of China on the Management of Registration of Corporations, with total registered capital divided into equal shares and raised through issuing stocks. Each investor bears limited liability to the corporation depending on the holding of shares, and the corporation bears liability to its debt to the maximum of its total assets.

Private Enterprises refer to profit – making economic units invested and established by natural persons, or controlled by natural persons using employed labour. Included in this category are private limited liability corporations, private share – holding corporations Ltd., private partnership enterprises and private – funded enterprises registered in accordance with the Company Law, the Law on Partnership Business and Interim Regulations on Private Enterprises .

Other Domestic – funded Enterprises refer to domestic – funded economic units other than those mentioned above.

Joint Venture Enterprises with Funds from Hong Kong, Macau and Taiwan are enterprises established by investors from Hong Kong, Macau and Taiwan with enterprises in the mainland of China in accordance with the Law of the People's Republic of China on Sino – foreign Equity Joint Ventures and other relevant laws, where the establishment of the investment and the sharing of profits and risks are stipulated under joint venture contracts.

Cooperative Enterprises with Funds from Hong Kong, Macau and Taiwan established by investors from Hong Kong, Macau and Taiwan with enterprises in the mainland of China in accordance with the Law of the People's Republic of China on Sino – foreign Contractual Joint Venture and other relevant laws, where the investment or provision of facilities and the sharing of profits and risks are stipulated under cooperative contracts.

Enterprises with Sole (exclusive) Investment from Hong Kong, Macau and Taiwan refer to enterprises established in the mainland of China with exclusive investment from investors from Hong Kong, Macau and Taiwan in accordance with the Law of the People's Republic of China on Wholly Foreign – owned Enterprises and other relevant laws.

Share – holding Corporations Ltd. with Investment from Hong Kong, Macau and Taiwan refer to share – holding corporations Ltd. established with the approval from the former Ministry of Foreign Trade and Economic Relations in line with relevant State regulations, where the share of investment from Hong Kong, Macau or Taiwan businessmen exceeds 25% of the total registered capital of the corporation. In case the share of investment from Hong Kong, Macau or Taiwan is less than 25% of the total registered capital, the enterprise is to be classified as domestic – funded share – holding corporation Ltd.

Joint Venture Enterprises with Foreign Investment refer to enterprises jointly established by foreign enterprises or foreigners with enterprises in the mainland of China in accordance with the Law of the People's Republic of China on Sino – foreign Equity Joint Ventures and other relevant laws, where the sharing of investment, profits and risks is stipulated under contract.

Cooperative Enterprises with Foreign Investment refer to enterprises jointly established by foreign enterprises or foreigners with enterprises in the mainland of China in accordance with the Law of the People's Republic of China on Sino – foreign Contractual Joint Venture and other relevant laws, where the investment or provision of facilities and the sharing of profits and risks are stipulated under cooperative contracts.

Enterprises with Sole (exclusive) Foreign Investment refer to enterprises established in the mainland of China with exclusive investment from foreign investors in accordance with the Law of the People's Republic of China on Wholly Foreign – owned Enterprises and other relevant laws.

Share – holding Corporations Ltd. with Foreign Investment refer to share – holding corporations Ltd. established with the approval from the former Ministry of Foreign Trade and Economic Relations in line with relevant State regulations, where the share of investment from foreign investors exceeds 25% of the total registered capital of the corporation. In case the share of foreign investment is less than 25% of the total registered capital, the enterprise is to be classified as domestic – funded share – holding corporation Ltd.

Government Agencies, Institutions and Social Organizations are classified into the following categories by source of funds and manner of management taking reference of the registration status of enterprises:

(1) Government agencies: include State and party agencies, classified in principle as State – owned. There are exceptions, such as supply and marketing cooperatives which are classified as collective – owned.

(2) Institutions: include institutions of various types established with the approval by organization and staffing departments of the government, but exclude institutions where enterprise management system is introduced. Institutions are further classified as follows:

(a) Institutions for which their main budgets are from government budget appropriations or extra – budget funds, or allocated from the budget of their competent government agencies. Such institutions are classified as state – owned.

(b) Institutions for which their budget mainly come from collective units. Such institutions are classified as collective – owned.

(c) Social institutions established by individual or a group of citizens, which are classified as private.

(d) Institutions other than those mentioned above for which their sources of budget are not clear. Such institutions are classified by the manner of management.

(3) Social organizations: include social organizations established with the approval from the Ministry of Civil Affairs, and organizations that are not covered by social organization management regulations such as trade unions, women's federations etc.. Social organizations are further classified as follows:

(a) Social organizations that are not covered by social organization management regulations of the Ministry of Civil Affairs such as trade unions, women federations, communist youth leagues, youth associations, industrial and commerce associations, scientist associations, overseas Chinese associations, etc., foundations and fund management organizations established with funds from the state, and social organizations whose funds mainly come from the budget of their competent government agencies. Such institutions are classified as State – owned.

(b) Social organizations for which their budget mainly come from collective units. Such institutions are classified as collective – owned.

(c) Social organizations established by individual or a group of citizens, which are classified as private.

(d) Social organizations other than those mentioned above for which their sources of budget are not clear. Such organizations are classified by the manner of management.

2

国民经济核算
National Accounts

简 要 说 明

一、地区生产总值数据是根据不同产业部门、不同支出构成的特点和资料来源情况而采用不同方法计算的。

二、地区生产总值是一个价值量指标，其价值的变化受价格变化和物量变化两大因素影响。不变价地区生产总值是把按当期价格计算的地区生产总值换算成按某个固定期（基期）价格计算的价值，从而使两个不同时期的价值进行比较时，能够剔除价格变化的影响，以反映物量变化，反映生产活动成果的实际变动。地区生产总值指数就是根据两个时期不变价地区生产总值计算得到的。随着经济的不断发展，各行业的价格结构也会不断发生变化，为了更好的反映这种变化对于经济的影响，计算不变价地区生产总值需要每隔若干年调整一次基期。我国自开始核算地区生产总值以来，共有 1952 年、1957 年、1970 年、1980 年、1990 年、2000 年、2005 年、2010 年 8 个不变价基期，目前的基期是 2010 年。也就是说，2014 年的不变价地区生产总值是按照 2010 年价格计算的。由于计算不变价地区生产总值采用按不同基期分段计算，因此本年鉴中的不变价地区生产总值数据也按分段方式公布。

三、本年鉴所列分地区的数据来自各省辖市的国民经济核算资料。由于采取分级核算，各地区数据相加不等于全省总计。

四、本年鉴所列 2013 年数据为第三次全国经济普查核算数。根据《国民经济行业分类》（GB/T4754－2011）和《国家统计局关于印发三次产业划分规定的通知》（国统字〔2012〕108 号），从 2013 年开始采用新的三次产业分类标准。

Brief Introduction

Ⅰ. Data on GDP are computed based on different approaches in the light of the different features of various sectors, various expenditure structures and different data sources.

Ⅱ. Gross Domestic Product (GDP) is a measurement of value which changes depending on changes of price and production. GDP at constant prices converts the gross domestic product based on the current price into a value based on the price of the base period. When adjusted for price changes, the values of two different periods can be compared to reflect changes of both products and production activities. GDP index is derived from the constant-price GDPs of the two periods. As economy grows, changes will take place in the price structures of various industries, and the base period for the measurement of constant-price GDP thus needs to be adjusted every few years in order to better reflect the impact of price change on the economy. Since China started GDP calculation, eight constant-price base periods have been used, i. e., 1952, 1957, 1970, 1980, 1990, 2000, 2005 and 2010, and the current base period is 2010. That is to say, the 2014 GDP is calculated on the basis of the 2010 prices. As the calculation of constant-price GDP is based on different base periods, the constant-price GDP data in this yearbook shall also be announced in accordance with various periods.

Ⅲ. Regional data in this Yearbook are prepared from the national accounts data provided by the statistical bureaus of provincial cities. The sum of the regional data is not equal to the total provincial due to the decentralized accounting approach.

Ⅳ. Data of 2013 in this Yearbook from The Third Economics Census of Jiangsu. From 2013, adopt the new Three Industry classification standard according to *Standard Industrial Classification* (GB/T4754 – 2011) and *the National Bureau of Statistics of China Notice on Regulation of Pivision of the Three Industries*(NBS〔2012〕180).

2-1 主要年份总产出

Total Output in Major Years

本表按当年价格计算 (at current price)

年份 Year	总产出 (亿元) Total Output (100 million yuan)	第一产业 Primary Industry	第二产业 Secondary Industry	#工业 Industry	第三产业 Tertiary Industry
1952	81.54	31.87	27.19	25.53	22.48
1955	100.53	36.22	35.77	32.82	28.54
1957	114.15	36.81	44.63	41.01	32.71
1962	133.12	40.15	56.38	53.36	36.59
1965	192.52	57.27	97.49	88.08	37.76
1970	273.85	71.33	149.65	135.47	52.87
1975	412.28	91.66	260.23	235.28	60.39
1976	438.59	100.71	271.19	247.59	66.69
1977	487.98	89.16	326.37	297.12	72.45
1978	566.85	105.87	378.99	337.65	81.99
1979	661.26	145.25	427.36	386.05	88.65
1980	750.12	138.45	515.71	467.82	95.96
1981	816.27	153.62	557.41	504.94	105.24
1982	897.85	188.11	593.52	534.87	116.22
1983	1014.55	206.86	679.67	600.70	128.02
1984	1239.44	253.82	836.02	745.36	149.60
1985	1642.70	288.55	1157.52	1036.67	196.63
1986	1960.44	332.66	1380.16	1235.38	247.62
1987	2472.22	380.25	1771.85	1590.31	320.12
1988	3409.56	497.95	2370.81	2152.93	540.80
1989	3839.67	522.25	2713.50	2507.42	603.92
1990	4208.23	580.53	2978.51	2764.10	649.19
1991	4820.22	580.93	3416.59	3161.60	822.70
1992	6862.87	673.82	5089.59	4673.57	1099.46
1993	10245.27	875.37	7757.28	7096.46	1612.62
1994	14163.89	1358.50	10601.01	9826.50	2204.38
1995	17699.96	1721.35	13053.11	11995.30	2925.50
1996	20304.53	1953.13	14764.02	13425.15	3587.38
1997	22314.78	2096.40	16342.27	14703.65	3876.11
1998	23433.26	2129.05	16967.90	15163.56	4336.31
1999	24578.40	2108.71	17714.22	15779.09	4755.47
2000	27034.80	2115.39	19714.71	17653.76	5204.71
2001	29832.61	2174.81	21753.49	19595.68	5904.31
2002	32550.33	1953.50	23884.16	21386.23	6712.67
2003	38729.25	2115.88	28971.95	25882.11	7641.42
2004	46972.13	2417.63	35900.90	32068.53	8653.60
2005	56754.26	2577.02	43289.06	39088.19	10888.18
2006	67730.81	2707.13	51931.76	47205.03	13091.92
2007	83861.75	3064.84	64753.63	59576.71	16043.28
2008	99579.13	3590.64	76269.91	69486.28	19718.58
2009	107849.20	3772.77	82149.29	73871.63	21927.14
2010	127976.43	4257.14	95967.85	86320.41	27751.45
2011	157421.13	5237.45	116098.73	104736.44	36084.95
2012	170950.28	5808.82	123754.96	111202.28	41386.50
2013	184432.70	5848.42	129984.89	116027.76	48599.39
2014	201066.35	6095.02	139459.67	123599.43	55511.66

2-2 主要年份总产出指数

Indices of Total Output in Major Years

按可比价格计算,1952 年 = 100 (at constant price with 100 in 1952)

年份 Year	总产出指数 Total Output	第一产业 Primary Industry	第二产业 Secondary Industry	#工业 Industry	第三产业 Tertiary Industry
1952	100.0	100.0	100.0	100.0	100.0
1955	120.0	113.0	134.3	129.7	123.6
1957	127.0	109.1	169.4	165.9	132.1
1962	121.8	93.4	200.8	208.5	121.4
1965	181.6	139.7	372.6	365.0	129.2
1970	263.7	166.3	653.9	651.2	179.4
1975	390.0	204.4	1164.8	1165.2	207.2
1976	420.8	212.3	1267.0	1285.1	232.1
1977	463.9	191.0	1524.5	1543.0	249.8
1978	544.0	232.1	1776.6	1755.8	285.4
1979	598.9	257.4	1983.5	2000.3	291.2
1980	671.6	243.2	2380.5	2417.9	304.9
1981	732.4	262.4	2589.9	2618.8	342.2
1982	802.5	301.5	2796.8	2820.2	376.6
1983	908.5	319.4	3242.2	3211.5	415.6
1984	1090.8	371.9	3955.8	3959.1	477.5
1985	1379.6	383.5	5250.3	5280.7	599.0
1986	1595.5	407.5	6115.4	6161.6	731.7
1987	1912.0	420.2	7474.4	7631.1	906.9
1988	2399.8	448.1	9385.3	9590.3	1288.2
1989	2492.6	449.6	9671.7	10036.5	1422.0
1990	2697.8	460.9	10591.2	11042.5	1502.8
1991	3046.2	455.7	12110.4	12642.3	1807.0
1992	4267.8	515.0	18038.4	18864.6	2272.0
1993	5746.6	573.1	25197.1	26795.1	2887.9
1994	7334.3	642.4	33172.0	35831.4	3354.0
1995	8708.7	730.4	39686.3	42818.5	3903.8
1996	10008.5	803.0	45823.2	49213.2	4471.4
1997	11314.1	856.4	52098.2	55704.5	5035.8
1998	12441.1	885.7	57347.6	61113.7	5676.1
1999	13612.6	925.5	62773.5	66941.5	6330.8
2000	14939.2	959.6	68961.7	73797.1	7079.4
2001	16383.3	988.4	75650.7	81472.0	7946.8
2002	18049.8	1013.1	83613.8	89782.1	8878.3
2003	20560.9	1005.0	96748.4	103967.7	9976.2
2004	23692.0	1065.3	112553.6	121434.3	11356.7
2005	27127.3	1096.2	130562.2	141713.8	13048.9
2006	31413.4	1143.4	152104.9	165521.7	15071.5
2007	36188.3	1178.8	175985.4	193991.4	17437.7
2008	41001.3	1231.9	199039.5	220568.2	20227.7
2009	46167.5	1302.9	224536.5	247654.0	22853.3
2010	52233.8	1404.4	254107.3	280780.2	26026.1
2011	58130.7	1462.5	283540.3	314841.1	28985.6
2012	64234.4	1529.8	314446.2	349473.6	31884.2
2013	70786.3	1598.6	344633.0	384421.0	36092.9
2014	77511.0	1640.2	377028.5	419403.3	39991.0

2-3 主要年份地区生产总值

Gross Domestic Product in Major Years

本表按当年价格计算　　　　　　　　　　　　　　　　　　　　　　　　(at current price)

年份 Year	地区生产总值(亿元) Gross Domestic Product (100 million yuan)	第一产业 Primary Industry	第二产业 Secondary Industry	工业 Industry	建筑业 Construction	第三产业 Tertiary Industry	#金融业 Financial Intermediation	#房地产业 Real Estate	人均地区生产总值(元) Per Capita GDP (yuan)
1952	48.41	25.49	8.53	7.63	0.90	14.39			131
1955	58.96	29.69	11.29	10.06	1.23	17.98			150
1957	65.11	29.94	14.40	12.51	1.89	20.77			157
1962	69.20	29.10	17.34	15.69	1.65	22.76			161
1965	95.10	41.20	30.26	26.87	3.39	23.64			208
1970	129.23	51.03	46.16	42.33	3.83	32.04			249
1975	184.16	67.59	79.61	72.70	6.91	36.96			329
1976	187.97	62.38	85.04	78.48	6.56	40.55			332
1977	202.40	53.22	105.35	97.15	8.20	43.83			353
1978	249.24	68.71	131.09	117.10	13.99	49.44	10.43	5.50	430
1979	298.55	104.04	141.14	126.25	14.89	53.37	10.27	5.42	509
1980	319.80	94.24	167.41	151.22	16.19	58.15	11.52	6.08	541
1981	350.02	109.39	178.01	161.11	16.90	62.62	12.32	6.50	586
1982	390.17	135.15	185.52	168.09	17.43	69.50	13.74	7.25	645
1983	437.65	150.41	210.81	191.52	19.29	76.43	14.47	7.64	716
1984	518.85	179.00	250.39	228.58	21.81	89.46	15.52	8.19	843
1985	651.82	195.66	339.56	307.89	31.67	116.60	18.91	11.93	1053
1986	744.94	224.26	376.32	337.77	38.55	144.36	25.56	13.50	1193
1987	922.33	246.86	493.69	443.23	50.46	181.78	25.14	14.59	1462
1988	1208.85	319.18	586.82	526.92	59.90	302.85	47.44	21.25	1891
1989	1321.85	324.18	657.06	599.91	57.15	340.61	65.45	24.72	2038
1990	1416.50	355.17	692.59	634.13	58.46	368.74	72.53	27.02	2109
1991	1601.38	345.14	793.92	725.83	68.09	462.32	77.81	33.51	2353
1992	2136.02	393.82	1119.26	1017.94	101.32	622.94	109.27	43.89	3106
1993	2998.16	490.59	1598.05	1451.97	146.08	909.52	140.04	73.03	4321
1994	4057.39	683.98	2186.77	2002.22	184.55	1186.64	187.37	95.23	5801
1995	5155.25	866.24	2715.26	2467.63	247.63	1573.75	244.65	134.95	7319
1996	6004.21	989.18	3074.12	2754.80	319.32	1940.91	291.71	178.79	8471
1997	6680.34	1035.80	3411.86	3016.44	395.42	2232.68	318.08	211.22	9371
1998	7199.95	1047.16	3640.10	3157.69	482.41	2512.69	322.33	253.14	10049
1999	7697.82	1037.37	3920.15	3387.99	532.16	2740.30	330.25	272.34	10695
2000	8553.69	1048.34	4435.89	3848.52	587.37	3069.46	349.49	298.15	11765
2001	9456.84	1094.48	4907.46	4270.90	636.56	3454.90	353.41	326.74	12879
2002	10606.85	1110.44	5604.49	4880.09	724.40	3891.92	368.86	371.09	14369
2003	12442.87	1162.45	6787.11	6004.65	782.46	4493.31	392.11	447.47	16743
2004	15003.60	1367.58	8437.99	7514.39	923.60	5198.03	440.50	534.17	20031
2005	18598.69	1461.51	10524.96	9440.18	1084.78	6612.22	492.40	799.73	24616
2006	21742.05	1545.05	12282.89	11097.64	1185.25	7914.11	653.25	1017.91	28526
2007	26018.48	1816.31	14471.26	13105.24	1366.02	9730.91	1054.25	1365.71	33837
2008	30981.98	2100.11	16993.34	15271.20	1722.14	11888.53	1298.48	1626.13	40014
2009	34457.30	2261.86	18566.37	16464.94	2101.43	13629.07	1596.98	2025.39	44253
2010	41425.48	2540.10	21753.93	19277.65	2476.28	17131.45	2105.92	2600.95	52840
2011	49110.27	3064.78	25203.28	22280.61	2922.67	20842.21	2600.11	2747.89	62290
2012	54058.22	3418.29	27121.95	23908.47	3213.48	23517.98	3136.51	2992.82	68347
2013	59753.37	3469.86	29086.08	25503.86	3590.16	27197.43	3958.79	3308.40	75354
2014	65088.32	3634.33	30854.50	26962.97	3899.47	30599.49	4723.69	3564.44	81874

2-4　主要年份地区生产总值构成
Composition of Gross Domestic Product in Major Years

本表按当年价格计算,单位:%　　　　(at current price, %)

年　份 Year	地区生产总值 Gross Domestic Product	第一产业 Primary Industry	第二产业 Secondary Industry	工业 Industry	建筑业 Construction	第三产业 Tertiary Industry	#金融业 Financial Intermediation	#房地产业 Real Estate
1952	100.0	52.7	17.6	15.8	1.9	29.7		
1955	100.0	50.4	19.1	17.1	2.1	30.5		
1957	100.0	46.0	22.1	19.2	2.9	31.9		
1962	100.0	42.1	25.0	22.6	2.4	32.9		
1965	100.0	43.3	31.8	28.3	3.6	24.9		
1970	100.0	39.5	35.7	32.8	3.0	24.8		
1975	100.0	36.7	43.2	39.5	3.8	20.1		
1976	100.0	33.2	45.2	41.8	3.5	21.6		
1977	100.0	26.3	52.0	48.0	4.0	21.7		
1978	100.0	27.6	52.6	47.0	5.6	19.8	4.2	2.2
1979	100.0	34.8	47.3	42.3	5.0	17.9	3.4	1.8
1980	100.0	29.5	52.3	47.3	5.1	18.2	3.6	1.9
1981	100.0	31.3	50.8	46.0	4.8	17.9	3.5	1.9
1982	100.0	34.6	47.6	43.1	4.5	17.8	3.5	1.9
1983	100.0	34.4	48.2	43.8	4.4	17.4	3.3	1.7
1984	100.0	34.5	48.3	44.1	4.2	17.2	3.0	1.6
1985	100.0	30.0	52.1	47.2	4.9	17.9	2.9	1.8
1986	100.0	30.1	50.5	45.3	5.2	19.4	3.4	1.8
1987	100.0	26.8	53.5	48.1	5.5	19.7	2.7	1.6
1988	100.0	26.4	48.5	43.6	5.0	25.1	3.9	1.8
1989	100.0	24.5	49.7	45.4	4.3	25.8	5.0	1.9
1990	100.0	25.1	48.9	44.8	4.1	26.0	5.1	1.9
1991	100.0	21.5	49.6	45.3	4.3	28.9	4.9	2.1
1992	100.0	18.4	52.4	47.7	4.7	29.2	5.1	2.1
1993	100.0	16.4	53.3	48.4	4.9	30.3	4.7	2.4
1994	100.0	16.9	53.9	49.3	4.5	29.2	4.6	2.3
1995	100.0	16.8	52.7	47.9	4.8	30.5	4.7	2.6
1996	100.0	16.5	51.2	45.9	5.3	32.3	4.9	3.0
1997	100.0	15.5	51.1	45.2	5.9	33.4	4.8	3.2
1998	100.0	14.5	50.6	43.9	6.7	34.9	4.5	3.5
1999	100.0	13.5	50.9	44.0	6.9	35.6	4.3	3.5
2000	100.0	12.2	51.9	45.0	6.9	35.9	4.1	3.5
2001	100.0	11.6	51.9	45.2	6.7	36.5	3.7	3.5
2002	100.0	10.5	52.8	46.0	6.8	36.7	3.5	3.5
2003	100.0	9.3	54.6	48.3	6.3	36.1	3.2	3.6
2004	100.0	9.1	56.3	50.1	6.2	34.6	2.9	3.6
2005	100.0	7.9	56.6	50.8	5.8	35.6	2.6	4.3
2006	100.0	7.1	56.5	51.0	5.5	36.4	3.0	4.7
2007	100.0	7.0	55.6	50.4	5.3	37.4	4.1	5.2
2008	100.0	6.8	54.8	49.3	5.6	38.4	4.2	5.2
2009	100.0	6.5	53.9	47.8	6.1	39.6	4.6	5.9
2010	100.0	6.1	52.5	46.5	6.0	41.4	5.1	6.3
2011	100.0	6.3	51.3	45.4	5.9	42.4	5.3	5.6
2012	100.0	6.3	50.2	44.2	6.0	43.5	5.8	5.5
2013	100.0	5.8	48.7	42.7	6.0	45.5	6.6	5.5
2014	100.0	5.6	47.4	41.4	6.0	47.0	7.3	5.5

2-5 不变价地区生产总值
Gross Domestic Product at Constant Price

单位:亿元 (100 million yuan)

年份 Year	地区生产总值 Gross Domestic Product	第一产业 Primary Industry	第二产业 Secondary Industry	工业 Industry	建筑业 Construction	第三产业 Tertiary Industry
	按1980年价格计算 Price Base Year = 1980					
1980	328.21	100.50	169.56	153.37	16.19	58.15
1981	363.85	113.44	181.85	164.56	17.29	68.56
1982	399.66	131.53	192.41	174.63	17.78	75.72
1983	448.78	140.98	221.82	202.11	19.71	85.98
1984	519.29	159.22	261.51	231.60	29.91	98.56
1985	609.14	157.88	334.88	304.52	30.36	116.38
1986	672.32	166.33	367.10	331.25	35.85	138.89
1987	762.72	167.11	433.55	388.62	44.93	162.06
1988	912.08	174.37	510.67	459.37	51.30	227.04
1989	934.74	169.42	512.97	468.94	44.03	252.35
1990	981.59	171.16	540.61	496.73	43.88	269.82
	按1990年价格计算 Price Base Year = 1990					
1990	1438.00	358.93	710.33	651.87	58.46	368.74
1991	1557.32	344.81	773.85	709.30	64.55	438.66
1992	1955.77	381.53	1020.73	928.13	92.60	553.51
1993	2342.88	391.25	1258.98	1143.28	115.70	692.65
1994	2728.74	411.73	1545.47	1410.47	135.00	771.54
1995	3148.95	467.66	1795.09	1626.27	168.82	886.20
1996	3533.97	503.88	2016.78	1803.53	213.25	1013.31
1997	3956.46	529.04	2271.40	2007.33	264.07	1156.02
1998	4392.36	540.19	2546.93	2224.12	322.81	1305.24
1999	4835.68	565.06	2834.48	2477.67	356.81	1436.14
2000	5346.92	587.06	3163.06	2779.95	383.11	1596.80
	按2000年价格计算 Price Base Year = 2000					
2000	8553.69	1048.34	4435.89	3848.52	587.37	3069.46
2001	9422.01	1079.79	4921.27	4291.02	630.25	3420.95
2002	10521.02	1109.48	5593.98	4887.48	706.50	3817.56
2003	11954.29	1107.82	6557.21	5757.45	799.76	4289.26
2004	13717.60	1174.20	7679.60	6782.27	897.33	4863.80
2005	15703.94	1207.73	8907.14	7914.15	992.99	5589.08
	按2005年价格计算 Price Base Year = 2005					
2005	18598.69	1461.51	10524.96	9440.18	1084.78	6612.22
2006	21377.34	1534.28	12205.31	11004.68	1200.63	7637.75
2007	24571.11	1581.10	14097.03	12836.96	1260.07	8892.98
2008	27691.48	1644.32	15960.65	14595.62	1365.03	10086.51
2009	31139.06	1717.84	17963.59	16339.82	1623.77	11457.63
2010	35099.55	1801.27	20311.56	18513.90	1797.66	12986.72
	按2010年价格计算 Price Base Year = 2010					
2010	41425.48	2540.10	21753.93	19277.65	2476.28	17131.45
2011	45969.83	2642.02	24296.18	21648.83	2647.35	19031.63
2012	50626.87	2763.55	26982.69	24062.67	2920.02	20880.63
2013	55505.85	2705.56	29680.46	26549.80	3138.72	23119.83
2014	60334.86	2785.40	32115.74	28771.53	3352.15	25433.72

2－6 主要年份地区生产总值指数

Indices of Gross Domestic Product in Major Years

按可比价格计算，上年＝100 (at constant price, preceding year＝100)

年份 Year	地区生产总值指数 Gross Domestic Product	第一产业 Primary Industry	第二产业 Secondary Industry	工业 Industry	建筑业 Construction	第三产业 Tertiary Industry	#金融业 Financial Intermediation	#房地产业 Real Estate	人均地区生产总值指数 Per Capita GDP
1952									
1955	111.1	114.7	101.7	101.9	100.7	107.0			108.6
1957	100.4	101.8	100.5	95.5	130.9	97.6			98.2
1962	93.2	101.5	73.5	72.8	80.8	94.0			91.9
1965	107.1	101.3	130.8	120.8	241.7	103.1			104.7
1970	114.9	107.1	136.5	137.5	130.6	110.1			112.3
1975	106.1	102.1	115.6	117.1	105.4	99.2			104.8
1976	101.0	87.3	112.0	113.7	98.8	111.3			99.8
1977	106.3	86.7	123.9	123.8	125.3	107.1			105.1
1978	124.6	132.1	124.6	123.3	135.7	113.9			123.2
1979	112.0	122.9	107.1	108.0	100.4	105.7	96.4	96.5	110.8
1980	104.8	89.5	118.2	119.7	105.2	101.6	104.5	104.7	103.9
1981	110.9	112.9	107.2	107.3	106.8	117.9	117.1	117.1	109.8
1982	109.8	115.9	105.8	106.1	102.8	110.4	111.0	111.0	108.5
1983	112.3	107.2	115.3	115.7	110.9	113.5	108.8	108.7	111.1
1984	115.7	112.9	117.9	114.6	151.8	114.6	114.6	114.7	114.9
1985	117.3	99.2	128.1	131.5	101.5	118.1	101.1	120.9	116.6
1986	110.4	105.4	109.6	108.8	118.1	119.3	130.3	109.1	109.5
1987	113.4	100.5	118.1	117.3	125.3	116.7	91.1	100.2	112.2
1988	119.6	104.3	117.8	118.2	114.2	140.1	158.6	122.4	118.0
1989	102.5	97.2	100.5	102.1	85.8	111.1	136.4	114.9	101.0
1990	105.0	101.0	105.4	105.9	99.7	106.9	109.5	108.1	101.4
1991	108.3	96.1	108.9	108.8	110.4	119.0	104.8	118.3	106.9
1992	125.6	110.6	131.9	130.9	143.5	126.2	133.1	117.9	124.3
1993	119.8	102.5	123.3	123.2	124.9	125.1	113.3	149.8	118.7
1994	116.5	105.2	122.8	123.4	116.7	111.4	111.9	108.1	115.6
1995	115.4	113.6	116.2	115.3	125.1	114.9	118.1	125.0	114.6
1996	112.2	107.7	112.3	110.9	126.3	114.3	115.4	123.7	111.5
1997	112.0	105.0	112.6	111.3	123.8	114.1	113.5	121.5	111.3
1998	111.0	102.1	112.1	110.8	122.2	112.9	103.9	123.8	110.5
1999	110.1	104.6	111.3	111.4	110.5	110.0	104.8	111.2	109.6
2000	110.6	103.9	111.6	112.2	107.4	111.2	109.8	107.5	109.5
2001	110.2	103.0	110.9	111.5	107.3	111.5	102.8	109.7	109.1
2002	111.7	102.8	113.7	113.9	112.1	111.6	105.9	112.6	111.1
2003	113.6	99.9	117.2	117.8	113.2	112.4	106.8	112.0	112.9
2004	114.8	106.0	117.1	117.8	112.2	113.4	107.5	109.5	113.9
2005	114.5	102.9	116.0	116.7	110.7	114.9	118.9	124.6	113.5
2006	114.9	105.0	116.0	116.6	110.7	115.5	121.3	119.3	113.9
2007	114.9	103.1	115.5	116.7	105.0	116.4	138.6	117.3	113.9
2008	112.7	104.0	113.2	113.7	108.3	113.4	112.0	109.0	111.9
2009	112.4	104.5	112.5	112.0	119.0	113.6	128.1	127.3	111.8
2010	112.7	104.9	113.1	113.3	110.7	113.3	117.0	108.9	112.0
2011	111.0	104.0	111.7	112.3	106.9	111.1	106.2	101.1	110.3
2012	110.1	104.6	111.1	111.1	110.3	109.7	114.7	108.6	109.8
2013	109.6	102.9	110.0	110.3	107.5	109.8	112.8	106.2	109.3
2014	108.7	103.0	108.2	108.4	106.8	110.0	116.9	102.1	108.4

2-7 主要年份地区生产总值定基指数

Fixed-base Indices of Gross Domestic Product in Major Years

按可比价格计算 (at constant price)

年份 Year	地区生产总值指数 Gross Domestic Product	第一产业 Primary Industry	第二产业 Secondary Industry	工业 Industry	建筑业 Construction	第三产业 Tertiary Industry	#金融业 Financial Intermediation	#房地产业 Real Estate	人均地区生产总值指数 Per Capita GDP
1952	100.0	100.0	100.0	100.0	100.0	100.0			100.0
1955	118.9	115.9	133.5	132.0	142.1	121.6			111.3
1957	121.9	111.0	174.3	166.0	223.2	131.0			108.8
1962	103.8	84.6	202.6	212.1	146.3	118.0			89.2
1965	147.6	125.6	375.0	371.4	396.8	126.4			119.1
1970	200.9	148.7	663.6	671.7	615.8	176.0			143.1
1975	277.5	188.4	1179.3	1216.2	961.1	198.1			182.9
1976	280.3	164.4	1320.2	1382.9	949.5	220.4			182.5
1977	297.9	142.5	1636.2	1711.7	1189.5	236.0			191.8
1978	371.3	188.3	2038.8	2110.7	1613.7	268.8	100.0	100.0	236.3
1979	415.9	231.3	2183.9	2279.2	1620.0	284.1	96.4	96.5	261.8
1980	436.0	207.0	2580.8	2729.0	1704.2	288.6	100.8	101.0	272.0
1981	483.3	233.6	2767.9	2928.1	1820.0	340.2	118.0	118.3	298.6
1982	530.9	270.9	2928.6	3107.3	1871.6	375.8	131.0	131.2	323.9
1983	596.1	290.3	3376.3	3596.3	2074.7	426.7	142.4	142.7	360.0
1984	689.8	327.9	3980.4	4121.0	3148.4	489.1	163.3	163.6	413.7
1985	809.2	325.1	5097.1	5418.5	3195.8	577.6	165.1	197.8	482.3
1986	893.1	342.5	5587.5	5894.1	3773.7	689.3	215.1	215.8	528.1
1987	1013.2	344.1	6598.9	6914.9	4729.5	804.3	196.1	216.1	592.7
1988	1211.6	359.1	7772.8	8173.8	5400.0	1126.7	311.0	264.6	699.5
1989	1241.7	348.9	7807.8	8344.1	4634.7	1252.4	424.3	304.2	706.4
1990	1303.9	352.5	8228.5	8838.6	4618.9	1339.1	464.7	328.7	716.5
1991	1412.1	338.6	8964.3	9617.3	5100.1	1593.0	487.2	388.7	765.9
1992	1773.4	374.7	11824.1	12584.4	7316.4	2010.0	648.4	458.2	951.7
1993	2124.4	384.2	14584.0	15501.6	9141.5	2515.3	734.9	686.3	1130.0
1994	2474.3	404.3	17902.7	19124.4	10666.4	2801.8	822.5	741.7	1305.8
1995	2855.3	459.2	20794.3	22050.4	13338.5	3218.2	971.5	926.8	1496.3
1996	3204.5	494.8	23362.4	24453.8	16849.0	3679.8	1121.5	1146.9	1668.6
1997	3587.6	519.5	26311.9	27217.1	20864.3	4198.0	1273.4	1393.8	1857.4
1998	3982.8	530.5	29503.6	30156.5	25505.3	4739.9	1323.5	1726.2	2051.6
1999	4384.8	554.9	32834.6	33594.4	28191.7	5215.3	1387.2	1919.0	2248.4
2000	4848.4	576.5	36640.9	37692.9	30269.7	5798.7	1523.3	2062.3	2461.4
2001	5340.5	593.8	40650.2	42026.9	32479.2	6462.7	1566.0	2262.3	2685.1
2002	5963.5	610.1	46206.8	47868.6	36409.2	7212.0	1658.4	2547.4	2982.4
2003	6775.9	609.2	54163.2	56389.2	41215.2	8103.1	1771.2	2853.1	3366.1
2004	7775.4	645.7	63434.3	66426.5	46243.2	9188.5	1904.3	3124.1	3832.3
2005	8902.8	664.4	73583.7	77519.7	51191.3	10557.6	2264.2	3892.7	4349.7
2006	10229.3	697.7	85357.1	90388.0	56668.7	12194.0	2746.5	4643.9	4956.0
2007	11753.5	719.3	98587.5	105482.8	59502.1	14193.8	3806.6	5447.3	5646.4
2008	13246.1	748.1	111601.0	119933.9	64440.8	16095.8	4263.4	5937.6	6319.6
2009	14895.3	781.5	125606.1	134266.2	76655.5	18283.8	5463.4	7560.6	7066.6
2010	16787.0	819.8	142060.5	152123.7	84864.6	20723.8	6389.5	8233.7	7911.1
2011	18633.6	852.7	158662.2	170835.1	90727.2	23022.5	6785.7	8327.9	8725.9
2012	20515.5	891.9	176273.7	189797.8	100072.1	25255.6	7783.2	9044.1	9581.0
2013	22485.0	917.8	193901.1	209347.0	107577.5	27730.7	8779.4	9604.9	10472.1
2014	24441.2	945.3	209801.0	226932.1	114892.8	30503.8	10263.1	9806.6	11351.7

2-8 分行业地区生产总值

Gross Domestic Product by Sector

本表按当年价格计算,单位:亿元　　(at current price, 100 million yuan)

行业	Sector	2005	2010	2011	2012	2013	2014
地区生产总值	**Gross Domestic Product**	**18598.69**	**41425.48**	**49110.27**	**54058.22**	**59753.37**	**65088.32**
按三次产业分	Grouped by Industry						
第一产业	Primary Industry	1461.51	2540.10	3064.78	3418.29	3469.86	3634.33
第二产业	Secondary Industry	10524.96	21753.93	25203.28	27121.95	29086.08	30854.50
第三产业	Tertiary Industry	6612.22	17131.45	20842.21	23517.98	27197.43	30599.49
按行业分	Grouped by Sector						
农、林、牧、渔业	Agriculture, Forestry, Animal Husbandry and Fishery	1461.51	2540.10	3064.78	3418.29	3646.06	3835.16
农业	Farming	918.16	1556.23	1809.83	2031.27	2182.66	2314.24
林业	Forestry	26.25	43.90	51.22	55.24	59.87	66.07
畜牧业	Animal Husbandry	225.69	373.37	476.74	490.53	489.12	472.91
渔业	Fishery	220.10	444.90	584.38	682.30	738.21	781.11
农、林、牧、渔服务业	Services in Support of Agriculature	71.31	121.70	142.61	158.95	176.20	200.83
工业	Industry	9440.18	19277.65	22280.61	23908.47	25503.86	26962.97
采矿业	Mining	176.15	275.80	296.27	327.45	243.96	251.44
制造业	Manufacturing	8846.22	18101.33	20978.51	22393.82	24124.67	25484.27
电力、热力、燃气及水的生产和供应业	Production and Supply of Electric Power, Heat Power, Gas and Water	417.81	900.52	1005.83	1187.20	1135.23	1227.26
建筑业	Construction	1084.78	2476.28	2922.67	3213.48	3590.16	3899.47
批发和零售业	Wholesale and Retail Trades	1870.57	4447.50	5341.39	5704.66	6123.46	6559.03
交通运输、仓储和邮政业	Transport, Storage and Post	798.11	1768.30	2127.93	2352.40	2425.11	2591.15
住宿和餐饮业	Hotels and Catering Services	299.13	710.98	919.13	1045.21	1027.97	1094.45
信息传输、软件和信息技术服务业	Information Transfer, Software and IT Services	294.20	605.28	910.86	1103.84	1361.42	1579.55
金融业	Financial Intermediation	492.40	2105.92	2600.11	3136.51	3958.79	4723.69
房地产业	Real Estate	799.73	2600.95	2747.89	2992.82	3308.40	3564.44
租赁和商务服务业	Leasing and Business Services	225.44	868.34	1191.29	1415.19	2033.78	2469.55
科学研究和技术服务业	Scientific Research and Technical Services	124.08	365.17	496.42	612.53	774.22	884.50
水利、环境和公共设施管理业	Management of Water Conservancy, Environment and Public Facilities	86.83	215.34	280.76	321.98	382.91	428.27
居民服务、修理和其他服务业	Services to Households and Other Services	240.92	447.86	568.78	685.95	877.51	1073.53
教育	Education	545.75	1022.72	1217.21	1420.47	1680.21	1866.58
卫生和社会工作	Healthcare and Social Welfare	207.17	500.72	664.54	731.58	887.94	1015.45
文化、体育和娱乐业	Culture, Sports and Entertainment	96.01	220.80	268.01	302.99	418.85	536.56
公共管理、社会保障和社会组织	Public Management, Social Security and Organizations	531.88	1251.57	1507.89	1691.85	1752.72	2003.97

2-9 分行业地区生产总值构成

Composition of Gross Domestic Product by Sector

本表按当年价格计算,单位:%　　　　(at current price,%)

行　业	Sector	2005	2010	2011	2012	2013	2014
地区生产总值	**Gross Domestic Product**	**100.0**	**100.0**	**100.0**	**100.0**	**100.0**	**100.0**
按三次产业分	Grouped by Industry						
第一产业	Primary Industry	7.9	6.1	6.3	6.3	5.8	5.6
第二产业	Secondary Industry	56.6	52.5	51.3	50.2	48.7	47.4
第三产业	Tertiary Industry	35.6	41.4	42.4	43.5	45.5	47.0
按行业分	Grouped by Sector						
农、林、牧、渔业	Agriculture, Forestry, Animal Husbandry and Fishery	7.9	6.1	6.3	6.3	6.1	5.9
农业	Farming	4.9	3.8	3.7	3.8	3.7	3.6
林业	Forestry	0.1	0.1	0.1	0.1	0.1	0.1
畜牧业	Animal Husbandry	1.2	0.9	1.0	0.9	0.8	0.7
渔业	Frishery	1.2	1.1	1.2	1.2	1.2	1.2
农、林、牧、渔服务业	Services in Support of Agriculture	0.4	0.3	0.3	0.3	0.3	0.3
工业	Industry	50.8	46.5	45.4	44.2	42.7	41.4
采矿业	Mining	0.9	0.7	0.6	0.6	0.4	0.4
制造业	Manufacturing	47.6	43.7	42.7	41.4	40.4	39.2
电力、热力、燃气及水的生产和供应业	Production and Supply of Electric Power, Heat Power, Gas and Water	2.2	2.2	2.0	2.2	1.9	1.9
建筑业	Construction	5.8	6.0	5.9	6.0	6.0	6.0
批发和零售业	Wholesale and Retail Trades	10.1	10.7	10.9	10.6	10.3	10.1
交通运输、仓储和邮政业	Transport, Storage and Post	4.3	4.3	4.3	4.4	4.1	4.0
住宿和餐饮业	Hotels and Catering Services	1.6	1.7	1.9	1.9	1.7	1.7
信息传输、软件和信息技术服务业	Information Transfer, Software and IT Services	1.6	1.5	1.8	2.0	2.3	2.4
金融业	Financial Intermediation	2.6	5.1	5.3	5.8	6.6	7.3
房地产业	Real Estate	4.3	6.3	5.6	5.5	5.5	5.5
租赁和商务服务业	Leasing and Business Services	1.2	2.1	2.4	2.6	3.4	3.8
科学研究和技术服务业	Scientific Research and Technical Services	0.7	0.9	1.0	1.1	1.3	1.3
水利、环境和公共设施管理业	Management of Water Conservancy, Environment and Public Facilities	0.5	0.5	0.6	0.6	0.6	0.6
居民服务、修理和其他服务业	Services to Households and other Services	1.3	1.1	1.2	1.3	1.5	1.6
教育	Education	2.9	2.5	2.5	2.6	2.8	2.9
卫生和社会工作	Healthcare and Social Welfare	1.1	1.2	1.3	1.4	1.5	1.6
文化、体育和娱乐业	Culture, Sports and Entertainment	0.5	0.5	0.5	0.6	0.7	0.8
公共管理、社会保障和社会组织	Public Management, Social Security and Organizations	2.9	3.0	3.1	3.1	2.9	3.1

2-10 分市分行业地区生产总值(2014 年)

本表按当年价格计算,单位:亿元

行业	Sector	南京 Nanjing	无锡 Wuxi	徐州 Xuzhou	常州 Changzhou
地区生产总值	**Gross Domestic Product**	**8820.75**	**8205.31**	**4963.91**	**4901.87**
按三次产业分	Grouped by Industry				
第一产业	Primary Industry	214.25	138.13	473.54	138.46
第二产业	Secondary Industry	3623.48	4095.89	2246.24	2408.11
第三产业	Tertiary Industry	4983.02	3971.29	2244.13	2355.30
按行业分	Grouped by Sector				
农、林、牧、渔业	Agriculture, Forestry, Animal Husbandry and Fishery	224.61	156.96	489.87	147.37
农业	Farming	139.18	89.54	339.44	89.59
林业	Forestry	11.32	12.02	9.30	0.92
畜牧业	Animal Husbandry	18.95	16.28	102.38	13.47
渔业	Fishery	44.80	20.29	22.42	34.48
农、林、牧、渔服务业	Services in Support of Agriculature	10.36	18.83	16.33	8.91
工业	Industry	3119.12	3747.59	1883.70	2170.19
采矿业	Mining	9.12	0.80	133.74	1.47
制造业	Manufacturing	2995.17	3600.12	1682.65	2130.43
电力、热力、燃气及水的生产和供应业	Production and Supply of Electric Power, Heat Power, Gas and Water	114.83	146.67	67.31	38.29
建筑业	Construction	505.67	348.75	364.61	238.48
批发和零售业	Wholesale and Retail Trades	963.80	1365.19	691.15	673.71
交通运输、仓储和邮政业	Transport, Storage and Post	299.85	199.51	396.13	186.36
住宿和餐饮业	Hotels and Catering Services	155.44	205.10	91.20	118.19
信息传输、软件和信息技术服务业	Information Transfer, Software and IT Services	507.62	124.00	82.43	86.80
金融业	Financial Intermediation	978.81	480.11	206.89	273.30
房地产业	Real Estate	587.96	380.35	177.54	269.71
租赁和商务服务业	Leasing and Business Services	253.60	358.09	103.88	221.56
科学研究、技术服务业	Scientific Research and Technical Services	309.50	82.09	43.63	48.70
水利、环境和公共设施管理业	Management of Water Conservancy, Environment and Public Facilities	59.86	44.31	16.05	75.05
居民服务、修理和其他服务业	Services to Households and Other Services	105.62	157.63	62.13	89.66
教育	Education	292.58	154.89	93.99	90.13
卫生和社会工作	Healthcare and Social Welfare	121.67	87.27	84.65	46.68
文化、体育和娱乐业	Culture, Sports and Entertainment	76.73	58.96	24.42	59.28
公共管理、社会保障和社会组织	Public Management, Social Security and Organizations	258.31	254.51	151.64	106.70

Composition of Gross Domestic Product by Sector and Region(2014)

(at current price, 100 million yuan)

苏州 Suzhou	南通 Nantong	连云港 Lianyungang	淮安 Huaian	盐城 Yancheng	扬州 Yangzhou	镇江 Zhenjiang	泰州 Taizhou	宿迁 Suqian
13760.89	**5652.69**	**1965.89**	**2455.39**	**3835.62**	**3697.91**	**3252.44**	**3370.89**	**1930.68**
203.98	339.57	261.98	286.99	489.50	227.36	121.45	209.25	246.37
6892.98	2812.34	889.68	1085.96	1782.41	1885.75	1631.10	1697.45	933.24
6663.93	2500.78	814.23	1082.44	1563.71	1584.80	1499.89	1464.19	751.07
227.91	367.11	277.51	292.20	516.91	240.02	140.90	217.08	251.65
106.44	197.12	146.81	204.80	258.28	130.10	81.02	137.75	160.86
13.44	2.41	7.40	7.08	15.47	5.06	5.44	2.37	10.97
16.87	56.60	46.41	45.11	122.87	29.58	16.01	33.13	34.35
67.23	83.44	61.36	30.00	92.88	62.61	18.98	36.00	40.19
23.93	27.53	15.53	5.21	27.41	12.66	19.45	7.83	5.28
6360.14	2307.64	706.89	903.34	1524.64	1634.48	1498.41	1462.03	780.91
2.53	0.00	12.78	30.17	8.21	55.54	12.21	0.00	4.21
6182.39	2227.73	628.78	845.02	1485.81	1539.81	1429.84	1444.65	767.08
175.22	79.91	65.33	28.15	30.62	39.13	56.36	17.38	9.62
533.96	507.40	184.00	183.08	259.85	251.78	132.69	236.61	152.65
1961.72	619.33	184.56	200.01	386.89	278.49	327.89	257.97	159.50
435.95	210.85	93.77	91.15	146.85	139.84	132.95	180.13	76.96
372.90	118.28	24.80	66.15	55.43	60.47	65.39	80.08	33.28
282.18	69.01	25.36	35.58	52.87	67.17	54.63	44.31	38.37
1021.51	318.31	81.45	80.90	153.37	184.97	178.70	153.36	81.01
849.02	367.98	114.10	165.92	215.31	238.55	181.09	216.78	132.84
466.26	193.78	46.47	98.95	51.08	167.86	84.15	108.14	35.54
175.68	70.66	12.33	16.52	20.97	50.84	53.46	26.22	4.98
85.86	18.60	10.70	18.34	20.32	27.37	28.35	21.05	6.59
140.50	96.03	8.63	43.81	87.84	38.54	47.91	65.25	18.16
275.27	120.80	73.55	83.08	100.33	101.15	86.34	74.27	53.20
179.61	78.75	30.22	48.89	70.97	53.90	62.15	42.48	23.15
69.10	33.65	5.77	18.31	12.46	18.68	53.23	22.33	8.07
323.32	154.50	85.78	109.16	159.53	143.82	124.20	162.80	73.81

2-11 按收入法计算的地区生产总值(2014年)

Income Approach Components of Gross Domestic Product(2014)

本表按当年价格计算,单位:亿元 (at current price, 100 million yuan)

项目	Item	增加值 Value Added	劳动者报酬 Compensation of Employees	生产税净额 Net Taxes on Production	固定资产折旧 Depreciation of Fixed Assets	营业盈余 Operating Surplus
地区生产总值	**Gross Domestic Product**	**65088.32**	**28660.21**	**8697.30**	**8235.55**	**19495.26**
按三次产业分	Grouped by Industry					
第一产业	Primary Industry	3634.33	3587.08		47.25	
第二产业	Secondary Industry	30854.50	11234.64	5226.10	4229.08	10164.68
第三产业	Tertiary Industry	30599.49	13838.49	3471.20	3959.22	9330.58
按行业分	Grouped by Sector					
农、林、牧、渔业	Agriculture, Forestry, Animal Husbandry and Fishery	3835.16	3785.30		49.86	
工业	Industry	26962.97	8657.80	4744.71	4139.27	9421.19
采矿业	Mining	251.44	111.72	59.85	38.96	40.91
制造业	Manufacturing	25484.27	8292.93	4517.12	3742.75	8931.47
电力、热力、燃气及水的生产和供应业	Production and Supply of Electric Power, Heat Power, Gas and Water	1227.26	253.15	167.74	357.56	448.81
建筑业	Construction	3899.47	2579.16	483.11	91.35	745.85
批发和零售业	Wholesale and Retail Trades	6559.03	2614.31	1673.32	187.41	2083.99
交通运输、仓储和邮政业	Transport, Storage and Post	2591.15	1293.55	188.37	494.03	615.20
住宿和餐饮业	Hotels and Catering Services	1094.45	930.92	79.52	52.94	31.07
信息传输、软件和信息技术服务业	Information Transfer, Software and IT Services	1579.55	526.37	89.87	289.00	674.31
金融业	Financial Intermediation	4723.69	1055.72	472.05	104.81	3091.11
房地产业	Real Estate	3564.44	432.32	531.36	1594.83	1005.93
租赁和商务服务业	Leasing and Business Services	2469.55	1061.84	236.98	320.28	850.45
科学研究和技术服务业	Scientific Research and Technical Services	884.50	465.83	54.97	72.54	291.16
水利、环境和公共设施管理业	Management of Water Conservancy, Environment and Public Facilities	428.27	239.35	16.15	124.32	48.45
居民服务、修理和其他服务业	Services to Households and Other Services	1073.53	629.25	68.93	79.61	295.74

2-11 续表 Continued

本表按当年价格计算,单位:亿元 (at current price, 100 million yuan)

项目	Item	增加值 Value Added	劳动者报酬 Compensation of Employees	生产税净额 Net Taxes on Production	固定资产折旧 Depreciation of Fixed Assets	营业盈余 Operating Surplus
教育	Education	1866.58	1607.00	6.05	215.44	38.09
卫生和社会工作	Healthcare and Social Welfare	1015.45	785.44	5.51	98.01	126.49
文化、体育和娱乐业	Culture, Sports and Entertainment	536.56	262.24	37.15	87.44	149.73
公共管理、社会保障和社会组织	Public Management, Social Security and Organizations	2003.97	1733.81	9.25	234.41	26.50
按地区分	Grouped by Region					
南　京	Nanjing	8820.75	3372.38	1657.60	1252.95	2537.82
无　锡	Wuxi	8205.31	3037.12	1761.69	1122.79	2283.71
徐　州	Xuzhou	4963.91	1890.52	914.08	653.33	1505.98
常　州	Changzhou	4901.87	1773.46	751.28	781.81	1595.32
苏　州	Suzhou	13760.89	4969.54	2559.86	2491.37	3740.12
南　通	Nantong	5652.69	2050.78	1112.79	690.00	1799.12
连云港	Lianyungang	1965.89	842.25	316.84	265.92	540.88
淮　安	Huaian	2455.39	1141.57	371.14	327.19	615.49
盐　城	Yancheng	3835.62	1803.28	566.04	445.59	1020.71
扬　州	Yangzhou	3697.91	1398.72	585.67	651.50	1062.02
镇　江	Zhenjiang	3252.44	1447.74	392.10	485.45	927.15
泰　州	Taizhou	3370.89	1525.42	492.99	333.39	1019.09
宿　迁	Suqian	1930.68	785.73	273.04	236.68	635.23

2-12 主要年份按收入法计算的地区生产总值
Income Approach Components of Gross Domestic Product in Major Years

本表按当年价格计算 (at current price)

年份 Year	地区生产总值(亿元) Gross Domestic Product (100 million yuan)	劳动者报酬 Compensation of Employees	生产税净额 Net Taxes on Production	固定资产折旧 Depreciation of Fixed Assets	营业盈余 Operating Surplus	占地区生产总值比重(%) Composition of Gross Domestic Product(%) 劳动者报酬 Compensation of Employees	生产税净额 Net Taxes on Production	固定资产折旧 Depreciation of Fixed Assets	营业盈余 Operating Surplus
1978	249.24	116.91	31.79	19.98	80.56	46.9	12.8	8.0	32.3
1980	319.80	152.29	45.96	23.90	97.65	47.6	14.4	7.5	30.5
1985	651.82	321.08	89.26	48.80	192.68	49.3	13.7	7.5	29.6
1990	1416.50	693.86	192.85	186.92	342.87	49.0	13.6	13.2	24.2
1991	1601.38	731.05	183.38	217.55	469.40	45.7	11.5	13.6	29.3
1992	2136.02	1015.80	268.62	280.87	570.73	47.6	12.6	13.1	26.7
1993	2998.16	1288.09	466.67	322.64	920.76	43.0	15.6	10.8	30.7
1994	4057.39	1827.96	590.40	440.18	1198.86	45.1	14.6	10.8	29.5
1995	5155.25	2427.68	684.68	624.90	1417.99	47.1	13.3	12.1	27.5
1996	6004.21	2840.19	774.39	739.10	1650.53	47.3	12.9	12.3	27.5
1997	6680.34	3162.19	889.95	871.54	1756.66	47.3	13.3	13.0	26.3
1998	7199.95	3372.60	942.41	981.85	1903.09	46.8	13.1	13.6	26.4
1999	7697.82	3531.22	998.28	1083.95	2084.36	45.9	13.0	14.1	27.1
2000	8553.69	3914.44	1107.55	1226.26	2305.44	45.8	12.9	14.3	27.0
2001	9456.84	4332.91	1229.29	1384.14	2510.50	45.8	13.0	14.6	26.5
2002	10606.85	4828.99	1390.24	1516.35	2871.27	45.5	13.1	14.3	27.1
2003	12442.87	5629.45	1732.06	1742.17	3339.18	45.2	13.9	14.0	26.8
2004	15003.60	6056.96	2357.46	2142.36	4446.81	40.4	15.7	14.3	29.6
2005	18598.69	7597.91	2622.82	3034.54	5343.42	40.9	14.1	16.3	28.7
2006	21742.05	8850.32	3370.48	3249.67	6271.58	40.7	15.5	14.9	28.8
2007	26018.48	9684.74	4317.14	3565.59	8451.01	37.2	16.6	13.7	32.5
2008	30981.98	12520.61	4912.90	4141.55	9406.92	40.4	15.9	13.4	30.4
2009	34457.30	15019.10	5420.70	4674.05	9343.45	43.6	15.7	13.6	27.1
2010	41425.48	17141.63	6278.34	5483.65	12521.86	41.4	15.2	13.2	30.2
2011	49110.27	20523.13	7272.03	6588.02	14727.09	41.8	14.8	13.4	30.0
2012	54058.22	22867.66	7862.22	7209.94	16118.40	42.3	14.6	13.3	29.8
2013	59753.37	25785.65	8096.73	7704.71	18166.28	43.2	13.6	12.9	30.3
2014	65088.32	28660.21	8697.30	8235.55	19495.26	44.0	13.4	12.7	29.9

2－13　三次产业贡献率

Share of the Contributions of the Three Strata of Industry to the Increase of the GDP

本表按可比价格计算，单位：%　　　　(at constant price, %)

年份 Year	地区生产总值 Gross Domestic Product	第一产业 Primary Industry	第二产业 Secondary Industry	#工业 Industry	第三产业 Tertiary Industry
1990	100.0	3.7	59.0	59.3	37.3
1991	100.0	-11.8	53.2	48.1	58.6
1992	100.0	9.2	62.0	54.9	28.8
1993	100.0	2.6	61.5	55.6	35.9
1994	100.0	5.3	74.2	69.2	20.5
1995	100.0	13.3	59.4	51.4	27.3
1996	100.0	9.4	57.6	46.0	33.0
1997	100.0	5.9	60.3	48.2	33.8
1998	100.0	2.6	63.2	49.7	34.2
1999	100.0	5.6	64.9	57.2	29.5
2000	100.0	4.3	64.3	59.1	31.4
2001	100.0	3.6	55.9	51.0	40.5
2002	100.0	2.7	61.2	54.3	36.1
2003	100.0	-0.1	67.2	60.7	32.9
2004	100.0	3.8	63.6	58.1	32.6
2005	100.0	1.7	61.8	57.0	36.5
2006	100.0	2.7	60.5	56.5	36.8
2007	100.0	1.5	59.7	57.9	38.8
2008	100.0	2.1	60.4	57.7	37.4
2009	100.0	2.1	58.1	50.6	39.8
2010	100.0	2.1	59.3	54.9	38.6
2011	100.0	2.2	56.0	52.2	41.8
2012	100.0	2.6	57.7	51.8	39.7
2013	100.0	1.6	55.8	51.3	42.6
2014	100.0	1.7	50.4	46.0	47.9

注：产业贡献率指各产业增加值增量与GDP增量之比。

a) Industrial contribution ration refers to the proportion of the increment of the value-added of each industry to the increment of GDP.

2-14 三次产业对地区生产总值增长的拉动

Contribution of the Three Strata of Industry to GDP Growth

本表按可比价格计算,单位:百分点 (at constant price, percentage points)

年份 Year	地区生产总值 Gross Domestic Product	第一产业 Primary Industry	第二产业 Secondary Industry	#工业 Industry	第三产业 Tertiary Industry
1990	5.0	0.2	2.9	3.0	1.9
1991	8.3	-1.0	4.4	4.0	4.9
1992	25.6	2.4	15.8	14.1	7.4
1993	19.8	0.5	12.2	11.0	7.1
1994	16.5	0.9	12.2	11.4	3.4
1995	15.4	2.1	9.1	7.9	4.2
1996	12.2	1.2	7.0	5.6	4.0
1997	12.0	0.7	7.2	5.8	4.1
1998	11.0	0.3	6.9	5.5	3.8
1999	10.1	0.6	6.5	5.8	3.0
2000	10.6	0.5	6.8	6.3	3.3
2001	10.2	0.4	5.7	5.2	4.1
2002	11.7	0.3	7.2	6.3	4.2
2003	13.6	0.0	9.1	8.3	4.5
2004	14.8	0.6	9.4	8.6	4.8
2005	14.5	0.2	9.0	8.3	5.3
2006	14.9	0.4	9.0	8.4	5.5
2007	14.9	0.2	8.9	8.6	5.8
2008	12.3	0.3	7.4	7.1	4.6
2009	12.4	0.3	7.2	6.3	4.9
2010	12.7	0.3	7.5	7.0	4.9
2011	11.0	0.2	6.2	5.7	4.6
2012	10.1	0.3	5.8	5.2	4.0
2013	9.6	0.1	5.4	4.9	4.1
2014	8.7	0.1	4.4	4.0	4.2

注：三次产业拉动指 GDP 增长速度与各产业贡献率之乘积。

a) Contribution of the three strata of industry to GDP growth refers to the growth rate of GDP multiplied by the contribution share of every industry.

2－15 分市地区生产总值
Gross Domestic Product by Region

本表按当年价格计算,单位:亿元 (at current price, 100 million yuan)

地区 Region		地区生产总值 Gross Domestic Product									
		2005	2006	2007	2008	2009	2010	2011	2012	2013	2014
按省辖市分	**by City**										
南　京	Nanjing	2451.94	2822.80	3340.05	3814.62	4230.26	5130.65	6145.52	7201.57	8080.21	8820.75
无　锡	Wuxi	2808.84	3310.88	3879.70	4460.62	4991.72	5793.30	6880.15	7568.15	7770.23	8205.31
徐　州	Xuzhou	1226.65	1464.74	1747.86	2118.84	2390.16	2942.14	3551.65	4016.58	4519.82	4963.91
常　州	Changzhou	1308.18	1585.11	1913.50	2266.32	2519.93	3044.89	3580.99	3969.87	4450.00	4901.87
苏　州	Suzhou	4138.21	4900.63	5850.11	7078.09	7740.20	9228.91	10716.99	12011.65	12970.00	13760.89
南　通	Nantong	1483.79	1788.39	2163.69	2593.13	2872.80	3465.67	4080.22	4558.67	5150.01	5652.69
连云港	Lianyungang	495.64	594.96	700.54	825.83	941.13	1193.31	1410.52	1603.42	1810.49	1965.89
淮　安	Huaian	572.42	676.62	812.44	992.25	1121.75	1388.07	1690.00	1920.91	2215.86	2455.39
盐　城	Yancheng	1058.10	1233.22	1441.12	1688.28	1917.00	2332.76	2771.33	3120.00	3490.55	3835.62
扬　州	Yangzhou	982.17	1125.23	1357.21	1645.89	1856.39	2229.49	2630.30	2933.20	3320.00	3697.91
镇　江	Zhenjiang	881.89	1044.83	1258.55	1491.83	1672.08	1987.64	2311.45	2630.42	2975.06	3252.44
泰　州	Taizhou	861.56	1037.08	1222.32	1446.29	1660.92	2048.72	2422.61	2701.67	3064.97	3370.89
宿　迁	Suqian	392.38	480.46	585.61	721.09	826.85	1064.09	1320.83	1522.03	1750.28	1930.68
按区域分	**by Region**										
苏　南	Southern Jiangsu	11589.07	13664.25	16241.92	19111.48	21154.19	25185.39	29635.09	33381.66	36245.50	38941.26
苏　中	Mid Jiangsu	3327.53	3950.70	4743.22	5685.31	6390.12	7743.88	9133.14	10193.54	11534.98	12721.49
苏　北	Northern Jiangsu	3745.19	4450.00	5287.57	6346.29	7196.89	8920.37	10744.32	12182.94	13787.01	15151.49

2－15 续 表1 Continued 1

本表按当年价格计算，单位：亿元 (at current price, 100 million yuan)

地 区	Region	第一产业增加值 Value-added of the Primary Industry 2005	2006	2007	2008	2009	2010	2011	2012	2013	2014
按省辖市分	**by City**										
南 京	Nanjing	102.00	109.55	115.28	119.4	129.18	142.29	164.28	185.06	195.29	214.25
无 锡	Wuxi	52.12	60.02	69.55	86.8	93.62	104.94	122.98	137.22	130.40	138.13
徐 州	Xuzhou	174.24	190.05	207.58	232.0	249.90	282.82	334.54	382.46	418.88	473.54
常 州	Changzhou	59.62	66.07	74.32	84.5	91.75	99.78	111.78	126.37	130.33	138.46
苏 州	Suzhou	91.71	104.15	115.18	133.6	142.82	155.79	177.75	195.08	193.29	203.98
南 通	Nantong	163.90	176.29	186.80	219.3	236.47	266.22	287.21	319.09	322.31	339.57
连云港	Lianyungang	101.31	112.71	126.64	142.3	154.46	182.60	204.11	232.40	245.26	261.98
淮 安	Huaian	123.42	131.17	142.50	159.5	170.97	195.97	223.46	247.98	267.73	286.99
盐 城	Yancheng	254.13	270.45	287.82	306.3	330.40	374.21	416.83	456.13	464.06	489.50
扬 州	Yangzhou	94.77	100.99	111.48	134.1	144.88	161.37	184.54	205.19	212.79	227.36
镇 江	Zhenjiang	38.69	40.19	51.17	70.3	75.05	81.53	100.77	115.77	111.19	121.45
泰 州	Taizhou	94.89	102.00	112.93	123.8	133.70	151.65	175.11	191.75	198.51	209.25
宿 迁	Suqian	102.09	112.63	128.69	147.8	159.60	187.09	209.72	226.80	230.07	246.37
按区域分	**by Region**										
苏 南	Southern Jiangsu	344.14	379.98	425.50	494.6	532.42	584.33	677.56	759.50	760.50	816.27
苏 中	Mid Jiangsu	353.56	379.28	411.21	477.2	515.05	579.24	646.86	716.03	733.61	776.18
苏 北	Northern Jiangsu	755.19	817.01	893.22	987.9	1065.33	1222.69	1388.65	1545.77	1626.00	1758.38

2－15 续 表2 Continued 2

本表按当年价格计算,单位:亿元　　(at current price, 100 million yuan)

地区	Region	第二产业增加值 Value-added of the Secondary Industry 2005	2006	2007	2008	2009	2010	2011	2012	2013	2014
按省辖市分	**by City**										
南　京	Nanjing	1199.48	1359.94	1607.22	1771.28	1930.66	2327.86	2760.84	3170.78	3462.42	3623.48
无　锡	Wuxi	1700.98	1980.48	2276.61	2576.54	2836.38	3208.79	3728.12	4012.03	4044.93	4095.89
徐　州	Xuzhou	620.14	756.49	909.33	1105.76	1249.04	1490.92	1777.04	1968.52	2139.03	2246.24
常　州	Changzhou	799.05	954.45	1135.13	1317.05	1429.73	1683.68	1950.84	2100.76	2273.41	2408.11
苏　州	Suzhou	2681.54	3152.03	3632.03	4257.90	4547.12	5253.81	5957.74	6502.25	6757.81	6892.98
南　通	Nantong	828.79	992.10	1209.96	1451.63	1607.50	1908.56	2221.48	2414.11	2658.38	2812.34
连云港	Lianyungang	209.77	265.82	318.71	378.49	435.61	545.07	654.28	736.14	816.46	889.68
淮　安	Huaian	258.39	311.53	379.99	472.40	541.48	647.10	794.18	889.20	1005.60	1085.96
盐　城	Yancheng	457.21	552.84	668.49	808.37	923.74	1096.55	1306.26	1472.87	1634.57	1782.41
扬　州	Yangzhou	543.56	629.81	764.92	924.70	1042.03	1229.34	1427.87	1554.46	1717.29	1885.75
镇　江	Zhenjiang	533.57	631.51	744.47	878.95	973.08	1120.63	1272.39	1419.54	1554.80	1631.10
泰　州	Taizhou	477.85	585.56	694.02	828.34	943.07	1125.85	1308.21	1434.53	1592.96	1697.45
宿　迁	Suqian	166.25	211.35	263.87	329.53	382.86	479.14	614.48	716.85	841.22	933.24
按区域分	**by Region**										
苏　南	Southern Jiangsu	6914.62	8078.41	9395.46	10801.72	11716.97	13594.77	15669.93	17205.36	18093.37	18651.56
苏　中	Mid Jiangsu	1850.20	2207.47	2668.90	3204.67	3592.60	4263.75	4957.56	5403.10	5968.63	6395.54
苏　北	Northern Jiangsu	1711.76	2098.03	2540.39	3094.55	3532.73	4258.78	5146.24	5783.58	6436.87	6937.53

2－15 续 表3 Continued 3

本表按当年价格计算,单位:亿元 (at current price, 100 million yuan)

地 区	Region	全部工业增加值 Value-added of the Industry 2005	2006	2007	2008	2009	2010	2011	2012	2013	2014
按省辖市分	**by City**										
南 京	Nanjing	1043.58	1181.94	1412.22	1532.2	1640.53	2005.21	2390.51	2748.46	2997.63	3119.12
无 锡	Wuxi	1592.55	1861.11	2154.25	2427.7	2651.53	2986.52	3463.12	3717.88	3722.62	3747.59
徐 州	Xuzhou	527.93	647.50	787.01	952.7	1065.28	1268.61	1509.82	1666.62	1807.98	1883.70
常 州	Changzhou	719.95	875.04	1047.61	1209.4	1301.63	1530.86	1768.91	1900.55	2052.92	2170.19
苏 州	Suzhou	2520.33	2978.55	3442.20	4025.3	4265.47	4916.49	5555.33	6055.10	6266.07	6360.14
南 通	Nantong	677.09	821.31	1021.80	1219.6	1319.43	1568.49	1840.41	1992.11	2192.64	2307.64
连云港	Lianyungang	166.77	212.26	258.57	303.7	341.75	431.84	517.82	583.31	647.01	706.89
淮 安	Huaian	216.07	258.50	321.53	399.8	450.33	537.00	661.15	737.20	837.83	903.34
盐 城	Yancheng	392.68	476.02	577.04	699.5	789.95	935.51	1111.50	1258.22	1399.02	1524.64
扬 州	Yangzhou	469.91	554.62	682.03	821.5	913.61	1074.61	1240.87	1344.66	1486.46	1634.48
镇 江	Zhenjiang	482.11	579.60	688.29	809.4	896.63	1039.78	1175.63	1309.54	1433.04	1498.41
泰 州	Taizhou	405.79	502.29	601.65	723.3	825.35	981.02	1132.27	1237.05	1376.30	1462.03
宿 迁	Suqian	125.96	163.33	211.35	264.7	305.01	386.37	502.57	589.82	701.18	780.91
按区域分	**by Region**										
苏 南	Southern Jiangsu	6358.52	7476.24	8744.57	10004.0	10755.79	12478.86	14353.50	15731.53	16472.28	16895.45
苏 中	Mid Jiangsu	1552.79	1878.22	2305.47	2764.4	3058.39	3624.12	4213.55	4573.82	5055.40	5404.15
苏 北	Northern Jiangsu	1429.41	1757.61	2155.50	2620.4	2952.32	3559.33	4302.86	4835.17	5393.01	5799.48

2－15 续 表4 Continued 4

本表按当年价格计算,单位:亿元 (at current price, 100 million yuan)

地 区	Region	第三产业增加值 Value-added of the Tertiary Industry									
		2005	2006	2007	2008	2009	2010	2011	2012	2013	2014
按省辖市分	**by City**										
南 京	Nanjing	1150.46	1353.31	1617.55	1923.94	2170.42	2660.49	3220.41	3845.73	4422.50	4983.02
无 锡	Wuxi	1055.74	1270.38	1533.54	1797.28	2061.72	2479.57	3029.05	3418.90	3594.90	3971.29
徐 州	Xuzhou	432.28	518.20	630.95	781.08	891.22	1168.40	1440.07	1665.60	1961.91	2244.13
常 州	Changzhou	449.51	564.59	704.05	864.77	998.45	1261.43	1518.37	1742.74	2046.26	2355.30
苏 州	Suzhou	1364.97	1644.45	2102.91	2686.59	3050.26	3819.31	4581.50	5314.32	6018.90	6663.93
南 通	Nantong	491.10	620.00	766.93	922.20	1028.84	1290.89	1571.53	1825.47	2169.32	2500.78
连云港	Lianyungang	184.56	216.43	255.19	305.04	351.06	465.64	552.13	634.88	748.77	814.23
淮 安	Huaian	190.61	233.92	289.95	360.35	409.30	545.00	672.36	783.73	942.53	1082.44
盐 城	Yancheng	346.76	409.93	484.81	573.61	662.86	862.00	1048.24	1191.00	1391.92	1563.71
扬 州	Yangzhou	343.84	394.43	480.81	587.09	669.48	838.78	1017.89	1173.55	1389.92	1584.80
镇 江	Zhenjiang	309.63	373.13	462.92	542.58	623.95	785.48	938.29	1095.11	1309.07	1499.89
泰 州	Taizhou	288.82	349.52	415.37	494.15	584.15	771.22	939.29	1075.39	1273.50	1464.19
宿 迁	Suqian	124.03	156.48	193.06	243.76	284.39	397.86	496.63	578.38	679.00	751.07
按区域分	**by Region**										
苏 南	Southern Jiangsu	4330.31	5205.86	6420.96	7815.16	8904.80	11006.28	13287.61	15416.80	17391.63	19473.43
苏 中	Mid Jiangsu	1123.77	1363.95	1663.11	2003.44	2282.47	2900.88	3528.72	4074.41	4832.74	5549.77
苏 北	Northern Jiangsu	1278.24	1534.96	1853.96	2263.84	2598.83	3438.90	4209.43	4853.59	5724.13	6455.58

2－15 续 表5 Continued 5

地　区 Region		人均地区生产总值(元) Per Capita GDP (yuan)									
		2005	2006	2007	2008	2009	2010	2011	2012	2013	2014
按省辖市分	**by City**										
南　京	Nanjing	36112	40072	45743	50855	55290	65273	76263	88525	98848	107545
无　锡	Wuxi	51034	57899	65570	73733	81146	92167	107437	117357	120007	126389
徐　州	Xuzhou	13861	16666	20003	24350	27514	34084	41407	46877	52694	57655
常　州	Changzhou	32116	37809	44452	51746	56890	67327	77485	85040	94895	104423
苏　州	Suzhou	55667	62526	69151	78875	83696	93043	102129	114029	123209	129925
南　通	Nantong	20138	24545	29991	36199	40231	48083	56005	62506	70572	77457
连云港	Lianyungang	10873	13149	15611	18505	21144	26987	32119	36470	40984	44277
淮　安	Huaian	11468	13671	16612	20500	23277	28861	35181	39992	46020	50736
盐　城	Yancheng	13529	15939	18879	22359	25553	31640	38222	43172	48150	53115
扬　州	Yangzhou	21719	25102	30435	36858	41406	49786	58950	65691	74296	82654
镇　江	Zhenjiang	29881	35076	41848	49235	54732	64284	73981	83651	94144	102652
泰　州	Taizhou	18309	22256	26530	31386	35711	44118	52396	58378	66171	72706
宿　迁	Suqian	7901	9766	12078	15091	17460	22525	27839	31827	36399	39963
按区域分	**by Region**										
苏　南	Southern Jiangsu	43320	49202	56025	63845	69278	79501	90622	101370	109627	117477
苏　中	Mid Jiangsu	20050	24048	29133	35014	39263	47422	55788	62208	70344	77532
苏　北	Northern Jiangsu	12009	14392	17281	20922	23835	29774	36094	40914	46208	50603

2-16 分市地区生产总值指数
Indices of Gross Domestic Product by Region

按可比价格计算，上年=100　　　　(at constant price, preceding year=100)

地区	Region	2005	2006	2007	2008	2009	2010	2011	2012	2013	2014
按省辖市分	by City										
南京	Nanjing	115.1	115.1	115.7	112.1	111.5	113.1	112.0	111.7	111.0	110.1
无锡	Wuxi	115.1	115.3	115.3	112.4	111.6	113.2	111.6	110.1	109.3	108.2
徐州	Xuzhou	114.3	115.1	115.3	113.5	113.9	114.0	113.5	113.2	111.8	110.5
常州	Changzhou	115.1	115.2	115.6	112.4	111.7	113.1	112.2	111.5	110.9	110.1
苏州	Suzhou	115.3	115.8	116.1	113.2	111.5	113.3	112.0	110.1	109.6	108.3
南通	Nantong	115.4	115.7	116.2	113.3	114.0	113.0	112.1	111.8	111.8	110.5
连云港	Lianyungang	114.2	115.1	115.1	113.1	113.6	113.6	113.0	112.7	111.8	110.2
淮安	Huaian	114.3	114.9	115.2	113.4	114.2	113.8	113.2	113.1	112.0	110.9
盐城	Yancheng	114.3	115.0	115.0	113.2	113.4	113.6	112.8	112.7	112.3	110.9
扬州	Yangzhou	115.1	115.2	115.7	113.4	113.8	113.5	112.2	111.7	112.0	111.0
镇江	Zhenjiang	115.0	115.2	115.5	112.7	113.7	113.3	112.3	112.8	112.1	110.9
泰州	Taizhou	115.0	115.2	115.5	113.9	113.8	113.5	112.1	112.5	111.8	110.8
宿迁	Suqian	114.7	115.3	115.5	113.9	113.5	113.7	112.8	113.0	112.5	110.8
按区域分	by Region										
苏南	Southern Jiangsu	115.2	115.4	115.7	112.6	111.7	113.2	111.9	110.8	110.2	109.1
苏中	Mid Jiangsu	115.2	115.4	115.9	113.5	114.0	113.3	112.1	112.0	111.8	110.7
苏北	Northern Jiangsu	114.3	115.1	115.2	113.4	113.8	113.8	113.1	113.0	112.0	110.6

Column group: 地区生产总值指数 Indices of Gross Domestic Product

2－16 续 表1 Continued 1

按可比价格计算，上年＝100　　(at constant price, preceding year＝100)

地区	Region	第一产业增加值指数 Primary Industry									
		2005	2006	2007	2008	2009	2010	2011	2012	2013	2014
按省辖市分	**by City**										
南　京	Nanjing	102.7	104.0	103.6	102.7	104.1	104.1	104.1	104.9	103.4	103.3
无　锡	Wuxi	104.2	106.3	105.6	103.8	106.6	104.3	104.4	104.6	103.0	103.5
徐　州	Xuzhou	104.0	104.3	104.1	105.8	105.5	104.2	104.5	105.1	103.3	103.7
常　州	Changzhou	105.0	105.0	103.5	104.2	104.7	104.3	103.9	104.7	103.1	103.0
苏　州	Suzhou	100.2	103.4	104.2	103.6	104.5	104.1	104.1	104.4	103.0	100.0
南　通	Nantong	102.8	104.3	103.4	104.1	104.2	104.0	103.7	104.6	103.1	102.6
连云港	Lianyungang	103.3	108.2	107.9	105.8	104.0	105.1	104.0	105.7	连103.1	103.3
淮　安	Huaian	104.2	105.0	105.0	105.0	104.3	104.6	104.1	104.3	103.3	103.3
盐　城	Yancheng	106.8	105.2	104.0	104.3	104.0	104.3	103.8	104.0	103.2	103.4
扬　州	Yangzhou	106.0	104.8	105.0	105.0	105.1	104.5	104.0	105.2	104.6	103.6
镇　江	Zhenjiang	103.1	107.3	102.2	105.9	104.5	104.5	105.5	105.2	103.2	103.7
泰　州	Taizhou	104.4	104.6	104.4	104.5	104.6	104.5	104.3	104.4	103.1	103.3
宿　迁	Suqian	102.6	104.3	106.2	106.0	105.6	105.3	104.3	104.3	103.0	103.3
按区域分	**by Region**										
苏　南	Southern Jiangsu	102.8	104.7	103.9	103.7	104.7	104.2	104.3	104.7	103.2	102.5
苏　中	Mid Jiangsu	104.0	104.5	104.1	104.5	104.6	104.3	104.0	104.7	103.5	103.0
苏　北	Northern Jiangsu	104.6	105.3	105.0	105.2	104.6	104.6	104.1	104.6	103.2	103.4

2-16 续 表2 Continued 2

按可比价格计算，上年 = 100 (at constant price, preceding year = 100)

地区	Region	2005	2006	2007	2008	2009	2010	2011	2012	2013	2014
		第二产业增加值指数 Secondary Industry									
按省辖市分	**by City**										
南 京	Nanjing	117.9	115.4	115.9	109.6	110.1	113.6	112.3	111.9	111.1	108.8
无 锡	Wuxi	115.7	115.5	114.9	111.7	108.2	113.1	111.6	109.3	108.7	106.5
徐 州	Xuzhou	115.0	117.8	117.7	114.0	114.6	115.7	114.6	114.5	112.3	108.9
常 州	Changzhou	116.3	115.8	116.2	112.1	110.8	113.2	112.2	111.7	111.2	109.5
苏 州	Suzhou	115.3	115.8	115.6	112.2	109.8	113.3	111.5	107.8	107.5	106.2
南 通	Nantong	119.1	117.8	118.3	113.7	115.4	113.7	112.4	112.4	112.0	110.3
连云港	Lianyungang	119.9	118.8	118.3	114.8	115.9	116.9	115.6	114.3	113.0	111.5
淮 安	Huaian	119.5	119.1	118.8	115.0	116.5	116.5	115.2	115.4	113.2	111.2
盐 城	Yancheng	118.6	119.6	119.1	116.0	115.8	116.8	114.8	115.2	114.0	111.8
扬 州	Yangzhou	117.3	116.9	117.0	113.9	114.5	114.6	112.6	112.1	112.3	111.0
镇 江	Zhenjiang	115.1	115.6	115.9	112.3	111.9	113.8	112.7	113.1	112.5	110.8
泰 州	Taizhou	117.2	117.0	117.2	114.1	114.4	114.5	112.5	113.1	112.1	110.5
宿 迁	Suqian	121.3	121.3	119.8	117.1	115.7	117.5	116.6	116.9	114.9	112.6
按区域分	**by Region**										
苏 南	Southern Jiangsu	115.9	115.6	115.6	111.6	109.8	113.3	111.8	109.8	109.3	107.6
苏 中	Mid Jiangsu	118.0	117.3	117.6	113.8	114.9	114.2	112.5	112.5	112.1	110.6
苏 北	Northern Jiangsu	117.9	119.0	118.5	115.1	115.5	116.4	115.1	115.1	113.3	110.8

2-16 续 表3 Continued 3

按可比价格计算，上年=100 (at constant price, preceding year = 100)

地区	Region	全部工业增加值指数 Industry 2005	2006	2007	2008	2009	2010	2011	2012	2013	2014
按省辖市分	**by City**										
南 京	Nanjing	118.0	115.9	117.6	109.9	109.3	114.4	112.9	111.0	111.1	109.3
无 锡	Wuxi	115.5	115.9	115.7	112.1	107.6	113.2	111.7	109.0	109.0	106.5
徐 州	Xuzhou	114.1	117.9	120.0	115.0	113.5	116.1	115.6	114.4	113.1	109.2
常 州	Changzhou	116.5	116.2	117.3	112.6	110.4	113.3	112.6	111.7	111.6	109.8
苏 州	Suzhou	115.6	116.3	116.1	112.7	109.5	113.3	111.7	107.4	107.5	106.2
南 通	Nantong	119.6	119.2	120.9	115.1	113.8	114.3	112.9	112.3	112.3	111.1
连云港	Lianyungang	119.5	120.8	119.0	116.3	114.9	117.8	117.3	115.4	113.9	112.8
淮 安	Huaian	119.3	118.1	119.5	117.3	115.5	117.4	116.3	116.1	113.4	112.3
盐 城	Yancheng	118.7	119.1	120.0	117.8	115.3	117.0	115.0	115.7	115.1	112.5
扬 州	Yangzhou	117.8	118.1	119.2	114.7	114.8	114.8	113.0	111.8	113.2	111.5
镇 江	Zhenjiang	115.7	117.3	117.0	113.2	111.7	114.9	113.0	112.7	113.0	111.1
泰 州	Taizhou	118.1	118.2	119.4	115.9	114.7	114.6	112.9	113.2	112.8	110.9
宿 迁	Suqian	120.8	120.5	122.9	117.8	115.2	119.3	118.4	117.5	115.5	113.7
按区域分	**by Region**										
苏 南	Southern Jiangsu	116.1	116.2	116.4	112.1	109.3	113.6	112.1	109.4	109.4	107.7
苏 中	Mid Jiangsu	118.7	118.6	120.0	115.2	114.3	114.5	112.9	112.4	112.7	111.2
苏 北	Northern Jiangsu	117.4	118.9	120.1	116.5	114.6	117.0	116.0	115.4	114.0	111.5

2-16 续 表4 Continued 4

按可比价格计算，上年=100 (at constant price, preceding year=100)

地 区	Region	第三产业增加值指数 Tertiary Industry									
		2005	2006	2007	2008	2009	2010	2011	2012	2013	2014
按省辖市分	**by City**										
南 京	Nanjing	113.4	115.7	116.4	115.3	113.5	113.0	112.3	111.8	111.3	111.5
无 锡	Wuxi	114.8	115.5	116.4	113.8	117.1	113.7	111.8	111.3	110.3	110.3
徐 州	Xuzhou	117.9	115.7	116.1	115.4	115.6	114.2	114.5	113.4	112.8	113.6
常 州	Changzhou	114.7	115.5	116.0	113.7	114.1	113.6	112.8	111.6	111.2	111.5
苏 州	Suzhou	116.7	116.8	117.8	115.8	114.5	113.7	112.9	113.5	112.7	111.1
南 通	Nantong	114.4	115.7	116.2	115.0	114.3	113.6	113.2	112.3	112.9	112.0
连云港	Lianyungang	114.9	114.8	115.1	114.7	115.2	113.3	113.4	113.3	113.1	110.5
淮 安	Huaian	114.6	115.6	116.1	115.5	115.8	114.1	114.3	113.2	113.3	112.5
盐 城	Yancheng	114.2	115.9	116.6	114.4	115.2	113.6	114.0	112.9	113.4	112.0
扬 州	Yangzhou	114.3	115.4	116.2	114.5	115.0	113.9	113.2	112.1	112.7	112.0
镇 江	Zhenjiang	116.6	115.4	116.4	113.9	117.7	113.4	112.6	113.0	112.2	111.4
泰 州	Taizhou	115.4	115.6	116.1	115.9	115.0	113.9	113.1	113.0	112.7	112.3
宿 迁	Suqian	116.6	116.3	116.5	114.7	115.1	113.0	112.3	112.0	113.0	111.1
按区域分	**by Region**										
苏 南	Southern Jiangsu	115.1	115.9	116.8	114.8	115.1	113.5	112.5	112.3	111.6	111.1
苏 中	Mid Jiangsu	114.6	115.6	116.2	115.1	114.7	113.8	113.2	112.5	112.8	112.1
苏 北	Northern Jiangsu	115.9	115.7	116.1	115.0	115.4	113.8	113.9	113.1	113.1	112.3

2－17 分市地区生产总值构成

Composition of Gross Domestic Product by Region

本表按当年价格计算，单位：%　　　　(at current price, %)

地　区	Region	第一产业增加值 Value-added of the Primary Industry									
		2005	2006	2007	2008	2009	2010	2011	2012	2013	2014
按省辖市分	**by City**										
南　京	Nanjing	4.2	3.9	3.5	3.1	3.1	2.8	2.7	2.6	2.4	2.4
无　锡	Wuxi	1.9	1.8	1.8	1.9	1.9	1.8	1.8	1.8	1.7	1.7
徐　州	Xuzhou	14.2	13.0	11.9	10.9	10.5	9.6	9.4	9.5	9.3	9.5
常　州	Changzhou	4.6	4.2	3.9	3.7	3.6	3.3	3.1	3.2	2.9	2.8
苏　州	Suzhou	2.2	2.1	2.0	1.9	1.8	1.7	1.7	1.6	1.5	1.5
南　通	Nantong	11.0	9.9	8.6	8.5	8.2	7.7	7.0	7.0	6.3	6.0
连云港	Lianyungang	20.4	18.9	18.1	17.2	16.4	15.3	14.5	14.5	13.5	13.3
淮　安	Huaian	21.6	19.4	17.5	16.1	15.2	14.1	13.2	12.9	12.1	11.7
盐　城	Yancheng	24.0	21.9	20.0	18.1	17.2	16.0	15.0	14.6	13.3	12.8
扬　州	Yangzhou	9.6	9.0	8.2	8.1	7.8	7.2	7.0	7.0	6.4	6.1
镇　江	Zhenjiang	4.4	3.8	4.1	4.7	4.5	4.1	4.4	4.4	3.7	3.7
泰　州	Taizhou	11.0	9.8	9.2	8.6	8.0	7.4	7.2	7.1	6.5	6.2
宿　迁	Suqian	26.0	23.4	22.0	20.5	19.3	17.6	15.9	14.9	13.1	12.8
按区域分	**by Region**										
苏　南	Southern Jiangsu	3.0	2.8	2.6	2.6	2.5	2.3	2.3	2.3	2.1	2.1
苏　中	Mid Jiangsu	10.6	9.6	8.7	8.4	8.1	7.5	7.1	7.0	6.4	6.1
苏　北	Northern Jiangsu	20.2	18.4	16.9	15.6	14.8	13.7	12.9	12.7	11.8	11.6

2-17 续 表1 Continued 1

本表按当年价格计算,单位:% (at current price, %)

地区 Region		第二产业增加值 Value-added of the Secondary Industry									
		2005	2006	2007	2008	2009	2010	2011	2012	2013	2014
按省辖市分	**by City**										
南 京	Nanjing	48.9	48.2	48.1	46.4	45.6	45.4	44.9	44.0	42.9	41.1
无 锡	Wuxi	60.6	59.8	58.7	57.8	56.8	55.4	54.2	53.0	52.1	49.9
徐 州	Xuzhou	50.6	51.6	52.0	52.2	52.3	50.7	50.0	49.0	47.3	45.3
常 州	Changzhou	61.1	60.2	59.3	58.1	56.7	55.3	54.5	52.9	51.1	49.1
苏 州	Suzhou	64.8	64.3	62.1	60.2	58.7	56.9	55.6	54.1	52.1	50.1
南 通	Nantong	55.9	55.5	55.9	56.0	56.0	55.1	54.4	53.0	51.6	49.8
连云港	Lianyungang	42.3	44.7	45.5	45.8	46.3	45.7	46.4	45.9	45.1	45.3
淮 安	Huaian	45.1	46.0	46.8	47.6	48.3	46.6	47.0	46.3	45.4	44.2
盐 城	Yancheng	43.2	44.8	46.4	47.9	48.2	47.0	47.1	47.2	46.8	46.5
扬 州	Yangzhou	55.3	56.0	56.4	56.2	56.1	55.1	54.3	53.0	51.7	51.0
镇 江	Zhenjiang	60.5	60.4	59.2	58.9	58.2	56.4	55.0	54.0	52.3	50.2
泰 州	Taizhou	55.5	56.5	56.8	57.3	56.8	55.0	54.0	53.1	52.0	50.4
宿 迁	Suqian	42.4	44.0	45.1	45.7	46.3	45.0	46.5	47.1	48.1	48.3
按区域分	**by Region**										
苏 南	Southern Jiangsu	59.7	59.1	57.8	56.5	55.4	54.0	52.9	51.5	49.9	47.9
苏 中	Mid Jiangsu	55.6	55.9	56.3	56.4	56.2	55.1	54.3	53.0	51.7	50.3
苏 北	Northern Jiangsu	45.7	47.1	48.0	48.8	49.1	47.7	47.9	47.5	46.7	45.8

2－17 续 表2 Continued 2

本表按当年价格计算,单位:% (at current price, %)

地区	Region	第三产业增加值 Value-added of the Tertiary Industry 2005	2006	2007	2008	2009	2010	2011	2012	2013	2014
按省辖市分	**by City**										
南京	Nanjing	46.9	47.9	48.4	50.4	51.3	51.9	52.4	53.4	54.7	56.5
无锡	Wuxi	37.6	38.4	39.5	40.3	41.3	42.8	44.0	45.2	46.2	48.4
徐州	Xuzhou	35.2	35.4	36.1	36.9	37.3	39.7	40.5	41.5	43.4	45.2
常州	Changzhou	34.4	35.6	36.8	38.2	39.6	41.4	42.4	43.9	46.0	48.1
苏州	Suzhou	33.0	33.6	35.9	38.0	39.4	41.4	42.7	44.2	46.4	48.4
南通	Nantong	33.1	34.7	35.4	35.6	35.8	37.2	38.5	40.0	42.1	44.2
连云港	Lianyungang	37.2	36.4	36.4	36.9	37.3	39.0	39.1	39.6	41.4	41.4
淮安	Huaian	33.3	34.6	35.7	36.3	36.5	39.3	39.8	40.8	42.5	44.1
盐城	Yancheng	32.8	33.2	33.6	34.0	34.6	37.0	37.8	38.2	39.9	40.7
扬州	Yangzhou	35.0	35.1	35.4	35.7	36.1	37.6	38.7	40.0	41.9	42.9
镇江	Zhenjiang	35.1	35.7	36.8	36.4	37.3	39.5	40.6	41.6	44.0	46.1
泰州	Taizhou	33.5	33.7	34.0	34.2	35.2	37.6	38.8	39.8	41.5	43.4
宿迁	Suqian	31.6	32.6	33.0	33.8	34.4	37.4	37.6	38.0	38.8	38.9
按区域分	**by Region**										
苏南	Southern Jiangsu	37.4	38.1	39.5	40.9	42.1	43.7	44.8	46.2	48.0	50.0
苏中	Mid Jiangsu	33.8	34.5	35.1	35.2	35.7	37.5	38.6	40.0	41.9	43.6
苏北	Northern Jiangsu	34.1	34.5	35.1	35.7	36.1	38.6	39.2	39.8	41.5	42.6

2-18 按支出法计算的地区生产总值

Gross Domestic Product by Expenditure Approach

本表按当年价格计算,单位:亿元　　　　(at current price, 100 million yuan)

年份 Year	地区生产总值 Gross Domestic Product	最终消费 Final Consumption Expenditures	居民消费 Household Consumption Expenditure	农村居民 Rural Household	城镇居民 Urban Household	政府消费 Government Consumption Expenditures	资本形成总额 Gross Capital Formation	固定资本形成 Fixed Capital Formation	存货增加 Changes in Inventories	货物和服务净出口 Net Export of Goods and Services
1978	249.24	130.55	115.15	76.11	39.04	15.40	77.98	40.40	37.58	40.71
1980	319.80	175.47	154.72	105.13	49.59	20.75	97.44	58.25	39.19	46.89
1985	651.82	353.72	300.86	219.98	80.88	52.86	271.42	193.25	78.17	26.68
1989	1321.85	662.01	557.60	386.40	171.20	104.41	528.44	336.24	192.20	131.40
1990	1416.50	717.36	608.29	403.29	205.00	109.07	588.44	374.12	214.32	110.70
1991	1601.38	835.07	656.99	423.60	233.39	178.08	694.80	461.98	232.82	71.51
1992	2136.02	960.21	735.62	459.99	275.63	224.59	1069.20	747.29	321.91	106.61
1993	2998.16	1251.08	984.44	569.94	414.50	266.64	1589.93	1201.41	388.52	157.15
1994	4057.39	1721.45	1350.89	782.19	568.70	370.56	2018.95	1434.95	584.00	316.99
1995	5155.25	2250.66	1806.43	1029.92	776.51	444.23	2479.30	1756.88	722.42	425.29
1996	6004.21	2721.84	2218.68	1314.01	904.67	503.16	2798.62	2062.17	736.45	483.75
1997	6680.34	3020.94	2417.77	1390.51	1027.26	603.17	2925.28	2295.97	629.31	734.12
1998	7199.95	3161.88	2513.52	1370.53	1142.99	648.36	3321.44	2642.29	679.15	716.63
1999	7697.82	3339.79	2594.18	1328.04	1266.14	745.61	3554.26	2842.65	711.61	803.77
2000	8553.69	3710.72	2815.51	1338.46	1477.05	895.21	4044.78	3225.42	819.36	798.19
2001	9456.84	4141.92	3027.67	1373.31	1654.36	1114.25	4393.21	3543.16	850.05	921.71
2002	10606.85	4801.91	3475.13	1505.92	1969.21	1326.78	4808.67	3994.23	814.44	996.27
2003	12442.87	5484.04	3909.55	1440.63	2468.92	1574.49	6182.38	5480.80	701.58	776.45
2004	15003.60	6227.21	4429.02	1369.38	3059.64	1798.19	7957.76	6972.68	985.08	818.63
2005	18598.69	7658.70	5339.09	1588.27	3750.82	2319.60	9462.30	8888.80	573.45	1477.70
2006	21742.05	9045.90	6236.42	1801.63	4434.79	2809.50	10721.70	10069.30	652.43	1974.40
2007	26018.48	10933.70	7328.19	2079.04	5249.15	3605.50	12504.50	11727.90	776.61	2580.30
2008	30981.98	12843.37	8425.61	2285.87	6139.74	4417.76	15017.72	14038.68	979.04	3120.89
2009	34457.30	14375.40	9235.38	2479.34	6756.04	5140.02	17571.90	17137.99	433.91	2510.00
2010	41425.48	17238.08	10942.82	2676.41	8266.41	6295.26	21173.29	20709.14	464.15	3014.11
2011	49110.27	20649.28	13534.19	3105.75	10428.44	7115.09	25049.05	24522.24	526.81	3411.94
2012	54058.22	22714.57	15385.57	3481.14	11904.43	7329.00	27258.07	26415.45	842.62	4085.58
2013	59753.37	26687.01	18889.19	4252.54	14636.65	7797.82	28920.65	27988.24	932.41	4145.71
2014	65088.32	31067.33	22510.56	4995.08	17515.48	8556.77	29799.68	28796.18	1003.50	4221.31

2－19 按支出法计算的地区生产总值构成

Composition of Gross Domestic Product by Expenditure Approach

本表按当年价格计算,单位:%　　　　(at current price,%)

年份 Year	地区生产总值 Gross Domestic Product	最终消费 Final Consumption Expenditures	居民消费 Household Consumption Expenditures	农村居民 Rural Household	城镇居民 Urban Household	政府消费 Government Consumption Expenditures	资本形成总额 Gross Capital Formation	固定资本形成 Fixed Capital Formation	存货增加 Changes in Inventories	货物和服务净出口 Net Export of Goods and Services
1978	100.0	52.4	46.2	30.5	15.7	6.2	31.3	16.2	15.1	16.3
1980	100.0	54.9	48.4	32.9	15.5	6.5	30.5	18.2	12.2	14.7
1985	100.0	54.3	46.2	33.8	12.4	8.1	41.6	29.6	12.0	4.1
1989	100.0	50.1	42.2	29.2	13.0	7.9	40.0	25.4	14.5	9.9
1990	100.0	50.6	42.9	28.5	14.5	7.7	41.5	26.4	15.1	7.8
1991	100.0	52.1	41.0	26.5	14.6	11.1	43.4	28.8	14.5	4.5
1992	100.0	45.0	34.4	21.5	12.9	10.5	50.1	35.0	15.1	5.0
1993	100.0	41.7	32.8	19.0	13.8	8.9	53.0	40.1	13.0	5.2
1994	100.0	42.4	33.3	19.3	14.0	9.1	49.8	35.4	14.4	7.8
1995	100.0	43.7	35.0	20.0	15.1	8.6	48.1	34.1	14.0	8.2
1996	100.0	45.3	37.0	21.9	15.1	8.4	46.6	34.3	12.3	8.1
1997	100.0	45.2	36.2	20.8	15.4	9.0	43.8	34.4	9.4	11.0
1998	100.0	43.9	34.9	19.0	15.9	9.0	46.1	36.7	9.4	10.0
1999	100.0	43.4	33.7	17.3	16.4	9.7	46.2	36.9	9.2	10.4
2000	100.0	43.4	32.9	15.6	17.3	10.5	47.3	37.7	9.6	9.3
2001	100.0	43.8	32.0	14.5	17.5	11.8	46.5	37.5	9.0	9.7
2002	100.0	45.3	32.8	14.2	18.6	12.5	45.3	37.7	7.7	9.4
2003	100.0	44.1	31.4	11.6	19.8	12.7	49.7	44.0	5.6	6.2
2004	100.0	41.5	29.5	9.1	20.4	12.0	53.0	46.5	6.6	5.5
2005	100.0	41.2	28.7	8.5	20.2	12.5	50.9	47.8	3.1	7.9
2006	100.0	41.6	28.7	8.3	20.4	12.9	49.3	46.3	3.0	9.1
2007	100.0	42.0	28.2	8.0	20.2	13.9	48.1	45.1	3.0	9.9
2008	100.0	41.5	27.2	7.4	19.8	14.3	48.5	45.3	3.2	10.1
2009	100.0	41.7	26.8	7.2	19.6	14.9	51.0	49.7	1.3	7.3
2010	100.0	41.6	26.4	6.5	20.0	15.2	51.1	50.0	1.1	7.3
2011	100.0	42.1	27.6	6.3	21.2	14.5	51.0	49.9	1.1	6.9
2012	100.0	42.0	28.5	6.5	22.0	13.5	50.4	48.9	1.5	7.6
2013	100.0	44.7	31.6	7.1	24.5	13.1	48.4	46.8	1.6	6.9
2014	100.0	47.7	34.6	7.7	26.9	13.1	45.8	44.2	1.5	6.5

2-20 按支出法计算的地区生产总值指数

Indices of Gross Domestic Product by Expenditure Approach

按可比价格计算,1952年=100 (at constant price with 100 in 1952)

年份 Year	地区生产总值指数 Gross Domestic Product	最终消费 Final Consumption Expenditures	居民消费 Household Consumption Expenditure	农村居民 Rural Household	城镇居民 Urban Household	政府消费 Government Consumption Expenditures	资本形成总额 Gross Capital Formation	固定资本形成 Fixed Capital Formation	存货增加 Changes in Inventories
1952	100.0	100.0	100.0	100.0	100.0	100.0	100.0	100.0	100.0
1978	371.3	367.6	352.3	290.1	607.8	545.3	695.7	593.2	847.1
1980	436.0	468.4	448.7	379.7	732.2	696.3	809.3	811.3	806.4
1985	809.2	824.0	757.4	693.7	1022.5	1595.0	2156.6	2573.0	1541.6
1989	1241.7	1000.3	885.3	757.8	1411.2	2331.2	3610.7	3998.6	3037.7
1990	1303.9	1063.7	949.6	791.9	1601.7	2383.2	4161.1	4791.5	3229.8
1991	1412.1	1162.8	992.5	806.8	1754.9	3246.0	4472.4	5230.2	3389.1
1992	1773.4	1493.5	1253.9	988.1	2337.9	4462.1	5534.2	7583.6	3054.8
1993	2124.4	1787.9	1518.0	1122.8	3114.8	5103.7	6603.7	9239.5	3450.0
1994	2474.3	2095.2	1772.7	1324.5	3585.7	6068.9	7772.3	10860.6	4074.8
1995	2855.3	2422.4	2027.1	1514.1	4102.3	7331.8	9053.4	12381.0	5022.8
1996	3204.5	2670.9	2261.5	1757.6	4311.6	7711.4	10229.2	14289.6	5367.3
1997	3587.6	2944.6	2444.1	1850.0	4851.4	9193.2	11375.3	16021.8	5834.1
1998	3982.8	3250.8	2677.4	1930.6	5686.3	10441.6	12662.2	18662.4	5645.7
1999	4384.8	3593.4	2889.2	1970.4	6573.2	12530.4	13870.1	20698.5	5922.1
2000	4848.4	3970.6	3107.9	1974.7	7632.5	15034.2	15272.9	22421.1	6900.9
2001	5340.5	4420.0	3371.3	2038.8	8640.9	18080.3	16765.7	24392.9	7841.6
2002	5963.5	4993.8	3714.3	2119.8	9963.0	21867.4	18721.5	28445.5	7294.1
2003	6775.9	5667.9	4176.3	2025.7	12455.3	25417.8	21744.0	35873.5	5035.9
2004	7775.4	6452.9	4780.6	1967.3	15489.1	28542.9	25319.8	41206.1	6550.7
2005	8902.8	7391.4	5459.3	2101.1	18199.6	32947.9	28664.5	50217.2	3093.4
2006	10229.3	8581.4	6212.7	2330.1	20929.6	40097.6	32047.0	56193.1	3449.2
2007	11753.5	9963.0	7045.2	2586.4	23943.5	48999.3	35956.7	62823.8	4049.3
2008	13246.1	11328.0	7806.0	2777.8	26840.6	58505.2	39768.1	68603.6	5312.7
2009	14895.3	13038.5	8875.5	3138.9	30598.3	68743.6	45812.9	83010.4	2353.5
2010	16787.0	14889.9	10011.5	3229.9	35677.6	80155.0	51264.6	93137.7	2403.0
2011	18633.6	16870.3	11483.2	3481.9	41707.1	88811.7	56647.4	103010.3	2573.6
2012	20515.5	18861.0	13159.8	3924.0	48046.6	94762.1	62142.2	112796.2	3168.1
2013	22485.0	20973.4	15383.8	4563.7	56214.6	94951.7	67797.1	122947.9	3605.3
2014	24441.2	23091.7	17260.6	5056.6	63297.5	100079.0	73356.5	133029.6	3980.3

2-21 分市按支出法计算的地区生产总值(2014 年)

本表按当年价格计算,单位:亿元

地区	Region	地区生产总值 Gross Domestic Product (100 million yuan)	最终消费 Final Consumption Expenditures	居民消费 Household Consumption Expenditures	农村居民 Rural Household	城镇居民 Urban Household
南京	Nanjing	8820.75	4595.62	3180.27	426.25	2754.02
无锡	Wuxi	8205.31	2932.63	2219.36	1758.77	460.59
徐州	Xuzhou	4963.91	2446.98	1658.34	1250.49	407.84
常州	Changzhou	4901.87	1850.52	1497.25	1173.61	323.64
苏州	Suzhou	13760.89	5460.80	3797.80	3070.62	727.18
南通	Nantong	5652.69	2206.33	1794.82	1283.34	511.48
连云港	Lianyungang	1965.89	879.17	705.14	526.91	178.23
淮安	Huaian	2455.39	1265.71	793.17	566.66	226.51
盐城	Yancheng	3835.62	1834.15	1404.80	1029.29	375.51
扬州	Yangzhou	3697.91	1470.87	1030.86	762.40	268.46
镇江	Zhenjiang	3252.44	1370.35	995.73	741.80	253.93
泰州	Taizhou	3370.89	1343.78	1065.39	755.53	309.86
宿迁	Suqian	1930.68	849.20	761.62	485.21	276.41
苏南	Southern Jiangsu	38941.26	16209.92	11690.41	7171.05	4519.36
苏中	Mid Jiangsu	12721.49	5020.98	3891.07	2801.27	1089.80
苏北	Northern Jiangsu	15151.49	7275.21	5323.07	3858.56	1464.50

Gross Domestic Product by Expenditure Approach and Region(2014)

(at current price, 100 million yuan)

政府消费 Government Consumption Expenditures	资本形成总额 Gross Capital Formation	固定资本形成 Fixed Capital Formation	存货增加 Changes in Inventories	货物和服务净出口 Net Export of Goods and Services
1415.35	4241.13	3990.37	250.76	-16.00
713.27	4328.00	3720.03	607.97	944.68
788.64	2941.04	2762.86	178.19	-424.12
353.27	2743.50	2696.58	46.92	307.85
1663.00	7070.62	6227.38	843.24	1229.47
411.51	3364.66	3133.54	231.12	81.71
174.03	1087.72	991.83	95.89	-1.00
472.54	1288.63	1153.71	134.92	-98.95
429.35	2110.47	2083.93	26.54	-109.00
440.01	2194.06	2117.66	76.40	32.98
374.62	1816.24	1471.50	344.74	65.85
278.39	1813.53	1730.23	83.30	213.58
87.58	1173.61	1018.69	154.92	-92.13
4519.51	20199.49	18105.86	2093.63	2531.85
1129.91	7372.25	6981.43	390.82	328.27
1952.14	8601.47	8011.02	590.46	-725.20

主要统计指标解释

可比价格　指计算各种总量指标所采用的扣除了价格变动因素的价格，可进行不同时期总量指标的对比。按可比价格计算总量指标有两种方法：一种是直接用产品产量乘某一年的不变价格计算；另一种是用价格指数进行缩减。

不变价格　指以同类产品某年的平均价格作为固定价格，用于计算各年的产品价值。按不变价格计算的产品价值消除了价格变动因素，不同时期对比可以反映生产的发展速度。新中国成立后，随着工农业产品价格水平的变化，国家统计局先后六次制定了全国统一的工业产品不变价格和农业产品不变价格。从1952年到1957年使用1952年工（农）业产品不变价格，从1957年到1970年使用1957年不变价格，从1971年到1980年使用1970年不变价格，从1981年到1990年使用1980年不变价格，从1991年到2000年使用1990年不变价格，从2001年到2005年使用2000年不变价格，从2006年到2010年使用2005年不变价格，目前使用的是2010年不变价。

国内生产总值（GDP）　指一个国家所有常住单位在一定时期内生产活动的最终成果。国内生产总值有三种表现形态，即价值形态、收入形态和产品形态。从价值形态看，它是所有常住单位在一定时期内生产的全部货物和服务价值超过同期中间投入的全部非固定资产货物和服务价值的差额，即所有常住单位的增加值之和；从收入形态看，它是所有常住单位在一定时期内创造并分配给常住单位和非常住单位的初次收入分配之和；从产品形态看，它是所有常住单位在一定时期内最终使用的货物和服务价值与货物和服务净出口价值之和。在实际核算中，国内生产总值有三种计算方法，即生产法、收入法和支出法。三种方法分别从不同的方面反映国内生产总值及其构成。对于地区，GDP中文名称为"地区生产总值"。

支出法国内生产总值　指一个国家所有常住单位在一定时期内用于最终消费、资本形成总额，以及货物和服务的净出口总额，它反映本期生产总值的使用及构成。对于地区，名称为"支出法地区生产总值"。

最终消费　指常住单位在一定时期内对于货物和服务的全部最终消费支出，也就是常住单位为满足物质、文化和精神生活的需要，从本国经济领土和国外购买的货物和服务的支出；不包括非常住单位在本国经济领土内的消费支出。最终消费分为居民消费和政府消费。

居民消费　指常住住户对货物和服务的全部最终消费支出。居民消费按市场价格计算，即按居民支付的购买者价格计算。购买者价格是购买者取得货物所支付的价格，包括购买者支付的运输和商业费用。居民消费除了直接以货币形式购买货物和服务的消费之外，还包括以其他方式获得的货物和服务的消费支出，即所谓的虚拟消费支出。居民虚拟消费支出包括以下几种类型：单位以实物报酬及实物转移的形式提供给劳动者的货物和服务；住户生产并由本住户消费了的货物和服务，其中的服务仅指住户的自有住房服务；金融机构提供的金融媒介服务；保险公司提供的保险服务。

政府消费　指政府部门为全社会提供公共服务的消费支出和免费或以较低价格向住户提供的货物和服务的净支出。前者等于政府服务的产出价值减去政府单位所获得的经营收入的价值，政府服务的产出价值等于它的经常性业务支出加上固定资产折旧；后者等于政府部门免费或以较低价格向住户提供的货物和服务的市场价值减去向住户收取的价值。

资本形成总额　指常住单位在一定时期内获得的减去处置的固定资产加存货的变动，包括固定资本形成总额和存货增加。

固定资本形成总额　指常住单位购置、转入和自产自用的固定资产，扣除固定资产的销售和转出后的价值，分有形固定资产形成总额和无形固定资产形成总额。有形固定资产形成总额包括一定时期内完成的建筑工程、安装工程和设备工器具购置（减处置）价值，以及土地改良、新增役、种、奶、毛、娱乐用牲畜和新增经济林木价值。无形固定资产形成总额包括矿藏的勘探、计算机软件、娱乐和文学艺术品原件等获得减处置。

存货增加　指常住单位存货实物量变动的市场价值，即期末价值减期初价值的差额。存货增加可以是正值，也可以是负值；正值表示存货上升，负值表示存货下降。它包括生产单位购进的原材料、燃料和储备物资等存货，以及生产单位生产的产成品、在制品等存货等。

货物和服务净出口　指货物和服务出口减货物和服务进口的差额。出口包括常住单位向非常住单位出售或无偿转让的各种货物和服务的价值；进口包括常住单位从非常住单位购买或无偿得到的各种货物和服务的价值。由于服务活动的提供与使用同时发生，因此服务的进出口业务并不发生出入境现象，一般把常住单位从国外得到的服务作为进口，非常住单位从本国得到的服务作为出口。货物的出口和进口都按离岸价格计算。

Explanatory Notes on Main Statistical Indicators

Comparable Prices　refer to prices that are used to remove the factors of price change in calculating economic aggregates, so as to facilitate comparison of aggregates over time. Two methods are used for calculating economic aggregates at comparable prices: 1. Multiplying the output of products by their constant prices of certain year; 2. Deflation of data at current prices by relevant price index.

Constant Price refers to the average price of a given product in certain year, which is used for comparison of output value over time. As the output value at constant prices removes the factor of price changes, it reflects the trend of production development over time. Since 1949, with the changes in general price level, National Bureau of Statistics has issued nationally unified constant prices six times: the 1952 constant prices for 1952 – 1957; the 1957 constant prices for 1957 – 1970; the 1970 constant prices for 1971 – 1980; the 1980 constant prices for 1981 – 1990; the 1990 constant prices for 1991 – 2000; the 2000 constant prices for 2001 – 2005; the 2005 constant prices for 2006 – 2010, the 2010 constant prices for now.

Gross Domestic Product (GDP) refers to the final products of all resident units in a country during a certain period of time. Gross domestic product is expressed in three different forms, i. e. value, income, and products respectively. The form of value refers to the total value of all products and services produced by all resident units during a certain period of time minus total value of intimidate input of materials and services of the nature of non-fixed assets or the summation of the value-added of all resident units; the form of income includes all the income created by all resident units and distributed primarily to all resident and non-resident units; the form of products refers to the value of all final goods and services for final use by all resident units plus the value of net exports of goods and services during a given period of time. In the practice of national accounting, gross domestic product is calculated with three approaches, i. e. production approach, income approach, and expenditure approach, which reflect gross domestic product and its composition from different aspects. The Chinese meaning of "GDP" is "Gross Regional Product" as to the certain region.

GDP Calculated with Expenditure Approach refers to total expenditure on final consumption, total capital formation and net export of goods and services by resident units of a country in a certain period of time. It reflects the composition of GDP by its use.

Final Consumption refers to the total expenditure of resident units on final consumption of goods and services in a certain period, namely the expenditure of the resident units for purchases of goods and services from domestic economic territory and abroad to meet the requirements of material, cultural and spiritual life. It excludes the expenditure of non-resident units on consumption in the economic territory of the country. The final consumption is classified into household consumption and government consumption.

Households Consumption refers to the total expenditure of resident households on the final consumption of goods and services. The households consumption is calculated at market prices, namely the purchasers prices which the households pay; the purchasers prices of goods are the prices the households pay when they obtain the goods, including the transport and commercial expenses paid by the households. In addition to the consumption of goods and services bought by the households directly with money, the expenditure on goods and services obtained by the households in other ways, i. e. the so-called imputed expenditure on consumption, is also included in the households consumption. The imputation expenditure of the households on consumption includes the following types: (a) the goods and services provided to the households by the units in the form of payment in kind and transfer in kind; (b) the goods and services produced and consumed by the households themselves, in which the services refer only to the services provided by the residential buildings owned by the households; (c) the services of financial intermediary provided by the financial institutions; (d) the insurance services provided by the insurance companies.

Government Consumption refers to the expenditure on the consumption of the public services provided by the government to the whole society and the net expenditure on the goods and services provided by the government to the households at free charge or lower prices. The former equals to the output value of the government services minus the value of operating income obtained by the government departments. (The output value of the government services equals to its current operating expenditure plus depreciation of fixed assets). The latter equals to the market value of the goods and services provided by the government free of charge or at low prices to the households minus the value received by the government from the households.

Total Capital Formation refers to the fixed assets acquired minus those disposed and the change in inventory, including the total fixed assets formation and the increase in inventory.

Total Fixed Capital Formation refers to the value of fixed assets purchased, transferred in by the resident units and those produced and used by themselves deducting the value of fixed assets sold and transferred out. It can be classified into total tangible assets formation and total intangible assets formation. The total tangible assets formation include the value of the construction projects, installation projects completed and the equipment, apparatus and instruments purchased as well as the value of land improved, the value of draught animals, breeding stock, milk, wool and recreational animals and the newly increased economic forest in a certain period. The total intangible assets formation includes the prospecting of minerals, the acquisition of computer software, the originals of recreational works and works of literature and arts minus the disposal of them. Increase in Inventory refers to the market value of the change in inventory, i. e. the difference of value between the beginning and the end of the period. The increase in inventory can be positive or negative. A positive value indicates the increase in inventory while a negative value indicates the decrease in stock. The inventory includes the raw materials, fuels and reserve materials purchased by the production units as well as the inventory of finished products, semi-finished products, work in progress. etc.

Increase in Inventory refers to the market value of the change in inventory, i. e. The difference of value between the beginning and the end of the period. The increase in inventory can be positive or negative. A positive value indicates the increase in inventory while a negative value indicates the decrease in stock. The inventory includes the materials, fuels and reserve materials purchased by the production units as well as the inventory of finished products, semi-finished products, work-in-progress, ect.

Net Export of Goods and Services refers to the difference of the exports of goods and services minus the imports of goods and services. The imports include the value of various goods and services sold or gratuitously transferred by the resident units to the non-resident units. The imports include the value of various goods and services purchased or gratuitously acquired by the resident units from the non-resident units. Because the provision of services and the use of them happen simultaneously, the import and export of services do not appear to have the phenomena of crossing the border of the country. The acquisition of services by the resident units from abroad is usually treated as import while the acquisition of services by non-resident units in this country is usually treated as export. The export and import of goods are calculated at FOB.

3

人口、就业和工资

Population, Employment and Wages

简 要 说 明

一、本篇资料主要内容

本篇资料反映我省 2014 年及历年人口就业和职工工资方面的基本情况。

二、本篇资料来源

1. 人口资料：表 3－1、表 3－2、表 3－3 为年末主要人口推算数据，其中 2001－2009 年数据根据第六次人口普查作了修订；表 3－4 为公安户籍资料；表 3－5 为六次人口普查主要数据；表 3－6 为年末常住人口推算数据；表 3－7 至 3－9 为 2014 年人口变动情况抽样调查样本数据；表 3－10 为 2014 年劳动力调查样本数据。

2. 就业基本情况及分组资料、职工工资总额等资料，根据《劳动统计报表制度》、《劳动力调查制度》等搜集资料，加工整理。

3. 私营企业及个体工商业就业人员，由工商行政管理部门提供。城镇登记失业人数，由人力资源和社会保障部门整理提供。

三、本篇统计调查方法

1. 人口资料采用抽样调查方法和人口普查资料进行整理。

2. 城镇单位（不含私营个体）统计资料采用全面调查方法；劳动力调查采用抽样调查方法；私营企业工资统计采用抽样调查方法。

Brief Introduction

I. Main Contents

Data in this chapter show the basic condition of the population, employment and wages in 2014 as well as previous years for the province.

II. Sources of Data

1. Data on population: Data in tables 3 – 1, 3 – 2 and 3 – 3 are estimated from the main population at year-end, figures for 2001 – 2009 have been revised in line with the data from the sixth National Population Census; data in table 3 – 4 are household registered population; data in table 3 – 5 present the main results from the sixth national population censuses from department of public security; data in table 3 – 6 are estimation of permanent population at year-end; data in tables 3 – 7 to 3 – 9 are the data of change of population sampling survey in 2014; data in table 3 – 10 are the data of labor sampling survey in 2014.

2. Data on basic conditions of employment, data by groups, total wage bills of staff and workers are collected and compiled through *The Reporting Form System on Labour Statistics*, *The Sample Survey System on Labour Force*.

3. Data on the number of employed persons in private enterprises and self-employed individuals are provided by the administration for industry and commerce.

III. Methodology of Survey

1. Data on population are collected by sampling survey and compiled according to the population censuses.

2. A complete reporting is used in the employed persons in urban units (excluded private and individual units); the sampling survey on labour force and prirate enterprises are conducted using sampling methods.

3-1 全省人口数、户数(常住)
Population and Households(Permanent)

年 份 Year	总户数 (万户) Households (10000 households)	总人口 (万人) Total Population (10000 persons)	按性别分 Grouped by Sex				平均每户人数 (人/户) Average Family Size (person/households)	年平均人口 (万人) Average Annual Population (10000 persons)	人口密度 (人/平方公里) Density of Population (person/sq. km)
			男 Male		女 Female				
			人口数(万人) Population (10000 persons)	比重(%) Proportion	人口数(万人) Population (10000 persons)	比重(%) Proportion			
1990	1806.78	6766.90	3443.68	50.89	3323.22	49.11	3.75		660
1991	1859.70	6843.70	3451.96	50.44	3391.74	49.56	3.68	6805.30	667
1992	1957.85	6911.20	3483.24	50.40	3427.96	49.60	3.53	6877.45	674
1993	1893.28	6967.27	3513.59	50.43	3453.68	49.57	3.68	6939.24	679
1994	1923.44	7020.54	3534.09	50.34	3486.45	49.66	3.65	6993.91	684
1995	2066.09	7066.02	3589.56	50.80	3476.46	49.20	3.42	7043.28	689
1996	2014.21	7110.16	3610.72	50.78	3499.44	49.22	3.53	7088.09	693
1997	2133.69	7147.86	3628.08	50.76	3519.78	49.24	3.35	7129.01	697
1998	2087.92	7182.46	3643.21	50.72	3539.26	49.28	3.44	7165.16	700
1999	2121.51	7213.13	3656.05	50.69	3557.08	49.31	3.40	7197.80	703
2000	2220.38	7327.24	3710.28	50.64	3616.96	49.36	3.30	7270.19	714
2001	2314.00	7358.52	3724.81	50.62	3633.71	49.38	3.18	7342.88	717
2002	2350.96	7405.50	3752.03	50.67	3653.47	49.33	3.15	7382.01	722
2003	2345.19	7457.70	3775.26	50.62	3682.44	49.38	3.18	7431.60	727
2004	2388.23	7522.95	3811.87	50.67	3711.08	49.33	3.15	7490.33	733
2005	2463.60	7588.24	3795.64	50.02	3792.60	49.98	3.08	7555.59	740
2006	2485.61	7655.66	3829.47	50.02	3826.19	49.98	3.08	7621.95	746
2007	2507.51	7723.13	3863.09	50.02	3860.03	49.98	3.08	7689.40	753
2008	2504.03	7762.48	3883.33	50.03	3879.15	49.97	3.10	7742.81	756
2009	2519.44	7810.27	3908.18	50.04	3902.09	49.96	3.10	7786.38	761
2010	2564.59	7869.34	3964.31	50.38	3905.03	49.62	3.07	7839.80	767
2011	2572.90	7898.80	3977.69	50.36	3921.11	49.64	3.07	7884.07	770
2012	2588.23	7919.98	3987.91	50.35	3932.07	49.65	3.06	7909.40	772
2013	2593.31	7939.49	3997.09	50.34	3942.40	49.66	3.06	7929.74	774
2014	2601.33	7960.06	4007.09	50.34	3952.97	49.66	3.06	7949.78	775

3-2 全省市、镇、乡村人口数及其构成

City, Town, Country Population and It's Composition

单位:万人 (10000 persons)

年 份 Year	总人口数 Total Population	#城镇人口 Urban		市 City		镇 Town		乡村 Rural	
		人口数 Population	占总人口% Proportion	人口数 Population	占总人口% Proportion	人口数 Population	占总人口% Proportion	人口数 Population	占总人口% Proportion
1978	5834.32	800.77	13.7	570.14	9.8	230.63	3.9	5033.55	86.3
1980	5938.19	901.78	15.2	636.41	10.7	265.37	4.5	5036.41	84.8
1985	6213.48	1099.79	17.7	0.00	0.0	0.00	0.0	5113.69	82.3
1990	6766.90	1458.94	21.6	1043.45	15.4	415.49	6.1	5307.96	78.5
1991	6843.70	1587.74	23.2	1163.43	17.0	424.31	6.2	5255.96	76.8
1992	6911.20	1643.72	23.8	1182.59	17.1	461.13	6.7	5267.48	76.2
1993	6967.27	1673.58	24.0	1199.26	17.2	474.32	6.8	5293.69	76.0
1994	7020.54	1733.01	24.7	1255.58	17.9	477.43	6.8	5287.53	75.3
1995	7066.02	1929.09	27.3	1331.30	18.8	597.79	8.5	5136.93	72.7
1996	7110.16	1942.50	27.3	1328.18	18.7	614.32	8.6	5167.66	72.7
1997	7147.86	2133.64	29.9	1465.31	20.5	668.33	9.4	5014.22	70.1
1998	7182.46	2262.47	31.5	1537.05	21.4	725.42	10.1	4919.99	68.5
1999	7213.13	2520.09	34.9	1685.84	23.4	834.25	11.6	4693.04	65.1
2000	7327.24	3040.81	41.5	1868.45	25.5	1172.36	16.0	4286.43	58.5
2001	7358.52	3134.73	42.6	1927.93	26.2	1206.80	16.4	4223.79	57.4
2002	7405.50	3310.25	44.7	2028.37	27.4	1281.89	17.3	4095.25	55.3
2003	7457.70	3487.97	46.8	2137.38	28.7	1350.59	18.1	3969.73	53.2
2004	7522.95	3624.56	48.2	2174.73	28.9	1449.82	19.3	3898.39	51.8
2005	7588.24	3832.06	50.5	2307.80	30.4	1524.26	20.1	3756.18	49.5
2006	7655.66	3973.29	51.9	2392.85	31.3	1580.44	20.6	3682.37	48.1
2007	7723.13	4108.70	53.2	2474.33	32.0	1634.37	21.2	3614.43	46.8
2008	7762.48	4215.17	54.3	2538.45	32.7	1676.72	21.6	3547.31	45.7
2009	7810.27	4342.51	55.6	2619.43	33.5	1723.08	22.1	3467.76	44.4
2010	7869.34	4767.63	60.6	3012.38	38.3	1755.25	22.3	3101.71	39.4
2011	7898.80	4889.36	61.9	3095.45	39.2	1793.91	22.7	3009.44	38.1
2012	7919.98	4990.09	63.0	3160.07	39.9	1830.02	23.1	2929.89	37.0
2013	7939.49	5090.01	64.1	3223.43	40.6	1866.58	23.5	2849.48	35.9
2014	7960.06	5190.76	65.2	3258.18	40.9	1932.58	24.3	2769.30	34.8

3－3　全省人口自然变动

Natural Change of Population

年　份 Year	出　生　Birth		死　亡　Death		自然增长　Natural Growth	
	人数(万人) Population (10000 persons)	出生率(‰) Birth Rate (‰)	人数(万人) Population (10000 persons)	死亡率(‰) Death Rate (‰)	人数(万人) Population (10000 persons)	自然增长率(‰) Natural Growth Rate (‰)
1978	90.62	15.63	35.32	6.09	55.30	9.54
1979	85.79	14.63	34.31	5.85	51.48	8.78
1980	86.90	14.69	38.87	6.57	48.03	8.12
1981	100.58	16.83	37.18	6.22	63.40	10.61
1982	99.42	16.43	34.77	5.75	64.65	10.68
1983	73.17	11.97	36.39	5.95	36.78	6.02
1984	64.09	10.42	36.32	5.90	27.77	4.52
1985	67.11	10.84	36.35	5.87	30.76	4.97
1986	82.38	13.20	36.19	5.80	46.19	7.40
1987	97.27	15.42	36.50	5.79	60.77	9.63
1988	102.46	16.03	37.65	5.89	64.81	10.14
1989	111.27	17.15	36.31	5.60	74.96	11.55
1990	137.96	20.54	43.86	6.53	94.10	14.01
1991	116.03	17.05	44.23	6.50	71.80	10.55
1992	108.04	15.71	46.49	6.76	61.55	8.95
1993	96.94	13.97	45.87	6.61	51.07	7.36
1994	96.38	13.78	47.98	6.86	48.40	6.92
1995	86.77	12.32	46.20	6.56	40.57	5.76
1996	85.84	12.11	46.64	6.58	39.20	5.53
1997	81.47	11.43	48.76	6.84	32.71	4.59
1998	78.60	10.97	49.01	6.84	29.59	4.13
1999	75.58	10.50	49.95	6.94	25.63	3.56
2000	66.01	9.08	47.40	6.52	18.61	2.56
2001	66.31	9.03	48.61	6.62	17.70	2.41
2002	67.69	9.17	51.60	6.99	16.09	2.18
2003	67.18	9.04	52.24	7.03	14.94	2.01
2004	70.78	9.45	53.93	7.20	16.85	2.25
2005	69.81	9.24	53.12	7.03	16.70	2.21
2006	71.34	9.36	53.96	7.08	17.38	2.28
2007	72.05	9.37	54.36	7.07	17.69	2.30
2008	72.32	9.34	54.51	7.04	17.81	2.30
2009	74.36	9.55	54.43	6.99	19.93	2.56
2010	76.31	9.73	53.94	6.88	22.37	2.85
2011	75.61	9.59	55.03	6.98	20.58	2.61
2012	74.67	9.44	55.29	6.99	19.38	2.45
2013	74.86	9.44	55.59	7.01	19.27	2.43
2014	75.13	9.45	55.81	7.02	19.32	2.43

3-4 全省人口数、户数（户籍）
Population and Households (Registered)

年份 Year	总户数（万户） Households (10000 households)	总人口（万人） Total Population (10000 persons)	按性别分 Grouped by Sex				平均每户人数（人/户） Average Family Size (person/households)	年平均人口（万人） Average Annual Population (10000 persons)	人口密度（人/平方公里） Density of Population (person/sq. km)
			男 Male		女 Female				
			人口数（万人） Population (10000 persons)	比重（%） Proportion (%)	人口数（万人） Population (10000 persons)	比重（%） Proportion (%)			
1949	838.00	3512.00	1778.80	50.65	1733.20	49.35	4.19		342
1952	888.00	3739.00	1891.60	50.59	1847.40	49.41	4.21	3697.50	364
1957	985.51	4182.71	2087.06	49.90	2095.65	50.10	4.24	4136.05	408
1962	1089.51	4333.74	2155.01	49.70	2178.73	50.30	3.98	4288.57	422
1965	1110.13	4623.74	2319.92	50.17	2303.82	49.83	4.17	4567.75	451
1970	1215.28	5252.09	2635.02	50.17	2617.07	49.83	4.32	5185.36	512
1975	1315.55	5636.12	2842.86	50.44	2793.26	49.56	4.28	5600.91	549
1980	1471.76	5938.19	3003.75	50.58	2934.44	49.42	4.03	5915.37	579
1981	1518.91	6010.24	3047.66	50.71	2962.58	49.29	3.96	5974.22	586
1982	1554.78	6088.94	3093.60	50.81	2995.34	49.19	3.92	6049.59	593
1983	1574.46	6134.99	3122.06	50.89	3012.93	49.11	3.90	6111.97	598
1984	1597.81	6171.43	3143.01	50.93	3028.42	49.07	3.86	6153.21	602
1985	1633.62	6213.48	3168.25	50.99	3045.23	49.01	3.80	6192.46	606
1986	1681.10	6269.90	3199.18	51.02	3070.72	48.98	3.73	6241.69	611
1987	1736.98	6348.00	3241.71	51.07	3106.29	48.93	3.65	6308.95	619
1988	1834.32	6438.27	3289.49	51.09	3148.78	48.91	3.51	6393.14	628
1989	1903.71	6535.85	3339.10	51.09	3196.75	48.91	3.43	6487.06	637
1990	1956.89	6671.73	3406.33	51.06	3265.40	48.94	3.41	6618.80	650
1991	1987.55	6733.87	3439.29	51.07	3294.58	48.93	3.39	6702.80	656
1992	2015.17	6767.49	3457.77	51.09	3309.72	48.91	3.36	6750.68	660
1993	2034.87	6800.69	3476.26	51.12	3324.43	48.88	3.34	6784.09	663
1994	2055.96	6831.28	3491.72	51.11	3339.56	48.89	3.32	6815.99	666
1995	2085.96	6868.42	3509.59	51.10	3358.83	48.90	3.29	6849.85	669
1996	2113.07	6908.13	3528.95	51.08	3379.19	48.92	3.27	6888.28	673
1997	2146.87	6948.36	3537.04	50.90	3411.32	49.10	3.24	6928.25	677
1998	2186.70	6983.09	3565.55	51.06	3417.54	48.94	3.19	6965.73	681
1999	2221.70	7009.09	3577.71	51.04	3431.37	48.96	3.15	6996.09	683
2000	2268.56	7069.28	3602.92	50.97	3466.36	49.03	3.12	7039.19	689
2001	2300.83	7097.00	3616.16	50.95	3480.84	49.05	3.08	7083.14	692
2002	2323.06	7127.33	3631.10	50.95	3496.23	49.05	3.07	7112.17	695
2003	2344.84	7163.93	3646.60	50.90	3517.33	49.10	3.06	7145.63	698
2004	2359.61	7206.05	3663.62	50.84	3542.43	49.16	3.05	7184.99	702
2005	2382.21	7252.88	3686.09	50.82	3566.79	49.18	3.04	7229.47	707
2006	2390.18	7317.72	3715.24	50.77	3602.48	49.23	3.06	7285.30	713
2007	2390.55	7354.08	3733.67	50.77	3620.41	49.23	3.08	7335.90	717
2008	2399.15	7388.63	3750.38	50.77	3638.25	49.23	3.08	7371.36	720
2009	2403.89	7419.23	3765.32	50.75	3653.91	49.25	3.09	7403.93	723
2010	2417.01	7466.59	3787.73	50.73	3678.86	49.27	3.09	7442.91	728
2011	2425.11	7514.25	3811.84	50.73	3702.41	49.27	3.10	7490.42	732
2012	2416.27	7553.48	3832.55	50.74	3720.93	49.26	3.12	7533.87	736
2013	2423.54	7616.84	3863.48	50.72	3753.36	49.28	3.14	7585.16	742
2014	2435.42	7684.69	3894.09	50.67	3790.60	49.33	3.16	7650.76	749

3-5 全省历次人口普查主要数据

Major Data of All Previous Provincial Population Census

指标	Item	1953	1964	1982	1990	2000	2010
总人口（万人）	Total Population (10000 persons)	3767.29	4452.21	6052.11	6705.68	7304.36	7866.09
男	Male	1888.95	2242.71	3076.75	3412.32	3698.20	3962.67
女	Female	1878.34	2209.50	2975.36	3293.36	3606.16	3903.42
性别比（女性为100）	Sex Ratio (Female = 100)	100.6	101.5	103.4	103.6	102.6	101.5
家庭户规模（人/户）	Family Size (person/household)	4.19	4.09	3.91	3.66	3.25	2.94
各年龄组人口（万人）	Population by Age Group (10000 persons)						
0—14岁	Aged 0—14	1414.86	1772.66	1753.75	1592.47	1434.20	1023.35
15—64岁	Aged 15—64	2183.21	2514.48	3962.69	4657.93	5224.32	5986.88
65岁及以上	Aged 65 and Over	169.22	165.07	335.67	455.28	645.84	855.86
民族人口（万人）	Population by Ethnicity (10000 persons)						
汉族	Han Nationality	3760.92	4443.90	6041.08	6690.37	7278.37	7827.60
占总人口比重（%）	Proportion (%)	99.8	99.8	99.8	99.8	99.6	99.5
少数民族	Minority Nationalities	6.37	8.31	11.03	15.28	25.99	38.49
占总人口比重（%）	Proportion (%)	0.2	0.2	0.2	0.2	0.4	0.5
每十万人拥有的各种受教育程度人口（人）	Population with Various Education Attainments per 100000 Persons (person)						
大专及以上	Junior College and Above		386	639	1474	3919	10820
高中和中专	Senior Secondary School and Technical Secondary School		1470	6981	8670	13079	16150
初中	Junior Secondary School		5236	20049	26426	36365	38676
小学	Primary School		26588	32613	34791	32882	24196
城乡人口（万人）	Population by Residence (10000 persons)						
城镇人口	Urban Population	556.81	660.26	957.22	1446.85	3086.24	4737.15
乡村人口	Rural Population	3210.48	3791.95	5094.89	5258.83	4218.12	3128.94
平均预期寿命（岁）	Average Life Expectancy (age)			69.49	71.62	74.13	76.63
男	Male			67.35	69.46	71.88	74.60
女	Female			71.56	73.82	76.47	78.81

3－6 按地区分常住人口

Permanent Population by Region

地 区 Region		2013 总人口（万人）Total Population (10000 persons)	2013 城镇人口（万人）Urban Population (10000 persons)	2013 城镇人口比重（%）Proportion (%)	2014 总人口（万人）Total Population (10000 persons)	2014 城镇人口（万人）Urban Population (10000 persons)	2014 城镇人口比重（%）Proportion (%)
全 省	**Total**	**7939.49**	**5090.01**	**64.1**	**7960.06**	**5190.76**	**65.2**
按省辖市分	by City						
南 京	Nanjing	818.78	659.12	80.5	821.61	664.85	80.9
无 锡	Wuxi	648.41	477.88	73.7	650.01	484.06	74.5
徐 州	Xuzhou	859.10	498.97	58.1	862.83	513.04	59.5
常 州	Changzhou	469.21	316.48	67.5	469.64	322.64	68.7
苏 州	Suzhou	1057.87	773.83	73.2	1060.40	784.17	74.0
南 通	Nantong	729.77	437.13	59.9	729.80	446.27	61.2
连云港	Lianyungang	442.83	246.74	55.7	445.17	254.33	57.1
淮 安	Huaian	482.69	265.77	55.1	485.21	273.95	56.5
盐 城	Yancheng	721.98	413.08	57.2	722.28	422.82	58.5
扬 州	Yangzhou	447.00	268.09	60.0	447.79	274.05	61.2
镇 江	Zhenjiang	316.54	207.00	65.4	317.14	211.31	66.6
泰 州	Taizhou	463.40	273.57	59.0	463.86	279.01	60.2
宿 迁	Suqian	481.91	252.35	52.4	484.32	260.27	53.7
按区域分	by Region						
苏 南	Southern Jiangsu	3310.81	2434.31	73.5	3318.80	2467.03	74.3
苏 中	Mid Jiangsu	1640.17	978.79	59.7	1641.45	999.33	60.9
苏 北	Northern Jiangsu	2988.51	1676.91	56.1	2999.81	1724.41	57.5

3-7 全省人口年龄构成情况(2014年11月1日零时)

Composition of Population Grouped by Age (0 o'clock on November 1,2014)

单位:人 (person)

年龄组(岁) Age Group	总人口 Total	#女 Female	市镇 Urban	市 City	镇 Town	乡村 Rural
合 计(Total)	**391064**	**194414**	**270551**	**168884**	**101667**	**120513**
0—4	18231	8273	12093	7197	4896	6138
5—9	19716	8797	12778	7283	5495	6938
10—14	15322	6887	10629	6423	4206	4693
15—19	17018	7932	12091	7463	4628	4927
20—24	27008	13131	19458	12392	7066	7550
25—29	32470	16541	23992	16188	7804	8478
30—34	26533	13430	20519	14286	6233	6014
35—39	27096	13635	20853	14067	6786	6243
40—44	34208	17424	24739	15612	9127	9469
45—49	38854	19762	26356	15629	10727	12498
50—54	29371	14962	20068	12467	7601	9303
55—59	27535	13622	17912	10755	7157	9623
60—64	25907	12933	16655	9948	6707	9252
65—69	18908	9429	11953	7074	4879	6955
70—74	13030	6531	8038	4798	3240	4992
75—79	9529	5001	6013	3589	2424	3516
80—84	6320	3568	3920	2283	1637	2400
85—89	2858	1731	1779	1012	767	1079
90及以上 (90 and over)	1150	825	705	418	287	445

注:本表是2014年人口变动情况抽样调查样本数据,抽样比为4.91‰(3-8、3-9表同)。

a) Data in this table is 2014 population changes sample survey, sampling ratio 4.91‰. (The same as in table 3-8 and table 3-9)

3－8 全省人口受教育程度情况（2014 年 11 月 1 日零时）
Educated Situation of Population（0 o'clock on November 1,2014）

单位:人　　　　(person)

指　标	Item	6 岁及以上人口 Aged 6 and Over	不识字或识字很少 Illiterate or Nearly Illiterate	小　学 Primary Shool	初　中 Junior Secondary Shool	高　中 Senior and Specialized Secondary Shool	大　学及以上 College and Above
合　计	**Total**	**368640**	**20478**	**91286**	**142674**	**66334**	**47868**
男	Male	184385	5175	40653	74846	37655	26056
女	Female	184255	15303	50633	67828	28679	21812
按城乡分	Grouped by City and Country						
城　镇	City	255761	11092	54331	94637	52351	43350
男	Male	128435	2718	24271	48952	28943	23551
女	Female	127326	8374	30060	45685	23408	19799
乡　村	Country	112879	9386	36955	48037	13983	4518
男	Male	55950	2457	16382	25894	8712	2505
女	Female	56929	6929	20573	22143	5271	2013

3－9 全省 15 岁及以上人口的婚姻状况（2014 年 11 月 1 日零时）
Marriage Status of Population Aged 15 and Over（0 o'clock on November 1,2014）

单位:人　　　　(person)

年龄组(岁) Age Group	未　婚 Never Married	初婚有配偶 First Married	再婚有配偶 Re-married	离　婚 Divorce	丧　偶 Widowed
合计　(Total)	**49576**	**257047**	**6205**	**4869**	**20098**
15—19	16614	327	60	16	1
20—24	19598	7267	55	82	6
25—29	8486	23418	212	336	18
30—34	1554	23999	429	509	42
35—39	591	25102	640	680	83
40—44	501	31721	882	848	256
45—49	485	35934	1123	779	533
50—54	350	26844	811	613	753
55—59	375	24728	662	403	1367
60—64	398	22642	527	272	2068
65 及以上(65 and over)	624	35065	804	331	14971

3－10　全省16岁及以上人口经济活动情况（2014年11月10日零时）

Condition of Economic Activities of Age 16 and Above Population(0 o'clock on November 10,2014)

单位:人　　(person)

年龄组(岁) Age Group	16岁及以上人口 16 aged and Above Population			经济活动人口 Economically Active Population			非经济活动人口 Economically Inactive Population		
	小计 Total	男 Male	女 Female	小计 Total	男 Male	女 Female	小计 Total	男 Male	女 Female
合计　(Total)	**60465**	**30289**	**30176**	**44328**	**23674**	**20654**	**16137**	**6615**	**9522**
16—19	1932	1067	865	293	184	109	1639	883	756
20—24	4055	2166	1889	2742	1484	1258	1313	682	631
25—29	4889	2469	2420	4692	2414	2278	197	55	142
30—34	4064	2001	2063	3943	1974	1969	121	27	94
35—39	4799	2380	2419	4670	2349	2321	129	31	98
40—44	6137	3030	3107	5964	2988	2976	173	42	131
45—49	7542	3718	3824	7175	3658	3517	367	60	307
50—54	6044	2976	3068	5049	2876	2173	995	100	895
55—59	5641	2822	2819	4029	2460	1569	1612	362	1250
60—64	5489	2796	2693	3024	1715	1309	2465	1081	1384
65及以上 (65 and over)	9873	4864	5009	2747	1572	1175	7126	3292	3834

注：本表是2014年劳动力抽样调查样本数据，抽样比为0.88‰。

a) Data in the table are the data of change of labour by 0.88‰ sampling survey in 2014.

3-11 就业基本情况
Employment

指标	Item	1995	2000	2005	2010	2013	2014
从业人员合计 （万人）	Total Number of Employed Persons (10000 persons)	4385.17	4418.14	4578.75	4754.68	4759.89	4760.83
第一产业	Primary Industry	2057.08	1890.96	1414.83	1060.29	956.74	918.84
第二产业	Secondary Industry	1407.64	1335.16	1703.29	1996.97	2041.99	2047.16
第三产业	Tertiary Industry	920.45	1192.02	1460.62	1697.42	1761.16	1794.83
从业人员构成 （合计=100）	Composition of Employed Persons (Total=100)						
第一产业	Primary Industry	46.9	42.8	30.9	22.3	20.1	19.3
第二产业	Secondary Industry	32.1	30.2	37.2	42.0	42.9	43.0
第三产业	Tertiary Industry	21.0	27.0	31.9	35.7	37.0	37.7
城镇从业人员 （万人）	Urban Employed Persons (10000 persons)	1119.33	1655.00	2133.58	2809.58	2973.76	3029.46
城镇单位从业人员 （万人）	Employed Persons in Urban Units (10000 persons)	926.48	693.09	628.82	763.75	1503.97	1602.40
国有单位	State-owned Units	581.88	421.75	283.75	281.21	294.05	299.22
城镇集体单位	Urban Collective Owned Units	277.71	117.94	38.70	30.31	38.76	39.47
其他单位	Others	66.89	153.41	306.37	452.23	1171.16	1263.71
内资单位	Domestic Funded	29.63	102.03	176.27	243.52	744.16	800.37
股份合作单位	Cooperative Units		17.84	8.31	6.31	5.12	4.86
联营单位	Joint Ownership Units	11.92	5.45	1.78	1.10	1.46	1.53
有限责任公司	Limited Liability Corporations		47.07	88.09	106.90	568.19	613.63
股份有限公司	Share-holding Corporations Ltd.		30.66	52.88	59.27	156.85	166.32
其他	Others		0.99	25.21	69.95	12.54	14.03
港澳台商投资单位	Units with Funds from Hong Kong, Macao & Taiwan	19.27	20.00	50.38	65.03	150.47	168.91
外商投资单位	Foreign Funded Units	17.99	31.38	79.72	143.68	276.53	294.43
城镇私营企业从业人员 （万人）	Employed Persons in Urban Private Enterprises (10000 persons)	65.89	96.57	397.20	958.85	1236.10	1303.07
城镇个体从业人员 （万人）	Urban Self-employed Individuals (10000 persons)		81.18	189.20	338.45	442.45	473.76
职工人数 （万人）	Number of Staff and Workers (10000 persons)	915.98	673.25	602.93	710.58	1418.57	1512.79
国有单位	State-owned Units	576.24	411.40	273.43	263.95	276.26	281.13
城镇集体单位	Urban Collective-owned Units	273.96	114.85	36.84	27.35	35.04	35.34
其他单位	Units of Other Types of Ownership	65.78	147.00	292.67	419.28	1107.27	1196.32
城镇单位女性从业人员 （万人）	Number of Employed Female Persons in Urban Units (10000 persons)	375.50	270.20	264.94	319.03	468.29	525.14
年末城镇登记失业人数 （万人）	Number of Registered Unemployed Persons in Urban Areas (year-end) (10000 persons)	20.13	30.36	41.63	40.65	37.61	36.57
年末城镇登记失业率 （%）	Registered Unemployment Rate in Urban Areas (year-end) (%)	2.0	3.2	3.6	3.16	3.03	3.01

注：从2013年起，原属于乡镇企业的规模以上非私营法人单位纳入城镇单位进行统计。（下同）

a) The non-private legal entities above designated size originally belonged to township enterprises have been taken into urban units since 2013. (The same as in the following tables)

3-12 从业人数

Number of Employed Persons

单位:万人 (10000 persons)

年份 Year	从业人数 Total Number of Employed Persons	#城镇单位职工人数 Number of Staff and Workers in Urban Units	国有单位 State-owned Units	城镇集体单位 Urban Collective-owned Units	其他单位 Other Uuits	#城镇单位其他从业人员 Others Employed Persons in Urban Areas	#城镇私营及个体从业人员 Employed Persons in Urban Private Enterprises and Individual Units
1978	2777.72	581.50	366.37	215.13			1.62
1980	2821.03	644.15	401.98	242.17			2.75
1985	3262.97	782.44	468.80	305.39	8.25		11.86
1989	3519.83	867.55	525.24	324.73	17.58		19.10
1990	4225.02	879.85	536.88	323.34	19.63		23.57
1991	4272.97	899.27	551.52	324.91	22.84		21.92
1992	4315.12	904.09	562.69	313.81	27.59		23.63
1993	4339.81	914.73	574.02	293.57	47.14	12.81	37.11
1994	4362.76	909.83	571.39	277.27	60.67	11.04	52.99
1995	4385.17	915.98	576.24	273.96	65.78	10.50	65.89
1996	4386.97	905.52	575.48	256.91	73.13	10.79	72.80
1997	4388.79	893.74	577.54	239.61	76.59	11.29	90.12
1998	4389.92	752.76	471.52	161.85	119.39	16.41	129.89
1999	4390.71	717.12	445.27	139.03	132.82	18.99	150.34
2000	4418.14	673.25	411.40	114.85	147.00	19.84	177.75
2001	4436.45	625.83	377.40	90.34	158.09	22.35	232.79
2002	4472.84	590.32	329.96	67.11	193.25	25.33	240.61
2003	4499.97	579.10	304.98	52.58	221.54	29.41	352.60
2004	4537.07	575.08	281.03	41.11	252.94	31.77	446.86
2005	4578.75	602.93	273.43	36.83	292.67	25.89	586.40
2006	4628.95	645.71	268.41	33.58	343.72	33.66	722.30
2007	4677.88	667.27	268.54	33.12	365.62	35.41	828.61
2008	4700.96	668.29	264.31	31.45	372.53	39.35	1019.13
2009	4726.54	673.74	263.26	28.15	382.32	47.61	1147.08
2010	4754.68	710.58	263.95	27.35	419.28	53.17	1297.30
2011	4758.23	774.39	276.86	27.77	469.76	36.89	1381.83
2012	4759.53	792.62	280.92	27.59	484.11	38.32	1467.02
2013	4759.89	1418.57	276.26	35.04	1107.27	85.4	1678.55
2014	4760.83	1512.79	281.13	35.34	1196.32	89.61	1776.83

注:1. 从1990年开始从业人数为推算数。
2. 1998年以前的职工人数包括在岗职工人数和下岗职工人数(下同)。
3. 1998年开始的职工人数为在岗职工人数,不包括离开本单位仍保留劳动关系的职工人数(下同)。

a) Since 1990, the number of employed persons was the estimated figure.

b) Before 1998, the number of staff and workers included employed and laid off personnels. (The same as in the following tables)

c) Since 1998, the number of staff and workers included employed personnels, excluded staff and workers who had left self units, but still remained the labor relationship. (The same as in the following tables)

3-13 分三次产业的从业人数

Number of Employed Persons by Three Types of Industries

单位:万人 (10000 persons)

年份 Year	从业人数 Total Number of Employed Persons	第一产业 Primary Industry	第二产业 Secondary Industry	第三产业 Tertiary Industry	构成(%) Composition (%) 第一产业 Primary Industry	第二产业 Secondary Industry	第三产业 Tertiary Industry
1978	2777.72	1937.06	544.57	296.09	69.7	19.6	10.7
1980	2821.03	1987.28	546.48	287.27	70.4	19.4	10.2
1985	3262.97	1738.09	1065.75	459.13	53.2	32.7	14.1
1989	3519.83	1714.69	1215.40	589.74	48.7	34.5	16.8
1990	4225.02	2389.25	1212.58	623.19	56.6	28.7	14.7
1991	4272.97	2405.68	1226.34	640.95	56.3	28.7	15.0
1992	4315.12	2337.93	1270.80	706.39	54.2	29.4	16.4
1993	4339.81	2228.06	1325.38	786.37	51.4	30.5	18.1
1994	4362.76	2131.65	1375.14	855.97	48.9	31.5	19.6
1995	4385.17	2057.08	1407.64	920.45	46.9	32.1	21.0
1996	4386.97	2014.06	1397.25	975.66	45.9	31.9	22.2
1997	4388.79	1981.54	1382.03	1025.22	45.1	31.5	23.4
1998	4389.92	1946.49	1341.12	1102.31	44.3	30.6	25.1
1999	4390.71	1908.64	1330.39	1151.68	43.5	30.3	26.2
2000	4418.14	1890.96	1335.16	1192.02	42.8	30.2	27.0
2001	4436.45	1832.25	1375.30	1228.90	41.3	31.0	27.7
2002	4472.84	1744.41	1453.67	1274.76	39.0	32.5	28.5
2003	4499.97	1615.49	1547.99	1336.49	35.9	34.4	29.7
2004	4537.07	1506.31	1633.35	1397.42	33.2	36.0	30.8
2005	4578.75	1414.83	1703.29	1460.62	30.9	37.2	31.9
2006	4628.95	1323.88	1777.52	1527.55	28.6	38.4	33.0
2007	4677.88	1230.28	1857.12	1590.48	26.3	39.7	34.0
2008	4700.96	1179.94	1889.79	1631.23	25.1	40.2	34.7
2009	4726.54	1120.19	1942.61	1663.74	23.7	41.1	35.2
2010	4754.68	1060.29	1996.97	1697.42	22.3	42.0	35.7
2011	4758.23	1023.02	2017.49	1717.72	21.5	42.4	36.1
2012	4759.53	989.98	2032.32	1737.23	20.8	42.7	36.5
2013	4759.89	956.74	2041.99	1761.16	20.1	42.9	37.0
2014	4760.83	918.84	2047.16	1794.83	19.3	43.0	37.7

3-14 分地区从业人数

Number of Employed Persons by Region

单位:万人 (10000 persons)

地区 Region		2013 从业人数 Total Number of Employed Persons	2013 第一产业 Primary Industry	2013 第二产业 Secondary Industry	2013 第三产业 Tertiary Industry	2014 从业人数 Total Number of Employed Persons	2014 第一产业 Primary Industry	2014 第二产业 Secondary Industry	2014 第三产业 Tertiary Industry
全省	**Total**	**4759.9**	**956.7**	**2042.0**	**1761.2**	**4760.8**	**918.8**	**2047.2**	**1794.8**
按省辖市分	by Cities								
南京	Nanjing	452.4	48.5	150.2	253.7	453.0	47.4	149.9	255.7
无锡	Wuxi	389.2	18.1	222.5	148.6	389.5	17.8	220.5	151.2
徐州	Xuzhou	478.7	171.5	145.8	161.4	480.9	162.7	150.7	167.5
常州	Changzhou	280.9	31.5	147.2	102.2	281.0	30.8	145.8	104.4
苏州	Suzhou	695.2	25.1	425.9	244.2	693.4	24.5	419.8	249.1
南通	Nantong	467.2	107.3	216.6	143.3	462.0	101.7	216.0	144.3
连云港	Lianyungang	250.2	81.8	78.3	90.1	251.1	79.4	80.9	90.8
淮安	Huaian	281.3	82.6	85.2	113.5	281.9	80.2	87.6	114.1
盐城	Yancheng	446.4	132.9	146.9	166.6	445.5	126.0	151.4	168.1
扬州	Yangzhou	265.7	51.9	120.6	93.2	265.6	50.7	118.3	96.6
镇江	Zhenjiang	192.1	24.2	91.4	76.5	192.7	23.6	90.0	79.1
泰州	Taizhou	284.2	70.8	119.4	94.0	285.0	69.2	119.3	96.5
宿迁	Suqian	276.4	110.5	92.0	73.9	279.2	104.8	97.0	77.4
按区域分	by Regions								
苏南	Southern Jiangsu	2009.8	147.4	1037.2	825.2	2009.6	144.1	1026.0	839.5
苏中	Mid Jiangsu	1017.1	230.0	456.6	330.5	1012.6	221.6	453.6	337.4
苏北	Northern Jiangsu	1733.0	579.3	548.2	605.5	1738.6	553.1	567.6	617.9

3－15 城镇单位从业人员数（2014 年）
Number of Employed Persons in Urban Units (2014)

单位:万人 (10000 persons)

项目	Item	从业人员年末人数 Number of Employed Persons at Year-end	在岗职工 Employed	其他从业人员 Others
总计	**Total**	**1602.40**	**1512.79**	**89.61**
按登记注册类型分	Grouped by Status of Registration			
国有单位	State-owned Units	299.22	281.13	18.09
城镇集体单位	Urban Collective-owned Units	39.47	35.34	4.13
其他单位	Other Units	1263.71	1196.32	67.39
内资单位	Domestic Funded	800.37	742.57	57.8
股份合作单位	Cooperative Units	4.86	4.47	0.39
联营单位	Joint Ownership Units	1.53	1.43	0.10
有限责任公司	Limited Liability Corporations	613.63	567.10	46.53
股份有限公司	Share-holding Corporations Ltd.	166.32	156.47	9.85
其他	Others	14.03	13.10	0.93
港、澳、台商投资单位	Units with Funds from Hong Kong, Macao and Taiwan	168.91	166.56	2.35
外商投资单位	Foreign Funded Units	294.43	287.19	7.24
按企业、事业、机关分	Grouped by Enterprises, Institutions and Agencies			
企业	Enterprises	1369.34	1294.84	74.50
事业	Institutions	169.35	158.08	11.27
机关	Agencies & Organizations	59.17	55.69	3.48
按国民经济行业分	Grouped by Sector			
农、林、牧、渔业	Agriculture, Forestry, Animal Husbandry and Fishery	6.30	5.99	0.32
采矿业	Mining	11.77	11.58	0.19
制造业	Manufacturing	612.32	602.67	9.65
电力、热力、燃气及水生产和供应业	Production and Supply of Electric Power, Heat Power, Gas and Water	18.12	17.92	0.20
建筑业	Construction	450.20	404.73	45.47
批发和零售业	Wholesale and Retail Trades	59.36	57.13	2.23
交通运输、仓储和邮政业	Traffic, Transport, Storage and Post	49.78	48.04	1.74
住宿和餐饮业	Hotels and Catering Services	19.76	16.08	3.67
信息传输、软件和信息技术服务业	Information Transmission, Computer Services and Software	29.04	28.44	0.60
金融业	Financial Intermediation	33.32	26.63	6.69
房地产业	Real Estate	22.14	20.75	1.39
租赁和商务服务业	Leasing and Business Services	31.23	30.15	1.08
科学研究、技术服务业	Scientific and Fednical Services	21.51	20.45	1.06
水利、环境和公共设施管理业	Management of Water Conservancy, Environment and Public Facilities	14.96	13.04	1.92
居民服务、修理和其他服务业	Services to Households and Other Services	3.75	3.63	0.13
教育	Education	94.62	90.34	4.28
卫生和社会工作	Health and Social Work	46.67	42.41	4.26
文化、体育和娱乐业	Culture, Sports and Entertainment	7.77	7.23	0.54
公共管理、社会保障和社会组织	Public Administralion, Social Secarily and Organization	69.80	65.61	4.19

注:本表城镇单位数据不含私营单位(下相关表同)。

a) Data of employed persons in urban units do not include those fo private enterprises. The same applies to the table following.

3-16 分细行业城镇单位从业人员数（2014 年）

Number of Employed Persons in Urban Units by Sector in Detail(2014)

单位:万人　　　　(10000 persons)

项　　目	Item	合　计 Total	#在岗职工 Employed	国有单位 State-owned Units	城镇集体单位 Urban Collective-owned Units	其他单位 Other Units
总　　计	**Total**	**1602.40**	**1512.79**	**299.22**	**39.47**	**1263.71**
按企业、事业、机关分	Grouped by Enterprise, Institution and Agenciy					
企业	Enterprises	1369.34	1294.84	83.30	27.07	1258.97
事业	Institutions	169.35	158.08	154.34	12.10	2.91
机关	Agencies & Organizations	59.17	55.69	59.15	0.02	
按国民经济行业分	Grouped by Sector					
农、林、牧、渔业	Agriculture, Forestry, Animal Husbandry and Fishery	6.30	5.99	6.08	0.06	0.16
农业	Farming	5.06	4.78	4.96	0.04	0.06
林业	Forestry	0.31	0.31	0.30		0.01
畜牧业	Animal Husbandry	0.22	0.22	0.21		0.01
渔业	Fishery	0.08	0.08	0.06	0.01	0.01
农、林、牧、渔服务业	Service in Support of Agriculture	0.62	0.60	0.55	0.01	0.06
采矿业	Mining	11.77	11.58	1.69	0.09	9.98
制造业	Manufacturing	612.32	602.67	7.13	7.11	598.08
农副食品加工业	Processing of Food from Agricultural Products	8.52	8.24	0.14	0.03	8.35
食品制造业	Manufacture of Food	5.87	5.63	0.11	0.04	5.72
酒、饮料和精制茶制造业	Manufacture of Beverage	6.78	6.69	0.04	0.01	6.73
烟草制品业	Manufacture of Tobacco	0.63	0.63	0.57		0.06
纺织业	Manufacture of Textile	33.98	33.64	0.37	0.47	33.14
纺织服装、服饰业	Manufacture of Textile Wearing, Apparel, Footwear and Caps	37.35	36.68	0.60	0.17	36.59
皮革、毛皮、羽毛及其制品和制鞋业	Manufacture of Leather, Fur, Feather and Related and saps	7.28	7.23	0.01	0.04	7.23
木材加工和木、竹、藤、棕、草制品业	Processing of Timber, Manufacture of Wood, Bamboo, Rattan, Palm and Straw Products	4.62	4.56		0.03	4.59
家具制造业	Manufacture of Furniture	2.90	2.85		0.02	2.88
造纸和纸制品业	Manufacture of Paper and Paper Products	5.60	5.52	0.11	0.09	5.40
印刷和记录媒介复制业	Printing, Reproduction of Recording Media	5.18	5.09	0.17	0.10	4.91
文教、工美、体育和娱乐用品制造业	Manufacture of Articles For Culture, Education and Sport Activities	12.65	12.54		0.20	12.45
石油加工、炼焦和核燃料加工业	Processing of Petroleum, Coking, Processing of Nuclear Fuel	2.04	2.02	0.11		1.93
化学原料和化学制品制造业	Manufacture of Raw Chemical Materials and Chemical Products	36.80	36.20	0.96	0.44	35.39
医药制造业	Manufacture of Medicines	13.74	13.48		0.01	13.73
化学纤维制造业	Manufacture of Chemical Fibers	7.22	7.15	0.03	0.05	7.14
橡胶和塑料制品业	Rubber and plastic Products	19.25	19.04	0.04	0.17	19.04
非金属矿物制品业	Manufacture of Non-metallic Mineral Products	14.56	14.39	0.46	0.19	13.92
黑色金属冶炼和压延加工业	Smelting and Pressing of Ferrous Metals	19.02	18.87	0.20	2.12	16.70
有色金属冶炼和压延加工业	Smelting and Pressing of Non-ferrous Metals	5.51	5.46	0.01	0.08	5.42

3－16 续表 1 Continued 1

单位:万人 (10000 persons)

项目	Item	合计 Total	#在岗职工 Employed	国有单位 State-owned Units	城镇集体单位 Urban Collective-owned Units	其他单位 Other Units
金属制品业	Manufacture of Metal Products	20.00	19.52	0.23	0.26	19.52
通用设备制造业	Manufacture of General Purpose Machinery	42.89	42.26	0.54	0.49	41.86
专用设备制造业	Manufacture of Special Purpose Machinery	28.34	28.02	0.40	0.08	27.87
汽车制造业	Manufacture of Automobile	24.97	24.66	0.37	0.11	24.49
铁路、船舶、航空航天和其他运输设备制造业	Manufacture of Railroad, Marihe Aviation and other Transport Equipment	20.17	18.75	0.68	0.21	19.28
电气机械和器材制造业	Manufacture of Electrical Machinery and Equipment	56.47	55.91	0.35	0.60	55.52
计算机、通信和其他电子设备制造业	Manufacture of Communication Equipment, Computer and Other Electronic Equipment	155.56	153.42	0.10	0.76	154.70
仪器仪表制造业	Manufacture of Instrumentation	12.37	12.25	0.53	0.13	11.71
其他制造业	Other Manufacturing	1.32	1.32		0.06	1.26
废弃资源综合利用业	Manufacture of Recycling and Disposal of waste	0.50	0.48	0.01	0.10	0.39
金属制品、机械和设备修理业	Manufacture of Metal Prodults, Machinery and Eauipment Repair	0.22	0.20		0.02	0.19
电力、热力、燃气及水生产和供应业	Production and Supply of Electric Power, Heat Power, Gas and Water	18.12	17.92	9.47	0.17	8.47
电力、热力生产和供应业	Production and Supply of Electric Power and Heat Power	13.25	13.17	7.96	0.08	5.21
燃气生产和供应业	Production and Supply of Gas	1.53	1.50	0.03		1.50
水的生产和供应业	Production and Supply of Water	3.34	3.25	1.49	0.09	1.77
建筑业	Construction	450.20	404.73	13.39	8.98	427.83
房屋建筑业	Housing Construction	359.56	331.15	3.95	6.99	348.62
土木工程建筑业	Civil Engineering Construction	47.22	37.47	6.50	1.16	39.57
建筑安装业	Architectural Installation	22.96	19.09	0.80	0.29	21.87
建筑装饰和其他建筑业	Other Construction	20.46	17.02	2.13	0.55	17.77
批发和零售业	Wholesale and Retail Trades	59.36	57.13	4.50	1.41	53.45
批发业	Wholesale Trade	24.98	24.42	3.50	0.54	20.94
零售业	Retail Trade	34.37	32.70	1.00	0.87	32.50
交通运输、仓储和邮政业	Traffic, Transport, Storage and Post	49.78	48.04	16.49	1.91	31.38
铁路运输业	Railway Transport	2.42	2.32	2.30	0.10	0.02
道路运输业	Road Transport	25.34	24.41	6.80	0.74	17.81
水上运输业	Water Transport	8.11	7.70	0.91	0.57	6.63
航空运输业	Air Transport	1.32	1.32	0.64	0.01	0.68
管道运输业	Transport Via Pipeline	1.16	1.15	0.21		0.94
装卸搬运和运输代理业	Handling and Agency	3.68	3.60	0.30	0.47	2.91
仓储业	Storage	1.76	1.73	0.50	0.02	1.24
邮政业	Post	5.99	5.82	4.83	0.01	1.15
住宿和餐饮业	Hotels and Catering Services	19.76	16.08	2.06	0.29	17.41
住宿业	Hotel	7.64	7.28	1.74	0.19	5.72
餐饮业	Catering Services	12.12	8.81	0.32	0.10	11.69
信息传输、软件和信息技术服务业	Information Transfer, Software and IT Services	29.04	28.44	2.65	0.08	26.30
电信、广播电视和卫星传输服务	Telecommunications, Satellites Radio and Television Services	16.43	16.10	2.43	0.06	13.94
互联网和相关服务	Internet and Relatiue Services	1.11	0.97	0.04	0.02	1.05
软件和信息技术服务业	Software and IT Services	11.50	11.37	0.19		11.31

3－16　续 表　2　Continued 2

单位:万人　　　　　　　　　　　　　　　　　　　　　　　　　　　　(10000 persons)

项　　目	Item	合　计 Total	#在岗职工 Employed	国有单位 State-owned Units	城镇集体单位 Urban Collective-owned Units	其他单位 Other Units
金融业	Financial Intermediation	33.32	26.63	10.32	2.17	20.82
货币金融服务业	Nonetary and Financial	20.91	20.69	7.54	2.17	11.20
资本市场服务业	Capital Markets	0.95	0.92	0.05		0.89
保险业	Insurance	11.40	4.96	2.70		8.69
其他金融业	Other Financial Activities	0.06	0.06	0.03		0.03
房地产业	Real Estate	22.14	20.75	1.48	0.49	20.17
#房地产开发经营	Development and Management of Real Estate	10.24	9.96	0.54	0.13	9.57
租赁和商务服务业	Leasing and Business Services	31.23	30.15	9.04	3.02	19.18
租赁业	Leasing	0.65	0.64	0.10	0.04	0.52
商务服务业	Business Services	30.58	29.51	8.94	2.98	18.66
科学研究、技术服务业	Scientific and Fednical Services	21.51	20.45	9.19	0.40	11.92
研究和试验发展	Research and Experimental Development	4.24	4.09	3.40	0.03	0.82
专业技术服务业	Professional Technical Services	13.94	13.24	4.69	0.32	8.92
科技推广和应用服务业	Promation and Application of Secscence	3.33	3.11	1.10	0.06	2.18
水利、环境和公共设施管理业	Management of Water Conservancy, Environment and Public Facilities	14.96	13.04	9.47	2.55	2.94
水利管理业	Management of Water Conservancy	3.35	3.20	3.17	0.10	0.09
生态保护和环境治理业	Ecological Protection and Enviromental	0.59	0.50	0.32	0.03	0.24
公共设施管理业	Management of Public Facilities	11.02	9.35	5.99	2.42	2.61
居民服务、修理和其他服务业	Services to Households and Other Services	3.75	3.63	0.49	0.46	2.80
居民服务业	Services to Households	1.06	1.02	0.36	0.30	0.39
机动车、电子产品和日用产品修理业	Vehicle, Electronics and Daiy Maintenance	0.95	0.88	0.06	0.09	0.80
其他服务业	Other Services	1.75	1.73	0.07	0.07	1.60
教　育	Education	94.62	90.34	87.54	2.09	4.99
卫生和社会工作	Health and Social Work	46.67	42.41	34.00	7.83	4.84
卫　生	Health	45.89	41.69	33.35	7.75	4.80
社会工作	Social Work	0.78	0.72	0.65	0.09	0.04
文化、体育和娱乐业	Culture, Sports and Entertainment	7.77	7.23	4.63	0.30	2.84
新闻和出版业	Journalism and Publishing Activities	1.53	1.49	0.87		0.66
广播、电视、电影和影视录音制作业	Radio, TV, Movie and Video Recording	2.68	2.50	1.80	0.10	0.78
文化艺术业	Cultural and Art Activities	2.05	1.84	1.58	0.16	0.31
体　育	Sports Activities	0.45	0.41	0.24		0.21
娱乐业	Entertainment	1.05	0.99	0.13	0.04	0.89
公共管理、社会保障和社会组织	Public Administration, Social Security and Organization	69.80	65.61	69.60	0.04	0.16
中国共产党机关	Organs of Communist Party of China	1.51	1.48	1.51		
国家机构	Government Agencies	66.39	62.32	66.39		
人民政协、民主党派	People's Political Consultative Conference and Democratic Parties	0.30	0.30	0.30		
社会保障	Social Security	0.69	0.64	0.65	0.03	0.01
群众社团、社会团体和其他成员组织	Mass, Society and other Groups	0.81	0.76	0.74	0.01	0.06

3－17　分地区城镇单位从业人员数（2014 年）

单位：万人

项　　目	Item	南京 Nanjing	无锡 Wuxi	徐州 Xuzhou
总　　计	**Total**	**230.00**	**123.49**	**107.71**
按登记注册类型分	Grouped by Status of Registration			
国有单位	State-owned Units	53.51	20.59	37.28
城镇集体单位	Urban Collective-owned Units	3.02	4.52	3.63
其他单位	Other Units	173.48	98.38	66.80
内资单位	Domestic Funded			
股份合作单位	Cooperative Units	125.19	44.59	58.74
联营单位	Joint Ownership Units	0.67	0.51	0.18
有限责任公司	Limited Liability Corporations	0.21	0.02	0.08
股份有限公司	Share-holding Corporations Ltd.	97.91	31.78	47.44
其他	Others	23.81	11.78	10.34
港、澳、台商投资单位	Units with Funds from Hong Kong, Macao and Taiwan	2.60	0.49	0.70
外商投资单位	Foreign Funded Units	13.36	15.12	4.35
按企业、事业、机关分	Grouped by Enterprises, Institutions and Agencies	34.92	38.67	3.71
企业	Enterprises	195.52	105.61	82.10
事业	Institutions	26.30	13.24	18.51
机关	Agencies & Organizations	7.16	4.58	6.91
按国民经济行业分	Grouped by Sector			
农、林、牧、渔业	Agriculture, Forestry, Animal Husbandry and Fishery	0.17	0.17	1.42
采矿业	Mining	0.66		8.20
制造业	Manufacturing	55.72	70.80	23.38
电力、热力、燃气及水生产和供应业	Production and Supply of Electric Power, Heat Power, Gas and Water	5.72	1.38	1.86
建筑业	Construction	52.67	10.23	31.09
批发和零售业	Wholesale and Retail Trades	18.49	5.62	3.75
交通运输、仓储和邮政业	Traffic, Transport, Storage and Post	14.54	3.38	4.84
住宿和餐饮业	Hotels and Catering Services	7.22	2.21	0.54
信息传输、软件和信息技术服务业	Information Transfer, Software and IT Services	14.89	2.47	0.91
金融业	Financial Intermediation	4.44	3.09	2.28
房地产业	Real Estate	5.40	2.06	1.16
租赁和商务服务业	Leasing and Business Services	8.34	1.58	1.87
科学研究和技术服务业	Scientific and Fednical Services	7.23	1.54	1.24
水利、环境和公共设施管理业	Management of Water Conservancy, Environment and Public Facilities	2.01	1.03	1.51
居民服务、修理和其他服务业	Services to Households and Other Services	0.71	0.92	0.11
教育	Education	14.74	6.74	10.57
卫生和社会工作	Health and Social Work	6.04	4.02	5.05
文化、体育和娱乐业	Culture, Sports and Entertainment	2.36	0.79	0.44
公共管理、社会保障和社会组织	Public Administralion, Social Secarily and Organization	8.66	5.47	7.48

Number of Employed Persons in Urban Units by Region(2014)

(10000 persons)

常州 Changzhou	苏州 Suzhou	南通 Nantong	连云港 Lianyungang	淮安 Huaian	盐城 Yancheng	扬州 Yangzhou	镇江 Zhenjiang	泰州 Taizhou	宿迁 Suqian
71.74	**315.42**	**221.27**	**48.22**	**74.27**	**87.32**	**113.28**	**50.73**	**107.26**	**51.68**
16.20	29.52	21.31	16.29	18.48	23.71	20.50	14.45	14.88	12.50
1.59	5.79	3.77	2.49	3.43	2.38	2.77	1.66	3.69	0.72
53.96	280.11	196.18	29.44	52.35	61.23	90.01	34.61	88.69	38.47
25.24	73.37	161.66	23.54	38.34	50.59	72.41	19.24	74.98	32.47
0.19	0.65	0.80	0.25	0.36	0.37	0.24	0.13	0.25	0.25
0.02	0.14	0.16	0.02	0.06	0.02	0.54	0.24	0.03	
18.79	51.20	126.44	16.88	31.07	39.46	50.19	13.13	65.60	23.74
5.70	19.57	32.74	5.88	6.22	9.69	20.16	4.98	8.51	6.93
0.53	1.81	1.52	0.52	0.63	1.05	1.28	0.76	0.59	1.55
14.31	64.88	14.40	1.96	9.78	4.40	8.96	8.12	4.96	4.32
14.41	141.86	20.13	3.94	4.23	6.24	8.64	7.25	8.75	1.68
57.82	288.55	202.31	35.29	59.62	68.77	99.15	39.53	94.15	40.92
10.22	18.71	13.63	9.59	10.87	13.39	9.41	7.71	9.51	8.26
3.69	6.36	5.16	3.29	3.23	4.95	4.52	3.45	3.41	2.45
0.06	0.02	0.64	0.89	0.60	1.87	0.07	0.13	0.21	0.05
	0.10		0.70	0.42	0.22	1.01	0.23		0.22
32.46	219.42	46.54	11.67	23.43	26.11	30.98	25.34	29.53	16.92
0.76	1.70	1.13	0.87	0.88	1.00	0.75	0.88	0.76	0.43
11.32	17.75	134.98	11.09	24.61	27.44	53.60	5.35	52.84	17.22
2.30	11.99	3.92	1.36	2.00	2.64	1.94	1.58	2.47	1.27
1.99	6.95	2.95	3.08	2.05	2.68	2.42	1.28	2.71	0.91
1.73	3.82	0.52	0.25	0.54	0.80	0.89	0.57	0.44	0.23
0.62	4.48	1.11	0.58	0.60	0.68	1.11	0.44	0.72	0.43
2.19	6.34	3.55	1.73	1.57	2.50	1.62	1.65	1.78	0.59
1.11	5.43	1.31	0.49	1.02	0.92	0.92	1.01	0.78	0.53
1.61	5.38	3.26	1.74	1.45	1.49	1.95	0.89	1.32	0.36
1.16	2.32	2.14	0.81	0.68	0.76	1.79	0.99	0.61	0.23
1.12	2.14	1.05	0.84	1.10	1.01	0.79	0.86	0.70	0.82
0.06	0.85	0.24	0.19	0.17	0.20	0.15	0.05	0.10	0.01
5.32	9.67	7.79	5.06	6.50	7.38	6.05	3.83	5.09	5.88
3.19	6.38	3.95	2.40	2.48	3.50	2.64	2.13	2.72	2.16
0.66	0.99	0.50	0.21	0.26	0.53	0.37	0.28	0.23	0.16
4.07	9.66	5.69	4.27	3.91	5.59	4.21	3.25	4.26	3.29

3－18 分行业城镇单位女性从业人员数(2014 年)

Number of Employed Women in Urban Units by Sector (2014)

单位:万人 (10000 persons)

行业	Sector	女性从业人数 Number of Emloyed Women	国有单位 State-owned Units	城镇集体单位 Urban Collective-owned Units	其他单位 Other Units
总计	**Total**	**525.14**	**117.43**	**15.20**	**392.50**
农、林、牧、渔业	Agriculture, Forestry, Animal Husbandry and Fishery	2.46	2.39	0.02	0.05
采矿业	Mining	2.56	0.50	0.02	2.04
制造业	Manufacturing	266.66	1.92	3.04	261.69
电力、热力、燃气及水生产和供应业	Production and Supply of Electric Power, Heat Power, Gas and Water	4.61	2.38	0.04	2.20
建筑业	Construction	31.18	1.30	0.63	29.25
批发和零售业	Wholesale and Retail Trades	31.88	1.45	0.59	29.83
交通运输、仓储和邮政业	Traffic, Transport, Storage and Post	12.50	4.75	0.45	7.30
住宿和餐饮业	Hotels and Catering Services	11.75	1.16	0.16	10.43
信息传输、软件和信息技术服务业	Information Transfer, Software and IT Services	11.64	1.03	0.03	10.57
金融业	Financial Intermediation	17.08	5.09	0.87	11.13
房地产业	Real Estate	8.73	0.56	0.18	8.00
租赁和商务服务业	Leasing and Business Services	10.18	2.20	1.06	6.92
科学研究、技术服务业	Scientific Research and Technical Service	6.44	2.70	0.14	3.60
水利、环境和公共设施管理业	Management of Water Conservancy, Environment and Public Facilities	6.19	3.49	1.33	1.36
居民服务、修理和其他服务业	Services to Households and other Services	1.09	0.14	0.19	0.75
教育	Education	49.25	44.86	1.58	2.81
卫生和社会工作	Health and Social Work	29.27	21.45	4.74	3.08
文化、体育和娱乐业	Culture, Sports and Entertainment	3.48	1.99	0.12	1.36
公共管理、社会保障和社会组织	Public Administration, Social Security and Organization	18.19	18.07	0.02	0.10

3－19 城镇失业人数及失业率

Number of Urban Unemployed Persons and Unemployed Rate

单位:万人 (10000 persons)

年 份 Year	下岗失业人员就业、再就业人数 Re-employment	年末尚有失业人数 Unemployment Registered at Year-end	年末城镇登记失业率(%) Registered Unemployment Rate at Year-end
1979	54.70	34.30	5.4
1980	32.78	20.29	3.1
1985	15.25	7.15	0.9
1990	28.06	22.52	2.4
1991	23.33	18.68	2.0
1992	21.43	18.81	2.0
1993	20.64	19.43	2.0
1994	22.19	19.58	2.0
1995	21.49	20.13	2.0
1996	20.78	22.34	2.2
1997	21.40	23.80	2.4
1998	21.61	24.26	2.6
1999	21.57	26.57	2.9
2000	27.01	30.36	3.4
2001	34.94	36.14	3.6
2002	39.96	42.17	4.2
2003	54.46	41.84	4.1
2004	60.22	42.90	3.9
2005	62.92	41.63	3.6
2006	68.65	40.40	3.4
2007	81.89	39.26	3.19
2008	92.19	41.09	3.25
2009	52.00	40.74	3.22
2010	60.93	40.65	3.16
2011	66.11	41.45	3.22
2012	66.71	40.47	3.14
2013	81.61	37.61	3.03
2014	77.64	36.57	3.01

3-20 职工工资总额及指数

Total Wage Bill of Staff and Workers and Related Index

年 份 Year	绝对数(亿元) Total Wage Bill(100 million yuan)				指数(以上年为100) Index (preceding year = 100)			
	全部职工 Total	国有单位 State-owned units	城镇集体单位 Urban Collective-owned units	其他单位 Other Types of Ownership	全部职工 Total	国有单位 State-owned units	城镇集体单位 Urban Collective-owned units	其他单位 Other Types of Ownership
1978	29.05	19.84	9.21		110.7	110.8	110.6	
1979	33.10	22.46	10.64		113.9	113.2	115.5	
1980	41.63	27.99	13.64		125.8	124.6	128.2	
1981	44.13	29.60	14.53		106.0	105.8	106.5	
1982	48.14	32.35	15.79		109.1	109.3	108.7	
1983	50.78	34.41	16.37		105.5	106.4	103.7	
1984	67.28	43.34	23.25	0.69	132.5	126.0	142.0	
1985	86.17	55.10	30.09	0.98	128.1	127.1	129.4	142.0
1986	105.56	67.93	36.28	1.35	122.5	123.3	120.6	137.8
1987	121.26	78.09	41.30	1.87	114.9	115.0	113.8	138.5
1988	152.53	99.17	50.60	2.76	125.8	127.0	122.5	147.6
1989	165.38	108.56	53.05	3.77	108.4	109.5	104.8	136.6
1990	184.60	123.25	56.70	4.65	111.6	113.5	106.9	123.3
1991	204.43	136.26	62.05	6.12	110.7	110.6	109.4	131.6
1992	251.51	170.85	71.64	9.02	123.0	125.4	115.4	147.4
1993	328.21	221.91	85.85	20.45	130.5	129.9	119.8	226.7
1994	450.44	312.56	103.32	34.56	137.2	140.8	120.3	169.0
1995	541.62	369.10	126.57	45.95	120.2	118.1	122.5	132.9
1996	595.72	411.30	128.61	55.81	110.0	111.4	101.6	121.5
1997	635.44	446.95	124.86	63.63	106.7	108.7	97.1	114.0
1998	628.49	422.35	99.49	106.65	103.0	101.8	92.9	131.3
1999	666.28	443.41	91.90	130.97	106.0	105.0	92.4	122.8
2000	705.36	463.63	82.98	158.75	105.9	104.6	90.3	121.2
2001	758.55	498.61	71.42	188.52	107.5	107.5	86.1	118.8
2002	813.09	506.06	60.42	246.61	107.2	101.5	84.6	130.8
2003	917.33	540.59	53.51	323.23	112.8	106.8	88.6	131.1
2004	1050.35	591.38	48.20	410.77	114.5	109.4	90.1	127.1
2005	1252.06	672.70	48.80	530.56	119.2	113.8	101.2	129.2
2006	1520.39	768.86	52.55	698.97	121.4	114.3	107.7	131.7
2007	1806.65	896.36	61.72	848.57	118.8	116.6	117.5	121.4
2008	2132.45	1035.56	72.33	1024.57	118.0	115.5	117.2	120.7
2009	2403.32	1196.05	75.78	1131.49	112.7	115.5	104.8	110.4
2010	2841.33	1344.25	85.33	1411.75	118.2	112.4	112.6	124.8
2011	3548.29	1569.23	102.31	1876.75	124.9	116.7	119.9	132.9
2012	4065.99	1758.24	119.59	2188.16	114.6	112.0	116.9	116.6
2013	8041.98	1914.49	179.22	5948.27	197.8	108.9	149.9	271.8
2014	9174.49	2083.33	190.74	6900.42	114.1	108.8	106.4	116.0

注：1998年起职工工资为在岗职工工资，不包括离开本单位仍保留劳动关系的职工的生活补助费(下同)。

a) Since 1998, the wage bill of staff and workers was for employed personnels, excluded living expense subsidies of the personnels who had left self units, but still remained labor relationship(the same as in the following tables).

3-21 城镇单位从业人员工资总额(2014年)
Total Wages of Employed Persons in Urban Units (2014)

单位:亿元 (100 million yuan)

项目	Item	从业人员工资总额 Annual Total Wages	在岗职工 Employed	其他从业人员 Others Employed Persons in Urban Areas
总计	**Total**	**9551.59**	**9174.49**	**377.10**
按登记注册类型分	**Grouped by Status of Registration**			
国有单位	State-owned Units	2147.91	2083.33	64.58
城镇集体单位	Urban Collective-owned Units	205.19	190.74	14.44
其他单位	Other Units	7198.50	6900.42	298.08
内资单位	Domestic Funded	4376.75	4159.09	217.66
股份合作单位	Cooperative Units	24.06	22.45	1.61
联营单位	Joint Ownership Units	7.26	6.83	0.43
有限责任公司	Limited Liability Corporations	3224.79	3047.96	176.83
股份有限公司	Share-holding Corporations Ltd.	1048.87	1013.54	35.34
其他	Others	71.76	68.31	3.45
港、澳、台商投资单位	Units with Funds from Hong Kong, Macao and Taiwan	947.52	929.15	18.37
外商投资单位	Foreign Funded Units	1874.23	1812.18	62.05
按企业、事业、机关分	**Grouped by Enterprises, Institutions and Agencies**			
企业	Enterprises	7881.13	7558.20	322.93
事业	Institutions	1185.97	1144.30	41.67
机关	Agencies & Organizations	456.46	445.49	10.97
按国民经济行业分	**Grouped by Sector**			
农、林、牧、渔业	Agriculture, Forestry, Animal Husbandry and Fishery	20.71	20.19	0.52
采矿业	Mining	74.22	73.65	0.57
制造业	Manufacturing	3570.14	3481.37	88.76
电力、热力、燃气及水生产和供应业	Production and Supply of Electric Power, Heat Power, Gas and Water	190.48	189.33	1.15
建筑业	Construction	2189.83	2015.03	174.80
批发和零售业	Wholesale and Retail Trades	332.32	325.35	6.96
交通运输、仓储和邮政业	Transport, Storage and Post	301.10	294.55	6.55
住宿和餐饮业	Hotels and Catering Services	69.09	63.99	5.10
信息传输、软件和信息技术服务业	Information Transfer, Software and IT Services	298.32	295.13	3.20
金融业	Financial Intermediation	359.59	340.73	18.86
房地产业	Real Estate	135.65	130.39	5.26
租赁和商务服务业	Leasing and Business Services	162.67	158.08	4.58
科学研究、技术服务业	Scientific Research and Technical Service	173.74	168.04	5.71
水利、环境和公共设施管理业	Management of Water Conservancy, Environment and Public Facilities	73.40	68.13	5.27
居民服务、修理和其他服务业	Services of Households and other Services	17.72	17.38	0.34
教育	Education	662.70	648.21	14.49
卫生和社会工作	Health and Social Work	337.79	317.81	19.98
文化、体育和娱乐业	Culture, Sports and Entertainment	55.81	53.98	1.83
公共管理、社会保障和社会组织	Public Administration, Social Security and Organization	526.32	513.17	13.16

3-22 制造业城镇单位从业人员工资总额(2014年)

Total Wages of Manufacturing Employees in Urban Units (2014)

单位:亿元 (100 million yuan)

项目	Item	合计 Total	#在岗职工 Employed	国有单位 State-owned Units	城镇集体单位 Urban Collective-owned Units	其他单位 Other Units
制造业合计	**Total of Manufacturing Industry**	**3570.14**	**3481.37**	**53.70**	**35.65**	**3480.79**
农副食品加工业	Processing of Food from Agricultural Products	44.08	42.68	0.37	0.14	43.58
食品制造业	Manufacture of Food	28.64	27.82	0.53	0.12	27.99
酒、饮料和精制茶制造业	Manufacture of Beverage	30.41	30.15	0.15	0.03	30.23
烟草制品业	Manufacture of Tobacco	8.82	8.82	8.26		0.56
纺织业	Manufacture of Textile	167.54	165.78	2.15	2.10	163.30
纺织服装、服饰业	Manufacture of Textile Wearing, Apparel, Footwear and Caps	177.37	173.61	2.58	0.63	174.17
皮革、毛皮、羽毛及其制品和制鞋业	Manufacture of Leather, Fur, Feather and Related and saps	30.27	29.93	0.06	0.14	30.06
木材加工和木、竹、藤、棕、草制品业	Processing of Timber, Manufacture of Wood, Bamboo, Rattan, Palm and Straw Products	21.23	20.77		0.08	21.15
家具制造业	Manufacture of Furniture	13.94	13.63		0.06	13.87
造纸和纸制品业	Manufacture of Paper and Paper Products	39.13	38.06	1.12	0.33	37.69
印刷和记录媒介复制业	Printing, Reproduction of Recording Media	27.51	26.77	0.68	0.32	26.51
文教、工美、体育和娱乐用品制造业	Manufacture of Articles For Culture, Education and Sport Activities	59.37	58.80	0.01	0.98	58.39
石油加工、炼焦和核燃料加工业	Processing of Petroleum, Coking, Processing of Nuclear Fuel	16.49	16.28	0.70	0.05	15.73
化学原料和化学制品制造业	Manufacture of Raw Chemical Materials and Chemical Products	243.47	236.17	8.37	2.39	232.71
医药制造业	Manufacture of Medicines	87.71	86.19		0.03	87.68
化学纤维制造业	Manufacture of Chemical Fibers	41.39	40.98	0.16	0.21	41.02
橡胶和塑料制品业	Rubber and Plastic Products	106.88	104.26	0.14	0.59	106.14
非金属矿物制品业	Manufacture of Non-metallic Mineral Products	81.35	79.99	3.69	0.71	76.95
黑色金属冶炼和压延加工业	Smelting and Pressing of Ferrous Metals	120.95	119.72	1.11	11.58	108.25
有色金属冶炼和压延加工业	Smelting and Pressing of Non - ferrous Metals	31.54	30.92	0.08	0.36	31.10
金属制品业	Manufacture of Metal Products	118.82	115.44	1.43	1.17	116.21
通用设备制造业	Manufacture of General Purpose Machinery	274.62	268.37	4.35	2.38	267.90
专用设备制造业	Manufacture of Special Purpose Machinery	184.06	179.98	2.22	0.30	181.54
汽车制造业	Manufacture of Automobile	173.73	168.56	3.22	0.43	170.07
铁路、船舶、航空航天和其他运输设备	Manufacture of Railroad, Marine Aviation and other Transport Equipment	126.53	119.87	4.79	0.92	120.82
电气机械和器材制造业	Manufacture of Electrical Machinery and Equipment	359.39	352.17	2.22	2.36	354.82
计算机、通信和其他电子设备制造业	Manufacture of Communication Equipment, Computers and other Electronic Equipment	860.33	832.84	0.72	5.38	854.22
仪器仪表制造业	Manufacture of Instrumentation	84.47	82.89	4.54	0.68	79.25
其他制造业	Other	6.43	6.40		0.20	6.23
废弃资源综合利用业	Manufacture of Recycling and Disposal of Waste	2.87	2.75	0.03	0.86	1.97
金属制品、机械和设备修理业	Manufacture of Metal Prodults, Machinery and Eauipment Repair	0.78	0.75		0.11	0.68

3-23 职工平均工资及指数

Average Wage of Staff and Workers and Related Indices

年份 Year	绝对数（元） Absolute Figure (yuan)				指数（以上年为100） Index (preceding year = 100)			
	全部职工 Total	国有单位 State-owned Units	城镇集体单位 Urban Collective-owned Units	其他单位 Others	全部职工 Total	国有单位 State-owned Units	城镇集体单位 Urban Collective-owned Units	其他单位 Others
1978	513	563	432		108.2	108.9	107.5	
1979	565	618	478		110.3	109.8	110.9	
1980	667	721	578		117.8	116.7	120.7	
1981	672	718	594		100.7	99.6	102.8	
1982	703	748	626		104.6	104.2	105.4	
1983	723	768	643		102.8	102.7	102.7	
1984	931	1003	820	1012	128.8	130.6	127.5	
1985	1135	1211	1015	1237	121.9	120.7	123.8	122.2
1986	1327	1430	1166	1468	116.9	118.1	114.9	118.7
1987	1471	1581	1295	1639	110.9	110.6	111.1	111.6
1988	1796	1936	1564	2059	122.1	122.5	120.8	125.6
1989	1918	2082	1639	2185	106.8	107.5	104.8	106.1
1990	2129	2331	1776	2444	111.0	111.9	108.4	111.9
1991	2302	2501	1932	2773	108.1	107.3	108.8	113.5
1992	2800	3057	2292	3370	121.6	122.2	118.6	121.5
1993	3615	3896	2937	4434	129.1	127.4	128.1	131.6
1994	4974	5491	3728	5827	137.6	140.9	126.9	131.4
1995	5943	6441	4621	7137	119.5	117.3	124.0	122.5
1996	6603	7186	4990	7740	111.1	111.6	108.0	108.4
1997	7108	7745	5183	8376	107.6	107.8	103.9	108.2
1998	8256	8872	6033	8867	105.7	106.3	101.3	102.5
1999	9171	9855	6452	9763	111.1	111.1	106.9	110.1
2000	10299	11109	6962	10698	112.3	112.7	107.9	109.6
2001	11842	12917	7543	11790	115.0	116.3	108.3	110.2
2002	13509	15030	8638	12633	114.1	116.4	114.5	107.2
2003	15712	17502	9836	14656	116.3	116.4	113.9	116.0
2004	18202	20876	11350	16346	115.8	119.3	115.4	111.5
2005	20957	24659	13064	18468	115.1	118.1	115.1	113.0
2006	23782	28722	15550	20691	113.5	116.5	119.0	112.0
2007	27374	33411	18837	23641	115.1	116.3	121.1	114.3
2008	31667	39325	22929	27067	115.7	117.7	121.7	114.5
2009	35890	45446	27022	29901	113.3	115.6	117.9	110.5
2010	40505	51245	31502	34260	112.9	112.8	116.6	114.6
2011	45987	57002	37302	40028	113.5	111.2	118.4	116.8
2012	51279	62913	43835	45008	111.5	110.4	117.5	112.4
2013	57985	70114	51757	55117	113.1	111.4	118.1	122.5
2014	61783	74673	54993	58913	106.5	106.5	106.3	106.9

3－24 职工平均工资指数

Average Wage Indices of Staff and Workers

1978 年 = 100 (100 in 1978)

年份 Year	全部职工 Total 平均货币工资指数 Index of Average Wage	全部职工 Total 平均实际工资指数 Index of Average Real Wage	国有单位 State-owned Units 平均货币工资指数 Index of Average Wage	国有单位 State-owned Units 平均实际工资指数 Index of Average Real Wage	城镇集体单位 Urban Collective-owned Units 平均货币工资指数 Index of Average Wage	城镇集体单位 Urban Collective-owned Units 平均实际工资指数 Index of Average Real Wage	其他单位 Others 平均货币工资指数 Index of Average Wage	其他单位 Others 平均实际工资指数 Index of Average Real Wage
1978	100.0	100.0	100.0	100.0	100.0	100.0		
1979	110.3	109.5	109.8	109.0	110.9	110.1		
1980	130.0	121.7	128.1	119.9	133.8	125.3		
1981	130.0	118.3	128.1	116.6	133.8	121.7		
1982	137.0	122.3	132.9	118.7	144.9	129.4		
1983	140.9	132.7	136.4	128.4	148.8	140.1		
1984	181.5	154.9	178.2	152.0	189.8	161.9	100.0	100.0
1985	221.2	174.9	215.1	170.0	235.0	185.8	122.2	111.5
1986	258.7	189.2	254.0	185.8	269.9	197.4	145.1	124.4
1987	286.7	189.7	280.8	185.8	299.8	198.4	162.0	125.7
1988	350.1	189.0	343.9	185.7	362.0	195.5	203.5	128.8
1989	373.9	174.1	369.8	172.2	379.4	176.6	215.9	117.8
1990	415.0	189.8	414.0	189.3	411.1	188.0	241.5	127.4
1991	448.7	190.5	444.2	188.6	447.2	189.9	274.0	134.2
1992	545.8	213.2	543.0	212.1	530.6	207.3	333.0	149.9
1993	704.7	231.9	692.0	227.7	679.9	223.7	438.1	166.1
1994	969.6	254.6	675.3	256.1	863.0	226.6	575.8	174.2
1995	1158.5	261.7	1144.0	258.5	1069.7	241.7	705.2	183.6
1996	1287.1	262.5	1276.4	260.3	1155.1	235.5	764.8	179.7
1997	1385.6	278.9	1375.7	276.9	1199.8	241.5	827.7	192.0
1998	1609.4	324.1	1575.8	317.3	1396.5	281.2	876.2	203.4
1999	1787.7	365.1	1750.4	357.5	1493.5	305.0	964.7	227.1
2000	2007.6	410.1	1973.2	403.0	1611.6	329.2	1057.1	215.9
2001	2308.4	471.0	2294.3	468.1	1746.1	356.3	1165.0	237.7
2002	2545.6	525.2	2669.6	550.8	1999.5	412.5	1248.3	257.5
2003	3062.8	629.6	3108.7	639.0	2276.9	468.0	1448.2	297.7
2004	3548.2	703.3	3708.0	735.0	2627.3	520.8	1615.2	320.2
2005	4085.2	793.1	4379.9	850.3	3024.1	587.1	1824.9	354.3
2006	4635.9	885.8	5101.6	974.8	3599.5	687.8	2044.6	390.7
2007	5336.1	980.5	5934.5	1090.4	4360.4	801.2	2336.1	429.2
2008	6172.9	1078.0	6984.9	1219.9	5307.6	926.9	2674.6	467.1
2009	6996.1	1226.7	8072.1	1415.4	6255.1	1096.7	2954.6	518.1
2010	7895.7	1336.3	9102.1	1540.6	7292.1	1234.1	3385.4	573.0
2011	8964.3	1443.5	10124.7	1630.5	8634.7	1390.4	3955.3	637.0
2012	9995.9	1568.8	11174.6	1754.0	10147.0	1592.5	4447.4	698.1
2013	11303.1	1734.1	12453.6	1910.8	11980.8	1838.0	5446.3	835.7
2014	12043.5	1807.9	13263.4	1992.1	12729.9	1916.2	5821.4	871.3

注：其他单位以 1984 年为 100。

a）Other units with 100 in 1984.

3-25 城镇单位从业人员平均工资(2014年)
Average Wage of Employed Persons in Urban Units (2014)

单位:元 (yuan)

项目	Item	从业人员年平均工资 Annual Average Wage	在岗职工平均工资 Annual Average Wage of Staff and Workers	其他从业人员年平均工资 Annual Average Wage of Others
总计	**Total**	**60867**	**61783**	**44736**
按登记注册类型分	**Grouped by Type of Registreration**			
国有单位	State-owned Units	72260	74673	35381
城镇集体单位	Urban Collective-owned Units	53122	54993	36655
其他单位	Other Units	58364	58913	47999
内资单位	Inner Funded	56686	57804	41398
股份合作单位	Share Holding Cooperative Units	48136	48500	43581
联营单位	Joint-owned Co.,Ltd.	47808	48104	43533
有限责任公司	Responsibility Co.,Ltd.	54540	55494	42069
股份有限公司	Share Holding Co.,Ltd.	65352	66980	38515
其他	Others	51961	52912	38326
港、澳、台商投资单位	Hong Kong, Macao and Taiwan Funded	56491	56200	76545
外商投资单位	Foreign Funded	63846	63268	87101
按企业、事业、机关分	**Grouped by Character of the Units**			
企业	Enterprises	58917	59590	46587
事业	Institutions	70394	72746	37291
机关	Government Agencies	77836	80750	31566
按国民经济行业分	**Grouped by Sector**			
农、林、牧、渔业	Farming, Forestry, Animal Husbandry and Fishery	32347	33245	15801
采矿业	Mining and Quarrying	60621	61105	29960
制造业	Manufacturing	58409	57929	86527
电力、热力、燃气及水生产和供应业	Production and Supply of Electric Power, Heat Power, Gas and Water	104454	104994	56517
建筑业	Construction	51856	52823	42823
批发和零售业	Wholesale and Retail Trade	56749	57308	39000
交通运输、仓储和邮政业	Transportation, Storage and Post	61473	62344	37765
住宿和餐饮业	Hotel and Catering Industry	34786	39376	14129
信息传输、软件和信息技术服务业	Information Transfer, Software and IT Services	102341	103556	49112
金融业	Banking	111934	130981	30863
房地产业	Real Estate	61740	63369	37702
租赁和商务服务业	Leasing and Commercial Services	52353	52643	43980
科学研究、技术服务业	Scientific Research and Technical Service	81571	82772	57154
水利、环境和公共设施管理业	Management of Water Conservancy, Environment and Public Facilities	49111	52278	27548
居民服务、修理和其他服务业	Services of Households and other Services	49159	49496	36497
教育	Education	70130	71804	34333
卫生和社会工作	Health and Social Work	73779	76475	47276
文化、体育和娱乐业	Culture, Sports and Recreation	71787	74601	33952
公共管理、社会保障和社会组织	Public Administralion, Social Secarily and Organization	76028	78881	31544

3－26 分地区城镇单位从业人员平均工资
Average Wage of Employed Persons in Urban Units by Region

单位:元　　　　(yuan)

地　区	Region	2010	2011	2012	2013	2014
全　省	Total	39772	45487	50639	57177	60867
苏　南	Southern Jiangsu	45240	51234	56749	62126	67663
苏　中	Mid Jiangsu	36342	41227	45838	53421	58337
苏　北	Northern Jiangsu	31295	36377	41061	44196	48301
南京市	Nanjing	47385	53753	59375	64811	70507
无锡市	Wuxi	44757	50376	55381	61744	68187
徐州市	Xuzhou	33306	38525	43130	45310	48770
常州市	Changzhou	43858	49263	55027	60802	66852
苏州市	Suzhou	46234	52504	58267	61995	67381
南通市	Nantong	38965	44180	49063	57546	61383
连云港市	Lianyungang	32485	37954	43195	45097	50224
淮安市	Huaian	31307	36262	41072	45055	49204
盐城市	Yancheng	29784	34928	39384	43052	47200
扬州市	Yangzhou	34914	39778	44142	52582	58190
镇江市	Zhenjiang	37150	42190	47064	53447	56733
泰州市	Taizhou	33405	37717	42223	46190	52341
宿迁市	Suqian	27258	31595	36159	41929	46236

3－27 分细行业城镇单位从业人员平均工资(2014 年)
Average Wage of Employed Persons in Urban Units by Sector in Detail(2014)

单位:元 (yuan)

项　　目	Item	合 计 Total	#在岗职工 Employed	国有单位 State-owned Units	城镇集体单位 Urban Collective-owned Units	其他单位 Other Units
总　　计	**Total**	**60867**	**61783**	**72260**	**53122**	**58364**
按企业、事业、机关分	**Grouped by Enterprises, Institutions and Agencies**					
企业	Enterprises	58917	59590	70115	49751	58361
事业	Institutions	70394	72746	71340	60379	61349
机关	Agencies & Organizations	77836	80750	77844	58850	
按国民经济行业分	**Grouped by Sector**					
农、林、牧、渔业	Agriculture, Forestry, Animal Husbandry and Fishery	32347	33245	32300	40480	30968
农业	Farming	30154	31077	30042	40612	31955
林业	Forestry	31623	32070	31706		29554
畜牧业	Animal Husbandry	54015	54988	54964	45615	37736
渔业	Fishery	38719	38989	39369	43670	30964
农、林、牧、渔服务业	Service in Support of Agriculture	41913	42578	43429	35228	28911
采矿业	Mining	60621	61105	61225	32544	60770
制造业	Manufacturing	58409	57929	73921	49712	58324
电力、热力、燃气及水生产和供应业	Production and Supply of Electric Power, Heat Power, Gas and Water	104454	104994	123577	56051	83556
电力、热力生产和供应业	Production and Supply of Electric Power and Heat Power	118548	118948	135854	70891	92031
燃气生产和供应业	Production and Supply of Gas	73093	73374	55233	42611	73458
水的生产和供应业	Production and Supply of Water	62216	62354	57339	42577	67313
建筑业	Construction	51856	52823	46758	44507	52172
房屋建筑业	Housing Construction	52495	53252	39033	44176	52786
土木工程建筑业	Civil Engineering Construction	47279	48757	50473	45262	46756
建筑安装业	Architectural Installation	52937	54688	52523	39508	53163
建筑装饰和其他建筑业	Other Construction	50152	51756	44214	49373	50957
批发和零售业	Wholesale and Retail Trades	56749	57307	63347	32067	56847
批发业	Wholesale Trade	75165	75717	69736	31989	77250
零售业	Retail Trade	43375	43736	41064	32116	43752
交通运输、仓储和邮政业	Transport, Storage and Post	61473	62344	66552	45434	59816

3－27 续 表 Continued 1

单位:元 (yuan)

项 目	Item	合 计 Total	#在岗职工 Employed	国有单位 State-owned Units	城镇集体单位 Urban Collective-owned Units	其他单位 Other Units
铁路运输业	Railway Transport	91933	93821	93364	50318	128372
道路运输业	Road Transport	55692	56406	59003	47527	54835
水上运输业	Water Transport	57284	58496	66806	38993	57565
航空运输业	Air Transport	116375	116758	90622	50020	138901
管道运输业	Transport Via Pipeline	82695	82789	71012		85559
装卸搬运和运输代理业	Handling and agency	62417	62990	57223	47645	65371
仓储业	Storage	58823	59043	53536	57830	61003
邮政业	Post	62715	63485	62517	87158	63406
住宿和餐饮业	Hotels and Catering Services	34786	39376	43134	36108	33793
住宿业	Hotel	42431	42960	43586	40028	42167
餐饮业	Catering Services	29941	36423	40710	28295	29660
信息传输、软件和信息技术服务业	Information Transfer, Software and IT Services	102341	103556	61718	43976	106671
电信、广播电视和卫星传输服务	Telecommunications, Satellites Radio and Television Services	87389	88188	59961	37690	92431
互联网和相关服务	Internet and Relatiue Services	67693	73336	99140	66112	66596
软件和信息技术服务业	Software and IT Services	127319	128219	77580	66167	128143
金融业	Financial Intermediation	111934	130981	104447	98145	117307
货币金融服务业	Nonetary and Financial	139387	140504	124068	98174	158031
资本市场服务业	Capital Markets	134329	136623	131353	48000	134631
保险业	Insurance	55676	87501	48009	99130	58200
其他金融业	Other Financial Activities	186393	187289	58569		292035
房地产业	Real Estate	61740	63369	61931	47470	62071
#房地产开发经营	Development and Management of Real Estate	87535	87978	72150	47369	88910
租赁和商务服务业	Leasing and Business Services	52353	52643	43358	44097	57820
租赁业	Leasing	57569	57031	38700	48625	61671
商务服务业	Business Services	52242	52549	43408	44041	57714
科学研究、技术服务业	Scientific and Fednical Services	81571	82772	85172	68267	79216
研究和试验发展	Research and Experimental Development	105493	107000	106755	48438	102039
专业技术服务业	Professional Technical Services	79590	80437	74457	68812	82742

3－27 续 表 Continued 2

单位:元 (yuan)

项 目	Item	合计 Total	#在岗职工 Employed	国有单位 State-owned Units	城镇集体单位 Urban Collective-owned Units	其他单位 Other Units
科技推广和应用服务业		59632	61013	65038	73933	56486
水利、环境和公共设施管理业	Management of Water Conservancy, Environment and Public Facilities	49111	52278	53100	34982	48435
水利管理业	Management of Water Conservancy	59748	61155	59220	69019	68625
生态保护和环境治理业	Ecological Protection and Enviromental	61405	67159	56216	22624	73688
公共设施管理业	Management of Public Facilities	45214	48460	49702	33781	45441
居民服务、修理和其他服务业	Services to Households and Other Services	49159	49496	65416	38393	47868
居民服务业	Services to Households	49961	50631	69113	37100	42238
机动车、电子产品和日用产品修理业	Vehicle, Electronics and Daiy Maintenance	58379	58999	44885	39943	60669
其他服务业	Other Services	44131	44286	63144	42796	43307
教育	Education	70130	71804	70659	70099	60694
卫生和社会工作	Health and Social Work	73779	76475	77803	64989	59793
卫生	Health	74005	76709	78121	65115	59820
社会工作	Social Work	60656	63026	61778	54229	56305
文化、体育和娱乐业	Culture, Sports and Entertainment	71787	74601	74273	54236	69609
新闻和出版业	Journalism and Publishing Activities	82736	83745	69629		100313
广播、电视、电影和影视录音制作业	Radio, TV, Movie and Video Recording	84604	88660	91237	58392	72601
文化艺术业	Cultural and Art Activities	58973	62060	60425	53788	54193
体育	Sports Activities	57328	59703	58112	81353	56261
娱乐业	Entertainment	55049	55475	68735	42867	53648
公共管理、社会保障和社会组织	Public Administration, Social Security and Organization	76028	78881	76077	66570	57021
中国共产党机关	Organs of Communist Party of China	84355	85143	84355		
国家机构	Government Agencies	75869	78781	75869		
人民政协、民主党派	People's Political Consultative Conference and Democratic Parties	91432	92635	91432		
社会保障	Social Security	64871	66998	65094	63317	50739
群众社团、社会团体和其他成员组织	Mass, Society and other Groups	78980	81669	81454	82270	45071

3-28 制造业城镇单位从业人员平均工资（2014年）
Average Wage of Employed Persons in Manufacturing of Urban Units (2014)

单位:元 (yuan)

项目	Item	合计 Total	#在岗职工 Employed	国有单位 State-owned Units	城镇集体单位 Urban Collective-owned Units	其他单位 Other Units
制造业合计	**Total of Manufacturing Industry**	58409	57929	73921	49712	58324
农副食品加工业	Processing of Food from Agricultural Products	52124	52314	26185	44925	52590
食品制造业	Manufacture of Food	49116	49697	48591	27843	49284
酒、饮料和精制茶制造业	Manufacture of Beverage	44015	44284	37296	34798	44067
烟草制品业	Manufacture of Tobacco	140505	140505	145146		95496
纺织业	Manufacture of Textile	48572	48539	56786	44871	48531
纺织服装、服饰业	Manufacture of Textile Wearing, Apparel, Footwear and Caps	47334	47277	42632	36904	47460
皮革、毛皮、羽毛及其制品和制鞋业	Manufacture of Leather, Fur, Feather and Related and Saps	41528	41349	47948	40817	41519
木材加工和木、竹、藤、棕、草制品业	Processing of Timber, Manufacture of Wood, Bamboo, Rattan, Palm and Straw Products	45628	45275		26784	45751
家具制造业	Manufacture of Furniture	49181	48850		27638	49361
造纸和纸制品业	Manufacture of Paper and Paper Products	68626	67868	99858	34876	68566
印刷和记录媒介复制业	Printing, Reproduction of Recording Media	53236	52667	37438	30784	54301
文教、工美、体育和娱乐用品制造业	Manufacture of Articles For Culture, Education and Sport Activities	46676	46586	31308	48701	46647
石油加工、炼焦和核燃料加工业	Processing of Petroleum, Coking, Processing of Nuclear Fuel	80497	80495	61349	82600	81631
化学原料和化学制品制造业	Manufacture of Raw Chemical Materials and Chemical Products	65738	64884	82444	52368	65433
医药制造业	Manufacture of Medicines	64663	64847		43350	64672
化学纤维制造业	Manufacture of Chemical Fibers	55764	55764	61586	41570	55840
橡胶和塑料制品业	Rubber and Plastic Products	55479	54756	41398	34827	55690
非金属矿物制品业	Manufacture of Non-metallic Mineral Products	54682	54411	79823	37883	54087
黑色金属冶炼和压延加工业	Smelting and Pressing of Ferrous Metals	63076	62929	49746	54625	64319
有色金属冶炼和压延加工业	Smelting and Pressing of Non-ferrous Metals	57157	56645	65748	42725	57361
金属制品业	Manufacture of Metal Products	58862	58543	63057	45770	58984
通用设备制造业	Manufacture of General Purpose Machinery	64578	64088	78981	48329	64580
专用设备制造业	Manufacture of Special Purpose Machinery	64981	64383	55270	39422	65191
汽车制造业	Manufacture of Automobile	70165	69109	87113	40231	70039
铁路、船舶、航空航天和其他运输设备	Manufacture of Railroad, Marine Aviation and other Transport Equipment	63140	65089	68870	43011	63157
电气机械和器材制造业	Manufacture of Electrical Machinery and Equipment	63320	62748	65348	35414	63641
计算机、通信和其他电子设备制造业	Manufacture of Communication Equipment, Computers and Other Electronic Equipment	56171	55174	70920	70455	56090
仪器仪表制造业	Manufacture of Instrumentation	68388	67763	86068	52480	67768
其他制造业	Other	47378	47198	51714	34386	47959
废弃资源综合利用业	Manufacture of Recycling and Disposal of Waste	58494	58783	35224	90057	51149
金属制品、机械和设备修理业	Manufacture of Metal Prodults, Machinery and Eauipment Repair	36624	36499		45623	35535

3-29 城镇私营单位从业人员平均工资
Average Wage of Employed Persons in Urban Private Units

单位:元 (yuan)

行业	Sector	2011	2012	2013	2014
总计	**Total**	**27500**	**32069**	**36308**	**39975**
农、林、牧、渔业	Farming, Forestry, Animal Husbandry and Fishery	23187	26974	32509	33060
采矿业	Mining	24032	27956	31952	35613
制造业	Manufacturing	27684	32020	36209	39661
电力、热力、燃气及水生产和供应业	Production and Supply of Electric Power, Heat Power, Gas and Water	28316	30331	34937	37951
建筑业	Construction	29461	32435	37086	41457
批发和零售业	Wholesale and Retail Trade	26315	31261	34243	37335
交通运输、仓储和邮政业	Transportation, Storage and Post	27615	31778	37581	40785
住宿和餐饮业	Hotel and Catering Industry	25388	28282	32203	33819
信息传输、软件和信息技术服务业	Information Transfer, Software and IT Services	31875	38178	48079	51238
金融业	Banking	29360	34809	37342	38444
房地产业	Real Estate	29256	32984	36671	36768
租赁和商务服务业	Leasing and Commercial Services	27860	33849	36304	40240
科学研究、技术服务业	Scientific Research and Technical Service	31947	37866	43454	44305
水利、环境和公共设施管理业	Management of Water Conservancy, Environment and Public Facilities	26504	31329	41626	43240
居民服务、修理和其他服务业	Services of Households and other Services	26183	30309	36246	40699
教育	Education	27662	32264	42977	44023
卫生和社会工作	Health and Social Work	30710	33202	34448	38292
文化、体育和娱乐业	Culture, Sports and Recreation	26187	29752	32697	36443

主要统计指标解释

人口数 指一定时点、一定地区范围内的有生命的个人的总和。

年度统计的年末人口数指每年 12 月 31 日 24 时的人口数。年度统计的全国人口总数内未包括台湾省和港澳同胞以及海外华侨人数。

城镇人口和乡村人口

1952－1989 年城镇人口是指市辖区内和县辖镇的全部人口；乡村人口是指县辖乡人口。

1990－1999 年城镇人口是指设区的市的区人口和不设区的市所辖的街道人口以及不设区的市所辖镇的居民委员会人口和县辖镇的居民委员会人口；乡村人口是除上述两种人口以外的全部人口。

2000－2005 年人口普查和 2000 年以后城镇人口：市人口是指设区市的人口密度在 1500 人/平方公里以上的市区人口和人口密度不足 1500 人的区政府驻地和区辖其他街道人口，以及政府驻地的城市建设延伸到的周边乡镇人口；不设区市的市政府驻地和市辖其他街道人口，以及政府驻地的城市建设延伸到的乡镇人口。镇人口是指镇政府驻地和镇辖其他居委会人口，以及镇政府驻地的城区建设延伸到周边村民委员会人口。乡村人口是指除上述人口以外的全部人口。

2006 年至今的城镇人口分为城区人口和镇区人口。其中，城区人口，包括街道办事处所辖的居民委员会（社区委员会），及城市公共设施、居住设施等连接到的其他居民委员会（社区委员会）和村民委员会的人口。镇区人口，包括镇所辖的居民委员会（社区委员会），镇的公共设施、居住设施等连接到的村民委员会，以及常住人口在 3000 人以上独立的工矿区、开发区、科研单位、大专院校、农场、林场等特殊区域中的人口。乡村人口是指除上述人口以外的全部人口。

出生率（又称粗出生率） 指在一定时期内（通常为一年）一定地区的出生人数与同期内平均人数（或期中人数）之比。一般用千分率表示。本资料中的出生率指年出生率，其计算公式为：

出生率＝年出生人数/年平均人数×1000‰

式中：出生人数指活产婴儿，即胎儿脱离母体时（不管怀孕月数），有过呼吸或其他生命现象。年平均人数指年初、年底人口数的平均数，也可用年中人口数代替。

死亡率（又称粗死亡率） 指在一定时期内（通常为一年）一定地区的死亡人数与同期内平均人数（或期中人数）之比，一般用千分率表示。本资料中的死亡率指年死亡率，其计算公式为：

死亡率＝年死亡人数/年平均人数×1000‰

人口自然增长率 指在一定时期内（通常为一年）人口自然增加数（出生人数减死亡人数）与该时期内平均人数（或期中人数）之比，一般用千分率表示。计算公式为：

人口自然增长率＝（本年出生人数－本年死亡人数）/年平均人数×1000‰

文盲率 指常住人口中 15 岁及以上不识字人口所占比重。

从业人员 指从事一定社会劳动并取得劳动报酬或经营收入的人员，包括在岗职工、再就业的离退休人员、私营业主、个体户主、私营和个体就业人员、乡镇企业就业人员、农村就业人员、其他就业人员（包括民办教师、宗教职业者、现役军人等）。这一指标反映了一定时期内全部劳动力资源的实际利用情况，是研究我国基本国情国力的重要指标。

各单位的从业人员 指在各级国家机关、政党机关、社会团体及企业、事业单位中工作，取得工资或其他形式的劳动报酬的全部人员。包括在岗职工、再就业的离退休人员、民办教师以及在各单位中工作的外方人员和港澳台方人员、兼职人员、借用的外单位人员和第二职业者。不包括离开本单位仍保留劳动关系的职工。各单位的就业人员反映了各单位实际参加生产或工作的全部劳动力。

城镇私营和个体从业人员 城镇私营就业人员指在工商管理部门注册登记，其经营地址设在城区或镇区的私营企业就业人员；包括私营企业投资者和雇工。城镇个体就业人员指在工商管理部门注册登记，并持有城镇户口或在城镇长期居住，经批准从事个体工商经营的就业人员；包括个体经营者和在个体工商户劳动的家庭帮工和雇工。

城镇登记失业人员 指在劳动年龄（16 周岁至退休年龄）内，有劳动能力无业而要求就业，并在当地就业服务机构进行失业登记的城镇常住人员。

国有单位职工 指在国有经济单位及其附属机构工作，并由其支付工资的各类人员。

城镇集体单位职工 指在城镇集体经济单位及其管理部门工作，并由其支付工资的各类人员。

其他单位职工 指在联营经济、股份制经济、外商投资经济、港、澳、台投资经济单位工作，并由其支付工资的各类人员。

职工工资总额 指各单位在一定时期内直接支付给本单位全部职工的劳动报酬总额。工资总额的计算原则应以直接支付给职工的全部劳动报酬为根据。各单位支付给职工的劳动报酬以及其他根据有关规定支付的工资，不论是计入成本的还是不计入成本的，不论是按国家规定列入计征奖金税项目的，还是未列入计征奖金税项目的，不论是以货币形式支付的还是以实物形式支付的，均包括在工资总额内。

职工平均工资 指企业、事业、机关单位的职工在一定时期内平均每人所得的货币工资额。它表明一定时期职工工资收入的高低程度，是反映职工工资水平的主要指标。计算公式为：

职工平均工资 = 报告期实际支付的全部职工工资总额/报告期全部职工平均人数

职工平均工资指数 指报告期职工平均工资与基期职工平均工资的比率，是反映不同时期职工货币工资水平变动情况的相对数。计算公式为：

职工平均工资指数 = 报告期平均工资/基期职工平均工资 × 100%

职工平均实际工资指数 职工平均实际工资指扣除物价变动因素后的职工平均工资。职工平均实际工资指数是反映实际工资变动情况的相对数，表明职工实际工资水平提高或降低的程度。计算公式为：

职工平均实际工资指数 = 报告期平均工资指数/报告期城镇居民消费价格指数 × 100%。

Explanatory Notes on Main Statistical Indicators

Total Population refers to the total number of people alive at a certain point of time within a given area.

The annual statistics on total population is taken at midnight, the 31st of December, not including residents in Taiwan province, Chinese compatriots in Hong Kong and Macao and overseas Chinese.

Urban Population and Rural Population

From 1952 to 1989 urban population refers to the population of municipal districts and towns under the administration of counties; rural population refers to the population of townships under the administration of counties. From 1990 to 1999 rural population is composed of the population of districts of cities divided into districts, the population of sub – district offices under the cities not divided into districts, the population of neighborhoods of towns under the administration of cities not divided into districts and the population of neighborhoods of towns under the administration of counties; rural population is the population other than those mentioned above. Rural population from 2000 to 2005: city population is composed of the population of districts of cities divided into districts with population density at more than 1500 people per square kilometer, the population of places where the district governments are stationed and other sub – district offices under the administration of the district with population density at less than 1500 people per square kilometer, and the population of circumjacent townships where are the extending areas of city construction of the places where the governments are stationed; the population of places where the city (not divided into districts) governments are stationed and other sub – district offices under the administration of the city, and the population of circumjacent townships where are the extending areas of city construction of the places where the governments are stationed. Town population refers to the population of places where town governments are stationed and other neighborhood committees under the administration of the towns, and the population of circumjacent villagers' committees where are the extending areas of town construction of the places where the town governments are stationed. Rural population is the population other than those mentioned above. From 2006 to now urban population is composed of city population and town population. City population includes the population of neighborhood committees (community committees) under the administration of sub – district offices and the population of other neighborhood committees (community committees) and villagers' committees connected through city common facilities and residence facilities. Town population includes the population of neighborhood committees (community committees) under the administration of towns and the population of villagers' committees connected through town common facilities and residence facilities, and the population of special areas with more than 3000 permanent residents, such as independent mining areas, development zones, research institutes, universities and colleges, farms, forestry centers and so on. Rural population is the population other than those mentioned above.

Birth Rate or (Crude Birth Rate) refers to the ratio of the number of births to the average population (or mid-period population) during a certain period of time (usually a year) which is often expressed in ‰. Birth rate in the chapter refers to annual birth rate. The following formula is used: Birth Rate = Number of Births/Average Number of Population × 1000‰

Number of births refers to live births i. e. the births when babies had showed any vital phenomena regardless of the length of pregnancy.

Annual Average Number of Population is the average of the number of population at the beginning of the year and that at the end of the year. Sometimes it is substituted for with the mid year population.

Death Rate (or Crude Death Rate) refers to the ratio of the number of deaths to the average population (or mid-period population) during a certain period of time (usually a year) which is often expressed in ‰. Death rate in the chapter refers to annual death rate. The following formula is used:

Death Rate = Number of Deaths/Annual Average Number of Population × 1000‰

Natural Growth Rate of Population refers to the ratio of natural increase in population (number of births minus number of deaths) in a certain period of time (usually a year) to the average population (or mid-period population) of the same period which is often expressed in ‰. The following formulas are applied:

Natural Growth of Population = (Number of Births − Number of Deaths)/Average Number of Population × 1000‰

Natural Growth Rate of Population = Birth Rate-Death Rate

Illiteracy Rate refers to the percentage of illiterate population to total aged 15 and over of resilent population.

Employed Persons refer to the persons who are engaged in social working and receive remuneration payment or earn business income, including total staff and workers, re-employed retirees, employers of private enterprises, self-employed workers, employees in private enterprises and individual economy, employees in township enterprises, employed persons in the rural areas, and other employed persons (including teachers in the schools run by the local people, people engaged in religious profession and the servicemen, etc.). This indicator reflects the actual utilization of total labour force during a certain period of time and is often used for the research on China's economic situation and national power.

Persons Employed in Various Units refer to all the persons working in government agencies of various levels, political and party organization, social organizations, enterprises and institutions, and receiving wages or other forms of payment. They include fully-employed staff and workers, re-employed retirees, teachers in schools run by the local people, foreigners and Chinese compatriots from Hong Kong, Macao, and Taiwan working in various units, part-time employees, employees of other units working temporarily at current posts, and employees holding the second job, but exclude staff and workers who have left their working units while keeping their labour contract (employment relation) unchanged. This indicator reflects the total number of laborers actually engaged in production or other operations in various units.

Persons Employed in Private Enterprises and Self-Employed Individuals in Urban Areas Persons employed in private enterprises refer to the persons employed in the private enterprises which have been registered at the departments of industrial and commercial administration and are situated at urban areas or townships for business operation or at urban areas with the level higher than a county town. The self-employed individuals in urban areas refer to persons who hold the certificates of residence in urban areas or have resided in the urban areas for a long time and have been registered at the departments of industrial and commercial administration and approved to be engaged in individual industrial or commercial business, including self-employed persons as well as helpers and hired labourers who work in the individual households engaged in industrial or commercial business.

Registered Urban Unemployed Persons The registered unemployed persons in urban areas refer to the persons who are registered as permanent residents in the urban areas, aged within the range of working age, capable to labour, unemployed but desirous to be employed and have been registered at the local employment service agencies to apply for a job.

Staff and Workers in State-owned Economic Units refer to the persons who work in the state-owned economic units or their attached units and are listed in their payrolls.

Staff and Workers of Collective Owned Units in Urban Areas refer to the persons who work in collective owned units in urban areas and their administration departments and receive payment therefrom.

Staff and Workers in Units of Other types of Ownership refer to those who work in (and receive payment therefrom) enterprises and institutions of joint ownership, share holding, foreign ownership, and ownership by entrepreneurs from Hong Kong, Macao, and Taiwan.

Total Wages of Staff and Workers refer to the total remuneration payment to staff and workers in various units during a certain period of time. The calculation of total wages is based on the total remuneration payment to the staff and workers. Therefore, all the wages and salaries and other payments to staff and workers are included in the total wages regardless of their sources, category, and forms (in kind or cash). (Total wages of staff and workers in this yearbook include only total wages of fully employed staff and workers, excluding the living allowances distributed to those who have left their working units while keeping their labor contract/employment relation unchanged).

Average Wage of Staff and Workers refers to the average wage in money terms per person during a certain period of time for staff and workers in enterprises, institutions, and government agencies, which reflects the general level of wage income during a certain period of time and is calculated as follows:

Average Wage of Staff and Workers = Total Wages of Staff and Workers at the Report Period/Average Number of Staff and Workers at the Report Period.

Average Wage Indices of Staff and Workers refers to the ratio of average wage of staff and workers in the report period to that in the base period, which reflects the change of wage of staff and workers at the different period. It is calculated as follows:

Average Wage Indices of Staff and Workers = Average Wage of Staff and Workers at the Report Period/Average Wage of Staff and Workers at the Base Period ×100%

Average Real Wage Indices of Staff and Workers average real wage of staff and workers refers to the average wage of staff and workers after removing the effects of the price changes and average real wage indices of staff and workers refers to the change of real wage, which reflects the relative increasing or decreasing level of real wage of staff and workers, which is calculated as follows:

Average Real Wage Indices of Staff and Workers = Average Wage Indices of Staff and Workers at the Report Period/Urban Consumer Price Indices at the Report Period ×100%

4

价格指数

Price Indices

简 要 说 明

一、本篇资料的主要内容

本篇价格指数资料，反映生产、流通、消费与投资等环节的价格变动趋势和变动幅度。主要包括居民消费价格指数、商品零售价格指数、农业生产资料价格指数、工业生产者价格指数、固定资产投资价格指数和房地产价格指数等。

二、本篇的资料来源

价格指数编制由国家统计局江苏调查总队组织实施。各市、县调查队依据国家统计局统一制定的价格统计调查制度向基层采集原始数据汇总后上报。

三、居民消费、商品零售价格指数

编制居民消费、商品零售价格指数的资料采用抽样调查和重点调查相结合的方法取得，即在全省选择不同经济区域和分布合理的地区，以及有代表性的商品作为样本，对其市场价格进行定期调查，以样本推断总体。编制过程按下列几个步骤进行：

1. 选择调查地区和调查点。调查地区按照经济区域和地区分布合理等原则，选出具有代表性的大、中、小城市和县作为国家的调查地区，在此基础上选定经营规模大、商品种类多的商场（包括集市和服务网点）作为调查点。

2. 选择代表商品和代表规格品。代表商品是选择那些消费量大、价格变动有代表性的商品；代表规格品的确定是根据商品零售资料和城市居民、农村居民的消费支出记帐资料，按照有关规定筛选的。筛选原则：(1)与社会生产和人民生活关系密切；(2)消费（销售）数量（金额）大；(3)市场供应稳定；(4)价格变动趋势有代表性；(5)所选的代表规格品之间差异大。

目前，居民消费价格调查按用途划分为8大类，262个基本分类，各地每月调查600种以上规格产品价格；商品零售价格按用途划分为16个大类，229个基本分类，各地每月调查500种以上的规格产品价格。

3. 价格调查方式。采用派员直接到调查点登记调查，同时聘请辅助调查员协助登记调查。

4. 权数的确定。商品零售价格指数的计算权数主要根据社会商品零售额资料确定；居民消费价格指数的计算权数根据城乡居民家庭消费支出构成确定。

四、工业生产者价格指数

工业生产者价格包括工业企业产品第一次出售时的出厂价格（下简称工业生产者出厂价格）和原材料、燃料、动力购进价格（下简称工业生产者购进价格）。

工业生产者价格调查采用重点调查与典型调查相结合的调查方法。重点调查将全部年主营业务收入2000万元以上（2010年以前为500万元以上）的企业列为调查对象；典型调查是把年主营业务收入2000万元以下（2010年以前为500万元以下）的企业作为抽样对象。

1. 代表企业的选择原则：(1)按工业行业选择调查企业，各中类行业原则上都要有调查企业。(2)大型企业应尽量都选上（或占相当大比重）。(3)选择生产稳定、正常的企业作为调查对象。

2. 代表产品的选择原则：(1)按工业行业选择基本分类和代表产品。(2)选择对国计民生影响大的产品。(3)选择生产较为稳定的产品。(4)选择有发展前景的产品。(5)选择具有地方特色的产品。

目前《工业生产者出厂价格调查目录》包括11000多种工业产品，并将其划分为1700多个基本分类。工业生产者购进价格调查项目由上述出厂调查目录的大部分和部分农副产品两部分组成，包括6000多种调查产品，确定为900多个基本分类。

3. 价格调查方式。采用企业报表形式。

4. 权数的确定。工业生产者出厂价格统计中，小类及小类以上的权数资料来源于工业统计中分行业工业销售产值数据资料；基本分类的权数资料来源于独立的工业企业产品权数调查。工业生产者购进价格统计中，基本分类及以上分类的权数资料主要来源于独立的工业企业产品权数调查，小类及小类以上的权数还可以参照相应行业的出厂权数和分行业的投入产出数据资料。权数一般五年更换一次。

五、固定资产投资价格指数

固定资产投资价格调查采用重点调查与典型调查相结合的方法。固定资产投资价格调查所涉及的价格是构成固定资产投资额实体的实际购进价格或结算价格。调查的内容包括构成当年建筑工程实体的钢材、木材、水泥、地方建材（如砖、瓦、灰、沙、石等)、化工材料(如油漆等)等主要建筑材料价格;作为活劳动投入的劳动力价格(单位工资)和建筑机械使用费;设备工器具购置和其他费用投资价格。

固定资产投资价格调查样本的选择遵循以下原则:

1. 选择建筑安装工程调查点的原则:(1)样本单位应具有一定覆盖面;(2)投资经济活动代表性强;(3)兼顾不同经济类型;(4)选择重点工程;(5)兼顾国民经济各门类及不同工程类别。

2. 选择其他费用调查点的原则:在选择其他费用调查点时,所遵循的原则与建筑安装工程调查点的原则基本相同,特别是要注意选择那些投资额大的工程。但由于其他费用不易取得,所以在实际操作过程中,应同时在建设单位、施工单位开展重点调查,并辅以典型调查(从管理部门取得资料)。

3. 价格调查方式。采用企业报表和调查员走访相结合的方式。

4. 权数的确定。固定资产投资价格指数的计算权数是建筑安装工程、设备工器具购置和其他费用三者前两年投资完成额的平均比重。

六、房地产价格指数

住宅销售价格包括新建住宅和二手住宅两部分。

新建住宅价格调查,在2010年以前采用重点调查与典型调查相结合的方法,从2011年开始,采用全面调查的方法。二手住宅价格调查采用重点调查与典型调查相结合的方法。

调查方式采用报表与走访相结合的方式。

Brief Introduction

Ⅰ. Main Contents

Data on price indices in this chapter show the changing trends and the change rates in the prices of production, trade, consumption and investment, including mainly consumer price indices, retail price indices, price indices for means of agricultural production, producer price indices for farm products, price indices for investment in fixed assets, and price indices for real estate.

Ⅱ. Sources of Data

Compilation of statistics on price indices is organized by the Survey Office of the National Bureau of Statistics in Jiangsu. The selected cities and counties collect data from the grassroots units in accordance with the scheme of price survey system stipulated by the NBS, tabulate them and report them to the higher agencies.

Ⅲ. Consumer Price Indices and Retail Price Indices

Data for compilation of the consumer price indices and the retail price indices in Jiangsu are collected through a combination of sample surveys and surveys of key units. Areas distributed in different economic regions are selected as the sample areas and representative commodities are selected as the sample commodities. Regular surveys are conducted to collect data on their market prices. Population parameters are inferred on the basis of the sample data. Following are major steps in the process of calculation of the price indices:

(1) The selection of areas and survey points: Based on such principles as regional economic features and reasonable geographic distribution, representative sample areas for the national survey are selected which include large, medium and small cities and counties. When the sample areas have been selected, large-scale shops and markets (including fairs and service outlets) with wide variety of commodities are selected as survey points.

(2) The selection of representative commodities and their specifications or varieties: The representative commodities selected are those consumed in large quantity and representative in price changes. The representative specifications or varieties are determined according to the data on the retail sales of commodities and the consumption expenditure account data of the residents of urban households and rural households; and selection follows the related instructions. The principles for selection are: (a) The commodities are closely related to so-

cial production and people's living conditions; (b) They are consumes (or sold) in large quantities (or large values); (c) The market supply is stable; (d) The changes of their prices are representative in trend; (e) There is great heterogeneity among the specifications or varieties selected.

At present, data are collected on 600 and more specifications each month under 262 basic headings in 8 categories in the consumer price surveys. For the retail price surveys, data are collected on more than 500 specifications each month under 229 basic headings in 16 categories.

(3) Method of data collection: Enumerators are sent to the survey points to take the records of the prices. Assistant enumerators are recruited to assist the survey work.

(4) Determination of the weights: The weights for calculation of the retail price indices are determined mainly according to the total retail sales of commodities. The weights for calculation of the consumer price indices are determined according to the composition of the consumption expenditures of urban and rural households.

Ⅳ. Producer Price Indices for Industrial Products

Producer prices for manufactured goods refer to the ex-factory price of manufactured goods when they are first sold. The survey program is a combined use of the key units' survey and typical units' survey methods. Key units refer to those non-State-owned industrial enterprises with annual revenue above 5 million yuan. Typical units refer to the industrial enterprises with annual sale revenue below 5 million yuan.

(1) Principles for selecting the representative enterprises:

(a) Enterprises to be covered in the survey are selected by industrial sectors. In principle, every branch should have enterprises selected; (b) All (or a majority of) large-sized enterprises should be selected; (c) Enterprises selected should be those with normal and stable production; (d) Different types of ownership should be considered in selecting enterprises.

(2) Principle for the selection of representative goods:

(a) The goods are selected by industrial sectors; (b) The selected goods should have great impact on the national economy and people's living conditions; (c) The production of the goods selected are relatively more stable; (d) The prospects of the goods selected are promising; (e) The goods selected are typical to the place in question.

The current List of Manufactured Goods for the survey includes over 4,000 goods (including 7,500 specifications or varieties). The industrial sales value of the industries represented by these goods accounts for more than 70 percent of total industrial sales value of all the country.

(3) Method of data collection: The method of reporting forms by enterprises is adopted.

(4) Determination of the weights: The weights for calculation of the producer price indices for manufactured goods are determined according to the total sales value of manufactured goods. Data from the industrial census are used for the calculation. If census data are not available for the reference year, industrial statistical data and statistical data from other agencies will be used to estimate the weights. The weights are replaced every five years.

Ⅴ. Price Indices for Investment in Fixed Assets

Data on prices of investment in fixed assets are collected by a program involving the combined use of surveys on key units and surveys on typical units. The prices collected in the surveys of investment in fixed assets are the actual purchasing prices or settlement prices of entities of investment in fixed assets. The survey content includes the prices of main construction materials that constitute the architectural engineering entity in the year, such as steel, timber, cement, local construction materials (such as brick, tile, calcareous ashes, sand, stone, etc.), chemical materials (such as oil paint, etc.), the price of labor force as input (wages), prices for renting of building machinery and equipment, the purchasing price of equipment, tools and instruments and the prices of others investments.

The following principles should be followed in selecting the sample for the price survey of investment in fixed assets:

(1) Principles for selecting the survey points of construction and installation: (a) Sample units should have a good coverage; (b) The economic activity of investment should have strong representativeness; (c) Different economic types of ownership should be considered; (d) key projects should be selected; (e) Attention should be given to various sectors of the national economy and types of projects.

(2) Principles for selecting price survey points of other fees: The principles for selecting survey points of others fees is in general the same as that of construction and installation, with special attention being paid to selecting projects with huge investment value. Since it is not easy to obtain the other fees, during the actual data gathering operations, survey on key construction owner units and building units is to conducted concurrently with survey on typical units (with information from administration units)

(3) Method of price survey: A combination of enterprises reporting system and enumerator visits method.

(4) Determination of the weights: The weights for calculation of the price indices for investment in fixed assets are determined according to the average proportion of construction and installation, purchase of equipment, tools and instruments and other investments in the 2 preceding years.

Ⅵ. Price Indices for Real Estate

Sale prices of houses include the prices for commercialized houses and for second-hand houses.

New housing price Survey before 2010 using the key survey and typical method of combining. Beginning of 2011, take a comprohensive survey. Second – hand housing prices using a combiration of approaches fouse on investigation and sampling surveys. The mothod including reports and visition.

4-1 各种价格指数
Price Indices

上年=100 (preceding year=100)

年份 Year	居民消费价格指数 Consumer Price Index	城市 Urban	农村 Rural	商品零售价格指数 Retail Price Index	工业生产者出厂价格指数 Producer Price Index for Industrial Products	工业生产者购进价格指数 Purchasing Price Index for Industrial Products	固定资产投资价格指数 Price Index for Investment in Fixed Assets
1979	101.0	100.7	101.3	101.3			
1980	105.6	105.7	105.6	105.8			
1981	101.5	102.3	100.9	101.4			
1982	100.9	100.9	101.0	100.9			
1983	100.4	100.8	100.0	100.1			
1984	103.0	104.1	102.1	102.5			
1985	109.5	109.6	109.4	109.5			
1986	107.1	106.4	107.7	107.1			
1987	109.2	110.5	107.7	109.3			
1988	121.9	122.6	121.4	122.3			
1989	117.1	116.0	118.5	116.8			
1990	103.2	103.4	103.0	102.3			
1991	104.9	107.7	101.9	104.8	103.2	107.0	104.5
1992	106.6	108.8	104.4	105.1	103.8	110.2	112.1
1993	118.2	118.7	117.3	115.9	118.5	125.7	138.8
1994	123.2	125.3	121.7	123.6	121.4	120.1	114.6
1995	115.8	116.2	115.3	114.3	114.2	117.3	107.4
1996	109.3	110.8	107.1	106.8	100.6	103.9	103.2
1997	101.7	101.3	102.0	99.3	97.9	97.9	99.2
1998	99.4	100.0	99.0	98.2	94.5	91.4	98.8
1999	98.7	98.6	98.8	96.9	96.1	94.4	98.3
2000	100.1	100.0	100.1	98.6	101.1	107.1	101.2
2001	100.8	100.1	101.5	98.9	99.1	99.5	100.8
2002	99.2	98.4	100.2	98.4	97.6	98.6	101.3
2003	101.0	100.9	101.2	99.8	102.3	106.5	104.3
2004	104.1	103.7	104.6	102.2	106.5	116.3	109.3
2005	102.1	102.0	102.4	100.3	102.6	107.6	100.9
2006	101.6	101.6	101.7	100.8	101.5	106.4	101.2
2007	104.3	104.1	104.8	102.9	102.6	105.0	104.9
2008	105.4	105.2	105.6	104.9	104.6	115.0	110.0
2009	99.6	99.6	99.5	98.9	95.2	91.9	97.7
2010	103.8	103.6	104.3	103.2	107.3	112.8	105.1
2011	105.3	105.1	105.9	104.6	106.2	108.9	106.8
2012	102.6	102.6	102.6	102.1	97.1	95.8	98.6
2013	102.3	102.3	102.5	101.4	98.0	97.1	100.5
2014	102.2	102.2	102.2	101.6	98.3	97.0	101.1

4-2 各种价格定基指数
Fixed-base Price Indices

年份 Year	居民消费价格指数(1978年=100) Consumer Price Index (1978=100)	城市 Urban	农村 Rural	商品零售价格指数(1978年=100) Retail Price Index (1978=100)	工业生产者出厂价格指数(1990年=100) Producer Price Index for Industrial Products (1990=100)	工业生产者购进价格指数(1990年=100) Purchasing Price Index for Industrial Products (1990=100)	固定资产投资价格指数(1990年=100) Price Index for Investment in Fixed Assets (1990=100)
1979	101.0	100.7	101.3	101.3			
1980	106.7	106.4	107.0	107.7			
1981	108.3	108.9	107.9	108.7			
1982	109.2	109.9	109.0	109.7			
1983	109.7	110.7	109.0	109.8			
1984	113.0	115.3	111.3	112.5			
1985	123.7	126.4	121.8	123.2			
1986	132.5	134.4	131.1	131.9			
1987	144.7	148.6	141.2	144.2			
1988	176.3	182.1	171.5	176.4			
1989	206.5	211.3	203.2	206.0			
1990	213.1	218.5	209.3	210.7			
1991	223.5	235.3	213.3	220.9	103.2	107.0	104.5
1992	238.3	256.0	222.6	232.1	107.1	117.9	117.1
1993	281.7	303.9	261.2	269.0	126.9	148.2	162.6
1994	347.0	380.7	317.8	332.5	154.1	178.0	186.3
1995	401.8	442.4	366.5	380.1	176.0	208.8	200.1
1996	439.2	490.2	392.5	405.9	177.0	216.9	206.5
1997	446.7	496.6	400.3	403.1	173.3	212.4	204.9
1998	444.0	496.6	396.3	395.8	163.8	194.1	202.4
1999	438.2	489.6	391.6	383.5	157.4	183.3	199.0
2000	438.7	489.6	392.0	378.1	159.1	196.3	201.4
2001	442.2	490.1	397.8	373.9	157.7	195.3	203.0
2002	438.6	482.2	398.6	368.0	153.9	192.6	205.6
2003	443.0	486.5	403.4	367.3	157.4	205.2	214.4
2004	461.2	504.5	422.0	375.4	167.6	238.6	234.3
2005	470.9	514.6	432.1	376.5	171.9	256.8	236.4
2006	478.4	522.8	439.5	379.5	174.5	273.2	239.2
2007	499.0	544.3	460.6	390.5	179.0	286.7	250.9
2008	525.9	572.6	486.4	409.6	187.2	329.7	276.0
2009	523.8	570.3	484.0	405.1	178.2	303.0	269.7
2010	543.7	590.8	504.8	418.1	191.2	341.8	283.5
2011	572.7	621.1	534.7	437.4	203.1	372.2	302.8
2012	587.4	637.0	548.5	446.4	197.2	356.6	298.6
2013	601.2	651.6	562.2	452.7	193.3	346.3	300.1
2014	614.4	666.0	574.5	459.8	190.0	335.9	303.4

4-3 主要年份居民消费价格指数

Consumer Price Indices in Major Years

上年=100 (preceding year = 100)

类别	Item	2005	2010	2011	2012	2013	2014
总指数	**General Index**	**102.1**	**103.8**	**105.3**	**102.6**	**102.3**	**102.2**
食品	Food	103.9	107.4	111.8	104.7	104.1	102.6
粮食	Grain	100.0	115.2	111.1	102.3	103.0	103.6
淀粉及制品	Starches and Tubers	111.0	104.7	113.8	105.5	102.0	103.3
干豆类及豆制品	Bean and Its Products	100.7	108.0	106.6	103.1	104.5	104.9
油脂	Oil or Fat	92.4	103.3	113.7	104.2	98.2	92.3
肉禽及其制品	Meat, Poultry and their Processed Products	104.3	103.0	120.8	102.5	103.1	99.9
蛋	Eggs	104.3	107.4	115.0	97.0	104.4	111.2
水产品	Aquatic Products	105.4	110.9	110.5	108.4	105.5	100.4
菜	Vegetables	114.8	117.2	102.1	109.0	107.0	99.3
#鲜菜	Fresh Vegetables	116.2	117.7	101.6	110.1	107.2	98.7
调味品	Flavoring	100.8	104.6	108.0	108.1	103.9	103.3
糖	Sugar	103.1	108.6	110.9	105.2	100.6	101.3
茶及饮料	Tea and Beverages	100.0	101.2	104.3	104.1	102.7	103.9
干鲜瓜果	Dried and Fresh Fruits and Melons	98.1	113.0	114.4	98.2	106.8	113.9
#鲜瓜果	Fresh Fruits	97.5	112.8	114.4	97.1	107.8	116.2
糕点饼干面包	Cake, Biscuit and Bread	100.4	101.5	109.8	103.6	103.4	102.3
液体乳及乳制品	Milk and Its Products	100.7	104.1	109.3	105.4	106.7	111.1
在外用膳食品	Dining Out	104.2	103.7	110.3	106.9	103.7	102.8
其他食品	Others	103.3	101.7	107.5	104.3	100.7	100.7
烟酒及用品	Tobacco, Liquor and Articals	100.6	102.4	104.0	103.9	98.7	98.6
烟草	Tobacco	100.4	100.2	100.1	100.1	99.7	100.1
酒	Liquor	100.8	106.8	111.3	110.5	97.1	96.3
衣着	Clothing	98.6	100.7	103.4	103.6	103.2	103.9
服装	Garments	98.5	100.8	103.9	103.5	103.0	104.0

4-3 续 表 Continued

上年=100 (preceding year=100)

类别	Item	2005	2010	2011	2012	2013	2014
衣着材料	Clothing Material	100.2	105.0	111.3	105.1	104.4	102.0
鞋袜帽	Footgear and Hats	97.8	100.2	101.5	103.8	103.5	103.7
衣着加工服务费	Clothing Manufacturing Services	104.1	104.0	107.0	107.5	107.2	106.0
家庭设备用品及维修服务	Household Facilities and Articles	100.2	100.1	104.4	103.6	102.2	103.3
耐用消费品	Durable Consumer Goods	99.5	98.3	103.6	102.7	101.6	103.1
室内装饰品	Interior Decorations	100.0	100.4	102.4	101.8	101.0	100.9
床上用品	Bed Articles	99.7	101.7	103.4	103.3	100.1	103.5
家庭日用杂品	Daily Use Household Articles	100.0	99.9	102.4	102.8	102.1	102.3
家庭服务及加工维修服务	Household Services, Processing and Repairing Services	104.2	107.7	116.0	110.6	107.1	106.8
医疗保健和个人用品	Health Care and Personal Articles	100.2	102.9	103.1	101.3	101.1	101.8
医疗保健	Health Care	99.4	102.4	101.9	100.6	101.3	102.4
个人用品及服务	Personal Articals and Services	101.9	104.0	105.2	102.5	100.8	100.8
交通和通信	Transportation and Communication	98.4	99.8	100.8	99.8	99.7	99.8
交通	Transportation	100.8	101.7	102.5	100.4	99.8	99.6
通信	Communication	96.2	96.7	97.7	98.5	99.7	100.1
娱乐教育文化用品及服务	Recreation, Education and Culture Articles and Services	102.2	101.6	100.6	99.9	101.3	102.6
文娱用耐用消费品及服务	Durable Consumer Goods for Recreational Use and Services	93.0	91.5	91.2	93.0	97.4	100.5
教育	Education	105.1	102.7	102.3	100.8	101.1	101.8
文化娱乐类	Cultural and Recreational Articals	102.3	102.5	101.0	101.0	101.8	102.5
旅游	Tourism	100.3	107.3	103.5	101.6	104.0	106.1
居住	Residence	104.4	105.0	104.1	102.4	102.5	102.4
建房及装修材料	Building and Docorative Material	104.3	105.4	106.9	100.6	100.9	102.3
住房租金	Renting	101.6	106.0	103.9	103.6	103.3	102.8
自有住房	Private Housing	104.2	103.7	104.0	102.7	102.9	102.7
水、电、燃料	Water, Electricity and Fuels	105.0	104.5	102.1	102.1	101.9	101.1
消费品价格指数	Consumption Goods	101.8	103.9	106.4	102.9	102.3	102.0
服务项目价格指数	Service	103.2	103.6	103.1	101.9	102.4	102.7

4－4 居民消费价格分类指数（2014 年）
Consumer Price Indices by Category（2014）

上年＝100　　　　　　　　　　　　　　　　　　（preceding year＝100）

类　　别	Item	全省 Total	城市 Urban	农村 Rural
总指数	**General Index**	**102.2**	**102.2**	**102.2**
食品	Food	102.6	102.7	102.5
粮食	Grain	103.6	103.4	103.8
淀粉及制品	Starches	103.3	103.1	103.8
干豆类及豆制品	Bean and Its Products	104.9	104.8	104.9
油脂	Oil or Fat	92.3	92.0	93.1
肉禽及其制品	Meat, Poultry Cheir Processing Products and	99.9	100.1	99.2
蛋	Eggs	111.2	110.9	111.8
水产品	Aquatic Products	100.4	100.8	99.5
菜	Vegetables	99.3	99.3	99.4
#鲜菜	Fresh Vegetables	98.7	98.6	98.9
调味品	Flavoring	103.3	103.1	103.7
糖	Sugar	101.3	101.4	100.9
茶及饮料	Tea and Beverages	103.9	104.1	103.4
干鲜瓜果	Dried and Fresh Fruits and Melons	113.9	113.6	114.8
#鲜瓜果	Fresh Fruits	116.2	115.8	117.4
糕点饼干面包	Cake, Biscuit and Bread	102.3	102.7	101.3
液体乳及乳制品	Milk and Its Products	111.1	111.4	109.9
在外用膳食品	Dining Out	102.8	102.6	103.3
其它食品	Others	100.7	100.6	101.1
烟酒及用品	Tobacco, Liquor and Articals	98.6	98.6	98.8
烟草	Tobacco	100.1	100.1	100.0
酒	Liquor	96.3	96.0	96.9
衣着	Clothing	103.9	104.0	103.6
服装	Garments	104.0	104.2	103.4

4－4 续 表 Continued

上年＝100 (preceding year＝100)

类 别	Item	全省 Total	城市 Urban	农村 Rural
衣着材料	Clothing Material	102.0	101.6	103.3
鞋袜帽	Footgear and Hats	103.7	103.5	104.3
衣着加工服务	Clothing Manufacturing Services	106.0	106.0	105.9
家庭设备用品及维修服务	Household Facilities and Articles	103.3	103.4	102.9
耐用消费品	Durable Consumer Goods	103.1	103.3	102.6
室内装饰品	Interior Decorations	100.9	100.5	101.7
床上用品	Bed Articles	103.5	103.6	103.1
家庭日用杂品	Daily Use Household Articles	102.3	102.1	102.9
家庭服务及加工维修服务	Household Services, Processing and Repairing Services	106.8	107.1	105.7
医疗保健和个人用品	Health Care and Personal Articles	101.8	101.3	103.4
医疗保健	Health Care	102.4	101.6	104.8
个人用品及服务	Personal Articals and Services	100.8	100.8	100.7
交通和通讯	Transportation and Communication	99.8	99.8	99.7
交通	Transportation	99.6	99.7	99.4
通信	Communication	100.1	100.1	100.2
娱乐教育文化用品及服务	Recreation, Education and Culture Articles and Services	102.6	102.7	102.5
文娱用耐用消费品及服务	Durable Consumer Goods for Recreational Use and Services	100.5	100.6	100.3
教育	Education	101.8	102.0	101.3
文化娱乐用品	Cultural and Recreational Articals	102.5	102.6	102.1
旅游	Tourism	106.1	105.4	109.5
居住	Residence	102.4	102.4	102.3
建房及装修材料	Building and Docorative Material	102.3	102.8	101.2
住房租金	Renting	102.8	102.7	103.4
自有住房	Private Housing	102.7	102.5	103.4
水、电、燃料	Water, Electricity and Fuels	101.1	101.2	100.8

4-5 商品零售价格分类指数（2014年）
Retail Price Indices by Categories (2014)

上年=100　　(preceding year=100)

类别	Item	全省 Total	城市 Urban	农村 Rural
商品零售价格指数	**Retail Price Index**	**101.6**	**101.7**	**101.2**
食品	Food	102.7	102.9	102.4
饮料烟酒	Beverages, Tobacco and Liquor	99.9	99.8	99.9
服装鞋帽	Garments, Shoes, Hats	103.9	104.0	103.5
纺织品	Textiles	103.3	103.5	102.9
家用电器音像器材	Household Appliances, Music and Video Equipment	101.4	101.1	102.1
文化办公用品	Cultural and Office Appliances	100.5	100.4	100.7
日用品	Articles for Daily Use	101.3	101.4	101.1
体育娱乐用品	Sports and Recreation Arcticles	102.1	102.2	101.7
交通、通信用品	Transportation and Communicatior Appliances	99.7	99.8	99.1
家具	Furniture	104.1	105.1	101.7
化妆品	Cosmetics	101.7	101.8	101.5
金银珠宝	Gold, Silver and Jewelry	91.9	92.2	90.7
中西药品及医保用品	Traditional Chinese and Western Medicines and Health Care Articles	101.4	102.2	98.6
书报杂志电子出版物	Books, Newspapers, Magazines and Electronic Publications	102.7	102.9	102.2
燃料	Fuels	101.5	101.8	100.8
建筑材料五金电料	Building Materials and Hardware	100.9	101.1	100.4
农业生产资料类	**Means of Agricultural Production General Price Index**	**100.2**		
农用手工工具	Farm Handtools	101.8		
饲料	Forage	101.5		
产品畜	Production Livestock	102.0		
半机械化农具	Semi-mechanized Farm Tools	100.5		
机械化农具	Mechanized Farm Machinery	100.2		
化学肥料	Chemical Fertilizer	93.6		
农药及农药器械	Pesticide and Its Appliances	100.9		
化学农药	Chemical Pesticide	100.9		
农药器械	Pesticide Appliances	100.5		
农用机油	Oil for Farm Machinery	98.6		
其他农业生产资料	Other Means of Agricultural Production	101.7		
农业生产服务	Service for Agricultural Prodcution	104.0		

4-6 工业生产者出厂价格指数
Producer Price Indices for Industrial Products

上年=100 (preceding year=100)

类别	Item	2000	2005	2010	2013	2014
工业生产者出厂价格指数	**Producer Price Indices for Industrial Products**	**101.1**	**102.6**	**107.3**	**98.0**	**98.3**
轻工业	Light Industry	97.9	100.3	104.9	99.2	99.0
以农产品为原料	Using Farm Products as Raw Materials	97.1	100.9	107.3	99.9	99.4
以非农产品为原料	Using Non-Farm Products as Raw Materials	99.5	100.1	103.6	98.0	98.5
重工业	Heavy Industry	102.8	105.4	109.7	97.6	98.1
采掘	Mining and Quarrying	102.2	121.6	125.0	95.0	92.1
原料	Raw Materials	110.9	109.7	113.8	97.4	98.1
加工	Manufacturing	96.7	102.1	107.4	97.7	98.1
生产资料	Means of Production	103.0	103.2	108.2	97.5	98.0
采掘	Mining and Quarrying	101.9	121.9	124.4	95.0	92.1
原料	Raw Materials	110.8	108.9	114.3	97.0	97.4
加工	Manufacturing	97.3	100.9	106.3	97.7	98.3
生活资料	Consumer Goods	96.6	100.5	103.1	100.1	99.5
食品	Food	89.6	99.9	105.6	99.5	98.7
衣着	Clothing	100.9	102.9	103.2	101.8	100.0
一般日用品	Daily-use Articles	98.5	101.2	102.1	99.5	100.3
耐用消费品	Durable Consumer Goods	95.6	98.2	100.8	99.3	98.7

4-7 分部门工业生产者出厂价格指数
Producer Price Indices for Industrial Products by Industry

上年=100 (preceding year=100)

类别	Item	2000	2005	2010	2013	2014
工业生产者出厂价格指数	**Producer Price Indices for Industrial Products**	**101.1**	**102.6**	**107.3**	**98.0**	**98.3**
冶金工业	Metallurgical Industry	104.1	103.5	112.6	94.8	94.6
电力工业	Power Industry	106.1	106.0	100.5	99.9	99.9
煤炭及炼焦工业	Coal Industry	94.0	116.1	116.8	86.8	86.6
石油工业	Petroleum Industry	144.4	119.6	127.3	97.5	97.0
化学工业	Chemical Industry	105.2	105.8	113.8	97.6	98.2
机械工业	Machine Building Industry	95.8	100.0	102.9	98.2	99.0
建筑材料工业	Building Materials Industry	99.2	95.4	105.5	98.6	100.8
森林工业	Timber Industry	97.1	103.0	101.3	100.4	101.0
食品工业	Food Industry	89.4	99.6	105.1	99.5	98.7
纺织工业	Textile Industry	101.8	101.5	111.7	99.2	99.0
缝纫工业	Tailoring Industry	102.0	103.3	103.2	101.6	100.1
皮革工业	Leather Industry	102.5	101.5	101.8	103.5	99.5
造纸工业	Paper Industry	104.9	101.8	107.9	97.7	100.8
文教艺术用品工业	Cultural, Educational and Handicrafts Articles	103.4	102.2	101.1	100.8	99.4
其他工业	Others	102.6	100.8	104.0	100.9	101.1

4-8 分行业工业生产者出厂价格指数
Producer Price Indices for Industrial Products by Sector

上年=100 (preceding year=100)

行业	Sector	2011	2012	2013	2014
工业生产者出厂价格指数	**Producer Price Indices for Industrial Products**	**106.2**	**97.1**	**98.0**	**98.3**
煤炭开采和洗选业	Mining and Washing of Coal	105.0	91.1	85.7	86.8
石油和天然气开采业	Extraction of Petroleum and Natural Gas	132.2	98.6	94.2	94.6
黑色金属矿采选业	Mining and Processing of Ferrous Metal Ores	114.5	84.4	97.3	78.7
有色金属矿采选业	Mining and Processing of Non-Ferrous Metal Ores	130.9	86.3	91.1	98.1
非金属矿采选业	Mining and Processing of Nonmetal Ores	111.5	104.3	100.5	100.1
农副食品加工业	Processing of Food from Agricultural Products	113.0	100.2	98.6	97.6
食品制造业	Manufacture of Food	107.4	101.7	101.8	101.1
酒、饮料和精制茶制造业	Manufacture of Beverage	106.0	103.6	100.2	100.0
烟草制品业	Manufacture of Tobacco	100.0	101.9	100.4	100.0
纺织业	Manufacture of Textile	112.4	95.9	99.5	99.0
纺织服装、服饰业	Manufacture of Textile Wearing, Apparel, Footwear and Caps	103.1	104.6	101.6	100.1
皮革、毛皮、羽毛及其制品和制鞋业	Manufacture of Textile, Fur, Feather and footwear Products	105.2	103.0	103.2	100.4
木材加工和木、竹、藤、棕、草制品业	Processing of Timber, Manufacture of Wood, Bamboo, Rattan, Palm and Straw Products	103.8	103.8	100.3	100.8
家具制造业	Manufacture of Furniture	102.5	102.5	100.7	101.5
造纸和纸制品业	Manufacture of Paper and Paper Products	106.1	97.6	97.7	100.8
印刷和记录媒介复制业	Printing, Reproduction of Recording Media	102.4	100.2	99.7	99.8
文教、工美、体育和娱乐用品制造业	Manufacture of Culture, Education, Arts, Crafts Sports and Enterfaiment Supplies	106.7	102.0	100.7	99.8
石油加工、炼焦和核燃料加工业	Processing of Petroleum, Coking, Processing of Nuclear Fuel	120.3	101.4	96.5	94.8

4-8 续 表 Continued

上年=100 (preceding year=100)

行 业	Item	2011	2012	2013	2014
化学原料和化学制品制造业	Manufacture of Raw Chemical Materials and Chemical Products	109.5	94.1	97.0	98.6
医药制造业	Manufacture of Medicines	103.6	94.4	99.2	99.5
化学纤维制造业	Manufacture of Chemical Fibers	111.2	87.7	96.3	93.1
橡胶和塑料制品业	Manufacture of Rubber and Plastics	106.3	99.4	99.6	99.3
非金属矿物制品业	Manufacture of Non-ferrous Metals	110.9	96.9	98.7	100.8
黑色金属冶炼和压延加工业	Smelting and Pressing of Ferrous Metals	111.7	90.3	92.7	92.5
有色金属冶炼和压延加工业	Smelting and Pressing of Non-ferrous Metals	111.9	92.2	95.1	96.4
金属制品业	Manufacture of Metal Products	103.4	98.4	98.0	99.2
通用设备制造业	Manufacture of General Purpose Machinery	103.0	99.6	99.9	99.7
专用设备制造业	Manufacture of Special Purpose Machinery	102.2	100.9	101.8	99.9
汽车制造业	Manufacturing of Transport Equipment	99.6	99.7	99.0	99.0
铁路、船舶、航空航天和其他运输设备制造业	Manufacture of Railroad, Marine, Aviation and other Transport Equipment	102.4	99.2	98.7	99.3
电气机械和器材制造业	Manufacture of Electrical Machinery and Equipment	105.7	95.9	97.1	98.7
计算机、通信和其他电子设备制造业	Manufacture of Computer Communications and other Electronic Equipment	100.4	98.1	97.7	98.7
仪器仪表制造业	Manufacture of Instrumentation	100.6	100.8	99.8	100.0
其他制造业	Other Manufacturing	115.4	103.8	102.0	103.5
废弃资源综合利用业	Manufacture of Recycling and Disposal of Waste	113.5	95.2	92.8	83.9
金属制品、机械和设备修理业	Manufacture of Metal Products, Machinery and Equipment Repair	107.2	102.0	98.7	98.1
电力、热力生产和供应业	Production and Supply of Electric Power and Heat Power	100.8	101.2	99.6	100.1
燃气生产和供应业	Production and Supply of Gas	106.1	100.7	101.6	106.4
水的生产和供应业	Production and Supply of Water	102.1	101.0	102.2	100.9

4-9 工业生产者购进价格指数
Purchasing Price Indices for Industrial Products

上年=100 (preceding year=100)

类别	Item	2011	2012	2013	2014
工业生产者购进价格指数	**Purchasing Price Indices for Industrial Products**	**108.9**	**95.8**	**97.1**	**97.0**
燃料动力类	Fuel and Power	110.7	99.1	95.8	96.0
黑色金属材料类	Ferrous Metal	108.5	92.1	94.7	94.9
有色金属材料和电线类	Non-Ferrous Metal and Wire	112.1	91.8	95.3	95.3
化工原料类	Chemical Materials	110.8	91.6	97.3	97.8
木材及纸浆类	Timber and Pulp	101.2	101.9	99.8	98.7
建筑材料及非金属矿类	Construction Materials and Non-Metal Mining Industry	113.3	96.0	95.7	99.0
其他工业原材料、半成品类	Other Industrial Raw Materials and Semi-Finished Products	104.2	97.0	97.6	97.8
农副产品类	Farm and Sideline Products	117.6	101.3	102.3	97.7
纺织原料类	Textile Raw Materials	114.4	97.9	99.4	97.7

4-10 固定资产投资价格指数
Price Indices for Investment in Fixed Assets

上年=100 (preceding year=100)

类别	Item	2000	2005	2010	2013	2014
总指数	**General Index**	**101.2**	**100.9**	**105.1**	**100.5**	**101.1**
建筑安装工程	Construction and Installation	102.4	99.6	106.9	100.8	101.7
设备、器具	Equipments, Tools and Instruments	97.8	100.5	101.7	98.8	99.6
其他费用	Others	102.6	106.5	105.6	103.0	101.9

4-11 房地产价格指数
Real Estate Price Indices

上年=100 (preceding year=100)

类别	Item	2010	2011	2012	2013	2014
新建住宅	New Residential					
南京	Nanjing	110.4	101.3	98.5	108.6	104.2
无锡	Wuxi	106.1	102.3	99.2	103.4	100.6
徐州	Xuzhou	107.3	103.6	99.0	106.4	102.6
扬州	Yangzhou	106.1	104.2	99.3	103.9	102.4
二手住宅	Second-hand Residential					
南京	Nanjing	104.8	99.8	96.8	105.4	103.4
无锡	Wuxi	103.5	104.1	100.1	101.9	99.8
徐州	Xuzhou	103.1	99.6	97.7	102.2	99.3
扬州	Yangzhou	105.4	103.0	96.9	100.8	100.9

主要统计指标解释

商品零售价格指数　是反映城乡商品零售价格变动趋势的一种经济指数。零售物价的调整变动直接影响到城乡居民的生活支出和国家的财政收入,影响居民购买力和市场供需平衡,影响消费与积累的比例。因此,计算零售价格指数,可以从一个侧面对上述经济活动进行观察和分析。

居民消费价格指数　是反映一定时期内城乡居民所购买的生活消费品价格和服务项目价格变动趋势和程度的相对数,是对城市居民消费价格指数和农村居民消费价格指数进行综合汇总计算的结果。利用居民消费价格指数,可以观察和分析消费品的零售价格和服务价格变动对城乡居民实际生活费支出的影响程度。

城市居民消费价格指数　是反映城市居民家庭所购买的生活消费品价格和服务项目价格变动趋势和程度的相对数。城市居民消费价格指数可以观察和分析消费品的零售价格和服务项目价格变动对职工货币工资的影响,作为研究职工生活和确定工资政策的依据。

农村居民消费价格指数　是反映农村居民家庭所购买的生活消费品价格和服务项目价格变动趋势和程度的相对数。农村居民消费价格指数可以观察农村消费品的零售价格和服务项目价格变动对农村居民生活消费支出的影响,直接反映农民生活水平的实际变化情况,为分析和研究农村居民生活问题提供依据。

工业生产者价格指数　是反映工业产品价格变化趋势和变动幅度的统计指标,是工业企业的产品价格在不同时间和空间条件下平均变动的相对数。工业生产者价格包括工业品第一次出售时的出厂价格和企业作为中间投入的原材料、燃料、动力购进价格,简称为工业生产者出厂价格和工业生产者购进价格。工业生产者价格指数是进行国民经济核算和经济管理的重要依据。

固定资产投资价格指数　是反映固定资产投资价格变动趋势和程度的相对数。固定资产投资额由建筑安装工程投资完成额,设备、工器具购置投资完成额和其他费用投资完成额三部分组成。编制固定资产投资价格指数应首先分别编制上述三部分投资的价格指数,然后采用加权算术平均法求出固定资产投资价格总指数。

编制固定资产投资价格指数可以准确地反映固定资产投资中涉及的各类商品和取费项目价格变动趋势和变动幅度,消除按现价计算的固定资产投资指标中的价格变动因素,真实地反映固定资产投资的规模、速度、结构和效益,为国家制定、检查固定资产投资计划并提高宏观调控水平,为完善国民经济核算体系提供科学的、可靠的依据。

房地产价格指数　是反映一定时期内房地产价格变动趋势和程度的相对数。利用房地产价格指数,可以对一定区域内房地产商品的价格走向、升降趋势进行观察和分析,为市场调控提供依据。

Explanatory Notes on Main Statistical Indicators

Retail Price Indices　reflects the general change in retail prices of commodities. The change and adjustment in retail prices directly affect the living expenditure of urban and rural residents, government revenue, purchasing power of residents and the equilibrium of market supply and demand, and the ratio of consumption to accumulation. Therefore, the calculation of retail price index is useful to analyze the changes of the above economic activities.

Consumer Price Indices　reflects the trend of changes in prices of consumer goods and services purchased by urban and rural residents, and is a composite index derived from the urban consumer price index and the rural consumer price index. Consumer price index can be used to analyze the impact of consumer price change on actual expenditure for living cost of urban and rural residents.

Urban Consumer Price Indices　reflects the trend and degree of changes in prices of consumer goods and services purchased by urban households. It can be used to observe and analyze the impact of price changes in consumer goods and services on money wages ot staff and workers, and provide basis for policy making concerning the living cost and wages of staff and workers.

Rural Consumer Price Indices　reflects the trend and degree of changes in prices of consumer goods and services purchased by rural households. It can be used to observe the impact of change in retail prices of consumer goods and service prices in rural areas on living expenditure of rural households, and to show the changes in the living standard of peasants. It provides basis for analysis and research on condition of life in rural areas.

Producer Price Indices for Industrial Products roflects the trend and manitude of response changes in the prices of industrial prouducts. It is the price of the industrial enterprises in the different time and space in relative number. This index including industrial products for the first time and as an intermediate input of raw materials full and power purchase. It is an important basis for the national accounts and economic management.

Price Indices for Investment in Fixed Assets reflects the trend and degree of changes in prices of investment in fixed assets. The investment in fixed assets consists of three componen, namely the investment in construction and installation, the investment in purchases of equipment and instrument, and the investment in other items. Price index of investment in fixed assets is calculated as the weighted arithmetic mean of the price indices of the three components of investment in fixed assets.

Real Estate Price Indices reflects the relative number of the trends and extent of changes in real estate prices during a given period. It is can observed and analyzed the trend movements of real estate.

5

人民生活
People's Living Conditions

简 要 说 明

一、本篇资料的主要内容

本篇资料反映江苏人民生活现状及变化情况。

居民生活状况的数据来源于住户调查，是对居民家庭抽样调查汇总的结果。主要内容包括居民现金和实物收支情况、住户成员及劳动力从业情况、居民家庭食品和能源消费情况、住房和耐用消费品拥有情况、家庭经营和生产投资情况、社区基本情况以及其他民生状况等。

二、住户抽样方法

住户调查的样本抽选包括抽样方法设计、调查网点代表性评估、调查小区抽选以及摸底调查、调查住宅抽选、调查户落实等现场抽样工作。

住户调查的样本量按满足以下代表性需求的标准确定：在 95% 的置信度下，居民及分城乡居民人均可支配收入、消费支出以及主要收入项和消费项的抽样误差控制在 3% 以内。

三、住户调查方法

住户调查采用日记账和问卷调查相结合的方式采集基础数据。其中，居民现金收入与支出、实物收入与支出等内容主要使用记账方式采集。住户成员及劳动力从业情况、住房和耐用消费品拥有情况、家庭经营和生产投资情况、社区基本情况及其他民生状况等资料使用问卷调查方式采集。

四、城乡一体化住户调查

从 2013 年开始，经国务院同意，国家统计局对长期分开进行的城镇住户调查和农村住户调查实施了一体化改革。按照城乡常住人口现状，统一调查指标、统一抽样方法、统一调查过程、统一数据处理和统一数据发布，建立了城乡一体化住户收支调查制度，并在全国统一实施。指标名称、城乡划分范围和指标口径同时发生了变化。

Brief Introduction

Ⅰ. Main Contents

Data in this chapter show the people's living conditions in Jangsu.

Data on resident's living conditions are collected through a sample survey on households, consisting of income and expenditure of cash and real object, household members, employed persons, food and energy consumption, residence condition, ownership of durable consumer goods, household business and production investment, basic situation of community and so on.

Ⅱ. Method for Household Sampling

Samples selection consist of sampling method design, representative evaluation of survey site, survey area selection, survey for basic conditon, investigated residence selection, investigated household verification.

Samples of household survey meet the standards: under the confidence level of 95%, the sampling errors of income of residents, income of urban and rural residents, consumption expenditure, main income and consumption are controlled within 3%.

Ⅲ. Method for Household Survey

Basic data are collected by journal and questionnaire, among this ways, cash income and expenditure, real objects income and expenditure are mainly collected by account. Data on people's livelihood consist of household members, employed persons, ownership of housing and durable consumer, household business and production investment, basic situation of community are collected by questionnaire.

Ⅳ. Urban and Rural Household Survey

From 2013, the State Council agreed that the National Bureau of Statistics can carry out the integration of rural household and urban household survey. According to the current situation of urban and rural resident population, investigation index, sampling methods, investigation process, data processing and data release were all unified, the unified urban and rural household income and expenditure survey system has been established and carried out nationwide, name of index name, rage of urban and rural areas and standards of some indicators were changed at the same time.

5－1　人民生活水平情况
Basic Statistics on People's Living Standard

指　　标	Item	2013	2014
就业	**Employment**		
农村平均每户家庭从业人口（人）	Number of Employed Persons per Rural Household (person)	2.14	2.07
每一农村就业人口负担人数（人）	Number of Dependents per Labor of Rural (person)	1.44	1.44
城镇平均每户家庭从业人口（人）	Number of Employed Persons per Urban Household (person)	1.72	1.71
每一城镇就业人口负担人数（人）	Number of Dependents per Labor of Urban (person)	1.74	1.75
城镇登记失业率（%）	Registered Urban Unemployment Rate (%)	3.03	3.01
收入与支出（元）	**Income and Expenditure (yuan)**		
居民人均可支配收入	Per Capita Disposable Income of Residents	24776	27173
居民生活消费支出	Per Capita Consumption Expanditure of Residents	17926	19164
城镇常住居民人均可支配收入	Per Capita Disposable Income of Urban Permanent Residents	31585	34346
城镇常住居民人均生活消费支出	Per Capita Consumption Expanditure of Urban Permanent Residents	22262	23476
农村常住居民人均可支配收入	Per Capita Disposable Income of Rural Permanent Residents	13521	14958
农村常住居民人均生活消费支出	Per Capita Consumption Expanditure of Rural Permanent Residents	10759	11820
职工年平均工资	Annual Average Wage of Workers and Staff	57985	61783
人均储蓄存款余额	Per Capita Balance of Saving Deposit	42602	45955
生活质量	**Life Quality**		
居民家庭恩格尔系数（%）	Household's Engle Coefficient (%)	29.0	29.2
城镇居民	Urban	28.4	28.5
农村居民	Rural	31.1	31.4
人均住房面积（平方米）	Per Capita Floor Space of Residential Building (sq. m)	44.2	44.9
城镇人均现住房建筑面积	Per Capita Existing Residential Building Space in Urban Areas	39.3	39.5
农村人均现住房建筑面积	Per Capita Existing Residential Building Space in Rural Areas	52.4	54.2
交通状况	**Traffic**		
城市每万人拥有公共汽(电)车（辆）	Number of Public Transportation Vehicles Per 10000 Persons (unit)	12.7	14.1
城市人均拥有道路面积(平方米)	Per Capita Area of Road in Urban Areas (sq. m)	23.2	23.9
城镇每百户拥有家用汽车（辆）	Number of Automabiles Per 100 Urban Households (unit)	30.8	34.6
农村每百户拥有摩托车（辆）	Number of Motor－cycles Per 100 Rural Households (unit)	44.9	47.8

5－1 续表1 Continued 1

指 标	Item	2013	2014
邮电通信水平	**Level of Postal and Telecommunication**		
每一邮政局所服务面积（平方公里）	Average Area Served by Every Post Office (sq. km)	42.5	42.8
固定电话普及率 （部/百人）	Popularization Rate of Fixed Telephones (unit/100 persons)	28.8	26.9
移动电话普及率 （部/百人）	Rate Popularization of Mobil-telephones (unit/100 persons)	100.0	101.7
城市公用事业	**Public Utilities in Urban Areas**		
用水普及率 （%）	Coverage Rate of Urban Population with Access to Tap Water (%)	99.7	99.8
燃气普及率 （%）	Coverage Rate of Urban Population with Access to Gas (%)	99.6	99.5
人均公园绿地面积 （平方米）	Per Capita Public Green Land Area (sq. m)	14.0	14.4
文化、教育和卫生	**Culture, Education and Healthcare**		
文化	Culture		
广播综合人口覆盖率 （%）	Radio Coverage of Population (%)	99.99	99.99
电视综合人口覆盖率 （%）	TV Coverage of Population (%)	99.88	99.88
城镇每百户拥有彩色电视机（台）	Numberof Color TV Sets Owned per 100 Househo0lds in Urban Areas (unit)	164.5	166.9
农村每百户拥有彩色电视机（台）	Numberof Color TV Sets Owned per 100 Households in Rural Areas (unit)	145.0	141.7
每百户家用电脑拥有量 （台）	Number of Computers Owned per 100 Households (unit)	65.8	67.4
城镇	Urban Areas	89.7	91.7
农村	Rural Areas	36.5	37.7
居民家庭文教娱乐支出比重（%）	Percentage of Household Expenditure on Culture, Recreation and Education (%)	11.88	11.68
城镇	Urban Areas	12.27	12.09
农村	Rural Areas	10.54	10.28
教育	Education		
升学率 （%）	Enrollment Rate (%)		
学龄儿童入学率	Enrollment Rate of School-age Chidren	100.0	100.0
小学毕业生升学率	Enrollment Rate of Primary School Graduates	100.0	100.0
初中毕业生升学率	Enrollment Rate of Junior Secondary School Graduates	98.3	
每万人口在校学生数 （人）	Number of Students per 10000 Persons (person)		
大学生数	University (or college) Students	232.7	232.3

5－1 续表2 Continued 2

指 标 Item		2013	2014
中学生数	Secondary School Students	374.7	362.6
小学生数	Primary School Students	549.7	592.3
平均每一教师负担学生 （人）	Average Number of Students Supported by a Teacher （person）		
大学	University（or college）	16.9	17.7
中学	Secondary School	11.7	11.4
小学	Primary School	16.9	17.4
卫生	Public Health		
每万人拥有病床 （张）	Number of Hospital Beds per 10000 Persons （unit）	43.0	45.8
每万人拥有医生数 （人）	Number of Doctors per 10000 Persons （person）	21.4	22.4
居民家庭医疗保健支出比重（%）	Percentage of Household Expenditure on Medicine and Healthcare （%）	6.73	6.95
城镇	Urban Areas	6.51	6.89
农村	Rural Areas	7.51	7.15
社会保障、社区服务和治安	**Social Security, Community Service and Public Security**		
社会保障	Social Security		
参加基本养老保险职工人数 （万人）	Number of Workers Joining Basic Pension Insurance （10000 persons）	2582.1	2698.9
参加失业保险人数 （万人）	Number of Workers Joining Unemployment Insurance （10000 persons）	1389.3	1442.7
参加基本医疗保险人数 （万人）	Number of Workers Joining Basic Medicine Insurance （10000 persons）	2274.7	2361.8
参加新型农村合作医疗人数 （万人）	Number of Persons Joining New-type Rural Cooperative Medical Treatment （10000 persons）	4055	4076
城镇居民最低生活保障人数 （万人）	Number of Urban Residents Supported by Lowest Life Security Line （10000 persons）	33.75	30.68
农村居民最低生活保障人数 （万人）	Number of Rural Residents Supported by Lowest Life Security Line （10000 persons）	130.14	119.10
社区服务	Community Service		
城镇社区服务设施 （个）	Number of Urban Community Service Facilities （unit）	12289	18490
城镇便民利民服务网点 （个）	Number of Convenience Stores in Urban Area （unit）	56314	44351
社会治安	Social Public Security		
公安机关刑事案件立案数 （起）	Number of Criminal Cases Registered （file）	398214	395440
公安机关治安案件受理数 （起）	Number of Public Security Cases Accepted by Public Security Organs （case）	780562	682620
交通事故发生数 （起）	Number of Traffic Accidents （times）	13395	13187
火灾事故发生数 （起）	Number of Fire Accidents （times）	30513	32416

注：从2013年开始，农村居民家庭人均纯收入调整为农村常住居民人均可支配收入，城镇居民家庭人均可支配收入调整为城镇常住居民人均可支配收入，其它相关指标口径同时作相应调整。

a）Since 2013, per capita net income of rural households is per capita disposable income of rural permanent residents, per capita disposable of urban households is per capita disposable income of urban permanent residents, and the other related standards of index are adjusted at the same time.

5-2 农村居民家庭人均收入及恩格尔系数
Per Capita Annual Income and Engle Coefficient of Rural Households

年 份 Year	农村居民家庭人均纯收入 Per Capita Net Income of Rural Houselds				农村居民家庭恩格尔系数(%) Engle Coefficient of Rural Households	城乡居民收入比(以农民收入为1) Income Ratio of Urban and Rural Residents (1 for a Rural Resident)
	绝对数(元) Value (yuan)	名义增长(%) Nominal Growth Rate(%)	实际增长(%) Real Growth Rate(%)	实际增长指数(1978=100) Real Income Index(100 in 1978)		
1978	155			100.0	62.3	1.86
1979	200			127.5	59.9	
1980	218			150.1	58.0	1.99
1981	258	18.4	17.3	176.1	56.9	1.74
1982	309	19.8	18.6	208.9	55.5	1.57
1983	357	15.4	15.4	241.1	55.3	1.40
1984	448	25.6	21.0	291.7	53.0	1.40
1985	493	10.0	0.5	293.2	52.1	1.55
1986	561	13.9	6.7	312.8	49.5	1.62
1987	627	11.6	3.7	324.4	48.4	1.60
1988	797	27.2	4.8	340.0	46.1	1.53
1989	876	9.9	-7.3	315.1	50.2	1.57
1990	884	0.9	6.3	335.0	52.3	1.66
1991	921	4.2	-5.8	315.6	56.1	1.76
1992	1061	15.2	10.3	348.1	54.7	2.02
1993	1267	19.4	3.0	358.5	50.2	2.19
1994	1832	44.6	6.0	380.0	54.8	2.06
1995	2457	34.1	9.5	416.1	54.8	1.89
1996	3029	23.3	12.6	468.6	51.2	1.71
1997	3270	7.9	4.4	489.2	48.9	1.76
1998	3377	3.3	4.5	511.2	47.8	1.78
1999	3495	3.5	5.3	538.3	44.7	1.87
2000	3595	2.9	3.5	557.1	43.5	1.89
2001	3785	5.3	4.0	579.4	42.6	1.95
2002	3996	5.6	5.9	613.6	40.0	2.05
2003	4239	6.1	5.2	645.5	41.4	2.18
2004	4754	12.1	7.2	692.0	44.2	2.20
2005	5276	11.0	8.4	750.1	44.0	2.33
2006	5813	10.2	8.4	813.1	41.8	2.42
2007	6561	12.9	7.7	875.7	41.6	2.50
2008	7357	12.1	6.2	930.0	41.3	2.54
2009	8004	8.8	9.4	1017.4	39.2	2.57
2010	9118	13.9	9.2	1111.0	38.1	2.52
2011	10805	18.5	11.9	1243.2	38.5	2.44
2012	12202	12.9	10.1	1368.4	37.4	2.43
2013	13598	11.4	8.7	1487.5	36.3	2.39

5-3 城镇居民家庭人均收入及恩格尔系数
Per Capita Annual Income and Engle Coefficient of Urban Households

年份 Year	城镇居民家庭人均可支配收入 Per Capita Disposal Income of Urban Households				城镇居民家庭恩格尔系数（%）Engle Coefficient of Urban Households（%）
	绝对数（元）Value（yuan）	名义增长（%）Nominal Growth Rate(%)	实际增长（%）Real Growth Rate(%)	实际增长指数（1978=100）Real Income Index(100 in 1978)	
1978	288			100.0	55.1
1979					
1980	433			141.4	55.1
1981	448	3.4	1.0	142.8	55.9
1982	484	8.0	7.1	152.9	58.2
1983	498	2.9	2.1	156.2	58.6
1984	626	25.7	20.7	188.5	56.3
1985	766	22.3	11.6	210.4	52.5
1986	910	18.8	11.8	235.1	51.2
1987	1005	10.4	-0.1	234.8	52.0
1988	1218	21.2	-1.1	232.2	50.8
1989	1372	12.6	-2.9	225.5	53.9
1990	1464	6.7	3.2	232.6	55.5
1991	1623	10.9	3.0	239.5	55.7
1992	2138	31.8	21.1	290.0	53.9
1993	2774	29.7	9.3	316.9	49.4
1994	3779	36.2	8.8	344.7	50.1
1995	4634	22.6	5.5	363.7	51.9
1996	5186	11.9	1.0	367.3	51.0
1997	5765	11.2	9.7	403.1	47.7
1998	6018	4.4	4.4	420.8	45.1
1999	6538	8.6	10.2	463.7	44.1
2000	6800	4.0	4.0	482.3	41.1
2001	7375	8.5	8.3	522.5	39.7
2002	8178	10.9	12.7	588.8	40.4
2003	9263	13.3	12.3	661.0	38.3
2004	10482	13.2	9.1	721.3	40.0
2005	12319	17.5	15.2	831.1	37.2
2006	14084	14.3	12.5	935.2	36.0
2007	16378	16.3	11.7	1044.7	36.7
2008	18680	14.1	8.5	1133.5	37.9
2009	20552	10.0	10.5	1252.5	36.3
2010	22944	11.6	7.8	1350.2	36.5
2011	26341	14.8	9.2	1474.4	36.1
2012	29677	12.7	9.9	1620.4	35.4
2013	32538	9.6	7.1	1735.4	34.7

5－4 居民家庭基本情况
Basic Conditions of Residents

指标	Item	全体居民 All Residents		城镇常住居民 Urban Residents		农村常住居民 Rural Resident	
		2013	2014	2013	2014	2013	2014
基本情况	**Basic Conditions**						
调查户数（户）	Number of Households Surveyed (household)	6600	6600	4200	4200	2400	2400
平均每户家庭常住人口（人）	Number of Permanent Residents per Household (person)	3.02	2.98	2.99	2.99	3.08	2.98
平均每户就业人口（人）	Average Number of Employed Persons Per Household (person)	1.87	1.82	1.72	1.71	2.14	2.07
平均每一就业人口负担人数（人）	Number of Dependents per Employee (person)	1.61	1.64	1.74	1.75	1.44	1.44
平均每户就业面（%）	Proportion of Employment per Household (%)	61.92	61.07	57.53	57.19	69.48	69.46
平均每人现住房建筑面积（平方米）	Average Existing Building Space per Capita (sq. m)	44.21	44.93	39.25	39.51	52.40	54.15
人均可支配收入（元）	**Per Capita Disposable Income (yuan)**	**24776**	**27173**	**31585**	**34346**	**13521**	**14958**
#工资性收入	Income from Wages and Salaries	14353	15707	19127	20720	19127	20720
经营净收入	Net Income from Operations	3994	4421	3671	4063	3671	4063
财产净收入	Net Income from Properties	2134	2300	3159	3373	3159	3373
转移净收入	Net Income from Transfers	4295	4745	5629	6189	5629	6189
#低收入户	Low Income Households	6591	7557	10753	12418	4535	5163
中等偏下户	Lower Middle Income Households	13290	14997	19951	22192	8504	9441
中等收入户	Middle Income Households	20529	22868	28483	31152	11942	13370
中等偏上户	Upper Middle Income Households	31259	34269	39288	42483	16214	18273
高收入户	Highest Income Households	59701	64527	68447	74515	30005	32638
人均生活消费支出（元）	**Per Capita Consumption Expandi-ture (yuan)**	**17926**	**19164**	**22262**	**23476**	**10759**	**11820**
食品烟酒	Food, Tobacco and Wine	5207	5592	6332	6696	3349	3712
衣着	Clothing	1325	1385	1715	1753	681	759
居住	Residence	3978	4127	5005	5101	2282	2467
生活用品及服务	Articles for Daily Use and Services	1048	1107	1305	1335	622	719
交通通信	Transport and Communications	2544	2869	3116	3504	1598	1788
教育文化娱乐	Education, Culture and Recreation	2129	2238	2731	2839	1134	1215
医疗保健	Healthcare and Medical Services	1207	1331	1449	1617	808	845
其他用品和服务	Other Articles and Services	488	514	610	631	285	314

5-5 不同收入组城镇常住居民家庭基本情况(2013年)

Basic Conditions of Urban Residents by Income(2013)

指标	Item	全省调查户平均水平 Average	低收入户 Low Income Households	中低收入户 Lower Middle Income Households	中等收入户 Middle Income Households	中高收入户 Upper Middle Income Households	高收入户 Highest Income Households
平均每户常住人口(人)	Number of Permanent Residents per Household (person)	2.99	3.38	3.23	2.98	2.74	2.60
平均每户就业人口(人)	Number of Employed Persons per Household (person)	1.72	1.84	1.88	1.76	1.59	1.52
平均每一就业人口负担人数(人)	Number of Dependents per Labor (person)	1.74	1.84	1.72	1.69	1.73	1.72
人均可支配收入(元)	**Per Capita Disposable Income (yuan)**	**31585**	**10753**	**19951**	**28483**	**39288**	**68446**
工资性收入	Income from Wages and Salaries	19127	6629	12568	17230	23564	42101
经营净收入	Net Income from Operations	3671	1877	2284	2984	4561	6905
财产净收入	Net Income from Properties	3159	587	1844	2914	4108	7358
转移净收入	Net Income from Transfers	5629	1660	3255	5355	7055	12082
人均生活消费支出(元)	**Per Capita Consumption Expanditure (yuan)**	**22261**	**10835**	**15048**	**20733**	**27573**	**42194**
食品烟酒	Food, Tobacco and Wine	6332	3640	4885	6505	7973	10266
食品	Food	4369	2871	3731	4629	5426	6269
烟酒	Tobacco and Wine	758	387	531	843	993	1175
饮料	Beverage						
饮食服务	Catering Service	1205	382	623	1033	1555	2822
衣着	Clothing	1715	824	1077	1540	2166	3387
衣类	Dressing	1368	657	851	1216	1713	2745
鞋类	Shoes	346	167	226	324	453	642
居住	Residence	5003	2321	3237	4803	6249	9594
#租赁房房租	Rent	171	71	129	230	257	191
住房维修及管理	Housing Maintenance and Management	506	271	180	410	620	1206
水电燃料及其他	Water and Electric Energy for Fuel and the Other	785	555	644	790	930	1099
生活用品及服务	Articles for Daily Use and Services	1305	594	787	1274	1601	2595
家具及室内装饰品	Furniture and Articles for Interior Decoration	224	127	92	169	282	515
家用器具	Household Appliances	352	157	242	388	448	600
家用纺织品	Household Textile	122	50	74	120	151	246
家庭日用杂品	Household Articles for Daily Use	346	179	244	395	413	565
个人用品	Personal Articles	169	60	102	149	222	359
家庭服务	Household Services	92	20	32	53	85	310
交通通信	Transport an Communication	3116	1302	1654	2778	3904	5807
交通	Transport	2300	814	1018	1947	2936	4519
通信	Communication	816	488	636	831	968	1288
教育文化娱乐	Education, Culture and Recreation	2731	1334	1844	2296	3286	6415
教育	Education	1180	929	1194	1172	1241	2292
文化娱乐	Culture and Recreation	1551	404	650	1125	2045	4124
医疗保健	Healthcare and Medical Services	1449	618	1188	1043	1578	2662
医疗器具及药品	Medical Instrument and Drug	472	180	516	361	508	888
医疗服务	Medical Services	977	438	673	683	1070	1774
其他用品和服务	Other Goods and Services	610	201	375	492	815	1469
其他用品	Other Goods	395	90	237	312	567	1018
其他服务	Other Services	215	111	139	180	249	450

5-6 不同收入组城镇常住居民家庭基本情况(2014年)
Basic Conditions of Urban Residents by Income(2014)

指标	Item	全省调查户平均水平 Average	低收入户 Low Income Households	中低收入户 Lower Middle Income Households	中等收入户 Middle Income Households	中高收入户 Upper Middle Income Households	高收入户 Highest Income Households
平均每户常住人口(人)	Number of Permanent Residents per Household (person)	2.99	3.43	3.20	2.99	2.82	2.50
平均每户就业人口(人)	Number of Employed Persons per Household (person)	1.71	1.79	1.85	1.79	1.65	1.47
平均每一就业人口负担人数(人)	Number of Dependents per Labor (person)	1.75	1.92	1.73	1.67	1.71	1.70
人均可支配收入(元)	**Per Capita Disposable Income (yuan)**	**34346**	**12418**	**22192**	**31152**	**42483**	**74515**
工资性收入	Income from Wages and Salaries	20720	7654	14182	19783	26502	41550
经营净收入	Net Income from Operations	4063	1977	2832	2989	3143	10807
财产净收入	Net Income from Properties	3373	1021	1880	2781	4766	7640
转移净收入	Net Income from Transfers	6189	1766	3298	5598	8071	14518
人均生活消费支出(元)	**Per Capita Consumption Expanditure (yuan)**	**23476**	**10478**	**15764**	**22688**	**29766**	**44965**
食品烟酒	Food,Tobacco and Wine	6696	3532	5087	6812	8483	10927
食品	Food	4596	2750	3740	4723	5576	6962
烟酒	Tobacco and Wine	791	396	563	842	975	1352
饮料	Beverage	102	44	74	107	140	169
饮食服务	Catering Service	1206	342	710	1140	1792	2444
衣着	Clothing	1753	767	1296	1695	2222	3227
衣类	Dressing	1405	595	1024	1353	1780	2642
鞋类	Shoes	348	172	272	342	442	586
居住	Residence	5101	2223	3395	4863	6837	9550
#租赁房房租	Rent	175	81	117	160	265	296
住房维修及管理	Housing Maintenance and Management	468	185	286	481	788	713
水电燃料及其他	Water and Electric Energy for Fuel and the Other	805	500	661	836	957	1199
生活用品及服务	Articles for Daily Use and Services	1335	588	841	1254	1695	2681
家具及室内装饰品	Furniture and Articles for Interior Decoration	174	77	93	202	225	318
家用器具	Household Appliances	367	153	215	335	479	765
家用纺织品	Household Textile	120	66	87	118	139	220
家庭日用杂品	Household Articles for Daily Use	376	191	278	372	473	653
个人用品	Personal Articles	210	90	144	188	280	408
家庭服务	Household Services	87	11	25	39	99	316
交通通信	Transport an Communication	3504	1030	1891	3754	4857	7126
交通	Transport	2587	555	1168	2832	3679	5656
通信	Communication	917	474	723	923	1178	1470
教育文化娱乐	Education,Culture and Recreation	2839	1507	1899	2469	3420	5649
教育	Education	1203	1065	1106	1171	1198	1558
文化娱乐	Culture and Recreation	1636	443	793	1298	2222	4090
医疗保健	Healthcare and Medical Services	1617	654	992	1321	1457	4264
医疗器具及药品	Medical Instrument and Drug	529	203	270	471	566	1338
医疗服务	Medical Services	1087	451	722	851	891	2926
其他用品和服务	Other Goods and Services	631	177	364	520	796	1541
其他用品	Other Goods	359	80	196	282	437	950
其他服务	Other Services	273	97	168	238	359	590

5－7 不同收入组农村常住居民家庭基本情况(2013 年)
Basic Conditions of Rural Residents by Income(2013)

指标	Item	全省调查户平均水平 Average	低收入户 Low Income Households	中低收入户 Lower Middle Income Households	中等收入户 Middle Income Households	中高收入户 Upper Middle Income Households	高收入户 Highest Income Households
平均每户常住人口（人）	Number of Permanent Residents per Household (person)	3.08	3.28	3.29	3.06	2.86	2.63
平均每户就业人口（人）	Number of Employed Persons per Household (person)	2.14	2.02	2.18	2.27	2.12	2.08
平均每一就业人口负担人数（人）	Number of Dependents per Labor (person)	1.44	1.62	1.51	1.35	1.35	1.26
人均可支配收入（元）	**Per Capita Disposable Income (yuan)**	**31585**	**4535**	**8504**	**11942**	**16214**	**30005**
工资性收入	Income from Wages and Salaries	19127	2058	4063	6919	9176	10790
经营净收入	Net Income from Operations	3671	1451	2752	3231	4166	12669
第一产业经营净收入	Primary Industry	409	1327	2134	2357	2312	4477
#农业	Agriculture	285	1300	1711	1804	1816	2550
林业	Forestry	15	100	148	99	118	164
牧业	Animal Husbandry	85	－105	156	322	182	621
渔业	Fishery	24	10	19	44	139	887
第二产业经营净收入	Secondary Industry	610	－15	92	147	361	4087
第三产业经营净收入	Tertiary Industry	2651	138	526	727	1492	4105
财产净收入	Net Income from Properties	3159	69	107	140	466	2089
转移净收入	Net Income from Transfers	5629	957	1582	1652	2406	4457
人均生活消费支出（元）	**Per Capita Consumption Expanditure (yuan)**	**10759**	**6468**	**7730**	**9926**	**13299**	**18130**
食品烟酒	Food, Tobacco and Wine	3349	2097	2419	3027	3947	4995
食品	Food	2370	1739	1975	2265	2791	3315
烟酒	Tobacco and Wine	613	355	375	575	780	1097
饮料	Beverage						
饮食服务	Catering Service	366	143	209	326	516	723
衣着	Clothing	681	385	484	681	858	1098

5－7 续表 1 Continued 1

指标	Item	全省调查户平均水平 Average	低收入户 Low Income Households	中低收入户 Lower Middle Income Households	中等收入户 Middle Income Households	中高收入户 Upper Middle Income Households	高收入户 Highest Income Households
衣类	Dressing	536	309	380	533	671	869
鞋类	Shoes	145	77	104	149	188	229
居住	Residence	2282	1435	1631	2221	2846	3609
#租赁房房租	Rent	70	6	40	67	93	167
住房维修及管理	Housing Maintenance and Management	395	335	189	400	432	685
水电燃料及其他	Water and Electric Energy for Fuel and the Other	562	357	431	507	673	925
生活用品及服务	Articles for Daily Use and Services	622	386	477	546	739	1061
家具及室内装饰品	Furniture and Articles for Interior Decoration	112	51	67	88	124	260
家用器具	Household Appliances	233	164	200	205	263	362
家用纺织品	Household Textile	52	28	39	40	61	101
家庭日用杂品	Household Articles for Daily Use	156	110	124	153	194	213
个人用品	Personal Articles	50	24	32	48	75	80
家庭服务	Household Services	20	10	14	13	23	45
交通通信	Transport an Communication	1598	624	975	1270	1846	3723
交通	Transport	1058	327	594	738	1135	2866
通信	Communication	539	297	381	533	711	857
教育文化娱乐	Education, Culture and Recreation	1134	669	942	1152	1513	1512
教育	Education	698	511	695	750	989	548
文化娱乐	Culture and Recreation	436	158	247	402	524	964
医疗保健	Healthcare and Medical Services	808	566	511	621	1010	1490
医疗器具及药品	Medical Instrument and Drug	184	143	152	152	228	264
医疗服务	Medical Services	624	424	359	468	782	1226
其他用品和服务	Other Goods and Services	285	164	151	267	399	501
其他用品	Other Goods	184	114	86	159	278	321
其他服务	Other Services	101	50	65	108	121	180

5－8 不同收入组农村常住居民家庭基本情况(2014 年)
Basic Conditions of Rural Residents by Income(2014)

指标	Item	全省调查户平均水平 Average	低收入户 Low Income Households	中低收入户 Lower Middle Income Households	中等收入户 Middle Income Households	中高收入户 Upper Middle Income Households	高收入户 Highest Income Households
平均每户常住人口（人）	Number of Permanent Residents per Household (person)	2.98	3.20	3.17	3.09	2.94	2.48
平均每户就业人口（人）	Number of Employed Persons per Household (person)	2.07	1.91	2.07	2.15	2.27	1.98
平均每一就业人口负担人数（人）	Number of Dependents per Labor (person)	1.44	1.67	1.53	1.44	1.30	1.25
人均可支配收入（元）	**Per Capita Disposable Income (yuan)**	**14958**	**5163**	**9441**	**13370**	**18273**	**32638**
工资性收入	Income from Wages and Salaries	7170	2210	5145	7757	10220	11785
经营净收入	Net Income from Operations	5031	1786	2642	3698	5083	13845
第一产业经营净收入	Primary Industry	2632	1574	2078	2532	3065	4310
#农业	Agriculture	2071	1392	1811	2050	2415	2895
林业	Forestry	154	106	144	201	190	128
牧业	Animal Husbandry	233	－3	114	214	267	670
渔业	Fishery	174	79	8	66	194	618
第二产业经营净收入	Secondary Industry	772	－75	113	210	365	3884
第三产业经营净收入	Tertiary Industry	1627	288	451	956	1653	5651
财产净收入	Net Income from Properties	472	132	204	259	509	1472
转移净收入	Net Income from Transfers	2286	1035	1449	1656	2462	5535
人均生活消费支出（元）	**Per Capita Consumption Expanditure (yuan)**	**11820**	**7090**	**9047**	**11178**	**13584**	**20149**
食品烟酒	Food, Tobacco and Wine	3712	2189	2814	3599	4362	6185
食品	Food	2545	1693	2059	2449	2955	3895
烟酒	Tobacco and Wine	686	346	474	638	819	1297
饮料	Beverage	72	35	45	79	81	132
饮食服务	Catering Service	409	116	235	432	508	860
衣着	Clothing	759	394	525	786	906	1318

5－8 续表 1 Continued 1

指	标 Item	全省调查户平均水平 Average	低收入户 Low Income Households	中低收入户 Lower Middle Income Households	中等收入户 Middle Income Households	中高收入户 Upper Middle Income Households	高收入户 Highest Income Households
衣类	Dressing	588	299	398	600	694	1059
鞋类	Shoes	171	95	127	186	211	259
居住	Residence	2467	1521	1994	2157	3054	3976
#租赁房房租	Rent	59	23	24	68	96	98
住房维修及管理	Housing Maintenance and Management	496	304	422	328	629	889
水电燃料及其他	Water and Electric Energy for Fuel and the Other	593	383	485	561	646	979
生活用品及服务	Articles for Daily Use and Services	719	402	518	670	917	1210
家具及室内装饰品	Furniture and Articles for Interior Decoration	108	67	79	64	148	206
家用器具	Household Appliances	249	151	188	224	336	378
家用纺织品	Household Textile	58	32	39	55	71	106
家庭日用杂品	Household Articles for Daily Use	213	114	153	235	246	349
个人用品	Personal Articles	70	29	48	72	94	119
家庭服务	Household Services	21	8	11	19	22	53
交通通信	Transport an Communication	1788	1051	1199	1674	1778	3645
交通	Transport	1214	743	776	1110	1061	2690
通信	Communication	574	308	423	564	717	955
教育文化娱乐	Education, Culture and Recreation	1215	877	1041	1273	1309	1690
教育	Education	746	628	751	874	688	800
文化娱乐	Culture and Recreation	470	249	290	399	621	890
医疗保健	Healthcare and Medical Services	845	449	736	762	926	1503
医疗器具及药品	Medical Instrument and Drug	224	158	195	212	228	355
医疗服务	Medical Services	622	291	541	550	698	1149
其他用品和服务	Other Goods and Services	314	207	220	259	332	621
其他用品	Other Goods	181	135	108	111	203	395
其他服务	Other Services	133	72	111	148	129	225

5－9　城镇居民家庭基本情况
Basic Conditions of Urban Households

指标	Item	2000	2005	2010	2011	2012
基本情况	**Basic Conditions**					
调查户数（户）	Number of Households Surveyed (household)	2600	5000	5100	5100	5100
平均每户家庭人口（人）	Average Household Size (person)	3.07	2.92	2.79	2.82	2.79
平均每户就业人口（人）	Average Number of Employed Persons Per Household (person)	1.65	1.42	1.41	1.45	1.42
平均每一就业人口负担人数（人）	Number of Dependents per Employee (person)	1.86	2.06	1.98	1.94	1.96
平均每户就业面（%）	Proportion of Employment per Household (%)	53.70	48.63	50.54	51.40	50.90
平均每人建筑面积（平方米）	Average Building Space per Capita (sq. m)	25.54	28.76	33.39	34.72	35.15
人均家庭总收入（元）	**Per Capita Annual Income (yuan)**		**13330**	**25116**	**28972**	**32519**
可支配收入	**Disposable Income**	**6800**	**12319**	**22944**	**26341**	**29677**
最低收入户	Lowest Income Households	2771	3355	6943	8497	10052
低收入户	Low Income Households	3844	5179	10411	12644	14756
中等偏下户	Lower Middle Income Households	4930	7260	14149	16856	19404
中等收入户	Middle Income Households	6350	10295	19246	22479	25402
中等偏上户	Upper Middle Income Households	8230	14401	26141	30386	34220
高收入户	High Income Households	10791	19984	36459	41272	45967
最高收入户	Highest Income Households	14949	33699	61765	67126	73555
人均家庭总支出（元）	**Per Capita Annual Expenditure (yuan)**		**11898**	**20139**	**23191**	**26129**
#消费性支出	Per Capita Consumption Expenditure	5323	8622	14357	16782	18825
食品	Food	2190	3206	5243	6061	6658
衣着	Clothing	492	804	1466	1772	1916
居住	Residence	436	795	1234	1188	1437
家庭设备用品及服务	Household Facilities, Articles and Services	570	587	1026	1194	1288
医疗保健	Healthcare and Medical Services	294	579	806	962	1058
交通通讯	Transport and Communications	392	1051	1935	2262	2690
教育文化娱乐服务	Recreation, Education and Cultural Services	671	1288	2133	2696	3078
杂项商品和服务	Miscellaneous Goods and Services	277	312	514	647	700

5－10　农村居民家庭基本情况
Basic Conditions of Rural Households

指　标	Item	2000	2005	2010	2011	2012
调查户数　（户）	**Number of Households Surveyed　（household）**	**3400**	**3400**	**3400**	**5000**	**5000**
调查户人口　（人）	**Residents Surveyed　（person）**					
常住人口	Permanent Residents	12711	12712	12499	17204	17088
平均每户常住人口	Average Numbe of Permanent Residents per Household	3.74	3.74	3.68	3.44	3.42
平均每户整、半劳动力	Average Number of Full/Semi Labour Force per Household	2.62	2.66	2.66	2.55	2.53
平均每个劳动力负担人口（包括劳动力本人）	Average Number of Dependents per Labour Force（including the laborer-self）	1.43	1.41	1.38	1.35	1.35
人均住房面积　（平方米）	**Per Capita Floor Space of Houses　（sq. m）**	**33.7**	**38.6**	**46.3**	**48.6**	**49.9**
平均每人全年收入　（元）	**Per Capita Annual Income　（yuan）**					
总收入	Total Revenue	4542	6682	11139	13367	15069
工资性收入	Wages Income	1663	2786	4896	5747	6474
家庭经营收入	Income from Household Operations	2636	3471	5068	6107	6793
财产性收入	Income from Properties	48	150	399	476	562
转移性收入	Income from Transfers	195	275	775	1036	1239
纯收入	Net Income	3595	5276	9118	10805	12202
工资性收入	Wages Income	1663	2786	4896	5747	6474
家庭经营收入	Household Operations	1771	2125	3215	3781	4181
农业收入	Farming		946	1324	1514	1656
林业收入	Forestry		40	74	76	79
牧业收入	Animal Husbandry		257	202	261	286
渔业收入	Fishery		136	245	306	351
工业收入	Industry		148	357	435	479
建筑业收入	Construction		104	140	167	181
交通运输邮电业收入	Transport and Post		189	268	270	297
批零贸易餐饮业收入	Wholesale and Retail Trade and Catering Services		205	464	576	650
社会服务业收入	Social Services		62	76	110	122
其他家庭经营收入	Income from Other Household Operations		36	48	50	61
财产性收入	Income from Properties	48	150	399	476	562
转移性收入	Income from Transfers	113	215	608	801	984
现金收入	Cash Income	3674	6035	10231	12421	14306

指 标	Item	2000	2005	2010	2011	2012
按人均纯收入水平分组的户数占调查总户数的比重（%）	**Percentage of Households Grouped by Per Capita Annual Net Income （%）**					
1000 元以下	Below 1000 yuan	2.9	1.6	1.6	1.7	1.8
1000—2000 元	1000—2000 yuan	17.1	6.6	2.4	3.1	2.6
2000—3000 元	2000—3000 yuan	26.8	14.1	4.5	4.7	4.8
3000—4000 元	3000—4000 yuan	21.0	18.0	8.1	7.0	5.2
4000—5000 元	4000—5000 yuan	12.2	14.7	8.7	7.4	6.0
5000—6000 元	5000—6000 yuan	20.0	11.5	10.2	7.5	5.7
6000—8000 元	6000—8000 yuan		15.4	17.9	14.0	12.3
8000—10000 元	8000—10000 yuan		8.8	14.2	11.6	10.5
10000 元以上	10000 yuan and Over		9.3	32.4	43.0	51.3
平均每人全年支出（元）	**Per Capita Annual Expenditures （yuan）**					
总支出	Total Expenditure	3434	5281	9164	11047	12397
#家庭经营性费用支出	Expenditure for Household Operations	678	1185	1605	2032	2302
购置生产性固定资产支出	Purchase of Productive Fixed Assets Expenditures	29	141	164	182	137
生活消费支出	Expenses on Household Consumption	2338	3567	6543	7693	8655
食品	Food	1018	1569	2492	2958	3233
主食	Staple Food	260	307	380	408	411
副食及其他食品	Non-Staple Food and Others	670	1031	1631	2017	2212
在外饮食	Food Consumption Outside	88	231	480	534	610
衣着	Clothing	127	191	350	408	463
居住	Residence	442	513	1171	1319	1481
家庭设备用品及服务	Household Facilities, Articles and Services	115	168	328	412	472
交通和通讯	Transport and Communications	156	364	786	917	1088
文化教育娱乐用品及服务	Cultural, Educational and Recreational Articles and Services	269	479	908	1064	1210
医疗保健	Healthcare and Medical Services	130	199	362	444	511
其他商品和服务	Miscellaneous Goods and Services	83	85	147	171	196
财产性支出	Expenses on Properties	15	6	51	9	9
转移性支出	Expenses on Transfers	272	347	765	1101	1266
现金支出	Cash Expenditure	2970	4776	8587	10569	11941
#生产费用	Productive Costs	667	1261	1723	2162	2411
税费支出	Taxes and Fees	97	33	35	30	29
生活消费支出	Expenses on Household Consumption	1922	3138	6042	7309	8263

5-11 居民家庭平均每人主要消费品消费量
Per Capita Consumption on Major Consumer Goods of Residents

单位:公斤 (kg)

指标	Item	全体居民 All Residents		城镇常住居民 Urban Residents		农村常住居民 Rural Resident	
		2013	2014	2013	2014	2013	2014
粮食	Grain	129.24	121.48	108.17	106.55	164.05	146.89
#小麦	Wheat	28.51	29.26	26.42	26.80	31.96	33.44
稻谷	Rice	83.53	75.55	64.27	63.12	115.35	96.73
油脂类	Oil and Fat	14.54	14.53	12.47	12.66	17.96	17.72
蔬菜及菜制品	Vegetable and Vegetable Productions	113.70	103.94	124.15	109.57	96.44	94.35
肉类	Meat	21.64	25.38	21.64	27.32	21.64	22.08
#猪肉	Pork	19.44	19.49	21.01	20.47	16.85	17.82
牛肉	Beef	1.53	1.55	1.92	1.88	0.88	0.98
羊肉	Mutton	0.67	0.69	0.75	0.78	0.53	0.55
禽类	Poultry	7.27	9.47	7.84	10.25	6.33	8.15
水产品	Aquatic Products	16.89	17.04	19.43	19.18	12.71	13.40
蛋类及蛋制品	Eggs and Egg Productions	9.54	9.47	10.30	9.97	8.28	8.61
奶和奶制品	Milk and Milk Productions	16.58	17.67	20.86	20.93	9.49	12.12
干鲜瓜果类	Dried and Fresh Melons and Fruits	38.56	39.39	38.56	45.70	38.56	28.65
糖果糕点类	Sugars and Cakes	6.09	6.26	6.99	6.80	4.60	5.36
茶叶	Tea	0.15	0.16	0.18	0.17	0.11	0.15
烟叶	Tobacco	31.06	30.43	27.51	26.23	36.92	37.58
酒	Wine	28.07	8.16	7.02	6.69	62.86	10.68

5-12 不同收入组城镇常住居民家庭平均每人主要消费品消费量(2014年)
Per Capita Consumption on Major Consumer Goods of Urban Residents by Income(2014)

单位:公斤 (kg)

指标	Item	全省调查户平均水平 Average	低收入户 Low Income Households	中低收入户 Lower Middle Income Households	中等收入户 Middle Income Households	中高收入户 Upper Middle Income Households	高收入户 Highest Income Households
粮食	Grain	106.55	112.84	108.16	106.23	108.16	94.45
#小麦	Wheat	26.80	31.79	28.19	22.62	26.37	23.69
稻谷	Rice	63.12	63.38	62.65	67.83	65.55	54.98
油脂类	Oil and Fat	12.66	12.60	12.65	12.72	12.95	12.36
蔬菜及菜制品	Vegetable and Vegetable Productions	109.57	89.23	107.53	119.45	119.44	117.06
肉类	Meat	27.32	20.94	26.93	29.20	31.30	29.82
#猪肉	Pork	20.47	16.08	20.68	21.84	23.22	21.46
牛肉	Beef	1.88	1.31	1.69	1.84	2.35	2.43
羊肉	Mutton	0.78	0.53	0.65	0.84	0.96	1.03
禽类	Poultry	10.25	7.14	9.57	11.16	12.15	12.12
水产品	Aquatic Products	19.18	14.02	17.78	20.34	22.39	22.99
蛋类及蛋制品	Eggs and Egg Productions	9.97	8.61	9.66	10.41	10.93	10.64
奶和奶制品	Milk and Milk Productions	20.93	12.64	17.42	21.23	27.25	29.28
干鲜瓜果类	Dried and Fresh Melons and Fruits	45.70	30.38	39.52	47.51	56.46	60.26
糖果糕点类	Sugars and Cakes	6.80	4.21	6.16	6.59	8.45	9.54
茶叶	Tea	0.17	0.07	0.12	0.19	0.24	0.26
烟叶	Tobacco	26.23	20.88	23.77	30.54	29.24	28.15
酒	Wine	6.69	6.42	6.70	7.42	6.74	6.10

5－13 不同收入组农村常住居民家庭平均每人主要消费品消费量(2014 年)
Per Capita Consumption on Major Consumer Goods of Rural Residents by Income(2014)

单位:公斤 (kg)

指标	Item	全省调查户平均水平 Average	低收入户 Low Income Households	中低收入户 Lower Middle Income Households	中等收入户 Middle Income Households	中高收入户 Upper Middle Income Households	高收入户 Highest Income Households
粮食	Grain	146.89	125.82	134.12	149.53	161.69	169.46
#小麦	Wheat	33.44	33.77	32.53	35.42	38.60	25.55
稻谷	Rice	96.73	77.80	83.19	98.55	106.58	124.41
油脂类	Oil and Fat	17.72	15.14	15.72	18.70	19.90	19.77
蔬菜及菜制品	Vegetable and Vegetable Productions	94.35	70.48	82.29	90.03	106.59	131.28
肉类	Meat	22.08	14.82	18.75	21.45	26.20	31.58
#猪肉	Pork	17.82	12.06	15.13	17.22	20.83	25.82
牛肉	Beef	0.98	0.64	0.76	1.08	1.23	1.30
羊肉	Mutton	0.55	0.38	0.45	0.44	0.66	0.88
禽类	Poultry	8.15	5.10	7.05	8.04	9.95	11.44
水产品	Aquatic Products	13.40	9.52	10.99	12.43	15.34	20.34
蛋类及蛋制品	Eggs and Egg Productions	8.61	6.65	7.36	8.84	9.56	11.35
奶和奶制品	Milk and Milk Productions	12.12	8.48	11.38	12.73	13.98	14.77
干鲜瓜果类	Dried and Fresh Melons and Fruits	28.65	21.51	24.69	28.28	31.30	40.20
糖果糕点类	Sugars and Cakes	5.36	4.22	4.71	5.31	6.20	6.72
茶叶	Tea	0.15	0.05	0.09	0.19	0.15	0.28
烟叶	Tobacco	37.58	24.93	31.34	36.36	43.01	56.89
酒	Wine	10.68	6.78	9.61	11.27	11.60	15.22

5－14　居民家庭平均购买商品数量
Annual Purchases of Commodities of Residents

指　　标 Item		全体居民 All Residents		城镇常住居民 Urban Residents		农村常住居民 Rural Resident	
		2013	2014	2013	2014	2013	2014
平均每人购买	**Per Capita Purchases**						
粮食　（公斤）	Grain　(kg)	59.1	56.6	62.2	61.3	54.0	48.7
食用植物油（公斤）	Edible Vegetable Oil　(kg)	9.2	10.3	10.3	11.3	7.3	8.6
动物油　（公斤）	Animal Oil　(kg)	0.2	0.2	0.2	0.1	0.2	0.2
鲜菜　（公斤）	Fresh Vegetable　(kg)	81.0	74.3	109.9	95.9	33.3	37.3
猪肉　（公斤）	Pork　(kg)	19.2	19.3	21.0	20.5	16.1	17.4
牛羊肉　（公斤）	Red Meat　(kg)	2.2	2.2	2.7	2.7	1.3	1.4
禽类　（公斤）	Poultry　(kg)	8.5	8.8	10.1	10.1	5.8	6.7
水产品　（公斤）	Aquatic Products　(kg)	16.6	16.7	19.3	19.1	12.0	12.6
蛋类　（公斤）	Egg　(kg)	8.2	8.3	9.8	9.5	5.5	6.2
奶类　（公斤）	Milk　(kg)	16.6	17.7	20.9	20.9	9.5	12.1
干鲜瓜果类（公斤）	Dried and Fresh Melons and Fruits　(kg)	40.2	38.8	49.2	45.6	25.3	27.1
糖果糕点类（公斤）	Sugars and Cakes　(kg)	6.1	6.3	7.0	6.8	4.6	5.4
平均每百户购买	**Per 100 Households Purchases**						
洗衣机　（台）	Washing Machine　(set)	8.0	5.4	12.4	5.5	5.2	5.2
电冰箱(柜)　（台）	Refrigerator　(set)	6.2	5.4	5.8	5.1	6.9	5.8
空调器　（台）	Air Conditioner　(set)	10.7	9.4	10.2	9.3	11.6	9.5
吸尘器　（台）	Cleaner　(set)	1.0	0.8	1.2	1.0	0.5	0.4
抽油烟机　（台）	Smoke Exhaust Ventilator　(set)	2.1	2.3	2.7	2.6	0.9	1.8
微波炉　（台）	Microwave Oven　(set)	2.8	2.1	3.2	2.3	2.1	1.9
非太阳能热水器（台）	Non－Solar Water Heater　(set)	2.3	2.1	3.1	2.4	0.9	1.4
太阳能热水器（台）	Solar Water Heater　(set)	1.5	1.5	1.2	1.4	2.0	1.7
燃气炉具　（台）	Gas－fired Stove　(set)	4.3	4.1	4.7	4.3	3.6	3.8
太阳能炉具　（台）	Solar Stove　(set)	0.2	0.2	0.1	0.1	0.3	0.3
洗碗机　（台）	Dish－washing Machine　(set)	0.2	0.2	0.3	0.2	0.1	0.4
汽车　（辆）	Car　(unit)	1.6	2.4	1.8	3.0	1.4	1.5
摩托车　（辆）	Motorcycle　(unit)	1.1	0.9	0.6	0.5	1.9	1.5
自行车　（辆）	Bicycle　(unit)	4.5	4.0	5.1	4.4	3.4	3.4
电动自行车　（辆）	Electrical Bicycle　(unit)	13.3	11.5	11.8	10.2	15.8	13.8
移动电话机　（部）	Mobile Telephone　(set)	44.3	38.2	43.2	39.2	46.2	36.5

5-15 不同收入组城镇常住居民家庭平均购买商品数量(2014年)
Annual Purchases of Commodities of Urban Residents by Income(2014)

指标		Item		全省调查户平均水平 Average	低收入户 Low Income Households	中低收入户 Lower Middle Income Households	中等收入户 Middle Income Households	中高收入户 Upper Middle Income Households	高收入户 Highest Income Households
平均每人购买		**Per Capita Purchases**							
粮食	(公斤)	Grain	(kg)	61.28	55.97	58.84	63.99	68.99	59.77
食用植物油	(公斤)	Edible Vegetable Oil	(kg)	11.27	9.85	10.65	11.75	12.52	12.01
动物油	(公斤)	Animal Oil	(kg)	0.14	0.16	0.14	0.14	0.14	0.09
鲜菜	(公斤)	Fresh Vegetable	(kg)	95.93	67.26	92.72	107.47	109.62	110.01
猪肉	(公斤)	Pork	(kg)	20.45	16.07	20.67	21.83	23.21	21.41
牛羊肉	(公斤)	Red Meat	(kg)	2.65	1.83	2.34	2.67	3.29	3.45
禽类	(公斤)	Poultry	(kg)	10.12	7.00	9.44	10.99	12.06	12.03
水产品	(公斤)	Aquatic Products	(kg)	19.08	13.90	17.75	20.09	22.35	22.99
蛋类	(公斤)	Egg	(kg)	9.54	7.75	9.14	10.08	10.72	10.55
奶类	(公斤)	Milk	(kg)	20.92	12.64	17.41	21.22	27.26	29.25
干鲜瓜果类	(公斤)	Dried and Fresh Melons and Fruits	(kg)	45.62	30.25	39.54	47.28	56.39	60.27
糖果糕点类	(公斤)	Sugars and Cakes	(kg)	6.79	4.20	6.16	6.59	8.45	9.52
平均每百户购买		**Per 100 Households Purchases**							
洗衣机	(台)	Washing Machine	(set)	5.48	3.20	3.46	5.78	8.03	6.94
电冰箱(柜)	(台)	Refrigerator	(set)	5.13	4.36	4.61	4.81	6.23	5.63
空调器	(台)	Air Conditioner	(set)	9.33	5.90	9.74	9.59	10.93	10.47
吸尘器	(台)	Cleaner	(set)	0.98	0.78	0.33	0.36	1.46	1.97
抽油烟机	(台)	Smoke Exhaust Ventilator	(set)	2.58	1.64	2.24	2.42	3.55	3.03
微波炉	(台)	Microwave Oven	(set)	2.32	1.39	2.02	2.09	3.45	2.61
非太阳能热水器	(台)	Non-Solar Water Heater	(set)	2.45	1.22	1.40	2.84	3.50	3.26
太阳能热水器	(台)	Solar Water Heater	(set)	1.42	2.79	1.04	1.12	1.31	0.84
燃气炉具	(台)	Gas-fired Stove	(set)	4.34	2.99	4.04	5.03	6.39	3.25
太阳能炉具	(台)	Solar Stove	(set)	0.15	0.34	0.15	0.12	0.12	0.00
洗碗机	(台)	Dish-washing Machine	(set)	0.16	0.00	0.31	0.22	0.10	0.16
汽车	(辆)	Car	(unit)	3.02	0.66	1.70	4.30	4.25	4.20
摩托车	(辆)	Motorcycle	(unit)	0.50	0.73	0.49	0.55	0.60	0.13
自行车	(辆)	Bicycle	(unit)	4.43	2.52	4.81	5.48	5.01	4.35
电动自行车	(辆)	Electrical Bicycle	(unit)	10.19	11.87	11.04	10.56	9.70	7.78
移动电话机	(部)	Mobile Telephone	(set)	39.15	32.00	38.49	40.11	44.69	40.44

5-16 不同收入组农村常住居民家庭平均购买商品数量(2014年)
Annual Purchases of Commodities of Rural Residents by Income(2014)

指标 Item				全省调查户平均水平 Average	低收入户 Low Income Households	中低收入户 Lower Middle Income Households	中等收入户 Middle Income Households	中高收入户 Upper Middle Income Households	高收入户 Highest Income Households
平均每人购买		**Per Capita Purchases**							
粮食	(公斤)	Grain	(kg)	48.69	39.84	40.10	44.76	55.70	67.60
食用植物油	(公斤)	Edible Vegetable Oil	(kg)	8.55	6.84	6.83	8.12	10.19	11.57
动物油	(公斤)	Animal Oil	(kg)	0.19	0.15	0.18	0.20	0.20	0.25
鲜菜	(公斤)	Fresh Vegetable	(kg)	37.35	24.27	27.87	35.01	44.71	60.43
猪肉	(公斤)	Pork	(kg)	17.38	12.01	14.88	16.52	20.06	25.37
牛羊肉	(公斤)	Red Meat	(kg)	1.43	0.91	1.03	1.49	1.83	2.04
禽类	(公斤)	Poultry	(kg)	6.67	4.17	5.44	6.40	8.45	9.70
水产品	(公斤)	Aquatic Products	(kg)	12.61	8.48	10.57	11.83	14.67	19.04
蛋类	(公斤)	Egg	(kg)	6.19	4.80	5.39	6.20	6.92	8.09
奶类	(公斤)	Milk	(kg)	12.11	8.47	11.36	12.71	13.98	14.79
干鲜瓜果类	(公斤)	Dried and Fresh Melons and Fruits	(kg)	27.14	20.88	22.56	27.09	29.97	37.73
糖果糕点类	(公斤)	Sugars and Cakes	(kg)	5.36	4.22	4.71	5.30	6.20	6.73
平均每百户购买		**Per 100 Households Purchases**							
洗衣机	(台)	Washing Machine	(set)	5.15	3.33	5.16	4.94	6.70	5.64
电冰箱(柜)	(台)	Refrigerator	(set)	5.81	4.54	6.09	6.17	6.73	5.49
空调器	(台)	Air Conditioner	(set)	9.55	6.15	8.18	7.99	14.45	10.95
吸尘器	(台)	Cleaner	(set)	0.44	0.00	0.00	0.00	0.14	2.05
抽油烟机	(台)	Smoke Exhaust Ventilator	(set)	1.81	0.89	0.96	1.56	2.68	2.95
微波炉	(台)	Microwave Oven	(set)	1.87	0.22	3.17	1.70	1.88	2.37
非太阳能热水器	(台)	Non-Solar Water Heater	(set)	1.38	0.45	0.85	2.23	1.52	1.85
太阳能热水器	(台)	Solar Water Heater	(set)	1.67	1.70	1.33	1.84	2.36	1.11
燃气炉具	(台)	Gas-fired Stove	(set)	3.75	2.43	4.01	2.46	2.97	6.88
太阳能炉具	(台)	Solar Stove	(set)	0.30	0.00	1.02	0.00	0.31	0.19
洗碗机	(台)	Dish-washing Machine	(set)	0.35	0.00	0.09	0.62	0.00	1.07
汽车	(辆)	Car	(unit)	1.47	1.07	0.99	1.92	0.86	2.51
摩托车	(辆)	Motorcycle	(unit)	1.45	1.42	1.34	1.17	1.70	1.62
自行车	(辆)	Bicycle	(unit)	3.36	1.31	2.89	3.67	4.71	4.24
电动自行车	(辆)	Electrical Bicycle	(unit)	13.76	10.88	12.14	14.10	15.74	15.92
移动电话机	(部)	Mobile Telephone	(set)	36.48	26.65	34.33	37.54	43.82	40.05

5－17　城镇居民家庭平均每人购买主要商品数量
Per Capita Annual Purchases of Major Commodities in Urban Households

单位:公斤　　　　(kg)

项　　目	Item	1995	2000	2005	2010	2011	2012
大米	Rice	71.28	56.16	50.33	47.06	44.08	43.74
面粉	Flour	10.60	5.74	6.25	5.58	5.37	5.42
植物油	Edible Vegetable Oil	7.31	8.60	8.62	8.22	8.44	8.40
鲜菜	Fresh Vegetables	112.30	105.01	104.70	121.55	115.34	118.49
猪肉	Pork	19.86	19.71	20.98	21.86	21.19	22.86
牛羊肉	Beef and Mutton	1.40	1.77	2.37	2.42	2.70	2.87
蛋类	Eggs	10.14	11.87	10.71	10.75	11.82	12.68
鱼虾	Fish and Shrimp	14.31	15.89	15.30	16.80	16.13	17.36
鲜瓜果	Fresh Melons&Fruits	45.39	47.42	51.87	54.44	47.32	53.88
糕点	Cake	3.11	3.01	3.73	5.09	5.31	6.07
鲜酸奶	Yogurt	4.19	12.04	22.00	20.16	19.03	20.39

5－18　农村居民家庭平均每人主要消费品消费量
Rural Household per Capita Consumption on Major Consumer Goods

单位:公斤　　　　(kg)

指　　标	Item	2000	2005	2010	2011	2012
粮食(原粮)	Grain (Unprocessed Grains)	288.1	208.6	176.7	158.0	159.8
#稻谷	Rice	188.2	147.1	129.4	114.5	115.6
小麦	Wheat	72.5	45.4	35.0	35.8	38.4
蔬菜及其制品	Fresh Vegetables and processed products	115.7	108.9	107.0	93.2	92.2
植物油	Edible Vegetable Oil	8.9	7.8	7.0	7.8	7.5
动物油	Edible Animal Oil	0.7	0.3	0.2	0.1	0.2
肉类及其制品	Meat and Processed Products	17.8	23.0	24.0	23.5	23.4
#猪肉	Pork	11.5	12.8	12.9	12.7	12.8
牛羊肉	Beef and Mutton	0.8	1.3	1.3	1.3	1.2
家禽	Poultry	4.4	5.6	6.2	5.7	5.4
蛋类及其制品	Eggs and Processed Products	8.2	6.4	6.8	6.4	6.9
水产品及其制品	Aquatic Products	7.7	10.0	11.2	10.5	10.4
#鱼类	Fishes	6.8	8.2	9.2	8.8	8.3
虾、贝、蟹类	Shrimp, Shellfish and Crab	0.5	1.2	1.4	1.2	1.6
水果(含果用瓜)	Fruit(including melon fruits)	21.1	18.0	9.1	10.2	12.1
食糖	Sugar	1.5	1.2	1.2	1.1	1.0
酒	Liquor	7.4	11.2	11.5	10.6	10.7

5-19 居民家庭平均每百户年末耐用品拥有量
Ownership of Major Durable Consumer Goods per 100 Residents at Year-end

指标 Item				全体居民 All Residents		城镇常住居民 Urban Residents		农村常住居民 Rural Resident	
				2013	2014	2013	2014	2013	2014
家用汽车	（辆）	Family Car	(unit)	18.01	18.63	30.82	34.58	7.20	9.10
摩托车	（辆）	Motorcycle	(unit)	29.53	31.80	20.52	22.34	44.90	47.84
助力车	（台）	Moped	(set)	98.40	102.31	94.46	98.81	105.13	108.24
洗衣机	（台）	Washing Machine	(set)	94.38	95.70	97.71	98.81	88.69	90.43
电冰箱(柜)	（台）	Refrigerator	(set)	95.28	95.82	98.73	99.52	89.40	89.55
微波炉	（台）	Microwave Stove	(set)	75.78	75.63	86.26	86.06	57.90	57.94
彩色电视机	（台）	Color Television	(set)	156.55	157.51	165.60	166.85	141.11	141.66
#接入有线电视		Connected to the CATV Network		128.85	133.47	140.92	143.97	108.26	115.68
空调器	（台）	Air Conditioner	(set)	148.01	151.92	179.46	183.36	94.36	98.58
热水器	（台）	Water Heater	(set)	93.86	94.37	100.75	101.29	82.11	82.62
#太阳能热水器		Solar Water Heater		60.09	62.01	53.24	54.98	71.77	73.93
消毒碗柜	（台）	Sterilized Cupboard	(set)	5.19	5.12	7.73	7.65	0.87	0.82
洗碗机	（台）	Dish-washing Machine	(set)	0.85	0.96	1.26	1.23	0.15	0.50
抽油烟机	（台）	Smoke Exhaust Ventilator	(set)	61.14	61.74	79.69	80.24	29.52	30.38
固定电话	（线）	Fixed-line Telephone	(line)	69.65	70.84	68.74	71.07	71.19	70.46
移动电话机	（部）	Mobile Telephone	(set)	219.72	223.50	227.99	231.41	205.61	210.08
#接入互联网		Connected to the Internet		99.97	107.17	111.02	120.41	81.13	84.73
计算机	（台）	Computer	(set)	65.79	67.39	89.71	91.66	36.50	37.70
#接入互联网		Connected to the Internet		63.07	64.94	81.12	83.36	32.28	33.69
摄像机	（台）	Vidicon	(set)	6.35	6.64	9.37	9.69	1.19	1.47
照相机	（台）	Camera	(set)	30.30	28.66	40.98	39.00	12.08	11.14
中高档乐器	（架）	Medium-High Grade Instrument	(set)	3.57	4.07	5.18	5.87	0.84	1.03
健身器材	（台）	Fitness Equipment	(set)	4.42	5.10	6.20	7.01	1.37	1.86
组合音响	（套）	music center	(unit)	10.29	10.58	12.10	12.56	7.20	7.23

5-20 不同收入组城镇常住居民家庭平均每百户年末耐用品拥有量(2014年)
Ownership of Major Durable Consumer Goods per 100 Urban Residents by Income at Year-end(2014)

指　标 Item	全省调查户平均水平 Average	低收入户 Low Income Households	中低收入户 Lower Middle Income Households	中等收入户 Middle Income Households	中高收入户 Upper Middle Income Households	高收入户 Highest Income Households
家用汽车 (辆) Family Car (unit)	34.58	14.02	23.09	35.36	41.58	58.82
摩托车 (辆) Motorcycle (unit)	22.34	27.37	28.79	24.81	18.38	12.34
助力车 (台) Moped (set)	98.81	113.93	120.71	102.87	87.08	69.48
洗衣机 (台) Washing Machine (set)	98.81	93.07	99.15	97.86	103.00	100.97
电冰箱(柜) (台) Refrigerator (set)	99.52	93.11	98.93	99.77	102.25	103.55
微波炉 (台) Microwave Stove (set)	86.06	63.88	84.67	92.97	93.76	94.99
彩色电视机 (台) Color Television (set)	166.85	139.46	155.85	171.79	180.03	187.12
#接入有线电视 Connected to the CATV Network	143.97	110.67	133.60	152.12	158.92	164.50
空调器 (台) Air Conditioner (set)	183.36	110.50	154.65	186.06	224.77	240.74
热水器 (台) Water Heater (set)	101.29	86.71	97.07	102.09	108.56	112.02
#太阳能热水器 Solar Water Heater	54.98	70.70	69.44	56.26	43.00	35.53
消毒碗柜 (台) Sterilized Cupboard (set)	7.65	2.20	3.51	6.21	9.70	16.64
洗碗机 (台) Dish-washing Machine (set)	1.23	0.00	0.86	1.02	1.83	2.44
抽油烟机 (台) Smoke Exhaust Ventilator (set)	80.24	54.00	74.27	87.90	92.40	92.61
固定电话 (线) Fixed-line Telephone (line)	71.07	59.04	65.36	71.21	77.03	82.67
移动电话机 (部) Mobile Telephone (set)	231.41	218.21	240.32	240.05	234.47	224.00
#接入互联网 Connected to the Internet	120.41	100.21	120.01	129.94	127.58	124.28
计算机 (台) Computer (set)	91.66	57.75	80.24	96.68	106.30	117.29
#接入互联网 Connected to the Internet	83.36	50.68	72.24	87.00	96.99	109.87
摄像机 (台) Vidicon (set)	9.69	3.60	5.83	7.45	11.12	20.46
照相机 (台) Camera (set)	39.00	12.90	28.34	38.24	51.56	63.93
中高档乐器 (架) Medium-High Grade Instrument (set)	5.87	1.14	3.71	4.35	6.83	13.29
健身器材 (台) Fitness Equipment (set)	7.01	2.98	4.55	5.36	8.06	14.12
组合音响 (套) music center (unit)	12.56	6.44	10.22	12.18	13.58	20.38

5-21 不同收入组农村常住居民家庭平均每百户年末耐用品拥有量(2014年)

Ownership of Major Durable Consumer Goods per 100 Rural Residents by Income at Year-end(2014)

指标		Item		全省调查户平均水平 Average	低收入户 Low Income Households	中低收入户 Lower Middle Income Households	中等收入户 Middle Income Households	中高收入户 Upper Middle Income Households	高收入户 Highest Income Households
家用汽车	(辆)	Family Car	(unit)	9.10	2.0	2.3	5.7	9.6	24.6
摩托车	(辆)	Motorcycle	(unit)	47.84	37.5	46.5	53.5	54.5	47.2
助力车	(台)	Moped	(set)	108.24	92.4	108.8	114.5	120.2	105.3
洗衣机	(台)	Washing Machine	(set)	90.43	80.1	89.7	94.4	96.1	91.9
电冰箱(柜)	(台)	Refrigerator	(set)	89.55	76.4	88.9	93.4	95.7	93.4
微波炉	(台)	Microwave Stove	(set)	57.94	35.9	48.3	63.3	72.1	70.1
彩色电视机	(台)	Color Television	(set)	141.66	120.2	138.1	140.3	154.0	155.7
#接入有线电视		Connected to the CATV Network		115.68	87.0	111.2	116.6	129.9	133.6
空调器	(台)	Air Conditioner	(set)	98.58	62.4	86.8	95.4	118.8	129.5
热水器	(台)	Water Heater	(set)	82.62	63.9	81.6	87.2	91.1	89.3
#太阳能热水器		Solar Water Heater		73.93	56.9	74.1	79.1	84.0	75.5
消毒碗柜	(台)	Sterilized Cupboard	(set)	0.82	0.0	0.0	0.9	1.2	1.9
洗碗机	(台)	Dish-washing Machine	(set)	0.50	0.0	0.1	0.6	0.2	1.6
抽油烟机	(台)	Smoke Exhaust Ventilator	(set)	30.38	13.6	19.2	30.4	39.4	49.4
固定电话	(线)	Fixed-line Telephone	(line)	70.46	62.4	68.5	71.1	75.8	74.5
移动电话机	(部)	Mobile Telephone	(set)	210.08	172.9	214.2	221.3	227.0	214.9
#接入互联网		Connected to the Internet		84.73	49.4	71.8	89.0	104.3	109.1
计算机	(台)	Computer	(set)	37.70	23.7	30.8	36.3	43.0	53.2
#接入互联网		Connected to the Internet		33.69	20.8	25.4	32.3	40.6	49.4
摄像机	(台)	Vidicon	(set)	1.47	0.2	1.1	1.0	1.3	3.7
照相机	(台)	Camera	(set)	11.14	3.7	6.2	12.6	11.7	21.4
中高档乐器	(架)	Medium-High Grade Instrument	(set)	1.03	0.5	1.4	1.1	0.4	1.7
健身器材	(台)	Fitness Equipment	(set)	1.86	1.2	1.0	1.4	1.8	3.9
组合音响	(套)	music center	(unit)	7.23	4.3	3.1	9.6	9.5	9.6

5－22　城镇居民家庭平均每百户年末耐用品拥有量
Ownership of Major Durable Consumer Goods per 100 Urban Households at Year-end

项　目		Item		1995	2000	2005	2010	2011	2012
洗衣机	（台）	Washing Machines	(set)	95.35	96.15	99.38	102.08	101.04	101.90
电冰箱柜	（台）	Refrigerators	(set)	71.35	90.06	96.47	99.36	100.70	101.92
摩托车	（辆）	Motorcycles	(unit)	6.77	27.28	27.42	21.59	18.56	20.09
彩色电视机	（台）	Color TV Sets	(set)	85.22	124.45	153.19	170.66	171.79	173.47
空调器	（台）	Air Conditioners	(set)	10.53	45.90	123.92	170.61	195.96	198.21
家用电脑	（台）	Computers	(set)		10.65	46.35	81.36	96.94	100.30
健身器材	（件）	Health Equipment	(set)		5.09	5.59	5.46	6.20	6.31
固定电话	（部）	Fixed Telephones	(set)			130.79	109.29	83.10	82.81
移动电话	（部）	Mobile Telephones	(set)		25.47	120.61	183.26	210.87	215.68
家用汽车	（辆）	Automobile	(unit)			4.29	13.83	23.92	26.18

5－23　农村居民家庭年末平均每百户耐用消费品拥有量
Rural Household Year-end Possession of Durable Consumer Goods per 100 Households

指　标		Item		200C	2005	2010	2011	2012
彩色电视机	（台）	Color TV Sets	(set)	53.9	104.7	142.1	142.1	140.8
影碟机	（台）	Video Disc Players	(set)	11.2	30.1	40.6	30.0	24.0 –
电话机	（部）	Telephones	(set)	51.4	89.4	90.9	84.2	83.7
移动电话	（部）	Mobile Telephones	(set)	9.1	78.0	171.0	183.1	199.5
洗衣机	（台）	Washing Machines	(set)	46.1	67.9	91.5	90.6	92.4
电冰箱	（台）	Refrigerators	(set)	19.9	36.0	59.3	66.9	71.4
抽油烟机	（台）	Exhaust Fans	(set)	5.1	12.6	24.1	30.8	35.5
自行车	（辆）	Bicycles	(unit)	175.4	162.1	159.9	153.1	148.3
摩托车	（辆）	Motorcycles	(unit)	28.5	52.7	63.3	57.0	57.8
空调机	（台）	Air Conditioners	(set)	5.4	22.2	47.4	56.6	64.9
照相机	（架）	Cameras	(set)	4.0	6.7	12.5	12.0	12.2
热水器	（台）	Water Heater for Shower	(set)	11.1	32.1	62.6	71.4	80.5
家用电脑	（台）	Computer	(set)		2.9	11.0	15.8	24.9
家用汽车	（辆）	Automobile	(unit)	0.5	1.1	3.0	4.0	5.9

5－24 分地区城镇常住居民家庭基本情况（2013年）

指标	Item	苏南 Southern Jiangsu	苏中 Mid Jiangsu	苏北 Northern Jiangsu
基本情况	**Basic Conditions**			
调查户数（户）	Number of Households Surveyed (household)	4394	1890	3699
平均每户家庭人口（人）	Average Household Size (person)	3.00	3.15	3.20
平均每户就业人口（人）	Number of Employed Persons per Household (person)	1.79	1.92	1.93
平均每一就业人口负担人数（人）	Number of Dependents per Employee (person)	1.68	1.64	1.66
平均每户就业面（%）	Proportion of Employment per Household (%)	59.7	60.8	60.3
平均每人现住房建筑面积（平方米）	Existing Building Space per Capita (sq. m)	41.7	44.8	41.1
人均可支配收入（元）	**Per Capita Disposable Income (yuan)**	**39416**	**29292**	**22071**
工资性收入	Income from Wages and Salaries	25756	17843	12675
经营净收入	Net Income from Household Operations	4130	4767	4303
财产净收入	Net Income from Properties	4354	2470	1575
转移净收入	Net Income from Transfers	5176	4213	3518
人均生活消费支出（元）	**Per Capita Consumption Expanditure (yuan)**	**24717**	**18958**	**13908**
食品烟酒	Food, Tobacco and Wine	6872	5618	4494
衣着	Clothing	1988	1548	1238
居住	Living	5383	4276	2675
生活用品及服务	Articles for Daily Use and Services	1463	1055	898
交通通信	Transport and Communications	3814	2543	1441
教育文化娱乐	Education, Culture and Recreation	3137	2180	1976
医疗保健	Healthcare and Medical Services	1276	1166	812
其他用品和服务	Other Articles and Services	786	573	374

Basic Conditions of Urban Residents by Region(2013)

南京 Nanjing	无锡 Wuxi	徐州 Xuzhou	常州 Changzhou	苏州 Suzhou	南通 Nantong	连云港 Lianyun gang	淮安 Huaian	盐城 Yancheng	扬州 Yangzhou	镇江 Zhenjiang	泰州 Taizhou	宿迁 Suqian
1460	620	982	657	1166	759	569	831	867	609	491	522	450
2.81	3.04	2.97	2.91	3.11	3.09	3.29	3.39	3.10	3.12	3.18	3.28	3.51
1.63	1.68	1.67	1.66	1.97	1.98	2.29	2.00	1.87	1.80	2.06	1.93	2.11
1.72	1.81	1.78	1.75	1.58	1.56	1.44	1.70	1.66	1.73	1.54	1.70	1.67
58.0	55.3	56.1	57.0	63.2	64.1	69.6	59.0	60.3	57.7	64.8	58.8	60.0
35.4	44.4	36.1	43.6	43.7	45.8	43.9	42.7	41.5	40.8	43.6	47.0	45.6
39115	**38420**	**22015**	**36288**	**42964**	**30641**	**21461**	**23582**	**23669**	**27700**	**32748**	**28705**	**18480**
24743	26258	13140	22577	28432	17714	11681	14140	13106	17203	21563	18621	10378
4212	3678	3449	5130	3863	5825	4464	4943	4682	4181	4273	3701	4447
4097	3245	1461	3229	6079	2290	1638	1890	1851	2467	2767	2744	931
6063	5239	3965	5352	4591	4812	3678	2610	4030	3849	4145	3639	2723
24129	**25592**	**13958**	**22096**	**26951**	**20555**	**14885**	**13729**	**14260**	**17116**	**19935**	**18223**	**12513**
6438	7468	4313	6340	7345	5983	4855	4310	4543	5296	5787	5359	4563
1976	2286	1168	1723	1969	1601	1361	1295	1329	1413	1806	1592	1047
5474	5408	2864	4875	5745	4757	2878	2835	2592	3367	4447	4377	2077
1478	1479	1047	1288	1550	1172	869	811	894	957	1318	967	743
3126	3791	1633	3191	4971	3117	1398	1245	1604	1847	2479	2311	1095
3521	2824	1518	2679	3408	2055	2359	2196	2105	2735	2389	1861	2061
1312	1485	1073	1386	1140	1285	833	614	706	950	1015	1182	687
805	851	342	616	824	585	331	423	488	551	694	574	239

5－25　分地区城镇常住居民家庭基本情况(2014 年)

指　　标　Item		苏　南 Southern Jiangsu	苏　中 Mid Jiangsu	苏　北 Northern Jiangsu
基本情况	**Basic Conditions**			
调查户数　（户）	Number of Households Surveyed (household)	4398	2007	3688
平均每户家庭人口　（人）	Average Household Size (person)	3.00	3.15	3.19
平均每户就业人口　（人）	Number of Employed Persons per Household (person)	1.79	1.90	1.93
平均每一就业人口负担人数（人）	Number of Dependents per Employee (person)	1.67	1.66	1.66
平均每户就业面　（%）	Proportion of Employment per Household (%)	59.7	60.2	60.4
平均每人现住房建筑面积（平方米）	Existing Building Space per Capita (sq. m)	42.2	45.7	43.2
人均可支配收入　（元）	**Per Capita Disposable Income (yuan)**	**42753**	**31969**	**24177**
工资性收入	Income from Wages and Salaries	27773	19458	13878
经营净收入	Net Income from Household Operations	4481	5177	4683
财产净收入	Net Income from Properties	4829	2755	1742
转移净收入	Net Income from Transfers	5670	4578	3874
人均生活消费支出　（元）	**Per Capita Consumption Expanditure (yuan)**	**26487**	**20336**	**14956**
食品烟酒	Food, Tobacco and Wine	7241	6001	4800
衣着	Clothing	2063	1662	1308
居住	Living	5671	4483	2812
生活用品及服务	Articles for Daily Use and Services	1529	1126	956
交通通信	Transport and Communications	4213	2776	1601
教育文化娱乐	Education, Culture and Recreation	3573	2409	2209
医疗保健	Healthcare and Medical Services	1375	1264	875
其他用品和服务	Other Articles and Services	821	614	396

Basic Conditions of Urban Residents by Region(2014)

南京 Nanjing	无锡 Wuxi	徐州 Xuzhou	常州 Changzhou	苏州 Suzhou	南通 Nantong	连云港 Lianyungang	淮安 Huaian	盐城 Yancheng	扬州 Yangzhou	镇江 Zhenjiang	泰州 Taizhou	宿迁 Suqian
1460	647	971	644	1158	781	562	839	865	590	489	636	450
2.83	3.05	3.07	2.91	3.10	3.07	3.26	3.35	3.07	3.10	3.13	3.32	3.36
1.65	1.70	1.80	1.65	1.95	1.89	2.27	1.97	1.81	1.80	2.05	1.99	2.00
1.72	1.79	1.71	1.76	1.59	1.62	1.44	1.70	1.69	1.72	1.53	1.67	1.68
58.3	55.7	58.5	56.7	62.8	61.6	69.7	58.8	59.1	58.1	65.4	59.9	59.6
36.3	44.8	40.5	43.7	44.0	46.3	45.3	43.6	42.7	42.1	44.2	48.0	46.5
42568	**41731**	**24080**	**39483**	**46677**	**33374**	**23595**	**25798**	**25854**	**30322**	**35752**	**31346**	**20396**
26792	28565	14434	24426	30477	19295	12893	15469	14206	18732	23732	20367	11421
4645	3976	3743	5656	4156	6270	4833	5303	5136	4652	4574	4003	4910
4493	3543	1587	3514	6893	2571	1847	2077	2071	2688	3021	3095	1031
6638	5647	4315	5886	5151	5238	4022	2948	4441	4250	4425	3880	3033
25855	**27358**	**15005**	**23590**	**28973**	**22035**	**16016**	**14703**	**15372**	**18417**	**21310**	**19517**	**13463**
6713	7862	4618	6671	7807	6399	5169	4602	4902	5692	6077	5679	4856
2067	2431	1247	1755	2004	1707	1454	1369	1373	1524	1888	1721	1108
5711	5631	3072	5063	6147	5037	3090	2850	2690	3559	4770	4489	2197
1549	1551	1119	1415	1591	1283	940	867	923	1003	1352	1000	809
3486	4211	1794	3498	5458	3268	1515	1372	1843	2066	2756	2680	1187
4058	3139	1641	3045	3920	2270	2594	2499	2382	2969	2628	2110	2321
1437	1612	1144	1518	1199	1430	903	694	757	1029	1078	1228	725
833	921	369	626	847	641	351	450	503	575	761	609	260

5－26 分地区农村常住居民家庭基本情况(2013 年)

指　　标	Item	苏　南 Southern Jiangsu	苏　中 Mid Jiangsu	苏　北 Northern Jiangsu
基本情况	**Basic Conditions**			
调查户数　(户)	Number of Households Surveyed (household)	1826	1381	2844
平均每户家庭人口　(人)	Average Household Size (person)	3.31	3.09	3.39
平均每户就业人口　(人)	Number of Employed Persons per Household (person)	2.37	2.24	2.27
平均每一就业人口负担人数 (人)	Number of Dependents per Employee (person)	1.39	1.38	1.49
平均每户就业面　(%)	Proportion of Employment per Household (%)	71.8	72.4	67.0
平均每人现住房建筑面积 (平方米)	Existing Building Space per Capita (sq. m)	59.2	56.2	47.2
人均可支配收入　(元)	**Per Capita Disposable Income (yuan)**	**18995**	**13958**	**11352**
工资性收入	Income from Wages and Salaries	12019	8256	5431
经营净收入	Net Income from Household Operations	3658	3264	4037
财产净收入	Net Income from Properties	1345	371	220
转移净收入	Net Income from Transfers	1973	2066	1664
人均生活消费支出　(元)	**Per Capita Consumption Expanditure (yuan)**	**12924**	**10006**	**7945**
食品烟酒	Food, Tobacco and Wine	3813	3057	2595
衣着	Clothing	920	586	632
居住	Living	2781	2101	1435
生活用品及服务	Articles for Daily Use and Services	734	598	512
交通通信	Transport and Communications	1976	1617	911
教育文化娱乐	Education, Culture and Recreation	1442	1049	1180
医疗保健	Healthcare and Medical Services	819	638	538
其他用品和服务	Other Articles and Services	438	361	140

Basic Conditions of Rural Residents by Region(2013)

南京 Nanjing	无锡 Wuxi	徐州 Xuzhou	常州 Changzhou	苏州 Suzhou	南通 Nantong	连云港 Lianyun gang	淮安 Huaian	盐城 Yancheng	扬州 Yangzhou	镇江 Zhenjiang	泰州 Taizhou	宿迁 Suqian
380	255	657	284	532	533	440	604	754	495	376	353	390
3.32	3.02	3.66	2.92	3.66	3.04	3.38	3.44	2.73	3.32	3.27	2.98	3.72
2.51	1.95	2.61	2.20	2.57	2.32	2.28	2.43	1.78	2.30	2.50	2.05	2.15
1.32	1.55	1.40	1.33	1.42	1.31	1.48	1.42	1.53	1.44	1.31	1.45	1.73
75.6	64.6	71.3	75.4	70.2	76.3	67.4	70.6	65.3	69.3	76.5	68.8	57.8
53.7	53.8	47.5	59.3	66.3	57.6	45.0	49.0	46.4	50.8	54.6	59.0	47.6
16011	**20223**	**11513**	**18169**	**21410**	**14268**	**10465**	**10762**	**12913**	**13775**	**15876**	**13609**	**10418**
11675	12951	5210	10984	12844	8386	4851	6015	5712	7980	10315	8292	5367
2590	3505	4798	4272	4089	3105	3783	2614	4868	3683	3322	3147	3303
788	1638	154	330	2264	340	122	190	389	252	583	532	227
958	2129	1351	2583	2213	2437	1709	1943	1943	1860	1656	1638	1521
11507	**13778**	**8082**	**12367**	**13915**	**10019**	**7455**	**6991**	**9636**	**10140**	**11721**	**9862**	**6903**
3492	4348	2594	3975	3748	2969	2501	2260	2916	3223	3443	3051	2546
697	1254	648	906	925	509	485	411	1026	676	763	632	456
2317	2864	1466	2487	3058	2229	1425	1244	1844	1981	2972	1997	1085
700	707	692	766	757	573	491	441	413	633	709	607	424
1698	2019	1097	1487	2571	1901	743	675	1153	1217	1334	1511	695
1498	1217	819	1253	1603	888	1303	1188	1519	1413	1510	984	1210
675	914	630	1009	815	560	402	630	565	703	626	707	387
429	455	136	484	437	390	105	142	201	294	364	374	99

5－27 分地区农村常住居民家庭基本情况(2014 年)

指 标	Item	苏 南 Southern Jiangsu	苏 中 Mid Jiangsu	苏 北 Northern Jiangsu
基本情况	**Basic Conditions**			
调查户数 (户)	Number of Households Surveyed (household)	1834	1408	2797
平均每户家庭人口 (人)	Average Household Size (person)	3.33	3.08	3.20
平均每户就业人口 (人)	Number of Employed Persons per Household (person)	2.39	2.15	2.03
平均每一就业人口负担人数 (人)	Number of Dependents per Employee (person)	1.39	1.43	1.58
平均每户就业面 (%)	Proportion of Employment per Household (%)	71.9	70.0	63.3
平均每人现住房建筑面积 (平方米)	Existing Building Space per Capita (sq. m)	59.7	58.3	49.2
人均可支配收入 (元)	**Per Capita Disposable Income (yuan)**	**20954**	**15476**	**12670**
工资性收入	Income from Wages and Salaries	13190	9112	6097
经营净收入	Net Income from Household Operations	4058	3617	4459
财产净收入	Net Income from Properties	1494	421	251
转移净收入	Net Income from Transfers	2211	2325	1862
人均生活消费支出 (元)	**Per Capita Consumption Expanditure (yuan)**	**14276**	**11049**	**8870**
食品烟酒	Food, Tobacco and Wine	4158	3351	2888
衣着	Clothing	1006	657	706
居住	Living	2997	2231	1600
生活用品及服务	Articles for Daily Use and Services	818	656	557
交通通信	Transport and Communications	2232	1869	1018
教育文化娱乐	Education, Culture and Recreation	1650	1203	1349
医疗保健	Healthcare and Medical Services	923	692	597
其他用品和服务	Other Articles and Services	492	390	154

Basic Conditions of Rural Residents by Region(2014)

南京 Nanjing	无锡 Wuxi	徐州 Xuzhou	常州 Changzhou	苏州 Suzhou	南通 Nantong	连云港 Lianyungang	淮安 Huaian	盐城 Yancheng	扬州 Yangzhou	镇江 Zhenjiang	泰州 Taizhou	宿迁 Suqian
380	265	652	282	532	530	436	593	726	499	375	379	390
3.29	3.10	3.31	2.94	3.70	3.01	3.35	3.40	2.60	3.28	3.23	3.00	3.46
2.63	1.99	2.12	2.18	2.56	2.21	2.30	2.10	1.76	2.22	2.48	2.00	1.90
1.25	1.56	1.56	1.35	1.45	1.36	1.46	1.62	1.48	1.48	1.30	1.50	1.83
79.9	64.2	64.1	74.2	69.2	73.4	68.7	61.8	67.8	67.7	76.8	66.7	54.8
55.4	54.3	49.7	59.7	66.0	58.6	47.9	50.2	48.0	53.7	55.8	62.0	49.8
17661	**22266**	**12811**	**20133**	**23560**	**15821**	**11698**	**12010**	**14414**	**15284**	**17617**	**15076**	**11677**
12868	14055	5928	12209	13981	9259	5392	6719	6410	8825	11579	9128	5974
2869	3931	5225	4652	4591	3453	4235	2892	5367	4069	3602	3478	3737
874	1913	172	368	2468	373	146	211	451	315	649	599	259
1051	2367	1486	2904	2521	2736	1925	2189	2186	2075	1787	1871	1708
12818	**15114**	**9011**	**13529**	**15390**	**11051**	**8282**	**7836**	**10782**	**11266**	**13081**	**10849**	**7702**
3861	4737	2879	4300	4041	3271	2706	2518	3357	3544	3868	3309	2822
778	1376	724	991	994	558	546	464	1135	754	851	735	501
2515	3028	1698	2728	3263	2394	1604	1363	1969	2141	3282	2040	1195
795	782	720	833	844	648	539	498	467	701	805	630	472
1911	2270	1229	1646	2960	2115	819	756	1271	1394	1428	1892	768
1744	1364	917	1392	1847	1040	1492	1371	1767	1621	1744	1093	1399
742	1049	701	1111	934	607	457	710	597	789	702	745	432
473	508	144	528	507	418	119	156	220	322	401	405	112

5－28　农村常住居民家庭房屋情况
Housing Conditions of Rural Residents

指　　标 Item		2013	2014
平均每人住房	**Per Capita Housing Conditons**		
现住房建筑面积　（平方米）	Existing Residential Building Space　(sq. m)	52.4	54.15
按居住空间样式　（平方米）	**by Spatial Style　(sq. m)**		
单栋楼房	Independent Bulding	28.21	28.96
单栋平房	Independent House	22.36	23.41
主要建筑材料　（平方米）	**Main Building Materials　(sq. m)**		
#钢筋混凝土	Reinforced Concrete Structure	5.94	6.14
砖混材料	Brick-mixed	30.18	31.10
砖瓦砖木	Brick-Block or Brick-Wood Structure	16.19	16.82

5－29　农村居民家庭房屋情况
Housing Conditions of Rural Household

指　　标		2000	2005	2010	2011	2012
平均每人住房	**Per Capita Housing Conditions**					
人均住房价值　（元）	Per Capita Value of Houses　(yuan)	9398	15463	25843	30495	32398
人均住房面积　（平方米）	Per Capita Floor Space of Houses　(sq. m)	33.7	38.6	46.3	48.6	49.9
按住房类型分	Grouped by Type of Houses					
#楼房面积	Per Capita Floor Space of Storied Buildings	19.7	25.5	31.71	32.3	32.8
砖瓦平房面积	Per Capita Floor Space of Brick and Wood Bungalow	13.5	12.7	14.39	16.3	16.9
按住房结构分	Grouped by House Structure					
#钢筋混凝土结构	Reinforced Concrete Structure	8.4	21.6	26.9	25.0	25.2
砖木结构	Brick and Wood Structure	24.8	16.6	19.3	23.6	24.6
平均每人本年新建房屋	**Houses Newly Built per Capita This Year**					
新建(购)住房每平方米价值　（元）	Value of per Square of the Rooms Newly Built　(yuan)	353	563	904	1051	1054
人均新建(购)住房面积　（平方米）	Per Capita Floor Space of Houses Newly Built　(sq. m)	1.14	0.85	0.95	1.11	0.91

主要统计指标解释

可支配收入 指调查户在调查期内获得的、可用于最终消费支出和储蓄的总和,即调查户可以用来自由支配的收入。可支配收入既包括现金,也包括实物收入。按照收入的来源,可支配收入包含四项:工资性收入、经营净收入、财产净收入和转移净收入。计算公式为:

可支配收入=工资性收入+经营净收入+财产净收入+转移净收入

工资性收入 指就业人员通过各种途径得到的全部劳动报酬和各种福利,包括受雇于单位或个人、从事各种自由职业、兼职和零星劳动得到的全部劳动报酬和福利。

经营净收入 指住户或住户成员从事生产经营活动所获得的净收入,是全部经营收入中扣除经营费用、生产性固定资产折旧和生产税之后得到的净收入。计算公式具体为:经营净收入=经营收入-经营费用-生产性固定资产折旧-生产税

财产净收入 指住户或住户成员将其所拥有的金融资产、住房等非金融资产和自然资源交由其他机构单位、住户或个人支配而获得的回报并扣除相关的费用之后得到的净收入。财产净收入包括利息净收入、红利收入、储蓄性保险净收益、转让承包土地经营权租金净收入、出租房屋净收入、出租其他资产净收入和自有住房折算净租金等。

转移净收入 计算公式为:转移净收入=转移性收入-转移性支出

其中:转移性收入是指国家、单位、社会团体对住户的各种经常性转移支付和住户之间的经常性收入转移。包括政府、非行政事业单位、社会团体对居民转移的养老金或退休金、社会救济和补助、惠农补贴、政策性生活补贴、救灾款、经常性捐赠和赔偿以及报销医疗费等;住户之间的赡养收入、经常性捐赠和赔偿以及农村地区(村委会)在外(含国外)工作的本住户非常住成员寄回带回的收入等。转移性支出是指调查户对国家、单位、住户或个人的经常性或义务性转移支付。包括缴纳的税款、各项社会保障支出、赡养支出、经常性捐赠和赔偿支出以及其他经常转移。

消费支出 指住户用于满足家庭日常生活消费需要的全部支出,包括用于消费品的支出和用于服务性消费的支出。根据用途不同,消费支出可划分为食品烟酒、衣着、居住、生活用品及服务、交通通信、教育文化娱乐、医疗保健、其他用品及服务八大类。根据来源不同,消费支出可划分为现金消费支出、实物消费支出(含自产自用、来自单位、来自政府和其他社会组织)。

Explanatory Notes on Main Statistical Indicators

Disposable Income refers to the sum of final consumption expenditure and saving deposits which is gotten during survey period. it's the income which can be freely allocated by sample households. It includes income both in cash and in kind from four categories: income from wages and salaries, net income from operations, net income from properties and net income from transfers. Using the following formula:

Disposable Income = Income from Wages and Salaries + Net Income from Operations + Net Income from Properties + Net Income from Transfers.

Income from Wages and Salaries refers to all the payment of labor and welfare earned by employee through various means, including members who are employed by units or individuals, self - employed and part - time and so on.

Net Income from Operations refers to the net income earned by the households or members of households who engage in production or operation activities. It is obtained from all operating income deducted operating costs, production of fixed assets depreciation and production tax. Using the following formula: Net Income from Operations = Income from Operations - Operating Costs - Production of Fixed Assets Depreciation - Production Tax

Net Income from Properties refers to the net income obtained in return and deduction of the expenses, earned by the households or members of households who make the financial assets, housing and other non - financial assets or natural resources dominated by other institutional units, households or individuals. Net income from operation contains net interest income, bonus, net income from saving insurance, net income from rent of transferring contracted land use rights, net income from rent of tenanted housing, net income from rent of tenanted other properties and net rent from ownership housing.

Net Income from Transfers Using the following formula: Net Income from Transfers = Income from Transfers - Transfer Expenditure

Among: Income from Transfer refers to the recurrent transfer payments of household from the the country, units and social groups, and the recurrent income transfer between households. It contains pensions, social relief and aid, agriculture subsidy, policy allowance, disaste donation, recurrent donation and free medical treatment of households from governments, non – executive public institutions and social groups; alimony payments between households, recurrent donation, compensation and postal income from the the non – permanent residents of rural households. Transfer Expenditure refers to the recurrent or obligatory transfer payment of household from the country, unit, household and individual, including tax payment, social security expenditure, recurrent donation, compensation and so on.

Consumption Expenditure refers to all the expenditures of households for consumption in daily life, including expenditures for consumer goods and services. It includes expenditure in cash and in kind on eight categories by use: food; clothing; housing; household appliances and sevices; transport and communications; education, cultural and recreational activities; medical care and the other appliances and services. It includes expenditure in cash and in kind (including self – produced and self – used expenditure and expenditures of units, government and the other social organization) by source.

6

固定资产投资

Investment in Fixed Assets

简 要 说 明

一、本篇资料的主要内容

本篇资料通过对一定时期全社会建造和购置固定资产活动的数量方面的描述，反映报告期内固定资产投资的规模和速度、固定资产投资的结构和比例关系、固定资产投资的资金来源及固定资产投资的效果等。

二、本篇资料的统计范围

固定资产投资统计的范围包括：城乡建设项目投资，房地产开发投资。

三、本篇的资料来源

固定资产投资统计调查。

四、本篇的统计调查方法

全面统计报表。

Brief Introduction

Ⅰ. Main Contents

Statistics in this chapter describe activities on the construction and purchase of fixed assets of the whole country during a given period of time, and reflect the size, growth, structure, ratio, financing and results of the investment in fixed assets during the reference period.

Ⅱ. Scope of Statistics

Statistics on the investment in fixed assets cover investments in capital construction projects in urban and rural areas, investments in real estate development.

Ⅲ. Sources of Data

Data on investments in fixed assets are from surveys conducted.

Ⅳ. Methodology of Data Collection

Data on investments in fixed assets are collected by the system of reporting form with complete enumeration.

6－1 固定资产投资主要指标

Major Indicators of Investment in Fixed Assets

指　　标	Item	2010	2011	2012	2013	2014
投资总额 （亿元）	**Total Investment (100 million yuan)**	**21643.02**	**26314.66**	**31706.58**	**35982.52**	**41552.75**
按经济类型分	Grouped by Ownership					
国有经济	State Owned Units	4348.46	5004.82	6022.51	6865.27	8308.13
集体经济	Collective Owned Units	902.96	1132.95	1393.13	1639.37	1835.30
私营个体经济	Private Individuals	7778.02	9696.87	12074.90	14955.56	18185.36
联营经济	Joint-ownership	11.83	58.12	74.66	82.69	66.04
股份制经济	Share-holding Economy	934.63	1305.12	1645.86	1567.00	1376.93
有限责任公司	Limited Liability Corporations	4215.32	5187.19	5738.63	5924.45	6792.92
港澳台投资经济	Funds from Hong Kong, Macao and Taiwan	1263.87	1368.34	1599.75	1597.74	1679.36
外商投资经济	Foreign Investment	1706.07	1935.06	2218.49	2315.26	2476.57
其他经济	Others	481.86	626.18	938.66	1035.18	832.16
按资金来源分	Grouped by Sources of Funds					
国家预算内资金	State Budget	273.00	344.87	448.05	529.19	627.26
国内贷款	Domestic Loans	3231.05	3751.24	4658.42	5091.04	5360.60
利用外资	Foreign Investment	1135.69	1241.65	1216.78	1127.55	1152.05
自筹资金	Self-raising Fund	16186.61	20652.57	25824.05	29444.25	33325.52
其他资金来源	Others	4839.81	4394.19	5262.67	6822.96	6232.21
按构成分	Grouped by Composition of Funds					
建筑安装工程	Construction and Installation	11804.76	14569.44	17913.03	20821.56	24686.18
设备工器具购置	Purchase of Equipments and Instruments	6436.57	8112.05	9756.39	10903.11	12327.57
其他费用	Others	3401.70	3633.17	4037.16	4257.84	4539.00
按产业分	Grouped by Industry					
#住宅	Residential Buildings	3453.96	4515.78	4842.52	5646.33	6367.41
第一产业	Primary Industry	131.79	155.20	205.23	195.71	206.97
第二产业	Secondary Industry	11518.55	13927.20	16631.07	18412.48	20298.45
第三产业	Tertiary Industry	9992.68	12232.25	14870.28	17374.32	21047.33
新增固定资产 （亿元）	**Newly Increased Fixed Assets (100 million yuan)**	**15376.53**	**18858.51**	**23327.46**	**26434.29**	**32156.36**
房屋建筑面积（万平方米）	**Floor Space of Building (10000 sq. m)**					
施工面积	Floor Space Under Construction	67120.33	81473.45	93565.19	100944.93	109353.56
#住宅	Residential Buildings	28487.84	33720.86	37150.80	42305.79	44641.13
竣工面积	Floor Space Completed	24490.56	27670.93	32938.72	33342.59	34562.35
#住宅	Residential Buildings	7619.06	7948.57	9301.97	9251.55	8426.35
商品房销售面积 （万平方米）	**Floor Space of Commercializ Buildings Sold (10000 sq. m)**	**9485.47**	**7970.49**	**9019.18**	**11454.77**	**9846.84**

注：1. 自筹投资中含发行债券部分(下同)。
　　2. 从 2003 年开始,资金来源为可用于投资的资金到位数(下同)。
　　3. 从 2004 年开始,水利业投资从第一产业调到第三产业(下同)。
　　4. 从 2010 年开始,投资总额中不含农户投资(下同)。

a) Fund raising included bond publishing(so did as follows).
b) Since 2003, the sources of finance was available for investment(so did as follows).
c) Since 2004, the investment for water conservancy was transferred from primary industry to tertiary industry(so did as follows).
d) Since 2010, the investment of farm households was not included in the total investment(so did as follows).

6－2 固定资产投资额
Investment in Fixed Assets

单位:亿元 (100 million yuan)

年 份 Items	投资额 Investment	#工业投资 Industrial Investment	#房地产开发 Real Estate Development	#国有经济 State-owned	#集体经济 Collective-owned	#私营个体 Private Individuals	#外商及港澳台商投资 Hong Kong, Macao, Taiwan and Foreign Funds
1978	21.75			20.70	1.05		
1980	34.73			34.73	3.08		
"六五"时期 The Period of the Sixth Five-year plan	**564.89**			**242.73**	**156.57**		
1985	191.93			80.43	59.06		
"七五"时期 The Period of the Seventh Five-year plan	**1606.75**			**642.46**	**377.21**		
1990	356.30		11.71	134.86	74.87		
"八五"时期 The Period of the Eighth Five-year plan	**5307.18**		**554.92**	**1944.32**	**1788.50**		
1991	439.98		17.22	172.09	109.87		
1992	711.70		30.42	288.00	276.16		
1993	1144.20		114.01	403.67	493.12		
1994	1331.13		152.42	477.86	418.27		
1995	1680.17		240.85	602.70	491.08		300.22
"九五"时期 The Period of the Ninth Five-year plan	**12426.20**		**1463.68**	**4912.01**	**2288.90**		**2124.97**
1996	1949.53		232.62	708.60	465.21		399.99
1997	2203.09		241.55	826.60	447.94		437.25
1998	2535.50		300.24	1031.96	457.36		514.23
1999	2742.65		330.55	1144.84	462.53	148.23	410.28
2000	2995.43		358.72	1200.01	455.86	326.08	363.22
"十五"时期 The Period of the Tenth Five-year plan	**28055.30**	**10495.83**	**4583.38**	**8790.13**	**2018.49**	**6453.90**	**4719.01**
2001	3302.96	684.83	414.36	1285.71	400.36	528.38	378.17
2002	3849.24	905.69	544.13	1422.06	297.56	769.90	568.77
2003	5335.80	1667.65	809.96	1998.19	456.98	932.11	972.88
2004	6827.59	2104.28	1269.78	2006.20	418.43	1599.91	1230.56
2005	8739.71	5133.38	1545.15	2077.97	445.16	2623.60	1568.63
"十一五"时期 The Period of the Eleventh Five-year plan	**79534.10**	**42558.47**	**15124.96**	**14898.12**	**3136.70**	**27735.48**	**12592.54**
2006	10071.42	5347.13	1906.71	2144.93	441.57	3049.30	1756.83
2007	12268.07	6599.08	2515.91	2092.57	453.28	4125.86	2301.12
2008	15060.45	8246.27	3064.46	2494.77	539.99	5268.79	2838.43
2009	18949.88	10167.44	3338.50	3677.11	753.73	6872.67	2681.77
2010	23184.28	12342.54	4299.38	4488.74	948.13	8418.86	3014.39
2010(新口径)(New Statistical Scale)	21643.02	11442.06	4299.38	4348.46	902.95	7778.03	2969.94
"十二五"时期 The Period of the Twelveth Five-year plan							
2011	26314.66	13771.12	5567.94	5004.82	1132.95	9696.87	3303.41
2012	31706.58	16544.02	6206.10	6022.51	1393.13	12074.90	3818.24
2013	35982.52	18369.54	7241.45	6865.27	1639.37	14955.56	3913.00
2014	41552.75	20259.05	8240.22	8308.13	1835.30	18185.36	4155.92

注:房地产开发投资统计制度从 1990 年开始建立,城乡私营个体投资统计制度从 1999 年开始建立。

a) The statitistical system of real estate development investment was established in 1990, while that of the urban and rural private and individual investment was established in 1999.

6-3 按登记注册类型分固定资产投资
Investment in Fixed Assets by Registration Status

单位:亿元 (100 million yuan)

类别	Item	2013 投资额 Investment	2013 #工业投资 Industrial Investment	2014 投资额 Investment	2014 #工业投资 Industrial Investment
总计	**Total**	**35982.52**	**18369.54**	**41552.75**	**20259.05**
内资企业	Domestic Funded Enterprises	32020.82	15682.63	37344.95	17542.22
国有企业	State-owned Enterprises	6291.82	1080.25	7648.24	1121.95
集体企业	Collective-owned Enterprises	1544.45	129.48	1718.23	132.49
股份合作企业	Cooperative Enterprises	82.21	52.02	95.06	55.94
联营企业	Joint Ownreship Enterprises	134.46	56.32	134.48	38.69
国有联营	State Joint Ownership Enterprises	39.06	16.79	46.43	16.85
集体联营	Collective Joint Ownership Enterprises	12.71	7.14	22.01	10.68
国有与集体联营	Joint State-collective Enterprises	53.43	26.79	22.67	5.22
其他联营企业	Other Joint Ownership Enterprises	29.26	5.61	43.37	5.93
有限责任公司	Limited Liability Corporations	6458.84	2757.93	7406.38	2679.97
国有独资公司	State Sole Funded Corporations	534.39	63.95	613.46	72.77
其他有限责任公司	Other Limited Liability Corporations	5924.45	2693.98	6792.92	2607.20
股份有限公司	Share-holding Corporations Ltd.	1567.00	1020.74	1376.93	867.08
私营企业	Private Enterprises	14906.86	10102.01	18133.48	12308.50
其他企业	Others Enterprises	1035.18	483.88	832.16	337.60
港、澳、台商投资企业	Enterprises with Funds from Hong Kong, Macao and Taiwan	1597.74	856.02	1679.36	746.29
合资经营企业	Joint-venture Enterprises	587.93	310.16	456.58	182.26
合作经营企业	Cooperative Enterprises	17.97	5.47	21.17	7.54
独资企业	Enterprises with Sole Fund	911.25	485.72	1078.44	470.28
股份有限公司	Share-holding Corporations Ltd.	74.82	50.94	104.99	81.69
其他港澳台商投资	Other Hong Kong, Macao Taiwan Investment	5.76	3.72	18.17	4.52
外商投资企业	Foreign Funded Enterprises	2315.26	1819.55	2476.57	1956.82
合资经营企业	Joint-venture Enterprises	746.80	575.10	801.74	619.27
合作经营企业	Cooperative Enterprises	42.17	23.59	35.44	20.59
独资企业	Enterprises with Sole Fund	1408.48	1114.34	1545.07	1238.82
股份有限公司	Share-holding Corporations Ltd.	74.45	63.81	73.76	61.04
其他外商投资	Others	43.36	42.72	20.56	17.10
个体经营	Individuals	48.70	11.33	51.88	13.72
个体户	Self-employed Individuals	45.37	11.33	46.73	12.76
个人合伙	Partnership Individuals	3.33		5.15	0.96

6-4 按资金来源和构成分固定资产投资
Investment in Fixed Assets by Sources of Finance and Use of Funds

年 份 Year	按资金来源分 Grouped by Sources of Funds				
	国家预算内资金 State Budget	国内贷款 Domestic Loans	利用外资 Foreign Investment	自筹资金 Self-raising	其他资金来源 Others
投资额(亿元) Investment (100 million yuan)					
1985	17.25	36.79	3.98	64.45	69.46
1986	18.74	43.52	12.71	73.27	92.99
1987	21.46	63.15	19.15	85.66	127.71
1988	17.23	69.94	27.77	106.30	150.63
1989	16.80	41.74	19.91	91.66	150.12
1990	15.02	45.47	15.92	106.47	173.42
1991	16.38	84.77	20.41	290.13	28.29
1992	24.73	189.49	40.56	378.30	78.62
1993	17.85	253.80	89.48	649.95	133.12
1994	17.54	242.93	151.96	744.20	174.50
1995	25.83	270.16	228.89	880.02	275.27
1996	24.01	282.88	335.16	1001.29	306.19
1997	29.63	293.66	390.59	1199.29	289.92
1998	49.46	331.83	413.66	1406.39	334.16
1999	62.91	399.36	309.02	1639.01	332.35
2000	73.42	489.04	281.17	1827.79	324.01
2001	69.97	524.51	326.22	1977.97	404.29
2002	54.48	735.30	421.21	2237.73	400.52
2003	92.61	1141.99	579.51	2999.19	587.42
2004	81.30	1233.07	641.66	4201.29	928.38
2005	67.60	1264.49	836.19	5826.89	1205.90
2006	66.59	1445.16	874.82	6800.90	1590.15
2007	135.20	1561.06	1255.85	8522.18	2398.08
2008	153.86	1818.06	1394.98	10624.51	2210.27
2009	278.79	2774.45	1114.78	14064.93	4350.16
2010	282.11	3343.47	1154.87	17553.37	4912.63
2010(新口径)(New Statistical Scale)	273.00	3231.05	1135.69	16186.61	4839.81
2011	344.87	3751.24	1241.65	20652.57	4394.19
2012	448.05	4658.42	1216.78	25824.05	5262.67
2013	529.19	5091.04	1127.55	29444.25	6822.96
2014	627.26	5360.60	1152.05	33325.52	6232.21
构成(%) Composition(%)					
1985	9.0	19.1	2.1	33.6	36.2
1990	4.2	12.8	4.5	29.9	48.6
1995	1.5	16.1	13.6	52.4	16.4
2000	2.5	16.3	9.4	61.0	10.8
2005	0.7	13.8	9.1	63.3	13.1
2006	0.6	13.4	8.1	63.1	14.8
2007	1.0	11.3	9.0	61.4	17.3
2008	0.9	11.2	8.6	65.6	13.6
2009	1.2	12.3	4.9	62.3	19.3
2010	1.0	12.3	4.2	64.4	18.0
2010(新口径)(New Statistical Scale)	1.1	12.6	4.4	63.1	18.9
2011	0.9	10.6	3.7	53.3	15.9
2012	1.1	12.3	4.1	68.0	14.5
2013	1.2	11.8	2.6	68.5	15.9
2014	1.3	11.5	2.5	71.4	13.3

年 份 Year	按构成分 Grouped by Use of Funds 建筑安装工程 Construction and Installation	设备工器具购置 Purchases of Equipments and Instruments	其他费用 Others
投资额(亿元) Investment (100 million yuan)			
1985	149.40	34.41	8.12
1986	187.33	43.82	10.08
1987	240.92	60.61	15.60
1988	281.34	73.71	16.82
1989	256.23	52.25	11.75
1990	284.24	53.70	18.36
1991	347.72	71.33	20.93
1992	408.59	257.45	45.66
1993	651.17	395.34	97.69
1994	775.84	437.87	117.42
1995	983.24	536.48	160.45
1996	1151.16	600.59	197.78
1997	1307.24	688.66	207.19
1998	1503.62	755.02	276.86
1999	1682.72	746.75	313.18
2000	1817.08	867.74	310.61
2001	1901.68	967.21	434.07
2002	2091.15	1160.08	598.01
2003	2906.59	1510.59	918.62
2004	3886.52	1928.66	1012.41
2005	4879.72	2544.36	1315.63
2006	5624.16	2944.50	1502.76
2007	6804.65	3558.53	1904.89
2008	8310.70	4587.89	2161.86
2009	10454.05	5901.61	2594.22
2010	12601.51	7054.33	3528.44
2010(新口径)(New Statistical Scale)	11804.76	6436.57	3401.70
2011	14569.44	8112.05	3633.17
2012	17913.03	9756.39	4037.16
2013	20821.56	10903.11	4257.84
2014	24686.18	12327.57	4539.00
构成(%) Composition(%)			
1985	77.9	17.9	4.2
1990	80.0	15.1	4.9
1995	58.5	31.9	9.6
2000	60.6	29.0	10.4
2005	55.8	29.1	15.1
2006	55.9	29.2	14.9
2007	55.5	29.0	15.5
2008	55.2	30.5	14.3
2009	55.2	31.1	13.7
2010	54.4	30.4	15.2
2010(新口径)(New Statistical Scale)	54.5	29.7	15.7
2011	44.9	24.5	12.9
2012	55.4	30.8	13.8
2013	57.9	30.3	11.8
2014	59.4	29.7	10.9

6-5 按构成分固定资产投资(2014 年)
Investment in Fixed Assets by Use of Funds(2014)

单位:亿元 (100 million yuan)

行业	Sector	投资额 Investment	建筑工程 Construction	安装工程 Installation	设备工器具购置 Purchase of Equipment and Instruments	其他 Others
总计	**Total**	**41552.75**	**22568.27**	**2117.91**	**12327.57**	**4539.00**
农、林、牧、渔业	Agriculture, Forestry, Animal Husbandry and Fishery	253.44	159.92	12.54	53.34	27.64
农业	Farming	112.13	66.40	5.04	27.02	13.67
林业	Forestry	12.87	6.40	0.64	3.34	2.49
畜牧业	Animal Husbandry	49.49	32.99	1.90	10.88	3.72
渔业	Fishery	32.49	23.06	0.80	4.96	3.66
农、林、牧、渔服务业	Service in Support of Agriculture	46.47	31.07	4.16	7.14	4.10
采矿业	Mining	106.47	59.27	9.37	29.56	8.26
煤炭开采和洗选业	Mining and Washing of Coal	15.67	6.28	1.01	6.89	1.48
石油和天然气开采业	Extraction of Petroleum and Natural Gas	35.89	29.02	0.83	2.16	3.88
黑色金属矿采选业	Mining and Processing of Ferrous Metal Ores	12.46	4.55	0.69	6.56	0.66
有色金属矿采选业	Mining and Processing of Non-ferracs Metal Ores	15.33	5.70	1.70	5.93	2.00
非金属矿采选业	Mining and Processing of Nonmetal Ores	24.25	12.15	4.66	7.26	0.17
开采辅助活动	Auxiliary Mining	2.16	0.85	0.48	0.76	0.07
其他采矿业	Mining of Other Ores	0.71	0.71			
制造业	Manufacturing	19134.50	6915.65	1057.99	10125.13	1035.73
农副食品加工业	Processing of Food from Agricultural Products	463.65	177.53	23.42	232.62	30.08
食品制造业	Manufacture of Food	230.04	93.10	12.83	110.02	14.09
酒、饮料和精制茶制造业	Manufacture of Beverage	145.49	52.24	7.81	80.10	5.34
烟草制品业	Manufacture of Tobacco	24.27	17.06	0.01	7.05	0.15
纺织业	Manufacture of Textile	975.88	312.34	42.40	579.26	41.88
纺织服装、服饰业	Manufacture of Textile Wearing, Apparel, Footwear and Caps	455.98	167.66	20.63	242.96	24.72
皮革、毛皮、羽毛及其制品和制鞋业	Manufacture of Leather, Fur, Feather and Related Products	112.99	46.64	6.32	54.51	5.53
木材加工和木、竹、藤、棕、草制品业	Processing of Timber, Manufacture of Wood, Bamboo, Rattan, Palm and Straw Products	278.99	126.86	11.02	120.82	20.29
家具制造业	Manufacture of Furniture	183.52	82.76	7.48	84.65	8.63
造纸和纸制品业	Manufacture of Paper and Paper Products	239.08	68.53	9.61	152.20	8.74
印刷和记录媒介复制业	Printing, Reproduction of Recording Media	142.82	48.65	7.72	81.43	5.01
文教、工美、体育和娱乐用品制造业	Manufacture of Articles For Culture, Education and Sport Activities	201.10	93.15	10.47	88.62	8.86
石油加工、炼焦和核燃料加工业	Processing of Petroleum, Coking, Processing of Nuclear Fuel	134.50	51.70	7.52	65.46	9.83
化学原料和化学制品制造业	Manufacture of Raw Chemical Materials and Chemical Products	1808.25	643.11	180.52	878.20	106.41
医药制造业	Manufacture of Medicines	481.57	217.26	28.19	197.31	38.81
化学纤维制造业	Manufacture of Chemical Fibers	274.63	66.38	6.27	193.23	8.75
橡胶和塑料制品业	Rubber and Plastic	603.85	204.20	27.54	343.54	28.57
非金属矿物制品业	Manufacture of Non - metallic Mineral Products	1029.28	395.41	56.58	524.42	52.86
黑色金属冶炼和压延加工业	Smelting and Pressing of Ferrous Metals	494.48	157.21	38.51	272.17	26.59
有色金属冶炼和压延加工业	Smelting and Pressing of Non-ferrous Metals	367.95	134.32	22.10	196.55	14.98

6－5 续 表 1 Continued 1

单位:亿元 (100 million yuan)

行业	Sector	投资额 Investment	建筑工程 Construction	安装工程 Installation	设备工器具购置 Purchase of Equipment and Instruments	其他 Others
金属制品业	Manufacture of Metal Products	1183.17	437.58	64.15	615.62	65.82
通用设备制造业	Manufacture of General Purpose Machinery	2072.02	754.46	109.08	1106.18	102.30
专用设备制造业	Manufacture of Special Purpose Machinery	1799.82	710.55	102.97	884.15	102.16
汽车制造业	Manufacture of Automobile	991.38	343.57	41.71	541.47	64.63
铁路、船舶、航空航天和其他运输设备制造业	Manufacture of Railroad, Marine Aviation and other Transport Equipment	537.60	208.36	29.37	253.77	46.10
电气机械和器材制造业	Manufacture of Electrical Machinery and Equipment	1787.38	604.73	99.85	992.86	89.93
计算机、通信和其他电子设备制造业	Manufacture of Communication Equipment, Computers and Other Electronic Equipment	1535.60	412.92	59.80	993.11	69.76
仪器仪表制造业	Manufacture of Instrumentation	334.33	152.71	14.56	148.03	19.03
其他制造业	Other Manufacturing	173.65	102.30	5.90	53.11	12.35
废弃资源综合利用业	Manufacture of Recycling and Disposal of Waste	54.70	24.50	3.31	24.19	2.69
金属制品、机械和设备修理业	Manufacture of Metal Products, Machinery and Equipment Repair	16.54	7.84	0.33	7.53	0.84
电力、热力、燃气及水生产和供应业	Production and Supply of Electric Power, Heat Power, Gas and Water	1018.08	341.48	98.90	516.15	61.55
电力、热力生产和供应业	Production and Supply of Electric Power and Heat Power	761.18	222.62	76.92	415.73	45.91
燃气生产和供应业	Production and Supply of Gas	72.15	28.39	6.16	34.56	3.05
水的生产和供应业	Production and Supply of Water	184.74	90.47	15.82	65.86	12.59
建筑业	Construction	58.11	38.26	2.15	14.16	3.55
房屋建筑业	Housing Construction	10.74	4.00	0.40	5.64	0.70
土木工程建筑业	Civil Engineering Construction	32.80	27.87	0.66	3.10	1.17
建筑安装业	Building Installation	7.60	3.23	0.72	2.89	0.77
建筑装饰和其他建筑业	Other Construction	6.97	3.16	0.38	2.52	0.91
批发和零售业	Wholesale and Retail Trades	985.52	666.14	38.15	183.89	97.34
批发业	Wholesale Trades	408.45	270.19	14.92	93.44	29.89
零售业	Retail Trades	577.07	395.95	23.23	90.45	67.45
交通运输、仓储和邮政业	Transport, Storage and Post	2168.98	1454.37	52.72	413.57	248.32
铁路运输业	Railway Transport	11.65	9.16	0.36	0.95	1.18
道路运输业	Road Transport	1293.97	850.27	23.59	228.64	191.47
水上运输业	Water Transport	349.22	225.39	9.84	96.79	17.19
航空运输业	Air Transport	41.95	36.56	0.58	2.56	2.25
管道运输业	Transport Via Pipelines	20.36	16.03	0.54	3.65	0.14
装卸搬运和运输代理业	Loading, Unloading and Other Transport Services	61.33	41.31	2.23	12.17	5.62
仓储业	Storage	379.09	268.56	15.32	65.74	29.47
邮政业	Post	11.41	7.10	0.25	3.06	1.00
住宿和餐饮业	Hotels and Catering Services	424.41	314.19	27.30	53.69	29.23
住宿业	Hotels	230.76	179.58	12.08	24.38	14.72
餐饮业	Catering Services	193.65	134.61	15.22	29.31	14.50
信息传输、软件和信息技术服务业	Information Transfer、Software and IT Services	504.89	272.11	57.71	146.39	28.67
电信、广播电视和卫星传输服务	Telecommunications、Satellites Radio and Television Services	124.56	33.59	36.63	52.33	2.00
互联网和相关服务	Internet and Relatiue Services	74.98	41.07	4.87	24.78	4.26
软件和信息技术服务业	Software and IT Services	305.35	197.45	16.21	69.28	22.41

6-5 续 表 2 Continued 2

单位:亿元 (100 million yuan)

行业	Sector	投资额 Investment	建筑工程 Construction	安装工程 Installation	设备工器具购置 Purchase of Equipment and Instruments	其他 Others
金融业	Financial Intermediation	173.25	116.07	5.07	33.79	18.32
货币金融服务	Monetary and Financial	78.83	57.96	2.80	9.64	8.43
资本市场服务	Capital Markets	41.00	17.56	0.97	21.90	0.57
保险业	Insurance	5.55	2.99	0.22	0.05	2.30
其他金融业	Other Financial Activities	47.87	37.56	1.09	2.20	7.02
房地产业	Real Estate	9853.12	6910.36	521.79	178.53	2242.45
房地产业	Real Estate	9853.12	6910.36	521.79	178.53	2242.45
租赁和商务服务业	Leasing and Business Services	879.34	659.89	41.57	82.34	95.53
租赁业	Leasing	18.76	7.21	0.44	10.53	0.58
商务服务业	Business Services	860.58	652.68	41.13	71.82	94.95
科学研究和技术服务业	Scientific Research and Technical Services	606.63	393.20	20.62	135.77	57.04
研究和试验发展	Research and Experimental Development	212.04	131.24	8.43	36.57	35.80
专业技术服务业	Professional Technical Services	230.78	140.41	6.55	68.73	15.09
科技推广和应用服务业	Promation and Application of Science	163.81	121.56	5.64	30.47	6.15
水利、环境和公共设施管理业	Management of Water Conservancy, Environment and Public Facilities	3541.34	2921.72	95.52	138.36	385.75
水利管理业	Management of Water Conservancy	341.62	281.99	3.84	13.68	42.12
生态保护和环境治理业	Ecological Protection and Enviromental	125.25	77.71	2.38	11.74	33.41
公共设施管理业	Management of Public Facilities	3074.47	2562.02	89.30	112.94	310.21
居民服务、修理和其他服务业	Services to Households and Other Services	152.61	100.80	13.18	23.42	15.21
居民服务业	Services to Households	109.70	78.89	11.54	10.73	8.54
机动车、电子产品和日用产品修理业	Vehicle、Electronics and Dairy Maintenance	26.77	12.54	1.07	10.58	2.57
其他服务业	Other Services	16.13	9.36	0.56	2.11	4.10
教育	Education	479.78	390.37	12.28	50.78	26.35
教育	Education	479.78	390.37	12.28	50.78	26.35
卫生和社会工作	Health and Social Work	271.44	190.51	9.12	53.18	18.64
卫生	Health	220.39	153.16	6.86	48.41	11.97
社会工作	Social Work	51.05	37.35	2.26	4.77	6.67
文化、体育和娱乐业	Culture, Sports and Entertainment	578.86	381.48	22.63	65.40	109.36
新闻和出版业	Journalism and Publishing Activities	7.34	7.04	0.06	0.18	0.06
广播、电视、电影和影视录音制作业	Broadcasting, Movies, Television and Audiovisual Activities	64.21	50.37	1.55	6.83	5.46
文化艺术业	Cultural and Art Activities	286.73	176.61	11.15	20.46	78.51
体育	Sports Activities	69.22	45.54	3.31	5.99	14.36
娱乐业	Entertainment	151.37	101.92	6.56	31.94	10.96
公共管理、社会保障和社会组织	Public Management and Social Organization	361.99	282.48	19.30	30.12	30.09
中国共产党机关	Organs of Communist Party of China	1.04	1.03	0.01		
国家机构	Government Agencies	272.60	206.14	17.87	23.37	25.22
人民政协、民主党派	People's Political Cousultative Conference and Remocratic Parlies					
社会保障	Social Security	1.70	1.59	0.02		0.09
群众团体、社会团体和其他成员组织	Non-governmental Organizations, Social Organizations and Relighion Organizations	29.20	23.04	0.92	4.15	1.10
基层群众自治组织	Grass Roots Self-governing Organizataions	57.45	50.68	0.48	2.61	3.68

6-6 按建设性质分固定资产投资（2014年）
Investment in Fixed Assets by Type of Construction(2014)

单位：亿元 (100 million yuan)

行业	Sector	投资额 Investment	#新建 New Construction	#扩建 Expansion	#改建 Reconstruction
总计	**Total**	**41552.75**	**26130.30**	**8298.78**	**5241.90**
农、林、牧、渔业	Agriculture, Forestry, Animal Husbandry and Fishery	253.44	180.65	63.27	8.37
农业	Farming	112.13	77.89	30.84	2.82
林业	Forestry	12.87	10.02	2.80	
畜牧业	Animal Husbandry	49.49	40.60	7.94	0.73
渔业	Fishery	32.49	24.85	7.64	
农、林、牧、渔服务业	Service in Support of Agriculture	46.47	27.29	14.06	4.82
采矿业	Mining	106.47	34.09	20.60	47.73
煤炭开采和洗选业	Mining and Washing of Coal	15.67	3.97	1.85	8.86
石油和天然气开采业	Extraction of Petroleum and Natural Gas	35.89		12.49	23.41
黑色金属矿采选业	Mining and Processing of Ferrous Metul Ores	12.46	8.69	2.23	1.54
有色金属矿采选业	Mining and Processing of Non-ferrous Metal Ores	15.33	15.33		
非金属矿采选业	Mining and Processing of Nonmetal Ores	24.25	6.11	1.71	13.37
开采辅助活动	Auxiliary Mining	2.16		1.61	0.55
其他采矿业	Mining of Other Ores	0.71		0.71	
制造业	Manufacturing	19134.50	7898.92	5061.37	4811.93
农副食品加工业	Processing of Food from Agricultural Products	463.65	232.22	100.78	127.10
食品制造业	Manufacture of Food	230.04	128.25	41.37	49.34
酒、饮料和精制茶制造业	Manufacture of Beverage	145.49	51.32	38.45	46.48
烟草制品业	Manufacture of Tobacco	24.27	10.21	0.33	8.14
纺织业	Manufacture of Textile	975.88	344.43	308.45	247.74
纺织服装、服饰业	Manufacture of Textile Wearing, Apparel, Footwear and Caps	455.98	211.60	125.95	101.89
皮革、毛皮、羽毛及其制品和制鞋业	Manufacture of Leather, Fur, Feather and Related Products	112.99	70.18	21.80	17.43
木材加工和木、竹、藤、棕、草制品业	Processing of Timber, Manufacture of Wood, Bamboo, Rattan, Palm and Straw Products	278.99	160.78	67.65	43.22
家具制造业	Manufacture of Furniture	183.52	97.75	55.57	26.37
造纸和纸制品业	Manufacture of Paper and Paper Products	239.08	75.32	74.28	57.89
印刷和记录媒介复制业	Printing, Reproduction of Recording Media	142.82	57.35	40.93	33.16
文教、工美、体育和娱乐用品制造业	Manufacture of Articles for Culture, Education and Sport Activities	201.10	95.55	49.36	48.34
石油加工、炼焦和核燃料加工业	Processing of Petroleum, Coking, Processing of Nuclear Fuel	134.50	20.07	55.72	55.85
化学原料和化学制品制造业	Manufacture of Raw Chemical Materials and Chemical Products	1808.25	615.40	476.33	634.08
医药制造业	Manufacture of Medicines	481.57	221.65	118.26	110.73
化学纤维制造业	Manufacture of Chemical Fibers	274.63	90.93	122.15	51.40
橡胶和塑料制品业	Rubber and Plastic	603.85	227.72	179.52	147.13
非金属矿物制品业	Manufacture of Non-metallic Mineral Products	1029.28	527.29	236.75	222.24
黑色金属冶炼和压延加工业	Smelting and Pressing of Ferrous Metals	494.48	172.47	117.76	183.28
有色金属冶炼和压延加工业	Smelting and Pressing of Non-ferrous Metals	367.95	116.26	86.47	143.66

6-6 续 表 1 Continued 1

单位:亿元 (100 million yuan)

行业	Sector	投资额 Investment	#新建 New Construction	#扩建 Expansion	#改建 Reconstruction
金属制品业	Manufacture of Metal Products	1183.17	465.54	349.29	288.26
通用设备制造业	Manufacture of General Purpose Machinery	2072.02	802.63	572.43	538.47
专用设备制造业	Manufacture of Special Purpose Machinery	1799.82	791.24	499.28	403.51
汽车制造业	Manufacture of Automobile	991.38	455.06	251.37	188.17
铁路、船舶、航空航天和其他运输设备制造业	Manufacture of Railroad, Marine Aviation and other Transport Equipment	537.60	235.81	149.40	120.76
电气机械和器材制造业	Manufacture of Electrical Machinery and Equipment	1787.38	742.96	464.34	439.17
计算机、通信和其他电子设备制造业	Manufacture of Communication Equipment, Computers and Other Electronic Equipment	1535.60	636.42	287.04	342.46
仪器仪表制造业	Manufacture of Instrumentation	334.33	119.69	93.91	99.92
其他制造业	Other Manufacturing	173.65	92.60	57.49	17.97
废弃资源综合利用业	Manufacture of Recycling and Disposal of Waste	54.70	25.32	17.12	11.25
金属制品、机械和设备修理业	Manufacture of Metal Products, Machinery and Equipment Repair	16.54	4.88	1.82	6.53
电力、热力、燃气及水生产和供应业	Production and Supply of Electric Power, Heat Power, Gas and Water	1018.08	540.53	265.22	193.08
电力、热力生产和供应业	Production and Supply of Electric Power and Heat Power	761.18	386.71	215.67	143.02
燃气生产和供应业	Production and Supply of Gas	72.15	33.03	16.68	20.74
水的生产和供应业	Production and Supply of Water	184.74	120.79	32.87	29.32
建筑业	Construction	58.11	31.55	13.29	6.70
房屋建筑业	Housing Construction	10.74	2.91	2.28	1.66
土木工程建筑业	Civil Engineering Construction	32.80	23.14	6.32	1.83
建筑安装业	Building Installation	7.60	3.72	1.84	1.46
建筑装饰和其他建筑业	Other Construction	6.97	1.78	2.86	1.74
批发和零售业	Wholesale and Retail Trades	985.52	709.27	236.18	2.98
批发业	Wholesale Trades	408.45	279.16	109.28	2.11
零售业	Retail Trades	577.07	430.12	126.89	0.88
交通运输、仓储和邮政业	Transport, Storage and Post	2168.98	1575.57	422.42	50.00
铁路运输业	Railway Transport	11.65	9.33	2.04	0.27
道路运输业	Road Transport	1293.97	954.96	257.15	18.29
水上运输业	Water Transport	349.22	256.78	37.93	5.11
航空运输业	Air Transport	41.95	1.98	39.39	0.58
管道运输业	Transport Via Pipelines	20.36	6.38	0.99	12.50
装卸搬运和运输代理业	Loading, Unloading and Other Transport Services	61.33	44.96	13.85	0.57
仓储业	Storage	379.09	293.05	68.54	12.22
邮政业	Post	11.41	8.13	2.53	0.46
住宿和餐饮业	Hotels and Catering Services	424.41	299.37	108.73	1.02
住宿业	Hotels	230.76	165.91	58.01	0.37
餐饮业	Catering Services	193.65	133.46	50.72	0.65
信息传输、软件和信息技术服务业	Information Transfer、Software and IT Services	504.89	286.46	120.30	57.89
电信、广播电视和卫星传输服务	Telecommunications、Satellites Radio and Television Services	124.56	42.33	31.25	25.47
互联网和相关服务	Internet and Relatiue Services	74.98	42.04	24.85	6.86
软件和信息技术服务业	Software and IT Services	305.35	202.08	64.20	25.56

单位:亿元 (100 million yuan)

行 业	Sector	投资额 Investment	#新 建 New Construction	#扩 建 Expansion	#改 建 Reconstruction
金融业	Financial Intermediation	173.25	115.87	34.21	0.38
货币金融服务	Monetary and Financial	78.83	58.51	18.31	0.12
资本市场服务	Capital Markets	41.00	11.33	8.51	0.26
保险业	Insurance	5.55	1.19	4.36	
其他金融业	Other Financial Activities	47.87	44.85	3.02	
房地产业	Real Estate	9853.12	9561.92	272.38	5.75
房地产业	Real Estate	9853.12	9561.92	272.38	5.75
租赁和商务服务业	Leasing and Business Services	879.34	663.16	184.77	1.70
租赁业	Leasing	18.76	7.40	6.03	
商务服务业	Business Services	860.58	655.76	178.74	1.70
科学研究和技术服务业	Scientific Research and Technical Services	606.63	410.04	136.02	19.67
研究和试验发展	Research and Experimental Development	212.04	159.47	36.60	12.14
专业技术服务业	Professional Technical Serrices	230.78	130.51	66.96	4.71
科技推广和应用服务业	Promation and Application of Science	163.81	120.06	32.46	2.81
水利、环境和公共设施管理业	Management of Water Conservancy, Environment and Public Facilities	3541.34	2471.62	980.95	18.54
水利管理业	Management of Water Conservancy	341.62	203.94	132.81	1.00
生态保护和环境治理业	Ecological Protection and Enviromental	125.25	84.18	40.60	
公共设施管理业	Management of Public Facilities	3074.47	2183.50	807.53	17.55
居民服务、修理和其他服务业	Services to Households and Other Services	152.61	117.69	29.06	
居民服务业	Services to House Holds	109.70	89.79	16.23	
机动车、电子产品和日用产品修理业	Vehicle、Electronics and Dairy Maintenance	26.77	16.53	8.06	
其他服务业	Othe Services	16.13	11.36	4.77	
教育	Education	479.78	360.28	89.47	0.95
教育	Education	479.78	360.28	89.47	0.95
卫生和社会工作	Health and Social Work	271.44	173.48	62.58	3.10
卫生	Health	220.39	135.39	51.75	3.10
社会工作	Social Work	51.05	38.09	10.82	
文化、体育和娱乐业	Culture, Sports and Entertainment	578.86	440.49	110.43	11.89
新闻和出版业	Journalism and Publishing Activities	7.34	5.32	2.01	
广播、电视、电影和影视录音制作业	Broadcasting, Movies, Television and Audiovisual Activities	64.21	52.28	5.19	0.15
文化艺术业	Cultural and Art Activities	286.73	195.19	75.96	10.88
体育	Sports Activities	69.22	61.38	6.09	0.86
娱乐业	Entertainment	151.37	126.32	21.17	
公共管理、社会保障和社会组织	Public Management and Social Organization	361.99	259.32	87.52	0.22
中国共产党机关	Organs of Communist Party of China	1.04	0.92	0.11	
国家机构	Government Agencies	272.60	205.06	56.76	0.22
人民政协、民主党派	People's Political Cousultative Conference and Remocratic Parlies				
社会保障	Social Security	1.70	1.70		
群众团体、社会团体和其他成员组织	Non-governmental Organizations, Social Organizations and Religion Organizations	29.20	20.05	7.83	
基层群众自治组织	Grass Roots Self-governing Organizations	57.45	31.59	22.82	

6-7 按隶属关系和注册类型分固定资产投资(2014 年)

单位:亿元

行业	Sector	投资额 Investment	中央 Central Investment	地方 Local Investment
总计	**Total**	**41552.75**	**818.94**	**40733.81**
农、林、牧、渔业	Agriculture, Forestry, Animal Husbandry and Fishery	253.44	0.15	253.29
农业	Farming	112.13	0.15	111.98
林业	Forestry	12.87		12.87
畜牧业	Animal Husbandry	49.49		49.49
渔业	Fishery	32.49		32.49
农、林、牧、渔服务业	Service in Support of Agriculture	46.47		46.47
采矿业	Mining	106.47	35.66	70.80
煤炭开采和洗选业	Mining and Washing of Coal	15.67		15.67
石油和天然气开采业	Extraction of Petroleum and Natural Gas	35.89	35.25	0.64
黑色金属矿采选业	Mining and Processing of Ferrous Metul Ores	12.46	0.34	12.12
有色金属矿采选业	Mining and Processing of Non-ferrous Metal Ores	15.33		15.33
非金属矿采选业	Mining and Processing of Nonmetal Ores	24.25	0.08	24.17
开采辅助活动	Auxiliary Mining	2.16		2.16
其他采矿业	Mining of Other Ores	0.71		0:71
制造业	Manufacturing	19134.50	316.53	18817.97
农副食品加工业	Processing of Food from Agricultural Products	463.65	11.78	451.87
食品制造业	Manufacture of Food	230.04		230.04
酒、饮料和精制茶制造业	Manufacture of Beverage	145.49		145.49
烟草制品业	Manufacture of Tobacco	24.27		24.27
纺织业	Manufacture of Textile	975.88		975.88
纺织服装、服饰业	Manufacture of Textile Wearing, Apparel, Footwear and Caps	455.98		455.98
皮革、毛皮、羽毛及其制品和制鞋业	Manufacture of Leather, Fur, Feather and Related Products	112.99		112.99
木材加工和木、竹、藤、棕、草制品业	Processing of Timber, Manufacture of Wood, Bamboo, Rattan, Palm and Straw Products	278.99		278.99
家具制造业	Manufacture of Furniture	183.52		183.52
造纸和纸制品业	Manufacture of Paper and Paper Products	239.08		239.08
印刷和记录媒介复制业	Printing, Reproduction of Recording Media	142.82		142.82
文教、工美、体育和娱乐用品制造业	Manufacture of Articles For Culture, Education and Sport Activities	201.10		201.10
石油加工、炼焦和核燃料加工业	Processing of Petroleum, Coking, Processing of Nuclear Fuel	134.50	32.29	102.21
化学原料和化学制品制造业	Manufacture of Raw Chemical Materials and Chemical Products	1808.25	60.27	1747.98
医药制造业	Manufacture of Medicines	481.57	0.76	480.81
化学纤维制造业	Manufacture of Chemical Fibers	274.63	0.73	273.91
橡胶和塑料制品业	Rubber and Plastic	603.85		603.85
非金属矿物制品业	Manufacture of Non-metallic Mineral Products	1029.28	3.63	1025.64
黑色金属冶炼和压延加工业	Smelting and Pressing of Ferrous Metals	494.48	2.55	491.93
有色金属冶炼和压延加工业	Smelting and Pressing of Non-ferrous Metals	367.95	0.50	367.45

Investment in Fixed Assets by Jurisdiction of Management and Registration Status(2014)

(100 million yuan)

内　资 Domestic Funds	港澳台商投资 Funds from Hong Kong, Macao and Taiwan	外商投资 Foreign Funded	国有控股 State-holding	集体控股 Collective-holding	私人控股 Private-holding
37344.95	**1679.36**	**2476.57**	**9573.28**	**3438.09**	**20434.22**
243.47	5.12	1.72	14.72	28.75	186.46
106.43	4.21	0.48	2.84	14.61	79.04
12.20			0.20	1.64	9.75
47.28	0.08	0.89		1.13	46.54
31.08	0.83	0.35	5.56	1.31	24.44
46.47			6.12	10.06	26.68
106.47			47.81	12.26	45.69
15.67			8.75		6.91
35.89			35.25		0.64
12.46			0.93		11.53
15.33					15.33
24.25			2.88	12.26	9.12
2.16					2.16
0.71					
16539.37	662.61	1919.21	884.44	255.69	15233.25
439.97	0.19	23.49	16.42	4.14	409.50
198.12	11.28	20.64	2.47	0.67	193.91
132.38	1.27	11.84	26.91	4.82	78.09
24.27			22.69		1.58
919.42	21.80	33.68	9.68	4.70	903.12
427.45	8.24	19.57	7.31	2.17	407.40
109.02	0.69	3.27		0.30	107.78
263.92	8.71	6.35	5.53		254.64
167.50	4.94	10.62		0.61	166.04
166.08	2.68	70.09		0.64	165.45
135.05	5.09	2.68	0.19	1.13	133.34
183.35	8.95	8.80		1.52	181.37
114.42	10.69	9.39	36.66		81.57
1428.12	55.70	324.06	100.64	22.37	1231.35
416.23	15.78	49.56	15.54	39.76	359.31
250.46	10.95	13.22	4.30	2.29	248.59
525.96	30.04	47.79	14.49	1.88	508.28
990.53	10.74	26.39	11.06	9.43	956.90
441.39	23.30	29.80	11.34	27.53	416.97
352.01	5.94	10.00	4.01	7.60	334.56

单位:亿元

行　　业	Sector	投资额 Investment	中　央 Central Investment	地　方 Local Investment
金属制品业	Manufacture of Metal Products	1183.17	4.95	1178.22
通用设备制造业	Manufacture of General Purpose Machinery	2072.02	8.80	2063.22
专用设备制造业	Manufacture of Special Purpose Machinery	1799.82	9.07	1790.76
汽车制造业	Manufacture of Automobile	991.38	6.60	984.78
铁路、船舶、航空航天和其他运输设备制造业	Manufacture of Railroad, Marine Aviation and other Transport Equipment	537.60	5.62	531.98
电气机械和器材制造业	Manufacture of Electrical Machinery and Equipment	1787.38	4.10	1783.27
计算机、通信和其他电子设备制造业	Manufacture of Communication Equipment, Computers and Other Electronic Equipment	1535.60	164.42	1371.18
仪器仪表制造业	Manufacture of Instrumentation	334.33	0.10	334.23
其他制造业	Other Manufacturing	173.65		173.65
废弃资源综合利用业	Manufacture of Recycling and Disposal of Waste	54.70	0.23	54.47
金属制品、机械和设备修理业	Manufacture of Metal Products, Machinery and Equipment Repair	16.54	0.12	16.42
电力、热力、燃气及水生产和供应业	Production and Supply of Electric Power, Heat Power, Gas and Water	1018.08	156.43	861.64
电力、热力的生产和供应业	Production and Supply of Electric Power and Heat Power	761.18	149.53	611.65
燃气生产和供应业	Production and Supply of Gas	72.15	6.60	65.55
水的生产和供应业	Production and Supply of Water	184.74	0.30	184.44
建筑业	Construction	58.11	4.88	53.23
房屋建筑业	Housing Construction	10.74		10.74
土木工程建筑业	Civil Engineering Construction	32.80	4.88	27.92
建筑安装业	Building Installation	7.60		7.60
建筑装饰和其他建筑业	Other Construction	6.97		6.97
批发和零售业	Wholesale and Retail Trades	985.52	5.15	980.37
批发业	Wholesale Trades	408.45	5.02	403.43
零售业	Retail Trades	577.07	0.14	576.93
交通运输、仓储和邮政业	Transport, Storage and Post	2168.98	41.50	2127.49
铁路运输业	Railway Transport	11.65	0.05	11.59
道路运输业	Road Transport	1293.97	4.29	1289.68
水上运输业	Water Transport	349.22	4.50	344.72
航空运输业	Air Transport	41.95	1.15	40.80
管道运输业	Transport Via Pipelines	20.36	12.15	8.21
装卸搬运和运输代理业	Loading, Unloading and Other Transport Services	61.33		61.33
仓储业	Storage	379.09	19.13	359.96
邮政业	Post	11.41	0.23	11.19
住宿和餐饮业	Hotels and Catering Services	424.41	0.07	424.34
住宿业	Hotels	230.76	0.07	230.70
餐饮业	Catering Services	193.65		193.65
信息传输、软件和信息技术服务业	Information Transfer、Software and IT Services	504.89	34.57	470.32
电信、广播电视和卫星传输服务	Telecommunications、Satellites Radio and Television Services	124.56	14.46	110.09
互联网和相关服务	Internet and Relatiue Services	74.98	18.30	56.68
软件和信息技术服务业	Software and IT Services	305.35	1.81	303.54

6－7　Continued 1

(100 million yuan)

内　资 Domestic Funds	港澳台商投资 Funds from Hong Kong, Macao and Taiwan	外商投资 Foreign Funded	国有控股 State-holding	集体控股 Collective-holding	私人控股 Private-holding
1105.52	44.15	30.00	4.65	20.86	1078.58
1851.66	50.26	167.56	36.87	10.06	1807.85
1594.09	81.55	123.52	39.51	11.89	1540.54
713.92	18.99	258.18	65.60	0.32	665.21
481.29	18.33	37.37	40.81	3.54	424.80
1578.55	58.41	149.86	131.72	14.24	1403.99
1010.17	137.51	387.32	233.94	26.84	742.14
284.75	13.81	35.77	10.95	2.32	272.43
164.26	1.81	7.49	25.19	32.84	98.77
53.89	0.81		5.84	0.93	44.17
15.64		0.90	0.12	0.29	15.01
896.38	83.67	37.61	522.93	39.31	367.75
673.37	59.21	28.61	401.45	17.38	280.78
46.27	21.51	4.37	15.80	0.89	39.32
176.74	2.95	4.64	105.67	21.04	47.65
57.45		0.30	23.97	2.69	29.87
10.38			1.12	0.42	8.65
32.80			22.75	2.20	7.12
7.30		0.30	0.10	0.07	7.14
6.97					6.97
916.65	22.46	39.81	81.29	34.99	782.15
388.45	10.04	9.02	39.55	11.18	326.84
528.20	12.43	30.78	41.74	23.82	455.31
2067.93	31.43	56.54	1370.13	106.23	575.47
11.65			9.21	1.73	0.70
1286.40	3.61	3.96	1069.71	80.63	130.98
320.14	6.90	9.11	172.32	2.52	150.40
41.95			41.65	0.30	
20.36			16.91	1.43	1.07
61.33			8.10	0.57	50.52
314.69	20.93	43.47	51.64	18.92	232.11
11.41			0.58	0.15	9.69
404.64	1.26	8.17	100.29	15.83	271.59
219.66	0.60	6.70	46.14	11.37	152.41
184.98	0.66	1.47	54.15	4.46	119.18
482.07	5.72	17.11	228.70	29.93	193.02
110.25	2.62	11.69	104.39	2.31	3.55
74.70	0.28		45.08	1.10	28.52
297.12	2.82	5.42	79.23	26.52	160.95

6-7 续 表 2

单位:亿元

行业	Sector	投资额 Investment	中央 Central Investment	地方 Local Investment
金融业	Financial Intermediation	173.25	2.77	170.48
货币金融服务	Monetary and Financial	78.83	2.77	76.06
资本市场服务	Capital Markets	41.00		41.00
保险业	Insurance	5.55		5.55
其他金融业	Other Financial Activities	47.87		47.87
房地产业	Real Estate	9853.12	114.96	9738.16
房地产业	Real Estate	9853.12	114.96	9738.16
租赁和商务服务业	Leasing and Business Services	879.34	7.70	871.64
租赁业	Leasing	18.76		18.76
商务服务业	Business Services	860.58	7.70	852.88
科学研究和技术服务业	Scientific Research and Technical Services	606.63	49.57	557.06
研究和试验发展	Research and Experimental Developmant	212.04	43.44	168.59
专业技术服务业	Professional Technical Serrices	230.78	5.07	225.71
科技推广和应用服务业	Promation and Application of Science	163.81	1.06	162.76
水利、环境和公共设施管理业	Management of Water Conservancy, Environment and Public Facilities	3541.34	20.79	3520.55
水利管理业	Management of Water Conservancy	341.62	1.00	340.62
生态保护和环境治理业	Ecological Protection and Enviromental	125.25		125.25
公共设施管理业	Management of Public Facilities	3074.47	19.79	3054.68
居民服务、修理和其他服务业	Services to Households and Other Services	152.61		152.61
居民服务业	Services to Households	109.70		109.70
机动车、电子产品和日用产品修理业	Vehicle、Electronics and Dairy Maintenance	26.77		26.77
其他服务业	Other Services	16.13		16.13
教育	Education	479.78	22.93	456.84
教育	Education	479.78	22.93	456.84
卫生和社会工作	Health and Social Work	271.44	0.10	271.34
卫生	Health	220.39	0.10	220.30
社会工作	Social Work	51.05		51.05
文化、体育和娱乐业	Culture, Sports and Entertainment	578.86	1.46	577.40
新闻和出版业	Journalism and Publishing Activities	7.34		7.34
广播、电视、电影和影视录音制作业	Broadcasting, Movies, Television and Audiovisual Activities	64.21		64.21
文化艺术业	Cultural and Art Activities	286.73	1.46	285.27
体育	Sports Activities	69.22		69.22
娱乐业	Entertainment	151.37		151.37
公共管理、社会保障和社会组织	Public Management and Social Organization	361.99	3.71	358.27
中国共产党机关	Organs of Communist Party of China	1.04	0.09	0.95
国家机构	Government Agencies	272.60	3.63	268.97
人民政协、民主党派	People's Political Cousultative Conference and Remocratic Parlies	0.54		0.54
社会保障	Social Security	1.70		1.70
群众团体、社会团体和其他成员组织	Non-governmental Organizations, Social Organizations and Religion Organizations	29.20		29.20
基层群众自治组织	Grass Roots Self-governing Organizations	57.45		57.45

6－7　Continued 2

(100 million yuan)

内　资 Domestic Funds	港澳台商投资 Funds from Hong Kong, Macao and Taiwan	外商投资 Foreign Funded	国有控股 State-holding	集体控股 Collective-holding	私人控股 Private-holding
173.25			116.06	12.15	25.42
78.83			46.21	8.91	8.74
41.00			25.00	0.96	12.03
5.55			5.16		
47.87			39.68	2.27	4.65
8668.15	845.28	339.53	2022.29	1782.18	1484.19
8668.15	845.28	339.53	2022.29	1782.18	1484.19
842.85	8.86	27.22	332.07	140.07	327.67
18.35			1.21	0.20	17.07
824.50	8.86	27.22	330.86	139.87	310.60
585.02	2.60	19.01	218.10	101.11	244.16
199.76	2.36	9.91	90.21	22.47	81.14
221.45	0.24	9.09	69.90	58.77	88.88
163.81		0.00	57.99	19.87	74.14
3536.13	2.32	1.94	2452.15	604.76	339.79
341.62			262.92	61.91	14.89
125.25			86.31	22.05	15.23
3069.27	2.32	1.94	2102.92	520.81	309.68
151.94			53.88	28.49	64.97
109.32			50.45	26.30	30.30
26.48			1.04	0.19	24.52
16.13			2.39	2.00	10.14
476.90	1.27	1.61	362.46	60.47	36.75
476.90	1.27	1.61	362.46	60.47	36.75
267.88	3.06		174.88	41.68	39.80
217.33	3.06		142.72	31.75	31.18
50.55			32.16	9.94	8.63
569.62	0.75	6.52	319.83	62.55	169.43
7.34			5.94	0.06	1.34
64.21			24.28	19.89	16.34
285.68		0.81	219.94	21.50	35.27
69.17			25.01	11.54	31.91
143.23	0.75	5.71	44.67	9.56	84.58
358.77	2.93	0.29	247.30	78.94	16.80
1.04			0.38	0.66	
269.83	2.48	0.29	206.10	47.98	6.67
1.70			1.30		
28.75	0.45		20.47	2.97	4.00
57.45			19.05	27.33	6.14

6-8 按行业分施工投产项目个数（2014年）

Number of Projects Under Construction and Put into Use by Sector(2014)

行业	Sector	施工项目（个）Number of Projects under Construction (unit)	#新开工 Number of Projects Started this Year	全部建成投产项目（个）Number of Projects Completed and Put into Use (unit)	项目建成投产率（%）Rate of Construction Projects Completed and Put into Use(%)
总计	**Total**	**44834**	**35793**	**35897**	**80.07**
农、林、牧、渔业	Agriculture, Forestry, Animal Husbandry and Fishery	686	574	539	78.57
农业	Farming	318	259	255	80.19
林业	Forestry	57	52	46	80.70
畜牧业	Animal Husbandry	130	109	93	71.54
渔业	Fishery	66	53	49	74.24
农、林、牧、渔服务业	Service in Support of Agriculture	115	101	96	83.48
采矿业	Mining	81	66	66	81.48
煤炭开采和洗选业	Mining and Washing of Coal	6	4	5	83.33
石油和天然气开采业	Exctraction of Petroleum and Natural Gas	11	10	7	63.64
黑色金属矿采选业	Mining and Processing of Ferrous Metal Ores	18	16	16	88.89
有色金属矿采选业	Mining and Processing of Non-ferrous Metal Ores	5	5	5	100.00
非金属矿采选业	Mining and Processing of Nonmetal Ores	37	27	29	78.38
开采辅助活动	Auxiliary Mining	3	3	3	100.00
其他采矿业	Mining of Other Ores	1	1	1	100.00
制造业	Manufacturing	26936	22338	22388	83.12
农副食品加工业	Processing of Food from Agricultural	720	583	585	81.25
食品制造业	Manufacture of Food	323	271	244	75.54
酒、饮料和精制茶制造业	Manufacture of Beverage	139	110	113	81.29
烟草制品业	Manufacture of Tobacco	7	3	4	57.14
纺织业	Manufacture of Textile	2079	1818	1823	87.69
纺织服装、服饰业	Manufacture of Textile Wearing, Apparel, Footwear and Caps	1046	925	912	87.19
皮革、毛皮、羽毛及其制品和制鞋业	Manufacture of Leather, Fur, Feather and Related Products	226	201	183	80.97
木材加工和木、竹、藤、棕、草制品业	Processing of Timber, Manufacture of Wood, Bamboo, Rattan, Palm and Straw Products	476	408	388	81.51
家具制造业	Manufacture of Furniture	355	283	284	80.00
造纸和纸制品业	Manufacture of Paper and Paper Products	336	296	286	85.12
印刷和记录媒介复制业	Printing, Reproduction of Recording Media	255	219	222	87.06
文教、工美、体育和娱乐用品制造业	Manufacture of Articles For Culture, Education and Sport Activities	444	373	370	83.33
石油加工、炼焦及核燃料加工业	Processing of Petroleum, Coking, Processing of Nuclear Fuel	64	48	46	71.88
化学原料和化学制品制造业	Manufacture of Raw Chemical Materials and Chemical Products	1801	1471	1493	82.90
医药制造业	Manufacture of Medicines	491	367	376	76.58
化学纤维制造业	Manufacture of Chemical Fibers	302	245	235	77.81
橡胶和塑料制品业	Rubber and Plastic	1163	995	1023	87.96
非金属矿物制品业	Manufacture of Non-metallic Mineral Products	1582	1323	1301	82.24
黑色金属冶炼和压延加工业	Smelting and Pressing of Ferrous Metals	481	406	402	83.58
有色金属冶炼和压延加工业	Smelting and Pressing of Non-ferrous Metals	411	344	337	82.00

6-8 续 表1 Continued 1

行 业 Sector		施工项目（个）Number of Projects under Construction (unit)	#新开工 Number of Proiects Started this Year	全部建成投产项目（个）Number of Projects Completed and Put into Use (unit)	项目建成投产率（%）Rate of Construction Projects Completed and Put into Use(%)
金属制品业	Manufacture of Metal Products	2048	1761	1748	85.35
通用设备制造业	Manufacture of General Purpose Machinery	3499	2917	2943	84.11
专用设备制造业	Manufacture of Special Purpose Machinery	2615	2135	2157	82.49
汽车制造业	Manufacture of Automobile	985	771	767	77.87
铁路、船舶、航空航天和其他运输设备制造业	Manufacture of Railroad, Marine Aviation and other Transport Equipment	582	455	471	80.93
电气机械和器材制造业	Manufacture of Electrical Machinery and Equipment	2290	1840	1881	82.14
计算机、通信和其他电子设备制造业	Manufacture of Communication Equipment, Computers and Other Electronic Equipment	1362	1082	1121	82.31
仪器仪表制造业	Manufacture of Instrumentation	505	411	402	79.60
其他制造业	Other Manufacturing	243	192	191	78.60
废弃资源综合利用业	Manufacture of Recycling and Disposal of Waste	80	63	58	72.50
金属制品、机械和设备修理业	Manufacture of Metal Products, Machinery and Equipment Repair	26	22	22	84.62
电力、热力、燃气及水生产和供应业	Production and Supply of Electric Power, Heat Power, Gas and Water	839	614	587	69.96
电力、热力生产和供应业	Production and Supply of Electric Power and Heat Power	468	353	316	67.52
燃气生产和供应业	Production and Supply of Gas	79	60	60	75.95
水的生产和供应业	Production and Supply of Water	292	201	211	72.26
建筑业	Construction	128	120	96	75.00
房屋建筑业	Housing Construction	22	19	17	77.27
土木工程建筑业	Civil Engineering Construction	58	55	37	63.79
建筑安装业	Building Installation	21	20	17	80.95
建筑装饰和其他建筑业	Other Construction	27	26	25	92.59
批发和零售业	Wholesale and Retail Trades	1735	1458	1471	84.78
批发业	Wholesale Trades	839	726	732	87.25
零售业	Retail Trades	896	732	739	82.48
交通运输、仓储和邮政业	Transport, Storage and Post	1457	1035	992	68.09
铁路运输业	Railway Transport	15	11	13	86.67
道路运输业	Road Transport	833	607	571	68.55
水上运输业	Water Transport	163	100	103	63.19
航空运输业	Air Transport	11	4	6	54.55
管道运输业	Transport Via Pipelines	8	5	5	62.50
装卸搬运和运输代理业	Loading, Unloading and Other Transport Services	82	61	64	78.05
仓储业	Storage	328	233	219	66.77
邮政业	Post	17	14	11	64.71
住宿和餐饮业	Hotels and Catering Services	663	527	535	80.69
住宿业	Hotels	310	216	215	69.35
餐饮业	Catering Services	353	311	320	90.65
信息传输、软件和信息技术服务业	Information Transfer、Software and IT Services	562	460	450	80.07
电信、广播电视和卫星传输服务	Telecommunications、Satellites Radio and Television Services	99	74	76	76.77
互联网和相关服务	Internet and Relatiue Services	64	59	51	79.69
软件和信息技术服务业	Software and IT Services	399	327	323	80.95

6－8 续 表2 Continued 2

行 业	Sector	施工项目（个）Number of Projects under Construction (unit)	#新开工 Number of Proiects Started this Year	全部建成投产项目（个）Number of Projects Completed and Put into Use (unit)	项目建成投产率（%）Rate of Construction Projects Completed and Put into Use(%)
金融业	Financial Intermediation	174	118	125	71.84
货币金融服务	Monetary and Financial	102	70	72	70.59
资本市场服务	Capital Markets	38	29	30	78.95
保险业	Insurance	6	5	4	66.67
其他金融业	Other Financial Activities	28	14	19	67.86
房地产业	Real Estate	1446	906	944	65.28
房地产业	Real Estate	1446	906	944	65.28
租赁和商务服务业	Leasing and Business Services	996	790	790	79.32
租赁业	Leasing	40	34	38	95.00
商务服务业	Business Services	956	756	752	78.66
科学研究和技术服务业	Scientific Research and Technical Services	807	645	640	79.31
研究和试验发展	Research and Experimental Developmant	245	184	179	73.06
专业技术服务业	Professional Technical Serrices	344	300	297	86.34
科技推广和应用服务业	Promation and Application of Science	218	161	164	75.23
水利、环境和公共设施管理业	Management of Water Conservancy, Environment and Public Facilities	5470	4069	4152	75.90
水利管理业	Management of Water Conservancy	464	348	349	75.22
生态保护和环境治理业	Ecological Protection and Enviromental	132	102	102	77.27
公共设施管理业	Management of Public Facilities	4874	3619	3701	75.93
居民服务、修理和其他服务业	Services to Households and Other Services	283	240	245	86.57
居民服务业	Services to Households	178	145	149	83.71
机动车、电子产品和日用产品修理业	Vehicle、Electronics and Dairy Maintenance	70	65	63	90.00
其他服务业	Other Services	35	30	33	94.29
教育	Education	825	569	603	73.09
教育	Education	825	569	603	73.09
卫生和社会工作	Health and Social Work	351	222	207	58.97
卫生	Health	255	155	143	56.08
社会工作	Social Work	96	67	64	66.67
文化、体育和娱乐业	Culture, Sports and Entertainment	533	368	397	74.48
新闻和出版业	Journalism and Publishing Activities	10	4	6	60.00
广播、电视、电影和影视录音制作业	Broadcasting, Movies, Television and Audiovisual Activities	45	29	32	71.11
文化艺术业	Cultural and Art Activities	217	145	139	64.06
体育	Sports Activities	86	57	66	76.74
娱乐业	Entertainment	175	133	154	88.00
公共管理、社会保障和社会组织	Public Management and Social Organization	862	674	670	77.73
中国共产党机关	Organs of Communist Party of China	5	4	4	80.00
国家机构	Government Agencies	583	457	436	74.79
人民政协、民主党派	People's Political Cousultative Conference and Remocratic Parlies				
社会保障	Social Security	3	1	2	66.67
群众团体、社会团体和其他成员组织	Non-governmental Organizations, Social Organizations and Religion Organizations	71	56	58	81.69
基层群众自治组织	Grass Roots Self-governing Organizations	200	156	170	85.00

6-9 国有单位固定资产投资
Investment of State-owned Units in Capital Construction

指标	Item	2012 合计 Total	2012 #房地产开发 Real Estate Development	2013 合计 Total	2013 #房地产开发 Real Estate Development	2014 合计 Total	2014 #房地产开发 Real Estate Development
建设项目	**Construction Projects**						
施工项目（个）	Number of Projects Under Construction (unit)	5741		6262		7377	
全部建成投产项目（个）	Total Projects Completed and Put into Use (unit)	3490		3674		5004	
建成项目投产率（%）	Rate of Projects Completed and Put into Use (%)	60.8		58.7		67.8	
建设周期（年）	Construction Cycle (year)	1.64		1.70		1.47	
资金来源（亿元）	**Sources of Funds (100 million yuan)**						
国家预算内资金	State Budget	375.40		463.42		553.52	
国内贷款	Domestic Loans	1454.72	441.89	1409.10	446.78	1464.42	246.34
利用外资	Foreign Investment	16.36		3.24		7.46	
自筹资金	Self - raising Funds	4299.60	290.80	5237.40	479.27	6415.83	270.27
其他资金	Others	503.49	282.41	625.48	382.99	453.42	196.99
投资总额（亿元）	**Total Investment (100 million yuan)**	**6022.51**	**720.76**	**6865.27**	**783.44**	**8308.13**	**534.54**
按构成分	Grouped by Use of Funds						
#建筑工程	Construction	4066.09	542.56	4804.78	586.18	5948.03	414.53
安装工程	Installation	272.20	23.28	275.12	18.69	312.53	24.86
设备工具器具购置	Purchase of Equipment and Instruments	714.01	10.09	824.89	12.13	1118.93	6.16
按产业分	Grouped by Industry						
第一产业	Primary Industry	23.56		19.56		14.72	
第二产业	Secondary Industry	1145.94		1168.47		1235.54	
第三产业	Tertiary Industry	4853.00	720.76	5677.25	783.44	7057.86	534.54
#住宅	Residential Buildings	731.48	529.46	810.87	603.98	642.30	389.70
按建设性质分	Grouped by Type of Construction						
#新建	New Construction	3302.19		4185.89		5421.98	
扩建	Expension	1331.93		1513.38		1749.73	
改建	Reconstruction	535.17		269.56		341.38	
房屋建筑面积（万平方米）	**Floor Space of Buildings (10000 sq. m)**						
施工面积	Floor Space Under Construction	14850.27	5284.89	15750.77	5507.76	14111.35	4473.26
#住宅	Residential Buildings	5946.12	4322.88	5874.33	4400.01	5226.29	3534.14
竣工面积	Floor Space Completed	4652.41	1400.69	4675.01	1124.86	5591.00	1219.47
#住宅	Residential Buildings	1766.51	1220.36	1475.56	928.96	1698.26	1012.05

注:建设周期按项目个数计算。

a) Construction cycle was calculated by the number of construction projects.

6-10 分市固定资产投资(2014 年)

指　标 Item		南京 Nanjing	无锡 Wuxi	徐州 Xuzhou	常州 Changzhou
投资总额（亿元）	**Total Investment (100 million yuan)**	**5430.77**	**4610.77**	**3671.56**	**3310.05**
按经济类型分	Grouped by Ownership				
国有经济	State Owned Units	1868.27	1019.69	549.97	446.96
集体经济	Collective Owned Units	214.16	390.13	72.58	115.03
私营个体经济	Private Individuals	1430.13	1428.50	1947.95	1924.41
联营经济	Joint-ownership	0.86	3.88	39.10	0.00
股份制经济	Share Holding Co. Lid.	187.29	190.14	244.63	46.18
有限责任公司	Limited Liability Corporations	1234.35	853.22	445.37	362.43
港澳台投资经济	Funds from Hong Kong, Macao and Taiwan	177.48	277.52	65.98	229.81
外商投资经济	Foreign Investment	276.35	414.57	94.70	165.48
其他经济	Others	41.88	33.13	211.26	19.76
按资金来源分	Grouped by Sources of Funds				
国家预算内资金	State Budget	65.60	46.69	79.43	29.30
国内贷款	Domestic Loans	1304.12	516.56	430.53	534.90
利用外资	Foreign Investment	39.95	268.30	70.80	138.79
自筹资金	Self-raising Fund	4182.03	3321.13	2928.54	2239.93
其他资金来源	Others	1072.78	615.33	383.15	535.25
按构成分	Grouped by Composition of Funds				
建筑安装工程	Construction and Installation	3174.05	2856.49	2160.19	1922.25
设备工器具购置	Purchase of Equipments and Instruments	1317.90	1215.48	1240.18	987.02
其他费用	Others	938.82	538.79	271.20	400.78
按产业分	Grouped by Industry				
#住宅	Residential Buildings	825.04	899.49	350.25	484.90
第一产业	Primary Industry	46.03	13.21	44.75	4.24
第二产业	Secondary Industry	2184.98	1728.37	1978.31	1684.94
#工业	Industry	2155.13	1728.13	1978.31	1680.85
第三产业	Tertiary Industry	3199.75	2869.19	1648.49	1620.87
新增固定资产（亿元）	**Newly Increased Fixed Assets (100million yuan)**	**3919.89**	**3429.44**	**3084.18**	**2473.72**
房屋建筑面积（万平方米）	**Floor Space of Building (10000 sq. m)**				
施工面积	Floor Space Under Construction	11595.61	11235.25	7659.71	6781.74
#住宅	Residential Buildings	4642.62	5031.63	2796.20	3214.69
竣工面积	Floor Space Completed	3039.28	3580.33	3426.07	2157.57
#住宅	Residential Buildings	744.94	752.53	623.72	613.87
商品房销售面积（万平方米）	**Floor Space of Commercializ Buildings Sold (10000 sq. m)**	**1207.58**	**839.15**	**738.03**	**787.50**

Investment by Region (2014)

苏州 Suzhou	南通 Nantong	连云港 Lianyungang	淮安 Huaian	盐城 Yancheng	扬州 Yangzhou	镇江 Zhenjiang	泰州 Taizhou	宿迁 Suqian
6054.00	**3896.39**	**1716.57**	**1795.73**	**2751.35**	**2416.66**	**2142.34**	**2197.34**	**1559.22**
1297.32	586.14	488.42	275.36	378.74	481.02	422.98	377.77	115.48
428.73	77.66	5.53	65.03	117.59	115.23	76.41	99.68	57.53
1882.62	2011.80	1004.71	888.24	1277.29	1314.86	918.66	1031.43	1124.76
0.49	0.33	0.00	0.94	1.22	1.55	17.66	0.00	0.00
208.59	110.67	28.34	75.13	77.77	35.17	56.12	58.06	58.84
1046.01	749.72	119.56	365.56	640.50	173.57	227.80	439.82	135.01
352.84	107.92	30.10	64.85	48.32	119.05	91.90	71.65	41.94
801.87	159.73	28.58	43.55	138.42	87.42	187.08	63.02	15.81
35.53	92.42	11.34	17.08	71.49	88.78	143.73	55.90	9.86
73.30	179.96	5.81	51.54	20.59	33.44	5.23	19.14	17.21
894.62	331.23	141.92	149.26	348.59	117.57	376.18	136.87	78.24
385.90	49.47	13.70	20.64	89.35	28.90	8.17	11.27	26.80
4712.98	3336.09	1453.79	1501.51	2362.95	2264.71	1703.03	1857.92	1460.91
1531.52	358.76	164.98	253.15	253.46	284.54	285.55	278.54	215.22
3470.62	2044.47	1100.01	1235.05	1639.54	1583.26	1273.18	1434.05	793.04
1665.06	1610.21	525.04	395.91	980.25	528.47	642.32	558.48	661.27
918.32	241.71	91.53	164.77	131.56	304.93	226.85	204.82	104.91
1392.89	554.83	154.84	338.26	279.48	329.15	250.89	242.45	264.95
5.62	10.80	10.28	36.02	35.79	21.59	1.97	12.77	10.36
2253.12	2049.07	1044.00	1017.28	1664.50	1334.80	1147.88	1207.22	1022.69
2250.34	2049.07	1040.49	1010.74	1664.50	1334.80	1147.23	1197.77	1021.68
3795.26	1836.53	662.30	742.43	1051.06	1060.27	992.49	977.34	526.17
4636.46	**3214.42**	**1267.74**	**998.97**	**2287.56**	**1948.24**	**1849.68**	**1828.99**	**1217.07**
18545.78	11329.37	3790.28	11277.91	5830.35	4897.31	4301.18	5376.16	6732.92
8538.48	4401.09	1703.54	2573.71	2359.85	2102.96	2284.99	2026.20	2965.17
5229.35	4117.66	1097.51	928.30	2226.50	2353.83	1359.40	2772.44	2274.11
1468.75	1006.18	152.42	401.84	588.25	553.89	532.63	461.66	525.67
1599.16	**919.17**	**337.64**	**614.53**	**624.52**	**635.07**	**520.15**	**440.21**	**584.12**

6－11 房地产开发投资主要指标
Major Indicaotrs of Real Estate Investment

指　　标	Item	2000	2005	2010	2013	2014
投资完成额（亿元）	**Investment Completed This Year (100 million yuan)**	**358.72**	**1545.15**	**4299.38**	**7241.45**	**8240.22**
按构成分	Grouped by Use of Funds					
#建筑安装工程	Construction and Installation Projects	255.81	1091.29	2897.21	5248.90	6025.88
设备工器具购置	Purchase of Equipment and Instruments	3.34	12.53	41.09	171.70	129.41
按工程用途分	Grouped by Use of Project					
#住宅	Residential Buidlings	260.79	1133.06	3158.46	5171.50	5924.51
#90平方米以下	Below 90 Square Meters			733.15	1178.06	1293.62
#140平方米以上	Above 140 Square Meters			744.76	1087.79	1034.88
办公楼	Office Buildings	21.59	54.27	154.61	324.18	378.47
商业营业用房	Houses for Business Use	48.48	217.02	611.08	1119.95	1286.71
其他	Others	27.86	140.81	375.23	625.83	650.53
按资金来源分	Grouped by Sources of Funds					
国内贷款	Domesitc Loans	88.01	392.73	1515.66	2373.97	2249.68
利用外资	Foreign Investment	5.82	33.16	92.76	109.41	80.79
自筹投资	Self－raising Funds	101.34	614.76	2031.38	3932.97	4154.86
其他投资	Others	195.48	998.18	4382.54	6265.69	5614.83
房屋建筑面积（万平方米）	**Floor Space of Building (10000 sq. m)**					
施工面积	Floor Space Under Construction	4268.45	15619.26	35106.90	52574.17	57637.72
#住宅	Residential Buidlings	3348.36	12385.98	26347.13	38756.78	41579.79
竣工面积	Floor Space Completed	2143.22	5500.12	8696.28	9711.60	9620.47
#住宅	Residential Buildings	1774.80	4497.68	6553.53	7584.17	7259.11
商品房销售情况（万平方米）	**Sale of Commercialized Buildings (10000 sq. m)**					
房屋销售面积	Floor Space of Commercialized Buildings	1740.93	5135.55	9485.47	11454.77	9846.84
#住宅	Residential Buildings	1555.97	4523.14	8112.37	10191.52	8800.93
#90平方米以下	Below 90 Square Meters			1583.11	1794.78	1755.71
#140平方米以上	Above 140 Square Meters			1816.86	1426.71	1142.38

注：1. 本表资金来源为资金到位数。
　　2. 从2011年开始，将140平方米及以上住宅改为144平方米及以上。

a) The funds sources of this table were all available for investment.

b) The high－grade residential area standard has been changed to 144 square meters and above from 2011.

6－12 房地产开发企业经营情况
Operating Statistics on Enterprises for Real Estate Development

指　　标 Item		2000	2005	2010	2013	2014
企业个数　（个）	**Number of Enterprises　(unit)**	**1930**	**3810**	**6070**	**6784**	**6829**
内资	Domestic Funded	1636	3384	5450	6164	6215
#国有	State－owned Enterprises	585	248	252	216	203
集体	Collective－owned Enterprises	482	192	124	49	37
港澳台商投资	Enterprises with Funds from Hong Kong, Macao and Taiwan	197	277	352	392	408
外商投资	Foreign Funded	97	149	268	228	206
平均从业人数　（万人）	**Average Number of Employed Persons (10000 persons)**	**5.74**	**8.47**	**13.17**	**17.92**	**16.93**
内资	Domestic Funded		7.54	11.61	15.80	14.90
#国有	State－owned Enterprises		0.63	0.59	0.70	0.60
集体	Collective－owned Enterprises		0.33	0.19	0.10	0.08
港澳台商投资	Enterprises with Funds from Hong Kong, Macao and Taiwan		0.59	0.87	1.32	1.26
外商投资	Foreign Funded		0.34	0.69	0.80	0.77
土地开发及购置（万平方米）	**Land Development and Purchase (10000 sq. m)**					
本年土地成交价款（亿元）	Total Value of Land Purchased (100 million yuan)		319.02	613.85	1084.21	1094.55
待开发土地面积	Land Space Pending Development	928.335	3981.34	3798.79	5872.50	5373.41
本年购置土地面积	Land Space Purchased This Year	1395.98	2848.80	2055.71	4207.74	3454.27
资产负债　（亿元）	**Assets and Liabilities　(100 million yuan)**					
实收资本	Capital Held		953.90	4061.51	6852.90	7869.53
资产总计	Total Assets	1201.82	5679.81	19791.32	37223.68	42842.86
累计折旧	Total Depreciation	13.25	34.48	128.74	248.39	249.42
#本年折旧	Depreciation This Year	2.75	8.45	33.70	57.31	52.75
负债总计	Total Liabilities	958.47	4343.07	14233.81	27375.39	32032.01
所有者权益	Owners' Equity	243.36	1336.74	5557.51	9848.29	11810.85

6－13 按登记注册类型分房地产开发投资(2014 年)

项目		总计 Total	内资 Domestic Funds	国有 State-owned	集体 Collective-owned
企业个数 (个)	**Number of Enterprises (unit)**	**6829**	**6215**	**83**	**33**
本年完成投资 (亿元)	**Investment Completed This Year (100 million yuan)**	**8240.22**	**7058.66**	**297.79**	**22.83**
按构成分	Grouped by Use of Funds				
建筑工程	Construction Projects	5533.24	4783.14	237.47	15.69
安装工程	Installation Projects	492.63	414.38	11.20	0.70
设备工器具购置	Pruchase of Equipment and Instruments	129.41	107.40	3.95	0.44
其他费用	Others Expenses	2084.93	1753.74	45.18	6.00
按构成用途分	Grouped by Use of Project				
住宅	Residential Buildings	5924.51	5069.59	225.99	14.53
#90 平方米以下	Below 90 Square Meters	1293.62	1140.27	84.13	8.67
140 平方米以上住房	Above 140 Square Meters	1034.88	812.15	14.97	4.39
别墅、高档公寓	Villas, High－grade Apartments	462.73	366.00	19.59	
办公楼	Office Buidings	378.47	324.69	14.90	0.50
商业营业用房	Buidings for Business Use	1286.71	1114.82	33.52	4.96
其他	Others	650.53	549.55	23.38	2.84
本年新增固定资产 (亿元)	**Newly Increased Fixed Assets This Year (100 million yuan)**	**4272.07**	**3558.19**	**145.74**	**6.99**
资金来源	**Sources of Funds**				
本年资金来源合计	Total of Funds This Year	15712.87	13216.12	446.25	86.86
上年末结余资金	Balance of Founds Last Year	3612.70	2806.99	81.84	5.50
本年资金来源小计	Subtotal Funds This Year	12100.16	10409.13	364.41	81.36
国内贷款	Domestic Loans	2249.68	2013.46	130.13	8.17
利用外资	Foreign Investment	80.79	1.92		
自筹资金	Self-raising Funds	4154.86	3751.96	147.68	66.75
#自有资金	Self-owned	1464.66	1302.29	59.53	23.61
其他资金来源	Others	5614.83	4641.79	86.61	6.44
#定金及预收款	Bargain Money and Pre-received Money	3328.69	2760.99	60.59	3.87

Investment in Real Estate Development by Registration Status(2014)

股份合作 Cooperative Enterprises	联营 Joint Ownership	国有独资公司 State Sole Funded	其它有限责任公司 Other Limited Liability Corporations	股份有限公司 Share Holding Co., Ltd.	私营 Private	其它 Other
4	**1**	**119**	**2142**	**265**	**3560**	**8**
16.17	**2.00**	**234.75**	**2954.41**	**259.20**	**3232.24**	**39.26**
10.12	1.99	175.07	1948.17	191.39	2182.91	20.32
5.02	0.01	13.65	140.71	24.47	212.93	5.69
0.06		2.21	45.38	6.96	48.21	0.19
0.97		43.81	820.16	36.38	788.19	13.05
9.61	2.00	161.71	2160.35	198.14	2266.70	30.57
1.11	2.00	35.16	489.98	40.10	477.00	2.11
2.96		25.34	360.77	39.89	362.15	1.69
1.21		4.07	149.59	19.80	171.50	0.23
2.71		12.10	162.21	8.18	124.02	0.06
1.23		34.09	395.44	36.57	602.67	6.34
2.62		26.84	236.42	16.32	238.85	2.29
5.17	**0.00**	**245.38**	**1412.52**	**132.37**	**1600.75**	**9.25**
63.42	3.28	531.59	5814.71	479.06	5616.10	174.85
44.80	0.03	185.65	1197.66	112.92	1118.91	59.68
18.62	3.24	345.94	4617.05	366.13	4497.20	115.17
3.18	1.00	115.21	1016.40	73.24	650.65	15.48
			1.90		0.02	
4.15		122.60	1513.27	109.22	1726.12	62.18
		28.45	577.18	34.45	572.58	6.49
11.28	2.24	108.13	2085.48	183.68	2120.41	37.51
10.25	1.32	70.28	1250.23	106.43	1240.18	17.84

6－13 续 表

指　　标 Iteam		港澳台商投资 Funds from Hong Kong, Macao and Taiwan	合资经营 Joint-venture Enterprises	合作经营 Cooperative Enterprises
企业个数　（个）	**Number of Enterprises　(unit)**	**408**	**143**	**13**
本年完成投资　（亿元）	**Investment Completed This Year (100 million yuan)**	**842.35**	**256.83**	**13.58**
按构成分	Grouped by Use of Funds			
建筑工程	Construction Projects	520.39	173.06	7.76
安装工程	Installation Projects	54.61	19.44	2.88
设备工器具购置	Pruchase of Equipment and Instruments	11.66	5.32	1.26
其他费用	Others Expenses	255.70	59.01	1.68
按构成用途分	Grouped by Use of Project			
住宅	Residential Buildings	586.42	158.30	9.74
#90 平方米以下	Below 90 Square Meters	90.23	28.66	2.95
140 平方米以上住房	Above 140 Square Meters	154.58	34.03	0.94
别墅、高档公寓	Villas, High－grade Apartments	70.26	10.83	0.09
办公楼	Office Buidings	48.32	22.98	1.44
商业营业用房	Buidings for Business Use	142.41	51.28	2.07
其他	Others	65.20	24.27	0.33
本年新增固定资产　（亿元）	**Newly Increased Fixed Assets This Year (100 million yuan)**	**478.36**	**108.97**	**8.37**
资金来源	**Sources of Funds**			
本年资金来源合计	Total of Funds This Year	1672.00	510.82	18.79
上年末结余资金	Balance of Founds Last Year	492.10	157.16	6.34
本年资金来源小计	Subtotal Funds This Year	1179.90	353.65	12.44
国内贷款	Domestic Loans	167.71	45.91	
利用外资	Foreign Investment	55.75	1.03	
自筹资金	Self-raising Funds	313.95	98.02	1.98
#自有资金	Self-owned	128.60	42.50	
其他资金来源	Others	642.49	208.70	10.46
#定金及预收款	Bargain Money and Pre-received Money	371.33	124.62	6.25

6 – 13 Contnued

独资公司 Enterprises with Sole Fund	股份有限公司 Share Holding Co. , Ltd.	其他港澳台商投资 Other Funds from Hong Kong, Macao and Taiwan	外商投资 Foreign Inveslment	合资经营 Joint-venture Enterprises	合作经营 Cooperative Enterprises	独资公司 Enterprises with Sole Fund	股份有限公司 Share Holding Co. , Ltd.	其他外商投资 Other Foreign Inveslment
246	**6**		**206**	**87**	**9**	**109**		**1**
550.32	**13.31**	**8.31**	**339.21**	**137.99**	**11.63**	**189.58**		
326.31	10.82	2.43	229.72	86.41	10.57	132.74		
32.28	0.01		23.65	12.35	0.66	10.63		
5.08			10.35	2.97	0.14	7.24		
186.65	2.47	5.88	75.49	36.26	0.27	38.97		
399.94	11.24	7.19	268.50	111.36	10.72	146.42		
55.85	2.76		63.13	29.53	4.77	28.83		
118.66	0.38	0.57	68.15	22.99	1.44	43.72		
53.65		5.68	26.47	5.71	0.29	20.46		
23.90			5.46	1.16		4.30		
87.25	1.27	0.53	29.47	8.94	0.38	20.15		
39.22	0.79	0.59	35.78	16.53	0.54	18.71		
352.02	**8.88**	**0.12**	**235.52**	**79.89**	**13.72**	**141.91**		
1119.53	14.74	8.11	824.75	326.42	24.76	473.57		
325.54	2.84	0.21	313.62	127.67	5.58	180.37		
794.00	11.91	7.90	511.13	198.75	19.18	293.20		
121.80			68.51	19.91		48.60		
54.72			23.12	1.40		21.71		
207.00		6.95	88.96	32.69		56.26		
85.95		0.15	33.77	20.85		12.92		
410.47	11.91	0.95	330.55	144.74	19.18	166.62		
234.46	6.01		196.36	72.09	11.21	113.07		

6－14　分市房地产开发投资(2014 年)

指　　标	Item	南京 Nanjing	无锡 Wuxi	徐州 Xuzhou	常州 Changzhou
企业个数　(个)	Number of Enterprises　(unit)	607	724	415	487
平均从业人数　(万人)	Average Number of Employed Persons (10000 persons)	2.17	1.87	1.15	1.34
本年购置土地面积 (万平方米)	Land Space Purchased This Year (10000 sq. m)	71.29	612.84	309.23	216.33
投资完成额　(亿元)	Investment Completed This Year (100 million yuan)	1125.49	1252.22	468.88	681.53
按构成分	Grouped by Use of Funds				
#建筑安装工程	Construction and Installation Projects	686.44	920.46	366.69	535.96
设备工器具购置	Purchase of Equipment and Instruments	30.56	16.28	10.42	7.88
按工程用途分	Grouped by Use of Project				
住宅	Residential Buidlings	796.27	845.98	316.95	461.05
办公楼	Office Buildings	71.98	86.59	30.63	31.63
商业营业用房	Houses for Business Use	146.83	218.10	94.34	112.33
其他	Others	110.40	101.55	26.96	76.52
按资金来源分	Grouped by Sources of Funds				
国内贷款	Domesitc Loans	533.01	280.09	90.91	137.73
利用外资	Foreign Investment	12.35	24.47	15.61	3.08
自筹投资	Self－raising Funds	580.21	618.59	221.64	258.05
其他投资	Others	1022.38	554.63	268.49	424.97
本年新增固定资产　(亿元)	Newly Increased Fixed Assets This Year (100 million yuan)	578.64	585.31	215.21	393.37
房屋建筑面积 (万平方米)	Floor Space of Building　(10000 sq. m)				
施工面积	Floor Space Under Construction	6540.23	6827.63	3370.18	4459.64
#住宅	Residential Buidlings	4401.06	4654.85	2594.14	3015.00
竣工面积	Floor Space Completed	967.40	958.06	508.59	846.65
#住宅	Residential Buildings	722.29	627.84	431.06	578.00
商品房销售情况 (万平方米)	Sale of Commercialized Buildings (10000 sq. m)				
房屋销售面积	Floor Space of Commercialized Buildings	1207.58	839.15	738.03	787.50
#住宅	Residential Buildings	1124.73	738.48	650.39	674.66

Real Estate Investment by Region (2014)

苏州 Suzhou	南通 Nantong	连云港 Lianyungang	淮安 Huaian	盐城 Yancheng	扬州 Yangzhou	镇江 Zhenjiang	泰州 Taizhou	宿迁 Suqian
1376	577	318	377	470	399	356	312	411
2.81	1.35	0.67	0.94	1.08	0.89	0.93	0.74	0.98
604.21	329.83	92.29	234.18	198.65	217.82	122.27	216.15	229.17
1764.44	678.92	189.28	357.66	379.64	360.44	319.05	285.54	377.14
1163.79	542.57	168.48	263.87	328.65	254.49	255.74	221.17	317.55
10.57	9.63	3.66	13.56	7.96	6.19	5.49	3.07	4.16
1303.50	492.67	150.89	270.18	274.60	286.99	242.97	221.10	261.37
65.15	43.77	2.55	5.50	13.17	11.04	6.66	3.72	6.07
242.72	100.34	26.27	61.01	76.80	38.34	43.76	39.67	86.19
153.07	42.14	9.57	20.96	15.07	24.08	25.65	21.06	23.50
594.82	215.11	36.22	33.89	32.62	88.23	84.79	75.42	46.84
19.13	0.00	0.00	1.89	0.00	1.04	1.81	1.40	0.00
894.23	392.85	94.39	173.45	260.75	196.38	143.41	115.75	205.14
1466.86	343.33	149.21	212.18	232.52	230.87	273.71	229.28	206.41
870.87	363.51	62.58	137.00	283.65	203.50	209.68	180.22	188.52
10908.95	5272.22	2206.16	2983.34	3090.31	2625.39	2979.45	2408.39	3965.80
7652.38	3951.03	1669.68	2278.94	2325.74	1992.79	2213.19	1888.22	2942.77
1527.19	1031.15	196.88	377.40	788.02	606.39	599.69	545.38	667.67
1129.36	857.56	144.81	314.70	575.83	481.20	492.36	400.84	503.27
1599.16	919.17	337.64	614.53	624.52	635.07	520.15	440.21	584.12
1446.07	843.35	298.26	538.37	513.84	569.75	473.87	404.89	524.29

主要统计指标解释

固定资产投资 是以货币表现的建造和购置固定资产活动的工作量，它是反映固定资产投资规模、速度、比例关系和使用方向的综合性指标。全社会固定资产投资按登记注册类型可分为国有、集体、个体、联营、股份制、外商、港澳台商、其他等。全社会固定资产投资总额分为城镇项目投资、农村建设项目投资和房地产开发投资三个部分。

城镇和农村建设项目投资 指城镇和农村各种登记注册类型的企业、事业、行政单位及个体户进行的计划总投资500万元及500万元以上建设项目的投资。

房地产开发投资 指房地产开发公司、商品房建设公司及其他房地产开发法人单位和附属于其他法人单位实际从事房地产开发或经营的活动单位统一开发的包括统代建、拆迁还建的住宅、厂房、仓库、饭店、宾馆、度假村、写字楼、办公楼等房屋建筑物和配套的服务设施，土地开发工程（如道路、给水、排水、供电、供热、通讯、平整场地等基础设施工程）的投资；不包括单纯的土地交易活动。

固定资产投资的资金来源 根据固定资产投资的资金来源不同，分为国家预算内资金、国内贷款、利用外资、自筹资金和其他资金来源。

（1）国家预算内资金：分为财政拨款和财政安排的贷款两部分。包括中央财政的基本建设基金、专项支出、收回再贷、贴息资金，财政安排的挖潜改造和新产品试制支出、城建支出、商业部门简易建筑支出、不发达地区发展基金等资金中用于固定资产投资的资金；地方财政中由国家统筹安排的资金等。

（2）国内贷款：指报告期内企、事业单位向银行及非银行金融机构借入的用于固定资产投资的各种国内借款。包括银行利用自有资金及吸收的存款发放的贷款、上级主管部门拨入的国内贷款、国家专项贷款（包括煤代油贷款、劳改煤矿专项贷款等）、地方财政专项资金安排的贷款、国内储备贷款、周转贷款等。

（3）利用外资：指报告期收到的用于固定资产建造和购置投资的境外资金（包括设备、材料、技术在内）。计算利用外资时，需要折算成人民币，折算中所使用的外汇汇率按现汇计算，即按使用外汇时的汇率计算。包括外商直接投资、对外借款及外商其他投资。不包括我国自有外汇资金。

（4）自筹资金：指固定资产投资单位报告期收到的，由各地区、各部门及企业、事业单位筹集用于固定资产投资的预算外资金，包括中央各部门、各级地方和企业、事业单位的自有资金。

（5）其他资金：指在报告期收到的除以上各种资金之外其他用于固定资产投资的资金。包括社会集资、个人资金、无偿捐赠的资金及其他单位拨入的资金等。

固定资产投资按国民经济行业分 按建设项目建成投产后的主要产品或主要用途及社会经济活动性质来确定。一般情况下，一个建设项目或一个企业、事业单位只能属于一种国民经济行业。

固定资产投资按建设性质分 建设项目的性质一般分为新建、扩建、改建、迁建、恢复。

（1）新建：一般是指从无到有、“平地起家”新开始建设的单位。有的单位原有的基础很小，经过建设后其新增加的固定资产价值超过原有固定资产价值（原值）三倍以上的也算新建。

（2）扩建：一般是指为扩大原有产品的生产能力，在厂内或其他地点增建主要生产车间（或主要工程）、独立的生产线或分厂的企业；事业单位和行政单位在原单位增建业务用房（如学校增建教学用房、医院增建门诊部或病床用房、行政机关增建办公楼等）也作为扩建。

（3）改建：一般是指现有企业、事业单位为了技术进步，提高产品质量，增加花色品种，促进产品升级换代，降低消耗和成本，加强资源综合利用和三废治理、劳保安全等，采用新技术、新工艺、新设备、新材料等对现有设施、工艺条件进行技术改造或更新（包括相应配套的辅助性生产、生活福利设施）。有的企业为充分发挥现有生产能力，进行填平补齐而增建不增加本单位主要产品生产能力的车间等，也属于改建。

固定资产投资按构成分 固定资产投资活动按其工作内容和实现方式分为建筑安装工程，设备、工具、器具购置，其他费用三个部分。

（1）建筑安装工程（建筑安装工作量）：指各种房屋、建筑物的建造工程和各种设备、装置的安装工程。包括各种房屋建造工程，各种用途设备基础和各种工业窑炉的砌筑工程；为施工而进行的各种准备工作和临时工程以及完工后的清理工作等；铁路、道路的铺设，矿井的开凿及石油管道的架设等；水利工程；防空地下建筑等特殊工程；以及各种机械设备的安装工程；为测定安装工程质量，对设备进行的试运工作。在安装工程中，不包括被安装设备本身的价值。

（2）设备、工具、器具购置：指购置或自制达到固定资产标准的设备、工具、器具的价值，固定资产的标准按财务部门规定。新建单位、扩建单位的新建车间按照设计和计划要求购置或自制的全部设备、工具、器具，不论是否达到固定资产标准均计入“设备、工具、器具购置”中。

(3)其他费用:指在固定资产建造和购置过程中发生的,除建筑安装工程和设备、工具、器具购置以外的各种应摊入固定资产的费用。

施工项目　指报告期内曾进行建筑或安装工程施工活动的建设项目,包括报告期内新开工项目、报告期以前开工跨入报告期继续施工的项目以及报告期施过工并在报告期内全部建成投产或停缓建的项目。

全部建成投产项目　工业项目是指设计文件规定形成生产能力的主体工程及其相应配套的辅助设施全部建成,经负荷试运转,证明具备生产设计规定合格产品的条件,并经过验收鉴定合格或达到竣工验收标准,与生产性工程配套的生活福利设施可以满足近期正常生产的需要,正式移交生产的建设项目。非工业项目是指设计文件规定的主体工程和相应的配套工程全部建成,能够发挥设计规定的全部效益,经验收鉴定合格或达到竣工验收标准,正式移交使用的建设项目。

房屋建筑面积　指从房屋外墙线算起的各层平面面积的总和,包括可供使用的有效面积和房屋结构(如柱、墙)占用的面积。多层建筑按各层(包括地下室)面积总和计算。

住宅建筑面积　指施工和竣工房屋建筑面积中供居住用的施工和竣工房屋建筑面积。

施工面积　指报告期内施工的全部房屋建筑面积。包括本期新开工的面积、上期跨入本期继续施工的房屋面积、上期停缓建在本期恢复施工的房屋面积、本期竣工的房屋面积及本期施工后又停缓建的房屋面积。

竣工面积　指在报告期内房屋建筑按照设计要求已全部完工,达到住人和使用条件,经验收鉴定合格,正式移交使用单位的建筑面积。

房屋建筑面积竣工率　指一定时期内房屋竣工面积占同期房屋施工面积的比率。它是从房屋建筑施工速度的角度反映投资效果和建筑业经济效益的指标。

新增固定资产　指通过投资活动所形成的新的固定资产价值,包括已经建成投入生产或交付使用的工程价值和达到固定资产标准的设备、工具、器具的价值及有关应摊入的费用。它是以价值形式表示的固定资产投资成果的综合性指标,可以综合反映不同时期、不同部门、不同地区的固定资产投资成果。

建设项目投产率　指一定时期内全部建成投入生产项目个数与同期正式施工项目个数的比率。它是从项目建设速度的角度反映投资效果的指标。

建设周期　是指报告期(年)所有正式施工项目全部建成平均需要的时间,它是从宏观角度反映建设速度的指标。建设周期的计算方法有两种:

(1)按建设项目计算:建设周期=报告期正式施工项目个数/报告期全部建成投产项目个数

(2)按投资额计算:建设周期=报告期正式施工项目计划总投资之和/报告期正式施工项目完成投资之和。

Explanatory Notes on Main Statistical Indicators

Investment in Fixed Assets　refers to the volume of activities in construction and purchases of fixed assets of the whole country expressed in monetary terms, it is a comprehensive indicator which shows the size, pace, proportional relations and use direction of the investment in fixed assets. Total investment in fixed assets in the whole country includes, by type of ownership, the investment by State－owned units, collective－owned units, individuals, joint ownership units, share－holding units, as well as investments by entrepreneurs from foreign countries and from Hong Kong, Macao and Taiwan, and by other units. The investment in fixed assets in the whole country is classified into the following three parts: investment in urban projects, rural construction projects and real estate development.

Urban and Rural Investment in Construction Projects　refers to construction projects involving a total planned investment of 5 million yuan and over by enterprises of various types of ownership, institutions, administrative units and individuals in urban and rural areas.

Investment in Real Estate Development　It includes the investment by the real estate development companies, commercial buildings construction companies and other real estate development units of various types of ownership in the construction of house buildings, such as residential buildings, factory buildings, warehouses, hotels, guesthouses, holiday villages, office buildings, and the complementary service facilities and land development projects, such as roads, water supply, water drainage, power supply, heating, telecommunications, land leveling and other projects of infrastructure. It excludes the activities in simple land transactions.

Sources of Funds for Investment in Fixed Assets　state budgetary appropriation, domestic loans, foreign investment, self-raised funds, and others.

(1) Fund from the State budget consists of budgetary appropriation and loans from the State budget. More specifically, it includes, from the budget of the central government, capital construction fund, special expenses, loans from repayment, discount fund,

expenses on innovation and trial production of new products, expenses on urban construction, expenses on temporary construction from business departments, development fund for less developed areas, as well as local budgetary fund transferred from the central budget.

(2) Domestic loans refer to various funds borrowed by enterprises and institutions from banks and non-bank financial institutions during the reference period for the purpose of investment in fixed assets, including loans issued by banks from their self-owned funds and deposit, loans appropriated by higher responsible authorities, special loans by government (including loan for replacing petroleum with coal, special loan for reform through labor coal mines), loans arranged by local government from special funds, domestic reserve loan, and working loan, etc.

(3) Foreign investment refers to foreign funds received during the reference period for the construction and purchase of investment in fixed assets (covering equipment, materials and technology). In calculating the utilization of foreign capital, foreign currencies are converted into Chinese RMB applying the current exchange rate when the foreign capitals are actually used. It includes foreign borrowings (loans from foreign governments and international financial institutions, export credit, commercial loans from foreign banks, issue of bonds and stocks overseas), foreign direct investment and other foreign investments.

(4) Self – raised funds refer to extra – budgetary funds for investment in fixed assets received during the reference period by investing units from central government ministries, local governments, enterprises and institutions, including their self – raised funds.

(5) Others refer to funds for investment in fixed assets received from sources other than those listed above, including funds raised from society and individuals, donations, and funds transferred from other units.

Investment in Fixed Assets by Sector In general, one project or one enterprise or institution can only be classified into one sector.

Investment in Fixed Assets by Types of Construction The construction projects in general can be classified by the type of construction into new construction, expansion, reconstruction, moving and resumption.

(1) New construction in general refers to newly constructed units. In the case in which the value of the original fixed assets is quite small, and the value of newly added fixed assets exceeds the original ones by three times, the expansion construction is considered as new construction.

(2) Expansion refers to construction of new major production workshop or independent production line within a factory or in other locations, or construction of a branch factory so as to increase the production capacity of the original products. Newly constructed business houses in institutions and administrative organizations (such as the newly constructed teaching buildings in schools, clinics or bed building in hospitals, and office buildings in administrative agencies, etc.) are also classified as expansion.

(3) Reconstruction refers to technical innovation and transformation of the existing equipment and technical conditions undertaken by enterprises and institutions for the purposes of technological advancement, improvement in product quality, enlarging variety of products, promoting new generation of products, reducing production consumption and cost, promoting comprehensive utilization of resources, strengthening treatment of waste gas, waste water and solid wastes, and safety in production, etc. through application of new technologies and techniques, use of new equipment and new materials (including accessory facilities for production or for living and welfare purposes). Construction of new workshops for improving existing production capacity rather than increasing production capacity is also considered as reconstruction.

Investment in Fixed Assets by Structure refers to the three major parts of investment activities, i. e. construction and installation, purchase of equipment and instrument, and other expenses.

(1) Construction and installation (work volume of construction and installation) refers to the construction of various houses and buildings and installation of various kinds of equipment and instruments, including construction of various houses, equipment foundations and industrial kilns and stoves, preparation works for project construction, and clearing up works post project construction, pavement of railways and roads, drilling of mines and putting up of oil pipes, construction of projects of water conservancy, construction of underground air-raid shelters and construction of other special projects, installation of various machinery equipment, testing operation for pretesting the quality of installation projects. The value of equipment installed is not included in the value of installation projects.

(2) Purchase of equipment and instruments refers to the total value of equipment, tools, and vessels purchased or self-produced which come up to standards for fixed assets. Equipment, tools and vessels purchased or self produced for new workshops by newly established or expanded units are categorized as "purchase of equipment and instruments" no matter whether they come up to the standards for fixed assets or not.

(3) Other expenses refer to expenses occurring during the construction or purchase of fixed assets other than construction, installation or purchase of equipment and instruments.

Projects under Construction refer to projects having construction and installation activities undertaken in the reference period, including projects started in the reference period, or continued from the previous pound, or completed and put into production or suspended in the reference period.

Projects Completed and Put into Use Industrial projects refer to the major projects and accessory facilities completed which result in forming production capacity and have been checked and accepted while the living and welfare facilities have been completed and can ensure normal production and formally put into production. Non-industrial projects refer to the major projects and accessory facilities completed which possess the designed capacity and have been checked, accepted and formally put into production.

Floor Space of Buildings under Construction refers to total floor space in each story of buildings calculated from the outside line of building walls, including both usable space and the space occupied by constructions like pillars or walls. The floor space of multistory buildings includes the total floor space of each story(including basement).

Floor Space of Residential Buildings refers to the floor space of the residential buildings among the total space of buildings under construction or completed.

Floor Space under Construction refers to total floor space of all buildings under construction during the reference period, including floor space of newly started buildings during the reference period, floor space of construction extended from the previous period to the current period, floor space of construction suspended during the previous period and resumed in the current period, floor space of construction completed in the current period, and floor space of construction started and then suspended in the current period.

Floor Space of Buildings Completed refers to the floor space of buildings completed in the reference period, which have come up to the designed standards and have been put into use.

Completion Rate of Floor Space of Buildings refers to the ratio of the floor space of buildings completed in certain period of time to the floor space of buildings under construction in the same period which reflects the investment result and economic efficiency of the construction industry from the angle of the speed of project construction.

Newly Increased Fixed Assets refer to the newly increased value of fixed assets through investment, including the value of projects completed and put into production, the value of equipment, tools, and vessels considered as fixed assets, as well as the relevant expenses as investment in fixed assets. This is a comprehensive indicator of investment in fixed assets, reflecting the achievements of investment in fixed assets in different periods, different sectors, and different regions.

Rate of Construction Projects Completed and Put into Use refers to the ratio of the number of construction projects completed and put into use in certain period of time to the number of projects under construction in the same period. This reflects the investment efficiency from the angle of the speed of projects construction.

Construction cycle refers to how longtime it will be taken in average that all the projects formally under construction can be completed in reference year. This indicator reflect the speed of construction in view of macrocosm.

There are two formulas in calculating the construction cycle:

(1) By the number of construction projects

Construction cycle = number of projects formally under construction in reference period(year)/number of all the projects are completed and put in production in reference period(year)

(2) By the value of investment

Construction cycle = total investment plan for the projects formally under construction in reference period(year)/total fulfihnent of investment on the projects formally under construction in reference period(year).

7

财政、金融

Government Finance, Financial Intermediation

简 要 说 明

本篇主要反映财政收支的基本情况及金融、证券和保险业的发展情况。

一、财政部分的主要内容、资料来源和口径说明

财政统计资料主要内容：一是财政收支历年统计数据，二是财政收支的主要构成项目。

资料来源：财政相关统计资料由江苏省财政厅提供，资料基础为财政决算表。其中，有关财政收支方面的资料根据财政决算收支总表、财政决算收入明细表、财政决算支出明细表的数据加工整理编制。

财政统计资料口径变动说明：财政预算外资金从 1982 年开始建立统计制度，1993 年实施新的财务通则和会计准则，国营企业更新改造资金、大修理基金等不再作为预算外资金。从 1997 年起，财政部将政府预算收支科目分为两部分，即：将纳入预算管理的政府性基金收支及原属预算外的地方税费附加收支称为财政基金预算收支，原来的财政预算收支改称为财政一般预算收支。2007 年财政收支科目实施了较大改革，特别是财政支出项目口径变化很大。

二、金融部分的主要内容和资料来源

金融统计资料主要内容：反映我省金融、证券和保险业发展情况。由四个部分构成：一是金融机构金融活动情况，二是金融机构、人员情况，三是保险业务情况，四是直接融资情况。

资料来源：金融机构金融活动情况和金融机构、人员情况由人民银行南京分行提供；保险业务情况由中国保险监督管理委员会江苏监管局提供；直接融资情况由中国证券监督管理委员会江苏监管局提供。

Brief Introduction

The data in this chapter present the government revenue and expenditure situation. Also present the development of financial, securities and insurance industries.

Ⅰ. Main Contents, Sources of Data and Diameter Description of Government Revenue

Financial Statistics main including the revenue and expenditure statistics over the years, the main component of revenue and expenditure project.

The data is provided by of the Finance Department of Jiangsu province. The base data from the financial balance sheets. Among them, information about revenue and expenditure of the total balance sheet based on financial accounts, financial accounts of income schedule, schedule of expenditures of financial accounts data processing order preparation.

Data on the extra-budgetary funds have been collected in accordance with the statistical reporting scheme since 1982. In 1993, new general financial rules and accounting standards were implemented. As a result, the innovation fund and the major repair fund in the state-owned enterprises were no longer listed as extra-budgetary funds. Starting from 1997, government funds have been reclassified into budget management and have not been included in the extra-budgetary revenue and expenditure.

In 2007, financial renvenve and expenditure subject a large reform especially the caliber charges of financial support for projects.

Ⅱ. Main Contents and Sources of Data of Finance

Data in this chapter show the development of Jiangsu province's financial, securities and insurance industries. (1) the financial activities of the financial institutions; (2) the Situation of Financial

Institutions and Personnel; (3) the situation regarding the insurance business ;(4) the situation regarding direct financing.

Financial situation of financial institutions and institutions, personnel provided by the People's Bank of China, Nanjing Branch. Major indicator of Insurance Business provided by China Insurance Regulatory Commission ,Jiangsu Branch. Basic Information of direct finacing provided b by the China Securities Regulatory Commission, Jiangsu province.

7-1 历年财政收支

Financial Revenue and Expenditure over the Years

单位:亿元 (100 million yuan)

年 份 Year	财政总收入 Government Revenue	#公共财政预算收入 Public Finance Budget Revenue	#税收收入 Taxes	公共财政预算支出 Public Finance Budget Expenditure	财政总收入占地区生产总值的比重(%) Percentage of Government Revenue to GDP(%)	公共财政预算收入占地区生产总值的比重(%) Percentage of Budget Revenue to GDP(%)
1978	61.09	61.09	35.93	28.38	24.5	24.5
1979	59.28	59.28	38.33	32.06	19.9	19.9
1980	62.45	62.45	41.36	28.95	19.5	19.5
1981	63.04	63.04	44.64	23.79	18.0	18.0
1982	66.61	66.61	49.84	24.63	17.1	17.1
1983	73.63	73.63	54.57	32.29	16.8	16.8
1984	76.28	76.28	61.79	39.15	14.7	14.7
1985	89.00	89.00	80.32	50.53	13.7	13.7
1986	98.73	98.73	87.29	66.16	13.3	13.3
1987	107.17	107.17	94.96	68.00	11.6	11.6
1988	117.96	117.96	107.74	81.45	9.8	9.8
1989	126.39	126.39	122.82	92.25	9.6	9.6
1990	136.20	136.20	130.96	100.97	9.6	9.6
1991	143.29	143.29	125.91	128.18	8.9	8.9
1992	152.31	152.31	145.49	125.86	7.1	7.1
1993	221.30	221.30	220.05	163.87	7.4	7.4
1994	293.41	136.62	121.05	200.17	7.2	3.4
1995	350.08	172.64	146.39	253.49	6.8	3.3
1996	427.99	223.17	184.65	310.94	7.1	3.7
1997	512.93	255.59	210.56	364.36	7.7	3.8
1998	579.90	296.58	244.20	424.90	8.1	4.1
1999	680.23	343.36	314.26	484.65	8.8	4.5
2000	865.00	448.31	409.14	591.28	10.1	5.2
2001	1064.99	572.15	523.84	729.64	11.3	6.1
2002	1483.68	643.70	565.30	860.25	14.0	6.1
2003	1968.92	798.11	690.53	1047.68	15.8	6.4
2004	2216.41	980.43	833.64	1312.04	14.8	6.5
2005	3124.83	1322.68	1107.27	1673.40	16.8	7.1
2006	3935.87	1656.68	1389.13	2013.25	18.1	7.6
2007	5591.29	2237.73	1894.77	2553.72	21.5	8.6
2008	7109.72	2731.41	2278.71	3247.49	22.9	8.8
2009	8404.99	3228.78	2654.75	4017.36	24.4	9.4
2010	11743.22	4079.86	3312.61	4914.06	28.3	9.8
2011	14119.85	5148.92	4124.62	6221.72	28.8	10.5
2012	14843.89	5860.69	4782.59	7027.67	27.5	10.8
2013	17328.80	6568.46	5419.49	7798.47	29.0	11.0
2014	18201.33	7233.14	6006.05	8472.45	28.0	11.1

注:财政总收入为公共财政预算收入、基金收入、上划中央四税之和。

a) Provincial financial revenue is the sum of public finance budget revenue, fund revenue and four kinds of taxes to the central government.

7－2 公共财政收支
Public Financial Budget Revenue and Expenditure

单位:亿元　　　　(100 million yuan)

指标	Item	2010	2011	2012	2013	2014
公共财政预算收入	**Public Finance Budget Revenue**	**4079.86**	**5148.91**	**5860.69**	**6568.46**	**7233.14**
税收收入	Taxes	3312.61	4124.62	4782.59	5419.49	6006.05
增值税	Value Added Tax	562.60	650.80	708.75	859.26	987.54
营业税	Business Taxes	1023.92	1260.60	1659.67	1872.41	2084.66
企业所得税	Company Income Tax	554.43	731.17	745.88	763.66	821.04
个人所得税	Personal Income Tax	180.94	237.74	224.22	264.88	306.33
城市维护建设税	Urban Maintenance and Development Tax	164.81	270.82	309.93	339.53	376.15
房产税	Tax on Real Estates	92.11	121.39	160.88	192.84	228.73
土地增值税	Value Added Tax on Land	170.36	256.97	317.17	405.79	444.89
耕地占用税	Tax on Use of Arable Land	58.98	54.33	57.96	42.91	34.74
契税	Tax on Contracts	324.72	319.78	332.84	383.75	401.69
其他各项税收	Others	179.75	221.02	265.29	294.46	320.27
非税收收入	Non-tax Income	767.25	1024.29	1078.10	1148.98	1227.10
专项收入	Special Project Income	107.37	160.76	179.34	193.11	209.33
行政事业性收费收入	Income from Administrative Fees	224.57	321.22	375.31	389.60	426.52
罚没收入	Penalty and Cofiscatory Income	89.31	97.53	98.51	118.54	120.63
国有资本经营收入	Profit from State-owned Assets	257.53	285.63	234.91	241.10	242.34
其他各项收入	Other Income	88.47	159.15	190.03	206.62	228.27
上划中央收入	**Turn Over Revenue to the Central Government**	**3134.39**	**3800.57**	**3922.35**	**4167.00**	**4583.29**
消费税	Consumption Tax	361.21	431.46	453.30	506.78	577.83
增值税	Value Added Tax	1705.21	1964.85	2080.03	2178.15	2377.62
企业所得税	Company Income Tax	796.56	1047.65	1052.69	1084.76	1168.33
个人所得税	Personal Income Tax	271.41	356.61	336.34	397.32	459.50
公共财政预算支出	**Public Finance Budget Expenditure**	**4914.06**	**6221.72**	**7027.67**	**7798.47**	**8472.45**
一般公共服务	General Public Service	631.24	748.45	820.43	859.41	856.70
公共安全	Public Security	326.80	371.40	407.78	452.99	473.83
教育	Education	865.36	1093.22	1350.61	1434.99	1504.86
科学技术	Science and Technology	150.35	213.40	257.24	302.59	327.10
文化体育与传媒	Culture, Sports and Media	88.67	116.86	150.90	173.54	190.86
社会保障和就业	Social Security and Employment	364.48	481.65	557.77	631.15	709.59
医疗卫生	Medical Treatment and Healthcare	249.69	349.86	418.14	475.86	560.93
节能环保	Envionment Protection	139.89	170.37	193.83	229.18	237.78
城乡社区事务	Operating Expenses of Urban and Rural Communities	624.53	812.06	858.13	1006.80	1221.64
农林水事务	Operating Expenses of Agriculture, Forestry and Water	489.16	618.13	754.09	868.34	899.31
交通运输	Transport	276.00	391.69	436.58	448.58	496.93
资源勘探电力信息等事务	Operating Expenses of Industry, Commerce and Financial Intermediation	262.96	294.39	283.18	345.89	364.33
其他各项支出	Others	444.92	560.24	538.99	569.15	628.59

7－3 分市财政收支(2014 年)

单位:亿元

指　　标	Item	南京 Nanjing	无锡 Wuxi	徐州 Xuzhou	常州 Changzhou
公共财政预算收入	**Public Finance Budget Revenue**	**903.49**	**768.01**	**472.33**	**433.88**
税收收入	Taxes	757.21	620.34	386.43	348.38
增值税	Value Added Tax	152.56	141.12	46.06	66.57
营业税	Business Taxes	211.51	170.61	155.16	95.55
企业所得税	Company Income Tax	107.78	91.74	21.99	41.99
个人所得税	Personal Income Tax	51.29	38.44	9.38	24.25
城市维护建设税	Urban Maintenance and Development Tax	63.30	46.81	27.38	23.56
房产税	Tax on Real Estates	24.15	29.20	11.34	15.75
土地增值税	Value Added Tax on Land	66.51	28.24	49.03	18.54
耕地占用税	Tax on Use of Arable Land	2.84	4.67	2.48	2.55
契税	Tax on Contracts	46.35	31.76	31.91	32.06
其他各项税收	Others	30.92	37.75	31.71	27.56
非税收收入	Non-tax Income	146.28	147.66	85.89	85.50
专项收入	Special Project Income	30.70	22.53	15.94	12.47
行政事业性收费收入	Income from Administrative Fees	52.57	21.21	36.44	22.36
罚没收入	Penalty and Cofiscatory Income	15.92	11.25	11.45	7.23
国有资本经营收入	Profit from State-owned Assets	0.00	86.09	3.85	7.34
其他各项收入	Other Income	47.09	6.58	18.21	36.10
上划中央收入	**Turn Over Revenue to the Central Government**	**868.36**	**550.45**	**260.27**	**276.80**
消费税	Consumption Tax	282.31	10.48	109.20	3.89
增值税	Value Added Tax	347.44	344.70	104.02	173.55
企业所得税	Company Income Tax	161.67	137.61	32.98	62.98
个人所得税	Personal Income Tax	76.94	57.66	14.07	36.38
公共财政预算支出	**Public Finance Budget Expenditure**	**921.20**	**748.06**	**661.84**	**434.93**
一般公共服务	General Public Service	84.62	60.93	57.36	47.10
公共安全	Public Security	60.86	45.25	33.44	26.20
教育	Education	136.88	113.03	131.95	68.20
科学技术	Science and Technology	44.72	35.47	17.48	21.70
文化体育与传媒	Culture, Sports and Media	30.84	12.64	7.74	7.04
社会保障和就业	Social Security and Employment	94.78	58.36	64.49	49.14
医疗卫生	Medical Treatment and Healthcare	60.23	40.58	52.38	32.05
节能环保	Envionment Protection	32.37	32.51	15.25	14.91
城乡社区事务	Operating Expenses of Urban and Rural Communities	179.13	164.99	97.30	70.90
农林水事务	Operating Expenses of Agriculture, Forestry and Water	58.03	41.78	110.70	32.72
交通运输	Transport	40.31	49.80	10.94	11.87
资源勘探电力信息等事务	Operating Expenses of Industry, Commerce and Financial Intermediation	52.15	37.49	21.58	7.77
其他各项支出	Others	46.29	55.24	41.23	45.30

Financial Revenue and Expenditure by Region (2014)

(100 million yuan)

苏州 Suzhou	南通 Nantong	连云港 Lianyun gang	淮安 Huaian	盐城 Yancheng	扬州 Yangzhou	镇江 Zhenjiang	泰州 Taizhou	宿迁 Suqian
1443.82	**550.00**	**261.77**	**308.51**	**418.02**	**295.19**	**277.76**	**277.95**	**210.10**
1244.37	457.34	213.42	251.94	341.41	242.22	228.82	225.80	180.69
286.21	64.48	23.54	24.55	37.26	39.82	32.41	43.27	18.53
285.07	160.34	91.22	101.81	146.28	84.70	97.19	81.71	76.98
219.16	44.78	13.25	10.89	27.27	25.30	21.31	24.27	17.66
73.44	41.86	4.90	7.54	11.53	10.24	10.35	7.82	6.67
82.79	25.43	11.01	15.84	18.86	16.43	14.89	16.14	8.84
60.86	13.93	5.80	19.87	17.46	7.79	7.18	6.22	7.53
88.87	39.53	14.12	33.41	30.20	27.95	17.45	13.96	17.03
5.01	4.10	0.21	0.84	2.14	2.10	3.65	3.38	0.77
79.12	35.54	29.05	23.98	32.22	14.59	11.71	15.37	18.04
63.85	27.35	20.32	13.22	18.18	13.30	12.69	13.64	8.64
199.45	92.66	48.35	56.57	76.61	52.97	48.95	52.15	29.41
45.58	13.87	6.71	8.19	11.37	8.93	8.15	9.31	5.54
58.61	31.89	22.38	23.98	22.37	15.62	15.91	16.16	8.43
13.77	7.75	6.30	9.99	7.75	3.76	4.64	6.11	6.71
41.77	22.88	7.42	6.51	22.98	20.36	15.43	7.61	0.09
39.72	16.28	5.56	7.89	12.14	4.30	4.83	12.97	8.64
1179.79	**292.91**	**83.89**	**154.99**	**177.84**	**173.27**	**127.15**	**162.59**	**93.38**
11.45	4.99	4.16	70.28	31.74	18.18	2.81	12.96	15.39
729.45	157.97	52.51	57.07	87.90	101.78	76.85	101.50	41.50
328.73	67.17	19.88	16.34	40.91	37.95	31.96	36.40	26.49
110.15	62.79	7.35	11.32	17.30	15.37	15.52	11.73	10.00
1304.83	**649.58**	**375.95**	**431.65**	**603.21**	**367.73**	**311.85**	**371.21**	**345.59**
119.85	73.61	38.58	49.68	67.84	48.02	33.35	44.01	25.27
84.50	35.23	17.18	18.83	23.05	23.62	19.98	22.72	12.43
204.05	141.88	66.58	70.62	103.95	65.37	54.92	59.22	77.55
75.80	21.79	10.04	10.62	23.63	11.30	11.87	7.65	9.82
41.69	10.59	4.87	5.15	10.64	6.59	7.23	7.25	5.49
123.96	57.20	27.96	42.79	48.64	28.41	22.97	31.48	34.59
70.07	53.83	24.12	32.14	49.89	26.09	18.66	31.53	27.07
46.57	12.55	11.96	10.11	15.10	8.46	12.62	10.08	10.25
257.47	73.22	74.13	59.40	69.29	51.21	54.62	46.24	22.54
93.01	74.97	56.55	61.72	84.61	39.00	27.85	50.81	70.67
64.85	9.83	16.76	8.71	13.91	11.36	7.70	9.48	7.55
39.03	24.74	7.84	40.30	51.53	15.70	13.33	22.49	13.75
83.98	60.14	19.39	21.60	41.12	32.59	26.76	28.25	28.61

7-4 历年金融机构存贷款

The Balance of Deposits of Financial Institutions over the Years

单位:亿元 (100 million yuan)

年份 Year	金融机构各项存款余额（本外币） The Balance of Deposits of Financial Institutions(RMB and Foreign Currency)	#居民储蓄 Household Savings	金融机构各项贷款余额（本外币） Financial Institutions, the LoanBalance (RMB and Foreign Currency)	金融机构各项存款余额（人民币） The Balance of Deposits of Financial Institutions (RMB)	#居民储蓄 Household Savings	金融机构各项贷款余额（人民币） Financial Institutions, the Loan Balance (RMB)
1978				60.72	12.40	115.29
1979				78.31	16.68	129.70
1980				95.55	23.72	159.11
1981				124.54	30.42	195.33
1982				146.21	40.60	217.87
1983				171.12	56.93	242.28
1984				221.68	74.76	333.40
1985				247.12	99.35	387.06
1986				372.62	139.59	528.83
1987				443.44	193.68	659.29
1988				517.81	231.85	742.10
1989				640.84	331.86	835.56
1990				860.33	471.18	1013.45
1991				1136.51	617.61	1230.49
1992				1422.61	766.11	1480.80
1993				1797.33	964.22	1777.80
1994				2481.10	1352.57	2218.15
1995				3500.49	1922.33	2875.39
1996				4706.36	2581.06	3840.74
1997				5674.94	3101.89	4452.46
1998				6578.80	3656.46	5063.57
1999				7470.43	4131.98	5535.15
2000				8400.75	4456.83	5967.66
2001				9700.68	5172.83	6671.74
2002				11881.19	6276.20	8234.58
2003				15378.49	7638.18	11299.55
2004				18211.02	8863.10	13480.98
2005	22821.57	10860.60	16282.60	22001.44	10581.27	15396.59
2006	26722.83	12454.90	19383.65	25860.47	12183.47	18485.02
2007	31337.99	13213.11	23265.83	30450.54	13014.92	22092.10
2008	38063.38	16916.74	27081.06	37017.48	16721.18	26160.72
2009	50061.85	20303.67	36846.34	48850.29	20080.63	35296.73
2010	60583.07	23533.13	44180.21	58984.14	23334.48	42121.04
2011	67638.75	26111.82	50283.52	65723.56	25914.74	47868.30
2012	78109.00	30285.44	57652.84	75481.51	30057.19	54412.30
2013	88302.07	34072.84	64908.22	85604.08	33823.90	61836.53
2014	96939.01	36847.53	72490.02	93735.61	36580.59	69572.67

7-5 金融机构本外币存贷款年末余额
Deposits and Loans of Financial Institutions at Year-end (RMB and Foreign Currency)

单位:亿元 (100 million yuan)

指标	Item	2010	2011	2012	2013	2014
各项存款	**The Deposits**	**60583.07**	**67638.75**	**78109.00**	**88302.07**	**96939.01**
#单位存款	Unit Deposits	35380.66	38982.01	44510.93	49575.07	54804.68
#活期存款	Demand Deposits	13693.00	13680.09	14910.90	16018.24	17386.14
定期存款	Time Deposits	8135.66	9646.37	12269.46	14937.02	16830.85
通知存款	Notice Deposits	1679.97	1733.07	1751.09	1792.86	1596.27
保证金存款	Margin Deposits	6265.73	7788.09	8459.54	8318.86	8929.46
个人存款	Individual Deposits	23574.97	26446.99	30847.59	35407.69	38173.48
#储蓄存款	Savings Deposits	23489.57	26111.82	30285.44	34072.84	36847.53
财政性存款	Fiscal Deposits	603.57	638.69	772.23	760.96	1126.41
临时性存款	Temporary Deposits	195.72	199.21	199.21	207.51	225.47
委托存款	Trust Deposits	230.79	202.12	146.77	280.94	470.38
其他存款	Other Deposits	618.69	1169.72	1632.25	2069.89	2138.59
各项贷款	**Loans**	**44180.21**	**50283.52**	**57652.84**	**64908.22**	**72490.02**
#境内贷款	Domestic Loans	44019.56	50130.17	57430.50	64692.06	72310.81
#短期贷款	Short - term Loans	19306.57	23257.14	27967.92	30604.85	31396.49
#个人贷款及透支	Personal Loans and Overdrafts	2306.53	2968.87	3413.92	4023.39	4361.55
#个人消费贷款	Loans for Personal Consumption	323.75	431.48	495.14	756.33	996.35
单位普通贷款及透支	Units of Ordinary Loans and Overdrafts	14940.43	17499.66	20413.93	22743.62	23728.05
#经营贷款	Business Loans	14577.78	17141.53	20011.90	22318.51	23308.88
中长期贷款	Long - term Loans	23433.32	25459.51	27492.54	31732.42	37299.25
#个人贷款	Personal Loans	7243.62	8244.59	9297.55	11080.20	12613.67
#个人消费贷款	Loans for Personal Consumption	6323.41	7108.32	8016.96	9688.91	11189.85
单位普通贷款	The Unit Normal Loans	13962.66	14563.91	14998.14	17028.66	20220.58
#经营贷款	Business Loans	2681.81	2611.24	2485.52	2100.11	2140.16
融资租赁	Finance Leases	68.22	98.71	140.41	173.20	260.10
票据融资	Bill Financing	1197.89	1300.82	1757.67	2102.53	3227.56
各项垫款	The Advances	13.55	13.98	71.96	79.06	127.42

注:表中2010年末数据为2011年年初数。
a) Data of the end of 2010 refer to early 2011.

7-6 金融机构人民币存贷款年末余额
Deposits and Loans of Financial Institutions at Year-end(RMB)

单位:亿元 (100 million yuan)

指　标	Item	2010	2011	2012	2013	2014
各项存款	**The Deposits**	**58984.14**	**65723.56**	**75481.51**	**85604.08**	**93735.61**
#单位存款	Unit Deposits	33995.00	37299.96	42152.63	47175.23	52042.86
#活期存款	Demand Deposits	12845.72	12780.91	13875.74	15052.90	16392.60
定期存款	Time Deposits	7850.47	9326.89	11787.09	14237.27	16047.61
通知存款	Notice Deposits	1523.81	1557.38	1565.16	1596.47	1466.21
保证金存款	Margin Deposits	6171.62	7511.86	7827.45	7807.78	8114.94
个人存款	Individual Deposits	23374.55	26239.72	30608.52	35147.09	37890.28
#储蓄存款	Savings Deposits	23297.60	25914.74	30057.19	33823.90	36580.59
财政性存款	Fiscal Deposits	603.36	638.69	772.23	760.96	1126.41
临时性存款	Temporary Deposits	176.33	177.22	173.80	176.95	178.09
委托存款	Trust Deposits	229.19	201.41	146.53	280.66	469.87
其他存款	Other Deposits	614.36	1166.56	1627.79	2063.18	2028.11
各项贷款	**Loans**	**42121.04**	**47868.30**	**54412.30**	**61836.53**	**69572.67**
#境内贷款	Domestic Loans	42120.18	47817.11	54361.84	61787.95	69533.21
#短期贷款	Short - term Loans	17689.03	21338.26	25331.98	28177.42	29144.89
#个人贷款及透支	Personal Loans and Overdrafts	2308.61	2968.62	3413.56	4021.97	4359.27
#个人消费贷款	Loans for Personal Consumption	328.14	431.22	494.78	754.90	994.06
单位普通贷款及透支	Units of Ordinary Loans and Overdrafts	14451.65	16976.63	19920.39	22232.99	22955.96
#经营贷款	Business Loans	13991.67	16631.71	19537.21	21808.56	22548.40
中长期贷款	Long - term Loans	23163.45	25067.34	27062.87	31260.79	36784.06
#个人贷款	Personal Loans	7285.87	8244.38	9297.24	11080.02	12613.39
#个人消费贷款	Loans for Personal Consumption	6419.82	7108.11	8016.66	9688.73	11189.57
单位普通贷款	The Unit Normal Loans	13816.01	14318.05	14688.03	16672.03	19856.67
#经营贷款	Business Loans	2809.36	2535.34	2354.89	1884.36	1955.25
融资租赁	Finance Leases	68.22	98.71	140.41	173.20	260.10
票据融资	Bill Financing	1167.02	1300.55	1757.43	2098.42	3226.87
各项垫款	The Advances	9.86	12.26	69.16	78.12	117.29

注:表中2010年末存款数据为2011年年初数。
a) The deposits of the end of 2010 refer to early 2011.

7-7 金融机构外汇存贷款年末余额

Deposits and Loans of Financial Institutions at Year-end (Foreign Currency)

单位:亿美元　　(100 million yuan)

指　　标	Item	2010	2011	2012	2013	2014
各项存款	**The Deposits**	**241.43**	**303.95**	**418.02**	**442.52**	**523.52**
#单位存款	Unit Deposits	209.22	266.95	375.20	393.62	451.35
#活期存款	Demand Deposits	127.94	142.71	164.69	158.33	162.37
定期存款	Time Deposits	43.06	50.70	76.74	114.77	128.00
通知存款	Notice Deposits	23.58	27.88	29.58	32.21	21.26
保证金存款	Margin Deposits	14.21	43.84	100.56	83.83	133.11
个人存款	Individual Deposits	30.27	32.90	38.04	42.74	46.28
#储蓄存款	Savings Deposits	28.99	31.28	36.31	40.83	43.62
临时性存款	Temporary Deposits	2.93	3.49	4.04	5.01	7.74
委托存款	Trust Deposits	0.24	0.11	0.04	0.05	0.08
其他存款	Other Deposits	0.65	0.50	0.71	1.10	18.06
各项贷款	**Loans**	**310.93**	**373.31**	**515.56**	**503.81**	**476.77**
#境内贷款	Domestic Loans	300.71	367.10	488.21	476.33	453.93
#短期贷款	Short - term Loans	253.26	304.54	419.37	398.14	367.97
#个人贷款及透支	Personal Loans and Overdrafts	0.02	0.04	0.06	0.23	0.37
#个人消费贷款	Loans for Personal Consumption	0.02	0.04	0.06	0.23	0.37
单位普通贷款及透支	Units of Ordinary Loans and Overdrafts	82.43	83.01	78.52	83.75	126.18
#经营贷款	Business Loans	81.98	80.91	75.52	83.64	124.28
中长期贷款	Long - term Loans	46.83	62.24	68.36	77.36	84.19
#个人贷款	Personal Loans		0.03	0.05	0.03	0.05
#个人消费贷款	Loans for Personal Consumption		0.03	0.05	0.03	0.05
单位普通贷款	The Unit Normal Loans	23.09	39.02	49.34	58.49	59.47
#经营贷款	Business Loans	8.18	12.05	20.78	35.39	30.22
融资租赁	Finance Leases					
票据融资	Bill Financing	0.06	0.04	0.04	0.67	0.11
各项垫款	The Advances	0.55	0.27	0.45	0.15	1.66

注:表中2010年末数据为2011年年初数。

a) Data of the end of 2010 refer to early 2011.

7－8　分地区金融机构本外币存贷款年末余额(2014 年)

单位:亿元

指标	Item	南京 Nanjing	无锡 Wuxi	徐州 Xuzhou	常州 Changzhou
各项存款	**The Deposits**	**20733.39**	**12315.01**	**4312.30**	**6980.70**
#单位存款	Unit Deposits	13792.64	7397.25	1767.18	3717.70
#活期存款	Demand Deposits	4734.35	1975.53	747.31	1104.55
定期存款	Time Deposits	4121.44	2688.01	332.19	1234.92
通知存款	Notice Deposits	299.22	242.44	28.61	82.29
保证金存款	Margin Deposits	1690.73	1269.53	300.25	659.09
个人存款	Individual Deposits	5501.16	4518.02	2473.86	3077.57
#储蓄存款	Savings Deposits	5135.67	4377.41	2385.19	2952.86
财政性存款	Fiscal Deposits	479.72	84.26	48.19	45.44
临时性存款	Temporary Deposits	108.43	33.60	11.37	6.58
委托存款	Trust Deposits	166.02	75.97	0.00	36.09
其他存款	Other Deposits	685.42	205.91	11.69	97.32
各项贷款	**Loans**	**16448.55**	**9029.65**	**2739.29**	**4897.39**
#境内贷款	Domestic Loans	16328.58	9027.44	2739.19	4896.87
#短期贷款	Short－term Loans	5099.46	4229.16	1412.39	2519.43
#个人贷款及透支	Personal Loans and Overdrafts	798.83	227.25	239.73	277.98
#个人消费贷款	Loans for Personal Consumption	384.64	74.33	23.19	32.96
单位普通贷款及透支	Units of Ordinary Loans and Overdrafts	3575.25	3566.46	1060.81	2037.76
#经营贷款	Business Loans	3474.22	3555.08	1033.64	2013.56
中长期贷款	Long－term Loans	10432.58	4148.74	1162.28	2118.98
#个人贷款	Personal Loans	2295.60	1140.11	620.65	792.74
#个人消费贷款	Loans for Personal Consumption	2107.18	1015.29	525.59	702.87
单位普通贷款	The Unit Normal Loans	6025.56	2490.30	444.94	1191.43
#经营贷款	Business Loans	614.32	486.37	94.79	79.62
融资租赁	Finance Leases	259.39	0.50	0.21	
票据融资	Bill Financing	524.71	614.65	153.79	252.38
各项垫款	The Advances	12.44	34.39	10.52	6.07

Deposits and Loans of Financial Institutions at Year-end by Region (RMB and Foreign Currency) (2014)

(100 million yuan)

苏州 Suzhou	南通 Nantong	连云港 Liangyungang	淮安 Huaian	盐城 Yancheng	扬州 Yangzhou	镇江 Zhenjiang	泰州 Taizhou	宿迁 Suqian
22832.53	**8508.32**	**1887.31**	**2036.86**	**3721.03**	**4323.54**	**3598.68**	**4061.82**	**1627.52**
14386.00	3643.87	874.43	946.46	1586.12	2076.54	1885.37	1965.52	765.59
3960.62	1153.76	386.37	459.14	616.12	706.23	588.57	609.31	344.28
4232.22	1242.27	235.77	218.37	438.40	697.87	582.83	636.38	170.19
719.63	65.67	14.80	8.39	24.10	41.53	30.42	29.16	10.01
2431.33	636.51	132.00	113.99	330.01	360.55	431.73	411.15	162.61
7117.75	4692.96	953.41	1059.46	2093.66	2176.31	1639.51	2031.66	838.15
6817.56	4623.93	929.40	1047.22	2067.74	2127.35	1578.35	1990.24	814.61
276.91	30.44	46.10	26.68	27.39	20.78	18.97	10.46	11.06
20.11	19.77	5.82	3.10	3.52	3.85	3.01	3.48	2.82
137.20	12.42	0.00	0.00	1.08	25.32	4.65	11.64	0.00
894.56	108.86	7.54	1.15	9.26	20.74	47.17	39.06	9.89
18427.41	**5258.93**	**1607.42**	**1635.59**	**2603.82**	**2766.18**	**2730.19**	**2854.53**	**1491.07**
18372.89	5258.55	1607.29	1635.53	2603.77	2765.58	2729.69	2854.47	1490.96
7539.17	2822.12	672.23	705.18	1259.38	1345.61	1482.35	1552.68	757.31
794.49	415.92	176.53	193.36	252.38	259.42	157.25	274.45	293.96
212.60	42.67	27.46	23.71	41.18	30.84	23.71	33.39	45.66
5618.42	2235.94	447.67	475.71	908.89	1000.32	1220.33	1152.10	428.41
5570.23	2137.98	403.54	472.94	872.58	999.85	1203.67	1147.97	423.60
10116.20	2179.94	858.52	853.95	1134.95	1290.81	1159.55	1162.75	679.99
3632.79	628.09	399.26	502.36	608.97	597.78	406.82	490.86	497.63
3299.20	518.00	345.28	442.14	524.58	525.49	355.72	394.92	433.60
5406.25	1366.26	397.14	341.63	456.29	666.55	675.30	587.74	171.18
436.73	80.12	61.46	29.06	42.52	65.41	67.35	71.36	11.05
679.53	253.58	73.99	76.02	207.84	127.29	75.32	135.72	52.75
37.99	2.91	2.55	0.38	1.60	1.88	12.47	3.32	0.90

7-9 分地区金融机构人民币存贷款年末余额(2014年)

单位:亿元

指　　标	Item	南京 Nanjing	无锡 Wuxi	徐州 Xuzhou	常州 Changzhou
各项存款	**The Deposits**	**20161.86**	**11849.03**	**4286.46**	**6758.57**
#单位存款	Unit Deposits	13397.10	6978.33	1749.44	3516.64
#活期存款	Demand Deposits	4554.59	1842.68	735.57	1038.58
定期存款	Time Deposits	4046.27	2528.89	331.15	1145.86
通知存款	Notice Deposits	292.98	233.20	28.61	76.90
保证金存款	Margin Deposits	1560.82	1156.48	295.30	618.45
个人存款	Individual Deposits	5415.01	4479.71	2465.84	3057.59
#储蓄存款	Savings Deposits	5055.77	4341.45	2377.44	2934.19
财政性存款	Fiscal Deposits	479.72	84.26	48.19	45.44
临时性存款	Temporary Deposits	66.37	32.70	11.30	5.80
委托存款	Trust Deposits	165.91	75.96	0.00	35.78
其他存款	Other Deposits	637.75	198.06	11.69	97.32
各项贷款	**Loans**	**15628.53**	**8669.62**	**2724.79**	**4789.74**
#境内贷款	Domestic Loans	15623.69	8668.09	2724.69	4789.23
#短期贷款	Short - term Loans	4672.80	3905.26	1397.90	2412.55
#个人贷款及透支	Personal Loans and Overdrafts	798.10	226.97	239.69	277.82
#个人消费贷款	Loans for Personal Consumption	383.91	74.05	23.15	32.81
单位普通贷款及透支	Units of Ordinary Loans and Overdrafts	3376.55	3414.28	1060.11	2004.90
#经营贷款	Business Loans	3287.01	3402.89	1032.94	1980.71
中长期贷款	Long - term Loans	10155.43	4117.86	1162.27	2118.29
#个人贷款	Personal Loans	2295.44	1140.04	620.64	792.74
#个人消费贷款	Loans for Personal Consumption	2107.02	1015.22	525.58	702.87
单位普通贷款	The Unit Normal Loans	5791.32	2466.65	444.94	1191.43
#经营贷款	Business Loans	499.43	474.53	94.79	79.62
融资租赁	Finance Leases	259.39	0.50	0.21	
票据融资	Bill Financing	524.47	614.65	153.79	252.38
各项垫款	The Advances	11.60	29.82	10.52	6.00

Deposits and Loans of Financial Institutions at Year-end by Region(RMB)(2014)

(100 million yuan)

苏州 Suzhou	南通 Nantong	连云港 Liangyungang	淮安 Huaian	盐城 Yancheng	扬州 Yangzhou	镇江 Zhenjiang	泰州 Taizhou	宿迁 Suqian
21428.20	8339.54	1852.67	2005.72	3692.75	4269.75	3536.27	3955.84	1598.96
13100.90	3501.59	845.33	918.04	1563.29	2033.58	1834.99	1865.17	738.45
3531.36	1101.42	371.57	442.59	606.79	687.57	564.57	576.81	338.51
3910.91	1198.79	225.89	207.46	431.06	682.97	573.82	611.66	152.88
625.32	62.84	14.80	8.08	24.10	41.53	29.20	22.55	6.09
2014.33	596.46	127.95	113.33	323.86	355.17	415.57	374.78	162.47
7049.06	4671.48	947.92	1056.75	2088.28	2165.61	1630.22	2026.07	836.73
6753.44	4602.87	924.03	1044.52	2062.39	2117.09	1569.40	1984.80	813.20
276.91	30.44	46.10	26.68	27.39	20.78	18.97	10.46	11.06
17.08	19.64	5.78	3.10	3.45	3.72	2.91	3.43	2.82
137.10	12.42	0.00	0.00	1.08	25.31	4.65	11.64	0.00
847.14	103.97	7.54	1.15	9.26	20.74	44.54	39.06	9.89
17247.94	**5130.38**	**1549.34**	**1617.55**	**2567.98**	**2732.42**	**2679.83**	**2751.51**	**1483.05**
17217.36	5130.00	1549.20	1617.49	2567.93	2731.82	2679.33	2751.44	1482.94
6504.31	2716.82	644.48	687.55	1224.91	1314.22	1443.82	1470.98	749.30
793.80	415.79	176.51	193.34	252.35	259.35	157.18	274.42	293.94
211.91	42.54	27.44	23.68	41.14	30.77	23.64	33.36	45.65
5292.63	2214.37	446.15	472.65	907.95	995.69	1212.36	1131.86	426.45
5244.57	2116.41	402.03	469.89	871.64	995.22	1195.71	1127.74	421.65
9999.15	2157.45	828.19	853.55	1133.58	1288.44	1148.45	1141.42	679.99
3632.79	628.09	399.26	502.35	608.96	597.77	406.82	490.86	497.63
3299.19	518.00	345.28	442.13	524.58	525.48	355.71	394.92	433.60
5345.56	1355.22	395.88	341.23	455.22	665.75	665.76	566.53	171.18
406.25	74.68	60.19	29.06	42.52	65.41	60.64	57.09	11.05
679.09	253.57	73.99	76.02	207.84	127.29	75.32	135.72	52.75
34.81	2.16	2.55	0.38	1.60	1.88	11.74	3.32	0.90

7－10 分地区金融机构外汇存贷款年末余额(2014 年)

单位:亿美元

指　　标	Item	南京 Nanjing	无锡 Wuxi	徐州 Xuzhou	常州 Changzhou
各项存款	**The Deposits**	**93.40**	**76.15**	**4.22**	**36.30**
#单位存款	Unit Deposits	64.64	68.46	2.90	32.86
#活期存款	Demand Deposits	29.38	21.71	1.92	10.78
定期存款	Time Deposits	12.28	26.00	0.17	14.56
通知存款	Notice Deposits	1.02	1.51		0.88
保证金存款	Margin Deposits	21.23	18.48	0.81	6.64
个人存款	Individual Deposits	14.08	6.26	1.31	3.26
#储蓄存款	Savings Deposits	13.06	5.88	1.27	3.05
财政性存款	Fiscal Deposits				
临时性存款	Temporary Deposits	6.87	0.15	0.01	0.13
委托存款	Trust Deposits	0.02	…		0.05
其他存款	Other Deposits	7.79	1.28	…	…
各项贷款	**Loans**	**134.01**	**58.84**	**2.37**	**17.59**
#境内贷款	Domestic Loans	115.20	58.73	2.37	17.59
#短期贷款	Short－term Loans	69.73	52.93	2.37	17.47
#个人贷款及透支	Personal Loans and Overdrafts	0.12	0.05	0.01	0.03
#个人消费贷款	Loans for Personal Consumption	0.12	0.05	0.01	0.03
单位普通贷款及透支	Units of Ordinary Loans and Overdrafts	32.47	24.87	0.11	5.37
#经营贷款	Business Loans	30.60	24.87	0.11	5.37
中长期贷款	Long－term Loans	45.29	5.05	…	0.11
#个人贷款	Personal Loans	0.03	0.01	…	…
#个人消费贷款	Loans for Personal Consumption	0.03	0.01	…	…
单位普通贷款	The Unit Normal Loans	38.28	3.87		
#经营贷款	Business Loans	18.78	1.94		
融资租赁	Finance Leases				
票据融资	Bill Financing	0.04			
各项垫款	The Advances	0.14	0.75		0.01

Deposits and Loans of Financial Institutions at Year-end by Region (Foreign Currency) (2014)

(USD 100 million)

苏州 Suzhou	南通 Nantong	连云港 Lianyungang	淮安 Huaian	盐城 Yancheng	扬州 Yangzhou	镇江 Zhenjiang	泰州 Taizhou	宿迁 Suqian
229.50	**27.58**	**5.66**	**5.09**	**4.62**	**8.79**	**10.20**	**17.32**	**4.67**
210.02	23.25	4.76	4.65	3.73	7.02	8.23	16.40	4.43
70.15	8.55	2.42	2.70	1.53	3.05	3.92	5.31	0.94
52.51	7.11	1.61	1.78	1.20	2.44	1.47	4.04	2.83
15.41	0.46		0.05			0.20	1.08	0.64
68.15	6.55	0.66	0.11	1.01	0.88	2.64	5.94	0.02
11.23	3.51	0.90	0.44	0.88	1.75	1.52	0.91	0.23
10.48	3.44	0.88	0.44	0.87	1.68	1.46	0.89	0.23
0.49	0.02	0.01	…	0.01	0.02	0.02	0.01	…
0.02					…			
7.75	0.80		…		…	0.43		…
192.76	**21.01**	**9.49**	**2.95**	**5.86**	**5.52**	**8.23**	**16.84**	**1.31**
188.84	21.01	9.49	2.95	5.86	5.52	8.23	16.84	1.31
169.12	17.21	4.54	2.88	5.63	5.13	6.30	13.35	1.31
0.11	0.02	…	0.00	0.01	0.01	0.01	0.01	…
0.11	0.02	…	0.00	0.01	0.01	0.01	0.01	…
53.24	3.52	0.25	0.50	0.15	0.76	1.30	3.31	0.32
53.22	3.52	0.25	0.50	0.15	0.76	1.30	3.31	0.32
19.13	3.68	4.96	0.07	0.22	0.39	1.81	3.49	
…		…	…	…	…	…	…	
…		…	…	…	…	…	…	
9.92	1.80	0.21	0.07	0.18	0.13	1.56	3.47	
4.98	0.89	0.21				1.10	2.33	
0.07	…							
0.52	0.12					0.12		

7－11　分行业金融机构贷款年末余额

行　业	Sector	本外币(亿元) RMB and Foreign Currency (100 million yuan)				
		2010	2011	2012	2013	2014
总　计	**Total**	**42743.01**	**48665.72**	**55900.17**	**62805.68**	**69262.46**
农、林、牧、渔业	Agriculture, Forestry, Animal Husbandry and Fishery	411.89	584.54	915.00	1270.13	1500.84
采矿业	Mining	47.88	53.19	62.65	105.39	100.46
制造业	Manufacturing	10694.57	13351.59	15821.34	16509.63	16275.43
电力、热力、燃气及水生产和供应业	Production and Supply of Electric Power, Heat Power, Gas and Water	1444.92	1538.19	1612.77	1655.21	1691.56
建筑业	Construction	1293.83	1769.66	2374.62	2766.82	3112.24
批发和零售业	Wholesale and Retail Trades	3748.17	4454.30	5229.39	5875.73	5930.97
交通运输、仓储和邮政业	Transport, Storage and Post	2936.28	3033.82	3377.03	3549.03	3824.00
住宿和餐饮业	Hotels and Catering Services	200.75	251.02	353.83	458.04	480.30
信息传输、软件和信息技术服务业	Information Transfer, Software and IT Services	95.32	138.44	168.67	202.27	207.46
金融业	Financial Intermediation	124.09	133.94	293.03	246.78	342.71
房地产业	Real Estate	3037.71	3284.49	3749.14	4620.55	5531.26
租赁和商务服务业	Leasing and Business Services	3797.22	3834.58	4107.14	4707.19	6229.98
科学研究和技术服务业	Scientific and Technical Services	73.31	86.98	104.34	136.20	168.82
水利、环境和公共设施管理业	Management of Water Conservancy, Environment and Public Facilities	4092.26	3683.33	3520.44	3956.03	5042.38
居民服务、修理和其他服务业	Services to Households and Other Services	152.51	171.69	150.84	158.45	174.54
教育	Education	425.27	396.14	404.51	413.00	426.72
卫生和社会工作	Health and Social Work	196.48	253.50	349.60	409.74	507.90
文化、体育和娱乐业	Culture, Sports and Entertainment	86.21	108.84	204.90	267.78	351.26
公共管理、社会保障和社会组织	Public Management and Social Organization	238.04	181.42	167.16	177.96	209.21

注:本表不含票据融资、非银行金融机构的委托贷款以及外资银行的数据。

Loans of Financial Institutions at Year-end by Sector

人民币(亿元) RMB (100 million yuan)					外汇(亿美元) Foreign Currency (USD 100 million)				
2010	2011	2012	2013	2014	2010	2011	2012	2013	2014
40781.85	**46372.30**	**52659.87**	**59738.11**	**66345.80**	**296.13**	**363.98**	**515.52**	**503.14**	**476.66**
411.20	584.19	914.49	1268.70	1499.32	0.10	0.06	0.08	0.23	0.25
39.44	52.79	61.91	103.10	99.16	1.27	0.06	0.12	0.38	0.21
9608.31	11824.17	13590.36	14410.26	14267.71	164.02	242.41	354.94	344.33	328.11
1360.45	1440.63	1545.92	1599.08	1639.79	12.75	15.48	10.64	9.21	8.46
1290.76	1769.05	2372.22	2761.16	3106.85	0.46	0.10	0.38	0.93	0.88
3141.21	3989.32	4583.52	5202.70	5304.84	91.65	73.79	102.76	110.39	102.33
2893.71	2996.54	3335.86	3511.98	3776.49	6.43	5.92	6.55	6.08	7.76
200.38	251.01	353.83	458.04	480.30	0.06	0.00			
90.58	132.66	167.83	201.64	206.74	0.72	0.92	0.13	0.10	0.12
74.85	94.32	258.57	246.74	342.71	7.44	6.29	5.48	0.01	
3035.74	3284.20	3748.51	4620.24	5530.95	0.30	0.05	0.10	0.05	0.05
3789.53	3822.21	4084.06	4688.80	6202.23	1.16	1.96	3.67	3.02	4.54
72.94	85.96	103.79	135.97	168.73	0.06	0.16	0.09	0.04	0.01
4086.27	3679.16	3505.41	3955.63	5042.17	0.90	0.66	2.39	0.07	0.03
152.00	170.60	147.81	156.81	172.65	0.08	0.17	0.48	0.27	0.31
425.27	396.14	404.51	413.00	426.72					
194.15	251.43	348.15	407.94	506.46	0.35	0.33	0.23	0.30	0.24
86.15	108.84	204.90	267.78	350.65	0.01				0.10
238.04	181.42	167.01	177.96	209.21			0.02		

a) This table does not include bill financing, trust loans of non-banking financial institutions and data from foreign banks.

7－12　分市分行业金融机构本外币贷款年末余额(2014 年)

行　　业	Sector	南京 Nanjing	无锡 Wuxi	徐州 Xuzhou	常州 Changzhou
总　　计	**Total**	**15923.84**	**8415.00**	**2585.50**	**4645.00**
农、林、牧、渔业	Agriculture, Forestry, Animal Husbandry and Fishery	128.33	276.13	35.13	146.03
采矿业	Mining	29.60	1.56	41.27	3.19
制造业	Manufacturing	2086.15	3033.21	532.89	1331.55
电力、热力、燃气及水生产和供应业	Production and Supply of Electric Power, Heat Power, Gas and Water	506.39	142.16	82.02	71.59
建筑业	Construction	746.93	177.57	70.71	259.88
批发和零售业	Wholesale and Retail Trades	1382.01	701.07	382.14	425.21
交通运输、仓储和邮政业	Transport, Storage and Post	2202.61	255.54	36.76	108.30
住宿和餐饮业	Hotels and Catering Services	68.49	55.32	15.19	39.78
信息传输、软件和信息技术服务业	Information Transfer, Software and IT Services	79.23	39.18	8.50	5.57
金融业	Financial Intermediation	113.87	25.76	2.11	10.82
房地产业	Real Estate	1578.03	665.93	197.72	389.18
租赁和商务服务业	Leasing and Business Services	1549.88	898.54	168.61	392.81
科学研究和技术服务业	Scientific and Technical Services	51.24	19.20	3.39	5.86
水利、环境和公共设施管理业	Management of Water Conservancy, Environment and Public Facilities	1643.44	656.95	86.96	260.97
居民服务、修理和其他服务业	Services to Households and Other Services	34.60	16.65	9.17	9.78
教育	Education	125.85	23.02	20.16	26.53
卫生和社会工作	Health and Social Work	168.09	32.75	21.06	41.90
文化、体育和娱乐业	Culture, Sports and Entertainment	82.12	18.04	4.15	43.59
公共管理、社会保障和社会组织	Public Management and Social Organization	132.60	6.85	7.06	1.22
国际组织	International Organization				
对境外贷款	Overseas Loans	119.97	2.21	0.10	0.51
个人贷款及透支	Personal Loans and Overdrafts	3094.43	1367.37	860.39	1070.72

注:本表不含票据融资、非银行金融机构的委托贷款数据,含外资银行数据。

Deposits and Loans of Financial Institutions at Year-end by Region and Sector (2014)

苏州 Suzhou	南通 Nantong	连云港 Lianyungang	淮安 Huaian	盐城 Yancheng	扬州 Yangzhou	镇江 Zhenjiang	泰州 Taizhou	宿迁 Suqian
17747.87	**5005.35**	**1533.43**	**1559.57**	**2395.99**	**2638.89**	**2654.87**	**2718.82**	**1438.32**
516.64	124.64	17.18	29.79	44.79	68.42	54.10	36.29	23.37
1.25	3.89	2.14	4.24	2.35	1.66	8.99		0.33
4385.54	1162.99	212.50	268.76	595.77	591.59	989.05	802.73	282.69
367.11	193.70	101.56	32.97	50.48	45.04	39.68	48.65	10.21
475.14	553.31	45.72	48.95	134.12	229.30	120.13	196.91	53.58
1314.78	530.47	133.99	127.79	195.35	178.27	221.14	242.81	95.94
645.66	125.71	169.94	19.16	73.51	60.38	48.31	61.76	16.36
163.73	31.14	4.45	9.94	22.13	32.31	13.07	18.49	6.27
38.55	14.43	1.38	1.67	3.25	4.01	4.11	6.00	1.58
143.98	4.99	2.72	0.98	7.73	8.47	8.56	11.31	1.40
1396.84	460.88	55.60	107.43	122.80	179.29	179.67	147.15	50.72
2092.80	352.53	67.75	62.58	141.09	130.37	157.71	189.77	25.54
69.07	1.19	6.39	1.02	3.19	3.21	2.11	2.52	0.44
1261.80	314.02	96.09	87.82	76.94	196.94	193.09	132.53	34.84
69.67	3.39	2.78	4.44	3.54	5.31	7.29	5.89	2.03
65.53	38.77	13.59	27.45	20.60	21.08	13.12	19.18	11.84
77.78	22.28	15.50	19.68	27.23	16.98	21.96	27.26	15.42
157.71	18.57	5.10	1.46	6.15	2.37	7.50	0.75	3.76
22.50	4.06	3.13	7.66	3.58	6.10	0.71	3.44	10.29
54.51	0.38	0.13	0.06	0.05	0.60	0.50	0.07	0.11
4427.28	1044.01	575.79	695.72	861.35	857.20	564.07	765.31	791.58

a) This table contains data from foreign banks and does not contain bill financing and trust loans of non-banking institutions.

7－13　金融机构人员情况表

Number of Institutions and Staff and Workers of Banking Organizations

项　　目	Item	2010	2011	2012	2013	2014
机构数　（家）	**Number of Institutions (unit)**	**11425**	**11661**	**12029**	**12330**	**12686**
#国有商业银行	State-owned Commercial Banks	4561	4641	4768	4849	4839
政策性银行	Banks of Budgetary Subsidies	92	93	93	93	93
股份制商业银行	Joint-stock Commercial Banks	736	768	832	915	1074
农村商业银行	Rural Commercial Banks	1283	1975	2692	2932	3034
农村信用社	Rural Credit Cooperatives	1073	677	269	146	135
财务公司	Financial Companies	6	7	9	11	12
信托投资公司	Trusted Investment Agencies	4	4	4	4	4
租赁公司	Rent Companies	1	1	1	1	1
职工人数　（人）	**Number of Staff and Workers (person)**	**179177**	**191572**	**204366**	**215558**	**226183**
#国有商业银行	State-owned Commercial Banks	92892	96267	99346	100229	102718
政策性银行	Banks of Budgetary Subsidies	2126	2165	2254	2341	2333
股份制商业银行	Joint-stock Commercial Banks	24390	27527	30973	34570	37513
农村商业银行	Rural Commercial Banks	15278	25937	36592	41065	43469
农村信用社	Rural Credit Cooperatives	13411	8694	3989	2293	2090
财务公司	Financial Companies	126	177	227	292	325
信托投资公司	Trusted Investment Agencies	222	242	285	336	400
租赁公司	Rent Companies	78	93	112	121	118

注：机构数为营业网点数。
a) The Insititution means business department.

7-14 保险业务主要指标
Major Indicators of Insurance Business

指标	Item	2010	2011	2012	2013	2014
保费收入 （亿元）	**Premium （100 million yuan）**	**1162.67**	**1200.02**	**1301.28**	**1446.08**	**1683.76**
财产险	Property Insurance	311.91	379.92	440.92	518.61	606.29
#企业财产保险	Enterprise Property Insurance	28.22	33.66	36.71	39.77	41.48
家庭财产保险	Household Property Insurance	1.62	1.89	2.36	2.65	2.53
机动车辆保险	Motor Vehicle Insurance	236.92	285.03	328.91	393.49	465.69
人身意外伤害险	Accident Injury Insurance	25.96	31.08	35.20	41.88	48.47
健康险	Health Insurance	44.39	47.93	59.29	76.41	112.27
寿险	Life Insurance	780.41	741.09	765.87	809.17	916.72
各项赔款和给付 （亿元）	**Claim and Payment （100 million yuan）**	**251.78**	**324.41**	**386.97**	**527.02**	**616.78**
财产险	Property Insurance	134.41	178.49	240.08	303.23	336.30
#企业财产保险	Enterprise Property Insurance	9.78	14.06	16.91	25.05	18.46
家庭财产保险	Household Property Insurance	0.35	0.48	0.59	0.53	0.57
机动车辆保险	Motor Vehicle Insurance	109.88	146.61	191.94	246.34	277.02
人身意外伤害险	Accident Injury Insurance	7.01	8.36	10.02	11.18	13.45
健康险	Health Insurance	17.99	28.60	17.85	24.00	35.16
寿险	Life Insurance	92.38	108.95	119.03	188.62	231.87
保险公司数 （家）	**Number of Insurance Co. （unit）**	**76**	**86**	**90**	**90**	**93**
#财产保险公司	Property Insurance Co.	32	38	39	39	39
人寿保险公司	Life Insurance Co.	44	48	51	51	54
#中资保险公司	Chinese-Funded Co.	52	59	63	63	62
外资保险公司	Foreign-Funded Co.	24	27	27	27	31
保险公司分支机构 （家）	**Branches of Insurance Co. （unit）**	**5600**	**5881**	**5718**	**5743**	**5900**
从业人员数 （万人）	**Number of Staff and Workers （10000 persons）**	**22.70**	**23.05**	**22.80**	**23.49**	**27.34**

7-15 江苏辖区证券市场基本情况
Basic Information of Securities Markets within Jiangsu

项目	Item	2010	2011	2012	2013	2014
上市公司数（家）	Number of Listed Companies (unit)	169	214	236	235	254
#A股	A Shares	164	203	231	230	252
#B股	B Shares	5	5	5	5	5
辅导企业数（家）	Number of Guidance Enterprises (unit)	153	204	244	206	175
证券公司数（家）	Number of Securities Companies (unit)	5	6	6	6	6
证券营业部数（家）	Number of Securities Business Departments (unit)	306	331	365	540	624
期货经纪公司（家）	Number of Futures Broker Companies (unit)	11	11	11	10	10
期货经纪公司营业部（个）	Number of Trading Offices of Futures Broker Companies (unit)	74	87	101	119	125
证券投资咨询机构数（家）	Number of Securities Investment Consultative Institutions (unit)	3	3	2	2	3
证券从业人员数（人）	Number of Staff and Workers in Securities (person)	9278	11381	11280	9333	9391
期货从业人员数（人）	Number of Staff and Workers in Futures (person)	1821	2199	2336	2636	2468
证券投资者开户数（万户）	Number of Accounts of Securities Investors (10000 accounts)	666	700	737	767	811
期货投资者开户数（户）	Number of Accounts of Futures Investors (account)	135600	159100	195338	210026	223885
上市公司募集资金总额（亿元）	Total Capital Volume Collected by Listed Companies (100 million yuan)	791.77	670	344	283.69	701.45
发行	Issuing	470.70	477	135	0	93
配股	Share Right Issued	54.78	9.03	5.71	0.00	4.70
增发	Adding Shares Issue	194.89	137.28	82.46	79.84	550.43
公司债	Debenture	21.4	47.00	120.30	203.9	53.32
上市公司总资产（亿元）	Total Assets of Listed Companies (100 million yuan)	10259.40	11036.57	12489.34	10848.16	22963.26
上市公司净资产（亿元）	Net Assets of Listed Companies (101 million yuan)	3628.08	4103.76	4360.70	5373.23	7008.93
上市公司总股本（亿股）	Total Capital Shares of Listed Companies (100 million yuan)	899.01	1136.70	1250.60	1379.89	1596.57
市价总值（亿元）	Total Market Value (100 million yuan)	13824.31	10514.50	11394.27	12787.24	19630.99
上市公司净利润（亿元）	Net Profit of Listed Companies (100 million yuan)	447.72	474.63	525.25	424.42	587.80
上市公司每股收益（元）	Per Share Income of Listed Companies (yuan)	0.51	0.48	0.42	0.36	0.35
证券经营机构证券交易量（亿元）	Trading Volume of Securities Business Institutions (100 million yuan)	76897.17	59694.48	41877.16	62452.24	98654.91
期货经营机构代理交易量（亿元）	Proxy Trading Volume of Futures Business Institutions (100 million yuan)	215753.23	178479.60	197158.93	212668.01	196768.34

主要统计指标解释

财政收入 指国家财政参与社会产品分配所取得的收入，是实现国家职能的财力保证。按我省口径，财政总收入为公共财政预算收入、基金收入和上划中央四税之和。

财政支出 国家财政将筹集起来的资金进行分配使用，以满足经济建设和各项事业的需要。

存款 指企业、机关、团体或居民根据资金必须收回的原则，把货币资金存入银行或其他信用机构保管并取得一定利息的一种信用活动形式。它是银行信贷资金的主要来源。

贷款 指银行或其他信用机构根据资金必须归还的原则，按一定利率，为企业、个人等提供资金的一种信用活动形式。

保险公司 经保险监管机构批准设立，并依法登记注册经营保险业务的公司。

保险金额 保险人承担赔偿或者给付保险金责任的最高限额。

保费 投保人为取得保险保障，按保险合同约定向保险人支付的费用。

赔款 保险人对保险事故造成的损失，根据合同约定向被保险人或受益人给予的经济补偿。

给付 人身保险合同中，保险人向被保险人或受益人给付保险金的行为。包括死伤医疗给付、满期给付和年金给付。死伤医疗给付指因人寿保险及长期健康保险业务的被保险人在保险期内发生保险责任范围内的保险事故，保险公司按保险合同约定支付给被保险人（或受益人）的保险金。满期给付指因人寿保险业务的被保险人生存至保险期满，保险公司按保险合同约定支付给被保险人的满期保险金。年金给付指保险公司因年金保险业务的被保险人生存至规定的年龄，按保险合同约定支付给被保险人的给付金额。

Explanatory Notes on Main Statistical Indicators

Government Revenue refers to income for the government finance through participating in the distribution of social products. It is the financial guarantee to ensure government functioning. In our province, total financial revenue is the sum of public finance budgetary revenue, funds budgetary revenue and four taxes turned over to central government.

Government Expenditure refers to the distribution and use of the funds which the government finance has raised, so as to meet the needs of economic construction and various causes.

Deposit is a form of credit by which enterprises, institutions, organizations or residents can put money into banks and other credit institutions for safekeeping and interest earning under the principle of freedrawal. Deposits are major sources of credit funds of banks.

Loan is a form of credit by which banks and other credit institutions provide funds at certain interest rate to enterprises and individual in the light of the principle of unconditional repayment.

Insurance Companies refer to commercial insurance companies of various forms registered by law and established with the approval of insurance regulatory agencies.

Amount Insured refers to the maximum that the insurant will get for the claim of the case insured.

Premium is the fee paid by the insurant to the insurer to obtain the obligation of compensation from the insurance within the agreed terms.

Settled Claim is the compensation paid by the insurer to the insurant or beneficiary for the loss of the insurance accident in accordance with the insurance contract.

Payment is the behavior that the insurer pays insured amount to the insurant or the beneficiary according to the personal insurance contract. It includes payment for death, injury or medical treatment, payment at maturity and annuity payment. Payment for death, injury or medical treatment refers to the money paid to the insurant (or the beneficiary) in accordance with the life or health insurance contract when the insurant encounters accidents within the insured period covered in the contract. Payment at maturity refers to the payment to the insurant in accordance with the life insurance contract at the end of the insured period. Annuity payment refers to the payment to the insurant in accordance with the life insurance contract when the insurant under the annuity insurance lives to the specified age.

8

对外经济贸易

Foreign Trade and Economic Cooperation

简 要 说 明

本篇资料综合反映江苏的对外贸易、利用外资、对外直接投资、对外经济合作的历年概况，重点反映对外经济贸易的近期发展状况。

一、对外贸易部分

对外贸易统计的主要内容包括：进出口货物的品种、数（重）量、金额、国别（地区）、经营单位、境内目的地、境内货源地、贸易方式、关别等项目。

对外贸易统计的资料来源于海关总署，调查方法是全面调查。

历年出口商品分类金额和历年进口商品分类金额按照联合国《国际贸易标准分类》（SITC）进行统计。

对各国（地区）进出口总额表中，出口货物按中华人民共和国关境外最终目的国（地区），进口货物按中华人民共和国关境外原产国（地区）统计。进出口总额分别按境内经营单位所在地和目的地、货源地列示。经营单位所在地是指江苏省境内进出口企业报关注册的登记地；境内货源地是指出口货物在江苏省境内的产地或原始发货地。

二、利用外资统计部分

利用外资统计的主要内容包括：对外借款、外商直接投资和外商其他投资、外商投资企业登记注册情况。

统计范围是凡经工商行政管理机关核准登记，在江苏省境内所有利用外资的单位和部门，经批准设立的中外合资经营企业、合作经营企业、外资企业、外商投资股份制企业、合作开发项目等具有法人资格的独立核算企业（包括港澳台地区投资企业），在华从事经营活动的外国及港澳台地区企业及外国公司在江苏境内设立的分支机构。

利用外资统计的资料来源于商务部门，其中，外商投资企业的登记注册情况资料来源于工商行政管理部门，调查方法是全面调查。

三、对外经济合作部分

对外经济合作统计的主要内容包括：对外承包工程、对外劳务合作的合同数、合同金额、完成营业额等。

统计范围是对外承包工程、对外劳务合作。

该制度统计单位是经各级商务主管部门批准的从事对外承包和劳务合作业务并具有法人地位的对外承包劳务企业。

资料来源是商务部门，调查方法是全面调查。

四、对外直接投资部分

对外直接投资统计的内容主要包括：境内投资主体的基本情况、境外企业的基本情况等。

统计范围主要包括境内投资主体通过直接投资在境外设立的各类公司型企业和非公司型企业。

资料来源是商务部门，调查方法是全面调查。

五、其他

历年人民币对美元、日元、港币的年平均汇价，资料来源于国家外汇管理局，各年的年平均汇价是根据当年国家外汇管理局公布的每日汇价进行加权平均计算而得出的。

Brief Introduction

Data in this chapter provide summary data of Jiangsu's foreign trade, utilization of foreign capital, overseas direct investment, contracted projects and labour cooperation with foreign countries or territories over the years, focusing on the recent situation of foreign trade and economic cooperation.

Ⅰ. Foreign Trade

Data on foreign trade include: varieties of imports and exports, amount (weight), value, countries (regions), imports and exports corporations, destination within territory, origin of goods within territory, mode of trade, types of tariffs and so on.

Sources of data on foreign trade are from the General Administration of Customs of the People's Republic of China through a comprehensive reporting system.

Customs statistics in value terms for both imports and exports are compiled according to the classifications of *UN Standard International Trade Classification* (*SITC*).

In the table on total imports and exports with related countries and regions, the export commodities are calculated at the Customs of the countries (regions) of destination and the import commodities are calculated at the Customs of the countries (regions) of origin. The total values of the import and export commodities are calculated respectively at the provinces where the import or export corporations are situated and at the provinces of destination or provinces of origin within the border of Jiangsu. The province where the import or export corporations are situated refers to the province where the import or export corporations have applied to and have been registered at the Customs. The province of origin within the border of Jiangsu refers to the province where the export commodities are produced or originally delivered.

Ⅱ. Statistics on Utilization of Foreign Capitals

Utilization of foreign capitals includes: foreign loans, foreign direct investments and other foreign investments, and the basic condition of registration of foreign funded enterprises.

The statistics cover all the units and departments which have utilized foreign capital and all the Sino-foreign joint ventures, Sino-foreign cooperative enterprises, ventures exclusively with foreign investment, foreign-funded stock companies, Sino-foreign cooperative development projects and other corporate enterprises (including the enterprises funded by the entrepreneurs from Hong Kong, Macao and Taiwan) with independent accounting system which have been approved by the Chinese government to set up in the boundary of Jiangsu.

Data on utilization of foreign capitals are from departments of commerce, of which, data on basic condition of registration of foreign funded enterprises are from industrial and commercial administrations through comprehensive reporting system.

Ⅲ. Foreign Economic Cooperation

Data on foreign economic cooperation include: number of contracted foreign projects and foreign labour services cooperation, contracted volume, complete business turnover and so on.

The statistics cover contracted projects, labour services cooperation.

The statistical unit in the scheme is the corporate enterprise engaged in contracted projects and labour services cooperation with foreign countries and has been approved by the department of commerce at various levels.

Data on foreign economic cooperation are from departments of commerce through a comprehensive reporting system.

Ⅳ. Overseas Direct Investment

Contents of statistics on overseas direct investment include basic situation of domestic investors and overseas enterprises they invest in.

The statistics cover overseas corporate and non-corporate enterprises of various forms established by domestic investors through their investment operation.

Data on foreign economic cooperation are from departments of commerce through a comprehensive reporting system.

Ⅴ. Others

The average exchange rates of RMB yuan to US dollar, Japanese yen and Hong Kong dollar over the years come from the State Administration of Exchange Control. The annual average exchange rate is calculated as the weighted mean of the daily exchange rates provided by the State Administration of Foreign Exchange in the year.

8-1 对外经济主要指标

Major Indicators of Foreign Trade and Economic Cooperation

单位:亿美元 (USD 100 million)

指标	Item	2010	2011	2012	2013	2014
进出口总额	**Total Imports and Exports**	**4657.93**	**5397.59**	**5480.93**	**5508.44**	**5637.62**
进口总额	Total Import	1952.42	2271.36	2195.55	2219.88	2218.93
初级产品	Primary Goods	279.60	377.63	329.81	346.21	330.39
工业制成品	Manufactured Goods	1672.83	1893.73	1816.88	1831.55	1840.54
出口总额	Total Exports	2705.50	3126.23	3285.38	3288.57	3418.69
初级产品	Primary Goods	43.74	61.33	54.86	52.56	56.01
工业制成品	Manufactured Goods	2661.76	3064.90	3189.55	3193.96	3321.42
合同外商直接投资项目 (个)	**Number of Projects for Contracted Foreign Direct Investment (unit)**	**4661**	**4496**	**4156**	**3453**	**3031**
合同外商直接投资	**Total Amount of Contracted Foreign Direct Investment**	**568.33**	**595.54**	**571.41**	**472.68**	**431.87**
实际外商直接投资	**Total Amount of Actual Foreign & Regions Direct Investment**	**284.98**	**321.32**	**357.60**	**332.59**	**281.74**
外商投资企业基本情况	**Registered Foreign-funded Enterprises**					
年底登记户数 (户)	Number of Registered Enterprises (unit)	39207	52959	50461	50514	51634
投资总额	Total Investment	5081.06	5728.51	6250.00	6663.76	7181.31
注册资本	Registered Capital	2738.99	3050.09	3301.38	3542.82	3839.34
对外经济合作	**Economic Cooperation with Foreign Countries & Regions**					
对外承包工程	Contracted Projects					
合同金额	Contracted Value	54.47	59.49	71.98	86.57	96.61
完成营业额	Value of Turnover Fulfilled	51.98	59.92	64.68	72.63	79.54
对外劳务合作	Labor Services					
新签劳务人员合同工资总额	Total Contract Wages of New Signed Labor	7.60	6.49	6.20	7.57	12.08
劳务人员实际收入总额	Total Real Income of Signed Labor	7.69	7.36	7.74	8.88	8.54
境外投资情况	**Overseas Investment**					
新批项目数 (个)	Newly Approved projects (unit)	408	505	572	605	736
贸易型项目	Trade	162	213	243	210	277
非贸易型项目	Nontrade	246	292	329	395	459
中方协议金额 (万美元)	Protocol Fund from China (USD 10000)	217613	360154	504547	614272	721571
贸易型项目	Trade	61064	101672	154336	128831	167014
非贸易型项目	Nontrade	156549	258483	350210	485441	554557

注:本表进出口额按HS统计,初级产品、工业制成品按SITC统计。

a) Data of imports and exports are counted by HS, data of Primary goods and manufactured goods are counted by SITC.

8-2 人民币对主要外币年平均汇价(中间价)

Average Exchange Rate of RMB Yuan Against Main Convertible Currencies (Middle Price)

单位:人民币元 (RMB yuan)

年 份 Year	100 美元 100 US Dollars	100 日元 100 Japanese Yen	100 港元 100 Hong Kong Dollars	100 欧元 100 Euro
1985	293.66	1.2457	37.57	
1986	345.28	2.0694	44.22	
1987	372.21	2.5799	47.74	
1988	372.21	2.9082	47.70	
1989	376.51	2.7360	48.28	
1990	478.32	3.3233	61.39	
1991	532.33	3.9602	68.45	
1992	551.46	4.3608	71.24	
1993	576.20	5.2020	74.41	
1994	861.87	8.4370	111.53	
1995	835.10	8.9225	107.96	
1996	831.42	7.6352	107.51	
1997	828.98	6.8600	107.09	
1998	827.91	6.3488	106.88	
1999	827.83	7.2932	106.66	
2000	827.84	7.6864	106.18	
2001	827.70	6.8075	106.08	
2002	827.70	6.6237	106.07	800.58
2003	827.70	7.1466	106.24	936.13
2004	827.68	7.6552	106.23	1029.00
2005	819.17	7.4484	105.30	1019.53
2006	797.18	6.8570	102.62	1001.90
2007	760.40	6.4632	97.46	1041.75
2008	694.51	6.7427	89.19	1022.27
2009	683.10	7.2986	88.12	952.70
2010	676.95	7.7279	87.13	897.25
2011	645.88	8.1050	82.97	900.11
2012	631.25	7.9037	81.38	810.67
2013	619.32	6.3323	79.85	822.19
2014	614.28	5.8196	79.22	816.51

8－3 对外贸易进出口总额
Total Imports and Exports

单位:亿美元 (USD 100 million)

年份 Year	海关进出口总额(经营单位) Total Import and Export Value by Customs (Running Unit)			海关进出口总额(目源地) Total Import and Export Value by Customs (Goods Destination or Original Place)		
	合计 Total	进口 Imports	出口 Exports	合计 Total	进口 Imports	出口 Exports
1985	19.87	4.01	15.86			
1986	24.12	5.42	18.70			
1987	28.73	7.56	21.17			
1988	34.58	10.41	24.17			
1989	38.43	13.07	25.36			
1990	41.39	11.95	29.44			
1991	53.10	18.85	34.25			
1992	69.62	29.60	40.02			
1993	91.29	44.77	46.52	107.75	59.81	47.94
1994	117.59	50.73	66.86	122.47	52.86	69.61
1995	162.78	64.96	97.82	180.05	79.42	100.63
1996	206.88	90.87	116.01	222.17	102.92	119.25
1997	236.21	95.32	140.89	252.93	108.82	144.11
1998	264.26	107.75	156.51	281.66	122.09	159.57
1999	312.61	129.52	183.09	328.62	142.80	185.82
2000	456.38	198.68	257.70	491.98	228.17	263.81
2001	513.55	224.77	288.78	544.84	250.91	293.93
2002	703.05	318.25	384.80	745.09	354.80	390.29
2003	1136.70	545.30	591.40	1213.37	617.26	596.11
2004	1708.57	833.60	874.97	1794.72	913.67	881.05
2005	2279.41	1049.59	1229.82	2384.86	1138.75	1246.11
2006	2839.95	1235.77	1604.19	2990.58	1360.67	1629.91
2007	3496.71	1459.38	2037.33	3723.93	1646.19	2077.74
2008	3922.68	1542.32	2380.36	4304.81	1852.62	2452.19
2009	3388.32	1395.89	1992.43	3659.94	1585.99	2073.95
2010	4657.93	1952.42	2705.50	4987.59	2173.02	2814.58
2011	5397.59	2271.36	3126.23	5813.74	2568.98	3244.77
2012	5480.93	2195.55	3285.38	5887.95	2545.48	3342.47
2013	5508.44	2219.88	3288.57	5932.74	2594.53	3338.21
2014	5637.62	2218.93	3418.69	6093.14	2587.38	3505.75

8-4 按贸易方式和经济类型分的进口额
Total Imports by Type of Trade and Ownership

单位:万美元 (USD 10000)

项 目	Item	2010	2011	2012	2013	2014
总值	**Total**	**19524242**	**22713585**	**21955510**	**22198752**	**22189296**
按贸易方式分	**Grouped by Type of Trade**					
#一般贸易	Ordinary Trade	6661871	8808975	7973301	8769215	9019211
来料加工装配贸易	Assembling Trade with Provided Raw Material	3029632	2584198	2070277	2057496	2291253
进料加工贸易	Processing Trade with Raw Material	6259631	6846520	6544109	6301517	6356784
加工贸易进口设备	Processing and Assembling with Equipments Provided	24046	12439	7228	2437	9074
外商投资企业作为投资进口的设备、物品	Import Equipments as Investment	540942	543889	402209	307201	256193
出料加工贸易	Processing Trade Providing Raw Material	10011	1264	3938	5463	7757
易货贸易	Barter Trade					
保税监管场所进出境货物	Bonded Inbounded and Outbound Goods	1316980	1423321	1382722	1197681	1286375
海关特殊监管区域物流货物	Areas under Special Customs Supervision Logistics Goods	1438972	2235781	3326683	3325124	2698992
按经济类型分	**Grouped by Ownership**					
#国有企业	State-owned Enterprises	1233789	1687688	1701424	1791109	1622396
集体企业	Collective-owned Enterprises	630165	882131	644130	626162	476376
私营企业	Private Enterprise		3115689	4274827	5183857	4954444
外商投资企业	Foreign-funded Enterprises	15487958	17016200	15320624	14514309	15110980
#中外合作	Sino-Foreign Cooperative	83739	151522	155013	177934	188642
中外合资	Sino-Foreign Joint Funded	3741557	4448230	4119048	3555275	3354028
外商独资	Foreign Funded	11662662	12416448	11046563	10781100	11568310

8-5 按贸易方式和经济类型分的出口额
Total Exports by Type of Trade and Ownership

单位:万美元 (USD 10000)

项 目	Item	2010	2011	2012	2013	2014
出口总额	**Total**	**27055014**	**31262305**	**32853789**	**32885683**	**34186898**
按贸易方式分	**Grouped by Type of Trade**					
#一般贸易	Ordinary Trade	9893423	12623974	13954791	14552930	15834354
来料加工装配贸易	Assembling Trade with Provided Raw Material	2366301	2225413	2140849	1774011	1645108
进料加工贸易	Processing Trade with Raw Material	13614392	14993058	13879105	13232056	13276771
出料加工贸易	Processing Trade Providing Raw Material	8547	650	3674	3542	4102
易货贸易	Barter Trade	3				
保税监管场所进出境货物	Bonded Inbounded and Outbound Goods	798224	622100	275183.4	305546	458702
海关特殊监管区域物流货物	Areas under Special Customs Supervision Logistics Goods	290044	714457	2471844	2917852	2872483
按经济类型分	**Grouped by Ownership**					
#国有企业	State-owned Enterprises	2432073	2650599	2758608	2876115	3061824
集体企业	Collective-owned Enterprises	536210	610920	692981	593346	660632
私营企业	Private Enterprise		6454030	8908287	9967602	10546177
外商投资企业	Foreign-funded Enterprises	19231877	21521089	20468393	19422155	19879858
#中外合作	Sino-foreign Cooperative	86417	115562	103405	116745	104072
中外合资	Sino-foreign Joint Funded	3792282	4694500	4548370	4354884	4466909
外商独资	Foreign Funded	15353178	16711028	15816618	14950527	15308876

8-6 进口商品分类总额
Total Value of Imports by Category of Commodities

单位:万美元 (USD 10000)

项 目	Item	2010	2011	2012	2013	2014
进口总额	**Total**	**19524242**	**22713585**	**21466875**	**21777542**	**21709293**
初级产品	**Primary Goods**	**2795967**	**3776321**	**3298097**	**3462069**	**3303915**
#食品及活动物	Food and Live Animals	90348	139635	151494	153986	155875
饮料及烟类	Beverages and Tobacco	2360	4462	5286	6663	8186
非食用原料(燃料除外)	Non-edible Raw Materials	2156528	2964063	2505048	2538023	2341037
矿物燃料、润滑油及有关原料	Mineral Fuels, Lubricants and Related Materials	357542	454514	462749	624094	674811
动植物油、脂及蜡	Animal and Vegetable Oils, Fats and Wax	189189	213646	173522	139303	124005
工业制成品	**Manufactured Goods**	**16728275**	**18937265**	**18168778**	**18315473**	**18405378**
#化学成品及有关产品	Chemicals and Related Products	3065531	3934639	3708609	3823328	3904546
按原料分类的制成品	Manufactured Goods Grouped by Raw Materials	1586613	1834901	1725394	1661021	1719625
机械及运输设备	Machinery and Transport Equipments	9279548	10117268	9814610	10110878	10112676
杂项制品	Miscellaneous Products	2790729	3043768	2911090	2646724	2663858

注:本表按 SITC 分类统计(8-7 表、8-8 表同)。
a) Data in this table are complied according to the classifications of SITC(The same applies to the table 8-7 and 8-8).

8-7 出口商品分类总额
Total Value of Exports by Category of Commodities

单位:万美元 (USD 10000)

项 目	Item	2010	2011	2012	2013	2014
出口总额	**Total**	**27055014**	**31262305**	**32444163**	**32465195**	**33774301**
初级产品	**Primary Goods**	**437429**	**613281**	**548632**	**525635**	**560070**
#食品及活动物	Food and Live Animals	192966	208191	207354	213710	251286
饮料及烟类	Beverages and Tobacco	253	417	528	833	1545
非食用原料(燃料除外)	Non-edible Raw Materials	174192	250927	209821	218957	228779
矿物燃料、润滑油及有关原料	Mineral Fuels, Lubricants and Related Materials	66033	148631	122658	84308	72199
动植物油、脂及蜡	Animal and Vegetable Oils, Fats and Wax	3986	5115	8272	7828	6262
工业制成品	**Manufactured Goods**	**26617586**	**30649025**	**31895531**	**31939561**	**33214231**
#化学成品及有关产品	Chemicals and Related Products	1667929	2273585	2160801	2289492	2494298
按原料分类的制成品	Manufactured Goods Grouped by Raw Materials	3781028	4847150	5105959	5262112	5697069
机械及运输设备	Machinery and Transport Equipments	16448028	17880782	18079423	18132848	18717293
杂项制品	Miscellaneous Products	4704451	5625714	6547831	6253457	6303895

8-8 进出口商品细分类总额（2014 年）
Value of Imports and Exports by Category of Commodities（2014）

单位:万美元　　　　(USD 10000)

项目	Item	进出口总额 Total Improts and Exports Value	进口 Imports	出口 Exports
总计	**Total**	**55483594**	**21709293**	**33774301**
初级产品	**Primary Goods**	**3863985**	**3303915**	**560070**
食品及活动物	**Food and Live Animal**	**407162**	**155875**	**251286**
活动物	Live Animals	1365	133	1232
肉及肉制品	Meat and Related Products	47798	44882	2916
乳品及蛋品	Dairy Products and Eggs	18145	17660	485
鱼、甲壳及软体类动物及其制品	Fish, Shellfish Products	14500	636	13864
谷物及其制品	Cereals and Related Products	15693	4102	11591
蔬菜及水果	Vegetables and Fruits	166078	62917	103161
糖、糖制品及蜂蜜	Sugar, Sugar Products and Natural Honey	10701	3047	7654
咖啡、茶、可可、调味料及其制品	Coffee, Tea, Cocoa, Spices and Related Products	24418	8289	16128
饲料(不包括未碾磨谷物)	Forage	57643	5734	51910
杂项食品	Miscellaneous Food	50819	8474	42345
饮料及烟类	**Beverages and Tobacco**	**9731**	**8186**	**1545**
#饮料	Beverages	9731	8186	1545
非食用原料(燃料除外)	**Non-edible Materials**	**2569816**	**2341037**	**228779**
生皮及生毛皮	Raw Hides and Raw Furs	22742	22696	46
油籽及含油果实	Oil Seeds and Oil-bearing Fruits	29572	29538	35
生橡胶(包括合成橡胶及再生橡胶)	Raw Rubber	112067	91758	20308
软木及木材	Cork and Wood	249571	240382	9189
纸浆及废纸	Paper Pulp and Paper Waste	340384	339688	696
纺织纤维(羊毛条除外)及其废料	Textile Fiber and Waste	441946	320554	121392
天然肥料及矿物(煤、石油及宝石除外)	Natural Fertilizers and Minerals	65311	55144	10167
金属矿砂及金属废料	Metallic Ore and Metallic Waste	1230059	1220311	9748
其他动、植物原料	Other Raw Materials of Animals and Plants	78164	20966	57198
矿物燃料、润滑油及有关原料	**Mineral Fuels, Lubricants and Related Materials**	**747010**	**674811**	**72199**
煤、焦炭及煤砖	Coal, Coke and Coal Brick	89314	84785	4529
石油、石油产品及有关原料	Petroleum, Petroleum Products and Related Materials	363431	300227	63204
天然气及人造气	Natural Gas and Man-made Gas	294243	289800	4443
动植物油、脂及蜡	**Animal and Vegetable Oils, Fats and Wax**	**130266**	**124005**	**6262**
动物油、脂	Animal Oil, Fat	6973	1266	5707
植物油、脂	Vegetable Oil, Fat	118831	118484	347
已加工的动植物油、脂及动植物蜡	Processed Animal and Vegetable Oils, Fats and Wax	4463	4255	208

8 – 8 续 表 Continued

单位:万美元 (USD 10000)

指 标	Item	进出口总额 Total Improts and Exports Value	进 口 Imports	出 口 Exports
工业制成品	**Manufactured Goods**	**51619609**	**18405378**	**33214231**
化学成品及有关产品	**Chemicals and Related Products**	**6398844**	**3904546**	**2494298**
有机化学品	Organic Chemicals	3016013	2074085	941928
无机化学品	Inorganic Chemicals	270639	125830	144810
染料、鞣料及着色料	Dye, Tanning Material and Colouring Materials	174705	61431	113274
医药品	Pharmaceutical Products	400492	230373	170120
精油、香料及盥洗、光洁制品	Essential Oils, Perfumed Materials, Toilet Preparations, Bright and clean products	125390	41202	84189
制成肥料	Finished Fertilizers	88130	10689	77441
初级形状的塑料	Primary Shaped Plastics	1064323	662802	401521
非初级形状的塑料	Non-primary Shaped Plastics	524445	321000	203445
其他化学原料及产品	Other Chemical Materials and Related Products	734707	377135	357571
按原料分类的制成品	**Manufactured Goods Grouped by Materials**	**7416695**	**1719625**	**5697069**
皮革、皮革制品及已鞣毛皮	Leather and Related Products and Tanned Furs	40218	25491	14727
橡胶制品	Rubber and Related Products	324808	90634	234174
软木及木制品(家具除外)	Cork and Wooden Products	350115	16495	333620
纸及纸板;纸浆、纸及纸板制品	Paper and Paperboard; Articles of Paper Pulp, of Paper or Paperboard	312382	55536	256846
纺纱、织物、制成品及有关产品	Textile Fabrics, Textile Materials and Related Pro –	2286529	264669	2021860
非金属矿物制品	Non-metalic Mineral Products	448617	159391	289226
钢铁	Iron and Steel	1592208	337608	1254600
有色金属	Nonferrous Metal	734704	465124	269580
金属制品	Metallic Products	1327117	304678	1022439
机械及运输设备	**Machinery and Transport Equipment**	**28829969**	**10112676**	**18717293**
动力机械及设备	Power-driven Machinery and Related Equipment	1032802	350518	682285
特种工业专用机械	Special Industrial Machinery of Particular Use	1639879	809754	830125
金工机械	Metalworking Machinery	452697	319218	133479
通用工业机械设备及零件	Equipment and Accessories for General Industrial	2469338	887961	1581377
办公用机械及自动数据处理设备	Machinery for Office Use and Automatic Data – processing Equipment	5227284	690375	4536909
电信及声音的录制及重放装置设备	Telecommunication and Recorders	3841587	661769	3179818
电力机械、器具及其电气零件	Electronic Machinery, Equipment and Accessories	12054857	6059668	5995189
陆路车辆(包括气垫式)	Overland Vehicles	1328433	277861	1050572
其他运输设备	Other Transport Equipment	783091	55552	727540
杂项制品	**Miscellaneous Products**	**8967752**	**2663858**	**6303895**
活动房屋;卫生、水道、供热及照明装置	Movable Houses, Public Health, Waterway, Heat Supply and Lighting Installation	203047	12729	190317
家具及其零件;褥垫及类似填充制品	Furniture and Accessories, Beddings and Filler Products and Similar Products for Stuffing	586688	20217	566472
旅行用品、手提包及类似品	Travel Articles, Handbag and Similar Articles	154919	2718	152201
服装及衣着附件	Garments and Clothing Accessories	2524119	38186	2485933
鞋靴	Parts of Footwear	288464	55886	232578
专业、科学及控制用仪器和装置	Instruments and Equipment for Professional, Scien – tific and Control Use	3313314	1879491	1433823
摄影器材、光学物品及钟表	Photographic and Optical Equipment and Clocks	623438	383575	239863
杂项制品	Miscellaneous Products	1273765	271057	1002708

8－9 进出口商品主要国家和地区
Imports and Exports Value by Country and Region

单位:万美元 (USD 10000)

国家(地区)	Country (Region)	2013 进出口 Imports and Exports	2013 进口 Imports	2013 出口 Exports	2014 进出口 Imports and Exports	2014 进口 Imports	2014 出口 Exports
亚 洲	**Asia**	**31051350**	**15359610**	**15691740**	**31434122**	**15451160**	**15982962**
#巴林	Bahrain	20812	9069	11744	13725	3988	9737
孟加拉国	Bangladesh	253444	7132	246313	275767	6345	269422
缅甸	Myanmar	60872	1368	59504	79214	1852	77362
柬埔寨	Cambodia	70043	2492	67551	77280	5303	71977
塞浦路斯	Cyprus	13149	32	13117	6960	18	6942
中国香港	Hong Kong, China	3744814	61403	3683411	3539165	54546	3484620
印度	India	999158	193809	805349	1029426	168016	861410
印度尼西亚	Indonesia	824235	279913	544323	811946	292161	519785
伊朗	Iran	184054	77979	106075	252536	79621	172915
以色列	Israel	119248	31047	88202	125002	29863	95139
日本	Japan	6100651	2976946	3123705	5939570	2853273	3086297
科威特	Kuwait	97407	70244	27163	91477	59740	31737
中国澳门	Macao, China	14626	336	14290	16729	306	16422
马来西亚	Malaysia	1133088	601036	532053	1201652	624419	577232
巴基斯坦	Pakistan	123493	17479	106015	134848	15641	119207
菲律宾	Philippines	469420	228258	241163	580269	289156	291112
卡塔尔	Qatar	196563	170997	25566	247010	210583	36428
沙特阿拉伯	Saudi Arabia	528560	303627	224933	584239	341192	243048
新加坡	Singapore	1358810	545208	813602	1238482	581641	656841
韩国	Korea, Rep.	5825721	4151041	1674680	5932734	4269049	1663685
斯里兰卡	Sri Lanka	38673	1388	37285	38070	2651	35419
叙利亚	Syria	7632	220	7412	10538	56	10482
泰国	Thailand	1105223	534136	571087	1158944	573501	585442
土耳其	Turkey	337801	27170	310631	361699	23511	338188
阿拉伯联合酋长国	United Arab Emirates	422147	51644	370503	463156	77448	385708
越南	Vietnam	605251	105259	499992	763291	131127	632164
中国台湾	Taiwan, China	4312397	3115886	1196511	4624341	3203742	1420599
非 洲	**Africa**	**1189250**	**259367**	**929883**	**1107340**	**177611**	**929728**
#喀麦隆	Cameroon	17992	7575	10417	18911	8879	10032
埃及	Egypt	82611	2492	80119	104542	2057	102485
加蓬	Gabon	6271	2403	3868	9098	4476	4622
摩洛哥	Morocco	33956	4040	29916	30094	2548	27546
尼日利亚	Nigeria	135513	10278	125235	140829	9068	131761
南非	South Africa	365552	129525	236027	248064	64287	183777
欧 洲	**Europe**	**9120033**	**2677710**	**6442323**	**9930219**	**2878621**	**7051598**
#比利时	Belgium	347535	91027	256508	387661	90950	296711
丹麦	Denmark	104549	27097	77452	141588	31847	109741
英国	United Kindom	931621	147357	784264	1036576	174921	861655

8-9 续表 Continued

单位:万美元 (USD 10000)

国 别 (地 区)	Country (Region)	2013 进出口 Imports and Exports	2013 进 口 Imports	2013 出 口 Exports	2014 进出口 Imports and Exports	2014 进 口 Imports	2014 出 口 Exports
德国	Germany	2206277	1051318	1154960	2201467	1056850	1144617
法国	France	616310	192446	423864	646405	205368	441037
爱尔兰	Ireland	54888	9653	45235	65038	15434	49604
意大利	Italy	566793	216000	350793	638404	229007	409397
荷兰	Netherlands	1386301	127190	1259111	1539933	161578	1378355
希腊	Greece	42598	6128	36469	71145	4261	66885
葡萄牙	Portugal	39150	6568	32582	57165	6573	50593
西班牙	Spain	324865	65756	259109	394117	76348	317769
奥地利	Austria	103841	71389	32452	116453	79351	37102
芬兰	Finland	180488	57042	123447	195840	78929	116911
匈牙利	Hungary	110535	24154	86381	145189	35428	109761
挪威	Norway	80877	23819	57059	98540	49919	48621
波兰	Poland	233166	27387	205779	293544	33709	259835
罗马尼亚	Romania	70662	6792	63870	78535	9733	68802
瑞典	Sweden	325959	206649	119311	310044	194580	115464
瑞士	Switzerland	150656	92146	58511	184713	120447	64266
俄罗斯联邦	Russia Fed.	577681	84467	493214	562701	73253	489447
乌克兰	Ukraine	141966	52023	89943	104052	38865	65187
捷克	Czech Rep.	180069	39943	140126	232179	52790	179389
拉丁美洲	**Latin America**	**2871561**	**889340**	**1982221**	**2722128**	**802852**	**1919276**
#阿根廷	Argentina	227915	59450	168465	164677	49386	115291
巴西	Brazil	1145120	526709	618411	995192	442149	553043
智利	Chile	256969	83248	173721	264753	95352	169401
哥伦比亚	Colombia	107179	4105	103073	109546	3227	106318
危地马拉	Guatemala	17979	135	17844	23636	171	23465
墨西哥	Mexico	551328	88419	462909	606697	86670	520026
巴拿马	Panama	92844	168	92676	100471	63	100408
秘鲁	Peru	109120	20671	88449	123626	33705	89921
乌拉圭	Uruguay	80117	47889	32228	66819	33900	32919
委内瑞拉	Venezuela	82428	2263	80165	46690	3173	43518
北美洲	**North America**	**8980099**	**1949272**	**7030828**	**9397570**	**1850028**	**7547542**
#加拿大	Canada	781514	293775	487739	792201	261966	530235
美国	United States	8198507	1655497	6543011	8605218	1588060	7017158
大洋洲	**Oceania**	**1869090**	**1060433**	**808658**	**1783791**	**1028060**	**755731**
#澳大利亚	Australia	1579522	950086	629437	1526545	896553	629993
新西兰	New Zealand	143133	74992	68141	146784	75565	71219
巴布亚新几内亚	Papua New Guinea	25560	20871	4689	40006	32818	7187
附:东南亚国家联盟	Association of Southeast - Asia Nations	5643719	2299347	3344372	5931560	2509318	3422242
欧洲联盟	European Union	8127276	2415175	5712101	8936079	2585568	6350512
亚太经济合作组织	Asia-Pacific Economic Cooperation	39444573	17599788	21844785	39958589	17510604	22447985

8-10 主要商品进口数量和金额
Major Import Commodities in Volume and Value

商品名称		Item		2013 数量 Volume	2013 金额(千美元) Value (USD 1000)	2014 数量 Volume	2014 金额(千美元) Value (USD 1000)
冻鱼	(吨)	Frozen Fish	(ton)	1635	4602	1279	5399
鲜、干水果及坚果	(吨)	Fresh, Dried Fruits and Nuts	(ton)	14387	13198	40397	34145
谷物及谷物粉	(万吨)	Cereals and Cereal Powder	(10000 tons)	56	197806	112	336311
大豆	(万吨)	Soybean	(ton)	457	2757721	541	2997547
食用植物油	(万吨)	Edible Vegetable Oil	(10000 tons)	68	747905	55	516877
食糖	(万吨)	Sugar	(10000 tons)	1	4632	3	11422
酒类	(千升)	Alcohol	(kiloliter)	18901	64046	22984	72908
饲料用鱼粉	(万吨)	Fish Powder for Forage	(10000 tons)	2	36020	1	17519
纸烟	(万条)	Cigarette	(10000 carton)	10	164		
天然橡胶(包括胶乳)	(万吨)	Natural Rubber	(10000 tons)	14	365281	15	296726
合成橡胶(包括胶乳)	(吨)	Synthetic Rubber	(ton)	192107	558259	233139	615981
原木	(万立方米)	Log	(10 kilostere)	733	1449985	786	1670230
锯材	(万立方米)	Wood Sawn	(10 kilostere)	198	535263	210	598980
胶合板及类似多层板	(万立方米)	Veneer	(10 kilostere)		3634	1	2976
纸浆	(万吨)	Paper Pulp	(10000 tons)	375	2610281	410	2711393
羊毛	(吨)	Wool	(ton)	192061	1632067	175648	1409360
毛条	(吨)	Woolen Yarn	(ton)	3657	32737	3209	29095
棉花	(万吨)	Cotton	(10000 tons)	96	1926928	64	1290271
二醋酸纤维丝束	(吨)	Acetate	(ton)	501	2949	322	1916
纺织用合成纤维	(万吨)	Synthietic Fibre for Spinning	(10000 tons)	9	265462	7	212431
人造纤维短纤	(吨)	Man-made Fibre	(ton)	20997	62068	18337	39545
铁矿砂及其精矿	(万吨)	Iron Ores	(10000 tons)	7641	10589996	8554	9006658
锰矿砂及其精矿	(万吨)	Manganese Ores	(10000 tons)	37	61881	61	103670
铜矿砂及其精矿	(万吨)	Copper Ores	(10000 tons)	3	48236	13	227747
铬矿砂及其精矿	(万吨)	Chrome Ores	(10000 tons)	108	237416	53	130373
氧化铝	(万吨)	Alumina	(10000 tons)	45	174759	129	455489
煤及褐煤	(万吨)	Coal and Brown Coal	(10000 tons)	1320	1472335	932	847805
成品油	(万吨)	Petroleum Products Refined	(10000 tons)	113	1301750	118	1291520
液化石油气及其他烃类气	(万吨)	Liquefied Petroleum Gas	(10000 tons)	241	2231969	322	2897996
甲苯	(吨)	Toluene	(ton)	223181	266075	387567	445005
二甲苯	(万吨)	Xylene	(10000 tons)	186	2837999	234	2915021

8-10 续 表 1 Continued 1

商品名称 Item		2013 数量 Volume	2013 金额(千美元) Value (USD 1000)	2014 数量 Volume	2014 金额(千美元) Value (USD 1000)
苯乙烯 (吨)	Styrene (ton)	1859928	3219977	1939221	3096012
乙二醇 (吨)	Glycol (ton)	4432844	4698889	4891393	4625903
异氰酸酯 (吨)	Isocyanic Ester (ton)	24402	84318	21320	76105
对苯二甲酸 (吨)	Telephthalic Acid (ton)	1141593	1237928	502796	460977
己内酰胺 (吨)	Caprolactam (ton)	102215	239463	71385	159577
医药品 (吨)	Pharmaceuticals (ton)	6991	2325273	6888	2303725
美容化妆品及护肤品 (吨)	Cosmetics and Skin Care Products (ton)	3603	83198	4317	92688
肥料 (万吨)	Fertilizer (10000 tons)	22	84819	31	107602
合成有机染料 (吨)	Synthetic Organic Dyeing (ton)	3596	35242	3418	36896
钛白粉 (吨)	Titanium Dioxide (ton)	5659	18288	6858	22738
聚合物油漆及清漆 (吨)	Polymer Paint and Varnish (ton)	18384	112034	20691	124483
感光材料	Sensitization Material		61679		47187
初级形状的塑料 (万吨)	Primary-shape Plastic (10000 tons)	243	5432200	277	6052568
初级形状的聚乙烯 (吨)	Primary-shape Polythene (ton)	460374	720415	480275	774931
初级形状的线型低密度聚乙烯 (吨)	Primary-shape Line-type Low-density Polythene (ton)	151257	242441	170960	290383
初级形状的聚丙烯 (吨)	Primary-shape Polypropylene (ton)	300951	488479	351257	576560
初级形状的聚苯乙烯聚合物 (吨)	Primary-shape Polystyrene (ton)	396158	849733	426041	870543
ABS 树脂 (吨)	ABS Colophony (ton)	168881	379579	180978	394271
初级形状的聚氯乙烯 (吨)	Primary-shape PVC (ton)	149928	191664	156207	198707
初级形状的聚酯 (吨)	Primary-shape Polyester (ton)	184029	548358	303489	643631
聚酯切片 (吨)	Polyester Slice (ton)	46287	83345	56539	95164
聚酰胺切片 (吨)	Polyamide Slice (ton)	102664	315736	104776	316989
非泡沫塑料的板、片、膜、箔 (吨)	Non-foam Plastic Board, Slice, Film and Foil (ton)	189401	1835769	219410	2110049
废塑料 (万吨)	Waste Plastic (10000 tons)	95	736707	77	575453
杀虫剂、除草剂及类似品 (吨)	Insecticide、Herbicide and the Like (ton)	13570	238079	15987	276589
牛皮革及马皮革 (吨)	Cowskin and Horse Leather (ton)	35003	197187	39403	223529
废纸 (万吨)	Waste Paper (10000 tons)	355	761120	333	685483
纸及纸板(未切成形的) (万吨)	Paper and Paper Board (10000 tons)	33	474737	36	499216
纺织纱线、织物及制品	Textile Yarn, Textile and Their Products		2756501		2663433
服装及衣着附件	Garments and Clothing Accessories		285213		383885
玻璃纤维及其制品 (吨)	Fiberglass (ton)	64779	274606	68023	295524
钻石 (千克)	Diamond (kg)	12	1095	36	419
废金属 (万吨)	Waste Metal (10000 tons)	227	1612622	60	712107
钢坯及粗锻件 (万吨)	Billet and Crude Forgings (10000 tons)	27	196875	13	126298

8－10 续 表 2 Continued 2

商 品 名 称 Item		2013 数 量 Volume	2013 金 额（千美元）Value (USD 1000)	2014 数 量 Volume	2014 金 额（千美元）Value (USD 1000)
钢材 （万吨）	Rolled Steel (10000 tons)	215	2837368	220	2946165
钢铁制标准紧固件 （吨）	Iron and Steel Standard Solidity Articles (ton)	42300	452090	53897	545142
未锻造的铜及铜材 （吨）	Copper and its Material (ton)	329607	2914363	328363	2854933
未锻造的铝及铝材 （吨）	Aluminium and its Material (ton)	155332	911723	130690	882362
钢铁或铝制结构体及其部件（吨）	Iron and Steel and Aluminium Units and Parts (ton)	33331	161041	32032	154200
蒸汽锅炉及过热水锅炉 （台）	Steam Boiler (set)	102	4873	86	3147
活塞式内燃机的零件 （吨）	Parts of Piston Internal-combustion Engine (ton)	37910	524307	31722	573544
液泵及液体提升机 （台）	Hydraulic Pumps and Lifters (set)	13058596	625237	63146530	806905
制冷设备用压缩机 （万台）	Compressors for Refrigerating Equipment (10000 sets)	186	157968	196	169086
空气调节器 （台）	Air Conditioners (set)	1855	19270	3375	16358
冷冻机和制冷设备 （台）	Refrigerating Equipment (set)	134804	173789	227749	428047
非家用型水的过滤、净化机器 （台）	Non-household Water Purify Machines (set)	14208	41193	20713	71611
饮料及液体食品灌装设备 （台）	Beverage Filling Equipment (set)	85	59386	84	61331
机械提升搬运装卸设备及零件	Machine Lifting, Transporting and Loading and Unloading Equipment and Accessories		851688		830494
建筑及采矿用机械及零件	Construction and Mining Machinery and Spare Parts		523048		375396
食品、饮料工业用加工机械及零件	Food Processing Machinery and Spare Parts		41758		63518
制造纸及纸制品用机械及零件	Paper and Related Articles Production Machinery		150685		115599
印刷、装订机械及零件	Printing and Bookbinding Machinery		978264		838220
纺织机械及零件	Textile Machinery		1266635		1278814
工业用缝纫机 （台）	Industrial Use Sewing Machine (set)	5363	8465	4274	7550
金属加工机床 （台）	Machine Tools (set)	17470	2201409	25791	2544305
加工中心 （台）	Machining Center (set)	6291	739203	12090	1021923
金属轧机及零件	Metal Rolling Machine and Accessories		100886		56473
橡胶或塑料加工机械及零件	Rubber and Plastic Processing Machinery		910520		927487
型模及金属铸造用型箱 （吨）	Metal Forging Molds (ton)	2616	306327	3542	342521
阀门 （万套）	Valves (10000 sets)	4781	824678	7016	892985
自动数据处理设备及其部件（万台）	Automatic Data Processing Machines and Accessories (10000 sets)	11970	4154453	9978	3270500
自动数据处理设备的零件 （吨）	Accessories of Automatic Data Processing Machines (ton)	23236	3082598	21893	3014351
制造单晶柱或晶圆用的机器及装置 （台）	Crystal Pole Making Machine (set)	6998	105551	751	129810
制造半导体器件或集成电路用的机器及装置 （台）	Semiconductor and IC Making Machine (set)	1328	915364	1288	1080564
制造平板显示器用的机器及装置 （台）	Flat Display Making Machine (set)	882	544205	1053	618773
电动机及发电机 （万台）	Electric Motors and Generators (10000 sets)	9710	667204	13774	697867
发电机组及旋转式变流机 （台）	Electric Moter Set and Converters (set)	2340	160090	1420	355653
变压、整流、电感器及零件	Transformer, Recitifier, Inductance and Accessories		1486753		1559453

商 品 名 称	Item	2013 数 量 Volume	2013 金 额（千美元）Value (USD 1000)	2014 数 量 Volume	2014 金 额（千美元）Value (USD 1000)
蓄电池（万个）	Accumulator (10000 units)	51446	917469	54298	976993
电话机（台）	Telephone (set)	142336	29826	41071	3731
数字式程控电话或电报交换机（台）	Digital Program-controlled Telephone or Telegraph Exchange (set)	138	902	227	650
无线电导航雷达及遥控设备（台）	Radio Navigation Radar and Remote Device (set)	2302637	53200	1746696	86490
电视摄像机、数字照相机及视频摄录一体机（万台）	TV Camera, Digital Camera and Video Creator (10000 sets)	10094	4725878	6498	1936776
声音录制或重放设备（万台）	Audio Recorder and Playback Device (10000 sets)		49		10
收音设备（包括收录音组合机及整套散件）（万台）	Radio Device (10000 sets)	4	6710	5	3516
电视机（包括整套散件）（万台）	TV set (10000 sets)		804		396
电视、收音机及无线电讯设备的零附件（吨）	TV sets, Radio and Spare Parts of Wireless Dispatch Equipments (ton)	9333	1225357	8318	1569283
电容器（吨）	Capacitor (ton)	7880	1226598	8554	1230639
电阻器（吨）	Resistor (ton)	2523	318228	2416	368207
印刷电路（万块）	Printing Circuits (10000 board)	1163211	2311058	1024291	2367352
通断保护电路装置及零件	Electrical Apparatus and Spare Parts for Switching or Protecting Electrical Cursuits		3411410		3471860
电视显像管（万只）	Kinescope (10000 units)				
彩色数据/图形显示管（万只）	Color Digital/Graph Display (10000 units)				
二极管及类似半导体器件（百万个）	Diodes and Similar Semi Conductors (million)	60387	3950090	99809	4804806
集成电路（百万个）	IC (million)	73196	41615479	71576	41794989
电线和电缆（吨）	Electric Wire and Cable (ton)	27492	702449	30546	763444
汽车（包括整套散件）（辆）	Automobile (set)	2972	232790	2682	183055
装有引擎的汽车底盘（辆）	Moter Underpan with Engine (set)	363	27664	522	40798
汽车零件	Parts of Motor Vehicles		1915224		2482820
航空器零件（吨）	Aerostat Parts (ton)	184	31987	290	48080
船舶（艘）	Watercrafts (unit)	279	13833	173	2264
液晶显示板（万个）	Liquid Crystal Display Panel (10000 board)	60721	13051155	62938	11555614
医疗仪器及器械	Medical Instruments and Appliances		422817		491669
计量检测分析自控仪器及器具	Automatic Instruments of Measuring, Examining and Analysing and Related Apparatus		3630954		4381521
手表（万只）	Watch (10000 sets)	1	3797	3	34485
印刷品（吨）	Printed Matter (ton)	4835	153004	3253	111212
塑料制品（吨）	Plastic Products (ton)	80051	929373	87511	1042024
农产品	Agricultural Products		10529416		10326437
机电产品	Electronic Mechanical Products		128821673		129058662
高新技术产品	New and High Technology Products		93008685		90443604

8-11 主要商品出口数量和金额

Major Export Commodities in Volume and Value

商品名称		Item		2013 数量 Volume	2013 金额（千美元）Value (USD 1000)	2014 数量 Volume	2014 金额（千美元）Value (USD 1000)
冻鸡	（吨）	Frozen Chicken	(ton)				
水海产品	（万吨）	Aquatic and Seawater Products	(10000 tons)	5	260991	4	288127
谷物及谷物粉	（万吨）	Cereals and Cereal Powder	(10000 tons)		1302		2199
蔬菜	（万吨）	Vegetables	(10000 tons)	57	606370	62	704326
鲜、干水果及坚果	（万吨）	Fresh, Dried Fruits and Nuts	(10000 tons)	1	8570	1	6225
食用油籽	（万吨）	Edible Oil Seeds	(10000 tons)		4198		3071
食用植物油	（吨）	Edible Vegetable Oil	(ton)	1458	3522	1569	3282
食糖	（吨）	Sugar	(ton)	814	874	704	632
天然蜂蜜	（吨）	Natural Honey	(ton)	10593	20091	10002	19112
茶叶	（吨）	Tea	(ton)	2814	6767	1709	6120
猪肉罐头	（吨）	Canned Pork	(ton)	2040	6223	1761	5388
蘑菇罐头	（吨）	Canned Mushroom	(ton)	5108	9032	4395	7912
啤酒	（万升）	Beer	(10 kiloliter)	337	2342	313	2096
肠衣	（吨）	Casings	(ton)	25695	196621	29776	244299
填充用羽毛;羽绒	（吨）	Feathers and Down for Stuffing	(ton)	5120	109581	7755	162094
中药材及中式成药	（吨）	Chinese Medical Materials and Medicaments of Chinese Type	(ton)	14274	75585	10761	61176
肥料	（万吨）	Fertilizer	(10000 tons)	189	480888	326	796492
锯材	（万立方米）	Wood Sawn	(10 kilostere)	0.9	5411	1	3859
胶合板及类似多层板	（万立方米）	Veneer	(10 kilostere)	409	1694524	466	1972667
印刷品	（吨）	Printed Matter	(ton)	33501	204503	37112	199889
生丝	（吨）	Raw Silk	(ton)	1696	93353	1211	64030
煤及褐煤	（万吨）	Coal and Brown Coal	(10000 tons)	2	2624	1	2215
成品油	（万吨）	Petroleum Products Refined	(10000 tons)	55	396530	55	393358
氧化铝	（吨）	Alumina	(ton)	119345	49745	93322	38300
氧化锌及过氧化锌	（吨）	Zinc Oxide and Zinc Peroxide	(ton)	717	1674	348	870
合成有机染料	（吨）	Synthetic Organic Dyeing	(ton)	62228	406986	60664	474173
医药品	（吨）	Pharmaceuticals	(ton)	111109	1590824	114667	1701197
美容化妆品及护肤品	（吨）	Cosmetics and Skin Care Products	(ton)	7689	100342	7834	84934
口腔及牙齿清洁剂	（吨）	Mouth and Teech Detergent	(ton)	7012	26213	6755	27312
洗衣粉	（吨）	Detergent Powder	(ton)	14670	8389	13626	9973
烟花、爆竹	（吨）	Firework and Cracker	(ton)	2474	6464	1631	3853

商 品 名 称	Item	2013 数 量 Volume	2013 金 额（千美元）Value (USD 1000)	2014 数 量 Volume	2014 金 额（千美元）Value (USD 1000)
新的充气橡胶轮胎 （万条）	New Pneumatic Rubber Tyres (10000 units)	4150	1591007	4122	1608901
家用或装饰用木制品 （万吨）	Wooden Products for Domestic Use and Decoration (10000 tons)	2	50102	2	55338
纸及纸板（未切成形的）（万吨）	Paper and Paper Board (10000 tons)	168	1814917	178	1893916
纺织纱线、织物及制品	Textile Yarn Thread, Woven Goods and Related Products		19016694		20369898
水泥及水泥熟料 （万吨）	Cement (10000 tons)	61	30268	90	45412
平板玻璃 （万平方米）	Plate Glass (10 kilostere)	1461	65435	1120	50704
玻璃制品 （吨）	Glass Products (ton)	244774	573452	247430	462583
家用陶瓷 （万吨）	Pottery Ware for Household Use (10000 tons)	10	229439	9	227124
珍珠、钻石、宝石及半宝石	Pearl, Gem and Semi-gem		11808		24942
生铁及镜铁 （万吨）	Pig Iron and Spiegeleisen (10000 tons)	16	67048	5	22683
铁合金 （万吨）	Ferroalloy (10000 tons)	15	245705	2	46538
钢坯及粗锻件 （万吨）	Billet and Crude Forgings (10000 tons)		251		37
钢材 （万吨）	Rolled Steel (10000 tons)	1155	9982644	1589	12445351
废钢 （吨）	Waste Steel (ton)	1	1	26	19
未锻造的铜及铜材 （吨）	Copper and Its Material (ton)	69503	571170	75538	612807
未锻造的铝及铝材 （万吨）	Aluminium and Its Material (10000 tons)	60	1837283	64	1932784
未锻造的锰 （吨）	Manganese (ton)	194	552	953	2717
钢铁或铜制标准紧固件 （万吨）	Standard Infrangible Articles made of Steel or Copper (10000 tons)	25	615861	26	643889
不锈钢厨具、餐具等家用器具（吨）	Kitchenware, Tableware and Home Appliances Made of Stainless Steel (ton)	8860	55529	9985	64726
餐桌、厨房及其他家用搪瓷器（吨）	Porcelain and Pottery Ware for Table, Kitchen and Other Household Use (ton)	4373	9285	3791	8722
手用或机用工具 （万吨）	Hand Tools and Tools for Machines (10000 tons)	20	1329389	21	1451210
电扇 （万台）	Electric Fans (10000 sets)	2532	150481	2496	184036
空气调节器 （万台）	Air Conditioners (10000 sets)	189	492390	298	694636
冰箱 （万台）	Refrigerators (10000 sets)	401	959384	457	1073037
洗衣机 （万台）	Washing Machines (10000 sets)	694	1733043	768	2026025
纺织机械及零件	Textile Machinery		681490		808768
家用型缝纫机 （万台）	Ordinary Sewing Machines (10000 sets)	119	65796	109	56877
工业用缝纫机 （万台）	Industrial Sewing Machines (10000 sets)	12	42841	12	47693
金属加工机床 （万台）	Machine Tools for Processing Metal (10000 sets)	222	609471	235	665772
电子计算器（包括具有计算功能的袖珍数据记录重现机）（万台）	Electron Calculators (10000 sets)	514	13420	166	7705
自动数据处理设备及其部件（万台）	Automatic Data Processing Machines and Accessories (10000 sets)	32706	39609878	29820	38049924

8－11 续 表 2 Continued 2

商品名称	Item	2013 数量 Volume	2013 金额（千美元）Value (USD 1000)	2014 数量 Volume	2014 金额（千美元）Value (USD 1000)
自动数据处理设备的零件（万吨）	Accessories of Automatic Data Processing Machines (10000 tons)	7	5081884	7	6708061
打印机(包括多功能一体机)（万台）	Printers (including Multi Function Printers) (10000 sets)	168	2251384	145	2006411
液晶显示板（万个）	Liquid Crystal Display Panel (10000 board)	44262	9363638	45781	8944639
轴承（万套）	Bearings (10000 sets)	68831	543445	73070	580900
电动机及发电机（万台）	Electric Motors and Generators (10000 sets)	24364	1752740	28835	1919583
变压器（万个）	Transformers (10000)	5634	255459	6977	261790
静止式变流器（万个）	Static Converters (10000 sets)	132629	2235113	144211	2272073
原电池（万个）	Primary Cells and Batteries (10000 sets)	50421	31088	64200	36594
蓄电池（万个）	Accumulator (10000 sets)	30373	1453550	29519	1512935
电话机（万台）	Telephone (10000 sets)	2000	1786514	4578	4908368
扬声器（万个）	Loudspeakers (10000 sets)	14899	489844	18752	543877
激光唱机（万台）	Laser Phonographs (10000 sets)	3	1093	1	294
录、放像机（万台）	Video Cassette Recorders (10000 sets)	80	57268	230	170854
声音录制或重放设备（万台）	Audio Recorder and Playback Device (10000 sets)	54	19408	125	20063
收音设备(包括收录音组合机及整套散件)（万台）	Radio Device (10000 sets)	282	151841	246	158458
电视机（包括整套散件)（万台）	TV-sets (10000 sets)	683	1715397	676	1657383
录放音、像机及唱机的零附件	Accessories of Videorecorder, Camera and Gramophone		18846		22905
电视、收音机及无线电讯设备的零附件（吨）	TV-sets, Radio and Spare Parts of Wireless Dispatch Equipments (ton)	88230	1879395	88537	1888723
电容器（吨）	Capacitor (ton)	19106	1093790	20187	1235732
印刷电路（百万块）	Printing Circuits (million board)	6106	2921948	6497	2932265
通断保护电路装置及零件	Electrical Apparatus and Spare Parts for Switching or Protecting Electrical Cursuits		3178684		3731615
节能灯（百万只）	Energy-saving Lights (million)	108	116493	92	89430
二极管及类似半导体器件（百万个）	Diodes and Similar Semi Conductors (million)	67861	7569212	81256	8858420
集成电路（百万个）	IC (million)	50312	24791737	49665	22784758
电线和电缆（万吨）	Electric Wire and Cable (ton)	27	2401313	30	2949142
集装箱（万个）	Containers (million)	39	1734241	53	2389645
汽车和汽车底盘（万辆）	Motor Vehicles and Chassis (10000 sets)	3	805803	3	828534
汽车零件	Parts of Motor Vehicles		4750227		5745336
摩托车（万辆）	Motorcycles (10000 sets)	84	510284	85	496688

商品名称 Item				2013		2014	
				数量 Volume	金额（千美元）Value (USD 1000)	数量 Volume	金额（千美元）Value (USD 1000)
自行车	（万辆）	Bicycles	（10000 sets）	1003	860732	1014	895638
摩托车及自行车的零件		Parts of Motorcycles and Bicycles			645473		781421
船舶	（艘）	Watercrafts	（unit）	16500	6923795	17863	6552054
照相机	（万架）	Cameras	（10000 sets）	1389	1393459	1060	967965
医疗仪器及器械		Medical Instruments and Appliances			1367822		1461434
手表	（万只）	Watches	（10000 sets）	1419	26388	978	55940
日用钟	（万只）	Clocks	（10000 sets）	693	25310	365	12565
家具及其零件		Furniture and its Parts			3726173		3510759
床垫、寝具及类似品		Beddings, Bedclothing and Similar Products			1979840		2153955
灯具、照明装置及类似品		Lamps and Lanterns, Lighting Installation and Similar Products			1761953		1669600
旅行用品及箱包	（千克）	Travel Articles, Suitcases and Handbags and Similar Articles	（kg）	193476267	1803838	173187319	1494185
体育用具及设备		Physical Appliances and Equipments			1006406		1096435
服装及衣着附件		Garments and Clothing Accessories			24691224		25535537
鞋类	（吨）	Footware	（ton）	217126	2335752	226185	2389046
塑料制品	（万吨）	Plastic Products	（10000 tons）	124	3963931	136	4023354
玩具		Toys			1067405		1182741
游戏机及零件	（吨）	Recreational Machines	（ton）			2480	40190
圣诞用品	（吨）	Christmas Articles	（ton）	13570	161733	10543	89941
足球、篮球、排球	（万个）	Footballs, Basketballs and Volleyballs	（10000 units）	3836	84010	3872	84846
打火机	（百万个）	Lighters	（million）	53	5733	54	5834
艺术品、收藏品及古董		Artworks, Collections and Antiques			18471		10080
贵金属或包贵金属的首饰		Noble Metals			211342		10731
伞	（万把）	Umbrellas	（10000 units）	1100	56201	1123	64911
竹编结品	（吨）	Bamboo-work	（ton）	447	2748	419	3119
藤编结品	（吨）	Bine-work	（ton）	14	297	16	183
草编结品	（吨）	Grass-work	（ton）	282	1756	601	2890
柳编结品	（吨）	Wickerwork	（ton）	940	5207	922	6427
农产品		Farm Products			3162298		3617473
机电产品		Electronic Mechanical Products			214257505		221451410
高新技术产品		New and High Technology Products			127965274		129359046

8-12　合同外商直接投资项目
Number of Contracted Projects of Foreign Direct Investment

单位:个　　(unit)

指　　标	Item	2014年止累计 2014 Year end Accumulated	2010	2011	2012	2013	2014
合　计	**Total**	**112851**	**4661**	**4496**	**4156**	**3453**	**3031**
合资经营企业	Joint Venture Enterprises	49397	934	932	721	632	709
合作经营企业	Cooperative Enterprises	3048	26	29	15	14	2
独资经营企业	Foreign Solely Funded	60357	3696	3531	3414	2806	2316
外商投资股份制企业	Share Holding with Foreign Investment	49	5	4	6	1	4

8-13　合同外商直接投资金额
Value of Contracted Projects of Foreign Direct Investment

单位:万美元　　(USD 10000)

指　　标	Item	2014年止累计 2014 Year end Accumulated	2010	2011	2012	2013	2014
合　计	**Total**	**69857073**	**5683321**	**5955372**	**5714109**	**4726816**	**4318685**
合资经营企业	Joint Venture Enterprises	13073649	801993	980904	743004	561458	661894
合作经营企业	Cooperative Enterprises	1493222	65786	34123	32100	26282	9808
独资经营企业	Foreign Solely Funded	54804169	4764618	4889203	4869617	4128148	3512530
外商投资股份制企业	Share Holding with Foreign Investment	486033	50924	51142	69388	10928	134453

8－14 实际外商直接投资金额
Actual Value of Foreign Direct Investment

单位:万美元 (USD 10000)

指 标	Item	1985～2014	1990	1995	2000	2005
合 计	**Total**	**35055347**	**14110**	**478058**	**642358**	**1318339**
合资经营企业	Joint Venture Enterprises	8020487	13787	332166	227369	248652
合作经营企业	Cooperative Enterprises	670205	249	27684	35755	19130
独资经营企业	Foreign Solely Funded	25975923	74	118208	378946	1041074
外商投资股份制企业	Share Holding with Foreign Investment	388732			288	9483

8－14 续表 Continued

单位:万美元 (USD 10000)

指 标	Item	2010	2011	2012	2013	2014
合 计	**Total**	**2849777**	**3213173**	**3575956**	**3325922**	**2817416**
合资经营企业	Joint Venture Enterprises	474350	597420	577193	590073	429339
合作经营企业	Cooperative Enterprises	24697	25950	19118	20102	9508
独资经营企业	Foreign Solely Funded	2283780	2554283	2887099	2692125	2322693
外商投资股份制企业	Share Holding with Foreign Investment	66950	35520	92546	23622	55876

8－15 按行业分外商直接投资(2014 年)

Foreign Direct Investment Grouped by Sector(2014)

单位:万美元 (USD 10000)

行业	Item	项 目(个) Number of Projects(unit)	合同外资 Contracted Foreign Capital	实际投资 Actual Investment
总 计	**Total**	**3031**	**4318685**	**2817416**
农、林、牧、渔业	Agriculture, Forestry, Animal Husbandry and Fishery	169	146573	57305
采矿业	Mining	4	16958	4088
制造业	Manufacturing	1144	2004201	1455567
农副食品加工业	Processing of Food from Agricultural Products	10	23754	8143
食品制造业	Manufacture of Food	19	47999	26119
饮料制造业	Manufacture of Beverage	8	16824	16479
烟草制品业	Manufacture of Tobacco			
纺织业	Manufacture of Textile	26	40918	34899
纺织服装、鞋、帽制造业	Manufacture of Textile Wearing, Apparel, Footwear and Caps	55	144967	75337
皮革、毛皮、羽毛(绒)及其制品业	Manufacture of Leather, Fur, Feather and Related Products	9	2189	3738
木材加工及木、竹、藤、棕、草制品业	Processing of Timber, Manufacture of Wood, Bamboo, Rattan, Palm and Straw Products	17	13669	6433
家具制造业	Manufacture of Furniture	39	56625	15078
造纸及纸制品业	Manufacture of Paper and Paper Products	11	50756	41357
印刷业和记录媒介的复制	Printing, Reproduction of Recording Media	3	4570	5721
文教体育用品制造业	Manufacture of Articles For Culture, Education and Sport Activities	12	9284	4428
石油加工、炼焦及核燃料加工业	Processing of Petroleum, Coking, Processing of Nuclear Fuel	1	19967	16619
化学原料及化学制品制造业	Manufacture of Raw Chemical Materials and Chemical Products	61	166679	156771
医药制造业	Manufacture of Medicines	24	36594	34249
化学纤维制造业	Manufacture of Chemical Fibers	2	23354	6139
橡胶制品业	Manufacture of Rubber	4	5932	9834
塑料制品业	Manufacture of Plastics	22	34665	24385
非金属矿物制品业	Manufacture of Non－metallic Mineral Products	29	55435	37658
黑色金属冶炼及压延加工业	Smelting and Pressing of Ferrous Metals	0	－1299	14866
有色金属冶炼及压延加工业	Smelting and Pressing of Non-ferrous Metals	8	16052	13455
金属制品业	Manufacture of Metal Products	82	118092	63404

8－15 续 表 Continued

单位:万美元 (USD 10000)

行业	Item	项 目(个) Number of Projects(unit)	合同外资 Contracted Foreign Capital	实际投资 Actual Investment
通用设备制造业	Manufacture of General Purpose Machinery	184	191677	151527
专用设备制造业	Manufacture of Special Purpose Machinery	147	192170	101320
交通运输设备制造业	Manufacture of Transport Equipment	90	143852	152494
电气机械及器材制造业	Manufacture of Electrical Machinery and Equipment	114	306002	203207
通信设备、计算机及其他电子设备制造业	Manufacture of Communication Equipment, Computers and Other Electronic Equipment	125	241445	211403
仪器仪表及文化、办公用机械制造业	Manufacture of Measuring Instruments and Machinery for Cultural Activity and Office Work	16	19628	8579
工艺品及其他制造业	Manufacture of Artwork and Other Manufacturing	23	19064	6040
废弃资源和废旧材料回收加工业	Recycling and Disposal of Waste	3	3341	5910
电力、热力、燃气及水的生产和供应业	Production and Supply of Electric Power, Heat Power, Gas and Water	30	108571	30566
建筑业	Construction	41	111338	43372
交通运输、仓储和邮政业	Transport, Storage and Post	78	195697	108700
信息传输、计算机服务和软件业	Information Transmission, Computer Services and Software	126	64914	19734
批发和零售业	Wholesale and Retail Trades	734	482657	215032
住宿和餐饮业	Hotels and Catering Services	64	16868	10697
金融业	Financial Intermediation	45	159862	90036
房地产业	Real Estate	73	433698	506025
租赁和商务服务业	Leasing and Business Services	273	370554	194591
科学研究、技术服务和地质勘查业	Scientific Research, Technical Service and Geologic Prospecting	195	105378	53205
水利、环境和公共设施管理业	Management of Water Conservancy, Environment and Public Facilities	20	72865	18996
居民服务和其他服务业	Services to Households and Other Services	13	12022	4813
教育	Education	3	5268	297
卫生、社会保障和社会福利业	Health, Social Security and Social Welfare	3	2377	600
文化、体育和娱乐业	Culture, Sports and Entertainment	16	8884	3792

8－16　按国家或地区分外商直接投资
Foreign Direct Investment by Country or Region

单位:万美元　　　　(USD 10000)

国家(地区)	Country(Region)	2013 项　目(个) Number of Projects (unit)	2013 合同外资 Contracted Foreign Capital	2013 实际投资 Actual Investment	2014 项　目(个) Number of Projects (unit)	2014 合同外资 Contracted Foreign Capital	2014 实际投资 Actual Investment
合　计	**Total**	**3453**	**4726816**	**3325922**	**3031**	**4318685**	**2817416**
亚　洲	**Asia**	**2537**	**3840377**	**2549989**	**2195**	**3325302**	**2152425**
#中国香港	Hong Kong, China	1497	2946167	1852987	1269	2736659	1681806
中国澳门	Macao, China	13	5705	8052	13	19828	9731
中国台湾	Taiwan, China	437	307771	87763	413	211078	112424
印度尼西亚	Indonesia	4	7358	3148	0	200	1889
日本	Japan	166	174053	247508	108	115394	113660
马来西亚	Malaysia	26	21101	14547	33	8053	5318
菲律宾	Philippines	11	18040	2778	8	5543	5723
新加坡	Singapore	116	168482	239166	99	111046	119168
韩国	Korea, Rep.	191	143393	72174	185	82173	92206
泰国	Thailand	4	5742	531	6	12217	597
非　洲	**Africa**	**52**	**39426**	**37271**	**58**	**46793**	**28664**
欧　洲	**Europe**	**284**	**231820**	**180119**	**283**	**207034**	**159202**
#比利时	Belgium	2	283	277	3	1032	475
丹麦	Dermark	10	22617	4014	3	1382	1516
英国	United Kindom	30	17049	16806	49	51152	34558
德国	Germany	85	60327	58183	79	32472	36858
法国	France	22	43975	23127	17	31049	12289
爱尔兰	Ireland	3	1557	1139	2	4040	2101
意大利	Italy	50	19167	9995	27	9640	6919
卢森堡	Luxembourg	7	9769	8888	1	2381	2969
荷兰	Netherlands	12	11541	28640	18	20455	14520
希腊	Greece	2	161	6	3	304	13
葡萄牙	Portugal	1	1029	247	1	600	105
西班牙	Spain	7	1565	7169	10	11449	8266
芬兰	Finland	3	3987	1679	5	2841	2578
瑞士	Switzerland	7	12580	8644	18	15378	16179
北美洲	**North America**	**335**	**202075**	**114152**	**281**	**104712**	**88459**
#加拿大	Canada	72	44582	27376	68	24069	14023
美国	United States	257	137394	78295	211	70617	59722
大洋洲	**Oceania**	**151**	**107238**	**77414**	**151**	**119225**	**60456**
#澳大利亚	Australia	50	30077	15856	52	13837	9028
南美洲	**South America**	**88**	**143022**	**223070**	**81**	**192532**	**167950**

8－17 年末登记外商投资企业行业分布情况（2014 年）
Sector Distribution Registered of Foreign-funded Enterprises at Year-end (2014)

行业	Sector	企业数(个) Number of Registered Enterprises (unit)	投资总额(万美元) Total Investment (USD 10000)	注册资本(万美元) Registered Capital (USD 10000)	#外方 Capital Invested by Foreign Partner
总 计	**Total**	**51634**	**71813116**	**38393366**	**32563823**
农、林、牧、渔业	Agriculture, Forestry, Animal Husbandry and Fishery	767	706099	485468	457340
采矿业	Mining	19	147176	72723	66180
制造业	Manufacturing	28874	47234796	23482934	20058353
电力、燃气及水的生产和供应业	Production and Supply of Electricity, Gas and Water	506	1745869	681040	457418
建筑业	Construction	596	1170755	748518	626242
交通运输、仓储和邮政业	Transport, Storage and Post	872	1883249	890287	701644
信息传输、计算机服务和软件业	Information Transmission, Computer Services and Software	1897	472954	270973	238638
批发和零售业	Wholesale and Retail Trades	7248	2898394	1686345	1579884
住宿和餐饮业	Hotels and Catering Services	2297	394458	238911	212466
金融业	Financial Intermediation	810	369722	365451	220516
房地产业	Real Estate	1813	7173024	4794683	4218747
租赁和商务服务业	Leasing and Business Services	2435	2474114	1896391	1666421
科学研究、技术服务和地质勘查业	Scientific Research, Technical Service and Geologic Prospecting	2757	4203877	2232323	1637983
水利、环境和公共设施管理业	Management of Water Conservancy, Environment and Public Facilities	114	398014	246401	163641
居民服务和其他服务业	Services to Households and Other Services	386	269859	143795	130010
教育	Education	27	12631	7884	5960
卫生、社会保障和社会福利业	Health, Social Security and Social Welfare	24	107857	53592	44242
文化、体育和娱乐业	Culture, Sports and Entertainment	185	150169	95577	78087
其他	Other	7	100	71	51

8－18 对外承包工程

Contracted Projects with Foreign Countries

年 份 Year	合 同 数(份) Number of Contracts (unit)	合同金额(万美元) Contracted Value (USD 10000)	实际完成营业额(万美元) Value of Business Fulfilled (USD 10000)	年末在外人数(人) Number of Persons Abroad at the Year-end(person)
1985	13	262		
1990	32	3571	3521	881
1995	101	19495	19774	2946
1996	148	24040	22725	3298
1997	239	34599	31011	5997
1998	224	38224	34878	5784
1999	273	52110	34636	7403
2000	306	58544	49722	8616
2001	513	71200	62747	8320
2002	587	133743	105403	10992
2003	642	174201	142671	13449
2004	3317	213267	188958	21073
2005	1853	290079	251095	30211
2006	4975	426788	376509	38432
2007	922	400569	344919	41268
2008	791	432043	388434	34945
2009	727	449596	433249	36739
2010	968	544726	519838	35987
2011	891	594909	599171	35484
2012	1009	719844	646755	35615
2013	1021	865653	726299	36266
2014	1067	966108	795426	36552

注：合同数口径 2007 年起调整，在国内承包的外资项目不再作为对外承包工程。

a) "Contracted projects" are adjusted from 2007, foreign funded projects contracted in domestic are no longer "contracted projects with foreign countries".

8－19 对外劳务合作
Labor Services Cooperation with Foreign Countries

年 份 Year	新签劳务人员合同工资总额（万美元） Total Contract Wages of New Signed Labor（USD 10000）	劳务人员实际收入总额（万美元） Tatal Real Income of Singned Labor（USD 10000）	年末在外人数（人） Number of Persons Abroad at the Year-end（person）
1985	2704		
1990	475	525	390
1995	8591	6120	5260
1996	12253	6287	9068
1997	13022	7454	9049
1998	24250	17271	17439
1999	29286	26538	25012
2000	39394	30293	34426
2001	48689	45316	56852
2002	37401	49989	62670
2003	33444	53984	65576
2004	31322	56974	69984
2005	40451	68056	70049
2006	41243	58843	73984
2007	51874	71087	75924
2008	56072	71304	66240
2009	53793	74555	63045
2010	76040	76864	59778
2011	64883	73590	53864
2012	62021	77438	51234
2013	75680	88826	51748
2014	120789	85351	59850

8 - 20 境外投资情况
Information of Overseas Investment

指　　标	Item	2010	2011	2012	2013	2014
新批项目数　　　（个）	**Number of Newly Approved Projects (unit)**	**408**	**505**	**572**	**605**	**736**
按项目类型	By Broject Type					
企业	Enterprise	360	443	528	550	698
子公司	Sub-enterprise	326	410	501	522	685
独资子公司	Joint Venture Enterprise	269	343	390	414	517
合资子公司	Solely Funded Enterprise	57	67	111	108	168
联营公司	Joint Ownership Enterprise	34	33	27	28	13
机构	Institution	48	62	44	55	38
按主体类型	By Subject Type					
国有及国有控股企业	State-owned Enterprise	39	34	60	58	58
集体企业	Collective-owned Enterprise	5	3	4	3	1
民营企业	Private Enterprise	269	369	383	426	554
外资企业	Foreign Funded Enterprise	95	99	125	118	123
按业务类型	By Business Type					
#参股并购类项目	Projects of Share Participating and Merging	47	64	83	80	110
风险投资类项目	Venture Investment Projects	2	9	13	10	7
贸易型项目	Trade Projects	162	213	243	210	277
非贸易型项目	Nontrade Projects	246	292	329	395	459
#境外加工贸易项目	Projects of Overseas Processing Trade	41	32	33	38	61
境外资源开发项目	Projects of Overseas Resource Development	7	18	33	9	10
中方协议金额　　（万美元）	**Protocol Fund from China　　(USD 10000)**	**217613**	**360154**	**504547**	**614272**	**721571**
按项目类型	By Project Type					
企业	Enterprise	216646	359239	504089	611917	721154
子公司	Sub-enterprise	211877	351789	491387	579871	712482
独资子公司	Joint Venture Enterprise	191032	315587	393106	488365	543147
合资子公司	Solely Funded Enterprise	20846	36202	98281	91506	169335
联营公司	Joint Ownership Enterprise	4769	7450	12702	32046	8672
机构	Institution	967	915	458	2356	417
按主体类型	By Subject Type					
国有及国有控股企业	State-owned Enterprise	16082	27271	84488	46418	65224
集体企业	Collective-owned Enterprise	1884	1495	2185	974	9998
民营企业	Private Enterprise	149509	251638	320725	434218	547679
外资企业	Foreign Funded Enterprise	50138	79750	97149	132663	98669
按业务类型	By Business Type					
#参股并购类项目	Projects of Share Participating and Merging	46726	49129	99294	126803	110347
风险投资类项目	Venture Investment Projects	137	8899	13522	28342	17973
贸易型项目	Trade Projects	61064	101672	154336	128831	167014
非贸易型项目	Nontrade Projects	156549	258483	350210	485441	554557
#境外加工贸易项目	Projects of Overseas Processing Trade	30787	14760	34988	34307	57923
境外资源开发项目	Projects of Overseas Resource Development	3202	39067	61756	24100	22658

8-21 境外投资主要国别地区情况
Information of Overseas Investment to Main Countries or Regions

国家(地区)	Country(Region)	2013 新批项目数(个) Number of Newly Approved Projects (unit)	2013 中方协议投资(万美元) Protocol Fund from China (USD 10000)	2014 新批项目数(个) Number of Newly Approved Projects (unit)	2014 中方协议投资(万美元) Protocol Fund from China (USD 10000)
全　部	**Total**	**605**	**614272**	**736**	**721571**
亚洲	**Asia**	**335**	**307995**	**384**	**414753**
巴林	Bahrain			1	120
孟加拉国	Bangladesh	2		3	901
缅甸	Burma	5	1654	5	1148
柬埔寨	Cambodia	17	21648	21	8377
塞浦路斯	Cyprus	1			
朝鲜	North Korea	1	205	2	1040
中国香港	Hong Kong, China	174	231876	189	258318
印度	India	8	2108	6	422
印度尼西亚	Indonesia	16	12235	11	38257
伊朗	Iran	2	3226	1	3493
以色列	Israel	1	155	2	987
日本	Japan	20	1338	32	16994
老挝	Laos	2	300	2	1700
中国澳门	Macao, China	1	50	3	126
马来西亚	Malaysia	7	2409	4	688
蒙古	Mongolia			2	37
尼泊尔	Nepal			1	1
巴基斯坦	Pakistan			3	17949
菲律宾	Philippines			4	10456
卡塔尔	Qatar			1	289
沙特阿拉伯	Saudi Arabia			6	5707
新加坡	Singapore	29	10347	28	23738
韩国	Korea	11	206	8	3250
斯里兰卡	Sri Lanka	1		2	735
泰国	Thailand	10	6900	17	6795
土耳其	Tether	1	500	1	400
阿拉伯联合酋长国	United Arab Emirates	6	675	6	4911
越南	Vietnam	8	11050	6	5921
中国台湾	Taiwan, China	11	603	10	1138
东帝汶	East Timor			1	490
哈萨克斯坦	Kazakhstan			1	61
吉尔吉斯斯坦	Kyrgyzstan			1	255
土库曼斯坦	Turkmenistan			1	
乌兹别克斯坦	Uzbekistan	1	510	2	50
其他	Other			1	

8-21 续 表 1 Contiued 1

国家(地区) Country(Region)		2013 新批项目数(个) Number of Newly Approved Projects (unit)	2013 中方协议投资(万美元) Protocol Fund from China (USD 10000)	2014 新批项目数(个) Number of Newly Approved Projects (unit)	2014 中方协议投资(万美元) Protocol Fund from China (USD 10000)
非洲	**Africa**	**43**	**52266**	**46**	**65607**
阿尔及利亚	Airily	2		1	9800
安哥拉	Angola	2	2000	4	10110
喀麦隆	Cameroon	1	601	2	69
乍得	Chad			1	1000
刚果	Congo			2	27
埃及	Egypt	3	7595	1	70
赤道几内亚	Guinea			2	2400
埃塞俄比亚	Ethiopia	3	3150	5	14918
加蓬	Gabon			2	500
几内亚	Guinea	1	4500		
肯尼亚	Kenya	2		4	2600
毛里塔尼亚	Mauritania			1	100
毛里求斯	Mauritius	1	600		
莫桑比克	Mozambique	2	4940	2	2850
纳米比亚	Namibia	1	1000	1	2160
尼日利亚	Nigeria	4	3640	1	1600
塞内加尔	Senegal			1	15
塞舌尔	Seychelles	1	100	3	1100
南非	South Africa	7	12025	4	2320
苏丹	Sudan			1	
坦桑尼亚	Tanzania	7	10505	6	13508
乌干达	Uganda	1	105		
赞比亚	Zambia	2	500	1	400
津巴布韦	Zimbabwe	1	756	1	60
欧洲	**Europe**	**73**	**117642**	**82**	**63994**
比利时	Belgium	3	269	2	29
丹麦	Denmark	2	140	2	350
英国	United Kingdom	6	2877	9	7667
德国	Germany	18	34955	23	23794
法国	France	4	1173	9	1119
意大利	Italy	2	204	4	4384
卢森堡	Luxembourg	7	64310	2	1010

8－21 续 表 2 Contiued 2

国家(地区) Country(Region)		2013		2014	
		新批项目数(个) Number of Newly Approved Projects (unit)	中方协议投资(万美元) Protocol Fund from China (USD 10000)	新批项目数(个) Number of Newly Approved Projects (unit)	中方协议投资(万美元) Protocol Fund from China (USD 10000)
荷兰	Netherlands	8	9673	8	9247
西班牙	Spain	3	1241	2	660
阿尔巴尼亚	Albania			1	800
奥地利	Austria			3	10418
保加利亚	Bulgaria	1	－467		
芬兰	Finland			1	50
匈牙利	Hungary	1	105		
挪威	Norway	1	560		
波兰	Poland	1	200	2	300
罗马尼亚	Romania	2	68	1	35
瑞典	Sweden	1	35	2	265
瑞士	Switzerland	3	－14	3	1580
俄罗斯联邦	the Russian Federation	5	1726	4	1225
乌克兰	Ukraine			1	100
克罗地亚	Croatia			1	375
捷克	Czech	2	72		
塞尔维亚	Serbia	1	315	2	585
拉丁美洲	**Latin America**	**26**	**46895**	**52**	**50248**
阿根廷	Argentina	1	5		
巴西	Brazil	7	3049	2	500
开曼群岛	Cayman Islands	4	2442	18	9085
智利	Chili	2	1700	5	3130
古巴	Cuba			1	500
厄瓜多尔	Ecuador			2	103
墨西哥	Mexico	1	14700		
秘鲁	Peru	2	6900	1	100
英属维尔京群岛	British Virgin Islands	7	17419	23	36830
北美洲	**North America**	**106**	**57556**	**143**	**83220**
加拿大	Canada	9	7004	13	7918
美国	United States	97	50552	127	66452
其他	Other			3	8850
大洋洲	**Oceania**	**22**	**31917**	**29**	**43749**
澳大利亚	Australia	19	31695	20	37169
斐济	Fiji	1	100	1	990
瓦努阿图	Vanuatu			1	20
新西兰	New Zealand			3	4520
萨摩亚	Samoa	2	122	4	1050

8－22　分行业境外投资情况

Information of Overseas Investment by Sector

行　　业　Sector		2013		2014	
		新批项目数（个）Number of Newly Approved Projects (unit)	中方协议投资（万美元）Protocol Fund from China (USD 10000)	新批项目数（个）Number of Newly Approved Projects (unit)	中方协议投资（万美元）Protocol Fund from China (USD 10000)
全　部	**Total**	**605**	**614272**	**736**	**721571**
第一产业	**Primary Industry**	**15**	**26338**	**8**	**4886**
农、林、牧、渔业	Farming, Forestry, Animal Husbandry and Fishery	15	26338	8	4886
农业	Farming	7	7969	2	70
林业	Forestry	2	1398	3	3900
畜牧业	Animal Husbandry				
渔业	Fishery	2	980	1	816
农、林、牧、渔服务业	Services of Farming, Forestry, Animal Husbandry and Fishery	4	15992	2	100
第二产业	**Secondary Industry**	**190**	**229016**	**259**	**255860**
采矿业	Mining	11	31576	9	25913
煤炭开采和洗选业	Mining and Washing of Coal	1	3226	1	17000
黑色金属矿采选业	Mining and Processing of Ferrous Metal Ores	4	17650		
有色金属矿采选业	Mining and Processing of Non-ferrous Metal Ores	4	5700	4	6356
非金属矿采选业	Mining and Processing of Nonmetal Ores	1	4500	1	850
其他采矿业	Other Mining	1	500	3	1708
制造业	Manufacturing	148	127190	215	202022
农副食品加工业	Processing of Food from Agricultural Products	4	3603	5	4054
食品制造业	Manufacture of Food	1			
饮料制造业	Manufacture of Beverage			1	395
纺织业	Manufacture of Textile	8	18960	17	17485
纺织服装、鞋、帽制造业	Manufacture of Textile Wearing, Apparel, Footwear and Caps	12	2330	20	4868
皮革、毛皮、羽毛（绒）及其制品业	Manufacture of Textile, Fur, Feather and Related Products	2	120	1	800
木材加工及木、竹、藤、棕、草制品业	Processing of Timber, Manufacture of Wood, Bamboo, Rattan, Palm and Straw Products	7	4999	3	4198
家具制造业	Manufacture of Furniture	2	345	2	585
造纸及纸制品业	Manufacture of Paper and Paper Products	2	1500	1	55
印刷业和记录媒介的复制	Printing, Reproduction of Recording Media	3	1190	3	1790
文教体育用品制造业	Manufacture of Articles For Culture, Education and Sport Activities	1	200		
石油加工、炼焦及核燃料加工业	Processing of Petroleum, Coking, Processing of Nuclear Fuel			1	270

行 业 Sector		2013 新批项目数（个）Number of Newly Approved Projects (unit)	2013 中方协议投资（万美元）Protocol Fund from China (USD 10000)	2014 新批项目数（个）Number of Newly Approved Projects (unit)	2014 中方协议投资（万美元）Protocol Fund from China (USD 10000)
化学原料及化学制品制造业	Manufacture of Raw Chemical Materials and Chemical Products	8	5255	10	32530
医药制造业	Manufacture of Medicines	3	8323	8	5073
化学纤维制造业	Manufacture of Chemical Fibers	1	350		
橡胶制品业	Manufacture of Rubber			5	2128
塑料制品业	Manufacture of Plastics	6	2357	14	5364
非金属矿物制品业	Manufacture of Non-metallic Mineral Products	2	600	1	400
黑色金属冶炼及压延加工业	Smelting and Pressing of Ferrous Metals	2	5556	1	6648
有色金属冶炼及压延加工业	Smelting and Pressing of Non-ferrous Metals			3	4929
金属制品业	Manufacture of Metal Products	6	309	20	18525
通用设备制造业	Manufacture of General Purpose Machinery	8	3331	18	4808
专用设备制造业	Manufacture of Special Purpose Machinery	22	25115	25	60601
交通运输设备制造业	Manufacture of Transport Equipment	12	20830	12	8945
电气机械及器材制造业	Manufacture of Electrical Machinery and Equipment	15	14005	9	12075
通信设备、计算机及其他电子设备制造业	Manufacture of Communication Equipment, Computers and Other Electronic Equipment	14	3112	22	3742
仪器仪表及文化、办公用机械制造业	Manufacture of Measuring Instruments and Machinery for Cultural Activity and Office Work	1	500	4	547
工艺品及其他制造业	Manufacture of Artwork and Other Manufacturing	3	1000	5	699
废弃资源和废旧材料回收加工业	Recycling and Disposal of Waste	3	3300	4	510
电力、热力、燃气及水的生产和供应业	Production and Supply of Electric Power, Heat Power, Gas and Water	11	65428	11	11715
电力、热力的生产和供应业	Production and Supply of Electric Power and Heat Power	11	65428	11	11715
建筑业	Construction	20	4822	24	16210
房屋和土木工程建筑业	Construction of Building & Civil Engineering	6	3121	19	1892
建筑安装业	Building Installation	2	82	1	5000
建筑装饰业	Building Decoration	2	209	3	9029
其他建筑业	Other Construction	10	1410	1	289
第三产业	**Tertiary Industry**	**400**	**358918**	**469**	**460825**
交通运输、仓储和邮政业	Transport, Storage and Post	4	3869	2	3007

8－22 续 表 2 Continued 2

行业	Sector	2013 新批项目数（个）Number of Newly Approved Projects（unit）	2013 中方协议投资（万美元）Protocol Fund from China（USD 10000）	2014 新批项目数（个）Number of Newly Approved Projects（unit）	2014 中方协议投资（万美元）Protocol Fund from China（USD 10000）
道路运输业	Road Transport				
水上运输业	Warter Transport	2	3500		
装卸搬运和其他运输服务业	Loading, Unloading and Other Transport Services	1	19	1	3000
仓储业	Storage			1	7
邮政业	Post	1	350		
信息传输、计算机服务和软件业	Information Transmission, Computer Services and Software	7	4040	25	9600
电信和其他信息传输服务业	Information Transmission			2	1076
计算机服务业	Computer Services	2	1880	13	6232
软件业	Software	5	2160	10	2292
批发和零售业	Wholesale and Retail Trades	212	98450	240	127719
批发业	Wholesale Trades	204	95069	234	125156
零售业	Retail Trads	8	3381	6	2564
住宿和餐饮业	Hotels and Catering Services	4	3395	3	3762
住宿业	Hotels	1	3150		
餐饮业	Catering Services	3	245	3	3762
金融业	Financial Intermediation				
房地产业	Real Estate	16	49904	30	99633
房地产业	Real Estate	16	49904	30	99633
租赁和商务服务业	Leasing and Business Services	105	171393	111	182067
租赁业	Leasing	2	1500	3	1115
商务服务业	Business Services	103	169893	108	180952
科学研究、技术服务和地质勘查业	Scientific Research, Technical Services and Geologic Prospecting	31	19450	41	23639
研究与试验发展	Research and Experimental Development	16	5049	23	13771
专业技术服务业	Professional Technical Services	7	7105	8	1270
科技交流和推广服务业	Services of Science and Technology Exchanges and Promotion	8	7296	9	8498
水利、环境和公共设施管理业	Management of Water Conservancy, Environment and Public Facilities			2	360
生态保护和环境治理业	Ecological Protection and Environment			2	360
居民服务和其他服务业	Services to Households and Other Services	14	4850	11	9460
居民服务业	Households Services			1	980
其他服务业	Other Services	14	4850	10	8480
教育	Education	1	0	1	36
教育	Education	1	0	1	36
文化、体育和娱乐业	Culture, Sports and Entertainment	6	3568	3	1541
新闻出版业	Journalism and Publishing Activities	1	20	1	51
广播、电视、电影和音像业	Broadcasting, Movies, Television and Audiovisual Activities	4	2568	1	500
文化艺术业	Cultural and Art Activities	1	980	1	990

8－23 分地区境外投资情况

Information of Overseas Investment by Region

地 区 Region		2013 新批项目数（个）Number of Newly Approved Projects (unit)	2013 中方协议投资（万美元）Protocol Fund from China (USD 10000)	2014 新批项目数（个）Number of Newly Approved Projects (unit)	2014 中方协议投资（万美元）Protocol Fund from China (USD 10000)
全 省	**Total**	**605**	**614272**	**736**	**721571**
苏 南	Southern Jiangsu	433	436849	525	527432
苏 中	Middle Jiangsu	106	108156	131	125784
苏 北	Northern Jiangsu	66	69267	80	68355
南京市	Nanjing	90	100663	110	146605
无锡市	Wuxi	87	120157	107	145298
徐州市	Xuzhou	20	20299	22	24819
常州市	Changzhou	48	42838	64	46699
苏州市	Suzhou	159	161851	209	170029
南通市	Nantong	53	80135	78	92004
连云港市	Lianyungang	17	20463	22	24095
淮安市	Huaian	4	385	5	3070
盐城市	Yancheng	20	27396	25	14818
扬州市	Yangzhou	29	15432	24	21559
镇江市	Zhenjiang	49	11339	35	18801
泰州市	Taizhou	24	12590	29	12221
宿迁市	Suqian	5	725	6	1553

主要统计指标解释

进出口总额 海关进出口总额指实际进出我国国境的货物总金额。包括对外贸易实际进出口货物,来料加工装配进出口货物,国家间、联合国及国际组织无偿援助物资和赠送品,华侨、港澳台同胞和外籍华人捐赠品,租赁期满归承租人所有的租赁货物,进料加工进出口货物,边境地方贸易及边境地区小额贸易进出口货物(边民互市贸易除外),中外合资企业、中外合作经营企业、外商独资经营企业进出口货物和公用物品,到、离岸价格在规定限额以上的进出口货样和广告品(无商业价值、无使用价值和免费提供出口的除外),从保税仓库提取在中国境内销售的进口货物,以及其他进出口货物。进出口总额用以观察一个国家在对外贸易方面的总规模。我国规定出口货物按离岸价格统计,进口货物按到岸价格统计。

商品经营单位所在地进、出口额 指所在地海关注册登记的有进出口经营权的企业实际进、出口额。

商品目的地进口额和商品货源地出口额 目的地进口额指进口货物的消费、使用或最终抵运地的实际进口额,货源地出口额是指出口货物的产地或原始发货地的实际出口额。

外商直接投资 指外国企业和经济组织或个人(包括华侨、港澳台胞以及我国在境外注册的企业)按我国有关政策、法规,用现汇、实物、技术等在我国境内开办外商独资企业、与我国境内的企业或经济组织共同举办中外合资经营企业、合作经营企业或合作开发资源的投资(包括外商投资收益的再投资)。

对外承包工程 指各对外承包公司以招标议标承包方式承揽的下列业务:(1)承包国外工程建设项目,(2)承包我国对外经援项目,(3)承包我国驻外机构的工程建设项目,(4)承包我国境内利用外资进行建设的工程项目,(5)与外国承包公司合营或联合承包工程项目时我国公司分包部分,(6)对外承包兼营的房屋开发业务。对外承包工程的营业额是以货币表现的本期内完成的对外承包工程的工作量,包括以前年度签订的合同和本年度新签订的合同在报告期内完成的工作量。

对外劳务合作 指以收取工资的形式向业主或承包商提供技术和劳动服务的活动。我国对外承包公司在境外开办的合营企业,中国公司同时又提供劳务的,其劳务部分也纳入劳务合作统计。劳务合作营业额按报告期内向雇主提交的结算数(包括工资、加班费和奖金等)统计。

Explanatory Notes on Main Statistical Indicators

Total Imports and Exports at Customs refer to the value of commodities imported into and exported from the boundary of China. They include the actual imports and exports through foreign trade, imported and exported goods under the processing and assembling trades and materials, supplies and gifts as aid given gratis between governments and by the United Nations and other international organizations, and contributions donated by overseas Chinese, compatriots in Hong Kong and Macao and Chinese with foreign citizenship, leasing commodities owned by tenant at the expiration of leasing period, the imported and exported commodities processed with imported materials, commodities trading in border areas (excluding mutual exchange goods), the imported and exported commodities and articles for public use of the Sino-foreign joint ventures, cooperative enterprises and ventures exclusively with foreign own investment. Also included are import or export of samples and advertising goods for whose CIF or FOB value are beyond the permitted ceiling (excluding goods of no trading or use value and free commodities for export), imported goods sold in China from bonded warehouses and other imported or exported goods. The indicator of the total imports and exports at customs can be used to observe the total size of external trade in a country. In accordance with the stipulation of the Chinese government, imports are calculated at CIF, while exports are calculated at FOB.

Import Export Value by Location of Chinas Foreign Trade Managing Units refers to actual value of imports and exports carried out by corporations which have been registered by the local customhouse and are vested with fight to run import export business.

Import Value of Commodities by the Places of their Destination and Export Value of Commodities by the Places of their Origin in China: The former indicator refers to the value of import commodities of the places of their consumption, utilization or the places of their final destination. The latter indicator refers to the value of export commodities of the places of their origin or the places of the commodities dispatched.

Direct Investment by Foreign Entrepreneurs refers to the investments inside China by foreign enterprises and economic organizations or individuals (including overseas Chinese, compatriots from Hong Kong and Macao, and Chinese enterprises registered abroad), following the relevant policies and laws of China, for the establishment of ventures exclusively with foreign own investment, Sino-foreign joint ventures and cooperative enterprises or for co-operative exploration of resources with enterprises or economic organizations in China. It includes the re investment of the foreign entrepreneurs with the profits gained from the investment. Foreign direct investment of 2005 was the volume affirmed by the Commercial Department.

Contracted Projects with Foreign Countries refer to projects undertaken by Chinese contractors (project contracting companies) through bidding process. They include: (1) overseas civil engineering construction projects financed by foreign investors; (2) overseas projects financed by the Chinese government through its foreign aid programs; (3) construction projects of Chinese diplomatic missions, trade offices and other institutions stationed abroad; (4) construction projects in China financed by foreign investment; (5) sub – contracted projects to be taken by Chinese contractors through a joint umbrella project with foreign contractor(s); (6) housing development projects. The business income from international contracted projects is the work volume of contracted projects completed during the reference period, expressed in monetary terms, including completed work on projects signed in previous years.

Service Cooperation with Foreign Countries refers to the activities of providing technology and labor services to employers or contractors in the forms of receiving salaries and wages. Labor services providing by contractual joint ventures of Chinese international contracting corporations should be included in the statistics of service co – operation with foreign countries. The business income of labor service co operation is the income in the form of wages and salaries, overtime pay, bonuses and other remuneration received from the employers during the reference period.

9

能源、资源、环境

Energy, Resource and Environment

简 要 说 明

一、本篇资料的主要内容

本篇主要反映我省自然资源状况、能源消费、电力运行、环境保护事业发展情况。

自然资源状况包括水资源、气象等数据资料。

能源消费包括综合能源平衡表、规模以上工业企业主要能源品种消费量等。

电力运行包括电网生产经营情况、用电量、主要电厂发电量等。

环境保护事业发展情况主要包括污染排放与处理情况、生态环境保护情况等。

二、本篇资料的统计范围

本篇资料的统计范围为全社会。

三、本篇的资料来源

气象、水资源、环境保护事业发展情况分别由气象、水利、环保等部门提供。

电力运行数据来源于省电力公司。

能源消费数据来自历年能源平衡表及相关能源统计年报。

Brief Introduction

I. Main Contents

This chapter contains information that reflects natural resource conditions, energy consumption, power operation and the development of environment protection.

Data on natural resource cover water resource and meteorological phenomena, etc.

Data on energy cover aggregate balance sheet of energy and major energy consumption of above designated industrial enterprises, etc.

Data on power operation Including power grid production and operation, use of electricity, the main power plant power generation, etc.

Data on the development of environment protection mainly include discharge and treatment of pollution, ecological and environmental protection, etc.

II. Sources of Data

The scope of data in this chapter is the whole country.

III. Sources of Data

Data on meteorological phenomena, water resources, development of environment protection are provided respectively by meteorology, water conservancy and environment protection ministry.

Power operation data from the Jiangsu Electric Power Company.

Data on energy consumption are from the energy balance sheets over the years and relevant energy statistics annals.

9－1　主要城市月平均气温（2014 年）
Monthly Average Temperature of Major Cities（2014）

单位:摄氏度　　（℃）

城市 City	1月 Jan	2月 Feb	3月 Mar	4月 Apr	5月 May	6月 June	7月 July	8月 Aug	9月 Sept	10月 Oct	11月 Nov	12月 Dec	年平均气温 Yearly Average
南京市 Nanjing	5.6	4.7	11.8	16.3	22.6	24.6	27.1	25.3	23.2	18.9	12.6	4.6	16.4
无锡市 Wuxi	6.0	5.5	11.7	16.2	22.4	24.3	27.6	26.0	23.8	19.5	13.7	5.0	16.8
徐州市 Xuzhou	3.7	2.8	12.1	16.7	23.1	25.1	27.9	25.4	21.5	17.1	9.7	1.8	15.6
常州市 Changzhou	5.9	5.2	11.7	16.3	22.6	24.5	27.6	26.0	23.8	19.4	13.4	4.9	16.8
苏州市 Suzhou	6.5	5.7	11.8	16.3	22.2	24.3	27.8	26.2	24.1	20.0	14.2	5.5	17.1
南通市 Nantong	5.1	4.8	10.3	15.0	21.4	23.1	26.6	25.4	23.1	18.6	13.1	4.2	15.9
连云港市 Lianyungang	2.2	2.2	9.8	14.4	21.0	23.3	26.5	24.9	21.5	16.4	10.0	1.6	14.5
淮安市 Huaian	3.4	3.0	10.5	15.2	21.5	23.7	26.4	24.3	21.5	16.7	10.2	2.2	14.9
盐城市 Yancheng	3.4	3.3	9.8	15.2	21.8	23.2	26.3	24.9	22.4	17.8	11.7	2.9	15.2
扬州市 Yangzhou	5.1	4.4	11.2	16.1	22.6	24.3	27.1	25.3	23.0	18.3	11.8	3.5	16.1
镇江市 Zhenjiang	5.8	4.8	11.4	16.2	22.6	24.5	27.1	25.6	23.4	19.0	12.9	4.7	16.5
泰州市 Taizhou	4.5	4.1	10.3	15.5	21.7	23.6	26.6	25.1	22.8	18.1	12.2	3.5	15.7
宿迁市 Suqian	3.6	2.9	11.3	16.1	22.4	24.4	27.2	24.9	21.5	17.5	10.5	2.6	15.4

9－2　主要城市月降水量（2014 年）
Monthly Precipitation of Major Cities（2014）

单位:毫米　　（mm）

城市 City	1月 Jan	2月 Feb	3月 Mar	4月 Apr	5月 May	6月 June	7月 July	8月 Aug	9月 Sept	10月 Oct	11月 Nov	12月 Dec	全年累计 Yearly Total
南京市 Nanjing	20.6	121.2	68.4	97.6	26.3	111.8	263.5	158.8	89.2	32.0	97.9	3.8	1091.1
无锡市 Wuxi	22.4	143.1	61.1	177.5	96.6	154.2	285.2	258.9	89.9	25.6	58.8	8.3	1381.6
徐州市 Xuzhou	2.6	30.8	17.4	71.6	57.5	67.4	119.2	174.2	142.0	83.4	57.5	3.0	826.6
常州市 Changzhou	16.4	138.2	54.6	136.6	57.8	141.8	330.0	235.8	70.9	18.4	92.6	7.9	1301.0
苏州市 Suzhou	22.1	140.4	76.6	141.4	92.5	135.5	124.0	190.1	100.2	25.4	61.1	9.0	1118.3
南通市 Nantong	15.5	119.7	69.6	102.7	52.6	127.9	297.0	328.9	117.6	12.3	74.4	8.3	1326.5
连云港市 Lianyungang	6.1	32.1	21.7	34.2	73.2	47.4	176.9	92.5	139.9	82.1	73.1	1.3	780.5
淮安市 Huaian	9.4	55.8	28.2	69.1	70.2	71.2	228.8	207.8	150.1	41.8	47.0	0.0	979.4
盐城市 Yancheng	17.1	72.6	39.1	51.4	62.0	133.9	131.4	318.4	89.1	14.2	45.0	1.4	975.6
扬州市 Yangzhou	23.5	130.9	87.6	129.5	65.3	91.2	235.6	251.0	85.0	22.6	71.1	2.3	1195.6
镇江市 Zhenjiang	26.9	144.8	71.6	96.2	25.9	87.5	274.9	212.6	134.8	17.3	79.3	4.2	1176.0
泰州市 Taizhou	19.4	100.5	60.2	109.5	30.8	89.9	219.5	211.8	89.7	11.8	60.6	2.5	1006.2
宿迁市 Suqian	9.8	38.7	30.9	74.1	81.9	46.4	109.4	188.8	211.1	77.2	55.2	0.9	924.4

9－3 水资源总量（2014 年）
Water Resources (2014)

单位：亿立方米 (100 million cu. m)

项目	Item	水资源总量 Total	地表水资源量 Surface Water Volume	地下水资源量 Underground Water Volume	地下水与地表水重复计算量 Duplicated Computation Volume of Surface Water and Underground Water	年降水量 Annual Precipitation
合计	**Total**	**399.3**	**296.4**	**118.9**	**16.0**	**1064.7**
按流域区域分	**by Drainage Area**					
淮河流域	Drainage Area of Huaihe River	204.2	134.1	80.1	10.0	596.8
王家坝至中渡区	from Wangjiaba to Zhongdu	36.7	23.7	14.2	1.1	89.0
中渡以下	below Zhongdu	98.7	76.9	27.6	5.8	301.7
沂沭泗河区	Yishusi River District	68.8	33.5	38.3	3.1	206.1
长江流域	Drainage Area of Yangtze River	195.1	162.3	38.8	6.0	468.0
湖口以下干流	below Hukou	84.6	65.7	20.9	1.9	226.4
太湖流域	Drainage Area of Taihu Lake	110.5	96.6	18.0	4.1	241.5
按行政区域分	**by Administrative Areas**					
南京市	Nanjing	30.7	25.0	6.6	0.9	77.9
无锡市	Wuxi	29.2	25.7	4.5	1.0	57.1
徐州市	Xuzhou	31.7	9.8	22.6	0.7	85.1
常州市	Changzhou	29.1	26.4	3.0	0.3	59.4
苏州市	Suzhou	45.5	39.5	7.7	1.7	107.1
南通市	Nantong	41.4	32.5	10.6	1.7	111.6
连云港市	Lianyungang	18.8	11.4	8.1	0.7	60.0
淮安市	Huaian	43.0	31.4	14.3	2.7	106.4
盐城市	Yancheng	44.5	30.7	16.1	2.3	142.8
扬州市	Yangzhou	19.1	15.6	3.6	0.1	70.0
镇江市	Zhenjiang	15.2	13.0	4.0	1.8	42.8
泰州市	Taizhou	20.9	15.8	5.4	0.3	63.0
宿迁市	Suqian	30.2	19.6	12.4	1.8	81.5

9－4 农村自然灾害情况
Basic Siatistics on Rural Natural Disaster

单位：千公顷 (1000 hectares)

指标	Item	2000	2005	2010	2011	2012	2013	2014
受灾面积	Area Covered	3411.68	2139.50	1070.93	1810.60	1406.45	487.36	407.69
#旱灾	Drought	1196.87	225.94	522.99	1261.69	219.46	222.28	320.57
水灾	Flood	175.59	781.97	316.37	290.39	156.86	98.37	2.28

9-5 规模以上工业企业主要能源消费量
Major Energy Consumption of above Designated Industrial Enterprises

单位:万吨 (10000 tons)

名 称	Item	2005	2008	2009	2010	2011	2012	2013	2014
原 煤	Coal	15154.25	19195.26	19726.52	22159.36	24268.18	24627.54	25927.40	25646.36
焦 炭	Coke	1562.66	2356.47	2519.04	2784.16	3151.45	3169.66	3210.61	3558.65
原 油	Crude Oil	2250.86	2305.25	2652.49	2992.16	2974.73	2942.17	3382.97	3498.79
汽 油	Gasoline	32.07	43.68	44.60	47.54	41.24	38.37	36.51	37.46
煤 油	Kerasene	3.75	3.31	2.24	2.53	1.91	1.97	1.51	1.32
柴 油	Diesel Oil	117.88	121.51	108.36	111.37	105.08	96.13	94.32	93.87
燃料油	Fuel Oil	212.52	138.58	116.47	110.60	87.32	70.71	61.43	54.27
液化石油气	LPG	53.40	45.56	44.64	38.03	42.03	33.39	41.86	34.19

9-6 规模以上工业企业平均每天主要能源消费量
Average Daily Energy Consumption of above Designated Industrial Enterprises

单位:吨 (ton)

名 称	Item	2005	2008	2009	2010	2011	2012	2013	2014
原 煤	Coal	415185	525897	540453	607106	664882	674727	710340	702640
焦 炭	Coke	42813	64561	69015	76278	86341	86840	87962	97497
原 油	Crude Oil	61667	63158	72671	81977	81499	80607	92684	95857
汽 油	Gasoline	879	1197	1222	1302	1130	1051	1000	1026
煤 油	Kerasene	103	91	61	69	52	54	41	36
柴 油	Diesel Oil	3230	3329	2969	3051	2879	2634	2584	2572
燃料油	Fuel Oil	5822	3797	3191	3030	2392	1937	1683	1487
液化石油气	LPG	1463	1248	1223	1042	1152	915	1147	937

9-7 综合能源平衡表

单位:万吨标准煤

项	目 Item	2000	2005	2006	2007
可供消费的能源总量	**Total Energy**				
一次能源生产量	Primary Energy Output	1996.86	2267.63	2516.29	2405.84
回收能	Retrieved	136.24	356.07	675.51	641.62
进口量	Imported	708.45	2315.38	2249.05	2441.19
出口量	Exported	48.20	186.52	179.67	70.43
年初年末库存差额	Stock Changes in the Year	13.21	-19.73	124.81	-128.23
能源消费总量	**Total Energy Consumption**	**8612.43**	**17167.39**	**18742.19**	**20948.04**
在总量中:	of This Total:				
农、林、牧、渔、水利业	Farming Forestry, Animal Husbandry, Fishery and Water Conservancy	400.39	321.59	327.97	330.16
工业	Industry	6743.95	14020.33	15401.34	17307.23
建筑业	Construction	41.34	204.68	218.02	227.77
交通运输、仓储及邮电通讯业	Transportantion, Storage, Post and Telecommunication	358.52	899.45	957.00	1058.69
批发和零售贸易餐饮业	Wholesale and Retail and Catering Trade	169.94	249.86	260.27	293.51
其他	Others	209.38	373.21	416.19	476.52
生活消费	Residential Consumption	688.91	1098.27	1161.40	1254.16
在总量中:	of This Total:				
终端消费	Final Consumption	8220.49	16311.17	17860.58	20008.61
#工业	Industry	6352.00	13164.12	14519.73	16367.80
损失量	Loss	269.36	653.43	691.48	748.50

Aggregate Balance Sheet of Energy

(10000 tons standardized coal)

2008	2009	2010	2011	2012	2013	2014
2489.40	2618.54	2771.96	2627.41	2751.62	2720.88	3096.99
883.24	1039.79	884.86	128.43	137.68	1348.41	1572.05
2226.54	2806.18	3267.83	3142.29	3226.63	3941.23	3717.27
97.34	205.33	176.89	318.74	164.53	241.15	312.12
-200.66	-26.50	-377.43	-119.56	150.92	26.35	-88.72
22232.23	**23709.28**	**25773.70**	**27588.97**	**28849.84**	**29205.38**	**29863.03**
330.89	360.96	394.68	451.96	515.26	440.98	462.61
18133.51	19260.23	20597.82	22013.25	22636.42	22548.91	23080.21
232.93	249.09	281.22	328.45	355.74	397.04	415.54
1201.71	1254.10	1462.56	1566.30	1701.85	1835.07	2014.31
341.13	366.74	400.80	442.59	500.34	529.46	531.53
538.59	628.20	753.80	850.81	937.38	1028.91	1031.45
1453.47	1589.96	1882.82	1935.61	2202.85	2425.01	2327.38
21245.30	22667.03	24267.83	26031.34	27243.10	29219.75	29753.16
17146.59	18218.00	19976.78	20455.61	21029.68	22563.28	22970.34
803.13	826.90	954.20	985.96	963.63	659.18	853.34

9-8 江苏电网生产经营综合情况

指标名称	Item	2005	2006	2007
发电装机 （万千瓦）	Power Generation Capacity (10000 kW)	4270	5304	5599
发电量 （亿千瓦时）	Power Generation (100 million kW·h)	2120.00	2536.56	2825.33
统调发电最高负荷（万千瓦）	Maximum Controlled Power Generation Load (10000 kW)	3215.7	3853.6	4392.5
统调发电平均负荷率 （%）	Average Controlled Power Generation Load Rate (%)	89.67	89.88	89.72
全社会用电量 （亿千瓦时）	Total Electricity Consumption (100 million kW·h)	2193.45	2569.75	2952.02
#第一产业	Primary Industry (100 million kW·h)	29.12	24.92	24.47
第二产业	Secondary Industry (100 million kW·h)	1793.34	2110.55	2439.13
#工业	Industry (100 million kW·h)	1771.28	2088.68	2415.45
第三产业	Tertiary Industry (100 million kW·h)	170.27	200.00	233.06
统调用电最高负荷（万千瓦）	Maximum Controlled Electricity Consumption Load (10000 kW)	3319.3	3827.6	4562.4
统调用电平均负荷率 （%）	Average Controlled Electricity Consumption Load Rate (%)	88.94	89.66	90.03
电源固定资产投资 （亿元）	Investment in Fixed Assets in Power Supply (100 million yuan)	289.02	208.79	125.52
电网固定资产投资 （亿元）	Investment in Fixed Assets in Power Grid (100 million yuan)	166.02	225.94	226.25
新增110千伏及以上输电能力 （公里）	Newly Increased Capacity of 110 kV and above Power Transmission (km)	5188	5197	5119
新增110千伏及以上变电能力 （万千伏安）	Newly Increased Capacity of 110 kV and above Power Transformation (10000 kW)	1863	1721	1979
新投发电装机 （万千瓦）	Newly Increased Power Generation Capacity (10000 kW)	1450.50	1044.90	406.45

General Production and Business of Jiangsu Power Grid

2008	2009	2010	2011	2012	2013	2014
5442	5650	6458	6992	7532	8229	8599
2887.26	2984.31	3499.29	3932.92	4158.37	4404.94	4347.82
4328.2	4479.5	5302.6	5815.3	5820.0	6400.8	6429.1
89.30	90.36	90.99	91.41	91.39	91.66	91.62
3118.32	3313.99	3864.37	4281.62	4580.90	4956.62	5012.54
23.34	25.45	28.36	33.01	37.96	43.40	46.62
2529.68	2660.16	3085.35	3424.64	3605.58	3844.47	3926.70
2502.70	2631.28	3052.12	3385.19	3562.48	3794.18	3873.35
269.57	304.44	361.04	415.76	468.51	521.67	542.35
4726.7	5229.7	6033.7	6627.5	6856.6	7738.2	7863.0
89.00	89.61	90.22	90.77	90.97	91.55	91.97
59.08	93.06	103.89	172.13	220.05	201.65	163.73
300.46	321.29	296.95	330.71	368.70	378.71	309.82
6502	5987	5210	6291	6726	3145	3678
3750	4091	4061	3828	3432	1773	1933
349.16	303.90	864.80	618.47	670.84	778.23	398.18

9－9　全社会用电情况

单位:亿千瓦小时

项　　目	Item	2005	2006	2007
全社会用电量	**Total**	**2193.45**	**2569.75**	**2952.02**
按产业分	Grouped by Type of Industry			
第一产业	Primary Industry	29.12	24.92	24.47
第二产业	Secondary Industry	1793.34	2110.55	2439.13
第三产业	Tertiary Industry	170.27	200.00	233.06
按行业分	Grouped by Sector			
农林牧渔水利业	Farming, Forestry, Animal Husbandry, Fishery and Water Conservancy	29.12	24.92	24.47
#排灌	Irrigation	12.05	8.97	8.92
工业	Industry	1771.28	2088.68	2415.45
#轻工业	Light Industry	519.99	578.06	615.90
重工业	Heavy Industry	1251.29	1510.62	1799.55
#制造业	Manufacturing	1745.07	1645.82	1928.80
#纺织业	Manufacture of Textile	228.39	269.24	309.72
化学原料及化学制品制造业	Chemical Raw Materials and Chemical Products	210.26	241.77	275.81
非金属矿物制品业	Manufacture of Non-metallic Mineral Products	118.77	133.43	146.18
黑色金属冶炼及压延加工业	Smelting and Pressing of Ferrous Metals	224.90	279.92	336.90
通用及专用设备制造业	Ordinary and Special Purpose Equipment	67.39	81.07	107.02
建筑业	Construction	22.06	21.87	23.68
交通运输、仓储和邮政业	Transportation, Post and Telecommunication	16.45	16.90	19.50
信息传输、计算机服务和软件业	Information Transmission, Computer Service and Software	9.01	10.99	13.12
商业、住宿和餐饮业	Commerce, Hotel and Catering Industry	55.52	64.57	73.47
金融、房地产、商务及居民服务业	Banking, Real Estate, Commercial and Residents' Service	27.72	35.88	43.78
公共事业及管理组织	Public Undertaking and Management Organizations	61.58	71.66	83.20
城乡居民生活用电	Electricity Consumption by Urban and Rural Residents	200.72	234.29	255.35
城镇居民	Urban Area	102.18	118.51	127.17
乡村居民	Rural Area	98.54	115.77	128.19

Basic Situation of Total Electricity Consumption

(100 million kW · h)

2008	2009	2010	2011	2012	2013	2014
3118.32	**3313.99**	**3864.37**	**4281.62**	**4580.90**	**4956.62**	**5012.54**
23.34	25.45	28.36	33.01	37.96	43.40	46.62
2529.68	2660.16	3085.35	3424.64	3605.58	3844.47	3926.70
269.57	304.44	361.04	415.76	468.51	521.67	542.35
23.34	25.45	28.36	33.01	37.96	43.40	46.62
7.56	8.44	8.94	10.17	10.85	11.12	12.06
2502.70	2631.28	3052.12	3385.19	3562.48	3794.18	3873.35
612.33	640.56	725.64	795.72	867.46	924.66	949.31
1890.37	1990.73	2326.48	2589.48	2695.02	2869.52	2924.03
1998.23	2090.27	2447.56	2719.94	2902.94	3137.53	3278.71
298.69	309.01	340.06	366.68	398.56	419.09	417.38
282.74	287.34	311.38	328.08	371.35	372.34	403.27
151.02	154.33	172.91	190.28	186.99	195.92	201.62
341.65	343.37	388.12	424.59	428.99	498.99	508.81
124.09	132.72	178.23	215.80	225.89	256.83	279.38
26.98	28.88	33.23	39.45	43.09	50.29	53.35
22.89	25.40	31.01	39.99	47.24	52.26	57.23
15.25	17.70	20.80	25.42	30.00	33.88	37.73
83.42	93.64	108.25	121.00	137.28	150.74	155.08
53.62	62.66	78.92	93.91	110.36	125.60	132.07
94.38	105.05	122.05	135.46	143.63	159.18	160.24
295.74	323.93	389.62	408.21	468.86	547.08	496.87
146.17	159.26	194.26	201.34	230.64	264.52	239.17
149.57	164.67	195.36	206.87	238.22	282.56	257.70

9-10 分地区全社会用电量

单位:亿千瓦小时

地区	Region	2005	2006	2007
全　省	**Total**	**2193.45**	**2569.75**	**2952.02**
苏　南	**Southern Jiangsu**	**1429.59**	**1681.27**	**1925.13**
南京市	Nanjing	246.67	270.57	299.13
镇江市	Zhenjiang	97.18	110.54	126.80
常州市	Changzhou	182.66	212.68	230.62
无锡市	Wuxi	337.05	400.99	461.31
苏州市	Suzhou	566.04	686.49	807.27
苏　中	**Mid Jiangsu**	**316.61**	**371.29**	**433.96**
扬州市	Yangzhou	82.04	94.22	108.94
泰州市	Taizhou	95.74	113.47	134.02
南通市	Nantong	138.83	163.60	191.01
苏　北	**Northern Jiangsu**	**322.18**	**376.49**	**435.75**
徐州市	Xuzhou	120.18	139.99	160.30
淮安市	Huaian	59.05	65.49	77.71
宿迁市	Suqian	25.90	32.07	38.79
盐城市	Yancheng	76.26	89.78	106.21
连云港市	Lianyungang	40.80	49.17	52.74

注：各市用电量中未包括网损、大厂厂用电量和沙河抽水电量(下同)。

Electricity Consumption by Region

(100 million kW · h)

2008	2009	2010	2011	2012	2013	2014
3118.32	**3313.99**	**3864.37**	**4281.62**	**4580.90**	**4956.62**	**5012.54**
2000.92	**2097.90**	**2403.82**	**2627.72**	**2737.87**	**2935.47**	**2941.26**
310.79	337.05	373.66	399.74	424.96	462.67	470.50
137.69	144.92	164.22	184.09	193.47	212.20	209.41
237.33	255.41	291.19	331.66	351.51	390.98	395.06
466.69	480.57	550.64	580.60	578.01	606.40	598.18
848.42	879.94	1024.10	1131.63	1189.93	1263.21	1268.12
466.10	**502.04**	**577.40**	**643.67**	**686.72**	**746.08**	**769.89**
116.99	129.16	151.09	167.22	173.63	197.38	204.36
145.57	155.43	176.61	195.68	211.31	222.55	232.30
203.55	217.45	249.70	287.30	301.79	326.15	333.23
483.61	**549.83**	**672.60**	**796.00**	**908.96**	**1031.48**	**1066.44**
172.00	202.44	246.01	287.30	318.57	336.42	332.47
89.70	95.82	111.77	126.37	134.78	148.39	151.53
45.60	53.89	72.69	94.03	114.34	136.58	146.38
118.39	131.64	158.63	184.58	225.31	275.16	278.55
57.92	66.03	83.52	103.71	115.97	134.94	157.51

a) Begion Electricity consumption are not included network losses, point plant and river pumping pouser consumption.

9－11 分地区工业用电量

单位:亿千瓦小时

地　区	Region	2005	2006	2007
全　省	**Total**	**1771.28**	**2088.68**	**2415.45**
苏　南	**Southern Jiangsu**	**1168.80**	**1384.62**	**1596.21**
南京市	Nanjing	173.53	187.04	207.11
镇江市	Zhenjiang	79.96	90.83	105.32
常州市	Changzhou	145.20	175.00	190.80
无锡市	Wuxi	286.55	343.34	397.24
苏州市	Suzhou	483.56	588.41	695.73
苏　中	**Mid Jiangsu**	**243.06**	**287.85**	**339.81**
扬州市	Yangzhou	60.32	69.10	81.03
泰州市	Taizhou	77.59	92.10	109.39
南通市	Nantong	105.15	126.65	149.39
苏　北	**Northern Jiangsu**	**234.35**	**275.53**	**322.25**
徐州市	Xuzhou	91.61	109.26	126.33
淮安市	Huaian	45.10	49.23	59.07
宿迁市	Suqian	15.87	20.35	25.23
盐城市	Yancheng	54.34	63.50	76.58
连云港市	Lianyungang	27.43	33.18	35.04

Industrial Electricity Consumption by Region

(100 million kW · h)

2008	2009	2010	2011	2012	2013	2014
2502.70	**2631.28**	**3052.12**	**3385.19**	**3562.48**	**3794.18**	**3873.35**
1624.04	**1685.72**	**1916.54**	**2095.47**	**2142.30**	**2265.03**	**2289.15**
207.70	223.75	242.66	256.84	265.64	286.71	289.02
112.48	117.14	131.81	148.95	151.62	163.38	162.44
192.09	205.41	231.82	267.21	277.88	308.06	316.09
393.45	400.88	455.00	476.28	464.51	476.28	477.47
718.32	738.54	855.25	946.19	982.66	1030.61	1044.14
359.33	**383.84**	**436.74**	**489.32**	**510.97**	**542.52**	**571.50**
85.49	93.72	109.96	122.04	123.20	139.13	147.89
117.64	124.71	138.94	155.13	164.81	169.02	180.73
156.19	165.41	187.84	212.15	222.96	234.38	242.89
351.66	**397.50**	**488.30**	**586.17**	**661.87**	**743.04**	**777.74**
132.69	156.85	191.90	225.91	246.08	252.97	247.48
68.47	71.28	81.75	92.09	95.50	102.30	106.89
29.41	34.61	48.81	66.04	79.90	94.86	103.90
84.71	93.42	111.86	132.29	164.49	204.19	209.02
36.37	41.34	53.99	69.84	75.91	88.73	110.44

9－12 主要发电厂发电情况
Electricity Production of Major Power Plants

厂　名	Item	2013 装机容量（万千瓦）Installed Capacity (10000 kW)	2013 发电量（亿千瓦时）Electricity Production (100 million kW·h)	2014 装机容量（万千瓦）Installed Capacity (10000 kW)	2014 发电量（亿千瓦时）Electricity Production (100 million kW·h)
全省总计	**Total**	**8229**	**4404.94**	**8599**	**4347.82**
#统调发电厂	Unified Planning Power Plant	7411	4032.50	7682	3963.74
非统调发电厂	Non-unified Planning Power Plant	818	372.44	917	384.07
(一)国网新源公司	**State Grid Xinyuan Co.**	**100**	**9.20**	**100**	**9.35**
华东宜兴抽水蓄能有限公司	East China Yixing Pumped Storage Power Co., Ltd.	100	9.20	100	9.35
(二)中国国电集团公司	**China Guodian Group Co.**	**1001**	**572.90**	**1021**	**522.16**
中国国电集团谏壁发电厂	China Guodian Jianbi Power Plant	299	191.45	299	170.91
国电江苏谏壁发电有限公司	Guodian Jiangsu Jianbi Power Co., Ltd.	66	32.29	66	23.77
江阴苏龙热电有限公司	Jiangyin Sulong Thermal Power Co., Ltd.	122	70.16	122	63.38
国电常州发电有限公司	Guodian Changzhou Power Co., Ltd.	126	75.97	126	74.13
国电宿迁热电有限公司	Guodian Suqian Thermal Power Co., Ltd.	27	17.78	27	15.96
国电泰州发电有限公司	Guodian Taizhou Power Co., Ltd.	200	121.32	200	116.16
天生港发电有限公司	Tianshenggang Power Co., Ltd.	66	40.48	66	33.03
(三)中国华能集团公司	**China Huaneng Group Co.**	**876**	**478.16**	**1076**	**543.82**
华能(苏州工业园区)发电有限责任公司	Huaneng (Suzhou Industrial Park) Power CO., Ltd.	64	36.86	64	33.22
华能太仓发电有限责任公司	Taicang Power Co., Ltd. of Huaneng Group	126	77.59	126	78.52
华能南通发电厂	Nantong Power Plant of Huaneng Group	140	79.51	140	67.52
华能南京发电厂	Naijing Power Plant of Huaneng Group	64	36.78	64	31.54
华能南京金陵发电有限责任公司(燃机)	Nanjing Jinling Power Co., Ltd. of Huaneng Group(Combustion Generating)	78	24.00	78	18.95
华能南京金陵发电有限责任公司(煤机)	Nanjing Jinling Power Co., Ltd. of Huaneng Group(Coal machine)	200	128.11	200	115.67
华能金陵燃机热电有限公司	Huaneng Jinling Internal - combustion Thermal Power Co., Ltd	36	11.15	36	13.58
华能淮阴第二发电有限责任公司	Huaiyin Second Power Co., Ltd. of Huaneng Group	132	72.44	132	64.86
(四)中国电力投资集团公司	**China Power Investment Group Co.**	**514**	**211.10**	**518**	**248.66**
江苏常熟发电有限公司	Jiangsu Changshu Power Co., Ltd.	332	136.75	332	173.77
江苏阚山发电有限公司	Jiangsu Kanshan Power Co., Ltd.	120	68.27	120	63.02
(五)中国大唐集团公司	**China Datang Group Co.**	**564**	**300.85**	**564**	**271.55**
江苏徐塘发电有限公司	Jiangsu Xutang Power Co., Ltd.	130	55.73	130	52.49
江苏大唐国际吕四港发电有限责任公司	Jiangsu Datang Lvsi Power Co., Ltd.	264	155.90	264	138.71
大唐南京发电厂	Datang Nanjing Power Plant	132	80.60	132	74.13
大唐苏州热电有限责任公司	Datang Nanjing Thermal Power Co., Ltd	36	8.34	36	5.98
(六)中国华电集团公司	**China Huadian Group Co.**	**774**	**286.23**	**793**	**336.96**
江苏华电扬州发电有限公司	Jiangsu Huadian Yangzhou Power Co., Ltd.	66	32.62	66	27.04
上海华电电力发展有限公司	Shanghai Huadian Power Development Co., Ltd.	64	60.08	64	28.29
中国华电集团公司望亭发电厂	Wangting Power Plant of China Huadian Group	132	53.72	132	81.71
江苏华电集团望亭天然气发电有限公司	Jiangsu Huadian Wangting Natural Gas Power Co., Ltd.	78	23.99	78	18.91

续 表 Continued

厂 名	Item	2013 装机容量（万千瓦）Installed Capacity (10000 kW)	2013 发电量（亿千瓦时）Electricity Production (100 million kW·h)	2014 装机容量（万千瓦）Installed Capacity (10000 kW)	2014 发电量（亿千瓦时）Electricity Production (100 million kW·h)
江苏华电戚墅堰发电有限公司(燃机)	Jiangsu Huadian Qishuyan Power Co., Ltd(Combustion Generating)	78	23.91	78	18.91
江苏华电戚墅堰热电有限公司	Jiangsu Huadian Qishuyan Thermal Power Co., Ltd.	40	16.60	40	14.98
江苏华电仪征热电有限公司	Jiangsu Huadian Yizheng Thermal Power Co., Ltd.	66	23.23	66	18.13
江苏华电吴江热电有限公司(燃机)	Jiangsu Huadian Wujiang Thermal Power Co., Ltd	36	7.56	36	2.04
(七)江苏省国信集团公司	**Jiangsu Province Guoxin Group Co.**	**664**	**380.55**	**700**	**380.83**
新海发电有限公司	Xinhai Power Co., Ltd.	166	90.44	166	81.91
盐城发电有限公司	Yancheng Power Co., Ltd.	41	13.52	41	13.35
江苏淮阴发电有限责任公司	Jiansu Huaiying Power Co., Ltd.	66	39.38	66	37.83
江苏射阳港发电有限责任公司	Jiansu Sheyanggang Power Co., Ltd.	66	54.96	66	63.58
扬州第二发电有限责任公司	Yangzhou No. 2 Power Co., Ltd.	126	72.87	126	63.77
江苏国信扬州发电有限公司	Yanzhou Power Co., Ltd. of Jiangsu Province Guoxin Group	126	78.61	126	69.65
江苏国信淮安燃气发电有限公司	Huaian Power Co., Ltd. of Jiangsu Province Guoxin Group	36	17.99	36	13.93
(八)华润集团公司	**Huarun Group Co.**	**1011**	**595.26**	**1016**	**554.43**
华润电力(常熟)有限公司	Huarun(Changsu)Power Co., Ltd.	195	121.57	195	114.28
江苏镇江发电有限公司	Jiangsu Zhenjiang Power Co., Ltd.	153	86.17	153	84.08
徐州华润电力有限公司	Xuzhou Huarun Power Co., Ltd.	128	65.31	128	54.74
南京华润热电有限公司	Nanjing Huarun Thermal Power Co., Ltd.	66	36.48	66	32.58
徐州华鑫发电有限公司	Xuzhou Huaxing Power Co., Ltd.	66	33.12	66	30.58
江苏南热发电有限责任公司	Jiangsu Nanjing Thermal Power Co., Ltd.	120	74.88	120	71.70
铜山华润电力有限公司	Tongshan Huarun Power Co., Ltd.	200	123.81	200	112.58
南京化学工业园热电有限公司	Nanjing Chemical Industry Park Thermal Power Co., Ltd	60	37.81	60	37.43
(九)省内其他电厂	**Other Plant Invested by Other Co.**	**2725**	**1570.69**	**2811**	**1480.06**
江苏利港电力有限公司	Jiangsu Ligang Power Co., Ltd.	144	76.86	144	57.54
江阴利港发电股份公司	Jiangyin Ligang Power Co., Ltd.	126	137.72	126	129.69
太仓港协鑫发电有限公司	Taicanggang Xiexin Power Co., Ltd.	157	83.71	130	77.91
国华太仓发电有限责任公司	Guohua Taicang Power Co., Ltd.	126	80.02	126	73.57
张家港沙洲电力有限公司	Zhangjiagang Shazhou Power Co., Ltd.	126	78.54	126	71.54
张家港华兴电力有限公司	Zhangjiagang Huaxing Power Co., Ltd.	78	23.94	78	18.92
苏州工业园区蓝天燃气热电有限公司	Suzhou Lantian Internal-combustion Thermal Power Co., Ltd.	36	19.22	36	16.78
国华徐州发电有限公司	Guohua Xuzhou Power Company	200	127.26	200	122.91
江苏徐矿综合利用发电有限公司	Jiangsu Xukuang Comprehensive utilization Power Co., Ltd.	60	32.74	60	27.69
江苏国华陈家港发电有限公司	Jiangsu Guohua Chenjiagang Power Co., Ltd.	132	87.62	132	74.35
江苏核电有限公司	Jiangsu Nuclear Power Co., Ltd.	200	166.87	200	167.67

9－13 环境保护基本情况
Basic Statistics on Environmental Protection

项目	Item	2010	2011	2012	2013	2014
污染排放与处理利用情况	**Discharge and Treatment of Pollution**					
废水	**Waster Water**					
工业废水排放量（亿吨）	Industrial Waste Water Emission (100 million tons)	26.38	24.63	23.61	22.06	20.49
城镇生活污水排放量（亿吨）	Volume of Urban Domestic Sewage Emission (100 million tons)	29.17	34.63	36.18	37.35	39.59
集中式治理设施污水排放量（亿吨）	Volume of Centralized Sewage Treatment Facilities (100 million tons)		0.02	0.03	0.03	0.03
化学需氧量排放量（万吨）	Volume of COD (10000 tons)	78.80	124.62	119.7	114.89	110.00
#工业源	Industry	25.63	23.93	23.14	20.92	20.44
农业源	Agriculture		39.93	38.77	37.61	36.41
城镇生活源	Urban Life	53.17	60.23	57.25	55.87	52.79
集中式治理设施	Centralized Sewage Treatment Facilities		0.53	0.54	0.49	0.37
氨氮排放量（万吨）	Ammonia Emissions (10000 tons)	6.3	15.72	15.31	14.74	14.25
#工业源	Industry	1.5	1.67	1.63	1.44	1.37
农业源	Agriculture		3.99	3.91	3.82	3.75
城镇生活源	Urban Life	4.8	9.99	9.7	9.43	9.08
集中式治理设施	Centralized Sewage Treatment Facilities		0.07	0.07	0.05	0.05
废气	**Waste Gas**					
二氧化硫排放量（万吨）	Volume of Sulphur Dioxide Emission (10000 tons)	105.05	105.38	99.2	94.17	90.47
#工业源	Industry	100.25	102.50	95.92	90.95	87.02
城镇生活源	Urban Life	4.80	2.85	3.25	3.20	3.43
集中式治理设施	Centralized Sewage Treatment Facilities		0.02	0.03	0.03	0.03
氮氧化物排放量（万吨）	Oxynitride Emissions (10000 tons)		153.57	147.96	133.80	123.26
#工业源	Industry		119.56	113.36	98.53	88.82
城镇生活源	Urban Life		0.62	0.65	0.61	0.64

9－13 续 表1 Continued 1

项　　目	Item	2010	2011	2012	2013	2014
机动车	Motor		33.35	33.9	34.62	33.74
集中式治理设施	Centralized Sewage Treatment Facilities		0.04	0.05	0.04	0.05
烟(粉)尘排放量(万吨)	Volume of Soot Emission (10000 tons)	48.64	52.74	44.32	50.00	76.37
#工业源	Industry	45.02	48.64	39.6	45.56	72.05
城镇生活源	Urban Life	3.62	1.2	1.85	1.71	1.82
机动车	Motor		2.88	2.85	2.7	2.48
集中式治理设施	Centralized Sewage Treatment Facilities		0.02	0.02	0.03	0.03
工业固体废物	**Industrial Solid Waste**					
一般工业固体废物产生量(万吨)	General Industrial Solid Waste (10000 tons)	9063.83	10475.50	10224.44	10855.87	10924.73
一般工业固体废物综合利用量(万吨)	Comprehensive Utilization of General Industrial Solid Waste (10000 tons)	8760.59	9997.24	9341.57	10501.86	10577.77
#综合利用往年贮存量	Storage Capacity Utilization in Previous years	49.44	59.61	34.32	113.87	114.3
一般工业固体废物综合利用率(%)	Comprehensive Rate of General Industrial Solid Waste (%)	96.13	94.89	91.06	95.73	95.82
污染治理投资情况	**Pollution Control Investment**					
老工业污染源治理项目本年完成投资(亿元)	Old Industrial Pollution Source Control Project Complete Investment In This Year (100 million yuan)	18.60	31.01	39.01	59.38	48.51
当年完成环保验收项目环保投资(亿元)	Environmental Protection Investment Projects Which Check Before Acceptance (100 million yuan)		198.48	327.62	311.72	352.52
#工业企业项目	Industrial Enterprise Project					207.44
废水治理环保投资	Environmental Protection Investment In Wastewater Treatment					77.24
废气治理环保投资	Environmental Protection Investment In Waste Gas Treatment					65.52
噪声治理环保投资	Noise Abatement Investment					9.21
固体废物治理环保投资	Solid Waste Management and Investment In Environmental Protection					11.46
绿化及生态环保投资	Green and Ecological Environmental Protection Investment					12.85
其它环保投资	Other Environmental Protection Investment					31.15
自然生态保护与建设情况	**Natural Ecological Protection**					
自然保护区个数(个)	Number of Natural Reserves (unit)	29	31	31	31	31
#国家级自然保护区	Natural	3	3	3	3	3
自然保护区面积(万公顷)	Areas of Natural Reserves (10000 hectares)	56.71	56.64	56.64	56.64	56.64
自然保护区面积占辖区面积(%)	Rate of area (%)	5.5	5.5	5.5	5.5	5.5

9－14　分市环境保护基本情况(2014 年)

项　　　　目	Item	南京 Nanjing	无锡 Wuxi	徐州 Xuzhou
污染排放与处理利用情况	**Discharge and Treatment of Pollution**			
废水	**Waster Water**			
工业废水排放量　(万吨)	Industrial Waste Water Emission　(10000 tons)	21561	21551	10774
城镇生活污水排放量　(万吨)	Volume of Urban Domestic Sewage Emission (10000 tons)	55336	43507	32248
集中式治理设施污水排放量 (万吨)	Volume of Centralized Sewage Treatment Facilities (10000 tons)	68	42	18
化学需氧量排放量　(吨)	Volume of COD　(tons)	98036	37007	132068
#工业源	Industry	21568	11067	11635
农业源	Agriculture	17348	8636	47085
城镇生活源	Urban Life	58525	17282	73326
集中式治理设施	Centralized Sewage Treatment Facilities	595	23	22
氨氮排放量　(吨)	Ammonia Emissions　(tons)	15966	3697	13382
#工业源	Industry	1221	432	663
农业源	Agriculture	1796	1128	3236
城镇生活源	Urban Life	12860	2128	9478
集中式治理设施	Centralized Sewage Treatment Facilities	89	9	5
废气	**Waste Gas**			
二氧化硫排放量　(吨)	Volume of Sulphur Dioxide Emission　(tons)	105703	79379	112828
#工业源	Industry	103949	78847	111130
城镇生活源	Urban Life	1750	512	1686
集中式治理设施	Centralized Sewage Treatment Facilities	4	21	12
氮氧化物排放量　(吨)	Oxynitride Emissions　(tons)	135908	137390	187278
#工业源	Industry	103633	107068	131761
城镇生活源	Urban Life	400	300	424
机动车	Motor	31842	29991	55085
集中式治理设施	Centralized Sewage Treatment Facilities	33	32	8
烟(粉)尘排放量　(吨)	Volume of Soot Emission　(tons)	99632	100033	74781
#工业源	Industry	96177	97461	69201
城镇生活源	Urban Life	1000	387	1586
机动车	Motor	2450	2155	3992
集中式治理设施	Centralized Sewage Treatment Facilities	5	30	2
工业固体废物	**Industrial Solid Waste**			
一般工业固体废物产生量 (万吨)	General Industrial Solid Waste　(10000 tons)	1750.68	986.79	1469.22
一般工业固体废物综合利用量 (万吨)	Comprehensive Utilization of General Industrial Solid Waste (10000 tons)	1608.11	898.97	1548.12
#综合利用往年贮存量	Storage Capacity Utilization in Previous Years	0.02	0.01	94.98
一般工业固体废物综合利用率 (%)	Comprehensive Rate of General Industrial Solid Waste (%)	91.9	91.1	99.0
污染治理投资情况	**Pollution Control Investment**			
老工业污染源治理项目本年完成投资　(万元)	Old Industrial Pollution Source Control Project Complete Investment In This Year (10000 yuan)	84330	75010	24779
当年完成环保验收项目环保投资 (万元)	Environmental Protection Investment Projects Which Check Before Acceptance (10000 yuan)	820597	400910	141209
#工业企业项目	Industrial Enterprise Project	331413	225298	114369
废水治理环保投资	Environmental Protection Investment In Wastewater Treatment	107444	26989	26163
废气治理环保投资	Environmental Protection Investment In Waste Gas Treatment	103671	88059	72031
噪声治理环保投资	Noise Abatement Investment	11929	10963	4601
固体废物治理环保投资	Solid Waste Management and Investment In Environmental Protection	21410	10170	2778
绿化及生态环保投资	Green and Ecological Environmental Protection Investment	36834	5638	5552
其它环保投资	Other Environmental Protection Investment	50125	83480	3245

Basic Statistics on Environmental Protection by Region (2014)

常州 Changzhou	苏州 Suzhou	南通 Nantong	连云港 Lianyungang	淮安 Huaian	盐城 Yancheng	扬州 Yangzhou	镇江 Zhenjiang	泰州 Taizhou	宿迁 Suqian
11909	61438	15809	6204	7989	17472	8790	9085	7376	4930
25739	78715	30514	17175	17066	28442	19573	14867	17188	15560
25	96	15	15	9	4	21	14	6	7
35849	76365	101060	105892	70331	153919	54832	41074	93094	100515
7046	45556	23632	10140	8759	19185	12568	5746	12621	14839
14559	22002	45624	47383	20436	53704	11123	7658	28752	39780
14235	8684	31551	47361	40771	80973	30261	27514	51704	45691
9	123	253	1008	366	58	879	156	17	206
5496	14220	15752	11133	9331	19008	7312	4875	11579	10790
321	3146	982	1516	702	1164	976	417	1428	717
1377	2196	6322	2803	2465	6829	1761	1069	3682	2871
3798	8871	8419	6728	6102	11010	4447	3348	6466	7178
…	7	29	86	62	4	128	41	2	23
35395	169382	64885	53531	47292	47837	47446	57900	56395	26768
35308	168413	61812	47569	43055	45519	44357	54579	54224	21413
82	786	3060	5960	4235	2317	3089	3265	2169	5355
4	183	13	2	2	1	…	55	2	1
78866	234257	70949	43819	63765	52426	70557	65058	53990	38290
58510	166984	50779	27986	44663	32449	51882	53367	39290	19850
594	411	332	787	699	351	582	587	306	646
19755	66537	19804	15044	18398	19618	18088	11081	14394	17792
7	325	33	2	5	9	4	22	1	2
116657	81071	43951	45145	31318	55499	18831	29608	24805	42348
115086	75947	41362	41368	27494	52532	16004	26473	22240	39136
384	347	1200	2875	2242	1281	1365	2221	1395	1910
1178	4640	1379	900	1581	1640	1460	913	1161	1302
9	138	10	2	1	46	3	1	9	…
675.65	2544.64	507.56	616.69	467.24	291.77	315.61	719.52	443.73	135.62
663.62	2460.63	499.05	593.21	465.12	273.92	292.64	709.18	436.04	129.16
	0.02	0.01	16.17	0.01	…	1.35	0.01	…	1.73
98.2	96.7	98.3	93.7	99.5	93.9	92.3	98.6	98.3	94.0
20943	70783	79976	27852	16254	80	46487	2337	22488	13779
113180	951003	275884	62397	73549	155835	91914	46905	119149	165494
63117	543947	236184	51120	33128	116778	58991	17450	79241	123631
20979	288161	72961	18860	13819	61317	13667	5403	31174	71680
24831	162537	42567	15214	8357	39915	26309	4520	18388	13523
4499	18855	6914	6025	3278	3768	5382	1517	6792	2427
5536	36687	11640	6292	3200	3539	2581	1063	5926	1990
6338	16894	7387	4540	3514	6111	5707	4127	12931	5963
934	20813	94715	190	959	2129	5346	822	4030	28049

9-15 重点调查工业污染排放及处理利用情况(2014年)

行业 Sector		工业企业数(个) Number of Industrial Enterprises (unit)	工业锅炉数(台) Industrial Boiler (unit)	工业锅炉蒸吨数(蒸吨) Industrial Boiler (steam tons)
总计	**Total**	**10729**	**6911**	**245328**
煤炭开采和洗选业	Mining and Washing of Coal	21	26	174
石油和天然气开采业	Extraction of Petroleum and Natural Gas	3	34	65
黑色金属矿采选业	Mining and Processing of Ferrous Metal Ores	9		
有色金属矿采选业	Mining and Processing of Non-ferrous Metals Ores	6		
非金属矿采选业	Mining and Processing of Nonmetal Ores	9	7	44
农副食品加工业	Processing of Food from Agricultural Products	432	342	1562
食品制造业	Manufacture of Food	169	134	822
酒、饮料和精制茶制造业	Manufacture of Liquor, Beverages and Refined Tea	166	138	1250
烟草制品业	Manufacture of Tobacco	4	10	71
纺织业	Manufacture of Textile	1764	1401	7377
纺织服装、服饰业	Manufacture of Textile, Wearing Apparel and Accessories	135	83	223
皮革、毛皮、羽毛及其制品和制鞋业	Manufacture of Leather, Fur, Feather and Related Products and Footwear	65	54	244
木材加工和木、竹、藤、棕、草制品业	Processing of Timber, Manufacture of Wood, Bamboo, Rattan, Palm and Straw Products	277	301	1644
家具制造业	Manufacture of Furniture	13	4	7
造纸和纸制品业	Manufacture of Paper and Paper Products	189	175	8099
印刷和记录媒介复制业	Printing, Reproduction of Recording Media	32	19	39
文教、工美、体育和娱乐用品制造业	Manufacture of Articles for Culture, Education, Arts and Crafts, Sport and Entertainment Activities	40	13	37
石油加工、炼焦和核燃料加工业	Processing of Petroleum, Coking, Processing of Nuclear Fuel	75	74	4996
化学原料和化学制品制造业	Manufacture of Raw Chemical Materials and Chemical Products	1738	1253	14689

Major Survey of Industrial Pollution Discharge and Treatment Utilization(2014)

工业窑炉数 (座) Number of Industrial Klin Stove (unit)	工业废水排放量 (万吨) Total Volume of Industrial Waste Water Discharged (10000 tons)	#直接排入环境的 Dischanged Directly into the Environment	工业源化学需氧量排放量 (吨) Volume of COD of Industry(ton)	工业源氨氮排放量 (吨) Volume of Ammonia Emission of Industry(ton)	工业废气排放量 (亿立方米) Total Volume of Industrial Waste Gas Emission (100 million cu. m)
4405	**184075.79**	**114335.18**	**175332**	**12106**	**59651.73**
	3038.84	2869.63	2922	119	11.11
	3.68	2.99	9	…	1.76
2	312.33	312.33	110	5	1.83
4	34.13	33.47	22	1	21.38
5	74.97	73.47	58	10	11.52
18	5976.54	4539.36	13170	829	306.25
13	3111.09	2050.14	2944	182	86.44
5	7399.93	5147.73	11614	709	82.88
	68.88		31	5	71.00
55	45818.74	17849.55	39147	2606	451.08
	1302.16	952.16	1121	80	32.80
8	797.12	478.40	1443	123	21.07
3	346.84	309.82	477	18	248.57
	64.06	22.02	40	2	0.27
6	15953.46	15002.06	14887	666	611.98
2	135.36	68.49	78	4	32.22
14	232.14	195.26	209	7	10.46
193	5473.29	5022.01	3110	446	1145.14
370	35109.41	22754.82	36798	3563	9430.13

9－15 续 表 1

行　业	Sector	工　业 企业数 （个） Number of Industrial Enterprises （unit）	工　业 锅炉数 （台） Industrial Boiler （unit）	工　业 锅炉蒸 吨数 （蒸吨） Industrial Boiler （steam tons）
医药制造业	Manufacture of Medicines	308	207	802
化学纤维制造业	Manufacture of Chemical Fibers	112	259	5573
橡胶和塑料制品业	Manufacture of Rubber and Plastics Products	219	226	1474
非金属矿物制品业	Manufacture of Non－metallic Mineral Products	1143	172	995
黑色金属冶炼和压延加工业	Smelting and Pressing of Ferrous Metals	341	141	4272
有色金属冶炼和压延加工业	Smelting and Pressing of Non－ferrous Metals	208	49	136
金属制品业	Manufacture of Metal Products	1230	303	619
通用设备制造业	Manufacture of General Purpose Machinery	370	107	314
专用设备制造业	Manufacture of Special Purpose Machinery	193	55	90
汽车制造业	Manufacture of Automobiles	137	71	192
铁路、船舶、航空航天和其他运输设备制造业	Manufacture of Railway, Ship, Aerospace and Other Transport Equipments	124	43	84
电气机械和器材制造业	Manufacture of Electrical Machinery and Apparatus	281	107	369
计算机、通信和其他电子设备制造业	Manufacture of Computers, Communication and Other Electronic Equipment	447	247	564
仪器仪表制造业	Manufacture of Measuring Instruments and Machinery	64	65	81
其他制造业	Other Manufacture	85	41	133
废弃资源综合利用业	Utilization of Waste Resources	57	14	41
金属制品、机械和设备修理业	Repair Service of Metal Products, Machinery and Equipment	12	1	12
电力、热力生产和供应业	Production and Supply of Electric Power and Heat Power	251	735	188233

工业窑炉数（座）Number of Industrial Klin Stove (unit)	工业废水排放量（万吨）Total Volume of Industrial Waste Water Discharged (10000 tons)	#直接排入环境的 Dischanged Directly into the Environment	工业源化学需氧量排放量（吨）Volume of COD of Industry (ton)	工业源氨氮排放量（吨）Volume of Ammonia Emission of Industry (ton)	工业废气排放量（亿立方米）Total Volume of Industrial Waste Gas Emission (100 million cu. m)
6	4961.10	3467.96	6695	505	150.69
38	6178.60	4433.84	5507	223	548.76
10	1372.43	646.59	1395	88	256.70
1015	2240.04	1470.77	1780	95	4538.24
921	9278.52	8697.78	6237	241	19539.40
311	912.53	508.71	728	56	239.51
738	5618.34	4091.70	4993	349	2006.06
210	2480.11	1546.62	2294	83	206.19
132	825.39	454.30	759	38	158.59
109	1717.67	849.42	1436	47	414.05
45	1704.94	865.29	1602	82	184.63
44	2125.33	625.83	1209	93	436.82
63	13901.98	5673.52	8301	552	1500.06
5	536.04	359.33	464	17	28.83
32	1336.97	693.38	1010	36	41.29
19	369.24	228.62	329	54	45.38
1	36.03	20.32	105	9	1.26
8	3227.56	2017.48	2303	163	16777.39

行　业	Sector	工业源二氧化硫排放量(吨) Volume of Sulphur Dioxide Emission of Industry (ton)	工业源氮氧化物排放量(吨) Volume of Oxynitride Emission of Industry (ton)	工业烟(粉)尘排放量(吨) Volume of Dust Emission of Industry(ton)
总　计	**Total**	**763780**	**839893**	**657864**
煤炭开采和洗选业	Mining and Washing of Coal	738	378	438
石油和天然气开采业	Extraction of Petroleum and Natural Gas	304	42	65
黑色金属矿采选业	Mining and Processing of Ferrous Metal Ores	34	6	180
有色金属矿采选业	Mining and Processing of Non - ferrous Metals Ores	96	45	45
非金属矿采选业	Mining and Processing of Nonmetal Ores	55	9	18
农副食品加工业	Processing of Food from Agricultural Products	5998	1705	3966
食品制造业	Manufacture of Food	3821	1468	1136
酒、饮料和精制茶制造业	Manufacture of Liquor, Beverages and Refined Tea	7012	4026	3992
烟草制品业	Manufacture of Tobacco	5	21	236
纺织业	Manufacture of Textile	42688	13375	15088
纺织服装、服饰业	Manufacture of Textile, Wearing Apparel and Accessories	1313	361	659
皮革、毛皮、羽毛及其制品和制鞋业	Manufacture of Leather, Fur, Feather and Related Products and Footwear	822	300	579
木材加工和木、竹、藤、棕、草制品业	Processing of Timber, Manufacture of Wood, Bamboo, Rattan, Palm and Straw Products	6084	1000	28542
家具制造业	Manufacture of Furniture	7	2	45
造纸和纸制品业	Manufacture of Paper and Paper Products	29460	27416	5315
印刷和记录媒介复制业	Printing, Reproduction of Recording Media	124	51	194
文教、工美、体育和娱乐用品制造业	Manufacture of Articles for Culture, Education, Arts and Crafts, Sport and Entertainment Activities	221	64	889
石油加工、炼焦及核燃料加工业	Processing of Petroleum, Coking, Processing of Nuclear Fuel	41627	26186	14516
化学原料和化学制品制造业	Manufacture of Raw Chemical Materials and Chemical Products	80712	52235	29559

9－15 Continued 2

一般工业固体废物产生量（万吨）Industrial Solid Waste Produced (10000 tons)	一般工业固体废物综合利用量（万吨）Volume of Industrial Solid Wastes Utilized in a Comprehensive Way (10000 tons)	#综合利用往年贮存量 Storage Capacity of Comprehensive Utilization in Previous Years	一般工业固体废物处置量（万吨）Volume of Industrial Solid Wastes Treated (10000 tons)	#处置往年贮存量 Storage Capacity Treated in Previous Years	一般工业固体废物贮存量（万吨）Volume of Industrial Solid Wastes Accumulated (1000 tons)
10578.68	**10240.70**	**114.30**	**270.72**	**0.70**	**181.99**
257.34	257.34				
0.01	0.01				
39.74	37.09		2.65		
37.11	31.60		5.52		
52.22	51.66		0.06		0.50
28.73	26.57		2.16		…
39.52	39.10	0.30	0.70		0.02
83.20	73.61		9.58		0.01
3.28	2.64		0.63		
122.56	94.48	0.02	27.93	0.01	0.18
1.94	1.65		0.29		…
3.09	1.82		1.27		
10.06	9.54		0.21		0.05
0.34	0.34	…	…	…	…
214.35	145.44		68.91		
0.73	0.60		0.13		…
0.36	0.34	…	0.02	…	…
103.28	102.78	…	0.51	…	…
544.57	490.97	15.66	35.48	0.61	34.38

行 业	Sector	工业源二氧化硫排放量(吨) Volume of Sulphur Dioxide Emission of Industry (ton)	工业源氮氧化物排放量(吨) Volume of Oxynitride Emission of Industry (ton)	工业烟(粉)尘排放量(吨) Volume of Dust Emission of Industry(ton)
医药制造业	Manufacture of Medicines	5011	932	1875
化学纤维制造业	Manufacture of Chemical Fibers	16610	16991	4677
橡胶和塑料制品业	Manufacture of Rubber and Plastics Products	5266	2229	2541
非金属矿物制品业	Manufacture of Non－metallic Mineral Products	57058	119459	105288
黑色金属冶炼和压延加工业	Smelting and Pressing of Ferrous Metals	103864	73912	295025
有色金属冶炼和压延加工业	Smelting and Pressing of Non－ferrous Metals	3508	1283	7236
金属制品业	Manufacture of Metal Products	9828	4482	7659
通用设备制造业	Manufacture of General Purpose Machinery	2175	1013	3679
专用设备制造业	Manufacture of Special Purpose Machinery	1200	607	1766
汽车制造业	Manufacture of Automobiles	335	294	785
铁路、船舶、航空航天和其他运输设备制造业	Manufacture of Railway, Ship, Aerospace and Other Transport Equipments	927	418	4010
电气机械和器材制造业	Manufacture of Electrical Machinery and Apparatus	1711	684	1214
计算机、通信和其他电子设备制造业	Manufacture of Computers, Communication and Other Electronic Equipment	1394	1526	1293
仪器仪表制造业	Manufacture of Measuring Instruments and Machinery	266	101	184
其他制造业	Other Manufacture	553	143	371
废弃资源综合利用业	Utilization of Waste Resources	633	196	331
金属制品、机械和设备修理业	Repair Service of Metal Products, Machinery and Equipment	7	2	28
电力、热力生产和供应业	Production and Supply of Electric Power and Heat Power	332314	486932	114439

9－15 Continued 3

一般工业固体废物产生量(万吨) Industrial Solid Waste Produced (10000 tons)	一般工业固体废物综合利用量(万吨) Volume of Industrial Solid Wastes Utilized in a Comprehensive Way (10000 tons)	#综合利用往年贮存量 Storage Capacity of Comprehensive Utilization in Previous Years	一般工业固体废物处置量(万吨) Volume of Industrial Solid Wastes Treated (10000 tons)	#处置往年贮存量 Storage Capacity Treated in Previous Years	一般工业固体废物贮存量(万吨) Volume of Industrial Solid Wastes Accumulated (1000 tons)
13.17	11.87	…	1.31	0.01	0.01
81.90	79.89	1.35	2.08		1.27
15.70	14.41		1.28		0.01
371.94	369.83	3.01	5.07	…	0.05
4146.68	4039.34		7.86		99.49
27.21	24.75	0.18	2.23	0.01	0.42
145.55	136.36	0.93	10.14	0.03	0.02
24.74	18.52	…	6.13	…	0.09
5.04	4.77	0.04	0.31	…	…
19.54	18.96	…	0.58	…	…
71.76	70.01		1.50		0.25
8.99	6.92		2.05		0.01
28.98	15.69	0.01	13.29	…	…
2.32	2.13		0.18		
3.23	2.38		0.85		…
6.09	5.62	0.02	0.46	0.02	0.05
0.98	0.98				
4062.44	4050.68	92.78	59.36		45.17

主要统计指标解释

水资源 水在自然界中以固体、液体和气态三种聚集状态存在，分布于海洋、陆地（包括土壤）以及大气之中，通过水循环形成水资源。水资源包括经人类控制并直接可供灌溉、发电、给水、航运、养殖等用途的地表水和地下水，以及江河、湖泊、井、泉、潮汐、港湾和养殖水域等。水资源是发展国民经济不可缺少的重要自然资源。

地表水和地下水 陆地上的水因空间分布不同，分为地表水和地下水。地表水指分别存在于河流、湖泊、沼泽、冰川和冰盖等水体中水分的总称，又称陆地水。地下水指储存在地面以下饱和岩土孔隙、裂隙及溶洞中的水。

气温 指空气的温度，我国一般以摄氏度（℃）为单位表示。气象观测的温度表是放在离地面约1.5米处通风良好的百叶箱里测量的，因此，通常说的气温指的是离地面1.5米处百叶箱中的温度。其统计计算方法为：

月平均气温是将全月各日的平均气温相加，除以该月的天数而得。

年平均气温是将12个月的月平均气温累加后除以12而得。

降水量 指从天空降落到地面的液态或固态（经融化后）水，未经蒸发、渗透、流失而在地面上积聚的深度。其统计计算方法为：

月降水量是将全月各日的降水量累加而得。

年降水量是将12个月的月降水量累加而得。

能源生产总量 指一定时期内，全国一次能源生产量的总和。该指标是观察全国能源生产水平、规模、构成和发展速度的总量指标。一次能源生产量包括原煤、原油、天然气、水电、核能及其他动力能（如风能、地热能等）发电量，不包括低热值燃料生产量、生物质能、太阳能等的利用和由一次能源加工转换而成的二次能源产量。

能源消费总量 指一定时期内，全国各行业和居民生活消费的各种能源的总和。该指标是观察能源消费水平、构成和增长速度的总量指标。能源消费总量包括原煤和原油及其制品、天然气、电力，不包括低热值燃料、生物质能和太阳能等的利用。能源消费总量分为终端能源消费量、能源加工转换损失量和能源损失量三部分。

（1）终端能源消费量：指一定时期内，全国生产和生活消费的各种能源在扣除了用于加工转换二次能源消费量和损失量以后的数量。

（2）能源加工转换损失量：指一定时期内，全国投入加工转换的各种能源数量之和与产出各种能源产品之和的差额。该指标是观察能源在加工转换过程中损失量变化的指标。

（3）能源损失量：指一定时期内，能源在输送、分配、储存过程中发生的损失和由客观原因造成的各种损失量，不包括各种气体能源放空、放散量。

工业废水排放量 指报告期内经过企业厂区所有排放口排到企业外部的工业废水量。包括生产废水、外排的直接冷却水、超标排放的矿井地下水和与工业废水混排的厂区生活污水，不包括外排的间接冷却水（清污不分流的间接冷却水应计算在废水排放量内）。

城镇生活污水排放量 指报告期内城镇居民排放生活污水的量。城镇生活包括“住宿业与餐饮业、居民服务和其他服务业、医院和独立燃烧设施以及城镇生活污染源”。

集中式治理设施污水排放量 指报告期内集中式治理设施的渗滤液排放量。集中式治理设施包括垃圾处理场（厂）和危险废物（医疗废物）集中处置厂。

化学需氧量排放量 指报告期内工业、农业、城镇生活和集中式治理设施排放的废水中COD排放量之和。

氨氮排放量 指报告期内工业、农业、城镇生活和集中式治理设施排放的废水中氨氮排放量之和。

二氧化硫排放量 指报告期内工业、城镇生活和集中式治理设施SO_2排放量之和。

氮氧化物排放量 指报告期内工业、城镇生活、机动车和集中式治理设施氮氧化物排放量之和。

烟（粉）尘排放量 指报告期内工业、城镇生活、机动车和集中式治理设施烟（粉）尘排放量之和。

一般工业固体废物产生量 指未被列入《国家危险废物名录》或者根据国家规定的危险废物鉴别标准（GB5085）、固体废物浸出毒性浸出方法（GB5086）及固体废物浸出毒性测定方法（GB/T 15555）鉴别方法判定不具有危险特性的工业固体废物。

一般工业固体废物综合利用量 指报告期内企业通过回收、加工、循环、交换等方式，从固体废物中提取或者使其转化为可以利用的资源、能源和其他原材料的固体废物量（包括当年利用的往年工业固体废物累计贮存量）。如用作农业肥料、生产建筑材料、筑路等。

综合利用往年贮存量 指企业在报告期内对往年贮存的工业固体废物进行综合利用的量。

工业污染防治投资 指在报告期内用于污染治理项目的投资额。

当年完成环保验收项目环保投资 指调查年度完成环保验收项目环保投资的汇总数额。

Explanatory Notes on Main Statistical Indicators

Water Resource Water exists in the nature in solid, liquid and gaseous states, is distributed in the ocean, land (including earth) and air, and constitutes the water resource through the circulation of water. Water resource includes the surface water and underground water that is controlled by the human being for irrigation, power-generation, water supply, navigation and cultivation. It also includes rivers, lakes, wells, springs, tides, gulf and water area for cultivation. Water resource as an important natural resource is indispensable for the development of the national economy.

Surface Water and Underground Water Water on earth can be divided into surface water and underground water according to its distribution. Surface water refers to moisture exists in rivers, lakes, swamps, glaciers, icecaps and so on. It is also called land water. The underground water refers to water deposited underground in the cranny and the hole of saturated rock soil and in the water-eroded cave.

Temperature refers to the air temperature. China uses centigrade as the unit. The thermometry used for weather observation is put in a breezy shutter, which is 1.5 meters high from the ground. Therefore, the commonly used temperature refers to the temperature in the breezy shutter 1.5 meters away from the ground. The calculation method is as follows:

Monthly average temperature is the summation of average daily temperature of one month divided by the actual days of that particular month.

Annual average temperature is the summation of monthly average of a year divided by 12 months.

Volume of Precipitation refers to the deepness of liquid state or solid state (thawed) water falling from the sky to the ground that has not been evaporated, infiltrated or run off. The calculation method is as follows:

Monthly precipitation is the summation of daily precipitation of a month.

Annual precipitation is the summation of 12 months precipitation of a year.

Total Energy Production refers to the total production of primary energy by all energy producing enterprises in the country (region) in a given period of time. It is a comprehensive indicator to show the level, scale, composition and pace of development of energy production of the country (region). The production of primary energy includes that of coal, crude oil, natural gas, hydro – power and electricity generated by nuclear energy and other means such as wind power and geothermal power. However, it does not include the secondary energy converted from primary energy.

Total Energy Consumption refers to the total consumption of energy of various kinds by the production sectors and the households in the country (region) in a given period of time. Total energy consumption can be divided into three parts: end-use energy consumption; loss during the process of energy conversion; and energy loss.

(1) End-use Energy Consumption: It refers to the total energy consumption by the production sectors and the households in the country (region) in a given period of time. It does not include the consumption during the conversion of primary energy into secondary energy and the loss in the process of energy conversion.

(2) Loss During the Process of Energy Conversion: It refers to the total input of various kinds of energy for conversion, minus the total output of various kinds of energy in the country (region) in a given period of time. It is an indicator to show the loss that occurs during the process of energy conversion.

(3) Energy Loss: It refers to the total of the loss of energy during the course of energy transport, distribution and storage and the loss caused by any objective reason in a given period of time. The loss of various kinds of gas due to gas discharges and stocktaking is not included.

Waste Water Discharged by Industry refer to the volume of waste water discharged by industrial enterprises through all their outlets during the period, including waste water from production process, directly cooled water, groundwater from mining wells which does not meet discharge standards and sewage from households mixed with waste water produced by industrial activities, but excluding indirectly cooled water discharged (It should be included if the discharge is not separated with waste water).

Urban Domestic Sewage Emission refer to the volume of sewage discharged by urban living during the period. Urban living contain hotels and catering services, residential service and others, hospital, Independent burning facilities and so on.

Volume of Centralized Sewage Treatment Facilities refer to the volume of leachate discharged by centralized treatment facilities during the period, such as waste treatment plants, hazardous waste treatment plants and medical waste plants.

Volume of COD refer to the sum of COD discharged by industry, agriculture, urban living and centralized sewage treatment facilities during the period.

Ammonia Emissions refer to the sum of ammonia emissions in waste water discharged by industry, agriculture, urban living and centralized sewage treatment facilities during the period.

Sulphur Dioxide Emission refer to the sum of sulphur dioxide discharged by industry, urban living and centralized treatment facilities during the period.

Oxynitride Emissions refer to the sum of Oxynitridede discharged by industry, urban living, motor vehicles and centralized treatment facilities during the period.

Soot Emissions refer to the sum of soot discharged by industry, urban living, motor vehicles and centralized treatment facilities during the period.

Common Industrial Solid Waste Produce refer to the industrial solid wastes that are not listed in the National Catalogue of Hazardous Wastes, or not regarded as hazardous according to the national hazardous waste identification standards (GB5085), solid waste – Extraction procedure for leaching toxicity (GB5086) and solid waste – Extraction procedure for leaching toxicity (GB/T 15555).

Common Industrial Solid Wastes Comprehensively Utilized refer to volume of solid wastes from which useful materials can be extracted or which can be converted into usable resources, energy or other materials by means of reclamation, processing recycling and exchange(including utilizing in the year the stocks of industrial solid wastes of the previous year) during the report period, e. g. being used as agricultural fertilizers, building materials or as material for paving road. Examples of such utilizations include fertilizers, building materials and road materials.

Storage Capacity Utilization in Previous Years refer to the volume of comprehensive utilization of industrial solid wastes stored in previous.

Investment of Industrial Pollution Contral refer to the investment which were used for industrial pollution contral during the period.

Investment of Acceptable Environmental Projects refer to the sum of investment of acceptable environmental projects in the annual survey.

10

农　业

Agriculture

简 要 说 明

一、本篇资料的主要内容及统计范围

本篇资料反映我省农业生产和农村经济的基本情况，内容主要包括农业机械拥有量、农林牧渔业产值、主要农产品产量、国营农场基本情况等方面的统计资料。

农业统计范围包括全社会除军马生产及农业科研机构进行的农业生产以外的所有农业生产活动。包括：农村各种经济组织和农户经营的农林牧渔业生产活动；各种专业性农、林、牧、渔场的农业生产活动；国家各级机关、团体、学校、部队进行的农业生产活动；集体所有制的乡、镇、村办农场的农业生产活动；以及工矿企业经营的农、林、牧、渔业生产活动。

1. 农业：指对各种农作物的种植活动。包括谷物、豆类、薯类、棉花、油料、糖料、麻类、烟叶、蔬菜、园艺作物、水果、坚果、饮料和香料作物、中草药及其他作物的种植。

2. 林业：包括林木的栽培（不包括茶园、桑园和果园的栽培、管理和收获等活动），木材和竹材的采运，林产品的采集。

3. 畜牧业：包括牲畜饲养和放牧，家禽饲养以及野生动物的捕猎和饲养。

4. 渔业：包括水生动物和海藻类植物的养殖和捕捞。

5. 农、林、牧、渔服务业：指对农、林、牧、渔业生产活动进行的各种支持性服务，但不包括各种科学技术和专业性技术服务活动。

二、本篇的资料来源及统计调查方法

1. 农业生产基本情况：根据《农林牧渔业统计报表制度》、《农业产值与增加值核算统计报表制度》、《县域社会经济基本情况统计报表制度》的有关资料整理提供。

《农林牧渔业统计报表制度》为全面报表，由各级统计部门根据当地实际情况，采取抽样调查、重点调查或全面调查的办法搜集资料并逐层上报，或利用同级业务部门统计资料上报。如林业生产情况、渔业生产情况等指标取自同级业务部门的统计资料。

《县域社会经济基本情况统计报表制度》主要对乡、村基本情况每年进行一次全面调查。

2. 国营农场基本情况资料主要取材于农垦系统汇总的统计报表，统计方法为逐级上报、全面汇总。

Brief Introduction

Ⅰ. Main Contents and Statistical Scopes

The data in this chapter show the basic conditions of agricultural production and rural economy, including mainly quantity of agricultural machinery, output of agriculture, forestry, animal husbandry and fishery, output of major products, basic conditions of State-owned farms.

Statistics on agriculture cover all agricultural production activities except horse raising for military purpose and agricultural production activities undertaken by agriculture research institutions. Including agriculture, forestry, animal husbandry and fishery production activities undertaken by rural economic units of various types and by rural households; production activities of farms specializing in agriculture, forestry, animal husbandry and fishery; production activities in agriculture undertaken by government agencies, institutions, schools and military units; production activities in agriculture undertaken by collective farms run by townships and villages; and production activities in agriculture, forestry, animal husbandry and fishery undertaken by manufacturing and mining enterprises.

(1) Agriculture: refers to cultivation of farm crops, including cereals, beans, tuber crops, cotton, oil-bearing crops, sugar crops, hemp, tobacco leaves, vegetables, gardening plants, fruits, nuts, crops for beverages and spices, medicinal herbs and other farm crops.

(2) Forestry: includes the planting of trees

(excluding the operations of planting, management and harvesting on tea plantations, mulberry fields and orchards), cutting and transport of timber and bamboo and collection of forest products.

(3) Animal husbandry: includes the raising and grazing of domestic animals and poultry, and the hunting and raising of wild animals.

(4) Fishery: includes cultivation and catching of aquatic animals and seaweed.

(5) Services of agriculture, forestry, animal husbandry and fishery: include supporting services to production activities in agriculture, forestry, animal husbandry and fishery but do not include activities of science and technology and professional services.

Ⅱ. Data Sources and Survey Methods

(1) Data on agricultural production come from the *Statistical Reporting System on Agriculture, Forestry, Animal Husbandry and Fishery*; the *Statistical Reporting System on Agricultural Output and Value-added Accounting*; *Statistical Reporting System on Basical Social Economy of Country*.

Statistical Reporting System on Agriculture, Forestry, Animal Husbandry and Fishery is a comprehensive reporting program. Data required in this reporting program are collected by statistical offices at all levels by means of sample surveys, surveys of key units or complete enumeration depending on the local circumstances, or estimated by using information from other government agencies at the same level. For instance, some data on forestry and fishery are obtained from statistics data collected by other government agencies at the same level.

Statistical Reporting System on Basical Social Econorny of Country is conducted every year to collect information on the basic conditions of all towns, townships and villages, and a complete enumeration in administratively designated towns.

(2) Data on the basic conditions of the State-owned farms come from the statistical reports tabulated by the Bureau of Reclamation. Data are collected from the grassroots units in accordance with the statistical reporting scheme whereby reporting is done level by level for aggregation.

10-1 农业基本情况
Basic Statistics of Agriculture

指标	Item	2010	2011	2012	2013	2014
乡村户数 （万户）	Rural Households (10000 units)	1483.26	1466.28	1444.65	1436.59	1430.61
乡村劳动力 （万人）	Rural Laborers (10000 persons)	2670.68	2652.65	2620.82	2613.96	2604.86
按性别分	Grouped by Sex					
男	Male	1401.55	1390.26	1373.68	1368.96	1365.53
女	Female	1269.13	1262.39	1247.14	1245.00	1239.33
按行业分	Grouped by Sector					
农林牧渔业	Agriculture, Forestry, Animal Husbandry, Fishery	859.83	821.69	796.03	776.05	762.00
#农业	Farming	707.28	672.09	643.16	622.56	608.98
工业	Industry	773.89	790.79	798.46	807.46	820.25
建筑业	Construction	367.42	372.52	377.65	383.69	383.60
交通运输、仓储业和邮电通讯业	Transport, Storage, Post and Telecommunication	111.74	113.15	114.55	114.56	114.29
批发、零售贸易业、餐饮业	Wholesale, Retail Sales and Catering Services	199.60	208.22	213.40	217.76	217.37
金融、保险业	Banking and Insurance	8.36	9.49	9.69	10.07	10.72
房地产、社会服务业	Real Estate and Social Services	37.23	37.39	37.35	37.61	36.95
卫生、体育、社会福利业	Healthcare, Sports and Social Welfare	12.89	13.63	13.90	14.00	14.29
教育、文化、艺术和广播电视事业	Education, Culture, Arts, Broadcasting and Television	15.93	16.74	17.09	17.27	17.30
科学研究和综合技术服务事业	Scientific Research and Ploytechnical Services	3.20	3.53	3.65	3.75	4.08
乡经济组织管理	Rural Economic Management	12.08	11.94	12.23	12.33	12.47
其他	Others	268.51	253.56	226.82	219.41	211.54
农作物总播种面积 （千公顷）	Sown Area of Farm Crops (1000 hectares)	7619.58	7663.25	7651.57	7683.64	7678.63
#粮食	Grain Crops	5282.36	5319.20	5336.57	5360.78	5376.07
主要农产品产量 （万吨）	Output of Major Farm Products (10000 tons)					
粮食	Grain	3235.10	3307.76	3372.48	3422.98	3490.62
棉花	Cotton	26.08	24.68	22.04	20.93	15.95
油料	Oil-bearing	151.97	144.05	146.95	150.37	146.60
肉类产量	Meat	366.64	375.92	396.52	383.23	379.46
水产品产量	Aquatic Products	460.44	475.97	493.74	509.38	518.84

10－2 农业现代化情况
Statistics on Agricultural Modernization

指 标	Item	2010	2011	2012	2013	2014
农业机械化情况	**Statistics on Agricultural Machinery**					
农业机械总动力 （万千瓦）	Total Power of Agricultural Machinery (10000 kW)	3937.34	4106.11	4214.64	4405.78	4649.98
机耕面积 （千公顷）	Ploughed Area by Tractors (1000 hectares)	5537.78	5622.49	5845.67	5947.94	6100.16
机播面积 （千公顷）	Sown Area by Tractors (1000 hectares)	3259.80	3476.19	3887.94	4371.78	4437.83
#机播小麦面积	Sown Area of Wheat by Tractors	1850.47	1934.98	2026.10	2099.42	2117.97
机械植保面积 （千公顷）	Planting Protection Area by Tractors (1000 hectares)	5202.20	5116.25	5400.50	6732.05	5736.80
机械收获面积 （千公顷）	Harvest Area by Tractors (1000 hectares)	4790.50	4903.66	4896.87	5114.39	5549.26
农村电气化情况	**Electrification of Rural Area**					
农村用电量 （亿千瓦小时）	Electricity Consumed in Rural Areas (100 million kW · h)	1472.89	1606.83	1696.41	1801.86	1834.93
农用物资使用情况	**Agricultural Product Material Used**					
化肥施用量(折纯量) （万吨）	Consumption of Chemical Fertilizers (pure) (10000 tons)	341.11	337.21	330.94	326.82	323.61
每亩耕地施用化肥(折纯量) （千克）	Per Mu Consumption of Chemical Fertilizers(pure) (kg)	48.51	48.83	48.03	47.43	47.00
农用塑料薄膜使用量 （万吨）	Plastic Film (10000 tons)	10.02	10.64	11.26	11.68	11.98
农用柴油使用量 （万吨）	Diesel Oil (10000 tons)	97.48	99.96	102.97	106.80	107.45
农药使用量 （万吨）	Agricultural Chemical Insecticides (10000 tons)	9.01	8.65	8.37	8.12	7.95
农田水利情况	**Irrigation and Water Conservancy**					
有效灌溉面积 （千公顷）	Effective Irrigation Area (1000 hectares)			3704.17	3785.27	3890.53
节水灌溉面积 （千公顷）	Water-saving Irrigated Area (1000 hectares)	1627.93	1733.33	1923.37	2005.43	2189.54
除涝面积 （千公顷）	Flooded or Waterlogged Area (1000 hectares)	2802.51	2778.25	2812.02	2853.25	2961.97
水土流失治理面积 （千公顷）	Area of Soil Erosion under Control (1000 hectares)	1155.27	1110.23	717.31	886.97	899.66
堤防长度 （公里）	Total Length of Dikes (km)	52262	51853	55105	55403	55387
堤防保护面积 （千公顷）	Area of Land Protected by Dikes (1000 hectares)	3494.30	3355.19	3257.81	3519.38	2767.32

10－3　主要年份农林牧渔业总产值
Gross Output Value of Agriculture, Forestry, Animal Husbandry and Fishery in Major Years

当年价格,单位:亿元　　　　(at current price,100 million yuan)

年　份 Year	农林牧渔业总产值 Total	农　业 Farming	林　业 Foresty	畜牧业 Animal Husbandry	渔　业 Fishery	农林牧渔服务业 Services of Agriculture, Forestry, Animal Husbandry and Fishery
1949	22.59	19.41	…	3.02	0.16	
1952	31.87	26.14	0.03	5.00	0.70	
1957	36.81	30.10	0.22	5.25	1.24	
1962	40.15	34.19	0.32	4.48	1.16	
1965	57.27	47.02	0.63	8.25	1.37	
1970	71.33	57.08	0.85	11.76	1.64	
1975	91.66	72.17	1.47	15.55	2.47	
1976	100.71	82.53	1.31	14.86	2.01	
1977	89.16	73.05	1.25	12.90	1.96	
1978	105.87	85.17	1.48	16.78	2.44	
1979	145.25	114.26	2.03	25.77	3.19	
1980	138.45	105.98	1.94	26.65	3.88	
1981	153.62	119.90	2.00	27.11	4.61	
1982	188.11	145.69	1.96	35.80	4.66	
1983	206.86	160.38	3.30	36.66	6.52	
1984	253.82	193.28	4.33	47.17	9.04	
1985	288.55	201.85	4.63	66.54	15.53	
1986	332.66	235.07	5.15	69.83	22.61	
1987	380.25	257.90	6.02	87.95	28.38	
1988	497.95	310.20	7.29	140.49	39.97	
1989	522.25	325.02	7.02	148.13	42.08	
1990	580.53	362.46	7.94	160.78	49.35	
1991	580.93	354.42	7.55	168.30	50.66	
1992	673.82	411.33	9.93	188.64	63.92	
1993	875.37	518.55	14.61	236.81	105.40	
1994	1335.23	777.94	18.38	390.70	148.21	
1995	1686.78	986.15	21.42	475.67	203.54	
1996	1693.76	1062.39	23.48	368.54	239.35	
1997	1816.37	1085.26	22.56	430.57	277.98	
1998	1849.20	1096.88	24.16	435.51	292.65	
1999	1837.43	1095.13	26.13	413.95	302.22	
2000	1869.73	1096.02	30.17	430.53	313.01	
2001	1956.10	1142.66	30.76	448.51	334.17	
2002	2011.48	1165.49	36.29	456.02	353.68	
2003	1952.20	981.25	31.49	458.87	371.56	109.03
2004	2417.63	1242.41	40.16	563.44	449.47	122.15
2005	2576.98	1291.06	45.27	599.14	511.86	129.65
2006	2718.61	1416.91	54.26	544.48	543.39	159.57
2007	3064.72	1542.53	58.88	704.38	579.00	179.94
2008	3590.64	1746.83	64.92	916.46	665.75	196.69
2009	3816.02	1948.20	70.79	873.97	719.25	203.81
2010	4297.14	2269.56	78.12	923.25	805.25	220.95
2011	5237.45	2640.95	92.81	1190.50	1060.44	252.74
2012	5808.81	2966.72	99.74	1226.18	1235.40	280.77
2013	6158.03	3167.78	107.30	1222.22	1351.11	309.60
2014	6443.37	3362.81	118.18	1182.69	1426.74	352.95

10－4 主要年份农林牧渔业总产值指数

Indices of Gross Output Value of Agriculture, Forestry, Animal Husbandry and Fishery in Major Years

按可比价格计算，上年＝100　　(at constant price with 100 in preceding year)

年　份 Year	农林牧渔业总产值指数 Total	农　业 Farming	林　业 Forestry	畜牧业 Animal Husbandry	渔　业 Fishery	农林牧渔服务业 Services of Agriculture, Forestry, Animal Husbandry and Fishery
1949						
1952	117.4	110.0		141.9	306.1	
1957	103.4	99.2	553.8	128.4	106.9	
1962	101.1	97.5	98.2	135.2	94.9	
1965	105.7	100.5	168.0	141.7	95.6	
1970	107.2	107.1	67.2	109.4	124.2	
1975	100.9	99.5	98.0	107.1	104.0	
1976	103.9	105.1	121.1	93.4	94.4	
1977	89.9	89.5	99.2	93.0	101.9	
1978	121.5	123.4	84.5	115.6	98.8	
1979	110.9	108.5	105.0	131.8	110.3	
1980	94.5	91.9	99.5	102.1	118.2	
1981	107.9	109.7	95.3	99.3	115.4	
1982	114.9	113.0	106.0	123.8	105.2	
1983	105.9	107.2	110.8	98.2	99.6	
1984	116.4	106.3	117.8	118.2	124.1	
1985	103.1	99.0	107.9	117.1	126.3	
1986	106.3	106.6	97.3	100.6	134.9	
1987	103.1	103.3	104.8	101.2	108.1	
1988	106.6	104.8	93.8	114.4	108.9	
1989	100.3	100.6	94.4	99.5	101.7	
1990	102.5	101.1	97.4	106.7	107.9	
1991	98.9	95.9	90.0	105.2	101.2	
1992	113.0	113.7	119.1	110.5	115.6	
1993	111.3	106.2	124.1	114.0	134.8	
1994	112.1	108.0	112.4	117.5	119.0	
1995	113.6	112.9	117.0	110.8	124.0	
1996	107.4	108.7	107.4	103.1	111.8	
1997	107.7	106.4	92.6	110.9	109.5	
1998	104.0	103.0	109.9	104.2	107.2	
1999	105.2	105.9	100.0	103.5	106.5	
2000	105.0	103.1	119.9	107.5	107.4	
2001	104.5	105.0	99.1	102.4	106.7	
2002	103.8	102.3	115.8	103.9	108.0	
2003	101.0	94.3	120.0	102.8	106.6	130.0
2004	107.8	113.8	109.4	97.7	109.7	107.0
2005	103.7	101.1	107.5	103.6	110.7	104.0
2006	104.9	105.4	115.7	101.2	106.8	106.0
2007	103.1	102.6	109.9	100.7	104.4	108.3
2008	104.5	103.2	104.7	107.1	105.4	102.6
2009	104.6	103.3	105.2	106.6	105.2	104.0
2010	104.4	103.8	105.6	105.3	104.5	105.1
2011	104.2	104.3	104.0	102.7	104.4	107.6
2012	104.8	104.5	102.8	105.3	104.4	107.8
2013	102.6	103.3	103.9	96.9	105.3	107.1
2014	103.1	104.0	105.8	98.9	102.5	111.9

10－5 主要年份农林牧渔业总产值定基指数
Fixed-base Indices of Gross Output Value of Agriculture, Forestry, Animal Husbandry and Fishery in Major Years

按可比价格计算,1949 年＝100　　(at constant price with 100 in 1949)

年 份 Year	农林牧渔业总产值指数 Total	农 业 Farming	林 业 Forestry	畜 牧 业 Animal Husbandry	渔 业 Fishery	农林牧渔服务业 Services of Agriculture, Forestry, Animal Husbandry and Fishery
1949	100.0	100.0		100.0	100.0	
1952	144.2	135.7	100.0	166.5	612.2	
1957	157.4	151.4	900.0	159.0	563.4	
1962	134.7	134.1	1387.5	106.8	407.3	
1965	201.4	190.7	2162.5	224.6	534.1	
1970	239.7	232.5	1487.5	255.0	575.6	
1975	294.7	281.6	2487.5	322.3	819.5	
1976	306.2	296.1	3012.5	301.1	773.2	
1977	275.4	264.9	2987.0	280.1	787.8	
1978	334.6	326.8	2525.0	323.9	778.0	
1979	371.1	354.7	2650.0	426.8	858.5	
1980	350.7	326.0	2637.5	435.8	1014.6	
1981	378.4	357.7	2512.5	432.6	1170.7	
1982	434.8	404.2	2662.5	535.6	1231.7	
1983	460.6	433.3	2950.0	525.9	1226.8	
1984	536.3	460.6	3475.0	621.5	1522.0	
1985	553.1	456.1	3750.0	727.9	1922.0	
1986	587.7	486.4	3650.0	732.5	2592.7	
1987	605.9	502.4	3825.0	741.1	2802.4	
1988	646.1	526.3	3587.5	847.5	3051.2	
1989	648.3	529.4	3387.5	843.1	3102.4	
1990	664.6	535.2	3300.5	899.3	3346.3	
1991	657.1	513.3	2971.7	946.3	3385.3	
1992	742.5	583.6	3538.2	1045.7	3913.7	
1993	826.4	619.6	4391.5	1191.6	5275.3	
1994	926.3	668.9	4936.8	1400.2	6278.5	
1995	1052.7	755.4	5774.3	1551.0	7785.4	
1996	1130.6	821.0	6204.0	1599.2	8707.8	
1997	1217.1	873.5	5746.0	1773.5	9532.8	
1998	1265.6	899.4	6313.9	1847.5	10219.7	
1999	1331.1	952.4	6312.3	1911.5	10883.6	
2000	1397.9	981.6	7566.8	2055.1	11688.1	
2001	1461.5	1030.6	7500.2	2103.9	12474.9	
2002	1516.9	1053.8	8681.6	2186.3	13475.4	100.0
2003	1532.8	994.0	10415.4	2248.1	14369.5	130.0
2004	1653.0	1131.5	11389.9	2196.7	15768.3	139.1
2005	1714.2	1143.9	12245.5	2275.4	17448.0	144.6
2006	1798.2	1205.6	14168.0	2302.7	18634.5	153.3
2007	1853.2	1236.7	15569.2	2319.0	19458.1	166.1
2008	1936.8	1276.4	16294.7	2483.0	20510.8	170.5
2009	2024.9	1318.4	17144.7	2646.0	21573.2	177.4
2010	2113.6	1368.5	18104.8	2786.9	22552.0	186.5
2011	2201.6	1427.5	18836.2	2863.4	23554.6	200.8
2012	2307.0	1491.7	19371.5	3015.0	24591.8	216.5
2013	2365.9	1540.6	20123.0	2922.6	25885.6	231.7
2014	2438.9	1602.8	21282.6	2889.3	26521.5	259.2

10－6 农林牧渔业分项产值

Gross Output Value of Agriculture, Forestry, Animal Husbandry and Fishery by Branch

按当年价格计算，单位：亿元 (at current price, 100 million yuan)

指标	Item	2010	2011	2012	2013	2014
农林牧渔业总产值	**Total**	**4297.14**	**5237.45**	**5808.81**	**6158.03**	**6443.37**
农业产值	**Farming**	**2269.56**	**2640.95**	**2966.72**	**3167.78**	**3362.81**
谷物及其他作物	Planting	993.21	1140.33	1261.04	1285.32	1335.94
#谷物	Cereal	736.25	876.60	948.87	996.38	1056.01
薯类	Tubers	34.00	36.07	41.27	37.79	35.08
豆类	Soybeans	37.01	37.74	39.55	36.67	36.58
棉花	Cotton	80.75	72.72	93.78	79.12	69.27
油料	Oil-bearing	66.49	71.92	89.43	84.34	84.21
蔬菜园艺作物	Vegetables and Gardening Crops	1074.92	1258.82	1440.13	1592.70	1696.70
#蔬菜(含菜用瓜、食用菌)	Vegetable (include Melons、Edible Mushroom)	989.12	1165.18	1265.38	1392.49	1474.56
水果、坚果、饮料和香料作物	Fresh Fruits, Nuts, Beverage and Perfume Crops	192.72	232.25	254.31	280.24	319.75
#水果、坚果(含果用瓜)	Fresh Fruits, Nuts (include Melons)	158.26	196.50	213.57	240.42	270.82
中药材	Chinese Herbal Medicine	8.71	9.55	11.25	9.52	10.42
林业产值	**Forestry**	**78.12**	**92.81**	**99.74**	**107.30**	**118.18**
林木的培育和种植	Afforestation	58.89	70.42	73.65	76.85	84.62
竹木采运	Cutting and Transportation of Bamboo and Timber	10.98	13.37	16.01	19.86	22.64
林产品	Forest Products	8.25	9.02	10.08	10.58	10.92
牧业产值	**Animal Husbandry**	**923.25**	**1190.50**	**1226.18**	**1222.22**	**1182.69**
牲畜饲养	Livestock Raising	59.59	73.81	92.56	98.52	97.21
#牛	Cattle and Buffaloes	8.16	10.24	11.86	12.10	12.67
羊	Sheep and Goats	25.62	32.52	46.44	52.09	51.80
猪的饲养	Hogs Raising	364.96	470.12	464.84	467.51	434.91
家禽饲养	Poultry Raising	425.35	545.43	540.46	501.37	491.54
#肉禽	Live Animal and Poultry Products	245.86	316.81	326.65	284.00	273.61
禽蛋	Poultry Eggs	177.20	225.73	210.05	214.44	214.89
狩猎和捕捉动物	Hunting	1.46	1.86	1.96	1.98	1.88
其他畜牧业	Other Animal Husbandry	71.90	99.28	126.36	152.85	157.14
渔业产值	**Fishery**	**805.25**	**1060.44**	**1235.40**	**1351.11**	**1426.74**
海水产品	Seawater Aquatic Products	207.77	279.56	344.21	370.70	383.57
内陆水域水产品	Freshwater Aquatic Products	597.48	780.88	891.19	980.42	1043.17
农林牧渔服务业产值	**Services in Support of Agriculture**	**220.95**	**252.74**	**280.77**	**309.60**	**352.95**

10－7　农作物播种面积

单位：千公顷

年　份 Year	总播种面积 Total Sown Areas	粮食作物 Grain Crops	#小　麦 Wheat	#稻　谷 Rice	#薯　类 Tubers	#玉　米 Corn	#大　豆 Sonja
1978	8582.74	6310.93	1412.82	2661.18	478.29	445.01	345.36
1980	8248.93	6090.25	1519.47	2676.15	332.02	386.21	236.47
1985	8557.84	6432.44	2170.39	2431.11	282.45	659.62	317.93
1989	8384.33	6454.51	2353.54	2419.67	248.16	501.15	309.39
1990	8259.18	6363.02	2399.19	2454.44	221.65	461.01	244.67
1991	8091.70	6202.77	2364.93	2351.40	214.51	426.44	177.81
1992	8234.63	6180.77	2366.23	2447.27	192.59	421.14	192.28
1993	8032.29	6029.66	2281.66	2278.44	201.00	472.37	270.67
1994	7861.76	5748.78	2114.26	2168.36	179.46	458.95	255.41
1995	7909.01	5755.15	2150.35	2250.31	166.71	461.98	201.32
1996	7914.10	5877.42	2216.26	2335.91	180.59	467.83	179.49
1997	7966.78	5994.43	2341.37	2377.62	169.61	439.00	217.44
1998	8058.28	5946.26	2314.95	2369.70	162.67	473.49	220.83
1999	8023.43	5828.52	2251.70	2398.45	156.89	454.31	210.41
2000	7944.87	5304.31	1954.60	2203.46	158.26	423.16	249.19
2001	7777.42	4886.66	1712.81	2010.25	146.01	429.81	244.37
2002	7797.40	4882.58	1715.85	1982.05	143.75	436.53	243.44
2003	7681.49	4659.47	1620.45	1840.93	134.20	451.90	241.68
2004	7668.98	4774.59	1601.17	2112.90	114.17	389.11	216.42
2005	7641.20	4909.48	1684.44	2209.33	100.16	370.24	214.80
2006	7385.16	5110.80	1912.67	2216.00	76.27	378.17	213.00
2007	7407.73	5215.59	2039.12	2228.07	67.73	391.21	222.73
2008	7510.27	5267.10	2073.12	2232.55	66.17	398.51	232.77
2009	7558.15	5272.04	2077.61	2233.24	66.55	399.84	232.98
2010	7619.58	5282.36	2093.07	2234.16	61.26	403.70	226.90
2011	7663.25	5319.20	2112.41	2248.63	59.43	414.34	219.71
2012	7651.57	5336.57	2132.56	2254.22	60.15	418.90	210.46
2013	7683.64	5360.78	2146.93	2265.67	58.47	426.38	209.36
2014	7678.63	5376.07	2159.94	2271.69	55.11	436.10	203.37

Total Sown Areas of Farm Crops

(1000 hectares)

经济作物 Economic Crops	#棉花 Cotton	#油菜籽 Rape-seeds	#花生 Peanuts	#芝麻 Sesame	#黄红麻 Jute and Ambary Hemp	#甘蔗 Sugar-cane	#甜菜 Beet-roots	#烤烟 Flue-cured Tobacco	其他作物 Others
905.84	589.99	156.46	65.49	10.60	20.71	0.75	6.91	7.05	1365.97
957.04	631.00	169.58	83.79	4.61	11.51	0.35	5.78	2.17	1201.64
1302.77	592.24	442.64	134.11	12.85	24.78	4.11	4.39	3.47	822.63
1194.62	535.19	459.12	116.39	6.29	5.14	3.92	2.09	9.47	735.20
1188.41	572.13	440.81	108.71	5.85	5.16	3.35	2.23	5.63	707.75
1202.48	550.61	482.80	102.95	4.79	4.57	3.18	0.73	5.16	686.45
1350.29	673.43	483.78	107.36	7.14	3.99	3.83	0.70	7.39	703.57
1143.39	517.65	458.30	125.42	8.65	5.20	5.50	1.31	2.02	859.24
1225.86	534.57	516.59	146.52	6.65	2.15	4.57	0.70	0.87	887.12
1268.75	564.90	530.66	148.66	7.54	1.31	3.95	0.17	1.17	885.11
1132.24	485.91	498.00	123.55	9.19	0.89	3.66	0.87	1.44	904.44
1063.10	438.74	473.93	117.25	13.66	0.79	3.46	1.51	2.61	909.25
1063.32	416.16	468.94	141.39	16.23	0.54	3.25	0.52	0.09	1048.70
1006.41	261.99	518.83	177.25	20.62	0.41	4.20	0.15	0.01	1188.50
1227.97	295.27	650.50	227.90	18.20	0.20	5.16	0.07	0.02	1412.59
1347.53	383.99	681.04	230.21	15.53	0.36	5.75	0.40	…	1543.23
1255.19	311.35	668.08	223.63	15.00	0.32	6.08	0.38	…	1659.63
1315.37	369.50	683.03	214.52	12.70	0.31	5.98	0.29	…	1706.65
1356.65	409.62	689.86	218.59	11.91	0.16	4.89	0.12	…	1537.74
1237.36	368.27	660.50	174.29	11.92	0.18	4.10	0.02		1494.36
1007.48	330.40	525.47	130.60	11.38	0.04	1.39	0.01		1266.88
876.25	326.93	434.36	95.71	10.59	0.02	1.18	0.00		1315.89
883.86	300.47	454.49	101.58	11.26	0.02	1.59	0.00	0.02	1359.31
862.07	252.34	476.27	105.50	11.44	0.05	2.00	0.02	0.04	1424.04
824.77	235.68	460.08	103.39	10.80		1.70	0.08	0.24	1512.45
806.93	239.25	441.28	100.21	10.71	0.02	1.63		0.04	1537.12
712.58	170.63	421.31	95.90	10.39		1.62	0.03	0.03	1602.42
690.79	155.22	413.87	94.21	10.06		1.57	0.02	0.02	1632.07
649.94	131.81	398.08	91.64	9.39		1.63	0.01	0.02	1652.62

10－8　主要农作物种植结构
Planting Structure of Major Farm Crops

单位:%　　　　(%)

项　目	Item	2010	2011	2012	2013	2014
农作物总播种面积	**Total Sown Area of Farm Crops**	**100.00**	**100.00**	**100.00**	**100.00**	**100.00**
粮食作物	**Grain Crops**	**69.33**	**69.41**	**69.74**	**69.77**	**70.01**
谷物	Cereal	64.14	64.29	64.76	64.91	65.31
稻谷	Rice	29.32	29.34	29.46	29.49	29.58
小麦	Wheat	27.47	27.57	27.87	27.94	28.13
玉米	Corn	5.30	5.41	5.47	5.55	5.68
其它谷物	Other Cereal	2.05	1.97	1.96	1.93	1.92
豆类	Soybeans	4.38	4.35	4.19	4.10	3.99
#大豆	Sonja	2.98	2.87	2.75	2.72	2.65
杂豆	Miscellaneous Beans	0.18	0.17	0.17	0.16	0.16
薯类	Tubers	0.80	0.78	0.79	0.76	0.72
油料作物	**Oil-bearing Crops**	**7.54**	**7.21**	**6.90**	**6.75**	**6.50**
#花生	Peanuts	1.36	1.31	1.25	1.23	1.19
油菜籽	Rapeseeds	6.04	5.76	5.51	5.39	5.18
芝麻	Sesame	0.14	0.14	0.14	0.13	0.12
棉花	**Cotton**	**3.09**	**3.12**	**2.23**	**2.02**	**1.72**
麻类	**Fiber Crops**	**0.01**	**0.01**	**0.01**	**0.01**	**0.01**
糖料	**Sugar Crops**	**0.02**	**0.02**	**0.02**	**0.02**	**0.02**
#甘蔗	Sugarcane	0.02	0.02	0.02	0.02	0.02
烟叶	**Tobacco**	…	…	…	…	…
药材	**Medicinal Materials**	**0.15**	**0.16**	**0.15**	**0.19**	**0.22**
蔬菜、瓜类	**Vegetables and Melon**	**17.94**	**18.28**	**19.17**	**19.52**	**19.82**
#蔬菜	Vegetables	16.14	16.44	17.30	17.63	17.87
其他农作物	**Other Farm Crops**	**1.91**	**1.78**	**1.78**	**1.72**	**1.70**
#青饲料	Succulence	0.39	0.37	0.38	0.39	0.39

10－9　主要农作物播种面积和产量(2014 年)
Total Sown Areas of Farm Crops and Output (2014)

指　　标	Item	播种面积(千公顷) Sown Area (1000 hectares)	单位面积产量(千克/公顷) Per Hectare Output (kg/hectare)	总产量(吨) Total Output (ton)
农作物总播种面积	**Total Sown Area of Farm Crops**	**7678.63**		
粮食作物	**Total Grain and Soybeans**	**5376.07**	**6493**	**34906202**
夏粮	Summer Grain	2395.06	5239	12546838
小麦	Wheat	2159.94	5372	11604026
元麦	Hull-less Barley	2.58	3645	9404
大麦	Barley	142.13	5150	731958
蚕豌豆	Horsebean and Pea	90.41	2228	201450
秋粮	Autumn Grain	2981.01	7501	22359364
稻谷	Rice	2271.69	8417	19120020
#中稻和一季晚稻	Early Rice	2271.69	8417	19120020
#籼稻	Among Rice: Long-grained Nonglutinous Rice	262.66	7853	2062733
玉米	Corn	436.10	5480	2389740
高粱	Sorghum	0.36	6944	2500
谷子	Millet	0.14	1436	201
薯类	Tubers	55.11	6151	338968
大豆	Sonja	203.37	2328	473415
其他秋粮	Others	14.24	2424	34520
经济作物	**Economic Crops**	**649.94**		
棉花	Cotton	131.81	1210	159540
油料	Oil-bearing Crops	499.20	2937	1465989
#花生	Peanuts	91.64	3800	348232
油菜籽	Rapeseed	398.08	2765	1100550
芝麻	Sesame	9.39	1803	16926
麻类	Fiber Crops	0.48	2842	1364
#黄麻	Jute			
苎　麻	Ramee	0.46	2517	1158
糖类	Sugar Crops	1.64	61637	101084
#甘蔗	Sugarcane	1.63	61953	100984
烟叶	Tobacco Crops	0.02	1700	34
药材	Medicinal Materials	16.55		
其他经济作物	Others	0.24		
#薄荷	Mint	0.24	142	34
其他农作物	**Others**	**1652.62**		
#蔬菜	Vegetable	1372.39	39501	54211033
瓜果类	Melon and Fruits Crops	149.86	37065	5554563
绿肥	Organic Fertilizer	7.46		

10－10 主要农产品产量
Output of Major Farm Crops

单位:万吨 （10000 tons）

年　份 Year	粮　食 Grain	夏　粮 Summer Grain	秋　粮 Autumn Grain	棉　花 Cotton	油　料 Oil-bearing Crops	#花　生 Peanuts	#油菜籽 Rape-seeds
1949	748.50	217.00	531.50	2.81	15.94	11.82	3.60
1952	997.55	277.85	719.70	9.28	21.68	14.38	6.00
1957	1063.60	274.85	788.75	15.01	25.07	19.81	4.93
1962	965.35	280.65	684.70	8.21	10.27	6.38	3.52
1965	1442.75	379.85	1062.90	26.44	21.68	13.87	7.41
1970	1705.15	415.50	1289.65	32.82	21.67	10.31	10.87
1975	2056.85	524.40	1532.45	45.48	29.64	11.73	17.63
1978	2400.65	677.30	1723.35	47.54	37.44	13.60	23.06
1980	2417.95	873.60	1544.35	41.81	38.64	14.50	23.93
1985	3126.52	1064.46	2062.06	47.91	108.78	34.13	73.11
1989	3282.80	1033.00	2249.80	48.47	99.91	31.25	67.72
1990	3264.15	1143.46	2120.69	46.42	112.39	30.12	81.41
1991	3035.51	1032.43	2003.08	55.71	114.06	28.12	85.32
1992	3320.55	1251.19	2069.36	52.74	127.33	30.51	95.88
1993	3279.70	1152.60	2127.10	42.90	125.71	37.66	87.04
1994	3124.05	1105.29	2018.76	45.71	133.59	44.80	87.77
1995	3286.30	1073.46	2212.84	56.16	159.46	48.43	109.54
1996	3476.35	1200.95	2275.40	53.75	147.50	39.65	106.34
1997	3563.79	1226.91	2336.88	50.75	141.93	39.53	100.53
1998	3415.12	864.22	2550.90	46.19	115.63	48.90	64.26
1999	3559.03	1195.96	2363.07	24.60	184.04	63.25	117.89
2000	3106.63	899.75	2206.88	31.45	225.65	79.75	142.99
2001	2942.05	821.44	2120.61	46.05	232.53	84.09	145.81
2002	2907.05	758.18	2148.87	36.28	217.03	83.71	130.81
2003	2471.85	729.29	1742.56	29.10	199.45	51.57	145.74
2004	2829.06	807.24	2021.82	50.28	238.38	69.12	167.32
2005	2834.59	844.42	1990.17	32.27	215.99	55.46	158.67
2006	3096.03	1017.12	2078.91	35.52	176.47	45.51	129.00
2007	3132.24	1070.70	2061.54	34.75	145.08	33.84	109.46
2008	3175.49	1094.50	2080.99	32.60	150.29	35.57	112.81
2009	3230.10	1103.20	2126.90	25.55	162.23	38.67	121.69
2010	3235.10	1105.33	2129.77	26.08	151.97	37.70	112.44
2011	3307.76	1117.18	2190.58	24.68	144.05	37.00	105.25
2012	3372.48	1143.52	2228.97	22.04	146.95	36.02	109.13
2013	3422.98	1195.83	2227.15	20.93	150.37	35.28	113.26
2014	3490.62	1254.68	2235.94	15.95	146.60	34.82	110.06

10－11 人均占有主要农产品产量
Per Capita Output of Major Farm Products

单位:千克/人 (kg/person)

年 份 Year	粮食产量 Grain	棉花产量 Cotton	油料产量 Oil-bearing Grops	生猪饲养量(头/人) Output of Raising Hogs (head/person)	猪、牛、羊肉产量 Output of Pork, Beef and Mutton	水产品产量 Output of Aquatic Products
1952	270.0	2.5	5.9	0.24		4.6
1957	257.0	3.7	6.1	0.34		6.9
1962	225.0	1.9	2.4	0.22		4.5
1965	316.0	5.8	4.8	0.46		5.5
1970	329.0	6.4	4.2	0.50		5.2
1975	367.0	8.1	5.3	0.60		6.5
1978	414.0	8.2	6.5	0.60		6.9
1980	408.5	7.1	6.6	0.70	18.1	7.2
1985	505.0	7.8	17.6	0.64	22.4	10.9
1989	506.1	7.5	15.4	0.60	23.3	17.0
1990	486.0	6.9	16.7	0.59	23.6	17.6
1991	446.1	8.2	16.8	0.59	24.0	17.3
1992	482.8	7.7	18.5	0.61	25.1	19.6
1993	472.6	6.2	18.1	0.62	25.8	22.7
1994	446.7	6.5	19.1	0.65	28.5	25.8
1995	466.6	8.0	22.6	0.69	30.9	31.2
1996	490.4	7.6	20.8	0.51	24.7	34.7
1997	499.9	7.1	19.9	0.57	26.2	37.3
1998	476.6	6.4	16.1	0.63	29.2	39.4
1999	494.5	3.4	25.6	0.63	29.9	41.2
2000	427.3	4.3	31.0	0.66	31.3	42.5
2001	400.8	6.3	31.7	0.67	32.2	43.7
2002	394.6	4.9	29.5	0.67	32.6	45.4
2003	334.4	3.9	27.0	0.68	33.1	46.4
2004	381.3	6.8	32.1	0.66	32.7	49.3
2005	380.3	4.3	29.0	0.66	32.5	52.1
2006	412.1	4.7	23.5	0.63	28.4	53.0
2007	412.8	4.6	19.1	0.52	25.5	53.9
2008	415.1	4.3	19.6	0.56	26.7	55.4
2009	419.5	3.3	21.1	0.59	28.0	57.6
2010	415.0	3.3	19.5	0.59	28.7	59.1
2011	419.6	3.1	18.3	0.59	28.8	60.4
2012	426.4	2.8	18.6	0.61	30.3	62.4
2013	431.7	2.6	19.0	0.61	30.4	64.3
2014	439.1	2.0	18.4	0.61	30.6	65.3

10－12　蚕、茶、果生产情况
Statistics on Silkworm Cocoons, Tea and Fruits

单位:万吨　　　　(10000 tons)

指　　标	Item	2010	2011	2012	2013	2014
蚕茧产量　(万吨)	Silkworm Cocoons　(10000 tons)	7.91	7.07	6.83	5.90	5.69
茶叶产量　(万吨)	Tea　(10000 tons)	1.49	1.44	1.54	1.39	1.46
红毛茶	Black Tea	0.24	0.24	0.25	0.20	0.23
绿毛茶	Green Tea	1.23	1.18	1.27	1.19	1.23
其他茶	Others	0.02	0.02	0.02	…	…
水果产量　(万吨)	Fruits　(10000 tons)	237.03	267.60	281.22	274.58	306.17
#苹果	Apples	56.63	61.67	60.12	54.18	59.77
柑桔	Citrus	5.36	5.00	5.80	4.73	4.82
梨	Pears	66.91	72.97	74.82	69.45	83.11
葡萄	Grapes	33.19	39.12	48.57	51.35	58.69
桃子	Peaches	45.70	49.79	55.57	50.81	61.44
红枣	Dates	0.97	1.17	1.34	1.06	1.13
柿子	Persimmons	5.23	13.36	14.62	14.31	14.94
桑园面积　(千公顷)	Area of Mulberry Plantations　(1000 hectares)	55.76	54.22	53.17	49.07	42.62
茶园面积　(千公顷)	Area of Tea Plantations　(1000 hectares)	32.36	32.42	34.04	33.98	34.28
#当年采摘面积	Picked Area in the Year	27.60	27.33	28.82	28.42	28.47
果园　(千公顷)	Area of Orchards　(1000 hectares)	191.51	202.98	209.83	222.05	214.29
#苹果园	Apples	34.02	35.84	34.33	32.95	31.95
柑桔园	Citrus	3.59	3.40	3.54	3.02	2.89
梨园	Pears	37.80	39.46	39.42	39.14	39.35
葡萄园	Grapes	21.65	25.43	31.15	34.11	37.55

10－13 林业生产情况
Statistics on Forestry

指标	Item	2010	2011	2012	2013	2014
造林面积 （千公顷）	Area of Forestation (1000 hectares)	89.89	57.29	57.34	65.26	59.86
用材林	Timber Forests	4.69	7.60	10.12	7.85	6.84
经济林	By-product Forests	6.58	7.68	10.01	11.45	11.83
防护林	Protection Forests	78.62	41.08	36.82	43.92	40.10
其他林	Others		0.93	0.39	2.04	1.09
林产品产量 （吨）	Output of Forestry Products (ton)					
油茶籽	Tea-oil Seeds	15	4	61	62	299
竹笋干	Bamboo Shoots	7739	2794	3140	3200	7178
板栗	Chestnut	26805	26255	26065	26905	28585
白果	Ginkgo	33518	34228	39455	59908	61921
育苗面积 （千公顷）	Area of Seedlings (1000 hectares)	112.57	109.44	86.96	121.29	106.46
当年苗木产量 （亿株）	Output of Seedlings in the Year (100 million units)	29.07	79.03	50.24	54.41	56.87
林木种子采集量 （吨）	Output of Forestry Seeds Picking (ton)	468	1315	1602	3889	3636
木材采伐量 （万立方米）	Output of Timber Cutting (10000 cu. m)	150.70	166.14	173.00	144.00	141.33
竹材采伐量 （万根）	Bamboo Cutting (10000 units)	391.90	359.11	627.00	408.00	404.43
四旁植树 （万株）	Planting (10000 units)	12184	9476	10964	10696	9229

10－14　畜牧业生产情况

Statistics on Livestock

指　　标	Item	2010	2011	2012	2013	2014
牲畜年末头数　（万头）	**Livestock（Year-end）（10000 units）**					
大牲畜	Large Animals	40.90	39.25	36.40	34.53	34.54
牛	Cattle and Buffaloes	35.70	34.05	32.06	30.41	30.59
#良种及改良乳牛	Thoroughbred and Improved Cows	22.10	21.47	20.87	20.41	20.51
马	Horses	0.38	0.38	0.31	0.29	0.28
驴	Donkeys	3.73	3.73	2.98	2.82	2.77
骡	Mules	1.09	1.09	1.05	1.01	0.90
猪	Hogs	1728.52	1745.49	1775.17	1787.26	1799.50
羊	Sheep and Goats	411.15	415.57	400.61	403.07	413.80
山羊	Goats	401.30	405.69	391.24	393.59	404.10
绵羊	Sheep	9.80	9.88	9.37	9.48	9.70
畜禽产品产量	**Output of Livestock and Poultry Products**					
猪牛羊出栏头数　（万头）	Hogs, Sheep and Goats（10000 units）					
当年肉猪出栏头数	Hogs	2847.03	2878.23	3043.12	3049.56	3073.60
当年出售和自宰的肉用牛	Cattle and Buttaloes Sold and Killed in the Year	18.71	19.36	18.82	17.29	17.60
当年出售和自宰的肉用羊（万只）	Sheep and Goats Sold and Killed in the Year（10000 units）	672.48	663.73	687.96	703.87	719.45
肉类产量　（万吨）	Output of Meat（10000 tons）	366.64	375.92	396.52	383.23	379.46
猪肉	Pork	213.06	215.86	228.84	229.86	232.35
牛肉	Beef	3.48	3.58	3.47	3.19	3.27
羊肉	Mutton	7.37	7.32	7.61	7.79	8.01
禽肉	Poultry	132.67	138.87	146.08	131.93	125.40
其他畜禽产品产量　（吨）	Others（ton）					
牛奶产量	Milk	572836	591700	612980	598912	607200
绵羊毛产量	Sheep's Wool	350	326	340	344	359
山羊毛产量	Goat's Wool	1	1	9	10	10
蜂蜜	Honey	5079	4116	3975	4058	4521
禽蛋　（万吨）	Poultry Eggs（10000 tons）	190.57	194.86	197.20	200.07	196.97

10－15 水产品产量
Output of Aquatic Products

指　　标	Item	2010	2011	2012	2013	2014
水产品产量　（万吨）	**Output of Aquatic Products (10000 tons)**	**460.44**	**475.97**	**493.74**	**509.38**	**518.84**
海水产品	Seawater Aquatic Products	136.44	142.08	148.48	151.20	150.47
按生产性质分	Grouped by Nature					
天然生产	Naturally Grown	57.93	57.84	57.98	57.33	56.88
人工养殖	Artificially Cultured	78.51	84.24	90.50	93.87	93.59
按类别分	Grouped by Category					
鱼类	Fish	38.87	39.52	40.89	40.75	40.41
甲壳类	Shrimp, Prawn and Crab	20.13	21.50	22.21	25.93	27.28
贝类	Shellfish	67.60	72.09	76.04	76.13	74.90
藻类	Algae	2.99	2.60	2.42	3.09	2.83
按主要品种分	Among Seawater Aquatic					
大黄鱼	Big Yellow Croaker	0.05	0.02	0.06	0.05	0.05
小黄鱼	Little Yellow Croaker	3.09	3.38	3.54	3.07	2.95
带鱼	Hairtail	6.22	6.25	5.73	5.67	5.42
墨鱼	Cuttlefish	0.22		1.30	1.34	2.08
淡水产品	Freshwater Aquatic Products	324.00	333.88	345.26	358.18	368.37
按生产性质分	Grouped by Nature					
天然生产	Naturally Grown	33.24	33.37	33.42	32.85	32.58
人工养殖	Artificially Cultured	290.76	300.51	311.84	325.33	335.79
按类别分	Grouped by Category					
鱼类	Fish	238.11	245.58	253.80	264.64	269.92
甲壳类	Shrimp, Prawn and Crab	69.93	72.11	75.27	78.18	83.52
贝类	Shellfish	11.68	12.23	12.23	11.55	11.17
水产养殖面积　（千公顷）	**Aquatic Raise Areas (1000 hectares)**	**750.08**	**769.40**	**771.18**	**765.28**	**761.04**
淡水养殖面积	Freshwater Area for Breeding	557.65	568.33	571.83	571.47	572.38
海水养殖面积	Seawater Area for Breeding	192.43	201.07	199.35	193.81	188.66

10－16　主要农业机械和农产品加工机械年底拥有量

年　份 Year	农业机械总动力（万千瓦） Total Power of Agricultural Machinery (10000 kW)	农用小型及手扶拖拉机（万台） Small and Walking Agricultural Tractors (10000 units)	农用排灌动力机械（万千瓦） Machinery for Agricultural Drainage and Irrigation (10000 kW)	农用水泵（万台） Agricultural Water Pumps (10000 units)
1978	855.16	19.25	363.73	29.20
1980	1113.05	25.61	442.48	36.18
1985	1675.06	49.16	450.27	37.75
1989	2212.37	70.02	475.95	40.29
1990	2004.77	71.65	490.83	39.63
1991	1966.61	72.64	492.88	40.73
1992	2016.07	72.41	494.57	41.55
1993	2081.75	73.52	501.35	41.59
1994	2161.40	74.98	507.66	42.63
1995	2226.95	75.04	508.91	43.36
1996	2297.43	76.53	515.99	44.84
1997	2499.69	83.32	538.66	50.63
1998	2594.83	83.87	553.73	52.20
1999	2767.89	86.78	577.99	54.07
2000	2925.29	88.89	576.25	65.62
2001	2957.93	89.42	618.72	58.09
2002	2983.89	89.75	604.04	59.74
2003	3029.10	87.46	567.79	58.81
2004	3052.51	86.71	599.71	56.88
2005	3135.33	90.11	609.08	61.93
2006	3278.53	91.37	606.00	62.00
2007	3392.44	89.95	431.40	59.09
2008	3630.86	120.44	601.83	59.80
2009	3810.57	123.32	612.87	60.42
2010	3937.34	122.84	630.46	59.29
2011	4106.11	123.41	642.41	63.49
2012	4214.64	98.71	664.80	66.29
2013	4405.78	92.53	687.98	66.53
2014	4649.98	88.16	695.79	65.99

Agricultural Machinery and Machinery for Processing Farm Products at Year-end

联合收割机 (台) Combine Harvesters (unit)	机动脱粒机 (万台) Motorized Huller (10000 units)	机动喷雾(粉)器 (万部) Motorized Duster (10000 units)	大中型拖拉机配套农具 (万件) Large and Mediumsized Tractor Towing Farm Machinery (10000 units)	小型拖拉机配套农具 (万件) Small Tractor Towing Farm Machinery (10000 units)
295	32.96	2.01	2.45	33.99
478	40.99	4.33	3.23	53.58
687	68.51	5.51	3.38	111.15
1821	86.36	7.08	3.29	112.49
2411	89.42	9.49	3.42	118.26
3583	92.29	11.35	3.91	122.40
5964	93.37	12.37	4.16	122.33
7279	94.80	12.63	4.30	124.66
8604	98.32	13.28	4.37	125.50
12063	105.22	17.08	4.69	127.74
20074	105.01	19.64	5.68	129.22
27656	121.42	26.55	7.00	138.63
33343	123.80	29.10	7.69	143.08
42266	124.52	31.59	8.51	148.41
48821	129.69	33.26	8.62	152.45
52025	120.16	35.17	8.39	151.48
56151	111.45	34.54	8.17	145.02
58645	93.56	34.99	7.84	145.70
61115	91.45	34.88	7.52	144.45
69569	73.95	37.41	8.08	143.64
77100	75.00	39.50	8.37	144.68
78498	59.00	41.39	9.13	143.07
85327	43.62	50.27	11.01	163.43
90979	38.00	53.50	13.29	170.91
98511	33.19	57.32	16.41	168.83
103500	20.92	61.92	19.17	173.59
118078	18.39	67.11	19.83	155.64
136619	16.44	68.60	22.28	149.98
149503	14.95	68.85	26.53	147.04

10－17　乡镇企业主要指标（2014 年）

单位：万元

指　　标	Item	企业个数（个）Number of Enterprises (unit)	年末从业人员（人）Employees (person)
总　计	**Total**	**789868**	**17464024**
按登记注册类型分组	**Grouped by Status of Registration**		
内资	Domestic Funded Enterprises	769348	14991660
#集体企业	Collective-owned Enterprises	12204	425043
私营企业	Private Enterprises	703479	12695028
港、澳、台商投资企业	Enterprises with Funds from Hong Kong, Macao and Taiwan	8000	1007376
外商投资企业	Foreign Funded Enterprises	12520	1464988
按国民经济行业分组	**Grouped by Sector**		
农业企业	Enterprises in Rural Areas	6385	161621
工业	Industry	423665	12501657
建筑业	Construction	13789	1651309
#资质等级企业	Qualified Enterprises	4145	776559
交通运输仓储业	Transport and Storage	36278	597319
批发和零售业	Wholesale and Retail Sales	156527	1232826
住宿和餐饮业	Hotels and Catering	55853	459012
#餐饮业	Catering	29199	259326
居民服务、修理和其他服务业	Services to Household, Other Services and Entertainment	43515	346239
其他	Others	53856	514041

Main Indicators of Township Enterprises (2014)

(10000 yuan)

总产值（现价）Total Output Value	营业收入 Business Revenue	利润总额 Total Profits	上交税金 Taxes	劳动者报酬 Earning
1279835140	**1281409201**	**82314835**	**45224992**	**57438697**
1085316239	1091400232	67217839	38357041	46250330
54753719	53577933	7663201	1740600	1773270
877548055	883582936	50868732	31764440	38793107
78074171	76904541	5948485	2686263	4222357
116444730	113104428	9148511	4181688	6966010
7578093	7475970	782997	323824	406746
1046908284	1038120942	65577903	36850420	42499212
56228444	52362436	3340408	1827466	5793201
26806758	25899388	1684604	828803	2714298
16456088	16002048	1250201	868088	1788553
101417608	115846071	6731062	3013627	3121770
12684785	12642212	1414327	590853	1094779
6927392	6892655	787572	337595	546608
13379912	13413806	989799	405731	1117170
25181926	25545716	2228138	1344983	1617266

10－18　农业主要经济效益指标
Main Indicators on Economic Benefit of Agriculture

指　　标	Item	2010	2011	2012	2013	2014
每个农林牧渔业劳动力创造的	**Per Labor Creating**					
农林牧渔业总产值（元）	Gross Output Value of Agriculture, Forestry, Animal Husbandry and Fishery (yuan)	49502.22	62294.20	71814.83	78342.40	83786.17
粮食产量（公斤）	Output of Grain (kg)	3726.78	3934.25	4169.42	4354.72	4539.02
棉花产量（公斤）	Output of Cotton (kg)	30.05	29.35	27.25	26.63	20.75
油料产量（公斤）	Output of Oil-bearing Crops (kg)	175.07	171.34	181.67	191.30	190.63
肉类产量（公斤）	Output of Meat (kg)	422.37	447.12	490.22	487.54	493.43
水产品产量（公斤）	Output of Aquatic Products (kg)	530.42	566.06	610.42	648.03	674.67
每亩耕地创造的	**Per Mu Cultivated Land Creating**					
农林牧渔业总产值（元）	Gross Output Value of Agriculture, Forestry, Animal Husbandry and Fishery (yuan)	6110.76	7583.40	8431.00	8936.98	9357.17
农林牧渔业增加值（元）	Value Added of Agriculture, Forestry, Animal Husbandry and Fishery (yuan)	3612.17	4437.55	4961.36	5291.43	5569.52

注：产值、增加值均为现行价格。

a) Both output value and value-added are caculated at current prices.

10－19 国有农场基本情况
Basic Statistics on State Farms

指 标	Item	2010	2011	2012	2013	2014
农场数 （个）	Number of Farms (unit)	18	18	18	17	17
职工人数 （万人）	Number of Staff and Workers (10000 persons)	6.63	6.48	6.19	5.72	5.51
耕地面积 （千公顷）	Cultivated Area (1000 hectares)	73.11	72.86	71.43	67.67	71.08
农业机械总动力 （万千瓦）	Total Power of Agricultural Machinery (10000 kW)	46.39	47.89	45.22	43.55	44.33
农业机械拥有量 （台、辆）	Ownership of Agricultural Machinery (unit)					
大中型农用拖拉机	Large and Medium-sized Agricultural Tractors	3737	3606	3475	3369	3470
小型及手扶拖拉机	Small and Walking Agricultural Tractors	2011	1820	1528	1357	1090
农用排灌动力机械	Machinery for Agricultural Drainage and Irrigation	1224	1102	702	842	909
联合收割机	Combine Harvesters	2096	2029	1933	1975	1815
农用载重汽车	Trucks for Agricultural Use	118	88	151	101	111
农用化肥施用量 （万吨）	Consumption of Chemical Fertilizers (10000 tons)	14.71	13.14	13.80	13.79	14.26
农业总产值 （亿元）	Gross Agricultural Output Value (100 million yuan)	45.10	51.44	53.40	58.95	61.17
农作物总播种面积 （千公顷）	Sown Area of Farm Crops (1000 hectares)	137.47	136.36	148.36	124.12	141.66
粮食作物	Grain	125.60	122.44	123.22	116.08	134.19
棉 花	Cotton	0.22	0.29	0.23	0.14	0.07
油 料	Oil-bearing Crops	0.09	0.07	0.05	0.03	0.02
年底实有桑园面积 （公顷）	Area of Mulberry Plantations (year-end) (hectare)	250	239	231	231	213
年底实有果园面积 （公顷）	Area of Orchards (year-end) (hectare)	203	206	260	126	183
主要农产品产量	Output of Major Farm Products					
粮食作物 （万吨）	Grain (10000 tons)	86.68	91.05	94.34	88.61	101.17
棉 花 （万吨）	Cotton (10000 tons)	0.32	0.45	0.22	0.20	0.07
油 料 （万吨）	Oil-bearing Crops (10000 tons)	0.23	0.21	0.14	0.10	0.09
水 果 （万吨）	Fruits (10000 tons)	0.19	0.36	0.28	0.19	0.24
畜牧业、渔业生产	Production of Animal Husbandry and Fishery					
大牲畜年底头数 （万头）	Number of Large Animals (year-end) (10000 heads)	0.42	0.46	0.57	0.43	0.54
猪年底头数（万头）	Number of Hogs (10000 heads)	7.65	8.19	8.42	7.55	7.32
羊年底只数（万只）	Number of Sheep and Goats Sheep (10000 heads)	1.33	1.21	1.22	1.95	1.51
畜产品产量 （万吨）	Output of Livestock Products (10000 tons)					
猪牛羊肉	Pork, Beef and Mutton	7.83	7.87	7.69	6.76	6.26
#猪 肉	Pork	2.08	2.16	2.10	2.06	1.76
牛 奶	Milk	0.76	0.82	0.88	1.06	1.32
禽 蛋	Poultry Eggs	0.97	1.22	1.48	1.35	1.34
羊 毛	Sheep Wool					
水产品总产量（万吨）	Output of Aquatic Products (10000 tons)	4.55	4.66	4.78	4.85	4.76

注：本表为农垦系统数据。

a) Data in this table are from farming system.

10－20 分市农业基本情况(2014 年)

指　标		Item		南京市 Nanjing	无锡市 Wuxi	徐州市 Xuzhou
乡村户数	(万户)	Rural Households	(10000 units)	64.67	62.50	176.97
乡村劳动力	(万人)	Rural Laborers	(10000 persons)	119.21	112.77	358.77
#农林牧渔业		Agriculture, Forestry, Animal Husbandry, Fishery		25.71	18.97	136.31
工业		Industry		36.37	67.38	101.07
建筑业		Construction		23.89	7.76	51.62
交通运输、仓储业和邮电通讯业		Transport, Storage, Post and Telecommunication		7.40	3.74	15.00
批发、零售贸易业、餐饮业		Wholesale, Retail Sales and Catering Services		12.72	7.93	31.47
农业机械总动力	(万千瓦)	Total Power of Agricultural Machinery	(10000 kW)	221.00	100.44	657.01
化肥施用量	(万吨)	Consumption of Chemical Fertilizers	(10000 tons)	7.73	5.49	64.08
农村用电量	(亿千瓦小时)	Electricity Consumed in Rural Areas	(100 million kW · h)	31.81	390.35	64.82
农作物总播种面积	(千公顷)	Sown Area of Farm Crops	(1000 hectares)	320.62	178.66	1127.21
#粮食		Grain Crops		157.11	108.99	732.96
主要农产品产量	(万吨)	Output of Major Farm Products	(10000 tons)			
粮食		Grain		114.72	77.20	469.18
棉花		Cotton		0.42	3.24	
油料		Oil-bearing		11.47	0.94	10.62
肉类产量		Meat		11.83	8.84	99.77
#猪牛羊肉		Pork, Beef and Mutton		7.12	6.32	49.62
水产品产量		Aquatic Products		22.88	13.00	18.60
农林牧渔业总产值	(亿元)	Gross Output Value of Agriculture, Forestry, Animal Husbandry and Fishery	(100 million yuan)	384.63	253.76	907.33
农业		Farming		218.50	137.08	567.20
林业		Forestry		19.84	19.82	15.30
畜牧业		Animal Husbandry		48.23	32.81	264.13
渔业		Fishery		79.86	36.93	36.23
农林牧渔服务业		Services in Support of Agriculture		18.19	27.12	24.46

Basic Statistics of Agriculture by Region (2014)

常州市 Changzhou	苏州市 Suzhou	南通市 Nantong	连云港市 Lianyun gang	淮安市 Huaian	盐城市 Yancheng	扬州市 Yangzhou	镇江市 Zhenjiang	泰州市 Taizhou	宿迁市 Suqian
74.65	89.08	200.68	89.85	99.92	184.26	101.81	57.84	119.87	108.51
130.50	174.76	302.30	174.50	211.47	301.92	182.48	99.94	211.48	224.76
24.24	22.81	66.66	80.34	86.59	111.30	34.09	23.30	44.30	87.38
59.25	105.05	83.54	30.28	41.18	59.91	65.25	47.80	61.60	61.57
17.37	9.88	62.21	30.58	31.09	37.13	34.40	11.49	36.99	29.19
5.38	5.51	16.80	7.60	6.84	13.58	7.48	3.59	13.50	7.87
9.29	14.72	35.45	11.95	12.66	18.61	16.69	5.43	22.20	18.25
154.75	163.28	387.02	563.02	568.57	635.16	252.33	152.44	260.23	534.73
6.24	7.85	22.74	34.58	40.08	52.80	19.97	5.46	17.14	39.45
177.46	581.42	159.47	31.81	14.51	79.65	60.03	79.15	122.04	42.39
221.64	253.02	835.55	631.98	796.44	1445.02	510.93	235.83	581.98	709.84
147.56	151.29	515.56	501.82	658.52	978.77	422.36	175.82	438.66	576.79
112.16	110.46	334.02	359.33	467.19	703.07	314.10	126.02	328.53	389.15
0.04	0.09	4.36	0.17	0.01	6.39	0.25	0.11	1.11	0.11
4.17	2.04	39.06	11.39	9.16	29.88	7.39	5.93	12.55	4.56
14.62	11.43	49.48	30.67	31.29	90.82	18.22	8.06	26.83	34.03
7.48	7.74	31.14	24.78	20.33	59.80	10.71	5.04	21.77	20.60
18.68	26.70	88.21	76.04	26.51	114.32	39.65	9.49	38.38	26.37
256.81	392.49	631.88	507.39	535.56	1035.82	431.98	214.02	361.94	463.32
138.75	161.45	278.94	240.21	340.87	450.93	201.81	119.06	201.06	272.94
1.81	24.47	4.07	14.08	11.58	25.74	10.13	9.11	3.55	18.18
37.43	38.82	145.07	105.72	118.97	281.72	73.42	28.17	66.56	90.89
64.73	122.64	147.83	119.22	54.83	205.29	125.10	28.98	72.21	70.83
14.09	45.10	55.97	28.16	9.32	72.14	21.53	28.69	18.55	10.48

主要统计指标解释

农林牧渔业总产值　指以货币表现的农、林、牧、渔业全部产品和对农业生产进行各种支持性服务活动的总量，它反映一定时期内农业生产总规模和总成果。从2003年开始农林牧渔业总产值执行新的国民经济行业分类标准，包括农业、林业、牧业、渔业、农林牧渔服务业，不再包括农民兼营商品性工业。农林牧渔业总产值中的农、林、牧、渔四业的计算方法通常是按农、林、牧、渔业产品及其副产品的产量分别乘以各自单位产品价格求得，现行价格从2003年开始使用生产价格调查的价格；少数生产周期较长，当年没有产品或产品产量不易统计的，则采用间接方法匡算其产值；然后将四业产品产值与农林牧渔服务业相加即为农林牧渔业总产值。1957年以前的农林牧渔业总产值中包括了厩肥和农民自给性手工业（如农民自制衣服、鞋、袜，自己从事粮食初步加工等）。1958年及以后，林业中增加了村及村以下竹木采伐产值；牧业中取消了厩肥产值；副业中取消了农民自给性手工业产值，增加了村及村以下办的工业产值；渔业中增加了海洋捕捞水产品产值。1980年及以后，在副业中增加了农民家庭兼营工业商品部分的产值。从1984年起村及村以下工业产值划归工业。从1993年起取消副业，将野生动物的捕猎划入牧业、野生植物采集和农民家庭兼营商品性工业划归农业，从2003年起不再包括农民家庭兼营商品性工业产值。1996年第一次农业普查以后，由于畜牧业产品年报数据与普查数据之间存在一定的差距，国家统计局农调总队对畜牧业年报数据与普查数据进行衔接，相应的畜牧业产值进行调整。

粮食产量　指全社会的产量。包括国有经济经营的、集体统一经营的和农民家庭经营的粮食产量，还包括工矿企业办的农场和其他生产单位的产量。粮食除包括稻谷、小麦、玉米、高粱、谷子及其他杂粮外，还包括薯类和豆类。其产量计算方法，豆类按去豆荚后的干豆计算；薯类（包括甘薯和马铃薯，不包括芋头和木薯）1963年以前按每4公斤鲜薯折1公斤粮食计算，从1964年开始改为按5公斤鲜薯折1公斤粮食计算。城市郊区作为蔬菜的薯类（如马铃薯等）按鲜品计算，并且不作粮食统计。其他粮食一律按脱粒后的原粮计算。

棉花产量　指全社会的产量。包括春播棉和夏播棉。产量按皮棉计算。

油料产量　指全部油料作物的生产量。包括花生、油菜籽、芝麻、向日葵籽、胡麻籽（亚麻籽）和其他油料。不包括大豆、木本油料和野生油料。花生以带壳干花生计算。

水产品产量　指人工养殖的水产品和天然生长的水产品的捕捞量。包括海水的鱼类、虾蟹类、贝类和藻类以及内陆水域的鱼类、虾蟹类和贝类，不包括淡水水生植物。

猪、牛、羊肉产量　指当年出栏并已屠宰、除去头蹄下水后带骨肉（即胴体重）的重量。

期初（末）畜禽存栏头（只）数　指报告期初（末）农村各种合作经济组织和国营农场、农民个人、机关、团体、学校、工矿企业、部队等单位以及城镇居民饲养的大牲畜、猪、羊、家禽等畜禽的存栏数。

耕地面积　是指年初可用来种植农作物并经常进行耕种、能够正常收获的土地。包括当年实际耕种的熟地、当年新开荒地、休闲不满三年随时可以复耕的地和当年休闲地以及以种植农作物为主并附带种植桑树、茶树、果树和其他林木的土地、沿海、沿湖地区已围垦利用的"海涂"、"湖田"等面积。不包括临时种植农作物的坡度在25度以上的陡坡地、在河套、湖畔、库区临时开发的成片或零星土地，属于专业性的桑园、茶园、果园、果木苗圃、林地、芦苇地、天然或人工草地面积、也不包括已列为国家和省（区、市）退耕计划但临时耕种的土地。

农作物播种面积　指实际播种或移植有农作物的面积。凡是实际种植有农作物的面积，不论种植在耕地上还是种植在非耕地上，均包括在农作物播种面积中。在播种季节基本结束后，因遭灾而重新改种和补种的农作物面积，也包括在内。

有效灌溉面积　指具有一定的水源，地块比较平整，灌溉工程或设备已经配套，在一般年景下当年能够进行正常灌溉的耕地面积。在一般情况下，有效灌溉面积应等于灌溉工程或设备已经配备，能够进行正常灌溉的水田和水浇地面积之和。

农用化肥施用量　指本年内实际用于农业生产的化肥数量，包括氮肥、磷肥、钾肥和复合肥。化肥施用量要求按折纯量计算数量。折纯量是指把氮肥、磷肥、钾肥分别按含氮、含五氧化二磷、含氧化钾的百分之一百成份进行折算后的数量。复合肥按其所含主要成分折算。

农业机械总动力　指主要用于农、林、牧、渔业的各种动力机械的动力总和。包括耕作机械、排灌机械、收获机械、农用运输机械、植物保护机械、牧业机械、林业机械、渔业机械和其他农业机械[内燃机按引擎马力折成瓦（特）计算、电动机按功率折成瓦（特）计算]。不包括专门用于乡、镇、村、组办工业、基本建设、非农业运输、科学试验和教学等非农业生产方面用的动力机械与作业机械。

农林牧渔业劳动力　指全社会直接参加农林牧渔业生产活动的劳动力。

Explanatory Notes on Main Statistical Indicators

Gross Output Value of Farming, Forestry, Animal Husbandry and Fishery refers to the total value of products of farming, forestry, animal husbandry and fishery and various supporting service activities for agricultural production, which reflects the total scale and result of agricultural production during a given period. Since 2003, the total output value of farming, forestry, animal husbandry and fishery is counted with new classified standard of the national economy, including the service industry serving for agricultural production, while excluding the output value of commercialized handicraft products. Gross output value of farming, forestry, animal husbandry, fishery and the value of service industry is obtained by first multiplying the output of each product with its price, resulting in the output value of each single item. Since 2003, the current price is used by the investigated production price. For a small number of products, annual output of which is not available or difficult to get due to the long production growing process involved, the output value is estimated through an indirect approach. The sum of output value of all products of farming, forestry, animal husbandry, fishery and service activities for them is then equal to the gross output value of agriculture. Prior to 1957, gross agricultural output value included barnyard manure and handicraft products for self consumption (clothes, shoes, stockings, and initial grain processing undertaken by peasants). Since 1958, cutting and felling of bamboo and trees by villages and other cooperative organizations under villages have been included in forestry; value of barnyard manure has been excluded from animal husbandry; self consumed handicrafts has been excluded from sideline occupations, while the output value of industries run by villages and cooperative organizations under village had been included in sideline occupations and the output value of fish catches by motor fishing boats has been added to fishery. Since 1980, the value of handicraft products made for sale by individuals in households had been added to sideline occupations. Since 1984, industries run by villages and under villages have been included in the sector of industry. Since 1993, the subdivision of sideline occupations has been canceled, and the hunting of wild animals has been classified into animal husbandry, and the gathering of wild plants and commodity industryrun by rural household have been included infarming. Since 2003, the output value of commercialized handicraft products, as the farmer's household sideline occupation, don't include in farming anymore. The first agriculture census of China in 1996 revealed some discrepancy between the production of animal products from the annual reports and that from the census. Efforts were made by the Rural Socio – economic Survey Organization of NBS to adjust the output value of animal husbandry to make the figures from the annual reports consistent with the census data.

Grain Output refers to the grain production in the whole country including grains produced by state farms, collective units, industrial enterprises and mines. Grain includes rice, wheat, corn, sorghum, millet and other miscellaneous grains as well as tubers and beans. Output of beans refers to dry beans without pods. The output of tubers (sweet potatoes and potatoes, not including taros and cassava) was converted into that of grain at the ratio 4∶1, e. 4 kilograms of fresh tubers was equivalent to 1 kilogram of grain up to 1963. Since 1964 the ratio for conversion has been 5∶1. Tubers supplied as vegetables (such as potatoes) in cities and suburbs are calculated as fresh vegetables and their output is not included in the output of grain. Output of all other grains refers to husked grain.

Cotton Output refers to the cotton production in the whole country including cotton sown in spring and in autumn. Output is measured as the weight of ginned cotton.

Output of Oil-bearing Crops refers to the total production of oil bearing crops of various kinds, including peanuts, (dry, in shell) rapeseeds, sesame, sunflower seeds, flax seeds, and other oil bearing crops. Soybeans, oil-bearing woody plants, and wild oil-bearing crops are not included.

Output of Aquatic Products refers to catches of both artificially cultured and naturally grown aquatic products, including fish, shrimps, crabs and shellfish in sea and inland water as well as seaweed. Freshwater plants are not included.

Output of Pork, Beef, and Mutton refers to the meat of slaughtered hogs, cattle, sheep and goats with head, feet, and offal taken away.

Number of Livestock or Poultry in Stock at Beginning (or End) refers to the total number of large animals, pigs, sheep, fowls, etc. raised by rural cooperative organizations, state farms, rural individuals, government agencies, schools, industrial and mining enterprises, army, and urban residents at the beginning (or end) of the reference period.

Regularly Cultivated Land refers to farmland among the total land resources which is exclusively used for farming and is under regular cultivation with harvest in normal years. Included are currently cultivated land, land that has been abandoned or put in idle for less than 3 years and could be re-used for cultivation at any time, and new-claimed land that has been put into cultivation for more than 3 years. Excluded under this category are steep slope land over 25 degrees under temporary cultivation, land (large or small plots) that is claimed along river bends, lake sides or banks of reservoirs, as well as land that has been designated under the "Green for Grain" programmes of the state and provincial governments but is still temporarily under cultivation.

Sown Area of Crops refers to area of land sown or transplanted with crops regardless of being in cultivated area or non cultivated area. Area of land re-sown due to natural disasters is also included.

Irrigated Area refers to areas that are effectively irrigated, level land which has water source and complete sets of irrigation facilities to lift and move adequate water for irrigation purpose under normal conditions. Under normal conditions, irrigated area is the sum of watered fields and irrigated fields where irrigation systems or equipment have been installed for regular irrigation purpose.

Consumption of Chemical Fertilizers in Agriculture refers to the quantity of chemical fertilizers applied in agriculture in the year, including nitrogenous fertilizer, phosphate fertilizer, potash fertilizer, and compound fertilizer. The consumption of chemical fertilizers is required in calculation to convert the gross weight into weight containing 100% effective component (e. g. 100% nitrogen content in nitrogenous fertilizer, 100% phosphorous pentoxide contents in phosphate fertilizer, 100% potassium oxide contents in potash fertilizer). Compound fertilizer is converted with its major component.

Total Power of Farm Machinery refers to total mechanical power of machinery used in farming, forestry, animal husbandry, and fishery, including ploughing, irrigation and drainage, harvesting, transport, plant protection, stock breeding, forestry and fishery. The power of internal combustion engines is required to convert horsepower into watts and the power of electric motors is required to beconverted into watts. Machinery employed for non agricultural purposes, such as the machines used in township run and village – run industry, construction, non agricultural transport, scientific experiments and teaching, is excluded.

Labour Force Engaged in Farming, Forestry, Animal Husbandry and Fishery refers to the total laborers who are directly engaged in production of farming, forestry, animal husbandry and fishery.

11

工 业

Industry

简 要 说 明

一、本篇资料的主要内容

本篇资料反映我省工业经济方面的基本情况，包括：

1. 全省规模以上工业企业主要经济指标，以及按企业登记注册类型、轻重工业、企业规模、工业行业大类分组的主要经济指标和经济效益指标；

2. 国有及国有控股、私营、外商投资和港澳台商投资工业企业按工业行业大类分组的主要经济指标和经济效益指标；

3. 大中型工业企业按工业行业大类分组的主要经济指标和经济效益指标；

4. 主要工业产品产量等。

二、本篇资料的统计范围

本篇资料的统计范围1998年至2006年为全部国有及年主营业务收入在500万元以上非国有工业企业，2007至2010年为年主营业务收入在500万元以上工业企业，2011年起为年主营业务收入2000万元以上工业企业（即规模以上工业企业）。

本篇资料中工业行业分类按2011年《国民经济行业分类》标准划分；企业大中小微型划分按2011年《统计上大中小微型企业划分办法》标准执行。

三、本篇的资料来源和统计调查方法

本篇工业企业统计数据主要是根据工业统计进度报表中有关年度资料整理汇总的。

Brief Introduction

I. Main Contents

Data in this chapter reflect the basic conditions of the industrial sector in Jiangsu:

(1) Main economic indicators of industrial enterprises above designated size; as well as their main economic indicators and efficiency indicators classified by type of registration, by light and heavy industries, by size of enterprise, by branch of industry .

(2) Main economic indicators and efficiency indicators of State - owned industrial enterprises and enterprises where the State holds the majority of shares; private industrial enterprises, foreign - funded industrial enterprises and enterprises funded by entrepreneurs from Hong Kong, Macao and Taiwan classified by branch of industry.

(3) Main economic indicators and efficiency indicators of large and medium - sized industrial enterprises classified by branch of industry.

(4) Output of key industrial products.

II. Scopes of Statistics

The scopes of industrial statistics are all State - owned industrial enterprises and non - State - owned industrial enterprises with revenue from principal business over 5 million yuan from 1998 to 2006. From 2007 to 2010, the scopes of industrial statistics are all industrial enterprises with revenue from principal business over 5 million yuan, since 2011, the scope is adjusted to all industrial enterprises with revenue from principal above 20 million. (or the industrial enterprises above designated size).

Data by branch of industry this chapter are based on the *2011's National Industrial Classification of all Economic Activities*, and data by size of enterprise are based on the *2011's Preliminary Standards of Enterprises by Size.*

III. Sources of Data and Methods of Survey

The data on enterprises statistics in this Chapter are collected mainly based on the annual relevant data in the month industrial statistics reporting forms.

11-1 1998—2014年规模以上工业企业主要经济指标
Main Indicators of Industrial Enterprises above Designated Size(1998—2014)

单位:亿元 (100 million yuan)

年份 Year 地区 Region	企业单位数(个) Number of Enterprises (unit)	工业总产值 Gross Industrial Output Value	主营业务收入 Revenue from Principal Business	利润总额 Total Profits	利税总额 Total Profits and Taxes	应收账款净额 Accounts Receivalble	产成品 Finished Goods
1998	17957	8053.03	7375.45	151.51	491.61	1238.11	584.21
1999	18001	8915.44	8256.12	234.07	623.42	1360.48	617.49
2000	18309	10452.87	9971.01	370.03	833.65	1496.80	666.81
2001	19684	11747.83	11247.52	419.85	942.60	1583.56	707.66
2002	21476	13865.86	13534.77	554.21	1128.57	1848.48	734.00
2003	23862	18034.60	18019.97	793.98	1474.09	2420.45	845.99
2004	27123	24836.47	24492.28	1111.42	1939.56	3025.34	1164.41
2005	32224	32707.09	32098.48	1384.64	2387.07	4056.66	1298.38
2006	36319	41410.40	41015.28	1906.91	3168.41	4954.52	1527.95
2007	41841	53316.38	52594.30	2765.77	4423.16	6287.46	1916.52
2008	45818	67798.68	66481.84	3972.93	6574.69	7239.07	2484.95
2009	60817	73200.03	71724.90	4099.58	6794.67	8316.41	2676.61
2010	64136	92056.48	91077.41	5970.56	9316.01	10261.18	3042.05
2011	43368	107680.68	107030.09	7074.44	11038.45	11885.97	3655.22
2012	45859	120124.91	119286.78	7250.20	11934.34	13577.65	3986.09
2013	48787	134080.91	133605.91	8379.50	13820.68	15212.05	4214.89
2014	48708	143016.94	141955.99	9057.17	14943.69	16341.30	4525.64
南京市 Nanjing	2748	13199.67	13003.84	879.39	1724.87	1674.42	378.81
无锡市 Wuxi	5163	14425.66	14190.87	873.14	1263.99	2657.01	752.31
徐州市 Xuzhou	2861	11390.64	11311.94	899.73	1639.85	712.48	214.53
常州市 Changzhou	4350	11037.46	11379.01	618.49	1006.41	1498.81	437.25
苏州市 Suzhou	10432	30322.17	30397.27	1460.13	2074.08	5166.84	1342.88
南通市 Nantong	5081	12499.70	12351.36	937.85	1477.71	1065.16	333.99
连云港市 Lianyungang	1649	4865.00	4820.99	372.29	612.09	305.69	102.64
淮安市 Huaian	2474	5643.77	5618.24	304.64	547.59	288.20	85.50
盐城市 Yancheng	3002	7238.02	7209.61	509.32	900.30	471.26	172.08
扬州市 Yangzhou	2799	8840.99	8640.76	606.82	1051.82	684.94	164.87
镇江市 Zhenjiang	2938	8084.47	7897.58	516.58	803.65	789.34	231.09
泰州市 Taizhou	2709	9643.78	9355.94	713.87	1220.77	806.89	227.91
宿迁市 Suqian	2517	3368.77	3282.89	333.59	481.36	233.29	97.20

11－2 规模以上工业企业单位数和产销总值(2013年)

Number of Industrial Enterprises above Designated Size and Their Total Value of Gross Output and Sales (2013)

单位:亿元 (100 million yuan)

项目	Item	企业单位数(个) Number of Enterprises (unit)	工业总产值(现价) Gross Industrial Output Value (current price)	#新产品产值 Output Value of New Products	工业销售产值(现价) Value of Industrial Products Seld (current price)	#出口交货值 Delivery Value for Export
总计	**Total**	**48787**	**134080.91**	**19952.33**	**132721.45**	**22846.91**
按登记注册类型分	**Grouped by Status of Registration**					
内资企业	Domestic Funded Enterprises	37403	85971.13	11094.25	85005.14	4661.94
国有企业	State－owned Enterprises	156	4171.62	148.11	4294.80	80.23
集体企业	Collective－owned Enterprises	303	851.23	44.73	812.47	14.17
股份合作企业	Cooperative Enterprises	105	142.42	15.35	140.02	7.57
联营企业	Joint Ownership Enterprises	18	34.43	4.79	34.42	4.07
有限责任公司	Limited Liability Corporations	5049	20293.12	3615.36	20105.20	1211.91
#国有独资	State Sole Funded Corporatios	138	1768.10	432.86	1756.49	101.58
股份有限公司	Share－holding Corporations Ltd.	1056	8504.56	2113.42	8394.51	625.28
私营企业	Private Enterprises	30583	51771.94	5131.97	51019.15	2712.21
其他企业	Other Enterprises	133	201.83	20.53	204.56	6.50
港、澳、台商投资企业	Enterprises with Funds from Hong Kong, Macao and Taiwan	4107	14688.26	2278.28	14531.42	4541.79
外商投资企业	Foreign Funded Enterprises	7277	33421.51	6579.80	33184.90	13643.17
按轻重工业分	**Grouped by Light & Heavy Industries**					
轻工业	Light Industry	18330	35368.29		34922.91	5721.99
重工业	Heavy Industry	30457	98712.62		97798.54	17124.92
按企业规模分	**Grouped by Size of Enterprises**					
大型企业	Large Enterprises	1250	52378.71	12039.24	51979.19	14867.22
中型企业	Medium－sized Enterprises	6058	31662.45	4870.38	31344.09	4565.25
小微型企业	Small Enterprises	41479	50039.75	3042.71	49398.16	3414.44
按行业分	**Grouped by Sector**					
采矿业	**Mining**	**156**	**722.46**	**45.25**	**716.39**	**0.75**
煤炭开采和洗选业	Mining and Washing of Coal	13	291.03	30.37	287.77	

11－2 续 表 1 Continued 1

单位:亿元 (100 million yuan)

项目	Item	企业单位数(个) Number of Enterprises (unit)	工业总产值(现价) Gross Industrial Output Value (current price)	#新产品产值 Output Value of New Products	工业销售产值(现价) Value of Industrial Products Sold (current price)	#出口交货值 Delivery Value for Export
石油和天然气开采业	Extraction of Petroleum and Natural Gas	2				
黑色金属矿采选业	Mining and Processing of Ferrous Metal Ores	19	80.79		80.98	
有色金属矿采选业	Mining and Processing of Non－ferrous Metals Ores	8	10.39		10.28	
非金属矿采选业	Mining and Processing of Non-metal Ores	113	246.57	14.88	243.70	0.75
开采辅助活动	Support Activities for Mining	1				
其他采矿业	Mining of Other Ores					
制造业	**Manufacturing**	**48183**	**128391.71**	**19897.81**	**127052.96**	**22828.71**
农副食品加工业	Processing of Food from Agricultural Products	1563	3808.39	163.02	3787.83	98.65
食品制造业	Manufacture of Food	371	723.31	47.09	707.48	86.64
酒、饮料和精制茶制造业	Manufacture of Liquor, Beverages and Refined Tea	194	934.40	170.25	938.19	2.68
烟草制品业	Manufacture of Tobacco	5				
纺织业	Manufacture of Textile	4901	6444.93	578.41	6336.52	798.43
纺织服装、服饰业	Manufacture of Textile, Wearing Apparel and Accessories	2651	3780.82	560.12	3742.18	919.88
皮革、毛皮、羽毛及其制品和制鞋业	Manufacture of Leather, Fur, Feather and Related Products and Footwear	632	821.27	38.97	803.89	201.07
木材加工和木、竹、藤、棕、草制品业	Processing of Timber, Manufacture of Wood, Bamboo, Rattan, Palm and Straw Products	1337	1962.84	66.43	1944.92	186.54
家具制造业	Manufacture of Furniture	261	282.47	21.03	279.47	75.82
造纸和纸制品业	Manufacture of Paper and Paper Products	613	1315.79	217.72	1301.01	111.80
印刷和记录媒介复制业	Printing, Reproduction of Recording Media	661	675.70	75.25	668.14	61.37
文教、工美、体育和娱乐用品制造业	Manufacture of Articles for Culture, Education, Arts and Crafts, Sport and Entertainment Activities	1271	1614.84	142.95	1583.99	416.41
石油加工、炼焦和核燃料加工业	Processing of Petroleum, Coking, Processing of Nuclear Fuel	133	2232.90	153.32	2213.51	58.70
化学原料和化学制品制造业	Manufacture of Raw Chemical Materials and Chemical Products	3874	14755.33	1960.31	14732.83	1067.81

单位:亿元 (100 million yuan)

项 目	Item	企业单位数(个) Number of Enterprises (unit)	工业总产值(现价) Gross Industrial Output Value (current price)	#新产品产值 Output Value of New Products	工业销售产值(现价) Value of Industrial Products Seld (current price)	#出口交货值 Delivery Value for Export
医药制造业	Manufacture of Medicines	694	2742.90	506.30	2672.72	202.37
化学纤维制造业	Manufacture of Chemical Fibers	900	2728.91	497.01	2690.67	203.07
橡胶和塑料制品业	Manufacture of Rubber and Plastics Products	1989	2489.90	277.15	2450.37	404.86
非金属矿物制品业	Manufacture of Non－metallic Mineral Products	2651	4176.63	267.71	4119.80	154.16
黑色金属冶炼和压延加工业	Smelting and Pressing of Ferrous Metals	1574	10483.16	1274.28	10356.03	440.27
有色金属冶炼和压延加工业	Smelting and Pressing of Non－ferrous Metals	1113	3685.26	300.64	3654.97	134.11
金属制品业	Manufacture of Metal Products	3232	5425.63	537.48	5335.62	545.02
通用设备制造业	Manufacture of General Purpose Machinery	4197	7381.54	1167.98	7282.65	1071.48
专用设备制造业	Manufacture of Special Purpose Machinery	3000	5069.79	838.22	5036.21	776.08
汽车制造业	Manufacture of Automobiles	1425	5662.98	911.30	5661.42	355.14
铁路、船舶、航空航天和其他运输设备制造业	Manufacture of Railway, Ship, Aerospace and Other Transport Equipments	955	3564.94	807.59	3535.31	972.54
电气机械和器材制造业	Manufacture of Electrical Machinery and Apparatus	3989	14356.57	3160.00	14171.94	1979.28
计算机、通信和其他电子设备制造业	Manufacture of Computers, Communication and Other Electronic Equipment	2712	17092.44	4609.68	16932.52	11157.29
仪器仪表制造业	Manufacture of Measuring Instruments and Machinery	944	3032.35	533.09	2971.42	288.91
其他制造业	Other Manufacture	166	289.08	6.97	286.04	56.97
废弃资源综合利用业	Utilization of Waste Resources	146	349.98	4.57	349.37	0.89
金属制品、机械和设备修理业	Repair Service of Metal Products, Machinery and Equipment	29	26.39	0.56	25.74	0.47
电力、热力、燃气及水的生产和供应业	**Production and Supply of Electric Power, Heat Power, Gas and Water**	**448**	**4966.74**	**9.27**	**4952.10**	**17.44**
电力、热力的生产和供应业	Production and Supply of Electric Power and Heat Power	250	4457.71	7.17	4447.23	
燃气生产和供应	Production and Supply of Gas	86	373.82		371.28	17.44
水的生产和供应业	Production and Supply of Water	112	135.20	2.10	133.59	

11－3　规模以上工业企业单位数和产销总值(2014年)

Number of Industrial Enterprises above Designated Size and Their Total Value of Gross Output and Sales (2014)

单位:亿元　　(100 million yuan)

项　目	Item	企业单位数(个) Number of Enterprises (unit)	工业总产值(现价) Gross Industrial Output Value (current price)	#新产品产值 Output Value of New Products	工业销售产值(现价) Value of Industrial Products Seld (current price)	#出口交货值 Delivery Value for Export
总　计	**Total**	**48708**	**143016.94**	**23670.53**	**141193.63**	**23311.43**
按登记注册类型分	**Grouped by Status of Registration**					
内资企业	Domestic Funded Enterprises	37610	92631.25	13455.11	91355.72	5173.45
国有企业	State－owned Enterprises	112	3481.47	135.68	3467.83	53.64
集体企业	Collective－owned Enterprises	258	868.48	53.63	826.18	20.15
股份合作企业	Cooperative Enterprises	88	128.69	16.10	125.90	7.39
联营企业	Joint Ownership Enterprises	14	33.42	4.93	33.12	3.99
有限责任公司	Limited Liability Corporations	5475	23004.66	4606.38	22771.95	1502.18
#国有独资	State Sole Funded Corporatios	158	2340.57	436.18	2350.37	116.39
股份有限公司	Share－holding Corporations Ltd.	1083	8928.95	2174.47	8783.67	684.14
私营企业	Private Enterprises	30474	55999.65	6450.55	55162.70	2897.14
其他企业	Other Enterprises	106	185.93	13.39	184.37	4.81
港、澳、台商投资企业	Enterprises with Funds from Hong Kong, Macao and Taiwan	3982	15858.88	2911.75	15607.59	4531.20
外商投资企业	Foreign Funded Enterprises	7116	34526.81	7303.66	34230.32	13606.78
按轻重工业分	**Grouped by Light & Heavy Industries**					
轻工业	Light Industry	18062	38019.68		37486.38	6097.43
重工业	Heavy Industry	30646	104997.26		103707.25	17214.00
按企业规模分	**Grouped by Size of Enterprises**					
大型企业	Large Enterprises	1250	54828.31	13934.95	54221.68	14792.56
中型企业	Medium－sized Enterprises	6089	35478.68	5777.51	34977.87	4944.37
小微型企业	Small Enterprises	41369	52709.95	3958.07	51994.09	3574.50
按行业分	**Grouped by Sector**					
采矿业	**Mining**	**154**	**715.32**	**58.87**	**706.17**	**1.08**
煤炭开采和洗选业	Mining and Washing of Coal	14	260.10	29.20	257.70	

11－3 续 表 1 Continued 1

单位:亿元 (100 million yuan)

项 目	Item	企业单位数(个) Number of Ente-prises (unit)	工业总产值(现价) Gross Industrial Output Value (current price)	#新产品产值 Output Value of New Products	工业销售产值(现价) Value of Industrial Products Seld (current price)	#出口交货值 Delivery Value for Export
石油和天然气开采业	Extraction of Petroleum and Natural Gas	2				
黑色金属矿采选业	Mining and Processing of Ferrous Metal Ores	20	88.86	10.83	87.80	
有色金属矿采选业	Mining and Processing of Non－ferrous Metals Ores	8	10.79		10.76	
非金属矿采选业	Mining and Processing of Non-metal Ores	109	264.58	18.85	258.90	1.08
开采辅助活动	Support Activities for Mining	1				
其他采矿业	Mining of Other Ores					
制造业	**Manufacturing**	**48082**	**137377.73**	**23597.76**	**135576.36**	**23295.38**
农副食品加工业	Processing of Food from Agricultural Products	1571	4202.20	199.70	4171.24	106.08
食品制造业	Manufacture of Food	389	875.36	54.66	849.06	96.51
酒、饮料和精制茶制造业	Manufacture of Liquor, Beverages and Refined Tea	191	993.56	129.10	986.49	2.78
烟草制品业	Manufacture of Tobacco	5				
纺织业	Manufacture of Textile	4730	6754.02	684.43	6675.72	830.64
纺织服装、服饰业	Manufacture of Textile, Wearing Apparel and Accessories	2572	4099.73	544.99	4049.62	946.75
皮革、毛皮、羽毛及其制品和制鞋业	Manufacture of Leather, Fur, Feather and Related Products and Footwear	638	918.13	47.13	893.11	208.25
木材加工和木、竹、藤、棕、草制品业	Processing of Timber, Manufacture of Wood, Bamboo, Rattan, Palm and Straw Products	1291	2109.20	163.89	2090.97	144.26
家具制造业	Manufacture of Furniture	272	308.30	22.78	303.00	91.63
造纸和纸制品业	Manufacture of Paper and Paper Products	609	1458.51	280.84	1447.67	110.32
印刷和记录媒介复制业	Printing, Reproduction of Recording Media	653	737.23	76.89	728.96	62.45
文教、工美、体育和娱乐用品制造业	Manufacture of Articles for Culture, Education, Arts and Crafts, Sport and Entertainment Activities	1264	1799.38	198.30	1755.24	461.60
石油加工、炼焦和核燃料加工业	Processing of Petroleum, Coking, Processing of Nuclear Fuel	143	2327.96	59.76	2303.39	77.54
化学原料和化学制品制造业	Manufacture of Raw Chemical Materials and Chemical Products	3834	16195.23	2355.40	15997.66	1203.72

11－3 续 表 2 Continued 2

单位:亿元 (100 million yuan)

项 目	Item	企业单位数(个) Number of Enterprises (unit)	工业总产值(现价) Gross Industrial Output Value (current price)	#新产品产值 Output Value of New Products	工业销售产值(现价) Value of Industrial Products Seld (current price)	#出口交货值 Delivery Value for Export
医药制造业	Manufacture of Medicines	699	3116.11	686.33	3048.67	207.97
化学纤维制造业	Manufacture of Chemical Fibers	829	2541.24	450.63	2525.11	181.89
橡胶和塑料制品业	Manufacture of Rubber and Plastics Products	2037	2718.14	294.15	2665.54	418.76
非金属矿物制品业	Manufacture of Non－metallic Mineral Products	2761	4641.85	313.61	4582.52	187.93
黑色金属冶炼和压延加工业	Smelting and Pressing of Ferrous Metals	1496	10193.40	1503.79	10054.56	541.36
有色金属冶炼和压延加工业	Smelting and Pressing of Non－ferrous Metals	1085	3759.54	496.94	3715.35	150.89
金属制品业	Manufacture of Metal Products	3241	5900.90	682.23	5834.43	624.10
通用设备制造业	Manufacture of General Purpose Machinery	4253	8272.89	1522.76	8169.18	1146.07
专用设备制造业	Manufacture of Special Purpose Machinery	3039	5573.12	1098.98	5486.82	824.34
汽车制造业	Manufacture of Automobiles	1560	6440.15	988.89	6364.00	391.23
铁路、船舶、航空航天和其他运输设备制造业	Manufacture of Railway, Ship, Aerospace and Other Transport Equipments	925	3763.69	1087.17	3701.01	977.26
电气机械和器材制造业	Manufacture of Electrical Machinery and Apparatus	4038	15694.41	4078.43	15454.75	2128.09
计算机、通信和其他电子设备制造业	Manufacture of Computers, Communication and Other Electronic Equipment	2672	17508.92	4849.97	17321.31	10767.03
仪器仪表制造业	Manufacture of Measuring Instruments and Machinery	945	3375.61	691.33	3310.72	347.23
其他制造业	Other Manufacture	159	296.85	21.53	294.08	57.57
废弃资源综合利用业	Utilization of Waste Resources	151	251.96	9.83	246.90	0.52
金属制品、机械和设备修理业	Repair Service of Metal Products, Machinery and Equipment	30	32.24	0.95	31.77	0.61
电力、热力、燃气及水的生产和供应业	**Production and Supply of Electric Power, Heat Power, Gas and Water**	**472**	**4923.89**	**13.90**	**4911.10**	**14.96**
电力、热力的生产和供应业	Production and Supply of Electric Power and Heat Power	263	4360.82	10.65	4352.27	
燃气生产和供应	Production and Supply of Gas	96	426.06	0.65	423.45	14.96
水的生产和供应业	Production and Supply of Water	113	137.01	2.59	135.38	

11－4 分市规模以上工业总产值(2013 年)

单位:亿元

项目	Item	南京市 Nanjing	无锡市 Wuxi	徐州市 Xuzhou
总　计	**Total**	**12563.09**	**14876.33**	**10605.15**
按登记注册类型分	**Grouped by Status of Registration**			
内资企业	Domestic Funded Enterprises	7427.64	9709.71	9669.34
国有企业	State－owned Enterprises	456.42	153.35	213.19
集体企业	Collective－owned Enterprises	74.27	447.15	20.56
股份合作企业	Cooperative Enterprises	4.46	8.51	1.26
联营企业	Joint Ownership Enterprises	9.66	1.66	0.36
有限责任公司	Limited Liability Corporations	2361.40	1979.36	1861.06
#国有独资	State Sole Funded Corporatios	248.43	104.09	620.85
股份有限公司	Share－holding Corporations Ltd.	2372.03	744.22	633.61
私营企业	Private Enterprises	2121.79	6370.58	6921.02
其他企业	Other Enterprises	27.59	4.88	18.28
港、澳、台商投资企业	Enterprises with Funds from Hong Kong, Macao and Taiwan	761.30	1830.85	533.18
外商投资企业	Foreign Funded Enterprises	4374.16	3335.77	402.63
按轻重工业分	**Grouped by Light & Heavy Industries**			
轻工业	Light Industry	2557.03	3533.06	3145.52
重工业	Heavy Industry	10006.07	11343.27	7459.63
按企业规模分	**Grouped by Size of Enterprises**			
大型企业	Large Enterprises	5984.06	6548.24	2538.35
中型企业	Medium－sized Enterprises	2829.48	3428.65	3285.92
小微型企业	Small Enterprises	3749.56	4899.43	4780.88
按行业分	**Grouped by Sector**			
采矿业	**Mining**	**27.85**		**373.18**
煤炭开采和洗选业	Mining and Washing of Coal			289.10

Gross Industrial Output Value above Designated Size by Region (2013)

(100 million yuan)

常州市 Changzhou	苏州市 Suzhou	南通市 Nantong	连云港市 Lianyun gang	淮安市 Huaian	盐城市 Yancheng	扬州市 Yangzhou	镇江市 Zhenjiang	泰州市 Taizhou	宿迁市 Suqian
10035.82	**30276.29**	**11253.96**	**4101.08**	**4638.11**	**6370.51**	**8324.21**	**7198.55**	**8142.08**	**2988.16**
6941.17	10809.64	7343.60	3172.07	3557.35	4792.58	6084.64	4787.93	6210.91	2757.00
11.54	109.95	11.70	14.97	149.08	17.21	158.29	97.02	143.56	22.49
16.48	20.81	12.05	2.02	22.35	7.68	75.79	47.46	101.19	3.42
7.68	25.60	35.96	0.74	1.85	9.71	24.65	1.83	20.17	
1.58	16.23	1.66			0.70	2.58			
700.63	3995.97	1087.81	879.50	838.72	1334.14	1207.34	1328.93	2190.11	446.49
60.12	103.11	84.98	32.82	96.06	48.36	227.12	82.66	2.51	1.37
249.46	1252.85	632.06	151.99	279.45	321.87	604.86	393.45	525.32	330.36
5946.35	5366.06	5556.83	2118.53	2260.62	3086.89	3973.63	2905.72	3214.11	1929.81
7.44	22.19	5.54	4.32	5.29	14.39	37.50	13.52	16.46	24.43
1066.78	4968.99	1387.60	180.18	768.95	304.25	1007.91	1127.77	608.44	142.06
2027.87	14497.66	2522.76	748.82	311.80	1273.68	1231.66	1282.85	1322.73	89.10
2235.40	7890.16	3775.55	1191.33	1815.72	2238.23	1924.20	1246.45	2262.87	1552.77
7800.42	22386.13	7478.41	2909.75	2822.39	4132.28	6400.01	5952.10	5879.21	1435.39
3605.30	16484.64	2612.62	1140.16	1281.65	1574.09	2831.07	2127.68	2454.66	506.27
2253.92	5977.29	2946.43	1203.18	716.66	1473.34	2620.53	2556.55	1733.87	619.88
4176.60	7814.36	5694.90	1757.74	2639.80	3323.08	2872.61	2514.33	3953.55	1862.02
6.73	**2.20**		**52.94**	**54.68**	**1.94**	**105.00**	**68.09**	**1.82**	**15.00**
						1.93			

11－4 续 表 1

单位:亿元

项 目	Item	南京市 Nanjing	无锡市 Wuxi	徐州市 Xuzhou
石油和天然气开采业	Extraction of Petroleum and Natural Gas			
黑色金属矿采选业	Mining and Processing of Ferrous Metal Ores	3.59		12.42
有色金属矿采选业	Mining and Processing of Non－ferrous Metals Ores	3.57		
非金属矿采选业	Mining and Processing of Non-metal Ores	20.69		71.66
开采辅助活动	Support Activities for Mining			
其他采矿业	Mining of Other Ores			
制造业	**Manufacturing**	**12262.73**	**14636.84**	**9913.49**
农副食品加工业	Processing of Food from Agricultural Products	169.64	15.53	631.23
食品制造业	Manufacture of Food	115.58	64.55	91.04
酒、饮料和精制茶制造业	Manufacture of Liquor, Beverages and Refined Tea	61.21	12.35	342.57
烟草制品业	Manufacture of Tobacco			
纺织业	Manufacture of Textile	96.19	794.68	439.12
纺织服装、服饰业	Manufacture of Textile, Wearing Apparel and Accessories	368.80	507.65	123.74
皮革、毛皮、羽毛及其制品和制鞋业	Manufacture of Leather, Fur, Feather and Related Products and Footwear	67.20	7.42	65.61
木材加工和木、竹、藤、棕、草制品业	Processing of Timber, Manufacture of Wood, Bamboo,Rattan,Palm and Straw Products	13.53	21.40	978.26
家具制造业	Manufacture of Furniture	18.23	6.41	49.05
造纸和纸制品业	Manufacture of Paper and Paper Products	32.60	80.67	96.61
印刷和记录媒介复制业	Printing,Reproduction of Recording Media	43.64	122.96	25.20
文教、工美、体育和娱乐用品制造业	Manufacture of Articles for Culture, Education, Arts and Crafts, Sport and Entertainment Activities	114.23	31.09	93.99
石油加工、炼焦和核燃料加工业	Processing of Petroleum,Coking,Processing of Nuclear Fuel	1083.90	171.69	89.69
化学原料和化学制品制造业	Manufacture of Raw Chemical Materials and Chemical Products	1794.51	1270.47	1632.11

11－4 Continued 1

(100 million yuan)

常州市 Changzhou	苏州市 Suzhou	南通市 Nantong	连云港市 Lianyungang	淮安市 Huaian	盐城市 Yancheng	扬州市 Yangzhou	镇江市 Zhenjiang	泰州市 Taizhou	宿迁市 Suqian
0.47						27.13	35.36	1.82	
	0.49		5.39				0.94		
6.26	1.71		42.83	54.68	1.94		31.79		15.00
9919.37	**29724.01**	**11066.20**	**3937.18**	**4503.80**	**6244.91**	**8112.62**	**6968.40**	**8045.81**	**2949.82**
30.29	315.51	396.56	324.79	439.88	357.75	134.04	179.47	569.02	244.68
35.95	164.06	27.45	26.33	47.10	23.55	17.40	20.16	35.09	55.05
9.84	50.04	18.49	40.32	42.44	44.36	28.63	7.20	33.23	243.72
554.18	1462.85	1276.11	32.90	218.48	808.65	215.53	102.61	242.12	201.52
250.53	742.79	472.48	77.38	217.81	239.35	318.03	147.30	142.54	172.41
50.30	68.23	85.52	17.77	105.81	83.22	183.92	53.38	12.02	20.88
73.93	58.34	10.53	55.34	80.52	20.07	20.85	185.24	10.59	434.23
2.95	99.38	18.54	5.34	24.13	1.73	3.66	6.33	25.16	21.56
63.89	490.77	45.10	15.15	90.95	58.43	78.54	217.68	26.20	19.19
31.16	193.98	20.87	36.37	64.37	8.63	18.51	26.46	5.92	77.64
115.71	219.85	477.57	42.18	86.97	83.31	137.11	69.77	36.53	106.55
37.83	123.97	14.23	197.87	84.65	24.96	34.02	106.64	261.11	2.31
1410.73	1704.59	1601.53	740.51	331.37	825.76	1011.69	1323.17	881.70	227.19

11－4 续 表 2

单位:亿元

项目	Item	南京市 Nanjing	无锡市 Wuxi	徐州市 Xuzhou
医药制造业	Manufacture of Medicines	214.24	192.25	418.79
化学纤维制造业	Manufacture of Chemical Fibers	47.13	518.30	67.28
橡胶和塑料制品业	Manufacture of Rubber and Plastics Products	169.05	272.32	235.07
非金属矿物制品业	Manufacture of Non－metallic Mineral Products	347.55	298.45	497.17
黑色金属冶炼和压延加工业	Smelting and Pressing of Ferrous Metals	778.40	2018.43	712.36
有色金属冶炼和压延加工业	Smelting and Pressing of Non－ferrous Metals	322.32	1244.52	208.56
金属制品业	Manufacture of Metal Products	385.39	824.90	309.73
通用设备制造业	Manufacture of General Purpose Machinery	394.16	810.74	620.02
专用设备制造业	Manufacture of Special Purpose Machinery	270.30	653.29	302.07
汽车制造业	Manufacture of Automobiles	1599.17	514.85	62.52
铁路、船舶、航空航天和其他运输设备制造业	Manufacture of Railway, Ship, Aerospace and Other Transport Equipments	340.51	347.38	82.02
电气机械和器材制造业	Manufacture of Electrical Machinery and Apparatus	768.71	2105.79	721.79
计算机、通信和其他电子设备制造业	Manufacture of Computers, Communication and Other Electronic Equipment	2138.88	1612.88	289.79
仪器仪表制造业	Manufacture of Measuring Instruments and Machinery	287.24	102.97	514.14
其他制造业	Other Manufacture	0.16	7.11	16.41
废弃资源综合利用业	Utilization of Waste Resources	34.35	5.20	11.04
金属制品、机械和设备修理业	Repair Service of Metal Products, Machinery and Equipment	6.19	0.58	2.44
电力、热力、燃气及水的生产和供应业	**Production and Supply of Electric Power, Heat Power, Gas and Water**	**272.51**	**239.50**	**318.49**
电力、热力的生产和供应业	Production and Supply of Electric Power and Heat Power	191.20	176.88	311.28
燃气生产和供应	Production and Supply of Gas	61.37	50.27	3.75
水的生产和供应业	Production and Supply of Water	19.95	12.35	3.45

11－4 Continued 2

(100 million yuan)

常州市 Changzhou	苏州市 Suzhou	南通市 Nantong	连云港市 Lianyungang	淮安市 Huaian	盐城市 Yancheng	扬州市 Yangzhou	镇江市 Zhenjiang	泰州市 Taizhou	宿迁市 Suqian
127.59	248.95	249.18	333.79	48.01	173.31	96.95	36.67	577.63	25.53
49.17	1274.14	328.42	25.32	29.78	90.03	47.56	29.07	37.50	185.21
129.21	768.48	167.85	32.79	134.41	120.14	131.97	98.56	134.30	95.75
344.25	581.40	340.60	383.13	199.78	329.65	202.80	356.41	142.57	152.86
1641.08	2860.75	216.69	593.91	296.33	267.27	293.81	307.45	433.39	63.30
268.17	646.66	141.87	144.56	133.40	66.25	178.67	146.02	103.25	81.02
510.19	819.21	696.71	136.05	127.71	136.70	305.74	331.03	762.63	79.66
538.37	1854.46	844.59	86.70	215.72	681.65	362.91	380.50	515.63	76.08
589.57	1001.21	515.35	118.59	124.12	341.05	475.80	207.30	450.11	21.04
179.75	896.93	122.71	33.39	106.61	917.16	711.13	310.08	142.22	15.75
307.58	239.61	424.39	157.75	17.77	22.43	431.96	316.18	843.98	12.61
1827.09	2459.55	1527.19	144.16	380.61	288.88	1571.79	1301.07	1117.12	142.82
553.25	9866.00	566.78	111.18	655.68	69.00	430.99	340.24	302.18	140.74
169.48	343.58	435.32	5.41	41.20	141.47	472.48	316.60	169.44	12.83
0.22	6.64	5.83	5.43	17.55	0.36	184.73	27.21	7.26	10.15
15.70	160.59	3.19	12.78	35.72	12.12	11.39	18.13	22.76	7.00
1.42		4.00		0.44	7.67		0.47	2.63	0.55
109.71	**550.08**	**187.76**	**110.96**	**79.63**	**123.66**	**106.59**	**162.07**	**94.46**	**23.34**
80.16	384.99	146.44	102.18	66.36	113.61	90.85	134.45	53.87	17.46
20.82	118.68	28.18	6.26	8.72	4.25	9.49	22.13	34.70	5.22
8.74	46.41	13.14	2.52	4.55	5.80	6.25	5.49	5.89	0.67

11－5 分市规模以上工业总产值(2014 年)

单位:亿元

项 目	Item	南京市 Nanjing	无锡市 Wuxi	徐州市 Xuzhou
总 计	**Total**	**13199.67**	**14425.66**	**11390.64**
按登记注册类型分	**Grouped by Status of Registration**			
内资企业	Domestic Funded Enterprises	7647.59	9260.74	10300.78
国有企业	State－owned Enterprises	217.91	149.71	16.54
集体企业	Collective－owned Enterprises	53.03	457.79	20.96
股份合作企业	Cooperative Enterprises	4.00	5.39	0.76
联营企业	Joint Ownership Enterprises	11.01	4.63	
有限责任公司	Limited Liability Corporations	2783.86	2008.18	2217.30
#国有独资	State Sole Funded Corporatios	448.24	77.99	782.26
股份有限公司	Share－holding Corporations Ltd.	2267.22	763.36	589.69
私营企业	Private Enterprises	2280.25	5867.50	7448.12
其他企业	Other Enterprises	30.31	4.18	7.40
港、澳、台商投资企业	Enterprises with Funds from Hong Kong, Macao and Taiwan	838.87	1764.33	637.69
外商投资企业	Foreign Funded Enterprises	4713.21	3400.59	452.18
按轻重工业分	**Grouped by Light & Heavy Industries**			
轻工业	Light Industry	2709.85	3625.16	3538.78
重工业	Heavy Industry	10489.82	10800.50	7851.87
按企业规模分	**Grouped by Size of Enterprises**			
大型企业	Large Enterprises	6250.63	6380.90	2725.71
中型企业	Medium－sized Enterprises	2950.17	3354.40	3900.15
小微型企业	Small Enterprises	3998.87	4690.36	4764.79
按行业分	**Grouped by Sector**			
采矿业	**Mining**	**25.74**		**341.61**
煤炭开采和洗选业	Mining and Washing of Coal			258.45

Gross Industrial Output Value above Designated Size by Region (2014)

(100 million yuan)

常州市 Changzhou	苏州市 Suzhou	南通市 Nantong	连云港市 Lianyungang	淮安市 Huaian	盐城市 Yancheng	扬州市 Yangzhou	镇江市 Zhenjiang	泰州市 Taizhou	宿迁市 Suqian
11037.46	**30322.17**	**12499.70**	**4865.00**	**5643.77**	**7238.02**	**8840.99**	**8084.47**	**9456.36**	**3368.77**
7575.43	11142.22	8233.93	3779.85	4270.95	5356.44	6564.35	5461.79	7316.75	3076.15
5.97	46.69	11.84	3.63	138.52	14.21	77.99	70.49	87.73	10.25
30.15	16.86	12.60	0.98	24.86	6.35	75.83	47.28	117.99	3.79
8.01	22.39	35.53	0.99	2.17	8.46	12.22	1.31	27.47	
0.49	13.20	1.00			0.77	2.32			
771.85	4248.42	1312.03	907.12	1038.64	1543.04	1468.41	1496.73	2669.49	539.59
60.22	151.89	91.85	43.94	103.70	59.93	334.26	142.13	42.63	1.55
259.94	1299.08	776.98	164.18	276.32	402.21	681.59	447.27	637.05	349.75
6492.17	5472.37	6079.01	2701.45	2785.17	3371.91	4215.32	3381.85	3761.50	2143.04
6.84	23.21	4.95	1.50	5.27	9.49	30.67	16.86	15.52	29.75
1503.51	4902.47	1563.11	207.57	1079.93	355.04	980.19	1200.47	635.22	190.47
1958.52	14277.48	2702.65	877.57	292.88	1526.54	1296.45	1422.22	1504.38	102.15
2448.53	7831.81	3955.64	1437.26	2247.66	2428.65	2054.12	1417.96	2623.40	1700.87
8588.93	22490.37	8544.05	3427.73	3396.10	4809.37	6786.87	6666.52	6832.96	1667.90
3827.11	15962.51	3146.48	1809.49	1518.45	1780.84	2818.29	2587.70	2819.08	556.85
3170.94	6385.49	3276.17	1085.45	980.59	1752.40	2932.84	2872.93	2164.20	652.94
4039.41	7974.18	6077.04	1970.05	3144.72	3704.78	3089.87	2623.84	4473.07	2158.98
7.86	**2.24**		**58.07**	**71.62**	**2.21**	**117.21**	**61.41**	**1.76**	**11.29**
						1.64			

11－5 续 表 1

单位:亿元

项 目	Item	南京市 Nanjing	无锡市 Wuxi	徐州市 Xuzhou
石油和天然气开采业	Extraction of Petroleum and Natural Gas			
黑色金属矿采选业	Mining and Processing of Ferrous Metal Ores	3.99		11.99
有色金属矿采选业	Mining and Processing of Non－ferrous Metals Ores	3.07		
非金属矿采选业	Mining and Processing of Non-metal Ores	18.68		71.17
开采辅助活动	Support Activities for Mining			
其他采矿业	Mining of Other Ores			
制造业	**Manufacturing**	**12894.79**	**14189.13**	**10861.22**
农副食品加工业	Processing of Food from Agricultural Products	146.04	14.72	711.00
食品制造业	Manufacture of Food	117.65	61.13	125.55
酒、饮料和精制茶制造业	Manufacture of Liquor, Beverages and Refined Tea	60.81	34.34	347.49
烟草制品业	Manufacture of Tobacco			
纺织业	Manufacture of Textile	90.70	785.26	495.57
纺织服装、服饰业	Manufacture of Textile, Wearing Apparel and Accessories	418.64	559.04	140.69
皮革、毛皮、羽毛及其制品和制鞋业	Manufacture of Leather, Fur, Feather and Related Products and Footwear	74.80	7.03	72.11
木材加工和木、竹、藤、棕、草制品业	Processing of Timber, Manufacture of Wood, Bamboo, Rattan, Palm and Straw Products	15.10	16.61	1049.93
家具制造业	Manufacture of Furniture	23.22	8.56	59.51
造纸和纸制品业	Manufacture of Paper and Paper Products	43.09	87.36	85.70
印刷和记录媒介复制业	Printing, Reproduction of Recording Media	46.52	119.79	22.69
文教、工美、体育和娱乐用品制造业	Manufacture of Articles for Culture, Education, Arts and Crafts, Sport and Entertainment Activities	123.28	35.73	109.08
石油加工、炼焦和核燃料加工业	Processing of Petroleum, Coking, Processing of Nuclear Fuel	952.85	170.17	216.33
化学原料和化学制品制造业	Manufacture of Raw Chemical Materials and Chemical Products	1896.90	1217.51	1640.13

11 – 5 Continued 1

(100 million yuan)

常州市 Changzhou	苏州市 Suzhou	南通市 Nantong	连云港市 Lianyungang	淮安市 Huaian	盐城市 Yancheng	扬州市 Yangzhou	镇江市 Zhenjiang	泰州市 Taizhou	宿迁市 Suqian
0.55				0.29		43.22	27.06	1.76	
	0.48		5.93				1.31		
7.31	1.76		47.79	71.33	2.21		33.04		11.29
10914.72	**29764.04**	**12294.01**	**4696.93**	**5490.95**	**7106.30**	**8624.35**	**7849.89**	**9369.54**	**3321.87**
29.04	333.12	428.58	373.76	546.63	370.34	156.05	179.70	637.18	276.05
42.51	209.82	53.57	31.26	51.15	26.89	15.32	23.22	55.08	62.20
10.05	54.15	19.23	55.29	42.88	51.05	22.41	8.74	35.68	251.45
596.41	1426.59	1326.45	37.34	259.43	846.07	241.36	113.34	278.31	257.19
252.09	762.73	481.88	101.52	279.67	251.56	340.77	157.93	167.83	185.37
50.15	62.95	88.26	18.98	140.46	104.88	196.81	62.17	13.17	26.37
82.69	57.64	10.24	64.45	111.15	19.80	28.93	197.04	10.88	444.73
3.64	94.85	23.92	7.39	13.85	2.54	5.65	7.28	33.23	24.67
67.49	502.11	54.08	15.77	122.33	76.33	91.41	258.58	30.33	23.93
34.44	196.37	21.09	45.95	79.59	10.74	23.86	33.65	7.32	95.22
130.77	247.86	509.31	49.91	112.86	100.29	145.29	81.65	42.94	110.42
55.48	135.07	29.79	234.78	71.54	25.90	35.14	130.78	265.78	4.35
1649.03	1877.34	1767.06	830.91	386.33	928.15	1068.94	1587.22	1111.92	233.80

单位:亿元

项 目	Item	南京市 Nanjing	无锡市 Wuxi	徐州市 Xuzhou
医药制造业	Manufacture of Medicines	241.61	204.90	461.15
化学纤维制造业	Manufacture of Chemical Fibers	45.28	460.19	86.89
橡胶和塑料制品业	Manufacture of Rubber and Plastics Products	181.54	301.02	264.25
非金属矿物制品业	Manufacture of Non－metallic Mineral Products	345.61	292.87	568.94
黑色金属冶炼和压延加工业	Smelting and Pressing of Ferrous Metals	728.16	1475.87	735.73
有色金属冶炼和压延加工业	Smelting and Pressing of Non－ferrous Metals	315.47	1125.42	215.67
金属制品业	Manufacture of Metal Products	412.71	775.80	342.46
通用设备制造业	Manufacture of General Purpose Machinery	443.52	901.51	617.90
专用设备制造业	Manufacture of Special Purpose Machinery	270.31	672.11	391.39
汽车制造业	Manufacture of Automobiles	1732.91	575.34	56.83
铁路、船舶、航空航天和其他运输设备制造业	Manufacture of Railway, Ship, Aerospace and Other Transport Equipments	399.03	340.27	112.03
电气机械和器材制造业	Manufacture of Electrical Machinery and Apparatus	853.67	2064.03	768.48
计算机、通信和其他电子设备制造业	Manufacture of Computers, Communication and Other Electronic Equipment	2362.21	1762.17	332.57
仪器仪表制造业	Manufacture of Measuring Instruments and Machinery	321.54	108.41	602.68
其他制造业	Other Manufacture	0.52	6.93	18.20
废弃资源综合利用业	Utilization of Waste Resources	30.47	4.58	8.26
金属制品、机械和设备修理业	Repair Service of Metal Products, Machinery and Equipment	6.63	0.45	3.33
电力、热力、燃气及水的生产和供应业	**Production and Supply of Electric Power, Heat Power, Gas and Water**	**279.14**	**236.53**	**187.82**
电力、热力的生产和供应业	Production and Supply of Electric Power and Heat Power	190.08	165.77	178.01
燃气生产和供应	Production and Supply of Gas	69.43	58.27	6.01
水的生产和供应业	Production and Supply of Water	19.63	12.48	3.80

(100 million yuan)

常州市 Changzhou	苏州市 Suzhou	南通市 Nantong	连云港市 Lianyun gang	淮安市 Huaian	盐城市 Yancheng	扬州市 Yangzhou	镇江市 Zhenjiang	泰州市 Taizhou	宿迁市 Suqian
148.23	264.58	259.98	420.21	65.34	202.17	116.87	41.45	665.21	24.40
45.92	1148.82	295.61	21.36	41.41	94.66	60.97	33.85	45.21	161.06
130.78	789.73	178.32	40.31	155.28	134.39	145.78	109.40	175.16	112.18
396.13	591.21	371.29	480.66	264.45	375.28	225.88	374.86	167.47	187.18
1690.67	2794.85	232.23	772.30	283.92	301.83	337.03	305.18	457.81	77.82
317.91	633.84	179.06	134.54	151.66	82.51	192.73	173.69	129.63	107.41
507.83	849.22	733.16	186.03	158.39	179.16	340.88	419.95	908.59	86.71
596.01	1994.01	1004.02	105.86	278.36	813.94	411.62	423.86	587.60	94.66
582.69	969.25	684.46	137.14	169.31	387.94	499.30	250.63	528.08	30.50
214.18	1067.16	123.91	50.19	134.32	1124.47	887.15	282.70	168.37	22.63
359.82	293.57	440.29	129.88	22.32	19.28	277.36	362.47	991.08	16.30
2085.91	2676.82	1721.20	188.17	389.96	322.52	1783.67	1374.69	1302.50	162.78
622.33	9274.96	685.36	128.03	930.80	82.81	369.49	430.20	319.31	208.66
180.07	399.47	546.04	4.23	54.57	146.25	431.84	364.03	200.40	16.07
0.23	6.62	6.06	7.35	28.29	1.14	165.14	36.28	8.58	11.53
30.27	48.52	3.89	23.35	31.94	13.41	6.67	23.92	21.19	5.49
1.95		3.99			10.00		1.42	3.72	0.75
114.88	**555.90**	**205.69**	**110.00**	**81.20**	**129.51**	**99.43**	**173.17**	**85.06**	**35.61**
75.37	377.02	165.60	98.57	65.22	113.89	78.91	146.66	48.97	26.78
26.97	141.71	25.35	8.85	10.48	8.33	13.79	20.63	28.64	7.59
12.54	37.16	14.73	2.58	5.50	7.29	6.73	5.88	7.45	1.24

11－6　规模以上工业企业主要经济指标(2013 年)

单位:亿元

项　目	Item	流动资产合计 Current Assets	应收账款 Accounts Receivalble
总　计	**Total**	**51202.33**	**15212.05**
按登记注册类型分	**Grouped by Status of Registration**		
内资企业	Domestic Funded Enterprises	31391.27	8631.30
国有企业	State－owned Enterprises	1324.20	172.33
集体企业	Collective－owned Enterprises	494.46	76.17
股份合作企业	Cooperative Enterprises	51.83	17.27
联营企业	Joint Ownership Enterprises	13.00	3.31
有限责任公司	Limited Liability Corporations	9061.23	2374.29
#国有独资	State Sole Funded Corporatios	1491.04	474.80
股份有限公司	Share－holding Corporations Ltd.	4215.39	1007.16
私营企业	Private Enterprises	16157.55	4957.55
其他企业	Other Enterprises	73.62	23.22
港、澳、台商投资企业	Enterprises with Funds from Hong Kong, Macao and Taiwan	6391.39	1969.53
外商投资企业	Foreign Funded Enterprises	13419.67	4611.21
按轻重工业分	**Grouped by Light & Heavy Industries**		
轻工业	Light Industry	13026.90	3178.63
重工业	Heavy Industry	38175.43	12033.42
按企业规模分	**Grouped by Size of Enterprises**		
大型企业	Large Enterprises	21084.35	5489.19
中型企业	Medium－sized Enterprises	12362.45	3776.51
小微型企业	Small Enterprises	17755.52	5946.35
按行业分	**Grouped by Sector**		
采矿业	**Mining**	**337.11**	**60.74**
煤炭开采和洗选业	Mining and Washing of Coal	185.40	31.09
石油和天然气开采业	Extraction of Petroleum and Natural Gas		
黑色金属矿采选业	Mining and Processing of Ferrous Metal Ores	27.75	5.35
有色金属矿采选业	Mining and Processing of Non－ferrous Metals Ores	5.85	0.32
非金属矿采选业	Mining and Processing of Non-metal Ores	79.30	14.02
开采辅助活动	Support Activities for Mining		
其他采矿业	Mining of Other Ores		
制造业	**Manufacturing**	**49341.11**	**14891.04**
农副食品加工业	Processing of Food from Agricultural Products	852.99	152.15

Main Economic Indicators of above Designated Size Industrial Enterprises (2013)

(100 million yuan)

存货 Inventory	#产成品 Finished Goods	固定资产合计 Original Value	资产总计 Total Assets	负债合计 Total Liabilities	所有者权益合计 Owners' Equities
11410.03	**4214.89**	**31249.18**	**94310.90**	**53475.49**	**40748.57**
7129.85	2736.99	19401.30	59107.20	34899.09	24144.43
285.70	39.88	2435.91	4610.90	2625.74	1984.62
113.25	32.91	145.71	742.86	427.11	314.73
11.21	5.67	17.27	76.63	40.41	36.14
4.00	2.28	10.42	24.73	13.57	11.16
2020.71	764.85	6382.57	18198.06	11612.73	6583.62
312.85	112.82	1083.01	3259.29	2194.66	1064.64
1080.34	353.04	2154.47	7813.17	3951.51	3860.77
3605.54	1534.30	8204.11	27503.56	16142.06	11303.19
9.11	4.05	50.84	137.28	85.96	50.19
1400.04	486.54	4099.28	11791.97	6416.55	5367.39
2880.15	991.37	7748.59	23411.73	12159.85	11236.75
3279.18	1281.90	7464.14	23566.57	12773.13	10767.70
8130.85	2933.00	23785.04	70744.33	40702.36	29980.87
4795.33	1579.69	14097.84	41350.73	23785.21	17565.51
2870.46	1123.74	7894.97	22788.07	12764.10	10023.97
3744.25	1511.47	9256.37	30172.10	16926.17	13159.09
53.44	**23.66**	**603.76**	**1167.97**	**650.18**	**517.32**
33.19	17.02	311.64	626.51	365.18	261.33
3.49	1.19	11.34	47.59	29.65	17.94
0.60	0.34	4.86	12.88	9.20	3.68
12.41	4.40	99.96	222.25	119.02	102.76
11248.71	**4184.64**	**26122.05**	**85825.97**	**48100.57**	**37639.03**
247.16	92.73	540.09	1582.21	956.90	624.18

单位:亿元

项　　目 Item		流动资产合计 Current Assets	应收账款 Accounts Receivalble
食品制造业	Manufacture of Food	311.62	72.04
酒、饮料和精制茶制造业	Manufacture of Liquor, Beverages and Refined Tea	451.02	46.45
烟草制品业	Manufacture of Tobacco		
纺织业	Manufacture of Textile	2371.30	564.89
纺织服装、服饰业	Manufacture of Textile, Wearing Apparel and Accessories	1265.06	285.84
皮革、毛皮、羽毛及其制品和制鞋业	Manufacture of Leather, Fur, Feather and Related Products and Footwear	200.70	50.97
木材加工和木、竹、藤、棕、草制品业	Processing of Timber, Manufacture of Wood, Bamboo, Rattan, Palm and Straw Products	364.02	78.58
家具制造业	Manufacture of Furniture	109.82	29.91
造纸和纸制品业	Manufacture of Paper and Paper Products	761.52	176.47
印刷和记录媒介复制业	Printing, Reproduction of Recording Media	315.11	103.48
文教、工美、体育和娱乐用品制造业	Manufacture of Articles for Culture, Education, Arts and Crafts, Sport and Entertainment Activities	412.20	111.31
石油加工、炼焦和核燃料加工业	Processing of Petroleum, Coking, Processing of Nuclear Fuel	387.21	67.91
化学原料和化学制品制造业	Manufacture of Raw Chemical Materials and Chemical Products	4817.19	1238.00
医药制造业	Manufacture of Medicines	1011.95	336.08
化学纤维制造业	Manufacture of Chemical Fibers	1090.13	166.69
橡胶和塑料制品业	Manufacture of Rubber and Plastics Products	1008.35	386.29
非金属矿物制品业	Manufacture of Non－metallic Mineral Products	1910.74	691.38
黑色金属冶炼和压延加工业	Smelting and Pressing of Ferrous Metals	3406.66	429.47
有色金属冶炼和压延加工业	Smelting and Pressing of Non－ferrous Metals	1140.52	312.58
金属制品业	Manufacture of Metal Products	2111.95	717.31
通用设备制造业	Manufacture of General Purpose Machinery	3990.45	1401.57
专用设备制造业	Manufacture of Special Purpose Machinery	2858.17	984.93
汽车制造业	Manufacture of Automobiles	2136.76	736.98

(100 million yuan)

存货 Inventory	#产成品 Finished Goods	固定资产合计 Original Value	资产总计 Total Assets	负债合计 Total Liabilities	所有者权益合计 Owners' Equities
70.19	31.31	182.22	574.15	317.98	256.17
181.17	30.48	298.76	893.36	391.92	501.06
689.07	304.73	1391.35	4186.92	2522.43	1660.26
351.80	158.02	609.55	2229.63	1229.41	997.63
54.99	17.30	81.40	318.50	170.95	146.55
102.29	44.55	250.18	686.82	300.02	373.47
32.80	10.45	59.70	191.54	95.78	94.96
122.48	46.46	624.00	1720.08	905.98	811.80
56.26	24.18	210.56	587.73	313.07	274.46
112.10	46.81	231.64	727.75	385.26	342.04
158.60	30.39	245.70	722.30	464.61	256.84
1078.14	444.12	3583.09	9786.77	5350.03	4435.05
212.09	80.19	529.56	1766.36	717.58	1041.23
306.11	154.12	782.64	2189.43	1390.00	799.38
233.77	100.95	636.46	1813.19	836.23	973.67
292.52	121.95	1134.89	3385.59	2061.64	1321.47
930.55	350.06	2688.95	6873.35	4516.20	2356.77
234.67	84.04	405.10	1718.94	1089.38	623.24
513.75	200.94	956.25	3453.04	1904.10	1538.55
939.74	367.27	1545.94	6445.08	3485.30	2955.87
710.18	231.08	1091.90	4404.36	2425.63	1974.57
380.74	164.02	973.43	3485.81	2074.26	1410.56

11－6 续 表 2

单位:亿元

项 目 Item		流动资产合计 Current Assets	应收账款 Accounts Receivalble
铁路、船舶、航空航天和其他运输设备制造业	Manufacture of Railway, Ship, Aerospace and Other Transport Equipments	1981.00	397.73
电气机械和器材制造业	Manufacture of Electrical Machinery and Apparatus	6400.67	2469.61
计算机、通信和其他电子设备制造业	Manufacture of Computers, Communication and Other Electronic Equipment	5772.74	2383.53
仪器仪表制造业	Manufacture of Measuring Instruments and Machinery	1266.02	405.05
其他制造业	Other Manufacture	60.02	21.09
废弃资源综合利用业	Utilization of Waste Resources	192.21	59.37
金属制品、机械和设备修理业	Repair Service of Metal Products, Machinery and Equipment	7.70	3.06
电力、热力、燃气及水的生产和供应业	**Production and Supply of Electric Power, Heat Power, Gas and Water**	**1524.11**	**260.27**
电力、热力的生产和供应业	Production and Supply of Electric Power and Heat Power	954.86	222.40
燃气生产和供应	Production and Supply of Gas	197.95	25.58
水的生产和供应业	Production and Supply of Water	371.30	12.29
按省辖市分	**by Region**		
南京市	Nanjing	5010.41	1569.20
无锡市	Wuxi	8797.94	2618.54
徐州市	Xuzhou	2377.63	651.07
常州市	Changzhou	4656.73	1374.58
苏州市	Suzhou	15290.69	4936.90
南通市	Nantong	3560.54	979.71
连云港市	Lianyungang	1001.85	255.54
淮安市	Huaian	930.63	235.91
盐城市	Yancheng	1532.53	365.76
扬州市	Yangzhou	2087.27	645.73
镇江市	Zhenjiang	2498.98	719.54
泰州市	Taizhou	2164.43	646.04
宿迁市	Suqian	1028.23	183.30

(100 million yuan)

存货 Inventory	#产成品 Finished Goods	固定资产合计 Original Value	资产总计 Total Assets	负债合计 Total Liabilities	所有者权益合计 Owners' Equities
531.72	90.40	915.68	3500.83	2101.09	1393.65
1097.42	481.88	2272.03	9903.99	5654.06	4243.14
1097.70	350.10	3138.81	9688.21	5084.89	4598.85
311.52	94.31	579.17	2102.67	1040.84	1061.37
17.39	6.38	48.10	120.59	57.12	63.47
34.98	21.33	55.60	266.77	194.67	72.06
1.32	0.45	6.76	14.97	8.82	6.15
107.88	**6.59**	**4523.36**	**7316.96**	**4724.74**	**2592.22**
84.75	4.15	3870.20	5857.20	3798.74	2058.46
10.35	1.23	195.29	463.34	276.66	186.68
12.78	1.21	457.86	996.42	649.34	347.08
1195.69	335.10	2810.52	9415.67	5452.60	3950.77
1890.55	725.68	3720.64	14175.21	8292.91	5871.90
537.89	217.44	2331.19	5441.32	2834.92	2581.58
1035.16	409.66	2076.05	7560.89	4527.92	3032.65
3334.57	1274.90	7486.99	25128.83	14323.37	10801.24
857.07	287.75	2200.24	6895.07	3839.53	3053.15
214.09	78.92	957.48	2327.26	1310.07	1013.95
231.27	78.46	919.24	2064.67	1029.77	1031.53
354.09	156.16	1611.98	3565.53	1982.96	1581.25
460.35	156.84	1602.65	4158.82	2186.17	1964.88
502.22	208.46	1812.17	5140.43	3020.21	2118.16
484.43	192.86	1208.00	3879.30	2155.34	1716.31
281.02	87.90	837.71	2066.51	943.93	1115.58

11－6 续 表 3

单位:亿元

项　目	Item	#实收资本 Paid-in Capital	主营业务收入 Revenue from Principal Business
总　计	**Total**	**20691.02**	**133605.91**
按登记注册类型分	**Grouped by Status of Registration**		
内资企业	Domestic Funded Enterprises	10295.67	86058.47
国有企业	State－owned Enterprises	487.60	4171.43
集体企业	Collective－owned Enterprises	162.89	830.95
股份合作企业	Cooperative Enterprises	7.66	138.34
联营企业	Joint Ownership Enterprises	2.73	39.47
有限责任公司	Limited Liability Corporations	3018.11	20600.58
#国有独资	State Sole Funded Corporatios	475.69	1825.65
股份有限公司	Share－holding Corporations Ltd.	1502.70	8589.74
私营企业	Private Enterprises	5089.04	51487.75
其他企业	Other Enterprises	24.94	200.21
港、澳、台商投资企业	Enterprises with Funds from Hong Kong, Macao and Taiwan	3270.55	14473.66
外商投资企业	Foreign Funded Enterprises	7124.80	33073.79
按轻重工业分	**Grouped by Light & Heavy Industries**		
轻工业	Light Industry	5209.65	35206.01
重工业	Heavy Industry	15481.37	98399.91
按企业规模分	**Grouped by Size of Enterprises**		
大型企业	Large Enterprises	7149.18	52809.25
中型企业	Medium－sized Enterprises	5356.81	31558.14
小微型企业	Small Enterprises	8185.03	49238.52
按行业分	**Grouped by Sector**		
采矿业	**Mining**	**256.25**	**721.10**
煤炭开采和洗选业	Mining and Washing of Coal	56.59	291.02
石油和天然气开采业	Extraction of Petroleum and Natural Gas		
黑色金属矿采选业	Mining and Processing of Ferrous Metal Ores	6.21	81.59
有色金属矿采选业	Mining and Processing of Non－ferrous Metals Ores	1.45	10.32
非金属矿采选业	Mining and Processing of Non-metal Ores	56.05	244.51
开采辅助活动	Support Activities for Mining		
其他采矿业	Mining of Other Ores		
制造业	**Manufacturing**	**19242.57**	**127891.17**
农副食品加工业	Processing of Food from Agricultural Products	279.66	3794.13

11 - 6 Continued 3

(100 million yuan)

主营业务成本 Cost of Principle Business	主营业务税金及附加 Taxes and Other Charges on Principle Business	利润总额 Total Profits	利税总额 Total Profits and Taxes	应交增值税 Value Added Tax Payable	从业人员年平均人数(万人) Annual Average Employed Persons (10000 persons)
115739.98	**1138.24**	**8379.50**	**13820.68**	**4295.61**	**1150.83**
74350.18	901.43	5283.02	9245.28	3054.90	708.92
3488.99	304.39	242.50	755.18	206.54	15.20
759.70	3.06	45.79	71.45	21.69	7.18
118.10	0.77	9.59	15.66	5.31	1.70
35.53	0.29	1.49	3.03	1.25	0.33
17728.35	128.79	1190.00	1973.68	653.13	155.40
1525.05	16.59	82.85	162.51	62.36	19.51
7184.16	188.92	577.09	1137.15	370.95	59.48
44861.05	274.07	3204.77	5268.82	1788.66	467.63
174.31	1.15	11.79	20.31	7.36	2.00
12676.02	57.13	876.93	1333.43	398.98	158.83
28713.78	179.67	2219.55	3241.97	841.73	283.08
29667.94	464.49	2411.83	4088.46	1210.73	405.30
86072.04	673.75	5967.67	9732.21	3084.87	745.54
46155.96	662.64	2992.08	5272.60	1612.70	385.82
26808.36	175.39	2351.83	3645.35	1117.41	318.49
42775.67	300.21	3035.60	4902.72	1565.50	446.52
561.35	**28.78**	**39.01**	**118.87**	**49.34**	**15.19**
234.32	5.88	10.27	43.32	26.68	9.13
73.64	0.33	3.60	8.05	4.11	0.67
8.49	0.13	0.94	1.55	0.47	0.17
202.07	3.86	16.14	30.50	10.49	3.08
110814.62	**1085.87**	**7877.61**	**13003.69**	**4035.38**	**1120.80**
3367.94	18.88	259.84	390.78	111.92	20.94

单位:亿元

项 目 Item		#实收资本 Paid-in Capital	主营业务收入 Revenue from Principal Business
食品制造业	Manufacture of Food	135.45	728.10
酒、饮料和精制茶制造业	Manufacture of Liquor, Beverages and Refined Tea	189.17	927.62
烟草制品业	Manufacture of Tobacco		
纺织业	Manufacture of Textile	846.78	6404.39
纺织服装、服饰业	Manufacture of Textile, Wearing Apparel and Accessories	404.88	3839.06
皮革、毛皮、羽毛及其制品和制鞋业	Manufacture of Leather, Fur, Feather and Related Products and Footwear	82.10	804.91
木材加工和木、竹、藤、棕、草制品业	Processing of Timber, Manufacture of Wood, Bamboo, Rattan, Palm and Straw Products	151.22	1955.99
家具制造业	Manufacture of Furniture	65.35	279.03
造纸和纸制品业	Manufacture of Paper and Paper Products	612.74	1296.27
印刷和记录媒介复制业	Printing, Reproduction of Recording Media	136.90	662.09
文教、工美、体育和娱乐用品制造业	Manufacture of Articles for Culture, Education, Arts and Crafts, Sport and Entertainment Activities	173.10	1602.44
石油加工、炼焦和核燃料加工业	Processing of Petroleum, Coking, Processing of Nuclear Fuel	169.04	2223.24
化学原料和化学制品制造业	Manufacture of Raw Chemical Materials and Chemical Products	2471.59	14864.98
医药制造业	Manufacture of Medicines	341.43	2683.07
化学纤维制造业	Manufacture of Chemical Fibers	455.52	2712.49
橡胶和塑料制品业	Manufacture of Rubber and Plastics Products	568.30	2481.56
非金属矿物制品业	Manufacture of Non－metallic Mineral Products	779.29	4122.22
黑色金属冶炼和压延加工业	Smelting and Pressing of Ferrous Metals	1005.53	10811.59
有色金属冶炼和压延加工业	Smelting and Pressing of Non－ferrous Metals	382.77	3685.73
金属制品业	Manufacture of Metal Products	807.66	5343.54
通用设备制造业	Manufacture of General Purpose Machinery	1322.23	7361.65
专用设备制造业	Manufacture of Special Purpose Machinery	1031.82	5063.25
汽车制造业	Manufacture of Automobiles	826.65	5454.96

(100 million yuan)

主营业务成本 Cost of Principle Business	主营业务税金及附加 Taxes and Other Charges on Principle Business	利润总额 Total Profits	利税总额 Total Profits and Taxes	应交增值税 Value Added Tax Payable	从业人员年平均人数(万人) Annual Average Employed Persons (10000 persons)
580.04	4.36	59.24	89.01	25.39	8.87
664.43	27.00	150.65	222.47	44.81	8.75
5715.23	28.43	326.96	553.18	197.61	89.58
3279.69	23.59	257.94	416.35	134.75	75.97
703.67	4.45	42.85	78.49	31.19	15.83
1674.11	13.63	154.09	249.49	81.76	19.24
243.85	1.93	11.26	21.01	7.79	5.26
1115.70	4.89	71.93	115.66	38.83	11.23
549.58	3.92	50.23	76.59	22.44	10.70
1375.44	9.14	108.19	175.39	57.99	26.34
1935.89	150.07	80.85	403.43	172.37	2.97
12991.93	89.80	904.58	1442.56	447.64	71.09
1779.67	19.53	272.88	439.84	147.37	18.95
2506.25	7.18	88.12	166.95	71.57	18.20
2120.38	12.93	154.72	244.55	76.79	34.55
3526.06	25.87	267.44	461.44	168.09	39.66
9910.06	30.90	384.52	668.47	251.96	42.67
3405.20	9.55	137.34	226.95	79.90	14.59
4637.29	25.59	339.82	548.81	182.89	52.79
6130.09	39.43	534.78	823.17	248.72	78.14
4192.65	28.54	368.57	570.52	173.29	56.36
4511.54	104.61	486.51	819.56	228.29	38.66

单位:亿元

项　　目 Item		#实收资本 Paid-in Capital	主营业务收入 Revenue from Principal Business
铁路、船舶、航空航天和其他运输设备制造业	Manufacture of Railway, Ship, Aerospace and Other Transport Equipments	542.51	3431.89
电气机械和器材制造业	Manufacture of Electrical Machinery and Apparatus	2160.62	14193.08
计算机、通信和其他电子设备制造业	Manufacture of Computers, Communication and Other Electronic Equipment	2817.34	17041.87
仪器仪表制造业	Manufacture of Measuring Instruments and Machinery	378.80	2986.90
其他制造业	Other Manufacture	26.04	282.69
废弃资源综合利用业	Utilization of Waste Resources	59.48	352.03
金属制品、机械和设备修理业	Repair Service of Metal Products, Machinery and Equipment	2.75	26.11
电力、热力、燃气及水的生产和供应业	**Production and Supply of Electric Power, Heat Power, Gas and Water**	**1192.19**	**4993.64**
电力、热力的生产和供应业	Production and Supply of Electric Power and Heat Power	875.01	4506.32
燃气生产和供应	Production and Supply of Gas	95.50	357.42
水的生产和供应业	Production and Supply of Water	221.69	129.90
按省辖市分	**by Region**		
南京市	Nanjing	2176.10	12425.21
无锡市	Wuxi	2931.92	14655.46
徐州市	Xuzhou	801.63	10664.79
常州市	Changzhou	1438.90	10381.89
苏州市	Suzhou	6570.50	30224.92
南通市	Nantong	1503.40	11195.81
连云港市	Lianyungang	479.93	4083.66
淮安市	Huaian	543.62	4689.95
盐城市	Yancheng	729.42	6389.33
扬州市	Yangzhou	1081.26	8202.11
镇江市	Zhenjiang	1140.74	7104.49
泰州市	Taizhou	693.89	7910.53
宿迁市	Suqian	458.00	2967.97

(100 million yuan)

主营业务成本 Cost of Principle Business	主营业务税金及附加 Taxes and Other Charges on Principle Business	利润总额 Total Profits	利税总额 Total Profits and Taxes	应交增值税 Value Added Tax Payable	从业人员年平均人数(万人) Annual Average Employed Persons (10000 persons)
2963.62	18.48	250.39	397.33	128.30	38.78
12216.45	60.13	902.12	1445.08	482.21	105.18
15529.37	30.83	841.16	1097.89	225.77	183.96
2491.97	17.41	253.03	383.00	112.48	25.10
246.73	1.43	16.60	30.00	11.95	4.05
331.17	1.37	8.30	17.55	7.87	1.38
22.52	0.36	1.76	3.19	1.06	0.41
4364.02	**23.60**	**462.88**	**698.12**	**210.88**	**14.84**
3987.18	20.69	397.09	614.69	196.52	10.43
289.46	1.75	53.14	63.00	7.88	1.51
87.38	1.15	12.65	20.42	6.48	2.91
10385.78	325.39	979.10	1789.17	484.24	79.71
12758.57	61.35	833.47	1260.97	364.25	134.98
9029.98	191.09	874.85	1563.50	496.88	78.76
9080.89	39.07	525.69	866.73	301.68	85.48
26855.50	82.77	1350.12	1937.53	503.23	319.60
9733.47	49.10	861.52	1331.02	420.15	98.28
3394.77	35.99	316.09	509.36	157.14	25.17
4112.12	92.00	228.99	426.84	105.69	41.54
5466.05	64.35	427.99	805.00	312.59	56.07
7094.41	76.97	576.05	997.37	343.01	78.08
6092.49	25.24	440.88	690.26	224.02	55.63
6678.15	57.83	569.92	1006.51	378.69	51.14
2461.75	25.32	328.30	463.48	109.70	40.35

11－7 规模以上工业企业主要经济指标(2014年)

单位:亿元

项 目 Item		流动资产合计 Current Assets	应收账款 Accounts Receivalble
总 计	**Total**	**53669.50**	**16341.30**
按登记注册类型分	**Grouped by Status of Registration**		
内资企业	Domestic Funded Enterprises	33116.01	9423.85
国有企业	State－owned Enterprises	788.95	127.21
集体企业	Collective－owned Enterprises	513.19	76.07
股份合作企业	Cooperative Enterprises	49.75	16.06
联营企业	Joint Ownership Enterprises	10.83	3.42
有限责任公司	Limited Liability Corporations	10062.78	2702.28
#国有独资	State Sole Funded Corporatios	1938.32	519.39
股份有限公司	Share－holding Corporations Ltd.	4579.75	1156.07
私营企业	Private Enterprises	17047.94	5325.05
其他企业	Other Enterprises	62.81	17.69
港、澳、台商投资企业	Enterprises with Funds from Hong Kong, Macao and Taiwan	6585.88	2098.57
外商投资企业	Foreign Funded Enterprises	13967.60	4818.88
按轻重工业分	**Grouped by Light & Heavy Industries**		
轻工业	Light Industry	13716.24	3383.83
重工业	Heavy Industry	39953.26	12957.47
按企业规模分	**Grouped by Size of Enterprises**		
大型企业	Large Enterprises	22011.07	5882.39
中型企业	Medium－sized Enterprises	13268.74	4136.69
小微型企业	Small Enterprises	18389.68	6322.21
按行业分	**Grouped by Sector**		
采矿业	**Mining**	**339.71**	**60.52**
煤炭开采和洗选业	Mining and Washing of Coal	206.33	39.18
石油和天然气开采业	Extraction of Petroleum and Natural Gas		
黑色金属矿采选业	Mining and Processing of Ferrous Metal Ores	25.81	5.41
有色金属矿采选业	Mining and Processing of Non－ferrous Metals Ores	7.76	0.98
非金属矿采选业	Mining and Processing of Non-metal Ores	89.48	13.32
开采辅助活动	Support Activities for Mining		
其他采矿业	Mining of Other Ores		
制造业	**Manufacturing**	**51852.16**	**16028.74**
农副食品加工业	Processing of Food from Agricultural Products	842.53	148.96

Main Economic Indicators of above Designated Size Industrial Enterprises(2014)

(100 million yuan)

存货 Inventory	#产成品 Finished Goods	固定资产合计 Original Value	资产总计 Total Assets	负债合计 Total Liabilities	所有者权益合计 Owners' Equities
11849.39	**4525.64**	**34449.12**	**101259.53**	**55612.13**	**45596.53**
7443.61	2925.54	22099.18	64574.15	36661.45	27876.78
137.31	22.48	2386.04	3855.24	2143.20	1711.99
121.95	32.77	163.66	811.49	463.69	346.73
11.08	6.01	18.68	75.69	39.09	36.60
2.77	1.73	9.02	22.29	12.46	9.83
2289.51	853.67	7240.08	20489.30	12464.36	8023.36
493.24	118.92	1437.44	4138.48	2547.10	1590.98
1057.38	362.78	2419.59	8611.94	4223.82	4386.44
3813.27	1641.67	9806.18	30579.02	17236.85	13310.64
10.33	4.43	55.93	129.18	77.98	51.20
1365.68	511.49	4403.10	12411.98	6655.53	5750.55
3040.10	1088.60	7946.85	24273.40	12295.15	11969.19
3398.34	1335.99	8231.15	25444.22	13291.79	12145.34
8451.05	3189.65	26217.97	75815.31	42320.33	33451.18
4885.21	1650.19	15061.35	43531.04	24379.06	19151.97
2994.95	1234.05	8777.66	25184.23	13620.63	11563.59
3969.23	1641.40	10610.11	32544.27	17612.43	14880.96
54.64	**20.83**	**611.07**	**1227.35**	**696.18**	**531.15**
31.87	11.84	325.57	680.17	406.34	273.80
5.60	2.46	20.22	60.52	40.11	20.41
0.40	0.15	6.18	15.78	11.17	4.61
13.42	5.34	102.76	246.97	133.51	113.46
11685.00	**4500.49**	**28999.55**	**92255.21**	**50182.80**	**42021.68**
240.44	93.67	657.00	1673.68	938.07	735.47

11-7 续 表 1

单位:亿元

项 目 Item		流动资产合计 Current Assets	应收账款 Accounts Receivalble
食品制造业	Manufacture of Food	314.36	78.95
酒、饮料和精制茶制造业	Manufacture of Liquor, Beverages and Refined Tea	504.81	60.80
烟草制品业	Manufacture of Tobacco		
纺织业	Manufacture of Textile	2403.00	585.93
纺织服装、服饰业	Manufacture of Textile, Wearing Apparel and Accessories	1342.05	291.04
皮革、毛皮、羽毛及其制品和制鞋业	Manufacture of Leather, Fur, Feather and Related Products and Footwear	207.54	54.90
木材加工和木、竹、藤、棕、草制品业	Processing of Timber, Manufacture of Wood, Bamboo, Rattan, Palm and Straw Products	418.39	93.74
家具制造业	Manufacture of Furniture	118.47	31.31
造纸和纸制品业	Manufacture of Paper and Paper Products	818.46	202.45
印刷和记录媒介复制业	Printing, Reproduction of Recording Media	342.78	113.03
文教、工美、体育和娱乐用品制造业	Manufacture of Articles for Culture, Education, Arts and Crafts, Sport and Entertainment Activities	476.47	123.37
石油加工、炼焦和核燃料加工业	Processing of Petroleum, Coking, Processing of Nuclear Fuel	418.19	84.79
化学原料和化学制品制造业	Manufacture of Raw Chemical Materials and Chemical Products	5076.48	1344.23
医药制造业	Manufacture of Medicines	1198.97	392.04
化学纤维制造业	Manufacture of Chemical Fibers	989.54	167.90
橡胶和塑料制品业	Manufacture of Rubber and Plastics Products	1084.38	404.68
非金属矿物制品业	Manufacture of Non-metallic Mineral Products	1967.80	764.56
黑色金属冶炼和压延加工业	Smelting and Pressing of Ferrous Metals	3144.07	433.85
有色金属冶炼和压延加工业	Smelting and Pressing of Non-ferrous Metals	1136.65	314.10
金属制品业	Manufacture of Metal Products	2281.60	778.36
通用设备制造业	Manufacture of General Purpose Machinery	4374.15	1556.65
专用设备制造业	Manufacture of Special Purpose Machinery	2939.95	1065.36
汽车制造业	Manufacture of Automobiles	2354.46	809.24

(100 million yuan)

存货 Inventory	#产成品 Finished Goods	固定资产合计 Original Value	资产总计 Total Assets	负债合计 Total Liabilities	所有者权益合计 Owners' Equities
78.27	33.90	202.36	637.35	320.52	315.51
208.53	36.16	319.78	1005.24	427.15	579.03
687.49	305.15	1485.99	4340.68	2519.63	1818.05
375.70	166.80	686.17	2514.22	1283.57	1230.00
58.00	17.98	101.02	351.27	180.60	170.68
104.72	49.03	363.80	841.00	343.00	496.32
35.16	12.38	71.14	211.26	106.13	105.13
127.17	51.74	649.27	1744.21	919.55	823.96
62.50	27.02	235.59	647.95	315.89	331.73
125.77	60.51	266.67	846.75	443.51	403.21
122.42	42.16	298.60	847.08	503.53	343.55
1134.34	494.29	4147.46	10653.88	5727.76	4918.38
234.25	94.65	616.41	2104.85	847.15	1257.50
275.14	135.39	775.64	2145.35	1310.45	834.41
255.29	112.57	730.82	2010.20	885.76	1123.58
301.14	129.30	1213.55	3564.55	2069.35	1492.43
822.88	325.79	2751.56	6753.06	4267.88	2481.72
235.71	88.88	439.85	1757.48	1084.91	670.44
539.46	227.86	1109.27	3878.90	2102.35	1773.94
1014.70	393.71	1831.03	7149.51	3788.50	3355.84
710.05	237.94	1227.88	4706.06	2496.06	2206.17
423.02	188.92	1181.56	3982.57	2318.51	1663.50

单位:亿元

项 目	Item	流动资产合计 Current Assets	应收账款 Accounts Receivalble
铁路、船舶、航空航天和其他运输设备制造业	Manufacture of Railway, Ship, Aerospace and Other Transport Equipments	2022.38	447.35
电气机械和器材制造业	Manufacture of Electrical Machinery and Apparatus	6809.35	2631.16
计算机、通信和其他电子设备制造业	Manufacture of Computers, Communication and Other Electronic Equipment	6253.93	2507.69
仪器仪表制造业	Manufacture of Measuring Instruments and Machinery	1451.29	497.26
其他制造业	Other Manufacture	64.27	19.43
废弃资源综合利用业	Utilization of Waste Resources	87.69	16.56
金属制品、机械和设备修理业	Repair Service of Metal Products, Machinery and Equipment	11.18	5.37
电力、热力、燃气及水的生产和供应业	**Production and Supply of Electric Power, Heat Power, Gas and Water**	**1477.62**	**252.03**
电力、热力的生产和供应业	Production and Supply of Electric Power and Heat Power	868.15	208.79
燃气生产和供应	Production and Supply of Gas	192.55	29.04
水的生产和供应业	Production and Supply of Water	416.92	14.20
按省辖市分	**by Region**		
南京市	Nanjing	5432.08	1674.42
无锡市	Wuxi	8887.84	2657.01
徐州市	Xuzhou	2520.47	712.48
常州市	Changzhou	4882.42	1498.81
苏州市	Suzhou	15686.25	5166.84
南通市	Nantong	3684.31	1065.16
连云港市	Lianyungang	1162.71	305.69
淮安市	Huaian	1025.22	288.20
盐城市	Yancheng	1735.35	471.26
扬州市	Yangzhou	2174.96	684.94
镇江市	Zhenjiang	2661.74	789.34
泰州市	Taizhou	2712.27	806.89
宿迁市	Suqian	1205.32	233.29

(100 million yuan)

存货 Inventory	#产成品 Finished Goods	固定资产合计 Original Value	资产总计 Total Assets	负债合计 Total Liabilities	所有者权益合计 Owners' Equities
574.76	98.70	946.81	3578.98	2250.06	1327.10
1161.08	535.49	2523.25	10714.75	5977.77	4730.17
1237.74	420.54	3354.19	10413.65	5402.68	5008.73
331.32	97.95	608.77	2355.35	1138.18	1215.55
16.54	6.41	54.93	129.94	63.82	66.13
22.56	11.22	59.30	167.53	97.96	68.05
1.49	0.33	8.30	20.78	12.64	8.14
109.74	**4.31**	**4838.51**	**7776.96**	**4733.15**	**3043.69**
81.11	2.12	4150.84	6177.44	3719.93	2457.39
13.97	0.78	191.77	482.33	263.53	218.80
14.67	1.41	495.91	1117.19	749.69	367.50
1240.00	378.81	3228.77	10155.54	5834.64	4319.16
1928.02	752.31	3664.73	14454.12	8099.09	6333.88
548.75	214.53	2879.90	6085.92	3027.04	3056.65
1106.43	437.25	2288.28	8102.32	4797.60	3304.69
3408.16	1342.88	7552.57	26108.97	14400.82	11700.29
872.78	333.99	2634.16	7558.80	4176.92	3381.88
263.20	102.64	1222.16	2847.35	1527.04	1318.90
248.84	85.50	1196.00	2513.15	1135.39	1377.77
389.43	172.08	1904.90	4078.17	2229.09	1848.29
472.95	164.87	1698.84	4375.09	2267.35	2107.74
523.74	231.09	1841.12	5352.23	3068.27	2275.59
576.96	227.91	1409.37	4935.06	2705.19	2223.24
313.11	97.20	1081.33	2525.87	1060.25	1464.92

单位:亿元

项　目	Item	#实收资本 Paid-in Capital	主营业务收入 Revenue from Principal Business
总　计	**Total**	**22198.46**	**141955.99**
按登记注册类型分	**Grouped by Status of Registration**		
内资企业	Domestic Funded Enterprises	11298.55	92419.10
国有企业	State - owned Enterprises	336.92	3462.35
集体企业	Collective - owned Enterprises	167.65	853.12
股份合作企业	Cooperative Enterprises	7.22	127.21
联营企业	Joint Ownership Enterprises	3.55	34.68
有限责任公司	Limited Liability Corporations	3417.52	23252.05
#国有独资	State Sole Funded Corporatios	576.42	2428.28
股份有限公司	Share - holding Corporations Ltd.	1636.84	8961.05
私营企业	Private Enterprises	5703.97	55542.07
其他企业	Other Enterprises	24.87	186.58
港、澳、台商投资企业	Enterprises with Funds from Hong Kong, Macao and Taiwan	3450.00	15585.21
外商投资企业	Foreign Funded Enterprises	7449.91	33951.68
按轻重工业分	**Grouped by Light & Heavy Industries**		
轻工业	Light Industry	5547.55	37719.14
重工业	Heavy Industry	16650.91	104236.85
按企业规模分	**Grouped by Size of Enterprises**		
大型企业	Large Enterprises	7598.70	55165.54
中型企业	Medium - sized Enterprises	5814.20	35214.88
小微型企业	Small Enterprises	8785.56	51575.57
按行业分	**Grouped by Sector**		
采矿业	**Mining**	**268.44**	**692.21**
煤炭开采和洗选业	Mining and Washing of Coal	58.16	243.11
石油和天然气开采业	Extraction of Petroleum and Natural Gas		
黑色金属矿采选业	Mining and Processing of Ferrous Metal Ores	11.03	74.16
有色金属矿采选业	Mining and Processing of Non - ferrous Metals Ores	2.08	10.93
非金属矿采选业	Mining and Processing of Non-metal Ores	62.48	257.75
开采辅助活动	Support Activities for Mining		
其他采矿业	Mining of Other Ores		
制造业	**Manufacturing**	**20691.69**	**136346.02**
农副食品加工业	Processing of Food from Agricultural Products	297.93	4190.02

(100 million yuan)

主营业务成本 Cost of Principle Business	主营业务税金及附加 Taxes and Other Charges on Principle Business	利润总额 Total Profits	利税总额 Total Profits and Taxes	应交增值税 Value Added Tax Payable	从业人员年平均人数(万人) Annual Average Employed Persons (10000 persons)
122437.72	**1246.86**	**9057.17**	**14943.69**	**4633.56**	**1143.05**
79650.82	979.55	5668.68	9989.65	3336.58	715.20
3148.79	98.83	145.03	388.80	144.61	10.91
769.48	3.75	47.25	74.30	22.30	7.15
108.68	0.71	9.38	16.07	5.97	1.40
30.45	0.25	0.60	2.11	1.25	0.32
19711.78	367.08	1398.44	2550.10	782.74	159.85
1767.94	251.41	168.13	543.41	123.28	18.66
7451.30	200.14	584.14	1182.62	398.24	58.95
48272.93	307.44	3473.63	5757.89	1975.26	474.95
157.41	1.35	10.20	17.76	6.21	1.67
13516.84	60.31	1049.68	1561.32	451.04	154.37
29270.06	207.00	2338.81	3392.72	845.94	273.48
31700.52	506.29	2530.42	4384.34	1346.57	400.14
90737.21	740.57	6526.75	10559.35	3286.99	742.91
47828.80	740.90	3289.15	5766.79	1733.26	377.90
29898.85	189.73	2627.15	4074.72	1257.03	318.72
44710.07	316.23	3140.86	5102.18	1643.27	446.43
544.93	**29.72**	**26.11**	**102.37**	**45.94**	**13.33**
189.52	5.13	4.10	33.78	23.98	8.27
67.18	0.26	1.99	6.07	3.81	0.69
9.85	0.13	0.04	0.62	0.45	0.17
213.90	4.54	15.96	31.08	10.57	2.99
117646.19	**1192.94**	**8528.59**	**14094.63**	**4368.49**	**1115.15**
3735.73	20.00	253.56	400.56	126.95	21.72

单位:亿元

项 目 Item		#实收资本 Paid-in Capital	主营业务收入 Revenue from Principal Business
食品制造业	Manufacture of Food	154.65	861.53
酒、饮料和精制茶制造业	Manufacture of Liquor, Beverages and Refined Tea	194.91	970.43
烟草制品业	Manufacture of Tobacco		
纺织业	Manufacture of Textile	897.60	6704.74
纺织服装、服饰业	Manufacture of Textile, Wearing Apparel and Accessories	435.27	4127.25
皮革、毛皮、羽毛及其制品和制鞋业	Manufacture of Leather, Fur, Feather and Related Products and Footwear	81.95	893.85
木材加工和木、竹、藤、棕、草制品业	Processing of Timber, Manufacture of Wood, Bamboo, Rattan, Palm and Straw Products	173.16	2094.96
家具制造业	Manufacture of Furniture	66.45	302.57
造纸和纸制品业	Manufacture of Paper and Paper Products	652.45	1436.63
印刷和记录媒介复制业	Printing, Reproduction of Recording Media	150.41	724.32
文教、工美、体育和娱乐用品制造业	Manufacture of Articles for Culture, Education, Arts and Crafts, Sport and Entertainment Activities	185.08	1768.94
石油加工、炼焦和核燃料加工业	Processing of Petroleum, Coking, Processing of Nuclear Fuel	182.36	2371.47
化学原料和化学制品制造业	Manufacture of Raw Chemical Materials and Chemical Products	2694.66	16158.44
医药制造业	Manufacture of Medicines	389.73	3043.49
化学纤维制造业	Manufacture of Chemical Fibers	456.17	2517.74
橡胶和塑料制品业	Manufacture of Rubber and Plastics Products	628.50	2679.19
非金属矿物制品业	Manufacture of Non－metallic Mineral Products	834.44	4561.11
黑色金属冶炼和压延加工业	Smelting and Pressing of Ferrous Metals	988.04	10547.97
有色金属冶炼和压延加工业	Smelting and Pressing of Non－ferrous Metals	403.58	3750.58
金属制品业	Manufacture of Metal Products	858.90	5827.46
通用设备制造业	Manufacture of General Purpose Machinery	1455.55	8226.90
专用设备制造业	Manufacture of Special Purpose Machinery	1146.25	5495.20
汽车制造业	Manufacture of Automobiles	974.05	6104.48

11 -7 Continued 4

(100 million yuan)

主营业务成本 Cost of Principle Business	主营业务税金及附加 Taxes and Other Charges on Principle Business	利润总额 Total Profits	利税总额 Total Profits and Taxes	应交增值税 Value Added Tax Payable	从业人员年平均人数(万人) Annual Average Employed Persons (10000 persons)
660.29	5.21	65.54	102.78	31.91	8.84
707.00	23.94	146.75	217.72	47.03	8.30
5992.61	30.53	342.27	587.78	214.72	86.62
3511.30	26.52	300.65	470.83	143.64	73.37
779.20	5.21	50.39	90.74	35.11	15.33
1808.64	14.75	158.22	257.29	84.29	19.29
262.68	1.71	14.48	26.06	9.83	5.33
1241.72	6.19	77.32	126.38	42.86	11.37
600.59	4.48	58.21	88.92	26.22	10.73
1520.50	9.79	116.42	191.67	65.45	26.71
2099.06	144.70	62.50	375.27	168.07	3.52
14108.13	102.99	962.69	1574.14	507.90	71.31
1983.43	23.19	318.93	519.14	176.92	19.87
2302.57	6.19	84.24	162.48	72.01	16.53
2288.17	14.65	162.38	261.45	84.36	35.23
3919.30	27.48	291.57	499.92	180.83	41.05
9591.54	35.77	410.20	720.01	272.75	40.31
3449.87	11.63	141.29	229.28	76.25	15.19
5043.19	29.74	363.62	595.53	201.78	53.21
6821.98	46.76	598.47	930.01	284.64	80.71
4563.61	31.47	401.85	631.70	198.11	56.21
4991.23	128.76	554.15	916.07	233.01	40.19

11－7 续 表 5

单位:亿元

项　目 Item		#实收资本 Paid-in Capital	主营业务收入 Revenue from Principal Business
铁路、船舶、航空航天和其他运输设备制造业	Manufacture of Railway, Ship, Aerospace and Other Transport Equipments	581.47	3649.28
电气机械和器材制造业	Manufacture of Electrical Machinery and Apparatus	2430.95	15450.87
计算机、通信和其他电子设备制造业	Manufacture of Computers, Communication and Other Electronic Equipment	2886.56	17391.49
仪器仪表制造业	Manufacture of Measuring Instruments and Machinery	392.09	3337.33
其他制造业	Other Manufacture	26.77	293.33
废弃资源综合利用业	Utilization of Waste Resources	52.35	260.11
金属制品、机械和设备修理业	Repair Service of Metal Products, Machinery and Equipment	3.56	31.39
电力、热力、燃气及水的生产和供应业	**Production and Supply of Electric Power, Heat Power, Gas and Water**	**1238.33**	**4917.75**
电力、热力的生产和供应业	Production and Supply of Electric Power and Heat Power	924.18	4361.44
燃气生产和供应	Production and Supply of Gas	97.84	420.80
水的生产和供应业	Production and Supply of Water	216.31	135.51
按省辖市分	**by Region**		
南京市	Nanjing	2309.90	13003.84
无锡市	Wuxi	3086.33	14190.87
徐州市	Xuzhou	907.19	11311.94
常州市	Changzhou	1559.87	11379.01
苏州市	Suzhou	6829.45	30397.27
南通市	Nantong	1647.72	12351.36
连云港市	Lianyungang	550.76	4820.99
淮安市	Huaian	661.91	5618.24
盐城市	Yancheng	860.15	7209.61
扬州市	Yangzhou	1118.95	8640.76
镇江市	Zhenjiang	1169.50	7897.58
泰州市	Taizhou	834.11	9355.94
宿迁市	Suqian	559.96	3282.89

(100 million yuan)

主营业务成本 Cost of Principle Business	主营业务税金及附加 Taxes and Other Charges on Principle Business	利润总额 Total Profits	利税总额 Total Profits and Taxes	应交增值税 Value Added Tax Payable	从业人员年平均人数(万人) Annual Average Employed Persons (10000 persons)
3117.67	17.84	296.29	442.29	128.10	35.05
13287.16	66.42	1003.11	1587.38	517.40	106.28
15798.53	35.76	886.82	1150.76	227.94	181.43
2756.40	18.29	287.99	428.73	122.35	24.85
256.99	1.66	16.38	30.65	12.61	4.09
237.67	1.46	8.24	16.42	6.70	1.46
27.18	0.45	1.85	3.64	1.34	0.43
4246.60	**24.20**	**502.47**	**746.70**	**219.13**	**14.56**
3812.95	21.14	428.51	655.28	205.26	10.03
344.03	1.96	60.15	70.79	8.39	1.59
89.62	1.10	13.81	20.62	5.47	2.95
10919.83	353.81	879.39	1724.87	491.29	78.94
12284.81	55.11	873.14	1263.99	333.73	129.43
9501.43	207.27	899.73	1639.85	532.04	80.27
9937.09	42.26	618.49	1006.41	345.38	86.16
26780.22	91.19	1460.13	2074.08	521.99	309.58
10731.62	52.91	937.85	1477.71	486.64	98.71
3982.01	43.11	372.29	612.09	196.42	27.17
4910.58	106.09	304.64	547.59	136.73	45.65
6136.09	81.34	509.32	900.30	309.45	56.25
7461.83	82.62	606.82	1051.82	362.20	74.23
6777.18	28.49	516.58	803.65	258.50	58.37
7851.17	65.56	713.87	1220.77	440.96	54.96
2755.27	25.92	333.59	481.36	121.74	40.09

11－8　规模以上工业企业主要经济效益指标（2013年）

单位:%

项　　目 Item		企业亏损面 Percentage of Loss Making Enterprises	产值利税率 Percentage of Profit and Tax to Output Value
总　计	**Total**	**12.65**	**10.31**
按登记注册类型分	**Grouped by Status of Registration**		
内资企业	Domestic Funded Enterprises	9.69	10.75
国有企业	State－owned Enterprises	16.67	18.10
集体企业	Collective－owned Enterprises	10.23	8.39
股份合作企业	Cooperative Enterprises	6.67	11.00
联营企业	Joint Ownership Enterprises	22.22	8.80
有限责任公司	Limited Liability Corporations	11.53	9.73
#国有独资	State Sole Funded Corporatios	17.39	9.19
股份有限公司	Share－holding Corporations Ltd.	11.74	13.37
私营企业	Private Enterprises	9.28	10.18
其他企业	Other Enterprises	8.27	10.06
港、澳、台商投资企业	Enterprises with Funds from Hong Kong, Macao and Taiwan	21.48	9.08
外商投资企业	Foreign Funded Enterprises	22.91	9.70
按轻重工业分	**Grouped by Light & Heavy Industries**		
轻工业	Light Industry	11.91	11.56
重工业	Heavy Industry	13.10	9.86
按企业规模分	**Grouped by Size of Enterprises**		
大型企业	Large Enterprises	8.24	10.07
中型企业	Medium－sized Enterprises	13.27	11.51
小微型企业	Small Enterprises	12.70	9.80
按行业分	**Grouped by Sector**		
采矿业	**Mining**	**9.62**	**16.45**
煤炭开采和洗选业	Mining and Washing of Coal	15.38	14.88
石油和天然气开采业	Extraction of Petroleum and Natural Gas		
黑色金属矿采选业	Mining and Processing of Ferrous Metal Ores	15.79	9.96
有色金属矿采选业	Mining and Processing of Non－ferrous Metals Ores	25.00	14.88
非金属矿采选业	Mining and Processing of Non-metal Ores	6.19	12.37
开采辅助活动	Support Activities for Mining		
其他采矿业	Mining of Other Ores		
制造业	**Manufacturing**	**12.69**	**10.13**
农副食品加工业	Processing of Food from Agricultural Products	5.95	10.26

Main Indicators on Economic Benefit of above Designated Size Industrial Enterprises(2013)

(%)

销售利税率 Percentage of Profit and Tax to Sales	资金利税率 Percentage of Profit and Tax to Capital	资产负债率 Assets Liability Ratio	流动资产周转次数(次/年) Times of Turnover of Circulating Funds (times/year)	成本费用利润率 Ratio of Profits to Industrial Cost	产品销售率 Proportion of Products Sold	总资产贡献率 Ratio of Total Assets to Industrial Output Value
10.34	**16.76**	**56.70**	**2.67**	**6.59**	**98.99**	**15.80**
10.74	18.20	59.04	2.82	6.43	98.88	17.06
18.10	20.08	56.95	3.24	6.48	102.95	16.98
8.60	11.16	57.50	2.04	4.79	95.45	10.96
11.32	22.67	52.73	2.68	7.43	98.32	22.25
7.68	12.94	54.88	3.06	3.91	99.99	13.31
9.58	12.78	63.81	2.39	5.83	99.07	12.34
8.90	6.31	67.34	1.64	3.53	99.34	6.49
13.24	17.85	50.57	2.07	7.22	98.71	15.53
10.23	21.63	58.69	3.24	6.58	98.55	20.79
10.14	16.32	62.62	2.74	6.23	101.35	16.08
9.21	12.71	54.41	2.32	6.32	98.93	12.15
9.80	15.32	51.94	2.51	7.12	99.29	14.45
11.61	19.95	54.20	2.74	7.32	98.74	18.49
9.89	15.71	57.53	2.65	6.33	99.07	14.90
9.98	14.99	57.52	2.62	5.82	99.24	13.76
11.55	18.00	56.01	2.59	7.99	98.99	17.17
9.96	18.15	56.10	2.80	6.55	98.72	17.56
16.48	**12.63**	**55.67**	**2.60**	**4.81**	**99.16**	**11.01**
14.89	8.72	58.29	2.30	2.49	98.88	7.69
9.86	20.59	62.30	2.98	4.58	100.23	17.79
14.98	14.42	71.44	1.85	9.64	99.02	12.16
12.47	17.01	53.55	3.14	7.03	98.84	15.04
10.17	**17.23**	**56.04**	**2.65**	**6.47**	**98.96**	**16.27**
10.30	28.05	60.48	4.49	7.28	99.46	26.04

11－8 续 表1

单位:%

项 目 Item		企业亏损面 Percentage of Loss Making Enterprises	产值利税率 Percentage of Profit and Tax to Output Value
食品制造业	Manufacture of Food	12.94	12.31
酒、饮料和精制茶制造业	Manufacture of Liquor, Beverages and Refined Tea	8.76	23.81
烟草制品业	Manufacture of Tobacco		
纺织业	Manufacture of Textile	11.32	8.58
纺织服装、服饰业	Manufacture of Textile, Wearing Apparel and Accessories	11.96	11.01
皮革、毛皮、羽毛及其制品和制鞋业	Manufacture of Leather, Fur, Feather and Related Products and Footwear	13.77	9.56
木材加工和木、竹、藤、棕、草制品业	Processing of Timber, Manufacture of Wood, Bamboo, Rattan, Palm and Straw Products	3.44	12.71
家具制造业	Manufacture of Furniture	20.31	7.44
造纸和纸制品业	Manufacture of Paper and Paper Products	13.54	8.79
印刷和记录媒介复制业	Printing, Reproduction of Recording Media	14.07	11.34
文教、工美、体育和娱乐用品制造业	Manufacture of Articles for Culture, Education, Arts and Crafts, Sport and Entertainment Activities	7.00	10.86
石油加工、炼焦和核燃料加工业	Processing of Petroleum, Coking, Processing of Nuclear Fuel	12.78	18.07
化学原料和化学制品制造业	Manufacture of Raw Chemical Materials and Chemical Products	12.05	9.78
医药制造业	Manufacture of Medicines	11.53	16.04
化学纤维制造业	Manufacture of Chemical Fibers	20.78	6.12
橡胶和塑料制品业	Manufacture of Rubber and Plastics Products	13.68	9.82
非金属矿物制品业	Manufacture of Non－metallic Mineral Products	12.52	11.05
黑色金属冶炼和压延加工业	Smelting and Pressing of Ferrous Metals	15.95	6.38
有色金属冶炼和压延加工业	Smelting and Pressing of Non－ferrous Metals	18.60	6.16
金属制品业	Manufacture of Metal Products	10.30	10.12
通用设备制造业	Manufacture of General Purpose Machinery	11.75	11.15
专用设备制造业	Manufacture of Special Purpose Machinery	14.17	11.25
汽车制造业	Manufacture of Automobiles	12.56	14.47

11－8 Continued 1

(%)

销售利税率 Percentage of Profit and Tax to Sales	资金利税率 Percentage of Profit and Tax to Capital	资产负债率 Assets Liability Ratio	流动资产周转次数(次/年) Times of Turnover of Circulating Funds (times/year)	成本费用利润率 Ratio of Profits to Industrial Cost	产品销售率 Proportion of Products Sold	总资产贡献率 Ratio of Total Assets to Industrial Output Value
12.23	18.02	55.38	2.37	8.73	97.81	16.47
23.98	29.67	43.87	2.07	19.60	100.41	25.52
8.64	14.70	60.25	2.77	5.27	98.32	14.86
10.85	22.21	55.14	3.07	7.17	98.98	19.90
9.75	27.82	53.67	4.02	5.65	97.88	26.17
12.75	40.62	43.68	5.39	8.59	99.09	38.32
7.53	12.40	50.00	2.56	4.21	98.94	11.81
8.92	8.35	52.67	1.73	5.81	98.88	7.69
11.57	14.57	53.27	2.13	8.10	98.88	14.16
10.94	27.24	52.94	3.91	7.23	98.09	25.30
18.15	63.74	64.32	5.75	4.06	99.13	56.55
9.70	17.17	54.67	3.15	6.39	99.85	16.15
16.39	28.53	40.62	2.66	11.29	97.44	25.49
6.15	8.91	63.49	2.54	3.28	98.60	9.43
9.85	14.87	46.12	2.49	6.62	98.41	14.48
11.19	15.15	60.89	2.17	6.94	98.64	15.00
6.18	10.97	65.71	3.42	3.46	98.79	11.45
6.16	14.68	63.37	3.28	3.83	99.18	14.47
10.27	17.89	55.14	2.59	6.65	98.34	17.38
11.18	14.87	54.08	1.97	7.32	98.66	13.77
11.27	14.44	55.07	1.80	7.77	99.34	13.99
15.02	26.35	59.51	2.61	9.75	99.97	24.19

11－8 续 表2

单位:%

项 目 Item		企业亏损面 Percentage of Loss Making Enterprises	产值利税率 Percentage of Profit and Tax to Output Value
铁路、船舶、航空航天和其他运输设备制造业	Manufacture of Railway, Ship, Aerospace and Other Transport Equipments	11.94	11.15
电气机械和器材制造业	Manufacture of Electrical Machinery and Apparatus	12.43	10.07
计算机、通信和其他电子设备制造业	Manufacture of Computers, Communication and Other Electronic Equipment	23.34	6.42
仪器仪表制造业	Manufacture of Measuring Instruments and Machinery	9.75	12.63
其他制造业	Other Manufacture	11.45	10.38
废弃资源综合利用业	Utilization of Waste Resources	21.23	5.02
金属制品、机械和设备修理业	Repair Service of Metal Products, Machinery and Equipment	13.79	12.09
电力、热力、燃气及水的生产和供应业	**Production and Supply of Electric Power, Heat Power, Gas and Water**	**10.04**	**14.06**
电力、热力的生产和供应业	Production and Supply of Electric Power and Heat Power	9.20	13.79
燃气生产和供应	Production and Supply of Gas	8.14	16.85
水的生产和供应业	Production and Supply of Water	13.39	15.11
按省辖市分	**by Region**		
南京市	Nanjing	16.24	14.24
无锡市	Wuxi	19.00	8.48
徐州市	Xuzhou	2.80	14.74
常州市	Changzhou	14.42	8.64
苏州市	Suzhou	23.78	6.40
南通市	Nantong	4.27	11.83
连云港市	Lianyungang	9.64	12.42
淮安市	Huaian	8.40	9.20
盐城市	Yancheng	5.62	12.64
扬州市	Yangzhou	6.22	11.98
镇江市	Zhenjiang	10.89	9.59
泰州市	Taizhou	5.82	12.36
宿迁市	Suqian	3.13	15.51

11－8 Continued 2

(%)

销售利税率 Percentage of Profit and Tax to Sales	资金利税率 Percentage of Profit and Tax to Capital	资产负债率 Assets Liability Ratio	流动资产周转次数(次/年) Times of Turnover of Circulating Funds (times/year)	成本费用利润率 Ratio of Profits to Industrial Cost	产品销售率 Proportion of Products Sold	总资产贡献率 Ratio of Total Assets to Industrial Output Value
11.58	13.72	60.02	1.75	7.80	99.17	11.98
10.18	16.66	57.09	2.25	6.74	98.71	15.84
6.44	12.32	52.49	2.99	5.15	99.06	11.66
12.82	20.76	49.50	2.37	9.26	97.99	19.03
10.61	27.74	47.37	4.71	6.31	98.95	26.03
4.99	7.08	72.97	1.84	2.40	99.83	7.71
12.22	22.06	58.93	3.40	7.30	97.53	22.19
13.98	**11.54**	**64.57**	**3.37**	**9.90**	**99.71**	**11.08**
13.64	12.74	64.86	4.82	9.45	99.76	12.20
17.63	16.02	59.71	1.93	16.13	99.32	14.32
15.72	2.46	65.17	0.41	8.85	98.81	2.98
14.40	22.88	57.91	2.53	8.56	98.92	19.93
8.60	10.07	58.50	1.78	5.65	98.30	10.11
14.66	33.20	52.10	4.76	8.53	98.96	30.40
8.35	12.87	59.89	2.28	5.26	99.01	12.89
6.41	8.51	57.00	2.03	4.57	99.24	8.56
11.89	23.10	55.69	3.16	8.33	99.05	20.56
12.47	26.00	56.29	4.09	8.41	98.49	23.62
9.10	23.07	49.88	5.07	5.21	101.16	22.31
12.60	25.60	55.61	4.19	7.21	99.60	24.22
12.16	27.03	52.57	3.95	7.60	98.16	24.98
9.72	16.01	58.75	2.87	6.67	99.16	14.77
12.72	29.85	55.56	3.67	7.75	98.24	27.10
15.62	24.84	45.68	2.90	12.45	98.92	23.27

11－9　规模以上工业企业主要经济效益指标（2014 年）

单位:%

项　　目 Item		企业亏损面 Percentage of Loss Making Enterprises	产值利税率 Percentage of Profit and Tax to Output Value
总　计	**Total**	**12.48**	**10.45**
按登记注册类型分	**Grouped by Status of Registration**		
内资企业	Domestic Funded Enterprises	9.91	10.78
国有企业	State－owned Enterprises	21.43	11.17
集体企业	Collective－owned Enterprises	8.53	8.55
股份合作企业	Cooperative Enterprises	6.82	12.49
联营企业	Joint Ownership Enterprises	21.43	6.30
有限责任公司	Limited Liability Corporations	12.53	11.09
#国有独资	State Sole Funded Corporatios	17.72	23.22
股份有限公司	Share－holding Corporations Ltd.	13.94	13.24
私营企业	Private Enterprises	9.28	10.28
其他企业	Other Enterprises	6.60	9.55
港、澳、台商投资企业	Enterprises with Funds from Hong Kong, Macao and Taiwan	20.34	9.85
外商投资企业	Foreign Funded Enterprises	21.66	9.83
按轻重工业分	**Grouped by Light & Heavy Industries**		
轻工业	Light Industry	11.76	11.53
重工业	Heavy Industry	12.90	10.06
按企业规模分	**Grouped by Size of Enterprises**		
大型企业	Large Enterprises	8.96	10.52
中型企业	Medium－sized Enterprises	11.50	11.48
小微型企业	Small Enterprises	12.73	9.68
按行业分	**Grouped by Sector**		
采矿业	**Mining**	**11.69**	**14.31**
煤炭开采和洗选业	Mining and Washing of Coal	35.71	12.99
石油和天然气开采业	Extraction of Petroleum and Natural Gas		
黑色金属矿采选业	Mining and Processing of Ferrous Metal Ores	30.00	6.83
有色金属矿采选业	Mining and Processing of Non－ferrous Metals Ores	25.00	5.78
非金属矿采选业	Mining and Processing of Non-metal Ores	3.67	11.75
开采辅助活动	Support Activities for Mining		
其他采矿业	Mining of Other Ores		
制造业	**Manufacturing**	**12.52**	**10.26**
农副食品加工业	Processing of Food from Agricultural Products	7.07	9.53

Main Indicators on Economic Benefit of above Designated Size Industrial Enterprises(2014)

(%)

销售利税率 Percentage of Profit and Tax to Sales	资金利税率 Percentage of Profit and Tax to Capital	资产负债率 Assets Liability Ratio	流动资产周转次数(次/年) Times of Turnover of Circulating Funds (times/year)	成本费用利润率 Ratio of Profits to Industrial Cost	产品销售率 Proportion of Products Sold	总资产贡献率 Ratio of Total Assets to Industrial Output Value
10.53	**16.96**	**54.92**	**2.71**	**6.71**	**98.73**	**15.87**
10.81	18.09	56.77	2.87	6.43	98.62	16.84
11.23	12.25	55.59	4.47	4.43	99.61	10.53
8.71	10.98	57.14	2.10	4.61	95.13	10.32
12.63	23.48	51.64	2.57	7.94	97.83	23.15
6.08	10.62	55.91	3.22	1.79	99.10	11.13
10.97	14.74	60.83	2.43	6.16	98.99	13.89
22.38	16.10	61.55	1.61	6.21	100.42	14.39
13.20	16.90	49.05	1.99	6.99	98.37	14.65
10.37	21.44	56.37	3.31	6.61	98.51	20.39
9.52	14.96	60.37	2.99	5.81	99.16	15.27
10.02	14.21	53.62	2.42	7.07	98.42	13.43
9.99	15.48	50.65	2.47	7.31	99.14	14.53
11.62	19.98	52.24	2.79	7.17	98.60	18.31
10.13	15.96	55.82	2.68	6.54	98.77	15.05
10.45	15.56	56.00	2.62	6.14	98.89	14.22
11.57	18.48	54.08	2.69	8.00	98.59	17.34
9.89	17.59	54.12	2.83	6.46	98.64	16.93
14.79	**10.77**	**56.72**	**2.82**	**2.89**	**98.72**	**9.15**
13.90	6.35	59.74	2.42	0.83	99.08	5.63
8.18	13.18	66.28	2.90	2.75	98.81	10.67
5.70	4.47	70.79	1.42	0.38	99.76	4.21
12.06	16.17	54.06	2.92	6.59	97.85	13.95
10.34	**17.43**	**54.40**	**2.69**	**6.58**	**98.69**	**16.37**
9.56	26.71	56.05	4.99	6.44	99.26	25.14

11－9 续 表1

单位：%

项　　目 Item		企业亏损面 Percentage of Loss Making Enterprises	产值利税率 Percentage of Profit and Tax to Output Value
食品制造业	Manufacture of Food	12.34	11.74
酒、饮料和精制茶制造业	Manufacture of Liquor, Beverages and Refined Tea	14.14	21.91
烟草制品业	Manufacture of Tobacco		
纺织业	Manufacture of Textile	12.01	8.70
纺织服装、服饰业	Manufacture of Textile, Wearing Apparel and Accessories	11.51	11.48
皮革、毛皮、羽毛及其制品和制鞋业	Manufacture of Leather, Fur, Feather and Related Products and Footwear	9.72	9.88
木材加工和木、竹、藤、棕、草制品业	Processing of Timber, Manufacture of Wood, Bamboo, Rattan, Palm and Straw Products	3.64	12.20
家具制造业	Manufacture of Furniture	15.44	8.45
造纸和纸制品业	Manufacture of Paper and Paper Products	14.61	8.67
印刷和记录媒介复制业	Printing, Reproduction of Recording Media	13.63	12.06
文教、工美、体育和娱乐用品制造业	Manufacture of Articles for Culture, Education, Arts and Crafts, Sport and Entertainment Activities	7.28	10.65
石油加工、炼焦和核燃料加工业	Processing of Petroleum, Coking, Processing of Nuclear Fuel	18.88	16.12
化学原料和化学制品制造业	Manufacture of Raw Chemical Materials and Chemical Products	11.45	9.72
医药制造业	Manufacture of Medicines	10.30	16.66
化学纤维制造业	Manufacture of Chemical Fibers	22.80	6.39
橡胶和塑料制品业	Manufacture of Rubber and Plastics Products	13.25	9.62
非金属矿物制品业	Manufacture of Non－metallic Mineral Products	12.13	10.77
黑色金属冶炼和压延加工业	Smelting and Pressing of Ferrous Metals	16.91	7.06
有色金属冶炼和压延加工业	Smelting and Pressing of Non－ferrous Metals	17.14	6.10
金属制品业	Manufacture of Metal Products	11.08	10.09
通用设备制造业	Manufacture of General Purpose Machinery	12.63	11.24
专用设备制造业	Manufacture of Special Purpose Machinery	13.75	11.33
汽车制造业	Manufacture of Automobiles	12.12	14.22

11 -9 Continued 1

(%)

销售利税率 Percentage of Profit and Tax to Sales	资金利税率 Percentage of Profit and Tax to Capital	资产负债率 Assets Liability Ratio	流动资产周转次数(次/年) Times of Turnover of Circulating Funds (times/year)	成本费用利润率 Ratio of Profits to Industrial Cost	产品销售率 Proportion of Products Sold	总资产贡献率 Ratio of Total Assets to Industrial Output Value
11.93	19.89	50.29	2.79	8.10	97.00	17.06
22.44	26.40	42.49	1.94	18.00	99.29	22.26
8.77	15.11	58.05	2.85	5.27	98.84	15.11
11.41	23.21	51.05	3.11	7.78	98.78	19.86
10.15	29.41	51.41	4.31	6.01	97.27	27.25
12.28	32.89	40.78	5.02	8.18	99.14	32.26
8.61	13.74	50.24	2.57	5.03	98.28	13.18
8.80	8.61	52.72	1.79	5.58	99.26	8.45
12.28	15.37	48.75	2.15	8.60	98.88	14.78
10.84	25.79	52.38	3.74	7.02	97.55	23.74
15.82	52.35	59.44	5.73	2.86	98.94	45.63
9.74	17.07	53.76	3.25	6.25	98.78	16.22
17.06	28.60	40.25	2.55	11.70	97.84	25.19
6.45	9.21	61.08	2.60	3.39	99.37	9.55
9.76	14.40	44.06	2.49	6.43	98.06	13.91
10.96	15.71	58.05	2.33	6.82	98.72	15.35
6.83	12.21	63.20	3.62	3.79	98.64	12.29
6.11	14.54	61.73	3.39	3.84	98.82	14.44
10.22	17.56	54.20	2.62	6.52	98.87	16.71
11.30	14.99	52.99	1.99	7.43	98.75	13.98
11.50	15.16	53.04	1.90	7.80	98.45	14.43
15.01	25.91	58.22	2.65	9.97	98.82	23.65

11-9 续 表2

单位:%

项 目 Item		企业亏损面 Percentage of Loss Making Enterprises	产值利税率 Percentage of Profit and Tax to Output Value
铁路、船舶、航空航天和其他运输设备制造业	Manufacture of Railway, Ship, Aerospace and Other Transport Equipments	11.78	11.75
电气机械和器材制造业	Manufacture of Electrical Machinery and Apparatus	12.36	10.11
计算机、通信和其他电子设备制造业	Manufacture of Computers, Communication and Other Electronic Equipment	19.27	6.57
仪器仪表制造业	Manufacture of Measuring Instruments and Machinery	10.48	12.70
其他制造业	Other Manufacture	8.18	10.32
废弃资源综合利用业	Utilization of Waste Resources	21.19	6.52
金属制品、机械和设备修理业	Repair Service of Metal Products, Machinery and Equipment	23.33	11.29
电力、热力、燃气及水的生产和供应业	**Production and Supply of Electric Power, Heat Power, Gas and Water**	**8.26**	**15.16**
电力、热力的生产和供应业	Production and Supply of Electric Power and Heat Power	7.60	15.03
燃气生产和供应	Production and Supply of Gas	7.29	16.61
水的生产和供应业	Production and Supply of Water	10.62	15.05
按省辖市分	**by Region**		
南京市	Nanjing	14.70	13.07
无锡市	Wuxi	18.63	8.76
徐州市	Xuzhou	4.54	14.40
常州市	Changzhou	14.99	9.12
苏州市	Suzhou	22.11	6.84
南通市	Nantong	6.04	11.82
连云港市	Lianyungang	9.40	12.58
淮安市	Huaian	7.76	9.70
盐城市	Yancheng	6.93	12.44
扬州市	Yangzhou	6.32	11.90
镇江市	Zhenjiang	10.69	9.94
泰州市	Taizhou	5.91	12.66
宿迁市	Suqian	4.45	14.29

11－9 Continued 2

(%)

销售利税率 Percentage of Profit and Tax to Sales	资金利税率 Percentage of Profit and Tax to Capital	资产负债率 Assets Liability Ratio	流动资产周转次数(次/年) Times of Turnover of Circulating Funds (times/year)	成本费用利润率 Ratio of Profits to Industrial Cost	产品销售率 Proportion of Products Sold	总资产贡献率 Ratio of Total Assets to Industrial Output Value
12.12	14.90	62.87	1.82	8.76	98.33	13.27
10.27	17.01	55.79	2.30	6.89	98.47	16.00
6.62	11.98	51.88	2.80	5.33	98.93	11.36
12.85	20.81	48.32	2.31	9.42	98.08	19.05
10.45	25.71	49.11	4.57	5.97	99.07	24.73
6.31	11.17	58.47	2.99	3.25	97.99	11.39
11.59	18.67	60.83	2.81	6.34	98.54	18.41
15.18	**11.82**	**60.86**	**3.44**	**10.99**	**99.74**	**10.94**
15.02	13.06	60.22	5.16	10.63	99.80	12.09
16.82	18.42	54.64	2.32	15.46	99.39	15.27
15.22	2.26	67.11	0.39	8.98	98.81	2.72
13.26	19.92	57.45	2.43	7.30	98.88	17.91
8.91	10.07	56.03	1.72	6.07	98.03	9.81
14.50	30.37	49.74	4.76	8.25	98.44	28.60
8.84	14.03	59.21	2.39	5.67	98.88	13.65
6.82	8.93	55.16	1.99	4.93	99.40	8.76
11.96	23.39	55.26	3.38	8.18	98.96	20.97
12.70	25.67	53.63	4.16	8.40	98.41	22.95
9.75	24.65	45.18	5.52	5.80	98.79	23.47
12.49	24.73	54.66	4.19	7.63	98.45	23.69
12.17	27.15	51.82	3.99	7.62	98.22	25.05
10.18	17.85	57.33	2.99	7.04	98.42	16.53
13.05	29.62	54.82	3.47	8.24	98.13	25.85
14.66	21.05	41.98	2.73	11.34	98.28	19.73

11－10 国有控股工业企业主要经济指标（2013 年）

单位：亿元

项目	Item	企业单位数（个） Number of Enterprises (unit)	流动资产合计 Current Assets	应收账款 Accounts Receivalble
总　计	**Total**	**961**	**6824.45**	**1672.64**
按登记注册类型分	**Grouped by Status of Registration**			
内资企业	Domestic Funded Enterprises	837	5988.29	1484.20
国有企业	State－owned Enterprises	156	1324.20	172.33
集体企业	Collective－owned Enterprises			
股份合作企业	Cooperative Enterprises			
联营企业	Joint Ownership Enterprises	8	10.72	2.25
有限责任公司	Limited Liability Corporations	575	3526.83	1035.79
#国有独资	State Sole Funded Corporatios	136	1490.05	474.78
股份有限公司	Share－holding Corporations Ltd.	96	1122.42	272.39
私营企业	Private Enterprises			
其他企业	Other Enterprises	2		
港、澳、台商投资企业	Enterprises with Funds from Hong Kong, Macao and Taiwan	45	112.34	24.05
外商投资企业	Foreign Funded Enterprises	79	723.82	164.39
按轻重工业分	**Grouped by Light & Heavy Industries**			
轻工业	Light Industry	255	1284.58	115.81
重工业	Heavy Industry	706	5539.87	1556.83
按企业规模分	**Grouped by Size of Enterprises**			
大型企业	Large Enterprises	148	4645.02	1139.48
中型企业	Medium－sized Enterprises	280	1402.68	358.39
小微型企业	Small Enterprises	533	776.75	174.77
按行业分	**Grouped by Sector**			
采矿业	**Mining**	**28**	**279.99**	**44.95**
煤炭开采和洗选业	Mining and Washing of Coal	5		
石油和天然气开采业	Extraction of Petroleum and Natural Gas	2		
黑色金属矿采选业	Mining and Processing of Ferrous Metal Ores	2		
有色金属矿采选业	Mining and Processing of Non－ferrous Metals Ores	3		
非金属矿采选业	Mining and Processing of Non-metal Ores	16	50.09	6.58
开采辅助活动	Support Activities for Mining			
其他采矿业	Mining of Other Ores			
制造业	**Manufacturing**	**762**	**5537.70**	**1477.70**
农副食品加工业	Processing of Food from Agricultural Products	38	187.60	29.03
食品制造业	Manufacture of Food	19	39.29	7.94
酒、饮料和精制茶制造业	Manufacture of Liquor, Beverages and Refined Tea	11	65.51	11.86
烟草制品业	Manufacture of Tobacco	5		
纺织业	Manufacture of Textile	24	86.20	10.40
纺织服装、服饰业	Manufacture of Textile, Wearing Apparel and Accessories	27	26.18	2.03

Main Economic Indicators of State Shareholding Industrial Enterprises (2013)

(100 million yuan)

存货 Inventory	#产成品 Finished Goods	固定资产合计 Original Value	资产总计 Total Assets	负债合计 Total Liabilities	所有者权益合计 Owners' Equities
1564.39	**396.70**	**7096.06**	**16977.67**	**10603.08**	**6373.31**
1388.33	352.51	6246.38	15103.54	9445.91	5656.35
285.70	39.88	2435.91	4610.90	2625.74	1984.62
3.46	1.97	5.88	17.67	11.92	5.75
730.15	234.89	2804.84	7837.93	5326.75	2510.44
312.67	112.81	1081.79	3257.00	2193.18	1063.82
368.65	75.75	983.32	2612.22	1466.33	1145.89
37.66	7.26	201.07	355.42	214.80	140.63
138.40	36.93	648.61	1518.71	942.37	576.33
333.52	51.49	781.85	2375.15	1193.89	1179.98
1230.88	345.21	6314.20	14602.52	9409.19	5193.33
1119.79	254.95	4748.67	11802.36	7200.49	4601.87
303.44	90.78	1565.13	3401.25	2254.89	1146.36
141.17	50.96	782.26	1774.06	1147.70	625.09
44.15	**18.88**	**550.01**	**1034.98**	**578.14**	**456.85**
7.96	2.24	70.05	146.89	82.87	64.01
1443.82	**376.66**	**2937.57**	**10278.87**	**6307.87**	**3969.72**
45.03	6.82	50.55	248.86	187.10	61.76
9.58	2.84	29.21	86.97	66.35	20.62
32.77	4.33	44.59	117.14	61.22	55.92
26.65	10.05	98.46	192.97	109.60	82.83
2.96	1.56	11.23	42.37	18.97	22.65

11－10 续 表 1

单位:亿元

项 目	Item	企业单位数(个) Number of Enterprises (unit)	流动资产合计 Current Assets	应收账款 Accounts Receivalble
皮革、毛皮、羽毛及其制品和制鞋业	Manufacture of Leather, Fur, Feather and Related Products and Footwear			
木材加工和木、竹、藤、棕、草制品业	Processing of Timber, Manufacture of Wood, Bamboo, Rattan, Palm and Straw Products			
家具制造业	Manufacture of Furniture			
造纸和纸制品业	Manufacture of Paper and Paper Products	4		
印刷和记录媒介复制业	Printing, Reproduction of Recording Media	23	13.57	4.57
文教、工美、体育和娱乐用品制造业	Manufacture of Articles for Culture, Education, Arts and Crafts, Sport and Entertainment Activities	3		
石油加工、炼焦和核燃料加工业	Processing of Petroleum, Coking, Processing of Nuclear Fuel	11	144.45	18.90
化学原料和化学制品制造业	Manufacture of Raw Chemical Materials and Chemical Products	81	650.51	92.18
医药制造业	Manufacture of Medicines	16	53.93	12.25
化学纤维制造业	Manufacture of Chemical Fibers	13	65.84	6.68
橡胶和塑料制品业	Manufacture of Rubber and Plastics Products	9	15.12	5.08
非金属矿物制品业	Manufacture of Non－metallic Mineral Products	71	170.50	44.98
黑色金属冶炼和压延加工业	Smelting and Pressing of Ferrous Metals	18	199.28	30.86
有色金属冶炼和压延加工业	Smelting and Pressing of Non－ferrous Metals	17	37.11	4.46
金属制品业	Manufacture of Metal Products	29	102.52	36.10
通用设备制造业	Manufacture of General Purpose Machinery	63	882.41	338.43
专用设备制造业	Manufacture of Special Purpose Machinery	52	363.80	164.75
汽车制造业	Manufacture of Automobiles	41	474.87	112.65
铁路、船舶、航空航天和其他运输设备制造业	Manufacture of Railway, Ship, Aerospace and Other Transport Equipments	43	445.37	110.21
电气机械和器材制造业	Manufacture of Electrical Machinery and Apparatus	59	473.64	267.97
计算机、通信和其他电子设备制造业	Manufacture of Computers, Communication and Other Electronic Equipment	52	398.17	70.63
仪器仪表制造业	Manufacture of Measuring Instruments and Machinery	29	233.76	82.35
其他制造业	Other Manufacture			
废弃资源综合利用业	Utilization of Waste Resources	2		
金属制品、机械和设备修理业	Repair Service of Metal Products, Machinery and Equipment	2		
电力、热力、燃气及水的生产和供应业	**Production and Supply of Electric Power, Heat Power, Gas and Water**	**171**	**1006.76**	**149.98**
电力、热力的生产和供应业	Production and Supply of Electric Power and Heat Power	97	588.53	136.24
燃气生产和供应	Production and Supply of Gas	17	102.35	5.91
水的生产和供应业	Production and Supply of Water	57	315.88	7.83

11-10 Continued 1

(100 million yuan)

存货 Inventory	#产成品 Finished Goods	固定资产合计 Original Value	资产总计 Total Assets	负债合计 Total Liabilities	所有者权益合计 Owners' Equities
2.42	0.73	14.01	32.98	12.31	20.66
111.90	12.58	124.44	328.55	221.32	107.23
196.79	60.01	628.38	1665.64	914.97	750.67
11.29	5.49	33.27	102.30	36.15	66.15
31.01	10.34	67.83	170.03	76.04	93.99
3.94	2.20	13.85	33.55	19.97	13.57
22.72	10.90	145.38	380.06	249.79	130.27
49.48	13.11	310.44	638.09	468.22	169.87
19.72	2.80	20.02	61.41	40.62	20.79
30.67	12.92	49.50	168.59	89.34	79.25
185.29	96.77	182.39	1428.82	916.02	512.81
64.70	18.59	88.15	497.37	357.51	139.86
78.69	29.35	239.88	811.72	614.80	196.93
127.09	15.33	235.48	822.75	541.65	281.10
92.69	28.32	136.97	683.78	453.27	230.50
103.52	18.26	285.67	884.45	574.05	310.40
43.06	7.51	59.74	342.60	196.04	146.56
76.42	**1.15**	**3608.47**	**5663.82**	**3717.08**	**1946.74**
61.14	0.16	3151.63	4621.41	3035.89	1585.52
4.84	0.14	105.61	238.25	144.54	93.71
10.44	0.85	351.23	804.17	536.65	267.52

11－10 续 表 2

单位:亿元

项 目 Item		#实收资本 Paid-in Capital	主营业务收入 Revenue from Principal Business
总 计	**Total**	**3051.69**	**14764.40**
按登记注册类型分	**Grouped by Status of Registration**		
内资企业	Domestic Funded Enterprises	2504.17	12860.83
国有企业	State－owned Enterprises	487.60	4171.43
集体企业	Collective－owned Enterprises		
股份合作企业	Cooperative Enterprises		
联营企业	Joint Ownership Enterprises	2.03	27.26
有限责任公司	Limited Liability Corporations	1339.10	5461.17
#国有独资	State Sole Funded Corporatios	475.59	1824.18
股份有限公司	Share－holding Corporations Ltd.	668.87	3187.58
私营企业	Private Enterprises		
其他企业	Other Enterprises		
港、澳、台商投资企业	Enterprises with Funds from Hong Kong, Macao and Taiwan	123.10	340.93
外商投资企业	Foreign Funded Enterprises	424.43	1562.64
按轻重工业分	**Grouped by Light & Heavy Industries**		
轻工业	Light Industry	369.36	1621.83
重工业	Heavy Industry	2682.34	13142.57
按企业规模分	**Grouped by Size of Enterprises**		
大型企业	Large Enterprises	1848.25	10814.01
中型企业	Medium－sized Enterprises	750.34	2616.23
小微型企业	Small Enterprises	453.10	1334.16
按行业分	**Grouped by Sector**		
采矿业	**Mining**	**229.70**	**440.42**
煤炭开采和洗选业	Mining and Washing of Coal		
石油和天然气开采业	Extraction of Petroleum and Natural Gas		
黑色金属矿采选业	Mining and Processing of Ferrous Metal Ores		
有色金属矿采选业	Mining and Processing of Non－ferrous Metals Ores		
非金属矿采选业	Mining and Processing of Non-metal Ores	38.72	77.48
开采辅助活动	Support Activities for Mining		
其他采矿业	Mining of Other Ores		
制造业	**Manufacturing**	**2003.48**	**10367.74**
农副食品加工业	Processing of Food from Agricultural Products	19.80	345.42
食品制造业	Manufacture of Food	14.54	76.93
酒、饮料和精制茶制造业	Manufacture of Liquor, Beverages and Refined Tea	16.43	83.78
烟草制品业	Manufacture of Tobacco		
纺织业	Manufacture of Textile	33.33	111.04
纺织服装、服饰业	Manufacture of Textile, Wearing Apparel and Accessories	6.57	37.17

11－10　Continued 2

(100 million yuan)

主营业务成本 Cost of Principle Business	主营业务税金及附加 Taxes and Other Charges on Principle Business	利润总额 Total Profits	利税总额 Total Profits and Taxes	应交增值税 Value Added Tax Payable	从业人员年平均人数(万人) Annual Average Employed Persons (10000 persons)
12552.51	**541.22**	**877.39**	**2054.87**	**633.01**	**78.96**
10926.43	518.51	731.02	1827.15	574.51	70.57
3488.99	304.39	242.50	755.18	206.54	15.20
24.70	0.10	0.90	1.91	0.91	0.21
4641.09	52.18	359.62	601.29	188.19	43.66
1524.28	16.57	82.80	162.29	62.20	19.46
2760.94	161.80	127.56	468.05	178.60	11.39
299.45	1.64	27.60	41.79	12.55	2.00
1326.62	21.07	118.77	185.92	45.94	6.40
1032.60	288.28	187.56	580.27	104.19	13.45
11519.91	252.94	689.83	1474.61	528.81	65.52
9216.61	505.71	565.77	1552.12	477.86	55.40
2186.47	24.73	225.73	358.91	108.19	16.38
1149.42	10.77	85.89	143.84	46.95	7.18
324.72	**25.80**	**18.19**	**79.51**	**33.79**	**12.44**
62.81	1.67	4.53	9.21	3.01	1.23
8687.72	**496.82**	**551.78**	**1475.73**	**426.23**	**56.03**
327.83	0.37	10.67	15.58	4.47	0.83
58.67	0.86	5.39	9.09	2.84	1.27
41.45	10.83	29.47	46.70	6.40	1.09
101.88	0.43	1.99	5.72	3.30	1.73
27.42	0.22	2.70	4.79	1.87	1.03

单位:亿元

项 目 Item		#实收资本 Paid-in Capital	主营业务收入 Revenue from Principal Business
皮革、毛皮、羽毛及其制品和制鞋业	Manufacture of Leather, Fur, Feather and Related Products and Footwear		
木材加工和木、竹、藤、棕、草制品业	Processing of Timber, Manufacture of Wood, Bamboo, Rattan, Palm and Straw Products		
家具制造业	Manufacture of Furniture		
造纸和纸制品业	Manufacture of Paper and Paper Products		
印刷和记录媒介复制业	Printing, Reproduction of Recording Media	12.58	21.75
文教、工美、体育和娱乐用品制造业	Manufacture of Articles for Culture, Education, Arts and Crafts, Sport and Entertainment Activities		
石油加工、炼焦和核燃料加工业	Processing of Petroleum, Coking, Processing of Nuclear Fuel	97.31	1366.14
化学原料和化学制品制造业	Manufacture of Raw Chemical Materials and Chemical Products	495.89	1948.06
医药制造业	Manufacture of Medicines	18.11	86.69
化学纤维制造业	Manufacture of Chemical Fibers	51.63	131.88
橡胶和塑料制品业	Manufacture of Rubber and Plastics Products	10.85	26.80
非金属矿物制品业	Manufacture of Non－metallic Mineral Products	87.07	296.40
黑色金属冶炼和压延加工业	Smelting and Pressing of Ferrous Metals	155.20	544.42
有色金属冶炼和压延加工业	Smelting and Pressing of Non－ferrous Metals	15.85	226.01
金属制品业	Manufacture of Metal Products	47.49	186.76
通用设备制造业	Manufacture of General Purpose Machinery	97.94	803.73
专用设备制造业	Manufacture of Special Purpose Machinery	80.61	328.88
汽车制造业	Manufacture of Automobiles	198.33	1246.65
铁路、船舶、航空航天和其他运输设备制造业	Manufacture of Railway, Ship, Aerospace and Other Transport Equipments	147.80	499.27
电气机械和器材制造业	Manufacture of Electrical Machinery and Apparatus	87.89	668.64
计算机、通信和其他电子设备制造业	Manufacture of Computers, Communication and Other Electronic Equipment	234.38	554.05
仪器仪表制造业	Manufacture of Measuring Instruments and Machinery	50.36	247.89
其他制造业	Other Manufacture		
废弃资源综合利用业	Utilization of Waste Resources		
金属制品、机械和设备修理业	Repair Service of Metal Products, Machinery and Equipment		
电力、热力、燃气及水的生产和供应业	**Production and Supply of Electric Power, Heat Power, Gas and Water**	**818.51**	**3956.24**
电力、热力的生产和供应业	Production and Supply of Electric Power and Heat Power	612.01	3760.67
燃气生产和供应	Production and Supply of Gas	48.73	112.41
水的生产和供应业	Production and Supply of Water	157.77	83.16

11－10 Continued 3

(100 million yuan)

主营业务成本 Cost of Principle Business	主营业务税金及附加 Taxes and Other Charges on Principle Business	利润总额 Total Profits	利税总额 Total Profits and Taxes	应交增值税 Value Added Tax Payable	从业人员年平均人数(万人) Annual Average Employed Persons (10000 persons)
18.37	0.13	1.04	2.14	0.98	0.88
1173.01	131.89	40.68	322.50	149.93	1.10
1771.37	35.89	47.61	111.64	27.79	7.38
60.48	0.58	8.28	13.58	4.70	1.17
96.53	1.67	24.53	31.94	5.74	1.08
22.59	0.14	1.13	2.63	1.36	0.39
243.37	1.39	20.84	34.99	12.76	2.36
525.01	0.73	3.40	13.72	9.59	1.48
220.29	0.23	1.74	4.65	2.62	0.38
160.86	0.60	14.36	22.95	7.98	1.81
675.57	2.66	44.76	68.91	21.40	6.76
275.59	1.50	12.49	21.29	7.28	2.78
1074.14	28.23	54.34	116.39	33.73	5.77
431.41	2.19	20.65	36.10	13.14	5.41
550.23	2.23	46.66	77.53	28.63	3.62
480.26	0.95	45.25	51.79	5.58	4.98
207.65	1.03	19.52	30.87	10.28	1.65
3540.06	**18.60**	**307.42**	**499.63**	**172.99**	**10.49**
3402.37	17.18	279.20	463.07	166.39	7.63
84.23	0.68	23.16	26.15	2.12	0.54
53.46	0.74	5.06	10.41	4.48	2.32

11－11　国有控股工业企业主要经济指标（2014 年）

单位:亿元

项　目	Item	企业单位数（个）Number of Enterprises (unit)	流动资产合计 Current Assets	应收账款 Accounts Receivalble
总　计	**Total**	**960**	**6971.05**	**1786.54**
按登记注册类型分	**Grouped by Status of Registration**			
内资企业	Domestic Funded Enterprises	839	6126.91	1597.30
国有企业	State－owned Enterprises	112	788.95	127.21
集体企业	Collective－owned Enterprises			
股份合作企业	Cooperative Enterprises			
联营企业	Joint Ownership Enterprises	7	7.73	1.83
有限责任公司	Limited Liability Corporations	613	4053.81	1146.12
#国有独资	State Sole Funded Corporatios	158	1938.32	519.39
股份有限公司	Share－holding Corporations Ltd.	105	1274.12	321.27
私营企业	Private Enterprises			
其他企业	Other Enterprises	2		
港、澳、台商投资企业	Enterprises with Funds from Hong Kong, Macao and Taiwan	46	108.18	22.52
外商投资企业	Foreign Funded Enterprises	75	735.97	166.73
按轻重工业分	**Grouped by Light & Heavy Industries**			
轻工业	Light Industry	259	1313.71	110.69
重工业	Heavy Industry	701	5657.34	1675.85
按企业规模分	**Grouped by Size of Enterprises**			
大型企业	Large Enterprises	139	4639.66	1163.45
中型企业	Medium－sized Enterprises	269	1443.70	402.35
小微型企业	Small Enterprises	552	887.69	220.74
按行业分	**Grouped by Sector**			
采矿业	**Mining**	**27**	**278.76**	**44.51**
煤炭开采和洗选业	Mining and Washing of Coal	5		
石油和天然气开采业	Extraction of Petroleum and Natural Gas	2		
黑色金属矿采选业	Mining and Processing of Ferrous Metal Ores	2		
有色金属矿采选业	Mining and Processing of Non－ferrous Metals Ores	3		
非金属矿采选业	Mining and Processing of Non-metal Ores	15	58.87	5.16
开采辅助活动	Support Activities for Mining			
其他采矿业	Mining of Other Ores			
制造业	**Manufacturing**	**751**	**5676.24**	**1587.82**
农副食品加工业	Processing of Food from Agricultural Products	38	145.77	18.65
食品制造业	Manufacture of Food	19	35.37	8.37
酒、饮料和精制茶制造业	Manufacture of Liquor, Beverages and Refined Tea	11	77.61	18.57
烟草制品业	Manufacture of Tobacco	5		
纺织业	Manufacture of Textile	24	95.34	9.10
纺织服装、服饰业	Manufacture of Textile, Wearing Apparel and Accessories	28	32.25	3.12

Main Economic Indicators of State Shareholding Industrial Enterprises(2014)

(100 million yuan)

存货 Inventory	#产成品 Finished Goods	固定资产合计 Original Value	资产总计 Total Assets	负债合计 Total Liabilities	所有者权益合计 Owners' Equities
1553.10	**422.74**	**7617.21**	**17763.81**	**10779.37**	**6983.98**
1381.21	372.11	6800.91	15898.55	9668.93	6229.15
137.31	22.48	2386.04	3855.24	2143.20	1711.99
2.26	1.46	5.11	13.69	9.99	3.70
933.31	275.53	3235.66	9020.88	5821.09	3199.39
493.24	118.92	1437.44	4138.48	2547.10	1590.98
307.97	72.63	1153.13	2982.87	1680.77	1302.10
39.71	8.06	198.24	362.23	215.86	146.37
132.18	42.58	618.06	1503.04	894.58	608.46
329.24	51.82	801.74	2487.87	1209.55	1277.91
1223.86	370.92	6815.47	15275.95	9569.82	5706.07
1109.01	250.85	5219.05	12183.89	7208.52	4975.37
280.76	111.45	1488.89	3498.35	2252.69	1245.66
163.33	60.44	909.27	2081.57	1318.16	762.95
44.05	**15.70**	**540.10**	**1070.04**	**613.05**	**457.00**
9.54	3.30	61.97	160.88	97.15	63.74
1429.40	**405.64**	**3102.89**	**10489.69**	**6337.41**	**4151.82**
30.77	8.32	42.61	205.29	141.36	63.92
9.98	2.22	26.11	86.72	55.74	30.57
36.91	4.15	32.27	140.54	70.88	69.66
24.42	9.53	89.65	199.02	112.64	86.38
3.38	1.56	11.52	46.57	18.36	28.21

单位:亿元

项 目	Item	企业单位数(个) Number of Enterprises (unit)	流动资产合计 Current Assets	应收账款 Accounts Receivalble
皮革、毛皮、羽毛及其制品和制鞋业	Manufacture of Leather, Fur, Feather and Related Products and Footwear			
木材加工和木、竹、藤、棕、草制品业	Processing of Timber, Manufacture of Wood, Bamboo, Rattan, Palm and Straw Products			
家具制造业	Manufacture of Furniture			
造纸和纸制品业	Manufacture of Paper and Paper Products	4		
印刷和记录媒介复制业	Printing, Reproduction of Recording Media	23	14.48	5.21
文教、工美、体育和娱乐用品制造业	Manufacture of Articles for Culture, Education, Arts and Crafts, Sport and Entertainment Activities	5		
石油加工、炼焦和核燃料加工业	Processing of Petroleum, Coking, Processing of Nuclear Fuel	11	85.09	14.93
化学原料和化学制品制造业	Manufacture of Raw Chemical Materials and Chemical Products	79	604.57	90.12
医药制造业	Manufacture of Medicines	20	61.28	12.94
化学纤维制造业	Manufacture of Chemical Fibers	12	52.87	4.94
橡胶和塑料制品业	Manufacture of Rubber and Plastics Products	8	13.23	2.88
非金属矿物制品业	Manufacture of Non－metallic Mineral Products	69	175.49	46.53
黑色金属冶炼和压延加工业	Smelting and Pressing of Ferrous Metals	16	163.43	18.54
有色金属冶炼和压延加工业	Smelting and Pressing of Non－ferrous Metals	16	38.19	4.20
金属制品业	Manufacture of Metal Products	29	110.07	37.86
通用设备制造业	Manufacture of General Purpose Machinery	63	885.74	358.37
专用设备制造业	Manufacture of Special Purpose Machinery	57	371.79	192.71
汽车制造业	Manufacture of Automobiles	40	477.43	111.82
铁路、船舶、航空航天和其他运输设备制造业	Manufacture of Railway, Ship, Aerospace and Other Transport Equipments	40	449.80	102.81
电气机械和器材制造业	Manufacture of Electrical Machinery and Apparatus	56	533.21	309.77
计算机、通信和其他电子设备制造业	Manufacture of Computers, Communication and Other Electronic Equipment	49	551.82	87.76
仪器仪表制造业	Manufacture of Measuring Instruments and Machinery	25	277.13	121.70
其他制造业	Other Manufacture			
废弃资源综合利用业	Utilization of Waste Resources	2		
金属制品、机械和设备修理业	Repair Service of Metal Products, Machinery and Equipment	2		
电力、热力、燃气及水的生产和供应业	**Production and Supply of Electric Power, Heat Power, Gas and Water**	**182**	**1016.05**	**154.21**
电力、热力的生产和供应业	Production and Supply of Electric Power and Heat Power	104	587.74	139.44
燃气生产和供应	Production and Supply of Gas	21	68.18	5.84
水的生产和供应业	Production and Supply of Water	57	358.13	8.93

11－11 Continued 1

(100 million yuan)

存货 Inventory	#产成品 Finished Goods	固定资产合计 Original Value	资产总计 Total Assets	负债合计 Total Liabilities	所有者权益合计 Owners' Equities
2.74	0.98	14.14	35.74	10.97	24.78
61.93	14.18	122.56	268.41	164.17	104.23
180.57	61.57	725.25	1635.37	917.35	717.96
12.62	6.98	35.51	119.15	42.13	77.01
13.70	7.27	55.90	149.03	67.30	81.72
4.57	2.95	16.09	31.74	17.87	13.87
24.79	11.12	134.76	360.88	231.33	129.55
36.54	8.57	261.06	601.32	433.48	167.84
15.42	4.21	17.94	67.19	45.16	22.04
31.47	14.09	52.08	184.44	102.11	82.33
199.35	103.82	273.94	1493.89	937.81	556.08
65.87	22.27	105.00	531.52	370.26	161.27
66.32	29.57	238.66	804.73	591.49	213.24
173.42	15.04	228.64	845.48	561.27	284.21
94.79	40.15	139.53	739.35	487.47	251.88
118.41	26.96	332.99	1007.16	669.50	337.66
48.10	3.78	52.35	381.27	225.88	155.39
79.65	**1.41**	**3974.22**	**6204.08**	**3828.92**	**2375.17**
62.31	0.23	3482.27	5079.13	3098.62	1980.51
5.82	0.15	106.05	210.25	105.33	104.92
11.51	1.03	385.91	914.70	624.96	289.73

单位:亿元

项 目 Item		#实收资本 Paid-in Capital	主营业务收入 Revenue from Principal Business
总 计	**Total**	**3074.91**	**15148.71**
按登记注册类型分	**Grouped by Status of Registration**		
内资企业	Domestic Funded Enterprises	2542.90	13004.23
国有企业	State－owned Enterprises	336.92	3462.35
集体企业	Collective－owned Enterprises		
股份合作企业	Cooperative Enterprises		
联营企业	Joint Ownership Enterprises	1.98	21.79
有限责任公司	Limited Liability Corporations	1477.31	6295.68
#国有独资	State Sole Funded Corporatios	576.42	2428.28
股份有限公司	Share－holding Corporations Ltd.	720.13	3205.25
私营企业	Private Enterprises		
其他企业	Other Enterprises		
港、澳、台商投资企业	Enterprises with Funds from Hong Kong, Macao and Taiwan	127.11	366.56
外商投资企业	Foreign Funded Enterprises	404.89	1777.92
按轻重工业分	**Grouped by Light & Heavy Industries**		
轻工业	Light Industry	390.35	1733.38
重工业	Heavy Industry	2684.56	13415.33
按企业规模分	**Grouped by Size of Enterprises**		
大型企业	Large Enterprises	1811.03	10915.25
中型企业	Medium－sized Enterprises	725.40	2653.99
小微型企业	Small Enterprises	538.47	1579.47
按行业分	**Grouped by Sector**		
采矿业	**Mining**	**231.24**	**407.60**
煤炭开采和洗选业	Mining and Washing of Coal		
石油和天然气开采业	Extraction of Petroleum and Natural Gas		
黑色金属矿采选业	Mining and Processing of Ferrous Metal Ores		
有色金属矿采选业	Mining and Processing of Non－ferrous Metals Ores		
非金属矿采选业	Mining and Processing of Non-metal Ores	40.37	82.28
开采辅助活动	Support Activities for Mining		
其他采矿业	Mining of Other Ores		
制造业	**Manufacturing**	**1973.79**	**10721.29**
农副食品加工业	Processing of Food from Agricultural Products	19.91	362.18
食品制造业	Manufacture of Food	13.87	93.27
酒、饮料和精制茶制造业	Manufacture of Liquor, Beverages and Refined Tea	18.11	79.64
烟草制品业	Manufacture of Tobacco		
纺织业	Manufacture of Textile	44.75	110.07
纺织服装、服饰业	Manufacture of Textile, Wearing Apparel and Accessories	8.11	32.01

11－11 Continued 2

(100 million yuan)

主营业务成本 Cost of Principle Business	主营业务税金及附加 Taxes and Other Charges on Principle Business	利润总额 Total Profits	利税总额 Total Profits and Taxes	应交增值税 Value Added Tax Payable	从业人员年平均人数(万人) Annual Average Employed Persons (10000 persons)
12866.15	**585.58**	**842.50**	**2081.42**	**651.63**	**73.14**
11044.45	554.10	668.62	1799.08	574.82	65.29
3148.79	98.83	145.03	388.80	144.61	10.91
19.47	0.08	-0.14	0.56	0.62	0.21
5078.53	286.35	432.12	966.89	247.25	42.13
1767.94	251.41	168.13	543.41	123.28	18.66
2784.60	168.60	90.76	441.53	182.12	11.94
322.78	1.22	30.34	45.43	13.87	2.09
1498.92	30.26	143.55	236.91	62.93	5.76
1128.97	312.65	188.92	609.94	108.06	12.99
11737.17	272.93	653.59	1471.47	543.57	60.15
9311.92	551.59	471.82	1520.65	496.01	50.18
2197.99	21.25	255.87	380.53	103.15	15.65
1356.24	12.75	114.81	180.23	52.47	7.31
302.42	**26.73**	**6.67**	**65.77**	**31.78**	**10.74**
67.30	2.18	2.55	7.56	2.83	1.15
9004.25	**539.84**	**500.07**	**1478.39**	**438.15**	**51.76**
349.10	0.51	6.17	11.25	4.58	0.83
69.33	0.72	8.23	12.68	3.64	0.92
41.29	8.30	25.16	39.56	6.11	1.01
102.02	0.41	0.35	3.06	2.30	1.93
21.30	0.25	4.70	7.15	2.20	1.06

单位:亿元

项　　目 Item		#实收资本 Paid-in Capital	主营业务收入 Revenue from Principal Business
皮革、毛皮、羽毛及其制品和制鞋业	Manufacture of Leather, Fur, Feather and Related Products and Footwear		
木材加工和木、竹、藤、棕、草制品业	Processing of Timber, Manufacture of Wood, Bamboo, Rattan, Palm and Straw Products		
家具制造业	Manufacture of Furniture		
造纸和纸制品业	Manufacture of Paper and Paper Products		
印刷和记录媒介复制业	Printing, Reproduction of Recording Media	14.53	22.43
文教、工美、体育和娱乐用品制造业	Manufacture of Articles for Culture, Education, Arts and Crafts, Sport and Entertainment Activities		
石油加工、炼焦和核燃料加工业	Processing of Petroleum, Coking, Processing of Nuclear Fuel	89.83	1288.60
化学原料和化学制品制造业	Manufacture of Raw Chemical Materials and Chemical Products	490.49	1964.81
医药制造业	Manufacture of Medicines	19.51	90.89
化学纤维制造业	Manufacture of Chemical Fibers	47.38	105.78
橡胶和塑料制品业	Manufacture of Rubber and Plastics Products	11.54	28.80
非金属矿物制品业	Manufacture of Non－metallic Mineral Products	77.77	310.96
黑色金属冶炼和压延加工业	Smelting and Pressing of Ferrous Metals	147.96	475.27
有色金属冶炼和压延加工业	Smelting and Pressing of Non－ferrous Metals	13.40	269.11
金属制品业	Manufacture of Metal Products	51.26	183.13
通用设备制造业	Manufacture of General Purpose Machinery	102.90	826.17
专用设备制造业	Manufacture of Special Purpose Machinery	87.56	307.84
汽车制造业	Manufacture of Automobiles	189.18	1379.66
铁路、船舶、航空航天和其他运输设备制造业	Manufacture of Railway, Ship, Aerospace and Other Transport Equipments	174.46	584.43
电气机械和器材制造业	Manufacture of Electrical Machinery and Apparatus	86.86	703.18
计算机、通信和其他电子设备制造业	Manufacture of Computers, Communication and Other Electronic Equipment	183.33	620.65
仪器仪表制造业	Manufacture of Measuring Instruments and Machinery	49.73	252.64
其他制造业	Other Manufacture		
废弃资源综合利用业	Utilization of Waste Resources		
金属制品、机械和设备修理业	Repair Service of Metal Products, Machinery and Equipment		
电力、热力、燃气及水的生产和供应业	**Production and Supply of Electric Power, Heat Power, Gas and Water**	**869.87**	**4019.82**
电力、热力的生产和供应业	Production and Supply of Electric Power and Heat Power	659.95	3799.97
燃气生产和供应	Production and Supply of Gas	50.10	131.49
水的生产和供应业	Production and Supply of Water	159.82	88.35

11－11　Continued 3

(100 million yuan)

主营业务成本 Cost of Principle Business	主营业务税金及附加 Taxes and Other Charges on Principle Business	利润总额 Total Profits	利税总额 Total Profits and Taxes	应交增值税 Value Added Tax Payable	从业人员年平均人数(万人) Annual Average Employed Persons (10000 persons)
18.31	0.14	1.19	2.19	0.86	0.83
1123.43	134.80	11.80	288.57	141.96	1.05
1799.11	41.77	14.65	91.69	35.14	7.01
63.20	0.60	8.92	13.89	4.37	1.19
72.15	0.83	25.91	33.00	6.26	0.89
25.32	0.12	0.72	2.11	1.26	0.35
257.95	1.09	21.47	34.65	12.10	2.18
455.87	1.71	2.66	11.14	6.78	1.22
259.93	0.89	4.10	7.69	2.69	0.51
160.09	0.70	11.30	18.49	6.49	1.42
678.15	2.93	37.30	60.70	20.45	6.59
260.74	1.36	10.44	18.22	6.42	2.59
1167.97	36.64	79.51	165.82	49.66	4.94
512.62	2.40	25.94	43.91	15.53	5.00
578.70	2.06	46.76	75.56	26.73	3.13
541.88	0.83	33.44	39.16	4.87	4.68
214.81	1.11	22.81	32.17	8.25	1.31
3559.48	**19.01**	**335.76**	**537.26**	**181.70**	**10.64**
3401.80	17.54	305.37	497.81	174.62	7.74
102.21	0.75	23.89	28.03	3.11	0.57
55.47	0.72	6.50	11.41	3.96	2.33

11－12 国有控股工业企业主要经济效益指标（2013 年）

单位：%

项　　目	Item	企业亏损面 Percentage of Loss Making Enterprises	产值利税率 Percentage of Profit and Tax to Output Value
总　计	**Total**	**17.27**	**14.28**
按登记注册类型分	**Grouped by Status of Registration**		
内资企业	Domestic Funded Enterprises	17.44	14.65
国有企业	State－owned Enterprises	16.67	18.10
集体企业	Collective－owned Enterprises		
股份合作企业	Cooperative Enterprises		
联营企业	Joint Ownership Enterprises	37.50	8.56
有限责任公司	Limited Liability Corporations	18.26	11.73
#国有独资	State Sole Funded Corporatios	17.65	9.19
股份有限公司	Share－holding Corporations Ltd.	12.50	14.94
私营企业	Private Enterprises		
其他企业	Other Enterprises		
港、澳、台商投资企业	Enterprises with Funds from Hong Kong, Macao and Taiwan	11.11	11.76
外商投资企业	Foreign Funded Enterprises	18.99	11.91
按轻重工业分	**Grouped by Light & Heavy Industries**		
轻工业	Light Industry	16.08	36.53
重工业	Heavy Industry	17.71	11.52
按企业规模分	**Grouped by Size of Enterprises**		
大型企业	Large Enterprises	9.46	14.78
中型企业	Medium－sized Enterprises	15.71	14.18
小微型企业	Small Enterprises	20.26	10.65
按行业分	**Grouped by Sector**		
采矿业	**Mining**	**21.43**	**18.08**
煤炭开采和洗选业	Mining and Washing of Coal		
石油和天然气开采业	Extraction of Petroleum and Natural Gas		
黑色金属矿采选业	Mining and Processing of Ferrous Metal Ores		
有色金属矿采选业	Mining and Processing of Non－ferrous Metals Ores		
非金属矿采选业	Mining and Processing of Non-metal Ores	12.50	11.90
开采辅助活动	Support Activities for Mining		
其他采矿业	Mining of Other Ores		
制造业	**Manufacturing**	**18.90**	**14.79**
农副食品加工业	Processing of Food from Agricultural Products	10.53	4.61
食品制造业	Manufacture of Food		12.40
酒、饮料和精制茶制造业	Manufacture of Liquor, Beverages and Refined Tea	18.18	54.27
烟草制品业	Manufacture of Tobacco		
纺织业	Manufacture of Textile	37.50	5.60
纺织服装、服饰业	Manufacture of Textile, Wearing Apparel and Accessories	14.81	17.10

Main Indicators on Economic Benefit of State Shareholding Industrial Enterprises (2013)

(%)

销售利税率 Percentage of Profit and Tax to Sales	资金利税率 Percentage of Profit and Tax to Capital	资产负债率 Assets Liability Ratio	流动资产周转次数(次/年) Times of Turnover of Circulating Funds (times/year)	成本费用利润率 Ratio of Profits to Industrial Cost	产品销售率 Proportion of Products Sold	总资产贡献率 Ratio of Total Assets to Industrial Output Value
13.92	**14.76**	**62.45**	**2.30**	**6.11**	**100.55**	**13.14**
14.21	14.93	62.54	2.29	5.81	100.67	13.18
18.10	20.08	56.95	3.24	6.48	102.95	16.98
6.99	11.48	67.47	2.57	3.37	100.44	11.99
11.01	9.50	67.96	1.75	6.18	99.45	9.09
8.90	6.31	67.34	1.64	3.53	99.34	6.49
14.68	22.23	56.13	2.89	4.29	99.62	18.81
12.26	13.33	60.43	3.26	8.20	99.01	13.24
11.90	13.55	62.05	2.21	8.17	99.92	12.81
35.78	28.08	50.27	1.35	14.70	100.97	24.67
11.22	12.44	64.44	2.52	5.27	100.49	11.27
14.35	16.52	61.01	2.50	5.33	99.94	14.05
13.72	12.09	66.30	1.92	9.20	104.10	11.93
10.78	9.23	64.69	1.79	6.58	98.57	9.43
18.05	**9.58**	**55.86**	**2.13**	**3.28**	**99.38**	**8.51**
11.89	7.67	56.42	1.62	5.93	99.13	7.58
14.23	**17.41**	**61.37**	**1.99**	**5.49**	**100.88**	**15.18**
4.51	6.54	75.18	2.00	2.94	105.70	5.67
11.82	13.27	76.29	2.01	7.39	98.11	12.40
55.74	42.41	52.26	1.28	57.29	100.63	40.06
5.15	3.10	56.80	1.33	1.75	98.94	3.72
12.89	12.81	44.77	1.43	7.79	102.47	11.02

单位:%

项 目	Item	企业亏损面 Percentage of Loss Making Enterprises	产值利税率 Percentage of Profit and Tax to Output Value
皮革、毛皮、羽毛及其制品和制鞋业	Manufacture of Leather, Fur, Feather and Related Products and Footwear		
木材加工和木、竹、藤、棕、草制品业	Processing of Timber, Manufacture of Wood, Bamboo, Rattan, Palm and Straw Products		
家具制造业	Manufacture of Furniture		
造纸和纸制品业	Manufacture of Paper and Paper Products		
印刷和记录媒介复制业	Printing, Reproduction of Recording Media	21.74	9.87
文教、工美、体育和娱乐用品制造业	Manufacture of Articles for Culture, Education, Arts and Crafts, Sport and Entertainment Activities		
石油加工、炼焦和核燃料加工业	Processing of Petroleum, Coking, Processing of Nuclear Fuel	27.27	23.35
化学原料和化学制品制造业	Manufacture of Raw Chemical Materials and Chemical Products	27.16	6.01
医药制造业	Manufacture of Medicines	12.50	19.25
化学纤维制造业	Manufacture of Chemical Fibers	7.69	24.68
橡胶和塑料制品业	Manufacture of Rubber and Plastics Products	11.11	9.62
非金属矿物制品业	Manufacture of Non－metallic Mineral Products	16.90	11.63
黑色金属冶炼和压延加工业	Smelting and Pressing of Ferrous Metals	22.22	2.97
有色金属冶炼和压延加工业	Smelting and Pressing of Non－ferrous Metals	17.65	2.50
金属制品业	Manufacture of Metal Products	20.69	12.50
通用设备制造业	Manufacture of General Purpose Machinery	22.22	9.17
专用设备制造业	Manufacture of Special Purpose Machinery	17.31	6.66
汽车制造业	Manufacture of Automobiles	26.83	10.17
铁路、船舶、航空航天和其他运输设备制造业	Manufacture of Railway, Ship, Aerospace and Other Transport Equipments	13.95	6.92
电气机械和器材制造业	Manufacture of Electrical Machinery and Apparatus	15.25	11.20
计算机、通信和其他电子设备制造业	Manufacture of Computers, Communication and Other Electronic Equipment	21.15	10.01
仪器仪表制造业	Manufacture of Measuring Instruments and Machinery	13.79	12.41
其他制造业	Other Manufacture		
废弃资源综合利用业	Utilization of Waste Resources		
金属制品、机械和设备修理业	Repair Service of Metal Products, Machinery and Equipment		
电力、热力、燃气及水的生产和供应业	**Production and Supply of Electric Power, Heat Power, Gas and Water**	**9.36**	**12.60**
电力、热力的生产和供应业	Production and Supply of Electric Power and Heat Power	9.28	12.35
燃气生产和供应	Production and Supply of Gas		20.65
水的生产和供应业	Production and Supply of Water	12.28	11.72

11－12 Continued 1

(%)

销售利税率 Percentage of Profit and Tax to Sales	资金利税率 Percentage of Profit and Tax to Capital	资产负债率 Assets Liability Ratio	流动资产周转次数(次/年) Times of Turnover of Circulating Funds (times/year)	成本费用利润率 Ratio of Profits to Industrial Cost	产品销售率 Proportion of Products Sold	总资产贡献率 Ratio of Total Assets to Industrial Output Value
9.85	7.77	37.33	1.70	4.62	101.69	6.93
23.61	119.94	67.36	9.46	3.41	99.93	98.41
5.73	8.73	54.93	3.06	2.49	106.26	7.85
15.66	15.57	35.34	1.62	10.48	98.53	13.62
24.22	23.90	44.72	2.13	21.36	98.13	19.86
9.80	9.06	59.54	2.25	3.43	93.73	10.72
11.81	11.08	65.72	1.75	7.44	99.02	11.02
2.52	2.69	73.38	2.75	0.62	99.79	3.73
2.06	8.14	66.15	6.16	0.77	99.48	8.54
12.29	15.09	52.99	1.85	8.18	98.13	14.50
8.57	6.47	64.11	1.43	3.66	98.89	6.03
6.47	4.71	71.88	0.92	3.88	101.93	5.05
9.34	16.28	75.74	2.66	4.58	98.91	14.60
7.23	5.30	65.83	1.16	4.17	99.94	5.29
11.59	12.70	66.29	1.43	7.55	99.11	12.51
9.35	7.57	64.90	1.40	8.53	99.10	6.62
12.45	10.52	57.22	1.07	8.41	97.79	9.32
12.63	**10.83**	**65.63**	**4.04**	**8.17**	**99.83**	**10.29**
12.31	12.38	65.69	6.53	7.84	99.89	11.64
23.26	12.57	60.67	1.22	22.63	98.60	11.58
12.51	1.56	66.73	0.32	5.08	98.71	2.16

11－13　国有控股工业企业主要经济效益指标（2014年）

单位：%

项　　目 Item		企业亏损面 Percentage of Loss Making Enterprises	产值利税率 Percentage of Profit and Tax to Output Value
总　计	**Total**	**18.02**	**14.11**
按登记注册类型分	**Grouped by Status of Registration**		
内资企业	Domestic Funded Enterprises	17.52	14.25
国有企业	State－owned Enterprises	21.43	11.17
集体企业	Collective－owned Enterprises		
股份合作企业	Cooperative Enterprises		
联营企业	Joint Ownership Enterprises	42.86	2.74
有限责任公司	Limited Liability Corporations	17.29	16.18
#国有独资	State Sole Funded Corporatios	17.72	23.22
股份有限公司	Share－holding Corporations Ltd.	13.33	14.14
私营企业	Private Enterprises		
其他企业	Other Enterprises		
港、澳、台商投资企业	Enterprises with Funds from Hong Kong, Macao and Taiwan	28.26	12.34
外商投资企业	Foreign Funded Enterprises	17.33	13.43
按轻重工业分	**Grouped by Light & Heavy Industries**		
轻工业	Light Industry	20.08	36.65
重工业	Heavy Industry	17.26	11.24
按企业规模分	**Grouped by Size of Enterprises**		
大型企业	Large Enterprises	15.83	14.42
中型企业	Medium－sized Enterprises	18.22	14.68
小微型企业	Small Enterprises	18.48	11.15
按行业分	**Grouped by Sector**		
采矿业	**Mining**	**29.63**	**15.92**
煤炭开采和洗选业	Mining and Washing of Coal		
石油和天然气开采业	Extraction of Petroleum and Natural Gas		
黑色金属矿采选业	Mining and Processing of Ferrous Metal Ores		
有色金属矿采选业	Mining and Processing of Non－ferrous Metals Ores		
非金属矿采选业	Mining and Processing of Non-metal Ores	13.33	8.84
开采辅助活动	Support Activities for Mining		
其他采矿业	Mining of Other Ores		
制造业	**Manufacturing**	**20.64**	**14.34**
农副食品加工业	Processing of Food from Agricultural Products	15.79	3.25
食品制造业	Manufacture of Food	10.53	13.88
酒、饮料和精制茶制造业	Manufacture of Liquor, Beverages and Refined Tea	27.27	46.50
烟草制品业	Manufacture of Tobacco		
纺织业	Manufacture of Textile	50.00	2.88
纺织服装、服饰业	Manufacture of Textile, Wearing Apparel and Accessories	14.29	24.69

Main Indicators on Economic Benefit of State Shareholding Industrial Enterprises(2014)

(%)

销售利税率 Percentage of Profit and Tax to Sales	资金利税率 Percentage of Profit and Tax to Capital	资产负债率 Assets Liability Ratio	流动资产周转次数(次/年) Times of Turnover of Circulating Funds (times/year)	成本费用利润率 Ratio of Profits to Industrial Cost	产品销售率 Proportion of Products Sold	总资产贡献率 Ratio of Total Assets to Industrial Output Value
13.74	**14.27**	**60.68**	**2.31**	**5.72**	**99.55**	**12.73**
13.83	13.92	60.82	2.28	5.24	99.64	12.37
11.23	12.25	55.59	4.47	4.43	99.61	10.53
2.56	4.34	73.00	2.85	-0.66	99.83	6.58
15.36	13.26	64.53	1.75	6.73	99.77	12.10
22.38	16.10	61.55	1.61	6.21	100.42	14.39
13.78	18.19	56.35	2.57	3.00	99.43	15.65
12.39	14.83	59.59	3.55	8.60	98.98	14.06
13.32	17.50	59.52	2.46	8.80	99.00	16.13
35.19	28.83	48.62	1.37	14.36	99.62	24.66
10.97	11.80	62.65	2.53	4.87	99.54	10.78
13.93	15.42	59.16	2.53	4.40	99.73	13.28
14.34	12.98	64.39	1.89	10.36	99.91	12.44
11.41	10.03	63.33	1.89	7.38	97.79	9.99
16.14	**8.03**	**57.29**	**2.41**	**1.04**	**98.67**	**6.94**
9.19	6.26	60.38	1.45	3.11	95.81	6.17
13.79	**16.84**	**60.42**	**1.99**	**4.86**	**99.47**	**14.96**
3.11	5.97	68.86	2.53	1.70	101.09	4.08
13.60	20.63	64.28	2.70	9.61	98.44	16.31
49.68	36.01	50.43	1.03	48.44	99.66	28.13
2.78	1.65	56.60	1.20	0.30	100.20	2.39
22.33	16.33	39.42	1.01	16.14	99.17	14.88

11－13 续 表1

单位:%

项目	Item	企业亏损面 Percentage of Loss Making Enterprises	产值利税率 Percentage of Profit and Tax to Output Value
皮革、毛皮、羽毛及其制品和制鞋业	Manufacture of Leather, Fur, Feather and Related Products and Footwear		
木材加工和木、竹、藤、棕、草制品业	Processing of Timber, Manufacture of Wood, Bamboo, Rattan, Palm and Straw Products		
家具制造业	Manufacture of Furniture		
造纸和纸制品业	Manufacture of Paper and Paper Products		
印刷和记录媒介复制业	Printing, Reproduction of Recording Media	26.09	9.93
文教、工美、体育和娱乐用品制造业	Manufacture of Articles for Culture, Education, Arts and Crafts, Sport and Entertainment Activities		
石油加工、炼焦和核燃料加工业	Processing of Petroleum, Coking, Processing of Nuclear Fuel	18.18	22.97
化学原料和化学制品制造业	Manufacture of Raw Chemical Materials and Chemical Products	30.38	4.82
医药制造业	Manufacture of Medicines	15.00	18.67
化学纤维制造业	Manufacture of Chemical Fibers	8.33	28.46
橡胶和塑料制品业	Manufacture of Rubber and Plastics Products	12.50	7.30
非金属矿物制品业	Manufacture of Non－metallic Mineral Products	14.49	10.90
黑色金属冶炼和压延加工业	Smelting and Pressing of Ferrous Metals	37.50	2.90
有色金属冶炼和压延加工业	Smelting and Pressing of Non－ferrous Metals	18.75	3.22
金属制品业	Manufacture of Metal Products	20.69	10.20
通用设备制造业	Manufacture of General Purpose Machinery	22.22	7.65
专用设备制造业	Manufacture of Special Purpose Machinery	19.30	5.99
汽车制造业	Manufacture of Automobiles	22.50	12.59
铁路、船舶、航空航天和其他运输设备制造业	Manufacture of Railway, Ship, Aerospace and Other Transport Equipments	15.00	7.29
电气机械和器材制造业	Manufacture of Electrical Machinery and Apparatus	25.00	10.37
计算机、通信和其他电子设备制造业	Manufacture of Computers, Communication and Other Electronic Equipment	14.29	6.91
仪器仪表制造业	Manufacture of Measuring Instruments and Machinery	4.00	13.17
其他制造业	Other Manufacture		
废弃资源综合利用业	Utilization of Waste Resources		
金属制品、机械和设备修理业	Repair Service of Metal Products, Machinery and Equipment		
电力、热力、燃气及水的生产和供应业	**Production and Supply of Electric Power, Heat Power, Gas and Water**	**5.49**	**13.34**
电力、热力的生产和供应业	Production and Supply of Electric Power and Heat Power	0.96	13.11
燃气生产和供应	Production and Supply of Gas	4.76	19.96
水的生产和供应业	Production and Supply of Water	14.04	12.71

(%)

销售利税率 Percentage of Profit and Tax to Sales	资金利税率 Percentage of Profit and Tax to Capital	资产负债率 Assets Liability Ratio	流动资产周转次数(次/年) Times of Turnover of Circulating Funds (times/year)	成本费用利润率 Ratio of Profits to Industrial Cost	产品销售率 Proportion of Products Sold	总资产贡献率 Ratio of Total Assets to Industrial Output Value
9.77	7.66	30.68	1.66	5.17	100.67	6.39
22.39	138.97	61.17	15.18	1.03	99.96	108.43
4.67	6.89	56.09	3.31	0.75	99.67	6.98
15.28	14.35	35.36	1.49	10.81	98.59	12.37
31.20	30.34	45.16	2.15	29.08	99.16	23.13
7.31	7.18	56.30	2.37	2.37	101.51	9.22
11.14	11.17	64.10	1.79	7.25	98.12	11.68
2.34	2.63	72.09	2.94	0.55	99.88	3.46
2.86	13.70	67.20	8.01	1.37	98.98	12.49
10.10	11.40	55.36	1.69	6.46	98.93	10.98
7.35	5.23	62.78	1.38	3.12	99.67	5.25
5.92	3.82	69.66	0.85	3.50	100.88	4.35
12.02	23.16	73.50	2.92	6.21	98.41	20.64
7.51	6.47	66.38	1.33	4.54	97.47	5.96
10.75	11.23	65.93	1.33	7.30	101.36	11.51
6.31	4.43	66.47	1.15	5.54	98.50	4.72
12.73	9.76	59.24	0.92	9.53	100.21	8.79
13.37	**10.77**	**61.72**	**4.09**	**8.82**	**99.83**	**9.95**
13.10	12.23	61.01	6.62	8.54	99.90	11.21
21.32	16.09	50.10	2.11	19.68	98.64	13.86
12.91	1.53	68.32	0.31	6.02	98.54	2.05

11 - 14 私营工业企业主要经济指标（2013 年）

单位:亿元

项 目	Item	企业单位数（个）Number of Enterprises (unit)	流动资产合计 Current Assets	应收账款 Accounts Receivalble
总 计	**Total**	**30583**	**16157.55**	**4957.55**
按登记注册类型分	**Grouped by Status of Registration**			
私营独资企业	Private Solely Funds Enterprises	2653	531.58	197.86
私营合伙企业	Private Partnership Enterprises	199	40.78	15.34
私营有限责任公司	Private Limited Liabieity Corporations	26602	14199.43	4357.08
私营股份有限公司	Private Share Holding Co. , Ltd.	1129	1385.76	387.28
按轻重工业分	**Grouped by Light & Heavy Industries**			
轻工业	Light Industry	11843	4495.90	1197.21
重工业	Heavy Industry	18740	11661.65	3760.34
按企业规模分	**Grouped by Size of Enterprises**			
大型企业	Large Enterprises	272	3484.83	700.45
中型企业	Medium - sized Enterprises	2540	3691.92	1082.75
小微型企业	Small Enterprises	27771	8980.80	3174.35
按行业分	**Grouped by Sector**			
采矿业	**Mining**	**88**	**16.84**	**5.29**
煤炭开采和洗选业	Mining and Washing of Coal	6	0.85	0.31
石油和天然气开采业	Extraction of Petroleum and Natural Gas			
黑色金属矿采选业	Mining and Processing of Ferrous Metal Ores	7	1.03	0.26
有色金属矿采选业	Mining and Processing of Non - ferrous Metals Ores	3		
非金属矿采选业	Mining and Processing of Non-metal Ores	72	13.56	4.57
开采辅助活动	Support Activities for Mining			
其他采矿业	Mining of Other Ores			
制造业	**Manufacturing**	**30427**	**16082.52**	**4941.24**
农副食品加工业	Processing of Food from Agricultural Products	1143	277.09	57.04
食品制造业	Manufacture of Food	181	74.14	16.20
酒、饮料和精制茶制造业	Manufacture of Liquor, Beverages and Refined Tea	92	44.28	7.96
烟草制品业	Manufacture of Tobacco			
纺织业	Manufacture of Textile	3610	1244.16	331.50
纺织服装、服饰业	Manufacture of Textile, Wearing Apparel and Accessories	1548	591.13	125.51
皮革、毛皮、羽毛及其制品和制鞋业	Manufacture of Leather, Fur, Feather and Related Products and Footwear	388	77.55	21.91
木材加工和木、竹、藤、棕、草制品业	Processing of Timber, Manufacture of Wood, Bamboo, Rattan, Palm and Straw Products	1144	216.64	46.59
家具制造业	Manufacture of Furniture	145	39.64	8.78
造纸和纸制品业	Manufacture of Paper and Paper Products	411	164.85	50.76

Main Economic Indicators of Private Industrial Enterprises(2013)

(100 million yuan)

存货 Inventory	#产成品 Finished Goods	固定资产合计 Original Value	资产总计 Total Assets	负债合计 Total Liabilities	所有者权益合计 Owners' Equities
3605.54	**1534.30**	**8204.11**	**27503.56**	**16142.06**	**11303.19**
109.88	50.66	375.52	986.25	522.39	452.14
8.12	4.07	26.21	78.87	42.47	35.03
3165.43	1335.50	7123.21	24022.34	14331.82	9650.80
322.10	144.08	679.17	2416.10	1245.37	1165.22
1143.45	515.25	2611.41	8036.97	4823.64	3200.17
2462.08	1019.06	5592.69	19466.59	11318.42	8103.03
897.90	365.53	1910.01	6226.26	3749.91	2476.35
863.17	381.78	2013.10	6469.65	3727.70	2741.94
1844.48	787.00	4281.00	14807.65	8664.45	6084.89
2.96	**1.83**	**18.48**	**44.08**	**21.11**	**22.71**
0.20	0.12	1.55	2.40	1.36	1.04
0.40	0.36	2.89	4.05	2.34	1.71
2.16	1.15	13.92	35.80	15.60	19.94
3598.39	**1531.79**	**8124.45**	**27313.23**	**16036.29**	**11218.91**
81.23	37.47	241.37	578.71	277.81	299.96
25.58	14.42	41.56	129.35	75.71	53.64
12.45	5.72	43.89	100.43	50.43	49.75
341.46	162.17	675.61	2131.09	1374.83	753.41
173.70	79.62	282.68	1031.76	587.06	443.69
22.84	7.25	36.62	128.72	77.09	51.56
58.28	23.60	176.90	444.42	158.62	272.52
11.94	4.58	25.89	75.38	42.19	32.38
35.16	14.15	89.44	281.37	179.29	99.78

单位:亿元

项 目	Item	企业单位数(个) Number of Enterprises (unit)	流动资产合计 Current Assets	应收账款 Accounts Receivalble
印刷和记录媒介复制业	Printing, Reproduction of Recording Media	443	160.28	55.47
文教、工美、体育和娱乐用品制造业	Manufacture of Articles for Culture, Education, Arts and Crafts, Sport and Entertainment Activities	769	189.24	55.87
石油加工、炼焦和核燃料加工业	Processing of Petroleum, Coking, Processing of Nuclear Fuel	76	57.56	13.92
化学原料和化学制品制造业	Manufacture of Raw Chemical Materials and Chemical Products	2143	1503.51	415.79
医药制造业	Manufacture of Medicines	325	204.86	66.64
化学纤维制造业	Manufacture of Chemical Fibers	735	540.68	97.15
橡胶和塑料制品业	Manufacture of Rubber and Plastics Products	1179	333.10	135.48
非金属矿物制品业	Manufacture of Non－metallic Mineral Products	1833	1002.04	410.39
黑色金属冶炼和压延加工业	Smelting and Pressing of Ferrous Metals	1211	1265.19	218.89
有色金属冶炼和压延加工业	Smelting and Pressing of Non－ferrous Metals	779	608.73	172.70
金属制品业	Manufacture of Metal Products	2242	1082.42	371.73
通用设备制造业	Manufacture of General Purpose Machinery	2687	1088.25	400.28
专用设备制造业	Manufacture of Special Purpose Machinery	1867	1054.98	351.16
汽车制造业	Manufacture of Automobiles	720	397.72	136.14
铁路、船舶、航空航天和其他运输设备制造业	Manufacture of Railway, Ship, Aerospace and Other Transport Equipments	542	448.17	126.95
电气机械和器材制造业	Manufacture of Electrical Machinery and Apparatus	2493	2258.67	848.35
计算机、通信和其他电子设备制造业	Manufacture of Computers, Communication and Other Electronic Equipment	987	633.90	251.07
仪器仪表制造业	Manufacture of Measuring Instruments and Machinery	515	444.34	124.76
其他制造业	Other Manufacture	119	38.42	14.04
废弃资源综合利用业	Utilization of Waste Resources	84	37.45	6.97
金属制品、机械和设备修理业	Repair Service of Metal Products, Machinery and Equipment	16	3.54	1.24
电力、热力、燃气及水的生产和供应业	**Production and Supply of Electric Power, Heat Power, Gas and Water**	**68**	**58.19**	**11.02**
电力、热力的生产和供应业	Production and Supply of Electric Power and Heat Power	45	45.67	9.34
燃气生产和供应	Production and Supply of Gas	15	6.97	1.22
水的生产和供应业	Production and Supply of Water	8	5.55	0.47

11 - 14 Continued 1

(100 million yuan)

存货 Inventory	#产成品 Finished Goods	固定资产合计 Original Value	资产总计 Total Assets	负债合计 Total Liabilities	所有者权益合计 Owners' Equities
31.80	14.11	105.40	300.90	190.82	109.88
48.53	21.47	119.74	348.29	197.35	150.49
11.08	3.46	16.35	86.81	56.65	29.30
318.74	137.77	852.82	2692.72	1550.40	1141.66
38.72	17.04	124.79	373.96	189.33	184.03
120.46	55.06	367.45	1027.13	695.91	331.18
67.92	29.50	169.42	565.61	321.99	242.00
146.06	59.52	506.92	1685.69	1066.63	616.99
339.09	158.80	823.51	2305.23	1465.77	839.08
96.03	40.99	176.35	879.32	589.29	284.06
249.83	90.05	451.05	1733.62	1032.36	693.07
254.49	100.41	555.89	1858.28	1000.23	854.79
253.31	90.82	426.80	1644.55	947.96	693.62
84.55	36.38	188.03	670.77	403.18	267.45
123.02	38.80	270.61	832.59	522.16	308.54
409.79	188.26	767.16	3431.21	1908.72	1516.36
119.16	51.37	277.93	1028.23	602.08	425.27
101.68	39.51	257.69	799.01	400.00	398.79
10.93	4.59	27.57	75.05	32.40	42.64
10.11	4.77	20.45	64.57	35.78	28.74
0.45	0.15	4.56	8.48	4.23	4.26
4.19	**0.68**	**61.18**	**146.25**	**84.67**	**61.58**
2.74	0.23	52.81	121.96	71.03	50.93
0.92	0.14	5.50	13.94	8.15	5.79
0.53	0.31	2.87	10.35	5.49	4.86

单位:亿元

项 目	Item	#实收资本 Paid-in Capital	主营业务收入 Revenue from Principal Business
总 计	**Total**	**5089.04**	**51487.75**
按登记注册类型分	**Grouped by Status of Registration**		
私营独资企业	Private Solely Funds Enterprises	174.54	2814.84
私营合伙企业	Private Partnership Enterprises	17.84	256.96
私营有限责任公司	Private Limited Liabieity Corporations	4526.66	45402.10
私营股份有限公司	Private Share Holding Co., Ltd.	370.01	3013.85
按轻重工业分	**Grouped by Light & Heavy Industries**		
轻工业	Light Industry	1427.91	15283.01
重工业	Heavy Industry	3661.13	36204.74
按企业规模分	**Grouped by Size of Enterprises**		
大型企业	Large Enterprises	730.91	9543.07
中型企业	Medium－sized Enterprises	1061.30	12502.67
小微型企业	Small Enterprises	3296.83	29442.00
按行业分	**Grouped by Sector**		
采矿业	**Mining**	**11.78**	**144.80**
煤炭开采和洗选业	Mining and Washing of Coal	0.31	14.02
石油和天然气开采业	Extraction of Petroleum and Natural Gas		
黑色金属矿采选业	Mining and Processing of Ferrous Metal Ores	0.92	6.40
有色金属矿采选业	Mining and Processing of Non－ferrous Metals Ores		
非金属矿采选业	Mining and Processing of Non-metal Ores	10.27	119.06
开采辅助活动	Support Activities for Mining		
其他采矿业	Mining of Other Ores		
制造业	**Manufacturing**	**5040.40**	**51249.42**
农副食品加工业	Processing of Food from Agricultural Products	114.22	1858.63
食品制造业	Manufacture of Food	26.01	229.91
酒、饮料和精制茶制造业	Manufacture of Liquor, Beverages and Refined Tea	19.72	166.04
烟草制品业	Manufacture of Tobacco		
纺织业	Manufacture of Textile	362.25	3612.60
纺织服装、服饰业	Manufacture of Textile, Wearing Apparel and Accessories	165.17	1849.35
皮革、毛皮、羽毛及其制品和制鞋业	Manufacture of Leather, Fur, Feather and Related Products and Footwear	26.01	388.04
木材加工和木、竹、藤、棕、草制品业	Processing of Timber, Manufacture of Wood, Bamboo, Rattan, Palm and Straw Products	104.87	1493.13
家具制造业	Manufacture of Furniture	19.03	131.24
造纸和纸制品业	Manufacture of Paper and Paper Products	50.57	494.47

(100 million yuan)

主营业务成本 Cost of Principle Business	主营业务税金及附加 Taxes and Other Charges on Principle Business	利润总额 Total Profits	利税总额 Total Profits and Taxes	应交增值税 Value Added Tax Payable	从业人员年平均人数(万人) Annual Average Employed Persons (10000 persons)
44861.05	**274.07**	**3204.77**	**5268.82**	**1788.66**	**467.63**
2454.08	18.32	191.20	316.50	106.92	26.83
222.33	1.62	15.16	25.01	8.23	2.28
39625.02	239.43	2774.30	4588.91	1574.01	413.23
2559.62	14.70	224.12	338.42	99.50	25.29
13387.51	85.47	895.83	1506.71	524.99	184.14
31473.54	188.60	2308.94	3762.11	1263.67	283.49
8381.59	34.33	570.38	928.15	322.98	67.98
10684.67	69.88	921.64	1491.53	499.86	121.43
25794.79	169.86	1712.75	2849.14	965.82	278.22
123.20	**1.60**	**8.92**	**16.54**	**6.03**	**1.27**
12.17	0.07	1.07	1.80	0.66	0.09
5.52	0.05	0.35	0.68	0.28	0.07
100.15	1.48	7.65	14.22	5.09	1.10
44667.03	**271.98**	**3181.89**	**5234.24**	**1779.10**	**465.70**
1634.03	11.81	124.14	190.29	54.29	12.39
196.84	1.22	15.46	24.28	7.59	2.82
136.45	5.22	13.59	24.53	5.72	1.45
3222.61	17.36	184.12	320.11	118.47	52.09
1593.18	10.85	123.87	200.06	65.32	35.33
339.79	2.69	22.03	38.79	14.07	7.55
1286.80	10.52	127.61	202.33	64.20	14.20
113.90	0.95	7.83	13.69	4.88	2.00
434.20	2.60	25.16	43.91	16.14	4.92

11－14 续 表 3

单位:亿元

项 目	Item	#实收资本 Paid-in Capital	主营业务收入 Revenue from Principal Business
印刷和记录媒介复制业	Printing, Reproduction of Recording Media	48.48	382.15
文教、工美、体育和娱乐用品制造业	Manufacture of Articles for Culture, Education, Arts and Crafts, Sport and Entertainment Activities	64.60	858.92
石油加工、炼焦和核燃料加工工业	Processing of Petroleum, Coking, Processing of Nuclear Fuel	17.26	202.75
化学原料和化学制品制造业	Manufacture of Raw Chemical Materials and Chemical Products	471.11	5682.50
医药制造业	Manufacture of Medicines	65.15	825.04
化学纤维制造业	Manufacture of Chemical Fibers	157.23	1486.06
橡胶和塑料制品业	Manufacture of Rubber and Plastics Products	124.29	1102.91
非金属矿物制品业	Manufacture of Non－metallic Mineral Products	317.74	2491.71
黑色金属冶炼和压延加工业	Smelting and Pressing of Ferrous Metals	319.90	4890.24
有色金属冶炼和压延加工业	Smelting and Pressing of Non－ferrous Metals	154.73	2123.37
金属制品业	Manufacture of Metal Products	339.05	3256.79
通用设备制造业	Manufacture of General Purpose Machinery	402.47	3124.78
专用设备制造业	Manufacture of Special Purpose Machinery	341.12	2473.45
汽车制造业	Manufacture of Automobiles	117.48	1079.54
铁路、船舶、航空航天和其他运输设备制造业	Manufacture of Railway, Ship, Aerospace and Other Transport Equipments	129.53	1332.09
电气机械和器材制造业	Manufacture of Electrical Machinery and Apparatus	729.31	6177.89
计算机、通信和其他电子设备制造业	Manufacture of Computers, Communication and Other Electronic Equipment	185.82	1695.04
仪器仪表制造业	Manufacture of Measuring Instruments and Machinery	133.46	1469.54
其他制造业	Other Manufacture	12.02	216.17
废弃资源综合利用业	Utilization of Waste Resources	19.99	139.74
金属制品、机械和设备修理业	Repair Service of Metal Products, Machinery and Equipment	1.82	15.34
电力、热力、燃气及水的生产和供应业	**Production and Supply of Electric Power, Heat Power, Gas and Water**	**36.86**	**93.53**
电力、热力的生产和供应业	Production and Supply of Electric Power and Heat Power	29.78	67.54
燃气生产和供应	Production and Supply of Gas	4.18	13.18
水的生产和供应业	Production and Supply of Water	2.90	12.82

11 – 14 Continued 3

(100 million yuan)

主营业务成本 Cost of Principle Business	主营业务税金及附加 Taxes and Other Charges on Principle Business	利润总额 Total Profits	利税总额 Total Profits and Taxes	应交增值税 Value Added Tax Payable	从业人员年平均人数(万人) Annual Average Employed Persons (10000 persons)
324.25	2.25	24.46	38.35	11.64	5.62
737.01	5.23	58.56	97.13	33.31	12.73
188.55	0.72	5.74	10.14	3.68	0.68
4948.35	28.76	378.64	612.87	205.43	30.51
689.99	5.32	69.79	111.11	36.00	5.39
1387.54	3.33	41.38	91.13	46.38	9.12
958.94	5.91	65.65	110.49	38.92	14.46
2145.43	17.24	166.02	284.43	101.14	22.83
4388.51	17.23	227.85	379.28	134.12	22.14
1946.74	5.91	86.12	138.38	46.30	8.32
2835.41	16.72	203.24	338.65	118.36	30.18
2648.14	19.16	209.32	351.01	122.41	35.30
2073.50	16.13	174.20	286.41	96.03	26.87
920.50	5.85	64.71	108.64	38.06	13.57
1136.93	7.22	97.19	151.19	46.76	13.77
5358.48	30.95	415.11	667.51	221.37	44.90
1448.47	9.06	111.44	178.56	58.05	21.63
1241.42	9.50	119.32	185.78	56.92	11.51
189.96	1.15	13.70	24.20	9.32	2.48
128.08	0.87	4.39	8.96	3.69	0.77
13.04	0.25	1.23	2.02	0.53	0.19
70.81	**0.49**	**13.97**	**18.04**	**3.53**	**0.67**
49.33	0.38	11.76	14.72	2.57	0.52
10.65	0.07	0.97	1.41	0.33	0.09
10.83	0.04	1.24	1.91	0.63	0.05

11－15　私营工业企业主要经济指标（2014 年）

单位:亿元

项　目	Item	企业单位数（个）Number of Enterprises (unit)	流动资产合计 Current Assets	应收账款 Accounts Receivalble
总　计	**Total**	**30474**	**17047.94**	**5325.05**
按登记注册类型分	**Grouped by Status of Registration**			
私营独资企业	Private Solely Funds Enterprises	2335	498.79	184.76
私营合伙企业	Private Partnership Enterprises	167	35.17	11.57
私营有限责任公司	Private Limited Liabieity Corporations	26837	14942.06	4687.40
私营股份有限公司	Private Share Holding Co. , Ltd.	1135	1571.92	441.33
按轻重工业分	**Grouped by Light & Heavy Industries**			
轻工业	Light Industry	11674	4725.30	1244.83
重工业	Heavy Industry	18800	12322.64	4080.22
按企业规模分	**Grouped by Size of Enterprises**			
大型企业	Large Enterprises	284	3750.72	775.18
中型企业	Medium－sized Enterprises	2613	3962.48	1158.67
小微型企业	Small Enterprises	27577	9334.74	3391.20
按行业分	**Grouped by Sector**			
采矿业	**Mining**	**83**	**18.48**	**5.65**
煤炭开采和洗选业	Mining and Washing of Coal	6	0.82	0.11
石油和天然气开采业	Extraction of Petroleum and Natural Gas			
黑色金属矿采选业	Mining and Processing of Ferrous Metal Ores	6	1.68	0.24
有色金属矿采选业	Mining and Processing of Non－ferrous Metals Ores	3		
非金属矿采选业	Mining and Processing of Non-metal Ores	68	14.26	4.49
开采辅助活动	Support Activities for Mining			
其他采矿业	Mining of Other Ores			
制造业	**Manufacturing**	**30316**	**16948.05**	**5301.92**
农副食品加工业	Processing of Food from Agricultural Products	1145	299.44	63.99
食品制造业	Manufacture of Food	192	82.62	20.19
酒、饮料和精制茶制造业	Manufacture of Liquor, Beverages and Refined Tea	88	55.89	10.92
烟草制品业	Manufacture of Tobacco			
纺织业	Manufacture of Textile	3472	1270.25	334.85
纺织服装、服饰业	Manufacture of Textile, Wearing Apparel and Accessories	1526	654.22	126.49
皮革、毛皮、羽毛及其制品和制鞋业	Manufacture of Leather, Fur, Feather and Related Products and Footwear	399	88.94	27.10
木材加工和木、竹、藤、棕、草制品业	Processing of Timber, Manufacture of Wood, Bamboo, Rattan, Palm and Straw Products	1093	248.24	57.12
家具制造业	Manufacture of Furniture	150	39.41	8.55
造纸和纸制品业	Manufacture of Paper and Paper Products	408	170.31	55.97

Main Economic Indicators of Private Industrial Enterprises(2014)

(100 million yuan)

存货 Inventory	#产成品 Finished Goods	固定资产合计 Original Value	资产总计 Total Assets	负债合计 Total Liabilities	所有者权益合计 Owners' Equities
3813.27	**1641.67**	**9806.18**	**30579.02**	**17236.85**	**13310.64**
99.44	48.91	383.42	953.92	502.55	448.89
6.52	3.12	34.72	77.10	38.21	38.90
3368.18	1437.49	8591.69	26698.40	15203.91	11466.13
339.13	152.16	796.35	2849.59	1492.18	1356.72
1223.83	554.01	3105.06	8966.39	5086.53	3876.04
2589.44	1087.66	6701.11	21612.63	12150.32	9434.60
949.09	370.87	2109.55	6999.79	4109.62	2890.16
908.21	408.82	2510.99	7400.18	4104.96	3295.23
1955.96	861.98	5185.63	16179.05	9022.27	7125.24
2.96	**2.02**	**28.41**	**54.55**	**23.33**	**31.20**
0.23	0.12	2.21	3.12	1.24	1.86
0.48	0.44	4.28	6.12	2.78	3.34
2.13	1.44	20.87	42.49	16.29	26.21
3805.82	**1638.06**	**9679.91**	**30307.03**	**17085.13**	**13190.51**
87.37	40.79	324.83	698.98	317.62	381.36
27.88	15.66	57.86	159.85	84.45	75.39
16.95	7.94	49.88	124.66	65.70	59.90
351.15	166.87	756.78	2242.29	1395.22	844.30
195.63	88.49	312.91	1226.87	642.26	584.21
24.65	7.77	48.39	151.10	87.15	63.95
58.53	25.87	275.99	561.09	184.33	375.07
11.87	5.33	30.47	77.56	41.45	36.11
36.37	16.17	109.66	306.96	186.08	120.18

单位:亿元

项 目	Item	企业单位数(个) Number of Enterprises (unit)	流动资产合计 Current Assets	应收账款 Accounts Receivalble
印刷和记录媒介复制业	Printing, Reproduction of Recording Media	432	167.24	57.12
文教、工美、体育和娱乐用品制造业	Manufacture of Articles for Culture, Education, Arts and Crafts, Sport and Entertainment Activities	769	225.42	63.38
石油加工、炼焦和核燃料加工业	Processing of Petroleum, Coking, Processing of Nuclear Fuel	80	51.07	14.39
化学原料和化学制品制造业	Manufacture of Raw Chemical Materials and Chemical Products	2094	1630.85	449.87
医药制造业	Manufacture of Medicines	333	202.36	52.50
化学纤维制造业	Manufacture of Chemical Fibers	674	483.96	92.11
橡胶和塑料制品业	Manufacture of Rubber and Plastics Products	1224	372.83	151.38
非金属矿物制品业	Manufacture of Non－metallic Mineral Products	1928	1079.42	455.42
黑色金属冶炼和压延加工业	Smelting and Pressing of Ferrous Metals	1149	1227.07	241.37
有色金属冶炼和压延加工业	Smelting and Pressing of Non－ferrous Metals	758	584.66	165.08
金属制品业	Manufacture of Metal Products	2258	1177.48	399.56
通用设备制造业	Manufacture of General Purpose Machinery	2682	1160.92	431.82
专用设备制造业	Manufacture of Special Purpose Machinery	1880	1095.02	384.84
汽车制造业	Manufacture of Automobiles	805	474.56	165.00
铁路、船舶、航空航天和其他运输设备制造业	Manufacture of Railway, Ship, Aerospace and Other Transport Equipments	519	459.68	144.95
电气机械和器材制造业	Manufacture of Electrical Machinery and Apparatus	2508	2352.42	895.27
计算机、通信和其他电子设备制造业	Manufacture of Computers, Communication and Other Electronic Equipment	1016	726.76	268.67
仪器仪表制造业	Manufacture of Measuring Instruments and Machinery	515	482.29	138.83
其他制造业	Other Manufacture	116	41.49	14.20
废弃资源综合利用业	Utilization of Waste Resources	87	37.15	7.78
金属制品、机械和设备修理业	Repair Service of Metal Products, Machinery and Equipment	16	6.07	3.18
电力、热力、燃气及水的生产和供应业	**Production and Supply of Electric Power, Heat Power, Gas and Water**	**75**	**81.42**	**17.49**
电力、热力的生产和供应业	Production and Supply of Electric Power and Heat Power	51	68.73	14.60
燃气生产和供应	Production and Supply of Gas	16	7.20	2.37
水的生产和供应业	Production and Supply of Water	8	5.49	0.52

11 - 15 Continued 1

(100 million yuan)

存货 Inventory	#产成品 Finished Goods	固定资产合计 Original Value	资产总计 Total Assets	负债合计 Total Liabilities	所有者权益合计 Owners' Equities
35.79	16.25	118.76	319.48	185.88	133.61
54.78	24.48	144.00	427.42	230.54	196.89
9.14	4.74	14.80	79.16	48.59	30.56
345.04	155.35	1037.82	3064.95	1695.92	1361.60
43.70	20.59	194.24	465.90	217.43	248.47
114.89	50.79	384.96	1017.59	660.01	357.59
78.28	34.20	212.62	650.74	356.05	294.48
148.06	63.95	605.24	1887.07	1163.56	722.00
321.75	148.91	916.22	2425.61	1474.48	948.20
93.86	42.65	176.73	849.92	558.75	290.28
263.67	102.42	568.84	2012.98	1171.54	839.22
277.36	109.71	661.41	2045.64	1066.17	976.94
260.76	91.53	509.34	1803.51	974.19	827.32
101.67	47.95	231.76	797.30	470.61	326.50
139.32	37.35	275.46	845.94	521.69	322.44
435.38	204.62	962.47	3796.52	2083.12	1709.09
144.82	58.74	371.44	1237.44	690.03	547.34
102.94	38.79	267.94	867.11	428.96	437.62
12.17	5.46	31.63	81.32	37.90	43.41
11.59	4.53	22.23	69.64	38.21	31.27
0.45	0.13	5.22	12.43	7.24	5.19
4.50	**1.59**	**97.86**	**217.44**	**128.39**	**88.92**
3.11	1.15	86.95	188.92	112.23	76.56
0.92	0.14	5.62	15.53	8.54	6.99
0.47	0.30	5.29	12.99	7.63	5.36

单位:亿元

项 目 Item		#实收资本 Paid-in Capital	主营业务收入 Revenue from Principal Business
总 计	**Total**	**5703.97**	**55542.07**
按登记注册类型分	**Grouped by Status of Registration**		
私营独资企业	Private Solely Funds Enterprises	159.80	2680.95
私营合伙企业	Private Partnership Enterprises	16.32	213.30
私营有限责任公司	Private Limited Liabieity Corporations	5105.99	49216.53
私营股份有限公司	Private Share Holding Co., Ltd.	421.85	3431.29
按轻重工业分	**Grouped by Light & Heavy Industries**		
轻工业	Light Industry	1575.51	16699.69
重工业	Heavy Industry	4128.46	38842.38
按企业规模分	**Grouped by Size of Enterprises**		
大型企业	Large Enterprises	883.60	10298.92
中型企业	Medium-sized Enterprises	1181.29	14430.00
小微型企业	Small Enterprises	3639.08	30813.14
按行业分	**Grouped by Sector**		
采矿业	**Mining**	**14.30**	**161.78**
煤炭开采和洗选业	Mining and Washing of Coal	0.22	19.68
石油和天然气开采业	Extraction of Petroleum and Natural Gas		
黑色金属矿采选业	Mining and Processing of Ferrous Metal Ores	2.09	10.35
有色金属矿采选业	Mining and Processing of Non-ferrous Metals Ores		
非金属矿采选业	Mining and Processing of Non-metal Ores	11.56	125.88
开采辅助活动	Support Activities for Mining		
其他采矿业	Mining of Other Ores		
制造业	**Manufacturing**	**5632.76**	**55273.52**
农副食品加工业	Processing of Food from Agricultural Products	124.39	2096.09
食品制造业	Manufacture of Food	33.66	305.15
酒、饮料和精制茶制造业	Manufacture of Liquor, Beverages and Refined Tea	19.55	183.76
烟草制品业	Manufacture of Tobacco		
纺织业	Manufacture of Textile	381.54	3793.63
纺织服装、服饰业	Manufacture of Textile, Wearing Apparel and Accessories	184.95	2004.51
皮革、毛皮、羽毛及其制品和制鞋业	Manufacture of Leather, Fur, Feather and Related Products and Footwear	29.95	440.66
木材加工和木、竹、藤、棕、草制品业	Processing of Timber, Manufacture of Wood, Bamboo, Rattan, Palm and Straw Products	122.73	1572.78
家具制造业	Manufacture of Furniture	17.61	155.96
造纸和纸制品业	Manufacture of Paper and Paper Products	57.64	526.91

11 – 15　Continued 2

(100 million yuan)

主营业务成本 Cost of Principle Business	主营业务税金及附加 Taxes and Other Charges on Principle Business	利润总额 Total Profits	利税总额 Total Profits and Taxes	应交增值税 Value Added Tax Payable	从业人员年平均人数(万人) Annual Average Employed Persons (10000 persons)
48272.93	**307.44**	**3473.63**	**5757.89**	**1975.26**	**474.95**
2343.33	17.94	178.50	298.38	101.89	23.81
182.78	1.50	14.08	23.43	7.86	1.93
42832.64	268.83	3033.76	5055.31	1751.27	422.77
2914.18	19.18	247.30	380.77	114.24	26.45
14578.41	95.45	993.83	1678.14	588.46	187.04
33694.51	211.99	2479.80	4079.75	1386.80	287.91
8965.81	41.00	658.88	1065.93	365.51	69.77
12346.97	85.04	1049.93	1725.84	590.72	126.04
26960.14	181.39	1764.82	2966.13	1019.03	279.13
137.23	**1.85**	**11.57**	**20.08**	**6.65**	**1.30**
16.80	0.14	1.45	2.59	1.00	0.09
9.01	0.04	0.51	0.91	0.35	0.07
105.37	1.66	9.93	16.90	5.30	1.12
48056.54	**305.06**	**3445.11**	**5716.61**	**1964.88**	**472.96**
1841.70	13.33	137.06	214.07	63.66	12.87
262.48	1.83	20.89	34.40	11.68	3.09
151.90	4.77	15.67	27.34	6.89	1.39
3382.55	18.99	187.44	335.72	129.06	50.77
1716.50	12.68	149.78	232.77	70.30	35.11
385.95	3.00	24.78	43.82	16.04	7.72
1358.76	11.19	129.10	204.94	64.62	14.22
134.98	1.12	10.06	16.81	5.60	2.10
461.34	2.66	27.20	46.77	16.91	5.04

单位:亿元

项 目 Item		#实收资本 Paid-in Capital	主营业务收入 Revenue from Principal Business
印刷和记录媒介复制业	Printing, Reproduction of Recording Media	57.54	411.10
文教、工美、体育和娱乐用品制造业	Manufacture of Articles for Culture, Education, Arts and Crafts, Sport and Entertainment Activities	73.07	972.37
石油加工、炼焦和核燃料加工业	Processing of Petroleum, Coking, Processing of Nuclear Fuel	14.49	182.36
化学原料和化学制品制造业	Manufacture of Raw Chemical Materials and Chemical Products	506.86	5962.68
医药制造业	Manufacture of Medicines	87.63	938.40
化学纤维制造业	Manufacture of Chemical Fibers	158.32	1428.48
橡胶和塑料制品业	Manufacture of Rubber and Plastics Products	149.77	1262.32
非金属矿物制品业	Manufacture of Non－metallic Mineral Products	364.73	2802.18
黑色金属冶炼和压延加工业	Smelting and Pressing of Ferrous Metals	336.63	4956.73
有色金属冶炼和压延加工业	Smelting and Pressing of Non－ferrous Metals	150.45	2096.17
金属制品业	Manufacture of Metal Products	360.15	3585.40
通用设备制造业	Manufacture of General Purpose Machinery	436.86	3502.54
专用设备制造业	Manufacture of Special Purpose Machinery	416.03	2801.87
汽车制造业	Manufacture of Automobiles	138.90	1181.11
铁路、船舶、航空航天和其他运输设备制造业	Manufacture of Railway, Ship, Aerospace and Other Transport Equipments	132.24	1374.72
电气机械和器材制造业	Manufacture of Electrical Machinery and Apparatus	871.61	6759.76
计算机、通信和其他电子设备制造业	Manufacture of Computers, Communication and Other Electronic Equipment	234.31	2043.01
仪器仪表制造业	Manufacture of Measuring Instruments and Machinery	133.15	1554.73
其他制造业	Other Manufacture	12.83	222.24
废弃资源综合利用业	Utilization of Waste Resources	22.73	138.34
金属制品、机械和设备修理业	Repair Service of Metal Products, Machinery and Equipment	2.47	17.53
电力、热力、燃气及水的生产和供应业	**Production and Supply of Electric Power, Heat Power, Gas and Water**	**56.90**	**106.76**
电力、热力的生产和供应业	Production and Supply of Electric Power and Heat Power	49.98	80.16
燃气生产和供应	Production and Supply of Gas	4.86	21.01
水的生产和供应业	Production and Supply of Water	2.06	5.60

(100 million yuan)

主营业务成本 Cost of Principle Business	主营业务税金及附加 Taxes and Other Charges on Principle Business	利润总额 Total Profits	利税总额 Total Profits and Taxes	应交增值税 Value Added Tax Payable	从业人员年平均人数(万人) Annual Average Employed Persons (10000 persons)
348.87	2.60	27.28	44.28	14.40	5.60
835.48	5.80	65.18	109.29	38.30	13.43
168.70	0.82	5.72	10.74	4.21	0.67
5215.38	30.42	382.58	625.78	212.74	30.17
775.06	6.24	76.98	125.70	42.47	6.02
1322.89	3.39	37.22	88.18	47.53	8.79
1100.31	7.06	72.23	123.09	43.78	15.13
2430.12	18.85	176.13	306.13	111.10	24.07
4407.38	21.93	255.84	431.19	153.11	21.55
1920.80	7.17	83.19	132.58	42.20	8.02
3104.70	19.53	227.38	379.74	132.51	30.76
2976.00	22.11	231.17	394.27	140.94	36.27
2349.23	18.53	200.67	334.03	114.79	27.48
1008.54	6.55	69.74	117.27	40.94	14.58
1164.47	7.27	103.82	161.09	49.99	12.30
5854.36	34.40	446.81	728.15	246.80	46.38
1746.35	11.38	136.01	219.28	71.84	24.55
1295.70	9.09	125.79	193.56	58.60	11.28
196.47	1.26	12.94	23.70	9.49	2.59
124.66	0.79	5.14	9.76	3.81	0.82
14.90	0.28	1.31	2.18	0.59	0.19
79.16	**0.53**	**16.95**	**21.21**	**3.73**	**0.69**
57.20	0.39	14.99	18.51	3.13	0.54
17.57	0.10	1.54	2.04	0.39	0.09
4.39	0.03	0.41	0.65	0.20	0.06

11-16 私营工业企业主要经济效益指标（2013年）

单位：%

项　　目	Item	企业亏损面 Percentage of Loss Making Enterprises	产值利税率 Percentage of Profit and Tax to Output Value
总　计	**Total**	**9.28**	**10.18**
按登记注册类型分	**Grouped by Status of Registration**		
私营独资企业	Private Solely Funds Enterprises	4.30	11.07
私营合伙企业	Private Partnership Enterprises	5.53	9.59
私营有限责任公司	Private Limited Liabieity Corporations	9.73	10.06
私营股份有限公司	Private Share Holding Co., Ltd.	11.07	11.08
按轻重工业分	**Grouped by Light & Heavy Industries**		
轻工业	Light Industry	9.14	9.79
重工业	Heavy Industry	9.37	10.34
按企业规模分	**Grouped by Size of Enterprises**		
大型企业	Large Enterprises	4.78	10.04
中型企业	Medium - sized Enterprises	6.38	11.81
小微型企业	Small Enterprises	9.59	9.53
按行业分	**Grouped by Sector**		
采矿业	**Mining**	**6.82**	**11.21**
煤炭开采和洗选业	Mining and Washing of Coal		12.30
石油和天然气开采业	Extraction of Petroleum and Natural Gas		
黑色金属矿采选业	Mining and Processing of Ferrous Metal Ores		10.34
有色金属矿采选业	Mining and Processing of Non - ferrous Metals Ores		
非金属矿采选业	Mining and Processing of Non-metal Ores	5.56	11.75
开采辅助活动	Support Activities for Mining		
其他采矿业	Mining of Other Ores		
制造业	**Manufacturing**	**9.29**	**10.16**
农副食品加工业	Processing of Food from Agricultural Products	3.85	10.11
食品制造业	Manufacture of Food	11.60	10.39
酒、饮料和精制茶制造业	Manufacture of Liquor, Beverages and Refined Tea	3.26	14.72
烟草制品业	Manufacture of Tobacco		
纺织业	Manufacture of Textile	10.00	8.73
纺织服装、服饰业	Manufacture of Textile, Wearing Apparel and Accessories	8.01	10.97
皮革、毛皮、羽毛及其制品和制鞋业	Manufacture of Leather, Fur, Feather and Related Products and Footwear	8.25	9.84
木材加工和木、竹、藤、棕、草制品业	Processing of Timber, Manufacture of Wood, Bamboo, Rattan, Palm and Straw Products	2.27	13.50
家具制造业	Manufacture of Furniture	15.86	10.27
造纸和纸制品业	Manufacture of Paper and Paper Products	11.19	8.81

Main Indicators on Economic Benefit of Private Industrial Enterprises(2013)

(%)

销售利税率 Percentage of Profit and Tax to Sales	资金利税率 Percentage of Profit and Tax to Capital	资产负债率 Assets Liability Ratio	流动资产周转次数(次/年) Times of Turnover of Circulating Funds (times/year)	成本费用利润率 Ratio of Profits to Industrial Cost	产品销售率 Proportion of Products Sold	总资产贡献率 Ratio of Total Assets to Industrial Output Value
10.23	**21.63**	**58.69**	**3.24**	**6.58**	**98.55**	**20.79**
11.24	34.89	52.97	5.31	7.32	98.19	33.81
9.73	37.33	53.85	6.30	6.33	98.21	34.03
10.11	21.52	59.66	3.25	6.46	98.57	20.75
11.23	16.39	51.54	2.28	7.67	98.55	15.49
9.86	21.20	60.02	3.43	6.20	98.67	20.49
10.39	21.80	58.14	3.16	6.74	98.49	20.92
9.73	17.20	60.23	2.90	6.05	98.98	16.71
11.93	26.14	57.62	3.41	7.95	98.28	24.67
9.68	21.48	58.51	3.30	6.19	98.52	20.82
11.42	**46.83**	**47.89**	**8.60**	**6.67**	**97.81**	**39.58**
12.82	74.95	56.62	16.56	8.31	93.31	76.02
10.61	17.34	57.78	6.24	5.87	98.11	17.95
11.94	51.75	43.56	8.78	6.99	98.25	42.05
10.21	**21.62**	**58.71**	**3.24**	**6.56**	**98.55**	**20.80**
10.24	36.70	48.01	6.72	7.20	98.63	35.04
10.56	20.98	58.53	3.10	7.24	97.50	20.30
14.77	27.82	50.21	3.76	9.18	99.83	26.09
8.86	16.67	64.51	2.94	5.33	98.34	16.84
10.82	22.90	56.90	3.18	7.08	98.74	20.77
10.00	33.98	59.89	5.01	6.06	98.53	32.04
13.55	51.41	35.69	6.89	9.42	99.03	46.96
10.43	20.89	55.97	3.32	6.38	98.54	19.50
8.88	17.27	63.72	3.02	5.38	99.08	17.31

11－16 续 表1

单位:%

项 目 Item		企业亏损面 Percentage of Loss Making Enterprises	产值利税率 Percentage of Profit and Tax to Output Value
印刷和记录媒介复制业	Printing, Reproduction of Recording Media	10.61	9.83
文教、工美、体育和娱乐用品制造业	Manufacture of Articles for Culture, Education, Arts and Crafts, Sport and Entertainment Activities	4.16	11.32
石油加工、炼焦和核燃料加工业	Processing of Petroleum, Coking, Processing of Nuclear Fuel	13.16	5.25
化学原料和化学制品制造业	Manufacture of Raw Chemical Materials and Chemical Products	8.21	10.71
医药制造业	Manufacture of Medicines	10.77	13.33
化学纤维制造业	Manufacture of Chemical Fibers	19.46	6.11
橡胶和塑料制品业	Manufacture of Rubber and Plastics Products	8.48	9.93
非金属矿物制品业	Manufacture of Non－metallic Mineral Products	10.37	11.25
黑色金属冶炼和压延加工业	Smelting and Pressing of Ferrous Metals	15.11	8.11
有色金属冶炼和压延加工业	Smelting and Pressing of Non－ferrous Metals	16.30	6.40
金属制品业	Manufacture of Metal Products	7.72	10.22
通用设备制造业	Manufacture of General Purpose Machinery	9.19	11.02
专用设备制造业	Manufacture of Special Purpose Machinery	9.96	11.44
汽车制造业	Manufacture of Automobiles	7.36	10.00
铁路、船舶、航空航天和其他运输设备制造业	Manufacture of Railway, Ship, Aerospace and Other Transport Equipments	8.67	11.50
电气机械和器材制造业	Manufacture of Electrical Machinery and Apparatus	8.82	10.66
计算机、通信和其他电子设备制造业	Manufacture of Computers, Communication and Other Electronic Equipment	12.46	10.40
仪器仪表制造业	Manufacture of Measuring Instruments and Machinery	6.60	12.32
其他制造业	Other Manufacture	5.04	10.86
废弃资源综合利用业	Utilization of Waste Resources	14.29	6.35
金属制品、机械和设备修理业	Repair Service of Metal Products, Machinery and Equipment	12.50	13.05
电力、热力、燃气及水的生产和供应业	**Production and Supply of Electric Power, Heat Power, Gas and Water**	**10.29**	**19.65**
电力、热力的生产和供应业	Production and Supply of Electric Power and Heat Power	6.67	22.34
燃气生产和供应	Production and Supply of Gas	20.00	10.55
水的生产和供应业	Production and Supply of Water	12.50	15.21

11－16 Continued 1

(%)

销售利税率 Percentage of Profit and Tax to Sales	资金利税率 Percentage of Profit and Tax to Capital	资产负债率 Assets Liability Ratio	流动资产周转次数(次/年) Times of Turnover of Circulating Funds (times/year)	成本费用利润率 Ratio of Profits to Industrial Cost	产品销售率 Proportion of Products Sold	总资产贡献率 Ratio of Total Assets to Industrial Output Value
10.04	14.44	63.42	2.43	6.74	98.52	14.48
11.31	31.44	56.66	4.56	7.33	98.76	29.36
5.00	13.72	65.26	3.58	2.87	98.57	12.73
10.79	26.01	57.58	3.90	6.95	98.76	24.73
13.47	33.71	50.63	4.04	9.26	98.80	31.02
6.13	10.03	67.75	2.81	2.79	98.93	11.00
10.02	21.99	56.93	3.32	6.34	98.41	21.07
11.42	18.85	63.28	2.49	7.15	98.62	18.35
7.76	18.16	63.58	4.07	4.71	98.15	18.39
6.52	17.63	67.02	3.52	4.23	98.72	17.28
10.40	22.08	59.55	3.11	6.48	98.11	21.50
11.23	21.35	53.83	2.88	7.22	98.42	20.33
11.58	19.33	57.64	2.39	7.50	98.43	18.95
10.06	18.55	60.11	2.73	6.42	98.46	17.77
11.35	21.03	62.72	2.98	7.98	99.50	19.26
10.80	22.06	55.63	2.76	7.21	98.69	20.88
10.53	19.58	58.55	2.69	7.02	98.53	18.71
12.64	26.46	50.06	3.32	8.89	97.80	24.38
11.19	36.66	43.18	5.63	6.82	98.53	33.68
6.41	15.48	55.42	3.74	3.26	98.23	15.08
13.17	24.94	49.82	4.33	8.87	97.59	24.60
19.29	**15.11**	**57.89**	**1.65**	**17.15**	**98.54**	**14.77**
21.79	14.95	58.24	1.50	20.81	98.44	14.74
10.73	11.34	58.47	2.06	7.33	98.95	11.44
14.90	22.68	53.04	2.40	10.57	98.68	19.60

11－17 私营工业企业主要经济效益指标（2014年）

单位:%

项 目	Item	企业亏损面 Percentage of Loss Making Enterprises	产值利税率 Percentage of Profit and Tax to Output Value
总 计	**Total**	**9.28**	**10.28**
按登记注册类型分	**Grouped by Status of Registration**		
私营独资企业	Private Solely Funds Enterprises	3.85	10.92
私营合伙企业	Private Partnership Enterprises	4.19	10.80
私营有限责任公司	Private Limited Liabieity Corporations	9.71	10.20
私营股份有限公司	Private Share Holding Co., Ltd.	10.93	10.94
按轻重工业分	**Grouped by Light & Heavy Industries**		
轻工业	Light Industry	8.82	9.93
重工业	Heavy Industry	9.56	10.43
按企业规模分	**Grouped by Size of Enterprises**		
大型企业	Large Enterprises	4.23	10.68
中型企业	Medium－sized Enterprises	5.28	11.79
小微型企业	Small Enterprises	9.71	9.45
按行业分	**Grouped by Sector**		
采矿业	**Mining**	**4.82**	**12.15**
煤炭开采和洗选业	Mining and Washing of Coal	16.67	13.74
石油和天然气开采业	Extraction of Petroleum and Natural Gas		
黑色金属矿采选业	Mining and Processing of Ferrous Metal Ores	16.67	8.83
有色金属矿采选业	Mining and Processing of Non－ferrous Metals Ores		
非金属矿采选业	Mining and Processing of Non-metal Ores	1.47	12.98
开采辅助活动	Support Activities for Mining		
其他采矿业	Mining of Other Ores		
制造业	**Manufacturing**	**9.29**	**10.26**
农副食品加工业	Processing of Food from Agricultural Products	4.89	10.01
食品制造业	Manufacture of Food	9.38	11.09
酒、饮料和精制茶制造业	Manufacture of Liquor, Beverages and Refined Tea	7.95	14.77
烟草制品业	Manufacture of Tobacco		
纺织业	Manufacture of Textile	10.11	8.75
纺织服装、服饰业	Manufacture of Textile, Wearing Apparel and Accessories	7.21	11.68
皮革、毛皮、羽毛及其制品和制鞋业	Manufacture of Leather, Fur, Feather and Related Products and Footwear	5.01	9.82
木材加工和木、竹、藤、棕、草制品业	Processing of Timber, Manufacture of Wood, Bamboo, Rattan, Palm and Straw Products	2.29	12.89
家具制造业	Manufacture of Furniture	6.67	10.55
造纸和纸制品业	Manufacture of Paper and Paper Products	11.76	8.75

Main Indicators on Economic Benefit of Private Industrial Enterprises(2014)

(%)

销售利税率 Percentage of Profit and Tax to Sales	资金利税率 Percentage of Profit and Tax to Capital	资产负债率 Assets Liability Ratio	流动资产周转次数(次/年) Times of Turnover of Circulating Funds (times/year)	成本费用利润率 Ratio of Profits to Industrial Cost	产品销售率 Proportion of Products Sold	总资产贡献率 Ratio of Total Assets to Industrial Output Value
10.37	**21.44**	**56.37**	**3.31**	**6.61**	**98.51**	**20.39**
11.13	33.82	52.68	5.38	7.18	98.34	32.96
10.98	33.53	49.55	6.07	7.14	98.45	32.17
10.27	21.48	56.95	3.34	6.52	98.51	20.50
11.10	16.08	52.36	2.27	7.47	98.57	14.90
10.05	21.43	56.73	3.57	6.30	98.58	20.35
10.50	21.45	56.22	3.21	6.75	98.47	20.41
10.35	18.19	58.71	2.91	6.50	98.76	16.98
11.96	26.66	55.47	3.67	7.85	98.29	24.85
9.63	20.43	55.77	3.32	6.08	98.53	19.83
12.41	**42.83**	**42.76**	**8.76**	**7.82**	**98.18**	**39.03**
13.16	85.35	39.81	23.88	8.03	97.95	90.02
8.76	15.21	45.40	6.21	5.14	101.28	16.26
13.42	48.11	38.32	8.83	8.72	97.88	41.86
10.34	**21.47**	**56.37**	**3.31**	**6.59**	**98.51**	**20.42**
10.21	34.29	45.44	7.01	7.05	98.53	32.38
11.27	24.49	52.83	3.70	7.38	98.43	23.09
14.88	25.85	52.71	3.29	9.58	99.54	23.57
8.85	16.56	62.22	3.02	5.17	98.66	16.76
11.61	24.07	52.35	3.14	7.88	98.60	20.18
9.94	31.91	57.68	4.96	5.99	98.51	30.84
13.03	39.09	32.85	6.34	9.01	98.88	37.72
10.78	24.05	53.45	3.96	6.94	98.12	22.88
8.88	16.71	60.62	3.10	5.48	99.11	16.76

11－17 续 表1

单位:%

项 目 Item		企业亏损面 Percentage of Loss Making Enterprises	产值利税率 Percentage of Profit and Tax to Output Value
印刷和记录媒介复制业	Printing, Reproduction of Recording Media	9.95	10.60
文教、工美、体育和娱乐用品制造业	Manufacture of Articles for Culture, Education, Arts and Crafts, Sport and Entertainment Activities	4.42	11.07
石油加工、炼焦和核燃料加工业	Processing of Petroleum, Coking, Processing of Nuclear Fuel	18.75	5.69
化学原料和化学制品制造业	Manufacture of Raw Chemical Materials and Chemical Products	7.74	10.37
医药制造业	Manufacture of Medicines	9.31	13.15
化学纤维制造业	Manufacture of Chemical Fibers	21.96	6.10
橡胶和塑料制品业	Manufacture of Rubber and Plastics Products	8.09	9.56
非金属矿物制品业	Manufacture of Non－metallic Mineral Products	9.80	10.72
黑色金属冶炼和压延加工业	Smelting and Pressing of Ferrous Metals	16.10	9.23
有色金属冶炼和压延加工业	Smelting and Pressing of Non－ferrous Metals	15.17	6.22
金属制品业	Manufacture of Metal Products	9.08	10.43
通用设备制造业	Manufacture of General Purpose Machinery	9.66	11.02
专用设备制造业	Manufacture of Special Purpose Machinery	9.84	11.74
汽车制造业	Manufacture of Automobiles	7.95	9.78
铁路、船舶、航空航天和其他运输设备制造业	Manufacture of Railway, Ship, Aerospace and Other Transport Equipments	10.02	11.62
电气机械和器材制造业	Manufacture of Electrical Machinery and Apparatus	8.53	10.62
计算机、通信和其他电子设备制造业	Manufacture of Computers, Communication and Other Electronic Equipment	9.94	10.60
仪器仪表制造业	Manufacture of Measuring Instruments and Machinery	8.93	12.12
其他制造业	Other Manufacture	5.17	10.40
废弃资源综合利用业	Utilization of Waste Resources	17.24	7.06
金属制品、机械和设备修理业	Repair Service of Metal Products, Machinery and Equipment	12.50	11.79
电力、热力、燃气及水的生产和供应业	**Production and Supply of Electric Power, Heat Power, Gas and Water**	**10.67**	**19.94**
电力、热力的生产和供应业	Production and Supply of Electric Power and Heat Power	9.80	23.44
燃气生产和供应	Production and Supply of Gas	18.75	9.46
水的生产和供应业	Production and Supply of Water		11.34

11 – 17　Continued 1

(%)

销售利税率 Percentage of Profit and Tax to Sales	资金利税率 Percentage of Profit and Tax to Capital	资产负债率 Assets Liability Ratio	流动资产周转次数(次/年) Times of Turnover of Circulating Funds (times/year)	成本费用利润率 Ratio of Profits to Industrial Cost	产品销售率 Proportion of Products Sold	总资产贡献率 Ratio of Total Assets to Industrial Output Value
10.77	15.48	58.18	2.51	6.99	98.85	15.49
11.24	29.58	53.94	4.33	7.18	98.73	26.89
5.89	16.31	61.39	3.62	3.19	98.43	14.99
10.49	23.45	55.33	3.77	6.67	98.71	22.26
13.40	31.69	46.67	4.65	8.98	98.42	28.17
6.17	10.15	64.86	3.02	2.62	98.95	10.94
9.75	21.03	54.72	3.40	6.08	98.16	20.33
10.92	18.17	61.66	2.60	6.72	98.64	17.51
8.70	20.12	60.79	4.22	5.28	98.05	19.66
6.32	17.41	65.74	3.63	4.12	98.41	17.29
10.59	21.74	58.20	3.15	6.58	98.61	20.61
11.26	21.64	52.12	3.03	7.09	98.47	20.69
11.92	20.82	54.02	2.60	7.65	98.37	20.03
9.93	16.60	59.02	2.51	6.29	98.05	16.18
11.72	21.91	61.67	3.00	8.30	98.43	20.22
10.77	21.97	54.87	2.90	7.07	98.60	20.54
10.73	19.97	55.76	2.83	7.13	98.39	19.05
12.45	25.80	49.47	3.24	8.84	97.82	23.58
10.66	32.41	46.61	5.36	6.22	98.40	30.54
7.05	16.43	54.87	3.74	3.87	98.09	15.84
12.41	19.28	58.25	2.89	8.16	97.83	18.48
19.86	**11.83**	**59.05**	**1.34**	**18.18**	**98.80**	**12.12**
23.10	11.89	59.41	1.20	22.03	99.02	12.33
9.71	15.91	54.96	3.02	7.70	98.19	14.51
11.69	6.07	58.72	1.02	8.06	98.14	6.24

11－18　外商投资和港澳台商投资工业企业主要经济指标（2013 年）

单位：亿元

项目	Item	企业单位数（个） Number of Enterprises (unit)	流动资产合计 Current Assets	应收账款 Accounts Receivalble
总　计	**Total**	**11384**	**19811.06**	**6580.75**
按登记注册类型分	**Grouped by Status of Registration**			
与港澳台商合资经营	Joint－venture Enterprises with Hong Kong Macao and Taiwan	1562	2442.75	636.05
与港澳台商合作经营	Cooperative Enterprises with Hong Kong, Macao and Taiwan	60	171.35	47.96
港澳台商独资	Enterprises with Sole Funds from Hong Kong, Macao and Taiwan	2395	3494.83	1188.71
港澳台商投资股份有限公司	Share Holding with Hong Kong, Macao and Taiwan Investment	83	272.28	90.87
其他港澳台投资	Other Share Hold with Hong Kong. Macao and Taiwan Investment	7	10.18	5.94
中外合资经营	Joint－venture Enterprises with Foreign Funded	2231	4376.33	1256.73
中外合作经营	Chinese－foreign Cooperative Enterprises	104	127.51	37.27
外资企业	Foreign Solely Funded	4843	8531.58	3226.99
外商投资股份有限公司	Share Holding with Foreign Investment	92	377.83	87.86
其他外商投资	Others	7	6.43	2.37
按轻重工业分	**Grouped by Light & Heavy Industries**			
轻工业	Light Industry	4207	4851.64	1337.51
重工业	Heavy Industry	7177	14959.43	5243.24
按企业规模分	**Grouped by Size of Enterprises**			
大型企业	Large Enterprises	630	8602.19	2864.76
中型企业	Medium－sized Enterprises	2437	5419.38	1787.57
小微型企业	Small Enterprises	8317	5789.49	1928.42
按行业分	**Grouped by Sector**			
采矿业	**Mining**	**9**	**8.69**	**2.31**
煤炭开采和洗选业	Mining and Washing of Coal			
石油和天然气开采业	Extraction of Petroleum and Natural Gas			
黑色金属矿采选业	Mining and Processing of Ferrous Metal Ores	4		
有色金属矿采选业	Mining and Processing of Non－ferrous Metals Ores			
非金属矿采选业	Mining and Processing of Non-metal Ores	4		
开采辅助活动	Support Activities for Mining	1		
其他采矿业	Mining of Other Ores			
制造业	**Manufacturing**	**11226**	**19428.93**	**6492.04**
农副食品加工业	Processing of Food from Agricultural Products	175	422.49	66.21
食品制造业	Manufacture of Food	103	151.30	35.21
酒、饮料和精制茶制造业	Manufacture of Liquor, Beverages and Refined Tea	56	72.18	12.01
烟草制品业	Manufacture of Tobacco			
纺织业	Manufacture of Textile	812	649.85	148.64
纺织服装、服饰业	Manufacture of Textile, Wearing Apparel and Accessories	825	339.14	83.58

Main Economic Indicators of Industrial Enterprises with Hong Kong, Macao, Taiwan and Foreign Funds (2013)

(100 million yuan)

存货 Inventory	#产成品 Finished Goods	固定资产合计 Original Value	资产总计 Total Assets	负债合计 Total Liabilities	所有者权益合计 Owners' Equities
4280.18	**1477.91**	**11847.87**	**35203.70**	**18576.40**	**16604.14**
612.17	194.07	1769.75	4834.00	2882.51	1946.40
27.40	3.86	40.19	227.28	154.15	73.13
719.21	273.75	2121.00	6217.27	3132.47	3081.85
38.30	13.67	161.66	496.18	237.38	258.79
2.95	1.18	6.69	17.24	10.03	7.21
879.09	323.26	2739.52	8053.04	4327.38	3723.86
37.51	5.59	90.11	249.02	132.93	116.09
1893.12	642.19	4697.81	14257.70	7328.93	6922.38
69.07	19.74	216.65	840.62	365.45	468.21
1.35	0.58	4.50	11.35	5.15	6.21
1135.95	424.62	2811.10	8776.30	4534.10	4231.89
3144.24	1053.29	9036.77	26427.40	14042.30	12372.24
1689.53	523.43	5285.59	15567.44	8445.49	7121.96
1257.11	450.03	3390.29	9744.19	5074.96	4669.23
1333.54	504.45	3172.00	9892.06	5055.95	4812.95
1.19	**0.52**	**10.20**	**19.80**	**11.17**	**8.63**
4253.87	**1476.11**	**10955.78**	**33766.01**	**17756.10**	**15986.75**
109.11	33.24	163.70	691.69	471.06	220.63
26.39	10.70	85.85	280.76	133.44	147.33
22.52	6.65	96.65	186.90	97.90	89.00
191.58	81.12	358.84	1109.88	616.48	492.69
86.51	33.80	156.63	571.21	301.63	269.11

11－18 续 表 1

单位:亿元

项 目	Item	企业单位数(个) Number of Enterprises (unit)	流动资产合计 Current Assets	应收账款 Accounts Receivalble
皮革、毛皮、羽毛及其制品和制鞋业	Manufacture of Leather, Fur, Feather and Related Products and Footwear	184	110.91	25.48
木材加工和木、竹、藤、棕、草制品业	Processing of Timber, Manufacture of Wood, Bamboo, Rattan, Palm and Straw Products	71	57.39	15.94
家具制造业	Manufacture of Furniture	84	58.04	18.49
造纸和纸制品业	Manufacture of Paper and Paper Products	126	533.31	110.63
印刷和记录媒介复制业	Printing, Reproduction of Recording Media	121	98.27	33.17
文教、工美、体育和娱乐用品制造业	Manufacture of Articles for Culture, Education, Arts and Crafts, Sport and Entertainment Activities	389	167.64	45.72
石油加工、炼焦和核燃料加工业	Processing of Petroleum, Coking, Processing of Nuclear Fuel	19	71.07	16.63
化学原料和化学制品制造业	Manufacture of Raw Chemical Materials and Chemical Products	969	1970.74	565.28
医药制造业	Manufacture of Medicines	170	394.84	110.46
化学纤维制造业	Manufacture of Chemical Fibers	86	219.91	29.96
橡胶和塑料制品业	Manufacture of Rubber and Plastics Products	586	515.25	199.62
非金属矿物制品业	Manufacture of Non－metallic Mineral Products	391	415.54	160.77
黑色金属冶炼和压延加工业	Smelting and Pressing of Ferrous Metals	180	522.89	95.66
有色金属冶炼和压延加工业	Smelting and Pressing of Non－ferrous Metals	186	293.15	90.95
金属制品业	Manufacture of Metal Products	595	645.41	213.79
通用设备制造业	Manufacture of General Purpose Machinery	944	1358.93	472.46
专用设备制造业	Manufacture of Special Purpose Machinery	738	1193.81	404.12
汽车制造业	Manufacture of Automobiles	505	1114.63	411.30
铁路、船舶、航空航天和其他运输设备制造业	Manufacture of Railway, Ship, Aerospace and Other Transport Equipments	232	967.30	131.88
电气机械和器材制造业	Manufacture of Electrical Machinery and Apparatus	895	2105.93	853.37
计算机、通信和其他电子设备制造业	Manufacture of Computers, Communication and Other Electronic Equipment	1453	4494.55	1963.30
仪器仪表制造业	Manufacture of Measuring Instruments and Machinery	252	337.91	120.40
其他制造业	Other Manufacture	35	19.68	6.63
废弃资源综合利用业	Utilization of Waste Resources	41	125.27	49.43
金属制品、机械和设备修理业	Repair Service of Metal Products, Machinery and Equipment			
电力、热力、燃气及水的生产和供应业	**Production and Supply of Electric Power, Heat Power, Gas and Water**	**149**	**373.44**	**86.39**
电力、热力的生产和供应业	Production and Supply of Electric Power and Heat Power	74	239.35	60.57
燃气生产和供应	Production and Supply of Gas	50	106.52	22.83
水的生产和供应业	Production and Supply of Water	25	27.57	2.99

11－18　Continued 1

(100 million yuan)

存货 Inventory	#产成品 Finished Goods	固定资产合计 Original Value	资产总计 Total Assets	负债合计 Total Liabilities	所有者权益合计 Owners' Equities
28.62	7.85	36.18	164.71	79.42	84.36
16.37	7.93	24.81	90.80	44.16	46.64
17.45	5.07	28.48	96.36	44.21	52.15
70.80	25.82	461.31	1293.76	643.79	649.97
16.37	7.03	64.57	174.81	71.82	102.99
51.16	19.68	90.46	292.31	141.54	150.77
20.13	8.32	35.06	112.55	57.73	54.82
420.03	184.31	1723.67	4159.47	2234.05	1924.95
87.09	34.19	177.05	659.82	269.59	383.27
78.87	30.91	248.35	565.68	308.15	257.53
128.39	52.34	382.84	968.48	400.56	566.24
77.07	34.75	310.59	783.54	401.70	381.56
162.30	52.30	482.75	1116.06	726.51	389.55
77.75	25.67	149.57	477.34	259.99	217.00
158.52	62.48	329.79	1086.90	514.60	570.40
356.22	105.88	577.31	2100.77	987.79	1112.51
312.93	95.44	487.64	1860.77	944.96	915.54
191.26	87.28	544.78	1809.70	982.70	826.14
263.09	23.90	379.32	1690.19	930.02	755.97
336.88	138.94	861.07	3308.81	1947.10	1361.71
819.68	257.36	2507.49	7389.47	3749.40	3636.64
97.77	25.84	157.08	535.46	255.09	280.18
5.73	1.61	18.72	40.81	22.36	18.45
23.06	15.71	14.84	144.93	116.71	28.23
25.13	**1.27**	**881.89**	**1417.89**	**809.13**	**608.76**
13.86	0.31	599.96	934.41	545.49	388.92
8.00	0.94	160.81	317.66	172.51	145.15
3.26	0.02	121.13	165.83	91.14	74.69

11－18 续 表 2

单位:亿元

项 目 Item		#实收资本 Paid-in Capital	主营业务收入 Revenue from Principal Business
总 计	**Total**	**10395.35**	**47547.44**
按登记注册类型分	**Grouped by Status of Registration**		
与港澳台商合资经营	Joint－venture Enterprises with Hong Kong Macao and Taiwan	1102.26	5340.06
与港澳台商合作经营	Cooperative Enterprises with Hong Kong, Macao and Taiwan	29.25	275.52
港澳台商独资	Enterprises with Sole Funds from Hong Kong, Macao and Taiwan	2032.58	8246.51
港澳台商投资股份有限公司	Share Holding with Hong Kong, Macao and Taiwan Investment	101.35	565.30
其他港澳台投资	Other Share Hold with Hong Kong. Macao and Taiwan Investment	5.11	46.27
中外合资经营	Joint－venture Enterprises with Foreign Funded	1960.97	11053.69
中外合作经营	Chinese－foreign Cooperative Enterprises	76.95	341.31
外资企业	Foreign Solely Funded	4807.97	20974.83
外商投资股份有限公司	Share Holding with Foreign Investment	274.92	684.24
其他外商投资	Others	3.99	19.71
按轻重工业分	**Grouped by Light & Heavy Industries**		
轻工业	Light Industry	2712.95	12018.74
重工业	Heavy Industry	7682.40	35528.70
按企业规模分	**Grouped by Size of Enterprises**		
大型企业	Large Enterprises	3813.86	22902.51
中型企业	Medium－sized Enterprises	3027.98	12161.79
小微型企业	Small Enterprises	3553.50	12483.14
按行业分	**Grouped by Sector**		
采矿业	**Mining**	**7.83**	**25.40**
煤炭开采和洗选业	Mining and Washing of Coal		
石油和天然气开采业	Extraction of Petroleum and Natural Gas		
黑色金属矿采选业	Mining and Processing of Ferrous Metal Ores		
有色金属矿采选业	Mining and Processing of Non－ferrous Metals Ores		
非金属矿采选业	Mining and Processing of Non-metal Ores		
开采辅助活动	Support Activities for Mining		
其他采矿业	Mining of Other Ores		
制造业	**Manufacturing**	**10029.07**	**46721.35**
农副食品加工业	Processing of Food from Agricultural Products	117.85	1068.36
食品制造业	Manufacture of Food	77.20	310.51
酒、饮料和精制茶制造业	Manufacture of Liquor, Beverages and Refined Tea	78.60	196.16
烟草制品业	Manufacture of Tobacco		
纺织业	Manufacture of Textile	347.49	1436.66
纺织服装、服饰业	Manufacture of Textile, Wearing Apparel and Accessories	147.85	1142.10

(100 million yuan)

主营业务成本 Cost of Principle Business	主营业务税金及附加 Taxes and Other Charges on Principle Business	利润总额 Total Profits	利税总额 Total Profits and Taxes	应交增值税 Value Added Tax Payable	从业人员年平均人数(万人) Annual Average Employed Persons (10000 persons)
41389.80	**236.81**	**3096.48**	**4575.40**	**1240.71**	**441.92**
4615.39	21.13	366.43	574.69	186.96	48.01
209.82	2.32	37.20	49.89	10.37	2.13
7372.29	30.82	406.38	618.09	180.70	101.08
435.95	2.81	66.44	88.81	19.54	6.45
42.57	0.06	0.48	1.95	1.41	1.15
9354.38	114.80	943.63	1435.70	376.70	71.34
295.30	1.43	21.38	36.36	13.54	4.05
18491.90	60.86	1187.59	1679.22	430.34	200.66
555.64	2.40	65.83	88.68	20.44	6.84
16.57	0.18	1.12	1.99	0.70	0.19
10184.07	48.96	846.12	1250.92	355.17	142.01
31205.73	187.85	2250.36	3324.47	885.54	299.91
20434.59	97.36	1291.53	1917.59	527.93	196.26
10283.56	56.65	937.56	1353.98	359.48	138.33
10671.65	82.79	867.39	1303.82	353.29	107.33
21.55	**0.16**	**2.37**	**4.06**	**1.54**	**0.13**
40763.23	**231.68**	**2932.69**	**4367.59**	**1202.00**	**438.65**
959.16	2.33	74.08	107.89	31.45	4.22
230.17	2.29	33.87	47.83	11.65	3.24
154.68	3.79	15.75	27.06	7.52	1.72
1270.29	5.41	78.02	125.53	42.07	19.33
988.87	6.47	66.33	114.01	41.18	27.65

11－18 续 表 3

单位：亿元

项目	Item	#实收资本 Paid-in Capital	主营业务收入 Revenue from Principal Business
皮革、毛皮、羽毛及其制品和制鞋业	Manufacture of Leather, Fur, Feather and Related Products and Footwear	49.48	364.18
木材加工和木、竹、藤、棕、草制品业	Processing of Timber, Manufacture of Wood, Bamboo, Rattan, Palm and Straw Products	31.74	169.66
家具制造业	Manufacture of Furniture	39.63	125.52
造纸和纸制品业	Manufacture of Paper and Paper Products	533.46	654.79
印刷和记录媒介复制业	Printing, Reproduction of Recording Media	60.51	174.64
文教、工美、体育和娱乐用品制造业	Manufacture of Articles for Culture, Education, Arts and Crafts, Sport and Entertainment Activities	90.11	577.12
石油加工、炼焦和核燃料加工业	Processing of Petroleum, Coking, Processing of Nuclear Fuel	17.08	293.65
化学原料和化学制品制造业	Manufacture of Raw Chemical Materials and Chemical Products	1313.57	5062.02
医药制造业	Manufacture of Medicines	163.53	740.93
化学纤维制造业	Manufacture of Chemical Fibers	185.11	620.71
橡胶和塑料制品业	Manufacture of Rubber and Plastics Products	387.16	1088.17
非金属矿物制品业	Manufacture of Non－metallic Mineral Products	301.60	771.51
黑色金属冶炼和压延加工业	Smelting and Pressing of Ferrous Metals	293.32	1641.93
有色金属冶炼和压延加工业	Smelting and Pressing of Non－ferrous Metals	171.59	838.09
金属制品业	Manufacture of Metal Products	338.23	1329.14
通用设备制造业	Manufacture of General Purpose Machinery	608.10	2444.52
专用设备制造业	Manufacture of Special Purpose Machinery	523.06	1721.57
汽车制造业	Manufacture of Automobiles	470.58	2959.57
铁路、船舶、航空航天和其他运输设备制造业	Manufacture of Railway, Ship, Aerospace and Other Transport Equipments	260.09	1321.16
电气机械和器材制造业	Manufacture of Electrical Machinery and Apparatus	856.77	4453.28
计算机、通信和其他电子设备制造业	Manufacture of Computers, Communication and Other Electronic Equipment	2377.34	14214.61
仪器仪表制造业	Manufacture of Measuring Instruments and Machinery	141.35	788.08
其他制造业	Other Manufacture	13.53	54.81
废弃资源综合利用业	Utilization of Waste Resources	32.76	155.30
金属制品、机械和设备修理业	Repair Service of Metal Products, Machinery and Equipment		
电力、热力、燃气及水的生产和供应业	**Production and Supply of Electric Power, Heat Power, Gas and Water**	**358.45**	**800.69**
电力、热力的生产和供应业	Production and Supply of Electric Power and Heat Power	221.14	510.36
燃气生产和供应	Production and Supply of Gas	78.45	266.49
水的生产和供应业	Production and Supply of Water	58.86	23.83

11－18 Continued 3

(100 million yuan)

主营业务成本 Cost of Principle Business	主营业务税金及附加 Taxes and Other Charges on Principle Business	利润总额 Total Profits	利税总额 Total Profits and Taxes	应交增值税 Value Added Tax Payable	从业人员年平均人数(万人) Annual Average Employed Persons (10000 persons)
316.66	1.43	18.67	35.30	15.20	7.32
143.18	1.29	12.45	20.32	6.58	1.99
111.93	0.84	1.59	4.43	2.00	2.70
555.54	1.49	36.58	56.74	18.68	4.68
135.70	1.01	17.55	25.13	6.56	3.03
493.97	2.80	38.98	61.57	19.75	11.20
241.69	13.94	27.20	48.69	7.55	0.59
4430.63	14.55	319.44	472.16	138.08	18.36
436.45	6.28	95.43	150.95	49.21	5.95
557.59	1.64	34.68	51.70	15.34	4.56
915.25	5.61	71.15	106.50	29.64	16.26
660.13	3.95	38.37	72.22	29.89	8.51
1510.45	3.72	35.66	78.58	39.20	6.16
777.23	2.05	29.88	52.47	20.53	3.44
1148.76	4.98	86.54	134.24	42.61	14.63
1995.14	11.72	215.03	292.92	66.14	24.01
1405.80	7.25	133.91	186.36	45.14	20.14
2341.80	85.17	366.11	605.95	154.65	16.16
1146.02	7.41	116.31	178.72	54.99	15.49
3864.27	12.51	253.84	398.63	131.79	38.01
13111.72	18.17	649.94	814.49	146.30	150.37
661.13	3.10	61.37	87.94	23.47	7.21
46.39	0.23	2.19	4.62	2.20	1.40
150.22	0.24	1.75	4.55	2.55	0.28
605.02	**4.97**	**161.42**	**203.74**	**37.17**	**3.13**
376.66	3.26	112.55	145.64	29.76	1.49
212.56	1.44	43.12	50.77	6.12	1.16
15.81	0.28	5.74	7.33	1.29	0.48

11－19 外商投资和港澳台商投资工业企业主要经济指标（2014 年）

单位:亿元

项目	Item	企业单位数（个）Number of Enterprises (unit)	流动资产合计 Current Assets	应收账款 Accounts Receivalble
总　计	**Total**	**11098**	**20553.48**	**6917.45**
按登记注册类型分	**Grouped by Status of Registration**			
与港澳台商合资经营	Joint－venture Enterprises with Hong Kong Macao and Taiwan	1497	2412.30	658.65
与港澳台商合作经营	Cooperative Enterprises with Hong Kong, Macao and Taiwan	51	229.02	56.85
港澳台商独资	Enterprises with Sole Funds from Hong Kong, Macao and Taiwan	2353	3661.94	1291.41
港澳台商投资股份有限公司	Share Holding with Hong Kong, Macao and Taiwan Investment	78	281.77	91.46
其他港澳台投资	Other Share Hold with Hong Kong. Macao and Taiwan Investment	3		
中外合资经营	Joint－venture Enterprises with Foreign Funded	2138	4656.73	1305.82
中外合作经营	Chinese－foreign Cooperative Enterprises	93	125.03	55.40
外资企业	Foreign Solely Funded	4792	8761.33	3348.94
外商投资股份有限公司	Share Holding with Foreign Investment	83	415.91	105.72
其他外商投资	Others	10	8.61	3.00
按轻重工业分	**Grouped by Light & Heavy Industries**			
轻工业	Light Industry	4008	4989.75	1410.58
重工业	Heavy Industry	7090	15563.73	5506.87
按企业规模分	**Grouped by Size of Enterprises**			
大型企业	Large Enterprises	621	8962.68	3030.97
中型企业	Medium－sized Enterprises	2369	5788.52	1954.56
小微型企业	Small Enterprises	8108	5802.28	1931.92
按行业分	**Grouped by Sector**			
采矿业	**Mining**	**10**	**14.01**	**2.47**
煤炭开采和洗选业	Mining and Washing of Coal			
石油和天然气开采业	Extraction of Petroleum and Natural Gas			
黑色金属矿采选业	Mining and Processing of Ferrous Metal Ores	5		
有色金属矿采选业	Mining and Processing of Non－ferrous Metals Ores			
非金属矿采选业	Mining and Processing of Non-metal Ores	4		
开采辅助活动	Support Activities for Mining	1		
其他采矿业	Mining of Other Ores			
制造业	**Manufacturing**	**10936**	**20155.33**	**6830.06**
农副食品加工业	Processing of Food from Agricultural Products	175	355.81	48.42
食品制造业	Manufacture of Food	109	150.46	37.14
酒、饮料和精制茶制造业	Manufacture of Liquor, Beverages and Refined Tea	60	81.54	15.37
烟草制品业	Manufacture of Tobacco			
纺织业	Manufacture of Textile	761	633.35	165.76
纺织服装、服饰业	Manufacture of Textile, Wearing Apparel and Accessories	758	346.06	90.04

Main Economic Indicators of Industrial Enterprises with Hong Kong, Macao, Taiwan and Foreign Funds (2014)

(100 million yuan)

存货 Inventory	#产成品 Finished Goods	固定资产合计 Original Value	资产总计 Total Assets	负债合计 Total Liabilities	所有者权益合计 Owners' Equities
4405.78	**1600.09**	**12349.95**	**36685.38**	**18950.68**	**17719.75**
574.05	209.85	1895.81	5046.65	3007.43	2039.21
34.13	3.83	113.43	365.94	235.84	129.42
719.87	286.14	2246.96	6495.76	3205.26	3286.91
37.56	11.60	146.29	502.12	206.81	293.69
932.91	347.81	2891.85	8463.36	4519.25	3941.50
33.30	8.33	85.18	250.92	139.18	111.43
1999.87	709.60	4746.17	14684.95	7273.78	7405.03
72.00	22.27	218.53	859.26	355.78	503.48
2.02	0.59	5.11	14.91	7.16	7.75
1117.27	437.26	2902.50	9011.34	4548.25	4460.34
3288.51	1162.83	9447.45	27674.04	14402.42	13259.41
1717.55	577.46	5385.87	15974.06	8530.48	7443.58
1322.39	497.53	3683.12	10585.74	5391.84	5193.90
1365.84	525.10	3280.96	10125.58	5028.35	5082.27
3.49	**1.51**	**18.31**	**38.51**	**26.67**	**11.84**
4375.01	**1598.06**	**11479.46**	**35187.17**	**18116.59**	**17055.62**
95.78	34.10	181.45	582.28	371.09	211.05
29.17	12.38	92.74	309.67	135.68	173.08
23.47	8.22	108.14	214.69	106.58	108.11
185.31	80.18	362.61	1109.47	594.37	514.87
84.40	32.06	183.67	616.29	303.43	312.61

11－19 续 表 1

单位:亿元

项目	Item	企业单位数(个) Number of Enterprises (unit)	流动资产合计 Current Assets	应收账款 Accounts Receivalble
皮革、毛皮、羽毛及其制品和制鞋业	Manufacture of Leather, Fur, Feather and Related Products and Footwear	169	102.48	22.92
木材加工和木、竹、藤、棕、草制品业	Processing of Timber, Manufacture of Wood, Bamboo, Rattan, Palm and Straw Products	72	67.02	18.29
家具制造业	Manufacture of Furniture	80	56.12	18.87
造纸和纸制品业	Manufacture of Paper and Paper Products	122	574.98	132.41
印刷和记录媒介复制业	Printing, Reproduction of Recording Media	110	98.69	33.04
文教、工美、体育和娱乐用品制造业	Manufacture of Articles for Culture, Education, Arts and Crafts, Sport and Entertainment Activities	367	184.62	48.75
石油加工、炼焦和核燃料加工业	Processing of Petroleum, Coking, Processing of Nuclear Fuel	21	73.76	15.99
化学原料和化学制品制造业	Manufacture of Raw Chemical Materials and Chemical Products	954	2076.23	612.74
医药制造业	Manufacture of Medicines	166	488.80	147.67
化学纤维制造业	Manufacture of Chemical Fibers	79	195.02	29.00
橡胶和塑料制品业	Manufacture of Rubber and Plastics Products	576	536.15	198.34
非金属矿物制品业	Manufacture of Non－metallic Mineral Products	374	434.50	167.56
黑色金属冶炼和压延加工业	Smelting and Pressing of Ferrous Metals	167	429.89	92.45
有色金属冶炼和压延加工业	Smelting and Pressing of Non－ferrous Metals	179	303.71	97.40
金属制品业	Manufacture of Metal Products	575	666.27	231.62
通用设备制造业	Manufacture of General Purpose Machinery	959	1511.38	514.79
专用设备制造业	Manufacture of Special Purpose Machinery	745	1221.47	427.97
汽车制造业	Manufacture of Automobiles	548	1244.89	440.50
铁路、船舶、航空航天和其他运输设备制造业	Manufacture of Railway, Ship, Aerospace and Other Transport Equipments	226	988.60	167.72
电气机械和器材制造业	Manufacture of Electrical Machinery and Apparatus	890	2259.75	881.87
计算机、通信和其他电子设备制造业	Manufacture of Computers, Communication and Other Electronic Equipment	1365	4645.82	2026.81
仪器仪表制造业	Manufacture of Measuring Instruments and Machinery	249	375.59	134.55
其他制造业	Other Manufacture	34	21.09	4.86
废弃资源综合利用业	Utilization of Waste Resources	43	29.56	6.14
金属制品、机械和设备修理业	Repair Service of Metal Products, Machinery and Equipment	3		
电力、热力、燃气及水的生产和供应业	**Production and Supply of Electric Power, Heat Power, Gas and Water**	**152**	**384.15**	**84.91**
电力、热力的生产和供应业	Production and Supply of Electric Power and Heat Power	73	220.76	56.65
燃气生产和供应	Production and Supply of Gas	53	134.03	24.68
水的生产和供应业	Production and Supply of Water	26	29.37	3.58

11－19 Continued 1

(100 million yuan)

存货 Inventory	#产成品 Finished Goods	固定资产合计 Original Value	资产总计 Total Assets	负债合计 Total Liabilities	所有者权益合计 Owners' Equities
28.76	7.89	37.56	163.86	74.72	89.14
16.79	8.94	34.06	107.94	50.84	57.10
18.53	5.85	33.40	100.02	44.87	55.16
72.94	27.07	453.30	1257.08	631.23	625.86
15.73	6.53	64.65	176.21	63.61	112.31
54.06	27.91	96.08	314.34	156.24	158.08
20.49	9.56	45.62	129.68	64.87	64.81
455.84	208.90	1903.62	4464.40	2385.73	2078.42
94.05	38.32	189.19	765.47	328.67	436.67
69.05	26.54	226.74	536.46	282.04	253.93
135.91	56.87	426.18	1041.10	412.53	627.92
77.12	35.97	285.89	792.20	386.11	404.81
131.72	48.00	446.32	969.05	609.03	359.66
78.23	26.72	154.36	499.87	267.82	230.82
160.75	65.74	333.90	1135.82	530.43	605.26
372.17	110.05	621.06	2340.92	1079.48	1258.97
306.06	97.54	507.90	1931.44	949.40	982.04
226.14	97.76	701.81	2172.15	1153.03	1018.99
244.88	30.74	385.14	1702.01	1061.25	640.76
357.62	156.16	865.20	3452.45	1952.71	1497.22
901.92	301.69	2542.34	7626.27	3799.82	3825.42
104.82	30.24	162.71	582.19	269.76	311.34
3.95	0.84	21.69	44.46	24.10	20.36
9.02	5.29	11.84	47.28	25.27	20.65
27.28	**0.53**	**852.17**	**1459.70**	**807.42**	**652.29**
14.09	0.01	581.92	929.28	515.07	414.22
10.07	0.49	152.52	360.43	194.66	165.77
3.13	0.02	117.73	169.99	97.68	72.31

11-19 续 表 2

单位:亿元

项目	Item	#实收资本 Paid-in Capital	主营业务收入 Revenue from Principal Business
总计	**Total**	**10899.91**	**49536.89**
按登记注册类型分	**Grouped by Status of Registration**		
与港澳台商合资经营	Joint-venture Enterprises with Hong Kong Macao and Taiwan	1177.55	5973.81
与港澳台商合作经营	Cooperative Enterprises with Hong Kong, Macao and Taiwan	62.16	360.07
港澳台商独资	Enterprises with Sole Funds from Hong Kong, Macao and Taiwan	2101.97	8641.13
港澳台商投资股份有限公司	Share Holding with Hong Kong, Macao and Taiwan Investment	107.08	608.78
其他港澳台投资	Other Share Hold with Hong Kong. Macao and Taiwan Investment		
中外合资经营	Joint-venture Enterprises with Foreign Funded	2205.17	11476.18
中外合作经营	Chinese-foreign Cooperative Enterprises	48.18	274.95
外资企业	Foreign Solely Funded	4917.46	21426.19
外商投资股份有限公司	Share Holding with Foreign Investment	273.59	753.73
其他外商投资	Others	5.51	20.63
按轻重工业分	**Grouped by Light & Heavy Industries**		
轻工业	Light Industry	2773.52	12409.91
重工业	Heavy Industry	8126.39	37126.98
按企业规模分	**Grouped by Size of Enterprises**		
大型企业	Large Enterprises	4019.06	23676.62
中型企业	Medium-sized Enterprises	3247.30	13280.54
小微型企业	Small Enterprises	3633.56	12579.72
按行业分	**Grouped by Sector**		
采矿业	**Mining**	**11.45**	**29.00**
煤炭开采和洗选业	Mining and Washing of Coal		
石油和天然气开采业	Extraction of Petroleum and Natural Gas		
黑色金属矿采选业	Mining and Processing of Ferrous Metal Ores		
有色金属矿采选业	Mining and Processing of Non-ferrous Metals Ores		
非金属矿采选业	Mining and Processing of Non-metal Ores		
开采辅助活动	Support Activities for Mining		
其他采矿业	Mining of Other Ores		
制造业	**Manufacturing**	**10533.87**	**48700.81**
农副食品加工业	Processing of Food from Agricultural Products	105.38	1143.67
食品制造业	Manufacture of Food	88.91	357.89
酒、饮料和精制茶制造业	Manufacture of Liquor, Beverages and Refined Tea	82.13	219.68
烟草制品业	Manufacture of Tobacco		
纺织业	Manufacture of Textile	354.55	1456.46
纺织服装、服饰业	Manufacture of Textile, Wearing Apparel and Accessories	155.41	1208.40

11 - 19 Continued 2

(100 million yuan)

主营业务成本 Cost of Principle Business	主营业务税金及附加 Taxes and Other Charges on Principle Business	利润总额 Total Profits	利税总额 Total Profits and Taxes	应交增值税 Value Added Tax Payable	从业人员年平均人数(万人) Annual Average Employed Persons (10000 persons)
42786.91	**267.31**	**3388.49**	**4954.04**	**1296.98**	**427.84**
5108.26	24.42	450.73	692.20	216.85	46.05
273.87	3.32	43.93	64.36	17.11	2.52
7670.29	28.72	479.81	703.45	194.85	99.29
463.20	3.83	75.16	101.24	22.23	6.47
9718.29	136.86	942.44	1473.90	394.26	70.49
237.21	1.14	20.11	30.77	9.53	2.59
18696.68	65.87	1308.18	1789.52	414.85	193.22
600.56	2.98	66.74	96.23	26.51	6.97
17.32	0.15	1.34	2.29	0.80	0.21
10473.13	54.43	824.13	1270.85	392.05	134.19
32313.77	212.88	2564.36	3683.19	904.93	293.65
20826.42	127.22	1551.56	2240.78	561.60	191.65
11267.37	57.78	967.90	1408.92	382.89	132.38
10693.11	82.31	869.02	1304.34	352.50	103.81
25.73	**0.18**	**1.23**	**2.77**	**1.36**	**0.16**
42156.51	**261.90**	**3213.33**	**4734.56**	**1258.32**	**424.56**
1044.80	2.66	62.76	98.79	33.36	4.25
238.37	2.31	33.65	49.72	13.74	3.35
172.59	3.49	19.89	31.40	8.01	1.59
1294.85	5.75	75.92	128.27	46.56	18.26
1041.74	7.38	78.99	131.51	45.13	25.26

11－19 续 表 3

单位:亿元

项　目 Item		#实收资本 Paid-in Capital	主营业务收入 Revenue from Principal Business
皮革、毛皮、羽毛及其制品和制鞋业	Manufacture of Leather, Fur, Feather and Related Products and Footwear	43.27	380.83
木材加工和木、竹、藤、棕、草制品业	Processing of Timber, Manufacture of Wood, Bamboo, Rattan, Palm and Straw Products	33.06	198.12
家具制造业	Manufacture of Furniture	39.73	113.52
造纸和纸制品业	Manufacture of Paper and Paper Products	549.41	727.50
印刷和记录媒介复制业	Printing, Reproduction of Recording Media	61.57	179.85
文教、工美、体育和娱乐用品制造业	Manufacture of Articles for Culture, Education, Arts and Crafts, Sport and Entertainment Activities	89.89	603.39
石油加工、炼焦和核燃料加工业	Processing of Petroleum, Coking, Processing of Nuclear Fuel	22.55	341.97
化学原料和化学制品制造业	Manufacture of Raw Chemical Materials and Chemical Products	1469.98	5696.28
医药制造业	Manufacture of Medicines	183.88	837.87
化学纤维制造业	Manufacture of Chemical Fibers	182.49	548.29
橡胶和塑料制品业	Manufacture of Rubber and Plastics Products	412.77	1092.89
非金属矿物制品业	Manufacture of Non－metallic Mineral Products	297.62	782.87
黑色金属冶炼和压延加工业	Smelting and Pressing of Ferrous Metals	287.06	1508.49
有色金属冶炼和压延加工业	Smelting and Pressing of Non－ferrous Metals	184.27	793.64
金属制品业	Manufacture of Metal Products	345.63	1421.70
通用设备制造业	Manufacture of General Purpose Machinery	655.22	2686.77
专用设备制造业	Manufacture of Special Purpose Machinery	549.71	1784.89
汽车制造业	Manufacture of Automobiles	596.67	3476.21
铁路、船舶、航空航天和其他运输设备制造业	Manufacture of Railway, Ship, Aerospace and Other Transport Equipments	262.62	1381.00
电气机械和器材制造业	Manufacture of Electrical Machinery and Apparatus	912.48	4816.63
计算机、通信和其他电子设备制造业	Manufacture of Computers, Communication and Other Electronic Equipment	2394.37	13959.87
仪器仪表制造业	Manufacture of Measuring Instruments and Machinery	138.30	873.25
其他制造业	Other Manufacture	13.58	61.28
废弃资源综合利用业	Utilization of Waste Resources	20.98	44.69
金属制品、机械和设备修理业	Repair Service of Metal Products, Machinery and Equipment		
电力、热力、燃气及水的生产和供应业	**Production and Supply of Electric Power, Heat Power, Gas and Water**	**354.58**	**807.07**
电力、热力的生产和供应业	Production and Supply of Electric Power and Heat Power	223.00	479.54
燃气生产和供应	Production and Supply of Gas	77.79	301.20
水的生产和供应业	Production and Supply of Water	53.80	26.34

11－19　Continued 3

(100 million yuan)

主营业务成本 Cost of Principle Business	主营业务税金及附加 Taxes and Other Charges on Principle Business	利润总额 Total Profits	利税总额 Total Profits and Taxes	应交增值税 Value Added Tax Payable	从业人员年平均人数(万人) Annual Average Employed Persons (10000 persons)
328.61	1.74	22.57	40.38	16.06	6.46
170.81	1.43	13.96	22.94	7.54	1.99
100.14	0.40	1.95	5.22	2.88	2.54
622.97	2.81	38.13	60.74	19.79	4.54
140.61	1.16	19.01	27.10	6.94	2.95
516.82	2.85	40.35	64.59	21.38	10.70
289.30	6.02	30.42	45.14	8.70	0.64
4967.20	17.71	365.17	543.71	160.73	18.51
471.23	7.74	116.85	185.68	61.04	6.19
479.80	1.63	33.41	49.45	14.41	3.91
913.79	5.82	69.99	107.20	31.36	16.12
664.31	3.63	44.45	76.82	28.73	8.27
1358.39	4.14	40.40	83.95	39.39	5.78
732.50	1.79	22.92	41.83	17.05	3.51
1231.75	5.62	84.84	135.06	44.54	14.19
2166.99	13.93	252.79	343.31	76.53	24.93
1465.01	7.60	138.50	197.03	50.73	19.81
2707.48	108.81	421.19	686.45	156.38	17.66
1167.25	5.92	148.86	206.64	51.84	13.36
4181.79	15.25	297.93	454.65	141.42	37.78
12858.90	20.43	664.77	813.51	128.14	143.30
730.40	3.43	73.20	99.02	22.39	7.09
51.88	0.36	2.84	5.93	2.74	1.36
43.45	0.07	-2.19	-1.48	0.63	0.24
604.67	**5.23**	**173.92**	**216.71**	**37.30**	**3.13**
345.50	3.45	120.49	154.01	29.98	1.46
241.83	1.55	46.77	54.75	6.29	1.19
17.35	0.22	6.67	7.95	1.03	0.48

11－20 外商投资和港澳台商投资工业企业主要经济效益指标(2013 年)

单位:%

项目	Item	企业亏损面 Percentage of Loss Making Enterprises	产值利税率 Percentage of Profit and Tax to Output Value
总　计	**Total**	**22.39**	**9.51**
按登记注册类型分	**Grouped by Status of Registration**		
与港澳台商合资经营	Joint－venture Enterprises with Hong Kong Macao and Taiwan	17.61	10.44
与港澳台商合作经营	Cooperative Enterprises with Hong Kong, Macao and Taiwan	25.00	18.11
港澳台商独资	Enterprises with Sole Funds from Hong Kong, Macao and Taiwan	24.22	7.45
港澳台商投资股份有限公司	Share Holding with Hong Kong, Macao and Taiwan Investment	12.05	15.63
其他港澳台投资	Other Share Hold with Hong Kong. Macao and Taiwan Investment	28.57	4.24
中外合资经营	Joint－venture Enterprises with Foreign Funded	16.05	12.56
中外合作经营	Chinese－foreign Cooperative Enterprises	17.31	10.66
外资企业	Foreign Solely Funded	26.16	8.03
外商投资股份有限公司	Share Holding with Foreign Investment	25.00	12.45
其他外商投资	Others	14.29	9.95
按轻重工业分	**Grouped by Light & Heavy Industries**		
轻工业	Light Industry	20.73	10.39
重工业	Heavy Industry	23.37	9.22
按企业规模分	**Grouped by Size of Enterprises**		
大型企业	Large Enterprises	11.27	8.26
中型企业	Medium－sized Enterprises	21.34	11.11
小微型企业	Small Enterprises	23.54	10.25
按行业分	**Grouped by Sector**		
采矿业	**Mining**	**11.11**	**16.24**
煤炭开采和洗选业	Mining and Washing of Coal		
石油和天然气开采业	Extraction of Petroleum and Natural Gas		
黑色金属矿采选业	Mining and Processing of Ferrous Metal Ores		
有色金属矿采选业	Mining and Processing of Non－ferrous Metals Ores		
非金属矿采选业	Mining and Processing of Non-metal Ores		
开采辅助活动	Support Activities for Mining		
其他采矿业	Mining of Other Ores		
制造业	**Manufacturing**	**22.57**	**9.24**
农副食品加工业	Processing of Food from Agricultural Products	14.29	10.43
食品制造业	Manufacture of Food	18.45	15.60
酒、饮料和精制茶制造业	Manufacture of Liquor, Beverages and Refined Tea	19.64	13.46
烟草制品业	Manufacture of Tobacco		
纺织业	Manufacture of Textile	17.86	8.73
纺织服装、服饰业	Manufacture of Textile, Wearing Apparel and Accessories	20.48	9.96

Main Indicators on Economic Benefit of Industrial Enterprises with Hong Kong, Macao, Taiwan and Foreign Funds (2013)

(%)

销售利税率 Percentage of Profit and Tax to Sales	资金利税率 Percentage of Profit and Tax to Capital	资产负债率 Assets Liability Ratio	流动资产周转次数(次/年) Times of Turnover of Circulating Funds (times/year)	成本费用利润率 Ratio of Profits to Industrial Cost	产品销售率 Proportion of Products Sold	总资产贡献率 Ratio of Total Assets to Industrial Output Value
9.62	**14.45**	**52.77**	**2.45**	**6.87**	**99.18**	**13.68**
10.76	13.64	59.63	2.29	7.03	99.03	13.28
18.11	23.59	67.82	1.61	15.62	98.79	21.88
7.50	11.01	50.38	2.38	5.15	98.96	10.41
15.71	20.47	47.84	2.10	13.22	97.90	18.34
4.21	11.56	58.17	4.56	1.05	95.96	15.44
12.99	20.18	53.74	2.58	9.26	99.47	18.62
10.65	16.71	53.38	2.74	6.56	99.71	15.83
8.01	12.69	51.40	2.50	5.94	99.26	12.28
12.96	14.92	43.47	1.82	10.58	97.08	10.85
10.11	18.24	45.32	3.07	6.05	97.81	21.28
10.41	16.32	51.66	2.51	7.48	98.89	14.96
9.36	13.85	53.14	2.42	6.67	99.28	13.26
8.37	13.81	54.25	2.72	5.88	99.33	12.79
11.13	15.37	52.08	2.28	8.27	98.85	14.67
10.44	14.55	51.11	2.19	7.39	99.24	14.10
16.00	**21.52**	**56.40**	**2.93**	**10.33**	**101.22**	**21.13**
9.35	**14.37**	**52.59**	**2.45**	**6.61**	**99.17**	**13.58**
10.10	18.41	68.10	2.58	7.30	101.81	15.81
15.40	20.17	47.53	2.10	11.87	98.04	17.41
13.79	16.03	52.38	2.78	8.62	100.03	14.99
8.74	12.44	55.54	2.25	5.67	97.67	12.59
9.98	23.00	52.81	3.38	6.19	99.41	21.07

单位:%

项 目 Item		企业亏损面 Percentage of Loss Making Enterprises	产值利税率 Percentage of Profit and Tax to Output Value
皮革、毛皮、羽毛及其制品和制鞋业	Manufacture of Leather, Fur, Feather and Related Products and Footwear	25.54	9.46
木材加工和木、竹、藤、棕、草制品业	Processing of Timber, Manufacture of Wood, Bamboo, Rattan, Palm and Straw Products	21.13	12.06
家具制造业	Manufacture of Furniture	33.33	3.49
造纸和纸制品业	Manufacture of Paper and Paper Products	26.19	8.48
印刷和记录媒介复制业	Printing, Reproduction of Recording Media	27.27	14.23
文教、工美、体育和娱乐用品制造业	Manufacture of Articles for Culture, Education, Arts and Crafts, Sport and Entertainment Activities	12.60	10.45
石油加工、炼焦和核燃料加工业	Processing of Petroleum, Coking, Processing of Nuclear Fuel	5.26	16.28
化学原料和化学制品制造业	Manufacture of Raw Chemical Materials and Chemical Products	19.92	9.40
医药制造业	Manufacture of Medicines	16.47	19.57
化学纤维制造业	Manufacture of Chemical Fibers	32.56	8.37
橡胶和塑料制品业	Manufacture of Rubber and Plastics Products	24.91	9.81
非金属矿物制品业	Manufacture of Non-metallic Mineral Products	24.04	9.31
黑色金属冶炼和压延加工业	Smelting and Pressing of Ferrous Metals	26.11	4.67
有色金属冶炼和压延加工业	Smelting and Pressing of Non-ferrous Metals	29.03	6.21
金属制品业	Manufacture of Metal Products	19.83	10.08
通用设备制造业	Manufacture of General Purpose Machinery	18.22	11.96
专用设备制造业	Manufacture of Special Purpose Machinery	25.20	10.97
汽车制造业	Manufacture of Automobiles	19.60	18.66
铁路、船舶、航空航天和其他运输设备制造业	Manufacture of Railway, Ship, Aerospace and Other Transport Equipments	22.84	12.24
电气机械和器材制造业	Manufacture of Electrical Machinery and Apparatus	22.79	8.93
计算机、通信和其他电子设备制造业	Manufacture of Computers, Communication and Other Electronic Equipment	32.00	5.70
仪器仪表制造业	Manufacture of Measuring Instruments and Machinery	17.46	11.29
其他制造业	Other Manufacture	34.29	8.54
废弃资源综合利用业	Utilization of Waste Resources	36.59	3.00
金属制品、机械和设备修理业	Repair Service of Metal Products, Machinery and Equipment		
电力、热力、燃气及水的生产和供应业	**Production and Supply of Electric Power, Heat Power, Gas and Water**	**9.40**	**24.75**
电力、热力的生产和供应业	Production and Supply of Electric Power and Heat Power	10.81	28.15
燃气生产和供应	Production and Supply of Gas	4.00	18.06
水的生产和供应业	Production and Supply of Water	16.00	29.70

11 – 20 Continued 1

(%)

销售利税率 Percentage of Profit and Tax to Sales	资金利税率 Percentage of Profit and Tax to Capital	资产负债率 Assets Liability Ratio	流动资产周转次数(次/年) Times of Turnover of Circulating Funds (times/year)	成本费用利润率 Ratio of Profits to Industrial Cost	产品销售率 Proportion of Products Sold	总资产贡献率 Ratio of Total Assets to Industrial Output Value
9.69	24.00	48.22	3.29	5.42	97.18	22.67
11.97	24.72	48.63	3.00	7.87	100.72	23.82
3.53	5.12	45.88	2.18	1.29	99.31	5.07
8.67	5.70	49.76	1.26	5.77	98.87	5.16
14.39	15.43	41.09	1.79	11.12	99.43	14.78
10.67	23.86	48.42	3.47	7.23	96.97	22.04
16.58	45.88	51.29	4.14	10.79	96.24	44.41
9.33	12.78	53.71	2.60	6.69	98.97	12.47
20.37	26.39	40.86	1.89	14.75	96.18	23.12
8.33	11.04	54.47	2.86	5.85	97.73	10.29
9.79	11.86	41.36	2.15	6.92	98.51	11.70
9.36	9.95	51.27	1.87	5.25	98.88	10.12
4.79	7.81	65.10	3.53	2.00	99.25	8.85
6.26	11.85	54.47	2.94	3.59	98.76	11.71
10.10	13.77	47.35	2.09	6.89	99.23	13.19
11.98	15.13	47.02	1.82	9.57	99.54	14.33
10.82	11.08	50.78	1.46	8.33	100.50	10.66
20.47	36.52	54.30	2.75	14.03	100.99	33.94
13.53	13.27	55.02	1.39	9.41	98.93	10.73
8.95	13.44	58.85	2.15	5.96	99.23	13.04
5.73	11.63	50.74	3.20	4.76	99.06	11.11
11.16	17.77	47.64	2.35	8.42	98.62	17.02
8.44	12.05	54.78	2.79	4.27	100.78	12.02
2.93	3.25	80.52	1.25	1.13	102.13	4.34
25.45	**16.23**	**57.07**	**2.24**	**23.85**	**99.60**	**15.87**
28.54	17.35	58.38	2.17	27.55	99.71	17.30
19.05	18.99	54.31	2.68	17.86	99.64	16.96
30.74	4.93	54.96	1.12	21.51	96.81	5.70

11－21 外商投资和港澳台商投资工业企业主要经济效益指标(2014 年)

单位:%

项目	Item	企业亏损面 Percentage of Loss Making Enterprises	产值利税率 Percentage of Profit and Tax to Output Value
总计	**Total**	**21.18**	**9.83**
按登记注册类型分	**Grouped by Status of Registration**		
与港澳台商合资经营	Joint－venture Enterprises with Hong Kong Macao and Taiwan	17.84	11.34
与港澳台商合作经营	Cooperative Enterprises with Hong Kong, Macao and Taiwan	25.49	17.83
港澳台商独资	Enterprises with Sole Funds from Hong Kong, Macao and Taiwan	22.06	8.03
港澳台商投资股份有限公司	Share Holding with Hong Kong, Macao and Taiwan Investment	12.82	16.06
其他港澳台投资	Other Share Hold with Hong Kong. Macao and Taiwan Investment		
中外合资经营	Joint－venture Enterprises with Foreign Funded	16.32	12.31
中外合作经营	Chinese－foreign Cooperative Enterprises	18.28	10.95
外资企业	Foreign Solely Funded	24.10	8.33
外商投资股份有限公司	Share Holding with Foreign Investment	21.69	12.43
其他外商投资	Others	20.00	11.06
按轻重工业分	**Grouped by Light & Heavy Industries**		
轻工业	Light Industry	20.33	10.20
重工业	Heavy Industry	21.66	9.71
按企业规模分	**Grouped by Size of Enterprises**		
大型企业	Large Enterprises	10.47	9.30
中型企业	Medium－sized Enterprises	18.15	10.56
小微型企业	Small Enterprises	22.89	10.06
按行业分	**Grouped by Sector**		
采矿业	**Mining**	**20.00**	**6.64**
煤炭开采和洗选业	Mining and Washing of Coal		
石油和天然气开采业	Extraction of Petroleum and Natural Gas		
黑色金属矿采选业	Mining and Processing of Ferrous Metal Ores		
有色金属矿采选业	Mining and Processing of Non－ferrous Metals Ores		
非金属矿采选业	Mining and Processing of Non-metal Ores		
开采辅助活动	Support Activities for Mining		
其他采矿业	Mining of Other Ores		
制造业	**Manufacturing**	**21.39**	**9.56**
农副食品加工业	Processing of Food from Agricultural Products	16.57	8.94
食品制造业	Manufacture of Food	19.27	13.60
酒、饮料和精制茶制造业	Manufacture of Liquor, Beverages and Refined Tea	23.33	13.67
烟草制品业	Manufacture of Tobacco		
纺织业	Manufacture of Textile	21.16	8.82
纺织服装、服饰业	Manufacture of Textile, Wearing Apparel and Accessories	19.66	10.91

Main Indicators on Economic Benefit of Industrial Enterprises with Hong Kong, Macao, Taiwan and Foreign Funds (2014)

(%)

销售利税率 Percentage of Profit and Tax to Sales	资金利税率 Percentage of Profit and Tax to Capital	资产负债率 Assets Liability Ratio	流动资产周转次数(次/年) Times of Turnover of Circulating Funds (times/year)	成本费用利润率 Ratio of Profits to Industrial Cost	产品销售率 Proportion of Products Sold	总资产贡献率 Ratio of Total Assets to Industrial Output Value
10.00	**15.06**	**51.66**	**2.45**	**7.24**	**98.91**	**14.16**
11.59	16.07	59.59	2.59	7.84	98.26	15.22
17.87	18.79	64.45	1.58	13.92	99.18	18.29
8.14	11.90	49.34	2.39	5.82	98.63	11.25
16.63	23.65	41.19	2.17	13.98	96.54	20.22
12.84	19.53	53.40	2.51	8.83	98.95	18.21
11.19	14.64	55.47	2.21	7.77	98.23	13.37
8.35	13.25	49.53	2.48	6.43	99.26	12.59
12.77	15.17	41.41	1.82	9.62	99.05	11.86
11.12	16.73	48.02	2.40	7.00	97.89	17.15
10.24	16.10	50.47	2.52	7.03	98.90	14.74
9.92	14.73	52.04	2.43	7.31	98.92	13.97
9.46	15.62	53.40	2.69	6.90	98.82	14.51
10.61	14.88	50.93	2.33	7.76	98.78	14.03
10.37	14.36	49.66	2.21	7.33	99.23	13.74
9.55	**8.57**	**69.26**	**2.08**	**4.46**	**97.98**	**7.59**
9.72	**14.97**	**51.49**	**2.46**	**6.97**	**98.90**	**14.09**
8.64	18.39	63.73	3.25	5.73	101.56	17.02
13.89	20.44	43.81	2.44	10.05	95.64	16.49
14.29	16.55	49.64	2.76	9.79	98.33	15.20
8.81	12.88	53.57	2.35	5.39	99.00	12.65
10.88	24.83	49.24	3.50	7.02	99.29	22.39

单位:%

项 目 Item		企业亏损面 Percentage of Loss Making Enterprises	产值利税率 Percentage of Profit and Tax to Output Value
皮革、毛皮、羽毛及其制品和制鞋业	Manufacture of Leather, Fur, Feather and Related Products and Footwear	19.53	10.14
木材加工和木、竹、藤、棕、草制品业	Processing of Timber, Manufacture of Wood, Bamboo, Rattan, Palm and Straw Products	19.44	11.79
家具制造业	Manufacture of Furniture	36.25	4.56
造纸和纸制品业	Manufacture of Paper and Paper Products	28.69	8.21
印刷和记录媒介复制业	Printing, Reproduction of Recording Media	22.73	14.89
文教、工美、体育和娱乐用品制造业	Manufacture of Articles for Culture, Education, Arts and Crafts, Sport and Entertainment Activities	12.81	10.16
石油加工、炼焦和核燃料加工业	Processing of Petroleum, Coking, Processing of Nuclear Fuel	23.81	12.96
化学原料和化学制品制造业	Manufacture of Raw Chemical Materials and Chemical Products	18.87	9.49
医药制造业	Manufacture of Medicines	13.86	21.57
化学纤维制造业	Manufacture of Chemical Fibers	27.85	9.04
橡胶和塑料制品业	Manufacture of Rubber and Plastics Products	25.87	9.74
非金属矿物制品业	Manufacture of Non－metallic Mineral Products	21.93	9.65
黑色金属冶炼和压延加工业	Smelting and Pressing of Ferrous Metals	25.75	5.29
有色金属冶炼和压延加工业	Smelting and Pressing of Non－ferrous Metals	26.26	5.26
金属制品业	Manufacture of Metal Products	18.78	9.50
通用设备制造业	Manufacture of General Purpose Machinery	19.71	12.77
专用设备制造业	Manufacture of Special Purpose Machinery	22.95	10.91
汽车制造业	Manufacture of Automobiles	17.70	17.84
铁路、船舶、航空航天和其他运输设备制造业	Manufacture of Railway, Ship, Aerospace and Other Transport Equipments	18.58	14.25
电气机械和器材制造业	Manufacture of Electrical Machinery and Apparatus	21.80	9.37
计算机、通信和其他电子设备制造业	Manufacture of Computers, Communication and Other Electronic Equipment	26.96	5.77
仪器仪表制造业	Manufacture of Measuring Instruments and Machinery	15.26	11.34
其他制造业	Other Manufacture	20.59	10.14
废弃资源综合利用业	Utilization of Waste Resources	34.88	-4.17
金属制品、机械和设备修理业	Repair Service of Metal Products, Machinery and Equipment		
电力、热力、燃气及水的生产和供应业	**Production and Supply of Electric Power, Heat Power, Gas and Water**	**6.58**	**26.56**
电力、热力的生产和供应业	Production and Supply of Electric Power and Heat Power	8.22	31.84
燃气生产和供应	Production and Supply of Gas	3.77	18.01
水的生产和供应业	Production and Supply of Water	7.69	28.14

11－21 Continued 1

(%)

销售利税率 Percentage of Profit and Tax to Sales	资金利税率 Percentage of Profit and Tax to Capital	资产负债率 Assets Liability Ratio	流动资产周转次数(次/年) Times of Turnover of Circulating Funds (times/year)	成本费用利润率 Ratio of Profits to Industrial Cost	产品销售率 Proportion of Products Sold	总资产贡献率 Ratio of Total Assets to Industrial Output Value
10.60	28.84	45.60	3.72	6.34	95.79	25.76
11.58	22.69	47.10	2.98	7.44	101.23	22.69
4.60	5.83	44.86	2.03	1.74	98.59	5.89
8.35	5.91	50.21	1.30	5.32	100.04	5.82
15.07	16.59	36.10	1.84	11.69	99.13	15.82
10.70	23.01	49.70	3.30	7.12	95.56	21.40
13.20	37.81	50.02	4.75	9.91	97.47	35.79
9.54	13.66	53.44	2.77	6.79	98.45	13.35
22.16	27.39	42.94	1.72	16.17	98.15	24.35
9.02	11.72	52.57	2.85	6.39	99.13	10.78
9.81	11.14	39.62	2.06	6.79	98.18	10.90
9.81	10.66	48.74	1.82	5.98	99.56	10.61
5.56	9.58	62.85	3.99	2.48	97.87	10.18
5.27	9.13	53.58	2.72	2.87	99.71	9.37
9.50	13.50	46.70	2.16	6.29	99.73	12.63
12.78	16.10	46.11	1.80	10.30	99.47	15.05
11.04	11.39	49.15	1.49	8.26	98.70	10.74
19.75	35.26	53.08	2.88	13.74	99.15	32.05
14.96	15.04	62.35	1.41	11.76	98.38	12.94
9.44	14.55	56.56	2.17	6.49	98.88	14.00
5.83	11.32	49.83	3.03	4.96	99.06	10.68
11.34	18.40	46.34	2.34	9.11	98.84	17.54
9.68	13.86	54.21	2.91	4.95	101.60	14.04
-3.31	-3.57	53.45	1.52	-4.68	97.85	-1.81
26.85	**17.53**	**55.31**	**2.21**	**25.54**	**99.55**	**16.10**
32.12	19.19	55.43	2.22	31.99	99.53	18.06
18.18	19.11	54.01	2.41	17.02	99.86	15.92
30.18	5.40	57.46	1.19	22.45	96.62	5.82

11－22 大中型工业企业主要经济指标(2013 年)

单位:亿元

项 目	Item	企业单位数(个) Number of Enterprises (unit)	流动资产合计 Current Assets	应收账款 Accounts Receivalble
总 计	**Total**	**7308**	**33446.81**	**9265.70**
按登记注册类型分	**Grouped by Status of Registration**			
内资企业	Domestic Funded Enterprises	4241	19425.23	4613.37
国有企业	State－owned Enterprises	72	1195.05	160.41
集体企业	Collective－owned Enterprises	30	407.85	43.51
股份合作企业	Cooperative Enterprises	12	16.27	4.83
联营企业	Joint Ownership Enterprises	2		
有限责任公司	Limited Liability Corporations	933	6976.19	1774.38
#国有独资	State Sole Funded Corporatios	73	1437.67	463.61
股份有限公司	Share－holding Corporations Ltd.	366	3604.04	833.15
私营企业	Private Enterprises	2812	7176.75	1783.20
其他企业	Other Enterprises	14	44.04	12.49
港、澳、台商投资企业	Enterprises with Funds from Hong Kong, Macao and Taiwan	1075	4342.88	1311.12
外商投资企业	Foreign Funded Enterprises	1992	9678.70	3341.21
按轻重工业分	**Grouped by Light & Heavy Industries**			
轻工业	Light Industry	2807	8529.77	1872.32
重工业	Heavy Industry	4501	24917.04	7393.38
按行业分	**Grouped by Sector**			
采矿业	**Mining**	**41**	**299.10**	**49.83**
煤炭开采和洗选业	Mining and Washing of Coal	8	184.73	30.82
石油和天然气开采业	Extraction of Petroleum and Natural Gas	2		
黑色金属矿采选业	Mining and Processing of Ferrous Metal Ores	4		
有色金属矿采选业	Mining and Processing of Non－ferrous Metals Ores	2		
非金属矿采选业	Mining and Processing of Non-metal Ores	25	54.21	5.65
开采辅助活动	Support Activities for Mining			
其他采矿业	Mining of Other Ores			
制造业	**Manufacturing**	**7179**	**32178.26**	**9046.23**
农副食品加工业	Processing of Food from Agricultural Products	123	483.02	74.73
食品制造业	Manufacture of Food	71	169.64	34.28
酒、饮料和精制茶制造业	Manufacture of Liquor, Beverages and Refined Tea	42	357.65	30.14
烟草制品业	Manufacture of Tobacco	4		
纺织业	Manufacture of Textile	591	1211.30	236.26
纺织服装、服饰业	Manufacture of Textile, Wearing Apparel and Accessories	612	942.03	192.00
皮革、毛皮、羽毛及其制品和制鞋业	Manufacture of Leather, Fur, Feather and Related Products and Footwear	131	101.83	26.16
木材加工和木、竹、藤、棕、草制品业	Processing of Timber, Manufacture of Wood, Bamboo, Rattan, Palm and Straw Products	108	172.83	36.38
家具制造业	Manufacture of Furniture	38	46.66	13.83
造纸和纸制品业	Manufacture of Paper and Paper Products	57	556.29	98.75

Main Economic Indicators of Big and Medium Size Industrial Enterprises (2013)

(100 million yuan)

存货 Inventory	#产成品 Finished Goods	固定资产合计 Original Value	资产总计 Total Assets	负债合计 Total Liabilities	所有者权益合计 Owners' Equities
7665.79	**2703.42**	**21992.81**	**64138.80**	**36549.32**	**27589.48**
4719.14	1729.97	13316.93	38827.16	23028.87	15798.29
270.92	34.24	2340.05	4365.92	2468.72	1897.20
99.42	26.47	123.61	625.96	350.77	275.20
5.01	2.85	7.87	28.44	17.69	10.76
1611.24	607.17	5059.06	14297.37	9270.84	5026.54
301.41	108.26	988.19	3070.62	2072.14	998.49
965.88	309.24	1834.39	6727.85	3379.80	3348.05
1761.06	747.31	3923.10	12695.91	7477.61	5218.30
3.68	1.62	26.91	77.85	56.78	21.08
983.57	313.42	2960.67	8227.95	4540.31	3687.64
1963.07	660.04	5715.20	17083.69	8980.14	8103.55
2174.33	804.61	4882.05	15655.13	8332.21	7322.92
5491.46	1898.81	17110.76	48483.67	28217.11	20266.56
48.24	**21.02**	**551.22**	**1062.84**	**587.38**	**475.45**
33.08	16.99	310.36	624.56	364.06	260.51
9.16	2.95	61.06	144.80	75.85	68.95
7535.06	**2677.70**	**17860.98**	**57434.74**	**32272.61**	**25162.13**
125.64	43.99	257.79	844.76	578.29	266.47
37.62	17.37	112.75	337.85	198.88	138.96
150.91	18.31	218.10	692.15	291.30	400.85
369.78	154.72	773.92	2238.92	1261.87	977.04
268.72	123.68	403.17	1638.92	919.57	719.35
25.87	8.35	33.86	155.98	81.67	74.31
50.27	24.81	75.65	282.59	146.20	136.38
15.04	4.16	24.11	81.12	37.34	43.78
83.43	31.77	500.03	1364.72	698.33	666.39

单位:亿元

项 目	Item	企业单位数（个）Number of Enterprises (unit)	流动资产合计 Current Assets	应收账款 Accounts Receivalble
印刷和记录媒介复制业	Printing, Reproduction of Recording Media	65	118.11	38.19
文教、工美、体育和娱乐用品制造业	Manufacture of Articles for Culture, Education, Arts and Crafts, Sport and Entertainment Activities	203	192.27	45.49
石油加工、炼焦和核燃料加工业	Processing of Petroleum, Coking, Processing of Nuclear Fuel	24	226.28	28.32
化学原料和化学制品制造业	Manufacture of Raw Chemical Materials and Chemical Products	443	2797.95	611.77
医药制造业	Manufacture of Medicines	146	770.49	277.88
化学纤维制造业	Manufacture of Chemical Fibers	97	840.64	98.49
橡胶和塑料制品业	Manufacture of Rubber and Plastics Products	234	482.24	181.23
非金属矿物制品业	Manufacture of Non－metallic Mineral Products	241	648.91	164.60
黑色金属冶炼和压延加工业	Smelting and Pressing of Ferrous Metals	189	2793.85	254.98
有色金属冶炼和压延加工业	Smelting and Pressing of Non－ferrous Metals	103	403.21	96.62
金属制品业	Manufacture of Metal Products	332	993.09	302.59
通用设备制造业	Manufacture of General Purpose Machinery	512	2549.23	884.66
专用设备制造业	Manufacture of Special Purpose Machinery	420	1689.51	567.62
汽车制造业	Manufacture of Automobiles	291	1468.66	444.86
铁路、船舶、航空航天和其他运输设备制造业	Manufacture of Railway, Ship, Aerospace and Other Transport Equipments	193	1614.03	277.57
电气机械和器材制造业	Manufacture of Electrical Machinery and Apparatus	699	4391.84	1690.36
计算机、通信和其他电子设备制造业	Manufacture of Computers, Communication and Other Electronic Equipment	976	4847.49	2046.27
仪器仪表制造业	Manufacture of Measuring Instruments and Machinery	201	883.72	268.71
其他制造业	Other Manufacture	27	33.27	12.25
废弃资源综合利用业	Utilization of Waste Resources	4		
金属制品、机械和设备修理业	Repair Service of Metal Products, Machinery and Equipment	2		
电力、热力、燃气及水的生产和供应业	**Production and Supply of Electric Power, Heat Power, Gas and Water**	**88**	**969.45**	**169.64**
电力、热力的生产和供应业	Production and Supply of Electric Power and Heat Power	45	659.62	154.45
燃气生产和供应	Production and Supply of Gas	14	67.57	8.28
水的生产和供应业	Production and Supply of Water	29	242.26	6.91

11－22 Continued 1

(100 million yuan)

存货 Inventory	#产成品 Finished Goods	固定资产合计 Original Value	资产总计 Total Assets	负债合计 Total Liabilities	所有者权益合计 Owners' Equities
21.69	9.43	87.64	239.86	111.22	128.64
56.15	23.96	98.80	340.87	180.21	160.66
128.10	20.50	220.44	518.02	335.76	182.26
649.35	245.81	2308.43	6013.58	3334.66	2678.91
152.95	53.96	350.87	1280.97	506.29	774.68
253.29	124.94	661.06	1756.15	1113.19	642.96
123.05	53.20	370.67	942.54	393.68	548.86
119.47	48.38	521.37	1328.82	765.64	563.18
775.47	279.48	2390.85	5876.61	3896.23	1980.39
102.37	36.52	206.13	682.56	409.15	273.41
261.52	103.36	451.02	1636.49	875.51	760.98
575.08	240.81	867.85	4057.95	2250.36	1807.59
417.14	128.05	617.78	2564.47	1466.71	1097.75
263.89	117.90	667.29	2411.45	1480.69	930.76
431.84	60.20	746.64	2891.29	1740.29	1151.00
767.18	338.84	1621.88	6941.07	4018.72	2922.35
928.04	289.14	2773.39	8257.53	4350.16	3907.37
222.79	66.65	409.72	1477.97	728.41	749.56
9.87	4.06	30.70	70.80	32.09	38.71
82.48	**4.71**	**3580.61**	**5641.22**	**3689.32**	**1951.90**
67.48	3.53	3139.71	4732.02	3105.89	1626.13
6.26	0.58	75.91	173.94	106.83	67.12
8.74	0.60	364.98	735.26	476.60	258.65

单位:亿元

项 目 Item		#实收资本 Paid-in Capital	主营业务收入 Revenue from Principal Business
总 计	**Total**	**12505.98**	**84367.39**
按登记注册类型分	**Grouped by Status of Registration**		
内资企业	Domestic Funded Enterprises	5664.14	49303.09
国有企业	State－owned Enterprises	428.12	4029.84
集体企业	Collective－owned Enterprises	148.65	534.22
股份合作企业	Cooperative Enterprises	1.70	42.17
联营企业	Joint Ownership Enterprises		
有限责任公司	Limited Liability Corporations	2054.80	15081.33
#国有独资	State Sole Funded Corporatios	424.15	1720.90
股份有限公司	Share－holding Corporations Ltd.	1224.24	7467.38
私营企业	Private Enterprises	1792.21	22045.74
其他企业	Other Enterprises	13.52	86.01
港、澳、台商投资企业	Enterprises with Funds from Hong Kong, Macao and Taiwan	2063.70	10170.98
外商投资企业	Foreign Funded Enterprises	4778.14	24893.32
按轻重工业分	**Grouped by Light & Heavy Industries**		
轻工业	Light Industry	3135.55	20753.26
重工业	Heavy Industry	9370.43	63614.13
按行业分	**Grouped by Sector**		
采矿业	**Mining**	**225.66**	**524.57**
煤炭开采和洗选业	Mining and Washing of Coal	56.33	278.13
石油和天然气开采业	Extraction of Petroleum and Natural Gas		
黑色金属矿采选业	Mining and Processing of Ferrous Metal Ores		
有色金属矿采选业	Mining and Processing of Non－ferrous Metals Ores		
非金属矿采选业	Mining and Processing of Non-metal Ores	32.68	98.38
开采辅助活动	Support Activities for Mining		
其他采矿业	Mining of Other Ores		
制造业	**Manufacturing**	**11520.26**	**79678.24**
农副食品加工业	Processing of Food from Agricultural Products	103.13	1514.83
食品制造业	Manufacture of Food	68.28	409.34
酒、饮料和精制茶制造业	Manufacture of Liquor, Beverages and Refined Tea	120.44	655.44
烟草制品业	Manufacture of Tobacco		
纺织业	Manufacture of Textile	433.51	3038.43
纺织服装、服饰业	Manufacture of Textile, Wearing Apparel and Accessories	260.15	2419.81
皮革、毛皮、羽毛及其制品和制鞋业	Manufacture of Leather, Fur, Feather and Related Products and Footwear	38.38	410.48
木材加工和木、竹、藤、棕、草制品业	Processing of Timber, Manufacture of Wood, Bamboo, Rattan, Palm and Straw Products	31.00	662.32
家具制造业	Manufacture of Furniture	25.23	126.36
造纸和纸制品业	Manufacture of Paper and Paper Products	505.46	740.82

11 －22　Continued 2

(100 million yuan)

主营业务成本 Cost of Principle Business	主营业务税金及附加 Taxes and Other Charges on Principle Business	利润总额 Total Profits	利税总额 Total Profits and Taxes	应交增值税 Value Added Tax Payable	从业人员年平均人数(万人) Annual Average Employed Persons (10000 persons)
72964.32	**838.03**	**5343.91**	**8917.95**	**2730.10**	**704.31**
42246.17	684.02	3114.82	5646.38	1842.69	369.73
3365.37	303.32	236.74	743.87	202.12	14.09
496.06	1.49	32.14	45.95	11.40	4.33
36.93	0.14	2.51	4.46	1.81	0.60
12953.32	97.21	850.30	1424.33	475.34	109.56
1438.54	16.28	77.33	153.57	59.25	18.72
6237.15	177.26	497.11	1000.28	325.73	50.71
19066.26	104.21	1492.03	2419.68	822.84	189.41
75.18	0.35	4.21	7.56	3.00	0.93
8923.00	40.82	617.72	933.52	274.81	119.52
21795.16	113.19	1611.37	2338.05	612.60	215.07
17084.97	379.71	1537.55	2667.28	749.13	232.07
55879.35	458.32	3806.35	6250.67	1980.97	472.24
392.36	**26.13**	**27.89**	**97.16**	**41.40**	**14.00**
223.12	5.82	9.29	41.70	26.10	9.08
78.08	1.42	7.92	14.20	4.85	2.15
68859.12	**792.85**	**4977.29**	**8284.29**	**2510.54**	**679.37**
1357.96	5.95	99.22	156.36	51.11	8.06
313.58	2.58	35.66	52.99	14.75	5.27
440.83	21.14	126.42	182.96	35.41	6.98
2709.60	12.72	162.19	267.83	92.81	44.66
2036.51	14.26	182.00	282.46	86.16	46.90
354.24	2.40	23.97	43.89	17.52	9.07
554.92	4.86	46.85	80.53	28.82	6.92
111.86	0.90	3.40	6.94	2.64	2.52
631.60	1.89	42.68	66.04	21.46	5.25

11－22 续 表 3

单位:亿元

项 目 Item		#实收资本 Paid-in Capital	主营业务收入 Revenue from Principal Business
印刷和记录媒介复制业	Printing, Reproduction of Recording Media	49.08	237.44
文教、工美、体育和娱乐用品制造业	Manufacture of Articles for Culture, Education, Arts and Crafts, Sport and Entertainment Activities	73.21	683.20
石油加工、炼焦和核燃料加工业	Processing of Petroleum, Coking, Processing of Nuclear Fuel	132.15	1790.89
化学原料和化学制品制造业	Manufacture of Raw Chemical Materials and Chemical Products	1448.18	8226.33
医药制造业	Manufacture of Medicines	188.45	1823.16
化学纤维制造业	Manufacture of Chemical Fibers	336.26	2065.57
橡胶和塑料制品业	Manufacture of Rubber and Plastics Products	291.02	1104.18
非金属矿物制品业	Manufacture of Non－metallic Mineral Products	297.63	1357.75
黑色金属冶炼和压延加工业	Smelting and Pressing of Ferrous Metals	755.10	8927.12
有色金属冶炼和压延加工业	Smelting and Pressing of Non－ferrous Metals	141.70	1147.69
金属制品业	Manufacture of Metal Products	317.78	2319.27
通用设备制造业	Manufacture of General Purpose Machinery	660.01	3919.73
专用设备制造业	Manufacture of Special Purpose Machinery	482.57	2697.84
汽车制造业	Manufacture of Automobiles	520.14	3642.74
铁路、船舶、航空航天和其他运输设备制造业	Manufacture of Railway, Ship, Aerospace and Other Transport Equipments	388.27	2611.65
电气机械和器材制造业	Manufacture of Electrical Machinery and Apparatus	1283.03	9394.43
计算机、通信和其他电子设备制造业	Manufacture of Computers, Communication and Other Electronic Equipment	2309.06	15165.43
仪器仪表制造业	Manufacture of Measuring Instruments and Machinery	227.31	1889.98
其他制造业	Other Manufacture	14.47	162.98
废弃资源综合利用业	Utilization of Waste Resources		
金属制品、机械和设备修理业	Repair Service of Metal Products, Machinery and Equipment		
电力、热力、燃气及水的生产和供应业	**Production and Supply of Electric Power, Heat Power, Gas and Water**	**760.06**	**4164.57**
电力、热力的生产和供应业	Production and Supply of Electric Power and Heat Power	571.30	3963.35
燃气生产和供应	Production and Supply of Gas	24.22	131.44
水的生产和供应业	Production and Supply cf Water	164.54	69.78

11－22 Continued 3

(100 million yuan)

主营业务成本 Cost of Principle Business	主营业务税金及附加 Taxes and Other Charges on Principle Business	利润总额 Total Profits	利税总额 Total Profits and Taxes	应交增值税 Value Added Tax Payable	从业人员年平均人数(万人) Annual Average Employed Persons (10000 persons)
191.65	1.35	21.86	32.44	9.24	4.20
585.08	3.46	41.22	70.04	25.33	12.72
1553.45	138.52	55.26	350.49	156.57	2.14
7211.56	59.17	492.76	798.53	246.17	38.24
1062.33	13.76	202.39	329.26	113.08	12.30
1909.88	5.22	68.00	131.24	57.95	12.78
930.02	5.50	79.90	118.71	33.21	16.27
1133.95	7.48	103.87	170.85	59.49	15.10
8208.61	22.83	302.69	526.58	199.99	29.59
1056.59	3.73	43.36	79.79	32.64	6.20
1995.48	9.44	170.95	266.74	85.92	23.80
3214.56	18.08	318.81	461.76	124.76	38.30
2205.41	14.76	223.54	330.60	92.23	28.23
3062.33	67.00	255.82	483.01	160.10	25.09
2254.58	14.50	197.66	311.36	99.07	29.35
8003.58	36.74	652.78	1033.42	343.47	69.52
13915.75	21.37	746.65	943.41	175.29	160.20
1561.03	10.72	173.45	256.61	72.38	16.32
142.11	0.62	10.03	18.34	7.69	2.42
3712.84	**19.05**	**338.72**	**536.50**	**178.17**	**10.95**
3564.29	17.50	312.07	500.07	170.14	8.05
104.89	0.82	21.53	26.44	4.00	0.87
43.66	0.73	5.13	9.99	4.03	2.03

11－23 大中型工业企业主要经济指标(2014 年)

单位:亿元

项　目	Item	企业单位数(个) Number of Enterprises (unit)	流动资产合计 Current Assets	应收账款 Accounts Receivalble
总　计	**Total**	**7339**	**35279.82**	**10019.08**
按登记注册类型分	**Grouped by Status of Registration**			
内资企业	Domestic Funded Enterprises	4349	20528.61	5033.55
国有企业	State－owned Enterprises	48	664.66	111.31
集体企业	Collective－owned Enterprises	27	441.34	48.24
股份合作企业	Cooperative Enterprises	8	14.64	4.25
联营企业	Joint Ownership Enterprises	3		
有限责任公司	Limited Liability Corporations	980	7758.44	1978.58
#国有独资	State Sole Funded Corporatios	80	1860.56	495.83
股份有限公司	Share－holding Corporations Ltd.	374	3914.50	949.82
私营企业	Private Enterprises	2897	7713.20	1933.85
其他企业	Other Enterprises	12	17.33	5.56
港、澳、台商投资企业	Enterprises with Funds from Hong Kong, Macao and Taiwan	1030	4583.26	1446.98
外商投资企业	Foreign Funded Enterprises	1960	10167.94	3538.55
按轻重工业分	**Grouped by Light & Heavy Industries**			
轻工业	Light Industry	2800	8969.74	1966.54
重工业	Heavy Industry	4539	26310.08	8052.54
按行业分	**Grouped by Sector**			
采矿业	**Mining**	**39**	**297.83**	**49.06**
煤炭开采和洗选业	Mining and Washing of Coal	7	204.97	38.80
石油和天然气开采业	Extraction of Petroleum and Natural Gas	2		
黑色金属矿采选业	Mining and Processing of Ferrous Metal Ores	4		
有色金属矿采选业	Mining and Processing of Non－ferrous Metals Ores	2		
非金属矿采选业	Mining and Processing of Non-metal Ores	24	64.37	4.81
开采辅助活动	Support Activities for Mining			
其他采矿业	Mining of Other Ores			
制造业	**Manufacturing**	**7211**	**34130.63**	**9819.71**
农副食品加工业	Processing of Food from Agricultural Products	138	442.55	63.36
食品制造业	Manufacture of Food	69	155.16	33.24
酒、饮料和精制茶制造业	Manufacture of Liquor, Beverages and Refined Tea	42	402.98	41.25
烟草制品业	Manufacture of Tobacco	4		
纺织业	Manufacture of Textile	563	1212.33	231.30
纺织服装、服饰业	Manufacture of Textile, Wearing Apparel and Accessories	587	986.46	192.48
皮革、毛皮、羽毛及其制品和制鞋业	Manufacture of Leather, Fur, Feather and Related Products and Footwear	127	103.77	25.83
木材加工和木、竹、藤、棕、草制品业	Processing of Timber, Manufacture of Wood, Bamboo, Rattan, Palm and Straw Products	122	201.06	44.24
家具制造业	Manufacture of Furniture	39	47.53	14.00
造纸和纸制品业	Manufacture of Paper and Paper Products	67	625.44	123.82

Main Economic Indicators of Big and Medium Size Industrial Enterprises (2014)

(100 million yuan)

存货 Inventory	#产成品 Finished Goods	固定资产合计 Original Value	资产总计 Total Assets	负债合计 Total Liabilities	所有者权益合计 Owners' Equities
7880.16	**2884.24**	**23839.01**	**68715.26**	**37999.69**	**30715.57**
4840.21	1809.24	14770.02	42155.46	24077.37	18078.09
126.21	17.70	2309.41	3632.21	1986.92	1645.28
109.91	27.52	140.33	707.27	402.14	305.12
5.21	3.17	8.64	26.10	15.55	10.55
1804.06	661.74	5597.60	15955.87	9833.83	6122.05
473.71	113.77	1335.90	3913.42	2395.75	1517.67
931.39	317.19	2056.24	7369.22	3585.61	3783.61
1857.30	779.69	4620.55	14399.97	8214.58	6185.39
5.14	1.74	35.39	57.58	31.96	25.62
941.08	336.56	3230.25	8828.30	4824.50	4003.81
2098.87	738.44	5838.73	17731.50	9097.83	8633.67
2224.34	820.48	5246.79	16793.10	8568.60	8224.49
5655.82	2063.76	18592.22	51922.17	29431.09	22491.07
47.18	**16.94**	**542.51**	**1096.61**	**623.96**	**472.65**
31.70	11.79	323.13	676.26	404.75	271.51
10.45	3.67	59.08	163.85	94.58	69.28
7754.66	**2866.11**	**19519.10**	**61764.91**	**33804.37**	**27960.54**
102.45	40.12	296.46	817.69	510.81	306.88
35.22	12.13	113.09	347.25	172.17	175.09
173.91	21.45	216.76	764.47	311.96	452.51
354.39	142.20	801.48	2282.70	1235.29	1047.41
286.66	130.75	451.47	1860.00	956.72	903.28
29.55	9.75	41.81	172.88	88.20	84.68
52.80	27.29	115.85	345.37	165.52	179.85
16.10	5.66	30.62	87.22	41.30	45.93
88.99	37.07	517.66	1388.39	714.44	673.95

单位:亿元

项 目	Item	企业单位数(个) Number of Enterprises (unit)	流动资产合计 Current Assets	应收账款 Accounts Receivalble
印刷和记录媒介复制业	Printing, Reproduction of Recording Media	66	120.04	39.98
文教、工美、体育和娱乐用品制造业	Manufacture of Articles for Culture, Education, Arts and Crafts, Sport and Entertainment Activities	207	231.30	48.99
石油加工、炼焦和核燃料加工业	Processing of Petroleum, Coking, Processing of Nuclear Fuel	23	246.15	42.41
化学原料和化学制品制造业	Manufacture of Raw Chemical Materials and Chemical Products	467	3077.29	723.49
医药制造业	Manufacture of Medicines	155	960.16	330.34
化学纤维制造业	Manufacture of Chemical Fibers	89	740.64	98.46
橡胶和塑料制品业	Manufacture of Rubber and Plastics Products	258	516.92	177.01
非金属矿物制品业	Manufacture of Non－metallic Mineral Products	235	702.59	176.58
黑色金属冶炼和压延加工业	Smelting and Pressing of Ferrous Metals	182	2541.44	252.41
有色金属冶炼和压延加工业	Smelting and Pressing of Non－ferrous Metals	104	425.11	106.46
金属制品业	Manufacture of Metal Products	325	1090.43	331.75
通用设备制造业	Manufacture of General Purpose Machinery	531	2759.36	966.60
专用设备制造业	Manufacture of Special Purpose Machinery	392	1657.37	586.50
汽车制造业	Manufacture of Automobiles	308	1606.65	512.84
铁路、船舶、航空航天和其他运输设备制造业	Manufacture of Railway, Ship, Aerospace and Other Transport Equipments	189	1644.69	317.16
电气机械和器材制造业	Manufacture of Electrical Machinery and Apparatus	725	4839.50	1837.81
计算机、通信和其他电子设备制造业	Manufacture of Computers, Communication and Other Electronic Equipment	954	5314.71	2147.83
仪器仪表制造业	Manufacture of Measuring Instruments and Machinery	204	1028.70	335.91
其他制造业	Other Manufacture	31	39.79	11.79
废弃资源综合利用业	Utilization of Waste Resources	5		
金属制品、机械和设备修理业	Repair Service of Metal Products, Machinery and Equipment	3		
电力、热力、燃气及水的生产和供应业	**Production and Supply of Electric Power, Heat Power, Gas and Water**	**89**	**851.35**	**150.31**
电力、热力的生产和供应业	Production and Supply of Electric Power and Heat Power	44	540.90	135.18
燃气生产和供应	Production and Supply of Gas	14	60.69	8.26
水的生产和供应业	Production and Supply of Water	31	249.77	6.87

11 - 23 Continued 1

(100 million yuan)

存货 Inventory	#产成品 Finished Goods	固定资产合计 Original Value	资产总计 Total Assets	负债合计 Total Liabilities	所有者权益合计 Owners' Equities
22.63	9.97	84.12	240.58	100.77	139.80
63.65	33.29	110.49	404.56	211.81	192.75
86.69	28.84	260.30	602.68	365.09	237.59
701.42	285.82	2755.23	6759.44	3679.93	3079.51
175.77	68.84	410.40	1591.37	617.57	973.81
225.49	110.23	647.22	1702.37	1039.22	663.15
132.13	57.68	410.54	1035.43	401.52	633.91
119.18	47.31	498.54	1377.47	793.53	583.94
678.49	262.66	2442.64	5705.23	3632.29	2072.94
105.08	35.37	218.85	727.50	437.09	290.40
269.13	117.51	509.38	1878.06	995.36	882.70
610.17	255.70	1056.27	4476.06	2429.32	2046.74
390.85	124.45	650.20	2593.59	1438.86	1154.73
272.25	124.37	814.16	2745.53	1639.60	1105.92
471.26	64.10	770.80	2963.45	1898.27	1065.17
822.21	392.61	1801.93	7685.12	4376.28	3308.83
1049.24	341.30	2936.70	8927.44	4646.14	4281.29
237.14	70.31	418.60	1660.75	805.35	855.39
9.30	3.85	38.56	82.58	39.09	43.49
78.31	**1.19**	**3777.40**	**5853.73**	**3571.36**	**2282.38**
60.56	0.06	3295.52	4878.22	2944.65	1933.58
7.44	0.37	79.47	173.87	99.22	74.65
10.31	0.76	402.40	801.64	527.49	274.15

11－23 续 表 2

单位:亿元

项 目 Item		#实收资本 Paid-in Capital	主营业务收入 Revenue from Principal Business
总 计	**Total**	**13412.90**	**90380.42**
按登记注册类型分	**Grouped by Status of Registration**		
内资企业	Domestic Funded Enterprises	6146.54	53423.25
国有企业	State－owned Enterprises	290.64	3365.24
集体企业	Collective－owned Enterprises	153.89	567.71
股份合作企业	Cooperative Enterprises	1.57	37.65
联营企业	Joint Ownership Enterprises		
有限责任公司	Limited Liability Corporations	2256.73	16930.20
#国有独资	State Sole Funded Corporatios	511.77	2301.11
股份有限公司	Share－holding Corporations Ltd.	1363.79	7692.70
私营企业	Private Enterprises	2064.88	24728.92
其他企业	Other Enterprises	13.78	84.88
港、澳、台商投资企业	Enterprises with Funds from Hong Kong, Macao and Taiwan	2245.50	11375.02
外商投资企业	Foreign Funded Enterprises	5020.85	25582.14
按轻重工业分	**Grouped by Light & Heavy Industries**		
轻工业	Light Industry	3340.93	22184.45
重工业	Heavy Industry	10071.97	68195.97
按行业分	**Grouped by Sector**		
采矿业	**Mining**	**228.95**	**469.53**
煤炭开采和洗选业	Mining and Washing of Coal	57.75	224.10
石油和天然气开采业	Extraction of Petroleum and Natural Gas		
黑色金属矿采选业	Mining and Processing of Ferrous Metal Ores		
有色金属矿采选业	Mining and Processing of Non－ferrous Metals Ores		
非金属矿采选业	Mining and Processing of Non-metal Ores	35.33	100.82
开采辅助活动	Support Activities for Mining		
其他采矿业	Mining of Other Ores		
制造业	**Manufacturing**	**12419.22**	**85920.85**
农副食品加工业	Processing of Food from Agricultural Products	106.20	1701.46
食品制造业	Manufacture of Food	74.89	471.07
酒、饮料和精制茶制造业	Manufacture of Liquor, Beverages and Refined Tea	123.16	672.41
烟草制品业	Manufacture of Tobacco		
纺织业	Manufacture of Textile	457.07	3218.08
纺织服装、服饰业	Manufacture of Textile, Wearing Apparel and Accessories	278.97	2614.70
皮革、毛皮、羽毛及其制品和制鞋业	Manufacture of Leather, Fur, Feather and Related Products and Footwear	34.46	452.34
木材加工和木、竹、藤、棕、草制品业	Processing of Timber, Manufacture of Wood, Bamboo, Rattan, Palm and Straw Products	38.11	821.91
家具制造业	Manufacture of Furniture	25.91	125.50
造纸和纸制品业	Manufacture of Paper and Paper Products	545.46	861.40

(100 million yuan)

主营业务成本 Cost of Principle Business	主营业务税金及附加 Taxes and Other Charges on Principle Business	利润总额 Total Profits	利税总额 Total Profits and Taxes	应交增值税 Value Added Tax Payable	从业人员年平均人数(万人) Annual Average Employed Persons (10000 persons)
77727.66	**930.63**	**5916.31**	**9841.52**	**2990.29**	**696.62**
45633.86	745.64	3396.84	6191.82	2045.80	372.59
3064.33	97.97	138.69	378.22	141.28	10.10
518.58	2.03	30.63	45.65	12.01	4.78
32.37	0.09	2.89	5.12	2.13	0.42
14236.16	330.59	1023.30	1936.41	581.01	110.77
1660.87	251.00	163.82	535.32	119.94	17.65
6384.41	188.24	488.87	1027.11	349.91	49.79
21312.79	126.05	1708.81	2791.76	956.23	195.82
70.87	0.61	4.39	7.80	2.80	0.76
9861.58	43.53	797.79	1174.30	332.80	116.41
22232.21	141.46	1721.67	2475.40	611.68	207.62
18142.77	415.85	1641.41	2907.34	849.46	228.21
59584.88	514.78	4274.90	6934.18	2140.83	468.41
352.57	**26.36**	**14.65**	**79.13**	**37.54**	**12.02**
173.30	4.99	2.74	31.37	23.07	8.20
81.01	1.44	6.74	13.15	4.96	2.03
73855.51	**884.99**	**5544.96**	**9204.08**	**2771.14**	**673.96**
1527.81	6.70	98.88	167.57	61.98	8.73
328.10	3.22	41.71	63.62	18.60	4.98
459.55	18.21	123.28	179.15	37.66	6.56
2874.12	13.76	177.68	296.80	105.17	42.37
2191.07	16.06	217.39	325.00	91.54	45.23
386.75	2.76	29.99	51.71	18.96	8.53
702.49	6.08	56.43	97.36	34.86	7.41
109.36	0.45	4.82	9.16	3.90	2.47
740.34	3.13	49.17	77.35	25.05	5.62

11-23 续 表 3

单位:亿元

项　目 Item		#实收资本 Paid-in Capital	主营业务收入 Revenue from Principal Business
印刷和记录媒介复制业	Printing, Reproduction of Recording Media	54.34	242.57
文教、工美、体育和娱乐用品制造业	Manufacture of Articles for Culture, Education, Arts and Crafts, Sport and Entertainment Activities	79.12	777.94
石油加工、炼焦和核燃料加工业	Processing of Petroleum, Coking, Processing of Nuclear Fuel	135.15	1869.49
化学原料和化学制品制造业	Manufacture of Raw Chemical Materials and Chemical Products	1615.33	9517.40
医药制造业	Manufacture of Medicines	228.66	2176.41
化学纤维制造业	Manufacture of Chemical Fibers	337.37	1827.90
橡胶和塑料制品业	Manufacture of Rubber and Plastics Products	307.30	1173.87
非金属矿物制品业	Manufacture of Non - metallic Mineral Products	296.84	1423.78
黑色金属冶炼和压延加工业	Smelting and Pressing of Ferrous Metals	725.68	8751.16
有色金属冶炼和压延加工业	Smelting and Pressing of Non - ferrous Metals	155.59	1309.99
金属制品业	Manufacture of Metal Products	332.52	2572.37
通用设备制造业	Manufacture of General Purpose Machinery	725.25	4376.99
专用设备制造业	Manufacture of Special Purpose Machinery	483.07	2837.46
汽车制造业	Manufacture of Automobiles	618.86	4097.67
铁路、船舶、航空航天和其他运输设备制造业	Manufacture of Railway, Ship, Aerospace and Other Transport Equipments	428.13	2798.36
电气机械和器材制造业	Manufacture of Electrical Machinery and Apparatus	1543.71	10775.71
计算机、通信和其他电子设备制造业	Manufacture of Computers, Communication and Other Electronic Equipment	2398.85	15363.82
仪器仪表制造业	Manufacture of Measuring Instruments and Machinery	233.28	2245.82
其他制造业	Other Manufacture	14.92	185.70
废弃资源综合利用业	Utilization of Waste Resources		
金属制品、机械和设备修理业	Repair Service of Metal Products, Machinery and Equipment		
电力、热力、燃气及水的生产和供应业	**Production and Supply of Electric Power, Heat Power, Gas and Water**	**764.73**	**3990.03**
电力、热力的生产和供应业	Production and Supply of Electric Power and Heat Power	577.85	3772.17
燃气生产和供应	Production and Supply of Gas	24.63	142.74
水的生产和供应业	Production and Supply of Water	162.25	75.13

(100 million yuan)

主营业务成本 Cost of Principle Business	主营业务税金及附加 Taxes and Other Charges on Principle Business	利润总额 Total Profits	利税总额 Total Profits and Taxes	应交增值税 Value Added Tax Payable	从业人员年平均人数(万人) Annual Average Employed Persons (10000 persons)
193.67	1.39	23.48	34.51	9.64	4.26
668.41	3.77	47.93	81.50	29.79	13.03
1646.67	136.46	37.24	324.75	151.04	2.58
8324.97	71.28	573.24	946.65	301.71	39.32
1266.32	17.12	253.96	412.90	141.77	13.12
1672.12	3.83	60.61	120.40	55.92	11.34
986.57	6.43	83.83	128.78	38.51	17.12
1189.63	7.87	107.04	179.08	64.17	15.22
7985.41	26.61	328.21	578.52	222.66	28.33
1195.20	5.06	49.67	89.19	34.45	6.79
2208.12	11.11	181.03	286.37	93.94	23.32
3563.39	23.17	358.11	529.35	148.02	40.84
2335.97	15.38	238.11	358.45	104.79	27.07
3395.12	89.67	306.19	552.15	156.24	25.48
2385.28	13.50	239.92	352.20	98.73	26.29
9213.06	42.99	750.59	1174.92	381.07	70.47
14047.33	25.81	783.25	983.36	174.13	157.76
1838.73	12.28	213.43	313.57	87.78	16.04
163.61	0.94	10.34	20.03	8.75	2.57
3519.58	**19.28**	**356.70**	**558.30**	**181.61**	**10.64**
3361.50	17.73	325.71	519.07	175.30	7.67
111.88	0.87	24.94	28.86	2.88	0.87
46.20	0.69	6.06	10.37	3.44	2.09

11－24　大中型工业企业主要经济效益指标（2013 年）

单位:%

项　　目 Item		企业亏损面 Percentage of Loss Making Enterprises	产值利税率 Percentage of Profit and Tax to Output Value
总　计	**Total**	**12.41**	**10.61**
按登记注册类型分	**Grouped by Status of Registration**		
内资企业	Domestic Funded Enterprises	7.45	11.61
国有企业	State－owned Enterprises	13.89	18.51
集体企业	Collective－owned Enterprises	3.33	8.37
股份合作企业	Cooperative Enterprises	8.33	9.88
联营企业	Joint Ownership Enterprises		
有限责任公司	Limited Liability Corporations	10.18	9.69
#国有独资	State Sole Funded Corporatios	9.59	9.26
股份有限公司	Share－holding Corporations Ltd.	8.47	13.59
私营企业	Private Enterprises	6.22	11.06
其他企业	Other Enterprises	14.29	9.12
港、澳、台商投资企业	Enterprises with Funds from Hong Kong, Macao and Taiwan	17.58	8.99
外商投资企业	Foreign Funded Enterprises	20.18	9.35
按轻重工业分	**Grouped by Light & Heavy Industries**		
轻工业	Light Industry	12.68	12.85
重工业	Heavy Industry	12.24	9.88
按行业分	**Grouped by Sector**		
采矿业	**Mining**	**12.20**	**18.55**
煤炭开采和洗选业	Mining and Washing of Coal	25.00	15.02
石油和天然气开采业	Extraction of Petroleum and Natural Gas		
黑色金属矿采选业	Mining and Processing of Ferrous Metal Ores		
有色金属矿采选业	Mining and Processing of Non－ferrous Metals Ores		
非金属矿采选业	Mining and Processing of Non-metal Ores	0.00	14.36
开采辅助活动	Support Activities for Mining		
其他采矿业	Mining of Other Ores		
制造业	**Manufacturing**	**12.49**	**10.43**
农副食品加工业	Processing of Food from Agricultural Products	8.13	10.27
食品制造业	Manufacture of Food	11.27	13.16
酒、饮料和精制茶制造业	Manufacture of Liquor, Beverages and Refined Tea	16.67	27.75
烟草制品业	Manufacture of Tobacco		
纺织业	Manufacture of Textile	14.55	8.79
纺织服装、服饰业	Manufacture of Textile, Wearing Apparel and Accessories	12.42	12.06
皮革、毛皮、羽毛及其制品和制鞋业	Manufacture of Leather, Fur, Feather and Related Products and Footwear	13.74	10.46
木材加工和木、竹、藤、棕、草制品业	Processing of Timber, Manufacture of Wood, Bamboo, Rattan, Palm and Straw Products	4.63	12.14
家具制造业	Manufacture of Furniture	31.58	5.42
造纸和纸制品业	Manufacture of Paper and Paper Products	8.77	8.70

Main Indicators on Economic Benefit of Big and Medium Size Industrial Enterprises (2013)

(%)

销售利税率 Percentage of Profit and Tax to Sales	资金利税率 Percentage of Profit and Tax to Capital	资产负债率 Assets Liability Ratio	流动资产周转次数(次/年) Times of Turnover of Circulating Funds (times/year)	成本费用利润率 Ratio of Profits to Industrial Cost	产品销售率 Proportion of Products Sold	总资产贡献率 Ratio of Total Assets to Industrial Output Value
10.57	**16.09**	**56.98**	**2.61**	**6.61**	**99.15**	**14.97**
11.45	17.24	59.31	2.65	6.55	99.13	15.92
18.46	21.04	56.55	3.46	6.57	103.04	17.62
8.60	8.65	56.04	1.75	4.76	93.48	8.68
10.59	18.50	62.18	2.60	6.26	97.57	18.76
9.44	11.83	64.84	2.31	5.59	99.25	11.50
8.92	6.33	67.48	1.63	3.45	99.52	6.50
13.40	18.39	50.24	2.10	7.18	98.79	15.79
10.98	21.80	58.90	3.17	7.10	98.58	20.77
8.79	10.66	72.93	1.97	5.08	105.28	11.24
9.18	12.78	55.18	2.41	6.29	98.75	12.11
9.39	15.19	52.57	2.61	6.86	99.33	14.19
12.85	19.89	53.22	2.49	7.94	98.72	18.03
9.83	14.87	58.20	2.65	6.19	99.29	13.99
18.52	**11.43**	**55.27**	**2.27**	**4.44**	**99.37**	**9.95**
14.99	8.42	58.29	2.24	2.32	99.16	7.45
14.44	12.32	52.39	1.87	8.49	98.84	11.09
10.40	**16.56**	**56.19**	**2.56**	**6.52**	**99.11**	**15.46**
10.32	21.11	68.46	3.21	6.85	99.68	19.28
12.95	18.77	58.87	2.46	9.29	97.67	16.62
27.91	31.78	42.09	1.84	24.17	100.95	26.90
8.81	13.49	56.36	2.62	5.41	97.96	13.64
11.67	21.00	56.11	2.61	8.04	99.23	18.32
10.69	32.35	52.36	4.04	6.23	97.27	29.60
12.16	32.41	51.74	3.85	7.64	99.38	31.24
5.49	9.80	46.03	2.72	2.78	98.73	9.14
8.91	6.25	51.17	1.36	6.01	98.85	5.70

单位:%

项 目 Item		企业亏损面 Percentage of Loss Making Enterprises	产值利税率 Percentage of Profit and Tax to Output Value
印刷和记录媒介复制业	Printing, Reproduction of Recording Media	9.23	13.26
文教、工美、体育和娱乐用品制造业	Manufacture of Articles for Culture, Education, Arts and Crafts, Sport and Entertainment Activities	7.39	10.15
石油加工、炼焦和核燃料加工业	Processing of Petroleum, Coking, Processing of Nuclear Fuel	20.83	19.55
化学原料和化学制品制造业	Manufacture of Raw Chemical Materials and Chemical Products	10.38	9.85
医药制造业	Manufacture of Medicines	9.59	17.73
化学纤维制造业	Manufacture of Chemical Fibers	16.49	6.34
橡胶和塑料制品业	Manufacture of Rubber and Plastics Products	16.67	10.76
非金属矿物制品业	Manufacture of Non－metallic Mineral Products	12.45	12.37
黑色金属冶炼和压延加工业	Smelting and Pressing of Ferrous Metals	9.52	6.15
有色金属冶炼和压延加工业	Smelting and Pressing of Non－ferrous Metals	15.53	7.11
金属制品业	Manufacture of Metal Products	9.34	11.34
通用设备制造业	Manufacture of General Purpose Machinery	8.20	11.86
专用设备制造业	Manufacture of Special Purpose Machinery	9.76	12.36
汽车制造业	Manufacture of Automobiles	11.34	13.60
铁路、船舶、航空航天和其他运输设备制造业	Manufacture of Railway, Ship, Aerospace and Other Transport Equipments	8.29	11.45
电气机械和器材制造业	Manufacture of Electrical Machinery and Apparatus	9.30	10.87
计算机、通信和其他电子设备制造业	Manufacture of Computers, Communication and Other Electronic Equipment	23.16	6.20
仪器仪表制造业	Manufacture of Measuring Instruments and Machinery	4.98	13.44
其他制造业	Other Manufacture	3.70	10.96
废弃资源综合利用业	Utilization of Waste Resources		
金属制品、机械和设备修理业	Repair Service of Metal Products, Machinery and Equipment		
电力、热力、燃气及水的生产和供应业	**Production and Supply of Electric Power, Heat Power, Gas and Water**	**5.68**	**13.02**
电力、热力的生产和供应业	Production and Supply of Electric Power and Heat Power	2.22	12.80
燃气生产和供应	Production and Supply of Gas	0.00	18.80
水的生产和供应业	Production and Supply of Water	13.79	13.34

(%)

销售利税率 Percentage of Profit and Tax to Sales	资金利税率 Percentage of Profit and Tax to Capital	资产负债率 Assets Liability Ratio	流动资产周转次数(次/年) Times of Turnover of Circulating Funds (times/year)	成本费用利润率 Ratio of Profits to Industrial Cost	产品销售率 Proportion of Products Sold	总资产贡献率 Ratio of Total Assets to Industrial Output Value
13.66	15.77	46.37	2.07	9.86	98.65	14.19
10.25	24.06	52.87	3.58	6.41	97.11	21.84
19.57	78.46	64.82	7.92	3.47	99.36	68.27
9.71	15.64	55.45	3.02	6.24	100.82	14.81
18.06	29.36	39.52	2.38	12.42	97.04	26.13
6.35	8.74	63.39	2.51	3.33	98.40	9.28
10.75	13.92	41.77	2.32	7.72	98.09	13.39
12.58	14.60	57.62	2.11	8.25	98.29	14.32
5.90	10.16	66.30	3.49	3.25	98.92	10.71
6.95	13.09	59.94	2.89	3.88	98.39	12.99
11.50	18.47	53.50	2.45	7.60	98.38	17.71
11.78	13.51	55.46	1.73	7.82	98.71	12.31
12.25	14.33	57.19	1.64	8.85	100.17	13.87
13.26	22.61	61.40	2.52	7.58	100.26	20.61
11.92	13.19	60.19	1.64	8.09	99.32	11.32
11.00	17.18	57.90	2.18	7.38	98.79	16.12
6.22	12.38	52.68	3.17	5.14	99.11	11.64
13.58	19.84	49.28	2.15	10.11	98.06	18.12
11.25	28.67	45.32	4.90	6.63	99.05	27.03
12.88	**11.79**	**65.40**	**4.38**	**8.66**	**99.85**	**10.98**
12.62	13.16	65.64	6.08	8.43	99.87	12.14
20.11	18.42	61.41	2.16	17.31	99.95	15.86
14.32	1.65	64.82	0.36	5.91	98.80	2.33

11－25　大中型工业企业主要经济效益指标（2014 年）

单位:%

项　　目	Item	企业亏损面 Percentage of Loss Making Enterprises	产值利税率 Percentage of Profit and Tax to Output Value
总　计	**Total**	**11.06**	**10.90**
按登记注册类型分	**Grouped by Status of Registration**		
内资企业	Domestic Funded Enterprises	7.29	11.71
国有企业	State－owned Enterprises	27.08	11.24
集体企业	Collective－owned Enterprises	3.70	7.92
股份合作企业	Cooperative Enterprises	0.00	13.73
联营企业	Joint Ownership Enterprises		
有限责任公司	Limited Liability Corporations	11.43	11.69
#国有独资	State Sole Funded Corporatios	11.25	24.22
股份有限公司	Share－holding Corporations Ltd.	10.43	13.46
私营企业	Private Enterprises	5.18	11.34
其他企业	Other Enterprises	8.33	9.01
港、澳、台商投资企业	Enterprises with Funds from Hong Kong, Macao and Taiwan	15.34	10.11
外商投资企业	Foreign Funded Enterprises	17.19	9.59
按轻重工业分	**Grouped by Light & Heavy Industries**		
轻工业	Light Industry	11.39	13.06
重工业	Heavy Industry	10.86	10.19
按行业分	**Grouped by Sector**		
采矿业	**Mining**	**17.95**	**16.58**
煤炭开采和洗选业	Mining and Washing of Coal	42.86	12.96
石油和天然气开采业	Extraction of Petroleum and Natural Gas		
黑色金属矿采选业	Mining and Processing of Ferrous Metal Ores		
有色金属矿采选业	Mining and Processing of Non－ferrous Metals Ores		
非金属矿采选业	Mining and Processing of Non-metal Ores	4.17	12.61
开采辅助活动	Support Activities for Mining		
其他采矿业	Mining of Other Ores		
制造业	**Manufacturing**	**11.08**	**10.72**
农副食品加工业	Processing of Food from Agricultural Products	6.52	9.92
食品制造业	Manufacture of Food	5.80	13.37
酒、饮料和精制茶制造业	Manufacture of Liquor, Beverages and Refined Tea	19.05	26.00
烟草制品业	Manufacture of Tobacco		
纺织业	Manufacture of Textile	13.68	9.18
纺织服装、服饰业	Manufacture of Textile, Wearing Apparel and Accessories	10.56	12.68
皮革、毛皮、羽毛及其制品和制鞋业	Manufacture of Leather, Fur, Feather and Related Products and Footwear	8.66	11.00
木材加工和木、竹、藤、棕、草制品业	Processing of Timber, Manufacture of Wood, Bamboo, Rattan, Palm and Straw Products	3.28	11.84
家具制造业	Manufacture of Furniture	20.51	7.16
造纸和纸制品业	Manufacture of Paper and Paper Products	14.93	8.87

Main Indicators on Economic Benefit of Big and Medium Size Industrial Enterprises (2014)

(%)

销售利税率 Percentage of Profit and Tax to Sales	资金利税率 Percentage of Profit and Tax to Capital	资产负债率 Assets Liability Ratio	流动资产周转次数(次/年) Times of Turnover of Circulating Funds (times/year)	成本费用利润率 Ratio of Profits to Industrial Cost	产品销售率 Proportion of Products Sold	总资产贡献率 Ratio of Total Assets to Industrial Output Value
10.89	**16.65**	**55.30**	**2.64**	**6.85**	**98.77**	**15.37**
11.59	17.54	57.12	2.71	6.61	98.75	16.02
11.24	12.72	54.70	5.15	4.36	99.74	10.83
8.04	7.85	56.86	1.79	4.04	93.47	7.55
13.59	21.99	59.59	2.58	8.25	96.21	23.35
11.44	14.50	61.63	2.32	6.13	99.27	13.63
23.26	16.75	61.22	1.61	6.34	100.63	14.93
13.35	17.20	48.66	1.99	6.84	98.47	14.79
11.29	22.64	57.05	3.30	7.27	98.48	21.03
9.19	14.79	55.50	4.95	5.47	99.30	15.03
10.32	15.03	54.65	2.55	7.36	98.24	14.12
9.68	15.46	51.31	2.55	7.14	99.05	14.42
13.11	20.45	51.02	2.52	7.96	98.47	18.26
10.17	15.44	56.68	2.69	6.50	98.87	14.43
16.85	**9.42**	**56.90**	**2.46**	**2.11**	**98.76**	**7.98**
14.00	5.94	59.85	2.34	0.58	99.13	5.27
13.04	10.65	57.72	1.62	6.91	96.44	9.38
10.71	**17.16**	**54.73**	**2.59**	**6.77**	**98.72**	**15.93**
9.85	22.68	62.47	3.87	6.15	99.15	21.17
13.51	23.72	49.58	3.12	9.46	96.18	19.17
26.64	28.91	40.81	1.68	22.66	99.43	23.87
9.22	14.74	54.12	2.76	5.60	98.83	14.61
12.43	22.60	51.44	2.70	8.92	98.92	18.41
11.43	35.52	51.02	4.37	7.14	96.00	31.16
11.85	30.72	47.92	4.10	7.33	99.59	30.65
7.30	11.73	47.35	2.65	3.99	97.23	11.19
8.98	6.77	51.46	1.41	5.87	99.40	6.69

11－25 续 表1

单位:%

项 目 Item		企业亏损面 Percentage of Loss Making Enterprises	产值利税率 Percentage of Profit and Tax to Output Value
印刷和记录媒介复制业	Printing, Reproduction of Recording Media	12.12	13.89
文教、工美、体育和娱乐用品制造业	Manufacture of Articles for Culture, Education, Arts and Crafts, Sport and Entertainment Activities	7.25	10.28
石油加工、炼焦和核燃料加工业	Processing of Petroleum, Coking, Processing of Nuclear Fuel	30.43	17.94
化学原料和化学制品制造业	Manufacture of Raw Chemical Materials and Chemical Products	9.64	9.98
医药制造业	Manufacture of Medicines	10.97	18.58
化学纤维制造业	Manufacture of Chemical Fibers	16.85	6.53
橡胶和塑料制品业	Manufacture of Rubber and Plastics Products	13.18	10.87
非金属矿物制品业	Manufacture of Non－metallic Mineral Products	10.64	12.33
黑色金属冶炼和压延加工业	Smelting and Pressing of Ferrous Metals	8.79	6.92
有色金属冶炼和压延加工业	Smelting and Pressing of Non－ferrous Metals	13.46	6.86
金属制品业	Manufacture of Metal Products	10.15	11.05
通用设备制造业	Manufacture of General Purpose Machinery	9.04	12.15
专用设备制造业	Manufacture of Special Purpose Machinery	11.73	12.53
汽车制造业	Manufacture of Automobiles	10.39	13.56
铁路、船舶、航空航天和其他运输设备制造业	Manufacture of Railway, Ship, Aerospace and Other Transport Equipments	7.94	12.22
电气机械和器材制造业	Manufacture of Electrical Machinery and Apparatus	8.41	10.75
计算机、通信和其他电子设备制造业	Manufacture of Computers, Communication and Other Electronic Equipment	17.40	6.36
仪器仪表制造业	Manufacture of Measuring Instruments and Machinery	3.43	13.90
其他制造业	Other Manufacture	3.23	10.77
废弃资源综合利用业	Utilization of Waste Resources		
金属制品、机械和设备修理业	Repair Service of Metal Products, Machinery and Equipment		
电力、热力、燃气及水的生产和供应业	**Production and Supply of Electric Power, Heat Power, Gas and Water**	**6.74**	**14.00**
电力、热力的生产和供应业	Production and Supply of Electric Power and Heat Power	0.00	13.79
燃气生产和供应	Production and Supply of Gas	0.00	19.50
水的生产和供应业	Production and Supply of Water	19.35	13.67

11－25 Continued 1

(%)

销售利税率 Percentage of Profit and Tax to Sales	资金利税率 Percentage of Profit and Tax to Capital	资产负债率 Assets Liability Ratio	流动资产周转次数(次/年) Times of Turnover of Circulating Funds (times/year)	成本费用利润率 Ratio of Profits to Industrial Cost	产品销售率 Proportion of Products Sold	总资产贡献率 Ratio of Total Assets to Industrial Output Value
14.23	16.90	41.89	2.07	10.47	98.91	15.31
10.48	23.84	52.35	3.40	6.51	96.17	21.33
17.37	64.12	60.58	7.65	2.19	99.16	55.48
9.95	16.23	54.44	3.18	6.27	98.82	15.58
18.97	30.13	38.81	2.28	13.18	97.78	26.29
6.59	8.68	61.05	2.53	3.35	99.44	9.10
10.97	13.89	38.78	2.29	7.64	97.81	13.10
12.58	14.91	57.61	2.04	8.08	98.43	14.32
6.61	11.61	63.67	3.77	3.61	98.75	11.78
6.81	13.85	60.08	3.12	3.92	98.68	13.86
11.13	17.90	53.00	2.48	7.25	99.47	16.57
12.09	13.87	54.27	1.75	8.06	98.95	12.73
12.63	15.53	55.48	1.76	8.95	98.69	14.73
13.47	22.81	59.72	2.59	8.12	98.88	20.67
12.59	14.58	64.06	1.72	9.28	98.42	12.80
10.90	17.69	56.94	2.26	7.41	98.39	16.46
6.40	11.92	52.04	2.92	5.32	98.97	11.23
13.96	21.67	48.49	2.20	10.47	97.89	19.69
10.79	25.56	47.34	4.67	5.95	99.60	25.29
13.99	**12.06**	**61.01**	**4.80**	**9.59**	**99.89**	**10.76**
13.76	13.53	60.36	7.09	9.33	99.92	11.93
20.22	20.59	57.07	2.57	18.83	99.67	17.13
13.80	1.59	65.80	0.40	6.24	98.57	2.23

11－26　主要年份工业主要产品产量
Output of Main Industrial Products in Major Years

年份 Year	原煤 （万吨） Coal (100000 tons)	发电量 （亿千瓦时） Electricity (100 million kW·h)	钢材 （万吨） Rolled Steel (10000 tons)	水泥 （万吨） Cement (10000 tons)	农用化肥 （万吨） Chemical Fertilizer (10000 tons)	布 （亿米） Cloth (100 million m)	化学纤维 （万吨） Chemical Fiber (10000 tons)	汽车 （辆） Motor Vehicles (units)
1949	81.49	1.98	0.03	3.10	0.38	2.32		
1952	113.21	4.10	0.19	36.90	1.32	6.10		
1957	193.11	7.08	0.27	80.70	3.63	6.97		
1962	462.70	15.43	6.19	58.60	10.09	3.20		452
1965	485.66	25.78	18.48	103.00	20.25	6.76	0.54	2350
1970	699.17	49.96	18.36	163.12	28.21	9.60	0.52	7472
1975	1143.75	81.80	44.09	274.16	41.82	11.68	0.88	13932
1978	1707.02	126.42	60.31	444.10	72.18	14.06	2.11	15079
1980	1690.00	156.32	104.87	629.00	111.61	17.97	3.26	19624
1985	2193.85	234.48	145.18	1116.90	121.71	21.05	12.52	24474
1990	2407.79	404.47	203.01	1532.89	145.90	28.91	40.76	46291
1991	2470.55	441.20	247.76	1823.18	147.33	27.01	48.15	64045
1992	2457.76	481.15	387.51	2275.59	144.63	29.04	55.09	101009
1993	2505.53	536.84	466.02	2660.50	133.69	30.19	66.18	124334
1994	2503.44	631.90	674.19	3087.38	153.09	32.71	78.09	129957
1995	2650.72	700.41	787.89	3966.42	191.85	48.90	102.20	125197
1996	2606.52	756.87	795.58	4040.28	184.30	34.55	105.94	110157
1997	2506.01	777.00	856.79	4031.73	187.98	40.46	139.11	104801
1998	2378.53	754.27	933.63	3856.30	170.12	31.72	140.94	89828
1999	2291.97	787.06	1170.25	4378.32	171.27	31.76	170.06	91300
2000	2479.02	909.69	1401.83	4599.52	192.38	33.74	190.99	90636
2001	2451.14	986.64	1754.13	5135.59	187.62	32.91	219.75	97682
2002	2593.58	1116.56	2274.56	6035.29	205.02	37.28	261.22	168248
2003	2760.40	1277.88	2876.80	7225.14	190.90	37.61	303.76	212566
2004	2747.03	1539.49	3749.91	7993.22	227.22	42.74	377.81	243750
2005	2817.56	1789.53	4328.32	9579.15	284.63	53.97	458.49	305726
2006	3047.53	2216.40	5816.26	10880.77	254.66	64.95	665.14	274820
2007	2480.20	2674.43	7276.33	11787.42	259.93	64.20	803.35	269387
2008	2428.09	2776.85	7364.13	12683.21	255.83	74.55	790.67	330257
2009	2397.44	2928.21	7859.69	14434.14	317.34	78.97	894.50	506188
2010	2122.48	3358.98	9122.95	15647.46	241.96	88.46	1027.19	728700
2011	2100.27	3755.63	9994.01	14899.69	243.70	67.73	1123.80	803758
2012	2104.16	3928.35	10989.18	16777.87	267.15	80.34	1274.95	886959
2013	2011.18	4288.91	13038.96	18646.40	260.21	101.28	1372.89	1117137
2014	2019.20	4347.07	13255.21	19439.06	230.70	91.26	1312.17	1257161

11－27 规模以上工业企业主要产品生产、销售、库存（2014 年）
Main Indicators on Economic Benefit of above Designated Size Industrial Enterprises(2014)

单位:万吨 (10000 tons)

产品名称	Item	年初库存 Stock at Year-beginning	本年生产 Production This Year	本年销售 Sales This Year	年末库存 Stock at Year-end
原煤	Coal	26.69	2019.20	662.88	22.26
天然原油	Crude Oil	1.46	206.01	196.20	1.47
原盐	Salt	62.96	715.39	686.56	85.41
精制食用植物油	Refined Edible Vegetable Oil	22.60	566.03	562.41	26.15
乳制品	Dairy Products	3.78	141.95	142.79	2.90
罐头	Canned Food	3.05	23.76	22.84	3.98
卷烟 （亿支）	Cigartetes (100 million pieces)	13.56	1038.96	1039.96	12.40
化学纤维	Chemical Fiber	73.91	1312.17	1315.19	66.95
纱	Yarn	36.56	568.33	556.96	42.35
布 （亿米）	Cloth (100 million m)	4.59	91.26	90.48	4.67
#棉布	Pure Cotton Cloth	2.62	55.64	55.31	2.56
棉混纺布(混纺交织布)	Blend Cloth	0.81	11.99	11.86	0.88
绒线(毛线)	Knitting Wool	1.25	11.48	11.42	1.31
毛机织物(呢绒) （亿米）	Woollen Goods (100 million m)	0.35	2.59	2.59	0.34
蚕丝	Raw Silk	0.08	2.54	2.49	0.11
蚕丝及交织机织物(含蚕丝≥50%) （亿米）	Silk Textiles (Silk≥50%) (100 million m)	0.11	0.93	0.96	0.07
人造板 （万立方米）	Manmade Board (10000 cu. m)	151.73	5351.41	5170.74	315.79
汽油	Gasoline	2.50	564.26	563.63	3.12
煤油	Kerosene	1.01	290.39	287.72	3.61
燃料油	Fuel Oil	13.73	317.74	316.55	11.94
焦炭	Coke	67.67	2395.69	1261.36	110.74
硫酸(折 100%)	Sulphuric Acid(100%)	11.76	356.65	311.12	4.71
浓硝酸(折 100%)	Concentrated Nitric Acid(100%)	0.92	57.08	37.78	0.64
氢氧化钠(烧碱)(折 100%)	Caustic Soda (Sodium Hydroxide) (100%)	3.70	416.92	365.58	17.48
碳酸钠(纯碱)	Soda Ash(Sodium Carhonate)	5.83	318.61	314.87	8.27
农用化学肥料(折纯)	Chemical Fertilizers(100%)	5.94	230.70	226.35	6.22
#氮肥(折含 N 100%)	Nitrogen(N100%)	3.66	208.78	204.54	4.10
磷肥(折合 P_2O_5 100%)	Phosphate(P_2O_5 100%)	1.66	17.17	17.04	1.51
化学农药原药(折有效成分 100%)	Chemical Pesticides (100% effectiveness)	6.34	99.81	95.32	7.28
乙烯	Ethylene	0.28	152.66	11.08	0.62
合成洗涤剂	Synthetic Detergents	0.22	14.20	13.96	0.46
化学药品原药(化学原料药)	Chemical Medicines	1.38	22.56	21.08	2.61

11－27 续 表

单位:万吨 (10000 tons)

产品名称 Item		年初库存 Stock at Year-beginning	本年生产 Production This Year	本年销售 Sales This Year	年末库存 Stock at Year-end
橡胶轮胎外胎(轮胎外胎) (万条)	Tires (10000 turige)	1001.70	11078.47	10904.36	1167.48
水泥	Cement	353.84	19439.06	19359.69	428.60
平板玻璃 (万重量箱)	Peain Glass (10000 wtcases)	470.20	5833.94	5779.29	522.21
生铁	Pig Iron	28.80	7080.12	2487.35	24.10
粗钢	Crude Steel	129.66	10195.51	2994.29	164.18
钢材	Rolled Steel	422.21	13255.21	12655.20	746.77
铁合金	Iron Alloy	4.45	155.62	153.54	6.37
十种有色金属	Ten Kinds of Nonferrous Metal	0.93	48.39	48.58	0.46
工业锅炉 (万蒸发量吨)	Industrial Boiler (10000 steam-tons)	0.41	10.62	9.60	1.43
金属切削机床 (万台)	Metal-cutting Machine Tools (10000 units)	0.98	10.15	10.30	0.81
#数控机床	Digital Machine Tools	0.28	1.93	1.95	0.27
大中型拖拉机 (万台)	Large and Medium Tractors (10000 units)	1.58	8.03	7.71	1.90
汽车 (万辆)	Motor Vechicles (10000 units)	4.11	125.72	125.69	4.12
#轿车	Cars	2.28	74.51	74.82	1.95
载货汽车	Trucks	0.47	14.55	14.50	0.52
摩托车整车 (万辆)	Motorcycles (10000 units)	5.13	174.24	172.35	6.98
两轮脚踏自行车 (万辆)	Bicycles (10000 units)	48.68	944.74	956.26	37.12
家用洗衣机 (万台)	Household Washing Machines (10000 units)	109.06	1584.39	1600.64	91.54
家用吸尘器 (万台)	Vacuum Cleaners (10000 units)	186.00	4403.16	4411.07	177.34
家用电冰箱 (万台)	Household Refrigerators (10000 units)	52.12	969.70	972.04	49.49
家用电风扇 (万台)	Electric Fans (10000 units)	20.46	264.69	259.93	25.23
房间空气调节器 (万台)	Air conditioners (10000 units)	5.91	512.51	498.87	19.52
家用吸排油烟机 (万台)	Range Hoods (10000 units)	3.12	39.39	37.16	5.35
程控交换机 (万线)	Programcontrollecl Switchboards (10000 lines)	0.45	1.93	1.93	0.45
#数字程控交换机	Digital Programcontrolled Switchboards				
微型电子计算机 (万台)	Micro Computers (10000 units)	92.77	6708.04	6685.86	114.94
#笔记本计算机	Notebook PCS	63.77	6139.01	6115.49	87.28
打印机 (万台)	Printers (10000 units)	3.47	98.65	97.63	4.45
集成电路 (亿块)	Integrated Circuits (100 million pieces)	9.54	328.93	328.90	9.36
彩色电视机 (万台)	Color TV Sets (10000 units)	19.81	1316.22	1324.72	11.27
照相机 (万台)	Cameras (10000 units)	50.01	1241.78	1246.69	45.10
#数码照相机	Digital Cameras	44.63	882.57	892.61	34.59

主要统计指标解释

工业　指从事自然资源的开采，对采掘品和农产品进行加工和再加工的物质生产部门。具体包括：(1)对自然资源的开采，如采矿、晒盐、森林采伐等(但不包括禽兽捕猎和水产捕捞)；(2)对农副产品的加工、再加工，如粮油加工、食品加工、缫丝、纺织、制革等；(3)对采掘品的加工、再加工，如炼铁、炼钢、化工生产、石油加工、机器制造、木材加工等，以及电力、自来水、煤气的生产和供应等；(4)对工业品的修理、翻新，如机器设备的修理、交通运输工具(包括小卧车)的修理等。

1984年以前农村的村及村以下办工业归属农业，1984年以后划归工业。

国有及国有控股企业　指国有企业加上国有控股企业。国有企业是指企业全部资产归国家所有，并按《中华人民共和国企业法人登记管理条例》规定登记注册的非公司制的经济组织。1957年以前的公私合营和私营工业，后均改造为国营工业，1992年改为国有工业，这部分工业的资料不单独分列时，均包括在国有企业内。国有控股企业是对混合所有制经济的企业进行的"国有控股"分类。它是指这些企业的全部资产中国有资产(股份)相对其他所有者中的任何一个所有者占资(股)最多的企业。该分组反映了国有经济控股情况。

集体企业　指企业资产归集体所有，并按《中华人民共和国企业法人登记管理条例》规定登记注册的经济组织。是社会主义公有制经济的组成部分。包括城乡所有使用集体投资举办的企业，以及部分个人通过集资自愿放弃所有权并依法经工商行政管理机关认定为集体所有制的企业。

股份合作企业　指以合作制为基础，由企业职工共同出资入股，吸收一定比例的社会资产投资组建，实行自主经营，自负盈亏，共同劳动，民主管理，按劳分配与按股分红相结合的一种集体经济组织。

联营企业　指两个及两个以上相同或不同所有制性质的企业法人或事业单位法人，按自愿、平等、互利的原则，共同投资组成的经济组织。联营企业包括：国有联营企业指国有企业与国有企业间的联营；集体联营企业指集体企业与集体企业间的联营；国有与集体联营企业指国有企业与集体企业间的联营。

有限责任公司　指根据《中华人民共和国公司登记管理条例》规定登记注册，由两个以上，五十个以下的股东共同出资，每个股东以其所认缴的出资额对公司承担有限责任，公司以其全部资产对其债务承担责任的经济组织。

有限责任公司包括国有独资公司以及其他有限责任公司。

股份有限公司　指根据《中华人民共和国企业法人登记管理条例》规定登记注册，其全部注册资本由等额股份构成并通过发行股票筹集资本，股东以其认购的股份对公司承担有限责任，公司以其全部资产对其债务承担责任的经济组织。

私营企业　指由自然人投资设立或由自然人控股，以雇佣劳动为基础的营利性经济组织。包括按照《公司法》、《合伙企业法》、《私营企业暂行条例》规定登记注册的私营有限责任公司、私营股份有限公司、私营合伙企业和私营独资企业。

港、澳、台商投资企业　指企业注册登记类型中的港、澳、台资合资、合作、独资经营企业和股份有限公司之和。

外商投资企业　指企业注册登记类型中的中外合资、合作经营企业、外资企业和外商投资股份有限公司之和。

"三资"企业　系指港、澳、台商投资企业和外资企业的简称。

轻工业　指主要提供生活消费品和制作手工工具的工业。按其所使用的原料不同，可分为两大类：(1)以农产品为原料的轻工业，是指直接或间接以农产品为基本原料的轻工业。主要包括食品制造、饮料制造、烟草加工、纺织、缝纫、皮革和毛皮制作、造纸以及印刷等工业；(2)以非农产品为原料的轻工业，是指以工业品为原料的轻工业。主要包括文教体育用品、化学药品制造、合成纤维制造、日用化学制品、日用玻璃制品、日用金属制品、手工工具制造、医疗器械制造、文化和办公用机械制造等工业。

重工业　是指为国民经济各部门提供物质技术基础的主要生产资料的工业。按其生产性质和产品用途，可以分为下列三类：(1)采掘(伐)工业，是指对自然资源的开采，包括石油开采、煤炭开采、金属矿开采、非金属矿开采和木材采伐等工业；(2)原材料工业，指向国民经济各部门提供基本材料、动力和燃料的工业。包括金属冶炼及加工、炼焦及焦炭、化学、化工原料、水泥、人造板以及电力、石油和煤炭加工等工业；(3)加工工业，是指对工业原材料进行再加工制造的工业。包括装备国民经济各部门的机械设备制造工业、金属结构、水泥制品等工业，以及为农业提供的生产资料如化肥、农药等工业。

根据上述划分原则，修理业中以重工业产品为修理作业对象的划为重工业，反之划为轻工业。

工业总产值　是以货币表现的工业企业在一定时期内生产的已出售或可供出售工业产品总量，它反映一定时间内工业生产的总规模和总水平。它包括：在本企业内不再进行加工，经检验、包装入库(规定不需包装的产品除外)的成品价值，对外加工费收入，自制半成品、在产品期末初差额价值。工业总产值采用"工厂法"计算，即以工业企业作为一个整体，按企业工业生产活动的最终成果来计算，企业内部不允许重复计算，不能把企业内部各个车间(分厂)生产的成果相加。但在企业之间、行业之间、地区之间存在着重复计算。

轻重工业总产值的划分是按"工厂法"计算的，即一个工业企业生产的主要产品性质属于轻工业，则该企业的全部总产值作为轻工业总产值；如它的主要产品性质属于重工业，则该企业的全部总产值作为重工业总产值。

工业增加值 是指工业行业在报告期内以货币表现的工业生产活动的最终成果。

实收资本 指企业实际收到的投资人投入的资本。按投资主体可分为国家资本、集体资本、法人资本、个人资本、港澳台资本和外商资本等。

资产总计 指企业拥有或控制的能以货币计量的经济资源。包括各种财产、债权和其他权利。资产按其流动性划分为流动资产、长期投资、固定资产、无形及递延资产和其他资产。

(1)流动资产 指企业可以在一年内或者超过一年的一个生产周期内变现或耗用的资产合计。包括现金及各种存款、短期投资、应收及预付款项、存货等。

(2)固定资产 指企业固定资产净值、固定资产清理、在建工程、待处理固定资产损失所占用的资金合计。

(3)无形资产 指企业长期使用而没有实物形态的资产。包括专利权、非专利技术、商标权、著作权、土地使用权、商誉等。

负债合计 指企业承担的能以货币计量，将以资产或劳务偿付的债务。负债一般按偿还期长短分为流动负债和长期负债、递延税项等。

(1)流动负债 指企业在一年内或者超过一年的一个营业周期内需要偿还的债务合计，其中包括短期借款、应付及预收款项、应付工资、应交税金和应交利润等。

(2)长期负债 指企业在一年以上或者超过一年的一个营业周期以上需要偿还的债务合计，其中包括长期借款、应付债务、长期应付款项等。

所有者权益 指企业投资人对企业净资产的所有权。企业净资产等于企业全部资产减去全部负债后的余额，其中包括投资者对企业的最初投入，以及资本公积金、盈余公积金和未分配利润，对股份制企业即为股东权益。

固定资产原价 指企业在建造、购置、安装、改建、扩建、技术改造某项固定资产时所支出的全部货币总额。它一般包括买价、包装费、运杂费和安装费等。

固定资产净值 是指固定资产原价减去历年已提折旧额后的净额。

流动资产 是指可以在一年或者超过一年的一个营业周期内变现或者耗用的资产，包括现金及各种存款、短期投资、应收及预付货款、存货等。

主营业务收入 指企业销售商品、提供劳务及让渡资产信用权等日常活动中所产生的收入。

主营业务成本 指企业销售商品、提供劳务及让渡资产信用权等日常活动而发生的实际成本。

主营业务税金及附加 企业日常活动应负担的税金及附加，包括营业税、消费税、城市维护建设税、资源税、土地增值税和教育费附加等。

利润总额 指企业实现的利润。

应交增值税 指企业在报告期内应交纳的增值税额。

资产负债率 该指标既反映企业经营风险的大小，也反映企业利用债权人提供的资金从事经营活动的能力。计算公式为：

资产负债率 = 负债总额/资产总额 × 100%

工业成本费用利润率 指在一定时期内实现的利润与成本费用之比，是反映工业生产成本及费用投入的经济效益指标，同时也是反映降低成本的经济效益的指标。计算公式为：

工业成本费用利润率(%) = 利润总额/成本及费用总额 × 100%

流动资产周转次数 指在一定时期内流动资产完成的周转次数，反映流动资产的周转速度。计算公式为：

流动资产周转次数 = 产品销售收入/全部流动资产平均余额

产品销售率 指报告期工业销售产值与同期全部工业总产值之比，是反映工业产品已实现销售的程度，分析工业产销衔接情况，研究工业产品满足社会需求程度的指标。计算公式为：

产品销售率(%) = 工业销售产值/工业总产值(现价) × 100%

Explanatory Notes on Main Statistical Indicators

Industry refers to the material production sector which is engaged in extraction of natural resources and processing or reprocessing of minerals and agricultural products, including (1) extraction of natural resources, such as mining, salt production, logging (but not including hunting and fishing); (2) processing and reprocessing of farm and sideline produces, such as rice husking, flour milling, wine making, oil pressing, cotton ginning, silk reeling, spinning and weaving, and leather making; (3) manufacture of industrial products, such as steel making, iron smelting, chemicals manufacturing, petroleum processing, machine building, timber processing; water and gas production and electricity generation and supply; (4) repairing of industrial products such as the repairing of machinery and means of transport (including cars).

Prior to 1984, the rural industry runed by villages and cooperative organizations under village was classified into agriculture. Since 1984, it has been grouped into industry.

(1) **State-owned and State-share holding Enterprises** State-owned enterprises refer to industrial enterprises where the means of production are all owned by the state. Joint state-private industries and private industries, which existed before 1957, have been transformed into state run industries. Statistics on these enterprises has been included in the state-owned industries since 1992 when separation of data was no longer necessary. State-share holding Enterprises refers to classification of "state-share holding" to the mixed-owned enterprises, which indicate that among the total assets of enterprises, the state assets (share) occupying the most part (share) than any other enterprises. Such group reflects the condition of share-holding of the state-owned economy.

(2) **Collective-owned Enterprises** refer to industrial enterprises where the means of production are owned collectively. It is part of sociolist public economy. It including urban and rural enterprises invested by collectives and some enterprises which were formerly owned privately but have been registered in industrial and commercial administration agency as collective units through raising fund from the public.

(3) **Share-holding Cooperative Enterprises** refer to economic units set up on cooperative basis, with funding partly from members of the enterprise and partly from outside investment, where the operation and management is decided by the members who also participate in the production. And the distribution of income is based both on work (labour input) and on shares (capital input).

(4) **Joint – operation enterprises** refer to economic units that established by joint investment by two or more corporate enterprises or institutions of the same or different types of ownership on voluntary, equal and mutual-beneficial basis. They include:

a) state-owned joint-operation enterprises (joint operation between state-owned enterprises);

b) collective joint-operation enterprises (joint operation between collective enterprises);

c) state-collective joint-operation enterprises (joint operation between state and collective enterprises).

(5) **Limited Liability Corporations** refer to economic units registered in accordance with the Regulation of the People's Republic of China on the Management of Registration of Corporations, with capitals from 2 to 49 investors, each investor bears limited liability to the corporation depending on the holding of shares, and the corporation bears liability to its debt to the maximum of its total assets. Limited Liability corporations State-owned Enterprises and othe limited liabliliy corporations.

(6) **Share-holding Corporations Ltd.** refer to economic units registered in accordance with the Regulation of the People's Republic of China on the Management of Registration of Corporate Enterprises, with total registered capitals divided into equal shares and raised through issuing stocks. Each investor bears limited liability to the corporation depending on the holding of shares, and the corporation bears liability to its debt to the maximum of its total assets.

(7) **Private Enterprises** refer to economic units invested or controlled (by holding the majority of the shares) by natural persons who hire labours for profit-making activities. Included in this category are private limited liability corporations, private share-holding corporations Ltd., private partnership enterprises and private sole investment enterprises registered in accordance with the Corporation Law, Partnership Enterprise Law and Tentative Regulation on Private Enterprises.

(8) **Enterprises with Funds form Hong Kong, Macao and Taiwan** refers to all industrial enterprises registered as the joint-venture, cooperative, sole (exclusive) investment industrial enterprises and limited liability corporations with funds from Hong Kong, Macao and Taiwan.

(9) **Foreign Funded Enterprises** refers to all industrial enterprises registered as the joint-venture, cooperative, sole (exclusive) investment industrial enterprises and limited liability corporations with foreign funds.

Sino-foreign Joint Vontures inculding Enterpries with Funds form Hong Kong, Macao and Taiwon, Foreign Funded Enterpries.

Light Industry refers to the industry that produces consumer goods and hand tools. It consists of two categories, depending on the materials used:

(1) Industries using farm products as raw materials. These are branches of light industry which directly or indirectly use farm products as basic raw materials, including the manufacture of food and beverages, tobacco processing, textile, clothing, fur and leather manufacturing, paper making, printing, etc.

(2) Industries using non farm products as raw materials. These are branches of light industry which use manufactured goods as raw-materials, including the manufacture of cultural, educational articles and sports goods, chemicals, synthetic fiber, chemical products for

daily use, glass products for daily use, metal products for daily use, hand tools, medical apparatus and instruments, and the manufacture of cultural and clerical machinery.

Heavy Industry refers to the industry which produces capital goods, and provides various sectors of the national economy with necessary material and technical basis. It consists of the following three branches according to the purpose of production or the use of products:

(1) Mining, quarrying and logging industry refers to the industry that extracts natural resources. Including extraction of petroleum, coal, metal and non – metal ores and logging.

(2) Raw materials industry refers to the industry that provides various sectors of the national economy with raw materials, fuels and power. It includes smelting and processing of metals, coking and coke chemistry, chemical materials and building materials such as cement, plywood, and power, petroleum refining and coal dressing.

(3) Manufacturing industry refers to the industry that processes raw materials. It includes machine building industry which equips sectors of the national economy, industries of metal structure and cement products, industries producing means of agricultural production, such as chemical fertilizers and pesticides.

According to the above principle of classification, the repairing trades which are engaged primarily in repairing products of heavy industry are classified into heavy industry while these engaged in repairing products of light in – dustry are classified into light industry.

Gross Industrial Output Value is the total volume of industrial products sold or available for sale in value terms which reflects the total achievements and overall scale of industrial production during a given period. It includes the value of the finished products, which are not to be further processed in the enterprises and have been inspected, packed and put in storage, the value of industrial services rendered to other units, and the changes in the value of the semi – finished products and products in process between the be – ginning and closing of the period. The gross industrial output value is calculated with "factory method". No double calculations are to be made within the same enterprise. However, double counting does occur among different enterprises.

Output value of light and heavy industries is based on the "factory" method. If the major products of an industrial enterprise are classified as light industry products, the entire gross output value of that enterprise is classified into the light industry; the same principle applies to heavy industry.

Value – added of Industry refers to the final results of industrial production of the industrial trade in money terms during the reporting period.

Acctually Received Capital refer main management capital actually received by enterprises used for long – term circulation, including state capital, collective capital, individual capital, Hong Kong Macao Taiwan capital and foreign capital.

Total Assets refer to all economic resources, owned or controlled by enterprises, that could be measured in monetary terms, including properties, creditors equity and other economic rights of all forms. Classified by the degree of equitability, total assets include current assets, long term investment, fixed assets, intangible assets and deferred assets, and other assets.

(1) Current assets (working capital) refer to assets which can be cashed in or spent or consumed in an operating cycle of one year or over one year, including cash, all kinds of deposits, short term investment, receivables, advance payment, stock, etc.

(2) Fixed assets refer to the net value of fixed assets, elearance of fixed assets, project under construction, fixed assets losses in suspense. These are corporations' fund holdings.

(3) Intangible assets refer to the assets without material form used by enterprises over a long time, such as patents, non – patent technologies, trade marks, copyright, land use right, business reputation, etc.

Total Liabilities refer to the debts, measured in monetary terms, that enterprises are responsible for repayment in the form of cash, assets or labour. Classified by terms of repayment, liability include liquid liabilities and long-term liabilities.

(1) Liquid liabilities (also called quick liabilities or immediate liabilities) refer to enterprises' total debt payable within an operating cycle of one year or over one year, including short term loans, payable and advance payments, wages payable, taxes payable and profit payable, etc.

(2) Long term liabilities refers to total debt payable within an operating cycle of one year or over one year, including long-term loans, payable liabilities, long-term payable, etc.

Creditors' Equity refers to investors ownership of net assets of the enterprise. It is equal to the total assets of the enterprise minus its total liabilities, including the primary input from investors, capital accumulation fund, surplus accumulation fund and undistributed profit. It is the shareholder's equity in share-holdting companies.

Original Value of Fixed Assets refers to the original value of all fixed assets owned by industrial enterprises, calculated at the cost paid at the time of purchase, installation, reconstruction, expansion, technical innovation and transformation of the said assets, which includes expenses on purchase, package, transportation, and installation, etc.

Net Value of Fixed Assets is obtained by deducting depreciation over years from the original value of fixed assets.

Working Capital(Current Current) refers to assets which can be cashed in or spent or consumed in an operating cycle of one year or over one year, which includes cash, various deposits, short term investment, and receivable payments, and advance payments, stock, etc.

Major Business Revenue refer to the revenue from the sales of products, service provided and transferring the usage right of assets ect in daily activities.

Cost of Major Business refers to the actual cost of products of industrial enterprises, service provided and transferring the usage right of assets ect in daily activities.

Tax and extra of Major Business refers to the tax and extra, including city maintenance and construction tax, operation tax, consumption tax, resources tax, extra charges for education and tax on land value added, which should be born by the enterprises.

Total Profits refer to the profits gained by the enterprises.

Value-added Tax Payable refers to the amount of the value added tax which should be paid by the enterprises in the reporting period.

Ratio of Debts to Assets reflect both the operation risk and the capability of the enterprise in making use of the capital from the creditors. It is calculated as follows:

Ratio of debts to assets(%) = (Total debts/total assets) × 100%

Ratio of Profits to Total Industrial Costs refers to the ratio of profits realized in a given period to the total costs in the same period, which reflects the economic efficiency of input cost and is calculated as follows:

Ratio of Profits to TotaI lndustrial Cost(%) = (Total Profits/Total Costs) × 100%

Turnover of Working Capital refers to the number of times of turnover of working capital in a given period of time, which reflects the speed of the turnover of working capital and is calculated as follows:

Turnover of Working Capital(%) = (Sales Revenue of Products)/(Average Balance of Total Working Capital) × 100%

Ratio of Sales to Gross Output Value refers to the sales of industrial products to the gross industrial output value during the reference period, and is important in reflecting the linkage between production and sales and the extent of the needs of the society that has been met by the supply of industrial products. It is calculated as follows:

Ratio of Sales to Gross Output Value = [Industrial sales/Gross industrial output value(at current prices)] × 100%

12

建筑业

Construction

简 要 说 明

一、本篇资料的主要内容

本篇资料反映我省建筑业概况和发展情况。包括建筑业企业基本情况和生产经营情况。主要指标有企业个数、从业人员数、建筑业总产值、房屋建筑面积、劳动生产率等。

二、本篇资料的统计范围

根据建筑业发展的实际情况，建筑业统计范围从 2002 年年报起由原具有建筑业资质等级四级及四级以上的独立核算的建筑业企业调整为具有建筑业资质的独立核算建筑业企业。

三、本篇的资料来源及统计调查方法

本篇建筑业企业统计数据是根据国家统计局制定的《建筑业统计报表制度》整理汇总的。建筑业统计报表是各级统计部门根据当地实际情况，采取全面调查的方法布置、收集，由辖区内各资质内建筑业企业通过联网直报上报的统计数据。

Brief Introduction

I. Main Contents

Data in this chapter show the general situation and the development of the construction industry in Jiangsu. They cover the situation of production and management of the construction enterprises, including the number of enterprises; number of employed persons; gross output value of the construction industry; floor space of buildings under construction and labour productivity etc.

II. Scope of Statistics

In view of the development of the construction industry, starting from 2002 the scope of construction statistics has been adjusted to include all the construction enterprises of various types of ownership with qualification certificates and independent accounting systems, replacing the previous criteria that required construction enterprises of various types of ownership to have qualification certificates at or above Class 4 with independent accounting systems.

III. Sources of Data and Methods of Survey

Data on construction enterprises are collected in accordance with the *Reporting Form System of Construction Statistics* stipulated by the National Bureau of Statistics. The construction statistical reports are deployed and collected through comprehensive survey by each Bureau of statistics in accordance with real conditions of the enterprises, they are directly reported by qualified construction enterprises through internet.

12－1　建筑施工企业概况
Basic Statistics on Construction Enterprises

项　　目 Item	总　计 Total	国有经济 State-owned	地　方 Local-owned	部　属 Central-owned	城镇集体经济 Urban Collective-owned	乡镇企业及其它经济 Rural and Township Enterprises and Others
企业单位个数（个） Number of Enterprises（unit）						
1985	2360	114	86	28	148	2098
1989	2408	175	144	31	204	2029
1990	2284	162	138	24	201	1921
1991	2316	173	147	26	209	1934
1992	2417	203	176	27	251	1963
1993	2810	308	273	35	429	2073
1994	3348	389	353	36	513	2446
1995	3426	406	370	36	505	2515
1996	3528	589	554	35	868	2071
1997	3546	564	525	39	884	2098
1998	3587	573	535	38	881	2133
1999	3994	550	514	36	980	2464
2000	3948	529	485	44	903	2516
2001	3872	469	424	45	631	2772
2002	4084	489	438	51	440	3155
2003	4267	358	322	36	326	3583
2004	5241	318	279	39	266	4657
2005	5909	556	524	32	220	5133
2006	6371	444	439	5	206	5721
2007	7017	453	449	4	204	6360
2008	8389	413	380	33	213	7763
2009	8664	391	362	29	181	8092
2010	8949	375	347	28	392	8182
2011	9164	392	359	33	380	8392
2012	9254	383	350	33	324	8547
2013	9560	383	348	35	399	8778
2014	9220	368	332	36	354	8498
从事主营业务活动的从业人员平均人数（万人） The average number of employees engaged in principal Business（10000 persons）						
1985	124.09	17.60	13.82	3.78	14.05	92.44
1989	128.55	22.08	15.10	6.98	20.30	86.17
1990	124.31	21.53	15.24	6.29	23.94	78.44
1991	126.44	22.06	15.83	6.23	25.46	78.92
1992	143.44	24.67	17.66	7.01	30.07	88.70
1993	175.06	34.58	27.50	7.08	34.00	106.48
1994	212.17	44.60	31.60	13.00	34.37	133.20
1995	232.94	45.42	38.58	6.84	51.56	135.96
1996	220.71	59.55	52.14	7.41	55.26	105.90
1997	215.69	51.20	44.57	6.63	61.70	102.78
1998	232.32	50.52	42.22	8.30	83.97	97.83

12－1　续表1　Continued 1

项　　目 Item	总　　计 Total	国有经济 State-owned	地　　方 Local-owned	部　　属 Central-owned	城镇集体经济 Urban Collective-owned	乡镇企业及其它经济 Rural and Township Enterprises and Others
1999	222.80	46.30	38.85	7.45	63.59	112.91
2000	221.48	43.85	36.41	7.44	59.73	117.9
2001	239.52	41.74	35.33	6.41	44.11	153.67
2002	251.36	45.96	39.26	6.70	30.27	175.13
2003	277.91	30.37	23.85	6.52	23.62	223.92
2004	305.64	30.06	23.31	6.75	15.84	259.74
2005	342.24	60.77	53.98	6.79	13.50	267.97
2006	379.77	50.24	48.44	1.80	17.49	312.04
2007	437.10	54.50	52.81	1.69	16.08	366.52
2008	488.67	44.49	34.90	9.60	22.22	421.96
2009	540.52	40.43	28.30	12.13	17.25	482.84
2010	598.98	40.23	31.09	9.14	34.48	524.27
2011	607.55	38.41	29.09	9.33	37.65	531.48
2012	700.96	40.23	29.74	10.49	38.89	621.84
2013	782.36	62.79	47.54	15.25	42.48	677.09
2014	828.27	51.71	34.17	17.54	43.35	733.21
建筑业总产值（亿元）Gross Output Value of Construction Enterprises (100 million yuan)						
1985	82.63	14.32	10.92	3.39	10.80	57.52
1989	142.05	30.94	9.52	11.42	23.97	87.14
1990	147.23	32.00	21.49	10.51	29.76	85.47
1991	176.21	37.84	26.04	11.80	34.35	104.02
1992	265.80	58.20	40.07	18.12	55.99	151.62
1993	449.99	104.73	82.40	22.33	86.87	258.40
1994	738.60	171.60	131.04	40.56	178.46	388.53
1995	998.11	257.36	207.39	49.97	259.76	480.98
1996	1049.42	377.92	318.79	59.13	253.63	417.88
1997	1102.12	352.86	294.21	58.65	308.08	441.18
1998	1224.42	335.16	272.55	62.61	387.29	501.97
1999	1338.46	343.12	282.03	61.09	346.97	648.37
2000	1546.17	376.59	308.3	68.29	377.31	792.27
2001	1859.41	414.58	339.7	74.88	284.9	1159.93
2002	2199.52	492.90	414.84	78.06	222.35	1484.27
2003	2794.94	345.39	258.10	87.29	194.75	2254.80
2004	3656.66	436.40	299.08	137.32	134.09	3086.17
2005	4368.95	865.07	727.50	137.57	154.46	3349.42
2006	5424.85	812.35	770.02	42.33	190.51	4421.99
2007	7010.57	1075.79	1038.81	36.98	222.50	5712.28
2008	8547.94	917.82	620.31	297.51	328.16	7301.96
2009	10264.92	981.35	618.32	363.03	291.15	8992.42
2010	12405.90	1206.68	703.69	502.99	668.42	10530.80
2011	15122.74	1411.67	799.54	612.13	955.45	12755.61
2012	18423.55	1595.37	951.82	643.55	1081.19	15746.99
2013	21990.84	1867.61	1036.00	831.61	1328.73	18794.50
2014	24592.93	2070.42	1129.97	940.45	1369.41	21153.10

项　目 Item	总　计 Total	国有经济 State-owned	地　方 Local-owned	部　属 Central-owned	城镇集体经济 Urban Collective-owned	乡镇企业及其它经济 Rural and Township Enterprises and Others
房屋建筑施工面积（万平方米）Housing Construction Area（10000 sq. m）						
1985	5570.32	619.94	536.58	83.36	690.92	4259.46
1989	5447.40	672.60	547.40	125.20	927.70	3847.10
1990	5240.98	699.10	580.30	118.80	1070.40	3471.48
1991	5711.13	778.71	660.44	118.27	1143.12	3789.30
1992	7780.32	1049.90	901.00	148.90	1688.30	5042.12
1993	10229.96	1801.32	1573.13	228.19	2045.54	6383.10
1994	13201.21	2356.00	2062.20	293.90	3269.60	7575.61
1995	16646.14	3470.96	3135.28	335.68	4621.48	8553.70
1996	15672.95	5032.00	4663.09	368.91	3723.69	6917.26
1997	16191.85	4407.38	4031.04	376.34	4344.53	7439.94
1998	17803.33	3831.67	3593.61	238.06	5887.35	8084.31
1999	18748.25	3830.22	3633.96	196.26	4710.61	10207.42
2000	21287.10	4096.75	3871.42	225.33	4982.85	12207.50
2001	24319.01	3706.55	3380.84	325.71	4060.51	16551.95
2002	27753.39	3669.91	3301.01	368.90	3113.95	20969.53
2003	33949.95	1893.32	1503.56	389.76	2369.63	29687.00
2004	43170.57	2815.09	2273.46	541.63	1655.20	38700.28
2005	52242.23	7706.17	7383.99	322.18	1966.09	42569.97
2006	63140.49	6553.90	6329.13	224.77	2248.13	54338.46
2007	79901.63	9386.76	9092.19	294.57	2833.32	67681.55
2008	90144.64	5437.75	4655.54	782.21	4115.15	80591.74
2009	99659.92	3580.73	2684.79	895.94	3416.26	92662.93
2010	119035.52	4465.90	3273.48	1192.42	5966.74	108602.88
2011	145451.48	6273.08	4486.17	1786.91	8661.59	130516.81
2012	166779.12	7006.79	5281.84	1724.95	8567.65	151204.68
2013	196739.85	9070.57	6661.60	2408.97	8845.73	178823.55
2014	213038.78	11454.23	8453.47	3100.76	8907.73	192676.82
房屋建筑竣工面积（万平方米）Buildings Completed（10000 sq. m）						
1985	3527.20	272.55	245.03	27.52	382.94	2871.71
1989	3446.50	284.50	246.40	38.10	502.10	2659.90
1990	3307.93	354.40	302.20	52.20	617.00	2336.53
1991	3422.75	361.35	322.27	39.08	618.49	2442.91
1992	4387.99	446.60	395.90	50.70	837.40	3103.99
1993	5767.78	772.59	705.11	67.48	1077.09	3918.10
1994	9336.28	903.20	838.60	64.60	1620.00	6813.08
1995	8739.38	1304.03	1243.04	60.99	2056.55	5378.80
1996	8252.13	1946.38	1872.36	74.02	2141.69	4164.06
1997	8787.36	1678.84	1601.39	77.46	2600.34	4508.18
1998	9958.90	1748.46	1686.40	62.05	3497.35	4713.10
1999	10558.22	1692.42	1636.92	55.50	2751.61	6114.19

12－1　续表 3　Continued 3

项　　目 Item	总　计 Total	国有经济 State-owned	地　方 Local-owned	部　属 Central-owned	城镇集体经济 Urban Collective-owned	乡镇企业及其它经济 Rural and Township Enterprises and Others
2000	12329.65	1961.86	1896.93	64.93	2986.11	7381.68
2001	14268.89	1822.02	1718.15	103.87	2622.17	9824.70
2002	15478.58	1877.94	1773.00	104.94	1867.91	11732.73
2003	17730.02	879.14	786.81	92.33	1490.80	15360.08
2004	21756.82	1246.57	1084.82	161.75	1040.82	19469.43
2005	25391.86	3696.89	3526.71	170.18	1113.19	20581.78
2006	28715.39	2517.69	2448.11	69.58	1244.15	24953.55
2007	34992.20	3610.75	3505.88	104.87	1580.78	29800.67
2008	40272.98	2182.40	1948.24	234.16	2350.51	35740.07
2009	43307.52	1294.73	1063.59	231.15	1763.20	40249.59
2010	48560.07	1388.19	1034.71	353.48	2826.55	44345.33
2011	54650.20	1505.31	1291.08	214.23	4139.90	49004.99
2012	61241.69	1788.25	1539.63	248.62	3922.45	55530.99
2013	69010.15	2675.97	2238.06	437.91	3727.99	62606.19
2014	76795.04	2962.05	2350.28	611.77	3460.80	70372.19
房屋建筑面积竣工率（%） **Rate of Buildings Completed（%）**						
1985	66.2	44.0	45.7	33.0	55.4	67.4
1989	63.3	42.3	45.0	30.4	54.1	69.1
1990	63.1	50.7	52.1	43.9	57.6	67.3
1991	59.9	46.4	48.8	33.0	54.1	64.5
1992	56.4	42.5	43.9	34.0	49.6	61.6
1993	56.4	42.9	44.8	29.6	52.7	61.4
1994	70.7	38.3	40.7	22.0	49.5	89.9
1995	52.5	34.9	39.6	18.2	44.5	62.9
1996	52.7	38.7	40.2	20.1	57.5	60.2
1997	54.3	38.1	39.7	20.6	59.9	60.6
1998	55.9	45.6	46.9	26.1	59.4	58.3
1999	56.3	44.2	45.0	28.3	58.4	59.9
2000	57.9	47.9	49.0	28.8	59.9	60.5
2001	58.7	49.2	50.8	31.9	64.6	59.4
2002	55.8	51.2	53.7	28.4	60.0	56.0
2003	52.2	46.4	52.3	23.7	62.9	51.7
2004	50.4	44.3	47.7	29.9	62.9	50.3
2005	48.6	48.0	47.8	52.8	56.6	48.3
2006	45.5	38.4	38.7	31.0	55.3	45.9
2007	43.8	38.5	38.6	35.6	55.8	44.0
2008	44.7	40.1	41.8	29.9	57.1	44.3
2009	43.5	36.2	39.6	25.8	51.6	43.4
2010	40.8	31.1	31.6	29.6	47.4	40.8
2011	37.6	24.0	28.8	12.0	47.8	37.5
2012	36.7	25.5	29.1	14.4	45.8	36.7
2013	35.1	29.5	33.6	18.2	42.1	35.0
2014	36.0	25.9	27.8	19.7	38.9	36.5

注：本表资料包括施工总承包和专业承包企业，不含劳务分包企业（下同）。

a) In this table, the data including general contract and specilized contract enterprises under construction, excluding labor divided contract(the same as in the following tables).

12－2 建筑业企业主要经济指标
Main Economic Indicators on Construction Enterprises

指　标	Item	2010	2011	2012	2013	2014
施工企业个数（个）	Number of Construction Enterprises (unit)	8949	9164	9254	9560	9220
建筑业总产值（亿元）	Gross Product of Construction Industry (100 million yuan)	12405.90	15122.74	18423.55	21990.84	24592.93
#建筑工程	Construction	11483.20	14136.16	17298.82	20512.05	23164.48
安装工程	Installation	842.73	877.59	983.17	1290.11	1253.41
固定资产折旧（亿元）	Depreciation of Fixed Assets (100 million yuan)	78.94	90.01	115.67	115.37	112.10
本年应付职工薪酬（亿元）	Workers Salary Paid in this Year (100 million yuan)	1760.64	2199.71	2802.85	3579.05	3917.02
主营业务税金及附加（亿元）	Taxes and Other Charges on Principle Business (100 million yuan)	357.45	433.76	531.08	638.74	709.84
竣工产值（亿元）	Output Value of Completion (100 million yuan)	9851.91	11225.40	13857.12	16640.07	18917.21
房屋建筑施工面积（万平方米）	Floor Space of Buildings under Construction (10000 sq. m)	119035.52	145451.48	166779.12	196739.85	213038.78
#本年新开工	Newly Started Projects this Year	62250.40	69732.86	75120.88	86375.22	84670.18
#投标承包面积	Floor Space of Bidding System	107026.96	127662.52	149296.98	175278.31	194232.16
房屋建筑竣工面积（万平方米）	Floor Space of Completed Buildings (10000 sq. m)	48560.07	54650.20	61241.69	69010.15	76795.04
从事主营业务活动的从业人员平均人数（万人）	The Average Number of Employees Engaged in Principal Business (10000 persons)	598.98	607.55	700.96	782.36	828.27
全员劳动生产率（元/人）	Overall Labor Productivity (yuan/person)	207117	248914	262833	281085	296918
利润总额（亿元）	Total Profits (100 million yuan)	496.87	594.29	727.17	899.24	980.82
利税总额（亿元）	Total Pre-tax Profits (100 million yuan)	875.72	1061.27	1297.41	1568.90	1726.16

12－3 按登记注册类型分建筑业企业主要经济指标(2013 年)

指 标 Item		合 计 Total	内资企业 Domestic	国有 State-owned	集体 Collective-owned	股份合作 Cooperative
施工企业个数 (个)	Number of Construction Enterprises (unit)	9560	9450	165	145	31
#亏损企业个数	Number of Loss-making Enterprises	488	474	4	2	2
年末从业人员数 (万人)	Number of Employed Persons at Year-end (10000 persons)	764.81	762.49	11.58	9.48	1.15
建筑业总产值 (亿元)	Gross Output Value of Construction (100 million yuan)	21990.84	21886.34	459.87	239.69	25.76
#建筑工程	Construction	20512.05	20430.12	403.82	222.53	23.20
安装工程	Installation	1290.11	1268.72	51.72	15.36	2.54
竣工产值 (亿元)	Output Value of Completed Building (100 million yuan)	16640.07	16551.55	285.68	198.05	21.20
房屋建筑施工面积 (万平方米)	Floor Space of Building under Construction (10000 sq. m)	196739.85	196322.25	710.78	1754.86	219.10
#本年新开工	Newly Started Projects in this Year	86375.22	86243.89	462.25	919.09	100.23
#投标承包面积	Floor Space of Bidding System	175278.31	175014.37	704.43	1408.43	191.27
房屋建筑竣工面积 (万平方米)	Floor Space of Building Completed (10000 sq. m)	69010.15	68795.14	298.25	820.44	92.46
从事主营业务活动的从业人员平均人数 (万人)	(10000 persons)	782.36	779.26	12.61	9.71	1.16
全员劳动生产率 (元/人)	Overall Labor Productivity (yuan/person)	281085	280861	364787	246767	221913

Main Economic Indicators on Construction Enterprises by Registration Status (2013)

联营 Joint Ownership Enterprises	有限责任公司 Limited Liabilit Corporations	股份有限公司 Share-holding Corporations Limited	私营 Private Enterprises	其他 Others	港澳台商投资企业 Enterprises with Funds from Hong Kong, Macao and Taiwan	外商投资企业 Foreign Funded Enterprises
10	2628	486	5962	23	53	57
0	108	16	341	1	7	7
0.80	345.52	66.53	326.75	0.69	1.38	0.93
70.02	10676.49	2117.44	8274.68	22.40	47.14	57.35
69.28	9980.46	1983.37	7725.39	22.05	40.81	41.13
0.73	600.32	110.68	487.13	0.24	6.31	15.08
36.97	7750.46	1559.70	6679.29	20.20	47.60	40.92
15.00	99984.66	20112.50	73449.01	76.36	219.25	198.35
0.00	44098.90	8207.94	32425.21	30.27	61.45	69.88
15.00	94001.68	18494.48	60148.47	50.61	185.13	78.81
0.00	32651.66	6593.14	28303.51	35.67	146.36	68.66
0.84	366.84	63.26	324.12	0.73	1.44	1.66
837020	291043	334733	255298	307020	327913	345566

12－4 按登记注册类型分建筑业企业主要经济指标（2014 年）

指标	Item	合计 Total	内资企业 Domestic	国有 State-owned	集体 Collective-owned	股份合作 Cooperative
施工企业个数（个）	Number of Construction Enterprises (unit)	9220	9124	143	116	20
#亏损企业个数	Number of Loss-making Enterprises	403	385	9	3	
年末从业人员数（万人）	Number of Employed Persons at Year-end (10000 persons)	788.27	786.08	10.07	5.94	0.63
建筑业总产值（亿元）	Gross Output Value of Construction (100 million yuan)	24592.93	24492.20	424.14	140.20	17.34
#建筑工程	Construction	23164.48	23084.27	386.81	135.50	15.75
安装工程	Installation	1253.41	1233.14	34.58	3.12	1.48
竣工产值（亿元）	Output Value of Completed Building (100 million yuan)	18917.21	18830.22	271.37	119.34	17.15
房屋建筑施工面积（万平方米）	Floor Space of Building under Construction (10000 sq. m)	213038.78	212662.11	896.12	896.70	162.81
#本年新开工	Newly Started Projects in this Year	84670.18	84492.83	436.88	499.04	86.39
#投标承包面积	Floor Space of Bidding System	194232.16	193931.07	810.12	682.96	155.81
房屋建筑竣工面积（万平方米）	Floor Space of Building Completed (10000 sq. m)	76795.04	76668.80	410.16	548.84	108.40
从事主营业务活动的从业人员平均人数（万人）	(10000 persons)	828.27	825.29	12.30	6.50	0.80
全员劳动生产率（元/人）	Overall Labor Productivity (yuan/person)	296918	296771	344901	215618	216184

Main Economic Indicators on Construction Enterprises by Registration Status (2014)

联营 Joint Ownership Enterprises	有限责任公司 Limited Liabilit Corporations	股份有限公司 Share-holding Corporations Limited	私营 Private Enterprises	其他 Others	港澳台商投资企业 Enterprises with Funds from Hong Kong, Macao and Taiwan	外商投资企业 Foreign Funded Enterprises
7	2524	457	5846	11	45	51
	70	16	286	1	6	12
0.73	351.66	66.67	350.02	0.35	1.27	0.91
71.67	12026.84	2428.44	9370.32	13.25	47.15	53.58
71.15	11357.38	2300.86	8804.11	12.70	40.37	39.84
0.52	590.51	121.32	481.41	0.20	6.77	13.51
47.60	8977.38	1819.26	7560.80	17.32	41.25	45.74
0.15	110849.18	23227.45	76571.68	58.01	181.74	194.93
0.00	41296.88	9154.93	32980.24	38.47	105.15	72.20
0.15	103965.56	21604.12	66689.43	22.91	162.89	138.20
0.15	37940.10	7072.14	30566.00	23.00	75.93	50.31
0.66	373.57	69.03	361.93	0.50	1.43	1.55
1082952	321944	351791	258899	267415	328599	345483

12-5 按登记注册类型分建筑业企业财务状况(2013年)

单位:亿元

指标	Item	合计 Total	内资企业 Domestic Funded	国有 State-owned	集体 Collective-owned	股份合作 Cooperative Enterprises
资本金合计	Total Capital Assets	2390.93	2358.53	92.06	20.58	4.31
流动资产合计	Circulating Funds	11041.54	10902.43	410.21	118.31	16.34
#存货	Stock	2673.12	2650.49	73.63	30.61	4.42
固定资产合计	Total Fixed Asstes	1371.44	1358.77	44.92	18.16	3.10
固定资产原价合计	Total Original Value of Fixed Assets	1775.02	1759.32	117.22	26.01	4.17
累计折旧	Accumulated Depreciation	694.75	689.12	79.56	10.41	1.77
#本年折旧	Depreciation this Year	115.37	114.41	6.01	1.15	0.24
在建工程	Project under Construction	167.83	166.04	5.29	1.42	0.05
资产总计	Total Assets	13420.35	13247.31	502.16	147.88	20.29
流动负债合计	Liquid Liability	7816.32	7716.75	326.80	86.65	11.91
非流动负债合计	Total Non-current Liabilities	298.75	293.63	10.14	1.73	0.57
所有者权益合计	Owners Equity	5160.39	5092.36	158.69	57.12	7.81
主营业务收入	Revenue from Principal Business	18214.36	18099.56	494.30	187.59	22.57
主营业务成本	Cost of Principle Business	15945.60	15849.68	431.78	158.88	19.17
主营业务税金及附加	Taxes and Other Charges on Principle Business	638.74	635.75	14.83	6.49	0.72
其他业务利润	Profits from Other Businesses	16.33	16.19	0.41	0.18	0.00
销售费用	Selling Expenses	69.77	68.78	0.76	0.71	0.10
管理费用	Management Expenses	533.02	527.00	17.34	8.62	1.15
#税金	Taxes	24.58	24.42	0.50	0.52	0.10
财务费用	Financial Cost	144.06	142.55	2.25	1.53	0.28
营业利润	Operating Profit	899.51	891.97	27.53	11.46	1.16
利润总额	Total Profits	899.24	891.45	27.59	11.49	1.16
应交所得税	Payable Income Taxes	194.00	192.61	4.06	2.15	0.20
本年应付职工薪酬	Workers Salary Paid in this Year	3579.05	3567.93	59.15	45.23	5.95

Financial Indicators on Construction Enterprises by Registration Status (2013)

(100 million yuan)

联营 Joint Ownership Enterprises	有限责任公司 Limited Liability Corporations	股份有限公司 Share-holding Corporations Limited	私营 Private Enterprises	其他 Others	港澳台商投资企业 Enterprises with Funds from Hong Kong, Macao and Taiwan	外商投资企业 Foreign Funded Enterprises
4.19	866.30	156.54	1210.62	3.93	12.65	19.75
38.24	4949.14	978.62	4381.56	10.01	67.95	71.16
8.96	1249.68	203.11	1077.95	2.13	10.62	12.01
3.14	548.12	99.60	638.40	3.33	5.78	6.88
4.77	733.31	124.45	745.20	4.20	7.33	8.37
2.74	286.53	44.89	261.83	1.39	2.89	2.75
0.35	46.74	8.93	50.82	0.17	0.44	0.52
1.03	58.11	13.84	85.88	0.44	0.91	0.88
43.50	5931.66	1167.42	5420.57	13.82	77.14	95.91
35.96	3662.52	724.01	2862.93	5.98	45.85	53.72
0.41	86.02	39.52	155.11	0.13	2.89	2.22
7.14	2134.72	389.08	2330.18	7.64	28.10	39.93
59.10	8702.47	1793.14	6821.90	18.48	47.90	66.90
54.59	7670.45	1575.39	5924.05	15.38	40.62	55.30
1.87	304.03	63.64	243.52	0.66	1.35	1.64
0.07	8.39	1.16	5.97	0.00	0.01	0.13
0.01	22.83	7.13	37.03	0.21	0.51	0.48
1.29	231.20	46.83	219.52	1.05	2.49	3.53
0.02	8.69	2.50	12.05	0.03	0.09	0.08
0.12	62.91	8.19	67.12	0.15	0.88	0.63
1.26	420.30	93.63	335.62	1.01	1.92	5.62
1.23	421.12	93.82	334.02	1.01	2.02	5.77
0.29	94.45	17.40	73.68	0.37	0.51	0.88
3.23	1747.70	350.68	1353.07	2.93	5.93	5.20

12－6 按登记注册类型分建筑业企业财务状况(2014 年)

单位:亿元

指标	Item	合计 Total	内资企业 Domestic Funded	国有 State-owned	集体 Collective-owned	股份合作 Cooperative Enterprises
资本金合计	Total Capital Assets	2568.89	2536.44	78.46	16.93	3.53
流动资产合计	Circulating Funds	12344.60	12204.88	444.97	82.55	9.13
#存货	Stock	3046.04	3020.99	86.86	16.03	1.91
固定资产合计	Total Fixed Asstes	1429.32	1417.02	55.43	14.03	1.73
固定资产原价合计	Total Original Value of Fixed Assets	1819.42	1803.14	68.43	17.97	2.50
累计折旧	Accumulated Depreciation	718.57	712.25	36.83	7.86	1.02
#本年折旧	Depreciation this Year	112.10	111.19	3.15	0.75	0.11
在建工程	Project under Construction	168.56	166.81	7.78	2.38	0.08
资产总计	Total Assets	15082.08	14906.04	548.77	108.72	11.72
流动负债合计	Liquid Liability	8556.79	8461.79	315.89	56.38	2.42
非流动负债合计	Total Non-current Liabilities	409.77	401.06	49.83	3.20	0.52
所有者权益合计	Owners Equity	5912.45	5840.30	169.45	48.04	6.15
主营业务收入	Revenue from Principal Business	20256.52	20145.17	428.86	111.41	14.72
主营业务成本	Cost of Principle Business	17735.57	17641.76	383.23	94.70	13.02
主营业务税金及附加	Taxes and Other Charges on Principle Business	709.84	707.14	11.89	3.96	0.53
其他业务利润	Profits from Other Businesses	18.48	18.38	0.77	0.25	0.00
销售费用	Selling Expenses	77.05	76.15	0.73	0.50	0.08
管理费用	Management Expenses	587.92	582.23	17.28	5.50	0.66
#税金	Taxes	29.76	29.62	0.51	0.30	0.01
财务费用	Financial Cost	162.99	161.60	2.13	0.68	0.03
营业利润	Operating Profit	971.88	965.16	14.10	5.40	0.41
利润总额	Total Profits	980.82	974.22	14.21	5.41	0.42
应交所得税	Payable Income Taxes	219.12	217.72	3.34	1.26	0.10
本年应付职工薪酬	Workers Salary Paid in this Year	3917.02	3906.51	46.75	23.49	2.88

Financial Indicators on Construction Enterprises by Registration Status (2014)

(100 million yuan)

联营 Joint Ownership Enterprises	有限责任公司 Limited Liability Corporations	股份有限公司 Share-holding Corporations Limited	私营 Private Enterprises	其他 Others	港澳台商投资企业 Enterprises with Funds from Hong Kong, Macao and Taiwan	外商投资企业 Foreign Funded Enterprises
4.13	890.79	182.19	1358.35	2.07	13.73	18.72
38.02	5508.68	1205.96	4909.96	5.61	78.84	60.88
10.71	1386.01	265.40	1253.09	0.98	15.42	9.63
3.31	542.67	163.95	634.74	1.17	5.87	6.43
6.12	770.51	141.95	793.83	1.83	8.05	8.23
3.09	317.23	50.20	295.32	0.69	3.38	2.95
0.55	45.65	8.44	52.47	0.07	0.42	0.49
0.16	54.55	21.09	80.77	0.00	0.96	0.79
43.73	6494.15	1498.46	6193.49	7.01	88.02	88.02
35.45	3955.06	879.29	3214.08	3.22	50.78	44.22
0.54	117.30	56.68	172.98	0.00	6.00	2.71
7.73	2360.05	522.26	2722.82	3.79	31.08	41.07
51.61	9656.19	2034.27	7837.70	10.42	48.88	62.46
47.99	8495.98	1788.97	6809.16	8.72	41.41	52.40
1.76	335.71	71.25	281.58	0.47	1.23	1.47
0.00	9.63	1.66	6.08	0.00	0.04	0.06
0.01	25.66	8.78	40.29	0.10	0.57	0.33
0.87	261.78	47.50	248.00	0.64	2.43	3.26
0.02	15.52	2.04	11.16	0.04	0.05	0.08
0.23	71.44	9.26	77.74	0.09	0.96	0.43
0.82	458.76	107.66	376.98	1.02	2.24	4.48
0.83	460.40	108.30	383.70	0.96	2.27	4.33
0.22	105.06	21.51	86.06	0.18	0.47	0.93
3.57	1891.65	401.07	1535.76	1.33	5.68	4.84

12－7 按行业分建筑业企业主要经济指标和财务状况(2013年)
Main Economic Indicators on Construction Enterprises by Sector (2013)

单位:亿元　　(100 million yuan)

指标	Item	房屋建筑业 Housing Industry	土木工程建筑业 Civil Engineering	建筑安装业 Construction Installation	建筑装饰和其他建筑业 Building Decoration and Other Construction	建筑装饰业 Construction Decoration
企业个数(个)	Number of Construction Enterprises (unit)	3586	2027	1663	2284	1458
#亏损企业	Number of Loss-making Enterprises	97	119	114	158	92
建筑业总产值	Gross Output Value of Construction	16199.15	3128.13	1355.36	1308.19	1008.28
#建筑工程	Construction	15901.48	2940.65	427.68	1242.24	991.31
安装工程	Installation	183.66	127.86	919.76	58.82	13.38
竣工产值	Output Value of Completed Building	12315.72	2276.35	1014.86	1033.14	793.90
房屋建筑施工面积(万平方米)	Floor Space of Building under Construction (10000 sq. m)	191164.14	2378.06	1859.17	1338.48	123.52
#本年新开工	Newly Started Projects in this Year	83097.64	1144.51	933.11	1199.97	108.12
#投标承包面积	Floor Space of Bidding System	170602.79	1976.82	1501.45	1197.25	106.68
房屋建筑竣工面积(万平方米)	Floor Space of Building Completed (10000 sq. m)	67023.86	1094.81	666.22	225.26	19.85
从事主营业务活动的从业人员平均人数(万人)	the Average Number of Employees Engaged in Principal Business (10000 persons)	585.67	106.62	45.03	45.04	34.59
全员劳动生产率(元/人)	Overall Labor Productivity (yuan/person)	276594	293397	300992	290430	291483
资本金合计	Total Capital Assets	1295.28	634.94	235.98	224.74	140.08
流动资产合计	Circulating Funds	6279.41	2943.61	936.91	881.61	618.46
#存货	Stock	1684.24	621.56	216.20	151.12	95.01
固定资产合计	Total Fixed Asstes	759.76	368.27	120.86	122.55	74.03
固定资产原价合计	Total Original Value of Fixed Assets	889.90	597.20	151.55	136.36	75.71
累计折旧	Accumulated Depreciation	301.54	286.31	56.11	50.80	29.81
#本年折旧	Depreciation this Year	57.91	38.47	10.20	8.78	4.70
在建工程	Project Under Construction	104.95	34.21	14.05	14.62	10.75
资产总计	Total Assets	7564.19	3644.02	1150.75	1061.40	728.01
流动负债合计	Liquid Liability	4339.66	2204.47	694.41	577.77	401.65
非流动负债合计	Total Non-current Liabilities	196.14	77.61	5.23	19.76	12.76
所有者权益合计	Owners Equity	2959.01	1305.32	442.04	454.01	308.24
主营业务收入	Revenue from Principal Business	12612.53	3069.44	1275.54	1256.86	952.94
主营业务成本	Cost of Principle Business	11167.71	2633.86	1092.90	1051.12	803.01
主营业务税金及附加	Taxes and Other Charges on Principle Business	457.80	99.33	41.08	40.52	30.49
其他业务利润	Profits from Other Businesses	6.98	3.33	3.81	2.22	1.11
销售费用	Selling Expenses	33.14	14.15	8.98	13.51	10.51
管理费用	Management Expenses	280.47	126.03	67.41	59.11	39.72
#税金	Taxes	13.41	6.15	2.75	2.28	1.38
财务费用	Financial Cost	92.77	37.01	6.66	7.62	5.26
营业利润	Operating Profit	585.69	164.59	66.07	83.15	61.62
利润总额	Total Profits	585.19	164.84	66.02	83.19	61.61
应交所得税	Payable Income Taxes	129.62	34.90	13.23	16.24	12.12
本年应付职工薪酬	Workers Salary Paid in this Year	2824.29	381.75	198.54	174.47	135.99

12－8 按行业分建筑业企业主要经济指标和财务状况(2014年)

Main Economic Indicators on Construction Enterprises by Sector (2014)

单位:亿元 (100 million yuan)

指标	Item	房屋建筑业 Housing Industry	土木工程建筑业 Civil Engineering	建筑安装业 Construction Installation	建筑装饰和其他建筑业 Building Decoration and Other Construction	建筑装饰业 Construction Decoration
企业个数（个）	Number of Construction Enterprises (unit)	3584	2033	1539	2064	1314
#亏损企业	Number of Loss-making Enterprises	87	79	112	125	81
建筑业总产值	Gross Output Value of Construction	18303.55	3382.96	1454.59	1451.83	1138.00
#建筑工程	Construction	17999.72	3214.98	568.73	1381.05	1114.36
安装工程	Installation	185.14	131.03	877.74	59.50	16.69
竣工产值	Output Value of Completed Building	14353.52	2281.91	1098.99	1182.79	943.42
房屋建筑施工面积（万平方米）	Floor Space of Building under Construction (10000 sq. m)	206828.87	2705.98	2201.60	1302.33	40.17
#本年新开工	Newly Started Projects in this Year	82316.75	1262.63	943.58	147.22	27.61
#投标承包面积	Floor Space of Bidding System	189142.53	2155.72	1796.21	1137.70	33.66
房屋建筑竣工面积（万平方米）	Floor Space of Building Completed (10000 sq. m)	74667.24	1183.75	731.89	212.16	24.34
从事主营业务活动的从业人员平均人数（万人）	the Average Number of Employees Engaged in Principal Business (10000 persons)	627.69	99.98	49.92	50.67	39.38
全员劳动生产率（元/人）	Overall Labor Productivity (yuan/person)	291601	338349	291357	286512	289001
资本金合计	Total Capital Assets	1395.61	681.54	251.08	240.65	151.67
流动资产合计	Circulating Funds	7047.50	3276.53	1049.08	971.49	692.04
#存货	Stock	1957.69	696.05	236.82	155.48	97.13
固定资产合计	Total Fixed Asstes	827.10	376.46	113.49	112.26	63.06
固定资产原价合计	Total Original Value of Fixed Assets	956.23	564.67	155.13	143.39	78.83
累计折旧	Accumulated Depreciation	338.22	264.98	61.46	53.91	29.00
#本年折旧	Depreciation this Year	56.98	34.34	10.70	10.08	5.26
在建工程	Project Under Construction	105.59	38.47	12.80	11.70	7.05
资产总计	Total Assets	8627.51	3988.83	1307.80	1157.93	805.22
流动负债合计	Liquid Liability	4811.73	2368.85	766.35	609.87	429.95
非流动负债合计	Total Non-current Liabilities	231.50	146.55	7.35	24.37	16.22
所有者权益合计	Owners Equity	3462.86	1447.57	490.62	511.41	352.17
主营业务收入	Revenue from Principal Business	14125.26	3346.87	1396.00	1388.40	1070.58
主营业务成本	Cost of Principle Business	12475.97	2890.52	1201.24	1167.85	905.31
主营业务税金及附加	Taxes and Other Charges on Principle Business	510.20	109.73	44.27	45.63	35.06
其他业务利润	Profits from Other Businesses	6.73	4.90	4.25	2.59	1.45
销售费用	Selling Expenses	37.33	15.76	9.65	14.31	10.86
管理费用	Management Expenses	324.58	128.03	73.01	62.29	42.77
#税金	Taxes	18.49	6.10	3.20	1.96	1.25
财务费用	Financial Cost	107.67	39.82	6.74	8.77	6.14
营业利润	Operating Profit	647.80	171.05	66.11	86.92	65.79
利润总额	Total Profits	655.64	170.83	66.99	87.37	66.16
应交所得税	Payable Income Taxes	148.22	37.27	15.40	18.24	13.59
本年应付职工薪酬	Workers Salary Paid in this Year	3096.54	398.87	214.77	206.84	164.62

12－9 按地区分建筑业企业主要指标
Main Indicators on Construction Enterprises by Region

地 区 Region		建筑施工企业个数(个) Number of Construction Enterprises (unit)					从业人员期末人数(万人) Number of Employed Persons by the Final(10000 persons)				
		2010	2011	2012	2013	2014	2010	2011	2012	2013	2014
全 省	Total	8949	9164	9254	9560	9220	591.77	620.90	740.20	764.81	788.27
南京市	Nanjing	1517	1579	1605	1638	1487	60.35	64.85	77.39	81.61	90.82
无锡市	Wuxi	598	619	574	585	577	25.47	24.49	25.48	26.68	23.68
徐州市	Xuzhou	364	382	390	442	413	33.75	40.90	46.70	50.31	51.70
常州市	Changzhou	564	577	594	644	633	36.12	30.78	43.41	47.40	48.34
苏州市	Suzhou	1454	1479	1476	1460	1438	56.28	54.62	54.79	54.40	53.61
南通市	Nantong	890	931	946	937	892	107.19	121.81	157.27	156.76	165.50
连云港市	Lianyungang	214	223	231	304	301	17.89	20.42	24.60	27.14	29.53
淮安市	Huaian	624	623	579	658	611	37.81	44.44	48.33	46.66	53.40
盐城市	Yancheng	668	692	709	739	751	42.41	43.77	51.43	48.68	48.26
扬州市	Yangzhou	743	728	763	744	735	70.70	69.32	79.14	88.38	83.65
镇江市	Zhenjiang	374	368	381	396	391	15.40	13.40	14.66	16.26	16.86
泰州市	Taizhou	640	656	673	666	634	66.67	55.51	79.76	82.65	88.12
宿迁市	Suqian	299	307	333	347	357	21.72	36.58	37.24	37.90	34.79
苏 南	Southern Jiangsu	4507	4622	4630	4723	4526	193.63	188.14	215.73	226.34	233.32
苏 中	Middle Jiangsu	2273	2315	2382	2347	2261	244.56	246.64	316.17	327.78	337.26
苏 北	Northern Jiangsu	2169	2227	2242	2490	2433	153.58	186.12	208.30	210.68	217.68

12－9　续表 1　Continued 1

地　区	Region	建筑业总产值(亿元) Gross Output Value of Construction (100 million yuan)					房屋建筑施工面积(万平方米) Floor Space of Building under Construction (10000 sq. m)				
		2010	2011	2012	2013	2014	2010	2011	2012	2013	2014
全　省	Total	12405.90	15122.74	18423.55	21990.84	24592.93	119035.52	145451.48	166779.12	196739.85	213038.78
南京市	Nanjing	1643.31	2006.60	2647.31	3112.48	3217.80	10639.05	13479.02	16636.91	18114.76	19565.64
无锡市	Wuxi	499.50	540.61	570.69	662.15	650.48	4146.27	4192.57	4430.64	4445.15	4250.19
徐州市	Xuzhou	535.72	648.07	881.66	1109.27	1321.04	4872.40	5517.02	7702.88	10147.90	11606.80
常州市	Changzhou	735.49	883.87	1050.20	1161.27	1284.03	6225.53	7657.71	8765.07	10132.24	10747.96
苏州市	Suzhou	1275.58	1530.81	1743.71	2003.55	2116.98	8323.86	10105.76	10999.47	11995.89	11803.55
南通市	Nantong	2731.22	3571.78	4423.51	5439.92	6281.21	35745.28	49322.87	54420.45	65837.01	68200.55
连云港市	Lianyungang	330.16	367.75	431.53	556.83	583.31	2637.24	3052.39	3451.11	5015.52	5341.67
淮安市	Huaian	571.88	679.21	838.99	1028.01	1225.95	6716.36	6083.98	8054.09	9687.80	11969.79
盐城市	Yancheng	649.44	814.79	945.45	1122.05	1286.63	7030.32	8280.46	8942.53	10450.32	10536.04
扬州市	Yangzhou	1553.43	1894.38	2241.78	2625.53	2944.71	13578.07	15495.91	17651.69	21150.92	24684.57
镇江市	Zhenjiang	321.19	349.55	370.91	495.17	555.46	1682.19	1863.85	1904.81	2186.58	2412.24
泰州市	Taizhou	1264.10	1436.35	1751.16	2021.62	2385.82	14830.48	16859.29	18977.08	21592.44	24851.81
宿迁市	Suqian	294.90	398.95	526.66	652.98	739.53	2608.46	3540.66	4842.38	5983.33	7067.96
苏　南	Southern Jiangsu	4475.07	5311.44	6382.81	7434.63	7824.74	31016.90	37298.91	42736.91	46874.62	48779.58
苏　中	Middle Jiangsu	5548.74	6902.51	8416.46	10087.07	11611.73	64153.83	81678.06	91049.22	108580.37	117736.94
苏　北	Northern Jiangsu	2382.10	2908.78	3624.28	4469.14	5156.46	23864.79	26474.51	32992.99	41284.86	46522.27

12－9　续表 2　Continued 2

地　区 Region		房屋建筑竣工面积(万平方米) Floor Space of Building Completed（10000 sq. m）				
		2010	2011	2012	2013	2014
全　省	Total	48560.07	54650.20	61241.69	69010.15	76795.04
南京市	Nanjing	3962.71	4288.39	5076.74	6096.80	6315.87
无锡市	Wuxi	1894.48	1864.70	1852.81	1705.58	1761.79
徐州市	Xuzhou	2530.61	2584.80	3247.33	3943.48	5274.97
常州市	Changzhou	2659.14	2849.49	3067.89	3525.74	3811.33
苏州市	Suzhou	3344.18	3945.09	4056.02	4414.82	4006.64
南通市	Nantong	10912.19	12783.23	16294.79	17017.36	20199.21
连云港市	Lianyungang	1454.53	1653.76	1584.53	2739.21	2608.14
淮安市	Huaian	3127.22	3411.01	3316.22	3460.89	4364.40
盐城市	Yancheng	3120.42	4065.04	3979.24	4144.53	4366.78
扬州市	Yangzhou	6749.26	7010.33	7507.02	8690.45	9332.67
镇江市	Zhenjiang	653.32	915.18	772.88	784.13	954.19
泰州市	Taizhou	6755.31	7451.74	8317.65	9789.56	10897.85
宿迁市	Suqian	1396.69	1827.44	2168.58	2697.63	2901.19
苏　南	Southern Jiangsu	12513.83	13862.85	14826.34	16527.06	16849.81
苏　中	Middle Jiangsu	24416.77	27245.30	32119.45	35497.36	40429.74
苏　北	Northern Jiangsu	11629.47	13542.06	14295.89	16985.73	19515.48

主要统计指标解释

建筑业统计单位 指从事房屋、构筑物建造、装饰装修、设备安装活动和工程准备、提供施工设备服务等其他建筑活动的、具有建筑业资质的法人企业。建筑业法人企业应同时具备的条件是:①依法成立,有自己的名称、组织机构和场所,能够承担民事责任;②独立拥有和使用资产,承担负债,有权与其他单位签订合同;③独立核算盈亏,能够编制资产负债表。

建筑业总产值(即自行完成施工产值) 是以货币表现的建筑业企业在一定时期内生产的建筑业产品和服务的总和。建筑业总产值包括:

(1)建筑工程产值:指列入建筑工程预算内的各种工程价值。

(2)安装工程产值:指设备安装工程价值,不包括被安装设备本身价值。

(3)其他产值:指建筑业总产值中除建筑工程、安装工程以外的产值。包括房屋、构筑物修理所完成的产值(不包括被修理的房屋、构筑物本身的价值)、非标准设备制造产值、总包企业向分包企业收取的管理费和不能明确划分的施工活动所完成的产值。

房屋建筑施工面积 指在报告期内施过工的全部房屋建筑面积,包括本期新开工的房屋面积、上期跨入本期继续施工的房屋面积、上期停缓建在本期恢复施工的房屋面积、本期竣工的房屋面积及本期施工后又停缓建的房屋面积。

房屋建筑竣工面积 指在报告期内房屋建筑按照设计要求全部完工,达到了住人和使用条件,经检查验收鉴定合格的房屋建筑面积。

自有施工机械设备年末总台数 指归本企业(或单位)所有,属于本企业(或单位)固定资产的直接用于工程施工的各种机械设备年末总台数。但不包括附属辅助生产机械设备、运输机械设备、生产试验机械设备的台数。

自有施工机械设备年末总功率 指本企业(或单位)自有施工机械设备年末总功率,按设定能力或查定能力计算。包括机械本身的动力和为该机械服务的单独动力设备,如电动机等。计算单位用千瓦,动力换算可按 1 马力 =0.735 千瓦折合成千瓦数。电焊机、变压器、锅炉不计算动力。

营业收入 指企业经营主要业务和其他业务所确认的收入总额,包括主营业务收入和其他业务收入。计算公式为:

营业收入 = 主营业务收入 + 其他业务收入

主营业务收入 指企业确认的销售商品、提供劳务等主营业务的收入。对建筑业企业而言,主营业务收入指企业承包工程实现的工程价款结算收入,以及向发包单位收取的除工程价款以外按规定列作营业收入的各种款项,如临时设施费、劳动保险费、施工机械调迁费等以及向发包单位收取的各种索赔款。

营业利润 指企业从事生产经营活动所取得的利润。执行 2006 年《企业会计准则》的企业,营业利润为营业收入减去营业成本、营业税金及附加、销售费用、管理费用、财务费用、资产减值损失,再加上公允价值变动收益和投资收益。未执行 2006 年《企业会计准则》的企业,营业利润为主营业务收入减去主营业务成本、主营业务税金及附加,加上其他业务利润后,再减去销售费用、管理费用、财务费用后的金额。

利润总额 指企业在一定会计期间的经营成果,是生产经营过程中各种收入扣除各种耗费后的盈余,反映企业在报告期内实现的盈亏总额。执行 2006 年《企业会计准则》的企业,利润总额为营业利润加上营业外收入,减去营业外支出后的金额;未执行 2006 年《企业会计准则》的企业,利润总额为营业利润加上投资收益、补贴收入、营业外收入,再减去营业外支出后的金额。

从事主营业务活动的从业人员平均人数 指建筑业企业(或单位)报告期实际拥有的、与建筑施工活动有关的人员的平均人数,包括参加本企业(或单位)建筑施工活动的非本企业(或单位)人员,但不包括企业内部社会服务性机构的人员以及由本企业支付工资但所从事的工作与本企业生产基本无关的人员。

Explanatory Notes on Main Statistical Indicators

Statistical Unit in Construction refers to corporate enterprise engaged in the construction of buildings、structures in the installation of equipment and with constrution qualifications. A corporate constrnction enterprise should meet the following 3 requirements: ①being set up in line with relevant legal basis, having its full name, organization and location, and capable of taking civil liabilities; ② independently possessing and using its assets and assuming its liabilities, and entitled to sign contracts with other institutions; ③making independent accounts of its profits and losses, and capable of compiling its own balance sheet.

Gross Output Value of Construction (Output Value of Projects Under Construction) refers to total of construction products and services expressed in money terms, completed by construction enterprises during a given period of time. It includes:

(1) Output: value of construction projects, that is the value of projects covered by the project budgets;

(2) Output value of installation projects, that is the value of the installation of equipment (excluding the value of the equipment to be installed);

(3) Other Output Value refers to the total output of construction industry except the output value of constrution projects, output value of installation projects. It covered the output value of buildings and strucutres repairing (excluding the value of buildings and structures being repaired); output value of manufactured non-standard equipment; management expenses collected by general contracted enterprises from branch contracted enterprises, and the output value of const ruction activities which can't to be divided definitely.

Housing Construction area refers to floor space of buildings under construction during the reference period, including newly started buildings, buildings started earlier and continued during the reference period, and buildings suspended earlier but restarted during the reference period, buildings completed during the reference period, and buildings under construction and then suspended during the reference period.

Buildings Completed refers to the floor space of buildings that are completed in the reference period in accordance with the requirements of the design, up to the standard for putting them into use, and have been checked and accepted by concerned departments as qualified ones.

Total Number of Machinery and Equipment Owned by the End of Year refers to the number of machines and equipment owned by the enterprises, directly used the prodution by the end of the year, but not including auailiary, transport and test equipment.

Total Power of Machinery and Equipment Owned by the End of Year refers to the total power of machinery and equipment owned by the enterprises, including machinery and equipment for construction. The power of the machinery is calculated on basis of the designed or verified capacity, covering the power of the machinery/equipment and the separate power equipment serving the machinery/equipment (such as electric motors), but excluding welders, transformers and boilers. The unit used for the calculation of power is kilowatt, with horsepower converted to kilowatt by 1 horsepower = 0.735 kilowatt.

Operation Revenue refers to the sum of income from principal business and other business, including revenue from principal business and other business income. namely:

operating income = revenue from principle business + revenue from other business

Income from Principal Business refers to the revenue from principal business such as sales of products, service provided and so on. for construction enterprises, income from principal business refers to the income received by the construction enterprise from the contracted project through settlement procedures, and other charges to the contractors as operational costs in addition to the value of the project, such as temporary facility fee, labour insurance premium, moving cost of construction equipment, as well as various types of claims to the contractors.

Operating Profit refers to the profit from production and managing movement of the corporation. Enterprises in accordance with Accounting Criteria for Business Enterprises (2006), their operating profit is operating income which is subtracted operating cost, business tariff and annex, selling expense, administration expense , financial cost and devaluation lost of assets, then added changes in fair value of the proceeds and investment income. Enterprises which don't follow Criteria for Business Enterprises (2006), their operating profit is income from principal business which is subtracted main business cost, main business tariff and annex, selling expense, administration expense and financial cost, then added other business income.

Total Profit refers to the profits gained by the enterprises during a accounting period. It reflect profit and loss during report period. Enterprises in accordance with Accounting Criteria for Business Enterprises (2006), their total profit is operating profit which is added nonbusiness income, and subtracted nonbusiness expenditure; Enterprises which don't follow Criteria for Business Enterprises (2006), their total profit is operating profit which is added investment income, subsidize revenue, nonbusiness income, and subtracted nonbusiness expenditure.

The average number of employees engaged in principal Business refers to the average personnels actually held by construction enterprises (units) and related to construction activities in the reference period, including the personnels of other enterprises, who took part in the construction activities of these enterprises, but excluding the personnels of the inner social service institutions, and the personnels their wages were paid by the enterprises but did not take part in the construction activities basically.

13

运输、邮电和服务业

Transport,Postal and Telecommunication Services,Service Industry

简 要 说 明

本篇反映我省交通运输业、邮政、电信业和规模以上服务业企业发展情况。

一、本篇资料的主要内容

1. 交通运输业资料主要包括：五种运输方式的线路里程、各种运输方式完成的货物运输量和旅客运输量，全社会港口码头泊位和通过能力，主要港口吞吐量以及民用车辆拥有量等资料。

2. 邮政电信业资料主要包括：邮电业务总量、业务收入情况，电信主要通信能力，邮电主要业务完成情况，邮政电信发展水平等资料。

3. 规模以上服务业资料主要内容包括：按企业登记注册类型、按行业门类和按省辖市分组的主要经济指标。

二、本篇的资料来源和相关说明

1. 铁路资料：由上海铁路局提供。范围是江苏境内国家铁路（含控股合资）、地方铁路和非控股合资铁路运营情况，不含军用铁路及由厂矿企事业单位自建的铁路专用线和专用铁道。

2. 公路、水运、港口资料：由江苏省交通运输厅以及南京港、连云港、南通港、苏州港提供。（1）公路和水路线路里程为年末通车和通航里程数，不含未正式投入使用的公路和航道里程；（2）民用车辆拥有量及机动车和汽车驾驶员人数，根据江苏省公安厅交通管理局登记注册的车辆资料和驾驶员资料整理，不含军用车辆，不含拖拉机数量。（3）公路营运汽车拥有量，根据各省辖市道路运输主管部门登记注册的从事公路运输的营业性运输车辆资料整理，从 2010 年起，不含出租车数量；（4）营业性运输船舶拥有量，根据各省辖市交通运输主管部门登记注册的从事水上客、货运输的营业性船舶资料整理，不含非运输船舶及农业、渔业生产船舶；（5）公路、水路客货运输量资料，由省交通运输厅负责收集整理；（6）公路、水路运输量统计包括全面调查和非全面调查两种方式，统计范围是在各省辖市交通运输主管部门登记注册的从事公路、水路客、货运输的营业性的车辆和船舶所完成的运输量，由交通部门组织实施。（7）规模以上港口的统计范围为年通过能力在 1000 万吨以上的沿海港口和 200 万吨以上的内河港口，以及从事外贸、集装箱装卸的港口，具体范围由交通运输部划定。江苏港口数量为 15 个，沿海 1 个，内河港口 14 个。

3. 管道运输资料：由中国石油化工股份有限公司徐州管道储运分公司提供。包括输原油、输成品油、输天然气及输其他气体的运输量。

4. 民航运输资料：由中国民航江苏安全监督管理局提供。统计对象为在江苏省境内注册从事民用航空运输飞行和通用飞行的航空运输企业和民用航空机场。统计范围为民航运输企业及东航公司从事国内运输、港澳台运输、国际运输的定期航班航线条数及里程、运输量及运营情况，飞行完成情况等。

5. 邮政电信资料：由江苏省邮政管理局和江苏省通信管理局提供。包括邮政企业和年业务收入 200 万元以上快递企业，以及所有从事电信运营的企业（即中国电信、中国移动、中国联通三家基础电信企业），不含专用网业务资料。邮电业务量按业务种类分为邮政业务量和电信业务量；按业务范围分为国内业务量和国际及港澳业务量（对台业务量统计在港澳中）。

6. 规模以上服务业资料：根据规模以上服务业统计年度报表中有关资料汇总整理。统计范围为：（1）辖区内年营业收入 1000 万元及以上，或年末从业人员 50 人及以上服务业法人单位。包括：交通运输、仓储和邮政业，信息传输、软件和信息技术服务业，租赁和商务服务业，科学研究和技术服务业，水利、环境和公共设施管理业，教育，卫生和社会工作；以及物业管理、房地产中介服务等行业。（2）辖区内年营业收入 500 万元及以上，或年末从业人员 50 人及以上服务业法人单位。包括：居民服务、修理和其他服务业，文化、体育和娱乐业。

Brief Introduction

Data in this chapter present the development of transportation, post and telecommunications and above scale seruice industry in Jiangsu Province.

Ⅰ. Main Contents in This Article

1. Data on transport cover mainly the length of the routes of five means of transportation, freight traffic and passenger traffic accomplished by various means of transportation, number of berths and traffic capacity in all ports, volume of freight and passenger handled at major ports, and number of civil motor vehicles.

2. Data on business volume of post and telecommunication services, revenue from post and telecommunication services, telephone lines, telegraph lines and the possession of telecommunication facilities; business volume of postal and telecommunication services achieved; and the level of development of postal and telecommunication services.

3. Date of Above scale service industry include: index of Enterprise registration type、industry categorg and provincial cities.

Ⅱ. Scope of Statistics in This Article

1. Data on railway transportation: from Shanghai Railway Bureau. Including the operation and management of the national, local and joint-venture railways in Jiangsu Province but not including railways for military purpose, lines built by industrial and mining enterprises and special railways.

2. Data on highways, waterways and ports: from Jiangsu Provincial Communications Department and Nanjing, Lianyungang, Nantong. (1) The length of highways and waterways refer to the length open to traffic or navigation at the end of the year, but not including the highways and waterways under construction or not officially having been put into use. (2) Data on the possession of civil motor vehicles and the number of drivers are provided by the divisions of vehicle management under the provincial departments of public security, subordinate to the Traffic Management Bureau, Ministry of Public Security, but not including vehicles for military use. (3) Data on possession of highway vehicles are provided by the divisions of vehicle management under provincial departments of public security, which are subordinate to the Traffic Management Bureau, Ministry of Public Security, including vehicles for business use and non-business use. From 2010, possession of taxies are not included. (4) Data on possession of ships are provided by the divisions of navigation or ports management under municipal departments of communications, which are subordinate to the Ministry of Transport. However, fishing boats, boats for constructions in water and boats for military use are not included. (5) Data on passenger traffic and freight traffic by highways and waterways are collected and prepared by Jiangsu Provincial Communications Department. (6) Data on highway and waterway transportation are collected through both comprehensive reporting system and non-comprehensive reporting system. The statistical scope encompasses all the enterprises, institutional units and individuals (including joint-households) registered in municipal departments of communications and engaged in highway or waterway freight or passenger transport business. (7) Data on production capacity and handling capacity include the seaports handling cargo more than 1 million tons, inland river ports with turnover

over 2 million tons and ports with operation in foreign trade and containing shipping. The specific scope are decided by the Administration of Transportation. There are 15ports in Jiangsu Province: 1 coastal port and 14 ports of inland rivers.

3. Data on pipeline transport: Data are from Xuzhou PSTC of China Petroleum & Chemical Corporation. The data on pipeline transport cover the volume transported of petroleum (crude oil) pipelines, petroleum products pipelines, natural gas pipelines and other gas pipelines.

4. Data on civil aviation transport: Data are from Jiangsu Provincial Bureau of Safety Administration of Civil Aviation. The targets of statistical collection are enterprises registered for engagement in civil aviation transport flights and flights for general purposes and civil airports in Jiangsu Province. The scope of statistics encompasses number of lines, mileage flown, transport volume, composition of the fleets operational situation of the airlines, performance of general purpose flights in respect of domestic transport, transport between China mainland and Hong Kong, Macao and Taiwan, and international transport.

5. Data on post and telecommunications: Data are from JiangSu Provincial Postal Administration and Jiangsu Communication Administration. Data in this category include postal enterprises express delivery company with revenue above 2 million yuan and all telecommunication enterprises (i. e. the three major enterprises of telecommunication China Telecom, China Mobile and China Unicom), but exclude services provided through dedicated networks. The business volume of post and telecommunications is classified by type of business into postal and telecommunication services, and by customers into domestic service, international service, and service between the Mainland and Hong Kong, Macao (business volume of the service to Taiwan is covered in that for Hong Kong and Macao).

6. Date of Above Scale service industry according to statistical annual report. (1) Within the jurisdiction of 10 million yuan or more, 50 people and above at the end of year. The scope conclude: Transport, Storage and post, Information Transmmission, Computer Service and Sofeware, Leasing and Business Services, Scientific Research. Technical Services and Geologic Prospecting, Management of Water Conservancy, Environment and Public Facilities, Education, Healtheare and Social work, Property, Real estate agency. (2) Within the jurisdiction of 5 million yuan or more, 50 people and above at the end of year. The scope conclude Resident service repair, Cluture、Sports and Entertainment.

13－1　交通运输基本情况
Basic Statistics of Transport

指　　标	Item	2010	2011	2012	2013	2014
运输线路长度（公里）	**Length of Transport Routes (km)**					
铁路营业里程	Railways in Operation	1908	2348	2348	2554	2632
铁路正线延展长度	Extended Raitways	2922	3720	3725	4125	4200
公路通车里程	Highways in Operation	150307	152247	154118	156094	157521
#等级公路里程	Expressway and Class Ⅰ to Ⅳ Highway	141706	144113	146100	148263	149845
#高速公路	Expressways	4059	4122	4371	4443	4488
一级公路	Class Ⅰ Highways	9514	9949	10476	11283	12015
二级公路	Class Ⅱ Highways	21328	21779	22144	22677	22790
内河航道里程	Navigable Inland Waterways	24248	24272	24280	24315	24342
输油管道里程	Petroleum Pipelines	5557	6067	6264	6299	6116
公路桥梁（座）	Highway Bridges (unit)	64675	65815	67159	68306	68774
公路桥梁长度（米）	Length of Highway Bridges (m)	2829872	2910978	3050891	3174281	3204617
客运量总计（万人）	**Total Passenger Traffic (10000 persons)**	**226627**	**247405**	**268371**	**152172**	**156016**
铁路	Railways	9711	10598	11757	13435	15374
公路	Highways	215850	235673	255358	135555	137270
水运	Waterways	590	579	594	2454	2563
民用航空	Civil Aviation	476	555	662	728	809
旅客周转量(亿人公里)	**Total Passenger-kilometers (100 million person-km)**	**1604.00**	**1777.80**	**1949.80**	**1451.14**	**1550.60**
货运量总计（万吨）	**Total Freight Traffic (10000 tons)**	**188558**	**212594**	**231295**	**194048**	**208623**
铁路	Railways	6374	7282	7223	6806	6090
公路	Highways	123500	140803	153696	103709	114449
水运	Waterways	48702	54012	58639	70909	75328
民用航空	Civil Aviation	5.46	6.08	6.69	6.67	7.10
输油管道	Petroleum Pipelines	9977	10491	11730	12617	12749
货物周转量(亿吨公里)	**Total Freight Ton-kilometers (100 million ton-km)**	**6111.57**	**7514.00**	**8474.63**	**10536.84**	**11028.50**
民用车辆拥有量(万辆)	**Possession of Civil Motor Vehicles (10000 coaches)**	**1381.88**	**1535.17**	**1604.18**	**1725.34**	**1782.09**
#民用汽车拥有量	Civil Vehicles	567.71	688.38	813.12	954.38	1103.97
#载客汽车	Passenger Vehicles	472.78	586.59	706.27	840.52	991.13
载货汽车	Trucks	72.50	82.39	89.29	96.79	97.17
#营运汽车(含公交出租车辆)	Motor Vehicles in Operation(Include Bus and Taxi)	76.26	82.08	82.15	86.75	93.46
#私人汽车	Private Vehicles	434.57	541.68	657.27	790.13	935.71
民用运输船舶拥有量（万艘）	**Possession of Civil Transport Vessels (10000 units)**	**4.90**	**4.93**	**4.88**	**4.77**	**4.62**
机动船	Motor Vessels	3.83	3.94	3.96	3.93	3.84
驳船	Barges	1.07	0.99	0.92	0.84	0.78
港口货物吞吐量(万吨)	**Volume of Freight Handled at Ports (10000 tons)**	**158977**	**180683**	**195417**	**213987**	**226049**
#外贸	Foreign Trade	23937	27865	31390	35160	37991

注:1. 公路客运量2013年以来不包括公交车和出租车的运输量;
2. 公路货运量2013年以来不包含农用车和拖拉机的运输量;
3. 2014年民用车辆总数中包含拖拉机103.27万辆。

a) Highway passenger traffic of 2013 don't contain bus and taxi traffic.
b) Highway freight traffic of 2013 don't contain tractors and agricultural vehicles.
c) Gross civilian car of 2014 contain 1032700 tractors.

13-2 客 运 量
Passenger Traffic

单位:万人 (10000 persons)

年 份 Year	总 计 Total	铁 路 Railway	公 路 Highway	水 运 Waterway	民用航空 Civil Aviation
1978	25621	2752	18694	4175	
1980	34002	3364	26463	4175	
1985	53935	4819	45751	3365	
1990	48339	4788	41850	1701	
1991	50264	4932	43764	1568	
1992	55400	5035	48748	1617	
1993	59666	5533	53331	797	5
1994	61104	5471	54930	677	26
1995	84803	5185	78947	623	48
1996	91870	4502	86801	499	68
1997	93684	4433	88826	341	84
1998	97033	4451	92215	273	94
1999	101000	4824	95564	504	108
2000	107244	4891	101713	514	126
2001	110713	5029	105105	430	149
2002	115889	5297	110139	284	170
2003	123462	5104	118046	147	165
2004	128516	5997	122218	91	210
2005	145204	6658	138287	37	222
2006	161425	7293	153824	27	280
2007	187241	7658	179206	27	350
2008	208237	8846	199008	32	351
2009	201262	9167	191001	686	408
2010	226627	9711	215850	590	476
2011	247405	10598	235673	579	555
2012	268371	11757	255358	594	662
2013	152172	13435	135555	2454	728
2014	156016	15374	137270	2563	809

注:民用航空客运量仅指省内航空公司完成数。

a) The passenger traffic by civil aviation only referred to the fulfillment in our province.

13－3 旅客周转量
Turnover Volume of Passenger Traffic

单位:亿人公里 (100 million person-km)

年份 Year	总计 Total	铁路 Railway	公路 Highway	水运 Waterway	民用航空 Civil Aviation
1978	105.29	46.35	49.93	9.01	
1980	140.15	61.60	68.25	10.30	
1985	273.76	107.46	156.30	10.00	
1990	324.94	124.13	195.24	5.57	
1991	342.12	132.57	204.11	5.44	
1992	515.08	147.53	361.28	6.27	
1993	520.86	161.36	355.50	3.42	0.58
1994	541.09	166.94	367.98	3.28	2.89
1995	630.56	163.69	459.08	3.42	4.37
1996	647.73	143.85	495.70	2.51	5.67
1997	657.93	144.68	504.05	1.64	7.56
1998	680.02	141.15	527.62	1.12	10.13
1999	725.66	157.65	554.04	1.40	12.57
2000	776.25	165.87	594.48	1.45	14.45
2001	874.63	173.40	682.25	1.06	17.93
2002	924.31	183.80	719.08	0.70	20.71
2003	978.03	182.88	774.11	0.50	20.53
2004	1109.19	226.73	855.41	0.27	26.78
2005	1222.03	245.37	948.10	0.11	28.45
2006	1366.95	267.99	1062.61	0.10	36.25
2007	1596.06	309.83	1241.13	0.33	44.77
2008	1766.00	319.14	1400.80	0.37	45.69
2009	1423.33	311.29	1058.01	1.29	52.74
2010	1604.00	351.00	1196.59	1.50	54.00
2011	1777.80	398.10	1307.30	1.50	70.90
2012	1949.80	446.40	1418.40	1.40	83.60
2013	1451.14	505.88	847.28	3.97	94.01
2014	1550.64	589.60	852.00	3.04	106.00

13－4 货 运 量
Freight Traffic

单位:万吨 (10000 tons)

年份 Year	总计 Total	铁路 Railway	公路 Highway	水运 Waterway	内河 Inland Waterway	沿海、远洋 Seashipping	民用航空 Civil Aviation	输油管道 Petroleum Pipeline
1978	14626	3224	4488	6557	6557			357
1980	16527	3420	4427	6482	6452	30		2198
1985	46842	4037	23255	18117	18067	50		1433
1990	49399	4235	27904	15908	15809	99		1352
1991	49298	4078	27948	16064	15884	180		1208
1992	56953	4343	30730	20751	20533	218		1129
1993	66339	4344	35060	25915	25610	305		1020
1994	69470	4318	36899	27279	26920	359		974
1995	81830	4143	49578	27161	26728	433		948
1996	84666	4361	50571	28819	28429	390		915
1997	82290	4131	52441	24826	24424	402		892
1998	80429	3793	54328	21363	21059	304		945
1999	81529	3941	54803	21596	20045	1551		1188
2000	90436	4077	59056	25902	24275	1627		1395
2001	87505	4239	59058	22583	21030	1553		1622
2002	88588	4407	60299	22411	20681	1730		1468
2003	93511	4462	64321	23320	20845	2475		1405
2004	100093	4665	69058	24812	21239	3573		1554
2005	112909	5090	76301	29277	25061	4216		2236
2006	125114	5169	84319	32862	25779	7083		2759
2007	143805	5177	97473	37858	29567	8291	5.32	3292
2008	166322	5118	110302	42799	27154	15645	4.68	8098
2009	160967	6137	104002	42016	30221	11795	4.44	8807
2010	188558	6374	123500	48702	35713	12989	5.46	9977
2011	212594	7282	140803	54012	37783	16229	6.08	10491
2012	231295	7223	153696	58639	41007	17632	6.69	11730
2013	194048	6806	103709	70909	47559	23350	6.67	12617
2014	208623	6090	114449	75328	51603	23725	7.10	12749

注:民用航空货运量仅指省内航空公司完成数。

a) The Freight traffic by civil aviation only referred to the fulfillment in our province.

13-5 货物周转量
Turnover Volume of Freight Traffic

单位:亿吨公里 (100 million ton-km)

年份 Year	总计 Total	铁路 Railway	公路 Highway	水运 Waterway	内河 Inland Waterway	沿海、远洋 Seashipping	民用航空 Civil Aviation	输油管道 Petroleum Pipeline
1978	283.85	172.72	11.24	87.97	87.97			11.92
1980	382.77	186.31	11.45	93.56	91.51	2.05		91.45
1985	575.58	240.48	81.30	205.90	194.83	11.07		47.90
1990	730.22	297.44	154.01	233.65	209.53	24.12		45.12
1991	788.41	301.73	166.21	280.59	240.23	40.36		39.88
1992	963.94	333.85	179.92	400.78	361.87	38.91		49.39
1993	1193.87	346.49	235.07	578.01	520.51	57.50		34.30
1994	1246.12	372.13	243.33	598.02	523.21	74.81		32.64
1995	1376.88	393.51	281.04	670.75	585.84	84.91		31.58
1996	1412.56	380.09	289.44	712.33	635.20	77.13		30.70
1997	1370.63	355.73	303.40	681.42	617.18	64.24		30.08
1998	1353.23	343.41	316.14	661.85	579.51	82.34		31.71
1999	1400.55	342.65	319.75	704.01	436.89	267.12		33.91
2000	1505.57	371.32	340.72	746.39	463.17	283.22		46.84
2001	1524.96	371.97	340.73	757.58	489.01	268.57		54.37
2002	1549.12	377.17	351.95	770.03	395.05	374.98		49.63
2003	1817.44	408.69	365.01	995.34	444.98	550.36		47.97
2004	2398.64	434.72	386.91	1523.63	468.13	1055.50		52.87
2005	3068.88	480.49	459.18	2056.90	631.98	1424.92		71.73
2006	3644.79	497.42	542.09	2515.09	583.94	1931.15		89.54
2007	4099.16	424.00	638.59	2930.08	634.65	2295.43	0.74	105.75
2008	4707.74	346.50	723.60	3179.30	598.29	2581.01	0.67	457.67
2009	5154.46	323.90	971.13	3372.05	638.45	2733.60	0.64	486.74
2010	6111.57	336.86	1149.10	4095.70	694.11	3401.59	0.78	529.13
2011	7513.99	398.57	1315.27	5236.91	748.30	4488.61	0.84	562.40
2012	8474.64	391.53	1452.45	6052.95	823.60	5229.35	0.91	576.80
2013	10536.84	373.17	1790.40	7753.02	1336.55	6416.46	0.95	619.30
2014	11028.47	346.10	1978.50	8087.07	1505.20	6581.87	1.10	615.70

注:民用航空货物周转量仅指省内航空公司完成数。

a) The turnover volume of freight traffic by civil aviation only referred to the fulfillment in our province.

13 -6 全社会港口码头泊位和通过能力

指标	Item	2010			2011		
		合计 Total	沿海港口 Coastal Ports	内河港口 Ports of Inland Rivers	合计 Total	沿海港口 Coastal Ports	内河港口 Ports of Inland Rivers
生产用码头泊位	Number of Berths of Ports						
泊位个数 （个）	Number of Berths (unit)	7304	130	7174	7239	129	7110
泊位长度 （米）	Length of Ports Line (m)	424145	15577	408568	431056	16833	414223
泊位年通过能力	Comprehensive Traffic Capacity						
货物 （万吨）	Freight (10000 tons)	128836	8242	120594	138120	10381	127739
旅客 （万人）	Passenger (10000 persons)	993			993		
非生产用码头泊位	Ports for Nonproductive Use						
泊位个数 （个）	Number of Berths (unit)	56			56		
泊位长度 （米）	Length of Ports Line (m)	3481			3481		

13 -7 主要港口吞吐量

港口名称	Ports	2010		2011	
		旅客吞吐量（万人）Passenger (10000 persons)	货物吞吐量（万吨）Freight (10000 tons)	旅客吞吐量（万人）Passenger (10000 persons)	货物吞吐量（万吨）Freight (10000 tons)
总 计	**Total**	**13.51**	**158976.79**	**14.16**	**180683.31**
沿海港口	Coastal Ports	13.51	15139.59	14.16	19785.11
#连云港	Lianyungang	13.51	13506.39	14.16	16628.02
内河港口	Ports of Inland Rivers		143837.19		160898.20
#长江干流水系	Yangtze River Mainstream System		101983.90		115554.05
长江支流水系	Yangtze River Tributary System		8334.92		8933.75
京杭运河水系	Jinghang Canal System		24819.03		26938.26
淮河水系	Huaihe River System		5651.36		6517.14

Number of Berths and Traffic Capacity in All Ports

2012			2013			2014		
合　计 Total	沿海港口 Coastal Ports	内河港口 Ports of Inland Rivers	合　计 Total	沿海港口 Coastal Ports	内河港口 Ports of Inland Rivers	合　计 Total	沿海港口 Coastal Ports	内河港口 Ports of Inland Rivers
7300	136	7164	7546	133	7413	7474	152	7322
443396	18697	424699	466125	19830	446295	478201	23735	454466
151824	148097	12364	135733	159563	13369	146194	168987	17163
992			992			639		
53			56			47		
3175			3569			2967		

Volume of Freight and Passenger Handled at Major Ports

2012		2013		2014	
旅客吞吐量（万人）Passenger (10000 persons)	货物吞吐量（万吨）Freight (10000 tons)	旅客吞吐量（万人）Passenger (10000 persons)	货物吞吐量（万吨）Freight (10000 tons)	旅客吞吐量（万人）Passenger (10000 persons)	货物吞吐量（万吨）Freight (10000 tons)
12.19	**195417.07**	**12.18**	**213986.54**	**9.26**	**226049.20**
12.19	23245.41	12.18	26919.33	9.26	28706.16
12.19	18527.53	12.18	20165.06	9.26	21007.88
	172171.66		187067.21		197343.04
	126369.77		135756.00		142325.70
	9906.08		10383.39		10739.97
	26445.54		29323.95		31461.59
	6807.42		8994.85		12140.17

13-8 全省民用车辆拥有量(2014年)
Number of Civil Motor Vehicles(2014年)

单位:辆 (coach)

指标	Item	总计 Total	#营运 Working	#进口 Import	#个人 Individual
合计	**Total**	**16788204**	**1364879**	**518595**	**14999375**
汽车	Civil Vehicles	11039765	934614	516962	9357126
载客汽车	Passenger Vehicles	9911322	174895	515039	8754968
#大型	Large Scale	95320	70414	743	987
中型	Medium Scale	82924	8351	2366	34055
小型	Small Scale	9563648	96109	502008	8561190
#轿车	Cars	7309815	93348	277401	6656432
载货汽车	Trucks	971682	680322	1206	496554
#重型	Heavy Scale	363290	328956	719	148377
中型	Medium Scale	148569	110558	15	65583
轻型	Light Scale	458214	240333	472	281313
#普通载货	Ordinary Trucks	492128	291900	446	288705
其他汽车	Other Vehicles	156761	79397	717	105604
#三轮汽车	Tricycle Motors	69634	58049		67733
低速货车	Lowspeed Trucks	15670	11050		14546
摩托车	Motor	5649083	332563	1598	5611553
#普通	Ordinary Motor	5515776	332396	1589	5478325
轻便	Light Motors	133307	167	9	133228
挂车	Freight Trailers	99328	97694	35	30691
其他类型车	Other Motor Vehicles	28	8		5
拖拉机	Tractors	1032700			

注:合计数中不含拖拉机数量。

a) Total do not include number of tractors.

13-9 个人车辆拥有量
Number of Private-owned Vehicles

单位:辆 (coach)

指标	Item	2010	2011	2012	2013	2014
合计	**Total**	**12401784**	**13030125**	**13624122**	**14744726**	**14999357**
民用汽车	Civil Vehicles	4345668	5416833	6572682	7901333	9357126
载客汽车	Passenger Vehicles	3839416	4881307	6005133	7294560	8754968
#大型	Large Scale	1982	2147	1910	1379	987
轿车	Cars	2886147	3696667	4559240	5546187	6656432
载货汽车	Ordinary Trucks	328679	391099	443303	488352	496554
#重型	Large Scale	84235	107613	124053	141035	148377
其他汽车	Other	177573	144427	124246	118421	105604
摩托车	Motors	8037707	7590819	7025815	6814148	5611553
挂车	Freight Trailers	18404	22467	25625	29238	30691

13－10　全省公路运输汽车拥有量
Number of Transport Motor Vehicles

单位：辆　　　　　　　　　　　　　　　　　　　　　　　　　　　　　　(coach)

指　　标	Item	2010	2011	2012	2013	2014
合　　计	**Total**	**790417**	**696443**	**659825**	**774126**	**791921**
载客汽车	Passenger Vehicles					
辆数	Number	39614	40935	44221	44005	45306
客位　（万客位）	Seats　　（10000 seats）	145	155	164	162	167
载货汽车	Trucks					
辆数	Number	750803	655508	615604	727784	746615
#普通载货汽车	Ordinary Trucks	520226	517568	535764	559093	584748
吨位　　（万吨）	Tonnages　（10000 tons）	475	482	525	579	614
#普通载货汽车	Ordinary Trucks	380	387	402	439	468

13－11　全社会运输船舶拥有量
Number of Transport Vessels

指　　标	Item	2013			2014		
		数量（艘）Number (unit)	载客量（客位）Passenger Capacity	净载重量（万吨位）Dead Weight Tonnage (10000 tons)	数量（艘）Number (unit)	载客量（客位）Passenger Capacity (seat)	净载重量（万吨位）Dead Weight Tonnage (10000 tons)
总　　计	**Total**	**47772**	**61914**	**4313.19**	**46158**	**44150**	**4090.10**
#内河船舶	Inland Waterway Vessels	46397	61399	2632.70	44737	43453	2852.72
沿海船舶	Coastal Vessels	1224	515	722.82	1294	697	729.99
远洋船舶	Oceanic Vessels	151		957.67	127		507.39
#机动船	Motor Vessels	39378	53534	3935.47	38368	44150	3685.40
客船	Passenger Ships	312	28445	3.64	309	21309	3.00
客货船	Passenger Cargo Ships	62	25089	1.25	54	22841	2.53
货船	Cargo Ships	37830		3930.57	36846		3679.87
拖轮	Tugboats	1188			1159		
驳船	Cargo Barges	8396		377.72	7790		404.70

13－12 分市交通运输基本情况（2014 年）

指标	Item	南京市 Nanjing	无锡市 Wuxi	徐州市 Xuzhou	常州市 Changzhou
运输线路	**Transport Routes**				
公路通车里程（公里）	Highways in Operation (km)	11309	7655	16428	8906
#等级公路里程	Expressway and Class Ⅰ to Ⅳ Highway	10355	7655	15314	8856
#高速公路	Expressways	568	274	459	268
一级公路	Class Ⅰ Highways	1001	842	1164	981
二级公路	Class Ⅱ Highways	1453	1708	1542	1257
内河航道里程（公里）	Navigable Inland Waterways (km)	630	1578	909	1089
公路桥梁（座）	Highway Bridges (unit)	2087	4047	4850	2755
公路桥梁长度（米）	Length of Highway Bridges (m)	187661	254250	228865	179952
客运量	**Passenger Traffic**				
公路（万人）	Highways (10000 persons)	10596	7222	15063	6769
水运（万人）	Waterways (10000 persons)	20	447		489
民用航空（万人）	Civil Aviation (10000 persons)	1628	418	127	186
货运量	Freight Traffic (10000 tons)				
公路（万吨）	Highways (10000 tons)	12143	12885	16967	10705
水运（万吨）	Waterways (10000 tons)	17208	2356	5015	2008
民用航空（吨）	Civil Aviation (tons)	304207	96120	6432	18241
机动车拥有量（万辆）	**(10000 coaches)**	**206.70**	**156.01**	**150.22**	**107.00**
#机动汽车拥有量	Civil Vehicles	172.20	127.76	75.60	87.31
#载客汽车	Passenger Vehicles	161.44	118.00	61.55	79.60
载货汽车	Trucks	9.73	9.10	11.76	7.31
#营运汽车（含公交出租车辆）	Motor Vehicles in Operation	11.19	9.20	26.08	3.70
#私人汽车	Private Vehicles	148.55	102.63	66.46	72.64
全社会船舶拥有量（万艘）	**Number of Transport Vessels (10000 units)**	**1801**	**1619**	**4088**	**2079**
机动船	Motor Vessels	1692	1571	1187	2024
驳船	Barges	109	48	2901	55
港口货物吞吐量（万吨）	**Volume of Freight Handled at Ports (10000 tons)**	**21977**	**20915**	**9202**	**8731**
#外贸	Foreign Trade	1974	1359		557

Basic Statistics of Transport by Region (2014)

苏州市 Suzhou	南通市 Nantong	连云港市 Lianyungang	淮安市 Huaian	盐城市 Yancheng	扬州市 Yangzhou	镇江市 Zhenjiang	泰州市 Taizhou	宿迁市 Suqian
12665	18094	11914	13071	19256	10525	7263	9457	10977
12665	18031	11839	12197	17272	9270	7263	9445	9683
550	298	349	401	322	318	182	256	245
1707	1336	537	523	1320	412	787	863	543
4107	1461	1958	1515	2536	1289	898	1420	1647
2787	3522	1114	1402	4346	2169	597	2550	837
9693	7954	2954	3515	15519	4758	1187	6149	3306
495885	314099	206830	172949	478709	188947	84428	257716	154327
39432	9998	5433	8435	9440	4792	4461	8895	6734
596	581	33	3		22		373	
	93	57	52	52	71			
11855	11129	8406	5572	5093	6504	6905	2487	3797
1098	7185	1683	5771	9761	5092	1310	14750	2091
	28030	1612	3421	2163	4793			
272.02	**198.44**	**84.26**	**83.66**	**129.86**	**86.72**	**62.67**	**97.93**	**116.47**
240.79	99.66	36.87	34.72	54.96	48.82	38.49	47.03	37.33
224.45	91.84	28.77	28.70	46.99	42.93	34.69	41.89	28.07
15.04	7.09	6.43	5.17	6.75	5.35	3.46	4.47	5.35
15.17	6.59	8.30	9.29	9.70	7.90	4.15	6.98	18.18
200.86	86.94	31.83	29.62	47.53	41.70	32.87	40.43	33.62
377	**1561**	**1605**	**3467**	**13427**	**3082**	**537**	**10283**	**2232**
336	1401	1331	2972	11097	2859	486	10221	1191
41	160	274	495	2330	223	51	62	1041
53633	**25858**	**21767**	**7101**	**9060**	**11064**	**15877**	**18555**	**2309**
12302	4814	11036		1370	636	2313	1630	

13－13 邮电业务基本情况
Basic Conditions of Post and Telecommunication Services

指标	Item	2010	2011	2012	2013	2014
邮电业务总量 （亿元）	Business Volume of Postal & Telecommunication Services (100 million yuan)	2194.60	974.30	1120.37	1252.18	1680.80
邮政业务总量	Postal Services	188.30	145.50	205.75	269.60	359.00
电信业务总量	Telecommunicatoin Services	2006.33	828.80	914.62	982.58	1321.80
邮电业务收入 （亿元）	Revenue from Post and Telecommunication Services (100 million yuan)	789.20	882.60	1000.48	1107.62	1153.40
邮政业务收入	Postal Revenue	111.10	133.10	178.75	233.10	299.50
电信业务收入	Telecommunication Revenue	687.11	749.50	821.73	874.52	853.90
函件 （亿件）	Letters (100 million pcs)	9.36	9.45	8.95	7.61	6.26
包件 （万件）	Parcels (10000 pcs)	401.40	422.14	416.80	407.20	273.90
快递 （亿件）	Special Express (100 million pcs)	2.38	3.85	6.39	9.84	14.84
报刊期发数 （万份）	Newspapers and Magazines Circulation (10000 pcs)	1091.63	1198.65	1168.04	1243.86	1192.00
长途电话通话量 （万分钟）	Long-distance Calls (10000 minutes)	582494	477714	433597	360575	350016
移动短信业务量 （亿条）	Short Message Services (100 million messages)	680.80	689.71	633.31	581.54	523.00
年末固定电话用户 （万户）	Fixed Telephone Subscribers at Year-end (10000 subscribers)	2498.80	2370.94	2387.20	2289.81	2133.61
#城市	Urban	1527.80	1392.53	1341.00	1275.85	1222.91
乡村	Rural	971.00	978.41	1046.20	1013.95	910.70
#住宅电话用户	Household Fixed Telephone Subscribers	1759.01	1658.28	1574.00	1471.05	1326.79
城市	Urban	949.11	856.17	733.70	655.55	611.77
乡村	Rural	809.90	802.11	840.30	815.50	715.02
年末移动电话用户 （万户）	Mobile Telephone Subscribers at Year-end (10000 subscribers)	5923.10	6684.83	7471.40	7941.95	8070.35
固定宽带接入用户 （万户）	Fixed Broadband Users (10000 subscribers)	1062.20	1221.19	1406.40	1431.35	1523.35
邮政局所 （个）	Number of Post Offices (unit)	2540	2508	2470	2414	2399

13－13 续表 Continued

指 标	Item	2010	2011	2012	2013	2014
邮路及农村投递路线总长度 （万公里）	Length of Postal Routes and Rural Delivery Routes (10000 km)	32.64	33.00	33.32	32.98	34.90
#汽车邮路	Highway Routes	5.91	5.67	6.11	6.70	8.93
铁路邮路	Railway Routes	0.59	0.58	0.58	0.12	0.00
长途电话业务电路 （2M）	Long Distance Telephone Lines (2M)	14046	12954	6000006	7201820	7781788
局用电话交换机容量 （万门）	Capacity of Local Office Telephone Exchanges (10000 lines)	4288	2197.81	3768.00	3346.30	2767.55
移动电话交换机容量 （万户）	Capacity of Mobile Telephone Exchanges (10000 lines)	8795	9536	9666	10357	10473
固定长途电话交换机容量 （万路端）	Capacity of Long-distance Fixed Telephone Exchanges (10000 circuits)	110	110	110	38	38
长途光缆线路长度 （公里）	Length of Long Distance Optical Cable Lines (km)	33034	33318	32820	35864	36249
邮政通信水平	Level of Postal and Telecommunication					
每局所服务面积 （平方公里）	Per Bureau (Office) Service Area (sq. km)	40.39	40.91	41.53	42.50	42.77
人均邮电业务量 （元/人）	Per Capita Business Volume of Post (yuan/person)	2788.95	1225.50	1414.61	1577.15	2111.56
每百人平均函件量 （件/百人）	Number of Letters Mailed Per 100 Persons (unit/100 persons)	1189.00	1198.53	1053.89	958.49	786.43
每百人平均订阅报刊量 （份/百人）	Number of Newspaper and Magazine Subscribed Per 100 Persons (unit/100 persons)	13.87	15.23	13.76	15.66	15.00
每百人平均包件（件/百人）	Number of Parcels Per 100 Persons (unit/100 persons)	5.10	5.36	5.25	5.12	4.11
每百人长途电话时长 （分钟/百人）	Number of Long Distance Telephone Calls Per 100 Persons (minute/100 persons)	7323.38	6047.00	5474.72	4541.81	4408.55
每百人移动短信量 （条/百人）	Number of Short Messages Per 100 Persons (unit/person)	86517	87305	79964	73251	65873
电话普及率 （部/百人）	Popularization Rate of Telephones (unit/100 persons)	109.03	115.08	125.00	128.87	128.52
固定电话普及率	Popularization Rate of Fixed Telephones	32.35	30.13	30.00	28.84	26.87
移动电话普及率	Popularization Rate of Mobile Telephones	76.68	84.95	95.00	100.03	101.65

注:2008 年起邮政业业务总量、邮政业业务收入及快递包含国有、民营、外资各类企业的快递业务活动;2011 年起,电信由2000 年不变单价调整为 2010 年不变单价。

a) Postal services, postal revenue and express services contain express state-owned, services of private and foreign enterprises from 2008; telecommunication Revenue is caculated at 2010 constant prices ratner than 2000 constant prices.

13－14 分市邮电业务基本情况(2014 年)

指标	Item	南京市 Nanjing	无锡市 Wuxi	徐州市 Xuzhou	常州市 Changzhou
邮电业务总量 (亿元)	Business Volume of Postal & Telecommunication Services (100 million yuan)	237.94	169.57	100.72	110.90
邮政业务总量	Postal Services	64.96	40.50	14.88	21.81
电信业务总量	Telecommunicatoin Services	172.98	129.07	85.84	89.09
邮电业务收入 (亿元)	Revenue from Post and Telecommunication Services (100 million yuan)	177.10	126.64	70.30	80.67
邮政业务收入	Postal Revenue	54.87	29.98	12.17	19.72
电信业务收入	Telecommunication Revenue	122.23	96.66	58.13	60.95
函件 (亿件)	Letters (100 million pcs)	1.00	0.66	0.21	0.27
包件 (万件)	Parcels (10000 pcs)	54.57	31.10	19.36	20.07
快递 (万件)	Special Express (10000 pcs)	28391.36	18502.86	4826.14	7972.66
报刊期发数 (万份)	Newspapers and Magazines Circulation (10000 pcs)	160.29	158.91	66.84	92.82
年末固定电话用户 (万户)	Fixed Telephone Subscribers at Year-end (10000 subscribers)	282.52	213.23	145.91	151.73
#城市	Urban	238.08	110.83	89.32	97.16
乡村	Rural	44.44	102.40	56.59	54.58
#住宅电话用户	Household Fixed Telephone Subscribers	140.94	122.92	99.25	88.37
年末移动电话用户 (万户)	Mobile Telephone Subscribers at Year-end (10000 subscribers)	1042.44	832.53	751.01	520.18
固定宽带接入用户 (万户)	Fixed Broadband Users (10000 subscribers)	226.98	153.00	107.65	116.86
邮政局所 (个)	Number of Post Offices (unit)	179	141	235	150
邮路及农村投递路线总长度 (万公里)	Length of Postal Routes and Rural Delivery Routes (10000 km)	3.28	2.19	3.49	2.05
#汽车邮路	Highway Routes	2.27	0.35	0.82	0.69
移动电话交换机容量 (万户)	Capacity of Mobile Telephone Exchanges (10000 subscribers)	1597	1085	883	672
邮政通信水平	Level of Postal and Telecommunication				
每局所服务面积 (平方公里)	Per Bureau (Office) Service Area (sq. km)	36.86	33.08	49.24	29.17
人均邮电业务量 (元/人)	Per Capita Business Volume of Post (yuan/person)	2906.03	2615.17	1172.39	2363.55
每百人平均函件量 (件/百人)	Number of Letters Mailed Per 100 Persons (unit/100 persons)	1244.49	1028.34	245.22	589.44
每百人平均订阅报刊量 (份/百人)	Number of Newspaper and Magazine Subscribed Per 100 Persons (unit/100 persons)	12.48	19.65	6.11	17.53
每百人平均包件 (件/百人)	Number of Parcels Per 100 Persons (unit/100 persons)	6.82	4.88	2.26	4.37
电话普及率 (部/百人)	Popularization Rate of Telephones (unit/100 persons)	161.82	161.28	104.40	143.20
固定电话普及率	Popularization Rate of Fixed Telephones	34.50	32.89	16.98	32.34
移动电话普及率	Popularization Rate of Mobile Telephones	127.32	128.40	87.42	110.86

Basic Conditions of Post and Telecommunication Services by Region (2014)

苏州市 Suzhou	南通市 Nantong	连云港市 Lianyungang	淮安市 Huaian	盐城市 Yancheng	扬州市 Yangzhou	镇江市 Zhenjiang	泰州市 Taizhou	宿迁市 Suqian
337.66	123.93	63.41	73.95	97.01	84.42	64.39	76.61	84.12
98.65	28.22	9.04	9.38	12.08	17.15	9.98	10.78	21.56
239.01	95.71	54.37	64.57	84.93	67.27	54.41	65.83	62.56
280.10	87.36	37.55	37.51	56.72	54.41	38.06	46.28	55.26
79.11	22.84	7.33	7.80	9.93	12.45	8.16	9.88	25.26
200.99	64.52	30.22	29.71	46.79	41.76	29.90	36.40	30.00
2.61	0.38	0.09	0.11	0.31	0.25	0.18	0.15	0.06
122.93	16.02	8.90	5.78	6.19	15.74	10.46	8.42	7.51
36942.57	8850.84	3585.43	3291.71	3726.47	7290.21	3638.65	3332.54	18083.76
199.56	115.19	34.32	52.00	82.11	67.34	57.41	70.72	34.49
340.53	235.38	94.96	88.99	144.90	134.04	97.28	131.08	73.07
223.44	100.84	46.44	51.58	64.65	63.71	52.87	54.29	29.71
117.09	134.54	48.51	37.41	80.25	70.32	44.41	76.79	43.36
173.66	170.27	64.81	57.81	107.12	90.40	62.28	93.43	55.53
1468.74	644.77	366.52	375.99	569.80	422.42	317.37	382.88	375.70
295.70	129.07	68.18	58.57	91.98	82.80	61.98	75.29	55.29
244	312	132	174	229	187	109	173	134
4.96	4.83	1.37	2.05	3.27	2.14	1.50	2.21	1.55
1.79	0.55	0.25	0.41	0.62	0.34	0.29	0.29	0.26
2002	851	437	485	717	476	372	465	431
36.26	25.64	56.39	57.64	65.43	35.50	35.26	34.85	64.63
3191.89	1698.21	1431.93	1532.04	1343.67	1888.59	2034.18	1653.22	1745.55
2494.74	518.86	210.21	219.85	424.53	562.23	570.97	325.91	123.45
16.47	13.98	6.32	9.65	9.57	11.85	15.04	14.07	7.22
11.75	2.20	2.03	1.20	0.85	3.53	3.36	1.82	1.59
171.03	120.61	104.21	96.33	98.99	124.49	130.99	110.91	93.12
32.19	32.25	21.44	18.44	20.07	29.99	30.73	28.29	15.16
138.84	88.35	82.77	77.89	78.92	94.50	100.26	82.62	77.96

13－15 规模以上服务业企业主要经济指标

单位:亿元

指标	Item	单位数(个) Number of Enterprises(unit) 2013	2014
总计	**Total**	**15063**	**16048**
按登记注册类型分	**Grouped by Status of Registration**		
内资企业	Domestic Funded Enterprises	14451	15418
国有企业	State-owned Enterprises	659	568
集体企业	Collective-owned Enterprises	339	339
股份合作企业	Cooperative Enterprises	39	40
联营企业	Joint Ownership Enterprises	13	9
有限责任公司	Limited Liability Corporations	3919	4460
#国有独资公司	State Sole Funded Corporatios	370	412
股份有限公司	Share-holding Corporations Ltd.	533	560
私营企业	Private Enterprises	7959	8501
其他企业	Other Enterprises	990	941
港、澳、台商投资企业	Enterprises with Funds from Hong Kong, Macao and Taiwan	220	237
外商投资企业	Foreign Funded Enterprises	392	393
按行业门类分	**Grouped by Sector**		
交通运输、仓储和邮政业	Traffic, Transport, Storage and Post	4202	4513
信息传输、软件和信息技术服务业	Information Transfer, Software and IT Services	1224	1333
租赁和商务服务业	Leasing and Business Services	3526	3659
科学研究和技术服务业	Scientific Research and Technical Service	2478	2624
水利、环境和公共设施管理业	Management of Water Conservancy, Environment and Public Facilities	542	615
居民服务、修理和其他服务业	Services to Households and other Services	514	574
教育	Education	406	408
卫生和社会工作	Health and Social Work	372	399
文化、体育和娱乐业	Health, Social Security and Social Welfare	607	651
房地产业	Real Estate		
#物业管理	Property Management	1071	1155
#房地产中介服务	Real Estate Agency Service	121	117
按省辖市分	**Grouped by Cities**		
南京市	Nanjing	2513	2576
无锡市	Wuxi	956	947
徐州市	Xuzhou	878	876
常州市	Changzhou	1267	1308
苏州市	Suzhou	2720	2847
南通市	Nantong	1927	2033
连云港市	Lianyungang	531	563
淮安市	Huaian	953	1120
盐城市	Yancheng	817	992
扬州市	Yangzhou	797	989
镇江市	Zhenjiang	615	655
泰州市	Taizhou	603	616
宿迁市	Suqian	486	526

Main Indicators of Service Industrial Enterprises above Designated Size

(100 million yuan)

资产总计 Total Assets		负债合计 Total Liabilities		营业收入 Operation Revenue		主营业务收入 Income from Principal Business	
2013	2014	2013	2014	2013	2014	2013	2014
37530.8	**42552.6**	**21079.6**	**24265.4**	**10049.3**	**10678.6**	**9795.4**	**10401.2**
35694.1	40392.4	20071.2	23113.0	9087.6	9637.0	8860.0	9387.7
5187.8	3649.1	3006.0	2197.5	976.8	735.3	923.8	702.3
620.0	462.1	379.7	324.5	156.5	108.1	148.5	106.6
71.0	89.1	56.2	66.8	16.4	20.7	16.3	20.6
274.6	1.8	127.8	0.3	15.2	1.9	15.2	1.9
22577.6	27989.0	12618.8	15981.9	3652.3	4147.3	3534.5	3992.0
12660.4	14959.9	7000.1	8208.1	905.4	1039.0	859.8	991.1
2852.4	3635.1	1613.1	1968.1	1268.6	1358.4	1246.3	1340.3
3838.2	4264.9	2146.5	2433.8	2759.5	3021.1	2735.5	2982.4
272.5	301.3	123.2	140.1	242.4	244.2	239.8	241.6
851.8	1024.0	539.4	612.8	331.6	341.2	314.1	320.0
984.9	1136.3	468.9	539.6	630.1	700.4	621.4	693.5
6746.5	8680.2	4092.7	5222.4	3047.1	3293.5	2940.4	3177.5
2566.2	2778.6	1470.7	1558.4	1931.5	2023.7	1889.6	1988.3
23065.4	25131.1	12665.8	14043.0	2929.8	2960.7	2857.3	2874.2
2052.4	2242.1	1156.3	1223.1	1110.9	1260.9	1104.1	1253.0
1622.0	1899.0	824.5	1064.6	271.8	316.9	267.3	309.3
105.9	133.3	67.2	87.6	103.9	112.7	102.4	110.7
118.6	128.0	57.3	64.2	82.0	85.3	81.1	84.3
199.7	239.8	124.8	162.5	147.8	173.9	146.3	172.6
697.3	888.7	374.3	532.7	242.2	240.2	230.4	226.0
324.4	400.1	229.9	291.4	159.0	188.1	153.9	182.8
32.4	31.6	16.3	15.5	23.2	22.8	22.7	22.4
11598.4	13573.6	6639.5	7631.6	3208.2	3517.7		3433.0
3089.2	3108.7	1899.6	1974.8	674.0	657.2	658.0	625.3
1228.2	1525.2	587.2	828.6	504.5	556.8	498.5	544.5
2384.5	2745.4	1481.5	1735.7	715.4	702.9	705.9	692.8
7821.3	8535.6	4347.4	4810.8	1914.8	1995.6	1840.0	1935.5
2347.9	3159.7	1252.3	1915.4	703.1	826.1	692.2	810.2
2283.1	2756.5	1118.1	1463.6	416.0	465.9	395.9	446.1
736.8	764.0	333.1	368.8	381.5	416.5	374.8	410.4
1046.2	1290.9	602.2	783.9	296.0	344.2	290.7	341.0
1453.6	1788.3	752.1	941.5	381.2	395.4	373.5	382.8
1909.6	1649.7	1174.9	850.7	344.6	286.8	338.3	278.9
1119.1	1150.7	594.8	675.2	279.6	284.8	271.1	275.0
512.9	504.2	297.0	284.6	230.6	228.8	227.5	225.7

主要统计指标解释

铁路营业里程　又称营业长度(包括正式营业和临时营业里程),指办理客货运输业务的铁路正线总长度。凡是全线或部分建成双线及以上的线路,以第一线的实际长度计算;复线、站线、段管线、岔线和特殊用途线以及不计算运费的联络线都不计算营业里程。铁路营业里程是反映铁路运输业基础设施发展水平的重要指标,也是计算客货周转量、运输密度和机车车辆运用效率等指标的基础资料。

铁路正线延展里程　指正线第一线、第二线、第三线和其他正线建筑里程之和,不包括站线、段管线、岔线及特殊用途线的延展里程。它是作为计算铁路线上钢轨、枕木及路基砂石需要量的主要依据。

公路里程　指在一定时期内实际达到《公路工程技术标准 JTJ01－88》规定的等级公路,并经公路主管部门正式验收交付使用的公路里程数。包括大中城市的郊区公路以及通过小城镇街道部分的公路里程和桥梁、渡口的长度,不包括大中城市的街道、厂矿、林区生产用道和农业生产用道的里程。两条或多条公路共同经由同一路段,只计算一次,不得重复计算里程长度。它是反映公路建设发展规模的重要指标,也是计算运输网密度等指标的基础资料。

内河航道里程　也称内河通航里程,指在一定时期内,能通航运输船舶及排筏的天然河流、湖泊水库、运河及通航渠道的长度。包括全年季节性通航累计三个月以上的航道,不包括仅供零散流放竹、木排的河道。它是反映内河水运网规模、水平和发展情况的主要指标。

输油(气)管道长度　也称输油(气)里程,指油品(或天然气)的实际输送距离,一般按输油(气)管道的单线长度计算。若包括复线和备用线长度则称为输油(气)管道延展长度,是指管道铺设的实际长度。我们通常使用的是不包括复线的“输油(气)管道里程”,它是反映管道运输发展规模和水平的主要指标。

货(客)运量　指在一定时期内,各种运输工具实际运送的货物(旅客)数量。它是反映运输业为国民经济和人民生活服务的数量指标,也是制定和检查运输生产计划、研究运输发展规模和速度的重要指标。货运按吨计算,客运按人计算。货物不论运输距离长短、货物类别,均按实际重量统计。旅客不论行程远近或票价多少,均按一人一次客运量统计;半价票、小孩票也按一人统计。

货物(旅客)周转量　指在一定时期内,由各种运输工具运送的货物(旅客)数量与其相应运输距离的乘积之总和。它是反映运输业生产总成果的重要指标,也是编制和检查运输生产计划,计算运输效率、劳动生产率以及核算运输单位成本的主要基础资料。计算货物周转量通常按发出站与到达站之间的最短距离,也就是计费距离计算。计算公式为:

货物(旅客)周转量 = Σ货物(旅客)运输量 × 运输距离

沿海主要港口货物吞吐量　指经水运进出沿海主要港区范围,并经过装卸的货物数量,包括邮件及办理托运手续的行李、包裹以及补给运输船舶的燃、物料和淡水。货物吞吐量按货物流向分为进口、出口吞吐量,按货物交流性质分为外贸货物吞吐量和国内贸易货物吞吐量。货物吞吐量的货类构成及其流向,是衡量港口生产能力大小的重要指标。

邮电业务总量　指以价值量形式表现的邮电通信企业为社会提供各类邮电通信服务的总数量。邮电业务量按专业分类包括函件、包件、汇票、报刊发行、邮政快件、特快专递、邮政储蓄、集邮、公众电报、用户电报、传真、长途电话、出租电路、无线寻呼、移动电话、分组交换数据通信、出租代维等。计算方法为各类产品乘以相应的平均单价(不变价)之和,再加上出租电路和设备、代用户维护电话交换机和线路等的服务收入。它综合反映了一定时期邮电业务发展的总成果,是研究邮电业务量构成和发展趋势的重要指标。计算公式为:

邮电业务总量 = ∑(各类邮电业务量 × 不变单价) + 出租代维及其他业务收入

移动电话用户　是指通过移动电话交换机进入移动电话网、占用移动电话号码的电话用户。用户数量以报告期末在移动电话营业部门实际办理登记手续进入移动电话网的户数进行计算,一部移动电话统计为一户。

电话用户　指接入国家公众固定电话网,并按固定电话业务进行经营管理的电话用户。1997 年以前,电话用户分为市内电话用户和农村电话用户:“市内电话用户”是指接入县城及县以上城市的电话网上的电话用户;“农村电话用户”是指接入县邮电局农话台及县以下农村电话交换点,以县城为中心(除市话用户外)联通县、乡(镇)、行政村、村民小组的用户。从 1997 年起,电话用户数分组调整为以用户所在区域划分为“城市电话用户”和“乡村电话用户”,与过去的按市内电话和农村电话划分方法不同。而电话用户总数、电话机总部数统计范围不变。

城市电话用户　指直辖市、省辖市、地级市、县级市的市区、市郊区及县城(包括县人民政府所在地的县城关区或行政建制相当于县人民政府所在地的镇)范围内接入局用交换机的电话用户数,包括分布在农村地区的独立工矿区、林区、驻军等接入局用交换机的电话用户数。

乡村电话用户　指县城关区以下的集镇和农村接入局用交换机的电话用户数。

住宅电话用户 是指安装在居民住宅或农民家里并按照住宅电话用户登记注册和收费的电话用户。包括私人付费、单位付费和按规定免费安装的住宅电话用户。

局用交换机容量 是指安装在本地电信运营商内用于接续本地固定电话的电话交换机容量,有倍增设备按倍增后的数量计数。包括现用和备用的人工或自动交换机的全部容量。

Explanatory Notes on Main Statistical Indicators

Length of Railways in Operation refers to the total length of the trunk line under passenger and freight transportation(including both full operation and temporary operation). The calculation is based on the actual length of the first line even if this line has a full or partial double track or more tracks, excluding double tracks, station sidings, tracks under the charge of stations, branch lines, special-purpose lines and the non-payable connecting lines. The length of railways in operation is an important indicator to show the development of the infrastructure for the railway transport, and also the essential data to calculate volume of passenger freight transport, traffic density and utilization efficiency of the locomotives and carriages.

Extenuation Length of Trunk Lines refers to the sum of the first, the second, the third lines and other constructed length of the trunk railways, excluding the extenuation length of the station lines, lines under the jurisdiction depots, siding and lines for special purpose. It provides important information for the calculation of the needs for rails, sleepers, sand and stone for the construction ot railways.

Length of Highways refers to the length of highways which are built in conformity with the grades specified by the highway engineering standard formulated by the Ministry of Communications, and have been formally checked and accepted by the departments of highways and put into use. The length of highways includes that of the suburb highways at large and medium-sized cities, highways passing through streets at small cities and towns, and also the length of bridges and ferries. It does not include the length of streets in big and medium-sized cities and highways built for the production purpose at factories, mines, forest areas and agricultural areas. If two or more highways go the same section of the way, the length of the section is only calculated for once and no duplication is allowed. The length of highways is an important indicator to show the development of the highway construction and to provide essential information to calculate the transport network density.

Length of Navigable Inland Waterways an indicator reflecting the size and development of inland water network, it refers to the length of the natural rivers, lakes, reservoirs, canals, and ditches open to navigation during a given period, which enables the transport by ships and rafts. It includes the channels open to navigation for over an accumulative 3 months in a year, yet this does not include the river courses which are only used to float odd logs and bamboo rafts.

Length of Oil(Gas)Pipelines used as an indicator to show the development, scale and level of the pipeline transportation, it refers to the actual transport distance of oil (or gas) products, and is in general calculated in the length of single pipe line. If the length of the double pipelines and alternate pipeline are included, it is called the extension length of the oil (gas) pipelines, which indicates the actual length of the pipelines built, excluding double pipelines.

Freight(Passenger)Traffic refers to the volume of freight (passenger) transported with various means. Freight transport is calculated in tons and passenger traffic is calculated in the number of persons. Despite the type of freight and travelling distance, the freight transport is calculated in the actual weight of the goods; and despite the travelling distance and ticket price, the passenger traffic is calculated by the principle that one person can be counted only once in one travel. The passenger who travel with a half price ticket or a child ticket is also calculated as one person. The freight(passenger) traffic provides a quantitative measure to show how the transport industry serves the national economy and people, and is also an important indicator for planning the transport industry and for studying the development scale and speed of the transport industry.

Freight Ton-kilometers (Passenger-kilometers) refer to the sum of the products of the volume of transported cargo (passengers) multiplying by the transport distance, usually using ton-kilometer and passenger-kilometer as units for measurement. Normally, the shortest distance between the departure station and the destination station(i. e. , the payable distance) is the basis to calculate the freight ton-kilometers. This is an important indicator to show the total results of the transport industry, to prepare and examine the transport plan and to measure the efficiency, the labour productivity and the unit cost of transport. The formula is as follows:

Freight Ton-kilometers(Passenger-kilometers) = {fFreight(Passenger) Traffic × Distance of Transportation}

Volume of Freight Handled in Major Coastal Ports refers to the volume of cargo passing in and out the harbor area of the major coastal ports and having been loaded and unloaded. The volume includes that of the postal matters, registered luggage and fuels, materials and fresh water as supplies of the ships. The volume of freight handled may be classified by direction of flow as freight for import and freight for export, or by nature of cargo as freight for domestic trade and freight for foreign trade. As an important indicator, the volume of freight handled by type of cargo and by main flow direction reflects the production capacity of ports.

Business Volume of Post and Telecommunications refers to the total amount of post and telecommunications services, expressed in value terms, provided by the post and telecommunications departments for the society. Post and telecommunication services can be classified as letters, parcels, remittance, issue of newspapers and magazines, fast mail service, express mail service, savings deposits, stamps for collection, public and individual telegraph service, facsimiles, long-distance telephone service, leasing of telephone lines, urban paging service, mobile telephone service, data transfer and transmission, etc. The accounting approach is to multiply the service products of all types with their average unit price (constant price) to get sum of business value, plus income from other services such as leasing of telephone lines and equipment, maintenance of telephone switchboards and lines on behalf of customers. This indicator reflects the overall results of post and telecommunications service during a given period, and is important to study the composition of business service and the development of post and telecommunications service. The formula is as follows:

Business Volume of Post and Telecommunications = $\sum$ (Transaction of Post and Telecommunication Service × Constant Price) + Income from Leasing, Maintenance and other Services.

Mobile Telephone Subscribers refer to the persons who own mobile telephone numbers and are connected with the mobile telephone communication network through the mobile telephone switchboards. The number of subscribers is calculated by the subscribers who have completed registration at mobile communication business centers and entered into the mobile telephone network. One mobile telephone is taken as a subscriber.

Telephone Subscribers refer to subscribers that are connected to the public line telephone network provided with telephone services. Before 1997, telephone subscribers were classified as city subscribers and village subscribers. City subscribers referred to those connected to city telephone networks in county towns and cities, while village subscribers referred to those connected to village telephone stations at and below counties. Since 1997, the classification of telephone subscribers was modified on the basis of physical location of the subscribers as rban telephone subscribers and ural telephone subscribers, which is different from the previous classification of catgorizing local telephones and ural telephones, while the definition of total subscribers and total number of telephones remain unchanged.

Urban Telephone Subscribers refer to subscribers telephone subscribers, located at municipalities, cities under the jurisdiction of province, cities at prefectural level, downtown and suburb of city at county level town and county towns (including country towns where county government located, and towns of county level according to the administrative organizational system), that are connected to the public line telephone network, including rural mineral area, forest area, military area.

Rural Telephone Subscribers refer to telephone subscribers, located at towns under county town and country, that are connected to the public line telephone network.

Household Telephone Subscribers refer to telephone sets installed in the dwelling units of urban or rural residents, and registered as residence subscribers for payment, including 3 types of payment for the service: private payment, public payment and free service.

Capacity of Office Telephone Exchanges refers to the capacity (measured in gate) of telephone exchanges installed in the offices of local telecommunication service providers for communication between fixed telephones. It includes the capacity of both manual and automatic exchanges in use and for stand-by purpose. Equipment with expansion function is to be counted by the expanded capacity.

14

批发零售、住宿餐饮和旅游

Wholesale and Retail Trade, Hotels, Catering Services and Tourism

简　要　说　明

一、本篇资料的主要内容

本篇资料主要反映江苏消费品市场、批发和零售业、住宿和餐饮业以及旅游业的发展状况。主要内容包括社会消费品零售总额；批发和零售业、住宿和餐饮业全行业经营情况；限额以上批发和零售业、住宿和餐饮业的基本情况、财务状况、连锁经营情况；亿元以上商品交易市场基本情况和成交情况；旅行社、星级饭店基本情况；入境旅游人数、国内居民旅游人数以及国际、国内旅游收入。

二、本篇资料的统计范围

社会消费品零售总额的统计范围为参与市场商品零售或餐饮经营活动的各行业法人企业、产业活动单位和个体经营户；批发和零售业、住宿和餐饮业全行业经营情况的统计范围为全部批发和零售业、住宿和餐饮业法人企业、产业活动单位和个体经营户；限额以上批发和零售业基本情况、财务状况和连锁经营情况的统计范围为年主营业务收入达到2000万元及以上的批发业、年主营业务收入达到500万元及以上的零售业法人企业、产业活动单位和个体经营户；限额以上住宿和餐饮业基本情况、财务状况和连锁经营情况的统计范围为年主营业务收入达到200万元及以上的住宿和餐饮业法人企业、产业活动单位和个体经营户；亿元以上商品交易市场基本情况和成交情况统计范围为年商品成交额达到亿元及以上的现货商品交易市场；旅行社和星级饭店基本情况、入境旅游人数、国内居民旅游人数以及国际、国内旅游收入的统计范围为全省范围内的旅行社、星级饭店和旅游者。

三、本篇资料的来源

本篇资料中社会消费品零售总额以及批发和零售业、住宿和餐饮业发展情况根据《批发和零售业统计报表制度》《住宿和餐饮业统计报表制度》规定的有关统计内容进行加工整理；旅游业发展情况根据旅游局提供的有关资料编制。

四、本篇资料的统计调查方法

本篇资料中社会消费品零售总额以及批发和零售业、住宿和餐饮业发展情况方面资料涉及限额以上法人企业、产业活动单位和个体经营户以及亿元及以上商品交易市场的采用全面调查方法；涉及限额以下法人企业、产业活动单位和个体经营户的采用抽样调查方法推算。旅游业发展情况数据中国际、国内旅游收入和国内居民旅游人数等指标采用抽样调查方法，其余数据均为全面调查统计取得。

Brief Introduction

Ⅰ. Main Contents

Data in this chapter reflect the development of markets of consumer goods, wholesale and retail trades, hotels and catering services and tourism. Main contents include the total sales of consumer goods, the operation of wholesale and retail trades and hotel and catering services, the basic conditions, financial status and chain operation of the wholesale and retail trades and hotel and catering services above designated size, the basic condition and turnover of large commodity transaction markets with transaction over 100 million yuan, the basic conditions of travel agencies and star-rated hotels, number of international tourists and Chinese residents going abroad, number of domestic tourists and income from international and domestic tourism.

Ⅱ. Scope of Statistics

The scope of statistics of the total sales of consumer goods include corporate enterprises, establishments, and self-employed individuals involved in wholesale and retail trades and hotels and catering services. The scope of statistics of the operation of wholesale and retail trades and hotel and catering services include all corporate enterprises, establishments, and self-employed individuals involved in wholesale and retail trades and hotels and catering services. The scope of statistics of the basic conditions, financial status and chain operation of the wholesale and retail trades above designated size include corporate enterprises, establishments, and self-employed individuals involved in wholesale trade with annual principal business sales over 20 million yuan, retail trade with annual principal business sales over 5 million yuan. The scope of statistics of the basic conditions, financial status and chain operation of the hotel and catering services above designated size include corporate enterprises, establishments, and self-employed individuals involved in the hotel and catering services with annual principal business sales over 2 million yuan. The scope of statistics of the basic condition and turnover of large commodity transaction markets with transaction over 100 million yuan include all transaction markets with the total sales value of commodities over 100 million yuan. The scope of statistics of the basic conditions of travel agencies and star-rated hotels, number of international tourists and Chinese residents going abroad, number of domestic tourists and income from international and domestic tourism include all travel agencies, star-rated hotels and tourists in Jiangsu Province.

Ⅲ. Sources of Data

The total sales of consumer goods and the development of wholesale and retail trades, hotels and catering services are collected and processed in accordance with The Statistical Reporting Form System on Wholesale and Retail Trades and The Satistical Reporting Form System on Hotels and Catering Services. The data on tourism are from the Ministry of Public Security and State Tourism Administration.

Ⅳ. Methods of Survey

Data on corporate enterprises above designated

size, establishments, self-employed individuals and commodity transaction markets with transaction over 100 million yuan are collected through comprehensive reporting system. Data on enterprises and self-employed individuals below the designated size are collected by sample surveys. Data on tourism are from the comprehensive reporting form system except those on the earnings from international and domestic tourism and number of domestic tourists going abroad from sample surveys.

14－1 国内贸易基本情况
Basic Conditions of Domestic Trade

指 标	Item	2010	2011	2012	2013	2014
限额以上法人企业 （个）	**Number of Corporation Enterprises above Designated Size （unit）**	**14835**	**14923**	**16358**	**25175**	**22683**
批发业	Wholesale Trade	7968	7399	7871	13050	11388
零售业	Retail Trade	4406	4865	5740	8681	8147
住宿业	Hotels	906	940	935	1042	1026
餐饮业	Catering Services	1555	1719	1812	2402	2122
限额以上产业活动单位 （个）	**Industry Activity Units （unit）**	**27047**	**27431**	**28452**	**39672**	**36544**
批发业	Wholesale Trade	11531	10952	11221	16009	13474
零售业	Retail Trade	11827	12486	13052	18645	18395
住宿业	Hotels	1029	1083	1072	1178	1156
餐饮业	Catering Services	2660	2910	3107	3840	3519
限额以上企业（单位）从业人数 （人）	**Engaged Persons （person）**	**1061028**	**1157919**	**1229898**	**1442376**	**1372467**
批发业	Wholesale Trade	310026	326716	347101	462293	426460
零售业	Retail Trade	433942	455492	515393	605001	589719
住宿业	Hotels	134782	171029	144273	134364	127611
餐饮业	Catering Services	182278	204682	223131	240718	228677
限额以上批发和零售业	**Wholesale and Retail Trades**					
商品购进总额 （亿元）	Total Purchases （100 million yuan）	24075.96	29794.97	32972.76	42377.61	41554.17
商品销售总额 （亿元）	Total Sales （100 million yuan）	26994.90	33834.05	35792.88	46399.82	46152.51
商品库存总额 （亿元）	Total Stock （100 million yuan）	1537.13	1854.40	2108.28	2496.86	2582.84
社会消费品零售总额 （亿元）	**Total Retail Sales of Consumer Goods （100 million yuan）**	**13606.34**	**16058.31**	**18411.11**	**20878.20**	**23458.07**
商品交易市场数 （个）	**Number of Commodity Exchange Markets （unit）**	**4032**	**3879**	**3890**	**2625**	**2826**
消费品市场	Markets of Consumer Goods	3576	3451	3492	2204	2438
生产资料市场	Markets of Production Material	456	428	398	421	388

14－2 按行业分社会消费品零售总额
Total Retail Sales of Consumer Goods by Sector

单位:亿元 (100 million yuan)

年 份 Year	社会消费品零售总额 Total Retail Sales of Consumer Goods	批发和零售业 Wholesale and Retail Sales Trade	住 宿 业 Hotel	餐 饮 业 Catering Services	其他行业 Others
1978	84.79	79.18		3.24	2.37
1979	99.16	91.61		3.90	3.65
1980	122.56	114.35		4.72	3.49
1981	134.79	125.16		5.17	4.46
1982	150.01	138.87		5.49	5.65
1983	169.12	156.28		6.14	6.70
1984	205.05	188.80		7.61	8.64
1985	262.57	240.69		10.45	11.43
1986	304.58	279.25		12.53	12.80
1987	360.74	329.31		15.84	15.59
1988	471.83	432.06		20.33	19.44
1989	509.56	467.11		22.47	19.98
1990	515.43	472.72		24.17	18.54
1991	578.12	529.94		27.86	20.32
1992	704.52	644.61		33.64	26.27
1993	967.77	888.24		44.74	34.79
1994	1359.61	1238.30		71.44	49.87
1995	1741.92	1573.01		95.21	73.70
1996	2080.44	1901.47		135.64	43.33
1997	2300.61	2082.71		167.92	49.99
1998	2453.84	2208.24		192.52	53.08
1999	2649.56	2367.59		227.58	54.39
2000	2908.46	2583.19		269.59	55.69
2001	3233.35	2845.89		326.71	60.76
2002	3656.57	3179.23		410.83	66.52
2003	4194.50	3613.67		510.94	69.88
2004	4892.18	4333.18	41.67	496.10	21.22
2005	5735.50	5051.70	49.81	583.09	50.91
2006	6706.19	5898.79	67.68	678.83	60.89
2007	7985.90	7023.48	82.48	810.56	69.38
2008	9905.10	8890.30	99.80	826.10	88.90
2009	11487.72	10312.81	107.66	957.23	110.02
2010	13606.34	12207.18	127.15	1147.99	124.02
2011	16058.31	14320.87	161.94	1359.27	216.23
2012	18411.11	16448.83	178.42	1588.08	195.78
2013	20878.20	18694.85	173.23	1788.44	221.68
2014	23458.07	21229.55	187.67	2040.85	

注:1. 2003 年前住宿业包括在餐饮业和其他行业中。
2. 2004 年为第一次经普数据,1993—2003 年原则根据原各年环比发展速度和 2004 年经济普查数据调整。
3. 2008 年为第二次经普数据,2005—2007 年根据趋势离差法和 2008 年经济普查数据调整。
4. 2013 年为第三次经普数据,2014 年为按经普口径统计数据,2009—2012 年根据趋势离差法和 2013 年经济普查数据调整。

a) Before 2003, the hotel includes in the catering industry and other industries.
b) In 2004, it was first Economic Census data, the data in 1993—2003 was accordance with the principles of the original development rate of the economy and 2004 Economic Census data adjustment.
c) In 2008, it was second Economic Census data, the data in 2005—2007 was according to the trend of the deviation from the law and 2008 Economic Census data adjustment.
d) In 2013, it was third Economic Census data, the data in 2014 Economic Census data adjustment, the data in 2009—2012 was according to the trend of the deviation from the law and the 2013 Economic Census data adjustment.

14-3 按地区分社会消费品零售总额(2014年)
Total Retail Sales of Consumer Goods by Region (2014)

单位:亿元 (100 million yuan)

年份 Year		社会消费品零售总额 Total Retail Sales of Consumer Goods	批发和零售业 Wholesale and Retail Sales Trade	住宿业 Hotel	餐饮业 Catering Services
苏南	Southern Jiangsu	13679.38	12360.27	186.12	1133.00
苏中	Mid Jiangsu	4197.79	3773.88	33.93	389.99
苏北	Northern Jiangsu	5580.89	5053.37	84.53	443.00
南京市	Nanjing	4167.19	3785.81	88.55	292.83
无锡市	Wuxi	2607.90	2409.67	23.19	175.04
徐州市	Xuzhou	2099.20	1925.89	35.37	137.94
常州市	Changzhou	1805.40	1659.89	14.23	131.28
苏州市	Suzhou	4095.09	3610.36	52.34	432.40
南通市	Nantong	2166.10	1982.88	9.75	173.47
连云港市	Lianyungang	739.40	676.26	8.71	54.43
淮安市	Huaian	864.80	778.19	10.65	75.95
盐城市	Yancheng	1312.70	1179.44	13.81	119.45
扬州市	Yangzhou	1128.10	1016.65	13.05	98.40
镇江市	Zhenjiang	1003.80	894.53	7.81	101.46
泰州市	Taizhou	903.60	774.34	11.13	118.12
宿迁市	Suqian	564.80	493.59	15.99	55.22

注:因分行业计算方法问题,分行业零售额全省数与各市之和有所不等。
Note: Because the method of calculation of industry, the province total retail sales by industry is not equal to 13 cities.

14－4 限额以上批发和零售业基本情况(2013 年)

Basic Conditions of Enterprises above Designated Size in Wholesale and Retail Trades(2013)

项　　目	Item	法人企业(个) Number of Corporation Enterprises (unit)	产业活动单位数(个) Number of Establishments (unit)	零售营业面积(平方米) Floor Space of Retail Business (sq. m)	从业人员(人) Persons Engaged (person)
总　计	**Total**	**21731**	**34654**	**27265357**	**1067294**
#国有控股	State-owned and State Share Holding	851	4142	3300428	119260
批发业	**Wholesale Trade**	**13050**	**16009**	**3597957**	**462293**
#国有控股	State-owned and State Share Holding	549	1662	1370061	66521
按登记注册类型分	**Grouped by Status of Registration**				
内资企业	Domestic Funded Enterprises	12707	15450	3529161	392890
国有企业	State-owned Enterprises	270	364	131750	20774
集体企业	Collective-owned Enterprises	56	215	34515	1944
股份合作企业	Cooperative Enterprises	20	22	8720	1050
联营企业	Joint Ownership Enterprises	1	3	9611	459
国有联营企业	State Joint Ownership Enterprises		1	100	447
集体联营企业	Collective Joint Ownership Enterprise	1	2	9511	12
国有与集体联营企业	Joint State-collective Enterprises				
其他联营企业	Other Joint Ownership Enterprises				
有限责任公司	Limited Liability Corporations	1932	2659	1118841	102595
国有独资公司	State Solely Funded Corporations	41	245	571777	4773
其他有限责任公司	Other Limited Liability Corporations	1891	2414	547064	97822
股份有限公司	Share-holding Corporations Ltd.	202	1022	666230	38404
私营企业	Private Enterprises	9892	10829	1368121	207546
私营独资企业	Private-funded Enterprises	259	276	142176	6111
私营合伙企业	Private Partnership Enterpises	16	16	530	250
私营有限责任公司	Private Limited Liability Corporations	9345	10259	1171870	191893
私营股份有限公司	Private Share-holding Corporations Ltd.	272	278	53545	9292
其他企业	Other Enterprises	334	336	191373	20118
港、澳、台商投资企业	Enterprises with Funds from Hong Kong, Macao and Taiwan	159	274	34238	26878
合资经营企业	Joint-venture Enterprises	24	67	2303	3765
合作经营企业	Cooperative Enterprises	4	4	480	62
独资经营企业	Enterprises with Sole Fund	125	196	31355	14698
港、澳、台商投资股份有限公司	Share-holding Corporations Ltd.	6	7	100	8353
其他港澳台投资	Other Funds from Hong Kong, Macao and Taiwan				
外商投资企业	Foreign Funded Enterprises	184	285	34558	42525
合资经营企业	Joint-venture Enterprises	26	36	4664	2088
合作经营企业	Cooperative Enterprises	1	3	100	373
独资经营企业	Enterprises with Sole Fund	155	236	28594	39033
外商投资股份有限公司	Share-holding Corporations Ltd.	1	2	200	42
其他外商投资	Other Foreign Funds	1	8	1000	989

14－4 续 表 1 Continued 1

项 目	Item	法人企业(个) Number of Corporation Enterprises (unit)	产业活动单位数(个) Number of Establishments (unit)	零售营业面积(平方米) Floor Space of Retail Business (sq. m)	从业人员(人) Persons Engaged (person)
按行业分	**Grouped by Sector**				
农、林、牧产品批发	Wholesale of Farm Products and Live-stock Products	668	737	230174	26108
食品、饮料及烟草制品批发	Wholesale of Food, Beverages and Tobaccos	900	1100	464494	68250
纺织、服装及日用品批发	Wholesale of Textiles, Garments and Daily Consumer Articals	1968	2176	252471	113231
文化、体育用品及器材批发	Wholesale of Culture, Sports Appliances and Equipment	246	266	105499	19547
医药及医疗器材批发	Wholesale of Medicines and Medical Appliances	270	361	134776	35129
矿产品、建材及化工产品批发	Wholesale of Mineral Products, Building Material and Chemical Products	6633	8644	2059349	131282
机械设备、五金交电及电子产品批发	Wholesale of Machinery, Hardware and Electronic Equipment	1679	1840	264234	54553
贸易经纪与代理	Trade Broker and Agency	139	140	7440	2488
其他批发	Others	547	745	79520	11705
零售业	**Retail Trade**	**8681**	**18645**	**23667400**	**605001**
#国有控股	State-owned and State Share Holding	302	2480	1930367	52739
按登记注册类型分	**Grouped by Status of Registration**				
内资企业	Domestic Funded Enterprises	8502	17216	19020517	474214
国有企业	State-owned Enterprises	83	242	258305	8435
集体企业	Collective-owned Enterprises	121	237	195665	5116
股份合作企业	Cooperative Enterprises	16	21	23955	564
联营企业	Joint Ownership Enterprises	8	30	35182	660
国有联营企业	State Joint Ownership Enterprises	3	4	13296	212
集体联营企业	Collective Joint Ownership Enterprise	2	5	2370	125
国有与集体联营企业	Joint State-collective Enterprises	2	2	13592	76
其他联营企业	Other Joint Ownership Enterprises	1	19	5924	247
有限责任公司	Limited Liability Corporations	1666	6001	6530556	157028
国有独资公司	State Solely Funded Corporations	21	198	62816	5141
其他有限责任公司	Other Limited Liability Corporations	1645	5803	6467740	151887
股份有限公司	Share-holding Corporations Ltd.	207	1356	1957429	48136
私营企业	Private Enterprises	6123	9021	9785484	241699
私营独资企业	Private-funded Enterprises	713	775	489504	12793
私营合伙企业	Private Partnership Enterpises	54	56	32261	717
私营有限责任公司	Private Limited Liability Corporations	5124	7802	8707792	217274
私营股份有限公司	Private Share-holding Corporations Ltd.	232	388	555927	10915
其他企业	Other Enterprises	278	308	233941	12576

项　目	Item	法人企业(个) Number of Corporation Enterprises (unit)	产业活动单位数(个) Number of Establishments (unit)	零售营业面积(平方米) Floor Space of Retail Business (sq. m)	从业人员(人) Persons Engaged (person)
港、澳、台商投资企业	Enterprises with Funds from Hong Kong, Macao and Taiwan	95	316	2001432	66943
合资经营企业	Joint-venture Enterprises	22	30	316226	6379
合作经营企业	Cooperative Enterprises	2	2	203	21
独资经营企业	Enterprises with Sole Fund	69	280	1672723	60037
港、澳、台商投资股份有限公司	Share-holding Corporations Ltd.	2	3	11780	496
其他港澳台投资	Other Funds from Hong Kong, Macao and Taiwan		1	500	10
外商投资企业	Foreign Funded Enterprises	84	1113	2645451	63844
合资经营企业	Joint-venture Enterprises	22	817	1276234	35358
合作经营企业	Cooperative Enterprises	1	9	50872	1929
独资经营企业	Enterprises with Sole Fund	57	280	1290128	26056
外商投资股份有限公司	Share-holding Corporations Ltd.	4	7	28217	501
其他外商投资	Other Foreign Funds				
按行业分	**Grouped by Sector**				
综合零售	Integrated Retail	944	3798	9966746	242762
食品、饮料及烟草制品专门零售	Retail of Food, Beverages and Tobaccos	1050	2982	773540	41451
纺织、服装及日用品专门零售	Retail of Textiles, Garments and Daily Consumer Articles	689	893	943303	38059
文化、体育用品及器材专门零售	Retail of Culture, Sports Appliances and Equipment	614	1093	817108	29512
医药及医疗器材专门零售	Retail of Medicines and Medica Appliances	469	2639	606348	34119
汽车、摩托车、燃料及零配件专门零售	Retail of Motor Vehicles, Motorcycles, Fuel and Parts	2679	4195	7083731	133681
家用电器及电子产品专门零售	Special Retail of Household Electric Appliances and Electronic Products	1078	1749	1928610	48580
五金、家具及室内装饰材料专门零售	Special Retail of Hardware, Furniture and Decoration Materials	812	864	1065462	19636
摊货无店铺及其他零售业	Non-shop and Other Retail	346	432	482552	17201
按经营方式分	**Grouped by Business Mode**				
独立商店	Independent Stores	7380	10158	15909205	363146
连锁商店总店	Chain Stores	156	5350	3903788	118794
连锁商店分店	Branches of Chain Stores	249	1698	2575892	55757
其他	Others	896	1439	1278515	67304
按零售业态分	**Grouped by Store Type**				
有店铺零售	Retail Store	8616	18576	23612994	592252
食杂店	Grocery Store	47	156	29834	1927
便利店	Convenience Store	79	660	223374	6378

项 目	Item	法人企业(个) Number of Corporation Enterprises (unit)	产业活动单位数(个) Number of Establishments (unit)	零售营业面积(平方米) Floor Space of Retail Business (sq. m)	从业人员(人) Persons Engaged (person)
折扣店	Discount Store	6	6	13187	224
超市	Supermarket	379	1066	688539	34871
大型超市	Large Supermarket	191	1686	5067743	126141
仓储会员店	Store Member Store	5	6	42565	843
百货店	Department Store	539	802	4311221	92791
专业店	Specialty Stores	4826	10335	7802826	195399
专卖店	Franchised Stores	2032	3283	4156393	104388
家具建材商店	Furniture Building Material Shop	204	213	497823	6833
购物中心	Shopping Mall	43	86	470471	9959
厂家直销中心	Factory Direct Soles Center	265	277	309018	12498
无店铺零售	No Shop Retail	65	69	54406	12749
电视购物	TV Shopping	6	6	273	1189
邮购	Mail Order Shopping	3	4	700	514
网上商店	Online Commodity	44	47	51184	10624
自动售货亭	Vending Machine	1	1	1258	71
电话购物	Telephone Shopping	11	11	991	351
在总计中:	**In the Total**				
南京市	Nanjing	2607	5856	5638870	271569
无锡市	Wuxi	2379	3680	2980783	111327
徐州市	Xuzhou	2570	3155	2666064	88399
常州市	Changzhou	2975	3916	2221984	90334
苏州市	Suzhou	4008	6666	5177849	208319
南通市	Nantong	1978	3657	2286450	78524
连云港市	Lianyungang	640	996	615442	24481
淮安市	Huaian	927	1095	964552	29880
盐城市	Yancheng	1204	1544	1319212	41165
扬州市	Yangzhou	822	1566	1002861	35796
镇江市	Zhenjiang	496	764	898192	28428
泰州市	Taizhou	648	1012	812732	35771
宿迁市	Suqian	477	747	680366	23301

注:产业活动单位数包括本省限额上批零住餐法人所属的全部(包括在外省的)产业活动单位和其他行业及外省法人所属在本省的限额以上批发和零售业产业活动单位。营业面积、从业人数为法人在地口径。

a) The number of establishments include the number of enterprises above designated size in wholesale and retail trades of Jiangsu and other province eatablished in Jiangsu. The data of persons engaged and floor space of retail business base on the data of corporation enterprises.

14－5 限额以上批发和零售业基本情况(2014 年)
Basic Conditions of Enterprises above Designated Size in Wholesale and Retail Trades(2014)

项目	Item	法人企业(个) Number of Corporation Enterprises (unit)	产业活动单位数(个) Number of Establishments (unit)	零售营业面积(平方米) Floor Space of Retail Business (sq. m)	从业人员(人) Persons Engaged (person)
总　计	**Total**	**19535**	**31869**	**28922258**	**1016179**
#国有控股	State-owned and State Share Holding	876	4140	3572867	110491
批发业	**Wholesale Trade**	**11388**	**13474**	**4127340**	**426460**
#国有控股	State-owned and State Share Holding	562	1328	1175041	65408
按登记注册类型分	**Grouped by Status of Registration**				
内资企业	Domestic Funded Enterprises	11020	12938	4000812	355071
国有企业	State-owned Enterprises	254	358	431699	22343
集体企业	Collective-owned Enterprises	51	92	44601	1637
股份合作企业	Cooperative Enterprises	18	20	8830	1070
联营企业	Joint Ownership Enterprises	1	3	9611	456
国有联营企业	State Joint Ownership Enterprises		1	100	447
集体联营企业	Collective Joint Ownership Enterprise	1	2	9511	9
国有与集体联营企业	Joint State-collective Enterprises				
其他联营企业	Other Joint Ownership Enterprises				
有限责任公司	Limited Liability Corporations	2049	2727	1225891	98272
国有独资公司	State Solely Funded Corporations	57	245	576090	9057
其他有限责任公司	Other Limited Liability Corporations	1992	2482	649801	89215
股份有限公司	Share-holding Corporations Ltd.	171	519	139822	31660
私营企业	Private Enterprises	8201	8942	1964577	182225
私营独资企业	Private-funded Enterprises	123	140	101029	3618
私营合伙企业	Private Partnership Enterpises	15	15	530	347
私营有限责任公司	Private Limited Liability Corporations	7838	8557	1808000	171416
私营股份有限公司	Private Share-holding Corporations Ltd.	225	230	55018	6844
其他企业	Other Enterprises	275	277	175781	17408
港、澳、台商投资企业	Enterprises with Funds from Hong Kong, Macao and Taiwan	173	245	48133	28535
合资经营企业	Joint-venture Enterprises	26	58	7785	3275
合作经营企业	Cooperative Enterprises	3	3	450	36
独资经营企业	Enterprises with Sole Fund	139	177	39798	17110
港、澳、台商投资股份有限公司	Share-holding Corporations Ltd.	5	7	100	8114
其他港澳台投资	Other Funds from Hong Kong, Macao and Taiwan				
外商投资企业	Foreign Funded Enterprises	195	291	78395	42854
合资经营企业	Joint-venture Enterprises	32	43	17618	2232
合作经营企业	Cooperative Enterprises	3	5	50	399
独资经营企业	Enterprises with Sole Fund	159	234	59527	39149
外商投资股份有限公司	Share-holding Corporations Ltd.		1	200	36
其他外商投资	Other Foreign Funds	1	8	1000	1038

14－5 续 表 1 Continued 1

项 目	Item	法人企业(个) Number of Corporation Enterprises (unit)	产业活动单位数(个) Number of Establishments (unit)	零售营业面积(平方米) Floor Space of Retail Business (sq. m)	从业人员(人) Persons Engaged (person)
按行业分	**Grouped by Sector**				
农、林、牧产品批发	Wholesale of Farm Products and Livestock Products	621	689	589410	24452
食品、饮料及烟草制品批发	Wholesale of Food, Beverages and Tobaccos	834	1050	448921	67257
纺织、服装及日用品批发	Wholesale of Textiles, Garments and Daily Consumer Articals	1727	1871	304714	104062
文化、体育用品及器材批发	Wholesale of Culture, Sports Appliances and Equipment	249	271	64264	17087
医药及医疗器材批发	Wholesale of Medicines and Medical Appliances	263	347	208789	36807
矿产品、建材及化工产品批发	Wholesale of Mineral Products, Building Material and Chemical Products	5557	6915	1944644	110870
机械设备、五金交电及电子产品批发	Wholesale of Machinery, Hardware and Electronic Equipment	1488	1621	409929	52663
贸易经纪与代理	Trade Broker and Agency	137	138	11957	2388
其他批发	Others	512	572	144712	10874
零售业	**Retail Trade**	**8147**	**18395**	**24794918**	**589719**
#国有控股	State-owned and State Share Holding	314	2812	2397826	45083
按登记注册类型分	**Grouped by Status of Registration**				
内资企业	Domestic Funded Enterprises	7942	16901	19861245	459596
国有企业	State-owned Enterprises	75	202	225796	7671
集体企业	Collective-owned Enterprises	115	232	184532	4044
股份合作企业	Cooperative Enterprises	17	22	20360	568
联营企业	Joint Ownership Enterprises	6	9	20296	270
国有联营企业	State Joint Ownership Enterprises	3	3	8926	138
集体联营企业	Collective Joint Ownership Enterprise	2	5	2370	125
国有与集体联营企业	Joint State-collective Enterprises	1	1	9000	7
其他联营企业	Other Joint Ownership Enterprises				
有限责任公司	Limited Liability Corporations	1802	6159	7063728	160248
国有独资公司	State Solely Funded Corporations	21	186	64343	2977
其他有限责任公司	Other Limited Liability Corporations	1781	5973	6999385	157271
股份有限公司	Share-holding Corporations Ltd.	209	1855	2361923	37495
私营企业	Private Enterprises	5465	8138	9744208	237269
私营独资企业	Private-funded Enterprises	378	432	391079	7861
私营合伙企业	Private Partnership Enterpises	47	49	28925	540
私营有限责任公司	Private Limited Liability Corporations	4829	7326	8870895	219390
私营股份有限公司	Private Share-holding Corporations Ltd.	211	331	453309	9478
其他企业	Other Enterprises	253	284	240402	12031

项 目	Item	法人企业(个) Number of Corporation Enterprises (unit)	产业活动单位数(个) Number of Establishments (unit)	零售营业面积(平方米) Floor Space of Retail Business (sq. m)	从业人员(人) Persons Engaged (person)
港、澳、台商投资企业	Enterprises with Funds from Hong Kong, Macao and Taiwan	107	367	2164650	69456
合资经营企业	Joint-venture Enterprises	27	36	381189	6588
合作经营企业	Cooperative Enterprises				
独资经营企业	Enterprises with Sole Fund	78	326	1770181	62408
港、澳、台商投资股份有限公司	Share-holding Corporations Ltd.	2	3	11780	376
其他港澳台投资	Other Funds from Hong Kong, Macao and Taiwan			1500	84
外商投资企业	Foreign Funded Enterprises	98	1127	2769023	60667
合资经营企业	Joint-venture Enterprises	29	853	1361752	31144
合作经营企业	Cooperative Enterprises	2	10	56400	1861
独资经营企业	Enterprises with Sole Fund	62	256	1321654	27092
外商投资股份有限公司	Share-holding Corporations Ltd.	4	7	28217	540
其他外商投资	Other Foreign Funds	1	1	1000	30
按行业分	**Grouped by Sector**				
综合零售	Integrated Retail	898	3695	10307602	223220
食品、饮料及烟草制品专门零售	Retail of Food, Beverages and Tobaccos	955	2835	796844	41057
纺织、服装及日用品专门零售	Retail of Textiles, Garments and Daily Consumer Articles	547	818	903169	38591
文化、体育用品及器材专门零售	Retail of Culture, Sports Appliances and Equipment	533	981	817990	27479
医药及医疗器材专门零售	Retail of Medicines and Medica Appliances	456	2545	651156	38152
汽车、摩托车、燃料及零配件专门零售	Retail of Motor Vehicles, Motorcycles, Fuel and Parts	2744	4779	7886125	133682
家用电器及电子产品专门零售	Special Retail of Household Electric Appliances and Electronic Products	1012	1610	1983091	51413
五金、家具及室内装饰材料专门零售	Special Retail of Hardware, Furniture and Decoration Materials	657	703	950521	17958
摊货无店铺及其他零售业	Non-shop and Other Retail	345	429	498420	18167
按经营方式分	**Grouped by Business Mode**				
独立商店	Independent Stores	6846	9574	16497915	349431
连锁商店总店	Chain Stores	165	5320	4062643	115516
连锁商店分店	Branches of Chain Stores	227	1915	2860653	52842
其他	Others	909	1586	1373707	71930
按零售业态分	**Grouped by Store Type**				
有店铺零售	Retail Store	8031	18276	24666577	575947
食杂店	Grocery Store	42	145	28394	2152
便利店	Convenience Store	60	564	191523	5880

14－5 续 表 3 Continued 3

项目	Item	法人企业(个) Number of Corporation Enterprises (unit)	产业活动单位数(个) Number of Establishments (unit)	零售营业面积(平方米) Floor Space of Retail Business (sq. m)	从业人员(人) Persons Engaged (person)
折扣店	Discount Store	6	6	14037	351
超市	Supermarket	353	1023	658566	32625
大型超市	Large Supermarket	203	1715	5296404	121138
仓储会员店	Store Member Store	8	8	68505	596
百货店	Department Store	464	734	4532437	80933
专业店	Specialty Stores	4462	10166	7877918	190923
专卖店	Franchised Stores	1968	3386	4715417	111561
家具建材商店	Furniture Building Material Shop	175	183	451683	6391
购物中心	Shopping Mall	38	82	454503	11133
厂家直销中心	Factory Direct Soles Center	252	264	377190	12264
无店铺零售	No Shop Retail	116	119	128341	13772
电视购物	TV Shopping	4	4	223	1221
邮购	Mail Order Shopping	3	4	1000	677
网上商店	Online Commodity	68	70	78310	10237
自动售货亭	Vending Machine	1	1	1258	68
电话购物	Telephone Shopping	11	11	1159	346
其他	Others	29	29	46391	1223
在总计中:	**In the Total**				
南京市	Nanjing	2585	5860	6371462	264815
无锡市	Wuxi	1690	2984	3100218	100617
徐州市	Xuzhou	2017	2446	2572271	81455
常州市	Changzhou	2226	3087	2261336	75829
苏州市	Suzhou	3640	6302	5277377	202640
南通市	Nantong	2057	3486	2438351	73915
连云港市	Lianyungang	564	911	709281	22156
淮安市	Huaian	1030	1201	1162493	32052
盐城市	Yancheng	1281	1621	1458963	41615
扬州市	Yangzhou	754	1488	1095368	35275
镇江市	Zhenjiang	586	719	931456	31878
泰州市	Taizhou	642	1028	839750	32267
宿迁市	Suqian	463	736	703932	21665

注:产业活动单位数包括本省限额上批零住餐法人所属的全部(包括在外省的)产业活动单位和其他行业及外省法人所属在本省的限额以上批发和零售业产业活动单位。营业面积、从业人数为法人在地口径。

a) The number of establishments include the number of enterprises above designated size in wholesale and retail trades of Jiangsu and other province eatablished in Jiangsu. The data of persons engaged and floor space of retail business base on the data of corporation enterprises.

14－6 批发和零售业商品购销存总额(2013 年)

Total Value of Commodity Purchasing, Sales and Inventory of Enterprises above Designated Size in Wholesale and Retail Sale Trade(2013)

单位:亿元 (100 million yuan)

项目	Item	商品购进总额 Total Purchaes Value	商品销售总额 Total Sales Value	批发 Whole-sale Value	零售 Retail Sale Value	商品库存总额 Stock
总计	**Total**		**79273.22**	**59105.28**	**20167.93**	
限额以上企业和单位	**Above Designated Size Enterprises and Units**	**42377.61**	**46399.82**	**36236.73**	**10163.09**	**2496.86**
#国有控股	State-owned and State Share Holding	7623.36	8329.48	6699.13	1630.35	499.34
批发业	**Wholesale Trade**	**33840.24**	**36746.99**	**35441.03**	**1305.96**	**1717.74**
#国有控股	State-owned and State Share Holding	6468.03	6926.45	6396.97	529.48	430.66
按登记注册类型分	**Grouped by Status of Registration**					
内资企业	Domestic Funded Enterprises	31151.17	33602.00	32373.96	1228.04	1532.49
国有企业	State-owned Enterprises	1566.89	1812.20	1776.43	35.77	151.40
集体企业	Collective-owned Enterprises	55.63	73.65	64.94	8.71	8.96
股份合作企业	Cooperative Enterprises	56.13	59.21	58.50	0.71	1.29
联营企业	Joint Ownership Enterprises	35.59	35.59	25.93	9.66	0.01
国有联营企业	State Joint Ownership Enterprises	35.00	35.00	25.61	9.39	
集体联营企业	Collective Joint Ownership Enterprise	0.60	0.59	0.32	0.27	0.01
国有与集体联营企业	Joint State-collective Enterprises					
其他联营企业	Other Joint Ownership Enterprises					
有限责任公司	Limited Liability Corporations	8381.74	9260.33	8852.65	407.68	413.05
国有独资公司	State Solely Funded Corporations	743.03	760.52	694.03	66.50	56.98
其他有限责任公司	Other Limited Liability Corporations	7638.70	8499.81	8158.62	341.19	356.07
股份有限公司	Share-holding Corporations Ltd.	3717.13	3676.42	3345.17	331.25	208.93
私营企业	Private Enterprises	17029.38	18345.08	17934.69	410.39	738.25
私营独资企业	Private-funded Enterprises	160.12	184.56	166.42	18.14	8.50
私营合伙企业	Private Partnership Enterpises	26.94	22.48	18.47	4.02	6.89
私营有限责任公司	Private Limited Liability Corporations	16326.33	17540.39	17185.61	354.78	694.53
私营股份有限公司	Private Share-holding Corporations Ltd.	515.99	597.65	564.19	33.45	28.33
其他企业	Other Enterprises	308.69	339.51	315.64	23.86	10.61
港、澳、台商投资企业	Enterprises with Funds from Hong Kong, Macao and Taiwan	1049.00	1199.86	1168.32	31.54	79.19
合资经营企业	Joint-venture Enterprises	221.81	267.74	262.29	5.45	17.02
合作经营企业	Cooperative Enterprises	1.03	1.05	1.02	0.03	0.13
独资经营企业	Enterprises with Sole Fund	805.16	901.38	875.54	25.84	53.72
港、澳、台商投资股份有限公司	Share-holding Corporations Ltd.	21.00	29.69	29.47	0.22	8.31
其他港澳台投资	Other Funds from Hong Kong, Macao and Taiwan					
外商投资企业	Foreign Funded Enterprises	1640.07	1945.13	1898.74	46.39	106.06

14－6 续 表 1 Continued 3

单位：亿元 (100 million yuan)

项目	Item	商品购进总额 Total Purchaes Value	商品销售总额 Total Sales Value	批发 Wholesale Value	零售 Retail Sale Value	商品库存总额 Stock
合资经营企业	Joint-venture Enterprises	207.41	227.05	219.62	7.44	6.63
合作经营企业	Cooperative Enterprises	685.41	690.15	690.13	0.02	4.11
独资经营企业	Enterprises with Sole Fund	745.76	1017.31	983.14	34.17	85.72
外商投资股份有限公司	Share-holding Corporations Ltd.	1.08	1.15	1.12	0.03	0.04
其他外商投资	Other Foreign Funds	0.40	9.47	4.73	4.73	9.56
按行业分	**Grouped by Sector**					
农、林、牧产品批发	Wholesale of Farm Products and Livestock Products	601.56	679.42	646.71	32.71	76.07
食品、饮料及烟草制品批发	Wholesale of Food, Beverages and Tobaccos	1928.22	2331.62	2242.35	89.27	166.88
纺织、服装及日用品批发	Wholesale of Textiles, Garments and Daily Consumer Articals	4989.94	5738.93	5596.96	141.98	338.74
文化、体育用品及器材批发	Wholesale of Culture, Sports Appliances and Equipment	415.08	443.10	408.20	34.89	83.57
医药及医疗器材批发	Wholesale of Medicines and Medical Appliances	775.86	991.43	892.37	99.06	83.99
矿产品、建材及化工产品批发	Wholesale of Mineral Products, Building Material and Chemical Products	21315.93	22360.48	21564.00	796.48	733.01
机械设备、五金交电及电子产品批发	Wholesale of Machinery, Hardware and Electronic Equipment	2685.86	2936.77	2846.23	90.54	202.79
贸易经纪与代理	Trade Broker and Agency	297.91	325.36	323.71	1.64	5.70
其他批发	Others	829.88	939.88	920.50	19.39	26.98
零售业	**Retail Trade**	**8537.37**	**9652.83**	**795.70**	**8857.12**	**779.12**
#国有控股	State-owned and State Share Holding	1155.33	1403.04	302.17	1100.87	68.68
按登记注册类型分	**Grouped by Status of Registration**					
内资企业	Domestic Funded Enterprises	7158.34	8077.60	569.79	7507.81	631.68
国有企业	State-owned Enterprises	117.71	134.75	22.00	112.74	15.33
集体企业	Collective-owned Enterprises	74.44	77.63	11.22	66.40	3.82
股份合作企业	Cooperative Enterprises	5.06	5.98	0.53	5.45	0.49
联营企业	Joint Ownership Enterprises	8.79	9.38	0.91	8.47	0.87
国有联营企业	State Joint Ownership Enterprises	4.55	4.44		4.44	0.39
集体联营企业	Collective Joint Ownership Enterprise	0.36	0.36	0.01	0.35	0.02
国有与集体联营企业	Joint State-collective Enterprises	1.68	1.87		1.87	0.04
其他联营企业	Other Joint Ownership Enterprises	2.20	2.71	0.90	1.81	0.42
有限责任公司	Limited Liability Corporations	2389.82	2618.41	190.56	2427.85	229.58
国有独资公司	State Solely Funded Corporations	118.50	122.05	25.87	96.18	3.95
其他有限责任公司	Other Limited Liability Corporations	2271.32	2496.36	164.69	2331.67	225.64
股份有限公司	Share-holding Corporations Ltd.	882.99	1148.22	177.23	970.99	38.31

14－6 续 表 2 Continued 2

单位:亿元 (100 million yuan)

项目	Item	商品购进总额 Total Purchaes Value	商品销售总额 Total Sales Value	批发 Wholesale Value	零售 Retail Sale Value	商品库存总额 Stock
私营企业	Private Enterprises	3627.25	4023.85	160.78	3863.06	340.24
私营独资企业	Private-funded Enterprises	164.71	190.84	5.83	185.02	15.91
私营合伙企业	Private Partnership Enterpises	7.89	9.30	0.03	9.27	0.54
私营有限责任公司	Private Limited Liability Corporations	3288.87	3634.35	150.24	3484.11	307.93
私营股份有限公司	Private Share-holding Corporations Ltd.	165.77	189.35	4.69	184.67	15.87
其他企业	Other Enterprises	52.28	59.40	6.56	52.84	3.05
港、澳、台商投资企业	Enterprises with Funds from Hong Kong, Macao and Taiwan	643.37	729.48	73.77	655.72	88.58
合资经营企业	Joint-venture Enterprises	72.18	82.62	0.12	82.50	10.39
合作经营企业	Cooperative Enterprises	0.54	0.62		0.62	0.03
独资经营企业	Enterprises with Sole Fund	562.84	637.47	72.98	564.48	77.77
港、澳、台商投资股份有限公司	Share-holding Corporations Ltd.	7.54	8.39	0.66	7.73	0.38
其他港澳台投资	Other Funds from Hong Kong, Macao and Taiwan	0.27	0.38		0.38	0.00
外商投资企业	Foreign Funded Enterprises	735.66	845.74	152.14	693.60	58.86
合资经营企业	Joint-venture Enterprises	441.11	478.10	151.00	327.10	26.63
合作经营企业	Cooperative Enterprises	11.00	11.01		11.01	1.10
独资经营企业	Enterprises with Sole Fund	273.38	345.24	1.14	344.10	30.05
外商投资股份有限公司	Share-holding Corporations Ltd.	10.17	11.39		11.39	1.08
其他外商投资	Other Foreign Funds					
按行业分	**Grouped by Sector**					
综合零售	Integrated Retail	2114.14	2448.58	197.63	2250.95	211.94
食品、饮料及烟草制品专门零售	Retail of Food, Beverages and Tobaccos	297.36	344.96	27.07	317.89	27.00
纺织、服装及日用品专门零售	Retail of Textiles, Garments and Daily Consumer Articles	264.72	304.69	13.61	291.08	37.94
文化、体育用品及器材专门零售	Retail of Culture, Sports Appliances and Equipment	342.45	380.73	24.10	356.63	61.51
医药及医疗器材专门零售	Retail of Medicines and Medica Appliances	611.55	683.07	112.78	570.28	52.36
汽车、摩托车、燃料及零配件专门零售	Retail of Motor Vehicles, Motorcycles, Fuel and Parts	3654.49	4064.56	300.15	3764.41	297.82
家用电器及电子产品专门零售	Special Retail of Household Electric Appliances and Electronic Products	671.63	739.51	55.92	683.60	57.23
五金、家具及室内装修材料专门零售	Special Retail of Hardware, Furniture and Decoration Materials	405.77	469.96	48.16	421.80	25.62
无店铺及其他零售	Non-shop and Other Retail	175.27	216.76	16.28	200.48	7.69

14－6 续 表 3 Continued 3

单位：亿元 (100 million yuan)

项 目	Item	商品购进总额 Total Purchaes Value	商品销售总额 Total Sales Value	批发 Whole-sale Value	零售 Retail Sale Value	商品库存总额 Stock
按经营方式分	**Grouped by Business Mode**					
独立商店	Independent Stores	5931.08	6724.51	365.84	6358.67	532.86
连锁商店总店	Chain Stores	1103.67	1223.03	224.30	998.74	122.89
连锁商店分店	Branches of Chain Stores	580.51	690.48	59.91	630.57	46.92
其他	Others	922.11	1014.80	145.66	869.14	76.44
按零售业态分	**Grouped by Store Type**					
有店铺零售	Retail Store	8410.26	9497.72	782.90	8714.82	772.12
食杂店	Grocery Store	16.03	16.66	1.05	15.61	1.00
便利店	Convenience Store	47.56	51.11	4.45	46.65	2.60
折扣店	Discount Store	2.22	3.91		3.91	0.15
超市	Supermarket	187.86	201.91	5.15	196.77	23.38
大型超市	Large Supermarket	1020.66	1134.09	177.92	956.17	114.40
仓储会员店	Store Member Store	11.59	12.26	0.26	12.00	1.37
百货店	Department Store	951.21	1171.29	16.92	1154.38	89.13
专业店	Specialty Stores	3552.42	4003.82	415.20	3588.63	269.45
专卖店	Franchised Stores	2223.62	2409.99	91.38	2318.61	239.27
家具建材商店	Furniture Building Material Shop	155.41	189.15	36.83	152.32	14.29
购物中心	Shopping Mall	77.71	90.52	2.23	88.29	1.74
厂家直销中心	Factory Direct Soles Center	163.96	213.02	31.52	181.49	15.35
无店铺零售	No Shop Retail	127.11	155.11	12.80	142.30	7.00
电视购物	TV Shopping	12.10	30.55	1.62	28.93	0.38
邮购	Mail Order Shopping	1.49	2.86		2.86	0.11
网上商店	Online Commodity	109.32	116.21	10.29	105.92	5.73
自动售货亭	Vending Machine	0.67	0.93		0.93	0.04
电话购物	Telephone Shopping	3.53	4.55	0.90	3.65	0.74
限额以下企业(单位)和个体	**Enterprises (units) below Designated Size and Individuals**		**32873.40**	**22868.55**	**10004.84**	

14－7 批发和零售业商品购销存总额(2014 年)
Total Value of Commodity Purchasing, Sales and Inventory of Enterprises above Designated Size in Wholesale and Retail Sale Trade(2014)

单位:亿元 (100 million yuan)

项目	Item	商品购进总额 Total Purchaes Value	商品销售总额 Total Sales Value	批发 Whole-sale Value	零售 Retail Sale Value	商品库存总额 Stock
总计	**Total**		**89871.27**	**68716.12**	**21155.15**	
限额以上企业和单位	**Above Designated Size Enterprises and Units**	**41554.17**	**46152.51**	**35003.29**	**11149.22**	**2582.84**
#国有控股	State-owned and State Share Holding	8270.42	9213.24	7361.22	1852.02	496.64
批发业	**Wholesale Trade**	**32333.35**	**35571.90**	**33975.99**	**1595.90**	**1771.31**
#国有控股	State-owned and State Share Holding	6741.66	7433.23	6883.88	549.35	417.12
按登记注册类型分	**Grouped by Status of Registration**					
内资企业	Domestic Funded Enterprises	29032.18	31796.74	30312.24	1484.50	1565.56
国有企业	State-owned Enterprises	1227.74	1752.02	1690.47	61.56	133.70
集体企业	Collective-owned Enterprises	57.14	63.83	56.26	7.56	8.58
股份合作企业	Cooperative Enterprises	61.81	64.38	63.57	0.81	1.52
联营企业	Joint Ownership Enterprises	31.15	31.16	20.01	11.16	0.00
国有联营企业	State Joint Ownership Enterprises	30.93	30.93	20.01	10.93	
集体联营企业	Collective Joint Ownership Enterprise	0.22	0.23		0.23	0.00
国有与集体联营企业	Joint State-collective Enterprises					
其他联营企业	Other Joint Ownership Enterprises					
有限责任公司	Limited Liability Corporations	9835.83	10552.34	9953.93	598.41	448.64
国有独资公司	State Solely Funded Corporations	1026.81	1090.81	1017.66	73.15	55.72
其他有限责任公司	Other Limited Liability Corporations	8809.02	9461.53	8936.27	525.26	392.91
股份有限公司	Share-holding Corporations Ltd.	3318.90	3506.82	3288.08	218.73	297.58
私营企业	Private Enterprises	14362.23	15665.68	15110.48	555.21	667.78
私营独资企业	Private-funded Enterprises	75.47	110.11	95.71	14.40	3.72
私营合伙企业	Private Partnership Enterpises	11.43	20.18	15.38	4.80	0.44
私营有限责任公司	Private Limited Liability Corporations	13875.80	15088.53	14583.29	505.25	642.76
私营股份有限公司	Private Share-holding Corporations Ltd.	399.52	446.86	416.10	30.76	20.86
其他企业	Other Enterprises	137.39	160.51	129.45	31.06	7.76
港、澳、台商投资企业	Enterprises with Funds from Hong Kong, Macao and Taiwan	1565.83	1761.70	1716.88	44.82	77.23
合资经营企业	Joint-venture Enterprises	290.51	312.83	305.69	7.15	20.18
合作经营企业	Cooperative Enterprises	0.90	0.92	0.92		0.12
独资经营企业	Enterprises with Sole Fund	1258.76	1419.92	1382.32	37.60	49.47
港、澳、台商投资股份有限公司	Share-holding Corporations Ltd.	15.66	28.03	27.95	0.07	7.46
其他港澳台投资	Other Funds from Hong Kong, Macao and Taiwan					
外商投资企业	Foreign Funded Enterprises	1735.35	2013.45	1946.86	66.59	128.52

14－7 续 表 1 Continued 1

单位:亿元 (100 million yuan)

项 目	Item	商品购进总额 Total Purchaes Value	商品销售总额 Total Sales Value	批发 Whole-sale Value	零售 Retail Sale Value	商品库存总额 Stock
合资经营企业	Joint-venture Enterprises	315.19	344.37	337.23	7.14	9.94
合作经营企业	Cooperative Enterprises	581.13	589.62	589.62		0.28
独资经营企业	Enterprises with Sole Fund	837.17	1067.05	1010.95	56.10	110.51
外商投资股份有限公司	Share-holding Corporations Ltd.	0.65	0.75	0.72	0.03	0.05
其他外商投资	Other Foreign Funds	1.21	11.66	8.35	3.31	7.75
按行业分	**Grouped by Sector**					
农、林、牧产品批发	Wholesale of Farm Products and Livestock Products	665.67	786.50	714.91	71.59	83.03
食品、饮料及烟草制品批发	Wholesale of Food, Beverages and Tobaccos	1812.22	2291.90	2182.36	109.54	146.99
纺织、服装及日用品批发	Wholesale of Textiles, Garments and Daily Consumer Articals	5611.51	6610.52	6388.99	221.53	504.93
文化、体育用品及器材批发	Wholesale of Culture, Sports Appliances and Equipment	429.30	504.15	467.14	37.01	62.93
医药及医疗器材批发	Wholesale of Medicines and Medical Appliances	932.18	1112.65	998.32	114.33	103.68
矿产品、建材及化工产品批发	Wholesale of Mineral Products, Building Material and Chemical Products	19074.26	20187.17	19337.25	849.92	633.56
机械设备、五金交电及电子产品批发	Wholesale of Machinery, Hardware and Electronic Equipment	2780.34	2964.21	2812.49	151.72	209.44
贸易经纪与代理	Trade Broker and Agency	339.45	364.14	360.94	3.20	4.10
其他批发	Others	688.44	750.65	713.58	37.07	22.64
零售业	**Retail Trade**	**9220.82**	**10580.61**	**1027.30**	**9553.32**	**811.53**
#国有控股	State-owned and State Share Holding	1528.76	1780.01	477.34	1302.67	79.52
按登记注册类型分	**Grouped by Status of Registration**					
内资企业	Domestic Funded Enterprises	7860.09	8958.74	816.06	8142.68	666.86
国有企业	State-owned Enterprises	102.65	115.76	8.05	107.71	11.98
集体企业	Collective-owned Enterprises	78.49	83.34	12.12	71.22	4.66
股份合作企业	Cooperative Enterprises	6.01	6.73	0.91	5.82	0.40
联营企业	Joint Ownership Enterprises	5.04	5.25	0.03	5.22	0.57
国有联营企业	State Joint Ownership Enterprises	4.09	4.10		4.10	0.54
集体联营企业	Collective Joint Ownership Enterprise	0.38	0.46	0.03	0.43	0.03
国有与集体联营企业	Joint State-collective Enterprises	0.56	0.69		0.69	0.00
其他联营企业	Other Joint Ownership Enterprises					
有限责任公司	Limited Liability Corporations	2588.24	2981.24	270.08	2711.16	246.97
国有独资公司	State Solely Funded Corporations	118.82	126.88	42.89	83.99	4.10
其他有限责任公司	Other Limited Liability Corporations	2469.42	2854.36	227.19	2627.17	242.87
股份有限公司	Share-holding Corporations Ltd.	1265.14	1497.03	323.43	1173.60	48.08

单位：亿元 (100 million yuan)

项 目 Item		商品购进总额 Total Purchaes Value	商品销售总 额 Total Sales Value	批 发 Whole-sale Value	零 售 Retail Sale Value	商品库存总额 Stock
私营企业	Private Enterprises	3756.13	4199.44	192.61	4006.83	351.77
私营独资企业	Private-funded Enterprises	82.65	100.25	2.62	97.63	5.74
私营合伙企业	Private Partnership Enterpises	8.29	9.36	0.27	9.09	0.51
私营有限责任公司	Private Limited Liability Corporations	3511.54	3917.87	185.91	3731.96	331.90
私营股份有限公司	Private Share-holding Corporations Ltd.	153.64	171.96	3.81	168.15	13.62
其他企业	Other Enterprises	58.39	69.95	8.84	61.11	2.44
港、澳、台商投资企业	Enterprises with Funds from Hong Kong, Macao and Taiwan	607.96	757.48	63.68	693.80	81.42
合资经营企业	Joint-venture Enterprises	65.95	87.19	0.29	86.90	10.60
合作经营企业	Cooperative Enterprises					
独资经营企业	Enterprises with Sole Fund	532.80	656.23	62.01	594.22	70.06
港、澳、台商投资股份有限公司	Share-holding Corporations Ltd.	8.87	9.55	1.38	8.17	0.75
其他港澳台投资	Other Funds from Hong Kong, Macao and Taiwan	0.33	4.51		4.51	0.00
外商投资企业	Foreign Funded Enterprises	752.76	864.40	147.56	716.84	63.25
合资经营企业	Joint-venture Enterprises	440.52	473.02	145.71	327.31	25.48
合作经营企业	Cooperative Enterprises	14.61	15.29		15.29	3.49
独资经营企业	Enterprises with Sole Fund	286.86	359.78	1.84	357.94	33.22
外商投资股份有限公司	Share-holding Corporations Ltd.	10.31	15.19	0.01	15.19	0.97
其他外商投资	Other Foreign Funds	0.47	1.13		1.13	0.09
按行业分	**Grouped by Sector**					
综合零售	Integrated Retail	1959.55	2504.64	197.45	2307.19	186.60
食品、饮料及烟草制品专门零售	Retail of Food, Beverages and Tobaccos	304.81	371.73	35.33	336.40	24.28
纺织、服装及日用品专门零售	Retail of Textiles, Garments and Daily Consumer Articles	308.86	371.76	32.88	338.89	42.52
文化、体育用品及器材专门零售	Retail of Culture, Sports Appliances and Equipment	348.31	373.02	31.67	341.35	63.51
医药及医疗器材专门零售	Retail of Medicines and Medica Appliances	700.61	801.08	135.25	665.83	60.56
汽车、摩托车、燃料及零配件专门零售	Retail of Motor Vehicles, Motorcycles, Fuel and Parts	4290.37	4665.65	472.25	4193.40	349.44
家用电器及电子产品专门零售	Special Retail of Household Electric Appliances and Electronic Products	701.19	796.06	66.35	729.71	57.54
五金、家具及室内装修材料专门零售	Special Retail of Hardware, Furniture and Decoration Materials	354.95	400.05	46.08	353.96	17.00
无店铺及其他零售	Non-shop and Other Retail	252.18	296.63	10.04	286.59	10.07

14－7 续 表 3 Continued 3

单位:亿元 (100 million yuan)

项 目	Item	商品购进总额 Total Purchaes Value	商品销售总额 Total Sales Value	批发 Whole-sale Value	零售 Retail Sale Value	商品库存总额 Stock
按经营方式分	**Grouped by Business Mode**					
独立商店	Independent Stores	6193.08	7108.08	449.84	6658.24	550.67
连锁商店总店	Chain Stores	1030.26	1188.06	212.53	975.54	107.41
连锁商店分店	Branches of Chain Stores	796.56	944.49	174.24	770.25	49.03
其他	Others	1200.91	1339.98	190.69	1149.30	104.42
按零售业态分	**Grouped by Store Type**					
有店铺零售	Retail Store	8978.94	10322.78	1015.40	9307.38	794.99
食杂店	Grocery Store	15.68	18.62	2.09	16.53	0.59
便利店	Convenience Store	47.33	56.84	6.87	49.98	3.77
折扣店	Discount Store	3.29	4.51		4.51	0.27
超市	Supermarket	177.57	204.75	14.44	190.31	20.40
大型超市	Large Supermarket	980.20	1156.97	162.83	994.14	102.36
仓储会员店	Store Member Store	15.70	17.33	0.03	17.30	1.31
百货店	Department Store	860.42	1212.81	25.16	1187.65	80.94
专业店	Specialty Stores	3938.80	4428.55	549.36	3879.19	292.18
专卖店	Franchised Stores	2538.90	2720.85	160.13	2560.72	267.10
家具建材商店	Furniture Building Material Shop	136.64	151.69	34.63	117.07	7.89
购物中心	Shopping Mall	97.06	114.96	2.09	112.87	4.93
厂家直销中心	Factory Direct Soles Center	167.35	234.89	57.77	177.13	13.24
无店铺零售	No Shop Retail	241.87	257.84	11.90	245.94	16.54
电视购物	TV Shopping	12.41	32.60		32.60	0.19
邮购	Mail Order Shopping	1.73	3.57	0.01	3.56	0.17
网上商店	Online Commodity	209.65	200.32	4.00	196.33	13.92
自动售货亭	Vending Machine	0.48	0.79		0.79	0.03
电话购物	Telephone Shopping	3.63	4.75	1.94	2.81	0.60
其他	Others	13.98	15.81	5.95	9.85	1.63
限额以下企业(单位)和个体	**Enterprises (units) below Designated Size and Individuals**		**43718.76**	**33712.83**	**10005.93**	

14－8 限额以上批发和零售业企业财务状况(2013 年)

单位:亿元

项目	Item	资产总计 Total Assets	#流动资产 Crculating Assets	#固定资产 Fixed Assets
总 计	**Total**	**16694.26**	**12767.61**	**1431.27**
#国有控股	State-owned and State Share Holding	3387.57	2560.02	281.05
批发业	**Wholesale Trade**	**12466.00**	**10116.56**	**740.89**
#国有控股	State-owned and State Share Holding	2929.72	2303.15	205.66
按登记注册类型分	**Grouped by status of Registration**			
内资企业	Domestic Funded Enterprises	11372.12	9227.15	683.70
国有企业	State-owned Enterprises	875.07	776.93	68.09
集体企业	Collective-owned Enterprises	60.84	34.26	7.47
股份合作企业	Cooperative Enterprises	14.60	10.23	3.15
联营企业	Joint Ownership Enterprises	0.04	0.02	0.01
国有联营企业	State Joint Ownership Enterprises			
集体联营企业	Collective Joint Ownership Enterprise	0.04	0.02	0.01
国有与集体联营企业	Joint State-collective Enterprises			
其他联营企业	Other Joint Ownership Enterprises			
有限责任公司	Limited Liability Corporations	3080.35	2476.48	199.90
国有独资公司	State Solely Funded Corporations	307.35	239.88	37.19
其他有限责任公司	Other Limited Liability Corporations	2773.00	2236.61	162.71
股份有限公司	Share-holding Corporations Ltd.	1896.56	1509.01	78.50
私营企业	Private Enterprises	5336.37	4337.20	307.74
私营独资企业	Private-funded Enterprises	43.26	30.92	8.26
私营合伙企业	Private Partnership Enterpises	1.58	1.39	0.18
私营有限责任公司	Private Limited Liability Corporations	4929.91	4016.89	280.68
私营股份有限公司	Private Share-holding Corporations Ltd.	361.62	287.99	18.62
其他企业	Other Enterprises	108.29	83.02	18.83
港、澳、台商投资企业	Enterprises with Funds from Hong Kong, Macao and Taiwan	572.94	463.77	41.01
合资经营企业	Joint-venture Enterprises	142.17	92.39	11.11
合作经营企业	Cooperative Enterprises	0.55	0.35	0.02
独资经营企业	Enterprises with Sole Fund	414.37	358.42	29.05
港、澳、台商投资股份有限公司	Share-holding Corporations Ltd.	15.85	12.60	0.83
其他港澳台投资	Other Funds from Hong Kong, Macao and Taiwan			
外商投资企业	Foreign Funded Enterprises	520.94	425.64	16.19
合资经营企业	Joint-venture Enterprises	51.39	42.28	1.74
合作经营企业	Cooperative Enterprises	64.75	58.28	0.66
独资经营企业	Enterprises with Sole Fund	390.04	311.75	12.90
外商投资股份有限公司	Share-holding Corporations Ltd.	0.08	0.08	0.00
其他外商投资	Other Foreign Funds	14.67	13.25	0.89

Financial Indicators of Enterprises above Designated Size in Wholesale and Retail Trade(2013)

(100 million yuan)

负债合计 Total Liabilities	所有者权益合计 Owner's Equities	主营业务收入 Revenue from Principal Business	主营业务成本 Cost of Principle Business	其他业务利润 Profits from Other Business	营业利润 Profit from Major Business	利润总额 Total Profits
12299.05	**4507.52**	**40242.36**	**36695.62**	**122.58**	**1601.21**	**1474.12**
2394.60	1105.31	7410.92	6828.29	12.48	301.12	282.21
9246.63	**3297.62**	**32049.16**	**29507.90**	**44.79**	**1295.99**	**1206.68**
2065.07	942.94	6185.02	5702.20	6.30	271.37	253.75
8541.12	2909.23	29515.92	27366.35	35.80	1172.08	1078.55
410.03	465.04	1551.37	1329.22	1.63	131.62	132.45
54.24	6.60	65.56	55.88	0.01	5.60	2.74
10.66	3.94	51.22	48.93	0.16	0.85	0.82
0.00	0.04	0.25	0.23		0.01	0.01
0.00	0.04	0.25	0.23		0.01	0.01
2428.92	651.37	8213.87	7713.00	17.38	266.80	237.69
237.11	70.24	673.78	643.32	0.93	7.92	8.22
2191.81	581.13	7540.09	7069.67	16.45	258.87	229.47
1575.81	399.04	3312.44	3074.44	1.21	153.10	150.04
3985.57	1350.80	16022.39	14880.73	15.30	593.18	535.54
26.00	17.26	161.50	135.82	0.04	14.27	11.35
0.95	0.63	16.48	14.31		1.64	1.64
3651.11	1278.79	15336.37	14274.05	14.92	552.50	504.80
307.51	54.10	508.05	456.55	0.33	24.78	17.75
75.89	32.41	298.82	263.93	0.11	20.93	19.27
369.27	203.71	1028.56	870.94	4.07	49.99	52.49
72.81	69.40	229.30	212.24	3.12	10.50	10.52
0.22	0.32	0.93	0.81		0.02	0.02
286.89	127.48	772.96	642.98	0.52	36.62	38.89
9.35	6.50	25.37	14.91	0.44	2.85	3.05
336.25	184.69	1504.68	1270.61	4.92	73.92	75.64
18.66	32.73	172.95	153.19	0.08	15.01	14.98
48.38	16.37	584.27	572.44		9.25	9.44
262.49	127.55	737.59	539.40	4.84	47.67	49.22
0.04	0.04	0.40	0.38		0.01	0.01
6.68	8.00	9.47	5.21		1.99	1.99

14－8 续 表 1

单位:亿元

项 目	Item	资产总计 Total Assets	#流动资产 Crculating Assets	#固定资产 Fixed Assets
按行业分	**Grouped by Sector**			
农、林、牧产品批发	Wholesale of Farm Products and Livestock Products	316.61	235.53	46.13
食品、饮料及烟草制品批发	Wholesale of Food, Beverages and Tobaccos	1069.94	870.36	111.35
纺织、服装及日用品批发	Wholesale of Textiles, Garments and Daily Consumer Articals	2583.11	2139.53	102.04
文化、体育用品及器材批发	Wholesale of Culture, Sports Appliances and Equipment	316.59	232.30	18.74
医药及医疗器材批发	Wholesale of Medicines and Medical Appliances	512.55	437.69	22.92
矿产品、建材及化工产品批发	Wholesale of Mineral Products, Building Material and Chemical Products	5906.01	4757.27	319.12
机械设备、五金交电及电子产品批发	Wholesale of Machinery, Hardware and Electronic Equipment	1344.56	1121.43	88.76
贸易经纪与代理	Trade Broker and Agency	97.07	74.36	4.76
其他批发	Others	319.56	248.08	27.07
零售业	**Retail Trade**	**4228.27**	**2651.05**	**690.38**
#国有控股	State-owned and State Share Holding	457.85	256.87	75.38
按登记注册类型分	**Grouped by Status of Registration**			
内资企业	Domestic Funded Enterprises	3501.69	2146.61	579.55
国有企业	State-owned Enterprises	60.31	51.40	6.02
集体企业	Collective-owned Enterprises	20.17	9.08	9.34
股份合作企业	Cooperative Enterprises	2.31	1.67	0.40
联营企业	Joint Ownership Enterprises	1.73	1.34	0.27
国有联营企业	State Joint Ownership Enterprises	0.67	0.58	0.05
集体联营企业	Collective Joint Ownership Enterprise	0.17	0.08	0.06
国有与集体联营企业	Joint State-collective Enterprises	0.17	0.07	0.08
其他联营企业	Other Joint Ownership Enterprises	0.72	0.60	0.07
有限责任公司	Limited Liability Corporations	1067.89	701.54	185.76
国有独资公司	State Solely Funded Corporations	19.82	6.94	6.64
其他有限责任公司	Other Limited Liability Corporations	1048.08	694.59	179.12
股份有限公司	Share-holding Corporations Ltd.	685.56	309.61	117.96
私营企业	Private Enterprises	1640.68	1061.92	250.17
私营独资企业	Private-funded Enterprises	45.24	24.67	14.34
私营合伙企业	Private Partnership Enterpises	3.14	1.59	1.06
私营有限责任公司	Private Limited Liability Corporations	1480.80	966.03	222.62
私营股份有限公司	Private Share-holding Corporations Ltd.	111.49	69.63	12.15
其他企业	Other Enterprises	23.02	10.06	9.63

Continued 1

(100 million yuan)

负债合计 Total Liabilities	所有者权益合计 Owner's Equities	主营业务收入 Revenue from Principal Business	主营业务成本 Cost of Principle Business	其他业务利润 Profits from Other Business	营业利润 Profit from Major Business	利润总额 Total Profits
231.40	85.21	638.12	566.05	0.59	37.40	37.04
479.93	590.01	2002.86	1615.74	2.05	227.44	221.64
1942.03	641.07	4925.13	4372.01	6.54	234.19	230.92
167.80	148.79	377.56	334.29	0.30	21.24	21.10
416.08	96.47	865.32	735.55	14.09	29.49	28.70
4711.71	1272.52	19516.75	18461.11	15.21	608.20	537.65
990.63	353.94	2588.78	2374.08	5.10	90.82	84.81
65.85	31.22	298.57	275.49	0.31	13.52	13.28
241.19	78.40	836.07	773.59	0.61	33.69	31.53
3052.42	**1209.90**	**8193.20**	**7187.72**	**77.78**	**305.23**	**267.45**
329.53	162.37	1225.90	1126.09	6.17	29.75	28.46
2537.63	998.11	6921.91	6086.44	58.57	266.20	235.36
50.99	9.32	99.97	90.86	0.66	2.65	2.93
10.42	9.75	66.88	56.61	0.06	5.21	4.30
1.69	0.63	4.59	3.72	0.05	0.42	0.29
1.17	0.56	8.11	7.42	0.05	0.10	0.10
0.49	0.17	3.91	3.67	0.01	0.06	0.06
0.09	0.09	0.34	0.21		0.09	0.09
0.12	0.05	1.65	1.60		-0.06	-0.06
0.48	0.25	2.21	1.95	0.04	0.01	0.01
811.70	256.20	2230.92	1972.54	26.69	64.87	59.72
10.97	8.85	105.45	97.07	0.25	2.37	2.35
800.73	247.35	2125.47	1875.47	26.44	62.50	57.37
480.24	239.37	990.63	881.63	9.56	31.30	28.99
1173.98	466.70	3463.35	3032.69	21.46	151.51	130.35
22.10	23.14	169.66	135.36	0.31	15.20	10.31
1.65	1.49	7.43	6.24	0.00	0.62	0.50
1092.00	388.80	3118.23	2744.28	19.79	123.08	108.09
58.23	53.27	168.02	146.81	1.35	12.61	11.46
7.44	15.58	57.48	40.98	0.03	10.14	8.67

单位:亿元

项 目	Item	资产总计 Total Assets	#流动资产 Crculating Assets	#固定资产 Fixed Assets
港、澳、台商投资企业	Enterprises with Funds from Hong Kong, Macao and Taiwan	351.51	243.70	60.44
合资经营企业	Joint-venture Enterprises	36.33	18.71	11.01
合作经营企业	Cooperative Enterprises	0.19	0.08	0.05
独资经营企业	Enterprises with Sole Fund	312.39	222.69	49.03
港、澳、台商投资股份有限公司	Share-holding Corporations Ltd.	2.60	2.22	0.35
其他港澳台投资	Other Funds from Hong Kong, Macao and Taiwan			
外商投资企业	Foreign Funded Enterprises	375.07	260.73	50.39
合资经营企业	Joint-venture Enterprises	172.43	134.89	19.59
合作经营企业	Cooperative Enterprises	2.33	0.39	1.08
独资经营企业	Enterprises with Sole Fund	194.40	123.26	29.43
外商投资股份有限公司	Share-holding Corporations Ltd.	5.92	2.19	0.30
其他外商投资	Other Foreign Funds			
按行业分	**Grouped by Sector**			
综合零售	Integrated Retail	1306.50	807.63	267.84
食品、饮料及烟草制品专门零售	Retail of Food, Beverages and Tobaccos	135.70	78.57	35.10
纺织、服装及日用品专门零售	Retail of Textiles, Garments and Daily Consumer Articles	147.01	87.95	21.89
文化、体育用品及器材专门零售	Retail of Culture, Sports Appliances and Equipment	158.82	117.41	21.96
医药及医疗器材专门零售	Retail of Medicines and Medica Appliances	289.76	253.86	18.19
汽车、摩托车、燃料及零配件专门零售	Retail of Motor Vehicles, Motorcycles, Fuel and Parts	1290.92	826.80	206.46
家用电器及电子产品专门零售	Special Retail of Household Electric Appliances and Electronic Products	516.03	286.22	56.10
五金、家具及室内装修材料专门零售	Special Retail of Hardware, Furniture and Decoration Materials	276.64	116.55	41.27
无店铺及其他零售	Non-shop and Other Retail	106.88	76.06	21.59
按经营方式分	**Grouped by Business Mode**			
独立商店	Independent Stores	2847.19	1762.47	503.93
连锁商店总店	Chain Stores	767.07	466.99	96.06
连锁商店分店	Branches of Chain Stores	225.76	132.66	40.12
其他	Others	388.25	288.93	50.27
按零售业态分	**Grouped by Store Type**			
有店铺零售	Retail Store	4175.77	2603.42	687.64
食杂店	Grocery Store	6.24	2.73	2.55

Continued 2

(100 million yuan)

负债合计 Total Liabilities	所有者权益合计 Owner's Equities	主营业务收入 Revenue from Principal Business	主营业务成本 Cost of Principle Business	其他业务利润 Profits from Other Business	营业利润 Profit from Major Business	利润总额 Total Profits
263.47	88.03	607.12	513.63	9.16	18.67	12.30
19.92	16.40	60.48	52.91	2.30	3.28	2.95
0.11	0.08	0.56	0.48		0.02	0.03
241.36	71.02	539.62	454.24	6.66	15.25	9.21
2.07	0.53	6.46	5.99	0.20	0.11	0.11
251.32	123.75	664.17	587.65	10.06	20.37	19.78
132.99	39.44	396.37	361.06	3.07	10.24	10.58
2.36	-0.02	7.57	6.49	0.53	-0.33	-0.33
111.45	82.94	255.08	215.50	6.21	10.46	9.38
4.53	1.39	5.14	4.60	0.24	-0.01	0.15
997.01	309.48	2025.03	1713.57	46.34	84.39	70.81
69.81	65.90	294.96	229.33	0.78	32.74	28.29
88.31	58.70	216.74	165.05	4.40	15.16	13.10
104.35	54.46	302.50	252.27	2.53	13.77	12.29
228.89	60.86	585.98	527.77	1.46	16.80	13.98
965.60	359.38	3555.54	3268.02	13.10	86.57	78.90
341.76	174.27	630.70	545.42	7.58	14.98	12.07
183.75	92.89	406.48	338.89	0.67	28.49	27.24
72.94	33.95	175.27	147.40	0.92	12.34	10.76
2036.54	848.93	5749.34	5052.33	56.64	240.74	214.59
579.21	187.86	1058.59	925.59	12.67	16.31	9.80
177.25	44.28	536.42	468.78	5.84	10.44	7.48
259.42	128.83	848.85	741.01	2.63	37.75	35.57
3012.39	1197.43	8081.08	7090.41	77.39	303.17	265.45
3.44	2.80	14.73	12.27	0.14	1.01	1.02

14－8 续 表 3

单位:亿元

项　　目	Item	资产总计 Total Assets	#流动资产 Crculating Assets	#固定资产 Fixed Assets
便利店	Convenience Store	17.12	9.73	6.09
折扣店	Discount Store	0.95	0.84	0.06
超市	Supermarket	79.92	51.16	17.36
大型超市	Large Supermarket	466.68	335.56	81.74
仓储会员店	Store Member Store	7.74	6.90	0.49
百货店	Department Store	799.65	447.54	176.81
专业店	Specialty Stores	1659.25	987.23	256.68
专卖店	Franchised Stores	853.84	622.72	113.48
家具建材商店	Furniture Building Material Shop	164.67	50.63	19.78
购物中心	Shopping Mall	42.86	28.12	1.34
厂家直销中心	Factory Direct Soles Center	76.85	60.25	11.26
无店铺零售	No Shop Retail	52.50	47.63	2.74
电视购物	TV Shopping	9.31	8.75	0.22
邮购	Mail Order Shopping	0.68	0.55	0.04
网上商店	Online Commodity	39.14	36.04	1.61
自动售货亭	Vending Machine	0.48	0.10	0.29
电话购物	Telephone Shopping	2.89	2.19	0.57
在总计中:	**In the Total**			
南京市	Nanjing	4817.41	3727.44	319.13
无锡市	Wuxi	2209.16	1785.17	192.75
徐州市	Xuzhou	689.38	471.49	124.64
常州市	Changzhou	1628.29	1136.65	122.45
苏州市	Suzhou	4007.56	3198.37	263.28
南通市	Nantong	865.80	613.75	106.02
连云港市	Lianyungang	291.65	205.46	31.46
淮安市	Huaian	261.74	155.17	51.34
盐城市	Yancheng	333.77	215.70	61.62
扬州市	Yangzhou	380.27	294.22	44.09
镇江市	Zhenjiang	378.42	270.88	51.97
泰州市	Taizhou	526.62	437.91	39.27
宿迁市	Suqian	304.21	255.38	23.24

Continued 3

(100 million yuan)

负债合计 Total Liabilities	所有者权益合计 Owner's Equities	主营业务收入 Revenue from Principal Business	主营业务成本 Cost of Principle Business	其他业务利润 Profits from Other Business	营业利润 Profit from Major Business	利润总额 Total Profits
13.04	4.08	46.74	40.99	0.32	1.09	0.97
0.75	0.20	3.60	3.24	0.13	0.06	0.06
72.02	7.90	168.37	143.63	4.52	1.79	1.12
423.33	43.35	962.13	829.98	13.28	18.52	11.06
6.50	1.24	10.37	9.32	0.07	0.07	0.03
521.84	277.80	939.63	774.24	28.62	67.29	61.65
1146.62	546.68	3471.01	3082.70	16.26	121.75	110.44
637.65	216.19	2060.29	1856.35	9.69	61.96	54.50
110.33	54.35	163.53	137.65	0.54	9.24	8.64
26.47	16.39	67.26	54.53	3.73	4.89	4.67
50.40	26.44	173.41	145.50	0.09	15.49	11.29
40.03	12.47	112.12	97.31	0.40	2.06	2.00
4.56	4.75	26.05	21.87		0.50	0.59
0.52	0.16	2.29	1.04		0.06	0.05
33.19	5.95	78.89	70.54	0.28	1.44	1.29
0.27	0.21	0.80	0.61	0.02	0.02	0.01
1.49	1.40	4.10	3.25	0.10	0.05	0.05
3714.27	1180.46	8383.32	7695.93	37.69	247.13	241.50
1643.84	604.56	7179.53	6681.69	15.58	267.61	262.46
432.49	256.87	2002.60	1737.81	4.61	135.79	125.32
1126.17	502.12	4123.60	3671.85	5.77	219.65	190.44
3139.77	867.77	10714.08	9973.61	31.30	266.92	236.11
591.22	274.58	2098.64	1892.29	5.45	108.20	99.08
204.51	87.14	742.87	674.88	1.24	27.79	26.22
147.26	114.49	567.09	475.17	2.41	47.86	44.23
198.65	135.12	868.41	747.24	1.45	53.68	50.46
228.36	151.90	968.39	858.88	5.77	54.27	50.80
268.33	110.09	859.27	740.90	1.39	76.08	54.04
394.96	131.66	1162.22	1079.87	8.07	24.58	22.49
209.22	90.76	572.36	465.48	1.83	71.64	70.99

14－9 限额以上批发和零售业企业财务状况(2014 年)

单位:亿元

项目	Item	资产总计 Total Assets	#流动资产 Crculating Assets	#固定资产 Fixed Assets
总　计	**Total**	**17298.17**	**13284.85**	**1405.45**
#国有控股	State-owned and State Share Holding	3692.07	2755.58	288.61
批发业	**Wholesale Trade**	**12605.78**	**10407.72**	**659.66**
#国有控股	State-owned and State Share Holding	3083.01	2447.52	193.67
按登记注册类型分	**Grouped by status of Registration**			
内资企业	Domestic Funded Enterprises	11137.00	9187.56	598.77
国有企业	State-owned Enterprises	822.91	704.54	66.42
集体企业	Collective-owned Enterprises	45.99	27.36	5.41
股份合作企业	Cooperative Enterprises	19.77	15.52	3.14
联营企业	Joint Ownership Enterprises	0.04	0.02	0.01
国有联营企业	State Joint Ownership Enterprises			
集体联营企业	Collective Joint Ownership Enterprise	0.04	0.02	0.01
国有与集体联营企业	Joint State-collective Enterprises			
其他联营企业	Other Joint Ownership Enterprises			
有限责任公司	Limited Liability Corporations	3768.22	3122.99	195.27
国有独资公司	State Solely Funded Corporations	388.25	296.46	37.96
其他有限责任公司	Other Limited Liability Corporations	3379.97	2826.53	157.31
股份有限公司	Share-holding Corporations Ltd.	1857.07	1506.04	66.88
私营企业	Private Enterprises	4558.06	3765.30	245.85
私营独资企业	Private-funded Enterprises	22.90	15.86	5.38
私营合伙企业	Private Partnership Enterprises	1.55	1.36	0.18
私营有限责任公司	Private Limited Liability Corporations	4259.97	3529.17	228.70
私营股份有限公司	Private Share-holding Corporations Ltd.	273.64	218.90	11.59
其他企业	Other Enterprises	64.94	45.79	15.78
港、澳、台商投资企业	Enterprises with Funds from Hong Kong, Macao and Taiwan	704.80	587.73	39.74
合资经营企业	Joint-venture Enterprises	136.13	99.54	11.12
合作经营企业	Cooperative Enterprises	0.41	0.30	0.01
独资经营企业	Enterprises with Sole Fund	556.04	478.62	27.90
港、澳、台商投资股份有限公司	Share-holding Corporations Ltd.	12.22	9.28	0.71
其他港澳台投资	Other Funds from Hong Kong, Macao and Taiwan			
外商投资企业	Foreign Funded Enterprises	763.98	632.42	21.15
合资经营企业	Joint-venture Enterprises	113.51	98.16	5.45
合作经营企业	Cooperative Enterprises	76.68	69.66	0.03
独资经营企业	Enterprises with Sole Fund	556.06	448.33	14.83
外商投资股份有限公司	Share-holding Corporations Ltd.			
其他外商投资	Other Foreign Funds	17.74	16.26	0.84

Financial Indicators of Enterprises above Designated Size in Wholesale and Retail Trade(2014)

(100 million yuan)

负债合计 Total Liabilities	所有者权益合计 Owner's Equities	主营业务收入 Revenue from Principal Business	主营业务成本 Cost of Principle Business	其他业务利润 Profits from Other Business	营业利润 Profit from Major Business	利润总额 Total Profits
12573.73	**4857.92**	**40280.13**	**37123.17**	**316.79**	**1067.15**	**1023.16**
2312.24	1513.31	8022.96	7446.11	59.12	262.34	263.36
9091.39	**3514.08**	**31273.93**	**29159.50**	**151.44**	**803.29**	**798.04**
1799.73	1282.97	6492.72	6038.30	53.95	239.31	240.73
8196.26	2940.43	28181.97	26486.92	141.19	708.88	696.63
282.82	540.09	1404.27	1183.95	1.32	130.93	134.68
40.62	5.37	55.00	49.05	0.10	2.14	1.98
15.97	3.80	55.60	53.23	0.16	0.99	1.06
0.00	0.03	0.20	0.19		0.00	0.00
0.00	0.03	0.20	0.19		0.00	0.00
3005.61	762.61	9503.64	9026.42	24.29	166.41	169.99
295.57	92.68	971.55	947.26	2.09	2.76	3.47
2710.04	669.93	8532.09	8079.16	22.19	163.64	166.53
1272.61	584.14	3145.19	2892.50	48.85	162.10	163.66
3539.23	1018.83	13887.80	13176.66	66.41	231.73	211.37
11.66	11.24	77.50	64.05	0.05	8.20	7.35
0.92	0.63	17.53	15.14	0.07	1.77	1.78
3304.21	955.76	13393.45	12728.97	65.95	216.65	194.13
222.44	51.21	399.33	368.50	0.34	5.10	8.11
39.39	25.55	130.28	104.92	0.05	14.58	13.90
412.26	292.55	1492.31	1322.25	0.98	40.54	43.08
80.73	55.40	261.76	245.66	0.15	7.95	7.09
0.18	0.23	0.79	0.73		0.01	0.01
324.87	231.17	1212.19	1067.20	0.83	31.34	34.46
6.48	5.74	17.56	8.66		1.24	1.51
482.87	281.11	1599.65	1350.34	9.28	53.88	58.33
58.99	54.52	275.16	252.56	0.31	14.32	13.76
57.13	19.55	499.45	493.58	0.01	1.37	1.31
358.43	197.62	813.37	597.39	8.96	36.11	41.18
8.32	9.42	11.66	6.81		2.08	2.07

14－9 续 表 1

单位:亿元

项目	Item	资产总计 Total Assets	#流动资产 Crculating Assets	#固定资产 Fixed Assets
按行业分	**Grouped by Sector**			
农、林、牧产品批发	Wholesale of Farm Products and Livestock Products	352.59	266.29	49.47
食品、饮料及烟草制品批发	Wholesale of Food, Beverages and Tobaccos	1127.28	954.85	98.25
纺织、服装及日用品批发	Wholesale of Textiles, Garments and Daily Consumer Articals	2818.72	2336.33	98.25
文化、体育用品及器材批发	Wholesale of Culture, Sports Appliances and Equipment	373.08	266.72	20.63
医药及医疗器材批发	Wholesale of Medicines and Medical Appliances	571.18	495.84	23.67
矿产品、建材及化工产品批发	Wholesale of Mineral Products, Building Material and Chemical Products	5562.95	4584.93	270.78
机械设备、五金交电及电子产品批发	Wholesale of Machinery, Hardware and Electronic Equipment	1409.58	1176.16	77.53
贸易经纪与代理	Trade Broker and Agency	102.01	77.66	4.87
其他批发	Others	288.40	248.93	16.20
零售业	**Retail Trade**	**4692.39**	**2877.14**	**745.80**
#国有控股	State-owned and State Share Holding	609.06	308.06	94.94
按登记注册类型分	**Grouped by Status of Registration**			
内资企业	Domestic Funded Enterprises	3975.70	2431.88	623.06
国有企业	State-owned Enterprises	56.35	47.29	4.95
集体企业	Collective-owned Enterprises	16.42	8.62	6.47
股份合作企业	Cooperative Enterprises	2.22	1.45	0.33
联营企业	Joint Ownership Enterprises	0.82	0.61	0.14
国有联营企业	State Joint Ownership Enterprises	0.61	0.51	0.08
集体联营企业	Collective Joint Ownership Enterprise	0.17	0.09	0.06
国有与集体联营企业	Joint State-collective Enterprises	0.03	0.01	0.01
其他联营企业	Other Joint Ownership Enterprises			
有限责任公司	Limited Liability Corporations	1278.17	849.93	201.31
国有独资公司	State Solely Funded Corporations	25.67	11.02	7.50
其他有限责任公司	Other Limited Liability Corporations	1252.50	838.91	193.81
股份有限公司	Share-holding Corporations Ltd.	811.99	332.08	137.07
私营企业	Private Enterprises	1787.49	1182.32	263.41
私营独资企业	Private-funded Enterprises	25.46	13.14	9.53
私营合伙企业	Private Partnership Entergises	3.29	1.71	0.99
私营有限责任公司	Private Limited Liability Corporations	1647.78	1095.66	241.85
私营股份有限公司	Private Share-holding Corporations Ltd.	110.96	71.82	11.05
其他企业	Other Enterprises	22.24	9.58	9.38

Continued 1

(100 million yuan)

负债合计 Total Liabilities	所有者权益合计 Owner's Equities	主营业务收入 Revenue from Principal Business	主营业务成本 Cost of Principle Business	其他业务利润 Profits from Other Business	营业利润 Profit from Major Business	利润总额 Total Profits
260.04	92.55	681.93	604.89	0.33	42.23	41.67
486.24	641.05	1982.25	1624.66	51.94	208.51	207.38
2151.08	667.64	5739.53	5139.72	5.87	257.85	262.05
214.27	158.80	383.23	343.90	0.44	8.23	8.21
461.58	109.60	969.41	823.38	12.84	17.58	20.84
4189.97	1372.67	17871.58	17218.31	69.55	193.50	185.76
1048.64	360.94	2643.71	2455.07	8.98	57.97	54.45
75.68	26.33	325.90	309.98	0.15	5.54	4.76
203.90	84.50	676.39	639.60	1.35	11.88	12.92
3482.34	**1343.84**	**9006.20**	**7963.66**	**165.34**	**263.86**	**225.12**
512.51	230.34	1530.25	1407.81	5.17	23.03	22.63
2995.20	1114.29	7722.72	6840.03	98.02	235.04	202.67
46.76	9.59	85.90	77.86	0.43	2.54	2.86
8.21	8.21	69.04	59.83	0.08	4.58	4.32
1.46	0.76	5.08	4.18	0.06	0.50	0.48
0.56	0.25	4.78	4.40		0.16	0.16
0.48	0.13	3.78	3.57		0.05	0.05
0.08	0.09	0.41	0.27		0.09	0.09
0.00	0.03	0.59	0.56		0.01	0.01
995.96	282.21	2563.95	2288.18	37.43	51.94	47.56
15.40	10.27	113.37	103.33	0.36	3.85	2.07
980.56	271.94	2450.58	2184.85	37.07	48.08	45.49
636.35	309.43	1264.38	1128.60	12.71	23.72	20.37
1298.41	489.09	3664.80	3229.75	47.24	140.89	117.97
11.50	13.96	91.73	75.49	0.10	8.22	7.53
1.95	1.34	7.81	6.19	0.00	0.98	0.95
1226.92	420.86	3410.69	3014.46	45.96	115.86	99.67
58.03	52.93	154.57	133.61	1.17	15.82	9.82
7.49	14.74	64.78	47.22	0.09	10.73	8.95

14－9 续 表 2

单位:亿元

项目	Item	资产总计 Total Assets	#流动资产 Crculating Assets	#固定资产 Fixed Assets
港、澳、台商投资企业	Enterprises with Funds from Hong Kong, Macao and Taiwan	350.27	197.71	76.46
合资经营企业	Joint-venture Enterprises	51.93	21.40	21.92
合作经营企业	Cooperative Enterprises			
独资经营企业	Enterprises with Sole Fund	294.79	173.07	54.25
港、澳、台商投资股份有限公司	Share-holding Corporations Ltd.	3.56	3.23	0.29
其他港澳台投资	Other Funds from Hong Kong, Macao and Taiwan			
外商投资企业	Foreign Funded Enterprises	366.42	247.55	46.27
合资经营企业	Joint-venture Enterprises	164.72	123.21	18.01
合作经营企业	Cooperative Enterprises	3.54	1.78	1.06
独资经营企业	Enterprises with Sole Fund	189.81	118.28	26.92
外商投资股份有限公司	Share-holding Corporations Ltd.	7.72	3.66	0.28
其他外商投资	Other Foreign Funds	0.62	0.62	0.00
按行业分	**Grouped by Sector**			
综合零售	Integrated Retail	1347.21	803.57	275.54
食品、饮料及烟草制品专门零售	Retail of Food, Beverages and Tobaccos	159.70	90.79	43.20
纺织、服装及日用品专门零售	Retail of Textiles, Garments and Daily Consumer Articles	179.76	87.80	21.24
文化、体育用品及器材专门零售	Retail of Culture, Sports Appliances and Equipment	177.79	132.23	21.88
医药及医疗器材专门零售	Retail of Medicines and Medica Appliances	338.95	295.09	20.27
汽车、摩托车、燃料及零配件专门零售	Retail of Motor Vehicles, Motorcycles, Fuel and Parts	1496.50	927.06	232.73
家用电器及电子产品专门零售	Special Retail of Household Electric Appliances and Electronic Products	517.08	273.96	57.38
五金、家具及室内装修材料专门零售	Special Retail of Hardware, Furniture and Decoration Materials	324.25	149.60	52.64
无店铺及其他零售	Non-shop and Other Retail	151.15	117.03	20.91
按经营方式分	**Grouped by Business Mode**			
独立商店	Independent Stores	3136.16	1948.83	530.09
连锁商店总店	Chain Stores	719.38	408.21	92.12
连锁商店分店	Branches of Chain Stores	309.77	126.61	58.17
其他	Others	527.08	393.48	65.41
按零售业态分	**Grouped by Store Type**			
有店铺零售	Retail Store	4569.22	2770.13	734.95
食杂店	Grocery Store	6.74	2.93	3.26

Continued 2

(100 million yuan)

负债合计 Total Liabilities	所有者权益合计 Owner's Equities	主营业务收入 Revenue from Principal Business	主营业务成本 Cost of Principle Business	其他业务利润 Profits from Other Business	营业利润 Profit from Major Business	利润总额 Total Profits
244.84	105.43	616.46	529.67	56.48	16.29	9.55
25.62	26.31	58.45	50.80	3.10	2.44	3.65
216.22	78.57	550.44	471.83	53.22	13.75	5.81
3.01	0.55	7.58	7.04	0.17	0.10	0.09
242.30	124.12	667.02	593.97	10.84	12.53	12.91
125.14	39.58	388.43	356.01	3.42	5.43	5.65
4.10	-0.57	6.75	5.83	0.54	-1.12	-0.57
106.21	83.60	262.82	223.84	6.59	8.00	7.60
6.33	1.39	8.00	7.42	0.28	0.13	0.14
0.51	0.12	1.02	0.87		0.09	0.09
1022.68	324.54	2009.28	1711.24	55.22	63.55	53.34
88.67	71.03	317.21	246.43	0.75	33.56	29.66
121.24	58.52	281.39	216.94	49.77	21.49	18.72
114.47	63.31	329.53	274.41	3.00	18.81	18.58
267.76	71.20	678.53	598.82	2.07	17.00	16.50
1194.59	435.70	4109.62	3819.41	43.66	63.03	48.41
345.81	171.27	680.12	589.64	8.51	15.48	12.18
210.91	113.34	359.21	295.65	0.63	24.42	21.49
116.21	34.95	241.29	211.12	1.74	6.53	6.22
2296.81	916.81	6154.52	5459.25	139.91	206.30	188.32
539.27	180.11	1041.42	915.44	11.94	8.73	2.18
275.27	90.84	701.04	633.82	9.04	7.59	1.72
370.99	156.08	1109.22	955.16	4.45	41.25	32.91
3377.80	1325.22	8794.55	7780.34	165.01	262.81	223.47
3.60	3.14	13.62	11.39	0.15	0.75	0.77

14-9 续 表 3

单位:亿元

项目	Item	资产总计 Total Assets	#流动资产 Crculating Assets	#固定资产 Fixed Assets
便利店	Convenience Store	18.24	10.00	2.74
折扣店	Discount Store	1.09	0.98	0.08
超市	Supermarket	79.65	46.94	19.35
大型超市	Large Supermarket	425.03	293.56	81.10
仓储会员店	Store Member Store	9.11	7.36	0.40
百货店	Department Store	888.43	494.44	183.28
专业店	Specialty Stores	1722.22	1013.23	268.22
专卖店	Franchised Stores	1053.47	731.15	130.36
家具建材商店	Furniture Building Material Shop	223.46	88.16	33.12
购物中心	Shopping Mall	64.19	21.34	1.48
厂家直销中心	Factory Direct Soles Center	77.61	60.03	11.55
无店铺零售	No Shop Retail	123.17	107.01	10.85
电视购物	TV Shopping	8.99	8.29	0.20
邮购	Mail Order Shopping	1.25	0.74	0.06
网上商店	Online Commodity	85.55	81.31	2.25
自动售货亭	Vending Machine	0.58	0.18	0.29
电话购物	Telephone Shopping	3.08	2.42	0.48
其他	Others	23.71	14.06	7.57
在总计中:	**In the Total**			
南京市	Nanjing	5167.76	3969.66	311.44
无锡市	Wuxi	2085.01	1702.55	165.93
徐州市	Xuzhou	738.03	525.72	131.58
常州市	Changzhou	1509.52	1129.38	107.96
苏州市	Suzhou	4124.12	3214.71	262.08
南通市	Nantong	885.31	646.43	112.47
连云港市	Lianyungang	273.74	200.25	28.89
淮安市	Huaian	290.88	172.72	58.60
盐城市	Yancheng	410.88	251.37	79.94
扬州市	Yangzhou	389.62	310.33	37.90
镇江市	Zhenjiang	485.46	385.35	42.86
泰州市	Taizhou	554.05	452.65	39.38
宿迁市	Suqian	383.80	323.73	26.43

Continued 3

(100 million yuan)

负债合计 Total Liabilities	所有者权益合计 Owner's Equities	主营业务收入 Revenue from Principal Business	主营业务成本 Cost of Principle Business	其他业务利润 Profits from Other Business	营业利润 Profit from Major Business	利润总额 Total Profits
16.34	1.90	49.73	43.80	0.44	0.93	0.86
1.03	0.06	3.21	2.86	0.17	0.00	0.00
72.52	7.13	171.42	145.76	3.75	1.26	0.22
394.48	30.55	936.74	817.28	13.75	7.17	-1.66
6.97	2.14	15.47	14.08	0.10	0.29	0.34
583.34	305.09	954.70	788.24	38.85	57.68	57.24
1243.11	612.90	3845.07	3426.52	42.20	115.68	101.89
807.39	246.08	2380.93	2172.29	15.90	53.20	40.38
153.17	70.29	138.49	110.94	0.35	8.46	7.00
44.71	19.47	99.77	86.47	49.02	4.95	4.82
51.14	26.46	185.40	160.71	0.32	12.44	11.59
104.54	18.62	211.64	183.33	0.33	1.05	1.66
3.69	5.30	27.93	23.14	0.16	0.75	0.84
0.62	0.63	2.89	1.15	0.02	0.12	0.12
76.76	8.79	159.62	142.36	0.10	-0.33	0.27
0.44	0.14	0.68	0.46	0.00	-0.08	-0.09
1.61	1.47	4.37	3.57	0.00	0.06	0.06
21.42	2.29	16.17	12.65	0.05	0.53	0.45
3772.03	1448.95	8961.64	8237.91	91.96	261.87	254.96
1681.21	461.20	5967.61	5664.59	68.45	55.20	60.45
477.59	260.45	2193.96	1937.63	4.05	118.48	106.91
1096.31	413.21	3368.84	3096.54	35.14	101.92	97.77
3125.09	999.03	10933.96	10262.32	36.41	141.21	152.79
579.64	329.90	2302.28	2093.47	5.72	66.45	61.12
194.05	79.69	756.95	688.51	1.98	25.93	22.61
160.75	130.13	701.99	581.34	2.78	63.69	55.09
250.29	160.59	1074.43	936.04	2.31	60.60	55.20
229.35	160.28	974.61	870.00	8.30	44.34	42.38
308.71	176.75	1308.86	1201.15	2.67	52.82	39.39
412.85	141.20	1155.65	1070.33	6.65	16.13	16.13
285.87	96.55	579.33	483.35	50.36	58.49	58.37

14-10 限额以上住宿和餐饮业基本情况(2013年)
Basic Conditions of Enterprises above Designated Size in Hotel and Catering Trade(2013)

项目	Item	法人企业(个) Number of Corporation Enterprises (unit)	产业活动单位数(个) Number of Establishments(unit)	餐饮营业面积(平方米) Floor Space of Catering Service (sq. m)	从业人员(人) Persons Engaged (person)
总计	**Total**	**3444**	**5018**	**6930889**	**375082**
#国有控股	State-owned and State Share Holding	279	307	605940	42799
住宿业	**Hotel Service**	**1042**	**1178**	**2209976**	**134364**
#国有控股	State-owned and State Share Holding	197	207	438167	33672
按登记注册类型分组	**Grouped by Status of Registration**				
内资企业	Domestic Funded Enterprises	970	1073	2004617	117023
国有企业	State-owned Enterprises	115	136	246159	19907
集体企业	Collective-owned Enterprises	28	29	42693	2366
股份合作企业	Cooperative Enterprises		1	1930	67
联营企业	Joint Ownership Enterprises	1	1	2000	130
国有联营企业	State Joint Ownership Enterprises	1	1	2000	130
集体联营企业	Collective Joint Ownership Enterprise				
国有与集体联营企业	Joint State-collective Enterprises				
其他联营企业	Other Joint Ownership Enterprises				
有限责任公司	Limited Liability Corporations	260	289	602892	39675
国有独资公司	State Solely Funded Corporations	15	16	32436	2298
其他有限责任公司	Other Limited Liability Corporations	245	273	570456	37377
股份有限公司	Share-holding Corporations Ltd.	34	41	102773	6880
私营企业	Private Enterprises	523	566	995870	47381
私营独资企业	Private-funded Enterprises	51	55	73849	3104
私营合伙企业	Private Partnership Enterpises	6	7	14050	562
私营有限责任公司	Private Limited Liability Corporations	433	470	841554	40165
私营股份有限公司	Private Share-holding Corporations Ltd.	33	34	66417	3550
其他企业	Other Enterprises	9	10	10300	617
港、澳、台商投资企业	Enterprises with Funds from Hong Kong, Macao and Taiwan	29	38	92139	8722
合资经营企业	Joint-venture Enterprises	13	18	42313	5134
合作经营企业	Cooperative Enterprises				
独资经营企业	Enterprises with Sole Fund	16	20	49826	3588
港、澳、台商投资股份有限公司	Share-holding Corporations Ltd.				
其他港澳台投资	Other Funds from Hong Kong, Macao and Taiwan				
外商投资企业	Foreign Funded Enterprises	43	67	113220	8619
合资经营企业	Joint-venture Enterprises	12	16	30383	2568
合作经营企业	Cooperative Enterprises	3	5	12480	456
独资经营企业	Enterprises with Sole Fund	25	43	61316	4883
外商投资股份有限公司	Share-holding Corporations Ltd.	3	3	9041	712

项 目	Item	法人企业（个）Number of Corporation Enterprises (unit)	产业活动单位数（个）Number of Establishments (unit)	餐饮营业面积（平方米）Floor Space of Catering Service (sq. m)	从业人员（人）Persons Engaged (person)
其他外商投资	Other Foreign Funds				
按行业分组	**Grouped by Sector**				
旅游饭店	Tourist Restaurants	699	801	1950946	116972
一般旅馆	Ordinary Hotels	311	344	222200	15224
其他住宿服务	Other Hotel Service	32	33	36830	2168
按星级等级分组	**Grouped by Star Glass**				
一星	One-star Class	6	7	6726	420
二星	Two-star Class	54	57	73479	3031
三星	Three-star Class	232	253	521959	22737
四星	Four-star Class	153	167	498145	33429
五星	Five-star Class	72	100	386981	32860
其他	Others	525	594	722686	41887
餐饮业	**Catering Service**	**2402**	**3840**	**4720913**	**240718**
#国有控股	State-owned and State Share Holding	82	100	167773	9127
按登记注册类型分组	**Grouped by Status of Registration**				
内资企业	Domestic Funded Enterprises	2308	2758	4155384	166632
国有企业	State-owned Enterprises	37	77	97552	4134
集体企业	Collective-owned Enterprises	18	20	20123	827
股份合作企业	Cooperative Enterprises	2	4	8400	729
联营企业	Joint Ownership Enterprises	1	2	956	108
国有联营企业	State Joint Ownership Enterprises				
集体联营企业	Collective Joint Ownership Enterprise	1	1	806	68
国有与集体联营企业	Joint State-collective Enterprises				
其他联营企业	Other Joint Ownership Enterprises		1	150	40
有限责任公司	Limited Liability Corporations	383	438	802526	38244
国有独资公司	State Solely Funded Corporations	17	17	42305	1968
其他有限责任公司	Other Limited Liability Corporations	366	421	760221	36276
股份有限公司	Share-holding Corporations Ltd.	40	54	165433	4723
私营企业	Private Enterprises	1802	2137	3026580	116111
私营独资企业	Private-funded Enterprises	479	504	613455	26052
私营合伙企业	Private Partnership Enterpises	30	32	35320	1254
私营有限责任公司	Private Limited Liability Corporations	1229	1523	2237557	83680
私营股份有限公司	Private Share-holding Corporations Ltd.	64	78	140248	5125
其他企业	Other Enterprises	25	26	33814	1756
港、澳、台商投资企业	Enterprises with Funds from Hong Kong, Macao and Taiwan	53	160	126223	12371
合资经营企业	Joint-venture Enterprises	20	111	63571	4552

14－10 续 表 2 Continued 2

项 目	Item	法人企业（个）Number of Corporation Enterprises (unit)	产业活动单位数（个）Number of Establishments(unit)	餐饮营业面积（平方米）Floor Space of Catering Service (sq. m)	从业人员（人）Persons Engaged (person)
合作经营企业	Cooperative Enterprises	3	3	6600	257
独资经营企业	Enterprises with Sole Fund	30	46	56052	7562
港、澳、台商投资股份有限公司	Share-holding Corporations Ltd.				
其他港澳台投资	Other Funds from Hong Kong, Macao and Taiwan				
外商投资企业	Foreign Funded Enterprises	41	922	439306	61715
合资经营企业	Joint-venture Enterprises	10	340	137350	21954
合作经营企业	Cooperative Enterprises		2	2560	78
独资经营企业	Enterprises with Sole Fund	28	576	298004	39605
外商投资股份有限公司	Share-holding Corporations Ltd.	3	4	1392	78
其他外商投资	Other Foreign Funds				
按行业分组	**Grouped by Sector**				
正餐服务	Dinner Service	2212	2575	4064606	162518
快餐服务	Snack Service	91	1032	511863	64924
饮料及冷饮服务	Beverage and Cool Drink Service	23	99	48749	3090
其他餐饮服务	Other Catering Service	76	134	95695	10186
按经营方式分组	**Grouped by Business Mode**				
独立商店	Independent Stores	2237	2483	3920242	160759
连锁商店总店	Chain Stores	21	1026	437424	61375
连锁商店分店	Branches of Chain Stores	60	227	215508	11607
其他	Others	84	104	147739	6977
在总计中：	**In the Total**				
南京市	Nanjing	669	1267	1396619	93973
无锡市	Wuxi	291	505	808957	47952
徐州市	Xuzhou	258	271	409423	14899
常州市	Changzhou	347	540	772769	48623
苏州市	Suzhou	489	908	1145330	73626
南通市	Nantong	246	282	389445	15118
连云港市	Lianyungang	123	138	204697	7907
淮安市	Huaian	166	172	257258	10638
盐城市	Yancheng	277	286	426606	15113
扬州市	Yangzhou	218	263	366451	16496
镇江市	Zhenjiang	133	145	273500	12710
泰州市	Taizhou	120	131	267608	11551
宿迁市	Suqian	107	110	212226	6476

注：产业活动单位数包括本省限额上批零住餐法人所属的全部（包括在外省的）产业活动单位和其他行业及外省法人所属在本省的限额以上住宿和餐饮业产业活动单位。营业面积、从业人数为法人在地口径。

a) The number of establishments include the number of enterprises above designated size in wholesale and retail trades of Jiangsu and other province eatablished in Jiangsu. The data of persons engaged and floor space of retail business base on the data of corporation enterprises.

14－11 限额以上住宿和餐饮业基本情况(2014 年)
Basic Conditions of Enterprises above Designated Size in Hotel and Catering Trade(2014)

项　　目	Item	法人企业(个) Number of Corporation Enterprises (unit)	产业活动单位数(个) Number of Establishments(unit)	餐饮营业面积(平方米) Floor Space of Catering Service (sq. m)	从业人员(人) Persons Engaged (person)
总　计	**Total**	**3148**	**4675**	**6733180**	**356288**
#国有控股	State-owned and State Share Holding	278	295	661736	42262
住宿业	**Hotel Service**	**1026**	**1156**	**2265760**	**127611**
#国有控股	State-owned and State Share Holding	187	195	460654	31859
按登记注册类型分组	**Grouped by Status of Registration**				
内资企业	Domestic Funded Enterprises	957	1058	2043661	112214
国有企业	State-owned Enterprises	96	112	236410	15879
集体企业	Collective-owned Enterprises	26	27	39093	1874
股份合作企业	Cooperative Enterprises		1	1930	58
联营企业	Joint Ownership Enterprises	1	1	2000	79
国有联营企业	State Joint Ownership Enterprises	1	1	2000	79
集体联营企业	Collective Joint Ownership Enterprise				
国有与集体联营企业	Joint State-collective Enterprises				
其他联营企业	Other Joint Ownership Enterprises				
有限责任公司	Limited Liability Corporations	280	314	690670	42854
国有独资公司	State Solely Funded Corporations	19	21	40714	4255
其他有限责任公司	Other Limited Liability Corporations	261	293	649956	38599
股份有限公司	Share-holding Corporations Ltd.	36	43	112893	7698
私营企业	Private Enterprises	511	552	953115	43276
私营独资企业	Private-funded Enterprises	49	52	74181	2785
私营合伙企业	Private Partnership Enterpises	5	6	11050	547
私营有限责任公司	Private Limited Liability Corporations	427	464	815376	36738
私营股份有限公司	Private Share-holding Corporations Ltd.	30	30	52508	3206
其他企业	Other Enterprises	7	8	7550	496
港、澳、台商投资企业	Enterprises with Funds from Hong Kong, Macao and Taiwan	30	36	100615	7629
合资经营企业	Joint-venture Enterprises	12	14	40463	4003
合作经营企业	Cooperative Enterprises				
独资经营企业	Enterprises with Sole Fund	18	22	60152	3626
港、澳、台商投资股份有限公司	Share-holding Corporations Ltd.				
其他港澳台投资	Other Funds from Hong Kong, Macao and Taiwan				
外商投资企业	Foreign Funded Enterprises	39	62	121484	7768
合资经营企业	Joint-venture Enterprises	12	17	42463	2576
合作经营企业	Cooperative Enterprises	3	5	12480	479
独资经营企业	Enterprises with Sole Fund	21	37	57500	4005
外商投资股份有限公司	Share-holding Corporations Ltd.	3	3	9041	708

项 目	Item	法人企业（个）Number of Corporation Enterprises (unit)	产业活动单位数（个）Number of Establishments (unit)	餐饮营业面积（平方米）Floor Space of Catering Service (sq. m)	从业人员（人）Persons Engaged (person)
其他外商投资	Other Foreign Funds				
按行业分组	**Grouped by Sector**				
旅游饭店	Tourist Restaurants	676	775	1936195	111035
一般旅馆	Ordinary Hotels	316	346	289414	14476
其他住宿服务	Other Hotel Service	34	35	40151	2100
按星级等级分组	**Grouped by Star Glass**				
一星	One-star Class	6	7	6726	432
二星	Two-star Class	43	46	57071	2390
三星	Three-star Class	222	243	498655	20085
四星	Four-star Class	152	165	522140	30958
五星	Five-star Class	72	99	387713	31010
其他	Others	531	596	793455	42736
餐饮业	**Catering Service**	**2122**	**3519**	**4467420**	**228677**
#国有控股	State-owned and State Share Holding	91	100	201082	10403
按登记注册类型分组	**Grouped by Status of Registration**				
内资企业	Domestic Funded Enterprises	2035	2416	3874319	147549
国有企业	State-owned Enterprises	33	64	94802	3830
集体企业	Collective-owned Enterprises	16	17	19923	833
股份合作企业	Cooperative Enterprises	2	4	8400	718
联营企业	Joint Ownership Enterprises	1	2	956	100
国有联营企业	State Joint Ownership Enterprises				
集体联营企业	Collective Joint Ownership Enterprise	1	1	806	60
国有与集体联营企业	Joint State-collective Enterprises				
其他联营企业	Other Joint Ownership Enterprises		1	150	40
有限责任公司	Limited Liability Corporations	390	450	851518	38018
国有独资公司	State Solely Funded Corporations	22	22	57901	2747
其他有限责任公司	Other Limited Liability Corporations	368	428	793617	35271
股份有限公司	Share-holding Corporations Ltd.	33	46	155063	3852
私营企业	Private Enterprises	1534	1804	2686389	97212
私营独资企业	Private-funded Enterprises	322	345	398508	11476
私营合伙企业	Private Partnership Enterprises	24	26	30969	1002
私营有限责任公司	Private Limited Liability Corporations	1133	1355	2132949	80489
私营股份有限公司	Private Share-holding Corporations Ltd.	55	78	123963	4245
其他企业	Other Enterprises	26	29	57268	2986
港、澳、台商投资企业	Enterprises with Funds from Hong Kong, Macao and Taiwan	44	205	144685	12741
合资经营企业	Joint-venture Enterprises	13	144	65752	5097

14－11 续 表 2 Continued 2

项 目	Item	法人企业（个）Number of Corporation Enterprises (unit)	产业活动单位数（个）Number of Establishments (unit)	餐饮营业面积（平方米）Floor Space of Catering Service (sq. m)	从业人员（人）Persons Engaged (person)
合作经营企业	Cooperative Enterprises	3	3	6600	304
独资经营企业	Enterprises with Sole Fund	27	42	65736	6851
港、澳、台商投资股份有限公司	Share-holding Corporations Ltd.	1	16	6597	489
其他港澳台投资	Other Funds from Hong Kong, Macao and Taiwan				
外商投资企业	Foreign Funded Enterprises	43	898	448416	68387
合资经营企业	Joint-venture Enterprises	11	364	146527	22049
合作经营企业	Cooperative Enterprises		2	2560	78
独资经营企业	Enterprises with Sole Fund	29	528	297937	46185
外商投资股份有限公司	Share-holding Corporations Ltd.	3	4	1392	75
其他外商投资	Other Foreign Funds				
按行业分组	**Grouped by Sector**				
正餐服务	Dinner Service	1949	2250	3822120	143645
快餐服务	Snack Service	88	1056	522618	73621
饮料及冷饮服务	Beverage and Cool Drink Service	17	81	35867	1916
其他餐饮服务	Other Catering Service	68	132	86815	9495
按经营方式分组	**Grouped by Business Mode**				
独立商店	Independent Stores	1963	2187	3636695	137027
连锁商店总店	Chain Stores	25	1021	466922	70261
连锁商店分店	Branches of Chain Stores	57	217	216363	13998
其他	Others	77	94	147440	7391
在总计中：	**In the Total**				
南京市	Nanjing	620	1228	1370076	98692
无锡市	Wuxi	263	491	762380	47186
徐州市	Xuzhou	219	233	370416	12766
常州市	Changzhou	190	330	579346	34957
苏州市	Suzhou	444	841	1085710	68063
南通市	Nantong	242	288	448992	14914
连云港市	Lianyungang	103	115	195826	6517
淮安市	Huaian	185	191	307369	11320
盐城市	Yancheng	292	300	446946	16090
扬州市	Yangzhou	218	263	378754	16863
镇江市	Zhenjiang	140	148	291572	12027
泰州市	Taizhou	133	144	280046	11327
宿迁市	Suqian	99	103	215747	5566

注：产业活动单位数包括本省限额上批零住餐法人所属的全部（包括在外省的）产业活动单位和其他行业及外省法人所属在本省的限额以上住宿和餐饮业产业活动单位。营业面积、从业人数为法人在地口径。

a) The number of establishments include the number of enterprises above designated size in wholesale and retail trades of Jiangsu and other province eatablished in Jiangsu. The data of persons engaged and floor space of retail business base on the data of corporation enterprises.

14－12　住宿和餐饮业经营情况(2013 年)

单位:万元

项　目	Item	营业额 Business Revenue	客房收入 Hotel Rooms
总　计	**Total**	**27896178**	
限额以上企业和单位	**Above Designated Size Enterprises and Units**	**6773602**	**1397672**
#国有控股	State-owned and State Share Holding	749258	239930
住宿业	**Hotel Service**	**2456706**	**1043513**
#国有控股	State-owned and State Share Holding	613383	207461
按登记注册类型分组	**Grouped by Status of Registration**		
内资企业	Domestic Funded Enterprises	2119015	881859
国有企业	State-owned Enterprises	357743	119307
集体企业	Collective-owned Enterprises	42603	14292
股份合作企业	Cooperative Enterprises	871	542
联营企业	Joint Ownership Enterprises	3786	1576
国有联营企业	State Joint Ownership Enterprises	3786	1576
集体联营企业	Collective Joint Ownership Enterprise		
国有与集体联营企业	Joint State-collective Enterprises		
其他联营企业	Other Joint Ownership Enterprises		
有限责任公司	Limited Liability Corporations	712453	312154
国有独资公司	State Solely Funded Corporations	32146	12999
其他有限责任公司	Other Limited Liability Corporations	680308	299154
股份有限公司	Share-holding Corporations Ltd.	155938	54222
私营企业	Private Enterprises	836734	375989
私营独资企业	Private-funded Enterprises	62370	29182
私营合伙企业	Private Partnership Enterpises	11951	2537
私营有限责任公司	Private Limited Liability Corporations	705453	318168
私营股份有限公司	Private Share-holding Corporations Ltd.	56960	26102
其他企业	Other Enterprises	8888	3778
港、澳、台商投资企业	Enterprises with Funds from Hong Kong, Macao and Taiwan	160413	73396
合资经营企业	Joint-venture Enterprises	104703	44139
合作经营企业	Cooperative Enterprises		
独资经营企业	Enterprises with Sole Fund	55710	29257
港、澳、台商投资股份有限公司	Share-holding Corporations Ltd.		
其他港澳台投资	Other Funds from Hong Kong, Macao and Taiwan		
外商投资企业	Foreign Funded Enterprises	177278	88258
合资经营企业	Joint-venture Enterprises	43254	19029
合作经营企业	Cooperative Enterprises	9783	1514
独资经营企业	Enterprises with Sole Fund	105421	59897
外商投资股份有限公司	Share-holding Corporations Ltd.	18820	7819
其他外商投资	Other Foreign Funds		
按行业分组	**Grouped by Sector**		
旅游饭店	Tourist Restaurants	2158898	858806
一般旅馆	Ordinary Hotels	258949	162686
其他住宿服务	Other Hotel Service	38859	22021
按星级等级分组	**Grouped by Star Glass**		
一星	One-star Class	11283	6639

Business of Enterprises of Hotels and Catering Services(2013)

(10000 yuan)

餐费收入 Catering Service	商品销售收入 Sales of Commodities	其他收入 Other Revenue	年末拥有床位数(个) Number of Bedsat Year-end (unit)	年末拥有餐位数(位) Number of Dining-seats at Year-end (unit)
4901271	**182192**	**294502**	**346290**	**1735584**
369095	41273	98960	59198	162281
1126838	**70181**	**216173**	**246295**	**492787**
279877	37057	88988	50701	121649
980083	68110	188963	217907	443258
168500	12454	57482	31683	71066
25102	796	2413	4758	9630
329			204	200
1931	26	254	398	800
1931	26	254	398	800
329053	15480	55768	67733	138748
14320	1005	3822	3358	7746
314732	14475	51946	64375	131002
57467	24403	19846	10158	26101
392988	14849	52908	101586	193648
28606	1603	2979	6956	11814
9375	15	25	1051	1860
328298	11381	47607	85367	166478
26710	1850	2297	8212	13496
4714	104	292	1387	3065
73916	444	12656	13097	24231
50605	46	9913	7080	14041
23311	399	2743	6017	10190
72839	1627	14555	15291	25298
20799	271	3155	4020	8977
8015	206	47	517	2620
36001	876	8648	9690	11263
8024	273	2704	1064	2438
1039480	64622	195989	190584	444776
75589	5076	15598	49621	37323
11769	484	4586	6090	10688
3440	4	1201	1291	1280

单位:万元

项 目	Item	营业额 Business Revenue	客房收入 Hotel Rooms
二星	Two-star Class	49054	17781
三星	Three-star Class	346244	121336
四星	Four-star Class	607650	221091
五星	Five-star Class	717899	285509
其他	Others	724576	391158
餐饮业	**Catering Service**	**4316896**	**354159**
#国有控股	State-owned and State Share Holding	135875	32469
按登记注册类型分组	**Grouped by Status of Registration**		
内资企业	Domestic Funded Enterprises	3253022	331292
国有企业	State-owned Enterprises	84514	11900
集体企业	Collective-owned Enterprises	12874	2109
股份合作企业	Cooperative Enterprises	23159	10735
联营企业	Joint Ownership Enterprises	1524	241
国有联营企业	State Joint Ownership Enterprises		
集体联营企业	Collective Joint Ownership Enterprise	962	
国有与集体联营企业	Joint State-collective Enterprises		
其他联营企业	Other Joint Ownership Enterprises	562	241
有限责任公司	Limited Liability Corporations	673993	111972
国有独资公司	State Solely Funded Corporations	29179	6095
其他有限责任公司	Other Limited Liability Corporations	644815	105877
股份有限公司	Share-holding Corporations Ltd.	108149	6893
私营企业	Private Enterprises	2324531	182854
私营独资企业	Private-funded Enterprises	691563	24731
私营合伙企业	Private Partnership Enterpises	30167	2621
私营有限责任公司	Private Limited Liability Corporations	1517917	144644
私营股份有限公司	Private Share-holding Corporations Ltd.	84884	10857
其他企业	Other Enterprises	24278	4588
港、澳、台商投资企业	Enterprises with Funds from Hong Kong, Macao and Taiwan	165388	15287
合资经营企业	Joint-venture Enterprises	90894	6911
合作经营企业	Cooperative Enterprises	1843	75
独资经营企业	Enterprises with Sole Fund	72651	8301
港、澳、台商投资股份有限公司	Share-holding Corporations Ltd.		
其他港澳台投资	Other Funds from Hong Kong, Macao and Taiwan		
外商投资企业	Foreign Funded Enterprises	898486	7580
合资经营企业	Joint-venture Enterprises	305940	3778
合作经营企业	Cooperative Enterprises	2128	
独资经营企业	Enterprises with Sole Fund	586744	3802
外商投资股份有限公司	Share-holding Corporations Ltd.	3674	
其他外商投资	Other Foreign Funds		
按行业分组	**Grouped by Sector**		
正餐服务	Dinner Service	3140015	347413
快餐服务	Snack Service	975833	654
饮料及冷饮服务	Beverage and Cool Drink Service	66475	
其他餐饮服务	Other Catering Service	7517	6091
按经营方式分组	**Grouped by Business Mode**		
独立商店	Independent Stores	3043092	335727
连锁商店总店	Chain Stores	885838	
连锁商店分店	Branches of Chain Stores	223105	10911
其他	Others	164861	7521
限额以下企业(单位)和个体	**Enterprises(units) below Designated Size and Individuals**	**21122576**	

Continued

(10000 yuan)

餐费收入 Catering Service	商品销售收入 Sales of Commodities	其他收入 Other Revenue	年末拥有床位数(个) Number of Bedsat Year-end (unit)	年末拥有餐位数(位) Number of Dining-seats at Year-end (unit)
22814	2112	6348	7295	15062
185762	8259	30888	44007	107852
303481	13803	69275	48375	132094
345301	29355	57734	40250	104377
266041	16648	50729	105077	132122
3774433	**112011**	**78328**	**99995**	**1242797**
89218	4216	9972	8497	40632
2755072	98178	70515	94614	1070159
62438	4168	6008	4000	37219
9315	1063	386	1081	5889
12012	29	382	682	4342
1283			85	200
962				80
321			85	120
513122	19709	29190	30675	194636
20769	873	1442	1685	10404
492354	18836	27747	28990	184232
96503	1754	2999	2488	37434
2041648	71328	30737	54118	781064
637723	26308	2801	5427	204625
25840	1427	279	983	9708
1307516	42419	25373	43763	531832
70569	1174	2284	3945	34899
18750	127	813	1485	9375
139312	6570	4220	3268	34599
77816	5952	216	1159	17408
1768			140	1320
59729	617	4004	1969	15871
880049	7264	3594	2113	138039
301929		233	1131	44831
2128				335
572318	7264	3361	982	92129
3674				744
2627769	92239	72594	97869	1028893
963506	11525	2183	407	173262
60999	2460	3017		9960
122160	5786	535	1719	30682
2557174	87998	62194	94795	986863
871851	10959	3029		142729
212468	1244	517	2627	55720
132940	11811	12589	2573	57485

14－13 住宿和餐饮业经营情况(2014 年)

单位:万元

项目	Item	营业额 Business Revenue	客房收入 Hotel Rooms
总 计	**Total**	**32084725**	
限额以上企业和单位	**Above Designated Size Enterprises and Units**	**6436498**	**1462447**
#国有控股	State-owned and State Share Holding	751709	254560
住宿业	**Hotel Service**	**2448947**	**1082885**
#国有控股	State-owned and State Share Holding	593521	213412
按登记注册类型分组	**Grouped by Status of Registration**		
内资企业	Domestic Funded Enterprises	2123613	924692
国有企业	State-owned Enterprises	273350	104180
集体企业	Collective-owned Enterprises	36709	13407
股份合作企业	Cooperative Enterprises	783	513
联营企业	Joint Ownership Enterprises	3285	1397
国有联营企业	State Joint Ownership Enterprises	3285	1397
集体联营企业	Collective Joint Ownership Enterprise		
国有与集体联营企业	Joint State-collective Enterprises		
其他联营企业	Other Joint Ownership Enterprises		
有限责任公司	Limited Liability Corporations	827713	350111
国有独资公司	State Solely Funded Corporations	63210	23906
其他有限责任公司	Other Limited Liability Corporations	764503	326205
股份有限公司	Share-holding Corporations Ltd.	185378	70288
私营企业	Private Enterprises	789830	381282
私营独资企业	Private-funded Enterprises	53501	25696
私营合伙企业	Private Partnership Enterpises	13197	3175
私营有限责任公司	Private Limited Liability Corporations	667732	326207
私营股份有限公司	Private Share-holding Corporations Ltd.	55401	26204
其他企业	Other Enterprises	6566	3514
港、澳、台商投资企业	Enterprises with Funds from Hong Kong, Macao and Taiwan	148823	68510
合资经营企业	Joint-venture Enterprises	87166	36068
合作经营企业	Cooperative Enterprises		
独资经营企业	Enterprises with Sole Fund	61657	32442
港、澳、台商投资股份有限公司	Share-holding Corporations Ltd.		
其他港澳台投资	Other Funds from Hong Kong, Macao and Taiwan		
外商投资企业	Foreign Funded Enterprises	176511	89683
合资经营企业	Joint-venture Enterprises	45936	20690
合作经营企业	Cooperative Enterprises	10272	1511
独资经营企业	Enterprises with Sole Fund	101559	59108
外商投资股份有限公司	Share-holding Corporations Ltd.	18745	8375
其他外商投资	Other Foreign Funds		
按行业分组	**Grouped by Sector**		
旅游饭店	Tourist Restaurants	2136866	881765
一般旅馆	Ordinary Hotels	271646	177013
其他住宿服务	Other Hotel Service	40434	24107
按星级等级分组	**Grouped by Star Glass**		
一星	One-star Class	11142	6993

Business of Enterprises of Hotels and Catering Services(2014)

(10000 yuan)

餐费收入 Catering Service	商品销售收入 Sales of Commodities	其他收入 Other Revenue	年末拥有床位数(个) Number of Bedsat Year-end (unit)	年末拥有餐位数(位) Number of Dining-seats at Year-end (unit)
4552597	**154131**	**267323**	**363045**	**1672064**
378007	36975	82167	60945	162909
1114232	**66921**	**184908**	**256796**	**494865**
276186	32692	71231	50323	118427
969021	64991	164909	228637	444008
138124	5215	25830	27297	59231
20603	655	2044	4191	8434
270			204	150
1584	26	277	398	500
1584	26	277	398	500
390663	19769	67170	83351	160153
28026	2950	8328	5351	13069
362638	16818	58842	78000	147084
62696	22994	29400	11682	26062
352571	16176	39801	100306	187548
23679	2187	1939	6826	13811
9864	149	9	911	2110
293303	12276	35946	86370	160787
25725	1564	1907	6199	10840
2509	156	387	1208	1930
71357	377	8579	12225	22154
45574	121	5403	5883	11586
25783	256	3175	6342	10568
73854	1553	11421	15934	28703
22227	489	2530	4934	9897
8513	215	34	535	3424
34922	663	6867	9431	12884
8193	187	1990	1034	2498
1025022	61274	168805	199370	440512
77026	4996	12611	51387	47173
12184	651	3493	6039	7180
3456	4	690	1136	968

14－13 续 表

单位:万元

项 目	Item	营业额 Business Revenue	客房收入 Hotel Rooms
二星	Two-star Class	43640	15208
三星	Three-star Class	315449	115789
四星	Four-star Class	559161	219593
五星	Five-star Class	722922	291231
其他	Others	796633	434072
餐饮业	**Catering Service**	**3987551**	**379562**
#国有控股	State-owned and State Share Holding	158189	41148
按登记注册类型分组	**Grouped by Status of Registration**		
内资企业	Domestic Funded Enterprises	2835757	351930
国有企业	State-owned Enterprises	88811	13352
集体企业	Collective-owned Enterprises	13084	2431
股份合作企业	Cooperative Enterprises	23400	10263
联营企业	Joint Ownership Enterprises	1594	280
国有联营企业	State Joint Ownership Enterprises		
集体联营企业	Collective Joint Ownership Enterprise	941	
国有与集体联营企业	Joint State-collective Enterprises		
其他联营企业	Other Joint Ownership Enterprises	653	280
有限责任公司	Limited Liability Corporations	703559	125818
国有独资公司	State Solely Funded Corporations	37412	10124
其他有限责任公司	Other Limited Liability Corporations	666147	115694
股份有限公司	Share-holding Corporations Ltd.	116668	7395
私营企业	Private Enterprises	1835305	187506
私营独资企业	Private-funded Enterprises	240667	15761
私营合伙企业	Private Partnership Enterpises	23774	2600
私营有限责任公司	Private Limited Liability Corporations	1495713	158997
私营股份有限公司	Private Share-holding Corporations Ltd.	75151	10148
其他企业	Other Enterprises	53336	4886
港、澳、台商投资企业	Enterprises with Funds from Hong Kong, Macao and Taiwan	240839	15403
合资经营企业	Joint-venture Enterprises	101284	6298
合作经营企业	Cooperative Enterprises	2057	376
独资经营企业	Enterprises with Sole Fund	127890	8729
港、澳、台商投资股份有限公司	Share-holding Corporations Ltd.	9609	
其他港澳台投资	Other Funds from Hong Kong, Macao and Taiwan		
外商投资企业	Foreign Funded Enterprises	910955	12229
合资经营企业	Joint-venture Enterprises	320099	4740
合作经营企业	Cooperative Enterprises	2063	
独资经营企业	Enterprises with Sole Fund	585975	7489
外商投资股份有限公司	Share-holding Corporations Ltd.	2817	
其他外商投资	Other Foreign Funds		
按行业分组	**Grouped by Sector**		
正餐服务	Dinner Service	2756649	373069
快餐服务	Snack Service	996008	618
饮料及冷饮服务	Beverage and Cool Drink Service	55179	
其他餐饮服务	Other Catering Service	179716	5876
按经营方式分组	**Grouped by Business Mode**		
独立商店	Independent Stores	2649522	355950
连锁商店总店	Chain Stores	926648	
连锁商店分店	Branches of Chain Stores	241617	16620
其他	Others	169764	6992
限额以下企业(单位)和个体	**Enterprises(units) below Designated Size and Individuals**	**25648227**	

Continued

(10000 yuan)

餐费收入 Catering Service	商品销售收入 Sales of Commodities	其他收入 Other Revenue	年末拥有床位数(个) Number of Bedsat Year-end (unit)	年末拥有餐位数(位) Number of Dining-seats at Year-end (unit)
21332	2386	4714	5115	12495
164805	6882	27973	43704	105632
284996	10370	44202	49690	133426
340717	28256	62718	47956	103724
298927	19023	44611	109195	138620
3438365	**87210**	**82414**	**106249**	**1177199**
101822	4283	10935	10622	44482
2324569	84994	74264	99117	984362
66336	4096	5027	4326	38827
8272	612	1769	1066	5200
12657	27	453	682	3621
1235	80		85	200
861	80			80
374			85	120
518969	20545	38227	34443	206890
23658	978	2651	2451	14914
495311	19567	35576	31992	191976
104803	1504	2967	2188	33358
1564531	57790	25479	54837	677379
207273	15098	2536	4962	104260
19217	1648	310	1060	9454
1275924	39511	21281	45514	533289
62117	1534	1352	3301	30376
47766	342	342	1490	18887
218265	310	6861	4164	36916
91753	54	3180	1408	18496
1681			150	1526
115222	256	3682	2606	13574
9609				3320
895531	1906	1289	2968	155921
314863		497	1041	48355
2063				347
575788	1906	792	1927	106773
2817				446
2231722	76076	75782	104424	948280
991953	1127	2310	373	185706
50202	2071	2906		7136
164488	7937	1416	1452	36077
2160998	71577	60996	100167	917594
922274	1092	3282		165718
222458	1482	1057	3354	57300
132635	13059	17079	2728	36587

14－14　限额以上住宿和餐饮业企业财务状况(2013 年)

单位:亿元

项　目	Item	资产总计 Total Assets	#流动资产 Crculating Assets	#固定资产 Fixed Assets
总　计	**Total**	**1076.65**	**385.81**	**406.25**
#国有控股	State-owned and State Share Holding			
住宿业	**Hotel Service**	**658.06**	**208.20**	**263.22**
#国有控股	State-owned and State Share Holding	219.44	52.90	99.45
按登记注册类型分组	**Grouped by Status of Registration**			
内资企业	Domestic Funded Enterprises	560.16	177.04	226.70
国有企业	State-owned Enterprises	115.00	24.71	58.60
集体企业	Collective-owned Enterprises	10.14	4.78	2.98
股份合作企业	Cooperative Enterprises			
联营企业	Joint Ownership Enterprises	0.10	0.02	0.03
国有联营企业	State Joint Ownership Enterprises	0.10	0.02	0.03
集体联营企业	Collective Joint Ownership Enterprise			
国有与集体联营企业	Joint State-collective Enterprises			
其他联营企业	Other Joint Ownership Enterprises			
有限责任公司	Limited Liability Corporations	215.33	64.88	90.33
国有独资公司	State Solely Funded Corporations	10.64	2.61	5.58
其他有限责任公司	Other Limited Liability Corporations	204.69	62.26	84.76
股份有限公司	Share-holding Corporations Ltd.	42.85	11.40	11.25
私营企业	Private Enterprises	175.45	70.40	63.19
私营独资企业	Private-funded Enterprises	14.27	8.12	5.33
私营合伙企业	Private Partnership Enterpises	0.57	0.16	0.25
私营有限责任公司	Private Limited Liability Corporations	144.88	56.84	52.47
私营股份有限公司	Private Share-holding Corporations Ltd.	15.74	5.28	5.14
其他企业	Other Enterprises	1.28	0.84	0.33
港、澳、台商投资企业	Enterprises with Funds from Hong Kong, Macao and Taiwan	43.18	13.00	13.58
合资经营企业	Joint-venture Enterprises	25.59	7.89	5.73
合作经营企业	Cooperative Enterprises			
独资经营企业	Enterprises with Sole Fund	17.60	5.11	7.85
港、澳、台商投资股份有限公司	Share-holding Corporations Ltd.			
其他港澳台投资	Other Funds from Hong Kong, Macao and Taiwan			
外商投资企业	Foreign Funded Enterprises	54.72	18.16	22.94
合资经营企业	Joint-venture Enterprises	11.97	3.42	5.35
合作经营企业	Cooperative Enterprises	0.85	0.41	0.14
独资经营企业	Enterprises with Sole Fund	35.35	13.91	12.99
外商投资股份有限公司	Share-holding Corporations Ltd.	6.54	0.43	4.46
其他外商投资	Other Foreign Funds			

Financial Indicators of Enterprises above Designated Size in Hotel and Catering Industry (2013)

(100 million yuan)

负债合计 Total Liabilities	所有者权益合计 Owner's Equities	主营业务收入 Revenue from Principal Business	主营业务成本 Cost of Principle Business	其他业务利润 Profits from Other Business	营业利润 Profit from Major Business	利润总额 Total Profits
768.21	**308.44**	**603.19**	**287.21**	**4.13**	**12.60**	**5.40**
470.84	**187.22**	**206.15**	**81.26**	**1.92**	**-10.52**	**-11.50**
115.99	103.46	59.32	23.19	0.73	-2.71	-2.61
397.39	162.77	181.24	73.12	1.68	-7.51	-8.26
56.28	58.72	29.23	12.12	0.39	-1.89	-1.53
8.86	1.28	3.99	1.97	0.19	-0.07	-0.08
0.22	-0.12	0.38	0.08		0.07	0.07
0.22	-0.12	0.38	0.08		0.07	0.07
158.31	57.02	61.63	22.09	0.66	-3.86	-4.80
3.06	7.58	3.13	1.02	0.03	-0.23	-0.44
155.25	49.44	58.50	21.06	0.63	-3.63	-4.36
24.94	17.91	13.71	6.72	0.03	0.14	0.08
147.72	27.73	71.61	29.89	0.39	-1.89	-2.00
9.85	4.42	5.08	2.33	0.03	0.32	0.29
0.30	0.27	1.12	0.71	0.00	0.06	0.06
126.37	18.51	60.43	24.78	0.33	-2.03	-2.31
11.21	4.53	4.97	2.06	0.02	-0.23	-0.04
1.05	0.23	0.69	0.26	0.01	-0.01	-0.01
34.64	8.54	12.15	3.38	0.10	-1.87	-1.87
26.62	-1.03	7.92	1.90	0.08	-0.82	-0.76
8.03	9.57	4.23	1.48	0.02	-1.05	-1.11
38.81	15.91	12.76	4.76	0.15	-1.14	-1.37
9.02	2.95	3.16	1.28	0.05	-0.26	-0.33
0.39	0.47	0.98	0.52		0.02	0.02
26.25	9.10	6.75	2.64	0.10	-0.91	-1.08
3.15	3.39	1.88	0.32		0.01	0.02

单位:亿元

项　目	Item	资产总计 Total Assets	#流动资产 Crculating Assets	#固定资产 Fixed Assets
按行业分组	**Grouped by Sector**			
旅游饭店	Tourist Restaurants	611.80	190.47	247.87
一般旅馆	Ordinary Hotels	39.23	15.77	12.26
其他住宿服务	Other Hotel Service	7.03	1.96	3.09
按星级等级分组	**Grouped by Star Glass**			
一星	One-star Class	0.54	0.36	0.13
二星	Two-star Class	7.09	1.34	3.57
三星	Three-star Class	72.92	31.95	25.56
四星	Four-star Class	156.22	49.78	62.12
五星	Five-star Class	258.36	66.76	102.40
其他	Others	162.87	57.94	69.43
餐饮业	**Catering Service**	**418.58**	**177.61**	**143.04**
#国有控股	State-owned and State Share Holding	30.93	20.66	7.49
按登记注册类型分组	**Grouped by Status of Registration**			
内资企业	Domestic Funded Enterprises	349.95	155.54	123.17
国有企业	State-owned Enterprises	7.88	2.86	4.28
集体企业	Collective-owned Enterprises	1.80	1.06	0.49
股份合作企业	Cooperative Enterprises	0.12	0.05	0.07
联营企业	Joint Ownership Enterprises	0.02	0.02	0.00
国有联营企业	State Joint Ownership Enterprises			
集体联营企业	Collective Joint Ownership Enterprise	0.02	0.02	0.00
国有与集体联营企业	Joint State-collective Enterprises			
其他联营企业	Other Joint Ownership Enterprises			
有限责任公司	Limited Liability Corporations	107.84	51.31	34.33
国有独资公司	State Solely Funded Corporations	9.52	7.56	1.44
其他有限责任公司	Other Limited Liability Corporations	98.32	43.75	32.89
股份有限公司	Share-holding Corporations Ltd.	14.18	9.43	3.06
私营企业	Private Enterprises	212.81	89.90	77.18
私营独资企业	Private-funded Enterprises	33.68	12.91	16.95
私营合伙企业	Private Partnership Enterprises	1.06	0.46	0.44
私营有限责任公司	Private Limited Liability Corporations	168.03	71.72	57.94
私营股份有限公司	Private Share-holding Corporations Ltd.	10.03	4.81	1.85
其他企业	Other Enterprises	5.31	0.91	3.77

14－14 Continued 1

(100 million yuan)

负债合计 Total Liabilities	所有者权益合计 Owner's Equities	主营业务收入 Revenue from Principal Business	主营业务成本 Cost of Principle Business	其他业务利润 Profits from Other Business	营业利润 Profit from Major Business	利润总额 Total Profits
439.27	172.54	180.40	69.70	1.87	－10.53	－11.30
27.40	11.83	22.25	10.30	0.22	－0.05	－0.29
4.18	2.85	3.50	1.26	－0.18	0.06	0.08
0.38	0.16	0.37	0.23		0.08	0.07
5.32	1.77	4.62	2.43	0.04	0.21	0.22
51.10	21.81	32.23	15.10	0.66	－0.09	－0.18
103.90	52.32	56.29	22.35	0.62	－2.30	－2.89
194.01	64.35	52.14	17.00	0.22	－4.73	－4.16
116.10	46.77	60.48	24.13	0.38	－3.69	－4.55
297.37	**121.22**	**397.04**	**205.95**	**2.20**	**23.11**	**16.90**
23.65	7.28	13.36	5.70	0.01	－0.53	－0.41
254.07	95.88	296.59	158.48	1.52	18.82	12.72
6.20	1.68	5.12	2.43	0.03	－0.09	－0.07
1.44	0.36	1.18	0.61		－0.09	－0.10
0.06	0.06	0.10	0.06	0.00	0.02	0.00
0.01	0.01	0.10	0.05		0.00	0.00
0.01	0.01	0.10	0.05		0.00	0.00
85.32	22.53	61.84	28.79	0.34	－0.48	－0.67
9.48	0.04	2.79	1.32	0.00	－0.17	－0.05
75.84	22.48	59.05	27.47	0.34	－0.31	－0.62
11.37	2.81	6.84	3.84	0.02	0.37	0.23
147.10	65.70	219.22	121.45	1.13	19.12	13.47
13.03	20.65	66.01	37.33	0.21	13.78	9.35
0.61	0.46	2.56	1.46	0.02	0.29	0.27
126.00	42.03	142.70	78.66	0.88	4.99	3.90
7.46	2.57	7.96	4.01	0.03	0.06	－0.05
2.57	2.74	2.20	1.26	0.00	－0.03	－0.16

单位:亿元

项 目	Item	资产总计 Total Assets	#流动资产 Crculating Assets	#固定资产 Fixed Assets
港、澳、台商投资企业	Enterprises with Funds from Hong Kong, Macao and Taiwan	25.83	9.89	8.49
合资经营企业	Joint-venture Enterprises	6.25	2.33	1.28
合作经营企业	Cooperative Enterprises	0.89	0.64	0.04
独资经营企业	Enterprises with Sole Fund	18.69	6.92	7.18
港、澳、台商投资股份有限公司	Share-holding Corporations Ltd.			
其他港澳台投资	Other Funds from Hong Kong, Macao and Taiwan			
外商投资企业	Foreign Funded Enterprises	42.81	12.17	11.37
合资经营企业	Joint-venture Enterprises	11.46	2.84	2.82
合作经营企业	Cooperative Enterprises			
独资经营企业	Enterprises with Sole Fund	31.27	9.31	8.49
外商投资股份有限公司	Share-holding Corporations Ltd.	0.08	0.02	0.06
其他外商投资	Other Foreign Funds			
按行业分组	**Grouped by Sector**			
正餐服务	Dinner Service	366.86	159.40	130.17
快餐服务	Snack Service	39.27	12.66	9.30
饮料及冷饮服务	Beverage and Cool Drink Service	5.05	2.01	1.36
其他餐饮服务	Other Catering Service	7.41	3.54	2.21
按经营方式分组	**Grouped by Business Mode**			
独立商店	Independent Stores	347.61	147.11	128.54
连锁商店总店	Chain Stores	40.35	12.29	9.56
连锁商店分店	Branches of Chain Stores	20.21	13.11	2.20
其他	Others	10.42	5.10	2.74
在总计中:	**In the Total**			
南京市	Nanjing	180.25	68.39	56.82
无锡市	Wuxi	120.35	37.09	43.01
徐州市	Xuzhou	39.54	14.06	17.77
常州市	Changzhou	86.72	31.58	31.29
苏州市	Suzhou	317.37	119.56	121.47
南通市	Nantong	64.66	18.11	27.74
连云港市	Lianyungang	20.30	4.42	12.88
淮安市	Huaian	35.44	13.10	17.39
盐城市	Yancheng	51.65	25.42	19.32
扬州市	Yangzhou	63.18	18.19	24.64
镇江市	Zhenjiang	39.05	13.56	14.38
泰州市	Taizhou	41.98	15.62	13.44
宿迁市	Suqian	16.15	6.72	6.10

14 – 14 Continued 2

(100 million yuan)

负债合计 Total Liabilities	所有者权益合计 Owner's Equities	主营业务收入 Revenue from Principal Business	主营业务成本 Cost of Principle Business	其他业务利润 Profits from Other Business	营业利润 Profit from Major Business	利润总额 Total Profits
14.59	11.23	17.55	7.20	0.03	-0.42	-0.49
2.53	3.72	8.14	3.57	0.02	0.42	0.38
0.56	0.33	0.18	0.13		-0.03	-0.03
11.50	7.19	9.23	3.50	0.01	-0.81	-0.84
28.70	14.11	82.89	40.26	0.65	4.71	4.68
7.83	3.63	29.63	15.57	0.01	1.68	1.77
20.82	10.44	53.08	24.57	0.63	3.01	2.89
0.05	0.03	0.18	0.12		0.02	0.02
263.28	103.59	282.27	149.02	1.49	15.03	9.93
27.52	11.74	93.33	45.81	0.65	5.99	5.81
2.68	2.37	4.50	1.99		0.24	0.09
3.88	3.52	16.94	9.13	0.06	1.86	1.07
243.93	103.69	280.18	147.53	1.49	17.37	11.35
27.45	12.90	88.09	42.54	0.67	5.43	5.40
18.30	1.91	16.72	7.54	0.03	0.00	-0.19
7.69	2.72	12.05	8.34	0.00	0.32	0.34
121.96	58.29	149.63	68.43	1.14	2.12	1.46
103.17	17.18	66.68	29.34	0.93	-2.69	-4.40
21.07	18.47	33.94	20.89	0.26	4.05	3.92
65.60	21.11	96.86	46.88	0.22	11.57	7.82
229.91	87.46	115.50	48.34	0.69	-6.83	-7.32
41.65	23.01	23.81	12.08	0.25	0.38	0.54
13.30	7.00	10.14	5.38	0.15	0.31	0.27
22.01	13.43	15.85	9.05	0.06	0.22	0.23
34.63	17.01	22.93	13.00	0.13	1.59	1.63
45.92	17.27	23.50	10.62	0.12	0.41	0.35
26.15	12.90	21.32	11.36	0.07	1.82	1.55
31.58	10.41	15.15	7.98	0.06	-0.73	-0.88
11.25	4.90	7.86	3.85	0.04	0.38	0.23

14－15 限额以上住宿和餐饮业企业财务状况(2014 年)

单位:亿元

项　　目	Item	资产总计 Total Assets	#流动资产 Crculating Assets	#固定资产 Fixed Assets
总　计	**Total**	**1126.41**	**389.58**	**435.66**
#国有控股	State-owned and State Share Holding	292.43	86.64	133.19
住宿业	**Hotel Service**	**689.32**	**211.37**	**287.54**
#国有控股	State-owned and State Share Holding	241.94	58.31	115.97
按登记注册类型分组	**Grouped by Status of Registration**			
内资企业	Domestic Funded Enterprises	595.26	184.27	243.16
国有企业	State-owned Enterprises	100.02	19.57	58.23
集体企业	Collective-owned Enterprises	8.35	3.64	2.70
股份合作企业	Cooperative Enterprises			
联营企业	Joint Ownership Enterprises	0.08	0.03	0.01
国有联营企业	State Joint Ownership Enterprises	0.08	0.03	0.01
集体联营企业	Collective Joint Ownership Enterprise			
国有与集体联营企业	Joint State-collective Enterprises			
其他联营企业	Other Joint Ownership Enterprises			
有限责任公司	Limited Liability Corporations	278.91	82.04	119.90
国有独资公司	State Solely Funded Corporations	27.73	5.69	11.07
其他有限责任公司	Other Limited Liability Corporations	251.17	76.35	108.83
股份有限公司	Share-holding Corporations Ltd.	46.73	14.36	12.97
私营企业	Private Enterprises	160.15	64.26	49.12
私营独资企业	Private-funded Enterprises	10.37	5.95	3.62
私营合伙企业	Private Partnership Enterpises	0.51	0.17	0.26
私营有限责任公司	Private Limited Liability Corporations	135.19	53.65	41.81
私营股份有限公司	Private Share-holding Corporations Ltd.	14.07	4.48	3.43
其他企业	Other Enterprises	1.03	0.38	0.24
港、澳、台商投资企业	Enterprises with Funds from Hong Kong, Macao and Taiwan	46.78	11.42	22.23
合资经营企业	Joint-venture Enterprises	20.24	2.49	9.19
合作经营企业	Cooperative Enterprises			
独资经营企业	Enterprises with Sole Fund	26.54	8.93	13.03
港、澳、台商投资股份有限公司	Share-holding Corporations Ltd.			
其他港澳台投资	Other Funds from Hong Kong, Macao and Taiwan			
外商投资企业	Foreign Funded Enterprises	47.29	15.68	22.16
合资经营企业	Joint-venture Enterprises	11.47	4.12	5.85
合作经营企业	Cooperative Enterprises	0.81	0.44	0.14
独资经营企业	Enterprises with Sole Fund	28.73	10.71	11.96
外商投资股份有限公司	Share-holding Corporations Ltd.	6.28	0.42	4.21
其他外商投资	Other Foreign Funds			

Financial Indicators of Enterprises above Designated Size in Hotel and Catering Industry (2014)

(100 million yuan)

负债合计 Total Liabilities	所有者权益合计 Owner's Equities	主营业务收入 Revenue from Principal Business	主营业务成本 Cost of Principle Business	其他业务利润 Profits from Other Business	营业利润 Profit from Major Business	利润总额 Total Profits
830.94	**295.47**	**559.99**	**262.24**	**4.16**	**-11.55**	**-8.71**
171.30	121.13	72.44	28.70	0.55	-7.25	-5.89
499.69	**189.64**	**203.31**	**78.63**	**1.85**	**-16.19**	**-13.18**
130.10	111.84	57.24	22.10	0.53	-5.79	-4.75
422.30	172.96	179.80	70.69	1.53	-12.07	-9.09
52.15	47.88	21.58	7.98	0.33	-2.26	-1.74
7.52	0.82	3.44	1.61	0.01	-0.09	-0.06
0.18	-0.11	0.33	0.08		0.01	0.01
0.18	-0.11	0.33	0.08		0.01	0.01
195.48	83.42	72.28	26.45	0.34	-7.14	-5.67
13.69	14.04	6.17	1.85	0.06	-1.20	-1.10
181.79	69.38	66.10	24.60	0.28	-5.93	-4.57
24.83	21.89	15.51	7.35	0.06	0.41	0.98
141.26	18.89	66.07	27.04	0.79	-2.95	-2.58
7.99	2.38	4.33	2.35	0.00	0.10	0.05
0.25	0.26	1.23	0.81	0.00	0.06	0.06
122.92	12.27	55.01	20.91	0.74	-3.33	-2.89
10.10	3.97	5.50	2.98	0.05	0.22	0.20
0.87	0.16	0.59	0.18		-0.06	-0.03
43.31	3.47	11.22	3.55	0.11	-2.64	-2.54
24.15	-3.91	6.32	1.67	0.08	-1.25	-1.20
19.16	7.38	4.90	1.88	0.02	-1.38	-1.34
34.07	13.21	12.29	4.39	0.22	-1.49	-1.55
9.19	2.28	3.24	1.24	0.03	-0.41	-0.45
0.35	0.46	0.93	0.47		0.06	0.06
21.52	7.21	6.26	2.35	0.08	-1.18	-1.16
3.02	3.26	1.86	0.33	0.11	0.05	0.00

单位:亿元

项目	Item	资产总计 Total Assets	#流动资产 Crculating Assets	#固定资产 Fixed Assets
按行业分组	**Grouped by Sector**			
旅游饭店	Tourist Restaurants	647.85	195.77	276.06
一般旅馆	Ordinary Hotels	36.95	13.67	10.27
其他住宿服务	Other Hotel Service	4.52	1.93	1.22
按星级等级分组	**Grouped by Star Glass**			
一星	One-star Class	0.52	0.36	0.11
二星	Two-star Class	6.36	2.28	3.28
三星	Three-star Class	64.94	27.53	21.98
四星	Four-star Class	175.12	53.84	65.68
五星	Five-star Class	266.27	67.20	116.48
其他	Others	176.12	60.15	80.01
餐饮业	**Catering Service**	**437.09**	**178.21**	**148.12**
#国有控股	State-owned and State Share Holding	50.50	28.34	17.21
按登记注册类型分组	**Grouped by Status of Registration**			
内资企业	Domestic Funded Enterprises	368.95	160.66	128.43
国有企业	State-owned Enterprises	10.62	2.88	6.71
集体企业	Collective-owned Enterprises	1.95	0.98	0.75
股份合作企业	Cooperative Enterprises	0.13	0.05	0.07
联营企业	Joint Ownership Enterprises	0.02	0.02	0.00
国有联营企业	State Joint Ownership Enterprises			
集体联营企业	Collective Joint Ownership Enterprise	0.02	0.02	0.00
国有与集体联营企业	Joint State-collective Enterprises			
其他联营企业	Other Joint Ownership Enterprises			
有限责任公司	Limited Liability Corporations	126.47	61.62	41.27
国有独资公司	State Solely Funded Corporations	11.05	8.56	1.33
其他有限责任公司	Other Limited Liability Corporations	115.42	53.05	39.94
股份有限公司	Share-holding Corporations Ltd.	12.68	7.81	2.44
私营企业	Private Enterprises	212.73	86.50	74.04
私营独资企业	Private-funded Enterprises	18.92	7.39	8.81
私营合伙企业	Private Partnership Enterpises	1.00	0.53	0.42
私营有限责任公司	Private Limited Liability Corporations	183.10	74.15	62.54
私营股份有限公司	Private Share-holding Corporations Ltd.	9.70	4.43	2.27
其他企业	Other Enterprises	4.35	0.81	3.14

14－15　Continued 1

(100 million yuan)

负债合计 Total Liabilities	所有者权益合计 Owner's Equities	主营业务收入 Revenue from Principal Business	主营业务成本 Cost of Principle Business	其他业务利润 Profits from Other Business	营业利润 Profit from Major Business	利润总额 Total Profits
468.51	179.34	176.60	66.87	1.66	－16.25	－13.26
26.77	10.18	22.90	10.49	0.18	0.01	0.04
4.40	0.12	3.82	1.27	0.02	0.06	0.04
0.37	0.15	0.40	0.25	0.00	0.08	0.08
5.72	0.65	3.96	1.99	0.01	－0.07	－0.01
48.15	16.79	29.37	13.42	0.32	－0.75	－0.50
112.60	62.52	52.04	19.64	0.71	－4.09	－2.57
194.93	71.34	52.61	18.05	0.18	－6.30	－5.30
137.93	38.19	64.92	25.27	0.63	－5.06	－4.88
331.26	**105.83**	**356.68**	**183.62**	**2.31**	**4.64**	**4.47**
41.20	9.29	15.20	6.60	0.02	－1.46	－1.13
287.57	81.37	252.40	135.09	2.07	1.39	1.33
8.42	2.20	5.02	2.45	0.01	－0.21	－0.20
1.73	0.22	1.22	0.62	0.00	－0.06	－0.06
0.06	0.06	0.10	0.05	0.00	0.02	0.00
0.01	0.01	0.09	0.05		0.00	0.00
0.01	0.01	0.09	0.05		0.00	0.00
103.14	23.33	63.96	30.36	1.02	－1.79	－0.83
11.87	－0.82	3.45	1.64	0.00	－0.31	－0.23
91.28	24.15	60.51	28.72	1.02	－1.47	－0.60
9.92	2.77	7.07	3.67	0.05	0.22	0.09
161.02	51.71	170.17	95.85	1.00	2.92	2.06
8.22	10.71	21.57	13.69	0.16	2.47	2.11
0.48	0.53	1.84	1.02		0.19	0.17
145.08	38.01	139.70	77.83	0.78	0.38	－0.08
7.24	2.46	7.05	3.31	0.06	－0.11	－0.13
3.27	1.07	4.75	2.04	0.00	0.28	0.26

单位:亿元

项 目	Item	资产总计 Total Assets	#流动资产 Crculating Assets	#固定资产 Fixed Assets
港、澳、台商投资企业	Enterprises with Funds from Hong Kong, Macao and Taiwan	30.18	8.06	8.76
合资经营企业	Joint-venture Enterprises	9.24	4.60	1.72
合作经营企业	Cooperative Enterprises	1.10	0.79	0.09
独资经营企业	Enterprises with Sole Fund	19.63	2.53	6.92
港、澳、台商投资股份有限公司	Share-holding Corporations Ltd.	0.21	0.15	0.03
其他港澳台投资	Other Funds from Hong Kong, Macao and Taiwan			
外商投资企业	Foreign Funded Enterprises	37.96	9.48	10.93
合资经营企业	Joint-venture Enterprises	10.89	2.47	2.69
合作经营企业	Cooperative Enterprises			
独资经营企业	Enterprises with Sole Fund	26.98	6.97	8.17
外商投资股份有限公司	Share-holding Corporations Ltd.	0.10	0.03	0.07
其他外商投资	Other Foreign Funds			
按行业分组	**Grouped by Sector**			
正餐服务	Dinner Service	386.37	159.78	134.94
快餐服务	Snack Service	38.21	12.21	10.00
饮料及冷饮服务	Beverage and Cool Drink Service	4.76	2.10	1.00
其他餐饮服务	Other Catering Service	7.75	4.12	2.17
按经营方式分组	**Grouped by Business Mode**			
独立商店	Independent Stores	366.17	146.66	134.03
连锁商店总店	Chain Stores	40.69	13.25	10.13
连锁商店分店	Branches of Chain Stores	17.67	11.14	1.30
其他	Others	12.55	7.16	2.66
在总计中:	**In the Total**			
南京市	Nanjing	184.30	65.33	63.77
无锡市	Wuxi	129.70	36.71	50.58
徐州市	Xuzhou	36.56	12.39	16.76
常州市	Changzhou	67.02	24.09	24.33
苏州市	Suzhou	335.77	115.98	131.05
南通市	Nantong	63.57	21.18	29.00
连云港市	Lianyungang	15.00	5.03	6.92
淮安市	Huaian	45.81	22.17	17.93
盐城市	Yancheng	57.18	26.89	20.04
扬州市	Yangzhou	66.83	19.18	26.99
镇江市	Zhenjiang	44.61	14.48	18.58
泰州市	Taizhou	46.62	17.01	12.63
宿迁市	Suqian	33.45	9.13	17.08

14－15 Continued 2

(100 million yuan)

负债合计 Total Liabilities	所有者权益合计 Owner's Equities	主营业务收入 Revenue from Principal Business	主营业务成本 Cost of Principle Business	其他业务利润 Profits from Other Business	营业利润 Profit from Major Business	利润总额 Total Profits
16.20	13.98	21.49	8.21	0.06	－0.24	－0.27
3.39	5.84	9.53	3.70		0.42	0.41
0.91	0.20	0.21	0.14		－0.13	－0.13
11.79	7.84	10.80	4.05	0.06	－0.57	－0.59
0.11	0.10	0.96	0.32		0.03	0.03
27.48	10.48	82.78	40.32	0.18	3.48	3.41
7.21	3.68	30.93	16.03	－0.01	1.91	1.90
20.22	6.76	51.74	24.24	0.18	1.55	1.50
0.06	0.03	0.11	0.05		0.02	0.01
298.38	87.99	240.79	126.23	1.74	－1.00	－0.98
26.18	12.03	95.69	46.89	0.51	4.64	4.55
2.57	2.18	2.66	1.03	0.02	0.02	0.03
4.13	3.62	17.53	9.48	0.04	0.98	0.87
277.36	88.81	233.59	122.87	2.05	0.52	0.43
27.56	13.13	92.55	43.57	0.17	4.50	4.39
16.36	1.31	17.39	7.57	0.06	－0.38	－0.42
9.97	2.58	13.14	9.60	0.02	0.00	0.07
126.72	57.59	146.08	65.24	1.55	0.71	1.39
117.88	11.82	66.73	28.91	0.34	－7.66	－7.33
20.43	16.13	32.69	20.93	0.14	3.30	2.92
60.69	6.33	51.05	21.26	0.09	－1.12	－1.21
239.72	96.04	114.49	47.38	0.83	－7.23	－4.95
38.83	24.74	27.42	14.33	0.39	0.53	0.85
10.53	4.46	9.17	4.69	0.09	0.08	0.12
29.90	15.91	17.25	10.22	0.06	0.81	0.91
41.92	15.27	26.74	15.15	0.06	1.41	0.99
52.35	14.48	23.79	10.80	0.29	－1.35	－1.22
32.29	12.32	22.95	12.32	0.07	0.62	0.32
36.93	9.69	15.09	7.84	0.14	－0.95	－0.77
22.76	10.69	6.53	3.16	0.10	－0.69	－0.72

14－16 批发和零售业、住宿和餐饮业连锁总店经营情况（2014 年）

项　　目	Item	连锁总店数（个）Number of Chain Shops (unit)	连锁门店数（个）Number of Chain Stores (unit)
总　计	**Total**	**192**	**19818**
批发和零售业	**Retail Trade**	**168**	**18350**
#外商及港澳台投资	Enterprises Prisese with Funds from Hong Kong, Macao Taiwan and Foreign Fanded	22	2786
按零售业态分	Grouped by Store Type		
百货商店	Department Store	7	1262
超级市场	Supermarket	43	4428
专业店	Specialty Store	94	11428
专卖店	Franchised Store	12	904
便利店	Convenience Store	10	325
家居建材店	Building Material Store	2	3
其他	Other Store		
住宿业和餐饮业	**Hotel Service and Catering Service**	**24**	**1468**
#外商及港澳台投资	Enterprises Prisese with Funds from Hong Kong, Macao Taiwan and Foreign Fanded	11	1367
住宿业	**Hotel Service**	**2**	**8**
餐饮业	**Catering Service**	**22**	**1460**
按行业分	Grouped by Sector		
正餐	Dinner	6	59
快餐	Fast Food Snack	11	1347
其他	Others	5	54

Management Conditions of General Chain Stores of Wholesale and Retail Sale Trade, Hotel and Catering Trade Service (2014)

商品销售总额（或营业总收入）（亿元）Total Sales of Commodities (100 million yuan)	#商品零售额 Retail Sales	零售或餐饮营业面积（万平方米）Business Area for Retail and Catering Service (10000 sq. m)	从业人员（万人）Employees (10000 persons)
3580.98	**2210.83**	**2002.87**	**44.67**
3483.90	**2114.18**	**1954.29**	**37.45**
1035.90	837.87	591.52	11.29
251.28	185.64	99.21	2.66
953.33	796.57	561.07	12.46
2250.39	1107.33	1274.11	21.69
14.31	10.43	7.68	0.38
12.05	12.04	3.68	0.23
2.53	2.17	8.54	0.02
97.09	**96.65**	**48.57**	**7.23**
93.07	92.97	43.98	7.00
0.42	**0.01**	**0.04**	**0.02**
96.67	**96.64**	**48.54**	**7.21**
2.50	2.50	3.48	0.13
91.34	91.32	42.80	6.91
2.82	2.82	2.26	0.18

14－17　亿元以上商品交易市场基本情况（2014 年）

项　　目　Item		市场个数（个）Number of Markets (unit)	年末摊位数（个）Number of Booths at Year-end (unit)
总　计	**Total**	**536**	**393990**
按经营环境分	**Grouped by Business Environment**		
露天式	Open Air	61	25258
封闭式	Close	395	315500
其他	Others	80	53232
按经营方式分	**Grouped by Business Mode**		
以批发为主	Whole-sale	282	260128
以零售为主	Retail-sale	254	133862
按市场类别分	**Grouped by Catergary of Market**		
综合市场	Integrated Market	136	117296
综合贸易市场	Integrated Trade Market	136	117296
生产资料综合市场	Integrated Production Material Market	4	10702
工业消费品综合市场	Integrated Industrial Consumer Goods Market	19	31358
农产品综合市场	Integrated Farm Products Market	87	49857
其他综合市场	Others	26	25379
专业市场	Specialty Market	400	276694
生产资料市场	Production Goods Market	94	61637
农业生产用具市场	Agricultural Production Appliances Market	1	348
农用生产资料市场	Means of Agricultural Production	3	436
煤炭市场	Coal		
木材市场	Wood	8	4673
建材市场	Building Material	33	25484
化工材料及制品市场	Chemical Material and Products	8	8410
金属材料市场	Matel Materials	35	17976
机械设备市场	Machinery	5	3610
其他生产资料市场	Others	1	700
农产品市场	Farm Products Market	104	49521
粮油市场	Grain and Oil	10	5182
肉禽蛋市场	Meat, Poultry and Eggs	29	9457
水产品市场	Aquatic Products	24	9101
蔬菜市场	Vegetables	17	9197
干鲜果品市场	Dried and Fresh Fruits	9	6279
棉麻土畜、烟叶市场	Cotton, Hemp, Livestock and Tobacco Leaf	2	2440

Basic Condition of Transaction Markets with Transaction Value over 100 Million Yuan (2014)

年末已出租摊位（个）Number of Rented Booths at Year-end (unit)	商品成交额（亿元）Transaction Value (100 million yuan)	营业面积（万平方米）Business Area (10000 sq. m)	交易业主从业人员（万人）Persons Engaged by Transaction Proprietor (10000 persons)
353900	**17084.95**	**3266.61**	**101.42**
22344	1351.23	263.17	8.88
284150	11010.66	2457.66	81.72
47406	4723.06	545.78	10.82
232107	15016.80	2393.98	75.93
121793	2068.15	872.63	25.49
104375	2687.84	716.49	25.80
104375	2687.84	716.49	25.80
10526	78.71	130.71	1.25
29776	767.64	203.68	7.93
43043	1473.94	240.52	10.95
21030	367.56	141.58	5.68
249525	14397.11	2550.12	75.61
50947	6551.74	705.64	14.64
348	5.30	1.83	0.10
390	23.80	12.53	0.19
4197	81.94	47.60	0.36
19642	282.15	257.38	6.24
8013	1355.78	47.05	0.74
14218	4612.93	319.77	5.67
3439	181.85	17.70	1.24
700	7.99	1.80	0.10
43558	1450.17	350.81	16.03
4310	192.52	64.39	1.00
7953	302.75	37.15	2.07
7850	276.70	77.32	3.20
8408	220.48	45.90	5.73
5376	160.41	33.77	1.15
2413	232.55	43.05	1.26

14－17 续 表 1

项 目	Item	市场个数（个）Number of Markets (unit)	年末摊位数（个）Number of Booths at Year-end (unit)
其他农产品市场	Others	13	7865
食品、饮料及烟酒市场	Food, Beverage, Tobacco and Alcohol Market	13	3908
食品饮料市场	Food and Beverage	3	780
茶叶市场	Tea		
烟酒市场	Tobacco and Alcohol	1	200
其他食品、饮料及烟酒市场	Others	9	2928
纺织、服装、鞋帽市场	Textile Products, Garment, Footware and Headgear Market	36	83275
布料及纺织品市场	Cloth and Testile Products	9	21967
服装市场	Garment	12	35619
鞋帽市场	Footware and Headgear	3	3054
其他纺织服装鞋帽市场	Others	12	22635
日用品及文化用品市场	Commodity and Culture Articles Market	12	6980
小商品市场	Small Commodities	6	5471
箱包市场	Boxes and Bags		
玩具市场	Toyes		
文具市场	Stationeries	1	300
图书、报刊杂志市场	Books, Newspapers and Magazines	2	147
音像制品及电子出版物市场	Audio and Video Products and E-journal	1	318
体育用品市场	Sports Goods		
其他日用品及文化用品市场	Others	2	744
黄金、珠宝、玉器等首饰市场	Gold, Jewelry and Jade Article Market	2	1500
黄金、珠宝、玉器等首饰市场	Gold, Jewelry and Jade Article Market	2	1500
电器、通讯器材、电子设备市场	Electrical Appliances, Communications Equipments and Electronic Equipment Market	9	3822
家电市场	Electric Household Appliances	1	400
通讯器材市场	Communications Equipments	1	1607
照相、摄像器材市场	Photographic and Video Equipments		
计算机及辅助设备市场	Computers and Ancillary Equipments	6	1690
其他电器、通讯器材、电子设备市场	Others	1	125
医药、医疗用品及器材市场	Medicine, Medical Articles and Appliances		
中药材市场	Chinese Traditional Medicine Material		

14－17 Continued 1

年末已出租摊位（个）Number of Rented Booths at Year-end (unit)	商品成交额（亿元）Transaction Value (100 million yuan)	营业面积（万平方米）Business Area (10000 sq. m)	交易业主从业人员（万人）Persons Engaged by Transaction Proprietor (10000 persons)
7428	64.76	49.24	1.62
3082	109.04	34.73	0.69
498	19.64	9.57	0.09
190	2.83	0.32	0.04
2394	86.57	24.85	0.56
78680	4224.57	442.43	27.12
21443	2524.11	225.46	9.53
32495	1349.40	136.31	11.07
2854	40.70	16.22	0.82
21888	310.36	64.43	5.70
6672	110.32	26.21	1.64
5240	99.29	18.16	1.30
230	1.11	4.00	0.01
142	4.06	1.30	0.08
318	2.59	1.10	0.12
742	3.26	1.65	0.12
1483	84.05	6.00	0.54
1483	84.05	6.00	0.54
3630	52.50	9.71	1.05
390	6.12	1.10	0.06
1607	6.25	4.42	0.32
1512	38.44	3.98	0.64
121	1.70	0.20	0.03

项　目 Item		市场个数（个）Number of Markets (unit)	年末摊位数（个）Number of Booths at Year-end (unit)
其他医药、医疗用品及器材市场	Others		
家具、五金及装饰材料市场	Furniture, Hardware and Decorating Material Market	96	55005
家具市场	Furniture	28	15376
装饰材料市场	Decorating Material	41	20493
灯具市场	Lamps and Lanterns	2	3100
厨具、盥洗设备市场	Kitchenware and Toilet Facility		
五金材料市场	Hardware Material	17	10584
其他装修市场	Others	8	5452
汽车、摩托车及零配件市场	Motor Vehicles, Motorcycles and Spare Parts Market	24	5885
汽车市场	Motor Vehicles	18	3082
摩托车市场	Motorcycles		
机动车零配件市场	Spare Parts for Motor－driven Vehicles	6	2803
花、鸟、鱼、虫市场	Flowers, Birds, Fish and Insects Market	3	3132
花卉市场	Flowers	3	3132
鸟市场	Birds		
观赏鱼市场	Display Fish		
其他花鸟鱼虫市场	Others		
旧货市场	Secondhand Goods	1	73
古玩、古董、字画市场	Antiques, Calligraphy and Painting		
邮票、硬币市场	Stamps and Coins		
其他旧货市场	Others	1	73
其他专业市场	Other Speciality Markets	6	1956
按省辖市分	**by City**		
南京市	Nanjing	44	37450
无锡市	Wuxi	58	45519
徐州市	Xuzhou	28	38110
常州市	Changzhou	57	43087
苏州市	Suzhou	83	82699
南通市	Nantong	88	48896
连云港市	Lianyungang	26	16394
淮安市	Huaian	21	13803
盐城市	Yancheng	29	12263
扬州市	Yangzhou	59	20858
镇江市	Zhenjiang	14	7199
泰州市	Taizhou	23	16391
宿迁市	Suqian	6	11321

14－17 Continued 2

年末已出租摊位（个）Number of Rented Booths at Year-end (unit)	商品成交额（亿元）Transaction Value (100 million yuan)	营业面积（万平方米）Business Area (10000 sq. m)	交易业主从业人员（万人）Persons Engaged by Transaction Proprietor (10000 persons)
51395	976.53	702.94	10.18
14087	203.13	210.97	2.18
19380	337.90	302.50	4.20
3019	93.71	41.85	0.74
9458	189.37	79.78	1.25
5451	152.41	67.85	1.82
4973	575.34	187.54	2.27
2712	522.22	151.16	1.29
2261	53.12	36.38	0.98
3124	195.45	64.30	0.65
3124	195.45	64.30	0.65
73	1.91	2.50	0.01
73	1.91	2.50	0.01
1908	65.49	17.30	0.79
36286	1034.51	263.94	6.71
40513	3657.08	511.19	11.92
33876	854.75	246.17	9.68
37534	1993.65	524.28	12.11
76305	5741.25	593.49	24.02
44606	1670.81	335.26	11.78
14988	219.61	95.00	2.78
10756	122.38	78.03	3.11
10827	97.37	81.93	2.96
19892	734.09	167.36	8.02
6893	480.69	103.06	2.14
14187	293.11	173.45	2.73
7237	185.65	93.47	3.44

14－18 省外批发和零售业、住宿和餐饮业连锁总店在江苏分店经营情况(2014)
Management Conditions of Branch Stores of Wholesale and Retail Sale Trade Hotel and Catering Trade of General Chain Stores of Other Province in Jiangsu(2014)

项　　目	Item	连锁门店数（个）Number of Chain Stores (unit)	商品销售总额（或营业总收入）（亿元）Total Sales of Commodities (100 million yuan)	#商品零售额 Retail Sales	零售或餐饮营业面积（万平方米）Business Area for Retail and Catering Service (10000 sq. m)	从业人员（万人）Employees (10000 persons)
总　计	**Total**	**105**	**146.22**	**108.54**	**46.01**	**1.05**
批发和零售业	**Retail Trade**	**66**	**140.20**	**103.72**	**42.86**	**0.81**
#外商及港澳台投资	Enterprisese with Funds from Hong Kong, Macao Taiwan and Foreign Fanded	31	49.06	49.06	16.40	0.32
按零售业态分	Grouped by Store Type					
百货商店	Department Store	3	3.51	3.51	5.46	0.03
超级市场	Supermarket	30	53.81	53.77	23.92	0.52
专业店	Specialty Store	13	12.85	12.85	8.37	0.11
专卖店	Franchised Store	15	9.03	9.03	1.81	0.04
便利店	Convenience Store					
家居建材店	Building Material Store					
其他	Other Store	5	60.99	24.56	3.30	0.11
住宿和餐饮业	**Hotel Service and Catering Service**	**39**	**6.02**	**4.82**	**3.15**	**0.24**
#外商及港澳台投资	Enterprisese with Funds from Hong Kong, Macao, Taiwan and Foreign Funded	22	3.70	3.57	1.07	0.11
住宿业	**Hotel Service**	**10**	**1.70**	**0.62**	**0.82**	**0.09**
餐饮业	**Catering Service**	**29**	**4.32**	**4.20**	**2.33**	**0.15**
按行业分	Grouped by Sector					
正餐	Dinner	15	1.66	1.54	1.73	0.08
快餐	Fast Food Snack	3	0.64	0.64	0.12	0.03
其他	Others	11	2.02	2.02	0.48	0.04

14－19 旅游业主要指标
Main Indicators of Tourism

项　　目	Item	2010	2011	2012	2013	2014
旅行社数　（个）	**Number of Travel Agencies (unit)**	**1857**	**1986**	**2117**	**2204**	**2251**
南京市	Nanjing City	483	505	539	557	576
无锡市	Wuxi City	132	143	152	156	165
徐州市	Xuzhou City	158	180	187	194	191
常州市	Changzhou City	106	113	122	127	129
苏州市	Suzhou City	208	228	257	267	288
南通市	Nantong City	107	120	132	137	140
连云港市	Lianyungang City	117	113	114	113	113
淮安市	Huaian City	78	85	89	100	103
盐城市	Yancheng City	119	123	129	133	136
扬州市	Yangzhou City	111	130	134	141	126
镇江市	Zhenjiang City	87	89	95	104	103
泰州市	Taizhou City	100	104	111	115	114
宿迁市	Suqian City	51	53	56	60	67
星级饭店数　（个）	**Number of Star－rated Hotel (unit)**	**902**	**893**	**890**	**970**	**873**
南京市	Nanjing City	124	114	114	117	102
无锡市	Wuxi City	70	65	65	64	55
徐州市	Xuzhou City	52	84	81	117	123
常州市	Changzhou City	64	65	65	72	68
苏州市	Suzhou City	155	150	150	154	132
南通市	Nantong City	96	96	96	120	96
连云港市	Lianyungang City	65	59	59	60	44
淮安市	Huaian City	50	38	38	39	48
盐城市	Yancheng City	64	58	58	55	49
扬州市	Yangzhou City	57	60	60	67	63
镇江市	Zhenjiang City	50	51	51	52	38
泰州市	Taizhou City	27	29	29	29	29
宿迁市	Suqian City	28	24	24	24	26
国内旅游接待人数（万人次）	**Number of Domestic Visitors (10000 person-times)**	**35518.60**	**41150.01**	**46437.41**	**51539.20**	**57113.32**
南京市	Nanjing City	6365.50	7180.54	7950.45	8674.01	9419.31
无锡市	Wuxi City	5067.27	5725.23	6365.25	6993.57	7573.72
徐州市	Xuzhou City	2049.40	2457.31	2752.56	3087.15	3566.61
常州市	Changzhou City	2802.43	3360.88	3958.27	4425.71	4989.34
苏州市	Suzhou City	7004.88	7775.38	8624.43	9416.33	10028.84
南通市	Nantong City	1756.79	2108.97	2407.46	2716.00	3066.34
连云港市	Lianyungang City	1392.73	1655.93	1894.27	2136.03	2415.03
淮安市	Huaian City	1156.29	1398.21	1610.73	1833.20	2089.60
盐城市	Yancheng City	1105.39	1325.07	1536.80	1754.36	2014.67
扬州市	Yangzhou City	2647.22	3166.65	3572.47	3965.36	4545.88
镇江市	Zhenjiang City	2607.45	3100.83	3502.86	3895.00	4385.48
泰州市	Taizhou City	1072.83	1284.66	1457.04	1640.46	1848.68
宿迁市	Suqian City	490.42	610.35	804.82	1002.02	1169.82

14－19 续 表 Continued

项 目	Item	2010	2011	2012	2013	2014
国内旅游收入（亿元）	**Earnings from Domestic Tourism (100 million yuan)**	**4287.86**	**5161.47**	**6055.80**	**6940.05**	**7863.51**
南京市	Nanjing City	852.41	1013.43	1169.01	1317.48	1470.00
无锡市	Wuxi City	703.92	844.83	974.92	1100.40	1229.85
徐州市	Xuzhou City	215.84	264.83	311.82	360.47	423.46
常州市	Changzhou City	320.75	391.66	481.96	557.39	639.98
苏州市	Suzhou City	917.76	1084.82	1254.38	1419.09	1574.81
南通市	Nantong City	202.26	252.20	299.29	348.16	400.60
连云港市	Lianyungang City	153.58	188.32	221.59	257.25	297.42
淮安市	Huaian City	118.59	146.17	172.65	200.12	231.63
盐城市	Yancheng City	99.10	120.34	142.79	166.09	195.21
扬州市	Yangzhou City	271.84	330.23	392.50	454.42	525.21
镇江市	Zhenjiang City	285.59	345.63	410.14	474.53	543.93
泰州市	Taizhou City	113.34	136.91	160.88	186.19	213.63
宿迁市	Suqian City	32.88	42.12	63.85	98.47	117.79
接待海外旅游者人数（人次）	**Number of Overseas Tourists Received (person-times)**	**6535498**	**7373266**	**7915366**	**2880287**	**2970956**
南京市	Nanjing City	1308791	1506642	1627142	518568	566202
无锡市	Wuxi City	791592	908324	981947	391185	403116
徐州市	Xuzhou City	158277	182180	199488	25849	29485
常州市	Changzhou City	359067	413101	455706	109958	120423
苏州市	Suzhou City	2075299	2326318	2492157	1442138	1453273
南通市	Nantong City	355133	404852	440788	216943	187185
连云港市	Lianyungang City	116663	132289	144684	24228	22972
淮安市	Huaian City	28313	32328	34699	10565	13607
盐城市	Yancheng City	62100	72008	80077	26048	42164
扬州市	Yangzhou City	560113	622012	660160	47783	53539
镇江市	Zhenjiang City	613277	650074	663075	36675	44986
泰州市	Taizhou City	79016	91632	101323	26644	29979
宿迁市	Suqian City	27857	31506	34120	3703	4025
旅游外汇收入（万美元）	**Foreign Exchange Earnings from International Tourism (USD 10000)**	**478343**	**565297**	**629972**	**237989**	**303271**
南京市	Nanjing City	98062	119960	136216	40063	55293
无锡市	Wuxi City	48146	59839	68138	26985	32994
徐州市	Xuzhou City	15287	18694	21045	2193	2975
常州市	Changzhou City	34707	42138	47439	7590	10160
苏州市	Suzhou City	125059	146998	164723	135687	170463
南通市	Nantong City	36066	39916	42995	11196	10792
连云港市	Lianyungang City	10747	12869	14434	1668	1876
淮安市	Huaian City	2475	2703	3056	888	1313
盐城市	Yancheng City	4535	5556	6477	2533	4511
扬州市	Yangzhou City	45988	52348	55921	3711	4919
镇江市	Zhenjiang City	46966	52181	55819	3130	4640
泰州市	Taizhou City	7931	9440	10855	1990	2791
宿迁市	Suqian City	2375	2655	2854	355	546

14－20　接待海外旅游者人数和收入
Number of Overseas Tourists Received and Earnings

项　目	Item	2010	2011	2012	2013	2014
接待人数（人次）	**Number of Received Tourists (person-times)**	**6535498**	**7373266**	**7915366**	**2880287**	**2970956**
外国人	Foreigners	4734996	5379065	5752148	1934356	1970417
#亚洲	Asia					
#日本	Japan	1129775	1249206	1219303	439400	419280
菲律宾	Philippines	38971	41954	45548	28269	23584
新加坡	Singapore	218380	239092	270166	67429	68558
泰国	Thailand	85253	84927	99093	30296	21030
印度尼西亚	Indonesia	64835	78389	95112	41472	35002
马来西亚	Malaysia	235926	231752	267864	94160	98686
韩国	Korea	553331	637006	649399	327453	348682
北美洲	America					
#美国	United States	548192	609512	651505	184712	196864
加拿大	Canada	171362	197170	247105	63359	66324
欧洲	Europe					
#英国	United Kingdom	182089	205710	230102	52147	53943
法国	France	122234	142915	159688	45511	43588
德国	Germany	244057	312351	347216	92110	98626
意大利	Italy	73654	100078	115336	30156	31183
瑞士	Switzerland	24371	32177	32419	8261	8634
瑞典	Sweden	29155	31235	36151	14014	13397
俄罗斯	Russia Fed.	45431	52231	54369	16486	17380
西班牙	Spain	30800	32082	36986	15591	17974
大洋洲	Oceania					
#澳大利亚	Australia	158935	188832	212149	50570	53490
香港同胞	Chinese Compatriots from Hong Kong	569562	655964	715111	129068	144170
澳门同胞	Chinese Compatriots from Macao	71677	74495	81436	5071	6150
台湾同胞	Chinese Compatriots from Taiwan	1159263	1263742	1366671	811792	850219
接待人天数（人天）	**Number of Received (person-days)**	**27433741**	**31057691**	**33912453**	**10424885**	**10964550**
外国人	Foreigners	19668542	22262771	24287413	6457922	6799370
香港同胞	Chinese Compatriots from Hong Kong	2530030	3028140	3321504	321902	364773
澳门同胞	Chinese Compatriots from Macao	224431	232428	266955	12179	15136
台湾同胞	Chinese Compatriots from Taiwan	5010738	5534352	6036581	3632882	3785271
旅游外汇收入（万美元）	**Foreign Exchange Earnings From Tourism (USD 10000)**	**478343**	**565297**	**629972**	**237989**	**303271**

主要统计指标解释

社会消费品零售总额 指企业(单位、个体户)通过交易直接售给个人、社会集团非生产、非经营用的实物商品金额,以及提供餐饮服务所取得的收入金额。个人包括城乡居民和入境人员,社会集团包括机关、社会团体、部队、学校、企事业单位、居委会或村委会等。**批发和零售业商品购、销、存总额** 指各种登记注册类型的批发和零售企业、产业活动单位、个体经营者以本单位为总体的商品购进、销售、库存总额。

商品购进总额 指从本单位以外的单位和个人购进(包括从境外直接进口)作为转卖或加工后转卖的商品总额。

商品销售总额 指对本单位以外的单位和个人出售(包括对境外直接出口)本单位经营的商品总额(含增值税)。

商品批发额 指商品零售额以外的一切商品销售额。包括售给生产经营单位用于生产或经营用的商品销售额;售给批发和零售业、餐饮业用于转卖或加工后转卖的商品销售额;直接向国(境)外出口和委托外贸部门代理出口的商品销售额。

商品零售额 指售给城乡居民用于生活消费、售给社会集团用公款购买用作非生产、非经营使用的商品销售额。

商品库存总额 指报告期末各种登记注册类型的批发和零售业企业、产业活动单位、个体经营者已取得所有权的商品。

商品交易市场 指有固定场所、设施,有若干经营者入场实行集中、公开交易各类实物商品的市场。

商品交易市场成交额 指商品交易市场内所有经营者所实现的商品销售金额。商品交易市场包括消费品市场和生产资料市场。

旅游者人数

(1)入境国际旅游者人数:指来中国参观、访问、旅行、探亲、访友、休养、考察、参加会议和从事经济、科技、文化、教育、宗教等活动的外国人、华侨、港澳同胞和台湾同胞的人数。不包括外国在我国的常驻机构,如使领馆、通讯社、企业办事处的工作人员;来我国常住的外国专家、留学生以及在岸逗留不过夜人员。

(2)出境居民人数:指大陆居民因公务活动或私人事务短期出境的人数。公务活动出境居民人数包括在国际交通工具上的中国服务员工,因私出境居民人数不包括在国际交通工具上的中国服务员工。

(3)国内旅游者人数:指我国大陆居民和在我国常住1年以上的外国人、华侨、港澳台同胞离开常住地在境内其他地方的旅游设施内至少停留一夜,最长不超过6个月的人数。

国际旅游(外汇)收入 指入境旅游的外国人、华侨、港澳同胞和台湾同胞在中国大陆旅游过程中发生的一切旅游支出,对于国家来说就是国际旅游(外汇)收入。

Explanatory Notes on Main Statistical Indicators

Wholesale Trade refers to the activities of selling wholesale commodities for daily use and capital goods to enterprises of wholesale and retail trades (including self-employed individuals) and other enterprises, institutions and government organs and organizations, and the activities of engaging in import and export and acting as a trade agent. The wholesaler may have the ownership of the commodities for wholesale and trade in the name of its own (a company), and the wholesaler can act as commission agent or commodity broker without the ownership of commodities. Also included are the wholesale activities at the fixed stalls in wholesale market and the acquisition for sales purpose.

Purchase, Sales and Stock of Commodities by Wholesale and Retail Trade refers to the purchase, sales and stock of commodities by wholesale and retail enterprises, industrial activity units and individual sellers of different status of registration.

Total Purchases of Commodities refers to the total value of purchases of commodities by the establishments from other establishments or individuals (including direct import from abroad) for the purpose of re-selling.

Total Sales of Commodities refers to the total value (included added tax) of commodities sold by the establishments to other establishments and individuals (including direct export).

Wholesale of Commodities refers to all the total sales of commodities except the retail sales of consumer goods. Included the sales of commodities to production or operation units for the purpose of production and operation; the sales of commodities to wholesale and retail sale trade and catering industry for the purpose of re-selling or re-selling after further processing; the sales of commodities for direct export to abroad or export on a commission basis by entrusted the foreign trade department.

Retail Sale of Commodities refers to the commodities sold to urban and rural residents for their daily use, to social groups for the use of non-production and non-operation and purchased by public money of the social groups.

Total Value of Commodity Stock refers to the total commodities owned by wholesale and retail sale enterprises, economic active units and individual sellers of various types of registration status at the end of the reference period.

Commodity Transaction Markets refers to the markets provided with fixed place and equipments, and there are some operators who engaged in transaction of various substantial commodities in the markets by public and concentrating transaction.

Value of Transaction at Transaction Markets refers to the total sales value of commodities realized by the operators in the transaction market. Commodity transaction markets include consumer good markets and means of production markets.

Number of Tourists

(1) International tourists refer to foreigners, overseas Chinese, Chinese compatriots from Hong Kong, Macao and Taiwan coming to China for sight-seeing, visits, tours, family reunions, vacations, study tours, conferences and other activities of a business, scientific and technological, cultural, educational and religious nature. It does not include representatives and employees of resident institutions of foreign countries in China such as embassies, consulates, news agencies and offices of foreign companies and organizations, nor does it include long-term foreign experts or students residing in China, or persons in transition without spending a night in China.

(2) Chinese residents going abroad refer to Chinese residents going abroad for short terms for either public business or private purposes. Chinese employees working on international transport carriers are included in those going abroad for public business purpose, not in those for private purpose.

(3) Domestic tourists refer to residents of the mainland of China who stay for one night at least but no more than 6 months at tourist facilities in other places than their permanent residence within the territory of the mainland China, including foreigners, overseas Chinese and Chinese compatriots from Hong Kong, Macao and Taiwan who have resided in China for over one year.

Foreign Exchange Earnings from International Tourism refer to the total expenditures of foreigners, overseas Chinese, Chinese compatriots from Hong Kong, Macao and Taiwan during their stay in the mainland of China, which are earnings of foreign exchange from international tourism from the point of view from China.

15

教育、科技

Education, Science and Technology

简 要 说 明

一、本篇资料的主要内容

本篇主要反映科技、人才、专利、产品质量、教育情况等内容。

科技部分主要包括科技活动、研究与发展课题情况，县级以上政府部门所属研究与开发机构情况，大中型工业企业、高等学校科技活动情况；人才部分包括工程、农业、科研、卫生等各类专业技术人员数，各类人才资源情况；专利部分主要包括三种专利申请受理量，三种专利授权量；教育事业部分包括各级各类教育事业情况，各级各类学校招生、在校生、专任教师人数等情况。

二、本篇的资料来源

根据各部门制定的统计报表制度汇总加工整理而成。科技资料主要来自省科技厅、省教育厅、省统计局；人才资料来自省人力资源和社会保障厅；专利资料来自省知识产权局；产品质量资料来自省质量技术监督局；教育事业资料来自省教育厅。

Brief Introduction

Ⅰ. Main Contents

Data in this chapter show statistics on science and technology, talents, patents, quality of products, education.

Data on technology mainly include: data on scientific and technical activities, research and development (R&D) projects, state-owned R&D institutions above county level, large and medium-sized industrial enterprises, scientific and technical activities of institutions of higher education; data on talents mainly include: number of scientific and technical personnel of engineering, agriculture, scientific research, health care and so on, all kinds of human resources; data on patents mainly include: application of three kinds of patents accepted, three kinds of patents granted; data on education consist of education by level and type, new student enrollment, student enrollment full-time teachers of all kinds of school.

Ⅱ. Sources of Data

Data are collected and tabulated in accordance with the statistic reporting schemes stipulated by the departments concerned. Data on scientific and technical are mainly from Provincial Science and Technology Department, Education Department and Statistics Bureau; data on talents are from Provincial Human Resources and Social Security Department; data on patents are provided by Provincial Intellectual Property Office, data on product quality supervision are from Provincial Pledges Inspect Bureau; data on education are from Provincial Education Department.

15－1 科技活动基本情况
Basic Statistics on Scientific and Technical Activities

指标	Item	2010	2011	2012	2013	2014
科技机构数（个）	Number of Scientific and Technical Research Institutions (unit)	6798	9061	17776	19393	21844
科研单位	Research Institutions	135	148	148	143	144
规模以上工业企业	Industrial Engineers above Designated Size		6518	16417	17996	20411
#大中型工业企业	Large and Medium-sized Industrial Enterprises	2734	3166	7395	7231	7538
高等院校	Institutions of Higher Education	579	647	761	801	854
其他	Others	3350	1748	450	453	435
科技活动人员数（万人）	Persons Engaged in Scientific and Technical Activities (10000 persons)	73.69	81.62	98.23	109.46	115.00
#大学本科及以上学历	Bechelor and Above Education Regree	25.54	32.72	44.96	49.09	53.61
研究与发展经费内部支出（亿元）	Internal Expenses of Research and Development (100 million yuan)	857.95	1071.96	1288.02	1450.00	1630.00
研究与发展经费支出占地区生产总值比重（%）	Ratio of Internal Expenses of Research and Development to GDP (%)	2.10	2.20	2.33	2.45	2.50

注：规模以上工业企业科技统计从 2011 年开始实施。

a) Statistics of science and technology of industry enterprises above designated size is implemented from 2011.

15－2 研究与发展课题情况
Research and Development Projects

单位：项 (unit)

指标	Item	2010	2011	2012	2013	2014
研究与发展课题	Research and Development Projects	71815	79100	97602	107690	118467
#科研单位	Research Institutions	3583	3989	4831	5430	5657
高等院校	Institutes of Higher Education	44668	39700	44383	48980	55018
规上工业企业	Industrial Enterprises above Designated Size		31933	44575	48559	53117
#大中型工业企业	Large and Medium-sized Industrial Enterprises	10234	19005	24545	25966	26778
其他	Others	13330	3478	3813	4721	4675
#基础研究	Basic Research	16594	17609	19736	22669	25432
应用研究	Applied Research	22650	22743	25708	28227	31285
实验发展	Experiment al Development	32571	33640	52158	56794	61750

15－3　县级以上政府部门所属研究与开发机构(2014年)

项　　目	Item	机构数(个) Institutions (unit)	从业人员总数(人) Employees (person)
总　　计	**Total**	**132**	**18342**
按隶属关系分	by Administrative Relationship		
地方部门属	Local Departments	115	13072
省级部门属	Provincial Departments	52	10323
副省级部门属	Departments of Municipalities Directly under the Central Government in Plan	8	370
地市级部门属	Departments of City and Region Under Province	55	2379
中央部门属	Central Departments	17	5270
#中国科学院	Academy of Science of China	6	1706
按国民经济行业分	by Sector		
农、林、牧、渔业	Agriculture, Forestry, Animal Husbandry and Fishery	31	3637
农业	Farming	20	2499
林业	Forestry	2	371
畜牧业	Animal Husbandry	2	228
渔业	Fishery	5	453
农、林、牧、渔服务业	Service in Support of Agriculture	2	86
制造业	Manufacturing	13	2502
纺织服装、服饰业	Manufacture of Textile, Wearing Apparel and Accessories		
印刷业和记录媒介的复制业	Printing and Reproduction of Recording Media	1	26
化学原料和化学制品制造业	Manufacture of Raw Chemical Material and Chemical Products	1	205
医药制造业	Manufacture of Medicines	4	1448
非金属矿物制品业	Mining and Processing of Nonmental Ores	1	9
通用设备制造业	Manufacture of General Purpose Machinery	3	492
专用设备制造业	Manufacture of Special Purpose Machinery	1	197
电气机械和器材制造业	Manufacture of Electrical Machinery and Apparatus		
计算机、通信和其他电子设备制造业	Manufacture of Computers, Communication and Other Electronic Equipment	1	108
仪器仪表制造业	Manufacture of Measuring Instruments and Machinery	1	17
电力、热力、燃气及水生产和供应业	Production and Supply of Electricity, Gas and Water	3	83
电力、热力的生产和供应业	Production and Supply of Electric Power and Heat Power	3	83
建筑业	Construction	2	131
房屋建筑业	Housing Construction	1	53
土木工程建筑业	Civil Engineering Construction	1	78
交通运输、仓储和邮政业	Transport, Storage and Post	1	204
道路运输业	Road Transport	1	204
信息传输、软件和信息技术服务业	Information Transfer、Software and IT Services	3	344
互联网和相关服务	Internet and Relatiue Services	1	313
软件和信息技术服务业	Software and IT Services	2	31
科学研究和技术服务业	Scientific Research and Technical Services	41	5840
研究与试验发展	Research and Experimental Development	15	1920
专业技术服务业	Professional Technology Service	22	3231
科技推广和应用服务业	Promation and Application of Science	4	689
水利、环境和公共设施管理业	Water Conservancy, Environment and Public Facility Management	17	2117
水利管理业	Water Conservancy Management	6	1402
生态保护和环境治理业	Ecological Protection and Enviromental	10	681
公共设施管理业	Public Facility Management	1	34
教育	Education	2	71
教育	Education	2	71
卫生和社会工作	Healthcare and Social Work	16	3322
卫生	Healthcare	16	3322
文化、体育和娱乐业	Culture, Sports and Recreation	3	91
文化艺术业	Cultural and Artistic Industry	2	52
体育	Sports	1	39

State-owned Research and Development Institutions above County Level(2014)

#单位在职科技活动人员 Personnels Engaged in Scientific and Technical Activities	经费收入总额（万元） Total Funds Revenue (10000 yuan)	#政府资金 Government Appropriated	经费支出总额（万元） Total Expenditure (10000 yuan)	#科技经费支出 Expenditure for Science & Technology
14058	**10906251**	**5775548**	**10215571**	**6626678**
9408	6805969	3076711	6392232	3707339
7284	5862545	2509280	5591735	3159237
264	104865	76758	97680	66344
1860	838559	490673	702817	481758
4650	4100282	2698837	3823339	2919339
1662	1624517	1464780	1578777	1377676
2766	1699925	1354643	1643794	1360423
1898	1210337	971505	1187106	1031878
279	132083	102017	142788	117031
183	67866	64090	64791	54643
339	222673	195462	183060	137416
67	66966	21569	66049	19455
1679	1431280	709131	1479060	785237
26	6444	4530	5471	3969
175	87534	62949	79903	46210
849	719641	92975	712729	124088
9	850	100	866	611
306	200029	159738	193592	189573
197	331810	324004	427242	366913
108	80027	64835	54213	49368
9	4945		5044	4505
80	35349	35035	35659	35659
80	35349	35035	35659	35659
131	112717		91717	57391
53	14859		13951	13951
78	97858		77766	43440
184	359268	25486	308682	76249
184	359268	25486	308682	76249
316	99850	93747	38228	35606
292	97996	92398	32872	31953
24	1854	1349	5356	3653
5307	3342962	2669117	3091393	2624017
1832	1235074	1111004	1117807	937121
2804	1652338	1202769	1546653	1313013
671	455550	355344	426933	373883
1757	1185961	520876	1127421	987941
1190	928013	455930	898154	789915
552	249388	57746	220905	195106
15	8560	7200	8362	2920
71	40177	36898	32958	18390
71	40177	36898	32958	18390
1680	2559487	295871	2327966	614381
1680	2559487	295871	2327966	614381
87	39275	34744	38693	31384
49	18273	15301	18595	12400
38	21002	19443	20098	18984

15－4 县级以上政府部门所属研究与开发机构课题情况(2014 年)

项目	Item	课题数(个) Number of Projects (unit)	#R&D 课题 R&D Projects	课题经费内部支出(万元) Intramural Expenditures on Projects (10000 yuan)
总　计	**Total**	**7278**	**5657**	**3790793**
中央政府部门下达课题	Projects Assigned by Central Governmental Departments	2496	2189	1666961
国家重大科技专项	Major National Science and Technology and Special	60	42	152241
自然科学基金课题	Natural Scientific Foundation	844	844	253831
863 计划课题	863 Plan	63	57	37538
国家科技支撑(攻关)计划课题	National S&T Support Plan	83	65	77067
国家火炬计划课题	National Torch Plan	23		1220
国家星火计划课题	National Spark Plan	3	3	581
国家 973 计划课题	National 973 Plan	51	51	38706
公益性行业科研专项	Public Welfare Industry Research Speical	164	123	114508
国家社会科学基金课题	National Social Scientific Fundation	20	20	7400
其它课题	Other Projects	1185	984	983871
地方政府部门下达课题	Projects Assigned by Local Governmental Depurtments	3067	2203	1223463
地方自然科学基金课题	Local Natural Scientific Fundation	404	391	144840
地方科技攻关计划课题	Local Key Tackling Plan Items	635	528	289963
地方火炬计划课题	Local Torch Plan	1	1	701
地方星火计划课题	Local Spark Plan	1	1	446
地方社会科学基金课题	Local Social Scientific Fundation	53	49	45245
其它课题	Other Projects	1973	1233	742268
企业委托课题	Projects Entrusted by Enterprises	910	551	401487
自选课题	Optional	313	292	155252
国际合作课题	International Coorperation	29	24	10938
其它课题	Others	463	398	332691

Projects of State-owned Research and Development Institutions above County Level(2014)

#政府资金 Govern-ment Approp-riation	#R&D 课题经费 Funds for R&D Projects	课题投入人员(人年) Project Personnels (person-years)	#R&D 人员 R&D Personnels	#外聘的流动研究人员 Floating Research Personnels Invited from Outside	#在读研究生 Postgraduates (studying)
2603232	**2781766**	**11304**	**8611**	**452**	**1337**
1313376	1287242	4525	3700	214	708
59591	118576	327	230	4	34
184513	253831	1274	1274	79	389
31756	30721	117	99	8	18
55311	62842	231	144	13	35
695		22			
581	581	2	2		
36507	38706	78	78	10	22
77745	93266	284	222	6	46
7400	7400	42	42	7	
859277	681320	2149	1611	88	164
767466	857344	4464	3271	113	358
79376	141879	619	598	17	94
175402	259277	1119	985	31	91
100	701	2	2		1
200	446	1	1		
26884	44556	140	136	11	2
485503	410485	2584	1549	54	170
130412	230484	922	520	48	140
143590	139362	409	321	37	34
6234	8697	50	39	8	9
242155	258636	933	758	32	88

15－5 县级以上政府部门所属研究与开发机构基本情况
Basic Statistics on State-owned Research and Development Institutions above County Level

指标	Item	2010	2011	2012	2013	2014
机构数 （个）	Number of Institutions (unit)	135	136	136	131	132
职工总数 （人）	Employees (person)	15720	16280	16797	17442	18342
#大学本科及以上学历	Bachelor Degree or Above		9982	10360	11043	11758
经费收入总额 （亿元）	Funds Revenue (100 million yuan)	67.22	77.12	89.75	101.27	109.06
#政府拨款	Government Appropriations	38.11	41.22	49.52	52.68	57.76
经费支出总额 （亿元）	Expenditures (100 million yuan)	64.77	72.91	87.63	91.45	102.16
#科研基建支出	Expenditures for Capital Construction	6.66	5.95	6.29	5.40	8.52

15－6 县级以上政府部门所属研究与开发机构成果
Achievements of State-owned Research and Development Institutions above County Level

年份 Year	科学著作(种) Scientific Works (kind)	科学论文(篇) Scientific Papers (piece)
1978	2138(万字)	2532
1989	1717(万字)	3263
1990	2540(万字)	3728
1991	2454(万字)	3392
1992	2086(万字)	3962
1993	2273(万字)	4629
1994	2783(万字)	4049
1995	4196(万字)	4662
1996	107(部)	4378
1997	93	4906
1998	92	4798
1999	139	4782
2000	113	4774
2001	139	4872
2002	129	5502
2003	116	5463
2004	106	5214
2005	110	4306
2006	153	4920
2007	169	5396
2008	147	6259
2009	240	6779
2010	145	6919
2011	167	7020
2012	135	7877
2013	163	8021
2014	162	8443

15 -7 规上工业企业科技情况

Basic Statistics on Scientific and Technical Activities of above Designated Size Industrial Enterprises

单位:亿元 (100 million yuan)

指 标	Item	2011	2012	2013	2014
企业数 (个)	Number of Enterprise (unit)	43368	45859	48771	48708
#有科技机构的企业数	Enterprises Having S&T Institutions	5265	14660	15775	17788
企业办科技机构数 (个)	Science and Technology Institutions of Enterprises (unit)	9778	16528	17996	20411
科技活动人员数 (万人)	Personnel Engaed in S&T Activities (10000 persons)	64.46	77.69	82.93	88.53
#科技机构中的人员	Personnel in Science and Technology Institutions	32.43	48.82	53.22	56.66
#有高中级技术职称的人员	Personnel with Senior or Medium Professional Title	14.57	16.51	17.10	18.36
R&D 经费内部支出总额	R&D Internal Expenditure	964.39	1080.31	1239.57	1376.54
经常性支出	Recurrent Expenditure	832.71	931.97	1073.13	1193.02
#R&D 人员劳务费	Service Fee of R&D	214.93	280.77	339.69	391.20
资产性支出	Capital Expenditure	131.68	148.34	166.45	183.52
#土建工程	Civil Engineering	4.43	4.51	4.36	4.61
仪器设备	Intruments and Apparatuses	127.25	143.83	162.08	178.91
R&D 经费来源	Sources of R&D Funds				
#政府资金	Loans from Financial Institutions	20.15	22.05	24.07	24.33
企业资金	Seff-raised Funds by Enterprise	922.04	1036.65	1192.33	1328.79
境外资金	Offshore Funds	10.82	8.21	6.40	7.99
其它资金	Others Funds	11.38	13.39	16.79	15.43
R&D 经费外部支出经费	External Expenditure of R&D Funds	45.51	36.83	39.40	68.74
技术改造支出总额	Technological Fransformation	650.66	717.89	642.14	603.13
技术引进支出总额	Technology Introduction	71.62	57.44	52.46	45.46
用于消化吸收的经费	Funds for Digestion and Absorption	25.00	25.92	20.44	24.87
购买国内技术用款	Funds for Purchasing Domestic Fechnd-ogy	28.91	29.46	41.32	34.44
科技活动支出	Science and Technology Activities Spending				
新产品销售收入	Sale Revenue of New Products	15009.98	17845.42	19714.21	23540.93
企业专利申请数 (件)	Total Number of Owning Inventive Patents (unit)	73935	84876	93518	115616
#发明专利数	Number of Invention Patents	22406	27820	33090	39858
企业拥有有效发明专利数 (件)	Total Number of Owning Effective Inventive Patents (unit)	29574	45120	52718	73252

15－8 大中型工业企业科技情况
Basic Statistics on Scientific and Technical Activities of Large and Medium-sized Industrial Enterprises

单位:亿元 (100 million yuan)

指标	Item	2010	2011	2012	2013	2014
企业数 (个)	Number of Enterprise (unit)	5418	6726	7128	7316	7346
#有科技机构的企业数	Enterprises Having S&T Institutions	1964	3518	6142	5757	5909
企业办科技机构数 (个)	Science and Technology Institutions of Enterprises (unit)	2734	4545	7395	7231	7538
科技活动人员数 (万人)	Personnel Engaed in S&T Activities (10000 persons)	40.51	47.09	56.70	58.21	59.89
#科技机构中的人员	Personnel in Science and Technology Institutions	16.57	24.19	34.78	36.42	37.06
#有高中级职称或大学本科及以上学历的人员	Personnel with Senior or Medium Professional Title or Over Regular College Schooling	10.07	15.07	21.80	22.41	23.65
R&D经费内部支出总额	R&D Internal Expenditure	551.35	700.75	802.73	891.16	969.19
经常性支出	Recurrent Expenditure	484.36	604.39	698.03	776.80	848.11
#R&D人员劳务费	Service Fee of R&D	119.38	157.57	209.22	247.07	280.02
资产性支出	Capital Expenditure	66.99	96.36	104.70	114.36	121.08
#土建工程	Civil Engineering	3.26	3.40	3.22	2.97	3.17
仪器设备	Intruments and Apparatuses	63.73	92.96	101.48	111.40	117.91
R&D经费来源	Sources of R&D Funds					
#政府资金	Loans from Financial Institutions	10.24	13.83	16.19	16.50	16.98
企业资金	Seff-raised Funds by Enterprise	525.63	671.02	768.78	856.74	934.52
境外资金	Offshore Funds	8.69	8.26	7.17	4.60	6.31
其它资金	Others Funds	6.78	7.64	10.59	13.33	11.37
R&D经费外部支出经费	External Expenditure of R&D Funds	23.12	36.90	31.04	32.03	53.18
技术改造支出总额	Technological Fransformation	483.95	524.45	583.63	499.76	486.91
技术引进支出总额	Technology Introduction	36.05	66.89	53.48	47.64	39.62
用于消化吸收的经费	Funds for Digestion and Absorption	13.10	22.91	23.43	17.33	21.10
购买国内技术用款	Funds for Purchasing Domestic Fechndogy	14.78	20.76	24.61	35.22	28.83
科技活动支出	Science and Technology Activities Spending					
新产品销售收入	Sale Revenue of New Products	9387.21	13217.37	15486.97	16735.09	19691.06
企业专利申请数 (件)	Total Number of Owning Inventive Patents (unit)	31132	43645	47397	50776	63240
#发明专利数	Number of Invention Patents	8194	12781	15247	18052	22168
企业拥有有效发明专利数 (件)	Total Number of Owning Effective Inventive Patents (unit)	13976	17077	28202	31602	42804

15－9　规上工业企业研究与发展经费内部支出

Basic Statistics on Intramural R&D Expenditure of above Designated Size Industrial Enterprises

单位:亿元　　　　(100 million yuan)

指　　标	Item	2011	2012	2013	2014
总计	**Total**	**964.39**	**1080.31**	**1239.57**	**1376.54**
按登记注册类型分	**Grouped by Statys of Registration**				
内资企业	Domestic Funded Enterprises	591.34	681.80	820.65	928.23
国有企业	State-owned Enterprises	37.06	42.39	13.81	12.58
集体企业	Collective-owned Enterprises	3.52	4.65	4.13	4.99
股份合作企业	Cooperative Enterprises	4.91	3.29	1.32	0.90
联营企业	Joint Ownership Enterprises	0.36	0.47	0.42	0.31
有限责任公司	Limited Liability Corporations	186.24	195.07	251.44	277.47
#国有独资	State Solely Funded Corporatios	32.60	29.38	34.43	34.32
股份有限公司	Share-holding Corporations Ltd.	85.05	91.29	127.61	141.55
私营企业	Private Enterprises	267.82	336.89	420.26	489.21
其他企业	Other Enterprises	6.38	7.74	1.66	1.22
港、澳、台商投资企业	Enterprises with Funds from Hong Kong, Macao and Taiwan	118.71	128.88	148.14	152.62
外商投资企业	Foreign Funded Enterprises	254.35	269.64	270.79	295.69
按企业规模分	**Grouped by Size of Enterprises**				
大型企业	Large Enterprises	490.28	488.52	530.08	568.11
中型企业	Medium-sized Enterprises	250.55	314.25	360.81	401.08
小微型企业	Small Enterprises	223.55	277.54	348.68	407.35
按行业分	**Grouped by Sector**				
采矿业	**Mining**	**10.96**	**8.24**	**7.65**	**6.48**
煤炭开采和洗选业	Mining and Washing of Coal	7.30	4.55	3.75	2.92
石油和天然气开采业	Extraction of Petroleum and Natural Gas	1.98	1.97	2.51	1.54
黑色金属矿采选业	Mining and Processing of Ferrous Metal Ores	0.10	0.07	0.03	0.10
有色金属矿采选业	Mining and Processing of Non-ferrous Metals Ores	0.11	0.19	0.12	0.11
非金属矿采选业	Mining and Processing of Nonmetal Ores	1.38	1.37	1.24	1.80
开采辅助活动	Support Activities for Mining	0.09	0.09	0.00	0.01
其他矿采业	Mining of Other Ores				
制造业	**Manufacturing**	**949.54**	**1068.34**	**1226.98**	**1359.75**
农副食品加工业	Processing of Food from Agricultural Products	6.77	9.22	12.25	13.24
食品制造业	Manufacture of Food	3.30	5.40	7.04	8.05
酒、饮料和精制茶制造业	Manufacture of Liquor, Beverages and Refined Tea	7.89	5.67	6.40	8.76
烟草制品业	Manufacture of Tobacco	0.35	0.29	0.34	0.15
纺织业	Manufacture of Textile	32.85	39.63	43.40	47.12
纺织服装、服饰业	Manufacture of Textile, Wearing Apparel and Accessories	10.29	20.25	24.79	23.37
皮革、毛皮、羽毛及其制品和制鞋业	Manufacture of Textile, Fur, Feather and Footwear Products and Footwear	1.07	3.30	3.07	3.12
木材加工及木、竹、藤、棕、草制品业	Processing of Timber, Manufacture of Wood, Bamboo, Rattan, Palm and Straw Products	4.86	6.68	11.18	12.51

15－9 续表 Continued

单位:亿元 (100 million yuan)

指标	Item	2011	2012	2013	2014
家具制造业	Manufacture of Furniture	0.49	1.04	1.23	1.74
造纸和纸制品业	Manufacture of Paper and Paper Products	10.39	10.57	9.12	12.73
印刷业和记录媒介的复制	Printing, Reproduction of Recording Media	2.90	4.73	6.71	5.07
文教、工美、体育和娱乐用品制造业	Manufacture of Articles for Culture, Education, Arts and Crafts, Sport and Entertainment Activities	4.10	9.74	13.09	15.19
石油加工、炼焦及核燃料加工业	Processing of Petroleum, Coking, Processing of Nuclear Fuel	2.42	4.88	5.44	4.44
化学原料及化学制品制造业	Manufacture of Raw Chemical Materials and Chemical Products	112.32	122.96	149.27	161.17
医药制造业	Manufacture of Medicines	33.37	46.14	50.59	54.62
化学纤维制造业	Manufacture of Chemical Fibers	22.76	25.07	26.13	31.05
橡胶和塑料制品业	Manufacture of Rubber and Plastics	17.40	19.27	23.54	27.01
非金属矿物制品业	Manufacture of Non-metallic Mineral Products	18.34	25.70	28.92	32.38
黑色金属冶炼及压延加工业	Smelting and Pressing of Ferrous Metals	74.21	67.97	69.87	79.30
有色金属冶炼及压延加工业	Smelting and Pressing of Non-ferrous Metals	19.70	17.14	20.70	22.95
金属制品业	Manufacture of Metal Products	34.21	37.88	49.09	54.15
通用设备制造业	Manufacture of General Purpose Machinery	75.26	91.89	102.42	120.83
专用设备制造业	Manufacture of Special Purpose Machinery	51.11	64.32	82.62	92.11
汽车制造业	Manufacture of Automobiles	35.45	42.74	45.26	50.52
铁路、船舶、航空航天和其他运输设备制造业	Manufacture of Railway, Ship, Aerospace and Other Transport Equipment	31.45	32.27	40.71	35.81
电气机械及器材制造业	Manufacture of Electrical Machinery and Equipment	156.20	166.26	191.10	221.18
计算机、通信和其他电子设备制造业	Manufacture of Computers, Communication and Other Electronic Equipment	145.52	146.88	156.62	167.03
仪器仪表制造业	Manufacture of Measuring Instruments and Machinery	32.85	39.11	44.37	52.31
其他制造业	Other Manufacturing	0.94	0.79	0.91	0.80
废弃资源综合利用业	Utilization of Waste Resources	0.34	0.32	0.60	0.86
金属制品、机械和设备修理业	Repair Service of Metal Products, Machinery and Equipment	0.42	0.22	0.20	0.18
电力、热力、燃气及水的生产和供应业	**Production and Supply of Electric Power, Heat Power, Gas and Water**	**3.90**	**3.73**	**4.94**	**10.30**
电力、热力的生产和供应业	Production and Supply of Electric Power and Heat Power	3.24	2.61	3.45	8.87
燃气生产和供应	Production and Supply of Gas	0.06	0.65	0.37	0.45
水的生产和供应业	Production and Supply of Water	0.60	0.47	1.12	0.98

15－10 大中型工业企业研究与发展经费内部支出

Basic Statistics on Intramural R&D Expenditure of Large and Medium-sized Industrial Enterprises

单位:亿元　　　　(100 million yuan)

指标	Item	2010	2011	2012	2013	2014
总计	**Total**	**551.35**	**700.75**	**802.73**	**891.16**	**969.19**
按登记注册类型分	**Grouped by Statys of Registration**					
内资企业	Domestic Funded Enterprises	335.85	410.89	471.16	550.91	611.86
国有企业	State-owned Enterprises	32.38	33.48	39.88	13.11	12.31
集体企业	Collective-owned Enterprises	1.15	1.90	2.61	3.16	3.94
股份合作企业	Cooperative Enterprises	2.94	3.57	1.95	0.60	0.46
联营企业	Joint Ownership Enterprises		0.17	0.13	0.03	0.05
有限责任公司	Limited Liability Corporations	132.74	147.55	164.86	200.72	220.79
#国有独资	State Solely Funded Corporatios	21.93	27.07	29.08	29.49	33.12
股份有限公司	Share-holding Corporations Ltd.	49.61	71.97	79.43	110.32	121.36
私营企业	Private Enterprises	116.22	149.88	177.86	222.41	252.60
其他企业	Other Enterprises	0.59	2.36	4.44	0.56	0.36
港、澳、台商投资企业	Enterprises with Funds from Hong Kong, Macao and Taiwan	64.81	82.04	105.18	117.06	118.59
外商投资企业	Foreign Funded Enterprises	150.68	207.83	226.38	223.19	238.74
按行业分	**Grouped by Sector**					
采矿业	**Mining**	**6.22**	**8.91**	**7.73**	**7.29**	**6.06**
煤炭开采和洗选业	Mining and Washing of Coal	4.70	6.28	4.55	3.75	2.92
石油和天然气开采业	Extraction of Petroleum and Natural Gas	0.94	1.15	1.97	2.51	1.54
黑色金属矿采选业	Mining and Processing of Ferrous Metal Ores	0.00	0.10	0.07	0.03	0.10
有色金属矿采选业	Mining and Processing of Non-ferrous Metals Ores	0.12	0.11	0.19	0.12	0.11
非金属矿采选业	Mining and Processing of Nonmetal Ores	0.47	1.27	0.94	0.88	1.38
其他矿采选业	Mining of Other Ores					
制造业	**Manufacturing**	**543.29**	**689.51**	**792.87**	**880.31**	**955.80**
农副食品加工业	Processing of Food from Agricultural Products	1.54	2.32	3.27	4.69	6.25
食品制造业	Manufacture of Food	1.01	1.71	3.78	4.06	4.64
饮料制造业	Manufacture of Beverage	5.36	6.73	4.35	4.72	7.29
烟草制品业	Manufacture of Tobacco	0.18	0.35	0.29	0.34	0.15
纺织业	Manufacture of Textile	21.11	25.90	30.29	32.04	33.15
纺织服装、鞋、帽制造业	Manufacture of Textile Wearing, Apparel, Footwear and Caps	5.11	7.46	17.57	20.88	18.72
皮革、毛皮、羽毛(绒)及其制品业	Manufacture of Textile, Fur, Feather and Related Products	0.61	0.65	2.81	2.55	2.39
木材加工及木、竹、藤、棕、草制品业	Processing of Timber, Manufacture of Wood, Bamboo, Rattan, Palm and Straw Products	0.90	2.78	4.21	7.68	8.63

15－10 续表 Continued

单位:亿元 (100 million yuan)

指标	Item	2010	2011	2012	2013	2014
家具制造业	Manufacture of Furniture	0.27	0.07	0.52	0.71	1.29
造纸及纸制品业	Manufacture of Paper and Paper Products	5.07	8.03	9.48	7.45	10.93
印刷业和记录媒介的复制	Printing, Reproduction of Recording Media	0.66	2.06	3.47	4.52	2.56
文教体育用品制造业	Manufacture of Articles for Culture, Education and Sport Activities	1.73	1.66	6.36	8.23	9.07
石油加工、炼焦及核燃料加工业	Processing of Petroleum, Coking, Processing of Nuclear Fuel	0.70	0.82	3.87	3.91	2.82
化学原料及化学制品制造业	Manufacture of Raw Chemical Materials and Chemical Products	56.37	70.03	79.63	92.70	104.35
医药制造业	Manufacture of Medicines	20.64	24.68	34.50	38.65	41.34
化学纤维制造业	Manufacture of Chemical Fibers	11.62	19.52	22.21	22.03	26.30
橡胶制品业	Manufacture of Rubber	3.81	4.23	25.34	14.89	15.98
塑料制品业	Manufacture of Plastics	4.08	5.58	0.00	0.00	0.00
非金属矿物制品业	Manufacture of Non-metallic Mineral Products	6.44	9.74	13.50	15.79	16.18
黑色金属冶炼及压延加工业	Smelting and Pressing of Ferrous Metals	50.61	59.90	59.39	62.84	68.32
有色金属冶炼及压延加工业	Smelting and Pressing of Non-ferrous Metals	6.20	10.02	9.70	12.14	11.11
金属制品业	Manufacture of Metal Products	18.78	21.30	23.67	30.65	31.63
通用设备制造业	Manufacture of General Purpose Machinery	44.00	51.04	56.96	63.87	71.92
专用设备制造业	Manufacture of Special Purpose Machinery	23.03	26.05	37.42	48.50	51.02
交通运输设备制造业	Manufacture of Transport Equipment	47.55	53.33	67.64	69.68	62.74
电气机械及器材制造业	Manufacture of Electrical Machinery and Equipment	92.85	121.96	132.26	145.14	169.58
通信设备、计算机及其他电子设备制造业	Manufacture of Communication Equipment, Computers and Other Electronic Equipment	94.49	124.29	126.26	132.43	141.26
仪器仪表及文化、办公用机械制造业	Manufacture of Measuring Instruments and Machinery for Cultural Activity and Office Work	17.41	25.60	26.71	28.29	35.43
工艺品及其他制造业	Manufacture of Artwork and Other Manufacturing	1.13	1.71	0.75	0.71	0.46
废弃资源和废旧材料回收加工业	Recycling and Disposal of Waste			0.05	0.17	0.24
金属制品、机械和设备修理业	Manufacture of Metal Products, Machinery and Equipment Repair			0.11	0.02	0.04
电力、燃气及水的生产和供应业	**Production and Supply of Electricity, Gas and Water**	**1.84**	**2.33**	**2.12**	**3.55**	**7.33**
电力、热力的生产和供应业	Production and Supply of Electric Power and Heat Power	1.52	1.88	1.36	2.34	6.45
燃气生产和供应	Production and Supply of Gas	0.04	0.06	0.41	0.21	0.14
水的生产和供应业	Production and Supply of Water	0.28	0.39	0.35	1.00	0.74

15－11　高等学校科技活动情况

Basic Statistics on Scientific and Technical Activities of Institutions of Higher Education

项　　目	Item	2010	2011	2012	2013	2014
参加科技统计的高校（所）	**Institutions of Higher Education in Statistics (unit)**	**58**	**61**	**102**	**111**	**117**
从事科技活动人数　（人）	**Personnel in Scientific and Technical Activities (person)**	**51374**	**52776**	**61939**	**65116**	**68815**
教　师	Teachers	33672	34898	42185	44799	46645
其他技术人员	Other Technical Persons	17702	17878	19754	20317	22170
辅助人员	Assistants	588	685	731	740	1148
从事研究与发展活动人员（人）	**Perssonnel in Research and Development (person)**	**33672**	**34898**	**42185**	**44799**	**46645**
#正教授	Professors	5413	5804	6545	7035	7534
副教授	Vice-professors	10086	10802	13350	14475	15403
讲　师	Lecturers	14640	15219	18446	19639	20112
助　教	Assistants	3444	3033	3767	3551	3488
研究与发展机构　（个）	**Institution of Research and Development (unit)**	**390**	**447**	**521**	**557**	**606**
机构中研究与发展人员（人）	Personnel (person)	10886	13207	15266	16778	18505
当年研究与开发经费收入（万元）	**Funds Revenue of Research and Development (10000 yuan)**	**935840**	**1044550**	**1211365**	**1339448**	**1417795**
#科技事业费	Scientific and Technical Funds	55727	48503	57310	55326	57263
主管部门专项费	Speical Funds of Responsible Department for the Work	93634	164674	177115	208425	219284
国务院各部门专项费	Speical Funds of State Council Department	199110	137764	168465	187936	217147
省专项费	Provincial Special Foundation	52707	57220	80368	90773	99058
企事业单位委托经费	Entrusting Funds of Enterprises and Institutions	407228	478370	524513	575251	562054
国家自然科学基金	State Natural Sciences Foundation	74767	106308	136205	139787	152835
各种收入转入科研经费	Funds from Other Revenues	49661	48434	64777	79158	99524
研究与发展课题　（项）	**Projects of Research and Development (unit)**	**21760**	**31158**	**33489**	**37596**	**40765**
#基础研究	Fundamental Research	8895	8941	10181	12022	13376
应用研究	Applied Research	9224	11751	11740	12154	13678
实验发展	Experimental Development	3641	3488	3069	3189	3673
研究与发展成果	**Achievements of Research and Development**					
出版科学专著　（部）	Published Scientific Works (book)	239	216	212	275	267
发表学术论文　（篇）	Published Papers (piece)	68563	75298	77244	79321	81844
#国外发表	Abroad	20020	22838	25592	25998	29247
科技成果转让　（项）	**Scientific Achievements Transfered (unit)**	**1231**	**1977**	**1573**	**1703**	**1666**
获奖成果数　（项）	**Prized Achievements (unit)**	**427**	**436**	**480**	**539**	**547**
#国家级	National Level	32	41	32	30	32
部省级	Provincial Level	221	247	280	330	346

15 – 12 高新技术产业产值
Output Value in High-tech Industry

单位:亿元 (100 million yuan)

项目	Item	2010	2011	2012	2013	2014
总计	**Total**	**30354.84**	**38377.76**	**45041.48**	**51899.10**	**57277.28**
按行业分	**Grouped by Sector**					
航空航天制造业	Aviation and Aircrafts Manufacturing	64.84	76.42	218.30	263.65	294.68
电子计算机及办公设备制造业	Electronic Computers and Office Equipments	2634.34	2940.80	2260.06	2548.86	2349.71
电子及通信设备制造业	Electronic and Communication Equipments	7411.99	9114.40	11367.89	12288.74	13621.74
生物医药制造业	Medical and Pharmaceutical Products	1656.94	2123.22	2651.73	3184.23	3586.55
仪器仪表制造业	Manufactune of Special purpose Scientific Equipment	1697.01	2233.28	1084.99	1190.99	1291.54
高端装备制造业	Manufacture of Eleetrical Machinary & Equipment	5724.60	7332.90	12123.94	15561.06	17376.23
新材料制造业	Manufacture of New Material	7486.61	9791.83	12214.01	13602.31	15378.60
新能源制造业	Manufacture of New Energy	3678.51	4764.90	3120.55	3259.25	3378.23
按地区分	**Grouped by Region**					
南京市	Nanjing City	3383.41	4260.40	4739.55	5402.73	5740.94
无锡市	Wuxi City	4429.91	5337.22	5665.21	6346.30	6110.66
徐州市	Xuzhou City	1061.13	2000.01	3016.11	4013.63	4047.74
常州市	Changzhou City	2370.12	3100.55	3555.22	4471.83	4805.99
苏州市	Suzhou City	9022.65	10530.84	11888.80	14178.77	13644.87
南通市	Nantong City	2599.99	3250.83	3822.80	5115.92	5404.03
连云港市	Lianyungang City	646.28	868.70	1144.58	1426.58	1669.25
淮安市	Huaian City	479.17	580.70	956.49	1244.63	1473.86
盐城市	Yancheng City	687.54	908.46	1302.54	1830.27	2044.97
扬州市	Yangzhou City	2341.29	3093.06	3106.72	3650.80	3880.85
镇江市	Zhenjiang City	1654.37	2251.51	2814.42	3560.56	3900.80
泰州市	Taizhou City	1591.51	2063.19	2639.27	3772.74	3888.13
宿迁市	Suqian City	87.46	132.30	389.76	572.70	665.19

注:2012 年起,高新技术产业行业目录调整。

a) Industry direction of high-tech industry has been adjusted since 2012.

15－13　各类专业技术人员数
Number of Scientific and Technical Personnels

单位:万人　　　　(10000 persons)

年份　地区 Year　Region	各类专业技术人员 Total	#工程技术人员 Engineering	#农业技术人员 Agriculture	#科学研究人员 Scientific Research	#卫生技术人员 Health Care	#教学人员 Teaching
1980	43.87	9.63	1.13	1.47	9.02	17.13
1985	83.41	20.70	1.76	1.59	13.35	35.90
1990	158.86	31.84	2.35	1.84	13.87	44.50
1995	184.97	28.38	2.65	0.60	15.48	50.72
2000	194.24	44.84	4.61	1.81	23.04	66.15
2001	186.05	40.11	4.18	1.75	23.19	66.95
2002	175.79	35.79	3.74	1.56	22.96	67.56
2003	163.20	29.19	3.74	1.82	22.07	68.01
2004	147.23	22.16	3.25	1.77	20.86	69.25
2005	148.67	20.96	3.18	1.83	23.45	69.33
2006	142.20	20.54	3.11	1.69	21.35	69.27
2007	142.18	20.03	2.92	1.64	21.86	69.00
2008	142.26	19.72	3.06	1.68	22.04	69.89
2009	141.61	19.67	2.99	1.64	21.88	69.48
2010	140.53	19.00	2.72	1.53	21.21	66.69
2011	140.51	19.82	2.85	1.71	22.04	69.09
2012	140.65	19.79	2.69	1.77	22.30	68.93
2013	117.11	10.99	2.58	0.82	22.37	66.95
2014	117.98	11.20	2.63	0.87	23.01	67.38
南京市 Nanjing	9.92	1.18	0.11	0.04	2.37	5.10
无锡市 Wuxi	8.72	0.86	0.10	0.03	2.03	4.71
徐州市 Xuzhou	12.30	0.89	0.25	0.03	2.46	7.74
常州市 Changzhou	6.54	0.46	0.13	0.04	1.81	3.40
苏州市 Suzhou	12.66	1.13	0.19	0.04	3.04	7.18
南通市 Nantong	9.52	0.99	0.27	0.03	1.90	5.51
连云港市 Lianyungang	6.90	0.53	0.22	0.03	1.14	4.32
淮安市 Huaian	6.31	0.43	0.18	0.02	1.10	4.09
盐城市 Yancheng	9.41	0.65	0.32	0.03	1.65	5.92
扬州市 Yangzhou	6.14	0.48	0.16	0.02	1.30	3.59
镇江市 Zhenjiang	4.72	0.52	0.14	0.01	1.04	2.45
泰州市 Taizhou	6.63	0.52	0.24	0.02	1.45	3.87
宿迁市 Suqian	5.89	0.37	0.15	0.04	0.18	4.59

注：本表数据含辖区内的全民所有制单位和集体所有制单位。

a) Figures in the table are the data of state-owned and collective-owned units.

15－14　三种专利申请受理量
Application for Three Kinds of Patents Accepted

单位：件　　　　(unit)

项　目	Item	2000	2005	2010	2011	2012	2013	2014
申请受理量合计	**Applications Accepted**	**8210**	**34811**	**235873**	**348381**	**472656**	**504500**	**421907**
#发　明	Inventions	1159	6582	50298	84678	110091	141259	146660
实用新型	Utility Models	4590	11071	51436	81097	107091	128898	124980
外观设计	Designs	2461	17158	134139	182606	255474	234343	150267
#非职务	Non-official	4530	20693	97222	130334	135058	145244	125796
职　务	Official	3680	14118	138651	218047	337598	359256	296111
大专院校	Universities and Colleges	212	2529	11290	17821	23329	26818	26771
科研单位	Scientific Resarch Institutions	129	382	1743	2944	4086	4631	4919
工矿企业	Industrial and Mineral Enterprises	3296	11157	125089	196198	308801	325090	260501
机关团体	Government Agencies and Organizations	43	50	529	1084	1382	2717	3920

15－15　三种专利授权量
Three Kinds of Patents Granted

单位：件　　　　(unit)

项　目	Item	2000	2005	2010	2011	2012	2013	2014
申请授权量合计	**Patents Granted**	**6432**	**13580**	**138382**	**199814**	**269944**	**239645**	**200032**
#发　明	Inventions	341	1241	7210	11043	16242	16790	19671
实用新型	Utility Models	4095	6483	41161	53414	77944	98246	100810
外观设计	Designs	1996	5856	90011	135357	175758	124609	79551
#非职务	Non-official	3125	7021	59588	71061	68424	50663	52031
职务	Official	3307	6559	78794	128753	201520	188982	148001
大专院校	Universities and Colleges	139	896	6038	8373	11234	12116	13003
科研单位	Scientific Resarch Institutions	106	182	688	1033	1128	1822	1840
工矿企业	Industrial and Mineral Enterprises	3022	5436	71781	118919	186220	172787	131966
机关团体	Government Agencies and Organizations	40	45	287	428	2938	2257	1192

15－16　全省产品质量监督检查情况（2014 年）
Results of Sampling Check on the Quality of Products under Provincial Supervision (2014)

产　品　名　称	Item	监督检查批次数（批次）Batches of Supervision and Inspection (batch)	监督检查合格批次数（批次）Qualified Batches (batch)	批　次合格率（%）Rate of Batch-times Qualified (%)
合　　计	**Total**	**10745**	**10171**	**94.66**
食品相关产品	**Food Related Products**	**314**	**310**	**98.73**
工业和商用电热食品加工器具	Industrial and Commercial Electric	9	9	100
商用电动食品加工器具	Heating Food Processing Apparatus	31	28	90.32
食品接触用不锈钢器具	Commercial Electric Food Processing Apparatus	6	6	100
食品用塑料包装、容器、工具等制品	Plastic Packing, Uteusils and Tools for Food	261	260	99.62
婴幼儿奶瓶、餐具、水杯	Baby Bottles, Cups, Cutlery	7	7	100
日用消费品	**Consumer Goods**	**3434**	**3211**	**93.50**
T 恤衫	T-shirt	67	66	98.51
保暖内衣	Thermal Underwear	128	126	98.44
木家具	Wood Furniture	462	446	96.54
休闲服装	Casual Clothing	433	419	96.77
电动自行车	Electric Bicycle	215	204	94.88
衬衫	Shirt	210	201	95.71
眼镜架	Glasses Frame	154	135	87.66
灯具	Lamps and Lanterns	141	131	92.91
配套床上用品	Matching Bedding	137	116	84.67
羽绒服	Feather Dress	122	105	86.07
其他	Others	1365	1262	92.45
建筑装饰装修材料	**Building Raw Materials**	**2117**	**2013**	**95.10**
安全玻璃	Safety Glass	447	425	95.08
新型节能环保墙体材料	New Energy Saving Wall Materials	537	510	94.97
水泥	Cement	212	212	100
浸渍纸层压木质地板	Laminate Wood Flooring	208	195	93.75
塑料管材	Plastic Pipe	169	151	89.35
实木地板	Solid Wood Flooring	100	95	95.00
预拌混凝土	Ready-mixed Concrete	66	62	93.94
浸渍胶膜纸饰面人造板	Laminate Plastic Film Paper Board	59	54	91.53

15－16 续表 Continued

产品名称	Item	监督检查批次数（批次）Batches of Supervision and Inspection (batch)	监督检查合格批次数（批次）Qualified Batches (batch)	批次合格率（%）Rate of Batch-times Qualified (%)
耐火材料	Refractory	59	59	100
建筑防水卷材	Building Fire Roll	56	55	98.21
其他	Others	204	195	95.59
工业生产资料	**Industrial Production**	**4298**	**4068**	**94.60**
低压成套开关设备	Low Voltage Switchgear	445	426	95.73
小功率电动机	Small Power Motor	339	324	95.58
电力电缆	Power Cable	281	269	95.73
聚氯乙烯绝缘电缆电线	PVC Insulated Wire and Cable	219	214	97.72
机动车灯具	Motor Vehicle Lamps	200	181	90.50
水泵	Water Pump	186	185	99.46
钢丝绳	Wirerope	158	151	95.57
不锈钢制品	Stainless Steel Products	128	119	92.97
钢筋混凝土排水管	Reinforced Concrete Drain Pipe	118	116	98.31
三相异步电动机	Three Phase Asynchronaus Motor	114	109	95.61
其他	Others	2110	1974	93.55
农业生产资料	**Aqricultural Production**	**582**	**569**	**97.76**
氮肥	Nitrogenous Fertilizer	5	5	100
复混肥料	Fertilizer	236	233	98.73
联合收割机械	Combine Harvester	14	13	92.86
磷肥	Phosphate Fertilizer	19	19	100
农药	Pesticide	150	144	96.00
农用薄膜	Agricultural Film	22	20	90.91
农用拖拉机	Agricultural Tractors	36	36	100
旋耕机	Tiller	9	9	100
叶面肥	Leaf Fertilizer	58	57	98.28
有机肥料	Organic Fertilizer	33	33	100

15－17 教育事业基本情况
Basic Statistics on Education

指　　标	Item	2010	2011	2012	2013	2014
学校数　（所）	**Number of Schools (unit)**					
普通高等学校	Regular Institutions of Higher Education	124	126	128	131	134
普通中等学校	Secondary Schools	3058	2975	2903	2886	2875
中等专业学校	Specialized Schools	160	169	168	169	174
普通中学	Regular Secondary Schools	2776	2721	2660	2651	2644
#高　中	Senior Secondary Shools	653	620	594	578	567
职业高中	Vocational Senior Secondary Schools	122	85	75	66	57
小　学	Primary Schools	4498	4328	4128	4020	4023
特殊教育	Special Schools	112	108	107	107	106
专任教师　（万人）	**Number of Fulltime Teachers (10000 persons)**					
普通高等学校	Regular Institutions of Higher Education	10.20	10.40	10.60	10.83	10.45
普通中等学校	Secondary Schools	32.36	32.14	31.94	31.51	31.15
中等专业学校	Specialized Schools	2.43	2.71	2.80	2.97	3.03
普通中学	Regular Secondary Schools	28.46	28.23	27.95	27.43	27.13
#高　中	Senior Secondary Shools	9.82	9.71	9.72	9.73	9.65
职业高中	Vocational Senior Secondary Schools	1.47	1.20	1.19	1.11	0.99
小　学	Primary Schools	24.96	25.01	25.26	25.82	27.02
特殊教育	Special Schools	0.30	0.30	0.31	0.32	0.32
招生数　（万人）	**New Student Enrollment (10000 persons)**					
普通高等教育	Regular Higher Education	47.52	48.03	48.13	48.75	49.40
研究生	Postgraduates	4.25	4.42	4.62	4.80	4.91
本专科生	University and College Students	43.27	43.61	43.50	43.95	44.49
普通中等学校	Secondary Schools	147.67	132.83	126.37	119.63	114.97
中等专业学校	Specialized Secondary Schools	22.78	20.61	19.70	18.51	17.40
普通中学	Regular Secondary Schools	115.07	105.84	101.72	96.00	93.75
#高　中	Senior Secondary Shools	44.03	40.88	37.69	42.59	31.98
职业高中	Vocational Senior Secondary Schools	9.82	6.38	4.95	5.12	3.82
小　学	Primary Schools	73.13	76.18	79.48	85.13	88.89
特殊教育	Special Schools	0.48	0.37	0.35	0.35	0.34
在校学生　（万人）	**Students Enrollment (10000 persons)**					
普通高等教育	Regular Higher Education	177.49	179.38	181.07	183.04	184.93
研究生	Postgraduates	12.55	13.44	13.95	14.59	15.07
本专科生	University and College Students	164.94	165.94	167.12	168.45	169.86
普通中等学校	Secondary Schools	462.79	423.62	398.58	369.10	354.79
中等专业学校	Specialized Secondary Schools	68.30	63.59	63.12	56.68	54.00
普通中学	Regular Secondary Schools	368.61	339.82	317.89	296.74	288.62
#高　中	Senior Secondary Shools	135.66	128.70	120.87	110.99	103.42
职业高中	Vocational Senior Secondary Schools	25.88	20.21	17.57	15.68	12.17
小　学	Primary Schools	398.78	409.60	422.76	435.37	471.48
特殊教育	Special Schools	2.97	2.55	2.47	2.31	2.24
毕业生数　（万人）	**Graduates (10000 persons)**					
普通高等教育	Regular Higher Education	50.88	51.05	50.86	51.41	52.04
研究生	Postgraduates	2.99	3.34	3.84	4.03	4.17
本专科生	University and College Students	47.89	47.71	47.03	47.38	47.87
普通中等学校	Secondary Schools	166.50	157.43	141.67	138.52	124.98
中等专业学校	Specialized Secondary Schools	16.73	19.59	15.45	21.36	18.40
普通中学	Regular Secondary Schools	140.04	130.44	119.69	110.11	101.12
#高　中	Senior Secondary Shools	48.64	46.61	44.48	42.59	39.67
职业高中	Vocational Senior Secondary Schools	9.73	7.40	6.53	7.05	5.46
小　学	Primary Schools	70.58	64.97	64.51	63.94	62.19
特殊教育	Special Schools	0.52	0.33	0.33	0.34	0.30

15－18 各级各类教育事业(2014 年)
Basic Statistics on Education by Level and Type (2014)

单位:人 (person)

指标	Item	学校数(所) Number of Schools (unit)	毕业生数 Graduates	招生数 New Student Enrollment	在校学生数 Students Enrollment in schools	教职工数 Teachers and Staff	#专任教师 Full-time Teachers
普通高等教育	Regular Higher Education	134	520392	493991	1849326	160471	104549
研究生	Postgraduates		41679	49105	150690		
本专科学生	Undergraduate and Specialized Courses		478713	444886	1698636		
普通中等专业学校	Regular Specialized Secondary Schools	174	183972	173987	539989	36600	30274
普通中学	Regular Secondary Schools	2644	1011221	937519	2886234	345458	271323
高　中	Senior Secondary Schools	567	396668	319780	1034205	345458	96540
初　中	Junior Secondary Schools	2077	614553	617739	1852029		174783
职业高中	Vocational Senior Secondary Schools	57	54573	38173	121705	11392	9861
技工学校	Technical Schools	126	79499	98121	253238	17058	13294
小　学	Primary Schools	4023	621936	888858	4714813	260548	270190
特殊教育学校	Special Education	106	3018	3403	22378	3932	3242
幼儿园	Kindergartens	5072	810080	853150	2341273	197076	115900
成人高等教育	Adult Higher Education	9	158866	187884	419964	1333	766
#广播电视大学	Radio and TV Universities	2	3055	6755	11085	535	232
管理干部学院	Colleges for Training Managerial Personnel	2	2208	3037	5737	387	285
职工高等学校	Schools of Higher Education for Staff	4	436	645	1484	264	157
教育学院	Pedagogical College	1	1580	1538	3087	147	92
成人中等专业学校	Specialized Secondary Schools for Adults	29	14212	9078	29040	2510	1354
成人中学	Secondary Schools for Adults	387	15139		14250	1577	1012
网络教育	Internet-based Education	3	17822	26601	61523		

15－19 全省研究生数
Number of Postgraduates

单位:人 (person)

指 标	Item	2010	2011	2012	2013	2014
高等学校	**Institutions of Higher Education**					
招生数	New Student Enrollment	42070	43827	45807	47588	48937
在读人数	Student Enrollment	124209	133171	138284	144699	150135
#女 性	Female	57225	62049	66868	67069	69849
毕业生数	Graduates	29553	33038	37998	39936	41512
研究所(院)	**Research Institutions (Academies)**					
招生数	New Student Enrollment	389	390	407	397	168
在读人数	Student Enrollment	1241	1233	1245	1248	555
#女 性	Female	416	428	440	442	174
毕业生数	Graduates	366	350	354	351	167

15－20 各级各类学校女在校学生和女专任教师数
Number of Female Students Enrollment and Teachers by Level and Type of Schools

指 标	Item	2010	2011	2012	2013	2014
女在校学生数（万人）	**Number of Female Students in Schools (10000 persons)**					
普通高等教育本、专科	Regular Institutions of Higher Education	81.46	82.21	82.68	83.16	84.45
普通中等专业学校	Regular Specialized Secondary Schools	33.96	31.82	31.12	28.00	26.35
普通中学	Regular Secondary Schools	168.64	156.55	147.80	138.70	134.89
职业高中	Vocational Senior Secondary Schools	11.92	9.31	7.97	6.85	5.44
小 学	Primary Schools	180.74	185.77	192.28	198.53	214.43
女在校学生占在校学生总数 (%)	**Percentage of Female Students in Schools to Total Students (%)**					
普通高等教育本、专科	Regular Institutions of Higher Education	49.4	49.5	49.4	49.4	49.7
普通中等专业学校	Regular Specialized Secondary Schools	49.7	50.1	49.3	49.4	48.8
普通中学	Regular Secondary Schools	45.8	46.1	46.5	46.7	46.7
职业高中	Vocational Senior Secondary Schools	46.1	46.1	45.3	43.7	44.7
小 学	Primary Schools	45.3	45.4	45.5	45.6	45.5
女专任教师数（万人）	**Number of Full Time Female Teachers (10000 persons)**					
普通高等学校	Regular Institutions of Higher Education	4.55	4.65	4.77	4.91	4.74
普通中等专业学校	Regular Specialized Secondary Schools	1.26	1.43	1.50	1.59	1.62
普通中学	Regular Secondary Schools	13.35	13.40	13.42	13.37	13.39
职业高中	Vocational Senior Secondary Schools	0.71	0.58	0.57	0.54	0.49
小 学	Primary Schools	14.77	15.03	15.40	16.00	17.13
女专任教师占专任教师总数 (%)	**Percentage of Full Time Female Teachers to Total Teachers (%)**					
普通高等学校	Regular Institutions of Higher Education	44.6	44.8	44.9	45.3	45.4
普通中等专业学校	Regular Specialized Secondary Schools	52.0	52.6	53.4	53.5	53.6
普通中学	Regular Secondary Schools	46.9	47.5	48.0	48.8	49.4
职业高中	Vocational Senior Secondary Schools	47.9	48.4	47.9	48.8	49.8
小 学	Primary Schools	59.2	60.1	61.0	62.0	63.4

15－21 分市教育事业基本情况(2014 年)

指标	Item	南京市 Nanjing	无锡市 Wuxi	徐州市 Xuzhou	常州市 Changzhou
学校数 (所)	**Number of Schools (unit)**				
普通高等学校	Regular Institutions of Higher Education	44	12	9	9
普通中等学校	Secondary Schools	247	203	343	170
中等专业学校	Specialized Schools	24	21	10	12
普通中学	Regular Secondary Schools	223	180	319	158
#高 中	Senior Secondary Shools	54	45	77	34
职业高中	Vocational Senior Secondary Schools	0	2	14	0
小 学	Primary Schools	346	185	906	187
特殊教育	Special Schools	12	9	12	5
专任教师 (人)	**Number of Fulltime Teachers (persons)**				
普通高等学校	Regular Institutions of Higher Education	47749	6053	7734	5256
普通中等学校	Secondary Schools	25967	23433	38056	16707
中等专业学校	Specialized Schools	3553	3874	1648	2716
普通中学	Regular Secondary Schools	22414	19415	34013	13991
#高 中	Senior Secondary Shools	7915	6780	12419	4824
职业高中	Vocational Senior Secondary Schools	0	144	2395	0
小 学	Primary Schools	21823	19483	38210	13053
特殊教育	Special Schools	463	257	428	113
招生数 (人)	**New Student Enrollment (persons)**				
普通高等教育	Regular Higher Education	195244	35371	36805	32493
研究生	Postgraduates	33441	2043	3713	487
本专科生	University and College Students	161803	33328	33092	32006
普通中等学校	Secondary Schools	91489	87312	143361	66330
中等专业学校	Specialized Secondary Schools	18033	14806	12647	12243
普通中学	Regular Secondary Schools	73456	71034	114795	54087
#高 中	Senior Secondary Shools	25143	21400	43462	16789
职业高中	Vocational Senior Secondary Schools	0	1472	15919	0
小 学	Primary Schools	65060	59692	164786	45374
特殊教育	Special Schools	255	206	734	133
在校学生 (人)	**Students Enrollment (persons)**				
普通高等教育	Regular Higher Education	805338	114240	137239	108557
研究生	Postgraduates	103043	6232	11293	1626
本专科生	University and College Students	702295	108008	125946	106931
普通中等学校	Secondary Schools	276392	259923	447874	199380
中等专业学校	Specialized Secondary Schools	53615	42356	42389	36896
普通中学	Regular Secondary Schools	222777	209383	359258	162484
#高 中	Senior Secondary Shools	77468	65702	141964	53291
职业高中	Vocational Senior Secondary Schools	0	8184	46227	0
小 学	Primary Schools	339335	336197	754450	253265
特殊教育	Special Schools	1675	1339	4591	862
毕业生数 (人)	**Graduates (persons)**				
普通高等教育	Regular Higher Education	239052	31270	35666	29432
研究生	Postgraduates	27957	1655	3283	451
本专科生	University and College Students	211095	29615	32383	28981
普通中等学校	Secondary Schools	92816	85443	160774	66959
中等专业学校	Specialized Secondary Schools	18233	15173	11260	13224
普通中学	Regular Secondary Schools	74583	66640	133786	53735
#高 中	Senior Secondary Shools	28255	24260	54782	19611
职业高中	Vocational Senior Secondary Schools	0	3630	15728	0
小 学	Primary Schools	47989	50813	73576	35896
特殊教育	Special Schools	254	211	512	126

Basic Statistics on Education by Region (2014)

苏州市 Suzhou	南通市 Nantong	连云港市 Lianyungang	淮安市 Huaian	盐城市 Yancheng	扬州市 Yanzhou	镇江市 Zhenjiang	泰州市 Taizhou	宿迁市 Suqian
21	8	3	6	5	6	5	3	3
305	231	187	192	289	182	125	200	201
23	5	9	15	6	10	12	9	18
276	215	173	176	273	168	112	188	183
66	52	36	29	54	35	21	37	27
6	11	5	1	10	4	1	3	0
383	321	449	283	318	208	113	158	166
13	9	7	7	10	7	5	5	5
11316	4939	1916	3382	3023	4883	5324	2801	939
31199	28070	23033	21760	30303	18869	11604	21305	21152
4364	643	1604	2855	1135	1629	1667	1742	2844
26337	24408	20430	18883	27092	16626	9915	19491	18308
9099	9783	6919	6561	9384	6147	3561	7057	6091
498	3019	999	22	2076	614	22	72	0
31985	19289	21326	20370	25194	13536	9255	14560	22106
336	303	194	194	320	186	130	160	158
61852	24122	10144	18470	15176	23260	22656	13437	4961
3927	682	53	22	0	1976	2761	0	0
57925	23440	10091	18448	15176	21284	19895	13437	4961
117895	97444	89909	85402	103470	72743	37435	63409	93480
19225	17411	12067	15103	8650	13965	6449	3895	19493
97920	77057	74171	69034	86465	58778	30965	55889	73868
26809	26741	25012	24489	31628	21920	10392	20393	25602
750	2976	3671	1265	8355	0	21	3625	119
118166	51286	74905	55323	77318	34455	23146	35907	83440
334	189	185	254	341	317	129	178	148
209479	80895	38119	67289	56080	80955	84214	49305	17616
11769	1918	77	64	0	5666	9002	0	0
197710	78977	38042	67225	56080	75289	75212	49305	17616
337163	309346	273698	274827	323997	231467	116223	201221	296417
55514	53394	36268	51945	25347	47175	20246	13742	61102
279557	247432	225305	215410	271897	184175	95926	177434	235196
78879	90933	80525	79530	104217	70500	34028	66981	90187
2092	8520	12125	7472	26753	117	51	10045	119
606251	320425	384162	336624	425696	218829	137601	219420	382558
2703	1512	986	1541	2096	2359	871	909	934
52220	22771	10506	18955	14376	24598	22403	14541	4602
3589	557	11	0	0	1659	2517	0	0
48631	22214	10495	18955	14376	22939	19883	14541	4602
103451	115772	98615	103395	118469	78890	39381	73922	111879
18567	15566	13667	17402	9980	15036	5764	7044	23056
83958	90408	80737	79478	98388	63775	33606	63304	88823
27466	36718	31876	31258	38946	26555	13767	26799	36375
926	9798	4211	6515	10101	79	11	3574	0
65982	50226	50088	45575	56350	37303	20690	35775	51673
489	209	114	186	226	321	107	125	138

15-22 普通高等教育分科学生数(2014年)
Student Enrollment in Regular Higher Education by Field of Study (2014)

单位:人 (person)

项目	Item	毕业生数 Graduates	招生数 New Enrollment	在校生数 Total Enrollment
本科合计	**Undergraduate**	**245558**	**265207**	**1012643**
#女生	Female	119976	135450	516389
哲学	Philosophy	74	169	456
经济学	Economics	14644	15409	58898
法学	Law	6800	7456	27399
教育学	Education	5607	6219	23711
文学	Literature	22874	22209	83590
#外语	Foreign Language	12057	11295	43833
#艺术	Art	661	598	2562
历史学	History	16016	17095	65403
理学	Science	100324	113327	424654
工学	Engineering	3161	3241	13252
农学	Agriculture	11712	13499	59492
医学	Medicine	48069	47406	185793
管理学	Management	15616	18579	67433
专科合计	**Specialist**	**233155**	**248018**	**685993**
#女生	Female	117771	119835	328083
农林牧渔大类	Animou Husbandry and Fishery	5329	6143	16326
交通运输大类	Transportation	11278	11429	31878
生化与药品大类	Biochemical and Drug	7369	7006	21049
资源开发与测绘大类	Resource Develpment and Mapping	725	698	1751
材料与能源大类	Material and Energy	1913	2177	6840
土建大类	Civil Construction	24056	26531	77587
水利大类	Water Conservation	140	84	249
制造大类	Manufacture	42431	45748	125882
电子信息大类	Electronic Information	30242	31026	88113
环保、气象与安全大类	Meteorology and Environmental Safety	1761	1411	4101
轻纺食品大类	Textile, Food	6585	4880	16450
财经大类	Finance and Economices	42820	49307	134751
医药卫生大类	Medicine and Health	13078	14343	35978
旅游大类	Tourism	7399	8184	23072
公共事业大类	Public Utilities	1491	1695	4844
文化教育大类	Public Education	22669	19712	52211
艺术设计传媒大类	Art Design and Media	12410	16609	42187
公安大类	Public Security	513		139
法律大类	Law	946	1035	2585

注:招生数含五年制高职、专转本学生。

a) The enrollment number include five years higher vocational enducation and upgraded students.

15－23 每万人口在校学生数和中小学升学情况
Number of Students Per 10000 Population and Enrollment Rate of Secondary and Primary Schools

年　份 Year	平均每万人口中 Number of Students per 10000 Population			小学学龄儿童入学率（%）Enrollment Rate of School-age Children（%）	小学毕业生升学率（%）Primary school Graduates Entering into Junior Secondary Schools（%）	初中毕业生升学率（%）Junior Secondary Graduates Entering into Senior Secondary Schools（%）
	大学生（人）University and College Students（person）	中学生（人）Secondary School Students（person）	小学生（人）Primary School Students（person）			
1978	10.4	667.9	1489.3	96.7	90.3	42.3
1980	14.2	553.8	1409.4	97.1	81.3	28.4
1985	19.2	492.3	1091.1	99.5	74.2	29.5
1989	23.0	426.4	980.9	98.8	79.8	38.2
1990	21.7	460.3	904.8	99.9	82.0	39.6
1991	21.1	467.4	869.1	99.3	84.2	40.0
1992	22.1	476.6	846.5	99.5	85.9	41.8
1993	25.9	481.3	853.9	99.4	88.0	45.4
1994	28.7	503.8	877.7	99.4	93.5	51.1
1995	29.5	530.5	912.5	99.8	96.6	56.8
1996	31.0	549.1	967.4	99.8	96.6	61.2
1997	33.4	547.9	1024.6	99.8	97.1	63.8
1998	38.0	550.3	1046.8	99.8	97.5	62.4
1999	49.8	565.8	1027.6	99.8	97.2	65.1
2000	61.7	592.3	980.7	99.8	97.2	68.5
2001	79.6	643.1	933.4	98.7	97.9	73.9
2002	94.9	710.7	860.6	99.6	98.2	78.6
2003	116.1	761.3	782.3	99.6	98.7	83.2
2004	133.8	795.3	710.7	99.7	98.8	84.8
2005	155.2	793.3	649.6	99.8	99.8	89.6
2006	173.0	775.1	603.7	99.9	100.0	93.5
2007	193.1	740.8	562.9	99.6	100.0	95.7
2008	204.9	697.7	531.6	99.9	100.0	96.0
2009	214.0	642.6	512.7	99.9	100.0	97.3
2010	209.6	588.1	506.8	99.9	100.0	97.5
2011	227.1	430.2	518.6	99.9	100.0	97.7
2012	228.6	401.4	533.8	100.0	100.0	98.0
2013	232.7	374.7	549.7	100.0	100.0	98.3
2014	232.3	362.6	592.3	100.0	100.0	

15 - 24 各级学校教师负担学生数
Student-teacher Ratio by Level of School

年份 Year	普通高等学校 Institutions of Regular Higher Education		普通中等学校 Regular Secondary Schools		小学 Primary Schools	
	教师数（万人） Number of Teachers (10000 persons)	平均每个教师负担学生数（人） Student-teacher Ratio (person)	教师数（万人） Number of Teachers (10000 persons)	平均每个教师负担学生数（人） Student-teacher Ratio (person)	教师数（万人） Number of Teachers (10000 persons)	平均每个教师负担学生数（人） Student-teacher Ratio (person)
1978	1.34	4.5	16.75	23.3	27.07	32.1
1980	1.59	5.3	16.83	19.5	27.97	29.9
1985	2.30	5.2	16.53	18.5	25.91	26.2
1989	2.79	5.3	19.00	16.0	26.74	23.6
1990	2.76	5.3	19.63	15.9	26.95	22.7
1991	2.76	5.2	20.06	15.9	27.00	22.0
1992	2.70	5.7	20.32	16.2	26.66	21.9
1993	2.70	6.7	20.71	16.2	25.59	23.2
1994	2.73	7.4	21.28	16.6	26.95	22.9
1995	2.73	7.6	22.16	16.9	27.35	23.6
1996	2.74	8.1	22.82	17.1	27.96	24.6
1997	2.79	8.6	23.26	16.8	28.32	25.9
1998	2.86	9.6	23.57	16.8	28.20	26.7
1999	3.04	11.8	24.10	16.9	28.41	26.1
2000	3.31	13.7	25.02	17.3	28.90	24.9
2001	3.80	15.4	25.96	18.2	28.84	23.8
2002	4.43	15.8	27.38	19.2	27.95	22.7
2003	4.98	18.3	28.74	19.6	26.84	21.6
2004	5.90	18.0	30.19	19.6	29.22	19.9
2005	6.73	18.4	31.14	19.0	26.16	18.6
2006	7.84	17.8	31.92	18.3	26.05	17.5
2007	8.86	17.7	32.30	17.5	25.83	16.6
2008	9.63	17.4	32.51	16.5	25.47	16.0
2009	9.99	17.7	32.54	15.3	25.47	15.6
2010	10.20	17.4	32.36	14.3	24.96	16.0
2011	10.39	17.3	32.14	13.2	25.01	16.4
2012	10.60	17.1	31.94	12.5	25.26	16.7
2013	10.83	16.9	31.51	11.7	25.82	16.9
2014	10.45	17.7	31.15	11.4	27.02	17.4

主要统计指标解释

科技活动 指在自然科学、农业科学、医药科学、工程与技术科学、人文与社会科学领域（简称科学技术领域）中，与科技知识的产生、发展、传播和应用密切相关的有组织的活动。可分为研究与试验发展（R&D）、研究与试验发展成果应用及相关的科技服务三类活动。

科技活动人员 指直接从事科技活动、以及专门从事科技活动管理和为科技活动提供直接服务的人员。累计从事科技活动的实际工作时间占全年制度工作时间10%及以上的人员。（1）直接从事科技活动的人员包括：在独立核算的科学研究与技术开发机构、高等学校、各类企业及其他事业单位内设的研究室、实验室、技术开发中心及中试车间（基地）等机构中从事科技活动的研究人员、工程技术人员、技术工人及其它人员；虽不在上述机构工作，但编入科技活动项目（课题）组的人员；科技信息与文献机构中的专业技术人员；从事论文设计的研究生等。（2）专门从事科技活动管理和为科技活动提供直接服务的人员包括：独立核算的科学研究与技术开发机构、科技信息与文献机构、高等学校、各类企业及其他事业单位主管科技工作的负责人，专门从事科技活动的计划、行政、人事、财务、物资供应、设备维护、图书资料管理等工作的各类人员，但不包括保卫、医疗保健人员、司机、食堂人员、茶炉工、水暖工、清洁工等为科技活动提供间接服务的人员。

科学家与工程师 指科技活动人员中具有高、中级技术职称（职务）的人员和不具有高、中级技术职称（职务）的大学本科及以上学历人员。

研究与试验发展（R&D） 指在科学技术领域，为增加知识总量、以及运用这些知识去创造新的应用而进行的系统的创造性的活动，包括基础研究、应用研究、试验发展三类活动。

基础研究 指为了获得关于现象和可观察事实的基本原理的新知识（揭示客观事物的本质、运动规律，获得新发现、新学说）而进行的实验性或理论性研究，它不以任何专门或特定的应用或使用为目的。其成果以科学论文和科学著作为主要形式。

应用研究 指为获得新知识而进行的创造性研究，主要针对某一特定的目的或目标。应用研究是为了确定基础研究成果可能的用途，或是为达到预定的目标探索应采取的新方法（原理性）或新途径。其成果形式以科学论文、专著、原理性模型或发明专利为主。

试验发展 指利用从基础研究、应用研究和实际经验所获得的现有知识，为产生新的产品、材料和装置，建立新的工艺、系统和服务，以及对已产生和建立的上述各项作实质性的改进而进行的系统性工作。其成果形式主要是专利、专有技术、具有新产品基本特征的产品原型或具有新装置基本特征的原始样机等。在社会科学领域，试验发展是指把通过基础研究、应用研究获得的知识转变成可以实施的计划（包括为进行检验和评估实施示范项目）的过程。人文科学领域没有对应的试验发展活动。

研究与试验发展人员 指参与研究与试验发展项目研究、管理和辅助工作的人员，包括项目（课题）组人员，企业科技行政管理人员和直接为项目（课题）活动提供服务的辅助人员。

研究与试验发展人员全时当量 指全时人员数加非全时人员按工作量折算为全时人员数的总和。例如：有两个全时人员和三个非全时人员（工作时间分别为20%、30%和70%），则全时当量为2+0.2+0.3+0.7=3.2人年。

专业技术人员 指从事专业技术工作和专业技术管理工作的人员，即企事业单位中已经聘任专业技术职务从事专业技术工作和专业技术管理工作的人员，以及未聘任专业技术职务，现在专业技术岗位上工作的人员。包括工程技术人员，农业技术人员，科学研究人员，卫生技术人员，教学人员，经济人员，会计人员，统计人员，翻译人员，图书资料、档案、文博人员，新闻出版人员，律师、公证人员，广播电视播音人员，工艺美术人员，体育人员，艺术人员及企业政治思想工作人员，共十七个专业技术职务类别。

科技活动经费筹集 指从各种渠道筹集到的计划用于科技活动的经费，包括政府资金、企业资金、事业单位资金、金融机构贷款、国外资金和其他资金等。

政府资金 指从各级政府部门获得的计划用于科技活动的经费，包括科学事业费、科技三项费、科研基建费、科学基金、教育等部门事业费中计划用于科技活动的经费以及政府部门预算外资金中计划用于科技活动的经费等。

企业资金 指从自有资金中提取或接受其他企业委托的、科研院所和高校等事业单位接受企业委托获得的，计划用于科研和技术开发的经费。不包括来自政府、金融机构及国外的计划用于科技活动的资金。

金融机构贷款 指从各类金融机构获得的用于科技活动的贷款。

科技活动经费内部支出 指报告年内用于科技活动的实际支出包括劳务费、科研业务费、科研管理费，非基建投资购建的固定资产、科研基建支出以及其他用于科技活动的支出。不包括生产性活动支出、归还贷款支出及转拨外单位支出。

劳务费 指以货币或实物形式直接或间接支付给从事科技活动人员的劳动报酬及各种费用。包括各种形式的工资、津贴、奖金、福利、离退休人员费用、人民助学金等。

固定资产购建费 指报告年内使用非基建投资购建的固定资产和用于科研基建投资的实际支出额，即固定资产实际支出和科研基建投资实际完成额之和。固定资产是指长期使用而不改变原有实物形态的主要物资设备、图书资料、实验材料和标本以及其他设备和家具、房屋、建筑物。

新产品 指采用新技术原理、新设计构思研制、生产的全新产品，或在结构、材质、工艺等某一方面比原有产品有明显改进，从而显著提高了产品性能或扩大了使用功能的产品。既包括政府有关部门认定并在有效期内的新产品，也包括企业自行研制开发，未经政府有关部门认定，从投产之日起一年之内的新产品。

专利 是专利权的简称，是对发明人的发明创造经审查合格后，由专利局依据专利法授予发明人和设计人对该项发明创造享有的专有权。包括发明、实用新型和外观设计。

发明 指对产品、方法或者其改进所提出的新的技术方案。

实用新型 指对产品的形状、构造或者其结合所提出的适于实用的新的技术方案。

外观设计 指对产品的形状、图案、色彩或者其结合所作出的富有美感并适于工业上应用的新设计。

普通高等学校 指按照国家规定的设置标准和审批程序批准举办，通过国家统一招生考试，招收高中毕业生为主要培养对象，实施高等学历教育的全日制大学、独立设置的学院和高等专科学校、高等职业学校和其他机构。

成人高等学校 指按照国家规定的设置标准和审批程序批准举办的，通过全国成人高等教育统一招生考试，招收具有高中毕业或同等学历的人员为主要培养对象，利用脱产、业余或函授等多种形式对其实施高等学历教育的学校。包括广播电视大学、职工高等学校、农民高等学校、管理干部学院、教育学院、独立函授学院、其他机构。

小学学龄儿童入学率 指调查范围内已入小学学习的学龄儿童占校内外学龄儿童总数（包括弱智儿童，不包括盲聋哑儿童）的比重。计算公式为：

小学学龄儿童入学率 = 已入学的小学学龄儿童数/校内外小学学龄儿童总数 × 100%

Explanatory Notes on Main Statistical Indicators

Scientific and Technological Activities（S&T Activities） refer to organized activities which are closely related to the creation, development, dissemination and application of the scientific and technical knowledge in the fields of natural sciences, agricultural science, medical science, engineering and technological science, humanities and social sciences (referred to as scientific and technological fields). S&T activities can be classified in to 3 categories: research and development (R&D) activities, application of R&D results, and related S&T services.

Personnel Engaged in S&T Activities refer to personnel directly engaged in S&T activities, in the management of S&T activ—ities, and in providing direct service to S&T activities, who spend over 10% of the total working hours in a year in S&T activities. (1) Personnel directly engaged in S&T activities include researchers, engineers, technicians and other related personnel engaged in S&T activities in independent—accounting R&D institutions, institutions of higher learning, and in research institutes, laboratories, technology development centers and central experiment workshops under enterprises and institutions. Also included are people working in S&T research project teams, professional and technical personnel working in S&T information archiving institutes, and graduate students working on the design of their thesis. (2) Personnel engaged in the management of S&T activities and in providing direct service to S&T activities include senior management people responsible for S&T activities in independent-accounting R&D institutions, S&T infor-mation archiving institutes, institutions of higher learning, and in enterprises and institutions where S&T activities are undertaken. Also included are people responsible for the planning, administration, personnel management, financial management, logistics supply, equipment maintenance, information and library management that are related with S&T activities. People providing indirect services are excluded, such as security, medical service, drivers, plumbers, cleaners and those providing catering and related service.

Scientists and Engineers refer to persons engaged in S&T activities who have obtained titles of senior and middle level professional positions, and those without such position but have completed university or higher education.

Research and Development（R&D） refers to systematic and creative activities in the field of science and technology aiming at increasing the knowledge and using the knowledge for new application. R&D includes 3 categories of activities: basic research, applied research and experiments and development.

Basic Research refers to empirical or theoretical research aiming at obtaining new knowledge on the fundamental principles of phenomena of observable facts to reveal the nature and law of movement of objects and to acquire new discoveries or new theories. Basic research takes no specific or designated application as the aim of the research. Results of basic research are mainly released or disseminated in the form of scientific papers or monographs.

Applied research refers to creative research aiming at obtaining new knowledge on a specific objective or target. Purpose of the applied research is to identify the possible use of results from basic research, or to explore new (fundamental) methods or new approaches. Results of applied research are expressed in the form of scientific papers, monographs, fundamental models or invention patents.

Experiments and Development refer to systematic activities aiming at using the knowledge from basic and applied researches or from practical experience to develop new products, materials and equipment, to establish new production process, systems and services, or to make substantial improvement on the existing products, process or services. Results of experiment and development activities are embodied in patents, exclusive technology, monotype of new products or equipment. In social sciences, experiment and development activities refer to the process of converting the knowledge from basic or applied researches into feasible programmes (including conduct of demonstration projects for assessment and evaluation). There is no experiment and development activities in the science of humani-ties. R&D Personnel refer to persons engaged in research, management and supporting activities of R&D, including persons in the project teams, persons engaged in the management of S&T activities of enterprises and supporting staff providing direct service to the research projects.

R&D Personnel refer to persons engaged in reasearch, management and supporting activities of R&D, including persons in project teams, persons engaged in management of S&T activities of enterprises and supporting staff providing direct service to the research projects.

Full-time Equivalent of R&D Personnel refers to the sum of the full-time persons and the full-time equivalent of part-time persons converted by workload. For instance, if there are 2 full-time persons and 3 part-time workers (20%, 30% and 70% of working hours respectively on R&D activities), the full-time equivalent is 2 + 0.2 + 0.3 + 0.7 = 3.2 person-years.

Professional and Technical Personnel refer to person engaged in professional and technical work or in the management of professional and technical activities, i. e., people with professional or technical positions who are engaged in professional and technical work or in the management of professional and technical activities, and people without professional or technical positions but are working on professional or technical posts. They include professionals and technicians working in 17 categories of technical occupations including engineering, agriculture, scientific researches, medical service, teaching, economic research and application, accounting, statistics, translation, libraries, archives, cultural and museum service, journalism and publication, lawyers, notarization service, radio and television broadcasting, handicraft and fine arts, sports, performing art, and political workers in enterprises.

Funding for S&T Activities refers to funds obtained from various sources for S&T activities, including government funds, self-raised funds by enterprises, self-raised funds by institutions, loans from financial institutions, foreign funds and other funds.

Government Funds refer to funds obtained from government agencies at all levels to be used for S&T activities, including fund for scientific undertakings, 3 kinds of fund for S&T activities, fund for capital construction for scientific researches, science fund, funds from education expenditures by education departments for S&T activities, and extra-budget fund from government agencies for S&T activities.

Self-raised Funds by Enterprises refers to self-raised funds by enterprises from their own expenditure or from other enterprises and funds received by universities or research institutions from enterprises for scientific research or technical development projects. Excluded in this category are funds from government agencies, financial institutions or from foreign institutions. Loans from Financial Institutions refer to loans from various financial institutions for S&T activities.

Loans from Financial Institutions refer to loans from various financial institutions for S&T activities.

Total Internal Expenditure of Funds on R&D refers to the real expenditure of surveyed units on their own R&D activities (basic research, application study, test and development) including direct expenditure on R&D activities, indirect expendure of management and services on R&D activities, expenditure on capital construction and material processing by others. Excluding the expenditure on production activities, return of loan, and fees transferred to cooperated and entrusted agencies on R&D activities.

Service Fees refer to direct or indirect payment, in cash or in kind, made to personnel engaged in S&T activities as remuneration and other fees. They include, in various forms, salaries, subsidies, bonus, benefits, retirement pension, stipend, etc.

Purchase or Construction of Fixed Assets refers to the fixed assets purchased or constructed using funds other than the investment in capital construction, and the actual expenditure on capital construction for scientific researches. In other words, it is the sum of the actual expenditure on fixed assets and the accomplished investment in capital construction for scientific researches. Fixed assets refer to main materials and equipment, literatures and documents in libraries, materials for experiments, specimen, instruments, furniture, buildings and constructions that can be used for a long time without changing the form and shape of those articles or constructions.

New Products refer to new products produced with new technology and new design, or products that represent noticeable improvement in terms of structure, material, or production process so as to improve significantly the character or function of the older versions. They include new products certified by relevant government agencies within the period of certification, as well as new products designed and produced by enterprises within a year without certification by government agencies.

Patent is an abbreviation for the patent right and refers to the exclusive right of ownership by the inventors or designers for the creation or inventions, given from the patent offices after due process of assessment and approval in accordance with the Patent Law.

Patents are granted for inventions, utility models and designs.

Inventions refer to the new technical proposals to the products or methods or their modifications.

Utility Models refer to the practical and new technical proposals on the shape and structure of the product or the combination of both.

Designs refer to the aesthetics and industrially applicable new designs for the shape, pattern and color of the product, or their combinations.

Regular Institutions of Higher Learning refer to educational establishments set up according to the government evaluation and approval procedures, enrolling graduates from senior secondary schools and providing higher education courses and training for senior professionals. They include full-time universities, colleges, high professional schools, high vocatoinal universities and other institutions.

Institutions of Higher Learning for Adults refer to educational establishments, set up in line with the government evalution and approval procedures, enrolling personnels with senior secondary school or equivalent education as main training objects, and providing higher education courses in many forms of full time, spare time, or correspondence for adults. Institutions of higher learning for adults include Radio and TV universities, schools of high education for staff and workers and peasants, colleges for management cadres, pedagogical colleges, independent correspondence colleges and other institutions.

Enrollment Rate of Primary School Age Children refers to the proportion of school age children enrolled at schools to the total number of school age children both in and outside schools (including retarded children, but excluding blind, deaf and mute children). The formula is:

Enrollment Rate of Primary School-age Children = (Total Primary School—age Children at Schools) (Total Primary School age Children Both at and outside Schools) 100%

16

文化、体育、卫生

Culture, Sports and Public Health

简　要　说　明

一、本篇资料的主要内容

本篇主要反映文化、新闻出版、广播电影电视、体育、卫生事业的发展情况。

文化部分主要包括文化艺术和文物机构人员情况，群众艺术馆、文化馆站、公共图书馆业务活动及经费情况，文化产业发展情况；新闻出版部分包括报纸、期刊、图书出版情况；广播电影电视部分包括广播、电视事业发展情况，广播、电视节目制作时间；体育部分主要内容包括体育系统职工人数，等级运动员、裁判员人数，运动员在各级比赛中获奖牌情况；卫生部分主要内容有卫生机构、人员、床位数，医院诊疗人次及入院人数，主要疾病死亡原因及构成，传染病的发病及死亡等情况。

二、本篇的资料来源

根据各部门制定的统计报表制度汇总加工整理而成。文化艺术业、文物业、图书馆业、群众文化服务业的资料主要来自省文化厅；文化产业的资料来自省统计局；新闻出版、广播、电视资料来自省新闻出版广电局；体育资料来自省体育局；卫生部分的资料来自省卫生计生委。

Brief Introduction

I. Main Contents

Data in this chapter mainly reflect the development of culture; news and publication; radio broadcasting; films and television; sports; and public health.

Data on culture cover mainly information on institution and personnel of cultural and cultural relics; mass art centers; cultural centers (stations); facilities, services and expenditures of public libraries; Cultural industry development. Press and Publication section includes newspaper, periodicals and books published; Part of Radio, Film and TV includes broadcasting and television stations; production of broadcasting and TV programs.

Data on sports cover number of staff and workers in sports commissions, athletes and referees in grades and awards for athletes in competitions of all levels.

Data on public health include mainly the number of institutions; personnel, hospital beds; number of patients treated and in – patients; major diseases as the causes of death and their proportions in total deaths; the incidence of and the deaths caused by infections diseases.

II. Sources of Data

Data are collected and tabulated in accordance with the statistic reporting schemes stipulated by the departments concerned. Data on cultural and arts, Cultural relics, libraries and mass culture are mainly from Jiangsu Provincial Department of Culture; data on culture industry are from Jiangsu Bureau of Statistics; data on journalism broadcasting and television are from Provincial Administration of Press Radio, Film and Television; data on sports are from Province Sports Bureau; data on public heath are from Jiangsu Provincial Commission of Health and Family Planning.

16－1 文化艺术和文物事业机构、人员情况
Number of Cultural Institution and Personnel

项　目	Item	机构数(个) Institution (unit) 2013	机构数(个) Institution (unit) 2014	从业人数(人) Personnel (person) 2013	从业人数(人) Personnel (person) 2014
总计	**Total**	**18979**	**18473**	**158483**	**151578**
艺术业	Art	403	399	12158	11140
#艺术展览、创作机构	Art Exhibition and Creation Mechanism	75		625	
#艺术表演团体	Art Performance Troupes	290	287	9069	8323
话剧、儿童剧、滑稽剧类	Drama, Plays for Children and Comedy Troupes	27	36	671	732
歌舞、音乐类	Song and Dance	79	65	1769	1561
京剧、昆曲类	Peking Opera and Kunqu	7	10	273	320
地方戏曲类	Local Drama	94	95	2880	2711
杂技、魔术、马戏类	Acrobatics, Magic and Circus	24	8	659	466
曲艺类	Art Class	12	14	323	303
综合性艺术表演团体	Compenhensive Art Performing Groups	47	59	2494	2230
#艺术表演场馆	Art Centers	110	111	3076	2817
#剧场、影剧院	Theaters and Music Halls	91	92	1821	1879
图书馆业	Libraries	113	114	3033	3034
#少儿图书馆	Children's Libraries	9	9	111	104
群众文化服务业	Mass Culture	1394	1395	6917	7022
群众艺术馆、文化馆	Mass Art Centers	116	115	2089	2095
文化站	Cultural Stations	1278	1280	4828	4927
#乡镇文化站	Township Cultural Stations	920	919	3501	3556
艺术教育业	Art Education	14	14	896	891
中等专业学校	Secondary Art Schools	8	8	745	757
其他教育机构	Others	6	6	151	134
文化市场经营单位	Business Units Deding in Cultural Market	16323	15630	95594	86299
文艺科研	Art Research Institutions	10	9	110	104
其他文化类	Others	312	495	32995	35973
文物业	Cultural Relic Industry	410	417	6780	7115
文物保护管理机构	Agencies of Historical Relics Preservation	56	54	375	357
文物科研及其他文物机构	Research and Other Historical Relics Agencies	56	54	375	599
博物馆	Museums	292	301	5665	5948
综合类	Comprehensive	75	75	2324	2355
历史类	History	133	140	2447	2661
艺术类	Arts	56	61	666	707
自然科技类	Natural Science and Technology	8	8	63	59
其他	Other	20	17	165	166
文物商店	Cultural Relics Shops	8	8	225	211

16－2　群众艺术馆、文化馆站业务活动及经费情况（2014 年）
Basic Statistics on Activities and Expenditures of Mass Art Centers and Cultural Centers (2014)

项　目		Item		总　计 Total	群众艺术馆、文化馆 Mass Art Centers	文化站 Cultural Stations
单位数	（个）	Number of Units	(unit)	1395	115	1280
举办展览	（个）	Number of Exhibitions	(unit)	7847	1261	6586
组织文艺活动	（次）	Number of Cultural Activities	(times)	48370	9321	39049
举办训练班班次	（次）	Number of Training Classes	(times)	20420	5383	15037
举办训练班结业人次	（万人次）	Number of Persons Completing Courses	(10000 person-times)			
由群众艺术馆、文化馆（站）指导的单位		Units Responsible for Guiding Mass Art Center and Cultural Centers		19209	3891	15284
馆办文艺团体	（个）	Art Groups Run by Cultural Centers	(unit)	334	334	
馆办老年大学	（个）	Colleges for Senior Citizens Run by Cultural Centers	(unit)	37	3	
群众业余文艺团队	（个）	Part-time Art Groups	(unit)	18838	3554	15284
总支出	（万元）	Total Expenditures	(10000 yuan)	1267163	561603	705560

注：本表仅为文化系统内。

a) Data in this table only refer to those under the administration of the cultural departments.

16－3　公共图书馆业务活动及经费情况（2014 年）
Facilities, Services and Expenditures of Public Libraries (2014)

项　目		Item		总　计 Total	#省级公共图书馆 Public Libraries at Provincial Level	#县(市、区)级公共图书馆 Public Libraries at County Level
总藏量	（万册、件）	Total Collections	(10000 volumes)	6279.68	1048.38	3351.95
书架单层总长度	（万米）	Total Length of Bookshelves	(10000 m)	121.71	26.00	37.07
累计发放有效借书证数	（万个）	Number of Library Cards Distributed Accumulately	(10000 units)	525.77	41.07	313.43
书刊文献外借人次	（万人次）	Total Number of Circulation Borrowed by the Readers	(10000 person-times)	3216.57	95.64	1646.94
书刊文献外借册次	（万册次）	Number of Books Borrowed by the Readers	(10000 volume-times)	4481.44	181.60	2697.34
组织各类讲座次数	（次）	Number of Activities Provided for Readers	(times)	2934	151	1875
参加人数	（万人次）	Number of Readers Involved in Activities	(10000 person-times)	60.61	5.13	32.83
举办展览	（个）	Number of Exhibition	(unit)	1160	171	723
参观人次	（万人次）	Visitors	(10000 person-times)	191.62	47.42	93.65
举办培训班	（个）	Number of Training Classes	(unit)	1536	310	894
培训人次	（万人次）	Training Persons	(10000 person-times)	11.53	2.97	7.02
总支出	（万元）	Total Expenditures	(10000 yuan)	72937	15598	31592
#新增藏量购置费		Purchase Expenses		13533	5128	4149
本年新购藏量	（万册、件）	Number of Books Purchased During the Year	(10000 volumes)	361.09	24.31	187.88
公用房屋建筑面积	（万平方米）	Floor Space of Public Buildings	(10000 sq. m)	95.03	9.69	54.91
#书库		Stack Rooms		14.96	1.03	8.36
阅览室座席	（个）	Seating Capacity of Reading Rooms	(seats)	44782	2352	29045

16－4 报纸、期刊出版情况（2014 年）

Basic Statistics on Newspaper and Periodicals Published（2014）

指 标 Item		种数（种）Number of Publications（kind）	总印数（万册、万份）Printed Copies（10000 volumes）	总印张（万印张）Printed Sheets（10000 sheets）
报 纸	**Newspapers**	**143**	**287810**	**1312412**
期 刊	**Periodicals**	**442**	**11807**	**50730**
#综 合	Comprehensiveness	19	102	649
哲学、社会科学	Philosophy and Social Sciences	89	4009	17732
自然科学、技术	Natural Sciences and Technology	252	2646	10864
文化、教育	Culture and Education	56	4297	17885
文学、艺术	Literature and Art	26	752	3599
画 刊	Pictorials	1	7	24
少年儿童读物	**Children's Reading Material**	**11**	**3769**	**12464**

16－5 图书出版情况（2014 年）

Basic Statistics on Books Published（2014）

指 标 Item		出版图书种数（种）Number of Publications（kind）	总印数（万册）Printed Copies（10000 volumes）	总印张（万印张）Printed Sheets（10000 sheets）
总 计	**Total**	**23819**	**55855.11**	**397145.13**
马列主义、毛泽东思想	Marxism-leninism, Mao Zedong Thought	28	14.58	230.48
哲学	Philosophy	336	210.36	3007.46
社会科学总论	General Social Sciences	140	85.08	1245.17
政治、法律	Politics and Law	363	250.19	2864.72
军事	Military Affairs	28	23.81	370.21
经济	Economics	648	199.86	3218.20
文化、科学、教育、体育	Culture, Science, Education and Sports	13537	48115.86	309090.86
语言、文字	Languages	669	393.17	5270.45
文学	Literature	2724	3046.54	37481.14
艺术	Arts	1527	1587.44	9033.99
历史、地理	History and Geography	749	586.56	6561.24
自然科学总论	General Natural Sciences	25	6.20	63.89
数理科学、化学	Mathematics and Chemistry	237	102.31	1412.56
天文学、地理科学	Astronomy and Geology	120	48.88	361.69
生物科学	Biology	85	30.51	382.34
医药、卫生	Medicine and Health Care	762	437.87	6048.39
农业科学	Agricultural Science	145	74.00	454.50
工业技术	Industrial Technology	1477	564.19	8857.10
交通运输	Transportation	81	23.90	400.19
航空、航天	Aeronautics and Aerospace	5	2.25	20.66
环境科技	Environmental Science	58	23.10	301.95
综合性图书	General Books	75	28.47	467.96

注：该表为使用中国标准书刊号部分。

a）In this table, the data were used according to the standard serial number of China.

16－6 分地区公共图书馆基本情况（2014 年）

指　　标	Item	南京市 Nanjing	无锡市 Wuxi	徐州市 Xuzhou	常州市 Changzhou
公共图书馆（个）	Number of Public Library (unit)	14	10	8	4
总藏量（万册件）	Total Collections (10000 copies)	518.80	449.76	302.33	303.03
人均拥有公共图书馆藏量（册）	Collections of Public Libraries Owned Per Person (copy)	0.63	0.69	0.35	0.65
有效借书证数（个）	Accumulative Number of Library Cards Distributed (unit)	304612	186729	115204	195118
总流通人次（万人次）	Number of Circulation (10000 person-times)	453.84	488.12	145.78	206.00
#书刊文献外借人次	Borrowing from Libraries	230.53	198.34	130.83	142.71
书刊文献外借册次（万册次）	Books and Periodicals Lent to Readers (10000 copies-times)	381.25	411.27	163.38	218.88
阅览室座席数（个）	Seats of Reading Room (unit)	6087	5239	1392	1550
每万人拥有公共图书馆建筑面积（平方米）	Floor Space of Buildings of Public Libraries Owned per 10000 Population (sq. m)	106	116	53	57
组织各类讲座次数（次）	Number of Lectures (time)	342	282	132	104
参加讲座人次（万人次）	Attending Lectures (10000person-times)	6.93	5.59	5.61	2.61
举办展览（个）	Exhibitions Held (unit)	101	143	49	42
参观展览人次（万人次）	Visiting Exhibitions (10000 person-times)	9.79	24.06	13.21	7.75
举办培训班（个）	Training Classes Held (unit)	120	146	22	12
参加培训人次（万人次）	Attending Training (10000 person-times)	0.70	0.98	0.17	0.18
计算机（台）	Computers (set)	904	1005	491	264
#电子阅览室终端数	Terminals in Electronic Media Reading Rooms	514	594	355	131

Statistics on Public Libraries by Region (2014)

苏州市 Suzhou	南通市 Nantong	连云港市 Lianyungang	淮安市 Huaian	盐城市 Yancheng	扬州市 Yangzhou	镇江市 Zhenjiang	泰州市 Taizhou	宿迁市 Suqian
11	11	7	9	11	7	8	7	6
1509.85	445.48	248.53	236.76	283.11	293.67	282.88	243.89	113.21
1.42	0.61	0.56	0.49	0.39	0.66	0.89	0.53	0.23
2664082	200296	102156	76951	582761	174317	117211	116109	11440
2129.35	251.97	239.17	122.40	349.76	194.71	272.71	211.72	62.71
1323.04	118.05	168.55	81.54	254.91	100.96	182.75	133.69	55.03
1528.57	265.70	202.35	165.51	296.61	156.14	206.59	228.46	75.14
7253	2752	2064	2188	4516	2821	2190	3070	1308
145	113	103	104	129	118	117	128	92
519	228	170	162	140	337	149	145	73
8.29	4.39	2.16	2.29	3.21	3.41	5.20	2.61	3.19
233	92	44	35	74	65	31	46	34
28.26	12.43	7.57	1.90	10.10	13.47	3.67	7.67	4.32
461	72	30	66	47	87	60	75	28
2.62	0.54	0.27	0.45	0.49	0.44	0.62	0.74	0.37
2039	562	588	517	653	540	566	366	376
855	339	341	322	411	289	308	223	245

16－7 广播、电视事业发展情况
Basic Statistics on Broadcasting and Television Stations

项　　目	Item	2010	2011	2012	2013	2014
职工人数 （人）	Number of Staff and Workers (person)	48790	52399	51291	52089	53699
广播电台 （座）	Number of Broadcasting Stations (set)	14	14	14	14	14
中短波发射台及转播台（座）	Number of Transmission and Relaying Stations of Medium and Short Ware Broadcast (set)	21	21	21	21	21
中短波发射机功率（千瓦）	Power of Transmitters of Medium and Short Ware Broadcast (kW)	718	711	618	718	734
广播人口覆盖率 （%）	Radio Coverage of Population (%)	99.99	99.99	99.99	99.99	99.99
电视台 （座）	Number of Television Stations (set)	14	14	14	14	14
电视发射及转播台（座）	Television Transmission Stations and Relaying Stations (set)	96	83	83	83	83
发射机功率 （千瓦）	Power of Transmitters (kW)	520	520	520	520	521
电视人口覆盖率 （%）	TV Coverage of Population (%)	99.88	99.88	99.88	99.88	99.88
有线电视用户数（万户）	Users of Cable TV (10000 households)	1886	1988	2178	2249	2291
数字电视用户数（万户）	Users of Digital TV (10000 households)	1008	1196	1450	1662	1787
有线电视入户率 （%）	Cable TV Coverage of Households (%)	78.5	82.2	89.8	93.1	94.6

16－8 广播、电视节目制作时间
Time of Production of Broadcasting and TV Programs

单位：小时　　(hour)

项　　目	Item	2010	2011	2012	2013	2014
广播节目制作	**Production of Broadcasting Programs**	**569636**	**580799**	**582066**	**600722**	**603551**
#新闻	News Programs	100216	102619	106333	108120	106702
专题	Special Subject Programs	156430	147870	151635	147833	156862
文艺(综艺)	General Entertainment Programs	135887	150640	138443	149552	148263
广告	Advertising Programs	78699	73825	84744	87249	81997
电视节目制作	**Production of TV Programs**	**226743**	**191070**	**205738**	**217672**	**193135**
#新闻	News Programs	46154	50623	58072	61432	58391
专题	Special Subject Programs	52894	53195	50250	54437	46047
文艺(综艺)	General Entertainment Programs	54994	20453	23289	23194	20557
广告	Advertising Programs	43630	32434	48722	46610	36617

16－9 分地区规模以上文化及相关产业法人单位数（2013 年底）
Number of Legal Persons of Culture and Relavant Industry above Ddesignated Size by Region at Year-end (2013)

地　　区	Region	法人单位数(个) Legal Persons (unit)	文化制造业 Cultual Manufacturing	文化批发和零售业 Wholesale and Retail of Culture	文化服务业 Services of Culture
全省	Province	5893	2506	1029	2358
南京市	Nanjing	929	122	167	640
无锡市	Wuxi	558	291	81	186
徐州市	Xuzhou	275	73	110	92
常州市	Changzhou	783	283	167	333
苏州市	Suzhou	969	460	159	350
南通市	Nantong	684	328	89	267
连云港市	Lianyungang	210	143	39	28
淮安市	Huaian	256	104	33	119
盐城市	Yancheng	310	160	67	83
扬州市	Yangzhou	207	119	29	59
镇江市	Zhenjiang	257	133	34	90
泰州市	Taizhou	172	81	39	52
宿迁市	Suqian	283	209	15	59

16－10　分地区规模以上文化制造业企业基本情况（2013年）

Basic Conditions of Cultural Manufacturing Enterprises above Designated Size by Region（2013）

单位：万元　　　　　　　　　　　　　　　　　　　　　　　　　　　　　　　(10000 yuan)

地　　区	Region	企业单位数（个）Number of Enterprises（unit）	年末从业人员（人）Engaged Persons at Year-end（person）	资产总计 Total Assets	营业收入 Business Revenue	营业税金及附加 Taxes and Extra Charges on Business	营业利润 Operating Profit	应交增值税 Value-added Tax Payable
全省	Province	2506	665102	41490826	60777791	212387	4258358	1464508
南京市	Nanjing	122	32731	2345768	7584056	10461	1138409	127141
无锡市	Wuxi	291	91376	5533424	8007190	21837	346858	95792
徐州市	Xuzhou	73	14084	435129	1374847	10525	137392	59330
常州市	Changzhou	283	79983	4456869	5004144	21860	289950	171912
苏州市	Suzhou	460	187450	14144663	16666759	35737	837644	226707
南通市	Nantong	328	65064	3639393	5419385	23763	374754	199598
连云港市	Lianyungang	143	16677	629177	1583618	17225	114730	44521
淮安市	Huaian	104	25224	725437	2527607	10254	105406	53683
盐城市	Yancheng	160	37870	1673536	2831698	15449	184159	121677
扬州市	Yangzhou	119	40093	1553651	3391814	8517	205776	136785
镇江市	Zhenjiang	133	32424	4820722	3071132	10475	210307	105194
泰州市	Taizhou	81	12162	486324	1488261	10323	111669	64999
宿迁市	Suqian	209	29964	1046734	1827283	12727	176441	57170

16－11　分地区限额以上文化批发和零售业企业基本情况（2013 年）

Basic Conditions of Enterprises of Wholesale and Retail of Culture above Designated Size by Region（2013）

单位:万元　　　　(10000 yuan)

地　　区	Region	企业单位数（个）Number of Enterprises (unit)	年末从业人员(人) Engaged Persons at Year-end (person)	资产总计 Total Assets	营业收入 Business Revenue	营业税金及附加 Taxes and Extra Charges on Business	营业利润 Operating Profit	应交增值税 Value-added Tax Payable
全省	Province	1029	55313	5466776	9591658	58050	488407	171701
南京市	Nanjing	167	15656	2605418	3406277	10682	196282	64477
无锡市	Wuxi	81	4147	493789	950121	5584	38138	15826
徐州市	Xuzhou	110	2667	121053	227148	3534	20952	10379
常州市	Changzhou	167	7197	443913	1481823	8957	73467	15543
苏州市	Suzhou	159	13333	965488	2024136	14196	49784	31432
南通市	Nantong	89	2587	193764	360372	3835	23973	7953
连云港市	Lianyungang	39	1029	100184	118828	1370	7481	2873
淮安市	Huaian	33	795	53129	146849	775	14989	2116
盐城市	Yancheng	67	1444	107534	210638	1966	20415	5947
扬州市	Yangzhou	29	912	111000	125595	2399	8018	3547
镇江市	Zhenjiang	34	1019	76898	186565	2818	16179	3832
泰州市	Taizhou	39	1725	115158	186713	1633	4989	5292
宿迁市	Suqian	15	2802	79450	166592	301	13740	2483

16－12 分地区重点文化服务业企业基本情况（2013 年）

Basic Conditions of Major Enterprises of Services of Culture by Region（2013）

单位:万元 （10000 yuan）

地区	Region	企业单位数（个）Number of Enterprises（unit）	年末从业人员（人）Engaged Persons at Year-end（person）	资产总计 Total Assets	营业收入 Business Revenue	营业税金及附加 Taxes and Extra Charges on Business	营业利润 Operating Profit	应交增值税 Value-added Tax Payable
全省	Province	2358	285784	31366322	13548811	241660	1797179	212043
南京市	Nanjing	640	92205	10968071	6049969	76309	736327	99041
无锡市	Wuxi	186	24159	3185259	1032779	15570	147182	25724
徐州市	Xuzhou	92	8502	944148	318645	7537	55789	5933
常州市	Changzhou	333	48369	5338763	2126617	45563	423089	21870
苏州市	Suzhou	350	49633	5214979	2065038	37457	212652	31814
南通市	Nantong	267	22650	1392131	604414	22630	46367	8248
连云港市	Lianyungang	28	3126	215706	90731	1802	8346	2356
淮安市	Huaian	119	6732	235863	277974	10768	42622	2302
盐城市	Yancheng	83	6040	331309	172460	3843	19302	2395
扬州市	Yangzhou	59	6808	715328	211881	3141	22429	2968
镇江市	Zhenjiang	90	6129	1952378	282753	6738	58562	6527
泰州市	Taizhou	52	6950	550164	174508	6719	7736	1510
宿迁市	Suqian	59	4481	322223	141041	3583	16777	1356

16－13　体育系统职工人数（2014 年）
Number of Staff and Workers in Sports Commissions（2014）

单位:人　　　　　　　　　　　　　　　　　　　　　　　　　　　　（person）

项　目	Item	总　计 Total	体　育 行政机关 Sports Adminis-tration	优　秀 运动队 Excellent Sports Teams	体育运 动学校 Physical Education and Sports Schools	业　余 体　校 Spare-time Sports Schools	体育 场馆 Public Stadiums and Gym-nasiums	其　他 Others
总　计	**Total**	**9381**	**1056**	**1454**	**1062**	**1313**	**970**	**3526**
公务员	Civil Servant	947	947					
教练员	Coaches	1427		178	395	538	77	239
运动员	Athletes	1665		1057	69	114		425
科研人员	Scientific and Technical Personnel	99			9	17		73
医务人员	Medical Personnel	65		19	8	6	2	30
文化教师	Teachers	973			294	261	11	407
管理人员	Administrative Staff	1722		154	167	219	380	802
其他人员	Others	2483	109	46	120	158	500	1550

16－14　等级运动员、裁判员人数
Number of Athletes and Referees in Grades

单位:人　　　　　　　　　　　　　　　　　　　　　　　　　　　　（person）

项　目	Item	2010	2011	2012	2013	2014
等级运动员发展人数	**Number of Athletes in Grades**					
运动健将	Master of Sports	72	170	155	122	189
一级	First Grade	632	206	507	692	825
二级	Second Grade	1573	1112	1915	2517	1568
等级裁判员发展人数	**Number of Referees in Grades**					
国家(际)级	National（International）Referees	39	42	53	80	40
一级	First Grade	782	782	465	761	632
二级	Second Grade	3438	2468	3740	3788	4848

注：2011 年始运动健将包含国际运动健将。
a）From the 2011，Athlete inculdes World－Class.

16－15　运动员在各级比赛中获奖牌情况(2014 年)
Awards for Athletes in Competitions of All Levels（2014）

单位:个　　　　　　　　　　　　　　　　　　　　　　　　　　　　（unit）

项　目	Item	冠　军 Champion	亚　军 Second Place	季　军 Third Place
世界最高比赛	World Highest Competition	16	16	5
亚洲最高比赛	Asian Highest Competition	25	11	5
全国最高比赛	National Highest Competition	79	47	69

16-16 卫生事业基本情况(2014年)
Basic Statistics on Health Care (2014)

项 目	Item	机构数(个) Institutions (unit)	床位数(张) Hospital Beds (bed)	卫生工作人员(人) Personnel (person)	#卫生技术人员 Medical Technical Personnel	#医师 Doctors
总 计	**Total**	**32000**	**392293**	**589598**	**458534**	**178551**
医 院	**Total Hospitals**	**1524**	**309301**	**346630**	**290803**	**95865**
综合医院	General Hospitals	999	200400	232050	197405	65231
中医医院	Hospitals Specialized in Traditional Chinese Medicine	102	39247	48201	41520	14624
中西结合医院	Hospitals of Integrated Traditional Chinese and Western Medicine	23	5803	7543	6282	2211
专科医院	Specialized Hospitals	343	53148	54489	43478	13392
护理院	Nursing Hospitals	57	10703	4347	2118	407
基层医疗卫生机构	**Primary Health Care Institutions**	**28921**	**74803**	**200880**	**141389**	**72760**
社区卫生服务中心(站)	Health Service Center for Community	2803	19006	43495	36813	15596
卫生院	Township Hospitals	1046	55586	72400	60316	26459
村卫生室	Village Health Stations	15523		51299	13503	12617
门诊部	Outpatient Departments	992	105	12417	10394	5334
诊所、卫生所、医务室	County (District) Chinics, Sanitation Offices and Medical Matter Centers Sanitation Service Station	8557	106	21269	20363	12754
专业公共卫生机构	**Professional Public Health Agencies**	**1295**	**5572**	**36125**	**23081**	**8830**
疾病预防控制中心	Disease Prevention and Controlling Centers	123		8134	6278	3710
专科疾病防治院(所、站)	Specilized Disease Prevention and Treatment Institutes	43	1085	1381	1024	466
健康教育所(站、中心)	Health Education Centers	5		89	33	11
妇幼保健院(所、站)	Maternity and Child Care Centers	110	4482	9924	8144	3228
急救中心(站)	Emergency Treatment Centers (Stations)	34	5	1187	516	295
采供血机构	Blood Collection and Supply Institutions	30		1951	1353	129
卫生监督所(中心)	Sanitation Supervision Agenicies	114		4092	3598	
计划生育技术服务机构	Family Planning Technical Services Institutions	836		9367	2135	991
其他卫生机构	**Other Health Care Institutions**	**260**	**2617**	**5963**	**3261**	**1096**
疗养院	Sanatoriums	14	2617	1395	764	263
医学科学研究机构	Institutions of Medical Sciences Research	8		432	150	77
医学在职培训机构	In-service Training of Medical Science	29		1007	318	135
临床检验中心(所、站)	Clinical Laboratory Center and Stations	24		1232	712	39
统计信息中心	Statistical Information Center	3		44	4	
其他	Other	182		1853	1313	582

注:本表人员合计中包括乡村医生36223人和卫生员1573人。

a) Total personnel in this table contain 36223 rural doctors and 1573 health workers.

16－17 卫生机构数

Number of Health Care Institutions

单位:个 (unit)

年份 地区 Year Region	总 计 Total	#医 院 Hospitals	#卫生院 Township Hospitals	#门诊部 Clinics	#妇幼保健院(所、站) Maternity and Child Care Conters	#专科疾病防治院(所、站) Specialized Disease Prevention and Treatment Institutes	#疾病预防控制中心(防疫站) Disease Prevention and Controlling Centers
1978	9277	2428			84	9	107
1980	9943	2457			99	17	119
1985	11515	2460			105	84	127
1990	12366	2491			114	108	135
1995	12039	2534			117	122	141
2000	12813	634	1877	106	112	118	142
2001	13208	662	1771	119	112	113	147
2002	12368	891	1625	293	111	80	145
2003	12733	920	1602	313	106	59	136
2004	14447	995	1493	371	107	45	143
2005	15324	1014	1472	372	107	49	154
2006	17143	1061	1407	395	107	48	153
2007	19129	1087	1384	458	106	49	166
2008	13451	1093	1448	474	104	49	170
2009	13388	1112	1440	484	105	47	170
2010	30961	1157	1276	535	103	46	130
2011	31680	1283	1223	708	106	53	129
2012	31054	1426	1117	813	110	48	128
2013	31001	1490	1066	921	109	45	124
2014	32000	1524	1046	992	110	43	123
南京市 Nanjing	2383	186	21	100	14	6	17
无锡市 Wuxi	2155	139	29	113	6	5	9
徐州市 Xuzhou	4620	122	159	54	12	1	13
常州市 Changzhou	1182	49	58	45	8	2	8
苏州市 Suzhou	3063	185	78	249	7	4	11
南通市 Nantong	3262	201	103	53	7	3	9
连云港市 Lianyungang	2702	68	91	47	10	1	10
淮安市 Huaian	2257	51	129	3	9	4	9
盐城市 Yancheng	3217	144	134	70	11	4	10
扬州市 Yangzhou	1782	63	73	133	8	4	7
镇江市 Zhenjiang	937	43	46	43	6	3	7
泰州市 Taizhou	1978	52	125	59	6	5	7
宿迁市 Suqian	2462	221	0	23	6	1	6

注:从2010年起卫生机构数包括村卫生室的数字(以下表同)。

a) From 2010, the number of health care institutions have involved the figure of village health stations (the same below).

16－18 卫生机构人员数

Number of Persons Engaged in Health Care Institutions

单位:万人 (10000 persons)

年份 地区 Year Region	卫生工作人员 Medical Personnel	卫生技术人员 Medical Technical Personnel	#执业(助理)医师 Doctors	#注册护士 Registered Nurses	每万人拥有医师数(人) Number of Doctors per 10000 Population (person)
1978	17.45	14.00	5.70	1.79	9.7
1980	19.03	15.04	6.10	2.08	10.2
1985	23.68	18.28	7.65	3.61	12.3
1990	27.58	21.35	9.94	5.34	14.6
1995	31.57	24.55	11.22	6.44	15.9
2000	32.18	25.36	11.44	7.39	15.6
2001	32.08	25.36	11.46	7.54	16.2
2002	30.08	24.00	10.22	7.25	14.3
2003	30.37	24.37	10.40	7.37	14.5
2004	30.95	25.01	10.60	7.70	14.7
2005	31.61	25.71	10.87	8.05	15.0
2006	33.45	27.54	11.46	8.59	15.7
2007	35.53	28.62	11.87	9.45	16.1
2008	36.13	29.16	11.97	10.09	15.6
2009	37.76	30.65	12.32	11.06	15.9
2010	45.93	32.84	12.90	12.26	16.4
2011	48.18	35.05	13.47	13.56	17.1
2012	52.02	39.61	15.80	15.53	19.9
2013	55.12	42.90	16.97	17.42	21.4
2014	58.96	45.85	17.86	18.88	22.4
南京市 Nanjing	7.54	6.21	2.16	2.74	26.3
无锡市 Wuxi	5.08	4.16	1.56	1.79	23.9
徐州市 Xuzhou	6.76	4.70	1.75	1.97	20.3
常州市 Changzhou	3.41	2.81	1.14	1.17	24.2
苏州市 Suzhou	7.88	6.43	2.54	2.54	23.9
南通市 Nantong	5.04	3.95	1.64	1.56	22.4
连云港市 Lianyungang	3.13	2.19	0.81	0.94	18.1
淮安市 Huaian	3.78	2.90	1.16	1.26	23.9
盐城市 Yancheng	4.79	3.66	1.62	1.33	22.5
扬州市 Yangzhou	2.99	2.33	0.95	0.94	21.2
镇江市 Zhenjiang	2.27	1.84	0.75	0.76	23.7
泰州市 Taizhou	2.99	2.30	0.97	0.86	20.9
宿迁市 Suqian	3.32	2.39	0.82	1.02	16.8

16－19　卫生机构床位数

Number of Beds in Health Care Institutions

单位：万张　　　　　　　　　　　　　　　　　　　　　　　　　　　　　　　　　　　　(10000 beds)

年份　地区 Year　Region	总　计 Total	#医　院 Hospitals	#卫生院 Township Hospitals	#社区卫生服务中心 Health Service Center for Community	#专科疾病防治院（所、站） Specialized Disease Prevention and Treatment Institutes	每万人拥有医院、卫生院床位数（张） Number of Hospital Beds per 10000 Population (bed)
1978	12.29	11.07				19.0
1980	12.75	11.62				19.6
1985	14.29	12.65				20.4
1990	16.45	14.54				21.5
1995	17.46	15.48				21.9
2000	17.31	10.01	6.18		0.13	22.1
2001	17.32	10.14	6.13		0.09	22.9
2002	17.45	11.38	5.58		0.10	23.8
2003	17.99	11.54	5.63		0.08	24.0
2004	18.90	12.31	5.42		0.14	24.6
2005	19.75	13.18	5.41		0.10	25.6
2006	21.16	14.27	5.31		0.10	26.8
2007	22.00	15.15	5.30	0.92	0.10	27.8
2008	23.51	16.39	5.70	0.82	0.07	28.8
2009	25.15	17.76	5.71	1.07	0.07	30.4
2010	26.97	19.55	5.20	1.58	0.09	31.5
2011	29.64	22.17	5.13	1.57	0.11	34.6
2012	33.31	25.59	5.18	1.67	0.13	38.8
2013	36.83	28.62	5.51	1.81	0.12	43.0
2014	39.23	30.93	5.56	1.85	0.11	45.8
南京市 Nanjing	43688	38683	466	3502	162	47.6
无锡市 Wuxi	34998	30374	634	2519	109	47.7
徐州市 Xuzhou	46213	33532	9643	2215	0	50.0
常州市 Changzhou	23634	17878	3650	1266	60	45.8
苏州市 Suzhou	55218	48886	4001	2091	20	49.9
南通市 Nantong	35136	26865	7311	800	160	46.8
连云港市 Lianyungang	18061	12484	4039	753	200	37.1
淮安市 Huaian	24642	15330	7528	884	127	47.1
盐城市 Yancheng	35282	26162	7522	819	100	46.6
扬州市 Yangzhou	19765	14381	3094	1342	125	39.0
镇江市 Zhenjiang	14490	10787	1960	1355	0	40.2
泰州市 Taizhou	20926	13801	5738	997	22	42.1
宿迁市 Suqian	20240	20138	0	0	0	41.6

注：分市数计量单位为张。

a) The units of measurement is bed by region.

16 - 20　医疗机构门诊情况（2014 年）
Service of Health Institutions (2014)

指标	Item	诊疗人次(万人次) Total Number of Patients Treated (10000 person-times)	#门诊 Out-patients Service	#急诊 Emergency Patients
总计	**Total**	**52668.86**	**48005.87**	**3105.69**
医院	**Hospitals**	**23003.13**	**20275.65**	**2222.89**
综合医院	General Hospitals	16037.83	14007.52	1709.74
中医医院	Hospitals Specialized in Traditional Chinese Medicine	3834.11	3454.10	260.46
中西医结合医院	Hospitals of Integrated Traditional Chinese and Western Medicine	494.11	435.36	54.94
专科医院	Specialized Hospitals	2621.06	2371.31	197.59
基层医疗卫生机构	**Primary Health Care Institutions**	**28455.61**	**26714.17**	**787.65**
社区卫生服务中心(站)	Health Service Center for Commnunity	7371.27	6638.91	381.62
卫生院	Township Hospitals	8066.92	7519.44	406.03
乡镇卫生院	Rural Township Hospitals	8065.62	7518.60	406.03
村卫生室	Village Health Stations	9347.04	8966.76	0.00
门诊部	Outpatient Departments	835.78	772.94	0.00
诊所、卫生所、医务室	County(District) Chinics, Sanitation Offices and Medical Matter Centers Sanitation Service Station	2834.59	2816.13	0.00
专业公共卫生机构	**Professional Public Health Agencies**	**1135.16**	**944.15**	**94.26**
专科疾病防治院(所、站)	Specialized Disease Prevention and Treatment Institutes	122.13	106.47	0.41
妇幼保健院(所、站)	Maternity and Child Care Centers	963.59	837.68	44.41
急救中心(站)	Emergency Treatment Centers (Stations)	49.43	0.00	49.43
其他机构	**Other Health Care Institutions**	**74.97**	**71.90**	**0.90**
疗养院	Sanatoriums	29.72	26.65	0.90

16－21 医疗机构住院服务、病床使用情况（2014年）
Situation of Hospitalization Service and Beds Utilization of Health Institutions（2014）

指标	Item	病床使用率（%）Utilization Rate of Beds（%）合计 Total	非营利 Non-profit	营利 Profit	入院人数（万人）Hospital Admissions（10000 persons）合计 Total	非营利 Non-profit	营利 Profit	每百门急诊人次的入院人数（人）Hospital Admissions per 100 Patient-times（person）
总计	**Total**	**84.03**	**85.18**	**63.97**	**1152.04**	**1097.56**	**54.48**	**2.99**
医院	**Hospitals**	**90.28**	**92.17**	**64.39**	**942.58**	**888.25**	**54.33**	**4.19**
综合医院	General Hospitals	91.20	92.81	70.65	687.62	645.80	41.82	4.37
中医医院	Hospitals Specialized in Traditional Chinese Medicine	91.97	92.65	47.36	127.59	126.76	0.83	3.43
中西医结合医院	Hospitals of Integrated Traditional Chinese and Western Medicine	79.39	80.65	73.01	16.12	13.52	2.61	3.29
专科医院	Specialized Hospitals	88.95	93.23	44.99	108.71	99.67	9.04	4.23
基层医疗卫生机构	**Primary Health Care Institutions**	**58.71**	**58.73**	**32.95**	**183.44**	**183.34**	**0.10**	**1.23**
社区卫生服务中心	Health Service Center for Community	50.08	50.16	32.95	32.74	32.65	0.09	0.58
卫生院	Township Hospitals	61.56	61.56	0.00	150.63	150.63	0.00	1.90
乡镇卫生院	Rural Township Hospitals	61.57	61.57	0.00	150.58	150.58	0.00	1.90
专业公共卫生机构	**Professional Public Health Agencies**	**83.92**	**83.92**	**0.00**	**19.82**	**19.82**	**0.00**	**2.00**
专科疾病防治院（所、站）	Specialized Disease Prevention and Treatment Institutes	52.33	52.33	0.00	0.66	0.66	0.00	0.61
妇幼保健院（所、站）	Maternity and Child Care Centers	92.07	92.07	0.00	19.16	19.16	0.00	2.17
其他机构	**Other Health Care Institutions**	**55.21**	**57.27**	**5.44**	**6.20**	**6.16**	**0.05**	**8.52**
疗养院	Sanatoriums	55.21	57.27	5.44	6.20	6.16	0.05	22.52

16－22 法定报告传染病发病及死亡情况（2014 年）
Legal Report on Infection Disease Incidence and Death（2014）

病名	Item	发病率（1/10 万）Incidence（1/100 thousand）	死亡率（1/10 万）Rate of Death（1/100 thousand）	病死率（%）Rate of Death from illness（%）
鼠疫	Pestilence			
霍乱	Cholera	0.0025		
传染性非典型肺炎	SARS			
艾滋病	AIDS	1.6525	0.2872	17.38
病毒性肝炎	Viral Hepatitis	26.6201	0.0101	0.04
脊髓灰质炎	Polio			
人感染高致病性禽流感	Highly Pathogenic Avian Influenza to Humans			
麻疹	Measles	0.1864	0.0013	0.68
流行性出血热	Hemorrhage Fever	0.4421	0.0050	1.14
狂犬病	Hydrophobia	0.0491	0.0428	87.18
流行性乙型脑炎	Epidemic Encephalitis B	0.0076		
登革热	Pengue	0.0126		
炭疽	Anthrax			
细菌性和阿米巴性痢疾	Dysentery	5.0180		
肺结核	Pulmonary Tuberculosis	41.8969	0.1247	0.30
伤寒、副伤寒	Typhoid and Paralyphoid Fever	0.2015		
流行性脑脊髓膜炎	Epidemic Cerebrospinal Meningitis	0.0050	0.0013	25.00
百日咳	Pertussis	0.0592		
白喉	Diphtheria			
新生儿破伤风	Newborn Tetanus	0.0076		
猩红热	Scarlet Fever	2.9674		
布鲁氏菌病	Brucellosis	0.1134		
淋病	Gonorrhea	7.4262		
梅毒	Syphilis	30.1241	0.0038	0.01
钩端螺旋体病	Leptospirosis			
血吸虫病	Bilharziasis			
疟疾	Malaria	0.4509	0.0025	0.56
人感染 H7N9 禽流感	Avian Influenza H7N9 Infection	0.0428	0.0189	44.12

16－23 孕产妇及婴儿死亡率
Death Rate of Pregnant Women and Babies

指标	Item	2010	2011	2012	2013	2014
孕产妇死亡率（1/10 万）	Death Rate of Pregnant Women（1/100 thousand）	6.24	6.00	5.28	4.99	4.65
婴儿死亡率（‰）	Death Rate of Babies（‰）	4.21	4.04	3.81	3.79	3.36
5 岁以下儿童死亡率（‰）	Death Rate of Children Aged 5 and Below（‰）	5.60	5.44	4.91	4.82	4.39

主要统计指标解释

文化事业机构 指从事专业文化工作和为专业文化工作服务的独立建制的单位。不包括这些单位另外举办独立核算的其他机构和各部门的业余文化组织。

艺术表演团体 指从事戏曲、音乐、舞蹈、杂技等专业艺术表演，有独立帐户的单位，不包括半工半艺、半农半艺和民间职业剧团。

等级运动员人数 指经考核正式批准授予等级运动员称号的人数。运动员等级分为国际级运动健将、运动健将、一级运动员、二级运动员、三级运动员、少年级运动员。

等级裁判员人数 指经考核正式批准授予等级裁判员称号的人数。裁判员等级分为国际裁判、国家级裁判、一级裁判、二级裁判、三级裁判。

卫生机构 指从卫生计生行政部门取得《医疗机构执业许可证》，或从民政、工商行政、机构编制管理部门取得法人单位登记证书，为社会提供医疗保障、疾病控制、卫生监督服务或从事医学科研和教育等工作的单位。

卫生技术人员 指卫生事业机构支付工资的全部职工中现任职务为卫生技术工作的专业人员，包括执业医师、执业助理医师、注册护士、药剂人员、检验人员和其他卫生技术人员。

执业(助理)医师和注册护士 指领取医师执业证书和注册护士证书的人员。

Explanatory Notes on Main Statistical Indicators

Cultural Institutions refer to units which have their own organizational system and independent accounting system and specilize in or serve cultural development. They exclude other establishment runed by these cultural institutions and amateur groups established by various departments.

Art Troupe refer to the troupe which is engaged in drama, opera, music, dance, acrobatics or other art performance, opens independent accounts with banks and has self-accounting system; excluding the troupes which are engaged partly in industrial or agricultural activities, partly in art performance and the professional troupes organized by the people.

Number of Athletes in Grades refers to the number of athletes who have been given titles through examination. The titles of athlets include international masters of sports, masters of sports, first grade, second grade and third grade sportsmen and young athletes.

Number of Referees in Grades refers to the number of referees who have been given titles after examination. They are classified as international referees, national referees and referees of the first, second and third grades.

Health Care Institutions refers to the units which have received the "Practitioner Licence Certification of Medical and Health Institutions" from health administration, or the registered certification of corporation units from the civil, industrial and commercial, and establishment administration. They provide the services of medical security, disease controlling, health supervision, or engaged in medical scientific research and education.

Medical Technical Personnel refer to all medical staff and workers employed by medical institutions, including doctor of Chinese and Western medicine, senior doctors who integrated traditional Chinese therapeutics with Western therapeutics in practice, senior nurses, pharmacists of Chinese and Western medicine, laboratory specialists, other specialists, paramedics of Chinese and Western medicine, nurses, midwives, druggists in Chinese and Western medicine, laboratory technicians, other technicians, other practitioners of Chinese medicine, nursing attendants, pharmacological workers of Chinese and Western medicine, laboratory workers and other primary medical personnel.

Practitioner(Assistant) Doctor and Registered Nurse refer to the doctors and nurses who have received the practitioner doctor certification and registered nurse certification respectively.

17

公共管理、社会保障和社会组织

Public Management, Social Services and Social Organizations

简 要 说 明

一、本篇资料的主要内容

本篇主要反映档案、民政、残疾人、社会保障、工会妇联、公检法司情况等内容。

档案部分主要包括档案机构人员，档案馆档案资料馆藏和利用情况；民政事业部分主要包括民政行业单位情况，民政事业经费情况，收养类单位情况，办理结婚、离婚情况；社会保障部分主要包括社会保险基本情况，社会保险基金收支及累计结余情况；公检法司部分主要包括公安机关的刑事案件立案情况和治安案件查处情况，交通、火灾事故情况，人民检察院的办案情况，人民法院审理案件和收结案情况，以及律师、公证、调解工作等情况。

二、本篇的资料来源

根据各部门制定的统计报表制度汇总加工整理而成。档案资料来自省档案局；民政事业资料来自省民政厅；残疾人事业资料来自省残疾人联合会；社会保障资料来自省人力资源和社会保障厅；工会妇联资料分别来自省妇女联合会和省总工会；公检法司资料分别来自省公安厅、省人民检察院、省高级人民法院、省司法厅。

Brief Introduction

I. Main Contents

Data in this chapter show statistics on archives, civil affairs, disabled persons, social security, labour union, woman's federation, public security, procuratorial, legal and judicial affairs and so on.

Data on archives cover mainly information on persons and institutions of archives, conditions of files stored and used in archives; data on civil affairs include: basic conditions of affairs agencies, expenses for civil administration, statistics on adoptive homes, marriages and divorces; data on social security cover information such as basic statistics of social insurance, revenue, expenses and balance of social insurance fund; data on public security, procuratorial, legal and judicial affairs covering information on criminal cases registered and offense cases handled by the public security agencies, traffic or fire accidents, cases handled by procuratorate's offices, cases accepted and settled by the people's courts, and statistics on lawyers, notarization and mediation.

II. Sources of Data

Data are collected and tabulated in accordance with the statistic reporting schemes stipulated by the departments concerned; data on archives are provided by the Province Archives; data on civil affairs are from Provincial Department of Civil Affairs; data on disabled persons are from Province Disabled Persons' Federation; data on social security are from Provincial Department of Human Resources and Social Security; data on labour union and woman's federation are respectively from Province Women's Federation and Federation of Trade Unions; data on public security, procuratorial, legal and judicial affairs are respectively from Provincial Public Security Bureau, People's Procuratorate, Higher people's court and Justice Department.

17 - 1 档案事业机构人员数(2014 年)
Number of Persons and Institutions of Archives (2014)

项目	Item	机构数(个) Number of Institutions (unit)	专职人员数(人) Full-time Personnel (person)	#女性 Female	#大专以上文化程度 College and Higher Level
总计	**Total**				
档案行政管理部门	Administrative Department of Archives	113	1329	606	1269
档案馆	Archives	164	1173	700	1124
档案室(处、科)	Archives Offices (Sections)	2931	2832	2173	2752

17 - 2 档案馆档案资料馆藏和利用情况
Conditions of Files Stored and Used in Archives

项目	Item	2010	2011	2012	2013	2014
馆藏档案	**Archives Stored**					
全宗 (个)	Whole Volume (unit)	17030	17700	18771	19463	22019
案卷 (万卷/万件)	Files (10000 volumes)	1593	1845	2226	2590	2433
录音录像影片档案 (盘)	Records, Films of Videotape Files (copy)	75292	76637	81210	84706	93002
照片档案 (万张)	Photos (10000 pieces)	72.17	99	127	131	297
馆藏资料 (万册)	**Number of Material Stored (10000 volumes)**	**131.69**	**137**	**141**	**145**	**163**
档案馆面积 (平方米)	**Areas of Archives (sq. m)**	**363823**	**468391**	**532830**	**547802**	**746920**
#库房面积	Areas of Storerooms	161740	176151	195364	200630	281333
档案资料利用	**Use of Material**					
利用档案人次 (万人次)	Number of Person-times Using Files Material (10000 person-times)	33	38	42	39	68
利用档案卷次 (万卷/万件次)	Number of Archives Used (10000 volume-times)	78.56	83.5	85.4	97	115
利用资料 (册/件次)	Number of Data Used (volumes-times)	5.1	5.50	2.81	2.70	3.60
开放档案	**Opening archives**					
全宗 (个)	Whole Volume (unit)	10593	10796	10940	11313	11702
案卷 (万卷/万件)	Files (10000 volumes)	234	236	261	302	229

注:本表档案馆指综合档案馆。

a) Archives in this table refer to comprehensive archives.

17－3 律师、公证及调解工作基本情况
Basic Statistics on Lawyers, Notarization and Mediation

项目	Item	2005	2010	2011	2012	2013	2014
律师工作	**Lawyers**						
律师事务所 （个）	Number of Lawyer Offices (unit)	709	1112	1180	1238	1288	1385
律师所工作人员 （人）	Number of Lawyers (person)	9829	11903	13018	13874	15475	16708
担任法律顾问 （家）	Number of Units with Legal Advisors (unit)	30796	57670	67160	74212	80298	105755
民事案件诉讼代理 （件）	Agent of Civil Cases (case)	85107	180151	207173	196469	232835	248517
刑事诉讼辩护及代理 （件）	Defender and Agent of Criminal Cases (case)	20301	28472	31319	33310	37677	35135
非诉讼法律事务 （件）	Agent of Non-litigious Legal Affairs (case)	41451	31780	36547	45630	58463	73217
解答法律咨询 （人次）	Agent of Legal Advisory Services (person-times)	326291	317252	319079	313569	308575	256990
代写法律事务文书 （件）	Agent of Legal Document Written on Behalf of Clients (case)	59474	29612	31031	34242	28488	32459
行政诉讼 （件）	Administrative Lawsuit (case)		2703	2973	2364	2202	3169
公证工作	**Notarization**						
公证处 （个）	Number of Notary Offices (unit)	112	110	110	109	106	104
公证人员 （人）	Notarial Personnel (person)	1023	1230	1262	1312	1402	1445
#公证员	Notaries	550	574	604	614	632	632
助理公证员	Assistant Notaries	256	343	362	384	417	462
办理国内公证文书 （件）	Number of Domestic Notarized Documents (case)	542289	570380	558835	507842	540186	477759
人民调解工作	**People's Mediation**						
人民调解委员会 （个）	Number of People's Mediation Committees (unit)	33327	32189	32987	33233	36048	34533
调解人员 （人）	Number of Mediators (person)	374810	226714	200776	170141	160403	154560

17-4 国内公证文书分类
Domestic Notarial Documents by Type

单位:件 (case)

指标	Item	2013	2014
总计	**Total**	**540186**	**477759**
合同(协议)	Contract (Agreement)	0	88214
继承	Inheritance	47110	49898
单方法律行为	Unilateral Legal Act	0	154719
现场监督	Field Supervision	0	18175
保全证据	Preservation of Evidence	18924	15535
公司章程	Articles of Association of the Company	38	19
组织资格	Organization Qualification	239	389
财产权	Property	779	587
身份	Identity	3071	1313
收养关系	Child Adoption	172	281
婚姻状况	Marital Status	1529	1215
亲属关系	Kinship Confirmation	3352	2776
有无违法犯罪记录	No Criminal Record	1794	1000
其他有法律意义事实	Other Legal Facts	0	1461
证书(执照)	Certificate (License)	3080	4605
签名(印鉴)	Signature (Seal)	43913	42020
文本相符	Confirmation of Copies and Photo-offset Copies to Orignals	21966	25715
赋予执行效力	Give Effect to Execution	46331	34908
执行证书	Execution Certificate	1310	1452
抵押登记	Mortgage Registration	171	383
提存	Drawing	84	65
保管	Safekeeping	0	1
其他	Others	28418	32985

17-5 涉外公证文书分类
Foreign-related Notarial Documents by Type

单位:件 (case)

指标	Item	2010	2011	2012	2013	2014
总计	**Total**	**191226**	**190004**	**192882**	**214405**	**231881**
出生	Births	22685	23989	25622	26930	31466
学历	Schooling	18117	17651	19573	14781	17568
经历	Personal Histories	1547	1906	1217	2543	1314
生存、居住	Survival and Residence	1850	1821	826	1490	1550
死亡	Deaths	256	578	382	226	211
收养	Child Adoption	159	163	392	77	277
亲属关系	Kinship Confirmation	14343	15223	16560	18158	20466
婚姻状况	Marital Status	6654	6845	5401	6018	6562
继承权	Rights of Inheritance	42	741	30	13	20
遗嘱	Testaments	65	66	155	13	2
委托书	Proxy	1316	3609	2480	2459	2315
声明书	Announcement	4173	4212	4451	4615	3756
受、未受刑事处分	Criminal Records	20140	21471	23567	24897	
文本相符	Confirmation of Copies and Photo-offset Copies to Originals	37670	40160	43282	43960	39654
其他	Others	37255	25850	26388	32762	22494

17－6 民政行业单位基本情况
Basic Conditions of Affairs Agencies

指　　　标	Item	单位数(个) Number of Institutions (unit)		职工人数(人) Number of Staff and Workers(person)	
		2013	2014	2013	2014
民政行业单位	**Civil Affairs Agencies**	**85562**	**102042**	**863765**	**959630**
民政行政机关	Civil Affairs Administrative Departments	122	121	3459	3437
民政事业单位	Civil Affairs Institutions	5079	6342	49429	62325
优抚安置单位	Agencies for Serviceman	244	243	2146	2068
救灾储备单位	Salvation and Institutions	7	7	16	17
社区服务中心	Community Service Centers	1492	2550	9303	21282
婚姻登记服务类单位	Marriage Registration Institutions	81	87	544	611
收养类单位	Residential Institutions	2686	2877	30958	31456
救助类单位	Salvation Institutions	103	105	765	801
殡仪类单位	Funeral and Interment Institutions	242	258	4062	4364
福利彩票发行单位	Welfare Lottery Issuing Institutions	81	79	717	787
老龄事业单位	Aging Population Institutions	70	68	260	265
其他事业单位	Other Institutions	73	68	658	674
民间组织	Non-governmental Organizations	56234	71571	429104	533822
社会团体	Social Organization	26164	32706	167189	216457
基金会	Fund Organization	444	483	1356	1664
民办非企业单位	Non-enterprise Units Run by NGO	29626	38382	260559	315701
基层群众自治组织	Grass Roots Autonomy Organizations	21355	21400	107637	110319
社区居委会	Neighborhood Committee	6817	6972	36337	38100
村委会	Village Committee	14538	14428	71300	72219
福利企业	Social Welfare Enterprises	2772	2608	274136	249727

17－7 民政事业费支出情况
Operating Expenses for Civil Administration

单位:万元 （10000 yuan）

年 份 Year	民政事业费实际支出 Actual Operating Expenses for Civil Administration	#抚恤事业费 Commiserate	#社会救济福利事业费 Subsidies of Social Welfare	#自然灾害救济费 Subsidies of Natural Calamity
1980	15208	5138	7188	2882
1985	24095	11115	10976	2004
1989	27647	9098	7396	4203
1990	46657	20676	20333	5648
1991	69567	20530	27005	22032
1992	60808	22548	23267	14993
1993	60972	25920	27448	7605
1994	72276	31933	34078	6265
1995	87470	38966	39544	8961
1996	104278	48874	46470	8935
1997	119396	57247	52304	9846
1998	141192	67183	63207	10803
1999	157082	78084	69053	9945
2000	175738	86088	78046	11604
2001	187786	89952	87732	10102
2002	205763	54223	72244	8918
2003	255690	58221	91748	27724
2004	309196	72157	117935	13954
2005	419996	103882	178157	14999
2006	502744	118955	229594	17130
2007	632560	137177	274117	17801
2008	811832	161662	372348	13468
2009	996449	200052	450462	8037
2010	1265312	238040	559834	15339
2011	1726189	290324	926602	14140
2012	1970956	346611	748848	23477
2013	2335260	400631	966893	21365
2014	2460508	423763	1022106	16524

注:社会救济福利事业费包含:城乡低保、农村社会救济、其他城镇社会救济、社会福利。

a) Subsidies of social welfare consists of urban and rural low, sucial relief of country, other town social relief and social welfare.

17－8　收养类单位基本情况（2014 年）
Basic Statistics on Adoptive Homes（2014）

项　　目	Item	院 数（个）Homes（unit）	工作人员（人）Staff（person）	床 位（张）Beds（unit）	年末收养人员（人）Inmates at Year-end（person）
总计	**Total**	**2877**	**31456**	**440519**	**229037**
#工商登记	State Run	16	492	2949	1800
编制部门登记	Collective Run	1096	12765	192006	127320
民政部门登记	Civilian Run	1162	14309	183508	65843
未登记	Unregistered	603	3890	62056	34074
#优抚类收养性单位	Gencies for Service man	17	697	2385	1798
荣誉军人康复医院	Convalescent Hospitals for Honorable Serviceman	1	221	220	158
复员军人疗养院	Sanatoriums for Ex-serviceman	4	87	464	256
复退军人精神病院	Mental Hospitals for Ex-serviceman	1	284	1066	1066
光荣院	Homes for Disabled Veteran	11	105	635	318
福利类收养性单位	Social Welfare Institutions	2855	30720	437837	227059
社会福利院	Social Welfare Homes	57	2620	24068	2620
儿童福利院	Baby Welfare Homes	14	578	3695	2367
社会福利医院	Social Welfare Hospitals	11	1507	4701	4096
城市养老服务机构	Unban Welfare Homes for Aged persons	1095	13762	162617	75402
农村养老服务机构	Rural Welfare Homes for Aged persons	1678	12253	242756	142574
其他收养性机构	Other Adoptive Homes	5	39	297	180

17－9　残疾人事业基本情况
Basic Statistics of People with Disabilities

项　　　目	Item	2010	2011	2012	2013	2014
康　　复	**Rehabilitation**					
视力残疾康复	Rehabilitation of Persons with Sight Disability					
白内障复明手术　（万例）	Sight-restoring Cataract Surgeries (10000 cases)	5.7	5.7	6.0	5.8	6.0
#贫困白内障患者免费手术	Free Surgeries for Poor Cataract Patients	1.6	1.6	1.7	1.5	1.7
低视力者配用助视器　（人）	Vision-aids Provided for Persons of Low-vision (person)	1543	1857	6501	5911	6408
盲人定向行走训练数　（人）	Blind People Trained with Direction Walking (person)	1094	824	8081	7514	7706
听力语言残疾康复	Rehabilitation of Children with Hearing Disability					
新收训聋儿　（人）	Hearing and Speech Training (person)	1270	1396	1179	1064	985
培训家长　（人）	Parents Trained (person)	1270	1940	2309	2670	2756
肢体残疾康复　（人）	Rehabilitation of Persons with Physical Disability (person)					
肢体残疾儿童康复训练	Persons Rehabilitated at Institutions	3345	4430	5430	6824	7900
成人肢体残疾人社区、家庭康复训练	Persons Rehabilitated at Community and Family	16071	19030	27989	29399	28356
智力残疾康复　（人）	Rehabilitation of Persons with Intellectual Disability (person)					
智残儿童康复训练	Children Rehabilitated	2135	2232	11359	11464	11994
精神病防治康复	Prevention and Treatment of Psychiatric Diseases					
开展精神病防治康复工作市县数　（个）	Counties Carried on the Works of Prevention and Treatment of Psychiatric Diseases (unit)	108	109	108	104	103
监护精神病人　（万人）	Prevention and Treatment Provided for Patients with Severe Psychiatric Diseases (10000 persons)	44	45	43	42	41
监护率　（%）	Guardianship Rate (%)	96	94	81	80	80
显好率　（%）	Significant Improvement Rate (%)	74	71	74	75	75
社会参与率　（%）	Social Involvement Rate (%)	61	58	63	63	64
孤独症儿童训练数　（人）	Trained Persons with Infantile Autism (person)	533	668	821	940	1323

17－9 续表 Continued

项目	Item	2010	2011	2012	2013	2014
教 育	**Education**					
未入学适龄残疾儿童少年（万人）	School-age Disabled Children without Schooling (10000 persons)	0.2	0.2	0.1	0.1	0.1
特殊教育普通高中在校生（人）	Special Ordinary High Schol Students (person)	288	381	392	397	422
残疾人中等职业教育在校生（人）	Disabled Stadents in Vocational Education Focus (person)	1010	989	944	1015	1023
高等院校录取残疾考生（人）	Bisabled Stadents in High Learning of Institutions (person)	519	563	523	658	605
就 业	**Employment**					
城镇残疾人就业状况（万人）	Employment of Urban Handicapped (10000 persons)					
当年安排就业	Persons Employed in the Year	1.7	1.7	2.1	2.2	1.9
#按比例就业	Employed by Quota Scheme	0.5	0.5	0.7	0.7	0.7
集中就业	Employed at Welfare Enterprises	0.7	0.6	0.7	0.8	0.6
个体及其他形式就业	Self-employed	0.5	0.6	0.7	0.7	0.6
社会保障（万人）	**Social Security (10000 persons)**					
城镇残疾职工参加社会保险	Urban Workes with Disabilities in Insurance	24.0	25.4	26.8	27.7	
残疾居民参加新型农村合作医疗保险	Disabilities with New Rural Cooperative Medical Insurance	166.3	113.1	121.7	128.9	
城乡残疾人纳入最低生活保障	Disabilities with Subsistenle Allowance	30.7	32.6	32.7	31.8	30.7
扶 贫	**Poverty Alleviation**					
扶贫开展情况（万人次）	Poverty Alleviation and Development					
扶持贫困残疾人	Support Poor People with Disabilities	5.8	4.5	4.1	3.1	3
实用技术培训	Practical Technical	1.7	2.3	1.8	1.8	1.8
农村贫困残疾人危房改造	Renovation Buildirgs with Disabilities in Rural					
危房改造（户）	Renovation Buildirgs	351	542	1072	992	682
受益残疾人（人）	Benefit People with Disabilities	809	630	1247	1133	785
残联组织建设	**Organization of the Disabled Persons ´Federation**					
残疾人工作者数（万人）	Workers for the Disabled (10000 persons)	0.5	0.5	0.5	0.5	0.5

17－10 婚姻登记和离婚情况
Number of Marriages and Divorces

年份 Year 地区 Region	结婚登记对数(万对) Total Number of Registered Marriages (10000 couples)	内地居民登记结婚(万人) Registered Marriages in the Mainland (10000 persons)	涉外及港澳台居民登记结婚(万人) Registered Marriages with Foreigner or the Citizen of Hong Kong,Macao,Taiwan (10000 persons)	初婚(万人) First Marriages (10000 persons)	再婚(万人) Re-marriages (10000 persons)	离婚(万对) Divorces (10000 couples)
1985	43.01	86.01	0.01	84.51	1.51	2.11
1990	52.72	105.40	0.04	102.88	2.56	4.63
1995	57.51	114.93	0.10	112.00	3.03	6.76
2000	49.81	99.50	0.12	94.43	4.95	8.19
2001	44.42	88.60	0.13	83.25	5.35	8.62
2002	48.14	96.15	0.13	89.41	6.60	9.70
2003	46.15	92.17	0.13	85.84	6.20	9.65
2004	51.64	103.13	0.14	93.98	9.00	11.74
2005	47.20	94.26	0.14	84.94	9.66	12.38
2006	59.23	118.30	0.16	105.70	12.76	13.80
2007	57.14	114.11	0.17	99.93	14.36	16.04
2008	62.47	123.64	0.17	110.60	14.30	13.55
2009	73.09	145.99	0.17	129.51	16.66	14.37
2010	75.71	151.42	0.16	137.41	14.02	16.02
2011	86.75	173.34	0.17	152.53	20.97	16.68
2012	88.76	177.18	0.17	159.03	18.50	18.12
2013	90.38	180.42	0.33	158.20	22.55	21.66
2014	83.45	166.58	0.32	141.84	25.06	21.84
南京市 Nanjing	8.64	17.28		12.51	4.77	3.69
无锡市 Wuxi	4.37	8.75		7.52	1.23	1.41
徐州市 Xuzhou	10.71	21.42		19.06	2.36	2.37
常州市 Changzhou	3.82	7.63		6.20	1.43	1.19
苏州市 Suzhou	5.80	11.61		9.36	2.25	1.96
南通市 Nantong	6.76	13.52		11.23	2.29	1.75
连云港市 Lianyungang	6.14	12.28		10.78	1.50	1.40
淮安市 Huaian	6.94	13.89		12.29	1.60	1.33
盐城市 Yancheng	8.49	16.98		14.78	2.21	1.97
扬州市 Yangzhou	5.01	10.03		8.70	1.33	1.10
镇江市 Zhenjiang	2.79	5.58		4.63	0.94	0.86
泰州市 Taizhou	5.58	11.17		9.71	1.45	1.17
宿迁市 Suqian	8.22	16.45		14.84	1.61	1.60

17－11　社会保险基本情况
Basic Statistics of Social Insurance

单位：万人　　　　(10000 persons)

年份 Year / 地区 Region	失业保险 Unemployment Insurance			城镇职工基本医疗保险 Basic Medical Care Insurance		工伤保险 Work Injury Insurance		年末参加生育保险人数 Maternity Insurance Contributors at Year-end
	年末参保人数 Contributors at Year-end	全年发放失业保险金人数 Beneficiaries of Unemployment Insurance Fund	全年发放失业保险金(亿元) Unemployment Relief (100 million yuan)	年末参保职工人数 Contributors at Year-end	年末参保退休人员 Retirees Contributors at Year-end	年末参保人数 Contributors at Year-end	年末享受工伤待遇的人数 Beneficiaries at Year-end	
2001	750.90	53.70	9.16	367.64	122.65	473.94	0.79	483.46
2002	733.87	76.71	13.00	507.69	183.24	480.00	1.44	486.06
2003	761.62	88.25	13.92	608.41	226.67	503.02	1.68	504.06
2004	797.09	85.98	14.73	715.11	261.62	577.20	2.28	552.68
2005	838.48	67.02	12.03	821.07	303.02	680.21	3.22	630.92
2006	901.08	51.63	9.36	935.77	338.51	812.69	5.06	711.49
2007	968.48	48.65	9.37	1070.34	365.45	920.98	5.84	794.11
2008	1052.24	48.83	11.57	1213.90	390.35	1055.71	7.90	907.23
2009	1079.14	49.98	14.17	1282.50	418.63	1118.10	9.34	962.46
2010	1153.78	46.51	13.95	1405.06	443.20	1205.52	9.79	1086.44
2011	1238.16	57.70	19.83	1541.55	470.89	1327.46	10.66	1199.21
2012	1332.18	64.14	28.73	1646.53	508.94	1420.74	12.29	1276.25
2013	1389.34	68.70	31.69	1731.09	543.64	1487.27	13.57	1355.62
2014	1441.56	32.06	35.71	1784.86	576.95	1540.11	14.28	1374.56
南京市 Nanjing	248.51	11.58	13.50	288.49	87.57	244.24	2.05	228.87
无锡市 Wuxi	197.14	3.79	4.54	224.60	72.12	194.48	1.88	186.39
徐州市 Xuzhou	85.72	1.36	1.33	112.59	44.12	83.01	1.00	67.48
常州市 Changzhou	105.19	1.91	2.10	136.38	45.12	109.45	0.98	96.90
苏州市 Suzhou	332.89	6.27	7.07	411.30	110.72	350.81	3.20	362.19
南通市 Nantong	98.69	2.24	2.32	128.23	48.48	122.21	1.43	102.31
连云港市 Lianyungang	37.27	0.40	0.40	52.87	20.39	46.51	0.27	41.58
淮安市 Huaian	60.92	0.43	0.42	62.51	20.41	46.26	0.37	42.06
盐城市 Yancheng	70.77	0.87	0.90	90.41	33.98	80.73	0.64	63.46
扬州市 Yangzhou	62.81	1.29	1.30	87.64	28.56	73.32	0.70	53.63
镇江市 Zhenjiang	49.33	0.79	0.75	65.46	23.61	60.89	0.61	41.71
泰州市 Taizhou	62.25	0.80	0.79	83.30	29.47	81.31	0.88	58.45
宿迁市 Suqian	30.08	0.31	0.29	41.09	12.39	42.10	0.26	29.53

17－12　社会保险基金收支及累计结余
Revenue, Expenses and Balance of Social Insurance Fund

单位:亿元　　　　(100 million yuan)

年　份 Year	合　计 Total	企业职工基本养老保险 Enterprise Basic Pension Insurance	失业保险 Unemployment Insurance	城镇职工基本医疗保险 Urban Workers Basic Medical Care Insurance	工伤保险 Work Injury Insurance	生育保险 Maternity Insurance
基金收入 Revenue						
2001	205.03	148.53	18.28	33.43	2.18	2.61
2002	271.46	194.12	20.10	51.27	2.67	3.30
2003	344.49	238.86	24.97	73.32	3.32	4.01
2004	413.75	283.40	26.69	94.40	4.25	5.01
2005	519.83	356.23	31.63	117.99	6.66	7.32
2006	667.93	456.36	39.23	154.62	9.05	8.67
2007	874.11	598.45	48.71	203.65	12.12	11.19
2008	1107.35	749.30	62.88	264.07	16.12	14.98
2009	1251.93	865.28	63.00	291.67	15.74	16.24
2010	1450.34	999.80	72.46	339.90	18.77	19.41
2011	1854.94	1269.20	105.71	421.94	32.29	25.80
2012	2295.10	1566.17	121.63	531.60	43.70	32.00
2013	2513.41	1674.81	134.20	611.10	57.00	36.30
2014	2668.89	1742.04	114.86	698.60	73.35	40.04
基金支出 Expenses						
2001	187.12	145.79	16.50	21.60	1.48	1.75
2002	251.47	192.36	20.09	35.42	1.68	1.92
2003	289.96	207.41	22.05	55.55	2.80	2.15
2004	339.98	243.75	21.13	69.35	2.82	2.92
2005	401.03	281.85	20.22	90.60	4.01	4.34
2006	493.45	355.28	20.06	107.73	5.41	4.96
2007	586.98	419.36	19.81	133.83	7.05	6.93
2008	751.91	524.33	31.00	178.56	9.85	8.17
2009	913.13	617.65	40.77	231.80	11.92	10.99
2010	1075.78	737.91	41.37	270.26	13.94	12.29
2011	1337.14	884.20	74.92	338.01	24.19	15.82
2012	1615.07	1078.06	57.35	418.74	38.70	22.22
2013	1943.66	1309.63	62.85	496.12	48.12	26.94
2014	2158.72	1406.70	70.16	586.60	61.08	34.18
累计结余 Balance at Year-end						
2001	104.48	56.99	18.46	18.37	6.08	4.59
2002	124.37	58.74	18.37	34.22	7.07	5.97
2003	178.03	90.25	20.37	52.00	7.59	7.83
2004	249.39	127.58	25.83	77.05	9.02	9.91
2005	368.71	201.96	37.76	104.44	11.66	12.89
2006	550.51	305.40	58.26	154.95	15.31	16.59
2007	837.51	484.54	87.16	224.57	20.38	20.85
2008	1192.97	709.52	119.04	310.08	26.67	27.66
2009	1531.68	957.14	141.18	369.95	30.50	32.91
2010	1906.24	1219.03	172.27	439.60	35.32	40.03
2011	2424.02	1604.03	203.03	523.52	43.42	50.02
2012	3104.13	2092.14	267.30	636.40	48.50	59.79
2013	3667.81	2457.32	332.57	751.42	57.35	69.15
2014	4184.06	2792.66	383.36	863.42	69.61	75.01

17-13 工会、妇联基本情况

Basic Statistics on Labour Union and Women's Federation

单位:个 (unit)

项目	Item	2010	2011	2012	2013	2014
工会基本情况	**Basic Condition of Labour Union**					
基层工会组织数	Number of Grassroot Labour Unions	350068	397350	431393	461681	491172
职工人数 (万人)	Number of Staff and Workers (10000 persons)	1648.03	1817.45	1962.39	2085.53	2192.56
#女职工人数	Women Workers	692.46	762.08	819.81	874.36	918.76
会员人数 (万人)	Number of Members (10000 persons)	1575.11	1743.15	1887.40	2012.32	2122.68
#女会员人数	Women Members	666.03	735.66	792.69	849.42	897.07
女职工工作委员会	Number of Women Workers Working Committees	73223	82067	99924	109128	114188
建立工会经费审查组织	Number of Units Established with Funds Examing by Labour Union	83607	86204	103453	109904	112003
建立职工代表大会制度的单位	Number of Units Established with Workers Delegating Congress System	65815	70131	117272	122424	130714
实行厂务公开的单位	Number of Units Carried Out the Factory Business to Public	59208	60405	111380	115605	123285
建立工会劳动保护监督检查委员会	Number of Units Established with Labour Protection, Supervisting and Examing Committees	57087	57536	80085	90250	103690
建立工会劳动法律监督组织	Number of Organizations Established with Law of Labour Supervising Committees by Labour Union	47111	45645	81421	93340	104568
建立劳动争议调解委员会的单位	Number of Units Established with Mediating Committee of Labour Disputes	52540	49521	78524	85574	98139
建有职工技协组织	Number of Organizations Established with Technical Association of Staff and Workers	3669	3856	5024	4526	5028
职工董事人数 (人)	Staff Sensible (person)	6262	6418	8490	8849	8609
#女性	Female	2759	2762	3125	3289	3388
职工监事人数 (人)	Staff Supervisor (person)	6542	6272	8289	6801	6389
#女性	Female	3166	3134	2886	2408	2551
妇联基本情况	**Basic Condition of Women's Federation**					
基层妇代会数	Number of Grassroot Dlegating Congress	22702	22271	23740	21410	20920
妇联干部数 (人)	Number of Cadres of Women's Federation (person)	1237	2293	3006	2542	2565
按年龄分	Grouped by Age					
35岁以下	Aged 35 and Below	333	781	1051	1070	1018
36-45岁	Aged 36-45	558	812	1053	1014	1005
46-55岁	Aged 46-55	291	620	790	434	510
56岁以上	Aged 56 and Above	55	80	112	24	32
按文化程度分	Grouped by Educational Attainment					
研究生	Postgraduates	177	28	153	239	294
大学本科、大专学历	University or College	1025	2169	2719	2157	2184
高中、中专及以下	Senior Middle School, Specialized Secondary School and Below	35	96	134	146	87

注:2011年起,基层妇代会包括乡镇街道、村社区;干部人数统计到县、乡镇街道,含行政、事业和其他。

a) From 2011, Grassroots Women's Congress inluding township and village communities; the number of cadres statistics to country, township, including administrative, institution and others.

17－14 公安机关立案的刑事案件情况

Criminal Cases Registered in Public Security Organs

案件类别	Category of Cases	立案（起）Number of Cases Registered(case)		构成（%）Composition(%)	
		2013	2014	2013	2014
合　计	**Total**	**398214**	**395440**	**100**	**100**
杀　人	Homicide	344	366	0.08	0.09
伤　害	Injury	5238	5493	1.31	1.39
抢　劫	Robbery	1726	1462	0.43	0.37
强　奸	Rape	1505	1537	0.37	0.39
拐卖人口	Bduction	61	57	0.01	0.01
盗　窃	Larceny	304723	293546	76.52	74.23
诈　骗	Fraud	40652	51165	10.20	12.94
持有使用假币	Holding and Using Counterfeit Money	24	41	0.01	0.01
其　他	Others	43941	41773	11.03	10.56

17－15 公安机关受理、查处治安案件情况

Offense Cases Against Public Order Handled by Public Security Organs

单位：件　(case)

案件类别	Category of Cases	2013		2014	
		受理 Number of Cases Accepted to be Treated	查处 Number of Cases Investigated and Treated	受理 Number of Cases Accepted to be Treated	查处 Number of Cases Investigated and Treated
合　计	**Total**	**780562**	**770679**	**682620**	**669477**
扰乱公共场所秩序	Disturbing the Orders in Public Places	4084	4081	4321	4317
寻衅滋事	Causing Quarrels and Making Troubles	4090	4080	4376	4356
非法携带枪支、弹药、管制刀具	Violation of Firearms Control Regulations	2944	2943	2624	2623
违反危险物质管理规定	Violation of Provisions of Risk Material Management	650	650	568	566
殴打他人	Battering Other Persons	264488	263357	213086	211587
盗　窃	Stealing Property	236785	231969	225420	218345
诈骗、抢夺、敲诈勒索	Swindling, Robbery and Racketeering	21892	21194	23459	22444
伪造、变造、倒卖有价票证、凭证	Forge, Alter, Scalp Valuable Coupons or Certificates	186	185	231	228
利用迷信活动危害社会	Endangering the Society through Superstition	115	115	189	188
卖淫、嫖娼	Prostitution or Soliciting Prostitutes	12931	12905	7472	7470
赌　博	Gambling	29097	29080	19858	19807
其　他	Others	203300	200120	181016	177546

17－16 交通事故情况(2014 年)
Basic Statistics on Traffic Accidents (2014)

类别	Type	发生数(起) Number of Traffic Accidents (case)	死亡人数(人) Number of Deaths (person)	受伤人数(人) Number of Injuries (person)	损失折款(万元) Losses Coverted into Cash (10000 yuan)
总计	**Total**	**13187**	**4668**	**12101**	**6327.98**
#一次死亡 3 人以上事故	Accident with More Than Three Persons' Death at one Time	25	89	56	98.43
机动车	Vehicles	10922	4122	9816	5578.90
#汽车	Motor Vehicles	8341	3254	7124	4841.47
摩托车	Motorcycles	2055	602	2304	583.62
非机动车	Non-motor-driven Vehicles	2191	486	2284	653.05
#自行车	Bicycles	1797	371	1885	580.64
行人乘车人	Pedestrians and Passengers	120	60	63	103.96

17－17 火灾事故情况(2014 年)
Basic Statistics on Fire Accidents (2014)

项目	Item	合计 Total	按事故发生程度分 By Degree	
			重大 Serious	一般 Ordinary
发生数 (起)	Number of Fire Accidents (case)	32416	0	32416
死亡人数 (人)	Number of Deaths (person)	205	0	205
受伤人数 (人)	Number of Injuries (person)	167	0	167
直接财产损失 (万元)	Direct Property Losses (10000 yuan)	26905	0	26905
平均每起事故损失 (万元)	Average Loss per Fire (10000 yuan)	0.83	0	0.83

17－18　人民检察院直接立案侦查案件情况（2014 年）

Cases under Direct Investigation by People's Procuratorate(2014)

案件分类	Category of Cases	受案（件） Cases Accepted (case)	立案件数（件） Number of Cases Registered (case)	立案人数（人） Person of Cases Registered (person)	#要案 Key Case	结案件数（件） Number of Cases Settled (case)	结案人数（人） Person of Cases Settled (person)
合计	**Total**	5407	1791	2110	180	1626	1935
贪污贿赂案件	**Sub-total of Cases on Corruption and Bribery**	4271	1393	1590	155	1261	1460
贪污	Corruption	1341	239	334	9	251	348
贿赂	Bribery	2573	1034	1116	142	899	977
挪用公款	Misappropriation of Public Funds	180	118	136	3	107	125
集体私分	Collective Illegal Possession of Public Funds	23	2	3	1	2	8
巨额财产来源不明	Unstated Source of Large Properities	72	0	0	0	0	0
其他	Others	82	0	1	0	2	2
渎职案件	**Sub-total of Cases on Abuse and Dereliction of Duty**	1136	398	520	25	365	475
滥用职权	Abuse of Power	510	170	231	14	161	211
玩忽职守	Dereliction of Duty	338	132	162	5	127	155
徇私舞弊	Fraudulent Practice	142	30	46	3	25	38
其他	Others	109	63	78	3	50	68

注:结案中含上年旧存（以下各表同）。

a) Data of cases settled include cases turned over from previous year. (The same as in the following tables).

17－19　人民检察院审查批准、决定逮捕犯罪嫌疑人和提起公诉被告人情况（2014 年）

Arrests of Criminal Suspects and Defendants under Public Prosecution Approved by People's Procuratorate(2014)

案件分类	Category of Cases	批捕、决定逮捕 Total of Arrests		决定起诉 Total of Public Prosecutions	
		件 (case)	人 (person)	件 (case)	人 (person)
合计	**Total**	**27774**	**36047**	**68401**	**91467**
公安、安全、监狱机关提请	**Sub-total of Requests by Departments of State and Public Security and Prisons**	**26856**	**35095**	**66930**	**89710**
危害国家安全案	Offences Against State Security	1	1	2	2
危害公共安全案	Offences Against Public Security	1979	2042	18453	18644
破坏社会主义市场经济秩序案	Offences Against Socialist Economic Order	1749	2603	3959	7266
侵犯公民人身、民主权利案	Offences Against Citizens' Personal and Democratic Rights	4479	5310	8326	10551
侵犯财产案	Offences Against Properties	12147	15626	23728	31512
妨害社会管理秩序案	Offences Against Social Management of Order	6486	9497	12437	21705
危害国防利益案	Offences Against National Defense	15	16	25	30
检察机关直接立案侦查案件	**Sub -total of Cases Directly Handled by Procuratorate officess**	**918**	**952**	**1471**	**1757**
贪污贿赂案	Offences on Corruption and Bribery	825	851	1206	1407
渎职案	Offences on Abuse and Dereliction of Duty	91	99	233	305

17－20　人民检察院处理申诉案件情况（2014 年）
Appeals Handled by People's Procuratorate(2014)

单位:件 (case)

案件分类	Category of Cases	受案 Cases Accepted	立案复查 Cases Registered for Reinvestigation	结案 Cases Settled	#改变原决定 Original Decision Changed
合计	**Total**	**715**	**172**	**215**	**19**
不服检察机关处理决定	Appeals against Decision of Procurator's Offices	93	34	40	8
不服不批捕	Appeals against Rejection of Arrest	4	4	4	1
不服不起诉	Appeals against Rejection of Prosecuting	73	25	29	3
不服撤案	Appeals against Withdrawal of the Case	1	0	0	0
不服原免予起诉	Appeals against Original Exemption of Lawsuit	3	0	0	0
其他	Others	12	5	7	4
不服法院刑事判决裁定	Appeals against Judgment of Criminal Case	622	138	175	11
刑罚执行中被害人申诉	Appeals of the Victim at the Punishment	150	42	55	5
刑罚执行中被告人申诉	Appeals of the Defendant at the Punishment	169	42	59	4
刑罚执行完毕后被害人申诉	Appeals of the Victim after the Punishment	48	10	12	1
刑罚执行完毕后被告人申诉	Appeals of the Defendant after the Punishment	255	44	49	1

17－21　人民法院审理刑事一审案件收结案情况
First Trial Criminal Cases Accepted and Settled by Courts

单位:件 (case)

项目	Item	2012		2013		2014	
		收案 Cases Accepted	结案 Cases Settled	收案 Cases Accepted	结案 Cases Settled	收案 Cases Accepted	结案 Cases Settled
合计	**Total**	**70630**	**70449**	**65124**	**63910**	**68152**	**67008**
危害公共安全罪	Offences Against Public Security	17467	17437	17617	17468	18191	18136
破坏社会主义市场经济秩序罪	Offences Against Socialist Economic Order	5679	5555	3958	3830	3961	3796
侵犯公民人身权利民主权利罪	Offences Against Citizens's Personal and Democratic Rights	9052	9068	9648	9348	8877	8668
侵犯财产罪	Offences Against Properties	24009	23966	20780	20528	23417	23122
妨害社会管理秩序罪	Offences Against Social Management of Order	12780	12786	11688	11449	12221	11932
危害国防利益罪	Offences Against National Defense	10	10	14	12	24	21
贪污贿赂罪	Offences on Corruption and Bribery	1396	1376	1160	1074	1234	1120
渎职罪	Offences on Dereliction of Duty	236	251	252	195	225	210
其他	Others	1		7	6	2	3
合计中含自诉案件	Private Prosecution Among the Total	622	619	597	581	531	519

注:结案含上年旧存(下同)。

a) Data of cases settled include cases turned over from previous year (The same as the following tables).

17-22 人民法院审理婚姻家庭、继承一审案件收结案情况（2014年）
First Trial Civil Cases of Marriages, Family Affairs and Inheritance Accepted and Settled by Courts (2014)

单位:件 (case)

项目	Item	收案 Cases Accepted	结案 Cases Settled	调解 Mediation	判决 Judgement	驳回 Reject	撤诉 With-drawal	其他 Other
合计	**Total**	**113315**	**112790**	**46874**	**38206**	**563**	**25837**	**1310**
婚姻家庭	Marriages and Family Affairs	109063	108560	44446	37132	507	25240	1235
离婚	Divorce	3113	3080	1594	799	14	650	23
赡养纠纷	Support Disputes	2019	1978	730	672	5	542	29
抚养、扶养关系纠纷	Upbringing Disputes	3323	3314	2171	547	10	557	29
抚育费纠纷	Upbringing Fee Disputes	2636	2647	1027	942	17	615	46
其他	Others	97972	97541	38924	34172	461	22876	1108
继承	Inheritance	4252	4230	2428	1074	56	597	75
法定继承	Legal Inheritance	2367	2398	1485	528	33	312	40
遗嘱继承	Testament Inheritance	622	628	307	206	11	97	7
其他	Others	1263	1204	636	340	12	188	28

17-23 人民法院审理合同纠纷一审案件收结案情况（2014年）
First Trial Cases of Contracts Disputes Accepted and Settled by Courts (2014)

单位:件 (case)

项目	Item	收案 Cases Accepted	结案 Cases Settled	调解 Mediation	判决 Judgement	驳回 Reject	撤诉 With-drawal	其他 Other
合计	**Total**	**434498**	**419704**	**133523**	**186524**	**5218**	**83743**	**10696**
借款合同	Loan Contracts	179400	173825	46582	96487	1679	25737	3340
买卖合同	Trade Contracts	70817	68292	24548	25744	698	14896	2406
电信合同	Telecom Contracts	817	811	162	69	1	575	4
租赁合同	Lease Contracts	17840	17058	5033	7322	198	4076	429
劳动争议	Work Disputes	43393	42728	20617	14620	850	5867	774
劳务合同	Service contracts	10078	9741	4780	3032	160	1633	136
房地产合同	Real Estate Contracts	15603	14973	5860	4957	279	3534	343
供用动力合同	Labor Contracts	350	346	98	115	4	123	6
建设工程合同	Construction Contracts	14671	13705	3551	5846	297	3268	743
农村承包合同	Rural Contracts	657	692	189	262	26	205	10
承揽合同	Contracts for Work	13213	12758	4585	4054	141	3138	840
保险合同	Insurance Contracts	9423	9116	3250	4459	104	1140	163
服务合同	Service Contracts	26519	25793	6834	5193	220	13382	164
信用卡纠纷	Credit Card Dispute	6599	6590	1524	4133	24	883	26
经营合同	Work Disputes	3350	3155	776	1350	90	736	203
其他	Others	21768	20121	5134	8881	447	4550	1109

17－24　人民法院审理权属、侵权纠纷及其他民事一审收结案情况（2014 年）
First Trial Cases of Disputes of Right, Infringement of Right and Other Civil Affairs Accepted and Settled by Courts(2014)

单位:件　　(case)

项目	Item	收案 Cases Accepted	结案 Cases Settled	调解 Mediation	判决 Judgement	驳回 Reject	撤诉 With-drawal	其他 Other
合计	**Total**	**179080**	**173356**	**64019**	**61701**	**2119**	**25449**	**20068**
所有权及其相关权利	Ownership and Related Rights	17790	17257	3965	6584	875	5179	654
票据、证券权益纠纷	Disputes of Bill, Securities and Stocks	690	642	92	268	33	168	81
股东权纠纷	Stockholder's Right Disputes	2702	2505	394	1124	75	662	250
知识产权案件	Intellectual Rights	6144	5875	1374	1488	35	2825	153
人身权纠纷	Personal Rights	117081	113841	55153	44950	222	12921	595
特殊侵权纠纷	Disputes of Special Infringement of Right	7082	6601	2229	2408	90	1673	201
不当得利	Unjustified Enrichment	2188	2133	508	818	65	667	75
特别程序	Special Proceedings	23688	23101	45	3507	606	1014	17929
其他	Others	1715	1401	259	554	118	340	130

17－25　人民法院行政一审案件收结案情况（2014 年）
First Trial Administrative Cases Accepted and Settled by Courts(2014)

单位:件　　(case)

项目	Item	收案 Cases Accepted	结案 Cases Settled	维持 Affirmation of Original Judgement	撤销 Cancel	驳回 Reject	撤诉 With-drawal	单独赔偿 Separate Compen-sation	其他 Other
合计	**Total**	**9405**	**8481**	**316**	**245**	**3486**	**2378**	**14**	**2042**
土地等资源	Land	711	691	20	29	265	162	1	214
公安	Public Security	1054	969	50	7	465	277	0	170
城建	City Construction	2185	1971	26	52	797	486	4	606
交通运输	Traffic and Transport	87	86	0	3	27	46	0	10
工商	Industry and Commerce	259	231	4	11	85	86	0	45
环保	Environment Protection	55	53	3	4	26	11	2	7
计划生育	Family Planning	23	23	0	0	7	11	0	5
税务	Tax	42	39	1	4	13	12	0	9
卫生	Health	32	33	2	2	11	8	0	10
乡政府	Townships Government	221	203	1	9	74	64	1	54
劳动和社会保障	Labour and Social Security	1411	1366	96	22	690	500	0	58
其他	Other	3325	2816	113	102	1026	715	6	854

主要统计指标解释

民政事业费支出 指报告期内本辖区各项民政事业费实际支出的总数额。包括抚恤事业费、军队移交地方安置的离退休人员费用、社会救济福利事业费、救灾支出以及其它民政事业费。

城镇居民最低生活保障人数 指在报告期末家庭平均收入在当地规定的最低生活保障线以下的城镇居民数。包括"三无"对象、失业人员和在职、下岗、退休人员等。

农村居民最低生活保障人数 指报告期末在建立农村最低生活保障制度的地区,得到当地政府或集体给予最低生活保障的农业人口数。

农村传统救济人数 指未开展最低生活保障制度的农村地区,仍沿用传统救济制度救济贫困人口数。

收养性福利单位 指荣誉军人康复医院、复员军人疗养院、复退军人精神病院、光荣院、社会福利院、儿童福利院、精神病福利院、城镇老年福利机构、农村老年福利机构以及其它收养性单位的总称。

社会福利企业 指以集中安置有一定劳动能力的残疾人就业为目的(残疾职工占生产人员10%以上)、带有社会福利性质的特殊企业的总称。

律师 指受聘参加法律顾问处工作,担任法律顾问、刑(民)事代理人、刑事辩护人,办理非诉讼事件、解答法律询问,代写法律事务文书等主要从事律师业务的专职法律工作者和兼职律师。

公证人员 指在国家公证机关依法办理公证事务的司法人员,包括公证员、助理公证员和在公证处工作的其他人员。

办理公证文书 指公证处在一定时期内办结的公证文书件数。公证文书按司法部规定或批准的格式制作,包括国内公证和涉外公证两部分。国内公证分为经济合同公证和民事法律关系公证两大类。

调解人员 指在人民调解委员会担负调解民间一般民事纠纷和轻微违法行为引起纠纷的工作人员,包括调解委员会的委员和调解小组的调解员。

调解民间纠纷 指调解委员会依照法律规定,根据自愿原则,用说服教育的方法调解民间发生的有关民事权利和义务的争执,促成当事双方达到协议和谅解,解决纠纷。包括婚姻家庭纠纷,财产权益纠纷等,不包括法院受理调解的民事案件数。

受理劳动争议案件数 指劳动争议仲裁委员会根据国家有关规定,对劳动争议当事人的申请予以审查,符合受理条件而正式立案、准备处理的劳动争议案件数。

决定逮捕 指检察机关对直接受理、自行侦查的案件,认为需要逮捕犯罪嫌疑人时,依据法律作出的逮捕决定。

批准逮捕 指检察机关对公安机关、国家安全机关、监狱管理机关提出逮捕的犯罪嫌疑人进行审查,根据事实,依法作出逮捕决定。

决定起诉 指检察机关对公安机关、国家安全机关、监狱管理机关和检察机关内设机构反贪污贿赂部门移送起诉的刑事犯罪嫌疑人进行审查,根据事实,依法向人民法院提起公诉。

Explanatory Notes on Main Statistical Indicators

Operation Expenses for Civil Adiministration refer to the total actual expenditures for all the operating expenses of civil administration in this jurisdiction district at reference period, including pensions, settlement allowance for the retirees who are transfered from P. L. A. units to the local government to be settled down, social welfare, disaster relief and other civil administration expenses.

Number of Persons Receiving Lowest-Lost-Living in Urban Area refer to the number of urban residents their family average income is below the lowest living standard insurance line at the year end, according to the local regulation; including "three proverty-striken people", unemployment, employees, laid off and retired personnels.

Number of Persons Receiving Lowest-Cost-Living in Rural Area refer the number of rural population in rural area with the system of lowest living standard insurance has been established, they are being insured by the local government and collective units.

Number of Traditional Relief Persons in Rural Areas refer to the rural areas which has not been established the system of lowest living standard insurance, the poor people are still succoured according to the traditional relief system.

Adopting Social Welfare Institutions refer to the all names of social welfare homes and adopting social welfare institutions, including homes for disabled soldiers, convalescent homes for demobilized soldiers, psychopathy welfare homes for demobilized soldiers, homes for disabled veterancs, social welfare homes, children welfare homes, urban eldery welfare units, rural elderly welfare units.

Social Welfare Enterprises refer the all names of special enterprises with the social welfare character, for the aim of employment of the disabled persons who still provide certain labor capacity, and are settled down concentratively(10% above are disabled staff and workers).

Lawyers are legal workers who are employed full time by legal counseling firms to act as a legal adivisers, agents in criminal civil lawsuits or defenders in criminal lawsuits, or to handle non-liligious legal affairs, to advise on matters of law or to write legal papers for others. Both full time and part time lawyers are included.

Notary Personnel refer to judicial workers of the state notary offices handling notarization work according to law. They include notaries and other people working for notary offices.

Notarized Documents refer to documents settled by notary offices in a year. The notary documents are drawn up in accordance with the regulations of the Ministry of Justice, including domestic documents and foreign-related documents. Domestic documents are divided into two major categories, documents on economic contracts and documents on civil legal relation.

Mediators refer to workers on peoples mediation committees responsible for mediating in civil disputes and cases of slight infraction of the law. They include members of the mediation committees and mediators of mediation groups.

Mediatoin of Civil Disputes refers to mediation committees work in mediating in civil disputes concerning civil rights and duties through persuasion and education in accordance with the provisions of law on a voluntary basis, so as to solve disputes by helping the parties involved come to an agreement and understanding. These disputes include divora cases and disputes over property ownership, but exclude the civil cases to be handled by the court.

Number of Labour Dispute Cases Accepted refer to the number of cases of labour dispute submitted that, after being reviewed by the labour dispute arbitraction committees in line with relevant state regulations, are accepted and registered for treatment.

Decision on Arrest refers to decision made by procurators office, in accordance:e with laws, to arrest the suspect(s) in the cases that are accepted and to be investigated by procurators office.

Approval for Arrest refers to the decision made b procurators office, in accordance with laws and relevant facts, to approve the arrest of the suspect(s) that is proposed by the public security departments or authority of prisons.

Decision on Prosecution refers to the decision made by procurators office, in accordance with laws and relevent facts, to institute proeedings to the people court against the suspect(s) of criminal cases handed by the public security departments, state security departments or authority of prisons, or by the anti-corruption departments within the procurators office.

18

城市经济与建设

Urban Economy and Construction

简 要 说 明

一、本篇资料的主要内容

本篇资料反映城市建设基本情况、城市经济社会发展情况。

二、资料来源

城市建设数据来自住房与城乡建设部门及交通运输部门，城市经济社会发展统计数据来自市县社会经济基本情况统计年报。

Brief Introduction

I. Main Contents

Data in this chapter reflect the basic situation of cities construction, cities economic and social development.

Ⅱ. Date Source

Data of city construction provided by Ministry of Housing and Urban – rural Development, Ministry of communications. Data of City economic and social development come from cities and counties in basic socio – economic statistics annual report.

18－1 城市公用事业基本情况
Basic Statisics on Urban Public Utilities

指标	Item	2010	2011	2012	2013	2014
城市基本情况	**Basic Condition of City**					
建成区面积 (平方公里)	Areas of Built Districts (sq. km)	3271	3494	3655	3809	4020
城市人口密度 (人/平方公里)	Population Density of City Districts (person/sq. km)	2027	2013	2002	2016	2038
供水、供气	**Water Supply and Gas Supply**					
自来水年供水量 (亿吨)	Annual Supply of Tap Water (100million tons)	48.28	47.70	49.28	48.93	48.81
#生活用水量	Residential Consumption	20.23	20.61	21.90	22.01	22.73
平均每人日生活用水 (升)	Daily Per Capita Residential Tap Water Comsuption (litre)	220.37	212.26	215.44	209.76	209.62
用水普及率 (%)	Coverage Rate of Urban Population with Access to Tap Water (%)	99.6	99.6	99.7	99.7	99.8
煤气(天燃气)供气量 (亿立方米)	Gaswork Gas and Natural Gas Supply (100 million cu. m)	240.43	60.18	69.67	76.98	84.27
#家庭用量	Residential Use	8.88	10.84	12.59	14.28	14.84
煤气(天燃气)管道长度 (公里)	Length of Gas Pipelines (km)	30091	37062	44567	50457	55864
液化气家庭用量 (万吨)	Residential Consumption of Liquefied Gas (10000 tons)	47.17	46.71	50.23	69.85	64.98
燃气普及率 (%)	Population with Access to Gas (%)	99.1	99.0	99.4	99.6	99.5
市政工程	**Municipal Engineering**					
年末实有道路长度 (公里)	Length of Paved Roads at Year-end (km)	31899	32491	34966	36975	39070
平均每万人拥有道路长度 (公里)	Length of Paved Roads Per 10000 Persons (km)	12.62	12.16	12.52	12.82	13.12
年末实有道路面积 (万平方米)	Area of Paved Roads at Year-end (10000 sq. m)	53723	58405	62438	66970	71151
人均拥有道路面积 (平方米)	Per Capita Area of Paved Roads (sq. m)	21.26	21.86	22.35	23.22	23.89
排水管道长度 (公里)	Length of Sewer Pipelines (km)	46867	51735	56887	62194	66256
建成区排水管道密度 (公里/平方公里)	Density of Drainage Pipelines (km/sq. km)	14.33	14.81	15.56	16.33	16.48
公共交通	**Public Traffic**					
公共汽(电)车总数 (辆)	Operating Public Transportation Vehicles (unit)	28687	30867	32105	34176	36665
平均每万人拥有公共汽(电)车 (辆)	Number of Public Transportation Vehicles Per 10000 Persons (unit)	11.9	12.0	11.7	12.7	14.1
出租汽车 (万辆)	Taxis (10000 units)	5.30	5.34	5.45	5.68	6.07
城市绿化	**Landscaping in Cities**					
公园绿地面积 (公顷)	Area of Parks and Green Land (hectare)	33585	35634	38069	40413	42901
人均公园绿地面积 (平方米)	Per Capita Area of Parks and Green Land (sq. m)	13.29	13.34	13.63	14.01	14.40
公园面积 (公顷)	Area of Parks (hectare)	12433	15687	16465	18707	21879
环境卫生	**Sanitation and Hygiene**					
清运生活垃圾 (万吨)	Garbage Disposal (10000 tons)	1017.05	1119.77	1210.07	1202.69	1352.44
清运粪便 (万吨)	Disposal of Night Soil (10000 tons)	84.93	95.17	72.92	81.70	82.40
每万人拥有公厕 (座)	Public Restrooms Per 10000 Persons (unit)	3.75	3.79	3.59	3.62	3.75

注：2011 年起，煤气、天燃气供气量统计口径调整。

a) From 2011, gaswork gas, natural gas supply statistical adjustment.

18 - 2 城市自来水情况
Basic Statistics on Tap Water Supply in Cities

年份 Year 城市 City	综合生产能力(万吨/日) General Production Capacity (10000 tons/day)	全年供水总量(万吨) Total Aunual Supply of Tap Water (10000 tons)	#生产用水量 Productive Use	#生活用水量 Residential Use	用水人口(万人) Residents with Access to Tap Water (10000 persons)	人均日生活用水量(升) Daily Per Capita Residential Tap Water Comsuption (liter)	城市人口用水普及率(%) Population with Access to Tap Water (%)
1978	112.3	35056	20073	12013	347.2	94.8	83.6
1980	142.6	45221	26005	16323	463.0	89.0	92.2
1985	218.9	76609	40908	29280	585.4	137.0	89.0
1989	856.3	233848	167472	54326	896.6	166.0	88.3
1990	941.7	256664	181543	62369	968.0	176.4	91.3
1991	1056.1	282691	201088	68287	1049.2	178.3	93.8
1992	1191.4	317812	224575	77010	1158.6	182.1	96.0
1993	1299.5	342780	239520	83041	1238.6	183.7	97.1
1994	1368.9	358696	243332	93030	1212.3	210.2	98.7
1995	1388.7	382325	190471	105192	1277.5	225.6	98.9
1996	1424.4	349423	192948	135429	1300.7	285.3	99.0
1997	1457.1	343106	189889	131650	1346.1	267.9	99.3
1998	1543.6	358999	199055	137663	1388.0	271.8	99.2
1999	1585.5	339066	173487	138264	1425.4	265.8	99.1
2000	1641.6	353366	172552	145707	1503.1	265.6	99.2
2001	1698.5	332155	156019	156717	1745.2	246.0	91.0
2002	1803.7	380991	182591	168929	2048.7	225.9	89.0
2003	1835.0	380395	174834	171830	2167.7	217.2	91.9
2004	1871.4	392462	179602	179068	2273.7	215.8	94.0
2005	1977.6	390460	161320	185906	2408.5	211.5	96.3
2006	2166.8	472128	225805	164928	2209.1	204.6	99.2
2007	2334.7	452628	198647	167341	2300.9	199.5	99.5
2008	2356.9	436597	187915	173506	2331.5	205.0	99.9
2009	2534.1	449037	185461	183641	2443.9	207.2	99.7
2010	2714.7	482821	204878	197408	2515.6	220.4	99.6
2011	2757.2	477044	198830	206120	2660.5	212.3	99.6
2012	2749.8	492791	200532	219008	2785.1	215.4	99.7
2013	2902.6	489286	194884	220130	2875.2	209.8	99.7
2014	2961.6	488062	184371	227293	2970.7	209.6	99.8
南京市区 Nanjing	615.2	122404	40915	65737	608.5	296.0	100.0
无锡市区 Wuxi	280.0	40726	16515	18436	246.3	205.1	100.0
徐州市区 Xuzhou	113.2	25950	11695	7880	166.1	130.0	97.5
常州市区 Changzhou	197.0	25408	10468	12220	154.2	217.2	100.0
苏州市区 Suzhou	397.3	72698	35424	30913	293.5	288.5	100.0
南通市区 Nantong	167.5	22686	6929	10240	154.7	181.4	100.0
连云港市区 Lianyungang	49.1	10719	3898	4610	83.0	152.3	100.0
淮安市区 Huaian	73.5	15881	7143	7421	139.2	146.1	100.0
盐城市区 Yancheng	43.5	7817	876	5348	116.3	125.9	100.0
扬州市区 Yangzhou	95.7	17878	3906	9196	109.2	230.8	100.0
镇江市区 Zhenjiang	59.0	16929	6958	7115	88.8	219.6	100.0
泰州市区 Taizhou	42.0	9258	2452	4108	91.7	122.7	100.0
宿迁市区 Suqian	31.0	7632	3573	3166	66.1	131.2	100.0

18－3　城市煤气、液化石油气情况

Basic Statistics on Supply of Gas and Liquefied Petroleum Gas in Cities

年份 Year 城市 City	全年供气总量 Total Gas Supply			家庭用气量 Residential Use			用气人口（万人） Population with Access to Gas（10000 persons）			燃气普及率（%）
	煤气（万立方米） Gaswork Gas（10000 cu. m）	天然气（万立方米） Natural Gas（10000 cu. m）	液化石油气（吨） Liquefied Petroleum Gas（ton）	煤气（万立方米） Gaswork Gas（10000 cu. m）	天然气（万立方米） Natural Gas（10000 cu. m）	液化石油气（吨） Liquefied Petroleum Gas（ton）	煤气 Gaswork Gas	天然气 Natural Gas	液化石油气 Liquefied Petroleum Gas	Percentage of Population Using Gas for Household Use（%）
1978	11756		23666	1592		22043	15.7		48.4	15.7
1980	11401		32591	2215		31350	20.0		69.6	17.8
1985	13155		42495	3851		38834	39.9		76.2	17.9
1989	140497		190471	13429		105671	93.0		186.1	32.5
1990	142681		216936	15902		122691	101.2		219.3	36.8
1991	142665		252342	17750		137780	116.3		261.2	41.9
1992	147625		337456	20943		190861	131.0		373.1	53.3
1993	153994		442089	23774		258003	150.6		498.0	63.5
1994	184552		574191	26281		337126	180.3		558.8	74.1
1995	282227		436131	30877		361990	213.4		637.3	81.8
1996	271852		543989	35837		468838	243.3		701.2	86.6
1997	274853		468106	34055		392574	244.1		746.2	87.8
1998	331580		620344	34797		430131	271.1		798.3	93.0
1999	350299		667556	41206		427971	323.9		814.1	94.9
2000	362606		705010	39141		492377	324.7		882.9	95.8
2001	376025		780527	44685		523600	373.2		1200.3	82.0
2002	788537		1252001	38761		632199	361.1		1600.0	85.2
2003	802430		1357710	47369		687358	405.8		1673.5	88.6
2004	1027886		1226675	40926		708033	333.8		1712.1	92.0
2005	1290834		1110300	27831		649936	234.1		1720.0	93.3
2006	1420015	155940	1042278	18120	22710	591415	177.1	574.9	1408.8	97.1
2007	1633281	254507	999243	13228	39383	548113	146.1	699.8	1407.3	97.4
2008	1554953	299726	931734	12518	62207	578762	123.2	841.7	1328.2	98.2
2009	1728890	343544	865663	11741	53244	531023	135.5	1029.6	1248.1	98.4
2010	1931995	472309	766586	9664	79160	471731	89.8	1299.7	1115.0	99.1
2011	10310	591493	766635	9270	99133	464117	45.8	1557.5	1042.6	99.0
2012	4889	691763	735757	3883	121988	502258	27.5	1743.6	1006.5	99.4
2013	3940	765869	700765	2270	140471	458823	9	1906.6	956.6	99.6
2014	612	842071	651779	470	147899	390403	9	2125.0	828.9	99.5
南京市区 Nanjing		95177	109278		26196	64488		409.7	195.0	99.4
无锡市区 Wuxi		69289	46314		13999	21946		221.3	25.0	100.0
徐州市区 Xuzhou		21255	28054		6184	20872		123.1	44.0	98.2
常州市区 Changzhou		63432	5689		8985	1589		151.2	3.0	100.0
苏州市区 Suzhou	612	114245	88875	470	18274	16035	9	256.5	28.0	100.0
南通市区 Nantong		20300	24869		4484	19272		115.4	39.3	100.0
连云港市区 Lianyungang		11606	8401		5338	6694		63.5	19.5	100.0
淮安市区 Huaian		19344	30276		6978	25881		85.2	54.1	100.0
盐城市区 Yancheng		11407	24000		2939	19000		80.6	35.0	99.4
扬州市区 Yangzhou		17041	27480		6277	17737		80.8	27.8	99.5
镇江市区 Zhenjiang		34146	25023		4196	11902		62.7	26.1	100.0
泰州市区 Taizhou		18024	23558		2182	20906		41.4	49.9	99.6
宿迁市区 Suqian		13863	7985		979	7885		25.0	41.1	99.9

18－4 城市市政工程情况

Basic Statistics on Municipal Engineering in Cities

年 份 Year 城 市 City	年末实有道路长度（公里） Length of Paved Roads at Year-end (km)	年末实有道路面积（万平方米） Area of Paved Roads at Year-end (10000 sq. m)	排水管道长 度（公里） Length of Drainage Pipelines (km)	城市污水日处理能 力（万吨） Day Capacity of Sewerage Disposal (10000 tons)	城市路灯盏 数（千盏） Number of Street Light (1000 units)	人均拥有道路面积（平方米） Per Capita Area of Paved Roads (sq. m)	建成区排水管道密度（公里/平方公里） Density of Drainage Pipelines (km/sq. km)	污 水处理率（%） Rate of Sewerage Disposal (%)
1978	1893	1154	1503					
1980	1881	1160	1650	0.1	48	2.3		0.2
1985	2437	1623	2277	1.8	71	2.5	5.3	0.6
1989	5272	6607	3782	91.3	122	7.7	5.7	23.0
1990	5812	5672	4099	103.5	129	6.3	5.7	16.4
1991	5658	5216	4872	133.2	144	5.8	5.4	13.4
1992	6781	6587	5721	155.5	165	7.0	5.6	16.7
1993	7090	7581	6653	160.7	194	7.4	4.7	22.9
1994	6150	7094	7019	236.7	194	7.1	6.0	31.8
1995	8163	8669	8262	273.5	215	8.3	7.5	38.7
1996	8552	9711	8860	390.3	256	8.9	7.5	42.7
1997	9440	10438	8812	434.3	290	9.3	7.1	47.5
1998	9618	11336	9574	589.3	328	9.8	7.6	49.3
1999	10066	12283	10382	632.9	381	10.2	8.0	58.1
2000	11011	13357	11097	712.9	437	10.6	8.0	61.8
2001	16702	20309	13974	736.7	549	10.6	9.0	65.3
2002	22656	26987	16744	800.4	753	11.7	8.6	66.0
2003	25541	31859	20343	906.6	971	13.5	9.6	69.9
2004	26598	35596	25537	1017.8	1169	14.7	11.3	76.1
2005	28674	40830	28568	1084.7	1296	16.3	12.0	77.7
2006	27058	41623	31215	1224.9	1501	18.7	12.1	81.8
2007	28456	44595	34050	1184.1	1701	19.3	12.6	84.4
2008	28761	47330	38062	1432.2	1660	20.3	13.1	84.1
2009	30003	50075	42826	1411.2	1982	20.4	14.1	85.4
2010	31899	53723	46867	1590.0	2174	21.3	14.3	87.6
2011	32491	58405	51735	1555.5	2331	21.9	14.8	89.9
2012	34966	62438	56887	1564.5	2727	22.4	15.6	90.7
2013	36975	66970	62194	1606.5	2877	23.2	16.3	92.1
2014	39070	71151	66256	1622.4	3198	23.9	19.5	93.5
南京市区 Nanjing	7424	13495	7910	463.4	443	22.2	14.4	95.3
无锡市区 Wuxi	3422	6213	12687	150.6	302	25.2	15.9	96.8
徐州市区 Xuzhou	2699	4310	2094	59.5	272	25.3	12.2	92.7
常州市区 Changzhou	2111	3934	4876	105.8	203	25.5	57.4	95.0
苏州市区 Suzhou	3768	8257	7819	259.5	391	28.1	18.3	95.7
南通市区 Nantong	2557	4523	3907	57.2	188	29.2	16.3	92.8
连云港市区 Lianyungang	1077	1775	1501	24.8	60	21.4	13.1	84.1
淮安市区 Huaian	1739	2910	1977	38.1	104	20.9	30.0	91.0
盐城市区 Yancheng	957	2336	1494	29.1	196	20.1	20.9	89.2
扬州市区 Yangzhou	1539	2367	2311	48.3	126	21.7	23.9	93.7
镇江市区 Zhenjiang	1349	2148	1987	45.0	100	24.2	18.2	92.8
泰州市区 Taizhou	1150	2228	1674	35.0	114	24.3	23.0	89.5
宿迁市区 Suqian	857	1830	1346	23.2	59	27.7	16.8	93.5

18－5 城市园林绿化情况
Basic Statistics on Parks, Gardens and Green Areas in Cities

年份 Year 城市 City	园林绿地面积(公顷) Total Area of Parks, Gardens and Green Areas in Cities (hectare)	#公园绿地 Parks and Green Land	建成区绿化覆盖面积(公顷) Coverage Space of Green Areas Developed (hectare)	公园 Park 个数(个) Number (unit)	公园 Park 面积(公顷) Area (hectare)	人均公园绿地面积(平方米) Per Capita Area of Parks and Green Land (sq. m)	建成区面积(平方公里) Areas of Built Districts (sq. km)	建成区绿化覆盖率(%) Coverage Rate of Green Area Developed (%)
1978	7303			59	786			
1980	6582	1341		72	944	2.7		19.3
1985	7998	1450		83	1030	2.3		20.6
1989	18148	3214	12804	172	2725	3.7		19.2
1990	20337	3447	14112	184	2991	3.8		19.5
1991	19096	3841	16423	201	3071	4.3		18.4
1992	20898	4283	21726	217	2958	4.5		21.4
1993	30174	5882	31133	242	5179	5.8		22.1
1994	33089	6124	34728	241	5396	6.1		29.6
1995	48564	7226	34093	264	5648	6.9		30.8
1996	50558	7528	35964	283	5263	6.9		30.3
1997	52349	8175	38356	287	4831	7.3		30.9
1998	54756	8891	40513	295	4920	7.7		32.3
1999	57386	9581	43725	303	5027	8.0		33.7
2000	60064	10248	45925	313	5159	8.1		33.2
2001	94175	12724	49456	374	5549	6.6	1549	31.9
2002	137702	16252	68413	403	6374	7.1	1939	35.3
2003	145956	18743	74929	446	7317	7.9	2120	35.4
2004	172563	21617	85367	489	9098	8.9	2253	37.9
2005	189070	25687	94778	539	9924	10.3	2379	39.8
2006	152885	25868	107752	492	10608	11.6	2583	41.7
2007	180784	29125	116157	601	11787	12.6	2714	42.8
2008	195460	30645	123801	628	13026	13.1	2904	42.6
2009	214989	32403	127930	590	13740	13.2	3046	42.0
2010	227584	33585	137623	584	12433	13.3	3271	44.1
2011	237486	35634	147157	701	15687	13.3	3494	42.1
2012	247001	38069	154135	783	16465	13.6	3655	42.2
2013	256263	40413	161671	842	18707	14.0	3810	42.4
2014	265543	42901	171265	883	21879	14.4	4020	42.6
南京市区 Nanjing	88069	9115	32416	120	6861	15.0	734	44.1
无锡市区 Wuxi	18543	3648	14056	38	1290	14.8	328	42.9
徐州市区 Xuzhou	15462	2761	11039	70	1700	16.2	255	43.3
常州市区 Changzhou	8813	2036	8756	29	716	13.2	204	43.0
苏州市区 Suzhou	21596	4461	18866	164	1992	15.2	447	42.2
南通市区 Nantong	8286	2592	8085	32	538	16.8	190	42.6
连云港市区 Lianyungang	20251	1174	6402	22	423	14.2	160	40.0
淮安市区 Huaian	6573	1925	6138	9	289	13.8	150	40.9
盐城市区 Yancheng	4793	1393	4484	37	864	12.0	111	40.5
扬州市区 Yangzhou	6928	1966	5914	12	350	18.0	136	43.6
镇江市区 Zhenjiang	7920	1659	5692	24	627	18.7	134	42.5
泰州市区 Taizhou	3716	869	4040	18	423	9.5	99	40.7
宿迁市区 Suqian	8634	913	3324	15	369	13.8	79	42.3

18－6 城市环境卫生情况

Basic Statistics on Urban Environmental Sanitation

年 份 Year 城 市 City	清扫面积（万平方米） Sweeping Areas (10000 sq. m)	生活垃圾清运量（万吨） Residential Garbages Disposal Cleared (10000 tons)	粪便清运量（万吨） Night Soil Disposal Cleared (10000 tons)	无害化处理厂日处理能力（吨） Day Disposal Capacities of No Harmful Disposal Factory (ton)	垃圾粪便年处理量（万吨） Annual Garbages and Night Soil Disposal Cleared (10000 tons)	环卫机械（辆） Machines of Environment Sanitation (unit)	公共厕所（座） Public Toilet (unit)
1978	503	79	229			223	3545
1980	601	158	232			296	3712
1985	1078	159	147	20		734	4700
1989	2136	262	260	162		1735	7910
1990	2445	288	221	385		1322	8072
1991	3068	341	271	1588	357.3	1604	9974
1992	3432	409	419	7622	531.7	1785	9265
1993	4095	408	441	14014	654.1	1998	9162
1994	4240	360	388	16442	658.8	1736	7095
1995	5429	398	209	13810	532.5	2072	7263
1996	6252	426	198	13125	523.9	2144	6932
1997	7085	479	196	15813	606.0	2351	7675
1998	7589	486	302	18570	721.4	2407	7486
1999	8221	505	310	43419	756.0	2458	7337
2000	8773	515	309	17392	762.9	2569	7393
2001	10971	634	338	17324	868.1	3800	9532
2002	16101	723	400	19997	985.9	4573	11016
2003	20874	775	406	20728	1060.9	4456	10660
2004	22505	808	389	23569	1106.6	4494	10260
2005	27101	835	388	24000	1030.5	5094	10591
2006	29409	851	126.9	24545	915.7	5447	9165
2007	31072	898	140.2	24192	942.8	5589	8520
2008	35418	934	159.9	27985	1024.8	5939	9050
2009	36160	957	116.1	34570	1048.4	6923	9654
2010	44088	1017	84.9	37637	1064.3	7481	9475
2011	46162	1120	95.2	42170	1142.0	7984	10134
2012	48098	1210	72.9	43113	1258.4	8709	10035
2013	52029	1203	81.7	40723	1250.3	9865	10438
2014	55132	1352	82.4	50574	1400.7	11227	11178
南京市区 Nanjing	8457	261	17.8	8750	262.3	1526	1258
无锡市区 Wuxi	4931	122	9.7	2875	122.4	952	1621
徐州市区 Xuzhou	2104	75	0.6	2200	71.6	546	632
常州市区 Changzhou	2624	62	0.6	2960	64.9	289	868
苏州市区 Suzhou	10609	214	2.0	8497	227.9	2638	975
南通市区 Nantong	3410	53	2.5	500	55.9	454	264
连云港市区 Lianyungang	1430	24	6.1	1300	25.6	300	506
淮安市区 Huaian	2259	38	2.4	2100	40.2	266	442
盐城市区 Yancheng	1560	34	1.4	1200	34.2	138	445
扬州市区 Yangzhou	1904	49	4.0	2110	52.8	245	466
镇江市区 Zhenjiang	1583	32	0.9	1630	32.9	230	315
泰州市区 Taizhou	2000	28	2.5	1000	30.2	566	425
宿迁市区 Suqian	1585	25	3.7	1050	25.2	240	330

18－7　城市公共汽(电)车、出租汽车情况
Basic Statistics on Buses (Trolley Buses) and Taxis in Cities

年　份　Year 城　市　City	年末实有公共汽(电)车营运车辆(辆) Operating Public Transit Vehicles at Year-end (unit)	实有公共汽(电)车营运标准车台(标台) Operating Standard Public Transit Vehicles (Standardized) (unit)	公共汽(电)车营运线路长度(公里) Length of Public Transit Route (km)	公共汽(电)车客运总量(万人次) Passengers Carried by Transit (10000 person-times)	每万人拥有公共交通车辆(标台) Public Transit Vehicales Per 10000 Population (Standard sets)	出租汽车营运车数(辆) Operating Taxis (unit)
1978	1407		1772			
1980	1605		1920	100671		150
1985	2237		2904	143146		605
1989	2826	3167	4603	135947	3.7	4555
1990	2827	3210	3991	130641	3.6	5775
1991	2968	3727	4229	124409	4.1	5005
1992	4578	4855	6939	120282	5.1	8133
1993	6384	5954	7570	109248	5.8	9838
1994	7367	6808	10127	110921	6.8	12307
1995	8019	7215	13642	95362	7.1	18073
1996	7962	7144	3544	104583	6.6	25403
1997	9665	7916	5684	124805	7.0	32493
1998	12411	10080	5198	157600	8.9	34661
1999	14136	11625	5858	191831	9.7	36613
2000	14838	13341	6896	246314	10.6	36603
2001	16244	14871	7296	224582	7.8	41480
2002	16902	15874	12397	245227	6.9	41933
2003	17822	17015	14696	233586	7.2	40073
2004	19079	19098	15888	263088	7.9	40746
2005	22197	22484	18077	283760	9.1	41476
2006	22002	22898	12121	304669	10.4	42032
2007	23874	26419	16133	322230	11.6	44993
2008	25369	28664	14657	352597	12.4	44708
2009	30432	34335	18881	389293	11.7	52282
2010	28687	32927	44941	391856	11.9	52957
2011	30867	35715	50971	424699	12.0	53409
2012	32105	37743	52887	444148	11.7	54464
2013	34176	40463	53903	453366	12.7	56785
2014	36665	43815	57734	461348	14.1	60712
南京市区 Nanjing	8134	10239	8792	104216	20.9	12178
无锡市区 Wuxi	3017	3787	5203	43506	17.9	4040
徐州市区 Xuzhou	2182	2703	3813	33794	16.2	4181
常州市区 Changzhou	2657	3317	3707	35675	22.7	3042
苏州市区 Suzhou	4300	5343	6854	63766	17.0	4803
南通市区 Nantong	1161	1460	2808	12582	16.8	1274
连云港市区 Lianyungang	751	891	1396	9671	10.8	1611
淮安市区 Huaian	1044	1255	1165	16345	9.1	1373
盐城市区 Yancheng	961	1172	1520	10098	15.0	1250
扬州市区 Yangzhou	1330	1586	1897	15744	14.5	1838
镇江市区 Zhenjiang	1175	1470	2172	14601	16.6	1473
泰州市区 Taizhou	635	715	1175	8895	12.9	830
宿迁市区 Suqian	770	894	1444	7685	14.4	770

18－8 主要城市土地面积、人口情况（2014年）
Land Area and Population of Major Cities(2014)

城市 City		土地面积（平方公里） Land Area (sq. km)	年末户籍人口（万人） Registered Population at Year-end (10000 persons)	#女 Female	当年出生人口（万人） Births (10000 persons)	当年死亡人口（万人） Deaths (10000 persons)	年末常住人口（万人） Permanent Population at Year-end (10000 persons)
南京市区	Nanjing	6587	648.72	323.68	7.13	3.77	821.61
无锡市区	Wuxi	1644	245.74	124.41	2.50	1.61	361.38
徐州市区	Xuzhou	3063	331.46	161.11	5.69	1.01	320.74
常州市区	Changzhou	1862	233.92	118.66	2.37	1.56	337.82
苏州市区	Suzhou	4653	337.50	171.11	4.31	2.13	548.30
南通市区	Nantong	2140	212.83	108.65	1.87	1.68	233.55
连云港市区	Lianyungang	3012	219.07	105.52	3.75	0.96	206.64
淮安市区	Huaian	3203	291.49	141.34	4.53	1.28	268.94
盐城市区	Yancheng	2123	169.31	81.96	1.98	0.93	162.18
扬州市区	Yangzhou	2306	231.84	116.57	2.06	1.62	242.03
镇江市区	Zhenjiang	1088	103.41	51.98	0.87	0.65	122.71
泰州市区	Taizhou	1567	163.82	115.25	1.51	1.31	162.06
宿迁市区	Suqian	2153	172.00	83.42	4.25	0.62	154.62

18－9 主要城市就业情况（2014年）
Employment of Major Cities(2014)

单位:万人 (10000 persons)

城市 City		年末从业人员 Employment at Year-end	#城镇私营企业从业人员 Number of Employed Persons Private Enterprises	#城镇个体从业人员 Number of Self-employed Individuals	从业人员按三次产业分 Employment Grouped by Type of Industry 第一产业 Primary Industry	第二产业 Secondary Industry	第三产业 Tertiary Industry
南京市区	Nanjing	488.90	178.11	68.18	27.80	176.30	284.80
无锡市区	Wuxi	215.41	117.01	26.24	3.77	116.67	94.97
徐州市区	Xuzhou	166.27	37.04	24.97	33.79	51.54	80.95
常州市区	Changzhou	196.49	108.07	32.32	12.59	103.50	80.40
苏州市区	Suzhou	348.29	143.48	45.30	11.29	203.82	133.18
南通市区	Nantong	136.70	36.18	15.72	18.40	59.90	58.40
连云港市区	Lianyungang	109.87	22.31	8.42	26.73	39.10	44.04
淮安市区	Huaian	155.44	26.35	15.99	39.00	50.35	66.09
盐城市区	Yancheng	96.94	24.06	10.90	17.61	35.86	43.47
扬州市区	Yangzhou	138.30	56.00	19.66	15.60	63.40	59.30
镇江市区	Zhenjiang	69.18	23.93	10.06	5.86	27.83	35.49
泰州市区	Taizhou	99.51	34.13	12.90	17.42	41.89	40.20
宿迁市区	Suqian	89.16	17.20	11.37	29.48	33.87	25.81

18－10　主要城市地区生产总值及指数（2014 年）
Gross Domestic Product of Major Cities(2014)

城　　市 City		地区生产总值(亿元) Gross Domestic Product (100 million yuan)	第一产业 Primary Industry	第二产业 Secondary Industry	第三产业 Tertiary Industry	人均地区生产总值（元） Per Capita GDP (yuan)	地区生产总值指数（上年＝100） GDP Index (preceding year＝100)
南京市区	Nanjing	8820.75	214.25	3623.48	4983.02	107545	110.1
无锡市区	Wuxi	4217.47	42.06	1932.20	2243.21	116861	108.5
徐州市区	Xuzhou	2792.94	91.60	1445.24	1256.10	87618	110.0
常州市区	Changzhou	3744.81	64.10	1872.89	1807.82	110923	110.0
苏州市区	Suzhou	7086.92	74.55	3560.26	3452.11	129426	108.4
南通市区	Nantong	2093.78	56.54	1021.67	1015.57	89766	110.2
连云港市区	Lianyungang	1072.34	103.16	473.50	495.68	67673	109.9
淮安市区	Huaian	1462.04	130.86	681.57	649.61	54503	110.7
盐城市区	Yancheng	1095.68	76.77	609.49	409.42	67641	111.1
扬州市区	Yangzhou	2432.28	81.33	1251.27	1099.68	100578	111.5
镇江市区	Zhenjiang	1440.38	26.88	732.79	680.71	117544	110.9
泰州市区	Taizhou	1408.22	53.40	772.53	582.29	86997	110.9
宿迁市区	Suqian	691.56	57.89	345.38	288.29	44991	111.1

18－11　主要城市固定资产投资（2014 年）
Investment in Fixed Assets of Major Cities(2014)

单位:亿元　　(100 million yuan)

城　　市 City		固定资产投资 Investment in Fixed Assers	房地产开发投资 Investment in Real Estate Development	#住宅 Resdential Building	新增固定资产 Newly Increased Fixed Assets	商品房屋销售建筑面积（万平方米） Construction Floor Space of Commercial House Sold (10000 sq. m)	#住宅 Resdential Building
南京市区	Nanjing	5430.77	1125.49	796.27	3919.80	1207.58	1124.73
无锡市区	Wuxi	2986.09	806.14	533.65	2292.61	586.01	517.94
徐州市区	Xuzhou	1931.56	299.68	180.22	1542.23	369.42	304.20
常州市区	Changzhou	2603.06	608.61	408.87	1939.47	648.83	555.01
苏州市区	Suzhou	3307.02	1027.36	742.54	2347.79	829.33	754.28
南通市区	Nantong	1589.61	445.70	309.41	3674.33	583.88	538.42
连云港市区	Lianyungang	1089.37	128.05	101.72	730.78	191.01	170.03
淮安市区	Huaian	1058.30	224.65	170.36	507.15	387.52	357.13
盐城市区	Yancheng	857.51	195.72	136.56	739.33	271.47	220.40
扬州市区	Yangzhou	1224.50	247.60	194.22	1184.09	355.79	310.41
镇江市区	Zhenjiang	1281.37	167.50	126.56	1164.98	247.96	229.73
泰州市区	Taizhou	1055.09	158.21	125.23	820.50	245.99	230.96
宿迁市区	Suqian	609.98	163.23	112.95	458.79	176.43	158.30

18－12　主要城市工业基本情况（2014 年）
Basic Statistics on Industry of Major Cities(2014)

单位:亿元　(100 million yuan)

城市 City		工业企业单位数(个) Number of Industrial Enterprises (unit)	#大中型企业 Enterprises of Large and Medium Size	资产总计 Total Assets	负债合计 Total Liabilities	主营业务收入 Major Business Income	利税总额 Total Pretax Profits
南京市区	Nanjing	2748	530	10155.54	5834.64	13003.84	1724.87
无锡市区	Wuxi	2809	397	5893.51	2979.90	5924.59	568.80
徐州市区	Xuzhou	804	192	4362.13	2309.10	5324.53	831.25
常州市区	Changzhou	3506	432	6378.22	3614.28	8795.21	742.21
苏州市区	Suzhou	4690	965	11109.50	5861.25	11821.76	869.41
南通市区	Nantong	1580	185	3147.37	1710.74	4104.51	449.31
连云港市区	Lianyungang	752	83	2129.18	1170.77	2935.06	400.85
淮安市区	Huaian	1105	116	1501.19	630.08	3370.88	357.20
盐城市区	Yancheng	697	138	1291.57	649.51	2538.13	401.91
扬州市区	Yangzhou	1484	411	2799.56	1460.36	5899.93	705.37
镇江市区	Zhenjiang	1071	138	2374.06	1324.87	3128.80	347.40
泰州市区	Taizhou	1062	110	2021.81	1118.83	4079.33	514.85
宿迁市区	Suqian	621	81	1165.78	556.08	1097.63	177.64

18－13　主要城市工业总产值（2014 年）
Gross Output Value of Industry of Major Cities(2014)

单位:亿元　(100 million yuan)

城市 City		工业总产值 Tatal Output Value of Industry	内资企业 Inner Funded Enterprises	外商港澳台投资企业 Foreign, Hong Kong, Macao and Taiwan Funded Enterprises	#国有控股企业 State-owned Share Holding Enterprises	#大中型企业 Large and Medium-sized Enterprises	#制造业 Manufacturing
南京市区	Nanjing	13199.67	7647.59	5552.08	4387.20	9104.45	12894.79
无锡市区	Wuxi	5984.13	2651.64	3332.49	445.73	3941.63	5928.43
徐州市区	Xuzhou	5287.69	4594.13	693.56	1020.48	3750.10	4879.42
常州市区	Changzhou	8484.43	5631.31	2853.12	324.76	4887.58	8381.32
苏州市区	Suzhou	11856.02	3294.31	8561.71	329.29	8488.63	11650.27
南通市区	Nantong	4204.21	2261.52	1942.69	541.41	2396.73	4105.44
连云港市区	Lianyungang	2933.23	1999.07	934.16	310.83	2131.10	2795.06
淮安市区	Huaian	3386.17	2225.61	1160.56	324.00	1841.63	3266.12
盐城市区	Yancheng	2561.47	1268.64	1292.83	95.91	1737.82	2538.25
扬州市区	Yangzhou	6154.36	4425.07	1729.29	645.06	4408.41	5978.43
镇江市区	Zhenjiang	3205.33	1774.62	1430.70	443.01	2137.04	3048.70
泰州市区	Taizhou	4254.93	3320.08	934.85	413.07	2379.37	4200.89
宿迁市区	Suqian	1138.18	953.40	184.78	59.23	717.97	1113.73

18－14　主要城市财政、金融（2014年）
Government Revenue and Expenditures of Major Cities(2014)

单位:亿元　　　　(100 million yuan)

城　　市 City		公共财政预算收入 Local Financial General Budgetary Revenue	#税收收入 Taxes	公共财政预算支出 Local Financial General Budgetary Expenditure	存款余额 Deposits Balance	#居民储蓄存　款 Savings Deposits from Residents	贷款余款 Loans Balance
南京市区	Nanjing	903.49	757.21	921.20	20161.86	5055.77	15628.53
无锡市区	Wuxi	472.90	375.10	460.49	7328.89	2583.16	5145.48
徐州市区	Xuzhou	241.06	189.12	301.29	2845.60	1297.02	1796.50
常州市区	Changzhou	353.14	278.77	340.46	5365.33	2221.15	3766.69
苏州市区	Suzhou	763.62	660.62	693.37	12783.28	3432.87	10532.51
南通市区	Nantong	242.62	200.71	260.88	3831.16	1718.21	2404.65
连云港市区	Lianyungang	153.86	120.82	205.93	1296.70	560.13	1125.06
淮安市区	Huaian	204.39	164.14	260.38	1242.57	611.27	1004.87
盐城市区	Yancheng	139.59	112.60	166.90	1517.70	555.70	1097.90
扬州市区	Yangzhou	203.94	166.18	233.33	3071.67	1371.30	2003.26
镇江市区	Zhenjiang	146.97	117.13	158.56	1803.04	640.11	1240.10
泰州市区	Taizhou	141.88	113.30	174.96	2010.46	846.09	1461.56
宿迁市区	Suqian	88.00	77.71	132.29	782.57	276.30	701.83

18－15　主要城市贸易、外经(2014年)
Domestic Trade and Foreign Economy of Major Cities(2014)

城　　市 City		社会消费品零售总额（亿元） Total Retail Sales of Consumer Goods (100 million yuan)	进出口总额（亿美元） Total Imports and Exports (USD 100 million)	出口 Exports	进口 Imports	实际外商直接投资（亿美元） Actual Foreign Direct Investment (USD 100 million)	星级饭店数（个） Star Class Hotel (unit)
南京市区	Nanjing	4167.19	572.64	326.39	246.26	32.91	102
无锡市区	Wuxi	1500.41	463.20	275.32	187.88	21.08	31
徐州市区	Xuzhou	1315.77	36.95	29.34	7.61	11.42	79
常州市区	Changzhou	1348.58	262.77	194.32	68.45	26.21	39
苏州市区	Suzhou	2133.71	1597.17	941.57	655.60	47.16	72
南通市区	Nantong	856.60	175.54	127.33	48.21	11.08	36
连云港市区	Lianyungang	430.90	72.48	37.03	35.45	7.77	44
淮安市区	Huaian	514.73	29.02	21.21	7.81	8.83	23
盐城市区	Yancheng	448.71	36.73	16.20	20.53	3.58	15
扬州市区	Yangzhou	774.56	77.90	60.25	17.65	12.58	42
镇江市区	Zhenjiang	517.79	63.95	34.62	29.34	5.75	11
泰州市区	Taizhou	448.03	48.98	30.60	18.38	5.59	14
宿迁市区	Suqian	255.27	17.52	10.79	6.73	3.50	15

18－16　主要城市邮电、电力（2014 年）

Post and Telecommunication Service and Power Consumption of Major Cities(2014)

城　　市 City		邮电业务收入（亿元）Revenue from Posts and Telecommunication Services (100 million yuan)	固定电话用户（万户）Telephones (10000 Subscribers)	年末移动电话用户（万户）Mobile Telephones (10000 Subscribers)	互联网宽带接入用户（万户）Internet Service (10000 Subscribers)	全年用电量（亿千瓦时）Power Consumption (100 million kW·h)	#城乡居民生活用电 Urban and Rural Residents Power Consumption
南京市区	Nanjing	175.07	261.13	1096.98	325.48	470.50	60.74
无锡市区	Wuxi	79.12	125.19	556.14	159.50	272.02	28.11
徐州市区	Xuzhou	34.91	71.37	340.06	55.61	197.92	19.60
常州市区	Changzhou	59.00	103.38	366.28	122.84	280.49	24.45
苏州市区	Suzhou	151.27	156.34	892.71	190.43	545.46	46.14
南通市区	Nantong	31.61	76.37	315.22	76.39	136.86	16.26
连云港市区	Lianyungang	21.62	52.21	237.97	55.26	95.45	12.55
淮安市区	Huaian	17.43	49.81	177.49	32.82	93.37	13.51
盐城市区	Yancheng	17.69	40.86	174.60	35.36	47.19	9.20
扬州市区	Yangzhou	17.25	78.08	408.23	75.89	112.53	17.22
镇江市区	Zhenjiang	16.89	41.37	146.91	31.25	104.49	8.52
泰州市区	Taizhou	18.04	44.45	167.22	42.21	78.44	9.71
宿迁市区	Suqian	32.65	23.31	156.51	28.96	71.02	7.00

18－17　主要城市文教、科技、卫生(2014 年)

Culture, Education, Science and Technology and Public Health of Major Cities(2014)

城　　市 City		高等学校在校学生数（万人）Number of Students Enrollement in Regular Institutions of High Education (10000 persons)	专利申请受理量（件）Applications Accepted (unit)	公共图书馆图书藏量（千册）Total Volume of Collections of Public Libraries (1000 volumes)	卫生机构数（个）Number of Health Care Institutions (unit)	卫生机构床位数（万张）Number of Beds in Health Care Institutions (10000 units)	执业（助理）医师（万人）Practitioner Doctors (Assistant) (10000 persons)
南京市区	Nanjing	80.53	56108	15672	2383	4.37	2.16
无锡市区	Wuxi	10.04	34808	2977	1181	2.25	0.97
徐州市区	Xuzhou	13.72	9399	1700	1587	2.62	0.87
常州市区	Changzhou	10.86	34156	2436	760	1.83	0.85
苏州市区	Suzhou	15.35	51393	3857	1489	2.97	1.27
南通市区	Nantong	8.09	14118	1838	1058	1.51	0.71
连云港市区	Lianyungang	3.80	6079	1673	1370	1.00	0.50
淮安市区	Huaian	6.73	7861	1603	1134	1.48	0.68
盐城市区	Yancheng	5.61	5029	1213	688	0.99	0.41
扬州市区	Yangzhou	7.53	13136	2254	1034	1.29	0.58
镇江市区	Zhenjiang	7.52	9686	1784	416	0.84	0.39
泰州市区	Taizhou	4.93	11774	1322	645	0.90	0.41
宿迁市区	Suqian	1.26	2413	615	731	0.64	0.26

18－18　主要城市居民收支情况（2014 年）

Household Income and Expenditure of Major Cities(2014)

单位:元　　　　(yuan)

城　市 City		城市常住居民人均可支配收入 Per Capita Disposable Income of Urban Residents	城市常住居民人均消费性支出 Per Capita Living Expenditure of Urban Residents	食品烟酒 Food, Tobacco and Wine	衣　着 Clothing Articles	居　住 Residence	生活用品及服务 Articles for Daily Use and Services
南京市区	Nanjing	42568	25855	6713	2067	5711	1549
无锡市区	Wuxi	40335	25524	7359	2124	5202	1418
徐州市区	Xuzhou	27031	18203	5352	1363	3067	1441
常州市区	Changzhou	40256	24112	6849	1794	5165	1482
苏州市区	Suzhou	46643	29291	8055	1998	6519	1624
南通市区	Nantong	35568	21099	6127	1634	4920	1228
连云港市区	Lianyungang	27057	17695	4955	2223	2711	1328
淮安市区	Huaian	26675	14623	4562	1490	2457	908
盐城市区	Yancheng	29616	17886	5759	1773	2226	1328
扬州市区	Yangzhou	32760	22642	6875	1710	4483	1154
镇江市区	Zhenjiang	35315	22569	6391	2070	4751	1364
泰州市区	Taizhou	31819	19683	5695	1696	4559	976
宿迁市区	Suqian	21248	13507	4731	1040	2352	859

18－18　续表　Continued

单位:元　　　　(yuan)

城　市 City		交通通信 Transport and Communication	教育文化娱乐 Education, Culture and Recreation	医疗保健 Healthcare and Medical Services	其他用品和服务 Other Goods and Services	人均住房建筑面积（平方米） Per Capita Construction Floor Space of Residential Building (sq. m)	居民消费价格指数（上年＝100） Consumer Price Index (preceding year＝100)
南京市区	Nanjing	3486	4058	1437	833	36.3	102.6
无锡市区	Wuxi	3881	3188	1654	698	41.1	102.2
徐州市区	Xuzhou	2537	1917	1993	533	33.4	102.1
常州市区	Changzhou	3580	3070	1546	627	45.3	102.2
苏州市区	Suzhou	5376	3774	1097	848	40.3	102.1
南通市区	Nantong	3129	2078	1369	614	45.5	102.1
连云港市区	Lianyungang	1718	2290	1931	540	46.2	102.4
淮安市区	Huaian	1720	1994	1035	457	42.6	102.1
盐城市区	Yancheng	1779	3087	1208	725	42.3	102.3
扬州市区	Yangzhou	2589	3726	1499	606	40.7	102.1
镇江市区	Zhenjiang	3005	3085	998	905	40.6	102.0
泰州市区	Taizhou	2470	2173	1484	630	49.1	102.1
宿迁市区	Suqian	1218	2323	810	174	43.5	102.4

18－19　市辖区主要指标（2014 年）

市辖区 Municipal District		年末户籍人口（万人）Registered Population at Year-end (10000 persons)	土地面积（平方公里）Land Area (sq. m)	地区生产总值（亿元）Gross Domestic Product (100 million yuan)	#第二产业 Secondary Industry	#第三产业 Tertiary Industry
南京市	**Nanjing City**					
玄武区	Xuanwu District	49.53	75	626.29	39.76	586.53
秦淮区	Qinhuai District	70.61	49	718.20	65.78	652.42
建邺区	Jianye District	28.77	83	480.60	234.18	246.31
鼓楼区	Gulou District	93.53	53	1103.55	94.47	1009.08
浦口区	Pukou District	62.66	910	705.64	362.30	308.48
栖霞区	Qixia District	44.38	395	1165.77	792.59	365.37
雨花台区	Yuhuatai District	25.17	132	468.73	137.80	329.87
江宁区	Jiangning District	97.28	1563	1491.49	788.69	651.37
六合区	Luhe District	90.25	1471	892.69	537.86	303.02
溧水区	Lishui District	42.71	1064	543.65	278.84	231.78
高淳区	Gaochun District	43.83	790	497.22	246.26	217.41
无锡市	**Wuxi City**					
崇安区	Chongan District	18.60	16	455.26	24.71	430.55
南长区	Nanchang District	32.39	24	253.85	76.14	177.71
北塘区	Beitang District	25.57	31	258.09	63.81	194.28
锡山区	Xishan District	43.16	399	620.71	325.55	274.43
惠山区	Huishan District	44.89	325	652.45	394.94	240.48
滨湖区	Binhu District	47.07	628	718.18	329.22	384.51
徐州市	**Xuzhou City**					
鼓楼区	Gulou District	30.27	219	197.30	49.32	147.78
云龙区	Yunlong District	32.95	120	234.21	28.72	204.32
贾汪区	Jiawang District	51.76	620	246.96	130.31	98.05
泉山区	Quanshan District	56.11	100	442.85	79.31	363.13
铜山区	Tongshan District	131.56	2004	835.27	450.81	319.75
常州市	**Changzhou City**					
天宁区	Tianning District	37.34	65	477.76	138.45	339.26
钟楼区	Zhonglou District	36.07	67	451.03	186.89	264.01
戚墅堰区	Qishuyan District	7.88	32	109.84	72.47	37.35
新北区	Xinbei District	48.63	453	900.21	523.03	362.32
武进区	Wujin District	104.00	1246	1905.33	1047.46	808.83
苏州市	**Suzhou City**					
虎丘区	Huqiu District	35.85	332	950.28	661.81	286.45
吴中区	Wuzhong District	62.45	2231	915.18	459.56	435.06

Major Indicators of Municipal Districts(2014)

公共财政预算收入(亿元) Public Budget Revenues (100 million yuan)	固定资产投资(亿元) Investment in Fixed Assets (100 million yuan)	#房地产开发 Real Estate Development	社会消费品零售总额(亿元) Total Retail Sales of Consumer Goods (100 million yuan)	进出口总额(亿美元) Total Imports and Exports (USD 100 million)	#出口 Exports	实际外商直接投资(万美元) Actual Foreign Direct Investment (USD 10000)
43.97	111.59	58.13	390.72	58.22	27.68	17153
60.54	200.34	71.57	759.86	103.30	64.10	6223
70.39	372.59	177.70	158.15	7.62	6.04	25146
80.05	234.47	94.40	715.54	50.81	36.26	49226
83.09	808.35	135.57	237.99	15.04	13.11	27224
77.20	460.17	140.04	196.30	129.04	55.69	50771
51.95	237.11	101.58	297.00	31.34	21.89	16504
166.82	886.80	135.98	379.58	115.32	66.34	71787
64.99	725.58	97.50	309.29	19.65	9.94	38490
41.07	460.41	47.34	155.96	5.17	5.05	14521
29.37	395.06	38.51	154.79	5.18	4.60	12051
20.91	134.19	64.63	374.70	15.61	13.64	3743
19.10	134.06	73.30	203.50	5.54	4.64	7845
19.59	103.25	69.22	183.80	5.88	5.30	573
60.55	596.83	138.38	135.87	46.22	35.63	33036
70.76	517.10	109.13	147.78	27.11	22.46	30340
83.01	490.01	232.65	212.95	22.45	16.68	14043
14.70	253.45	67.93	316.26	0.66	0.60	8053
22.53	262.86	99.28	321.01	2.21	2.06	9001
19.21	216.72	11.39	56.40	1.82	1.31	4102
23.91	260.98	69.08	420.46	2.57	2.00	23058
68.32	566.54	30.15	190.26	8.62	7.38	22040
37.90	290.58	114.53	380.35	27.66	24.00	840
30.58	319.53	111.34	266.77	21.60	19.44	27094
9.82	81.80	15.18	18.63	6.03	5.11	4000
89.32	722.31	175.60	232.52	107.39	75.75	80038
129.63	1003.14	191.96	450.30	100.03	70.01	81891
100.18	498.75	145.63	206.26	376.92	255.15	70283
110.90	499.21	137.71	313.01	115.55	71.21	50045

市辖区	Municipal District	年末户籍人口（万人）Registered Population at Year-end (10000 persons)	土地面积（平方公里）Land Area (sq. m)	地区生产总值（亿元）Gross Domestic Product (100 million yuan)	#第二产业 Secondary Industry	#第三产业 Tertiary Industry
相城区	Xiangcheng District	40.02	490	578.26	289.65	277.96
姑苏区	Gushu District	74.20	83	568.35	73.81	494.54
吴江区	Wujiang District	81.44	1237	1486.51	794.54	652.44
南通市	**Nantong City**					
崇川区	Chongchuan District	52.12	160	574.69	164.62	409.80
港闸区	Gangzha District	19.22	152	284.14	168.32	113.79
通州区	Tongzhou District	126.66	1562	860.73	446.99	361.49
连云港市	**Lianyungang City**					
连云区	Lianyun District	13.33	797	106.26	43.31	58.30
海州区	Haizhou Distric	74.22	701	263.20	79.88	166.54
赣榆区	Ganyu Distric	119.27	1514	426.87	212.19	152.48
淮安市	**Huaian City**					
清河区	Qinghe District	28.44	32	151.48	28.99	122.49
淮安区	Huaian District	120.06	1452	365.53	149.53	159.19
淮阴区	Huaiyin District	93.15	1307	362.73	156.92	143.11
清浦区	Qingpu District	32.24	277	161.12	52.22	99.76
盐城市	**Yancheng City**					
亭湖区	Tinghu District	71.05	855	327.82	129.53	168.25
盐都区	Yandu District	71.50	1050	370.01	192.45	138.12
扬州市	**Yangzhou City**					
广陵区	Guangling District	49.75	335	564.64	277.12	278.25
邗江区	Hanjiang District	58.27	553	602.74	256.19	329.45
江都区	Jiangdu District	106.90	1330	792.61	397.59	342.10
镇江市	**Zhenjiang City**					
京口区	Jingkou District	31.53	125	404.62	115.47	287.76
润州区	Runzhou District	24.48	124	320.17	116.63	201.77
丹徒区	Dantu District	29.11	617	323.56	172.15	135.34
泰州市	**Taizhou City**					
海陵区	Hailing District	42.66	237	430.56	214.98	208.95
高港区	Gaogang District	26.23	287	338.88	217.84	110.65
姜堰区	Jiangyan District	79.44	928	488.52	242.99	210.37
宿迁市	**Suqian City**					
宿城区	Sucheng District	92.43	917	237.10	92.75	126.63
宿豫区	Suyu District	65.55	1237	214.20	131.64	58.70

18 - 19 Continued

公共财政预算收入(亿元) Public Budget Revenues (100 million yuan)	固定资产投资(亿元) Investment in Fixed Assets (100 million yuan)	#房地产开发 Real Estate Development	社会消费品零售总额(亿元) Total Retail Sales of Consumer Goods (100 million yuan)	进出口总额(亿美元) Total Imports and Exports (USD 100 million)	#出口 Exports	实际外商直接投资(万美元) Actual Foreign Direct Investment (USD 10000)
65.82	445.32	169.74	180.79	43.21	29.86	18380
58.03	209.72	129.96	722.50	25.29	21.28	39788
137.36	754.90	197.10	392.50	233.36	144.88	97024
68.68	406.38	151.42	334.64	64.68	45.99	13344
36.45	239.82	152.02	111.91	29.48	23.43	4676
68.40	520.12	67.79	279.88	33.19	29.38	33104
13.91	187.07	9.90	57.59	18.04	8.11	8318
32.47	242.11	76.73	222.66	12.29	10.18	12249
40.17	252.80	23.19	136.57	6.28	4.15	15365
34.36	136.98	67.18	141.50	2.42	1.57	5971
32.43	233.83	28.69	136.38	2.91	2.78	11118
39.22	223.86	38.09	94.47	4.82	3.24	15081
24.58	112.83	23.50	87.91	1.64	1.59	9341
32.00	276.16	88.18	202.34	3.29	3.14	6127
51.72	249.36	24.22	168.04	5.75	3.09	8630
38.43	232.09	74.51	240.41	17.24	14.70	23961
56.03	309.13	87.78	238.28	19.62	16.43	28952
47.98	469.03	54.15	212.25	14.72	11.15	20740
19.04	314.91	64.56	235.30	8.66	6.75	11268
22.68	314.45	52.84	142.87	8.36	6.16	9227
24.95	258.71	17.48	55.54	5.73	4.96	17008
36.05	194.26	63.82	199.61	14.87	11.79	5350
28.68	247.28	10.56	40.35	10.31	3.02	18362
30.35	345.56	51.93	137.63	10.69	9.06	15007
23.88	169.86	52.75	156.00	5.65	4.32	9550
20.82	197.24	29.79	43.00	4.47	3.23	7288

18－20 市辖区法人单位数（2014 年）
Number of Corporations of Municipal District(2014)

单位:个　　　　(unit)

市辖区 Municipal District	合计 Total	企业 Enterprises	事业单位 Institutions	机关 Agencies& Organizations	社会团体 Social Organizations	民办非企业单位 Non-enterprise Units Run by NGO	其他组织机构 Others
南京市 Nanjing City							
玄武区 Xuanwu District	12812	11311	317	134	515	323	212
秦淮区 Qinhuai District	19999	18279	365	109	279	576	391
建邺区 Jianye District	12087	11026	223	113	209	242	274
鼓楼区 Gulou District	24529	21793	697	254	907	406	472
浦口区 Pukou District	12832	11440	300	98	123	294	577
栖霞区 Qixia District	11011	9642	208	96	131	625	309
雨花台区 Yuhuatai District	4893	4275	146	71	86	180	135
江宁区 Jiangning District	16840	14470	381	87	109	682	1111
六合区 Luhe District	10786	9504	360	99	90	109	624
溧水区 Lishui District	8026	7156	314	77	77	53	349
高淳区 Gaochun District	6150	5132	273	110	127	94	414
无锡市 Wuxi City							
崇安区 Chongan District	11301	10518	221	70	193	184	115
南长区 Nanchang District	10762	10111	217	52	153	146	83
北塘区 Beitang District	9652	9127	158	47	69	150	101
锡山区 Xishan District	15580	14830	200	76	128	87	259
惠山区 Huishan District	18857	17772	317	73	170	152	373
滨湖区 Binhu District	18548	17110	484	151	194	261	348
徐州市 Xuzhou City							
鼓楼区 Gulou District	9358	8874	143	54	43	155	89
云龙区 Yunlong District	12109	10942	328	167	246	250	176
贾汪区 Jiawang District	3849	2911	230	60	81	74	493
泉山区 Quanshan District	11809	10773	313	98	215	203	207
铜山区 Tongshan District	10687	8593	425	106	215	221	1127
常州市 Changzhou City							
天宁区 Tianning District	15854	14631	248	63	583	167	162
钟楼区 Zhonglou District	14265	13027	312	81	465	206	174
戚墅堰区 Qishuyan District	2728	2507	77	49	54	12	29
新北区 Xinbei District	25722	24450	270	121	214	114	553
武进区 Wujin District	40989	37105	641	126	1548	155	1414
苏州市 Suzhou City							
虎丘区 Huqiu District	21581	20873	247	52	82	87	240

18－20 续 表 Continued

单位:个 (unit)

市辖区 Municipal District	合计 Total	企业 Enterprises	事业单位 Institutions	机关 Agencies& Organizations	社会团体 Social Organizations	民办非企业单位 Non-enterprise Units Run by NGO	其他组织机构 Others
吴中区 Wuzhong District	35215	33852	371	108	192	95	597
相城区 Xiangcheng District	21285	20435	201	76	83	53	437
姑苏区 Gushu District	32565	30512	480	140	536	392	505
吴江区 Wujiang District	41021	39185	495	104	309	128	800
南通市 Nantong City							
崇川区 Chongchuan District	15197	13423	405	153	486	489	241
港闸区 Gangzha District	6336	5657	159	54	61	288	117
通州区 Tongzhou District	16479	14440	520	112	232	150	1025
连云港市 Lianyungang City							
连云区 Lianyun District	2923	2532	145	64	35	52	95
海州区 Haizhou Distric	13233	11397	439	186	229	209	773
赣榆区 Ganyu Distric	6294	4767	354	67	186	79	841
淮安市 Huaian City							
清河区 Qinghe District	7916	6550	457	199	417	111	182
淮安区 Huaian District	9762	7296	542	134	190	133	1467
淮阴区 Huaiyin District	7906	5798	507	119	246	166	1070
清浦区 Qingpu District	4553	3655	245	92	124	107	330
盐城市 Yancheng City							
亭湖区 Tinghu District	8958	7718	451	117	130	204	338
盐都区 Yandu District	6363	5200	392	157	58	64	492
扬州市 Yangzhou City							
广陵区 Guangling District	12890	11381	371	155	265	296	422
邗江区 Hanjiang District	14574	12712	543	186	311	249	573
江都区 Jiangdu District	12215	9575	668	91	271	219	1391
镇江市 Zhenjiang City							
京口区 Jingkou District	7984	6932	343	63	387	133	126
润州区 Runzhou District	7161	6026	323	126	358	139	189
丹徒区 Dantu District	6538	5715	339	77	141	96	170
泰州市 Taizhou City							
海陵区 Hailing District	10605	8660	613	149	449	259	475
高港区 Gaogang District	6062	5333	223	65	157	103	181
姜堰区 Jiangyan District	10227	8140	427	75	169	312	1104
宿迁市 Suqian City							
宿城区 Sucheng District	6861	5425	486	179	135	169	467
宿豫区 Suyu District	4445	3319	330	113	23	65	595

18－21 市辖区人口、面积(2014年)
Population and Land Area of Municipal District(2014)

市辖区	Municipal District	年末户籍人口(万人) Registered Population at Year-end (10000 persons)	出生人口(人) Births (person)	死亡人口(人) Deaths (person)	年末总户数(万户) Total Households at Year-end (10000 household)	土地面积(平方公里) Land Area (sq. m)	人口密度(人/平方公里) Population Density (person/sq. m)
南京市浦口区	Nanjing Pukou District	62.66	8671	3297	20.96	910	688
南京市栖霞区	Nanjing Qixia District	44.38	5044	2304	15.14	395	1122
南京市雨花台区	Nanjing Yuhuatai District	25.17	3348	1291	9.02	132	1901
南京市江宁区	Nanjing Jiangning District	97.28	13072	5307	34.53	1563	622
南京市六合区	Nanjing Luhe District	90.25	9351	5928	29.45	1471	614
南京市溧水区	Nanjing Lishui District	42.71	5251	2859	15.21	1064	402
南京市高淳区	Nanjing Gaochun District	43.83	4782	3149	15.33	790	555
无锡市锡山区	Wuxi Xishan District	43.16	4347	3041	12.83	399	1081
无锡市惠山区	Wuxi Huishan District	44.89	4482	2719	13.84	325	1381
无锡市滨湖区	Wuxi Binhu District	47.07	5221	2886	17.55	628	749
徐州市贾汪区	Xuzhou Jiawang District	51.76	11172	992	13.97	620	834
徐州市铜山区	Xuzhou Tongshan District	131.56	24902	4297	36.24	2004	656
常州市新北区	Changzhou Xinbei District	48.63	5904	3147	15.71	453	1074
常州市武进区	Changzhou Wujin District	104.00	10214	7325	36.31	1246	835
苏州市吴中区	Suzhou Wuzhong District	62.45	8510	3751	18.93	2231	280
苏州市相城区	Suzhou Xiangcheng District	40.02	5787	2568	12.66	490	817
苏州市吴江区	Suzhou Wujiang District	81.44	9104	5956	25.71	1237	658
南通市崇川区	Nantong Chongchuan District	52.12	4613	2912	18.86	160	3263
南通市港闸区	Nantong Gangzha District	19.22	1714	1679	7.46	152	1265
南通市通州区	Nantong Tongzhou District	126.66	10809	11233	49.84	1562	811
连云港市连云区	Lianyungang Lianyun District	13.33	1665	669	4.32	797	167
连云港市赣榆区	Lianyungang Ganyu District	119.27	22041	4778	31.26	1514	788
淮安市淮安区	Huaian Huaian District	120.06	16449	5469	33.46	1452	827
淮安市淮阴区	Huaian Huaiyin District	93.15	17489	3597	28.34	1307	713
盐城市盐都区	Yancheng Yandu District	71.50	7354	4861	24.21	1050	681
扬州市邗江区	Yangzhou Hanjiang District	58.27	6556	3459	18.33	553	1054
扬州市江都区	Yangzhou Jiangdu District	106.90	8191	8276	35.92	1330	804
镇江市丹徒区	Zhenjiang Dantu District	29.11	2693	2101	10.34	617	472
泰州市海陵区	Taizhou Hailing District	42.66	4357	2758	15.58	237	1797
泰州市高港区	Taizhou Gaogang District	26.23	2621	2366	8.11	287	914
泰州市姜堰区	Taizhou Jiangyan District	79.44	6114	6814	27.16	928	857
宿迁市宿豫区	Suqian Suyu District	65.55	16261	2568	16.43	1237	530

18－22 市辖区从业人员(2014年)
Employment of Municipal District(2014)

单位:万人 (10000 persons)

市辖区 Municipal District		从业人员 Employment	第一产业 Primary Industry	第二产业 Secondary Industry	第三产业 Tertiary Industry	私营企业从业人员 Employment in Private Enterprises	个体从业人员 Employment in Self-employed Individuals
南京市浦口区	Nanjing Pukou District	41.19	2.12	18.20	20.87	12.94	7.84
南京市栖霞区	Nanjing Qixia District	35.96	1.61	14.35	20.00	16.28	5.84
南京市雨花台区	Nanjing Yuhuatai District	20.77	0.15	4.05	16.57	8.21	5.25
南京市江宁区	Nanjing Jiangning District	74.11	7.50	34.21	32.40	27.70	13.84
南京市六合区	Nanjing Luhe District	48.91	6.48	23.70	18.73	19.73	7.60
南京市溧水区	Nanjing Lishui District	31.09	3.96	16.43	10.70	12.32	3.24
南京市高淳区	Nanjing Gaochun District	31.25	5.73	15.93	9.59	15.78	2.57
无锡市锡山区	Wuxi Xishan District	45.61	1.78	30.72	13.11	19.72	4.99
无锡市惠山区	Wuxi Huishan District	45.69	1.48	29.43	14.78	25.33	4.71
无锡市滨湖区	Wuxi Binhu District	34.90	0.48	15.41	19.01	20.34	4.05
徐州市贾汪区	Xuzhou Jiawang District	24.11	7.09	9.63	7.39	6.06	2.65
徐州市铜山区	Xuzhou Tongshan District	65.63	25.86	19.48	20.29	10.67	3.58
常州市新北区	Changzhou Xinbei District	40.59	2.52	23.01	15.06	24.85	6.62
常州市武进区	Changzhou Wujin District	96.51	10.45	60.68	25.38	62.02	14.21
苏州市吴中区	Suzhou Wuzhong District	74.70	5.32	43.88	25.50	44.67	13.40
苏州市相城区	Suzhou Xiangcheng District	49.25	1.09	31.36	16.80	27.15	9.89
苏州市吴江区	Suzhou Wujiang District	86.56	3.88	54.58	28.10	39.11	10.54
南通市崇川区	Nantong Chongchuan District	37.20	0.00	7.90	29.30	24.88	11.49
南通市港闸区	Nantong Gangzha District	16.90	0.50	10.00	6.40	12.09	2.42
南通市通州区	Nantong Tongzhou District	70.20	17.30	33.80	19.10	28.92	13.61
连云港市连云区	Lianyungang Lianyun District	7.83	0.39	2.18	5.26	2.08	1.04
连云港市赣榆区	Lianyungang Ganyu District	57.60	18.73	22.15	16.72	9.72	3.36
淮安市淮安区	Huaian Huaian District	56.83	19.21	17.68	19.94	10.85	4.92
淮安市淮阴区	Huaian Huaiyin District	45.67	15.30	14.25	16.12	7.23	5.73
盐城市盐都区	Yancheng Yandu District	39.93	9.41	14.70	15.82	9.35	4.36
扬州市邗江区	Yangzhou Hanjiang District	37.70	1.30	16.20	20.20	19.79	7.65
扬州市江都区	Yangzhou Jiangdu District	61.60	12.10	27.60	21.90	31.08	6.72
镇江市丹徒区	Zhenjiang Dantu District	19.70	3.94	8.41	7.35	7.73	3.86
泰州市海陵区	Taizhou Hailing District	29.38	1.78	12.89	14.71	11.73	5.96
泰州市高港区	Taizhou Gaogang District	15.53	2.98	6.83	5.72	7.20	3.52
泰州市姜堰区	Taizhou Jiangyan District	44.84	11.76	17.14	15.94	18.18	4.60
宿迁市宿豫区	Suqian Suyu District	35.25	12.34	13.59	9.31	6.69	3.50

18－23 市辖区地区生产总值(2014年)

Gross Domestic Product of Municipal District(2014)

市辖区	Municipal District	地区生产总值(亿元) Gross Domestic Product (100 million yuan)	第一产业 Primary Industry	第二产业 Secondary Industry	#工业 Industry	第三产业 Tertiary Industry	地区生产总值指数(上年=100) GDP Index (preceding year =100)
南京市浦口区	Nanjing Pukou District	705.64	34.86	362.30	324.01	308.48	110.9
南京市栖霞区	Nanjing Qixia District	1165.77	7.81	792.59	745.96	365.37	110.4
南京市雨花台区	Nanjing Yuhuatai District	468.73	1.06	137.80	110.36	329.87	110.4
南京市江宁区	Nanjing Jiangning District	1491.49	51.43	788.69	669.59	651.37	110.9
南京市六合区	Nanjing Luhe District	872.69	51.81	527.86	475.23	293.02	110.3
南京市溧水区	Nanjing Lishui District	543.65	33.03	278.84	235.39	231.78	110.7
南京市高淳区	Nanjing Gaochun District	497.22	33.55	246.26	190.32	217.41	110.7
无锡市锡山区	Wuxi Xishan District	620.71	20.73	325.55	276.00	274.43	108.8
无锡市惠山区	Wuxi Huishan District	652.45	17.03	394.94	360.83	240.48	108.3
无锡市滨湖区	Wuxi Binhu District	718.18	4.45	329.22	286.86	384.51	108.4
徐州市贾汪区	Xuzhou Jiawang District	246.96	18.60	130.31	123.56	98.05	109.3
徐州市铜山区	Xuzhou Tongshan District	835.27	64.71	450.81	382.56	319.75	111.6
常州市新北区	Changzhou Xinbei District	900.21	14.86	523.03	499.63	362.32	112.1
常州市武进区	Changzhou Wujin District	1905.33	49.04	1047.46	995.42	808.83	110.2
苏州市吴中区	Suzhou Wuzhong District	915.18	20.56	459.56	419.56	435.06	108.3
苏州市相城区	Suzhou Xiangcheng District	578.26	10.65	289.65	229.22	277.96	108.7
苏州市吴江区	Suzhou Wujiang District	1486.51	39.53	794.54	745.92	652.44	108.0
南通市崇川区	Nantong Chongchuan District	574.69	0.27	164.62	117.20	409.80	109.5
南通市港闸区	Nantong Gangzha District	284.14	2.03	168.32	141.45	113.79	109.5
南通市通州区	Nantong Tongzhou District	860.73	52.25	446.99	367.49	361.49	110.8
连云港市连云区	Lianyungang Lianyun District	106.26	4.65	43.31	36.09	58.30	109.2
连云港市赣榆区	Lianyungang Ganyu District	426.87	62.20	212.19	166.62	152.48	112.0
淮安市淮安区	Huaian Huaian District	365.53	56.81	149.53	99.37	159.19	111.0
淮安市淮阴区	Huaian Huaiyin District	362.73	62.70	156.92	132.70	143.11	111.1
盐城市盐都区	Yancheng Yandu District	370.01	39.44	192.45	163.81	138.12	111.0
扬州市邗江区	Yangzhou Hanjiang District	602.74	17.10	256.19	254.41	329.45	110.2
扬州市江都区	Yangzhou Jiangdu District	792.61	52.92	397.59	206.53	342.10	116.0
镇江市丹徒区	Zhenjiang Dantu District	323.56	16.07	172.15	161.81	135.34	111.0
泰州市海陵区	Taizhou Hailing District	430.56	6.63	214.98	179.96	208.95	109.2
泰州市高港区	Taizhou Gaogang District	338.88	10.39	217.84	198.93	110.65	112.0
泰州市姜堰区	Taizhou Jiangyan District	488.52	35.16	242.99	197.99	210.37	111.1
宿迁市宿豫区	Suqian Suyu District	214.20	23.86	131.64	116.48	58.70	111.0

18-24 市辖区投资、财政收支(2014年)
Investment, Government Revenue and Expenditure of Municipal District (2014)

单位:亿元 (100 million yuan)

市辖区	Municipal District	固定资产投资 Investment in Fixed Assets	房地产开发投资 Investment in Real Estate Development	#住宅 Resdential Building	公共财政预算收入 Public Budget Revenues	#税收收入 Taxes	公共财政预算支出 Public Finance Budget Expenditure
南京市浦口区	Nanjing Pukou District	808.35	135.57	108.63	83.09	69.46	73.56
南京市栖霞区	Nanjing Qixia District	460.17	140.04	122.46	77.20	71.64	43.38
南京市雨花台区	Nanjing Yuhuatai District	237.11	101.58	59.72	51.95	47.54	32.61
南京市江宁区	Nanjing Jiangning District	886.80	135.98	106.90	166.82	152.79	124.95
南京市六合区	Nanjing Luhe District	725.58	97.50	85.28	64.99	55.47	57.62
南京市溧水区	Nanjing Lishui District	460.41	47.34	33.53	41.07	33.96	41.53
南京市高淳区	Nanjing Gaochun District	395.06	38.51	29.90	29.37	24.68	30.48
无锡市锡山区	Wuxi Xishan District	596.83	138.38	93.07	60.55	50.52	55.71
无锡市惠山区	Wuxi Huishan District	517.10	109.13	68.12	70.76	56.62	64.42
无锡市滨湖区	Wuxi Binhu District	490.01	232.65	143.08	83.01	66.53	55.42
徐州市贾汪区	Xuzhou Jiawang District	216.72	11.39	8.61	19.21	16.23	31.34
徐州市铜山区	Xuzhou Tongshan District	566.54	30.15	23.61	68.32	57.34	94.59
常州市新北区	Changzhou Xinbei District	722.31	175.60	125.52	89.32	71.91	54.59
常州市武进区	Changzhou Wujin District	1003.14	191.96	126.77	129.63	106.06	124.04
苏州市吴中区	Suzhou Wuzhong District	499.21	137.71	102.08	110.90	101.59	82.55
苏州市相城区	Suzhou Xiangcheng District	445.32	169.74	119.48	65.82	58.09	50.66
苏州市吴江区	Suzhou Wujiang District	754.90	197.10	128.16	137.36	112.05	126.28
南通市崇川区	Nantong Chongchuan District	406.38	151.42	81.23	68.68	58.00	33.79
南通市港闸区	Nantong Gangzha District	239.82	152.02	111.43	36.45	29.09	20.54
南通市通州区	Nantong Tongzhou District	520.12	67.79	55.25	68.40	56.89	82.75
连云港市连云区	Lianyungang Lianyun District	187.07	9.90	5.85	13.91	11.71	13.19
连云港市赣榆区	Lianyungang Ganyu District	252.80	23.19	16.53	40.17	33.83	66.49
淮安市淮安区	Huaian Huaian District	233.83	28.69	20.38	32.43	26.70	57.25
淮安市淮阴区	Huaian Huaiyin District	223.86	38.09	28.91	39.22	33.22	61.64
盐城市盐都区	Yancheng Yandu District	249.36	24.22	23.67	51.72	45.71	44.23
扬州市邗江区	Yangzhou Hanjiang District	309.13	87.78	66.85	56.03	45.36	49.35
扬州市江都区	Yangzhou Jiangdu District	469.03	54.15	47.40	47.98	39.39	57.47
镇江市丹徒区	Zhenjiang Dantu District	258.71	17.48	14.00	24.95	22.22	25.14
泰州市海陵区	Taizhou Hailing District	194.26	63.82	50.69	36.05	31.62	23.28
泰州市高港区	Taizhou Gaogang District	247.28	10.56	9.94	28.68	23.58	24.65
泰州市姜堰区	Taizhou Jiangyan District	345.56	51.93	38.21	30.35	25.16	44.28
宿迁市宿豫区	Suqian Suyu District	197.24	29.79	23.54	20.82	18.33	33.49

18－25 市辖区规模以上工业产值(2014年)
Gross Output Value of above Designated Size Industry of Municipal District (2014)

市辖区	Municipal District	规模以上工业企业个数(个) Number of Industrial Enterprises (unit)	工业总产值(亿元) Tatal Output Value of Industry (100 million yuan)	内资企业 Inner Funded Enterprises	港澳台商投资企业 Hong Kong, Macao and Taiwan Funded Enterprises	外商投资企业 Foreign Funded Enterprises
南京市浦口区	Nanjing Pukou District	354	1523.21	1110.93	258.35	153.94
南京市栖霞区	Nanjing Qixia District	234	3352.25	1401.36	134.39	1816.50
南京市雨花台区	Nanjing Yuhuatai District	88	386.92	373.04	3.43	10.44
南京市江宁区	Nanjing Jiangning District	677	2879.89	901.75	126.24	1851.90
南京市六合区	Nanjing Luhe District	507	2622.58	1809.67	159.56	653.35
南京市溧水区	Nanjing Lishui District	460	900.91	745.35	73.33	82.23
南京市高淳区	Nanjing Gaochun District	325	802.76	709.74	52.63	40.39
无锡市锡山区	Wuxi Xishan District	663	1122.00	753.09	143.13	225.79
无锡市惠山区	Wuxi Huishan District	864	1149.59	767.95	212.29	169.35
无锡市滨湖区	Wuxi Binhu District	420	489.14	330.60	54.32	104.21
徐州市贾汪区	Xuzhou Jiawang District	161	626.45	548.30	55.10	23.05
徐州市铜山区	Xuzhou Tongshan District	433	2990.24	2802.67	94.00	93.56
常州市新北区	Changzhou Xinbei District	959	2276.32	905.45	330.31	1040.56
常州市武进区	Changzhou Wujin District	1911	4227.24	3471.90	427.31	328.03
苏州市吴中区	Suzhou Wuzhong District	905	1144.73	491.33	194.96	458.44
苏州市相城区	Suzhou Xiangcheng District	730	1047.57	700.29	115.14	232.14
苏州市吴江区	Suzhou Wujiang District	1537	3080.70	1363.86	806.64	910.21
南通市崇川区	Nantong Chongchuan District	100	381.73	118.20	32.51	231.02
南通市港闸区	Nantong Gangzha District	245	440.19	252.88	47.38	139.93
南通市通州区	Nantong Tongzhou District	764	1855.49	1226.78	169.47	459.24
连云港市连云区	Lianyungang Lianyun District	62	96.71	57.38	13.84	25.49
连云港市赣榆区	Lianyungang Ganyu District	431	1290.83	1231.51	6.52	52.79
淮安市淮安区	Huaian Huaian District	336	621.12	559.37	35.39	26.36
淮安市淮阴区	Huaian Huaiyin District	418	1090.78	1020.16	17.26	53.37
盐城市盐都区	Yancheng Yandu District	338	773.15	651.82	33.59	87.74
扬州市邗江区	Yangzhou Hanjiang District	407	1265.99	1004.63	135.33	126.03
扬州市江都区	Yangzhou Jiangdu District	618	2281.79	2021.66	99.58	160.55
镇江市丹徒区	Zhenjiang Dantu District	364	1008.26	730.09	159.92	118.25
泰州市海陵区	Taizhou Hailing District	238	1191.88	870.48	23.80	297.60
泰州市高港区	Taizhou Gaogang District	204	1449.83	1219.20	14.07	216.56
泰州市姜堰区	Taizhou Jiangyan District	473	1131.30	977.52	38.03	115.75
宿迁市宿豫区	Suqian Suyu District	252	415.62	381.16	26.69	7.77

18－26 市辖区规模以上工业效益(2014 年)

Economic Benefit of above Designated Size Industry of Municipal District (2014)

市 辖 区 Municipal District		主营业务收入(亿元) Major Business Income (100 million yuan)	利润总额(亿元) Total Profits (100 million yuan)	利税总额(亿元) Total Pre-tax Profits (100 million yuan)	本年应交增值税(亿元) Added Value Payable (100 million yuan)	从业人员年平均人数(万人) Annual Average Persons Employed (10000 persons)
南京市浦口区	Nanjing Pukou District	1546.19	123.96	197.79	60.65	9.36
南京市栖霞区	Nanjing Qixia District	3415.68	171.95	436.28	150.39	11.88
南京市雨花台区	Nanjing Yuhuatai District	411.27	12.53	24.89	10.85	2.27
南京市江宁区	Nanjing Jiangning District	2450.15	292.74	432.50	89.38	20.97
南京市六合区	Nanjing Luhe District	2584.21	57.24	164.53	59.92	14.42
南京市溧水区	Nanjing Lishui District	899.78	100.67	149.30	41.36	7.49
南京市高淳区	Nanjing Gaochun District	819.11	59.38	95.01	32.76	8.69
无锡市锡山区	Wuxi Xishan District	1131.74	56.98	87.19	25.01	14.24
无锡市惠山区	Wuxi Huishan District	1104.56	76.50	111.68	30.12	11.74
无锡市滨湖区	Wuxi Binhu District	483.43	42.04	60.49	15.50	6.55
徐州市贾汪区	Xuzhou Jiawang District	611.45	34.89	65.93	26.02	3.55
徐州市铜山区	Xuzhou Tongshan District	2950.43	277.80	437.38	64.09	16.09
常州市新北区	Changzhou Xinbei District	2281.39	106.39	181.97	66.55	17.31
常州市武进区	Changzhou Wujin District	4441.74	215.14	354.42	126.44	39.98
苏州市吴中区	Suzhou Wuzhong District	1131.55	57.93	88.60	25.87	20.42
苏州市相城区	Suzhou Xiangcheng District	1038.87	48.04	71.45	20.21	16.48
苏州市吴江区	Suzhou Wujiang District	3065.24	106.51	164.62	50.24	42.65
南通市崇川区	Nantong Chongchuan District	374.60	36.80	47.84	8.90	3.04
南通市港闸区	Nantong Gangzha District	428.01	35.73	50.16	12.17	4.40
南通市通州区	Nantong Tongzhou District	1822.02	126.10	213.54	78.83	17.33
连云港市连云区	Lianyungang Lianyun District	94.41	3.05	5.17	1.88	0.64
连云港市赣榆区	Lianyungang Ganyu District	1297.16	89.13	151.11	43.72	5.37
淮安市淮安区	Huaian Huaian District	613.47	21.78	48.13	23.16	4.67
淮安市淮阴区	Huaian Huaiyin District	1085.61	77.64	107.48	20.06	6.14
盐城市盐都区	Yancheng Yandu District	768.45	46.99	94.24	39.96	6.67
扬州市邗江区	Yangzhou Hanjiang District	1156.05	71.07	129.42	50.73	14.62
扬州市江都区	Yangzhou Jiangdu District	2193.98	164.91	298.88	111.70	15.80
镇江市丹徒区	Zhenjiang Dantu District	993.71	73.81	117.60	39.09	6.88
泰州市海陵区	Taizhou Hailing District	1155.44	61.08	139.39	66.97	5.54
泰州市高港区	Taizhou Gaogang District	1403.39	122.91	195.80	63.60	7.65
泰州市姜堰区	Taizhou Jiangyan District	1050.23	78.44	123.94	39.20	6.03
宿迁市宿豫区	Suqian Suyu District	392.98	19.77	35.05	13.99	4.82

18－27　市辖区贸易、外资(2014 年)

Trade and Foreign Economy of Municipal District(2014)

市辖区	Municipal District	社会消费品零售总额(亿元) Total Retail Sales of Consumer Goods (100 million yuan)	进出口总额(亿美元) Total Imports and Exports (USD 100 million)	出口总额(亿美元) Total Exports (USD 100 million)	合同外商直接投资(亿美元) Contract of Foreign Direct Investment (USD 100 million)	实际外商直接投资(亿美元) Actual Foreign Direct Investment (USD 100 million)
南京市浦口区	Nanjing Pukou District	237.99	15.04	13.11	2.50	2.72
南京市栖霞区	Nanjing Qixia District	196.30	129.04	55.69	4.29	5.08
南京市雨花台区	Nanjing Yuhuatai District	297.00	31.34	21.89	2.78	1.65
南京市江宁区	Nanjing Jiangning District	379.58	115.32	66.34	12.18	7.18
南京市六合区	Nanjing Luhe District	309.29	19.65	9.94	4.59	3.85
南京市溧水区	Nanjing Lishui District	155.96	5.17	5.05	3.37	1.45
南京市高淳区	Nanjing Gaochun District	154.79	5.18	4.60	1.73	1.21
无锡市锡山区	Wuxi Xishan District	135.87	46.22	35.63	8.16	3.30
无锡市惠山区	Wuxi Huishan District	147.78	27.11	22.46	6.46	3.03
无锡市滨湖区	Wuxi Binhu District	212.95	22.45	16.68	2.18	1.40
徐州市贾汪区	Xuzhou Jiawang District	56.40	1.82	1.31	1.00	0.41
徐州市铜山区	Xuzhou Tongshan District	190.26	8.62	7.38	2.33	2.20
常州市新北区	Changzhou Xinbei District	232.52	107.39	75.75	9.18	8.00
常州市武进区	Changzhou Wujin District	450.30	100.03	70.01	13.91	8.19
苏州市吴中区	Suzhou Wuzhong District	313.01	115.55	71.21	4.72	5.00
苏州市相城区	Suzhou Xiangcheng District	180.79	43.21	29.86	3.60	1.84
苏州市吴江区	Suzhou Wujiang District	392.50	233.36	144.88	9.08	9.70
南通市崇川区	Nantong Chongchuan District	334.64	64.68	45.99	2.84	1.33
南通市港闸区	Nantong Gangzha District	111.91	29.48	23.43	2.62	0.47
南通市通州区	Nantong Tongzhou District	279.88	33.19	29.38	6.05	3.31
连云港市连云区	Lianyungang Lianyun District	57.59	18.04	8.11	1.45	0.83
连云港市赣榆区	Lianyungang Ganyu District	136.57	6.28	4.15	2.85	1.54
淮安市淮安区	Huaian Huaian District	136.38	2.91	2.78	2.40	1.11
淮安市淮阴区	Huaian Huaiyin District	94.47	4.82	3.24	1.58	1.51
盐城市盐都区	Yancheng Yandu District	168.04	5.75	3.09	0.58	0.86
扬州市邗江区	Yangzhou Hanjiang District	238.28	19.62	16.43	4.12	2.90
扬州市江都区	Yangzhou Jiangdu District	212.25	14.72	11.15	2.25	2.07
镇江市丹徒区	Zhenjiang Dantu District	55.54	5.73	4.96	3.48	1.70
泰州市海陵区	Taizhou Hailing District	199.61	14.87	11.79	3.01	0.54
泰州市高港区	Taizhou Gaogang District	40.35	10.31	3.02	3.36	1.84
泰州市姜堰区	Taizhou Jiangyan District	137.63	10.69	9.06	3.50	1.50
宿迁市宿豫区	Suqian Suyu District	43.00	4.47	3.23	0.93	0.73

18－28　市辖区教育、卫生、收入(2014 年)

Education, Public Health and Income of Municipal District(2014)

市辖区 Municipal District		普通中学在校学生(万人) Regular Secondary School Students Enrollment (10000 persons)	小学在校学生(万人) Primary School Student Enrollment (10000 persons)	医院个数(个) Number of Hospitals (unit)	医院床位数(张) Number of Beds in Hospitals (unit)	执业(助理)医师(人) Practitioner (Assistant) Doctors (person)	城镇常住居民人均可支配收入(元) Per Capita Disposable Income of Urban Residents (yuan)
南京市浦口区	Nanjing Pukou District	1.78	3.32	16	1992	1234	40289
南京市栖霞区	Nanjing Qixia District	1.26	2.58	16	1618	1228	41179
南京市雨花台区	Nanjing Yuhuatai District	1.26	1.78	10	1029	629	41039
南京市江宁区	Nanjing Jiangning District	3.41	5.94	22	4063	2084	41331
南京市六合区	Nanjing Luhe District	2.78	4.09	9	2571	1748	39363
南京市溧水区	Nanjing Lishui District	1.47	2.02	5	1170	661	37659
南京市高淳区	Nanjing Gaochun District	1.45	1.94	15	1557	710	38530
无锡市锡山区	Wuxi Xishan District	2.12	3.54	9	1705	1086	39820
无锡市惠山区	Wuxi Huishan District	2.42	4.04	3	1009	1017	40478
无锡市滨湖区	Wuxi Binhu District	1.53	3.00	20	6247	2456	41563
徐州市贾汪区	Xuzhou Jiawang District	1.58	3.36	5	1360	773	23685
徐州市铜山区	Xuzhou Tongshan District	4.12	10.09	15	1381	1519	27100
常州市新北区	Changzhou Xinbei District	1.66	3.55	4	290	854	41634
常州市武进区	Changzhou Wujin District	5.57	9.20	7	2364	2559	41363
苏州市吴中区	Suzhou Wuzhong District	2.05	5.78	20	3745	1827	48400
苏州市相城区	Suzhou Xiangcheng District	1.46	3.88	11	2625	986	42811
苏州市吴江区	Suzhou Wujiang District	3.56	7.61	12	4539	2536	46741
南通市崇川区	Nantong Chongchuan District	0.68	3.94	19	7277	4043	
南通市港闸区	Nantong Gangzha District	0.42	1.13	9	1626	679	
南通市通州区	Nantong Tongzhou District	3.62	4.67	6	3315	2406	34565
连云港市连云区	Lianyungang Lianyun District	0.61	1.18	8	860	790	29284
连云港市赣榆区	Lianyungang Ganyu District	5.67	8.99	11	2016	1401	23004
淮安市淮安区	Huaian Huaian District	4.14	5.75	6	2167	2082	22098
淮安市淮阴区	Huaian Huaiyin District	3.15	5.95	4	3134	2375	24039
盐城市盐都区	Yancheng Yandu District	2.49	3.29	3	2060	1334	27788
扬州市邗江区	Yangzhou Hanjiang District	2.01	3.15	16	1906	1592	34376
扬州市江都区	Yangzhou Jiangdu District	3.95	4.53	11	2888	1883	31035
镇江市丹徒区	Zhenjiang Dantu District	0.91	1.33	2	360	522	34965
泰州市海陵区	Taizhou Hailing District	1.30	2.39	15	4118	2175	32358
泰州市高港区	Taizhou Gaogang District	0.54	1.24	3	446	405	31503
泰州市姜堰区	Taizhou Jiangyan District	3.29	3.32	9	2394	1472	31375
宿迁市宿豫区	Suqian Suyu District	1.20	2.58	27	2045	741	19946

主要统计指标解释

供水综合生产能力 指按供水设施取水、净化、送水、出厂输水干管等环节实际测定计算的综合生产能力。

供水管道长度 指从送水泵到用户水表之间所有管道的长度。在同一条街道埋设两条或两条以上管道时，应按每条管道的长度计算。

供水总量 指报告期供水企业(单位)供出的全部水量。包括有效供水量及损失水量。

生活用水量 指居民日常生活与公共福利设施的用水量，包括居民、饮食店、旅馆、医院、理发店、浴池、洗衣店、游泳池、商店、学校、机关、部队等单位的用水量。

城市人口用水普及率 指城市用水人口数与城市人口总数之比。计算公式为：

用水普及率 = 城市用水人口数/城市人口总数 × 100%

燃气综合生产能力 指报告期末燃气生产厂制气、净化、输送等环节的综合生产能力，不包括备用设备能力。一般按设计能力计算，如果实际生产能力大于设计能力时，应按实际测定的生产能力计算。测定时应以制气、净化、输送三个环节中最薄弱的环节为主。

燃气供气管道长度 指报告期末从气源厂压缩机的出口或门站出口到各类用户引入管之间的全部已经通气投入使用的管道长度。不包括煤气生产厂、输配站、液化气储存站、灌瓶站、储配站、气化站、混气站、供应站等厂(站)内的管道。按不同的材质、压力级别、管径分别统计。

燃气供应总量 指报告期燃气企业(单位)向用户供应的燃气数量。包括销售量及损失量。

燃气普及率 指报告期末使用燃气的城市人口数与城市人口总数的比率。计算公式为：

燃气普及率 = 用气人口数/城市人口总数 × 100%

道路长度 指道路长度和与道路相通的桥梁、隧道的长度，按车行道中心线计算。

排水管道长度 指所有排水总管、干管、支管、检查井及连接井进出口等长度之和。

计算时应按单管计算，即在同一条街道上如有两条或两条以上并排的排水管道时，应按每条排水管道的长度相加计算。

城市污水处理能力 指污水处理厂(或处理装置)每昼夜处理污水量的设计能力。

营运车数 指报告期末公交企业(单位)用于运营业务的全部车辆数。以企业(单位)固定资产台帐中已投入运营的车辆数为准；新购、新制和调入的运营车辆，自投入之日起开始计算；调出、报废和调作他用的运营车辆，自上级主管机关批准之日起不再计入。

园林绿地面积 指报告期末用于园林和绿化的各种绿地面积。包括公共绿地、居住区绿地、单位附属绿地、防护绿地、生产绿地、道路绿地和风景林地面积。不包括：

1. 屋顶绿化、垂直绿化、阳台绿化和室内绿化。
2. 以物质生产为主的林地、耕地、牧草地、果园和竹园等。
3. 城市总体规划中不列入绿地的水域。

公园绿地 指城市中向公众开放的以游憩为主要功能，有一定的游憩设施和服务设施，同时兼有健全生态、美化景观，防灾减灾等综合作用的绿化用地。包括综合公园、社区公园、专类公园、带状公园和街旁绿地。其中综合公园、专类公园和带状公园面积之和为公园面积。

Explanatory Notes on Main Statistical Indicators

Comprehensive Production Capacity of Tap Water refers to the actual comprehensive production capacity of the waterworks, taking the capacity of the main links such as waterflow, purification, conveyance and outflow of the trunk pilelines into account.

Length of Water Pipelines refers to the total length of all the pipelines between the water pumps and the user's water meters. If there are two or more than two pipelies buried in a same street, the length of every pipeline should be taken into account.

Volume of Water Supply refers to the total volume of water supply by the water supply enterprises(units) during the reference period, including both the effective water supply and loss.

Consumption of Water for Residential Use refers to the water consumption of households for daily life and the water consumption of public welfare facilities, including the consumption of restaurants, hotels, hospitals, barber shops, public bathhouses, laundries, swimming pools, shops, schools, institutions, army units and other units.

Percentage of Urban Population with Access to Tap Water refers to the ratio of the urban population with access to tap water to the total urban population. The formula is:

Percentage of Population with Access to Tap Water = (Urban Population with Access to Tap Water)/(Urban Population) × 100%

Comprehensive Production Capacity of Burning Gas refers to the comprehensive production capacity of the burning gas—works in burning gas generation, purification and delivering, excluding the reserve capacity of the equipment. In general, the capacity is counted in accordance with the designed requirement. If the actual production capacity is larger than designed requirement, it should be counted according to the actual capacity through determination. In determination, the most weak link should be determined as the main one among the three links of burning gas generation, purification and delivering.

Length of Burning Gas Pipelines refers to the total length of pipelines between the outlet of the compressor, blower or burning gas tank of the source factory and the burning gas meters of users, which are all put in use, excluding the pipelines in burning gas—works(stations) and the pipelines of transportation and distribution station, liquefied petroluem gas storage station, pipeline and bottle station, storage and distribution station, gasification station, gas mixed station, supply station. They are counted respectively according to the different quality of materials, level of preasure and the size of bores.

Volume of Burning Gas Supply refers to the volume of burning gas supplied by the burning gas enterprises, including both the sales volume and loss.

Percentage of Urban Population with Access to Burning Gas refers to the ratio of the urban population with access to burning gas to the urban population at the reference period. The formula is:

Percentage of Urban Population with Access to Burning Gas = (Urban Population with Access to Burning Gas)/Urban Population) ×100%

Length of Roads refers to the length of roads, as well as the length of bridges and tunnels, the same as the roads, and taking the middle line of traffic lane into account.

Length of Sewage Pipes refers to the total length of general drainage, trunks, branch and blind drainages, inspection wells, connection wells, inlets and outlets, ete., taking the single pipe into account. Namely if there are two or more than two pipes standing side by side in a street, the length of every pipe should put into account.

Daily Disposal Capacity of Urban Sewage refers to the designed 24 hour capacity of sewage disposal at the sewage treatment works.

Number of Vehicles (Public Transit) in Working refers to the total of operatoinal vehicles (buses and trolley buses) available at the end of the reference period, taking them as the fixed assets registered in account book of the enterprises and put in operation as the accounting standard. Vehicles, newly bought, newly manufactured and transfered in from other units, should be put into account since the day of putting into operation, while the vehicles, transfered to other units, being scrapped and turned to other use, should not be put into account since the day of permission made by higher responsible department.

Area of Gardens and Green Areas refers to the various green land used for gardening and afforestation at the end of reference period, including public green land, residential area green land, subsidiary green land of the units, protection green land, production green land, roadside green land and scenic forest land, excluding:

1. Roof, perpendicular, balcony and indoor green area.
2. Areas taking the material production as the main aim, such as forest land, cultivated land, pasture, orchard and bamboo forest.
3. Water areas which are not listed in the urban general plan.

Park Green Area refers to green areas open to the public for amusement and rest with the facilities of amusement, rest and services. Its function includes perfecting ecology, beautifying landscape, and preventing and reducing disaster. Park green areas include comprehensive park, community park, topic park, belt – shaped park and green area nearby street. Total areas of comprehensive park, topic park and belt – shaped is the area of park.

19

区域经济

Regional Economy

简 要 说 明

一、本篇资料的主要内容

本篇资料反映苏南苏中苏北、沿江、沿海、沿东陇海线及长江三角洲地区经济社会发展情况。

二、资料来源

本篇资料主要根据市县社会经济基本情况统计年报加工整理。

Brief Introduction

I. Main Contents

Data in this chapter reflect economic and social development of the Southern, Mid and Northern Jiangsu; zone along the Yangtze rive; Coastal region; region along the Long - hai rarlway; Yangtze River Delta

Ⅱ. Date Source

Data in this chapter mainly based on the basic socio - economic situation annual report.

19－1　三大区域主要经济指标（2014年）
Major Economic Indicators of Three Regions (2014)

指标	Item	苏南 Southern Jiangsu	苏中 Mid Jiangsu	苏北 Northern Jiangsu
年末常住人口（万人）	Permanent Resident Population at Year-end (10000 persons)	3318.80	1641.45	2999.81
土地面积（平方公里）	Land Area (sq. km)	28084	22928	54865
地区生产总值（亿元）	Gross Domestic Product (100 million yuan)	38941.26	12721.49	15151.49
第一产业	Primary Industry	816.27	776.18	1758.38
第二产业	Secondary Industry	18651.56	6395.54	6937.53
#工业	Industry	16895.45	5404.15	5799.48
第三产业	Tertiary Industry	19473.43	5549.77	6455.58
人均地区生产总值（元）	Per Capita GDP (yuan)	117477	77532	50603
地区生产总值指数（上年=100）	Indices of GDP (preceding year = 100)	109.1	110.7	110.6
粮食产量（万吨）	Grain (10000 tons)	540.55	976.64	2387.92
油料产量（万吨）	Oil-bearing Crops (10000 tons)	24.55	59.00	65.62
棉花产量（万吨）	Cotton (10000 tons)	0.66	5.72	9.92
规模以上工业利税总额（亿元）	Profits and Taxes of above Designated Size Industrial Enterprises (100 million yuan)	6873.00	3750.30	4181.19
固定资产投资额（亿元）	Urban Completed Investment in Fixed Assets (100 million yuan)	21547.93	8510.39	11494.43
社会消费品零售总额（亿元）	Total Retail Sale of Consumer Goods (100 million yuan)	13679.38	4197.79	5580.89
进出口总额（亿美元）	Total Imports and Exports (USD 100 million)	4818.13	525.52	293.96
#出口	Exports	2860.03	363.40	195.27
实际外商直接投资（亿美元）	Actual Foreign Direct Invesment (USD 100 million)	180.19	46.32	55.23
公共财政预算收入（亿元）	Public Finance Budget Revenue (100 million yuan)	3826.96	1123.15	1670.73
公共财政预算支出（亿元）	Public Finance Budget Expenditure (100 million yuan)	3720.87	1388.52	2418.24
金融机构存款余额（亿元）	Deposits Balance of Banking Institution (100 million yuan)	63733.93	16565.12	13436.55
#居民储蓄存款	Saving Deposits by Residents	20654.26	8704.76	7221.57
金融机构贷款余额（亿元）	Loans Balance of Banking Institution (100 million yuan)	49015.65	10614.30	9942.72
居民人均可支配收入（元）	Per Capita Disposable Income of Residents (yuan)	36472	24599	18623
城镇常住居民人均可支配收入（元）	Per Capita Disposable Income of Urban Permanent Residents (yuan)	42753	31969	24177
农村常住居民人均可支配收入（元）	Per Capita Disposable Income of Rural Permanent Residents (yuan)	20954	15476	12670
居民人均储蓄存款（元）	Per Capita Saving Deposits of Residents (yuan)	62234	53031	24073

19－2 三大区域经济社会基本情况（2014 年）

指标	Item	苏南合计 Southern Jiangsu	南京 Nanjing	无锡 Wuxi	常州 Changzhou	苏州 Suzhou
人口、就业	**Population and Employment**					
土地面积 （平方公里）	Land Area (sq. km)	28084	6587	4627	4372	8657
年末户籍人口 （万人）	Population (Registered) (year-end) (10000 persons)	2427.65	648.72	477.14	368.64	661.08
男	Male	1203.69	325.04	236.16	182.91	324.76
女	Female	1223.96	323.68	240.98	185.73	336.31
年均户籍人口 （万人）	Yearly Average Population(Registered) (10000 persons)	2417.24	645.91	474.69	367.28	657.46
年末常住人口 （万人）	Population(Permanent) (10000 persons)	3318.80	821.61	650.01	469.64	1060.40
城镇化率 （%）	Rate of Urbanization (%)	74.3	80.9	74.5	68.7	74.0
年末总户数 （万户）	Households(year-end) (10000 subs)	829.55	221.60	159.78	129.42	217.46
#乡村户数	Rural Households	348.74	64.67	62.50	74.65	89.08
出生人口 （万人）	Births (10000 persons)	25.94	7.13	4.93	3.76	7.68
死亡人口 （万人）	Deaths (10000 persons)	15.90	3.77	3.28	2.50	4.42
人口密度 （人/平方公里）	Density of Population (person/sq. km)	1182	1243	1401	1073	1246
从业人员 （万人）	Employed Persons (10000 persons)	2009.6	453.0	389.5	281.0	693.4
第一产业	Primary Industry	144.1	47.4	17.8	30.8	24.5
第二产业	Secondary Industry	1026.0	149.9	220.5	145.8	419.8
第三产业	Tertiary Industry	839.5	255.7	151.2	104.4	249.1
私营企业从业人员 （万人）	Number of Employed Persons in Private Enterprises (10000 persons)	1058.28	222.90	228.28	153.19	372.55
个体从业人员 （万人）	Number of Self-employed Individuals (10000 persons)	291.06	74.14	45.72	43.17	98.02
年末城镇登记失业人员 （万人）	Registered Unemployed Persons in Urban Areas at Year-end (10000 persons)	18.73	6.65	4.10	3.20	3.30
年末城镇登记失业率 （%）	Registered Unemployed Persons in Urban Areas at Year-end (%)	1.84	1.91	1.91	1.91	1.92
国民核算	**National Accounting**					
地区生产总值 （亿元）	Gross Domestic Product (100 million yuan)	38941.26	8820.75	8205.31	4901.87	13760.89
第一产业	Primary Industry	816.27	214.25	138.13	138.46	203.98
第二产业	Secondary Industry	18651.56	3623.48	4095.89	2408.11	6892.98

Basic Statistics on Economy and Society of Three Regions (2014)

镇 江 Zhenjiang	苏中合计 Mid Jiangsu	南 通 Nantong	扬 州 Yangzhou	泰 州 Taizhou	苏北合计 Northern Jiangsu	徐 州 Xuzhou	连云港 Lianyungang	淮 安 Huaian	盐 城 Yancheng	宿 迁 Suqian
3840	22928	10549	6591	5787	54865	11765	7615	10030	16931	8524
272.07	1737.47	767.63	461.34	508.51	3519.57	1023.52	526.52	560.25	828.54	580.74
134.81	868.64	378.28	230.81	259.56	1821.76	530.37	274.76	288.09	427.27	301.27
137.26	868.83	389.35	230.53	248.95	1697.81	493.15	251.76	272.16	401.27	279.47
271.91	1735.81	767.07	460.59	508.15	3497.72	1015.18	523.35	556.60	826.16	576.42
317.14	1641.45	729.80	447.79	463.86	2999.81	862.83	445.17	485.21	722.28	484.32
66.6	60.9	61.2	61.2	60.2	57.5	59.5	57.1	56.5	58.5	53.7
101.29	601.60	282.61	150.08	168.91	1004.27	277.82	140.75	163.12	273.10	149.47
57.84	422.36	200.68	101.81	119.87	659.51	176.97	89.85	99.92	184.26	108.51
2.43	14.75	5.78	4.10	4.86	60.36	20.55	9.76	8.65	9.31	12.09
1.94	13.58	6.21	3.06	4.31	17.45	3.01	2.85	2.60	6.06	2.92
823	791	912	643	801	549	763	582	479	425	565
192.7	1012.6	462.0	265.6	285.0	1738.6	480.9	251.1	281.9	445.5	279.2
23.6	221.6	101.7	50.7	69.2	553.1	162.7	79.4	80.2	126.0	104.8
90.0	453.6	216.0	118.3	119.3	567.6	150.7	80.9	87.6	151.4	97.0
79.1	337.4	144.3	96.6	96.5	617.9	167.5	90.8	114.1	168.1	77.4
81.36	464.45	250.31	114.36	99.78	450.21	122.32	42.21	66.13	133.72	85.83
30.01	153.26	73.63	38.40	41.23	198.19	56.31	20.11	36.92	45.70	39.17
1.47	7.77	3.40	2.70	1.67	10.07	3.19	1.45	2.10	2.01	1.31
1.91	2.04	1.97	2.08	1.95	2.08	1.91	2.36	2.22	1.91	2.31
3252.44	12721.49	5652.69	3697.91	3370.89	15151.49	4963.91	1965.89	2455.39	3835.62	1930.68
121.45	776.18	339.57	227.36	209.25	1758.38	473.54	261.98	286.99	489.50	246.37
1631.10	6395.54	2812.34	1885.75	1697.45	6937.53	2246.24	889.68	1085.96	1782.41	933.24

指 标	Item	苏南合计 Southern Jiangsu	南 京 Nanjing	无 锡 Wuxi	常 州 Changzhou	苏 州 Suzhou
#工业	Industry	16895.45	3119.12	3747.59	2170.19	6360.14
第三产业	Tertiary Industry	19473.43	4983.02	3971.29	2355.30	6663.93
人均地区生产总值（按常住人口计算,元）	Per Capita GDP(Permanent) (yuan)	117477	107545	126389	104423	129926
人均地区生产总值（按户籍人口计算,元）	Per Capita GDP(Registered) (yuan)	161098	136564	172858	133466	209304
地区生产总值指数（上年＝100）	Indices of GDP (preceding year＝100)	109.1	110.1	108.2	110.1	108.3
第一产业	Primary Industry	102.5	103.3	103.5	103.0	100.0
第二产业	Secondary Industry	107.6	108.8	106.5	109.5	106.2
#工业	Industry	107.7	109.3	106.5	109.8	106.2
第三产业	Tertiary Industry	111.1	111.5	110.3	111.5	111.1
地区生产总值构成（%）	Composition of GDP (%)					
第一产业	Primary Industry	2.1	2.4	1.7	2.8	1.5
第二产业	Secondary Industry	47.9	41.1	49.9	49.1	50.1
#工业	Industry	43.4	35.4	45.7	44.3	46.2
第三产业	Tertiary Industry	50.0	56.5	48.4	48.0	48.4
固定资产投资	**Investment in Fixed Assets**					
固定资产投资额（亿元）	Urban Investment in Fixed Assets (100 million yuan)	21547.93	5430.77	4610.77	3310.05	6054.00
#房地产投资	Investment in Real Estate Development	5142.73	1125.49	1252.22	681.53	1764.44
#住宅	Residence	3649.77	796.27	845.98	461.05	1303.50
固定资产投资本年资金来源构成 （%）	Grouped by Source of Finance (%)					
国家预算内资金	State Appropriation	0.9	2.5	1.4	1.0	1.0
国内贷款	Domestic Loans	14.6	6.3	9.2	19.6	10.8
利用外资	Foreign Inventment	3.4	1.0	1.8	0.6	5.6
自筹资金	Fund Raising	64.9	80.3	77.5	62.7	69.7
其他资金	Others	16.2	9.9	10.1	16.1	12.9
新增固定资产 （亿元）	Newly Increased Investment in Fixed Assets (100 million yuan)	16309.19	3919.89	3429.44	2473.72	4636.46
商品房销售建筑面积（万平方米）	Floor Space of Selling Commercial Houses (10000 sq. m)	4953.54	1207.58	839.15	787.50	1599.16
#住宅	Residencial Buildings	4457.81	1124.73	738.48	674.66	1446.07
财政、金融、保险	**Finance, Banking and Insurance**					
财政总收入（新口径）（亿元）	Total Financial Budgetary Revenue (New Statistical Scale) (100 million yuan)	6829.52	1771.85	1318.46	710.68	2623.61

Continued 1

镇 江 Zhenjiang	苏中合计 Mid Jiangsu	南 通 Nantong	扬 州 Yangzhou	泰 州 Taizhou	苏北合计 Northern Jiangsu	徐 州 Xuzhou	连云港 Lianyungang	淮 安 Huaian	盐 城 Yancheng	宿 迁 Suqian
1498.41	5404.15	2307.64	1634.48	1462.03	5799.48	1883.70	706.89	903.34	1524.64	780.91
1499.89	5549.77	2500.78	1584.80	1464.19	6455.58	2244.13	814.23	1082.44	1563.71	751.07
102652	77532	77457	82654	72706	50603	57655	44277	50736	53115	39963
119615	73288	73692	80287	66336	43318	48897	37564	44114	46427	33494
110.9	110.7	110.5	111.0	110.8	110.6	110.5	110.2	110.9	110.9	110.8
103.7	103.0	102.6	103.6	103.3	103.4	103.7	103.3	103.3	103.4	103.3
110.8	110.6	110.3	111.0	110.5	110.8	108.9	111.5	111.2	111.8	112.6
111.1	111.2	111.1	111.5	110.9	111.5	109.2	112.8	112.3	112.5	113.7
111.4	112.1	112.0	112.0	112.3	112.3	113.6	110.5	112.5	112.0	111.1
3.7	6.1	6.0	6.1	6.2	11.6	9.5	13.3	11.7	12.8	12.8
50.2	50.3	49.8	51.0	50.4	45.8	45.3	45.3	44.2	46.5	48.3
46.1	42.3	40.5	44.2	43.4	38.3	37.9	36.0	36.8	39.7	40.4
46.1	43.6	44.2	42.9	43.4	42.6	45.2	41.4	44.1	40.8	38.9
2142.34	8510.39	3896.39	2416.66	2197.34	11494.43	3671.56	1716.57	1795.73	2751.35	1559.22
319.05	1324.90	678.92	360.44	285.54	1772.60	468.88	189.28	357.66	379.64	377.14
242.97	1000.76	492.67	286.99	221.10	1273.99	316.95	150.89	270.18	274.60	261.37
2.0	0.8	1.0	4.2	0.3	2.6	0.7	1.2	0.2	0.8	1.0
11.1	15.4	11.8	7.8	8.0	7.6	11.3	4.3	15.8	5.9	4.4
1.8	4.0	5.1	1.2	0.8	1.0	2.9	1.1	0.3	0.5	1.5
75.2	64.4	62.0	78.4	81.7	76.0	76.8	83.0	71.7	80.6	81.2
9.8	15.4	20.2	8.4	9.3	12.8	8.2	10.4	11.9	12.1	12.0
1849.68	6991.65	3214.42	1948.24	1828.99	8855.52	3084.18	1267.74	998.97	2287.56	1217.07
520.15	1994.45	919.17	635.07	440.21	2898.84	738.03	337.64	614.53	624.52	584.12
473.87	1817.99	843.35	569.75	404.89	2525.13	650.39	298.26	538.37	513.84	524.29
404.91	1751.93	842.92	468.46	440.55	2441.12	732.59	345.67	463.51	595.86	303.48

指 标	Item	苏南合计 Southern Jiangsu	南京 Nanjing	无锡 Wuxi	常州 Changzhou	苏州 Suzhou
上划中央收入	Turn Over Revenue to the Central Government	3002.56	868.36	550.45	276.80	1179.79
公共财政预算收入	Public Finance Budget Revenue	3826.96	903.49	768.01	433.88	1443.82
#税收收入	Taxes	3199.11	757.21	620.34	348.38	1244.37
公共财政预算支出（亿元）	Public Finance Budget Expenditure (100 million yuan)	3720.87	921.20	748.06	434.93	1304.83
人均公共财政预算收入（元）	Per Capita Public Finance Budget Revenue (yuan)	11545	11016	11830	9243	13632
公共财政预算收入占GDP比重（%）	Percentage of Public Finance Budget Revenue to GDP (%)	9.8	10.2	9.4	8.9	10.5
金融机构存款余额（亿元）	Deposits Balance of Banking Institutions (100 million yuan)	63733.93	20161.86	11849.03	6758.57	21428.20
#居民储蓄存款	Savings Deposits by Residents	20654.26	5055.77	4341.45	2934.19	6753.44
金融机构贷款余额（亿元）	Loans Balance of Banking Institutions (100 million yuan)	49015.65	15628.53	8669.62	4789.74	17247.94
保费收入（亿元）	Premium (100 million yuan)	956.50	248.32	191.30	135.38	311.77
财产险	Property Insurance	382.97	99.44	74.18	45.66	143.12
人寿险	Life Insurance	573.52	148.88	117.13	89.72	168.66
赔款和给付（亿元）	Claim and Payment (100 million yuan)	347.47	91.80	73.74	49.00	109.21
财产险	Property Insurance	209.36	52.12	42.22	25.81	78.11
人寿险	Life Insurance	138.12	39.68	31.52	23.18	31.10
农业	**Agriculture**					
乡村从业人员（万人）	Rural Employees (10000 persons)	637.18	119.21	112.77	130.50	174.76
#农林牧渔业	Farming, Forestry, Animal Husbandry and Fishery	115.03	25.71	18.97	24.24	22.81
工业	Industry	315.85	36.37	67.38	59.25	105.05
建筑业	Construction	70.39	23.89	7.76	17.37	9.88
农林牧渔业总产值（亿元）	Gross Output Value of Farming, Forestry, Animal Husbandry and Fishery (100 million yuan)	1501.71	384.63	253.76	256.81	392.49
农业	Farming	774.84	218.50	137.08	138.75	161.45
林业	Forestry	75.05	19.84	19.82	1.81	24.47
牧业	Animal Husbandry	185.47	48.23	32.81	37.43	38.82
渔业	Fishery	333.15	79.86	36.93	64.73	122.64
农林牧渔服务业	Service Industry of FFAF	133.20	18.19	27.12	14.09	45.10

Continued 2

镇 江 Zhenjiang	苏中合计 Mid Jiangsu	南 通 Nantong	扬 州 Yangzhou	泰 州 Taizhou	苏北合计 Northern Jiangsu	徐 州 Xuzhou	连云港 Lianyungang	淮 安 Huaian	盐 城 Yancheng	宿 迁 Suqian
127.15	628.78	292.91	173.27	162.59	770.38	260.27	83.89	154.99	177.84	93.38
277.76	1123.15	550.00	295.19	277.95	1670.73	472.33	261.77	308.51	418.02	210.10
228.82	925.37	457.34	242.22	225.80	1373.89	386.43	213.42	251.94	341.41	180.69
311.85	1388.52	649.58	367.73	371.21	2418.24	661.84	375.95	431.65	603.21	345.59
8767	6845	7536	6598	5995	5580	5486	5896	6375	5789	4349
8.5	8.8	9.7	8.0	8.2	11.0	9.5	13.3	12.6	10.9	10.9
3536.27	16565.12	8339.54	4269.75	3955.84	13436.55	4286.46	1852.67	2005.72	3692.75	1598.96
1569.40	8704.76	4602.87	2117.09	1984.80	7221.57	2377.44	924.03	1044.52	2062.39	813.20
2679.83	10614.30	5130.38	2732.42	2751.51	9942.72	2724.79	1549.34	1617.55	2567.98	1483.05
69.72	337.02	153.99	96.67	86.36	347.85	106.46	49.52	57.88	88.22	45.78
20.59	101.56	49.16	27.47	24.93	123.07	37.70	22.70	18.07	26.74	17.86
49.13	235.46	104.83	69.20	61.43	224.78	68.76	26.82	39.80	61.47	27.92
23.73	116.83	68.69	17.11	31.04	115.44	36.37	17.17	16.70	33.95	11.25
11.10	54.58	26.12	14.34	14.12	62.97	19.99	10.79	10.40	14.41	7.38
12.63	56.72	37.04	2.76	16.92	52.47	16.38	6.38	6.29	19.54	3.87
99.94	696.26	302.30	182.48	211.48	1271.42	358.77	174.50	211.47	301.92	224.76
23.30	145.05	66.66	34.09	44.30	501.92	136.31	80.34	86.59	111.30	87.38
47.80	210.39	83.54	65.25	61.60	294.01	101.07	30.28	41.18	59.91	61.57
11.49	133.60	62.21	34.40	36.99	179.61	51.62	30.58	31.09	37.13	29.19
214.02	1425.24	631.32	431.98	361.94	3435.58	893.65	507.39	535.56	1035.82	463.16
119.06	681.53	278.66	201.81	201.06	1854.89	547.88	242.27	340.87	450.93	272.94
9.11	17.74	4.06	10.13	3.55	82.94	13.36	14.08	11.58	25.74	18.18
28.17	284.94	144.96	73.42	66.56	861.36	264.21	105.73	118.97	281.72	90.73
28.98	345.08	147.77	125.10	72.21	488.43	40.33	117.16	54.83	205.29	70.83
28.69	95.95	55.87	21.53	18.55	147.96	27.87	28.16	9.32	72.14	10.48

指标	Item	苏南合计 Southern Jiangsu	南京 Nanjing	无锡 Wuxi	常州 Changzhou	苏州 Suzhou
农业机械总动力（万千瓦）	Total Power of Agricultural Machinery (10000 kW)	791.91	221.00	100.44	154.75	163.28
化肥施用量（万吨）	Consumption of Chemical Fertilizer (10000 tons)	32.77	7.73	5.49	6.24	7.85
农村用电量（亿千瓦小时）	Electricity Consumed in Rural Areas (100 million kW·h)	1260.19	31.81	390.35	177.46	581.42
农作物总播种面积（千公顷）	Total Sown Area (1000 hectares)	1209.77	320.62	178.66	221.64	253.02
#粮食	Grain	740.77	157.11	108.99	147.56	151.29
主要产品产量（万吨）	Total Output of Major Products (10000 tons)					
粮食	Grain	540.55	114.72	77.20	112.16	110.46
油料	Oil-bearing Crops	24.55	11.47	0.94	4.17	2.04
棉花（吨）	Cotton (ton)	6567	4175		433	882
肉类	Meat	54.78	11.83	8.84	14.62	11.43
#猪肉	Pork	32.68	6.65	6.27	7.33	7.55
牛肉	Beef	0.18	0.10	0.01	0.03	
羊肉	Mutton	0.85	0.37	0.04	0.12	0.19
水产品	Aquatic Products	90.75	22.88	13.00	18.68	26.70
工业（规模以上）	**Industry (above Designated Size)**					
工业企业单位数（个）	Number of Industrial Enterprises (unit)	25631	2748	5163	4350	10432
工业总产值（亿元）	Gross Output Value of Industry (100 million yuan)	77069.43	13199.67	14425.66	11037.46	30322.17
#内资企业	Domestic Funded Enterprises	41087.77	7647.59	9260.74	7575.43	11142.22
外商港澳台商投资企业	Enterprises Funded by Foreign, Hong Kong, Macao and Taiwan Enterprises	35981.67	5552.08	5164.92	3462.03	19179.95
#国有控股企业	State-owned Share Holding Enterprises	7132.53	4387.20	753.74	404.69	1086.31
#大中型企业	Large and Medium-sized Enterprises	53742.78	9200.80	9735.30	6998.05	22348.00
#轻工业	Light Industry	18033.31	2709.85	3625.16	2448.53	7831.81
#制造业	Manufacturing	75612.57	12894.79	14189.13	10914.72	29764.04
电力、热力、燃气及水的生产和供应业	Production and Supply of Electric Power, Heat Power, Gas and Water	1359.62	279.14	236.53	114.88	555.90
资产总计（亿元）	Total Industrial Assets (100 million yuan)	64173.18	10155.54	14454.12	8102.32	26108.97
负债合计（亿元）	Total Liabilities (100 million yuan)	36200.42	5834.64	8099.09	4797.60	14400.82
主营业务收入（亿元）	Major Business Revenue (100 million yuan)	76868.57	13003.84	14190.87	11379.01	30397.27

Continued 3

镇 江 Zhenjiang	苏中合计 Mid Jiangsu	南 通 Nantong	扬 州 Yangzhou	泰 州 Taizhou	苏北合计 Northern Jiangsu	徐 州 Xuzhou	连云港 Lianyungang	淮 安 Huaian	盐 城 Yancheng	宿 迁 Suqian
152.44	899.58	387.02	252.33	260.23	2958.48	657.01	563.02	568.57	635.16	534.73
5.46	59.86	22.74	19.97	17.14	230.98	64.08	34.58	40.08	52.80	39.45
79.15	341.54	159.47	60.03	122.04	233.19	64.82	31.81	14.51	79.65	42.39
235.83	1928.46	835.55	510.93	581.98	4710.49	1127.21	631.98	796.44	1445.02	709.84
175.82	1376.58	515.56	422.36	438.66	3448.86	732.96	501.82	658.52	978.77	576.79
126.02	976.64	334.02	314.10	328.53	2387.92	469.18	359.33	467.19	703.07	389.15
5.93	59.00	39.06	7.39	12.55	65.62	10.62	11.39	9.16	29.88	4.56
1077	57242	43644	2482	11116	99220	32426	1719	82	63851	1142
8.06	94.53	49.48	18.22	26.83	286.58	99.77	30.67	31.29	90.82	34.03
4.88	59.88	28.07	10.46	21.36	159.62	42.72	22.14	19.31	56.63	18.81
0.04	0.16	0.03	0.07	0.05	5.26	1.18	2.00	0.39	0.42	1.27
0.12	3.58	3.04	0.18	0.36	10.24	5.72	0.63	0.63	2.74	0.52
9.49	166.24	88.21	39.65	38.38	261.84	18.60	76.04	26.51	114.32	26.37
2938	10589	5081	2799	2709	12503	2861	1649	2474	3002	2517
8084.47	30797.05	12499.70	8840.99	9456.36	32506.20	11390.64	4865.00	5643.77	7238.02	3368.77
5461.79	22115.03	8233.93	6564.35	7316.75	26784.17	10300.78	3779.85	4270.95	5356.44	3076.15
2622.69	8682.00	4265.76	2276.64	2139.60	5722.02	1089.87	1085.14	1372.81	1881.58	292.62
500.60	2903.98	694.93	1583.81	625.24	2119.88	1077.21	324.40	382.01	241.15	95.10
5460.63	17157.06	6422.65	5751.13	4983.28	16762.87	6625.86	2894.94	2499.04	3533.24	1209.79
1417.96	8633.16	3955.64	2054.12	2623.40	11353.22	3538.78	1437.26	2247.66	2428.65	1700.87
7849.89	30287.90	12294.01	8624.35	9369.54	31477.27	10861.22	4696.93	5490.95	7106.30	3321.87
173.17	390.18	205.69	99.43	85.06	544.14	187.82	110.00	81.20	129.51	35.61
5352.23	16868.95	7558.80	4375.09	4935.06	18050.46	6085.92	2847.35	2513.15	4078.17	2525.87
3068.27	9149.46	4176.92	2267.35	2705.19	8978.81	3027.04	1527.04	1135.39	2229.09	1060.25
7897.58	30348.06	12351.36	8640.76	9355.94	32243.67	11311.94	4820.99	5618.24	7209.61	3282.89

指 标	Item	苏南合计 Southern Jiangsu	南京 Nanjing	无锡 Wuxi	常州 Changzhou	苏州 Suzhou
#主营业务税金及附加	Major Business Tax and Extra	570.86	353.81	55.11	42.26	91.19
利税总额 （亿元）	Total Pre-tax Profits （100 million yuan）	6873.00	1724.87	1263.99	1006.41	2074.08
#利润总额	Total Profits	4347.73	879.39	873.14	618.49	1460.13
建筑业	**Construction**					
建筑企业单位数 （个）	Number of Construction Enterprise （unit）	4526	1487	577	633	1438
建筑业总产值 （亿元）	Gross Output Value of Construction （100 million yuan）	7824.74	3217.80	650.48	1284.03	2116.98
房屋建筑施工面积 （万平方米）	Floor Space of Building under Construction （10000 sq. m）	48779.58	19565.64	4250.19	10747.96	11803.55
房屋建筑竣工面积 （万平方米）	Floor Space of Buildings Completed （10000 sq. m）	16849.81	6315.87	1761.79	3811.33	4006.64
交通运输、邮电业	**Transportation, Postal and Telecommunication Sercices**					
公路里程 （公里）	Total Length of Highways （km）	47798	11309	7655	8906	12665
#等级公路	Expressway and Class Ⅰ to Ⅳ Highways	46794	10355	7655	8856	12665
#高速公路	Expressway	1842	568	274	268	550
公路客运量 （万人）	Passenger Traffic of Highways （10000 persons）	68480	10596	7222	6769	39432
公路货运量 （万吨）	Freight Traffic of Highways （10000 tons）	54493	12143	12885	10705	11855
民用汽车拥有量（万辆）	Number of Civil Motor Vehicles Owned （10000 units）	666.55	172.20	127.76	87.31	240.79
#私人汽车拥有量	Number of Private-owned Vehicles	557.55	148.55	102.63	72.64	200.86
邮政业务总量 （亿元）	Total Post Services （100 million yuan）	235.91	64.96	40.50	21.81	98.65
电信业务总量 （亿元）	Total Telecommunication Revenue （100 million yuan）	684.55	172.98	129.07	89.09	239.01
固定电话用户 （万户）	Number of Fixed Telephone Subscribers （10000 subscribers）	1085.29	282.52	213.23	151.73	340.53
移动电话用户 （万户）	Number of Mobile Telephone Subscribers （10000 subscribers）	4181.25	1042.44	832.53	520.18	1468.74
互联网宽带接入用户 （万户）	Number of Subscribers of Internet Service （10000 subscriber）	854.52	226.98	153.00	116.86	295.70
全年用电量 （亿千瓦小时）	Total Consumption of Electricity （100 million kW·h）	2941.26	470.50	598.18	395.06	1268.12
#工业用电	Consumption of Electricity for Industrial Use	2289.15	289.02	477.47	316.09	1044.14
居民生活用电	Consumption of Electricity for Living Use by Residents	249.59	60.74	48.94	32.43	87.33

Continued 4

镇江 Zhenjiang	苏中合计 Mid Jiangsu	南通 Nantong	扬州 Yangzhou	泰州 Taizhou	苏北合计 Northern Jiangsu	徐州 Xuzhou	连云港 Lianyungang	淮安 Huaian	盐城 Yancheng	宿迁 Suqian
28.49	201.09	52.91	82.62	65.56	463.73	207.27	43.11	106.09	81.34	25.92
803.65	3750.30	1477.71	1051.82	1220.77	4181.19	1639.85	612.09	547.59	900.30	481.36
516.58	2258.54	937.85	606.82	713.87	2419.57	899.73	372.29	304.64	509.32	333.59
391	2261	892	735	634	2433	413	301	611	751	357
555.46	11611.73	6281.21	2944.71	2385.82	5156.46	1321.04	583.31	1225.95	1286.63	739.53
2412.24	117736.94	68200.55	24684.57	24851.81	46522.27	11606.80	5341.67	11969.79	10536.04	7067.96
954.19	40429.74	20199.21	9332.67	10897.85	19515.48	5274.97	2608.14	4364.40	4366.78	2901.19
7263	38076	18094	10525	9457	71646	16428	11914	13071	19256	10977
7263	36746	18031	9270	9445	66305	15314	11839	12197	17272	9683
182	872	298	318	256	1776	459	349	401	322	245
4461	23685	9998	4792	8895	45105	15063	5433	8435	9440	6734
6905	20120	11129	6504	2487	39835	16967	8406	5572	5093	3797
38.49	195.51	99.66	48.82	47.03	239.48	75.60	36.87	34.72	54.96	37.33
32.87	169.07	86.94	41.70	40.43	209.06	66.46	31.83	29.62	47.53	33.62
9.98	56.15	28.22	17.15	10.78	66.94	14.88	9.04	9.38	12.08	21.56
54.41	228.81	95.71	67.27	65.83	352.27	85.84	54.37	64.57	84.93	62.56
97.28	500.50	235.38	134.04	131.08	547.82	145.91	94.96	88.99	144.90	73.07
317.37	1450.07	644.77	422.42	382.88	2439.02	751.01	366.52	375.99	569.80	375.70
61.98	287.16	129.07	82.80	75.29	381.68	107.65	68.18	58.57	91.98	55.29
209.41	769.89	333.23	204.36	232.30	1066.44	332.47	157.51	151.53	278.55	146.38
162.44	571.50	242.89	147.89	180.73	777.74	247.48	110.44	106.89	209.02	103.90
20.15	97.84	43.73	28.03	26.08	149.45	43.28	23.30	23.68	37.46	21.73

指 标	Item	苏南合计 Southern Jiangsu	南京 Nanjing	无锡 Wuxi	常州 Changzhou	苏州 Suzhou
批发零售贸易、餐饮业	**Wholesale and Retail Trade and Catering Services**					
社会消费品零售总额（亿元）	Total Retail Sale of Consumer Goods (100 million yuan)	13679.38	4167.19	2607.90	1805.40	4095.09
#批发和零售业	Wholesale and Retail Trade	12360.27	3785.81	2409.67	1659.89	3610.36
住宿和餐饮业	Catering Services	1319.11	381.38	198.22	145.51	484.74
对外经济贸易、旅游	**Foreign Economy, Trade and Tourism**					
进出口总额（亿美元）	Total Imports and Exports (USD 100 million)	4818.13	572.21	741.70	288.10	3113.06
出口	Exports	2860.03	326.28	442.31	213.64	1811.78
进口	Imports	1958.11	245.93	299.39	74.46	1301.28
外贸依存度（%）	Interdependent Level to Foreign Trade (%)	76.0	39.8	55.5	36.1	139.0
实际外商直接投资（亿美元）	Actual Foreign Direct Investment (USD 100 million)	180.19	32.91	29.04	24.09	81.20
接待境外旅游者人数（万人次）	Number of Overseas Recieved Tourists (10000 person-times)	258.80	56.62	40.31	12.04	145.33
星级饭店数（个）	Star Class Hotels (unit)	395	102	55	68	132
旅游外汇收入（亿美元）	Foreign Exchange Earnings from Tourism (USD 100 million)	27.35	5.53	3.30	1.02	17.05
教育	**Education**					
学校数（所）	Total Number of School (unit)					
#普通高校	Institutions of Regular Higher Education	91	44	12	9	21
普通中等专业学校	Regular Specialized Secondary Schools	92	24	21	12	23
普通中学	Regular Secondary Schools	949	223	180	158	276
小学	Primary Schools	1214	346	185	187	383
在校学生数（万人）	Total Number of Students Enrollment (10000 persons)					
#普通高校	Institutions of Regular Higher Education	133.94	80.53	11.42	10.86	20.95
普通中等专业学校	Regular Specialized Secondary Schools	20.92	5.36	4.24	3.69	5.55
普通中学	Regular Secondary Schools	97.01	22.28	20.94	16.25	27.96

Continued 5

镇 江 Zhenjiang	苏中合计 Mid Jiangsu	南 通 Nantong	扬 州 Yangzhou	泰 州 Taizhou	苏北合计 Northern Jiangsu	徐 州 Xuzhou	连云港 Lianyungang	淮 安 Huaian	盐 城 Yancheng	宿 迁 Suqian
1003.80	4197.79	2166.10	1128.10	903.60	5580.89	2099.20	739.40	864.80	1312.70	564.80
894.53	3773.88	1982.88	1016.65	774.34	5053.37	1925.89	676.26	778.19	1179.44	493.59
109.27	423.92	183.21	111.45	129.26	527.53	173.31	63.13	86.61	133.26	71.21
103.07	525.52	316.47	100.12	108.93	293.96	59.88	80.30	41.06	75.17	37.55
66.02	363.40	224.80	76.82	61.78	195.27	46.77	43.55	31.61	43.94	29.40
37.05	162.12	91.67	23.30	47.15	98.70	13.12	36.75	9.45	31.23	8.15
19.5	25.4	34.4	16.6	19.8	11.9	7.4	25.1	10.3	12.0	11.9
12.95	46.32	23.05	13.88	9.39	55.23	16.58	9.54	11.99	10.47	6.65
4.50	27.07	18.72	5.35	3.00	11.23	2.95	2.30	1.36	4.22	0.40
38	188	96	63	29	290	123	44	48	49	26
0.46	1.85	1.08	0.49	0.28	1.12	0.30	0.19	0.13	0.45	0.05
5	17	8	6	3	26	9	3	6	5	3
12	24	5	10	9	58	10	9	15	6	18
112	571	215	168	188	1124	319	173	176	273	183
113	687	321	208	158	2122	906	449	283	318	166
8.42	21.12	8.09	8.10	4.93	31.63	13.72	3.81	6.73	5.61	1.76
2.02	11.43	5.34	4.72	1.37	21.71	4.24	3.63	5.19	2.53	6.11
9.59	60.90	24.74	18.42	17.74	130.71	35.93	22.53	21.54	27.19	23.52

19－2 续 表6

指 标	Item	苏南合计 Southern Jiangsu	南京 Nanjing	无锡 Wuxi	常州 Changzhou	苏州 Suzhou
小学	Primary Schools	167.26	33.93	33.62	25.33	60.63
专任教师数（万人）	Total Number of Full-time Teachers (10000 persons)					
#普通高校	Institutions of Regular Higher Education	7.57	4.77	0.61	0.53	1.13
普通中等专业学校	Regular Specialized Secondary Schools	1.62	0.36	0.39	0.27	0.44
普通中学	Regular Secondary Schools	9.21	2.24	1.94	1.40	2.63
小学	Primary Schools	9.56	2.18	1.95	1.31	3.20
幼儿园数（所）	Kindergartens (unit)	2104	774	304	264	555
在园幼儿数（万人）	School-age Children Enrolled in Schools (10000 persons)	80.43	18.74	15.88	11.73	27.38
成人高等学校在校学生数（万人）	Total Number of Adult Students in Institutions of Higher Education (10000 persons)	30.45	18.34	2.16	3.81	3.32
科技、文化、卫生	**Science, Culture and Public Health**					
专利申请受理量（件）	Applications Accepted (unit)	276888	56108	54519	37833	103249
#发　明	Inventions	112317	28050	22788	11668	40842
专利申请授权量（件）	Patents Granted (unit)	136349	22844	27937	18152	54709
#发　明	Inventions	16300	5265	2801	1696	5264
公共图书馆（个）	Public Libraries (unit)	47	14	10	4	11
公共图书馆藏书量（千册、件）	Total Collections of Public Libraries (1000 volumes)	30644	5188	4498	3030	15099
卫生机构数（个）	Number of Health Institutions (unit)	9720	2383	2155	1182	3063
#医院	Hospitals	602	186	139	49	185
卫生院	Commune Hospitals	232	21	29	58	78
卫生机构床位数（万张）	Number of Beds in Health Institutions (10000 units)	17.20	4.37	3.50	2.36	5.52
#医院	Hospital	14.66	3.87	3.04	1.79	4.89
卫生院	Commune Hospitals	1.07	0.05	0.06	0.37	0.40
卫生技术人员（万人）	Number of Medical and Technical Personnel (10000 persons)	21.44	6.21	4.16	2.81	6.43

Continued 6

镇 江 Zhenjiang	苏中合计 Mid Jiangsu	南 通 Nantong	扬 州 Yangzhou	泰 州 Taizhou	苏北合计 Northern Jiangsu	徐 州 Xuzhou	连云港 Lianyungang	淮 安 Huaian	盐 城 Yancheng	宿 迁 Suqian
13.76	75.87	32.04	21.88	21.94	228.35	75.45	38.42	33.66	42.57	38.26
0.53	1.26	0.49	0.49	0.28	1.70	0.77	0.19	0.34	0.30	0.09
0.17	0.40	0.06	0.16	0.17	1.01	0.16	0.16	0.29	0.11	0.28
0.99	6.05	2.44	1.66	1.95	11.87	3.40	2.04	1.89	2.71	1.83
0.93	4.74	1.93	1.35	1.46	12.72	3.82	2.13	2.04	2.52	2.21
207	981	396	283	302	1984	581	409	296	333	365
6.69	35.43	15.35	9.61	10.47	118.27	39.22	19.10	16.72	22.72	20.51
2.82	5.23	2.56	1.85	0.83	8.20	4.24	0.81	1.22	1.36	0.57
25179	77334	27692	22709	26933	67934	14014	10090	15101	19944	8785
8969	20014	8450	4907	6657	14337	4441	1712	3495	2943	1746
12707	33352	12391	11843	9118	30327	8468	6341	6663	4549	4306
1274	1744	932	467	345	1632	676	273	326	270	87
8	25	11	7	7	41	8	7	9	11	6
2829	9831	4455	2937	2439	11839	3023	2485	2368	2831	1132
937	7022	3262	1782	1978	15258	4620	2702	2257	3217	2462
43	316	201	63	52	606	122	68	51	144	221
46	301	103	73	125	513	159	91	129	134	
1.45	7.58	3.51	1.98	2.09	14.44	4.62	1.81	2.46	3.53	2.02
1.08	5.50	2.69	1.44	1.38	10.76	3.35	1.25	1.53	2.62	2.01
0.20	1.61	0.73	0.31	0.57	2.87	0.96	0.40	0.75	0.75	
1.84	8.58	3.95	2.33	2.30	15.84	4.70	2.19	2.90	3.66	2.39

指 标	Item	苏南合计 Southern Jiangsu	南京 Nanjing	无锡 Wuxi	常州 Changzhou	苏州 Suzhou
#执业(助理)医师	Practitioner (Assistant) Doctors	8.14	2.16	1.56	1.14	2.54
注册护士	Registered Nurses	8.99	2.74	1.79	1.17	2.54
人民生活	**People's Livelihood**					
人均居民储蓄存款 (元)	Per Capita Saving Deposits of Residents (yuan)	62234	61535	66791	62477	63688
居民人均可支配收入 (元)	Per Capita Disposable Income of Residents (yuan)	36472	37283	36471	32662	39780
城镇常住居民人均可支配收入 (元)	Per Capita Disposable Income of Urban Permanent Residents (yuan)	42753	42568	41731	39483	46677
城镇常住居民人均生活消费支出 (元)	Per Capita Consumption Expanditure of Urban Permanent Residents (yuan)	26487	25855	27358	23590	28973
#食品烟酒	Food, Tobacco and Wine	7241	6713	7862	6671	7807
恩格尔系数(城镇)(%)	Engle Coefficient(Urban) (%)	27.3	26.0	28.7	28.3	26.9
农村常住居民人均可支配收入 (元)	Per Capita Disposable Income of Rural Permanent Residents (yuan)	20954	17661	22266	20133	23560
农村常住居民人均生活消费支出 (元)	Per Capita Consumption Expanditure of Rural Permanent Residents (yuan)	14276	12818	15114	13529	15390
#食品烟酒	Food, Tobacco and Wine	4158	3861	4737	4300	4041
恩格尔系数(农村)(%)	Engle Coefficient(Rural) (%)	29.1	30.1	31.3	31.8	26.3
城镇人均住房建筑面积 (平方米)	Per Capita Existing Residential Building Space in Urban Areas (sq. m)	42.2	36.3	44.8	43.7	44.0
农村人均住房建筑面积 (平方米)	Per Capita Existing Residential Building Space in Rural Areas (sq. m)	59.7	55.4	54.3	59.7	66.0
居民消费价格指数 (上年=100)	Consumer Price Indices (preceding year=100)		102.6	102.2	102.2	102.1

Continued 7

镇 江 Zhenjiang	苏中合计 Mid Jiangsu	南 通 Nantong	扬 州 Yangzhou	泰 州 Taizhou	苏北合计 Northern Jiangsu	徐 州 Xuzhou	连云港 Lianyungang	淮 安 Huaian	盐 城 Yancheng	宿 迁 Suqian
0.75	3.56	1.64	0.95	0.97	6.16	1.75	0.81	1.16	1.62	0.82
0.76	3.36	1.56	0.94	0.86	6.52	1.97	0.94	1.26	1.33	1.02
49486	53031	63070	47279	42789	24073	27554	20757	21527	28554	16790
28850	24599	25340	24157	23833	18623	18744	17798	19110	20543	15888
35752	31969	33374	30322	31346	24177	24080	23595	25798	25854	20396
21310	20336	22035	18417	19517	14956	15005	16016	14703	15372	13463
6077	6001	6399	5692	5679	4800	4618	5169	4602	4902	4856
28.5	29.5	29.0	30.9	29.1	32.1	30.8	32.3	31.3	31.9	36.1
17617	15476	15821	15284	15076	12670	12811	11698	12010	14414	11677
13081	11049	11051	11266	10849	8870	9011	8282	7836	10782	7702
3868	3351	3271	3544	3309	2888	2879	2706	2518	3357	2822
29.6	30.3	29.6	31.5	30.5	32.6	32.0	32.7	32.1	31.1	36.6
44.2	45.7	46.3	42.1	48.0	43.2	40.5	45.3	43.6	42.7	46.5
55.8	58.3	58.6	53.7	62.0	49.2	49.7	47.9	50.2	48.0	49.8
102.0		102.1	102.1	102.1		102.1	102.4	102.1	102.3	102.4

19－3　江苏主要指标占长江三角洲比重（2014 年）
Proportion of Main Indicators of Jiangsu in Yangtze River Delta（2014）

指　　标	Item	长江三角洲三省市合计 Yangtze River Delta	长江三角洲占全国比重(%) Proportion of Yangtze River Delta in the Country(%)	江苏占长江三角洲比重(%) Proportion of Jiangsu in Yangtze River Delta(%)
土地面积（万平方公里）	Land Area (10000 sq. km)	21.5	2.2	49.8
年末总人口（万人）	Year－end Total Population (10000 persons)	15893.7	11.6	48.4
地区生产总值（亿元）	Gross Domestic Product (100 million yuan)	128802.8	20.2	50.5
第一产业	Primary Industry	5537.9	9.5	65.6
第二产业	Secondary Industry	58172.0	21.4	53.0
#工业	Industry	51067.6	22.4	52.8
第三产业	Tertiary Industry	65092.9	21.2	47.0
固定资产投资（亿元）	Total Investment in Fixed Assets (100 million yuan)	71120.5	14.2	58.4
#房地产开发	Investment in Real Estate Development	18709.1	19.7	44.0
公共财政预算收入（亿元）	Public Finance Budget Revenue (100 million yuan)	15939.9	11.4	45.4
金融机构本外币存款余额（亿元）	Deposits Balance of Banking Institutions (100 million yuan)	250063.4	21.3	38.8
金融机构本外币贷款余额（亿元）	Loans Balance of Banking Institutions (100 million yuan)	191766.8	22.1	37.8
社会消费品零售总额（亿元）	Total Rtail Sales of Consumer Goods (100 million yuan)	50596.9	18.6	46.4
进出口总额（亿美元）	Total Imports and Exports (USD 100 million)	13853.2	32.2	40.7
出口	Exports	8253.9	35.2	41.4
进口	Imports	5599.3	28.6	39.6
实际外商直接投资（亿美元）	Actual Foreign Direct Investment (USD 100 million)	621.4	52.0	45.3
旅游外汇收入（亿美元）	Foreign Exchange Earnings from Tourism (USD 100 million)	144.9	25.5	20.9
在读研究生（万人）	Postgraduates (10000 persons)	34.5	18.7	43.7
普通高等学校本专科在校学生（万人）	University and College Students (10000 persons)	318.3	12.5	53.4
专利申请受理量（万件）	Applications Accepted (10000 units)	60.4	25.6	43.2
专利申请受权量（万件）	Patents Granted (10000 units)	43.9	33.7	45.5
图书出版量（亿册）	Books Pubished (100 million copies)	12.4	14.8	44.2
执业医师数（万人）	Doctors (10000 persons)	38.5	13.7	46.2

19－4　沿江开发区域主要指标占全省比重（2014 年）

Proportion of Main Indicators of Development Zones along the Yangtze River in Jiangsu Province (2014)

指　　标	Item	全　省 Province	沿江开发区域 Development Zones along the Yangtze River	沿江开发区域占全省比重（%） Proportion of Development Zones along the Yangtze River in Jiangsu Province (%)
年末户籍人口（万人）	Registered Population at Year－end (10000 persons)	7684.69	2732.43	35.6
土地面积（万平方公里）	Land Area (10000 sq. km)	10.72	2.95	27.5
地区生产总值（亿元）	Gross Domestic Product (100 million yuan)	65088.32	33970.74	52.2
第一产业	Primary Industry	3634.33	997.76	27.5
第二产业	Secondary Industry	30854.50	16714.71	54.2
#工业	Industry	26962.97	14871.05	55.2
第三产业	Tertiary Industry	30599.49	16258.27	53.1
规模以上工业总产值（亿元）	Gross Industrial Output Value of Over Scale Enterprises (100 million yuan)	143016.94	70920.39	49.6
#制造业	Manufacturing	137377.73	69358.96	50.5
固定资产投资额（亿元）	Urban Investment in Fixed Assets (100 million yuan)	41552.75	19604.47	47.2
#房地产开发投资	Real Estate Dvelopment	8240.22	3881.65	47.1
社会消费品零售总额（亿元）	Total Retail Sales of Consumer Goods (100 million yuan)	23458.07	11795.07	50.3
进出口总额（亿美元）	Total Imports and Exports (USD 100 million)	5637.62	2279.46	40.4
#出口	Exports	3418.69	1365.29	39.9
实际外商直接投资（亿美元）	Actual Foreign Direct Investment (USD 100 million)	281.74	142.28	50.5
公共财政预算收入（亿元）	Public Finance Budget Revenue (100 million yuan)	7233.14	3077.09	42.5
公共财政预算支出（亿元）	Public Finance Budget Expenditure (100 million yuan)	8472.45	3221.56	38.0
金融机构存款余额（亿元）	Deposits Balance of Banking Institutions (100 million yuan)	93735.61	51252.23	54.7
#居民储蓄存款	Saving Deposits of Residents	36580.59	18923.70	51.7
金融机构贷款余额（亿元）	Loans Balance of Banking Institutions (100 million yuan)	69572.67	37710.22	54.2

19－5　沿江地区主要指标（2014 年）
Main Indicators of the Region along the Yangtze River（2014）

地　区	Region	年末户籍人口（万人）Registered Population at Year-end（10000 persons）	土地面积（平方公里）Land Area（sq. km）	人口密度（人/平方公里）Density of Population（person/sq. km）	从业人员（万人）Employed Persons（10000 persons）	#第二产业 Secondary Industry	#第三产业 Tertiary Industry
沿江八市	**Eight Cities**	**4165.12**	**51012**	**816**	**3022.20**	**1479.60**	**1176.90**
沿江开发区域	**Development Regions**	**2732.43**	**29524**	**925**	**1937.36**	**899.89**	**811.19**
南京市区	Nanjing	648.72	6587	985	488.90	176.30	284.80
江 阴 市	Jiangyin	123.21	987	1248	99.61	62.52	32.03
常州市区	Changzhou	233.92	1862	1256	196.49	103.50	80.40
常 熟 市	Changshu	106.88	1276	837	105.10	65.51	35.46
张家港市	Zhangjiagang	91.98	987	932	77.69	47.48	25.63
太 仓 市	Taicang	47.74	810	589	45.98	27.32	15.98
南通市区	Nantong	212.83	2140	994	136.70	59.90	58.40
启 东 市	Qidong	112.32	1715	655	67.90	29.60	18.70
如 皋 市	Rugao	143.69	1576	912	74.70	35.10	19.40
海 门 市	Haimen	100.16	1144	876	65.90	31.70	16.40
扬州市区	Yangzhou	231.84	2306	1006	138.30	63.40	59.30
仪 征 市	Yizheng	56.56	902	627	39.50	18.10	12.10
镇江市区	Zhenjiang	103.41	1088	951	69.18	27.83	35.49
丹 阳 市	Danyang	81.35	1047	777	63.01	34.35	22.53
扬 中 市	Yangzhong	28.26	327	863	21.54	11.94	8.19
句 容 市	Jurong	59.05	1378	429	38.97	15.91	12.89
泰州市区	Taizhou	163.82	1567	1045	99.51	41.89	40.20
靖 江 市	Jingjiang	66.81	656	1019	42.14	21.04	12.99
泰 兴 市	Taixing	119.88	1170	1025	66.23	26.50	20.29

19－5 续 表 1 Continued 1

地区	Region	地区生产总值(亿元) Gross Domectic Product (100 million yuan)	第一产业 Primary Industry	第二产业 Seconary Industry	#工业 Industry	第三产业 Tertiary Industry	人均地区生产总值(元) Per Capita GDP (yuan)
沿江八市	**Eight Cities**	**51662.75**	**1592.45**	**25047.10**	**22282.64**	**25023.20**	**104251**
沿江开发区域	**Development Regions**	**33970.74**	**997.76**	**16714.71**	**14871.05**	**16258.27**	**107301**
南京市区	Nanjing	8820.75	214.25	3623.48	3119.12	4983.02	107545
江阴市	Jiangyin	2753.95	46.14	1520.54	1453.57	1187.27	168711
常州市区	Changzhou	3744.81	64.10	1872.89	1735.03	1807.82	110923
常熟市	Changshu	2009.36	38.40	1061.55	1011.19	909.41	133150
张家港市	Zhangjiagang	2180.25	28.64	1186.39	1131.02	965.22	174148
太仓市	Taicang	1065.33	35.24	556.65	522.60	473.44	150523
南通市区	Nantong	2093.78	56.54	1021.67	835.10	1015.57	89766
启东市	Qidong	739.13	62.93	369.03	287.41	307.17	77242
如皋市	Rugao	743.64	57.60	377.24	311.08	308.80	59158
海门市	Haimen	836.50	49.07	443.16	365.88	344.27	92697
扬州市区	Yangzhou	2432.28	81.33	1251.27	1106.27	1099.68	100578
仪征市	Yizheng	465.06	21.13	255.76	146.76	188.17	82633
镇江市区	Zhenjiang	1440.38	26.88	732.79	650.21	680.71	117544
丹阳市	Danyang	1008.96	47.22	518.58	497.75	443.16	103187
扬中市	Yangzhong	445.35	10.86	237.90	228.89	196.59	130467
句容市	Jurong	440.96	37.26	215.42	195.43	188.28	70684
泰州市区	Taizhou	1408.22	53.40	772.53	655.41	582.29	86997
靖江市	Jingjiang	666.19	19.84	349.18	314.50	297.17	97063
泰兴市	Taixing	675.84	46.93	348.68	303.84	280.23	62772

19－5 续 表 2 Continued 2

单位:% (%)

地 区	Region	三次产业占GDP比重 Percentage of Three Industries to GDP 第一产业 Primary Industry	第二产业 Seconary Industry	#工 业 Industry	第三产业 Tertiary Industry	公共财政预算收入占GDP比重 Percentage of Public Finance Budget Revenue to GDP	外贸依存度 Interdependent Level to Foreign Trade
沿江八市	**Eight Cities**	**3.1**	**48.5**	**43.1**	**48.4**	**9.6**	**63.5**
沿江开发区域	**Development Regions**	**2.9**	**49.2**	**43.8**	**47.9**	**9.1**	**41.2**
南京市区	Nanjing	2.4	41.1	35.4	56.5	10.2	39.9
江 阴 市	Jiangyin	1.7	55.2	52.8	43.1	7.3	49.7
常州市区	Changzhou	1.7	50.0	46.3	48.3	9.4	43.1
常 熟 市	Changshu	1.9	52.8	50.3	45.3	7.3	61.7
张家港市	Zhangjiagang	1.3	54.4	51.9	44.3	7.5	92.5
太 仓 市	Taicang	3.3	52.3	49.1	44.4	10.0	79.5
南通市区	Nantong	2.7	48.8	39.9	48.5	11.6	51.5
启 东 市	Qidong	8.5	49.9	38.9	41.6	9.1	25.5
如 皋 市	Rugao	7.7	50.7	41.8	41.5	9.1	26.5
海 门 市	Haimen	5.9	53.0	43.7	41.2	8.2	14.9
扬州市区	Yangzhou	3.3	51.4	45.5	45.2	8.4	19.7
仪 征 市	Yizheng	4.5	55.0	31.6	40.5	7.5	13.5
镇江市区	Zhenjiang	1.9	50.9	45.1	47.3	10.2	27.3
丹 阳 市	Danyang	4.7	51.4	49.3	43.9	6.4	16.9
扬 中 市	Yangzhong	2.4	53.4	51.4	44.1	6.9	7.7
句 容 市	Jurong	8.4	48.9	44.3	42.7	8.1	8.1
泰州市区	Taizhou	3.8	54.9	46.5	41.3	10.1	21.4
靖 江 市	Jingjiang	3.0	52.4	47.2	44.6	8.1	25.2
泰 兴 市	Taixing	6.9	51.6	45.0	41.5	6.7	24.3

19－5 续 表3 Continued 3

地 区	Region	规模以上工业企业个数(个) Number of Over Scale Industrial Enterprises (unit)	工业总产值(亿元) Total Output Value of Industry (100 million yuan)	#制造业 Manufacturing	主营业务收入(亿元) Major Business Revenue (100 million yuan)	利税总额(亿元) Total Pre-tax Profits (100 million yuan)	利润总额(亿元) Total Profits (100 million yuan)
沿江八市	**Eight Cities**	**36220**	**107866.48**	**105900.47**	**107216.63**	**10623.30**	**6606.27**
沿江开发区域	**Development Regions**	**21970**	**70920.39**	**69358.96**	**70144.41**	**7478.18**	**4437.23**
南京市区	Nanjing	2748	13199.67	12894.79	13003.84	1724.87	879.39
江 阴 市	Jiangyin	1422	5657.14	5511.31	5532.39	534.30	356.16
常州市区	Changzhou	3506	8484.43	8381.32	8795.21	742.21	454.66
常 熟 市	Changshu	1441	3668.70	3544.70	3642.64	247.11	172.77
张家港市	Zhangjiagang	1235	4863.71	4769.28	5044.54	240.29	131.34
太 仓 市	Taicang	1166	2081.35	1970.21	2032.69	167.72	112.70
南通市区	Nantong	1580	4204.21	4105.44	4104.51	449.31	293.41
启 东 市	Qidong	512	1508.48	1452.20	1486.23	180.01	107.85
如 皋 市	Rugao	820	1589.78	1584.80	1581.02	136.89	78.43
海 门 市	Haimen	648	1736.29	1730.91	1730.57	293.51	194.71
扬州市区	Yangzhou	1484	6154.36	5978.43	5899.93	705.37	396.80
仪 征 市	Yizheng	340	1396.11	1380.24	1364.52	174.33	106.37
镇江市区	Zhenjiang	1071	3205.33	3048.70	3128.80	347.40	238.69
丹 阳 市	Danyang	801	2419.83	2412.84	2381.81	200.08	132.92
扬 中 市	Yangzhong	462	1198.54	1196.73	1157.91	132.91	79.90
句 容 市	Jurong	604	1260.78	1191.62	1229.05	123.27	65.07
泰州市区	Taizhou	1062	4254.93	4200.89	4079.33	514.85	287.75
靖 江 市	Jingjiang	456	1982.31	1962.55	1902.10	257.22	160.34
泰 兴 市	Taixing	612	2054.46	2042.00	2047.31	306.54	187.96

19－5 续 表4 Continued 4

地　　区	Region	固定资产投资（亿元）Investment in Fixed Assets (100 million yuan)	#房地产开发 Real Estate Development	社会消费品零售总额（亿元）Total Retail Sales of Consumer Goods (100 million yuan)	进出口总额（亿美元）Total Imports and Exports (USD 100 million)	#出　口 Exports	实际外商直接投资（亿美元）Actual Direct Foreign Investment (USD 100 million)
沿江八市	**Eight Cities**	**30058.32**	**6467.63**	**17877.18**	**5343.66**	**3223.42**	**226.51**
沿江开发区域	**Development Regions**	**19604.47**	**3881.65**	**11795.07**	**2279.46**	**1365.29**	**142.28**
南京市区	Nanjing	5430.77	1125.49	4167.19	572.64	326.39	32.91
江 阴 市	Jiangyin	1045.97	328.91	643.07	223.04	130.23	8.55
常州市区	Changzhou	2603.06	608.61	1348.58	262.77	194.32	26.21
常 熟 市	Changshu	631.82	147.81	618.67	201.80	125.53	10.52
张家港市	Zhangjiagang	763.62	145.74	458.32	328.26	148.10	6.72
太 仓 市	Taicang	513.36	71.74	239.04	137.91	60.80	3.96
南通市区	Nantong	1589.61	445.70	856.60	175.54	127.33	11.08
启 东 市	Qidong	483.41	47.03	266.41	30.72	23.05	0.55
如 皋 市	Rugao	445.08	58.53	280.77	32.12	25.55	3.31
海 门 市	Haimen	501.40	43.71	282.48	20.36	14.55	1.55
扬州市区	Yangzhou	1224.50	247.60	774.56	77.90	60.25	12.58
仪 征 市	Yizheng	314.14	24.79	91.95	10.25	6.60	3.16
镇江市区	Zhenjiang	1281.37	167.50	517.79	63.95	34.62	5.75
丹 阳 市	Danyang	386.73	56.84	255.71	27.73	22.41	3.48
扬 中 市	Yangzhong	216.09	15.11	114.22	5.60	4.48	1.16
句 容 市	Jurong	258.16	79.60	116.07	5.79	4.52	2.57
泰州市区	Taizhou	1055.09	158.21	448.03	48.98	30.60	5.59
靖 江 市	Jingjiang	405.76	53.65	144.85	27.35	12.71	0.26
泰 兴 市	Taixing	454.53	55.07	170.75	26.75	13.25	2.38

19－5 续 表 5 Continued 5

单位:亿元 (100 million yuan)

地 区	Region	公共财政预算收入 Public Finance Budget Revenue	#税收收入 Taxes	公共财政预算支出 Public Finance Budget Expenditure	年末金融机构存款余额 Deposits Balance of Banking Institutions (year－end)	#城乡居民储蓄存款 Savings Deposits by Residents	年末金融机构贷款余额 Loans Balance of Banking Institutions (year－end)
沿江八市	**Eight Cities**	**4950.11**	**4124.48**	**5109.39**	**80299.06**	**29359.02**	**59629.95**
沿江开发区域	**Development Regions**	**3077.09**	**2537.81**	**3221.56**	**51252.23**	**18923.70**	**37710.22**
南京市区	Nanjing	903.49	757.21	921.20	20161.86	5055.77	15628.53
江 阴 市	Jiangyin	200.66	164.88	187.28	2813.03	938.76	2198.16
常州市区	Changzhou	353.14	278.77	340.46	5365.33	2221.15	3766.69
常 熟 市	Changshu	147.40	122.90	138.02	2265.93	1021.99	1816.30
张家港市	Zhangjiagang	162.66	133.67	152.78	2323.83	877.06	1787.62
太 仓 市	Taicang	106.47	90.97	97.68	1172.26	450.61	1068.03
南通市区	Nantong	242.62	200.71	260.88	3831.16	1718.21	2404.65
启 东 市	Qidong	67.25	55.90	74.01	944.22	637.96	550.04
如 皋 市	Rugao	67.45	56.05	91.29	849.56	576.27	519.70
海 门 市	Haimen	68.57	56.92	73.62	1015.12	626.34	630.58
扬州市区	Yangzhou	203.94	166.18	233.33	3071.67	1371.30	2003.26
仪 征 市	Yizheng	34.66	29.63	41.51	461.08	248.13	257.85
镇江市区	Zhenjiang	146.97	117.13	158.56	1803.04	640.11	1240.10
丹 阳 市	Danyang	64.16	54.81	74.93	872.00	453.55	791.74
扬 中 市	Yangzhong	30.72	26.23	34.71	441.25	238.25	332.59
句 容 市	Jurong	35.91	30.65	43.65	419.98	237.50	315.41
泰州市区	Taizhou	141.88	113.30	174.96	2010.46	846.09	1461.56
靖 江 市	Jingjiang	54.04	44.42	61.49	785.81	381.47	549.05
泰 兴 市	Taixing	45.08	37.47	61.20	644.63	383.18	388.36

19－5　续　表 6　Continued 6

地　　区　　Region		公路里程（公里）Total Length of Highways (km)	民用汽车拥有量（万辆）Number of Civil Motor Vehicles Owned (10000 units)	公路客运量（万人）Passenger Traffic (10000 persons)	公路货运量（万吨）Freight Traffic (10000 tons)	全社会用电量（亿千瓦时）Total Consumption of Electricity (100 million kW·h)	#工业用电 Consumption of Electricity for Industrial Use
沿江八市	**Eight Cities**	**85874**	**862.06**	**92165**	**74613**	**3711.15**	**2860.65**
沿江开发区域	**Development Regions**	**56886**	**543.18**	**49755**	**49946**	**2286.18**	**1757.97**
南京市区	Nanjing	11354	172.20	10596	12143	470.50	289.02
江 阴 市	Jiangyin	2362	31.86	501	2871	237.87	212.09
常州市区	Changzhou	4313	69.24	4752	7714	280.49	218.91
常 熟 市	Changshu	3093	31.34	4487	1363	155.20	130.63
张家港市	Zhangjiagang	1522	26.95	4112	2123	283.05	262.80
太 仓 市	Taicang	1304	15.76	1975	1405	90.05	77.08
南通市区	Nantong	3922	40.28	6702	5321	136.86	99.17
启 东 市	Qidong	3576	12.21	891	816	26.87	17.35
如 皋 市	Rugao	3219	15.21	441	1552	45.76	32.79
海 门 市	Haimen	2488	11.79	705	640	35.12	24.55
扬州市区	Yangzhou	4218	33.12	3040	4315	112.53	75.11
仪 征 市	Yizheng	1510	5.65	337	839	33.75	28.25
镇江市区	Zhenjiang	1617	18.39	2267	3875	104.49	81.84
丹 阳 市	Danyang	2165	12.32	950	1573	65.77	53.19
扬 中 市	Yangzhong	1008	4.57	449	420	16.45	12.06
句 容 市	Jurong	2473	3.21	795	1037	22.69	15.36
泰州市区	Taizhou	3309	20.75	3487	1160	78.44	56.84
靖 江 市	Jingjiang	1323	9.42	1335	321	36.01	26.48
泰 兴 市	Taixing	2109	8.92	1932	458	54.26	44.47

19－6　沿海地区主要指标（2014年）
Main Indicators of the Coastal Regions(2014)

地　　区	Region	年末户籍人口(万人) Registered Population at Year-end (10000 persons)	土地面积(平方公里) Land Area (sq. km)	人口密度(人/平方公里) Density of Population (person/sq. km)	从业人员(万人) Employed Persons (10000 persons)	#第二产业 Secondary Industry	#第三产业 Tertiary Industry
沿海三市合计	**Three Cities**	**2122.69**	**35096**	**605**	**1158.60**	**448.3**	**403.2**
沿海地带合计	**Coastal Regions**	**1664.83**	**28887**	**576**	**931.69**	**362.63**	**330.82**
南通市区	Nantong	212.83	2140	994	136.70	59.90	58.40
海 安 县	Haian	94.26	1184	796	54.50	28.80	14.10
如 东 县	Rudong	104.37	2791	374	62.30	30.90	17.30
启 东 市	Qidong	112.32	1715	655	67.90	29.60	18.70
海 门 市	Haimen	100.16	1144	876	65.90	31.70	16.40
连云港市区	Lianyungang	219.07	3012	727	109.87	39.10	44.04
灌 云 县	Guanyun	104.06	1538	676	47.98	12.95	16.38
灌 南 县	Guannan	81.44	1028	792	36.53	10.99	10.33
盐城市区	Yancheng	169.31	2123	798	96.94	35.86	43.47
响 水 县	Xiangshui	62.48	1474	424	28.70	9.47	9.88
滨 海 县	Binhai	121.48	1950	623	56.34	17.81	19.44
射 阳 县	Sheyang	96.78	2606	371	56.95	18.59	20.26
东 台 市	Dongtai	113.73	3176	358	65.11	22.04	24.51
大 丰 市	Dafeng	72.54	3008	241	45.97	14.92	17.61

19－6　续　表 1　Continued 1

地　　区	Region	地区生产总值（亿元）Gross Domectic Product (100 million yuan)	第一产业 Primary Industry	第二产业 Seconary Industry	#工　业 Industry	第三产业 Tertiary Industry	人均地区生产总值（元）Per Capita GDP (yuan)
沿海三市合计	**Three Cities**	**11454.20**	**1091.05**	**5484.43**	**4522.21**	**4878.72**	**60415**
沿海地带合计	**Coastal Regions**	**9628.63**	**878.46**	**4621.79**	**3841.79**	**4128.38**	**63472**
南通市区	Nantong	2093.78	56.54	1021.67	835.10	1015.57	89766
海 安 县	Haian	624.14	51.27	304.13	245.80	268.74	72051
如 东 县	Rudong	615.51	62.17	297.11	245.42	256.23	62631
启 东 市	Qidong	739.13	62.93	369.03	287.41	307.17	77242
海 门 市	Haimen	836.50	49.07	443.16	365.88	344.27	92697
连云港市区	Lianyungang	1072.34	103.16	473.50	390.98	495.68	52035
灌 云 县	Guanyun	274.98	55.12	125.50	94.52	94.36	34532
灌 南 县	Guannan	259.25	44.75	128.76	110.64	85.74	41364
盐城市区	Yancheng	1095.68	76.77	609.49	526.41	409.42	67641
响 水 县	Xiangshui	222.00	38.16	105.11	94.07	78.73	44170
滨 海 县	Binhai	328.19	53.10	138.63	116.80	136.46	34806
射 阳 县	Sheyang	370.10	72.14	139.47	125.11	158.49	41510
东 台 市	Dongtai	610.33	84.60	261.81	228.01	263.92	61868
大 丰 市	Dafeng	486.70	68.68	204.42	175.65	213.60	69350

19－6 续 表2 Continued 2

单位:% (%)

地 区	Region	三次产业占GDP比重 Percentage of Three Industries to GDP				公共财政预算收入占GDP比重 Percentage of Public Finance Budget Revenue to GDP	外贸依存度 Interdependent Level to Foreign Trade
		第一产业 Primary Industry	第二产业 Seconary Industry	#工 业 Industry	第三产业 Tertiary Industry		
沿海三市合计	**Three Cities**	**9.5**	**47.9**	**39.5**	**42.6**	**10.7**	**25.3**
沿海地带合计	**Coastal Regions**	**9.1**	**48.0**	**39.9**	**42.9**	**10.9**	**27.4**
南通市区	Nantong	2.7	48.8	39.9	48.5	11.6	51.5
海安县	Haian	8.2	48.7	39.4	43.1	8.7	24.1
如东县	Rudong	10.1	48.3	39.9	41.6	8.1	33.0
启东市	Qidong	8.5	49.9	38.9	41.6	9.1	25.5
海门市	Haimen	5.9	53.0	43.7	41.2	8.2	14.9
连云港市区	Lianyungang	9.6	44.2	36.5	46.2	14.3	41.5
灌云县	Guanyun	20.0	45.6	34.4	34.3	12.9	4.1
灌南县	Guannan	17.3	49.7	42.7	33.1	13.5	5.5
盐城市区	Yancheng	7.0	55.6	48.0	37.4	12.7	20.6
响水县	Xiangshui	17.2	47.3	42.4	35.5	12.5	11.3
滨海县	Binhai	16.2	42.2	35.6	41.6	10.2	8.7
射阳县	Sheyang	19.5	37.7	33.8	42.8	4.7	5.2
东台市	Dongtai	13.9	42.9	37.4	43.2	10.0	6.7
大丰市	Dafeng	14.1	42.0	36.1	43.9	12.3	17.4

地　　区	Region	规模以上工业企业个数（个）Number of Over Scale Industrial Enterprises (unit)	工业总产值（亿元）Total Output Value of Industry (100 million yuan)	#制造业 Manufacturing	主营业务收入（亿元）Major Business Revenue (100 million yuan)	利税总额（亿元）Total Pre-tax Profits (100 million yuan)	利润总额（亿元）Total Profits (100 million yuan)
沿海三市合计	**Three Cities**	**9732**	**24602.72**	**24097.24**	**24381.96**	**2990.10**	**1819.46**
沿海地带合计	**Coastal Regions**	**7787**	**20872.75**	**20391.75**	**20731.08**	**2623.64**	**1609.41**
南通市区	Nantong	1580	4204.21	4105.44	4104.51	449.31	293.41
海安县	Haian	863	1789.96	1784.12	1786.35	203.64	131.75
如东县	Rudong	658	1670.98	1636.54	1662.68	214.35	131.70
启东市	Qidong	512	1508.48	1452.20	1486.23	180.01	107.85
海门市	Haimen	648	1736.29	1730.91	1730.57	293.51	194.71
连云港市区	Lianyungang	752	2933.23	2795.06	2935.06	400.85	242.12
灌云县	Guanyun	263	538.88	523.49	510.20	51.91	36.07
灌南县	Guannan	171	578.87	578.44	573.03	71.51	38.69
盐城市区	Yancheng	697	2561.47	2538.25	2538.13	401.91	216.67
响水县	Xiangshui	166	583.35	551.44	599.98	93.77	67.91
滨海县	Binhai	216	561.64	556.18	563.23	59.31	32.71
射阳县	Sheyang	269	529.30	497.92	512.52	41.78	20.92
东台市	Dongtai	554	948.78	937.31	987.51	92.89	52.02
大丰市	Dafeng	438	727.31	704.43	741.08	68.90	42.87

地　　区	Region	固定资产投资（亿元）Investment in Fixed Assets (100 million yuan)	#房地产开发 Real Estate Development	社会消费品零售总额（亿元）Total Retail Sales of Consumer Goods (100 million yuan)	进出口总额·（亿美元）Total Imports and Exports (USD 100 million)	#出　口 Exports	实际外商直接投资（亿美元）Actual Direct Foreign Investment (USD 100 million)
沿海三市合计	**Three Cities**	**8364.32**	**1247.84**	**4218.19**	**471.94**	**312.30**	**43.06**
沿海地带合计	**Coastal Regions**	**7207.09**	**1121.81**	**3554.85**	**429.91**	**278.24**	**37.13**
南通市区	Nantong	1589.61	445.70	856.60	175.54	127.33	11.08
海 安 县	Haian	448.95	52.48	221.95	24.52	21.44	3.32
如 东 县	Rudong	427.93	31.47	257.89	33.11	12.89	3.43
启 东 市	Qidong	483.41	47.03	266.41	30.72	23.05	0.55
海 门 市	Haimen	501.40	43.71	282.48	20.36	14.55	1.55
连云港市区	Lianyungang	1089.37	128.05	430.90	72.48	37.03	7.77
灌 云 县	Guanyun	198.41	13.35	94.93	1.84	1.60	0.59
灌 南 县	Guannan	195.17	18.15	74.53	2.34	2.03	0.02
盐城市区	Yancheng	857.51	195.72	448.71	36.73	16.20	3.58
响 水 县	Xiangshui	203.95	7.85	53.60	4.09	3.36	0.75
滨 海 县	Binhai	265.45	16.00	88.99	4.63	3.22	0.86
射 阳 县	Sheyang	213.43	37.94	135.28	3.13	1.58	0.60
东 台 市	Dongtai	409.82	48.02	203.37	6.61	6.24	0.96
大 丰 市	Dafeng	322.67	36.33	139.21	13.82	7.75	2.06

19－6　续　表 5　Continued 5

单位:亿元　　(100 million yuan)

地　区	Region	公共财政预算收入 Public Finance Budget Revenue	#税收收入 Taxes	公共财政预算支出 Public Finance Budget Expenditure	年末金融机构存款余额 Deposits Balance of Banking Institutions (year－end)	#城乡居民储蓄存款 Savings Deposits by Residents	年末金融机构贷款余额 Loans Balance of Banking Institutions (year－end)
沿海三市合计	**Three Cities**	**1229.80**	**1012.17**	**1628.73**	**13884.95**	**7589.29**	**9247.69**
沿海地带合计	**Coastal Regions**	**1046.82**	**860.12**	**1353.37**	**12202.39**	**6439.13**	**8112.79**
南通市区	Nantong	242.62	200.71	260.88	3831.16	1718.21	2404.65
海 安 县	Haian	54.10	46.23	70.58	975.91	565.35	682.49
如 东 县	Rudong	50.01	41.53	79.20	723.57	478.73	342.90
启 东 市	Qidong	67.25	55.90	74.01	944.22	637.96	550.04
海 门 市	Haimen	68.57	56.92	73.62	1015.12	626.34	630.58
连云港市区	Lianyungang	153.86	120.82	205.93	1296.70	560.13	1125.06
灌 云 县	Guanyun	35.59	30.90	55.74	189.36	118.23	135.81
灌 南 县	Guannan	35.12	30.38	52.54	124.08	82.92	106.95
盐城市区	Yancheng	139.59	112.60	166.90	1517.70	555.70	1097.90
响 水 县	Xiangshui	27.82	22.85	43.67	115.37	67.32	103.47
滨 海 县	Binhai	33.45	27.32	58.07	207.93	131.76	156.74
射 阳 县	Sheyang	17.50	12.48	45.07	270.70	196.61	191.74
东 台 市	Dongtai	61.31	51.95	84.26	553.89	425.48	301.01
大 丰 市	Dafeng	60.02	49.52	82.90	436.68	274.38	283.43

19－6 续 表6 Continued 6

地 区	Region	公路里程（公里）Total Length of Highways (km)	民用汽车拥有量（万辆）Number of Civil Motor Vehicles Owned (10000 units)	公路客运量（万人）Passenger Traffic (10000 persons)	公路货运量（万吨）Freight Traffic (10000 tons)	全社会用电量（亿千瓦时）Total Consumption of Electricity (100 million kW·h)	#工业用电 Consumption of Electricity for Industrial Use
沿海三市合计	**Three Cities**	**49264**	**191.49**	**24871**	**24628**	**769.29**	**562.35**
沿海地带合计	**Coastal Regions**	**39442**	**158.91**	**21863**	**20958**	**647.10**	**474.03**
南通市区	Nantong	3922	40.28	6702	5321	136.86	99.17
海 安 县	Haian	2355	9.51	841	1830	43.01	33.96
如 东 县	Rudong	2534	10.66	418	1121	41.94	31.39
启 东 市	Qidong	3576	12.21	891	816	26.87	17.35
海 门 市	Haimen	2488	11.79	705	640	35.12	24.55
连云港市区	Lianyungang	4436	20.43	3921	4982	95.45	66.61
灌 云 县	Guanyun	2592	5.22	513	887	10.46	5.04
灌 南 县	Guannan	1920	3.52	418	705	31.20	26.04
盐城市区	Yancheng	2917	17.17	4085	2318	47.19	26.67
响 水 县	Xiangshui	1764	2.94	775	335	43.73	39.21
滨 海 县	Binhai	2156	5.85	364	701	25.19	18.14
射 阳 县	Sheyang	2483	5.69	387	102	18.53	11.35
东 台 市	Dongtai	3211	6.98	868	796	38.82	29.92
大 丰 市	Dafeng	3088	6.66	974	404	52.74	44.62

19－7 沿东陇海线地区主要指标（2014 年）

Main Indicators of the East Region along the Long-hai Railway(2014)

地 区	Region	年末户籍人口(万人) Registered Population at Year-end (10000 persons)	土地面积(平方公里) Land Area (sq. km)	人口密度(人/平方公里) Density of Population (person/ sq. km)	从业人员(万人) Employed Persons (10000 persons)	#第二产业 Secondary Industry	#第三产业 Tertiary Industry
东陇海合计	**Total**	**970.26**	**11788**	**823**	**464.70**	**145.82**	**181.48**
徐州市区	Xuzhou	331.46	3063	1082	166.27	51.54	80.95
新 沂 市	Xinyi	111.89	1592	703	54.30	14.92	14.42
邳 州 市	Pizhou	185.89	2085	892	77.54	22.40	22.02
连云港市区	Lianyungang	219.07	3012	727	109.87	39.10	44.04
东 海 县	Donghai	121.95	2037	599	56.72	17.86	20.05

19－7 续表 1 Continued 1

地 区	Region	地区生产总 值(亿元) Gross Domectic Product (100 million yuan)	第一产业 Primary Industry	第二产业 Seconary Industry	#工 业 Industry	第三产业 Tertiary Industry	人均地区生产总值(元) Per Capita GDP (yuan)
东陇海合计	**Total**	**5382.62**	**404.87**	**2576.51**	**2224.45**	**2401.24**	**62991**
徐州市区	Xuzhou	2792.94	91.60	1445.24	1279.52	1256.10	87618
新 沂 市	Xinyi	473.54	57.35	200.05	170.05	216.14	52195
邳 州 市	Pizhou	684.48	95.81	294.59	243.15	294.08	47761
连云港市区	Lianyungang	1072.34	103.16	473.50	390.98	495.68	52035
东 海 县	Donghai	359.32	56.95	163.13	140.75	139.24	37580

19－7　续　表2　Continued 2

地　区	Region	规模以上工业企业个数(个) Number of over Scale Industrial Enterprises (unit)	工业总产值(亿元) Total Output Value (100 million yuan)	#制造业 Manufacturing	主营业务收入(亿元) Major Business Revenue (100 million yuan)	利税总额(亿元) Total Pre-tax Profits (100 million yuan)	利润总额(亿元) Total Profits (100 million yuan)
东陇海合计	**Total**	**2995**	**12479.50**	**11823.33**	**12465.54**	**1771.98**	**983.83**
徐州市区	Xuzhou	804	5287.69	4879.42	5324.53	831.25	424.49
新 沂 市	Xinyi	478	1394.28	1374.56	1382.78	170.25	90.88
邳 州 市	Pizhou	498	2050.28	1976.61	2020.47	281.81	170.94
连云港市区	Lianyungang	752	2933.23	2795.06	2935.06	400.85	242.12
东 海 县	Donghai	463	814.02	797.68	802.71	87.82	55.41

19－7　续 表3　Continued 3

地　区	Region	固定资产投资(亿元) Urban Investment in Fixed Assets (100 million yuan)	#房地产开发 Real Estate Development	社会消费品零售总额(亿元) Total Retail Sales of Consumer Goods (100 million yuan)	进出口总额(亿美元) Total Imports and Exports (USD 100 million)	#出　口 Export	实际外商直接投资(亿美元) Actual Direct Foreign Investment (USD 100 million)
东陇海合计	**Total**	**4186.81**	**539.72**	**2219.33**	**126.12**	**78.79**	**22.56**
徐州市区	Xuzhou	1931.56	299.68	1315.77	36.95	29.34	11.42
新 沂 市	Xinyi	386.29	35.00	135.72	4.29	2.28	0.34
邳 州 市	Pizhou	545.96	47.27	197.90	8.76	7.25	1.88
连云港市区	Lianyungang	1089.37	128.05	430.90	72.48	37.03	7.77
东 海 县	Donghai	233.63	29.72	139.03	3.65	2.90	1.15

19－7 续 表4 Continued 4

单位:亿元 (100 million yuan)

地　区	Region	公共财政预算收入 Public Finance Budget Revenue	#税收收入 Taxes	公共财政预算支出 Public Finance Budget Expenditure	年末金融机构存款余　额 Deposits Balance of Banking Institutions (year－end)	#城乡居民储蓄存款 Savings Deposits by Residents	年末金融机构贷款余　额 Loans Balance of Banking Institutions (year－end)
东陇海合计	**Total**	**533.51**	**427.84**	**726.08**	**4966.54**	**2443.38**	**3576.55**
徐州市区	Xuzhou	241.06	189.12	301.29	2845.60	1297.02	1796.50
新 沂 市	Xinyi	45.82	39.33	68.50	235.37	169.07	202.09
邳 州 市	Pizhou	55.58	47.25	88.62	346.34	254.42	271.39
连云港市区	Lianyungang	153.86	120.82	205.93	1296.70	560.13	1125.06
东 海 县	Donghai	37.20	31.31	61.74	242.53	162.74	181.51

19－7 续 表5 Continued 5

地　区	Region	公路里程（公里） Total Length of Highways (km)	民用汽车拥用量（万辆） Number of Civil Motor Vehicles Owned (10000 units)	公路客运量（万人） Passenger Traffic (10000 persons)	公路货运量（万吨） Freight Traffic (10000 tons)	全社会用电量（亿千瓦时） Total Consumption of Electricity (100 million kW·h)	#工业用电 Consumption of Electricity for Industrial Use
东陇海合计	**Total**	**17231**	**84.32**	**16920**	**19521**	**376.91**	**278.49**
徐州市区	Xuzhou	3928	40.62	10376	8931	197.92	153.02
新 沂 市	Xinyi	2849	5.88	979	1646	37.46	30.70
邳 州 市	Pizhou	3052	9.70	1063	2130	25.68	15.41
连云港市区	Lianyungang	4436	20.43	3921	4982	95.45	66.61
东 海 县	Donghai	2966	7.69	581	1832	20.40	12.76

20

市县社会经济

Social Economy of Cities and Counties

简 要 说 明

一、本篇资料的主要内容

本篇资料反映市县经济社会发展情况。

二、资料来源

本篇资料主要根据市县社会经济基本情况统计年报加工整理。

Brief Introduction

I. Main Contents

Data in this chapter reflect the economic and social development of cities and counties.

Ⅱ. Date Source

Data in this chapter mainly based on the basic socio – economic situation annual report.

20-1 人　　口（2014年）
Population (2014)

市　县	City and County	年末户籍人口（万人）Registered Population at Year-end (10000 persons)	#女 Female	年末常住人口（万人）Permanent Population at Year-end (10000 persons)	出生人数（人）Birth (person)	死亡人数（人）Death (person)	人口密度（人/平方公里）Density of Population (person/sq. km)
南京市	**Nanjing City**	**648.72**	**323.68**	**821.61**	**71302**	**37704**	**1247**
无锡市	**Wuxi City**	**477.14**	**240.98**	**650.01**	**49285**	**32766**	**1405**
江阴市	Jiangyin City	123.21	61.81	163.47	13544	8373	1656
宜兴市	Yixing City	108.19	54.76	125.16	10749	8310	627
徐州市	**Xuzhou City**	**1023.52**	**493.15**	**862.83**	**205463**	**30120**	**733**
丰县	Fengxian County	120.05	57.35	94.59	25677	6230	652
沛县	Peixian County	130.63	62.75	111.29	26533	2748	616
睢宁县	Suining County	143.58	68.78	102.15	36490	5256	577
新沂市	Xinyi City	111.89	53.96	90.74	26160	1845	570
邳州市	Pizhou City	185.89	89.18	143.32	33740	3973	687
常州市	**Changzhou City**	**368.64**	**185.73**	**469.64**	**37649**	**24962**	**1074**
溧阳市	Liyang City	79.39	39.27	76.02	8852	5131	495
金坛市	Jintan City	55.34	27.80	55.80	5132	4247	572
苏州市	**Suzhou City**	**661.08**	**336.31**	**1060.40**	**76837**	**44178**	**1225**
常熟市	Changshu City	106.88	55.00	150.97	9344	8413	1183
张家港市	Zhangjiagang City	91.98	46.83	125.25	10450	6260	1269
昆山市	Kunshan City	76.97	38.75	165.03	9965	4305	1772
太仓市	Taicang City	47.74	24.62	70.85	3967	3866	875
南通市	**Nantong City**	**767.63**	**389.35**	**729.80**	**57826**	**62098**	**692**
海安县	Haian County	94.26	47.56	86.62	5966	7526	732
如东县	Rudong County	104.37	52.99	98.19	6341	9659	352
启东市	Qidong City	112.32	57.28	95.60	8101	8121	558
如皋市	Rugao City	143.69	72.01	125.61	11465	11849	797
海门市	Haimen City	100.16	50.86	90.23	7209	8094	789
连云港市	**Lianyungang City**	**526.52**	**251.76**	**445.17**	**97562**	**28522**	**585**
东海县	Donghai County	121.95	58.47	95.87	25897	6739	471
灌云县	Guanyun County	104.06	49.46	79.79	18476	9186	519
灌南县	Guannan County	81.44	38.31	62.87	15642	3023	611

市 县 City and County		年末户籍人口（万人）Registered Population at Year-end (10000 persons)	#女 Female	年末常住人口（万人）Permanent Population at Year-end (10000 persons)	出生人数（人）Birth (person)	死亡人数（人）Death (person)	人口密度（人/平方公里）Density of Population (person/sq. km)
淮安市	**Huaian City**	**560.25**	**272.16**	**485.21**	**86533**	**25999**	**484**
涟水县	Lianshui County	113.70	54.38	84.53	21500	3311	504
洪泽县	Hongze County	39.09	19.41	33.67	4797	1329	264
盱眙县	Xuyi County	80.05	39.09	65.03	11725	5590	260
金湖县	Jinhu County	35.92	17.94	33.04	3187	2941	240
盐城市	**Yancheng City**	**828.54**	**401.27**	**722.28**	**93075**	**60600**	**427**
响水县	Xiangshui County	62.48	29.82	50.25	7208	4622	341
滨海县	Binhai County	121.48	57.56	94.28	14521	8665	484
阜宁县	Funing County	112.09	53.24	83.88	17099	12188	583
射阳县	Sheyang County	96.78	47.15	89.14	9910	6189	342
建湖县	Jianhu County	80.13	38.79	73.70	8084	5422	637
东台市	Dongtai City	113.73	56.43	98.66	10308	8617	311
大丰市	Dafeng City	72.54	36.32	70.19	6188	5634	233
扬州市	**Yangzhou City**	**461.34**	**230.53**	**447.79**	**41036**	**30612**	**679**
宝应县	Baoying County	91.13	44.88	75.45	8575	3758	516
仪征市	Yizheng City	56.56	28.04	56.40	5508	4494	625
高邮市	Gaoyou City	81.81	41.04	73.91	6341	6174	385
镇江市	**Zhenjiang City**	**272.07**	**137.26**	**317.14**	**24285**	**19432**	**826**
丹阳市	Danyang City	81.35	41.11	97.86	7366	6266	934
扬中市	Yangzhong City	28.26	14.40	34.16	2601	2141	1044
句容市	Jurong City	59.05	29.77	62.41	5576	4496	453
泰州市	**Taizhou City**	**508.51**	**248.95**	**463.86**	**48648**	**43052**	**802**
兴化市	Xinghua City	158.00	74.98	125.47	18337	15023	524
靖江市	Jingjiang City	66.81	33.73	68.65	5072	4864	1047
泰兴市	Taixing City	119.88	58.76	107.68	10134	10037	921
宿迁市	**Suqian City**	**580.74**	**279.47**	**484.32**	**120941**	**29249**	**568**
沭阳县	Shuyang County	193.57	92.60	155.20	39293	10240	675
泗阳县	Siyang County	106.32	50.74	84.50	17645	5897	613
泗洪县	Sihong County	108.85	52.72	90.00	21464	6938	334

20－2 户数及土地面积（2014年）
Number of Households and Land Area（2014）

市 县	City and County	年末总户数（万户）Number of Households at Year-end（10000 households）	#乡村户数 Rural Household	土地面积（平方公里）Land Area（sq. km）	建成区面积（平方公里）Developed Areas（sq. km）	建成区绿化覆盖面积（公顷）Coverage Space of Green Areas Developed（hectare）
南京市	**Nanjing City**	**221.60**	**64.67**	**6587**	**734**	**32416**
无锡市	**Wuxi City**	**159.78**	**62.50**	**4627**	**522**	**22361**
江阴市	Jiangyin City	36.92	20.38	987	118	5019
宜兴市	Yixing City	37.68	21.10	1997	77	3286
徐州市	**Xuzhou City**	**277.82**	**176.97**	**11765**	**433**	**18375**
丰县	Fengxian County	32.56	23.80	1450	28	1126
沛县	Peixian County	34.78	23.63	1806	36	1518
睢宁县	Suining County	33.64	25.48	1769	33	1324
新沂市	Xinyi City	31.91	21.83	1592	35	1444
邳州市	Pizhou City	45.61	34.28	2085	45	1924
常州市	**Changzhou City**	**129.42**	**74.65**	**4372**	**254**	**10863**
溧阳市	Liyang City	26.33	19.96	1535	28	1184
金坛市	Jintan City	20.47	14.03	976	22	922
苏州市	**Suzhou City**	**217.46**	**89.08**	**8657**	**735**	**31563**
常熟市	Changshu City	32.95	17.99	1276	98	4424
张家港市	Zhangjiagang City	33.38	18.65	987	69	3022
昆山市	Kunshan City	25.96	10.46	932	72	3179
太仓市	Taicang City	14.79	6.82	810	49	2072
南通市	**Nantong City**	**282.61**	**200.68**	**10549**	**329**	**13741**
海安县	Haian County	34.19	24.84	1184	31	1222
如东县	Rudong County	37.06	30.62	2791	25	1004
启东市	Qidong City	45.37	38.68	1715	26	1067
如皋市	Rugao City	45.32	35.40	1576	34	1368
海门市	Haimen City	38.49	29.87	1144	25	994
连云港市	**Lianyungang City**	**140.75**	**89.85**	**7615**	**275**	**11034**
东海县	Donghai County	28.95	22.29	2037	28	1152
灌云县	Guanyun County	26.29	19.41	1538	28	1100
灌南县	Guannan County	20.70	14.68	1028	26	1020

市　　县 City and County		年末总户数（万户）Number of Households at Year-end (10000 households)	#乡村户数 Rural Household	土地面积（平方公里）Land Area (sq. km)	建成区面积（平方公里）Developed Areas (sq. km)	建成区绿化覆盖面积（公顷）Coverage Space of Green Areas Developed (hectare)
淮 安 市	**Huaian City**	**163.12**	**99.92**	**10030**	**255**	**10466**
涟 水 县	Lianshui County	29.51	22.20	1678	33	1356
洪 泽 县	Hongze County	12.25	7.83	1273	18	706
盱 眙 县	Xuyi County	21.60	15.26	2497	33	1382
金 湖 县	Jinhu County	12.81	8.14	1378	21	884
盐 城 市	**Yancheng City**	**273.10**	**184.26**	**16931**	**322**	**13166**
响 水 县	Xiangshui County	16.98	11.76	1474	21	858
滨 海 县	Binhai County	34.12	25.31	1950	32	1316
阜 宁 县	Funing County	36.42	21.90	1439	44	1786
射 阳 县	Sheyang County	31.92	21.31	2606	24	1004
建 湖 县	Jianhu County	30.02	19.25	1157	27	1092
东 台 市	Dongtai City	39.55	32.19	3176	36	1468
大 丰 市	Dafeng City	27.59	20.93	3008	28	1159
扬 州 市	**Yangzhou City**	**150.08**	**101.81**	**6591**	**232**	**9905**
宝 应 县	Baoying County	28.19	20.59	1462	32	1316
仪 征 市	Yizheng City	18.89	11.89	902	39	1607
高 邮 市	Gaoyou City	25.84	19.36	1922	26	1068
镇 江 市	**Zhenjiang City**	**101.29**	**57.84**	**3840**	**205**	**8581**
丹 阳 市	Danyang City	28.02	19.61	1047	33	1332
扬 中 市	Yangzhong City	10.57	7.62	327	13	532
句 容 市	Jurong City	22.62	15.49	1378	25	1025
泰 州 市	**Taizhou City**	**168.91**	**119.87**	**5787**	**196**	**7997**
兴 化 市	Xinghua City	52.43	37.45	2395	38	1520
靖 江 市	Jingjiang City	21.47	14.37	656	34	1407
泰 兴 市	Taixing City	39.44	31.05	1170	25	1030
宿 迁 市	**Suqian City**	**149.47**	**108.51**	**8524**	**212**	**8801**
沭 阳 县	Shuyang County	49.56	37.96	2299	63	2563
泗 阳 县	Siyang County	26.81	19.85	1378	36	1483
泗 洪 县	Sihong County	29.34	19.21	2694	35	1431

20－3 法人单位数(2014年)
Number of Corporations (2014)

单位:个 (unit)

地区	City and County	合计 Total	企业 Enterprises	事业单位 Institutions	机关 Agencies & Organizations	社会团体 Social Organizations	民办非企业单位 Non-enterprise Units Run by NGO	其他组织机构 Others
南京市	**Nanjing City**	**139965**	**124028**	**3584**	**1248**	**2653**	**3584**	**4868**
无锡市	**Wuxi City**	**167607**	**156337**	**3091**	**766**	**1585**	**1598**	**4230**
江阴市	Jiangyin City	38031	35178	667	145	359	240	1442
宜兴市	Yixing City	28904	26201	674	136	288	306	1299
徐州市	**Xuzhou City**	**103780**	**88487**	**3738**	**1022**	**1400**	**1629**	**7504**
丰县	Fengxian County	8778	7351	507	113	80	128	599
沛县	Peixian County	9682	7683	450	107	159	99	1184
睢宁县	Suining County	9480	8069	385	78	116	174	658
新沂市	Xinyi City	9809	8324	348	89	94	181	773
邳州市	Pizhou City	13489	10693	514	140	130	97	1915
常州市	**Changzhou City**	**120570**	**108812**	**2494**	**631**	**3443**	**892**	**4298**
溧阳市	Liyang City	10893	8547	505	101	342	115	1283
金坛市	Jintan City	10119	8545	441	90	237	123	683
苏州市	**Suzhou City**	**343000**	**327691**	**3961**	**951**	**2507**	**1768**	**6122**
常熟市	Changshu City	29476	27448	503	94	337	179	915
张家港市	Zhangjiagang City	35680	33607	493	141	228	199	1012
昆山市	Kunshan City	72069	69878	617	114	391	373	696
太仓市	Taicang City	19696	18220	394	88	232	126	636
南通市	**Nantong City**	**114401**	**99067**	**3727**	**889**	**2167**	**2629**	**5922**
海安县	Haian County	14588	12369	605	108	256	548	702
如东县	Rudong County	14654	12897	590	106	210	283	568
启东市	Qidong City	12236	9912	399	122	308	410	1085
如皋市	Rugao City	17238	14800	541	118	193	235	1351
海门市	Haimen City	12457	10719	462	104	212	206	754
连云港市	**Lianyungang City**	**44218**	**34662**	**2355**	**653**	**885**	**892**	**4771**
东海县	Donghai County	10099	8053	493	118	122	235	1078
灌云县	Guanyun County	5295	3461	420	88	145	154	1027
灌南县	Guannan County	4997	3248	445	96	162	147	899

单位:个 (unit)

地区	City and County	合计 Total	企业 Enterprises	事业单位 Institutions	机关 Agencies & Organizations	社会团体 Social Organizations	民办非企业单位 Non-enterprise Units Run by NGO	其他组织机构 Others
淮安市	**Huaian City**	**59034**	**44379**	**3735**	**1134**	**1699**	**944**	**7143**
涟水县	Lianshui County	8212	5617	677	147	181	200	1390
洪泽县	Hongze County	5075	3653	335	103	136	101	747
盱眙县	Xuyi County	6041	4015	486	192	247	51	1050
金湖县	Jinhu County	6118	4786	356	103	139	45	689
盐城市	**Yancheng City**	**63463**	**51740**	**3454**	**896**	**1590**	**1226**	**4557**
响水县	Xiangshui County	5778	4399	301	76	477	147	378
滨海县	Binhai County	5540	4128	395	72	299	41	605
阜宁县	Funing County	6487	5589	207	68	65	83	475
射阳县	Sheyang County	5376	4252	380	113	61	72	498
建湖县	Jianhu County	6301	5158	404	107	172	81	379
东台市	Dongtai City	9998	8202	459	82	150	244	861
大丰市	Dafeng City	7514	6073	419	84	173	288	477
扬州市	**Yangzhou City**	**67847**	**55438**	**3226**	**809**	**1467**	**1131**	**5776**
宝应县	Baoying County	7820	5541	528	85	148	115	1403
仪征市	Yizheng City	8051	6146	553	150	278	94	830
高邮市	Gaoyou City	8913	6951	485	130	161	125	1061
镇江市	**Zhenjiang City**	**61436**	**53510**	**2349**	**551**	**1646**	**772**	**2608**
丹阳市	Danyang City	16133	14458	486	104	206	145	734
扬中市	Yangzhong City	9325	8388	326	77	151	101	282
句容市	Jurong City	8910	7067	400	85	297	119	942
泰州市	**Taizhou City**	**64760**	**52783**	**2939**	**583**	**1465**	**1371**	**5619**
兴化市	Xinghua City	10853	7458	572	105	314	380	2024
靖江市	Jingjiang City	11848	10068	439	80	180	157	924
泰兴市	Taixing City	10647	8967	529	83	162	108	798
宿迁市	**Suqian City**	**45174**	**36560**	**2037**	**674**	**425**	**1064**	**4414**
沭阳县	Shuyang County	15837	13352	478	132	76	375	1424
泗阳县	Siyang County	6520	5208	268	104	129	235	576
泗洪县	Sihong County	8586	6533	431	137	57	186	1242

20－4 年末从业人员（2014年）
Number of Employed Persons（Year-end）（2014）

单位:万人　　（10000 persons）

市县 City and County		从业人员 Total Employed Persons	第一产业 Primary Industry	第二产业 Secondary Industry	第三产业 Tertiary Industry	私营企业从业人员 Employed Persons in Private Enterprises	个体从业人员 Self-employed Individuals
南京市	**Nanjing City**	**453.0**	**47.4**	**149.9**	**255.7**	**222.90**	**74.14**
无锡市	**Wuxi City**	**389.5**	**17.8**	**220.5**	**151.2**	**228.28**	**45.72**
江阴市	Jiangyin City	99.61	5.06	62.52	32.03	59.00	11.83
宜兴市	Yixing City	74.48	8.97	41.31	24.20	49.10	7.49
徐州市	**Xuzhou City**	**480.9**	**162.7**	**150.7**	**167.5**	**122.32**	**56.31**
丰县	Fengxian County	56.31	27.68	15.50	13.13	9.55	4.25
沛县	Peixian County	66.55	25.01	23.66	17.88	12.10	5.32
睢宁县	Suining County	59.93	18.15	22.68	19.10	11.51	4.37
新沂市	Xinyi City	54.30	24.96	14.92	14.42	24.90	5.57
邳州市	Pizhou City	77.54	33.12	22.40	22.02	14.86	8.81
常州市	**Changzhou City**	**281.0**	**30.8**	**145.8**	**104.4**	**153.19**	**43.17**
溧阳市	Liyang City	49.37	11.35	25.81	12.21	19.97	6.14
金坛市	Jintan City	35.13	6.86	16.48	11.79	16.97	4.61
苏州市	**Suzhou City**	**693.4**	**24.5**	**419.8**	**249.1**	**372.55**	**98.02**
常熟市	Changshu City	105.10	4.13	65.51	35.46	46.03	14.77
张家港市	Zhangjiagang City	77.69	4.58	47.48	25.63	51.60	10.90
昆山市	Kunshan City	116.34	1.83	75.67	38.84	57.31	15.87
太仓市	Taicang City	45.98	2.68	27.32	15.98	21.38	5.11
南通市	**Nantong City**	**462.0**	**101.7**	**216.0**	**144.3**	**250.31**	**73.63**
海安县	Haian County	54.5	11.6	28.8	14.1	31.50	9.81
如东县	Rudong County	62.3	14.1	30.9	17.3	31.16	5.96
启东市	Qidong City	67.9	19.6	29.6	18.7	28.34	7.19
如皋市	Rugao City	74.7	20.2	35.1	19.4	40.85	10.96
海门市	Haimen City	65.9	17.8	31.7	16.4	44.82	9.26
连云港市	**Lianyungang City**	**251.10**	**79.40**	**80.90**	**90.80**	**42.21**	**20.11**
东海县	Donghai County	56.72	18.81	17.86	20.05	5.77	4.08
灌云县	Guanyun County	47.98	18.65	12.95	16.38	4.49	3.48
灌南县	Guannan County	36.53	15.21	10.99	10.33	4.90	2.89

20－4 续 表1 Continued 1

单位:万人 (10000 persons)

市 县 City and County		从业人员 Total Employed Persons	第一产业 Primary Industry	第二产业 Secondary Industry	第三产业 Tertiary Industry	私营企业从业人员 Employed Persons in Private Enterprises	个 体 从业人员 Self-employed Individuals
淮 安 市	**Huaian City**	**281.9**	**80.2**	**87.6**	**114.1**	**66.13**	**36.92**
涟 水 县	Lianshui County	48.77	17.60	11.32	19.85	8.65	3.54
洪 泽 县	Hongze County	20.17	5.95	6.88	7.34	7.09	3.79
盱 眙 县	Xuyi County	38.30	12.07	12.45	13.78	6.44	4.04
金 湖 县	Jinhu County	19.20	5.59	6.57	7.04	6.17	2.77
盐 城 市	**Yancheng City**	**445.5**	**126.0**	**151.4**	**168.1**	**133.72**	**45.70**
响 水 县	Xiangshui County	28.70	9.35	9.47	9.88	4.40	2.74
滨 海 县	Binhai County	56.34	19.09	17.81	19.44	14.33	4.89
阜 宁 县	Funing County	51.37	17.44	16.50	17.43	22.27	5.11
射 阳 县	Sheyang County	56.95	18.10	18.59	20.26	8.50	4.44
建 湖 县	Jianhu County	44.12	12.41	16.21	15.50	11.72	4.06
东 台 市	Dongtai City	65.11	18.56	22.04	24.51	22.01	5.14
大 丰 市	Dafeng City	45.97	13.44	14.92	17.61	17.83	5.02
扬 州 市	**Yangzhou City**	**265.6**	**50.7**	**118.3**	**96.6**	**114.36**	**38.40**
宝 应 县	Baoying County	41.90	12.70	17.60	11.60	12.81	4.78
仪 征 市	Yizheng City	39.50	9.30	18.10	12.10	11.71	4.77
高 邮 市	Gaoyou City	45.90	13.10	19.20	13.60	19.75	5.29
镇 江 市	**Zhenjiang City**	**192.7**	**23.6**	**90.0**	**79.1**	**81.36**	**30.01**
丹 阳 市	Danyang City	63.01	6.13	34.35	22.53	26.58	9.32
扬 中 市	Yangzhong City	21.54	1.41	11.94	8.19	14.32	2.05
句 容 市	Jurong City	38.97	10.17	15.91	12.89	9.62	5.06
泰 州 市	**Taizhou City**	**285.0**	**69.2**	**119.3**	**96.5**	**99.78**	**41.23**
兴 化 市	Xinghua City	77.12	24.23	29.87	23.02	15.91	10.08
靖 江 市	Jingjiang City	42.14	8.11	21.04	12.99	17.66	5.47
泰 兴 市	Taixing City	66.23	19.44	26.50	20.29	20.33	9.93
宿 迁 市	**Suqian City**	**279.2**	**104.8**	**97.0**	**77.4**	**85.83**	**39.17**
沭 阳 县	Shuyang County	89.45	34.62	30.36	24.47	42.48	11.69
泗 阳 县	Siyang County	48.71	19.37	16.50	12.84	11.66	6.58
泗 洪 县	Sihong County	51.88	21.33	16.27	14.28	11.07	5.64

20-5 乡村从业人员(2014年)
Rural Employment (2014)

单位:万人 (10000 persons)

市 县	City and County	乡村从业人员 Total Employment	#农林牧渔业 Farming, Forestry, Animal Husbandry and Fishery	#工业 Industry	#建筑业 Construction	#交通运输、仓储及邮政业 Transportation, Storage, and Postal Services	#批发和零售业 Wholesale and Retail Trade
南京市	**Nanjing City**	**119.21**	**25.71**	**36.37**	**23.89**	**7.40**	**8.31**
无锡市	**Wuxi City**	**112.77**	**18.97**	**67.38**	**7.76**	**3.74**	**5.90**
江阴市	Jiangyin City	38.14	5.52	23.30	2.70	1.58	2.20
宜兴市	Yixing City	34.71	9.83	16.61	3.50	1.20	1.58
徐州市	**Xuzhou City**	**358.77**	**136.31**	**101.07**	**51.62**	**15.00**	**21.73**
丰县	Fengxian County	53.18	25.28	13.80	7.29	1.51	2.36
沛县	Peixian County	48.94	16.57	14.27	9.62	1.76	2.31
睢宁县	Suining County	59.97	23.59	17.21	8.53	1.42	2.86
新沂市	Xinyi City	45.46	18.42	10.27	8.90	1.20	2.50
邳州市	Pizhou City	67.02	21.89	20.95	6.90	4.16	5.63
常州市	**Changzhou City**	**130.50**	**24.24**	**59.25**	**17.37**	**5.38**	**6.63**
溧阳市	Liyang City	31.67	7.97	8.78	9.07	1.77	1.76
金坛市	Jintan City	19.99	5.15	6.87	4.44	0.87	0.76
苏州市	**Suzhou City**	**174.76**	**22.81**	**105.05**	**9.88**	**5.51**	**10.22**
常熟市	Changshu City	38.78	3.71	23.87	2.06	1.20	2.34
张家港市	Zhangjiagang City	30.70	3.21	19.72	1.65	1.31	1.69
昆山市	Kunshan City	20.85	1.77	13.03	1.11	0.56	1.30
太仓市	Taicang City	15.73	3.07	9.94	0.60	0.36	0.36
南通市	**Nantong City**	**302.30**	**66.66**	**83.54**	**62.21**	**16.80**	**28.54**
海安县	Haian County	37.45	7.19	11.03	8.38	3.11	3.41
如东县	Rudong County	47.86	8.62	16.27	10.12	2.57	2.74
启东市	Qidong City	50.15	12.81	12.26	9.64	2.55	5.49
如皋市	Rugao City	60.10	13.90	17.30	10.70	2.50	3.50
海门市	Haimen City	48.99	11.71	11.40	11.45	2.28	6.72
连云港市	**Lianyungang City**	**174.50**	**80.34**	**30.28**	**30.58**	**7.60**	**8.30**
东海县	Donghai County	44.07	19.37	7.77	8.62	2.25	1.97
灌云县	Guanyun County	38.01	18.60	6.40	4.34	1.16	1.44
灌南县	Guannan County	30.79	15.90	4.26	4.31	1.87	1.57

20－5 续 表1 Continued 1

单位:万人 (10000 persons)

市 县	City and County	乡村从业人员 Total Employment	#农林牧渔业 Farming, Forestry, Animal Husbandry and Fishery	#工 业 Industry	#建筑业 Construction	#交通运输、仓储及邮政业 Transportation, Storage, and Postal Services	#批发和零售业 Wholesale and Retail Trade
淮 安 市	**Huaian City**	**211.47**	**86.59**	**41.18**	**31.09**	**6.84**	**8.40**
涟 水 县	Lianshui County	49.41	20.62	5.03	4.89	1.02	1.35
洪 泽 县	Hongze County	17.29	6.16	4.96	2.72	0.78	0.79
盱 眙 县	Xuyi County	32.82	12.55	6.61	3.89	1.09	1.21
金 湖 县	Jinhu County	13.61	5.10	3.86	2.52	0.43	0.57
盐 城 市	**Yancheng City**	**301.92**	**111.30**	**59.91**	**37.13**	**13.58**	**13.73**
响 水 县	Xiangshui County	21.37	9.03	5.50	1.35	0.73	0.83
滨 海 县	Binhai County	44.98	17.05	5.92	4.73	2.45	1.89
阜 宁 县	Funing County	37.21	15.37	4.76	5.77	1.38	1.34
射 阳 县	Sheyang County	34.88	12.71	5.38	3.79	1.70	1.92
建 湖 县	Jianhu County	30.53	9.46	9.27	3.63	1.36	1.69
东 台 市	Dongtai City	48.35	19.66	10.00	6.71	2.03	2.18
大 丰 市	Dafeng City	31.06	9.90	7.47	2.78	1.39	1.34
扬 州 市	**Yangzhou City**	**182.48**	**34.09**	**65.25**	**34.40**	**7.48**	**11.99**
宝 应 县	Baoying County	41.88	9.94	11.97	10.11	1.90	3.22
仪 征 市	Yizheng City	22.78	3.38	7.60	5.07	0.86	1.22
高 邮 市	Gaoyou City	36.25	8.99	13.78	6.68	1.31	2.00
镇 江 市	**Zhenjiang City**	**99.94**	**23.30**	**47.80**	**11.49**	**3.59**	**3.63**
丹 阳 市	Danyang City	36.19	7.77	20.51	3.06	1.06	1.13
扬 中 市	Yangzhong City	13.08	2.13	8.09	0.71	0.37	0.51
句 容 市	Jurong City	25.42	8.03	7.48	5.50	1.02	0.78
泰 州 市	**Taizhou City**	**211.48**	**44.30**	**61.60**	**36.99**	**13.50**	**17.01**
兴 化 市	Xinghua City	61.05	20.12	10.35	5.98	4.29	5.62
靖 江 市	Jingjiang City	27.24	5.43	13.21	2.41	1.85	1.61
泰 兴 市	Taixing City	56.58	9.02	15.85	11.89	3.29	5.70
宿 迁 市	**Suqian City**	**224.76**	**87.38**	**61.57**	**29.19**	**7.87**	**12.78**
沭 阳 县	Shuyang County	82.32	29.58	26.75	8.11	3.29	4.17
泗 阳 县	Siyang County	39.67	15.27	10.95	5.28	1.10	1.98
泗 洪 县	Sihong County	38.41	21.25	6.12	4.62	0.98	2.01

20-6 地区生产总值(2014年)
Gross Domestic Product (2014)

单位:亿元 (100 million yuan)

市县 City and County		地区生产总值 Gross Domestic Product	第一产业 Primary Industry	第二产业 Secondary Industry	#工业 Industry	第三产业 Tertiary Industry	人均地区生产总值(元) Per Capita GDP(yuan)
南京市	**Nanjing City**	**8820.75**	**214.25**	**3623.48**	**3119.12**	**4983.02**	**107545**
无锡市	**Wuxi City**	**8205.31**	**138.13**	**4095.89**	**3747.59**	**3971.29**	**126389**
江阴市	Jiangyin City	2753.95	46.14	1520.54	1453.57	1187.27	168711
宜兴市	Yixing City	1233.89	49.93	643.15	547.32	540.81	98648
徐州市	**Xuzhou City**	**4963.91**	**473.54**	**2246.24**	**1883.70**	**2244.13**	**57655**
丰县	Fengxian County	341.63	62.97	153.97	114.69	124.69	36086
沛县	Peixian County	564.96	80.46	260.78	210.11	223.72	50772
睢宁县	Suining County	419.97	70.98	182.44	140.45	166.55	41087
新沂市	Xinyi City	473.54	57.35	200.05	170.05	216.14	52195
邳州市	Pizhou City	684.48	95.81	294.59	243.15	294.08	47761
常州市	**Changzhou City**	**4901.87**	**138.46**	**2408.11**	**2170.19**	**2355.30**	**104423**
溧阳市	Liyang City	716.29	43.92	375.11	329.63	297.26	94224
金坛市	Jintan City	471.48	30.43	243.03	202.60	198.02	84495
苏州市	**Suzhou City**	**13760.89**	**203.98**	**6892.98**	**6360.14**	**6663.93**	**129926**
常熟市	Changshu City	2009.36	38.40	1061.55	1011.19	909.41	133150
张家港市	Zhangjiagang City	2180.25	28.64	1186.39	1131.02	965.22	174148
昆山市	Kunshan City	3001.02	27.46	1687.10	1592.57	1286.46	182222
太仓市	Taicang City	1065.33	35.24	556.65	522.60	473.44	150523
南通市	**Nantong City**	**5652.69**	**339.57**	**2812.34**	**2307.64**	**2500.78**	**77457**
海安县	Haian County	624.14	51.27	304.13	245.80	268.74	72051
如东县	Rudong County	615.51	62.17	297.11	245.42	256.23	62631
启东市	Qidong City	739.13	62.93	369.03	287.41	307.17	77242
如皋市	Rugao City	743.64	57.60	377.24	311.08	308.80	59158
海门市	Haimen City	836.50	49.07	443.16	365.88	344.27	92697
连云港市	**Lianyungang City**	**1965.89**	**261.98**	**889.68**	**706.89**	**814.23**	**44277**
东海县	Donghai County	359.32	56.95	163.13	140.75	139.24	37580
灌云县	Guanyun County	274.98	55.12	125.50	94.52	94.36	34532
灌南县	Guannan County	259.25	44.75	128.76	110.64	85.74	41364

20－6 续 表1 Continued 1

单位:亿元 (100 million yuan)

市县	City and County	地区生产总值 Gross Domestic Product	第一产业 Primary Industry	第二产业 Secondary Industry	#工业 Industry	第三产业 Tertiary Industry	人均地区生产总值(元) Per Capita GDP(yuan)
淮安市	**Huaian City**	**2455.39**	**286.99**	**1085.96**	**903.34**	**1082.44**	**50736**
涟水县	Lianshui County	302.35	49.97	120.82	96.94	131.56	35843
洪泽县	Hongze County	207.35	29.44	88.32	74.97	89.59	61812
盱眙县	Xuyi County	290.04	48.42	118.86	93.77	122.76	44714
金湖县	Jinhu County	193.61	28.30	76.39	66.77	88.92	58785
盐城市	**Yancheng City**	**3835.62**	**489.50**	**1782.41**	**1524.64**	**1563.71**	**53115**
响水县	Xiangshui County	222.00	38.16	105.11	94.07	78.73	44170
滨海县	Binhai County	328.19	53.10	138.63	116.80	136.46	34806
阜宁县	Funing County	330.62	50.84	148.14	109.18	131.64	39411
射阳县	Sheyang County	370.10	72.14	139.47	125.11	158.49	41510
建湖县	Jianhu County	392.00	45.21	175.34	149.41	171.45	53178
东台市	Dongtai City	610.33	84.60	261.81	228.01	263.92	61868
大丰市	Dafeng City	486.70	68.68	204.42	175.65	213.60	69350
扬州市	**Yangzhou City**	**3697.91**	**227.36**	**1885.75**	**1634.48**	**1584.80**	**82654**
宝应县	Baoying County	418.30	61.60	189.80	154.29	166.90	55525
仪征市	Yizheng City	465.06	21.13	255.76	146.76	188.17	82633
高邮市	Gaoyou City	445.20	62.72	201.13	166.28	181.35	60203
镇江市	**Zhenjiang City**	**3252.44**	**121.45**	**1631.10**	**1498.41**	**1499.89**	**102652**
丹阳市	Danyang City	1008.96	47.22	518.58	497.75	443.16	103187
扬中市	Yangzhong City	445.35	10.86	237.90	228.89	196.59	130467
句容市	Jurong City	440.96	37.26	215.42	195.43	188.28	70684
泰州市	**Taizhou City**	**3370.89**	**209.25**	**1697.45**	**1462.03**	**1464.19**	**72706**
兴化市	Xinghua City	624.83	89.08	264.28	228.22	271.47	49803
靖江市	Jingjiang City	666.19	19.84	349.18	314.50	297.17	97063
泰兴市	Taixing City	675.84	46.93	348.68	303.84	280.23	62772
宿迁市	**Suqian City**	**1930.68**	**246.37**	**933.24**	**780.91**	**751.07**	**39963**
沭阳县	Shuyang County	579.96	78.83	268.55	236.82	232.58	37525
泗阳县	Siyang County	332.24	49.89	173.74	144.17	108.61	39365
泗洪县	Sihong County	330.00	51.87	141.42	116.81	136.71	36484

20－7 地区生产总值构成(2014年)

Composition and Indices of Gross Domestic Product (2014)

市 县 City and County		地区生产总值指数(上年=100) GDP Index (preceding year=100)	三次产业占GDP比重(%) Percentage of Three Industries to GDP			公共财政预算收入占GDP比重(%) Percentage of Public Budget Revenue to GDP(%)	外贸依存度(%) Interdependent Level to Foreign Trade(%)
			第一产业 Primary Industry	第二产业 Secondary Industry	第三产业 Tertiary Industry		
南 京 市	**Nanjing City**	**110.1**	**2.4**	**41.1**	**56.5**	**10.2**	**39.8**
无 锡 市	**Wuxi City**	**108.2**	**1.7**	**49.9**	**48.4**	**9.4**	**55.5**
江 阴 市	Jiangyin City	107.8	1.7	55.2	43.1	7.3	49.7
宜 兴 市	Yixing City	108.3	4.0	52.1	43.8	7.7	27.6
徐 州 市	**Xuzhou City**	**110.5**	**9.5**	**45.3**	**45.2**	**9.5**	**7.4**
丰 县	Fengxian County	111.6	18.4	45.1	36.5	11.2	3.0
沛 县	Peixian County	111.4	14.2	46.2	39.6	9.4	3.8
睢 宁 县	Suining County	112.0	16.9	43.4	39.7	9.2	6.9
新 沂 市	Xinyi City	111.6	12.1	42.2	45.6	9.7	5.6
邳 州 市	Pizhou City	111.7	14.0	43.0	43.0	8.1	7.9
常 州 市	**Changzhou City**	**110.1**	**2.8**	**49.1**	**48.0**	**8.9**	**36.1**
溧 阳 市	Liyang City	111.1	6.1	52.4	41.5	7.1	8.6
金 坛 市	Jintan City	113.1	6.5	51.5	42.0	6.4	19.9
苏 州 市	**Suzhou City**	**108.3**	**1.5**	**50.1**	**48.4**	**10.5**	**139.0**
常 熟 市	Changshu City	107.5	1.9	52.8	45.3	7.3	61.7
张家港市	Zhangjiagang City	106.0	1.3	54.4	44.3	7.5	92.5
昆 山 市	Kunshan City	107.7	0.9	56.2	42.9	8.8	173.6
太 仓 市	Taicang City	108.6	3.3	52.3	44.4	10.0	79.5
南 通 市	**Nantong City**	**110.5**	**6.0**	**49.8**	**44.2**	**9.7**	**34.4**
海 安 县	Haian County	111.0	8.2	48.7	43.1	8.7	24.1
如 东 县	Rudong County	110.2	10.1	48.3	41.6	8.1	33.0
启 东 市	Qidong City	110.6	8.5	49.9	41.6	9.1	25.5
如 皋 市	Rugao City	110.5	7.7	50.7	41.5	9.1	26.5
海 门 市	Haimen City	110.2	5.9	53.0	41.2	8.2	14.9
连云港市	**Lianyungang City**	**110.2**	**13.3**	**45.3**	**41.4**	**13.3**	**25.1**
东 海 县	Donghai County	111.5	15.8	45.4	38.8	10.4	6.2
灌 云 县	Guanyun County	109.5	20.0	45.6	34.3	12.9	4.1
灌 南 县	Guannan County	110.1	17.3	49.7	33.1	13.5	5.5

20－7　续　表1　Continued 1

市　县 City and County		地区生产总值指数（上年＝100） GDP Index (preceding year＝100)	三次产业占GDP比重（%） Percentage of Three Industries to GDP			公共财政预算收入占GDP比重（%） Percentage of Public Budget Revenue to GDP(%)	外贸依存度（%） Interdependent Level to Foreign Trade(%)
			第一产业 Primary Industry	第二产业 Secondary Industry	第三产业 Tertiary Industry		
淮安市	**Huaian City**	**110.9**	**11.7**	**44.2**	**44.1**	**12.6**	**10.3**
涟水县	Lianshui County	111.3	16.5	40.0	43.5	9.8	8.2
洪泽县	Hongze County	111.2	14.2	42.6	43.2	10.7	7.0
盱眙县	Xuyi County	111.0	16.7	41.0	42.3	10.6	4.4
金湖县	Jinhu County	111.4	14.6	39.5	45.9	11.1	11.3
盐城市	**Yancheng City**	**110.9**	**12.8**	**46.5**	**40.8**	**10.9**	**12.0**
响水县	Xiangshui County	110.7	17.2	47.3	35.5	12.5	11.3
滨海县	Binhai County	111.0	16.2	42.2	41.6	10.2	8.7
阜宁县	Funing County	111.0	15.4	44.8	39.8	10.2	4.0
射阳县	Sheyang County	109.8	19.5	37.7	42.8	4.7	5.2
建湖县	Jianhu County	111.5	11.5	44.7	43.7	11.4	6.2
东台市	Dongtai City	111.2	13.9	42.9	43.2	10.0	6.7
大丰市	Dafeng City	112.1	14.1	42.0	43.9	12.3	17.4
扬州市	**Yangzhou City**	**111.0**	**6.1**	**51.0**	**42.9**	**8.0**	**16.6**
宝应县	Baoying County	111.2	14.7	45.4	39.9	6.5	11.4
仪征市	Yizheng City	111.4	4.5	55.0	40.5	7.5	13.5
高邮市	Gaoyou City	111.0	14.1	45.2	40.7	6.6	5.8
镇江市	**Zhenjiang City**	**110.9**	**3.7**	**50.2**	**46.1**	**8.5**	**19.5**
丹阳市	Danyang City	112.8	4.7	51.4	43.9	6.4	16.9
扬中市	Yangzhong City	112.4	2.4	53.4	44.1	6.9	7.7
句容市	Jurong City	112.5	8.4	48.9	42.7	8.1	8.1
泰州市	**Taizhou City**	**110.8**	**6.2**	**50.4**	**43.4**	**8.2**	**19.8**
兴化市	Xinghua City	111.0	14.3	42.3	43.4	5.9	5.7
靖江市	Jingjiang City	110.2	3.0	52.4	44.6	8.1	25.2
泰兴市	Taixing City	111.9	6.9	51.6	41.5	6.7	24.3
宿迁市	**Suqian City**	**110.8**	**12.8**	**48.3**	**38.9**	**10.9**	**11.9**
沭阳县	Shuyang County	110.8	13.6	46.3	40.1	11.0	9.8
泗阳县	Siyang County	110.7	15.0	52.3	32.7	9.0	12.9
泗洪县	Sihong County	110.7	15.7	42.9	41.4	8.5	7.2

20－8　农林牧渔业总产值(2014 年)

Gross Output Value of Agriculture, Forestry, Animal Husbandry and Fishery (2014)

单位:亿元　　　　(100 million yuan)

市　县	City and County	农林牧渔业总产值 Total Output Value of Agriculture, Forestry, Animal Husbandry and Fishery	农　业 Farming	林　业 Forestry	畜牧业 Animal Husbandry	渔　业 Fishery	农林牧渔服务业 Service in Support of Agriculture
南京市	**Nanjing City**	**384.63**	**218.50**	**19.84**	**48.23**	**79.86**	**18.19**
无锡市	**Wuxi City**	**253.76**	**137.08**	**19.82**	**32.81**	**36.93**	**27.12**
江阴市	Jiangyin City	88.61	40.12	7.59	18.26	10.87	11.78
宜兴市	Yixing City	88.45	49.56	5.32	8.24	18.08	7.25
徐州市	**Xuzhou City**	**893.65**	**547.88**	**13.36**	**264.21**	**40.33**	**27.87**
丰　县	Fengxian County	123.22	88.54	0.95	29.22	0.98	3.52
沛　县	Peixian County	150.19	96.11	0.70	44.82	3.00	5.56
睢宁县	Suining County	134.26	75.56	2.20	48.85	4.28	3.37
新沂市	Xinyi City	117.55	58.13	3.91	35.83	15.88	3.80
邳州市	Pizhou City	187.36	119.05	3.57	50.76	7.74	6.25
常州市	**Changzhou City**	**256.81**	**138.75**	**1.81**	**37.43**	**64.73**	**14.09**
溧阳市	Liyang City	81.67	44.31	1.06	6.67	26.50	3.12
金坛市	Jintan City	62.16	27.10	0.37	12.27	18.71	3.71
苏州市	**Suzhou City**	**392.49**	**161.45**	**24.47**	**38.82**	**122.64**	**45.10**
常熟市	Changshu City	72.28	39.97	2.75	6.61	14.26	8.70
张家港市	Zhangjiagang City	56.18	31.82	6.97	4.31	5.32	7.76
昆山市	Kunshan City	49.16	14.01	4.59	2.06	25.66	2.83
太仓市	Taicang City	66.30	28.60	3.00	14.45	13.96	6.30
南通市	**Nantong City**	**631.32**	**278.66**	**4.06**	**144.96**	**147.77**	**55.87**
海安县	Haian County	102.71	41.36	0.31	44.45	8.31	8.28
如东县	Rudong County	126.86	48.46	0.97	29.78	40.53	7.12
启东市	Qidong City	121.52	40.58	0.68	12.56	57.40	10.29
如皋市	Rugao City	98.98	55.10	0.23	32.14	5.41	6.10
海门市	Haimen City	86.38	42.78	0.72	11.64	21.09	10.15
连云港市	**Lianyungang City**	**507.39**	**242.27**	**14.08**	**105.73**	**117.16**	**28.16**
东海县	Donghai County	113.18	64.90	4.37	23.71	10.69	9.51
灌云县	Guanyun County	109.09	54.46	2.67	30.67	12.84	8.45
灌南县	Guannan County	83.69	50.96	1.89	20.75	6.24	3.85

单位:亿元 (100 million yuan)

市 县	City and County	农林牧渔业总产值 Total Output Value of Agriculture, Forestry, Animal Husbandry and Fishery	农 业 Farming	林 业 Forestry	畜牧业 Animal Husbandry	渔 业 Fishery	农林牧渔服务业 Service in Support of Agriculture
淮安市	**Huaian City**	**535.56**	**340.87**	**11.58**	**118.97**	**54.83**	**9.32**
涟水县	Lianshui County	96.94	71.85	2.54	18.05	2.59	1.91
洪泽县	Hongze County	59.96	30.87	3.65	14.84	9.50	1.09
盱眙县	Xuyi County	90.42	55.56	1.33	17.30	14.80	1.43
金湖县	Jinhu County	53.20	31.43	1.58	6.11	12.54	1.54
盐城市	**Yancheng City**	**1035.82**	**450.93**	**25.74**	**281.72**	**205.29**	**72.14**
响水县	Xiangshui County	71.20	34.19	1.32	18.01	11.25	6.43
滨海县	Binhai County	99.95	48.06	4.22	22.97	21.11	3.59
阜宁县	Funing County	103.27	39.70	3.64	34.36	17.07	8.50
射阳县	Sheyang County	170.61	66.01	4.36	40.18	46.33	13.73
建湖县	Jianhu County	86.79	32.59	1.27	24.15	20.95	7.84
东台市	Dongtai City	189.68	88.45	4.05	55.07	28.49	13.62
大丰市	Dafeng City	162.02	78.91	3.84	34.67	33.88	10.72
扬州市	**Yangzhou City**	**431.98**	**201.81**	**10.13**	**73.42**	**125.10**	**21.53**
宝应县	Baoying County	115.39	43.54	1.86	18.16	47.08	4.75
仪征市	Yizheng City	40.99	25.24	2.00	8.87	1.61	3.27
高邮市	Gaoyou City	121.72	45.64	1.79	20.19	47.63	6.47
镇江市	**Zhenjiang City**	**214.02**	**119.06**	**9.11**	**28.17**	**28.98**	**28.69**
丹阳市	Danyang City	77.76	46.42	1.90	9.48	9.54	10.43
扬中市	Yangzhong City	21.69	10.58	0.82	3.03	3.15	4.11
句容市	Jurong City	63.69	37.20	4.41	7.08	6.85	8.14
泰州市	**Taizhou City**	**361.94**	**201.06**	**3.55**	**66.56**	**72.21**	**18.55**
兴化市	Xinghua City	155.84	75.01	1.53	15.63	54.98	8.69
靖江市	Jingjiang City	35.00	20.00	0.50	8.03	3.24	3.23
泰兴市	Taixing City	79.67	48.88	1.01	22.78	4.55	2.45
宿迁市	**Suqian City**	**463.16**	**272.94**	**18.18**	**90.73**	**70.83**	**10.48**
沭阳县	Shuyang County	152.27	115.66	5.21	27.07	2.75	1.58
泗阳县	Siyang County	91.87	50.09	6.76	15.17	16.62	3.24
泗洪县	Sihong County	111.72	49.76	2.04	20.33	37.54	2.06

20-9 农业生产情况(2014年)
Basic Conditions of Agricultural Production (2014)

市县	City and County	农作物总播种面积(千公顷) Total Sown Area (1000 hectares)	#粮食作物 Grain Grops	农业机械总动力(万千瓦) Total Power of Agricultural Machinery (10000 kW)	农用化肥施用量(万吨) Consumption of Chemical Fertilizer (10000 tons)	农村用电量(亿千瓦小时) Electricity Consumed in Rural Area (100 million kW·h)
南京市	**Nanjing City**	**320.62**	**157.11**	**221.00**	**7.73**	**31.81**
无锡市	**Wuxi City**	**178.66**	**108.99**	**100.44**	**5.49**	**390.35**
江阴市	Jiangyin City	47.41	27.81	25.13	1.52	166.18
宜兴市	Yixing City	95.77	66.70	53.47	2.47	84.79
徐州市	**Xuzhou City**	**1127.21**	**732.96**	**657.01**	**64.08**	**64.82**
丰县	Fengxian County	147.41	86.71	80.27	9.02	4.28
沛县	Peixian County	148.26	89.04	97.80	7.75	6.91
睢宁县	Suining County	187.21	148.60	111.80	12.14	8.86
新沂市	Xinyi City	160.19	100.37	94.93	8.05	3.61
邳州市	Pizhou City	229.67	123.78	116.02	12.91	14.31
常州市	**Changzhou City**	**221.64**	**147.56**	**154.75**	**6.24**	**177.46**
溧阳市	Liyang City	94.21	68.78	54.57	2.25	47.77
金坛市	Jintan City	55.55	36.71	41.45	2.23	21.16
苏州市	**Suzhou City**	**253.02**	**151.29**	**163.28**	**7.85**	**581.42**
常熟市	Changshu City	72.95	42.36	33.48	2.78	78.43
张家港市	Zhangjiagang City	52.34	36.08	28.72	1.12	143.32
昆山市	Kunshan City	22.69	15.65	18.11	0.98	99.83
太仓市	Taicang City	48.56	28.12	20.06	1.05	54.05
南通市	**Nantong City**	**835.55**	**515.56**	**387.02**	**22.74**	**159.47**
海安县	Haian County	102.67	78.95	63.65	4.38	22.29
如东县	Rudong County	170.27	132.03	87.59	4.10	22.44
启东市	Qidong City	147.73	68.44	54.13	3.29	9.84
如皋市	Rugao City	151.11	108.79	83.81	3.20	34.40
海门市	Haimen City	106.87	38.81	34.87	4.61	25.27
连云港市	**Lianyungang City**	**631.98**	**501.82**	**563.02**	**34.58**	**31.81**
东海县	Donghai County	203.93	158.48	148.50	6.79	9.26
灌云县	Guanyun County	135.32	112.52	125.85	10.14	6.27
灌南县	Guannan County	109.52	86.79	110.12	4.77	2.01

市 县 City and County		农作物总播种面积（千公顷）Total Sown Area (1000 hectares)	#粮食作物 Grain Grops	农业机械总动力（万千瓦）Total Power of Agricultural Machinery (10000 kW)	农用化肥施用量（万吨）Consumption of Chemical Fertilizer (10000 tons)	农村用电量（亿千瓦小时）Electricity Consumed in Rural Area (100 million kW·h)
淮安市	**Huaian City**	**796.44**	**658.52**	**568.57**	**40.08**	**14.51**
涟水县	Lianshui County	167.33	133.32	108.87	6.01	1.66
洪泽县	Hongze County	70.79	59.91	77.62	5.45	0.94
盱眙县	Xuyi County	164.36	142.37	109.69	5.32	2.73
金湖县	Jinhu County	82.61	74.79	78.82	2.97	2.11
盐城市	**Yancheng City**	**1445.02**	**978.77**	**635.16**	**52.80**	**79.65**
响水县	Xiangshui County	113.05	78.79	70.24	4.61	2.76
滨海县	Binhai County	171.82	128.19	80.96	6.95	8.62
阜宁县	Funing County	168.23	125.96	83.18	4.01	6.69
射阳县	Sheyang County	207.95	155.30	92.04	10.16	9.54
建湖县	Jianhu County	116.31	100.06	54.41	3.38	11.42
东台市	Dongtai City	249.48	147.32	87.15	5.40	17.02
大丰市	Dafeng City	239.63	119.34	80.59	10.29	13.31
扬州市	**Yangzhou City**	**510.93**	**422.36**	**252.33**	**19.97**	**60.03**
宝应县	Baoying County	138.16	120.36	50.60	3.50	10.19
仪征市	Yizheng City	60.18	48.41	35.92	1.19	4.54
高邮市	Gaoyou City	142.65	117.15	69.05	5.09	11.28
镇江市	**Zhenjiang City**	**235.83**	**175.82**	**152.44**	**5.46**	**79.15**
丹阳市	Danyang City	84.10	70.90	41.40	1.48	53.28
扬中市	Yangzhong City	18.36	13.51	21.79	0.38	10.06
句容市	Jurong City	77.20	50.02	54.14	2.12	6.19
泰州市	**Taizhou City**	**581.98**	**438.66**	**260.23**	**17.14**	**122.04**
兴化市	Xinghua City	229.44	185.19	113.18	6.58	38.23
靖江市	Jingjiang City	54.57	45.76	26.55	1.97	16.45
泰兴市	Taixing City	137.58	95.70	60.55	2.82	35.08
宿迁市	**Suqian City**	**709.84**	**576.79**	**534.73**	**39.45**	**42.39**
沭阳县	Shuyang County	250.21	185.53	189.07	14.93	20.84
泗阳县	Siyang County	114.04	91.88	90.67	3.63	5.46
泗洪县	Sihong County	187.88	166.66	133.92	10.74	3.92

20-10 农产品产量(2014年)
Output of Agricultural Products (2014)

单位:万吨 (10000 tons)

市 县	City and County	粮食产量 Grain	油料产量 Oil-bearing Crops	棉花产量(吨) Cotton (ton)	肉类总产量 Meat	#猪牛羊肉 Pork, Beef and Mutton	水产品产量 Aquatic Products
南京市	**Nanjing City**	**114.72**	**11.47**	**4175**	**11.83**	**7.12**	**22.88**
无锡市	**Wuxi City**	**77.20**	**0.94**		**8.84**	**6.32**	**13.00**
江阴市	Jiangyin City	19.78	0.29		4.17	2.72	2.68
宜兴市	Yixing City	47.18	0.62		3.44	2.59	8.39
徐州市	**Xuzhou City**	**469.18**	**10.62**	**32426**	**99.77**	**49.62**	**18.60**
丰县	Fengxian County	53.49	0.48	16853	15.92	7.46	0.29
沛县	Peixian County	60.71	0.26	1551	18.96	6.35	1.61
睢宁县	Suining County	90.98	1.49	1442	14.21	8.13	2.25
新沂市	Xinyi City	65.97	6.23		13.60	8.54	5.80
邳州市	Pizhou City	80.85	1.47	5211	21.01	8.60	2.95
常州市	**Changzhou City**	**112.16**	**4.17**	**433**	**14.62**	**7.48**	**18.68**
溧阳市	Liyang City	53.89	3.08	409	2.33	1.30	6.64
金坛市	Jintan City	27.55	0.83	24	5.02	2.41	4.63
苏州市	**Suzhou City**	**110.46**	**2.04**	**882**	**11.43**	**7.74**	**26.70**
常熟市	Changshu City	31.09	0.55	545	1.83	1.62	3.77
张家港市	Zhangjiagang City	25.62	0.39	35	1.27	1.04	1.66
昆山市	Kunshan City	11.37	0.16	44	0.50	0.45	4.39
太仓市	Taicang City	20.24	0.47	258	4.53	1.78	2.51
南通市	**Nantong City**	**334.02**	**39.06**	**43644**	**49.48**	**31.14**	**88.21**
海安县	Haian County	64.12	1.53	12	9.37	6.39	3.46
如东县	Rudong County	92.74	4.64	11801	10.72	6.87	30.97
启东市	Qidong City	24.98	9.38	13616	5.80	2.87	36.02
如皋市	Rugao City	74.69	3.82	117	11.65	8.17	2.59
海门市	Haimen City	18.96	9.10	10669	4.34	1.66	9.40
连云港市	**Lianyungang City**	**359.33**	**11.39**	**1719**	**30.67**	**24.78**	**76.04**
东海县	Donghai County	111.91	4.80		7.74	6.44	6.43
灌云县	Guanyun County	81.75	0.07	109	5.47	4.84	5.77
灌南县	Guannan County	63.11	0.20	40	5.50	5.06	3.44

单位:万吨 (10000 tons)

市 县 City and County		粮食产量 Grain	油料产量 Oil-bearing Crops	棉花产量(吨) Cotton (ton)	肉类总产量 Meat	#猪牛羊肉 Pork, Beef and Mutton	水产品产量 Aquatic Products
淮安市	**Huaian City**	**467.19**	**9.16**	**82**	**31.29**	**20.33**	**26.51**
涟水县	Lianshui County	91.32	3.39		6.50	4.77	1.88
洪泽县	Hongze County	45.41	0.27		2.37	1.45	5.75
盱眙县	Xuyi County	98.56	1.85	82	7.53	3.37	5.85
金湖县	Jinhu County	54.49	0.79		1.42	0.81	4.80
盐城市	**Yancheng City**	**703.07**	**29.88**	**63851**	**90.82**	**59.80**	**114.32**
响水县	Xiangshui County	54.35	2.26	58	5.40	4.26	6.71
滨海县	Binhai County	96.52	3.99	390	11.80	7.32	9.95
阜宁县	Funing County	94.40	1.67	79	18.82	13.18	7.45
射阳县	Sheyang County	112.95	3.43	12146	8.56	5.73	20.95
建湖县	Jianhu County	74.31	1.85	680	6.46	4.15	10.01
东台市	Dongtai City	100.08	7.87	7137	14.34	8.82	18.11
大丰市	Dafeng City	79.26	5.84	25939	11.88	7.09	17.41
扬州市	**Yangzhou City**	**314.10**	**7.39**	**2482**	**18.22**	**10.71**	**39.65**
宝应县	Baoying County	93.09	1.56		4.80	3.15	15.02
仪征市	Yizheng City	33.69	1.02	28	2.18	1.34	0.63
高邮市	Gaoyou City	88.59	2.29	1277	4.71	2.68	16.12
镇江市	**Zhenjiang City**	**126.02**	**5.93**	**1077**	**8.06**	**5.04**	**9.49**
丹阳市	Danyang City	51.56	1.02		2.44	1.87	3.89
扬中市	Yangzhong City	10.27	0.17		0.95	0.72	0.73
句容市	Jurong City	35.29	3.59	1027	1.54	1.05	2.63
泰州市	**Taizhou City**	**328.53**	**12.55**	**11116**	**26.83**	**21.77**	**38.38**
兴化市	Xinghua City	142.32	3.66	9754	5.92	4.26	29.29
靖江市	Jingjiang City	33.90	0.52		3.27	2.86	1.03
泰兴市	Taixing City	70.56	4.24		8.92	8.07	2.48
宿迁市	**Suqian City**	**389.15**	**4.56**	**1142**	**34.03**	**20.60**	**26.37**
沭阳县	Shuyang County	130.15	1.45		10.12	7.65	1.81
泗阳县	Siyang County	60.98	0.91	12	5.03	3.61	8.44
泗洪县	Sihong County	106.40	1.81	1055	7.29	4.73	9.91

20－11 工业总产值(2014年)
Gross Output Value of Industry (2014)

单位:亿元 (100 million yuan)

市县 City and County		工业总产值 Gross Output Value of Industry	内资企业 Domestic Funded Enterprises	外商港澳台商投资企业 Foreign, Hong Kong Macao and Taiwan Invested Enterprises	#国有控股企业 State-owned Share Holding Enterprises	#大中型企业 Large and Medium Scale Enterprises	#轻工业 Light Industry
南京市	**Nanjing City**	**13199.67**	**7647.59**	**5552.08**	**4387.20**	**9200.80**	**2709.85**
无锡市	**Wuxi City**	**14425.66**	**9260.74**	**5164.92**	**753.74**	**9735.30**	**3625.16**
江阴市	Jiangyin City	5657.14	4223.21	1433.93	148.41	4428.84	1766.13
宜兴市	Yixing City	2784.39	2385.89	398.50	159.60	1371.14	294.34
徐州市	**Xuzhou City**	**11390.64**	**10300.78**	**1089.87**	**1077.21**	**6625.86**	**3538.78**
丰县	Fengxian County	520.54	481.30	39.25	32.49	116.94	233.47
沛县	Peixian County	1355.17	1335.28	19.89		894.71	541.33
睢宁县	Suining County	782.69	678.60	104.08		294.45	422.08
新沂市	Xinyi City	1394.28	1322.62	71.66	0.29	314.69	433.60
邳州市	Pizhou City	2050.28	1888.85	161.43	23.96	774.98	539.72
常州市	**Changzhou City**	**11037.46**	**7575.43**	**3462.03**	**404.69**	**6998.05**	**2448.53**
溧阳市	Liyang City	1732.29	1288.84	443.44	24.84	977.24	115.20
金坛市	Jintan City	820.74	609.87	210.88	55.09	386.49	205.22
苏州市	**Suzhou City**	**30322.17**	**11142.22**	**19179.95**	**1086.31**	**22348.00**	**7831.81**
常熟市	Changshu City	3668.70	2067.05	1601.64	62.31	2584.62	1537.01
张家港市	Zhangjiagang City	4863.71	3713.44	1150.27	425.96	3808.07	1157.92
昆山市	Kunshan City	7852.39	1012.21	6840.18	126.85	6372.82	1066.85
太仓市	Taicang City	2081.35	1055.22	1026.14	141.89	1098.17	775.71
南通市	**Nantong City**	**12499.70**	**8233.93**	**4265.76**	**694.93**	**6422.65**	**3955.64**
海安县	Haian County	1789.96	1458.90	331.06	1.59	984.80	675.63
如东县	Rudong County	1670.98	1153.38	517.60	27.85	686.81	728.01
启东市	Qidong City	1508.48	1042.64	465.83	85.96	589.88	307.64
如皋市	Rugao City	1589.78	1251.15	338.63	16.74	926.48	447.79
海门市	Haimen City	1736.29	1066.33	669.95	21.37	837.95	440.28
连云港市	**Lianyungang City**	**4865.00**	**3779.85**	**1085.14**	**324.40**	**2894.94**	**1437.26**
东海县	Donghai County	814.02	694.83	119.19	1.34	130.24	311.90
灌云县	Guanyun County	538.88	524.16	14.72	9.48	169.99	176.81
灌南县	Guannan County	578.87	564.73	14.15	2.76	462.36	38.10

20－11 续 表1 Continued 1

单位:亿元 (100 million yuan)

市 县 City and County		工业总产值 Gross Output Value of Industry	内资企业 Domestic Funded Enterprises	外商港澳台商投资企业 Foreign, Hong Kong Macao and Taiwan Invested Enterprises	#国有控股企业 State-owned Share Holding Enterprises	#大中型企业 Large and Medium Scale Enterprises	#轻工业 Light Industry
淮安市	**Huaian City**	**5643.77**	**4270.95**	**1372.81**	**382.01**	**2499.04**	**2247.66**
涟水县	Lianshui County	543.60	485.89	57.71	34.16	242.52	318.71
洪泽县	Hongze County	550.97	500.95	50.01	13.44	77.20	197.07
盱眙县	Xuyi County	751.59	709.63	41.95	10.00	196.59	322.00
金湖县	Jinhu County	411.44	348.87	62.57	0.42	141.09	176.24
盐城市	**Yancheng City**	**7238.02**	**5356.44**	**1881.58**	**241.15**	**3533.24**	**2428.65**
响水县	Xiangshui County	583.35	494.11	89.24	6.31	346.31	180.88
滨海县	Binhai County	561.64	535.13	26.51		238.45	285.52
阜宁县	Funing County	536.15	488.46	47.69	12.24	110.66	185.95
射阳县	Sheyang County	529.30	471.22	58.08	41.93	99.75	356.06
建湖县	Jianhu County	790.02	667.27	122.75		361.87	304.95
东台市	Dongtai City	948.78	816.51	132.27	45.33	275.14	367.21
大丰市	Dafeng City	727.31	615.10	112.21	39.43	363.24	251.61
扬州市	**Yangzhou City**	**8840.99**	**6564.35**	**2276.64**	**1583.81**	**5751.13**	**2054.12**
宝应县	Baoying County	886.33	812.08	74.25	221.60	525.08	178.50
仪征市	Yizheng City	1396.11	730.49	665.62	717.15	888.60	182.77
高邮市	Gaoyou City	1020.37	883.12	137.25		389.76	360.53
镇江市	**Zhenjiang City**	**8084.47**	**5461.79**	**2622.69**	**500.60**	**5460.63**	**1417.96**
丹阳市	Danyang City	2419.83	1767.06	652.77	7.12	1801.93	438.93
扬中市	Yangzhong City	1198.54	1052.85	145.69	0.85	924.77	52.52
句容市	Jurong City	1260.78	867.25	393.52	49.62	599.27	409.94
泰州市	**Taizhou City**	**9456.36**	**7316.75**	**2139.60**	**625.24**	**4983.28**	**2623.40**
兴化市	Xinghua City	1352.08	1228.68	123.40	11.58	232.95	326.73
靖江市	Jingjiang City	1982.31	1218.31	764.00	163.12	1515.09	267.97
泰兴市	Taixing City	2054.46	1576.46	477.99	37.47	1018.43	526.84
宿迁市	**Suqian City**	**3368.77**	**3076.15**	**292.62**	**95.10**	**1209.79**	**1700.87**
沭阳县	Shuyang County	1103.51	1040.73	62.78	1.56	230.90	485.05
泗阳县	Siyang County	498.04	482.79	15.25	1.47	110.85	234.42
泗洪县	Sihong County	629.04	599.24	29.80	32.84	150.07	343.20

注：统计范围为年主营业务收入2000万元以上工业企业(下同)。

a) The statistical scope of industry covers industrial enterprises with major business revenue of over 20 million yuan. (Similarly in following tables.)

20－12　工业企业主要经济指标(2014年)
Major Economic Indicators on Industrial Enterprises (2014)

单位:亿元　　(100 million yuan)

市　县 City and County		资产合计 Total Assets	负债合计 Total Liabilities	主营业务收入 Major Business Revenue	利税总额 Total Pre-tax Profits	#利润总额 Total Profits	本年应交增值税 Added Value Payable
南京市	**Nanjing City**	**10155.54**	**5834.64**	**13003.84**	**1724.87**	**879.39**	**491.29**
无锡市	**Wuxi City**	**14454.12**	**8099.09**	**14190.87**	**1263.99**	**873.14**	**333.73**
江阴市	Jiangyin City	5941.93	3413.14	5532.39	534.30	356.16	153.36
宜兴市	Yixing City	2618.68	1706.05	2733.89	160.89	105.46	47.86
徐州市	**Xuzhou City**	**6085.92**	**3027.04**	**11311.94**	**1639.85**	**899.73**	**532.04**
丰　县	Fengxian County	203.55	86.08	505.64	71.77	41.84	27.08
沛　县	Peixian County	306.61	163.84	1305.33	163.63	85.54	71.22
睢宁县	Suining County	227.41	90.43	773.19	121.14	86.04	30.53
新沂市	Xinyi City	410.46	214.79	1382.78	170.25	90.88	64.67
邳州市	Pizhou City	575.76	162.80	2020.47	281.81	170.94	91.90
常州市	**Changzhou City**	**8102.32**	**4797.60**	**11379.01**	**1006.41**	**618.49**	**345.38**
溧阳市	Liyang City	1039.46	721.73	1738.41	166.57	95.46	61.81
金坛市	Jintan City	684.63	461.59	845.39	97.35	68.36	24.39
苏州市	**Suzhou City**	**26108.97**	**14400.82**	**30397.27**	**2074.08**	**1460.13**	**521.99**
常熟市	Changshu City	3747.40	2178.25	3642.64	247.11	172.77	60.42
张家港市	Zhangjiagang City	4339.97	2730.42	5044.54	240.29	131.34	97.66
昆山市	Kunshan City	4874.84	2448.56	7855.64	549.55	398.61	133.50
太仓市	Taicang City	2037.26	1182.34	2032.69	167.72	112.70	46.51
南通市	**Nantong City**	**7558.80**	**4176.92**	**12351.36**	**1477.71**	**937.85**	**486.64**
海安县	Haian County	878.09	463.25	1786.35	203.64	131.75	64.44
如东县	Rudong County	776.26	380.39	1662.68	214.35	131.70	75.86
启东市	Qidong City	940.43	529.77	1486.23	180.01	107.85	63.56
如皋市	Rugao City	996.58	658.19	1581.02	136.89	78.43	52.63
海门市	Haimen City	820.08	434.59	1730.57	293.51	194.71	91.68
连云港市	**Lianyungang City**	**2847.35**	**1527.04**	**4820.99**	**612.09**	**372.29**	**196.42**
东海县	Donghai County	286.98	116.57	802.71	87.82	55.41	26.20
灌云县	Guanyun County	160.79	72.85	510.20	51.91	36.07	10.58
灌南县	Guannan County	270.40	166.85	573.03	71.51	38.69	27.68

20－12 续 表1 Continued 1

单位:亿元 (100 million yuan)

市县	City and County	资产合计 Total Assets	负债合计 Total Liabilities	主营业务收入 Major Business Revenue	利税总额 Total Pre-tax Profits	#利润总额 Total Profits	本年应交增值税 Added Value Payable
淮安市	**Huaian City**	**2513.15**	**1135.39**	**5618.24**	**547.59**	**304.64**	**136.73**
涟水县	Lianshui County	224.97	105.06	532.33	50.85	31.07	15.47
洪泽县	Hongze County	318.78	154.73	543.25	58.83	39.97	17.44
盱眙县	Xuyi County	294.86	147.54	761.73	53.64	30.55	15.63
金湖县	Jinhu County	173.36	97.96	410.05	27.07	18.70	7.15
盐城市	**Yancheng City**	**4078.17**	**2229.09**	**7209.61**	**900.30**	**509.32**	**309.45**
响水县	Xiangshui County	390.86	205.98	599.98	93.77	67.91	24.32
滨海县	Binhai County	317.58	161.15	563.23	59.31	32.71	23.16
阜宁县	Funing County	224.05	132.92	523.83	46.80	25.10	19.06
射阳县	Sheyang County	291.36	169.83	512.52	41.78	20.92	15.33
建湖县	Jianhu County	294.78	123.90	743.33	94.94	51.13	37.95
东台市	Dongtai City	601.00	396.47	987.51	92.89	52.02	36.27
大丰市	Dafeng City	666.98	389.33	741.08	68.90	42.87	23.02
扬州市	**Yangzhou City**	**4375.09**	**2267.35**	**8640.76**	**1051.82**	**606.82**	**362.20**
宝应县	Baoying County	443.75	234.78	823.55	73.78	44.25	26.60
仪征市	Yizheng City	652.74	376.26	1364.52	174.33	106.37	49.29
高邮市	Gaoyou City	445.36	207.19	995.47	109.57	69.53	33.14
镇江市	**Zhenjiang City**	**5352.23**	**3068.27**	**7897.58**	**803.65**	**516.58**	**258.50**
丹阳市	Danyang City	1400.54	850.06	2381.81	200.08	132.92	61.82
扬中市	Yangzhong City	860.82	464.80	1157.91	132.91	79.90	47.64
句容市	Jurong City	716.81	428.53	1229.05	123.27	65.07	50.34
泰州市	**Taizhou City**	**4935.06**	**2705.19**	**9355.94**	**1220.77**	**713.87**	**440.96**
兴化市	Xinghua City	508.19	227.97	1327.20	141.78	77.82	55.29
靖江市	Jingjiang City	1392.27	813.21	1902.10	257.22	160.34	88.81
泰兴市	Taixing City	1012.79	545.18	2047.31	306.54	187.96	102.46
宿迁市	**Suqian City**	**2525.87**	**1060.25**	**3282.89**	**481.36**	**333.59**	**121.74**
沭阳县	Shuyang County	582.07	210.77	1084.36	153.98	104.89	41.51
泗阳县	Siyang County	344.76	126.91	495.24	54.98	37.79	15.71
泗洪县	Sihong County	433.26	166.48	605.65	94.76	59.74	24.83

20－13 交 通 运 输 （2014 年）
Transportation（2014）

市 县	City and County	公路里程（公里）Total Length of Highway (km)	#等级公路 Grade Highway	公路客运量（万人）Passenger Traffic of Highways (10000 persons)	公路货运量（万吨）Freight Traffic of Highways (10000 tons)	民用汽车拥有量（万辆）Civil Vehicles Owned (10000 units)	#私人汽车 Private Vehicles
南京市	**Nanjing City**	**11309**	**10355**	**10596**	**12143**	**172.20**	**148.55**
无锡市	**Wuxi City**	**7655**	**7655**	**7222**	**12885**	**127.76**	**102.63**
江阴市	Jiangyin City	2362	2362	501	2871	31.86	27.00
宜兴市	Yixing City	2365	2365	703	1640	20.31	17.14
徐州市	**Xuzhou City**	**16428**	**15314**	**15063**	**16967**	**75.60**	**66.46**
丰县	Fengxian County	1847	1847	573	1361	6.19	5.68
沛县	Peixian County	2290	2290	984	1295	6.29	5.55
睢宁县	Suining County	2462	2281	1089	1603	6.93	6.29
新沂市	Xinyi City	2849	2348	979	1646	5.88	5.20
邳州市	Pizhou City	3052	2738	1063	2130	9.70	8.94
常州市	**Changzhou City**	**8906**	**8856**	**6769**	**10705**	**87.31**	**72.64**
溧阳市	Liyang City	2520	2520	1181	1956	10.58	9.19
金坛市	Jintan City	2073	2023	836	1035	7.50	6.42
苏州市	**Suzhou City**	**12665**	**12665**	**39432**	**11855**	**240.79**	**200.86**
常熟市	Changshu City	3093	3093	4487	1363	31.34	26.95
张家港市	Zhangjiagang City	1522	1522	4112	2123	26.95	23.06
昆山市	Kunshan City	1796	1796	4830	1481	36.95	30.10
太仓市	Taicang City	1304	1304	1975	1405	15.76	13.22
南通市	**Nantong City**	**18094**	**18031**	**9998**	**11129**	**99.66**	**86.94**
海安县	Haian County	2355	2334	841	1830	9.51	8.41
如东县	Rudong County	2534	2529	418	1121	10.66	9.72
启东市	Qidong City	3576	3566	891	816	12.21	11.21
如皋市	Rugao City	3219	3219	441	1552	15.21	13.94
海门市	Haimen City	2488	2474	705	640	11.79	10.71
连云港市	**Lianyungang City**	**11914**	**11839**	**5433**	**8406**	**36.87**	**31.83**
东海县	Donghai County	2966	2966	581	1832	7.69	7.03
灌云县	Guanyun County	2592	2591	513	887	5.22	4.77
灌南县	Guannan County	1920	1897	418	705	3.52	3.20

市 县 City and County		公路里程（公里） Total Length of Highway (km)	#等级公路 Grade Highway	公路客运量（万人） Passenger Traffic of Highways (10000 persons)	公路货运量（万吨） Freight Traffic of Highways (10000 tons)	民用汽车拥有量（万辆） Civil Vehicles Owned (10000 units)	#私人汽车 Private Vehicles
淮 安 市	**Huaian City**	**13071**	**12197**	**8435**	**5572**	**34.72**	**29.62**
涟 水 县	Lianshui County	2535	2281	1514	1316	5.16	4.56
洪 泽 县	Hongze County	1489	1380	579	256	1.78	1.48
盱 眙 县	Xuyi County	2699	2699	1164	1272	3.25	2.59
金 湖 县	Jinhu County	1427	1259	682	202	1.91	1.58
盐 城 市	**Yancheng City**	**19256**	**17272**	**9440**	**5093**	**54.96**	**47.53**
响 水 县	Xiangshui County	1764	1684	775	335	2.94	2.50
滨 海 县	Binhai County	2156	1870	364	701	5.85	4.94
阜 宁 县	Funing County	1870	1529	1091	166	4.71	4.26
射 阳 县	Sheyang County	2483	1933	387	102	5.69	5.24
建 湖 县	Jianhu County	1767	1652	895	271	3.73	3.20
东 台 市	Dongtai City	3211	3001	868	796	6.98	6.23
大 丰 市	Dafeng City	3088	2732	974	404	6.66	5.93
扬 州 市	**Yangzhou City**	**10525**	**9270**	**4792**	**6504**	**48.82**	**41.70**
宝 应 县	Baoying County	2263	1911	697	554	4.67	4.12
仪 征 市	Yizheng City	1510	1510	337	839	5.65	4.85
高 邮 市	Gaoyou City	2535	2077	718	796	5.40	4.63
镇 江 市	**Zhenjiang City**	**7263**	**7263**	**4461**	**6905**	**38.49**	**32.87**
丹 阳 市	Danyang City	2165	2165	950	1573	12.32	10.79
扬 中 市	Yangzhong City	1008	1008	449	420	4.57	4.06
句 容 市	Jurong City	2473	2473	795	1037	3.21	2.66
泰 州 市	**Taizhou City**	**9457**	**9445**	**8895**	**2487**	**47.03**	**40.43**
兴 化 市	Xinghua City	2716	2710	2153	396	8.00	7.24
靖 江 市	Jingjiang City	1323	1323	1335	321	9.42	8.09
泰 兴 市	Taixing City	2109	2109	1932	458	8.92	7.84
宿 迁 市	**Suqian City**	**10977**	**9683**	**6734**	**3797**	**37.33**	**33.62**
沭 阳 县	Shuyang County	3486	2689	1958	1926	10.43	9.39
泗 阳 县	Siyang County	1735	1693	1266	457	5.64	5.18
泗 洪 县	Sihong County	2436	2428	2340	445	5.15	4.55

20－14 邮电、电力（2014年）
Postal and Telecommunications, Power Services (2014)

市县	City and County	邮电业务总量（亿元） Post & Telecommunication Services (100 million yuan)	固定电话用户（万户） Telephone Subscribers (10000 subscribers)	移动电话用户（万户） Number of Mobile Telephones Subscribers at Year-end (10000 subscribers)	互联网宽带接入用户（万户） International Exchange Network Users (10000 subscribers)	全年用电量（亿千瓦时） Total Consumption of Electricity of the Year (100 million kW·h)	#工业用电 Consumption of Electricity for Industrial Use
南京市	**Nanjing City**	**237.94**	**282.52**	**1042.44**	**226.98**	**470.50**	**289.02**
无锡市	**Wuxi City**	**169.57**	**213.23**	**832.53**	**153.00**	**598.18**	**477.47**
江阴市	Jiangyin City	28.38	44.68	241.48	54.58	237.87	212.09
宜兴市	Yixing City	17.67	32.92	122.73	36.94	88.28	69.51
徐州市	**Xuzhou City**	**100.72**	**145.91**	**751.01**	**107.65**	**332.47**	**247.48**
丰县	Fengxian County	6.08	10.21	70.87	8.17	18.04	10.80
沛县	Peixian County	7.39	16.87	85.04	10.56	31.93	23.94
睢宁县	Suining County	7.67	16.94	80.29	10.19	21.44	13.62
新沂市	Xinyi City	7.67	13.88	73.74	10.62	37.46	30.70
邳州市	Pizhou City	8.99	16.64	101.01	12.51	25.68	15.41
常州市	**Changzhou City**	**110.90**	**151.73**	**520.18**	**116.86**	**395.06**	**316.09**
溧阳市	Liyang City	7.95	22.71	69.39	14.39	68.80	58.61
金坛市	Jintan City	6.29	18.34	55.66	11.75	45.77	38.56
苏州市	**Suzhou City**	**337.66**	**340.53**	**1468.74**	**295.70**	**1268.12**	**1044.14**
常熟市	Changshu City	31.32	38.14	207.25	47.17	155.20	130.63
张家港市	Zhangjiagang City	26.50	29.84	170.68	37.22	283.05	262.80
昆山市	Kunshan City	47.33	44.61	293.15	61.07	194.35	155.99
太仓市	Taicang City	14.50	17.77	97.20	21.40	90.05	77.08
南通市	**Nantong City**	**123.93**	**235.38**	**644.77**	**129.07**	**333.23**	**242.89**
海安县	Haian County	7.51	32.21	87.67	23.61	43.01	33.96
如东县	Rudong County	7.72	26.28	86.91	20.95	41.94	31.39
启东市	Qidong City	8.87	32.25	87.91	22.54	26.87	17.35
如皋市	Rugao City	11.31	33.58	118.85	25.68	45.76	32.79
海门市	Haimen City	9.19	31.39	94.82	21.73	35.12	24.55
连云港市	**Lianyungang City**	**63.41**	**94.96**	**366.52**	**68.18**	**157.51**	**110.44**
东海县	Donghai County	8.27	15.88	84.43	17.40	20.40	12.76
灌云县	Guanyun County	5.10	11.44	61.85	10.43	10.46	5.04
灌南县	Guannan County	3.85	9.12	49.22	8.37	31.20	26.04

20－14 续 表1 Continued 1

市 县 City and County		邮电业务总量（亿元）Post & Telecommunication Services (100 million yuan)	固定电话用户（万户）Telephone Subscribers (10000 subscribers)	移动电话年末用户（万户）Number of Mobile Telephones Subscribers at Year-end (10000 subscribers)	国际互联网用户（万户）International Exchange Network Users (10000 subscribers)	全年用电量（亿千瓦时）Total Consumption of Electricity of the Year (100 million kW·h)	#工业用电 Consumption of Electricity for Industrial Use
淮安市	**Huaian City**	**73.95**	**88.99**	**375.99**	**58.57**	**151.53**	**106.89**
涟水县	Lianshui County	4.18	10.60	44.40	6.26	15.43	9.58
洪泽县	Hongze County	1.91	5.67	21.54	4.43	17.00	14.07
盱眙县	Xuyi County	3.32	7.92	36.25	6.06	15.29	9.43
金湖县	Jinhu County	2.14	5.61	22.13	4.20	10.44	7.31
盐城市	**Yancheng City**	**97.01**	**144.90**	**569.80**	**91.98**	**278.55**	**209.02**
响水县	Xiangshui County	3.35	8.82	40.34	7.51	43.73	39.21
滨海县	Binhai County	5.70	12.94	63.48	10.68	25.19	18.14
阜宁县	Funing County	5.43	9.44	66.74	11.11	32.20	25.30
射阳县	Sheyang County	6.01	17.99	80.15	12.01	18.53	11.35
建湖县	Jianhu County	5.57	13.80	66.36	11.45	20.16	13.81
东台市	Dongtai City	7.01	22.39	80.55	15.41	38.82	29.92
大丰市	Dafeng City	6.47	11.17	80.80	14.80	52.74	44.62
扬州市	**Yangzhou City**	**84.42**	**134.04**	**422.42**	**82.80**	**204.36**	**147.89**
宝应县	Baoying County	6.92	15.35	78.88	13.43	16.70	10.45
仪征市	Yizheng City	6.56	14.75	61.07	12.40	33.75	28.25
高邮市	Gaoyou City	7.75	17.63	63.18	13.85	29.86	22.56
镇江市	**Zhenjiang City**	**64.39**	**97.28**	**317.37**	**61.98**	**209.41**	**162.44**
丹阳市	Danyang City	13.71	27.33	100.21	24.13	65.77	53.19
扬中市	Yangzhong City	5.11	12.06	38.68	8.23	16.45	12.06
句容市	Jurong City	6.91	15.81	54.24	11.25	22.69	15.36
泰州市	**Taizhou City**	**76.61**	**131.08**	**382.88**	**75.29**	**232.30**	**180.73**
兴化市	Xinghua City	7.99	25.71	87.80	19.22	63.58	52.93
靖江市	Jingjiang City	6.38	20.61	64.59	17.86	36.01	26.48
泰兴市	Taixing City	8.09	29.11	86.45	21.03	54.26	44.47
宿迁市	**Suqian City**	**84.12**	**73.07**	**375.70**	**55.29**	**146.38**	**103.90**
沭阳县	Shuyang County	11.26	22.63	126.94	23.12	39.67	27.86
泗阳县	Siyang County	5.64	11.59	71.75	11.58	20.11	12.63
泗洪县	Sihong County	5.95	9.62	74.23	12.45	15.58	7.95

20－15 固定资产投资完成额(2014年)
Completed Investment in Fixed Assets (2014)

单位:亿元 (100 million yuan)

市县	City and County	固定资产投资 Investment in Fixed Assets	房地产开发投资 Investment in Real Estate Development	#住宅 Residential Buildings	新增固定资产 Newly Added Fixed Assets	商品房屋销售建筑面积(万平方米) Constraction Floor Space of the Commercial Houses Sold (10000 sq. m)	#住宅 Residential Buildings
南京市	**Nanjing City**	**5430.77**	**1125.49**	**796.27**	**3919.89**	**1207.58**	**1124.73**
无锡市	**Wuxi City**	**4610.77**	**1252.22**	**845.98**	**3429.44**	**839.15**	**738.48**
江阴市	Jiangyin City	1045.97	328.91	264.69	659.68	190.47	164.48
宜兴市	Yixing City	602.15	134.43	109.71	472.84	86.02	75.40
徐州市	**Xuzhou City**	**3671.56**	**468.88**	**316.95**	**3084.18**	**738.03**	**650.39**
丰县	Fengxian County	180.14	27.68	22.25	155.59	47.77	44.55
沛县	Peixian County	409.06	17.31	12.28	393.86	46.11	41.75
睢宁县	Suining County	218.55	41.93	30.58	190.72	74.09	68.40
新沂市	Xinyi City	386.29	35.00	29.59	283.42	80.84	77.81
邳州市	Pizhou City	545.96	47.27	42.04	518.35	119.80	113.67
常州市	**Changzhou City**	**3310.05**	**681.53**	**461.05**	**2473.72**	**787.50**	**674.66**
溧阳市	Liyang City	438.01	51.52	41.04	357.77	80.04	72.56
金坛市	Jintan City	268.99	21.39	11.13	176.47	58.63	47.08
苏州市	**Suzhou City**	**6054.00**	**1764.44**	**1303.50**	**4636.46**	**1599.16**	**1446.07**
常熟市	Changshu City	631.82	147.81	123.14	498.51	144.36	129.68
张家港市	Zhangjiagang City	763.62	145.74	108.12	702.03	99.75	88.15
昆山市	Kunshan City	838.18	371.80	276.80	587.03	446.73	405.27
太仓市	Taicang City	513.36	71.74	52.90	501.10	78.99	68.69
南通市	**Nantong City**	**3896.39**	**678.92**	**492.67**	**3214.42**	**919.17**	**843.35**
海安县	Haian County	448.95	52.48	41.53	331.32	63.11	57.00
如东县	Rudong County	427.93	31.47	24.05	353.15	29.10	27.73
启东市	Qidong City	483.41	47.03	42.96	435.28	87.84	84.24
如皋市	Rugao City	445.08	58.53	40.08	367.16	80.69	65.83
海门市	Haimen City	501.40	43.71	34.63	430.40	74.55	70.12
连云港市	**Lianyungang City**	**1716.57**	**189.28**	**150.89**	**1267.74**	**337.64**	**298.26**
东海县	Donghai County	233.63	29.72	23.04	149.04	65.74	57.27
灌云县	Guanyun County	198.41	13.35	8.83	181.41	39.97	33.61
灌南县	Guannan County	195.17	18.15	17.30	206.52	40.92	37.34

20－15 续 表1 Continued 1

单位:亿元 (100 million yuan)

市 县	City and County	固定资产投资 Investment in Fixed Assets	房地产开发投资 Investment in Real Estate Development	#住宅 Residential Buildings	新增固定资产 Newly Added Fixed Assets	商品房屋销售建筑面积(万平方米) Constraction Floor Space of the Commercial Houses Sold (10000 sq. m)	#住宅 Residential Buildings
淮 安 市	**Huaian City**	**1795.73**	**357.66**	**270.18**	**998.97**	**614.53**	**538.37**
涟 水 县	Lianshui County	215.84	35.77	28.92	54.54	75.59	62.34
洪 泽 县	Hongze County	132.98	20.61	14.94	83.57	39.70	33.54
盱 眙 县	Xuyi County	260.08	57.83	44.26	136.34	76.75	57.77
金 湖 县	Jinhu County	128.53	18.80	11.70	78.23	34.97	27.58
盐 城 市	**Yancheng City**	**2751.35**	**379.64**	**274.60**	**2287.56**	**624.52**	**513.84**
响 水 县	Xiangshui County	203.95	7.85	4.94	151.25	27.41	22.85
滨 海 县	Binhai County	265.45	16.00	8.67	219.58	49.22	43.16
阜 宁 县	Funing County	226.18	27.27	23.92	209.77	50.15	48.27
射 阳 县	Sheyang County	213.43	37.94	31.51	192.43	38.12	36.71
建 湖 县	Jianhu County	252.34	10.51	7.02	149.40	46.31	38.04
东 台 市	Dongtai City	409.82	48.02	35.00	287.70	74.62	51.93
大 丰 市	Dafeng City	322.67	36.33	26.98	338.11	67.22	52.48
扬 州 市	**Yangzhou City**	**2416.66**	**360.44**	**286.99**	**1948.24**	**635.07**	**569.75**
宝 应 县	Baoying County	237.39	33.82	30.91	241.59	112.59	107.38
仪 征 市	Yizheng City	314.14	24.79	21.52	305.67	60.83	55.40
高 邮 市	Gaoyou City	280.20	54.23	40.35	204.13	105.86	96.56
镇 江 市	**Zhenjiang City**	**2142.34**	**319.05**	**242.97**	**1849.68**	**520.15**	**473.87**
丹 阳 市	Danyang City	386.73	56.84	41.67	333.87	98.58	88.81
扬 中 市	Yangzhong City	216.09	15.11	11.59	181.90	23.89	20.29
句 容 市	Jurong City	258.16	79.60	63.15	168.93	149.73	135.05
泰 州 市	**Taizhou City**	**2197.34**	**285.54**	**221.10**	**1828.99**	**440.21**	**404.89**
兴 化 市	Xinghua City	284.80	21.46	17.45	228.92	53.26	45.70
靖 江 市	Jingjiang City	405.76	53.65	36.92	367.89	48.20	41.88
泰 兴 市	Taixing City	454.53	55.07	43.35	378.24	94.84	88.40
宿 迁 市	**Suqian City**	**1559.22**	**377.14**	**261.37**	**1217.07**	**584.12**	**524.29**
沭 阳 县	Shuyang County	383.91	82.01	57.90	285.80	110.17	95.08
泗 阳 县	Siyang County	283.44	56.50	42.60	235.47	93.62	86.21
泗 洪 县	Sihong County	281.89	75.40	47.92	237.02	203.90	184.69

20－16 国内贸易对外经济(2014年)
Domestic and Foreign Trade and Foreign Economy (2014)

市县	City and County	社会消费品零售总额(亿元) Total Retail of Consumer Goods (100 million Yuan)	#批发和零售业 Wholesale and Retail Trade	进出口总额(亿美元) Total Imports and Exports (USD 100 million)	出口 Exports	进口 Imports	实际外商直接投资(亿美元) Actual Foreign Direct Investment (USD 100 million)
南京市	**Nanjing City**	**4167.19**	**3785.81**	**572.21**	**326.28**	**245.93**	**32.91**
无锡市	**Wuxi City**	**2607.90**	**2409.67**	**741.70**	**442.31**	**299.39**	**29.04**
江阴市	Jiangyin City	643.07	606.94	223.04	130.23	92.80	8.55
宜兴市	Yixing City	464.42	442.21	55.46	36.76	18.70	1.53
徐州市	**Xuzhou City**	**2099.20**	**1925.89**	**59.88**	**46.77**	**13.12**	**16.58**
丰县	Fengxian County	118.06	108.85	1.66	1.62	0.04	1.00
沛县	Peixian County	192.13	174.84	3.49	3.36	0.13	0.72
睢宁县	Suining County	139.62	129.15	4.75	2.92	1.83	1.22
新沂市	Xinyi City	135.72	123.78	4.29	2.28	2.01	0.34
邳州市	Pizhou City	197.90	182.07	8.76	7.25	1.51	1.88
常州市	**Changzhou City**	**1805.40**	**1659.89**	**288.10**	**213.64**	**74.46**	**24.09**
溧阳市	Liyang City	259.22	235.34	10.08	7.32	2.75	4.00
金坛市	Jintan City	197.61	179.25	15.25	12.20	3.05	1.00
苏州市	**Suzhou City**	**4095.09**	**3610.36**	**3113.06**	**1811.78**	**1301.28**	**81.20**
常熟市	Changshu City	618.67	565.07	201.80	125.53	76.27	10.52
张家港市	Zhangjiagang City	458.32	396.30	328.26	148.10	180.16	6.72
昆山市	Kunshan City	650.09	516.68	847.91	535.77	312.14	12.84
太仓市	Taicang City	239.04	204.35	137.91	60.80	77.11	3.96
南通市	**Nantong City**	**2166.10**	**1982.88**	**316.47**	**224.80**	**91.67**	**23.05**
海安县	Haian County	221.95	191.99	24.52	21.44	3.08	3.32
如东县	Rudong County	257.89	243.37	33.11	12.89	20.22	3.43
启东市	Qidong City	266.41	243.44	30.72	23.05	7.67	0.55
如皋市	Rugao City	280.77	250.71	32.12	25.55	6.57	3.31
海门市	Haimen City	282.48	260.54	20.36	14.55	5.81	1.55
连云港市	**Lianyungang City**	**739.40**	**676.26**	**80.30**	**43.55**	**36.75**	**9.54**
东海县	Donghai County	139.03	125.97	3.65	2.90	0.75	1.15
灌云县	Guanyun County	94.93	87.10	1.84	1.60	0.24	0.59
灌南县	Guannan County	74.53	67.52	2.34	2.03	0.31	0.02

市 县 City and County		社会消费品零售总额（亿元）Total Retail of Consumer Goods (100 million Yuan)	#批发和零售业 Wholesale and Retail Trade	进出口总额（亿美元）Total Imports and Exports (USD 100 million)	出口 Exports	进口 Imports	实际外商直接投资（亿美元）Actual Foreign Direct Investment (USD 100 million)
淮安市	**Huaian City**	**864.80**	**778.19**	**41.06**	**31.61**	**9.45**	**11.99**
涟水县	Lianshui County	103.90	93.33	4.03	3.50	0.53	0.22
洪泽县	Hongze County	75.13	67.22	2.36	2.10	0.26	0.79
盱眙县	Xuyi County	99.08	86.20	2.10	1.34	0.76	0.94
金湖县	Jinhu County	71.95	63.74	3.56	3.47	0.09	1.01
盐城市	**Yancheng City**	**1312.70**	**1179.44**	**75.17**	**43.94**	**31.23**	**10.47**
响水县	Xiangshui County	53.60	48.93	4.09	3.36	0.73	0.75
滨海县	Binhai County	88.99	80.22	4.63	3.22	1.41	0.86
阜宁县	Funing County	104.45	98.31	2.17	1.85	0.32	0.76
射阳县	Sheyang County	135.28	120.62	3.13	1.58	1.55	0.60
建湖县	Jianhu County	139.09	117.31	3.99	3.76	0.23	0.90
东台市	Dongtai City	203.37	182.52	6.61	6.24	0.38	0.96
大丰市	Dafeng City	139.21	127.06	13.82	7.75	6.07	2.06
扬州市	**Yangzhou City**	**1128.10**	**1016.65**	**100.12**	**76.82**	**23.30**	**13.88**
宝应县	Baoying County	122.94	112.35	7.79	6.10	1.69	0.32
仪征市	Yizheng City	91.95	82.23	10.25	6.60	3.65	3.16
高邮市	Gaoyou City	138.65	122.07	4.19	3.86	0.32	0.29
镇江市	**Zhenjiang City**	**1003.80**	**894.53**	**103.07**	**66.02**	**37.05**	**12.95**
丹阳市	Danyang City	255.71	226.11	27.73	22.41	5.32	3.48
扬中市	Yangzhong City	114.22	96.55	5.60	4.48	1.12	1.16
句容市	Jurong City	116.07	106.06	5.79	4.52	1.27	2.57
泰州市	**Taizhou City**	**903.60**	**774.34**	**108.93**	**61.78**	**47.15**	**9.39**
兴化市	Xinghua City	139.97	120.25	5.83	5.25	0.58	1.16
靖江市	Jingjiang City	144.85	119.70	27.35	12.71	14.64	0.26
泰兴市	Taixing City	170.75	137.41	26.75	13.25	13.49	2.38
宿迁市	**Suqian City**	**564.80**	**493.59**	**37.55**	**29.40**	**8.15**	**6.65**
沭阳县	Shuyang County	145.53	126.70	9.21	8.02	1.20	1.47
泗阳县	Siyang County	80.00	68.91	6.96	6.88	0.08	0.96
泗洪县	Sihong County	84.00	76.99	3.85	3.70	0.15	0.73

20－17 财政、金融（2014年）
Government Finance, Financial Intermediation (2014)

单位:亿元 (100 million yuan)

市 县	City and County	公共财政预算收入 Public Finance Budget Revenue	#税收收入 Taxes	公共财政预算支出 Public Finance Budget Expenditure	年末金融机构存款余额 Deposits Balance of Banking Institutions (Year-end)	#居民储蓄存款 Savings Deposits of Residents	年末金融机构贷款余额 Loans Balance of Banking Institutions (Year-end)
南京市	**Nanjing City**	**903.49**	**757.21**	**921.20**	**20161.86**	**5055.77**	**15628.53**
无锡市	**Wuxi City**	**768.01**	**620.34**	**748.06**	**11849.03**	**4341.45**	**8669.62**
江阴市	Jiangyin City	200.66	164.88	187.28	2813.03	938.76	2198.16
宜兴市	Yixing City	94.45	80.36	100.29	1707.10	819.53	1325.98
徐州市	**Xuzhou City**	**472.33**	**386.43**	**661.84**	**4286.46**	**2377.44**	**2724.79**
丰县	Fengxian County	38.12	32.84	62.71	239.84	190.30	128.09
沛县	Peixian County	53.13	44.66	73.15	336.53	252.34	157.33
睢宁县	Suining County	38.63	33.22	67.56	282.79	214.29	169.40
新沂市	Xinyi City	45.82	39.33	68.50	235.37	169.07	202.09
邳州市	Pizhou City	55.58	47.25	88.62	346.34	254.42	271.39
常州市	**Changzhou City**	**433.88**	**348.38**	**434.93**	**6758.57**	**2934.19**	**4789.74**
溧阳市	Liyang City	50.62	43.11	57.01	848.45	414.03	604.06
金坛市	Jintan City	30.12	26.50	37.46	544.80	299.01	418.98
苏州市	**Suzhou City**	**1443.82**	**1244.37**	**1304.83**	**21428.20**	**6753.44**	**17247.94**
常熟市	Changshu City	147.40	122.90	138.02	2265.93	1021.99	1816.30
张家港市	Zhangjiagang City	162.66	133.67	152.78	2323.83	877.06	1787.62
昆山市	Kunshan City	263.66	236.19	222.98	2882.89	970.90	2043.47
太仓市	Taicang City	106.47	90.97	97.68	1172.26	450.61	1068.03
南通市	**Nantong City**	**550.00**	**457.34**	**649.58**	**8339.54**	**4602.87**	**5130.38**
海安县	Haian County	54.10	46.23	70.58	975.91	565.35	682.49
如东县	Rudong County	50.01	41.53	79.20	723.57	478.73	342.90
启东市	Qidong City	67.25	55.90	74.01	944.22	637.96	550.04
如皋市	Rugao City	67.45	56.05	91.29	849.56	576.27	519.70
海门市	Haimen City	68.57	56.92	73.62	1015.12	626.34	630.58
连云港市	**Lianyungang City**	**261.77**	**213.42**	**375.95**	**1852.67**	**924.03**	**1549.34**
东海县	Donghai County	37.20	31.31	61.74	242.53	162.74	181.51
灌云县	Guanyun County	35.59	30.90	55.74	189.36	118.23	135.81
灌南县	Guannan County	35.12	30.38	52.54	124.08	82.92	106.95

单位:亿元 (100 million yuan)

市 县	City and County	公共财政预算收入 Public Finance Budget Revenue	#税收收入 Taxes	公共财政预算支出 Public Finance Budget Expenditure	年末金融机构存款余额 Deposits Balance of Banking Institutions (Year-end)	#居民储蓄存款 Savings Deposits of Residents	年末金融机构贷款余额 Loans Balance of Banking Institutions (Year-end)
淮安市	**Huaian City**	**308.51**	**251.94**	**431.65**	**2005.72**	**1044.52**	**1617.55**
涟水县	Lianshui County	29.72	25.19	54.09	238.69	138.76	164.07
洪泽县	Hongze County	22.23	18.72	36.33	140.36	69.62	114.23
盱眙县	Xuyi County	30.77	25.25	47.12	218.15	122.45	203.46
金湖县	Jinhu County	21.40	18.64	33.73	165.96	102.42	130.92
盐城市	**Yancheng City**	**418.02**	**341.41**	**603.21**	**3692.75**	**2062.39**	**2567.98**
响水县	Xiangshui County	27.82	22.85	43.67	115.37	67.32	103.47
滨海县	Binhai County	33.45	27.32	58.07	207.93	131.76	156.74
阜宁县	Funing County	33.57	27.92	56.46	283.95	193.77	198.17
射阳县	Sheyang County	17.50	12.48	45.07	270.70	196.61	191.74
建湖县	Jianhu County	44.76	36.77	65.88	306.53	217.38	235.52
东台市	Dongtai City	61.31	51.95	84.26	553.89	425.48	301.01
大丰市	Dafeng City	60.02	49.52	82.90	436.68	274.38	283.43
扬州市	**Yangzhou City**	**295.19**	**242.22**	**367.73**	**4269.75**	**2117.09**	**2732.42**
宝应县	Baoying County	27.28	22.37	46.25	342.32	228.51	229.71
仪征市	Yizheng City	34.66	29.63	41.51	461.08	248.13	257.85
高邮市	Gaoyou City	29.32	24.04	46.64	394.68	269.15	241.60
镇江市	**Zhenjiang City**	**277.76**	**228.82**	**311.85**	**3536.27**	**1569.40**	**2679.83**
丹阳市	Danyang City	64.16	54.81	74.93	872.00	453.55	791.74
扬中市	Yangzhong City	30.72	26.23	34.71	441.25	238.25	332.59
句容市	Jurong City	35.91	30.65	43.65	419.98	237.50	315.41
泰州市	**Taizhou City**	**277.95**	**225.80**	**371.21**	**3955.84**	**1984.80**	**2751.51**
兴化市	Xinghua City	36.95	30.61	73.56	514.93	374.06	352.54
靖江市	Jingjiang City	54.04	44.42	61.49	785.81	381.47	549.05
泰兴市	Taixing City	45.08	37.47	61.20	644.63	383.18	388.36
宿迁市	**Suqian City**	**210.10**	**180.69**	**345.59**	**1598.96**	**813.20**	**1483.05**
沭阳县	Shuyang County	64.04	53.85	100.49	354.26	241.86	303.52
泗阳县	Siyang County	30.05	25.35	54.84	228.50	146.71	240.19
泗洪县	Sihong County	28.01	23.79	57.97	233.63	148.33	237.51

20－18 科技、教育（2014年）
Science, Technology and Education (2014)

市 县	City and County	专利申请受理量（件）Applications Accepted (unit)	专利申请受权量（件）Patents Granted (unit)	普通中学在校学生（万人）Regular Secondary Schools Student Enrollment (10000 persons)	小学在校学生（万人）Primary Schools Student Enrollment (10000 persons)	普通中学专任教师（人）Full-time Teachers in Regular Secondary Schools (person)	小学专任教师（人）Full-time Teachers in Primary Schools (person)
南京市	**Nanjing City**	**56108**	**22844**	**22.28**	**33.93**	**22414**	**21823**
无锡市	**Wuxi City**	**54519**	**27937**	**20.94**	**33.62**	**19415**	**19483**
江阴市	Jiangyin City	15790	6607	5.48	9.10	5646	4706
宜兴市	Yixing City	3921	2546	4.27	6.04	3835	4042
徐州市	**Xuzhou City**	**14014**	**8468**	**35.93**	**75.45**	**34013**	**38210**
丰县	Fengxian County	1049	676	4.45	7.81	4864	4167
沛县	Peixian County	1154	1311	3.72	8.96	3676	4982
睢宁县	Suining County	602	583	5.73	8.17	5554	4916
新沂市	Xinyi City	801	185	3.20	10.09	3545	4015
邳州市	Pizhou City	1009	411	6.87	16.53	5250	8309
常州市	**Changzhou City**	**37833**	**18152**	**16.25**	**25.33**	**13991**	**13053**
溧阳市	Liyang City	1447	840	2.78	3.84	2815	2376
金坛市	Jintan City	2230	870	1.89	2.54	2223	1819
苏州市	**Suzhou City**	**103249**	**54709**	**27.96**	**60.63**	**26337**	**31985**
常熟市	Changshu City	12246	3990	4.21	8.13	3677	4577
张家港市	Zhangjiagang City	13232	10086	3.94	7.56	3466	3653
昆山市	Kunshan City	18302	9867	3.97	10.62	3271	5217
太仓市	Taicang City	8076	4348	1.99	4.01	1752	2195
南通市	**Nantong City**	**27692**	**12391**	**24.74**	**32.04**	**24956**	**18741**
海安县	Haian County	4245	2313	2.88	3.38	3186	2160
如东县	Rudong County	1049	581	2.85	3.01	2952	2162
启东市	Qidong City	3676	1378	3.06	3.76	3370	2539
如皋市	Rugao City	2890	1288	4.76	6.15	4774	3168
海门市	Haimen City	1714	627	3.45	4.63	3702	2702
连云港市	**Lianyungang City**	**10090**	**6341**	**22.53**	**38.42**	**20430**	**21326**
东海县	Donghai County	1893	1331	4.92	10.21	4506	5384
灌云县	Guanyun County	821	238	4.09	6.49	3179	3360
灌南县	Guannan County	1297	736	3.18	5.74	2825	3461

市 县 City and County		专利申请受理量（件）Applications Accepted (unit)	专利申请受权量（件）Patents Granted (unit)	普通中学在校学生（万人）Regular Secondary Schools Student Enrollment (10000 persons)	小学在校学生（万人）Primary Schools Student Enrollment (10000 persons)	普通中学专任教师（人）Full-time Teachers in Regular Secondary Schools (person)	小学专任教师（人）Full-time Teachers in Primary Schools (person)
淮安市	**Huaian City**	**15101**	**6663**	**21.54**	**33.66**	**18883**	**20370**
涟水县	Lianshui County	1543	636	4.47	8.08	3411	4393
洪泽县	Hongze County	2265	821	1.39	1.88	1279	1312
盱眙县	Xuyi County	2130	922	3.01	5.23	3050	3171
金湖县	Jinhu County	1302	764	1.08	1.42	982	969
盐城市	**Yancheng City**	**19944**	**4549**	**27.19**	**42.57**	**27092**	**25194**
响水县	Xiangshui County	823	270	1.96	4.63	2046	2739
滨海县	Binhai County	1577	111	3.33	7.65	3412	3953
阜宁县	Funing County	2469	226	3.41	5.88	3430	3353
射阳县	Sheyang County	1163	175	3.14	4.72	3044	3017
建湖县	Jianhu County	2553	802	2.66	4.15	2663	2402
东台市	Dongtai City	3080	575	3.44	3.54	3806	2566
大丰市	Dafeng City	3250	803	2.42	2.78	2507	2044
扬州市	**Yangzhou City**	**22709**	**11843**	**18.42**	**21.88**	**16626**	**13536**
宝应县	Baoying County	2915	1570	3.42	3.96	3155	2443
仪征市	Yizheng City	3278	1651	2.01	2.42	1886	1645
高邮市	Gaoyou City	3380	1984	3.05	2.86	2908	1910
镇江市	**Zhenjiang City**	**25179**	**12707**	**9.59**	**13.76**	**9915**	**9255**
丹阳市	Danyang City	7338	3528	3.24	4.74	3358	3179
扬中市	Yangzhong City	3329	1638	0.95	1.40	1061	960
句容市	Jurong City	4826	2086	1.75	2.34	1939	1640
泰州市	**Taizhou City**	**26933**	**9118**	**17.74**	**21.94**	**19491**	**14560**
兴化市	Xinghua City	3960	1193	4.10	5.82	4514	4260
靖江市	Jingjiang City	6248	2480	2.39	3.08	2880	2178
泰兴市	Taixing City	4951	1013	4.64	5.14	5379	3190
宿迁市	**Suqian City**	**8785**	**4306**	**23.52**	**38.26**	**18308**	**22106**
沭阳县	Shuyang County	3582	2151	7.37	12.73	5969	7487
泗阳县	Siyang County	2056	915	4.91	7.93	3213	4354
泗洪县	Sihong County	734	254	4.64	7.53	3239	4161

20-19 文化、卫生(2014年)
Culture and Public Health (2014)

市 县	City and County	公共图书馆(个) Public Libraries (unit)	公共图书馆图书藏量(千册) Total Collections of Public Libraries (1000 volumes)	卫生机构数(个) Number of Health Institutions (unit)	卫生机构床位数(张) Number of Hospital Beds (unit)	卫生技术人员(人) Medical Technical Personnel (person)	#执业(助理)医师 Practitioner (Assistant) Doctors
南京市	**Nanjing City**	**14**	**5188**	**2383**	**43688**	**62068**	**21602**
无锡市	**Wuxi City**	**10**	**4498**	**2155**	**34998**	**41563**	**15562**
江阴市	Jiangyin City	1	996	538	7605	8435	3199
宜兴市	Yixing City	1	524	436	4856	7226	2708
徐州市	**Xuzhou City**	**8**	**3023**	**4620**	**46213**	**47007**	**17518**
丰县	Fengxian County	1	206	559	3969	3883	1934
沛县	Peixian County	1	320	613	4476	4676	1985
睢宁县	Suining County	1	411	620	3566	3356	1171
新沂市	Xinyi City	1	128	468	3117	4058	1596
邳州市	Pizhou City	1	438	773	4867	6271	2091
常州市	**Changzhou City**	**4**	**3030**	**1182**	**23634**	**28090**	**11381**
溧阳市	Liyang City	1	344	232	2879	3812	1702
金坛市	Jintan City	1	250	190	2444	2747	1184
苏州市	**Suzhou City**	**11**	**15099**	**3063**	**55218**	**64281**	**25352**
常熟市	Changshu City	1	2356	455	7052	8278	3495
张家港市	Zhangjiagang City	1	1990	418	8588	8441	3331
昆山市	Kunshan City	1	2116	474	6300	10375	4194
太仓市	Taicang City	1	934	227	3577	4143	1615

市　县 City and County		公共图书馆(个) Public Libraries (unit)	公共图书馆图书藏量(千册) Total Collections of Public Libraries (1000 volumes)	卫生机构数(个) Number of Health Institutions (unit)	卫生机构床位数(张) Number of Hospital Beds (unit)	卫生技术人员(人) Medical Technical Personnel (person)	#执业(助理)医师 Practitioner (Assistant) Doctors
南通市	**Nantong City**	**11**	**4455**	**3262**	**35136**	**39481**	**16366**
海安县	Haian County	1	429	401	4232	4153	1869
如东县	Rudong County	1	404	461	3286	3780	1608
启东市	Qidong City	1	417	426	3815	3721	1555
如皋市	Rugao City	2	855	511	5189	5540	2533
海门市	Haimen City	1	511	405	3480	3800	1673
连云港市	**Lianyungang City**	**7**	**2485**	**2702**	**18061**	**21896**	**8065**
东海县	Donghai County	1	984	550	2823	3201	1140
灌云县	Guanyun County	1	399	414	2439	2559	888
灌南县	Guannan County	1	290	368	2770	2723	1020
淮安市	**Huaian City**	**9**	**2368**	**2257**	**24642**	**28976**	**11599**
涟水县	Lianshui County	1	129	480	3755	4176	1895
洪泽县	Hongze County	1	244	142	1503	1702	708
盱眙县	Xuyi County	1	198	354	3106	3505	1470
金湖县	Jinhu County	1	194	147	1477	1713	706
盐城市	**Yancheng City**	**11**	**2831**	**3217**	**35282**	**36634**	**16233**
响水县	Xiangshui County	1	73	235	2278	2561	1199
滨海县	Binhai County	1	206	417	4390	4192	1791
阜宁县	Funing County	2	272	392	3684	3087	1521

市 县 City and County		公共图书馆(个) Public Libraries (unit)	公共图书馆图书藏量(千册) Total Collections of Public Libraries (1000 volumes)	卫生机构数(个) Number of Health Institutions (unit)	卫生机构床位数(张) Number of Hospital Beds (unit)	卫生技术人员(人) Medical Technical Personnel (person)	#执业(助理)医师 Practitioner (Assistant) Doctors
射阳县	Sheyang County	1	200	337	3252	3795	1888
建湖县	Jianhu County	1	238	363	3335	3364	1766
东台市	Dongtai City	1	263	439	5246	4703	2236
大丰市	Dafeng City	1	366	346	3216	3529	1750
扬州市	**Yangzhou City**	**7**	**2937**	**1782**	**19765**	**23338**	**9491**
宝应县	Baoying County	1	138	339	2203	2668	1230
仪征市	Yizheng City	1	338	163	2080	2651	1039
高邮市	Gaoyou City	1	207	246	2536	2968	1376
镇江市	**Zhenjiang City**	**8**	**2829**	**937**	**14490**	**18373**	**7516**
丹阳市	Danyang City	2	565	247	3314	4371	1912
扬中市	Yangzhong City	1	306	80	970	1593	705
句容市	Jurong City	1	174	194	1832	2349	1036
泰州市	**Taizhou City**	**7**	**2439**	**1978**	**20926**	**22965**	**9708**
兴化市	Xinghua City	1	239	667	4281	4330	1899
靖江市	Jingjiang City	1	493	276	3689	4011	1695
泰兴市	Taixing City	1	311	390	3964	4611	2062
宿迁市	**Suqian City**	**6**	**1132**	**2462**	**20240**	**23862**	**8158**
沭阳县	Shuyang County	1	163	787	5608	7116	2694
泗阳县	Siyang County	1	262	423	4336	4326	1377
泗洪县	Sihong County	1	92	521	3904	4708	1531

20－20 人民生活(2013年)

市　县 City and County		居民人均可支配收入(元) Per Capita Disposable Income of Residents (yuan)	居民人均生活消费支出(元) Per Capita Consumption Expanditure of Residents (yuan)	#食品烟酒 Food, Tobacco and Wine	居民恩格尔系数(%) Engle Coefficient of Residents (%)	居民人均住房建筑面积(平方米) Per Capital Construction Floor Space of Residential Building (sq. m)	城镇常住居民人均可支配收入(元) Per Capita Disposable Income of Urban Residents (yuan)	城镇常住居民人均生活消费支出(元) Per Capita Consumption Expanditure of Urban Residents (yuan)
南京市	**Nanjing City**	**34213**	**21451**	**5813**	**27.1**	**39.5**	**39115**	**24129**
无锡市	**Wuxi City**	**33503**	**22399**	**6625**	**29.6**	**47.2**	**38420**	**25592**
江阴市	Jiangyin City	36261	20290	6086	30.0	55.7	43152	23298
宜兴市	Yixing City	29068	18945	5865	31.0	51.7	36265	23202
徐州市	**Xuzhou City**	**17042**	**11176**	**3499**	**31.3**	**41.5**	**22015**	**13958**
丰县	Fengxian County	13687	9754	3070	31.5	40.9	17667	13431
沛县	Peixian County	16095	10518	2996	28.5	44.6	21018	13736
睢宁县	Suining County	13707	8315	2748	33.0	48.6	17930	10506
新沂市	Xinyi City	14165	9697	3274	33.8	44.8	19128	13174
邳州市	Pizhou City	15662	9415	3000	31.9	57.9	22056	12780
常州市	**Changzhou City**	**29901**	**19182**	**5632**	**29.4**	**48.3**	**36288**	**22096**
溧阳市	Liyang City	24174	14960	5120	34.2	41.9	32628	17680
金坛市	Jintan City	25068	14421	5142	35.7	46.0	33856	18487
苏州市	**Suzhou City**	**36533**	**23062**	**6272**	**27.2**	**51.6**	**42964**	**26951**
常熟市	Changshu City	35173	21867	6452	29.5	55.9	42883	25452
张家港市	Zhangjiagang City	35180	21824	6256	28.7	62.9	43141	26300
昆山市	Kunshan City	36246	22497	6418	28.5	44.7	43165	26653
太仓市	Taicang City	34303	22005	6881	31.3	68.8	42744	27134
南通市	**Nantong City**	**23147**	**15732**	**4603**	**29.3**	**50.7**	**30641**	**20555**
海安县	Haian County	20822	14642	4443	30.3	51.1	28988	18600
如东县	Rudong County	20473	13592	4499	33.1	55.3	28925	17571
启东市	Qidong City	21789	17324	5395	31.1	45.9	29090	24554
如皋市	Rugao City	20441	13336	4468	33.5	49.5	28491	17716
海门市	Haimen City	23016	15841	4671	29.5	49.0	31420	21416
连云港市	**Lianyungang City**	**16103**	**11264**	**3708**	**32.9**	**44.4**	**21470**	**14885**
东海县	Donghai County	15202	10880	3917	36.0	46.8	21046	15339
灌云县	Guanyun County	13278	8677	3238	37.3	42.6	17715	11187
灌南县	Guannan County	13191	9020	3293	36.5	50.0	18896	12575

People's Living Condition (2013)

#食品烟酒 Food, Tobacco and Wine	城镇常住居民恩格尔系数(%) Engle Coefficient of Urban Residents (%)	城镇常住居民人均住房建筑面积(平方米) Per Capital Construction Floor Space of Urban Residential Building (sq. m)	农村常住居民人均可支配收入(元) Per Capita Disposable Income of Rural Residents (yuan)	农村常住居民人均生活消费支出(元) Per Capita Consumption Expanditure of Rural Residents (yuan)	#食品烟酒 Food, Tobacco and Wine	农村常住居民恩格尔系数(%) Engle Coefficient of Rural Residents (%)	农村常住居民人均住房建筑面积(平方米) Per Capital Construction Floor Space of Rural Residential Building (sq. m)
6438	**26.7**	**35.4**	**16011**	**11507**	**3492**	**30.3**	**53.7**
7468	**29.2**	**44.4**	**20223**	**13778**	**4348**	**31.6**	**53.8**
6955	29.9	59.3	21739	13951	4254	30.5	49.5
7097	30.6	43.6	18277	12561	4017	32.0	63.9
4313	**30.9**	**36.1**	**11513**	**8082**	**2594**	**32.1**	**47.5**
4048	30.1	37.8	10554	6859	2382	34.7	44.0
3906	28.4	41.5	11904	7779	2222	28.6	47.3
3370	32.1	45.1	10422	6612	2167	32.8	47.6
4424	33.6	43.1	10897	7408	2517	34.0	45.9
3953	30.9	50.2	11552	7250	2386	32.9	66.5
6340	**28.7**	**43.6**	**18169**	**12367**	**3975**	**32.1**	**59.3**
5922	33.5	38.2	16460	12478	4380	35.1	46.5
6489	35.1	41.0	16907	10646	3898	36.6	51.0
7345	**27.3**	**43.7**	**21410**	**13915**	**3748**	**26.9**	**66.3**
7489	29.4	47.3	21587	15551	4625	29.7	70.5
7571	28.8	57.4	21526	14143	4002	28.3	71.7
7554	28.3	36.6	21726	13776	4036	29.3	54.5
8379	30.9	59.0	21446	14192	4598	32.4	76.2
5983	**29.1**	**45.8**	**14268**	**10019**	**2969**	**29.6**	**57.6**
5449	29.3	48.3	13653	11168	3559	31.9	54.0
6185	35.2	57.0	13081	10112	3236	32.0	53.5
7562	30.8	37.8	15101	10700	3396	31.7	58.5
6006	33.9	47.3	12814	9186	3031	33.0	51.9
6305	29.4	42.0	15707	10992	3253	29.6	59.0
4855	**32.6**	**43.9**	**10463**	**7455**	**2501**	**33.7**	**45.0**
5361	34.9	44.9	10887	7588	2717	35.8	48.6
4199	37.5	39.7	9700	6653	2463	37.0	45.0
4459	35.5	50.0	9340	6620	2505	37.8	50.0

市 县 City and County		居民人均可支配收入(元) Per Capita Disposable Income of Residents (yuan)	居民人均生活消费支出(元) Per Capita Consumption Expanditure of Residents (yuan)	#食品烟酒 Food, Tobacco and Wine	居民恩格尔系数(%) Engle Coefficient of Residents (%)	居民人均住房建筑面积(平方米) Per Capital Construction Floor Space of Residential Building (sq. m)	城镇常住居民人均可支配收入(元) Per Capita Disposable Income of Urban Residents (yuan)	城镇常住居民人均生活消费支出(元) Per Capita Consumption Expanditure of Urban Residents (yuan)
淮安市	**Huaian City**	**17364**	**10460**	**3314**	**31.7**	**45.1**	**23582**	**13729**
涟水县	Lianshui County	13824	8796	3138	35.7	48.2	19498	12848
洪泽县	Hongze County	17429	9794	3214	32.8	41.0	23431	11427
盱眙县	Xuyi County	16643	8979	2874	32.0	40.0	23760	12954
金湖县	Jinhu County	17046	12517	4471	35.7	46.8	23753	15941
盐城市	**Yancheng City**	**18676**	**12113**	**3824**	**31.6**	**43.6**	**23669**	**14260**
响水县	Xiangshui County	14953	8094	2915	36.0	40.5	19899	9267
滨海县	Binhai County	15367	10270	3276	31.4	36.5	20542	12763
阜宁县	Funing County	15380	10762	3868	35.9	37.9	19730	16276
射阳县	Sheyang County	16563	11995	4078	34.0	41.5	20568	17793
建湖县	Jianhu County	17469	10349	3228	31.2	40.2	23014	12708
东台市	Dongtai City	20269	12254	4029	32.9	55.3	25434	15187
大丰市	Dafeng City	19382	11996	3558	29.7	45.8	24134	14156
扬州市	**Yangzhou City**	**21992**	**14256**	**4447**	**31.2**	**45.5**	**27700**	**17116**
宝应县	Baoying County	16349	10871	3807	35.0	41.8	20729	13133
仪征市	Yizheng City	20756	14505	4539	31.3	52.8	28501	17019
高邮市	Gaoyou City	18244	13113	4123	31.4	37.4	24299	16813
镇江市	**Zhenjiang City**	**26327**	**16809**	**4895**	**29.1**	**48.5**	**32748**	**19935**
丹阳市	Danyang City	25537	16286	5602	34.3	52.2	32654	18172
扬中市	Yangzhong City	27547	16178	5317	32.9	57.9	35997	19637
句容市	Jurong City	22232	14524	4484	31.0	43.9	31757	18760
泰州市	**Taizhou City**	**21734**	**14362**	**4293**	**29.9**	**52.0**	**28705**	**18223**
兴化市	Xinghua City	18911	11766	3771	32.1	40.0	26298	15560
靖江市	Jingjiang City	22709	16932	5299	31.3	56.1	31040	21621
泰兴市	Taixing City	21367	13765	4209	30.6	63.1	28423	18393
宿迁市	**Suqian City**	**14312**	**9569**	**3504**	**36.6**	**46.6**	**18480**	**12513**
沭阳县	Shuyang County	14489	9911	3875	39.1	47.1	18414	12771
泗阳县	Siyang County	13975	9882	3540	35.8	45.8	18066	12184
泗洪县	Sihong County	13309	8916	3308	37.1	45.1	17530	12213

Continued 1

#食品烟酒 Food, Tobacco and Wine	城镇常住居民恩格尔系数(%) Engle Coefficient of Urban Residents (%)	城镇常住居民人均住房建筑面积(平方米) Per Capital Construction Floor Space of Urban Residential Building (sq. m)	农村常住居民人均可支配收入(元) Per Capita Disposable Income of Rural Residents (yuan)	农村常住居民人均生活消费支出(元) Per Capita Consumption Expanditure of Rural Residents (yuan)	#食品烟酒 Food, Tobacco and Wine	农村常住居民恩格尔系数(%) Engle Coefficient of Rural Residents (%)	农村常住居民人均住房建筑面积(平方米) Per Capital Construction Floor Space of Rural Residential Building (sq. m)
4310	**31.4**	**42.7**	**10762**	**6991**	**2260**	**32.3**	**49.0**
4575	35.6	44.8	10023	6081	2176	35.8	51.6
3825	33.5	36.8	11783	8257	2650	32.1	44.0
4125	31.8	36.0	10923	5786	1875	32.4	43.0
5436	34.1	34.5	11766	9812	3392	34.6	59.5
4543	**31.9**	**41.5**	**12913**	**9636**	**2916**	**30.3**	**46.4**
3229	34.8	36.9	10730	7092	2643	37.3	45.0
3978	31.0	31.8	11202	8255	2650	31.8	40.8
5978	36.7	33.6	11602	5973	2098	35.1	42.0
5943	33.4	44.0	12442	6030	2176	36.1	38.8
3641	28.7	39.3	12886	8398	2880	34.3	41.4
4982	32.8	54.3	14829	9165	3025	33.0	56.4
4398	31.1	39.1	14708	9872	2611	26.5	53.3
5296	**30.9**	**40.8**	**13775**	**10140**	**3223**	**31.8**	**50.8**
4726	36.0	36.6	12846	9062	3072	33.9	45.9
5437	32.0	45.2	13411	12128	3711	30.6	59.0
5243	31.2	36.8	12926	9862	3136	31.8	37.8
5787	**29.0**	**43.6**	**15876**	**11721**	**3443**	**29.4**	**54.6**
6576	36.2	43.8	16456	13881	4610	33.2	63.0
6394	32.6	54.1	18081	12303	4111	33.4	61.5
5854	31.0	41.8	14305	10998	3754	34.0	46.7
5359	**29.4**	**47.0**	**13609**	**9862**	**3051**	**30.9**	**59.0**
4723	30.4	37.0	12880	8669	2993	34.5	44.0
6686	30.9	51.8	14928	12553	4004	31.9	68.7
6060	33.0	52.6	13610	8678	2653	30.6	73.7
4563	**36.5**	**45.6**	**10418**	**6903**	**2546**	**36.9**	**47.6**
5019	39.3	45.5	10561	7389	2889	39.1	48.5
4305	35.3	47.5	10428	7795	2777	35.6	44.2
4471	36.6	46.5	10174	5660	2156	38.1	43.7

20－21 人民生活（2014年）

市　县 City and County		居民人均可支配收入（元） Per Capita Disposable Income of Residents (yuan)	居民人均生活消费支出（元） Per Capita Consumption Expanditure of Residents (yuan)	#食品烟酒 Food, Tobacco and Wine	居民恩格尔系数（%） Engle Coefficient of Residents (%)	居民人均住房建筑面积（平方米） Per Capital Construction Floor Space of Residential Building (sq. m)	城镇常住居民人均可支配收入（元） Per Capita Disposable Income of Urban Residents (yuan)	城镇常住居民人均生活消费支出（元） Per Capita Consumption Expanditure of Urban Residents (yuan)
南京市	**Nanjing City**	**37283**	**23089**	**6107**	**26.4**	**40.9**	**42568**	**25855**
无锡市	**Wuxi City**	**36471**	**24049**	**7018**	**29.2**	**47.6**	**41731**	**27358**
江阴市	Jiangyin City	39506	21864	6455	29.5	55.9	46880	24976
宜兴市	Yixing City	31765	20537	6361	31.0	52.5	39492	25035
徐州市	**Xuzhou City**	**18744**	**12167**	**3795**	**31.2**	**44.4**	**24080**	**15005**
丰县	Fengxian County	15107	10694	3372	31.5	44.6	19363	14573
沛县	Peixian County	17769	11498	3230	28.1	45.3	23078	14807
睢宁县	Suining County	15138	9052	3006	33.2	49.0	19687	11315
新沂市	Xinyi City	15651	10588	3565	33.7	45.9	20984	14215
邳州市	Pizhou City	17269	10234	3193	31.2	62.7	24151	13726
常州市	**Changzhou City**	**32662**	**20608**	**5968**	**29.0**	**48.6**	**39483**	**23590**
溧阳市	Liyang City	26480	16181	5489	33.9	42.3	35531	18900
金坛市	Jintan City	27481	15546	5510	35.4	47.0	36902	19781
苏州市	**Suzhou City**	**39780**	**24920**	**6684**	**26.8**	**51.8**	**46677**	**28973**
常熟市	Changshu City	38315	23709	6988	29.5	56.2	46571	27412
张家港市	Zhangjiagang City	38332	23218	6621	28.5	61.3	46852	27760
昆山市	Kunshan City	39498	24150	6819	28.2	42.7	46920	28332
太仓市	Taicang City	37347	23935	7384	30.9	69.1	46377	29250
南通市	**Nantong City**	**25340**	**17007**	**4967**	**29.2**	**51.3**	**33374**	**22035**
海安县	Haian County	22842	16036	4767	29.7	51.9	31597	20125
如东县	Rudong County	22454	14609	4429	30.3	53.5	31557	18819
启东市	Qidong City	23908	18776	5887	31.4	47.8	31708	26249
如皋市	Rugao City	22391	14550	4583	31.5	50.9	31026	19116
海门市	Haimen City	25262	17081	5090	29.8	49.5	34280	22830
连云港市	**Lianyungang City**	**17798**	**12247**	**3969**	**32.4**	**46.4**	**23595**	**16016**
东海县	Donghai County	16835	11825	4234	35.8	46.8	23151	16504
灌云县	Guanyun County	14713	9546	3511	36.8	44.4	19486	12093
灌南县	Guannan County	14618	9819	3517	35.8	49.8	20805	13569

People's Living Condition (2014)

#食品烟酒 Food, Tobacco and Wine	城镇常住居民恩格尔系数(%) Engle Coefficient of Urban Residents (%)	城镇常住居民人均住房建筑面积(平方米) Per Capital Construction Floor Space of Urban Residential Building (sq. m)	农村常住居民人均可支配收入(元) Per Capita Disposable Income of Rural Residents (yuan)	农村常住居民人均生活消费支出(元) Per Capita Consumption Expanditure of Rural Residents (yuan)	#食品烟酒 Food, Tobacco and Wine	农村常住居民恩格尔系数(%) Engle Coefficient of Rural Residents (%)	农村常住居民人均住房建筑面积(平方米) Per Capital Construction Floor Space of Rural Residential Building (sq. m)
6713	**26.0**	**36.3**	**17661**	**12818**	**3861**	**30.1**	**55.4**
7862	**28.7**	**44.8**	**22266**	**15114**	**4737**	**31.3**	**54.3**
7318	29.3	59.3	23965	15304	4637	30.3	50.3
7712	30.8	46.5	20178	13792	4335	31.4	61.4
4618	**30.8**	**40.5**	**12811**	**9011**	**2879**	**32.0**	**49.7**
4366	30.0	42.1	11757	7641	2601	34.0	46.9
4171	28.2	42.5	13249	8682	2428	28.0	47.6
3605	31.9	46.6	11600	7293	2390	32.8	51.4
4751	33.4	44.8	12140	7408	2517	34.0	46.6
4224	30.8	61.8	12846	7990	2531	31.7	63.7
6671	**28.3**	**43.7**	**20133**	**13529**	**4300**	**31.8**	**59.7**
6305	33.4	38.3	18222	13701	4736	34.6	47.2
6904	34.9	42.0	18733	11614	4223	36.4	53.0
7807	**26.9**	**44.0**	**23560**	**15390**	**4041**	**26.3**	**66.0**
8115	29.6	48.5	23767	17184	5003	29.1	68.3
7982	28.8	56.7	23722	15430	4288	27.8	69.3
7946	28.0	36.5	23921	15374	4456	29.0	49.9
8945	30.6	58.2	23590	15838	5005	31.6	77.8
6399	**29.0**	**46.3**	**15821**	**11051**	**3271**	**29.6**	**58.6**
5745	28.5	49.3	15155	12447	3908	31.4	54.6
6512	34.6	53.5	14494	10928	3442	31.5	53.5
8076	30.8	41.1	16762	11931	3814	32.0	59.6
5830	30.5	49.2	14210	10225	3272	32.0	52.9
6803	29.8	43.0	17419	12081	3600	29.8	60.0
5169	**32.3**	**45.3**	**11698**	**8282**	**2706**	**32.7**	**47.9**
5776	35.0	44.9	12171	8370	2980	35.6	48.6
4524	37.4	42.6	10864	7492	2694	36.0	45.9
4722	34.8	49.0	10442	7288	2704	37.1	50.6

市 县 City and County		居民人均可支配收入(元) Per Capita Disposable Income of Residents (yuan)	居民人均生活消费支出(元) Per Capita Consumption Expanditure of Residents (yuan)	#食品烟酒 Food, Tobacco and Wine	居民恩格尔系数(%) Engle Coefficient of Residents (%)	居民人均住房建筑面积(平方米) Per Capital Construction Floor Space of Residential Building (sq. m)	城镇常住居民人均可支配收入(元) Per Capita Disposable Income of Urban Residents (yuan)	城镇常住居民人均生活消费支出(元) Per Capita Consumption Expanditure of Urban Residents (yuan)
淮 安 市	**Huaian City**	**19110**	**11373**	**3589**	**31.6**	**45.6**	**25798**	**14703**
涟 水 县	Lianshui County	15291	9598	3341	34.8	57.6	21389	13760
洪 泽 县	Hongze County	19264	10678	3408	31.9	42.1	25751	12250
盱 眙 县	Xuyi County	18353	9750	3115	31.9	49.2	26041	13913
金 湖 县	Jinhu County	18836	13643	4502	33.0	50.0	26081	17137
盐 城 市	**Yancheng City**	**20543**	**13241**	**4208**	**31.8**	**45.0**	**25854**	**15372**
响 水 县	Xiangshui County	16453	8844	3029	34.2	37.8	21710	9924
滨 海 县	Binhai County	16942	11235	3522	31.3	36.8	22432	13759
阜 宁 县	Funing County	16950	11742	4153	35.4	38.5	21546	17578
射 阳 县	Sheyang County	18205	13050	4405	33.8	41.8	22440	19234
建 湖 县	Jianhu County	19259	11239	3610	32.1	41.2	25178	13801
东 台 市	Dongtai City	22328	13241	4334	32.7	57.3	27800	15709
大 丰 市	Dafeng City	21344	13141	4041	30.7	48.0	26354	15331
扬 州 市	**Yangzhou City**	**24157**	**15485**	**4812**	**31.1**	**47.6**	**30322**	**18417**
宝 应 县	Baoying County	18021	11747	4071	34.7	43.2	22739	14026
仪 征 市	Yizheng City	22776	15694	4947	31.5	54.9	31123	18123
高 邮 市	Gaoyou City	20085	14230	4430	31.1	40.4	26632	18024
镇 江 市	**Zhenjiang City**	**28850**	**18178**	**5236**	**28.8**	**49.3**	**35752**	**21310**
丹 阳 市	Danyang City	28027	17677	6081	34.4	54.3	35691	19498
扬 中 市	Yangzhong City	30201	17527	5736	32.7	58.4	39237	20972
句 容 市	Jurong City	24426	15756	4990	32.0	44.2	34678	19980
泰 州 市	**Taizhou City**	**23833**	**15514**	**4585**	**29.6**	**53.0**	**31346**	**19517**
兴 化 市	Xinghua City	20745	12730	4020	31.6	41.0	28691	16571
靖 江 市	Jingjiang City	24922	18361	5690	31.0	56.0	33864	23069
泰 兴 市	Taixing City	23430	14898	4409	29.6	63.1	31038	19644
宿 迁 市	**Suqian City**	**15888**	**10450**	**3789**	**36.3**	**48.0**	**20396**	**13463**
沭 阳 县	Shuyang County	16072	10774	4202	39.0	47.7	20310	13691
泗 阳 县	Siyang County	15507	10771	3814	35.4	53.0	19909	13025
泗 洪 县	Sihong County	14808	9816	3615	36.8	43.0	19388	13202

Continued 1

#食品烟酒 Food, Tobacco and Wine	城镇常住居民恩格尔系数（%） Engle Coefficient of Urban Residents (%)	城镇常住居民人均住房建筑面积（平方米） Per Capital Construction Floor Space of Urban Residential Building (sq. m)	农村常住居民人均可支配收入（元） Per Capita Disposable Income of Rural Residents (yuan)	农村常住居民人均生活消费支出（元） Per Capita Consumption Expanditure of Rural Residents (yuan)	#食品烟酒 Food, Tobacco and Wine	农村常住居民恩格尔系数（%） Engle Coefficient of Rural Residents (%)	农村常住居民人均住房建筑面积（平方米） Per Capital Construction Floor Space of Rural Residential Building (sq. m)
4602	**31.3**	**43.6**	**12010**	**7836**	**2518**	**32.1**	**50.2**
4871	35.4	51.3	11206	6809	2315	34.0	64.8
3901	31.8	37.5	13161	9199	2952	32.1	46.0
4393	31.6	48.4	12175	6405	2088	32.6	50.5
5587	32.6	41.4	13131	10892	3649	33.5	59.7
4902	**31.9**	**42.7**	**14414**	**10782**	**3357**	**31.1**	**48.0**
3265	32.9	32.5	11964	7922	2791	35.2	43.1
4265	31.0	32.4	12524	9204	2925	31.7	40.9
6353	36.1	33.8	12959	6672	2311	34.6	42.6
6341	33.0	44.6	13848	6687	2414	36.1	38.9
4098	29.7	41.8	14345	9111	3205	35.2	40.7
5143	32.7	53.9	16565	10643	3482	32.7	60.8
4907	32.0	40.0	16414	10988	3188	29.0	55.8
5692	**30.9**	**42.1**	**15284**	**11266**	**3544**	**31.5**	**53.7**
5011	35.7	37.3	14246	9923	3318	33.4	47.8
5813	32.1	45.4	14860	13389	4127	30.8	64.3
5570	30.9	38.5	14335	10898	3428	31.5	42.4
6077	**28.5**	**44.2**	**17617**	**13081**	**3868**	**29.6**	**55.8**
7078	36.3	48.8	18250	15352	5084	33.1	59.9
6805	32.4	54.5	20078	13669	4538	33.2	62.1
6288	31.5	42.0	15893	12241	4027	33.0	46.9
5679	**29.1**	**48.0**	**15076**	**10849**	**3309**	**30.5**	**62.0**
4971	30.0	38.0	14258	9594	3243	33.8	45.0
7088	30.7	51.5	16570	13963	4383	31.4	69.3
6400	32.6	52.6	15066	9681	2736	28.3	73.7
4856	**36.1**	**46.5**	**11677**	**7702**	**2822**	**36.6**	**49.8**
5339	39.0	46.1	11828	8187	3193	39.0	49.2
4578	35.2	55.8	11690	8691	3096	35.6	50.4
4792	36.3	43.2	11405	6362	2404	37.8	42.8

21

县(市)社会经济发展序列

Social Economy Development Alignment of Counties (Cities)

简 要 说 明

一、本篇资料的主要内容

本篇资料反映县(市)经济社会发展水平序列情况。

二、资料来源

本篇资料主要根据市县社会经济基本情况统计年报加工整理。

Brief Introduction

I. Main Contents

Data in this chapter reflects the counties (cities) rankings of economic and social development

Ⅱ. Date Source

Data in this chapter mainly based on the basic socio – economic situation annual report.

21－1 年末户籍人口(2014 年)

Total Registered Population at Year-end (2014)

位次 No.	县(市)名称 County (City)		绝对数(万人) Absolute Figure (10000 persons)	位次 No.	县(市)名称 County (City)		绝对数(万人) Absolute Figure (10000 persons)
1	沭阳县	Shuyang County	193.57	23	海门市	Haimen City	100.16
2	邳州市	Pizhou City	185.89	24	射阳县	Sheyang County	96.78
3	兴化市	Xinghua City	158.00	25	海安县	Haian County	94.26
4	如皋市	Rugao City	143.69	26	张家港市	Zhangjiagang City	91.98
5	睢宁县	Suining County	143.58	27	宝应县	Baoying County	91.13
6	沛县	Peixian County	130.63	28	高邮市	Gaoyou City	81.81
7	江阴市	Jiangyin City	123.21	29	灌南县	Guannan County	81.44
8	东海县	Donghai County	121.95	30	丹阳市	Danyang City	81.35
9	滨海县	Binhai County	121.48	31	建湖县	Jianhu County	80.13
10	丰县	Fengxian County	120.05	32	盱眙县	Xuyi County	80.05
11	泰兴市	Taixing City	119.88	33	溧阳市	Liyang City	79.39
12	东台市	Dongtai City	113.73	34	昆山市	Kunshan City	76.97
13	涟水县	Lianshui County	113.70	35	大丰市	Dafeng City	72.54
14	启东市	Qidong City	112.32	36	靖江市	Jingjiang City	66.81
15	阜宁县	Funing County	112.09	37	响水县	Xiangshui County	62.48
16	新沂市	Xinyi City	111.89	38	句容市	Jurong City	59.05
17	泗洪县	Sihong County	108.85	39	仪征市	Yizheng City	56.56
18	宜兴市	Yixing City	108.19	40	金坛市	Jintan City	55.34
19	常熟市	Changshu City	106.88	41	太仓市	Taicang City	47.74
20	泗阳县	Siyang County	106.32	42	洪泽县	Hongze County	39.09
21	如东县	Rudong County	104.37	43	金湖县	Jinhu County	35.92
22	灌云县	Guanyun County	104.06	44	扬中市	Yangzhong City	28.26

21－2 地区生产总值（2014 年）
Gross Domestic Product（2014）

位次 No.	县（市）名称 County（City）		绝对数（亿元） Absolute Figure（100 million yuan）	位次 No.	县（市）名称 County（City）		绝对数（亿元） Absolute Figure（100 million yuan）
1	昆山市	Kunshan City	3001.02	23	金坛市	Jintan City	471.48
2	江阴市	Jiangyin City	2753.95	24	仪征市	Yizheng City	465.06
3	张家港市	Zhangjiagang City	2180.25	25	扬中市	Yangzhong City	445.35
4	常熟市	Changshu City	2009.36	26	高邮市	Gaoyou City	445.20
5	宜兴市	Yixing City	1233.89	27	句容市	Jurong City	440.96
6	太仓市	Taicang City	1065.33	28	睢宁县	Suining County	419.97
7	丹阳市	Danyang City	1008.96	29	宝应县	Baoying County	418.30
8	海门市	Haimen City	836.50	30	建湖县	Jianhu County	392.00
9	如皋市	Rugao City	743.64	31	射阳县	Sheyang County	370.10
10	启东市	Qidong City	739.13	32	东海县	Donghai County	359.32
11	溧阳市	Liyang City	716.29	33	丰县	Fengxian County	341.63
12	邳州市	Pizhou City	684.48	34	泗阳县	Siyang County	332.24
13	泰兴市	Taixing City	675.84	35	阜宁县	Funing County	330.62
14	靖江市	Jingjiang City	666.19	36	泗洪县	Sihong County	330.00
15	兴化市	Xinghua City	624.83	37	滨海县	Binhai County	328.19
16	海安县	Haian County	624.14	38	涟水县	Lianshui County	302.35
17	如东县	Rudong County	615.51	39	盱眙县	Xuyi County	290.04
18	东台市	Dongtai City	610.33	40	灌云县	Guanyun County	274.98
19	沭阳县	Shuyang County	579.96	41	灌南县	Guannan County	259.25
20	沛县	Peixian County	564.96	42	响水县	Xiangshui County	222.00
21	大丰市	Dafeng City	486.70	43	洪泽县	Hongze County	207.35
22	新沂市	Xinyi City	473.54	44	金湖县	Jinhu County	193.61

21-3 第一产业增加值(2014年)
Value-added of the Primary Industry (2014)

位次 No.	县(市)名称 County (City)		绝对数(亿元) Absolute Figure (100 million yuan)	位次 No.	县(市)名称 County (City)		绝对数(亿元) Absolute Figure (100 million yuan)
1	邳州市	Pizhou City	95.81	23	宜兴市	Yixing City	49.93
2	兴化市	Xinghua City	89.08	24	泗阳县	Siyang County	49.89
3	东台市	Dongtai City	84.60	25	海门市	Haimen City	49.07
4	沛县	Peixian County	80.46	26	盱眙县	Xuyi County	48.42
5	沭阳县	Shuyang County	78.83	27	丹阳市	Danyang City	47.22
6	射阳县	Sheyang County	72.14	28	泰兴市	Taixing City	46.93
7	睢宁县	Suining County	70.98	29	江阴市	Jiangyin City	46.14
8	大丰市	Dafeng City	68.68	30	建湖县	Jianhu County	45.21
9	丰县	Fengxian County	62.97	31	灌南县	Guannan County	44.75
10	启东市	Qidong City	62.93	32	溧阳市	Liyang City	43.92
11	高邮市	Gaoyou City	62.72	33	常熟市	Changshu City	38.40
12	如东县	Rudong County	62.17	34	响水县	Xiangshui County	38.16
13	宝应县	Baoying County	61.60	35	句容市	Jurong City	37.26
14	如皋市	Rugao City	57.60	36	太仓市	Taicang City	35.24
15	新沂市	Xinyi City	57.35	37	金坛市	Jintan City	30.43
16	东海县	Donghai County	56.95	38	洪泽县	Hongze County	29.44
17	灌云县	Guanyun County	55.12	39	张家港市	Zhangjiagang City	28.64
18	滨海县	Binhai County	53.10	40	金湖县	Jinhu County	28.30
19	泗洪县	Sihong County	51.87	41	昆山市	Kunshan City	27.46
20	海安县	Haian County	51.27	42	仪征市	Yizheng City	21.13
21	阜宁县	Funing County	50.84	43	靖江市	Jingjiang City	19.84
22	涟水县	Lianshui County	49.97	44	扬中市	Yangzhong City	10.86

21－4 第二产业增加值（2014年）
Value-added of the Secondary Industry（2014）

位次 No.	县（市）名称 County（City）		绝对数（亿元） Absolute Figure （100 million yuan）	位次 No.	县（市）名称 County（City）		绝对数（亿元） Absolute Figure （100 million yuan）
1	昆山市	Kunshan City	1687.10	23	扬中市	Yangzhong City	237.90
2	江阴市	Jiangyin City	1520.54	24	句容市	Jurong City	215.42
3	张家港市	Zhangjiagang City	1186.39	25	大丰市	Dafeng City	204.42
4	常熟市	Changshu City	1061.55	26	高邮市	Gaoyou City	201.13
5	宜兴市	Yixing City	643.15	27	新沂市	Xinyi City	200.05
6	太仓市	Taicang City	556.65	28	宝应县	Baoying County	189.80
7	丹阳市	Danyang City	518.58	29	睢宁县	Suining County	182.44
8	海门市	Haimen City	443.16	30	建湖县	Jianhu County	175.34
9	如皋市	Rugao City	377.24	31	泗阳县	Siyang County	173.74
10	溧阳市	Liyang City	375.11	32	东海县	Donghai County	163.13
11	启东市	Qidong City	369.03	33	丰县	Fengxian County	153.97
12	靖江市	Jingjiang City	349.18	34	阜宁县	Funing County	148.14
13	泰兴市	Taixing City	348.68	35	泗洪县	Sihong County	141.42
14	海安县	Haian County	304.13	36	射阳县	Sheyang County	139.47
15	如东县	Rudong County	297.11	37	滨海县	Binhai County	138.63
16	邳州市	Pizhou City	294.59	38	灌南县	Guannan County	128.76
17	沭阳县	Shuyang County	268.55	39	灌云县	Guanyun County	125.50
18	兴化市	Xinghua City	264.28	40	涟水县	Lianshui County	120.82
19	东台市	Dongtai City	261.81	41	盱眙县	Xuyi County	118.86
20	沛县	Peixian County	260.78	42	响水县	Xiangshui County	105.11
21	仪征市	Yizheng City	255.76	43	洪泽县	Hongze County	88.32
22	金坛市	Jintan City	243.03	44	金湖县	Jinhu County	76.39

21－5 全部工业增加值(2014 年)
Value-added of All Industries (2014)

位次 No.	县(市)名称 County (City)		绝对数(亿元) Absolute Figure (100 million yuan)	位次 No.	县(市)名称 County (City)		绝对数(亿元) Absolute Figure (100 million yuan)
1	昆山市	Kunshan City	1592.57	23	句容市	Jurong City	195.43
2	江阴市	Jiangyin City	1453.57	24	大丰市	Dafeng City	175.65
3	张家港市	Zhangjiagang City	1131.02	25	新沂市	Xinyi City	170.05
4	常熟市	Changshu City	1011.19	26	高邮市	Gaoyou City	166.28
5	宜兴市	Yixing City	547.32	27	宝应县	Baoying County	154.29
6	太仓市	Taicang City	522.60	28	建湖县	Jianhu County	149.41
7	丹阳市	Danyang City	497.75	29	仪征市	Yizheng City	146.76
8	海门市	Haimen City	365.88	30	泗阳县	Siyang County	144.17
9	溧阳市	Liyang City	329.63	31	东海县	Donghai County	140.75
10	靖江市	Jingjiang City	314.50	32	睢宁县	Suining County	140.45
11	如皋市	Rugao City	311.08	33	射阳县	Sheyang County	125.11
12	泰兴市	Taixing City	303.84	34	泗洪县	Sihong County	116.81
13	启东市	Qidong City	287.41	35	滨海县	Binhai County	116.80
14	海安县	Haian County	245.80	36	丰县	Fengxian County	114.69
15	如东县	Rudong County	245.42	37	灌南县	Guannan County	110.64
16	邳州市	Pizhou City	243.15	38	阜宁县	Funing County	109.18
17	沭阳县	Shuyang County	236.82	39	涟水县	Lianshui County	96.94
18	扬中市	Yangzhong City	228.89	40	灌云县	Guanyun County	94.52
19	兴化市	Xinghua City	228.22	41	响水县	Xiangshui County	94.07
20	东台市	Dongtai City	228.01	42	盱眙县	Xuyi County	93.77
21	沛县	Peixian County	210.11	43	洪泽县	Hongze County	74.97
22	金坛市	Jintan City	202.60	44	金湖县	Jinhu County	66.77

21－6　第三产业增加值（2014年）
Value-added of the Tertiary Industry（2014）

位次 No.	县（市）名称 County（City）		绝对数（亿元）Absolute Figure（100 million yuan）	位次 No.	县（市）名称 County（City）		绝对数（亿元）Absolute Figure（100 million yuan）
1	昆山市	Kunshan City	1286.46	23	金坛市	Jintan City	198.02
2	江阴市	Jiangyin City	1187.27	24	扬中市	Yangzhong City	196.59
3	张家港市	Zhangjiagang City	965.22	25	句容市	Jurong City	188.28
4	常熟市	Changshu City	909.41	26	仪征市	Yizheng City	188.17
5	宜兴市	Yixing City	540.81	27	高邮市	Gaoyou City	181.35
6	太仓市	Taicang City	473.44	28	建湖县	Jianhu County	171.45
7	丹阳市	Danyang City	443.16	29	宝应县	Baoying County	166.90
8	海门市	Haimen City	344.27	30	睢宁县	Suining County	166.55
9	如皋市	Rugao City	308.80	31	射阳县	Sheyang County	158.49
10	启东市	Qidong City	307.17	32	东海县	Donghai County	139.24
11	溧阳市	Liyang City	297.26	33	泗洪县	Sihong County	136.71
12	靖江市	Jingjiang City	297.17	34	滨海县	Binhai County	136.46
13	邳州市	Pizhou City	294.08	35	阜宁县	Funing County	131.64
14	泰兴市	Taixing City	280.23	36	涟水县	Lianshui County	131.56
15	兴化市	Xinghua City	271.47	37	丰县	Fengxian County	124.69
16	海安县	Haian County	268.74	38	盱眙县	Xuyi County	122.76
17	东台市	Dongtai City	263.92	39	泗阳县	Siyang County	108.61
18	如东县	Rudong County	256.23	40	灌云县	Guanyun County	94.36
19	沭阳县	Shuyang County	232.58	41	洪泽县	Hongze County	89.59
20	沛县	Peixian County	223.72	42	金湖县	Jinhu County	88.92
21	新沂市	Xinyi City	216.14	43	灌南县	Guannan County	85.74
22	大丰市	Dafeng City	213.60	44	响水县	Xiangshui County	78.73

21－7 人均地区生产总值（2014 年）
Per Capita Gross Domestic Product（2014）

位 次 No.	县（市）名 称 County（City）		绝 对 数（元）Absolute Figure（yuan）	位 次 No.	县（市）名 称 County（City）		绝 对 数（元）Absolute Figure（yuan）
1	昆 山 市	Kunshan City	182222	23	如 皋 市	Rugao City	59158
2	张家港市	Zhangjiagang City	174149	24	金 湖 县	Jinhu County	58785
3	江 阴 市	Jiangyin City	168711	25	宝 应 县	Baoying County	55525
4	太 仓 市	Taicang City	150523	26	建 湖 县	Jianhu County	53178
5	常 熟 市	Changshu City	133150	27	新 沂 市	Xinyi City	52195
6	扬 中 市	Yangzhong City	130486	28	沛 县	Peixian County	50772
7	丹 阳 市	Danyang City	103187	29	兴 化 市	Xinghua City	49803
8	宜 兴 市	Yixing City	98648	30	邳 州 市	Pizhou City	47761
9	靖 江 市	Jingjiang City	97063	31	盱 眙 县	Xuyi County	44714
10	溧 阳 市	Liyang City	94224	32	响 水 县	Xiangshui County	44170
11	海 门 市	Haimen City	92697	33	射 阳 县	Sheyang County	41510
12	金 坛 市	Jintan City	84495	34	灌 南 县	Guannan County	41364
13	仪 征 市	Yizheng City	82633	35	睢 宁 县	Suining County	41087
14	启 东 市	Qidong City	77242	36	阜 宁 县	Funing County	39411
15	海 安 县	Haian County	72051	37	泗 阳 县	Siyang County	39365
16	句 容 市	Jurong City	70684	38	东 海 县	Donghai County	37580
17	大 丰 市	Dafeng City	69350	39	沭 阳 县	Shuyang County	37523
18	泰 兴 市	Taixing City	62775	40	泗 洪 县	Sihong County	36484
19	如 东 县	Rudong County	62631	41	丰 县	Fengxian County	36086
20	东 台 市	Dongtai City	61868	42	涟 水 县	Lianshui County	35843
21	洪 泽 县	Hongze County	61812	43	滨 海 县	Binhai County	34808
22	高 邮 市	Gaoyou City	60203	44	灌 云 县	Guanyun County	34532

21-8 固定资产投资（2014年）
Completed Investment in Fixed Assetes (2014)

位次 No.	县（市）名称 County (City)		绝对数（亿元）Absolute Figure (100 million yuan)	位次 No.	县（市）名称 County (City)		绝对数（亿元）Absolute Figure (100 million yuan)
1	江阴市	Jiangyin City	1045.97	23	兴化市	Xinghua City	284.80
2	昆山市	Kunshan City	838.18	24	泗阳县	Siyang County	283.44
3	张家港市	Zhangjiagang City	763.62	25	泗洪县	Sihong County	281.89
4	常熟市	Changshu City	631.82	26	高邮市	Gaoyou City	280.20
5	宜兴市	Yixing City	602.15	27	金坛市	Jintan City	268.99
6	邳州市	Pizhou City	545.96	28	滨海县	Binhai County	265.45
7	太仓市	Taicang City	513.36	29	盱眙县	Xuyi County	260.08
8	海门市	Haimen City	501.40	30	句容市	Jurong City	258.16
9	启东市	Qidong City	483.41	31	建湖县	Jianhu County	252.34
10	泰兴市	Taixing City	454.53	32	宝应县	Baoying County	237.39
11	海安县	Haian County	448.95	33	东海县	Donghai County	233.63
12	如皋市	Rugao City	445.08	34	阜宁县	Funing County	226.18
13	溧阳市	Liyang City	438.01	35	睢宁县	Suining County	218.55
14	如东县	Rudong County	427.93	36	扬中市	Yangzhong City	216.09
15	东台市	Dongtai City	409.82	37	涟水县	Lianshui County	215.84
16	沛县	Peixian County	409.06	38	射阳县	Sheyang County	213.43
17	靖江市	Jingjiang City	405.76	39	响水县	Xiangshui County	203.95
18	丹阳市	Danyang City	386.73	40	灌云县	Guanyun County	198.41
19	新沂市	Xinyi City	386.29	41	灌南县	Guannan County	195.17
20	沭阳县	Shuyang County	383.91	42	丰县	Fengxian County	180.14
21	大丰市	Dafeng City	322.67	43	洪泽县	Hongze County	132.98
22	仪征市	Yizheng City	314.14	44	金湖县	Jinhu County	128.53

21-9 公共财政预算收入（2014 年）
Public Finance Budget Revenue (2014)

位 次 No.	县（市）名 称 County (City)		绝对数（亿元）Absolute Figure (100 million yuan)	位 次 No.	县（市）名 称 County (City)		绝对数（亿元）Absolute Figure (100 million yuan)
1	昆 山 市	Kunshan City	263.66	23	睢 宁 县	Suining County	38.63
2	江 阴 市	Jiangyin City	200.66	24	丰 县	Fengxian County	38.12
3	张家港市	Zhangjiagang City	162.66	25	东 海 县	Donghai County	37.20
4	常 熟 市	Changshu City	147.40	26	兴 化 市	Xinghua City	36.95
5	太 仓 市	Taicang City	106.47	27	句 容 市	Jurong City	35.91
6	宜 兴 市	Yixing City	94.45	28	灌 云 县	Guanyun County	35.59
7	海 门 市	Haimen City	68.57	29	灌 南 县	Guannan County	35.12
8	如 皋 市	Rugao City	67.45	30	仪 征 市	Yizheng City	34.66
9	启 东 市	Qidong City	67.25	31	阜 宁 县	Funing County	33.57
10	丹 阳 市	Danyang City	64.16	32	滨 海 县	Binhai County	33.45
11	沭 阳 县	Shuyang County	64.04	33	盱 眙 县	Xuyi County	30.77
12	东 台 市	Dongtai City	61.31	34	扬 中 市	Yangzhong City	30.72
13	大 丰 市	Dafeng City	60.02	35	金 坛 市	Jintan City	30.12
14	邳 州 市	Pizhou City	55.58	36	泗 阳 县	Siyang County	30.05
15	海 安 县	Haian County	54.10	37	涟 水 县	Lianshui County	29.72
16	靖 江 市	Jingjiang City	54.04	38	高 邮 市	Gaoyou City	29.32
17	沛 县	Peixian County	53.13	39	泗 洪 县	Sihong County	28.01
18	溧 阳 市	Liyang City	50.62	40	响 水 县	Xiangshui County	27.82
19	如 东 县	Rudong County	50.01	41	宝 应 县	Baoying County	27.28
20	新 沂 市	Xinyi City	45.82	42	洪 泽 县	Hongze County	22.23
21	泰 兴 市	Taixing City	45.08	43	金 湖 县	Jinhu County	21.40
22	建 湖 县	Jianhu County	44.76	44	射 阳 县	Sheyang County	17.50

注：靖江包含江阴－靖江工业园区（下表同）。

a) Data of Jingjiang included jiangyin & Jingjiang Industrial Park. (The same as in the following table.)

21－10 人均公共财政预算收入（2014年）
Per Capita Public Finance Budget Revenue（2014）

位次 No.	县（市）名称 County（City）		绝对数（元）Absolute Figure（yuan）	位次 No.	县（市）名称 County（City）		绝对数（元）Absolute Figure（yuan）
1	昆山市	Kunshan City	16009	23	金坛市	Jintan City	5398
2	太仓市	Taicang City	15043	24	如皋市	Rugao City	5366
3	张家港市	Zhangjiagang City	12993	25	如东县	Rudong County	5089
4	江阴市	Jiangyin City	12293	26	新沂市	Xinyi City	5050
5	常熟市	Changshu City	9767	27	沛县	Peixian County	4775
6	扬中市	Yangzhong City	9000	28	盱眙县	Xuyi County	4744
7	大丰市	Dafeng City	8552	29	灌云县	Guanyun County	4469
8	靖江市	Jingjiang City	7874	30	泰兴市	Taixing City	4187
9	海门市	Haimen City	7599	31	沭阳县	Shuyang County	4144
10	宜兴市	Yixing City	7551	32	丰县	Fengxian County	4027
11	启东市	Qidong City	7028	33	阜宁县	Funing County	4002
12	溧阳市	Liyang City	6659	34	高邮市	Gaoyou City	3965
13	洪泽县	Hongze County	6627	35	东海县	Donghai County	3891
14	丹阳市	Danyang City	6562	36	邳州市	Pizhou City	3878
15	金湖县	Jinhu County	6498	37	睢宁县	Suining County	3779
16	海安县	Haian County	6245	38	宝应县	Baoying County	3621
17	东台市	Dongtai City	6215	39	泗阳县	Siyang County	3560
18	仪征市	Yizheng City	6158	40	滨海县	Binhai County	3548
19	建湖县	Jianhu County	6072	41	涟水县	Lianshui County	3523
20	句容市	Jurong City	5756	42	泗洪县	Sihong County	3097
21	灌南县	Guannan County	5604	43	兴化市	Xinghua City	2945
22	响水县	Xiangshui County	5535	44	射阳县	Sheyang County	1963

21－11　粮食产量（2014年）
Output of Grain（2014）

位次 No.	县（市）名称 County（City）		绝对数（万吨）Absolute Figure（10000 tons）	位次 No.	县（市）名称 County（City）		绝对数（万吨）Absolute Figure（10000 tons）
1	兴化市	Xinghua City	142.32	23	灌南县	Guannan County	63.11
2	沭阳县	Shuyang County	130.15	24	泗阳县	Siyang County	60.98
3	射阳县	Sheyang County	112.95	25	沛县	Peixian County	60.71
4	东海县	Donghai County	111.91	26	金湖县	Jinhu County	54.49
5	泗洪县	Sihong County	106.40	27	响水县	Xiangshui County	54.35
6	东台市	Dongtai City	100.08	28	溧阳市	Liyang City	53.89
7	盱眙县	Xuyi County	98.56	29	丰县	Fengxian County	53.49
8	滨海县	Binhai County	96.52	30	丹阳市	Danyang City	51.56
9	阜宁县	Funing County	94.40	31	宜兴市	Yixing City	47.18
10	宝应县	Baoying County	93.09	32	洪泽县	Hongze County	45.41
11	如东县	Rudong County	92.74	33	句容市	Jurong City	35.29
12	涟水县	Lianshui County	91.32	34	靖江市	Jingjiang City	33.90
13	睢宁县	Suining County	90.98	35	仪征市	Yizheng City	33.69
14	高邮市	Gaoyou City	88.59	36	常熟市	Changshu City	31.09
15	灌云县	Guanyun County	81.75	37	金坛市	Jintan City	27.55
16	邳州市	Pizhou City	80.85	38	张家港市	Zhangjiagang City	25.62
17	大丰市	Dafeng City	79.26	39	启东市	Qidong City	24.98
18	如皋市	Rugao City	74.69	40	太仓市	Taicang City	20.24
19	建湖县	Jianhu County	74.31	41	江阴市	Jiangyin City	19.78
20	泰兴市	Taixing City	70.56	42	海门市	Haimen City	18.96
21	新沂市	Xinyi City	65.97	43	昆山市	Kunshan City	11.37
22	海安县	Haian County	64.12	44	扬中市	Yangzhong City	10.27

21－12 油料产量（2014年）
Output of Oil-bearing Crops（2014）

位次 No.	县（市）名称 County（City）		绝对数（万吨）Absolute Figure（10000 tons）	位次 No.	县（市）名称 County（City）		绝对数（万吨）Absolute Figure（10000 tons）
1	启东市	Qidong City	9.38	23	海安县	Haian County	1.53
2	海门市	Haimen City	9.10	24	睢宁县	Suining County	1.49
3	东台市	Dongtai City	7.87	25	邳州市	Pizhou City	1.47
4	新沂市	Xinyi City	6.23	26	沭阳县	Shuyang County	1.45
5	大丰市	Dafeng City	5.84	27	仪征市	Yizheng City	1.02
6	东海县	Donghai County	4.80	28	丹阳市	Danyang City	1.02
7	如东县	Rudong County	4.64	29	泗阳县	Siyang County	0.91
8	泰兴市	Taixing City	4.24	30	金坛市	Jintan City	0.83
9	滨海县	Binhai County	3.99	31	金湖县	Jinhu County	0.79
10	如皋市	Rugao City	3.82	32	宜兴市	Yixing City	0.62
11	兴化市	Xinghua City	3.66	33	常熟市	Changshu City	0.55
12	句容市	Jurong City	3.59	34	靖江市	Jingjiang City	0.52
13	射阳县	Sheyang County	3.43	35	丰县	Fengxian County	0.48
14	涟水县	Lianshui County	3.39	36	太仓市	Taicang City	0.47
15	溧阳市	Liyang City	3.08	37	张家港市	Zhangjiagang City	0.39
16	高邮市	Gaoyou City	2.29	38	江阴市	Jiangyin City	0.29
17	响水县	Xiangshui County	2.26	39	洪泽县	Hongze County	0.27
18	建湖县	Jianhu County	1.85	40	沛县	Peixian County	0.26
19	盱眙县	Xuyi County	1.85	41	灌南县	Guannan County	0.20
20	泗洪县	Sihong County	1.81	42	扬中市	Yangzhong City	0.17
21	阜宁县	Funing County	1.67	43	昆山市	Kunshan City	0.16
22	宝应县	Baoying County	1.56	44	灌云县	Guanyun County	0.07

21 - 13 规模以上工业企业利税总额（2014 年）

Profits and Taxes of above Designated Size Industrial Enterprises（2014）

位次 No.	县（市）名称 County（City）		绝对数（亿元）Absolute Figure（100 million yuan）	位次 No.	县（市）名称 County（City）		绝对数（亿元）Absolute Figure（100 million yuan）
1	昆山市	Kunshan City	549.55	23	句容市	Jurong City	123.27
2	江阴市	Jiangyin City	534.30	24	睢宁县	Suining County	121.14
3	泰兴市	Taixing City	306.54	25	高邮市	Gaoyou City	109.57
4	海门市	Haimen City	293.51	26	金坛市	Jintan City	97.35
5	邳州市	Pizhou City	281.81	27	建湖县	Jianhu County	94.94
6	靖江市	Jingjiang City	257.22	28	泗洪县	Sihong County	94.76
7	常熟市	Changshu City	247.11	29	响水县	Xiangshui County	93.77
8	张家港市	Zhangjiagang City	240.29	30	东台市	Dongtai City	92.89
9	如东县	Rudong County	214.35	31	东海县	Donghai County	87.82
10	海安县	Haian County	203.64	32	宝应县	Baoying County	73.78
11	丹阳市	Danyang City	200.08	33	丰县	Fengxian County	71.77
12	启东市	Qidong City	180.01	34	灌南县	Guannan County	71.51
13	仪征市	Yizheng City	174.33	35	大丰市	Dafeng City	68.90
14	新沂市	Xinyi City	170.25	36	滨海县	Binhai County	59.31
15	太仓市	Taicang City	167.72	37	洪泽县	Hongze County	58.83
16	溧阳市	Liyang City	166.57	38	泗阳县	Siyang County	54.98
17	沛县	Peixian County	163.63	39	盱眙县	Xuyi County	53.64
18	宜兴市	Yixing City	160.89	40	灌云县	Guanyun County	51.91
19	沭阳县	Shuyang County	153.98	41	涟水县	Lianshui County	50.85
20	兴化市	Xinghua City	141.78	42	阜宁县	Funing County	46.80
21	如皋市	Rugao City	136.89	43	射阳县	Sheyang County	41.78
22	扬中市	Yangzhong City	132.91	44	金湖县	Jinhu County	27.07

21－14　社会消费品零售总额（2014年）
Total Retail Sale of Consumer Goods（2014）

位次 No.	县（市）名称 County（City）	绝对数（亿元）Absolute Figure（100 million yuan）	位次 No.	县（市）名称 County（City）	绝对数（亿元）Absolute Figure（100 million yuan）
1	昆山市 Kunshan City	650.09	23	大丰市 Dafeng City	139.21
2	江阴市 Jiangyin City	643.07	24	建湖县 Jianhu County	139.09
3	常熟市 Changshu City	618.67	25	东海县 Donghai County	139.03
4	宜兴市 Yixing City	464.42	26	高邮市 Gaoyou City	138.65
5	张家港市 Zhangjiagang City	458.32	27	新沂市 Xinyi City	135.72
6	海门市 Haimen City	282.48	28	射阳县 Sheyang County	135.28
7	如皋市 Rugao City	280.77	29	宝应县 Baoying County	122.94
8	启东市 Qidong City	266.41	30	丰县 Fengxian County	118.06
9	溧阳市 Liyang City	259.22	31	句容市 Jurong City	116.07
10	如东县 Rudong County	257.89	32	扬中市 Yangzhong City	114.22
11	丹阳市 Danyang City	255.71	33	阜宁县 Funing County	104.45
12	太仓市 Taicang City	239.04	34	涟水县 Lianshui County	103.90
13	海安县 Haian County	221.95	35	盱眙县 Xuyi County	99.08
14	东台市 Dongtai City	203.37	36	灌云县 Guanyun County	94.93
15	邳州市 Pizhou City	197.90	37	仪征市 Yizheng City	91.95
16	金坛市 Jintan City	197.61	38	滨海县 Binhai County	88.99
17	沛县 Peixian County	192.13	39	泗洪县 Sihong County	84.00
18	泰兴市 Taixing City	170.75	40	泗阳县 Siyang County	80.00
19	沭阳县 Shuyang County	145.53	41	洪泽县 Hongze County	75.13
20	靖江市 Jingjiang City	144.85	42	灌南县 Guannan County	74.53
21	兴化市 Xinghua City	139.97	43	金湖县 Jinhu County	71.95
22	睢宁县 Suining County	139.62	44	响水县 Xiangshui County	53.60

21-15 出口总额（2014年）
Total Exports (2014)

位次 No.	县（市）名称 County (City)	绝对数（亿美元） Absolute Figure (100 million USD)	位次 No.	县（市）名称 County (City)	绝对数（亿美元） Absolute Figure (100 million USD)
1	昆山市 Kunshan City	535.77	23	宝应县 Baoying County	6.10
2	张家港市 Zhangjiagang City	148.10	24	兴化市 Xinghua City	5.25
3	江阴市 Jiangyin City	130.23	25	句容市 Jurong City	4.52
4	常熟市 Changshu City	125.53	26	扬中市 Yangzhong City	4.48
5	太仓市 Taicang City	60.80	27	高邮市 Gaoyou City	3.86
6	宜兴市 Yixing City	36.76	28	建湖县 Jianhu County	3.76
7	如皋市 Rugao City	25.55	29	泗洪县 Sihong County	3.70
8	启东市 Qidong City	23.05	30	涟水县 Lianshui County	3.50
9	丹阳市 Danyang City	22.41	31	金湖县 Jinhu County	3.47
10	海安县 Haian County	21.44	32	沛县 Peixian County	3.36
11	海门市 Haimen City	14.55	33	响水县 Xiangshui County	3.36
12	泰兴市 Taixing City	13.25	34	滨海县 Binhai County	3.22
13	如东县 Rudong County	12.89	35	睢宁县 Suining County	2.92
14	靖江市 Jingjiang City	12.71	36	东海县 Donghai County	2.90
15	金坛市 Jintan City	12.20	37	新沂市 Xinyi City	2.28
16	沭阳县 Shuyang County	8.02	38	洪泽县 Hongze County	2.10
17	大丰市 Dafeng City	7.75	39	灌南县 Guannan County	2.03
18	溧阳市 Liyang City	7.32	40	阜宁县 Funing County	1.85
19	邳州市 Pizhou City	7.25	41	丰县 Fengxian County	1.62
20	泗阳县 Siyang County	6.88	42	灌云县 Guanyun County	1.60
21	仪征市 Yizheng City	6.60	43	射阳县 Sheyang County	1.58
22	东台市 Dongtai City	6.24	44	盱眙县 Xuyi County	1.34

21－16　实际外商直接投资（2014 年）
Actual Foreign Direct Investment (2014)

位次 No.	县（市）名称 County (City)		绝对数（亿美元） Absolute Figure (100 million USD)	位次 No.	县（市）名称 County (City)		绝对数（亿美元） Absolute Figure (100 million USD)
1	昆山市	Kunshan City	12.84	23	金湖县	Jinhu County	1.01
2	常熟市	Changshu City	10.52	24	丰县	Fengxian County	1.00
3	江阴市	Jiangyin City	8.55	24	金坛市	Jintan City	1.00
4	张家港市	Zhangjiagang City	6.72	26	东台市	Dongtai City	0.96
5	溧阳市	Liyang City	4.00	26	泗阳县	Siyang County	0.96
6	太仓市	Taicang City	3.96	28	盱眙县	Xuyi County	0.94
7	丹阳市	Danyang City	3.48	29	建湖县	Jianhu County	0.90
8	如东县	Rudong County	3.43	30	滨海县	Binhai County	0.86
9	海安县	Haian County	3.32	31	洪泽县	Hongze County	0.79
10	如皋市	Rugao City	3.31	32	阜宁县	Funing County	0.76
11	仪征市	Yizheng City	3.16	33	响水县	Xiangshui County	0.75
12	句容市	Jurong City	2.57	34	泗洪县	Sihong County	0.73
13	泰兴市	Taixing City	2.38	35	沛县	Peixian County	0.72
14	大丰市	Dafeng City	2.06	36	射阳县	Sheyang County	0.60
15	邳州市	Pizhou City	1.88	37	灌云县	Guanyun County	0.59
16	海门市	Haimen City	1.55	38	启东市	Qidong City	0.55
17	宜兴市	Yixing City	1.53	39	新沂市	Xinyi City	0.34
18	沭阳县	Shuyang County	1.47	40	宝应县	Baoying County	0.32
19	睢宁县	Suining County	1.22	41	高邮市	Gaoyou City	0.29
20	兴化市	Xinghua City	1.16	42	靖江市	Jingjiang City	0.26
20	扬中市	Yangzhong City	1.16	43	涟水县	Lianshui County	0.22
22	东海县	Donghai County	1.15	44	灌南县	Guannan County	0.02

21－17 金融机构各项存款余额(2014 年)
The Balance of Deposits of Financial Institutions (2014)

位次 No.	县(市)名称 County (City)		绝对数(亿元) Absolute Figure (100 million yuan)	位次 No.	县(市)名称 County (City)		绝对数(亿元) Absolute Figure (100 million yuan)
1	昆山市	Kunshan City	2882.89	23	高邮市	Gaoyou City	394.68
2	江阴市	Jiangyin City	2813.03	24	沭阳县	Shuyang County	354.26
3	张家港市	Zhangjiagang City	2323.83	25	邳州市	Pizhou City	346.34
4	常熟市	Changshu City	2265.93	26	宝应县	Baoying County	342.32
5	宜兴市	Yixing City	1707.10	27	沛县	Peixian County	336.53
6	太仓市	Taicang City	1172.26	28	建湖县	Jianhu County	306.53
7	海门市	Haimen City	1015.12	29	阜宁县	Funing County	283.95
8	海安县	Haian County	975.91	30	睢宁县	Suining County	282.79
9	启东市	Qidong City	944.22	31	射阳县	Sheyang County	270.70
10	丹阳市	Danyang City	872.00	32	东海县	Donghai County	242.53
11	如皋市	Rugao City	849.56	33	丰县	Fengxian County	239.84
12	溧阳市	Liyang City	848.45	34	涟水县	Lianshui County	238.69
13	靖江市	Jingjiang City	785.81	35	新沂市	Xinyi City	235.37
14	如东县	Rudong County	723.57	36	泗洪县	Sihong County	233.63
15	泰兴市	Taixing City	644.63	37	泗阳县	Siyang County	228.50
16	东台市	Dongtai City	553.89	38	盱眙县	Xuyi County	218.15
17	金坛市	Jintan City	544.80	39	滨海县	Binhai County	207.93
18	兴化市	Xinghua City	514.93	40	灌云县	Guanyun County	189.36
19	仪征市	Yizheng City	461.08	41	金湖县	Jinhu County	165.96
20	扬中市	Yangzhong City	441.25	42	洪泽县	Hongze County	140.36
21	大丰市	Dafeng City	436.68	43	灌南县	Guannan County	124.08
22	句容市	Jurong City	419.98	44	响水县	Xiangshui County	115.37

21-18 金融机构各项贷款余额(2014年)

The Balance of Loans of Financial Institutions (2014)

位次 No.	县(市)名称 County (City)		绝对数(亿元) Absolute Figure (100 million yuan)	位次 No.	县(市)名称 County (City)		绝对数(亿元) Absolute Figure (100 million yuan)
1	江阴市	Jiangyin City	2198.16	23	邳州市	Pizhou City	271.39
2	昆山市	Kunshan City	2043.47	24	仪征市	Yizheng City	257.85
3	常熟市	Changshu City	1816.30	25	高邮市	Gaoyou City	241.60
4	张家港市	Zhangjiagang City	1787.62	26	泗阳县	Siyang County	240.19
5	宜兴市	Yixing City	1325.98	27	泗洪县	Sihong County	237.51
6	太仓市	Taicang City	1068.03	28	建湖县	Jianhu County	235.52
7	丹阳市	Danyang City	791.74	29	宝应县	Baoying County	229.71
8	海安县	Haian County	682.49	30	盱眙县	Xuyi County	203.46
9	海门市	Haimen City	630.58	31	新沂市	Xinyi City	202.09
10	溧阳市	Liyang City	604.06	32	阜宁县	Funing County	198.17
11	启东市	Qidong City	550.04	33	射阳县	Sheyang County	191.74
12	靖江市	Jingjiang City	549.05	34	东海县	Donghai County	181.51
13	如皋市	Rugao City	519.70	35	睢宁县	Suining County	169.40
14	金坛市	Jintan City	418.98	36	涟水县	Lianshui County	164.07
15	泰兴市	Taixing City	388.36	37	沛县	Peixian County	157.33
16	兴化市	Xinghua City	352.54	38	滨海县	Binhai County	156.74
17	如东县	Rudong County	342.90	39	灌云县	Guanyun County	135.81
18	扬中市	Yangzhong City	332.59	40	金湖县	Jinhu County	130.92
19	句容市	Jurong City	315.41	41	丰县	Fengxian County	128.09
20	沭阳县	Shuyang County	303.52	42	洪泽县	Hongze County	114.23
21	东台市	Dongtai City	301.01	43	灌南县	Guannan County	106.95
22	大丰市	Dafeng City	283.43	44	响水县	Xiangshui County	103.47

21－19 居民储蓄存款余额（2014 年）
Savings Deposit Balance of Residents(2014)

位次 No.	县（市）名称 County (City)		绝对数（亿元） Absolute Figure (100 million yuan)
1	常熟市	Changshu City	1021.99
2	昆山市	Kunshan City	970.90
3	江阴市	Jiangyin City	938.76
4	张家港市	Zhangjiagang City	877.06
5	宜兴市	Yixing City	819.53
6	启东市	Qidong City	637.96
7	海门市	Haimen City	626.34
8	如皋市	Rugao City	576.27
9	海安县	Haian County	565.35
10	如东县	Rudong County	478.73
11	丹阳市	Danyang City	453.55
12	太仓市	Taicang City	450.61
13	东台市	Dongtai City	425.48
14	溧阳市	Liyang City	414.03
15	泰兴市	Taixing City	383.18
16	靖江市	Jingjiang City	381.47
17	兴化市	Xinghua City	374.06
18	金坛市	Jintan City	299.01
19	大丰市	Dafeng City	274.38
20	高邮市	Gaoyou City	269.15
21	邳州市	Pizhou City	254.42
22	沛县	Peixian County	252.34
23	仪征市	Yizheng City	248.13
24	沭阳县	Shuyang County	241.86
25	扬中市	Yangzhong City	238.25
26	句容市	Jurong City	237.50
27	宝应县	Baoying County	228.51
28	建湖县	Jianhu County	217.38
29	睢宁县	Suining County	214.29
30	射阳县	Sheyang County	196.61
31	阜宁县	Funing County	193.77
32	丰县	Fengxian County	190.30
33	新沂市	Xinyi City	169.07
34	东海县	Donghai County	162.74
35	泗洪县	Sihong County	148.33
36	泗阳县	Siyang County	146.71
37	涟水县	Lianshui County	138.76
38	滨海县	Binhai County	131.76
39	盱眙县	Xuyi County	122.45
40	灌云县	Guanyun County	118.23
41	金湖县	Jinhu County	102.42
42	灌南县	Guannan County	82.92
43	洪泽县	Hongze County	69.62
44	响水县	Xiangshui County	67.32

21－20 人均居民储蓄存款（2014 年）
Per Capita Savings Deposit of Residents(2014)

位次 No.	县（市）名称 County（City）		绝对数（元）Absolute Figure（yuan）	位次 No.	县（市）名称 County（City）		绝对数（元）Absolute Figure（yuan）
1	张家港市	Zhangjiagang City	70025	23	金湖县	Jinhu County	31000
2	扬中市	Yangzhong City	69744	24	宝应县	Baoying County	30287
3	海门市	Haimen City	69416	25	兴化市	Xinghua City	29813
4	常熟市	Changshu City	67695	26	建湖县	Jianhu County	29496
5	启东市	Qidong City	66732	27	阜宁县	Funing County	23100
6	宜兴市	Yixing City	65479	28	沛县	Peixian County	22674
7	海安县	Haian County	65268	29	射阳县	Sheyang County	22056
8	太仓市	Taicang City	63601	30	睢宁县	Suining County	20978
9	昆山市	Kunshan City	58832	31	洪泽县	Hongze County	20678
10	江阴市	Jiangyin City	57427	32	丰县	Fengxian County	20118
11	靖江市	Jingjiang City	55567	33	盱眙县	Xuyi County	18829
12	溧阳市	Liyang City	54463	34	新沂市	Xinyi City	18633
13	金坛市	Jintan City	53586	35	邳州市	Pizhou City	17752
14	如东县	Rudong County	48756	36	泗阳县	Siyang County	17362
15	丹阳市	Danyang City	46346	37	东海县	Donghai County	16975
16	如皋市	Rugao City	45878	38	泗洪县	Sihong County	16481
17	仪征市	Yizheng City	43995	39	涟水县	Lianshui County	16415
18	东台市	Dongtai City	43126	40	沭阳县	Shuyang County	15584
19	大丰市	Dafeng City	39092	41	灌云县	Guanyun County	14818
20	句容市	Jurong City	38055	42	滨海县	Binhai County	13976
21	高邮市	Gaoyou City	36415	43	响水县	Xiangshui County	13397
22	泰兴市	Taixing City	35585	44	灌南县	Guannan County	13189

21－21 居民人均可支配收入(2014年)
Per Capita Disposable Income of Residents(2014)

位 次 No.	县（市）名 称 County（City）	绝 对 数（元） Absolute Figure（yuan）	位 次 No.	县（市）名 称 County（City）	绝 对 数（元） Absolute Figure（yuan）
1	江 阴 市 Jiangyin City	39506	23	高 邮 市 Gaoyou City	20085
2	昆 山 市 Kunshan City	39498	24	洪 泽 县 Hongze County	19264
3	张家港市 Zhangjiagang City	38332	25	建 湖 县 Jianhu County	19259
4	常 熟 市 Changshu City	38315	26	金 湖 县 Jinhu County	18836
5	太 仓 市 Taicang City	37347	27	盱 眙 县 Xuyi County	18353
6	宜 兴 市 Yixing City	31765	28	射 阳 县 Sheyang County	18205
7	扬 中 市 Yangzhong City	30201	29	宝 应 县 Baoying County	18021
8	丹 阳 市 Danyang City	28027	30	沛 县 Peixian County	17769
9	金 坛 市 Jintan City	27481	31	邳 州 市 Pizhou City	17269
10	溧 阳 市 Liyang City	26480	32	阜 宁 县 Funing County	16950
11	海 门 市 Haimen City	25262	33	滨 海 县 Binhai County	16942
12	靖 江 市 Jingjiang City	24922	34	东 海 县 Donghai County	16835
13	句 容 市 Jurong City	24426	35	响 水 县 Xiangshui County	16453
14	启 东 市 Qidong City	23908	36	沭 阳 县 Shuyang County	16072
15	泰 兴 市 Taixing City	23430	37	新 沂 市 Xinyi City	15651
16	海 安 县 Haian County	22842	38	泗 阳 县 Siyang County	15507
17	仪 征 市 Yizheng City	22776	39	涟 水 县 Lianshui County	15291
18	如 东 县 Rudong County	22454	40	睢 宁 县 Suining County	15138
19	如 皋 市 Rugao City	22391	41	丰 县 Fengxian County	15107
20	东 台 市 Dongtai City	22328	42	泗 洪 县 Sihong County	14808
21	大 丰 市 Dafeng City	21344	43	灌 云 县 Guanyun County	14713
22	兴 化 市 Xinghua City	20745	44	灌 南 县 Guannan County	14618

21－22　城镇常住居民人均可支配收入(2014年)

Per Capita Disposable Income of Urban Permanent Residents(2014)

位　次 No.	县（市）名　称 County（City）		绝对数（元） Absolute Figure（yuan）	位　次 No.	县（市）名　称 County（City）		绝对数（元） Absolute Figure（yuan）
1	昆山市	Kunshan City	46920	23	大丰市	Dafeng City	26354
2	江阴市	Jiangyin City	46880	24	金湖县	Jinhu County	26081
3	张家港市	Zhangjiagang City	46852	25	盱眙县	Xuyi County	26041
4	常熟市	Changshu City	46571	26	洪泽县	Hongze County	25751
5	太仓市	Taicang City	46377	27	建湖县	Jianhu County	25178
6	宜兴市	Yixing City	39492	28	邳州市	Pizhou City	24151
7	扬中市	Yangzhong City	39237	29	东海县	Donghai County	23151
8	金坛市	Jintan City	36902	30	沛县	Peixian County	23078
9	丹阳市	Danyang City	35691	31	宝应县	Baoying County	22739
10	溧阳市	Liyang City	35531	32	射阳县	Sheyang County	22440
11	句容市	Jurong City	34678	33	滨海县	Binhai County	22432
12	海门市	Haimen City	34280	34	响水县	Xiangshui County	21710
13	靖江市	Jingjiang City	33864	35	阜宁县	Funing County	21546
14	启东市	Qidong City	31708	36	涟水县	Lianshui County	21389
15	海安县	Haian County	31597	37	新沂市	Xinyi City	20984
16	如东县	Rudong County	31557	38	灌南县	Guannan County	20805
17	仪征市	Yizheng City	31123	39	沭阳县	Shuyang County	20310
18	泰兴市	Taixing City	31038	40	泗阳县	Siyang County	19909
19	如皋市	Rugao City	31026	41	睢宁县	Suining County	19687
20	兴化市	Xinghua City	28691	42	灌云县	Guanyun County	19486
21	东台市	Dongtai City	27800	43	泗洪县	Sihong County	19388
22	高邮市	Gaoyou City	26632	44	丰县	Fengxian County	19363

21－23 农村常住居民人均可支配收入（2014 年）
Per Capita Disposable Income of Rural Permanent Residents（2014）

位次 No.	县（市）名称 County (City)	绝对数（元） Absolute Figure (yuan)	位次 No.	县（市）名称 County (City)	绝对数（元） Absolute Figure (yuan)
1	江阴市 Jiangyin City	23965	23	兴化市 Xinghua City	14258
2	昆山市 Kunshan City	23921	24	宝应县 Baoying County	14246
3	常熟市 Changshu City	23767	25	如皋市 Rugao City	14210
4	张家港市 Zhangjiagang City	23722	26	射阳县 Sheyang County	13848
5	太仓市 Taicang City	23590	27	沛县 Peixian County	13249
6	宜兴市 Yixing City	20178	28	洪泽县 Hongze County	13161
7	扬中市 Yangzhong City	20078	29	金湖县 Jinhu County	13131
8	金坛市 Jintan City	18733	30	阜宁县 Funing County	12959
9	丹阳市 Danyang City	18250	31	邳州市 Pizhou City	12846
10	溧阳市 Liyang City	18222	32	滨海县 Binhai County	12524
11	海门市 Haimen City	17419	33	盱眙县 Xuyi County	12175
12	启东市 Qidong City	16762	34	东海县 Donghai County	12171
13	靖江市 Jingjiang City	16570	35	新沂市 Xinyi City	12140
14	东台市 Dongtai City	16565	36	响水县 Xiangshui County	11964
15	大丰市 Dafeng City	16414	37	沭阳县 Shuyang County	11828
16	句容市 Jurong City	15893	38	丰县 Fengxian County	11757
17	海安县 Haian County	15155	39	泗阳县 Siyang County	11690
18	泰兴市 Taixing City	15066	40	睢宁县 Suining County	11600
19	仪征市 Yizheng City	14860	41	泗洪县 Sihong County	11405
20	如东县 Rudong County	14494	42	涟水县 Lianshui County	11206
21	建湖县 Jianhu County	14345	43	灌云县 Guanyun County	10864
22	高邮市 Gaoyou City	14335	44	灌南县 Guannan County	10442

22

乡镇基本情况

Basic Conditions of Villages and Towns

简 要 说 明

一、本篇资料的主要内容

本篇资料反映乡镇经济社会基本情况。

二、资料来源

本篇资料根据乡镇社会经济基本情况统计年报加工整理。

Brief Introduction

I. Main Contents

Data in this chapter reflect economic and social basic conditions of villages and towns.

Ⅱ. Date Source

Data in this chapter mainly based on the basic conditions of villages and towns annual report.

22-1 乡镇基本情况(2014 年)
Basic Conditions of Villages and Towns(2014)

名称 Name		总人口(人) Total Population (person)	从业人员(人) Employment (person)	土地面积(公顷) Land Area (hectare)	耕地面积(公顷) Cultivated Area (hectare)	财政收入(万元) Financial Revenue (10000 yuan)	粮食产量(吨) Output of Grain (ton)
南京市	**Nanjing City**						
市辖区	**Municipal District**						
竹镇镇	Zhuzhen Town	65394	30285	21105	9469	13422	43903
永阳镇	Yongyang Town	103334	67428	12200	3122	159033	23742
白马镇	Baima Town	43109	20711	12400	4948	25990	34253
东屏镇	Dongping Town	35220	19964	10617	3813	28242	31974
柘塘镇	Zhetang Town	47682	27612	8000	4501	27933	35608
石湫镇	Shiqiu Town	49817	27160	11900	3139	32300	31762
洪蓝镇	Honglan Town	46303	27680	10900	2884	41600	28498
晶桥镇	Jingqiao Town	38745	22341	13233	2778	30120	33054
和凤镇	Hefeng Town	45416	28451	19000	3311	28056	33845
淳溪镇	Chunxi Town	122842	75152	8357	2725	51809	5016
阳江镇	Yangjiang Town	71354	42697	12503	5527	28389	18980
砖墙镇	Zhuanqiang Town	35354	22006	6888	3463	10779	4282
古柏镇	Gubai Town	39015	23960	5068	1923	30849	9891
漆桥镇	Qiqiao Town	26962	15857	5370	1659	22944	14079
固城镇	Gucheng Town	39875	23493	8346	3463	26601	22943
东坝镇	Dongba Town	45657	27685	10432	3892	30889	36214
桠溪镇	Yaxi Town	59915	34145	14900	5272	27002	54743
无锡市	**Wuxi City**						
市辖区	**Municipal District**						
羊尖镇	Yangjian Town	57886	34525	5046	2101	60111	19392
鹅湖镇	Ehu Town	71850	40991	5457	1307	58678	8018
锡北镇	Xibei Town	92326	52232	6238	2331	70027	11988
东港镇	Donggang Town	120000	77950	8505	3232	147700	16547
洛社镇	Luoshe Town	168597	97132	7757	1285	241437	1367
阳山镇	Yangshan Town	58497	31775	3278	584	50329	
胡埭镇	Hudai Town	60112	31000	3608	461	73507	855
江阴市	**Jiangyin City**						
璜土镇	Huangtu Town	92363	59431	6449	1439	128255	12956
月城镇	Yuecheng Town	51758	31255	3853	823	59364	4722
青阳镇	Qingyang Town	94845	58401	6756	2060	54159	25528
徐霞客镇	Xuxiake Town	158802	80470	11017	4325	121791	26983
华士镇	Huashi Town	137696	88294	7458	2291	184826	9191

续 表 1 Continued 1

名 称 Name		总人口（人）Total Population (person)	从业人员（人）Employment (person)	土地面积（公顷）Land Area (hectare)	耕地面积（公顷）Cultivated Area (hectare)	财政收入（万元）Financial Revenue (10000 yuan)	粮食产量（吨）Output of Grain (ton)
周 庄 镇	Zhouzhuang Town	145758	87895	7596	2662	187180	12538
新 桥 镇	Xinqiao Town	55636	37150	2000	564	251844	1201
长 泾 镇	Changjing Town	91752	64956	5330	1755	53787	18008
顾 山 镇	Gushan Town	90344	57724	4971	1189	86550	13236
祝 塘 镇	Zhutang Town	145750	81120	5959	2476	91456	20731
宜 兴 市	**Yixing City**						
张 渚 镇	Zhangzhu Town	80159	45358	17530	3707	52740	20246
西 渚 镇	Xizhu Town	27740	16529	6666	3127	12441	18450
太 华 镇	Taihua Town	28079	12250	9157	663	12900	1913
徐 舍 镇	Xushe Town	99832	55765	17991	9420	59509	97496
官 林 镇	Guanlin Town	97586	42174	12400	4082	157107	30777
杨 巷 镇	Yangxiang Town	50841	24894	8642	3981	19775	35394
新 建 镇	Xinjian Town	31487	19965	4500	2303	24138	6841
和 桥 镇	Heqiao Town	85907	52385	10510	3642	56000	44447
高 塍 镇	Gaocheng Town	61286	36401	10860	3651	98721	39779
万 石 镇	Wanshi Town	25265	13755	4377	2297	42132	29246
周 铁 镇	Zhoutie Town	56420	27402	7300	3819	66815	31974
丁 蜀 镇	Dingshu Town	196884	98752	19185	4383	142077	23422
湖 父 镇	Hufu Town	21489	13047	9324	1192	25100	3158
徐 州 市	**Xuzhou City**						
市 辖 区	**Municipal District**						
青山泉镇	Qingshanquan Town	47149	30113	6647	2860	70256	25120
紫 庄 镇	Zizhuang Town	50843	24943	6668	3200	4975	41151
塔 山 镇	Tashan Town	71684	27565	9468	5513	4748	34342
汴 塘 镇	Biantang Town	50201	18802	10080	4300	3451	33189
江 庄 镇	Jiangzhuang Town	35588	14651	7496	4228	24327	25024
何 桥 镇	Heqiao Town	52714	30735	7400	5126	6692	38995
黄 集 镇	Huangji Town	58946	32370	8340	4566	9332	56520
马 坡 镇	Mapo Town	51901	24182	6900	3670	8558	59400
郑 集 镇	Zhengji Town	53906	28528	6800	5062	11992	52020
柳 新 镇	Liuxin Town	73441	35921	8500	4253	82116	51148

续 表 2 Continued 2

名 称	Name	总人口（人）Total Population (person)	从业人员（人）Employment (person)	土地面积（公顷）Land Area (hectare)	耕地面积（公顷）Cultivated Area (hectare)	财政收入（万元）Financial Revenue (10000 yuan)	粮食产量（吨）Output of Grain (ton)
刘集镇	Liuji Town	64065	28850	8360	4143	17240	47191
大彭镇	Dapeng Town	68710	43621	7600	3029	25063	51240
汉王镇	Hanwang Town	45641	15466	6420	2053	31631	19578
棠张镇	Tangzhang Town	57131	36295	8030	4375	15616	22554
张集镇	Zhangji Town	76650	35826	14800	7933	21311	62084
房村镇	Fangcun Town	75958	38258	13600	7987	7822	72939
伊庄镇	Yizhuang Town	47093	21648	8560	3270	7255	41305
单集镇	Shanji Town	68334	28558	13210	7384	8375	69617
利国镇	Liguo Town	57610	23510	7769	2590	70876	25205
大许镇	Daxu Town	80807	39157	12900	6284	9484	84151
茅村镇	Maocun Town	76223	32159	8396	3845	28922	37051
柳泉镇	Liuquan Town	65330	35847	10520	4800	33595	50138
徐庄镇	Xuzhuang Town	69327	37786	13259	7691	2287	87305
丰　县	**Fengxian City**						
首羡镇	Shouxian Town	84819	52339	12176	7844	21417	27124
顺河镇	Shunhe Town	52170	31985	8648	5831	11484	37268
常店镇	Changdian Town	62747	31980	7727	5000	13599	48873
欢口镇	Huankou Town	101751	54797	10500	6561	16195	94287
师寨镇	Shizhai Town	67210	43308	8011	5238	12313	44956
华山镇	Huashan Town	76675	50012	10100	3900	16029	25086
梁寨镇	Liangzhai Town	65358	33250	8680	4550	17859	36974
范楼镇	Fanlou Town	83012	40132	11610	7331	14006	45364
宋楼镇	Songlou Town	92750	44110	12214	3708	15208	28524
大沙河镇	Dashahe Town	62419	27293	8150	1539	9031	13720
王沟镇	Wanggou Town	106345	55794	12621	8088	11315	64179
赵庄镇	Zhaozhuang Town	62209	40398	9100	5113	9188	34553
沛　县	**Peixian City**						
龙固镇	Longgu Town	63545	30359	5302	2659	54555	30700
杨屯镇	Yangtun Town	57688	35062	4100	2070	31585	34985
大屯镇	Datun Town	69389	40630	5540	3375	83876	56248
沛城镇	Peicheng Town	193537	98632	10560	4260	122427	53080

续 表 3 Continued 3

名 称 Name		总人口（人）Total Population (person)	从业人员（人）Employment (person)	土地面积（公顷）Land Area (hectare)	耕地面积（公顷）Cultivated Area (hectare)	财政收入（万元）Financial Revenue (10000 yuan)	粮食产量（吨）Output of Grain (ton)
胡寨镇	Huzhai Town	40387	23023	4594	2731	12810	42420
魏庙镇	Weimiao Town	60242	37097	5200	3950	8607	45022
五段镇	Wuduan Town	40648	24563	4700	2822	13697	66388
张庄镇	Zhangzhuang Town	101215	67676	11200	6482	17837	54321
张寨镇	Zhangzhai Town	100036	37091	10634	6945	11003	59977
敬安镇	Jingan Town	57039	30486	9600	5091	24024	31902
河口镇	Hekou Town	58943	33068	8257	5485	10798	22130
栖山镇	Qishan Town	63522	31423	8951	6225	12588	38595
鹿楼镇	Lulou Town	77093	47309	12540	5996	12655	78819
朱寨镇	Zhuzhai Town	60466	27472	7900	4700	16693	39324
安国镇	Anguo Town	82657	44955	10294	5535	23985	47990
睢宁县	**Suining City**						
睢城镇	Suicheng Town	262020	170300	10173	5650	108818	39935
王集镇	Wangji Town	77203	46521	13152	7136	4582	50017
双沟镇	Shuanggou Town	48921	30337	8183	4236	9088	49908
岚山镇	Lanshan Town	74706	47355	12837	8366	8614	64187
李集镇	Liji Town	52045	31043	6368	3744	11502	42351
桃园镇	Taoyuan Town	70618	36956	9682	5339	8745	50762
官山镇	Guanshan Town	80262	52147	12528	7460	8756	70121
高作镇	Gaozuo Town	35271	22704	4171	2242	13929	27078
沙集镇	Shaji Town	57296	29495	4000	3400	5243	39705
凌城镇	Lingcheng Town	72729	39501	9365	5358	6040	70325
邱集镇	Qiuji Town	101188	55453	14079	8858	7049	91004
古邳镇	Gupi Town	72998	46785	10666	5040	5620	53154
姚集镇	Yaoji Town	94986	45397	16700	6700	4343	74675
魏集镇	Weiji Town	72049	42945	12938	7216	9529	70293
梁集镇	Liangji Town	51468	27058	11036	5803	16013	28181
庆安镇	Qingan Town	63856	35884	11571	7356	8459	58658
新沂市	**Xinyi City**						
瓦窑镇	Wayao Town	32964	21091	6312	3397	24237	34830
港头镇	Gangtou Town	37552	20483	7118	3045	18278	47150

名 称	Name	总人口（人） Total Population (person)	从业人员（人） Employment (person)	土地面积（公顷） Land Area (hectare)	耕地面积（公顷） Cultivated Area (hectare)	财政收入（万元） Financial Revenue (10000 yuan)	粮食产量（吨） Output of Grain (ton)
合沟镇	Hegou Town	59563	29935	6872	2845	12913	27185
草桥镇	Caoqiao Town	67606	39737	10125	3650	17507	57155
窑湾镇	Yaowan Town	60305	33196	11597	4112	24019	59611
棋盘镇	Qipan Town	72499	37413	17634	6791	18094	78688
马陵山镇	Malingshan Town	57183	33640	10600	4300	13687	60135
新店镇	Xindian Town	49632	27062	12800	4615	11478	61780
邵店镇	Shaodian Town	38403	18204	5800	2656	15779	27539
时集镇	Shiji Town	52278	27327	10600	6650	13968	83730
高流镇	Gaoliu Town	62274	35690	12290	7765	15026	48920
阿湖镇	Ahu Town	63105	35349	12545	5328	16000	68079
双塘镇	Shuangtang Town	39382	25332	8800	3552	22334	44831
邳州市	**Pizhou City**						
邳城镇	Picheng Town	74156	36831	9028	5035	8049	27652
官湖镇	Guanhu Town	99861	63913	8880	2280	53973	17983
四户镇	Sihu Town	54276	26585	8100	4880	15802	40701
宿羊山镇	Suyangshan Town	76928	41902	9013	4641	13807	33452
八义集镇	Bayiji Town	78129	45916	9112	8399	8557	47025
土山镇	Tushan Town	53489	33425	6380	3542	6620	36756
碾庄镇	Nianzhuang Town	91482	39113	12100	7117	36423	44934
港上镇	Gangshang Town	61915	32317	6400	3200	17235	10238
邹庄镇	Zouzhuang Town	56907	34657	7366	5690	13442	31567
占城镇	Zhancheng Town	42584	19873	8900	4200	4891	37559
新河镇	Xinhe Town	60216	33191	9797	4498	7362	41866
八路镇	Balu Town	45826	26280	6695	3660	5280	34038
铁富镇	Tiefu Town	119750	61460	12444	6020	30655	38560
岔河镇	Chahe Town	44252	22187	7030	3400	14428	46142
陈楼镇	Chenlou Town	51113	26473	3996	1714	22683	6012
邢楼镇	Xinglou Town	51398	33381	9650	5510	10500	35500
戴庄镇	Daizhuang Town	51316	30420	7373	3428	7135	36214
车辐山镇	Chefushan Town	57085	34028	9500	5618	7953	21896
燕子埠镇	Yanzibu Town	35591	22804	7700	4000	5944	38647

续 表 5 Continued 5

名 称	Name	总人口（人）Total Population (person)	从业人员（人）Employment (person)	土地面积（公顷）Land Area (hectare)	耕地面积（公顷）Cultivated Area (hectare)	财政收入（万元）Financial Revenue (10000 yuan)	粮食产量（吨）Output of Grain (ton)
赵墩镇	Zhaodun Town	97610	58813	12000	5600	17016	58028
议堂镇	Yitang Town	35482	18432	5760	2619	21132	34991
常州市	**Changzhou City**						
市辖区	**Municipal District**						
春江镇	Chunjiang Town	148764	72743	17100	4303	265994	46892
孟河镇	Menghe Town	93896	45132	8824	3838	57618	47121
新桥镇	Xinqiao Town	36546	13208	2714	647	79918	5235
薛家镇	Xuejia Town	56553	22303	3757	480	181159	4516
罗溪镇	Luoxi Town	60485	30318	5351	1656	69080	19396
西夏墅镇	Xixiashu Town	58071	20800	5196	2096	39716	25236
湖塘镇	Hutang Town	275800	122010	8406	94	339138	86
牛塘镇	Niutang Town	85291	38240	3460	619	73577	139
洛阳镇	Luoyang Town	84325	53968	5577	1579	50907	6096
遥观镇	Yaoguan Town	102474	57341	4468	704	113141	4419
横林镇	Henglin Town	95712	49291	4668	916	59200	4309
横山桥镇	Hengshanqiao Town	84009	54608	5791	1266	71711	7215
郑陆镇	Zhenglu Town	115271	54711	8893	2619	90511	18013
雪堰镇	Xueyan Town	99787	44215	10438	3076	72602	19589
前黄镇	Qianhuang Town	87216	39278	10240	3390	35303	37320
礼嘉镇	Lijia Town	88119	31709	5822	2319	48032	17988
邹区镇	Zouqu Town	95014	46180	6086	2412	73748	2013
嘉泽镇	Jiaze Town	87980	48400	10632	4603	26226	138
湟里镇	Huangli Town	77284	41598	8715	3538	43984	560
奔牛镇	Benniu Town	62055	33054	5578	2463	33476	24182
溧阳市	**Liyang City**						
溧城镇	Licheng Town	334986	175210	15520	4962	222501	47423
埭头镇	Daitou Town	25660	15928	4369	2006	29206	19921
上黄镇	Shanghuang Town	25996	12959	4760	2122	15617	15196
戴埠镇	Daibu Town	47612	30422	13630	3684	22073	30888
天目湖镇	Tianmuhu Town	77562	34614	23897	5705	64428	33661
别桥镇	Bieqiao Town	70631	45273	11265	6554	24806	57131

续　表　6　Continued 6

名　称	Name	总人口（人）Total Population (person)	从业人员（人）Employment (person)	土地面积（公顷）Land Area (hectare)	耕地面积（公顷）Cultivated Area (hectare)	财政收入（万元）Financial Revenue (10000 yuan)	粮食产量（吨）Output of Grain (ton)
上兴镇	Shangxing Town	81435	38502	24560	9722	38021	103810
竹箦镇	Zhuze Town	69715	33886	18360	6762	34826	65518
南渡镇	Nandu Town	75672	39699	12450	6784	30963	66835
社渚镇	Shezhu Town	72409	40199	20700	7866	27426	109489
金坛市	**Jintan City**						
金城镇	Jincheng Town	206834	155502	19251	9376	131360	61026
儒林镇	Rulin Town	34428	17128	10500	1580	119078	12831
直溪镇	Zhixi Town	58580	40715	10662	4285	74433	49331
朱林镇	Zhulin Town	38458	26583	7699	3352	44756	34629
薛埠镇	Xuebu Town	70178	48608	23610	6494	76252	42823
指前镇	Zhiqian Town	41342	25902	9172	3067	23306	34791
苏州市	**Suzhou City**						
市辖区	**Municipal District**						
浒墅关镇	Xushuguan Town	56007	20900	3200	526	182390	1198
通安镇	Tongan Town	66535	39925	3698	913	60144	1690
东渚镇	Dongzhu Town	37255	19480	1541	671	18232	88
角直镇	Luzhi Town	165266	122732	9799	2069	181043	5982
木渎镇	Mudu Town	277356	234588	6228	80	292585	320
胥口镇	Xukou Town	95938	65745	3650	228	188402	405
东山镇	Dongshan Town	57464	32597	9600	474	30502	238
光福镇	Guangfu Town	61412	40378	6156	1340	49509	449
金庭镇	Jinting Town	47689	27389	8342	779	29837	477
临湖镇	Linhu Town	68534	50589	5430	1795	61328	6660
望亭镇	Wangting Town	77740	49798	4406	1489	75390	6500
黄埭镇	Huangdai Town	147647	91541	5600	900	206704	8329
渭塘镇	Weitang Town	83421	52468	3669	988	119706	268
阳澄湖镇	Yangchenghu Town	65218	43196	6284	1681	62058	855
太湖新城镇	Taihuxincheng Town	544946	378609	35472	5380	1012240	19937
平望镇	Pingwang Town	125343	64886	13565	4610	116226	29018
盛泽镇	Shengze Town	200389	141936	14774	4429	469300	28560
七都镇	Qidu Town	70500	44415	8620	1922	82100	3360

续 表 7 Continued 7

名称	Name	总人口（人）Total Population (person)	从业人员（人）Employment (person)	土地面积（公顷）Land Area (hectare)	耕地面积（公顷）Cultivated Area (hectare)	财政收入（万元）Financial Revenue (10000 yuan)	粮食产量（吨）Output of Grain (ton)
震泽镇	Zhenze Town	79118	46860	9561	3050	108273	20590
桃源镇	Taoyuan Town	77527	46368	9060	3635	87520	5610
黎里镇	Lili Town	177145	108365	25800	8093	417814	38500
常熟市	**Changshu City**						
虞山镇	Yushan Town	310326	223768	18900	3655	870894	46486
梅李镇	Meili Town	91812	60482	8084	3304	137521	26274
海虞镇	Haiyu Town	131689	94609	10997	3791	266796	45978
古里镇	Guli Town	104271	82556	9646	2542	172514	33074
沙家浜镇	Shajiabang Town	72096	52643	6500	2291	120847	1661
支塘镇	Zhitang Town	102798	51884	12896	5540	83802	51197
董浜镇	Dongbang Town	64529	45457	6261	3319	97592	10179
辛庄镇	Xinzhuang Town	111827	72446	10426	3346	123795	23631
尚湖镇	Shanghu Town	125146	74171	11250	4149	82648	57193
张家港市	**Zhangjiagang City**						
杨舍镇	Yangshe Town	303650	231506	15309	3702	852034	22931
塘桥镇	Tangqiao Town	144518	93539	9427	3997	171711	35416
金港镇	Jingang Town	314071	213910	13161	4047	731429	31893
锦丰镇	Jinfeng Town	172718	107362	11434	4749	443978	35494
乐余镇	Leyu Town	80107	42630	7861	4624	59803	41392
凤凰镇	Fenghuang Town	123116	65643	7877	2768	150448	23726
南丰镇	Nanfeng Town	83540	51228	6249	2364	118559	24905
大新镇	Daxin Town	69709	35831	4048	1726	47533	12566
昆山市	**Kunshan City**						
玉山镇	Yushan Town	215755	147623	11800	890	1292900	13001
巴城镇	Bacheng Town	105177	82079	15700	1090	334612	8313
周市镇	Zhoushi Town	143123	108368	8156	582	508190	6240
陆家镇	Lujia Town	93635	79265	3546	336	286472	4717
花桥镇	Huaqiao Town	121175	93288	5000	467	605251	4595
淀山湖镇	Dianshanhu Town	50718	38637	6587	784	182899	10784
张浦镇	Zhangpu Town	143853	139986	10904	2779	373988	17780
周庄镇	Zhouzhuang Town	28513	20043	3605	462	40917	5378

续 表 8 Continued 8

名 称	Name	总人口（人）Total Population (person)	从业人员（人）Employment (person)	土地面积（公顷）Land Area (hectare)	耕地面积（公顷）Cultivated Area (hectare)	财政收入（万元）Financial Revenue (10000 yuan)	粮食产量（吨）Output of Grain (ton)
千灯镇	Qiandeng Town	171445	109983	7853	1321	310989	17306
锦溪镇	Jinxi Town	51998	51528	9069	1224	137820	15427
太仓市	**Taicang City**						
城厢镇	Chengxiang Town	334557	229858	15341	3949	1181711	31433
沙溪镇	Shaxi Town	148602	85531	12580	6315	134075	41175
浏河镇	Liuhe Town	91381	71521	6459	3265	86994	16550
浮桥镇	Fuqiao Town	131970	85779	13720	4259	458797	38646
璜泾镇	Huangjing Town	87132	53230	7963	4404	53627	38871
双凤镇	Shuangfeng Town	57162	40386	6250	2817	53641	14721
南通市	**Nantong City**						
市辖区	**Municipal Distric**						
金沙镇	Jinsha Town	240791	132249	16858	7314	260000	41717
西亭镇	Xiting Town	41040	22864	5691	3101	11069	30187
二甲镇	Erjia Town	59176	44306	6601	3427	14773	9864
东社镇	Dongshe Town	47490	35643	7215	4254	7374	23472
三余镇	Sanyu Town	87075	80536	18734	11750	23752	39203
十总镇	Shizong Town	28825	18430	5233	2942	10085	22946
骑岸镇	Qian Town	41596	25240	8084	4882	7503	50088
五甲镇	Wujia Town	24926	17499	4293	2529	7159	17247
石港镇	Shigang Town	67528	43206	11015	5685	24847	68817
四安镇	Sian Town	37055	24320	5070	3027	11981	32403
刘桥镇	Liuqiao Town	66883	42489	10728	5500	17416	68429
平潮镇	Pingchao Town	74052	45460	6196	2571	57348	29597
平东镇	Pingdong Town	40338	21637	4764	2302	12968	24604
五接镇	Wujie Town	40420	21328	3894	1582	39736	21161
兴仁镇	Xingren Town	45049	30626	3916	1499	35595	14625
兴东镇	Xingdong Town	32451	19534	3046	1196	12823	13271
张芝山镇	Zhangzhishan Town	50958	27823	4982	2700	23876	12058
川姜镇	Chuanjiang Town	79559	33033	4986	2255	81368	7981
先锋镇	Xianfeng Town	36386	20693	2654	991	29022	3171

续 表 9 Continued 9

名 称 Name		总人口（人）Total Population (person)	从业人员（人）Employment (person)	土地面积（公顷）Land Area (hectare)	耕地面积（公顷）Cultivated Area (hectare)	财政收入（万元）Financial Revenue (10000 yuan)	粮食产量（吨）Output of Grain (ton)
海 安 县	**Haian County**						
海 安 镇	Haian Town	250057	180762	21434	7605	593164	85129
城 东 镇	Chengdong Town	136950	85520	16388	6416	339124	81315
曲 塘 镇	Qutang Town	88710	40627	11552	6303	32060	83694
李 堡 镇	Libao Town	75416	43575	9453	5007	20485	55706
角 斜 镇	Jiaoxie Town	61628	31703	12800	5028	24277	58109
大 公 镇	Dagong Town	57182	26357	8928	4859	21923	62421
雅 周 镇	Yazhou Town	55745	29020	8330	4495	6385	54682
白 甸 镇	Baidian Town	29195	15821	5305	2838	14317	26861
南 莫 镇	Nanmo Town	49118	24733	7420	3883	12939	48374
墩 头 镇	Duntou Town	60882	39570	11556	6185	12870	80249
如 东 县	**Rudong County**						
栟 茶 镇	Bingcha Town	48953	24090	9570	5530	14186	44070
洋 口 镇	Yangkou Town	67846	38421	12583	9368	91050	87724
苴 镇	Ju Town	39660	17206	9398	4118	67792	33490
长 沙 镇	Changsha Town	36946	24002	9500	4929	93870	21480
大 豫 镇	Dayu Town	84184	57127	19547	12744	17983	51664
掘 港 镇	Juegang Town	204837	76124	26314	12480	212172	95555
马 塘 镇	Matang Town	80147	33519	14083	8674	15537	93264
丰 利 镇	Fengli Town	81839	33841	14037	9479	8861	86941
曹 埠 镇	Caobu Town	44452	26834	9236	5312	15289	52914
岔 河 镇	Chahe Town	71746	37397	14163	8893	21452	92166
双 甸 镇	Shuangdian Town	70151	33233	11233	7230	13836	88723
新 店 镇	Xindian Town	37456	18114	8069	4370	9585	48835
河 口 镇	Hekou Town	56899	32757	11610	7035	52679	66380
袁 庄 镇	Yuanzhuang Town	53363	30254	9919	6010	10163	60809
启 东 市	**Qidong City**						
汇 龙 镇	Huilong Town	252760	112411	13463	6360	212713	21588
惠 萍 镇	Huiping Town	52230	45619	7500	6408	8839	16450
东 海 镇	Donghai Town	55701	39406	8540	5536	7013	18376
南 阳 镇	Nanyang Town	82314	62249	12680	7782	16241	31260

续 表 10 Continued 10

名 称	Name	总人口（人）Total Population (person)	从业人员（人）Employment (person)	土地面积（公顷）Land Area (hectare)	耕地面积（公顷）Cultivated Area (hectare)	财政收入（万元）Financial Revenue (10000 yuan)	粮食产量（吨）Output of Grain (ton)
海复镇	Haifu Town	43703	34766	7380	4127	5622	14396
合作镇	Hezuo Town	51990	40045	8870	4983	4690	19460
王鲍镇	Wangbao Town	71155	54149	12600	6886	13879	24397
吕四港镇	Lusigang Town	138886	101441	15280	8147	109887	27152
如皋市	**Rugao City**						
东陈镇	Dongchen Town	71596	40964	11232	6254	13480	55638
丁堰镇	Dingyan Town	46606	24214	7048	3986	20711	48440
白蒲镇	Baipu Town	108559	57895	14489	7799	29706	98065
下原镇	Xiayuan Town	52584	29668	7076	3847	12278	42739
九华镇	Jiuhua Town	61934	33088	6961	4041	18808	39903
石庄镇	Shizhuang Town	74522	41412	8506	4368	21524	34265
长江镇	Changjiang Town	121787	85217	12209	7580	191278	64700
吴窑镇	Wuyao Town	57153	34145	6436	3276	12735	28742
江安镇	Jiangan Town	104688	49653	11836	6225	16716	55631
搬经镇	Banjing Town	122692	59671	17485	9758	17986	87333
磨头镇	Motou Town	72587	35752	10315	5411	10891	46304
海门市	**Haimen City**						
常乐镇	Changle Town	63097	38192	9810	4766	59552	22591
悦来镇	Yuelai Town	93260	56771	14144	6906	17435	24963
四甲镇	Sijia Town	67253	43615	9696	5146	16625	17574
余东镇	Yudong Town	49340	29133	6830	3482	20104	12531
正余镇	Zhengyu Town	49915	26860	7636	3422	18577	17906
海永乡	Haiyong Country	4720	3613	800	456	4504	1568
连云港市	**Lianyungang City**						
市辖区	**Municipal District**						
锦屏镇	Jinping Town	30815	14485	5214	2061	5300	24735
浦南镇	Punan Town	57739	29732	10850	5460	14525	65926
新坝镇	Xinba Town	30886	20075	6946	4484	2414	60846
板浦镇	Banpu Town	67812	41576	8064	4917	11843	58676
青口镇	Qingkou Town	207520	89120	9080	2222	101166	29742
柘汪镇	Zhewang Town	56510	26432	7230	2010	57445	22658

续　表　11　Continued 11

名　称 Name		总人口（人）Total Population（person）	从业人员（人）Employment（person）	土地面积（公顷）Land Area（hectare）	耕地面积（公顷）Cultivated Area（hectare）	财政收入（万元）Financial Revenue（10000 yuan）	粮食产量（吨）Output of Grain（ton）
石桥镇	Shiqiao Town	58573	28409	29265	3958	12032	22914
金山镇	Jinshan Town	50855	20613	6690	3584	13242	28015
黑林镇	Heilin Town	46256	21633	8262	2615	3025	21085
厉庄镇	Lizhuang Town	37765	14360	6218	2901	4411	17234
海头镇	Haitou Town	85558	33652	7900	2912	44198	27422
塔山镇	Tashan Town	63841	28687	10484	5025	7059	42142
赣马镇	Ganma Town	85281	35656	8560	4550	13759	62032
班庄镇	Banzhuang Town	100748	43698	17561	8435	6552	42149
城头镇	Chengtou Town	82344	40457	11798	6448	8468	59322
城西镇	Chengxi Town	48661	20080	4916	3113	4832	33914
宋庄镇	Songzhuang Town	33072	15016	3320	1501	4752	17993
沙河镇	Shahe Town	124686	48945	13156	7055	7135	82640
墩尚镇	Dunshang Town	77789	43231	12854	4438	12362	62767
东海县	**Donghai County**						
白塔埠镇	Baitabu Town	60927	30445	10329	6053	13570	70623
黄川镇	Huangchuan Town	62451	31913	9383	4665	6615	55501
石梁河镇	Shilianghe Town	63695	33639	10216	3496	9186	33682
青湖镇	Qinghu Town	61584	36346	9432	6131	6025	48356
温泉镇	Wenquan Town	50674	23948	10271	4055	16540	32261
双店镇	Shuangdian Town	52080	30480	11700	7000	4658	43315
桃林镇	Taolin Town	74456	38686	16978	9551	10644	55165
洪庄镇	Hongzhuang Town	34122	17780	6719	4450	4676	36385
安峰镇	Anfeng Town	69336	34962	13417	7488	16726	75625
房山镇	Fangshan Town	74215	46425	14972	9211	11926	93330
平明镇	Pingming Town	74744	30586	15731	10160	19725	143176
驼峰乡	Tuofeng Country	59915	31661	10425	6688	8195	76762
李埝乡	Linian Country	36196	16179	7009	2892	4075	12695
山左口乡	Shanzuokou Country	46725	18726	8906	4571	6620	32136
石湖乡	Shihu Country	26751	17585	7226	4019	6758	38409
曲阳乡	Quyang Country	38830	16095	7495	3967	4293	36035
张湾乡	Zhangwan Country	33253	21587	9500	5821	4015	69833

续 表 12 Continued 12

名 称	Name	总人口（人）Total Population (person)	从业人员（人）Employment (person)	土地面积（公顷）Land Area (hectare)	耕地面积（公顷）Cultivated Area (hectare)	财政收入（万元）Financial Revenue (10000 yuan)	粮食产量（吨）Output of Grain (ton)
灌云县	**Guanyun County**						
伊山镇	Yishan Town	159084	66232	8233	3874	28070	55369
杨集镇	Yangji Town	121294	60631	12135	9529	21795	90650
燕尾港镇	Yanweigang Town	14269	8956	2580	78	25072	1296
同兴镇	Tongxing Town	82458	36625	10606	8849	12845	93850
四队镇	Sidui Town	70533	26121	8827	5989	8863	62523
圩丰镇	Weifeng Town	47397	28083	6901	5114	6603	69761
龙苴镇	Longju Town	85980	43914	12640	8535	10742	98972
下车镇	Xiache Town	96213	55100	10368	8154	13419	102851
图河乡	Tuhe Country	62910	32836	9500	4026	6461	74595
东王集乡	Dongwangji Country	66271	34159	9197	5653	8667	68997
侍庄乡	Shizhuang Country	53567	19723	6611	2400	77000	32000
小伊乡	Xiaoyi Country	65148	24638	7592	5454	4391	66654
南岗乡	Nangang Country	109257	40293	13372	9678	14877	96034
灌南县	**Guannan County**						
新安镇	Xinan Town	201689	89837	14327	7624	47391	83492
堆沟港镇	Duigougang Town	90471	40926	14082	6332	45380	93630
田楼镇	Tianlou Town	74376	45906	11144	5764	27929	73405
北陈集镇	Beichenji Town	40076	20978	5526	3437	11701	35913
张店镇	Zhangdian Town	39152	21041	5918	3791	12035	31155
三口镇	Sankou Town	62117	31329	8702	5517	16503	61598
孟兴庄镇	Mengxingzhuang Town	63985	26641	7809	4853	14771	47857
汤沟镇	Tanggou Town	30364	14877	3260	2006	16415	20132
百禄镇	Bailu Town	65532	36720	10516	6323	16085	58864
新集镇	Xinji Town	72368	33677	12738	8127	24582	84573
李集乡	Liji Country	74372	35380	8819	5053	19275	51718
淮安市	**Huaian City**						
市辖区	**Municipal Distric**						
淮城镇	Huaicheng Town	179124	86001	4200	390	34556	3012
平桥镇	Pingqiao Town	37685	19889	4600	2855	2816	36550
上河镇	Shanghe Town	27792	13985	3375	2207	2831	25864

续 表 13 Continued 13

名 称 Name		总人口（人）Total Population (person)	从业人员（人）Employment (person)	土地面积（公顷）Land Area (hectare)	耕地面积（公顷）Cultivated Area (hectare)	财政收入（万元）Financial Revenue (10000 yuan)	粮食产量（吨）Output of Grain (ton)
马甸镇	Madian Town	30006	14818	3400	1980	4619	22735
朱桥镇	Zhuqiao Town	46329	21891	5158	3172	3410	37281
溪河镇	Xihe Town	29042	15126	4308	2389	3635	31960
施河镇	Shihe Town	42176	21014	5775	3843	43093	36744
车桥镇	Cheqiao Town	62784	30634	6400	3629	6648	46652
泾口镇	Jingkou Town	42249	19786	5680	3369	5808	7066
流均镇	Liujun Town	60236	27052	8860	2857	6757	40060
博里镇	Boli Town	49776	26297	7191	4038	5458	57400
仇桥镇	Qiuqiao Town	45161	20639	7447	4607	5616	52638
复兴镇	Fuxing Town	41930	20130	6454	3438	6678	51472
苏嘴镇	Suzui Town	42018	22467	5987	5238	4792	24428
钦工镇	Qingong Town	29058	15377	4141	1990	5123	27579
顺河镇	Shunhe Town	43870	22574	7756	3745	3411	44232
季桥镇	Jiqiao Town	34872	20264	5140	2955	8843	39267
席桥镇	Xiqiao Town	22658	10537	2510	1687	5004	15743
林集镇	Linji Town	20127	9423	3660	1988	3583	33446
南闸镇	Nanzha Town	33301	17965	3457	2404	2395	41099
建淮乡	Jianhuai Country	35587	17952	3479	1899	13736	22702
茭陵乡	Jiaoling Country	34675	18430	3546	2041	5857	26383
宋集乡	Songji Country	39880	17995	5723	2659	4961	33538
城东乡	Chengdong Country	51377	22881	3724	971	16233	11070
三堡乡	Sanbao Country	31501	14157	3708	1722	5409	22159
王营镇	Wangying Town	215136	28047	6139	1460	175747	8136
赵集镇	Zhaoji Town	43451	21890	9825	3062	23022	24881
吴城镇	Wucheng Town	34926	21160	5312	3551	7202	39723
南陈集镇	Nanchenji Town	64312	43549	13468	5012	9731	66109
码头镇	Matou Town	25713	14426	4200	2008	6890	23105
王兴镇	Wangxing Town	34560	20787	6100	2778	7500	39212
棉花庄镇	Mianhuazhuang Town	39842	21882	7078	2980	8197	31250
丁集镇	Dingji Town	35221	13589	4030	2973	11453	24189
五里镇	Wuli Town	31020	16480	5100	3321	16942	31156

续 表 14 Continued 14

名 称 Name		总人口（人） Total Population (person)	从业人员（人） Employment (person)	土地面积（公顷） Land Area (hectare)	耕地面积（公顷） Cultivated Area (hectare)	财政收入（万元） Financial Revenue (10000 yuan)	粮食产量（吨） Output of Grain (ton)
徐溜镇	Xuliu Town	40112	20611	6430	4821	15960	36480
渔沟镇	Yugou Town	57012	25874	9700	4466	9054	54171
吴集镇	Wuji Town	33726	17856	5700	3910	3234	36303
西宋集镇	Xisongji Town	53521	26623	7390	3534	6675	41875
三树镇	Sanshu Town	39005	19852	7968	4042	6640	51241
韩桥乡	Hanqiao Country	33737	18139	5400	1926	5048	30805
新渡乡	Xindu Country	29637	15028	4650	2040	4677	17100
老张集乡	Laozhangji Country	29924	19248	5088	3086	13812	33705
凌桥乡	Lingqiao Country	27874	15872	6856	3674	7601	44372
袁集乡	Yuanji Country	28495	16239	3940	2488	13447	21692
刘老庄乡	Liulaozhuang Country	23746	15181	3279	2175	7988	45976
古寨乡	Guzhai Country	24281	12168	3885	1600	9002	18401
和平镇	Heping Town	32744	21133	7202	3088	12245	45245
武墩镇	Wudun Town	21019	9712	4078	2041	11256	20429
盐河镇	Yanhe Town	21537	13750	3283	1535	12609	18945
城南乡	Chengnan Country	31476	15496	2825	484	72296	2798
黄码乡	Huangma Country	30085	13968	4020	2083	6108	21553
范集镇	Fanji Town	6805	3449	4054	1690	8221	13004
钵池乡	Bochi Country	4870	3378	540	69	71430	
徐杨乡	Xuyang Country	52025	34965	3327	920	4566	2641
南马厂乡	Nanmachang Country	28023	13230	3600	1420	17588	16800
涟水县	**Lianshui County**						
涟城镇	Liancheng Town	154453	137000	5642	1515	18979	9799
高沟镇	Gaogou Town	106487	58742	10907	5844	14714	51720
唐集镇	Tangji Town	34923	21074	6508	3793	4397	58031
保滩镇	Baotan Town	25348	11690	4082	2095	9568	15647
大东镇	Dadong Town	28138	16057	5668	2800	4776	32985
五港镇	Wugang Town	61025	38736	11218	5450	9670	63060
梁岔镇	Liangcha Town	39076	16938	6943	3647	2530	41992
石湖镇	Shihu Town	46545	30142	8484	3675	9967	50079
朱码镇	Zhuma Town	38612	25096	5913	3001	14306	37052

名 称	Name	总人口(人) Total Population (person)	从业人员(人) Employment (person)	土地面积(公顷) Land Area (hectare)	耕地面积(公顷) Cultivated Area (hectare)	财政收入(万元) Financial Revenue (10000 yuan)	粮食产量(吨) Output of Grain (ton)
岔庙镇	Chamiao Town	44525	26314	7647	4163	4815	48210
东胡集镇	Donghuji Town	32649	21024	6686	4127	3215	33028
南集镇	Nanji Town	32101	13912	6116	3210	7845	31551
义兴镇	Yixing Town	22675	10068	4441	1770	7258	19600
成集镇	Chengji Town	45289	22948	7728	4821	5994	32695
红窑镇	Hongyao Town	62123	36120	11314	5061	10146	70910
陈师镇	Chenshi Town	29952	19123	5401	2477	9256	23854
前进镇	Qianjin Town	29143	14640	5105	2475	4581	27570
徐集乡	Xuji Country	39968	23725	7585	3923	7935	42774
黄营乡	Huangying Country	58226	25435	11146	5847	9981	33580
洪泽县	**Hongze County**						
高良涧镇	Gaoliangjian Town	144145	84548	12100	4048	22970	51148
蒋坝镇	Jiangba Town	9897	4466	326	230	10561	4854
仁和镇	Renhe Town	27802	19429	7468	2906	7462	43857
岔河镇	Chahe Town	36278	22895	12500	4400	10200	65176
西顺河镇	Xishunhe Town	9358	5114	1900	302	16695	3920
老子山镇	Laozishan Town	15872	9209	1750	120	9461	1965
三河镇	Sanhe Town	23923	15516	2938	2702	11895	34249
朱坝镇	Zhuba Town	30232	17088	3760	3146	11021	43598
黄集镇	Huangji Town	21050	13650	5100	2695	9053	38012
万集镇	Wanji Town	25673	10752	5562	3381	5510	49784
东双沟镇	Dongshuanggou Town	35103	22386	4300	3883	8764	52254
共和镇	Gonghe Town	23327	14018	3850	3180	11313	48950
盱眙县	**Xuyi County**						
盱城镇	Xucheng Town	122725	56587	10613	1594	55865	12281
马坝镇	Maba Town	68511	47529	19500	8411	70383	89605
官滩镇	Guantan Town	39775	19835	13425	6630	41153	15762
旧铺镇	Jiupu Town	36825	18245	14979	4354	13351	78640
桂五镇	Guiwu Town	36295	16534	15850	9483	10115	44132
管镇镇	Guanzhen Town	32597	8421	6750	2138	9585	27268
河桥镇	Heqiao Town	38826	16844	17080	5490	13027	55727

续 表 16 Continued 16

名 称	Name	总人口（人）Total Population (person)	从业人员（人）Employment (person)	土地面积（公顷）Land Area (hectare)	耕地面积（公顷）Cultivated Area (hectare)	财政收入（万元）Financial Revenue (10000 yuan)	粮食产量（吨）Output of Grain (ton)
鲍集镇	Baoji Town	54285	27976	13200	4063	8041	54027
黄花塘镇	Huanghuatang Town	33576	17773	13121	5874	12344	92319
明祖陵镇	Mingzuling Town	34297	20979	13500	3946	10602	57231
铁佛镇	Tiefo Town	40295	19250	10800	5620	11746	73560
淮河镇	Huaihe Town	31186	11971	10895	2276	15560	28467
仇集镇	Qiuji Town	31885	20501	16556	3836	12055	39017
观音寺镇	Guanyinsi Town	28987	14863	12197	4610	8968	61123
维桥乡	Weiqiao Country	18990	12025	6647	4357	5900	48520
穆店乡	Mudian Country	27565	15526	10270	2973	6859	63121
古桑乡	Gusang Country	21388	13658	9310	2895	18228	35612
兴隆乡	Xinglong Country	35833	21156	10100	2911	7380	44673
王店乡	Wangdian Country	35610	20740	15958	5862	4750	51029
金湖县	**Jinhu County**						
黎城镇	Licheng Town	125051	81281	6600	1208	46350	16704
金南镇	Jinnan Town	34876	21668	10201	4452	10651	61575
闵桥镇	Minqiao Town	22541	11119	6791	2905	13122	38774
塔集镇	Taji Town	24607	12129	4221	2851	10672	36956
银集镇	Yinji Town	19194	10905	5109	2648	12948	39899
涂沟镇	Tugou Town	24474	10766	5898	2492	10862	43858
前锋镇	Qianfeng Town	26942	14470	7329	3947	15694	66856
吕良镇	Luliang Town	19304	11886	7480	2461	10723	54590
陈桥镇	Chenqiao Town	22645	10809	5486	4254	8326	53701
金北镇	Jinbei Town	19391	8664	6667	4091	13368	44965
戴楼镇	Dailou Country	21257	12727	7596	3528	17519	44553
盐城市	**Yancheng City**						
市辖区	**Municipal District**						
南洋镇	Nanyang Town	79547	50725	12942	7589	23317	56239
新兴镇	Xinxing Town	61924	27192	9257	4954	28216	64220
便仓镇	Biancang Town	37001	15502	7197	3650	9418	52018
盐东镇	Yandong Town	56722	26170	14195	5669	12117	31810
黄尖镇	Huangjian Town	38610	17451	10500	4120	6388	42037

续 表 17 Continued 17

名 称 Name		总人口（人）Total Population (person)	从业人员（人）Employment (person)	土地面积（公顷）Land Area (hectare)	耕地面积（公顷）Cultivated Area (hectare)	财政收入（万元）Financial Revenue (10000 yuan)	粮食产量（吨）Output of Grain (ton)
大纵湖镇	Dazonghu Town	51894	25464	9498	3945	11300	49461
楼王镇	Louwang Town	71606	44862	15073	5349	12300	77768
学富镇	Xuefu Town	42679	18712	8336	3922	5178	51090
尚庄镇	Shangzhuang Town	67769	28372	10336	5437	5905	81198
秦南镇	Qinnan Town	88486	35153	12780	7492	9876	107150
龙冈镇	Longgang Town	76359	33944	9339	4846	29677	58463
郭猛镇	Guomeng Town	49606	23785	6242	3350	11198	49105
大冈镇	Dagang Town	87252	28833	13081	6084	24100	75625
步凤镇	BufengTown	57286	26398	12790	6291	5289	44997
响水县	**Xiangshui County**						
响水镇	Xiangshui Town	119625	68708	5121	1777	41314	17621
陈家港镇	Chenjiagang Town	48212	28731	8518	2818	14314	31462
小尖镇	Xiaojian Town	102372	44960	18815	8866	22318	83929
黄圩镇	Huangwei Town	33244	17589	6877	3476	8197	36805
大有镇	Dayou Town	57038	31036	11612	6586	17616	79918
双港镇	Shuanggang Town	61435	31970	10372	6995	19808	60452
南河镇	Nanhe Town	55179	24411	11674	7650	7512	79220
运河镇	Yunhe Town	70854	35893	13130	8304	15062	69356
滨海县	**Binhai County**						
东坎镇	Dongkan Town	207791	114793	15007	3603	86181	41021
五汛镇	Wuxun Town	83493	33685	15267	7425	16395	114970
蔡桥镇	Caiqiao Town	60528	18486	9212	4464	12819	67349
正红镇	Zhenghong Town	107928	35273	14500	7713	9208	101018
通榆镇	Tongyu Town	41136	21340	5600	2582	12419	37205
界牌镇	Jiepai Town	75268	34044	12194	5463	14111	80643
八巨镇	Baju Town	52869	22728	6893	4288	11179	44093
八滩镇	Batan Town	90238	40237	11185	4937	15042	64348
滨淮镇	Binhuai Town	106906	55093	20132	9022	24540	110464
天场镇	Tianchang Town	50469	20099	8150	3626	16944	38174
陈涛镇	Chentao Town	68659	33800	11091	4898	9758	52066
滨海港镇	Binhaigang Town	58994	29443	10440	3881	10891	53613

续 表 18 Continued 18

名 称 Name		总人口（人）Total Population (person)	从业人员（人）Employment (person)	土地面积（公顷）Land Area (hectare)	耕地面积（公顷）Cultivated Area (hectare)	财政收入（万元）Financial Revenue (10000 yuan)	粮食产量（吨）Output of Grain (ton)
阜 宁 县	**Funing County**						
沟 墩 镇	Goudun Town	63145	40593	11520	6904	12832	89680
陈 良 镇	Chenliang Town	39780	15393	6752	3916	4140	56952
三 灶 镇	Sanzao Town	53602	21648	9120	5986	3127	61868
郭 墅 镇	Guoshu Town	42286	17783	7071	4320	18126	43657
新 沟 镇	Xingou Town	50909	20279	7742	4232	7667	59510
陈 集 镇	Chenji Town	47043	22465	8727	5500	4532	56762
羊 寨 镇	Yangzhai Town	57008	21788	9420	5101	4918	52190
芦 蒲 镇	Lupu Town	50546	19326	8673	4298	3037	37020
板 湖 镇	Banhu Town	48115	25989	6906	4581	5013	59130
东 沟 镇	Donggou Town	113341	48702	16968	9790	14200	119740
益 林 镇	Yilin Town	96212	49632	10918	5024	33020	58485
古 河 镇	Guhe Town	57801	24578	8979	5986	3745	51425
罗 桥 镇	Luoqiao Town	59437	25459	8810	5500	4017	61514
射 阳 县	**Sheyang County**						
合 德 镇	Hede Town	287447	103638	30200	11865	51946	123798
临 海 镇	Linhai Town	78612	33780	18628	7493	11650	88953
千 秋 镇	Qianqiu Town	61287	27224	15750	7363	2592	82156
四 明 镇	Siming Town	81528	42070	17341	8967	3704	120178
海 河 镇	Haihe Town	103394	46415	24243	12103	4783	187802
海 通 镇	Haitong Town	33068	20226	7333	4096	8452	24146
兴 桥 镇	Xingqiao Town	55271	24609	12914	5291	5200	58124
新 坍 镇	Xintan Town	47537	24661	9816	4770	5498	51039
长 荡 镇	Changdang Town	46100	22847	9591	4347	6432	39936
盘 湾 镇	Panwan Town	40635	22830	9504	4446	5478	37438
特 庸 镇	Teyong Town	41385	16302	10295	4250	5325	22573
洋 马 镇	Yangma Town	31967	15981	9600	4100	3523	47343
黄沙港镇	Huangshagang Town	26345	14421	5922	1450	5040	12120
建 湖 县	**Jianhu County**						
建 阳 镇	Jianyang Town	53526	17915	7200	5580	33400	62466
九龙口镇	Jiulongkou Town	33867	15220	7480	4010	12215	41139

名 称 Name		总人口（人）Total Population (person)	从业人员（人）Employment (person)	土地面积（公顷）Land Area (hectare)	耕地面积（公顷）Cultivated Area (hectare)	财政收入（万元）Financial Revenue (10000 yuan)	粮食产量（吨）Output of Grain (ton)
恒 济 镇	Hengji Town	30997	17981	8008	3692	13370	41879
颜 单 镇	Yandan Town	22998	13576	8974	3366	17186	24451
沿 河 镇	Yanhe Town	38078	19473	8181	4660	7876	46345
芦 沟 镇	Lugou Town	44015	20985	8586	4251	9354	58053
庆 丰 镇	Qingfeng Town	59540	32195	9400	5860	21941	65694
上 冈 镇	Shanggang Town	151381	67532	23127	15322	33461	153892
冈 西 镇	Gangxi Town	31387	18761	6811	4254	6561	52773
宝 塔 镇	Baota Town	27289	15324	5078	3543	6117	36648
高 作 镇	Gaozuo Town	36610	20627	7010	4729	13243	51479
东 台 市	**Dongtai City**						
溱 东 镇	Qindong Tow	42234	21146	7574	4325	37781	42470
时 堰 镇	Shiyan Town	69299	35263	10226	6102	34536	56178
五 烈 镇	Wulie Town	83611	46271	13218	8571	20912	76059
梁 垛 镇	Liangduo Town	82482	44209	13217	8000	42345	69868
安 丰 镇	Anfeng Town	50414	25474	7128	4044	23627	41866
南沈灶镇	Nanshenzao Town	52617	25628	10323	6555	9287	49410
富 安 镇	Fuan Town	95716	49261	17001	10027	28254	61156
唐 洋 镇	Tangyang Town	45035	26676	10744	6102	7057	32946
新 街 镇	Xinjie Town	40754	25070	10289	5813	6747	15796
许 河 镇	Xuhe Town	47786	25683	10691	6856	7167	45697
三 仓 镇	Sancang Town	69821	28621	15718	10042	14919	48050
头 灶 镇	Touzao Town	74230	35657	20675	13991	18102	107229
弶 港 镇	Jianggang Town	46619	26925	26392	12770	53805	59176
东 台 镇	Dongtai Town	218921	122346	29657	10087	126707	87498
大 丰 市	**Dafeng City**						
大 中 镇	Dazhong Town	204388	105537	20012	10549	153610	49115
草 堰 镇	Caoyan Town	39219	18162	9589	6125	11020	51218
白 驹 镇	Baiju Town	39434	19405	11300	6975	15193	76269
刘 庄 镇	Liuzhuang Town	43223	20416	9624	5552	12751	57866
西 团 镇	Xituan Town	29326	15696	8681	5632	25507	40781
小 海 镇	Xiaohai Town	41246	20697	12114	8220	6741	46276

续 表 20 Continued 20

名 称	Name	总人口（人）Total Population (person)	从业人员（人）Employment (person)	土地面积（公顷）Land Area (hectare)	耕地面积（公顷）Cultivated Area (hectare)	财政收入（万元）Financial Revenue (10000 yuan)	粮食产量（吨）Output of Grain (ton)
大 桥 镇	Daqiao Town	32435	15676	10254	6444	8969	60958
草 庙 镇	Caomiao Town	27011	16962	12279	7857	12824	55478
万 盈 镇	Wanying Town	47615	25979	14256	9388	12051	54994
南 阳 镇	Nanyang Town	35321	17287	9352	5182	17100	25455
新 丰 镇	Xinfeng Town	105764	46369	27431	16229	27452	63654
三 龙 镇	Sanlong Town	54976	30122	15257	8462	6726	47686
扬 州 市	**Yangzhou City**						
市 辖 区	**Municipal District**						
李 典 镇	Lidian Town	42157	24178	7045	1932	51000	28970
沙 头 镇	Shatou Town	37670	21684	5600	2162	22135	18401
头 桥 镇	Touqiao Town	46857	27062	6421	2712	15676	34181
湾 头 镇	Wantou Town	22528	12944	1928	183	3697	1131
汤 汪 乡	Tangwang Country	20278	3976	1030	58	10317	0
杭 集 镇	Hangji Town	37858	30073	4026	948	54864	11688
泰 安 镇	Taian Town	26729	13786	4100	1314	7597	14452
公 道 镇	Gongdao Town	36598	18951	10605	2882	10374	34013
方 巷 镇	Fangxiang Town	46281	23972	8936	2740	12621	38278
槐 泗 镇	Huaisi Town	39064	19330	6000	2266	10754	24246
瓜 洲 镇	Guazhou Town	16673	8311	1602	294	11997	2496
杨 寿 镇	Yangshou Town	21281	11523	3940	1532	11961	19086
杨 庙 镇	Yangmiao Town	22858	14456	3102	1332	16805	10232
西 湖 镇	Xihu Town	36081	17169	2700	676	40452	3902
双 桥 乡	Shuangqiao Country	10631	4282	639	1	43000	15
平 山 乡	Pingshan Country	15987	8540	1120	286	2956	3161
城 北 乡	Chengbei Country	21325	15523	1800	300	8654	1532
仙 女 镇	Xiannu Town	140646	90744	14158	3705	319232	53324
小 纪 镇	Xiaoji Town	92008	47352	17778	7467	32780	99850
武 坚 镇	Wujian Town	45867	26660	6180	3517	20695	48470
樊 川 镇	Fanchuan Town	67288	44927	11758	5882	11357	79247
真 武 镇	Zhenwu Town	55451	35436	6712	3313	16942	42119
宜 陵 镇	Yiling Town	52359	26179	5986	2274	26007	32153

续 表 21 Continued 21

名 称 Name		总人口(人) Total Population (person)	从业人员(人) Employment (person)	土地面积(公顷) Land Area (hectare)	耕地面积(公顷) Cultivated Area (hectare)	财政收入(万元) Financial Revenue (10000 yuan)	粮食产量(吨) Output of Grain (ton)
丁沟镇	Dinggou Town	61006	43897	10232	4702	16235	74525
郭村镇	Guocun Town	91840	39328	10450	4200	5849	62201
邵伯镇	Shaobo Town	76489	65744	11465	3697	57997	64328
丁伙镇	Dinghuo Town	45177	41648	8020	4054	20495	35291
大桥镇	Daqiao Town	147539	95676	15566	4833	56606	67258
吴桥镇	Wuqiao Town	49132	23897	5596	2756	5121	33894
浦头镇	Putou Town	43290	24139	4290	1893	10218	25522
施桥镇	Shiqiao Town	38094	21436	3099	651	14476	5864
八里镇	Bali Town	23381	14014	2326	367	5848	3402
朴席镇	Puxi Town	32032	18243	4301	2387	3779	22625
宝应县	**Baoying County**						
安宜镇	Anyi Town	132138	98113	14135	4221	67158	55730
氾水镇	Fanshui Town	100132	53624	17200	7281	20165	113414
夏集镇	Xiaji Town	62110	30805	12200	5840	8710	96830
柳堡镇	Liubao Town	51939	30044	11740	4771	15586	81627
射阳湖镇	Sheyanghu Town	81727	41748	19650	7691	8309	113216
广洋湖镇	Guangyanghu Town	33874	21392	9020	3577	8074	54692
鲁垛镇	Luduo Town	33119	20207	6148	3115	5312	50040
小官庄镇	Xiaoguanzhuang Town	29037	18463	4600	2878	4798	44546
望直港镇	Wangzhigang Town	63427	43790	9000	4514	16861	69085
曹甸镇	Caodian Town	63416	36096	10000	4291	13131	69360
西安丰镇	Xianfeng Town	29217	15779	5839	1850	5188	31422
山阳镇	Shanyang Town	52249	29684	12277	4295	8311	69840
黄塍镇	Huangcheng Town	26805	15575	4200	1930	8577	28776
泾河镇	Jinghe Town	56803	27447	8317	3985	5145	60064
仪征市	**Yizheng City**						
真州镇	Zhenzhou Town	145954	77736	6084	1389	226360	11110
新集镇	Xinji Town	42196	26502	6389	3375	20075	32834
新城镇	Xincheng Town	47915	28796	7822	2958	29901	23291
马集镇	Maji Town	30069	17869	6573	3228	15950	28689
刘集镇	Liuji Town	45967	27024	9065	5253	24028	43897

续 表 22 Continued 22

名 称	Name	总人口（人）Total Population (person)	从业人员（人）Employment (person)	土地面积（公顷）Land Area (hectare)	耕地面积（公顷）Cultivated Area (hectare)	财政收入（万元）Financial Revenue (10000 yuan)	粮食产量（吨）Output of Grain (ton)
陈集镇	Chenji Town	35993	18878	8155	4636	9450	44551
大仪镇	Dayi Town	45346	26853	10863	6399	17322	61422
月塘镇	Yuetang Town	55537	28974	14446	6820	22847	59497
青山镇	Qingshan Town	32412	20790	4603	1361	10020	4778
高邮市	**Gaoyou City**						
龙虬镇	Longqiu Town	35083	17359	3987	2040	6647	36715
汤庄镇	Tangzhuang Town	59369	36952	11303	7016	14348	99852
卸甲镇	Xiejia Town	79830	41318	16387	8003	28720	133176
三垛镇	Sanduo Town	77981	49046	15015	6923	16235	94377
甘垛镇	Ganduo Town	60389	35988	14972	6520	11242	85771
界首镇	Jieshou Town	32501	16631	8580	2421	7613	39743
周山镇	Zhoushan Town	27098	15089	6202	2986	2981	44091
临泽镇	Linze Town	92925	52873	19940	7901	14568	136785
送桥镇	Songqiao Town	69104	44572	14822	6591	97257	84838
菱塘回族乡	Lingtang Huizu Country	23640	14833	5392	1903	19966	29020
镇江市	**Zhenjiang City**						
市辖区	**Municipal District**						
高桥镇	Gaoqiao Town	20161	12929	2980	1279	9433	15808
辛丰镇	Xinfeng Town	53319	34569	7490	3697	22560	31439
谷阳镇	Guyang Town	30173	18938	4675	1917	15335	20204
上党镇	Shangdang Town	49876	28899	11263	3665	22400	35661
宝堰镇	Baoyan Town	22869	13875	4019	1786	7247	24182
世业镇	Shiye Town	14602	8244	2930	1244	4929	21065
姚桥镇	Yaoqiao Town	39874	25648	5588	3292	12172	28400
大路镇	Dalu Town	27762	16177	1750	1263	9170	19800
丁岗镇	Dinggang Town	23858	13017	3536	2077	15164	24572
丹阳市	**Danyang City**						
司徒镇	Situ Town	45826	31153	9528	5061	43345	37214
延陵镇	Yanling Town	75188	47366	11552	5906	19764	70456
珥陵镇	Erling Town	50168	28610	8367	4835	7137	52950
导墅镇	Daoshu Town	49635	27588	8060	4651	10945	50958

续 表 23 Continued 23

名 称 Name		总人口(人) Total Population (person)	从业人员(人) Employment (person)	土地面积(公顷) Land Area (hectare)	耕地面积(公顷) Cultivated Area (hectare)	财政收入(万元) Financial Revenue (10000 yuan)	粮食产量(吨) Output of Grain (ton)
皇塘镇	Huangtang Town	58980	39010	8044	4196	29455	47544
吕城镇	Lucheng Town	53924	31190	6799	3947	24681	42397
陵口镇	Lingkou Town	44735	27171	6440	3899	11962	42147
访仙镇	Fangxian Town	51175	29695	7379	4411	23884	47592
界牌镇	Jiepai Town	56220	35044	2363	696	46114	8335
丹北镇	Danbei Town	112458	74252	11505	4149	147086	39872
扬中市	**Yangzhong City**						
新坝镇	Xinba Town	54364	32816	4920	1780	135424	19215
油坊镇	Youfang Town	44688	28174	4593	2100	32441	24686
八桥镇	Baqiao Town	36902	23906	3458	1549	28691	17608
西来桥镇	Xilaiqiao Town	19648	11111	1950	777	9265	7785
句容市	**Jurong City**						
华阳镇	Huayang Towm	49390	27043	11997	3400	64352	28434
下蜀镇	Xiashu Town	40274	22353	12000	3083	57962	23279
白兔镇	Baitu Town	35442	17763	11550	4461	9082	44617
边城镇	Biancheng Town	35386	17978	10900	2888	24357	33645
茅山镇	Maoshan Town	29396	16905	8100	3026	4552	27135
后白镇	Houbai Town	55316	35386	14328	5007	18521	60122
郭庄镇	Guozhuang Town	52108	28364	11700	6515	10720	52286
天王镇	Tianwang Town	56754	30735	13154	4704	22924	47066
宝华镇	Baohua Town	23368	11794	10000	814	67385	9866
泰州市	**Taizhou City**						
市辖区	**Municipal District**						
九龙镇	Jiulong Town	24528	15885	2680	638	37485	11103
罡杨镇	Gangyang Town	23334	15491	3400	1737	14413	23451
苏陈镇	Suchen Town	44778	25806	4580	2632	15383	33194
永安洲镇	Yonganzhou Town	34510	18160	5291	1143	75090	15717
白马镇	Baima Town	21916	13563	2402	1404	7913	14671
胡庄镇	Huzhuang Town	43308	23998	5387	3061	5415	34544
大泗镇	Dasi Town	27510	17998	3670	2045	6451	21872
溱潼镇	Qintong Town	34071	19875	3861	1270	8013	12949

续 表 24 Continued 24

名 称	Name	总人口（人）Total Population (person)	从业人员（人）Employment (person)	土地面积（公顷）Land Area (hectare)	耕地面积（公顷）Cultivated Area (hectare)	财政收入（万元）Financial Revenue (10000 yuan)	粮食产量（吨）Output of Grain (ton)
蒋垛镇	Jiangduo Town	50179	27135	6505	4175	5680	44200
顾高镇	Gugao Town	29888	16597	3820	2432	5054	23557
大伦镇	Dalun Town	33053	17970	5503	3483	10695	36965
张甸镇	Zhangdian Town	75128	40225	9360	5766	18715	68860
梁徐镇	Liangxu Town	52537	27491	6663	3933	23786	43516
桥头镇	Qiaotou Town	24638	15441	3799	2000	9015	26093
淤溪镇	Yuxi Town	39855	24763	7168	3578	8140	24925
白米镇	Baimi Town	44212	27455	5487	3231	35814	37859
娄庄镇	Louzhuang Town	46290	23448	6792	3864	12544	55717
沈高镇	Shengao Town	39649	20601	5673	2811	13179	36127
兴泰镇	Xingtai Town	24907	14695	3691	2055	7121	28416
俞垛镇	Yuduo Town	46588	25416	7980	4371	8324	49420
华港镇	Huagang Town	43298	22877	6977	3645	7889	37004
野徐镇	Yexu Town	24114	14790	2267	705	8036	8673
兴化市	**Xinghua City**						
戴窑镇	Daiyao Town	66431	30115	10045	5610	8634	73068
合陈镇	Hechen Town	53645	25438	9928	6271	7216	66098
永丰镇	Yongfeng Town	51301	22964	7802	4425	3764	56437
新垛镇	Xinduo Town	26715	10961	4908	2520	5175	29961
安丰镇	Anfeng Town	82471	39899	9900	5580	18100	67109
海南镇	Hainan Town	39768	15651	7209	3832	2768	51196
钓鱼镇	Diaoyu Town	45751	18639	7552	3920	2817	62784
大邹镇	Dazou Town	27728	10920	4656	2658	1469	27995
沙沟镇	Shagou Town	25090	11330	7003	2030	5423	22587
中堡镇	Zhongbao Town	34864	15569	8320	2987	3770	46752
李中镇	Lizhong Town	32522	16406	8100	2520	1900	29942
西郊镇	Xijiao Town	26878	13469	7024	3416	3841	33655
临城镇	Lincheng Town	52049	26419	9247	5314	25766	54308
垛田镇	Duotian Town	54464	27566	5955	1825	19661	1700
竹泓镇	Zhuhong Town	39654	17190	6450	2689	3114	41663
沈沦镇	Shenlun Town	27569	12368	4959	3011	3222	34201

名 称	Name	总人口（人）Total Population (person)	从业人员（人）Employment (person)	土地面积（公顷）Land Area (hectare)	耕地面积（公顷）Cultivated Area (hectare)	财政收入（万元）Financial Revenue (10000 yuan)	粮食产量（吨）Output of Grain (ton)
大垛镇	Daduo Town	43120	19967	7363	3922	7933	58665
荻垛镇	Diduo Town	42581	19221	7200	3469	6725	63531
陶庄镇	Taozhuang Town	43334	16951	6960	4028	3691	56620
昌荣镇	Changrong Town	38327	17671	6180	3576	2471	52881
茅山镇	Maoshan Town	30492	12390	4304	2800	5315	32833
周庄镇	Zhouzhuang Town	56048	27266	9100	5090	8671	66530
陈堡镇	Chenbao Town	45458	21107	8068	4729	11616	59804
戴南镇	Dainan Town	131253	61072	10770	4792	130224	62829
张郭镇	Zhangguo Town	62023	34202	8450	4328	44264	52350
昭阳镇	Zhaoyang Town	204846	146007	5100	1011	75940	9059
大营镇	Daying Town	25013	11656	5067	3297	1058	40309
下圩镇	Xiawei Town	22569	13845	4912	3367	1887	41210
城东镇	Chengdong Town	29485	14510	5547	3424	5540	28868
老圩乡	Laowei Country	25754	10703	5243	2997	4360	35828
周奋乡	Zhoufen Country	26366	12344	5730	2948	916	24062
缸顾乡	Ganggu Country	21752	10052	4633	2045	3354	24950
西鲍乡	Xibao Country	27764	16278	5241	2875	2384	33601
林湖乡	Linhu Country	38106	14790	6638	3487	5442	35421
靖江市	**Jingjiang City**						
新桥镇	Xinqiao Town	62030	30519	6135	3031	33956	40022
东兴镇	Dongxing Town	35069	22197	3568	2012	16778	26001
斜桥镇	Xieqiao Town	90760	47818	10788	3114	17469	40739
西来镇	Xilai Town	48793	23543	4666	2524	18998	32798
季市镇	Jishi Town	49603	22530	4163	2176	9241	29221
孤山镇	Gushan Town	63617	38056	6327	3178	45182	35497
生祠镇	Shengci Town	47426	27984	7019	4283	14589	56671
马桥镇	Maqiao Town	36921	22103	5031	2973	9074	40315
泰兴市	**Taixing City**						
黄桥镇	Huangqiao Town	193978	104814	17595	8691	117536	112016
分界镇	Fenjie Town	60733	32626	7113	3787	6352	50836
古溪镇	Guxi Town	59066	32575	7606	3827	7527	50585

续 表 26 Continued 26

名 称 Name		总人口（人）Total Population (person)	从业人员（人）Employment (person)	土地面积（公顷）Land Area (hectare)	耕地面积（公顷）Cultivated Area (hectare)	财政收入（万元）Financial Revenue (10000 yuan)	粮食产量（吨）Output of Grain (ton)
元竹镇	Yuanzhu Town	39274	22626	4749	2394	4690	29341
珊瑚镇	Shanhu Town	51025	29584	4926	2738	8329	37045
广陵镇	Guangling Town	56709	30389	5843	2918	5928	37642
曲霞镇	Quxia Town	32794	18514	3531	1987	3565	26136
张桥镇	Zhangqiao Town	57225	30692	6176	3178	13344	39021
河失镇	Heshi Town	56273	28853	6441	3210	7600	45216
新街镇	Xinjie Town	60355	34070	7206	3611	11241	45905
姚王镇	Yaowang Town	53928	30180	5792	2335	150400	32858
宣堡镇	Xuanbao Town	32516	17611	3227	1770	6873	20732
滨江镇	Binjiang Town	99518	54180	13257	4386	289921	60637
虹桥镇	Hongqiao Town	79408	41050	8825	4422	103969	67601
根思乡	Gensi Country	50827	25572	5890	3269	5814	39801
宿迁市	**Suqian City**						
市辖区	**Municipal District**						
双庄镇	Shuangzhuang Town	43770	22980	4178	912	13515	6759
耿车镇	Gengche Town	34139	18516	3501	1316	9210	13021
埠子镇	Buzi Town	47610	28014	4401	1728	5619	25925
龙河镇	Longhe Town	58600	31646	6641	3130	5896	45286
洋北镇	Yangbei Town	31096	14877	4400	2238	11300	27121
中扬镇	Zhongyang Town	51398	30131	9315	5575	5000	58795
陈集镇	Chenji Town	46932	17218	6867	3695	3286	39824
蔡集镇	Caiji Town	43832	24111	4433	2494	6125	21327
王官集镇	Wangguanji Town	51482	24294	6270	3106	2843	32762
洋河镇	Yanghe Town	110604	55370	8998	3880	158260	11320
仓集镇	Cangji Town	45523	25877	4800	3312	4526	18992
郑楼镇	Zhenglou Town	49744	22729	6086	2663	4230	19491
罗圩乡	Luowei Country	36080	20562	4379	2573	2512	22108
屠园乡	Tuyuan Country	36288	21116	6298	4542	3587	49350
仰化镇	Yanghua Town	35784	19000	5236	2467	3237	34000
大兴镇	Daxing Town	51762	31873	5838	3174	5986	28124
丁嘴镇	Dingzui Town	36293	18809	5300	2390	2698	27770

名 称	Name	总人口（人）Total Population (person)	从业人员（人）Employment (person)	土地面积（公顷）Land Area (hectare)	耕地面积（公顷）Cultivated Area (hectare)	财政收入（万元）Financial Revenue (10000 yuan)	粮食产量（吨）Output of Grain (ton)
来龙镇	Lailong Town	39394	23416	7496	4195	14700	55104
陆集镇	Luji Town	24148	13498	4208	2248	3253	23421
关庙镇	Guanmiao Town	41921	22599	7946	4310	3500	49946
侍岭镇	Shiling Town	29668	14828	5806	2745	2900	38436
新庄镇	Xinzhuang Town	22365	12035	5368	2773	2399	49285
晓店镇	Xiaodian Town	50417	28157	14546	2751	26512	28470
皂河镇	Zaohe Town	45636	22924	26409	2152	1718	38729
黄墩镇	Huangdun Town	27027	11318	5125	2500	2550	47152
曹集乡	Caoji Country	30320	15537	4700	2748	4183	26490
保安乡	Baoan Country	22417	13019	4460	3026	3320	40012
井头乡	Jingtou Country	19149	9816	4013	2000	1006	18791
三棵树乡	Sankeshu Country	39416	22529	3757	1820	13507	19730
南蔡乡	Nancai Country	35318	18297	3890	2052	4617	17835
沭阳县	**Shuyang City**						
陇集镇	Longji Town	25520	14008	4688	3205	12493	34654
胡集镇	Huji Town	50492	29938	6868	3584	15364	32268
钱集镇	Qianji Town	32976	18104	4949	2975	8860	31326
塘沟镇	Tanggou Town	42258	22274	5795	3996	17859	36125
马厂镇	Machang Town	67520	37601	8412	5461	18520	56745
沂涛镇	Yitao Town	71645	39022	9456	5991	9726	56426
庙头镇	Miaotou Town	43259	25598	5847	3685	14431	33172
韩山镇	Hanshan Town	35847	19528	6557	4056	13865	47559
华冲镇	Huachong Town	49236	26156	5455	3750	15600	44628
桑墟镇	Sangxu Town	42785	23489	5319	2734	19536	27186
悦来镇	Yuelai Town	43625	24687	8803	5748	8606	58796
刘集镇	Liuji Town	38192	19806	7200	4968	12299	54715
李恒镇	Liheng Town	39552	22114	6688	4400	9618	37357
扎下镇	Zhaxia Town	59005	28093	5534	2485	13940	8344
颜集镇	Yanji Town	55361	33015	9968	6539	12080	6051
潼阳镇	Tongyang Town	49544	25116	9968	6539	12620	35125
龙庙镇	Longmiao Town	47251	24057	4860	2510	9880	29552

续 表 28 Continued 28

名称	Name	总人口（人）Total Population (person)	从业人员（人）Employment (person)	土地面积（公顷）Land Area (hectare)	耕地面积（公顷）Cultivated Area (hectare)	财政收入（万元）Financial Revenue (10000 yuan)	粮食产量（吨）Output of Grain (ton)
高墟镇	Gaoxu Town	35930	20076	6115	4353	9442	56269
耿圩镇	Gengwei Town	34956	19523	7044	3925	7065	46528
汤涧镇	Tangjian Town	38242	21020	5500	3083	8570	30012
新河镇	Xinhe Town	37246	20049	4860	2650	11585	3627
贤官镇	Xianguan Town	49724	27978	5029	3394	18001	32004
吴集镇	Wuji Town	40790	21181	7305	3945	10332	35274
湖东镇	Hudong Town	38063	21044	6343	4530	13447	49992
青伊湖镇	Qingyihu Town	41317	20821	5000	2678	13733	34961
北丁集乡	Beidingji Country	25345	13956	3880	2021	7741	22990
周集乡	Zhouji Country	29161	15504	4387	2673	6631	34130
东小店乡	Dongxiaodian Country	33964	19688	5099	3154	7965	36976
张圩乡	Zhangwei Country	27269	12540	3902	2450	7733	21451
茆圩乡	Maowei Country	40927	22023	7223	5180	9623	37305
西圩乡	Xiwei Country	31027	13158	4776	3820	6995	18355
万匹乡	Wanpi Country	36336	19264	3500	2508	8914	22181
官墩乡	Guandun Country	30731	16709	5603	3635	7289	42050
泗阳县	**Siyang County**						
众兴镇	Zhongxing Town	308883	162918	26200	11685	56996	110750
爱园镇	Aiyuan Town	44393	26798	6501	3557	7024	40149
王集镇	Wangji Town	59986	32424	8531	4837	9151	43626
裴圩镇	Peiwei Town	49575	30136	7686	3903	6533	38694
新袁镇	Xinyuan Town	35783	20948	5359	3052	6626	24015
李口镇	Likou Town	41495	26220	6585	3261	9871	31810
临河镇	Linhe Town	38557	21583	5872	2816	7894	25848
穿城镇	Chuancheng Town	30540	18994	5436	3299	4603	36410
张家圩镇	Zhangjiawei Town	31078	18391	5764	3366	5965	32698
高渡镇	Gaodu Town	27933	16598	5271	3531	4029	27349
卢集镇	Luji Town	33252	16633	8002	5382	4761	53637
庄圩乡	Zhuangwei Country	31193	17552	4876	2847	4374	31256
里仁乡	Liren Country	29286	17173	4482	2686	4789	25866
三庄乡	Sanzhuang Country	33527	18533	6588	4126	4968	43746

续 表 29 Continued 29

名 称 Name		总人口（人）Total Population (person)	从业人员（人）Employment (person)	土地面积（公顷）Land Area (hectare)	耕地面积（公顷）Cultivated Area (hectare)	财政收入（万元）Financial Revenue (10000 yuan)	粮食产量（吨）Output of Grain (ton)
南刘集乡	Nanliuji Country	29200	17651	5850	3226	5373	24758
八 集 乡	Baji Country	28512	14874	4250	2368	6339	19228
泗 洪 县	**Sihong County**						
青 阳 镇	Qingyang Town	278265	146315	25322	15600	92967	91637
双 沟 镇	Shuanggou Town	34912	30257	7428	4255	46566	23253
上 塘 镇	Shangtang Town	39607	30707	13299	9649	10335	58760
魏 营 镇	Weiying Town	28636	18005	10615	7782	9445	42366
临 淮 镇	Linhuai Town	11593	7024	2100	115	4559	968
半 城 镇	Bancheng Town	12590	9340	8300	741	5758	7183
孙 园 镇	Sunyuan Town	37563	20563	9604	6423	8524	68431
梅 花 镇	Meihua Town	30060	19855	9350	6768	14886	43924
归 仁 镇	Guiren Town	50973	26258	11459	7173	7412	61437
金 锁 镇	Jinsuo Town	33957	25962	8073	4700	9454	38817
朱 湖 镇	Zhuhu Town	23859	15415	7370	4518	4013	41414
界 集 镇	Jieji Town	33503	21203	9600	6441	18396	58080
太 平 镇	Taiping Town	28224	17719	7251	4808	3312	44209
龙 集 镇	Longji Town	29526	18882	8741	4361	8788	41175
四 河 乡	Sihe Country	36582	16854	5983	3493	2699	21281
峰 山 乡	Fengshan Country	18467	13627	5684	3543	6064	23256
天岗湖乡	Tianganghu Country	24608	15592	8918	4633	4365	27233
车 门 乡	Chemen Country	24909	15532	8436	5339	8168	41432
瑶 沟 乡	Yaogou Country	18653	18035	6924	4270	12358	31884
石 集 乡	Shiji Country	21386	12191	8940	3764	5646	53275
城 头 乡	Chengtou Country	15233	10484	7817	4408	3321	59218
陈 圩 乡	Chenwei Country	27060	20653	8820	5238	3851	53828
曹 庙 乡	Caomiao Country	28851	18700	9185	6446	4874	55017

附录

全国分省主要指标

Appendix. Major Indicators by Region

简 要 说 明

一、主要内容

包括全国各省、自治区、直辖市经济社会主要指标。

二、资料来源

资料均来自中国统计出版社出版的《中国统计摘要2015》，部分数据为初步统计数。其中江苏的数据与相应篇章内容保持一致。

Brief Introduction

I. Main Content

Data in this charter include social and economic indicators of provinces, autonomous regions and municipalities.

II. Source of Data

Data in this charter come from *china statistics abstract 2015* published by china statistics press, and part of the data are preliminary statistics. Data of Jiangsu province are consistent with corresponding chapter.

附录 1 - 1　人口及地区生产总值（2014 年）
Population and Gross Domestic Product（2014）

地　区 Region		年末常住人口（万人）Permanent Population at Year-end（10000 persons）	年末城镇人口比重（%）Proportion of Urban Population at Year-end（%）	地区生产总值（亿元）Gross Domestic Products（100 million yuan）	第一产业 Primary Industry	第二产业 Secondary Industry	#工业 Industry	第三产业 Tertiary Industry	人均地区生产总值（元）Per Capita GDP（yuan）
全　国	**National Total**	**136782**	**54.8**	**636463**	**58332**	**271392**	**227991**	**306739**	**46652**
北　京	Beijing	2152	86.4	21330.83	159.00	4545.51	3746.77	16626.32	99995
天　津	Tianjin	1517	82.3	15722.47	199.84	7731.38	7083.39	7791.25	105202
河　北	Hebei	7384	49.3	29421.15	3447.46	15020.17	13330.66	10953.52	39984
山　西	Shanxi	3648	53.8	12759.44	788.14	6343.29	5521.01	5628.01	35064
内蒙古	Inner Mongolia	2505	59.5	17769.51	1627.17	9119.79	7904.40	7022.55	71044
辽　宁	Liaoning	4391	67.1	28626.58	2285.75	14384.64	12656.83	11956.19	65201
吉　林	Jilin	2752	54.8	13803.81	1524.56	7287.26	6420.00	4991.99	50162
黑龙江	Heilongjiang	3833	58.0	15039.38	2611.46	5503.98	4741.83	6923.94	39226
上　海	Shanghai	2426	89.6	23560.94	124.26	8164.79	7362.84	15271.89	97343
江　苏	**Jiangsu**	**7960**	**65.2**	**65088.32**	**3634.33**	**30854.50**	**26962.97**	**30599.49**	**81874**
浙　江	Zhejiang	5508	64.9	40153.50	1779.26	19152.73	16741.80	19221.51	72967
安　徽	Anhui	6083	49.2	20848.75	2392.39	11204.02	9581.37	7252.34	34427
福　建	Fujian	3806	61.8	24055.76	2014.91	12515.36	10426.71	9525.49	63472
江　西	Jiangxi	4542	50.2	15708.59	1683.72	8388.26	6994.71	5636.61	34661
山　东	Shandong	9789	55.0	59426.59	4798.36	28788.11	25340.86	25840.12	60879
河　南	Henan	9436	45.2	34939.38	4160.81	17902.67	15904.28	12875.90	37073
湖　北	Hubei	5816	55.7	27367.04	3176.89	12840.22	10992.79	11349.93	47124
湖　南	Hunan	6737	49.3	27048.46	3148.75	12481.88	10749.88	11417.83	40287
广　东	Guangdong	10724	68.0	67792.24	3166.67	31345.77	29087.55	33279.80	63452
广　西	Guangxi	4754	46.0	15672.97	2412.21	7335.60	6065.34	5925.16	33090
海　南	Hainan	903	53.8	3500.72	809.64	874.42	514.40	1816.66	38924
重　庆	Chongqing	2991	59.6	14265.40	1061.03	6531.86	5175.80	6672.51	47859
四　川	Sichuan	8140	46.3	28536.66	3531.05	14519.41	12408.99	10486.20	35128
贵　州	Guizhou	3508	40.0	9251.01	1275.45	3847.06	3140.88	4128.50	26393
云　南	Yunnan	4714	41.7	12814.59	1991.17	5281.82	3898.97	5541.60	27264
西　藏	Tibet	318	25.8	920.83	91.57	336.84	66.16	492.42	29252
陕　西	Shaanxi	3775	52.6	17689.94	1564.94	9689.78	8090.39	6435.22	46929
甘　肃	Gansu	2591	41.7	6835.27	900.80	2924.86	2263.20	3009.61	26427
青　海	Qinghai	583	49.8	2301.12	215.93	1232.11	954.27	853.08	39633
宁　夏	Ningxia	662	53.6	2752.10	216.84	1343.13	973.53	1192.13	41834
新　疆	Xinjiang	2298	46.1	9264.10	1538.60	3927.82	3179.60	3797.68	40607

注：地区生产总值为初步核算数。

a）Data of gross domestic products are preliminary verification data.

附录 1－2 地区生产总值构成及增速（2014 年）

Structure and Growth Rate of Gross Domestic Product (2014)

地 区 Region		地区生产总值构成（%） Structure of GDP(%)	第一产业 Primary Industry	第二产业 Secondary Industry	#工 业 Industry	第三产业 Tertiary Industry	地区生产总值比上年增长（%） Growth Rate of GDP Over Preceding Year (%)
全 国	**National Total**	**100.0**	**9.2**	**42.6**	**35.8**	**48.2**	**7.4**
北 京	Beijing	100.0	0.7	21.3	17.6	77.9	7.3
天 津	Tianjin	100.0	1.3	49.2	45.1	49.6	10.0
河 北	Hebei	100.0	11.7	51.1	45.3	37.2	6.5
山 西	Shanxi	100.0	6.2	49.7	43.3	44.1	4.9
内蒙古	Inner Mongolia	100.0	9.2	51.3	44.5	39.5	7.8
辽 宁	Liaoning	100.0	8.0	50.2	44.2	41.8	5.8
吉 林	Jilin	100.0	11.0	52.8	46.5	36.2	6.5
黑龙江	Heilongjiang	100.0	17.4	36.6	31.5	46.0	5.6
上 海	Shanghai	100.0	0.5	34.7	31.3	64.8	7.0
江 苏	**Jiangsu**	**100.0**	**5.6**	**47.4**	**41.4**	**47.0**	**8.7**
浙 江	Zhejiang	100.0	4.4	47.7	41.7	47.9	7.6
安 徽	Anhui	100.0	11.5	53.7	46.0	34.8	9.2
福 建	Fujian	100.0	8.4	52.0	43.3	39.6	9.9
江 西	Jiangxi	100.0	10.7	53.4	44.5	35.9	9.7
山 东	Shandong	100.0	8.1	48.4	42.6	43.5	8.7
河 南	Henan	100.0	11.9	51.2	45.5	36.9	8.9
湖 北	Hubei	100.0	11.6	46.9	40.2	41.5	9.7
湖 南	Hunan	100.0	11.6	46.1	39.7	42.2	9.5
广 东	Guangdong	100.0	4.7	46.2	42.9	49.1	7.8
广 西	Guangxi	100.0	15.4	46.8	38.7	37.8	8.5
海 南	Hainan	100.0	23.1	25.0	14.7	51.9	8.5
重 庆	Chongqing	100.0	7.4	45.8	36.3	46.8	10.9
四 川	Sichuan	100.0	12.4	50.9	43.5	36.7	8.5
贵 州	Guizhou	100.0	13.8	41.6	34.0	44.6	10.8
云 南	Yunnan	100.0	15.5	41.2	30.4	43.2	8.1
西 藏	Tibet	100.0	9.9	36.6	7.2	53.5	10.8
陕 西	Shaanxi	100.0	8.8	54.8	45.7	36.4	9.7
甘 肃	Gansu	100.0	13.2	42.8	33.1	44.0	8.9
青 海	Qinghai	100.0	9.4	53.5	41.5	37.1	9.2
宁 夏	Ningxia	100.0	7.9	48.8	35.4	43.3	8.0
新 疆	Xinjiang	100.0	16.6	42.4	34.3	41.0	10.0

附录1－3　固定资产投资完成额（2014年）

Completed Investment in Fixed Assets（2014）

地　区 Region		固定资产投资（含农户）（亿元） Investment in Fixed Assets (Including Farm Households)（100 million yuan）	固定资产投资（不含农户）（亿元） Investment in Fixed Assets (Excluding Farm Households)（100 million yuan）	#房地产开发 Real Estate Development	商品房销售额（亿元） Sales Value of Commercial Housing（100 million yuan）	#住宅 Residence	商品房竣工面积（万平方米） Floor Space of Commercial Housing Completed（10000 sq. m）	商品房销售面积（万平方米） Sales Floor Space of Commercial Residence（10000 sq. m）
全　国	**National Total**	**512761**	**502005**	**95036**	**76292**	**62396**	**107459**	**120649**
北　京	Beijing	6924.24	6873.44	3715.33	2738.74	2102.46	3054.12	1454.19
天　津	Tianjin	10518.17	10490.37	1699.65	1486.94	1294.33	2924.82	1612.98
河　北	Hebei	26671.90	26147.20	4059.72	2928.00	2501.62	4037.56	5706.19
山　西	Shanxi	12296.06	11976.96	1403.55	746.14	639.83	2182.48	1576.27
内蒙古	Inner Mongolia	17585.05	17431.05	1370.88	1064.82	765.04	2012.08	2457.18
辽　宁	Liaoning	24730.83	24426.83	5301.31	3092.10	2518.87	6146.96	5754.81
吉　林	Jilin	11486.54	11254.84	1030.13	808.58	667.62	1573.86	1581.72
黑龙江	Heilongjiang	9878.19	9587.09	1324.09	1208.54	962.69	3000.90	2475.74
上　海	Shanghai	6016.47	6012.97	3206.48	3499.53	2923.44	2313.29	2084.66
江　苏	**Jiangsu**	**41938.65**	**41552.75**	**8240.22**	**6898.42**	**5969.60**	**9620.47**	**9846.84**
浙　江	Zhejiang	24262.76	23554.76	7262.38	4923.00	4172.58	6390.17	4676.83
安　徽	Anhui	21688.54	21069.24	4338.96	3345.19	2691.80	5196.37	6202.18
福　建	Fujian	18219.81	17911.71	4567.40	3763.52	2939.58	3583.57	4119.48
江　西	Jiangxi	15109.94	14677.04	1322.49	1621.76	1379.50	1871.79	3067.16
山　东	Shandong	42495.53	41599.13	5817.95	4879.66	4009.48	7787.31	9180.12
河　南	Henan	30782.18	30012.28	4375.71	3440.58	2739.71	7324.34	7879.67
湖　北	Hubei	22965.27	22491.67	3983.79	3088.31	2543.76	3431.18	5601.98
湖　南	Hunan	21269.73	20575.33	2883.57	2299.11	1858.58	4022.89	5439.53
广　东	Guangdong	26293.96	25843.06	7638.45	8461.84	6960.26	7327.99	9315.76
广　西	Guangxi	13843.20	13287.60	1838.49	1532.05	1274.57	1865.98	3156.55
海　南	Hainan	3112.26	3039.46	1431.65	935.21	873.22	1203.90	1003.97
重　庆	Chongqing	12281.12	12136.52	3630.23	2814.99	2253.28	3717.78	5100.39
四　川	Sichuan	23318.66	22662.26	4380.09	3997.37	3145.02	5334.45	7142.44
贵　州	Guizhou	9025.70	8778.40	2187.67	1370.31	1000.01	2842.32	3178.12
云　南	Yunnan	11498.56	11073.86	2846.65	1596.37	1165.39	1788.62	3194.19
西　藏	Tibet	1069.23	1069.23	52.91	34.25	28.55	52.47	59.33
陕　西	Shaanxi	17192.14	16840.44	2426.49	1598.04	1368.12	2188.91	3093.64
甘　肃	Gansu	7884.12	7759.62	721.47	602.34	513.47	813.22	1325.51
青　海	Qinghai	2861.21	2788.91	308.27	211.27	155.83	559.49	415.77
宁　夏	Ningxia	3173.82	3093.92	654.80	464.96	352.03	1203.68	1129.46
新　疆	Xinjiang	9438.31	9058.31	1014.81	840.47	625.35	2086.08	1815.88

附录 1－4　居民人均收入与支出（2014 年）
Per Capita Disposable Income and Comsumption Expenditure of Residents（2014）

单位：元　　　　（yuan）

地　区	Region	全体居民 All Residents 人均可支配收入 Per Capita Disposable Income	全体居民 All Residents 人均消费支出 Per Capita Consumption Expenditure	城镇常住居民 Urban Residents 人均可支配收入 Per Capita Disposable Income	城镇常住居民 Urban Residents 人均消费支出 Per Capita Consumption Expenditure	农村常住居民 Rural Resident 人均可支配收入 Per Capita Disposable Income	农村常住居民 Rural Resident 人均消费支出 Per Capita Consumption Expenditure
全　国	**National Total**	**20167**	**14491**	**28844**	**19968**	**10489**	**8383**
北　京	Beijing	44489	31103	48532	33717	18867	14535
天　津	Tianjin	28832	22343	31506	24290	17014	13739
河　北	Hebei	16647	11932	24141	16204	10186	8248
山　西	Shanxi	16538	10864	24069	14637	8809	6992
内蒙古	Inner Mongolia	20559	16258	28350	20885	9976	9972
辽　宁	Liaoning	22820	16068	29082	20520	11191	7801
吉　林	Jilin	17520	13026	23218	17156	10780	8140
黑龙江	Heilongjiang	17404	12769	22609	16467	10453	7830
上　海	Shanghai	45966	33065	48841	35182	21192	14820
江　苏	**Jiangsu**	**27173**	**19164**	**34346**	**23476**	**14958**	**11820**
浙　江	Zhejiang	32658	22552	40393	27242	19373	14498
安　徽	Anhui	16796	11727	24839	16107	9916	7981
福　建	Fujian	23331	17644	30722	22204	12650	11056
江　西	Jiangxi	16734	11089	24309	15142	10117	7548
山　东	Shandong	20864	13329	29222	18323	11882	7962
河　南	Henan	15695	11000	23672	16184	9966	7277
湖　北	Hubei	18283	12928	24852	16681	10849	8681
湖　南	Hunan	17622	13289	26570	18335	10060	9025
广　东	Guangdong	25685	19205	32148	23612	12246	10043
广　西	Guangxi	15557	10274	24669	15045	8683	6675
海　南	Hainan	17476	12471	24487	17514	9913	7029
重　庆	Chongqing	18352	13811	25147	18279	9490	7983
四　川	Sichuan	15749	12368	24234	17760	9348	8301
贵　州	Guizhou	12371	9303	22548	15255	6671	5970
云　南	Yunnan	13772	9870	24299	16268	7456	6030
西　藏	Tibet	10730	7317	22016	15669	7359	4822
陕　西	Shaanxi	15837	12204	24366	17546	7932	7252
甘　肃	Gansu	12185	9875	21804	15942	6277	6148
青　海	Qinghai	14374	12605	22307	17493	7283	8235
宁　夏	Ningxia	15907	12485	23285	17216	8410	7676
新　疆	Xinjiang	15097	11904	23214	17685	8724	7365

附录1－5 农林牧渔业总产值和增速(2014年)

Gross Output Value and Growth Rate of Agriculture, Forestry, Animal Husbandry and Fishery (2014)

地区	Region	农林牧渔业总产值(亿元)	#农业 Farming	#林业 Forestry	#畜牧业 Animal Husbandry	#渔业 Fishery	农林牧渔业总产值比上年增长(%) Grouth Rate of Gross Output Value of Agriculture, Forestry, Animal Husbandry and Fishery Over Preceding Year(%)
			Gross Output Value of Agriculture, Forestry, Animal Husbandry and Fishery (100 million yuan)				
全国	**National Total**	**102226**	**54772**	**4256**	**28956**	**10334**	**4.2**
北京	Beijing	420.07	155.10	90.69	152.66	13.20	0.0
天津	Tianjin	441.71	230.74	3.22	117.59	79.47	3.0
河北	Hebei	5994.79	3453.42	108.14	1952.02	190.97	4.0
山西	Shanxi	1530.48	984.03	98.47	354.57	9.82	4.0
内蒙古	Inner Mongolia	2779.81	1408.44	96.44	1205.65	29.07	3.1
辽宁	Liaoning	4498.36	1734.13	152.44	1717.48	699.80	2.4
吉林	Jilin	2763.01	1342.54	104.43	1195.02	40.13	4.1
黑龙江	Heilongjiang	4894.80	3015.61	195.71	1486.15	102.74	5.5
上海	Shanghai	322.22	169.51	8.78	69.93	62.50	1.0
江苏	**Jiangsu**	**6443.37**	**3362.81**	**118.18**	**1182.69**	**1426.74**	**3.1**
浙江	Zhejiang	2844.59	1385.96	147.00	472.23	779.36	1.0
安徽	Anhui	4223.73	2119.21	283.07	1182.07	459.70	4.6
福建	Fujian	3522.31	1529.57	323.25	522.89	1025.19	4.5
江西	Jiangxi	2726.54	1144.08	274.18	814.88	400.65	4.8
山东	Shandong	9198.26	4765.78	131.53	2418.30	1481.75	4.0
河南	Henan	7549.11	4491.95	152.40	2505.20	105.10	4.2
湖北	Hubei	5452.84	2761.67	157.03	1427.70	844.16	5.6
湖南	Hunan	5304.82	2884.73	304.81	1503.21	338.85	4.7
广东	Guangdong	5234.21	2613.18	279.83	1077.37	1080.31	3.0
广西	Guangxi	3947.73	1993.98	303.17	1087.25	413.12	3.7
海南	Hainan	1252.18	568.22	103.18	228.00	310.24	4.9
重庆	Chongqing	1594.96	967.87	53.56	486.36	64.93	4.3
四川	Sichuan	5888.09	3078.61	195.99	2318.84	192.35	4.0
贵州	Guizhou	2118.48	1321.86	99.62	569.29	47.01	6.6
云南	Yunnan	3263.35	1806.30	303.12	975.78	78.14	6.2
西藏	Tibet	138.72	63.26	2.64	69.34	0.17	4.2
陕西	Shaanxi	2741.82	1870.78	73.57	648.27	19.89	5.1
甘肃	Gansu	1618.80	1174.93	25.54	268.43	2.15	5.4
青海	Qinghai	327.49	144.21	6.61	169.14	2.22	5.4
宁夏	Ningxia	445.47	273.96	10.00	126.78	14.93	6.1
新疆	Xinjiang	2744.01	1955.11	49.39	651.20	19.60	6.8

注：本表绝对数按当年价格计算，增速按可比价格计算。

a) In this table the absolute value is counted with current price, while the growth rate is counted with comparable price.

附录1－6　主要农产品产量（2014年）
Output of Major Agricultural Products (2014)

单位:万吨　　(10000 tons)

地区 Region		粮食 Grain	油料 Oil-bearing Crops	棉花 Cotton	肉类 Meat	奶类 Milk	水果 Fruit
全　国	**National Total**	**60703**	**3507**	**618**	**8707**	**3841**	**26142**
北　京	Beijing	63.94	0.67	0.01	39.30	59.48	96.45
天　津	Tianjin	175.95	0.52	3.82	46.44	68.91	62.70
河　北	Hebei	3360.17	150.20	43.10	468.13	496.12	2018.98
山　西	Shanxi	1330.78	17.32	2.36	87.48	97.19	770.77
内蒙古	Inner Mongolia	2753.01	170.31	0.15	252.33	797.08	322.32
辽　宁	Liaoning	1753.90	63.69	0.01	429.21	134.47	870.56
吉　林	Jilin	3532.84	85.70	0.08	261.97	49.83	229.75
黑龙江	Heilongjiang	6242.19	17.15		230.20	560.14	258.74
上　海	Shanghai	112.54	1.28	0.12	23.36	27.05	86.16
江　苏	**Jiangsu**	**3490.62**	**146.60**	**15.95**	**379.46**	**60.72**	**861.62**
浙　江	Zhejiang	757.41	30.66	2.48	157.14	15.90	714.84
安　徽	Anhui	3415.83	228.80	26.33	414.02	27.87	965.28
福　建	Fujian	667.03	29.82	0.01	213.71	15.36	790.85
江　西	Jiangxi	2143.50	121.71	13.37	339.82	12.85	627.07
山　东	Shandong	4596.60	335.89	66.50	770.24	289.59	3134.05
河　南	Henan	5772.30	584.33	14.69	719.00	342.37	2560.19
湖　北	Hubei	2584.17	341.73	35.95	440.44	16.41	972.34
湖　南	Hunan	3001.26	233.77	12.90	546.52	9.30	920.05
广　东	Guangdong	1357.34	105.48		429.43	13.81	1560.72
广　西	Guangxi	1534.41	61.30	0.25	420.02	9.65	1560.60
海　南	Hainan	186.60	11.57		79.49	0.23	413.00
重　庆	Chongqing	1144.54	56.94		214.21	5.69	347.61
四　川	Sichuan	3374.90	300.79	1.24	714.74	71.30	884.55
贵　州	Guizhou	1138.50	98.05	0.11	201.81	5.71	196.38
云　南	Yunnan	1860.70	64.68	0.03	378.52	64.60	669.02
西　藏	Tibet	97.97	6.38		26.39	34.32	1.44
陕　西	Shaanxi	1197.78	62.30	4.22	116.75	192.31	1849.92
甘　肃	Gansu	1158.65	72.42	6.44	95.47	40.28	636.58
青　海	Qinghai	104.81	31.51		33.39	31.26	2.57
宁　夏	Ningxia	377.90	16.52		28.51	135.74	290.24
新　疆	Xinjiang	1414.47	59.33	367.72	149.25	155.65	1466.89

附录1－7 规模以上工业企业主要经济指标(2014年)
Main Economic Indicators of above Designated Size Industrial Enterprises (2014)

单位:亿元 (100 million yuan)

地区	Region	主营业务收入 Revenue from Principal Business	利润总额 Total Profits	利税总额 Total Profits and Taxes	应收账款 Accounts Receivable	产成品 Finished Goods	资产总计 Total Assets
全国	**National Total**	**1094647**	**64715**	**113117**	**105168**	**37110**	**925245**
北京	Beijing	19439.6	1493.2	2340.9	3574.6	750.8	33018.7
天津	Tianjin	28275.9	2042.8	3168.6	3213.8	958.9	23246.3
河北	Hebei	46532.2	2421.7	3962.5	3073.8	1426.8	39177.3
山西	Shanxi	17119.9	210.6	973.4	2234.4	792.5	29184.9
内蒙古	Inner Mongolia	19064.0	1294.4	2262.2	1741.2	635.7	25751.5
辽宁	Liaoning	49686.1	2011.7	4070.4	3577.5	1429.7	38035.9
吉林	Jilin	23220.0	1397.7	2563.1	1249.0	605.2	16453.7
黑龙江	Heilongjiang	13086.0	985.0	2129.2	1227.1	508.6	14449.7
上海	Shanghai	34725.0	2646.5	4502.8	5901.3	1436.9	34349.7
江苏	**Jiangsu**	**141956.0**	**9057.2**	**14943.7**	**16341.3**	**4525.6**	**101259.5**
浙江	Zhejiang	63237.0	3543.7	5968.9	9577.3	3294.1	63198.6
安徽	Anhui	36653.6	1775.2	3169.6	3492.4	1191.8	28283.3
福建	Fujian	36300.1	2081.7	3476.7	3543.1	1370.0	27435.1
江西	Jiangxi	30597.1	2043.9	3358.7	1485.4	671.1	15535.7
山东	Shandong	143488.1	8763.4	14263.1	7615.8	3987.0	91367.5
河南	Henan	66787.5	4771.4	6951.8	4262.4	1339.1	48528.8
湖北	Hubei	40708.0	2174.6	3986.4	3280.2	1521.4	31490.4
湖南	Hunan	33303.2	1523.2	3589.3	2525.4	847.0	20843.5
广东	Guangdong	113827.8	6611.9	10603.1	15118.8	4348.8	86745.5
广西	Guangxi	18455.1	963.8	1874.9	1277.4	721.4	13915.5
海南	Hainan	1742.3	88.5	223.5	154.3	103.8	2423.0
重庆	Chongqing	18057.1	1160.5	2098.1	1765.2	550.7	14563.1
四川	Sichuan	37559.7	2046.3	3897.3	3514.1	1240.0	36172.9
贵州	Guizhou	8108.0	530.5	1188.8	713.5	290.7	11041.6
云南	Yunnan	10041.6	478.9	1762.3	806.4	544.9	16595.5
西藏	Tibet	113.5	12.4	24.1	17.0	7.8	656.9
陕西	Shaanxi	18313.6	1706.5	3307.4	1690.4	762.4	23897.3
甘肃	Gansu	9092.6	233.2	777.0	670.3	467.2	10730.6
青海	Qinghai	2249.8	98.9	243.5	230.9	117.4	5300.9
宁夏	Ningxia	3468.9	102.5	266.0	409.4	281.2	6769.1
新疆	Xinjiang	9005.0	661.2	1484.4	900.4	494.7	15932.0

附录 1－8　规模以上工业企业主要经济效益指标(2014 年)

Main Indicators on Economic Benefit of above Designated Size Industrial Enterprises (2014)

单位:%　　　　(%)

地区 Region		总资产贡献率 Ratio of Total Assets to Industrial Output Value	资本保值增值率 Capital Appreciation Rate	资产负债率 Assets Liability Ratio	流动资产周转次数(次) Times of Turnover of Circulating Funds(times)	成本费用利润率 Ratio of Profits to Industrial Cost	产品销售率 Proportion of Products Sold
全　国	**National Total**	**14.34**	**111.89**	**56.84**	**2.64**	**6.36**	**97.77**
北　京	Beijing	8.16	112.20	50.69	1.47	8.13	98.87
天　津	Tianjin	15.27	114.08	61.99	2.35	7.84	97.75
河　北	Hebei	12.09	109.86	57.90	3.02	5.57	97.77
山　西	Shanxi	5.39	101.26	72.61	1.49	1.25	94.88
内蒙古	Inner Mongolia	10.91	108.40	61.51	2.20	7.53	96.94
辽　宁	Liaoning	12.51	107.95	56.98	3.15	4.29	97.60
吉　林	Jilin	17.78	109.99	53.95	3.37	6.52	98.03
黑龙江	Heilongjiang	16.37	105.07	56.62	2.26	8.54	98.33
上　海	Shanghai	14.09	107.11	49.35	1.77	8.28	99.52
江　苏	**Jiangsu**	**15.87**	**112.08**	**54.92**	**2.71**	**6.71**	**98.41**
浙　江	Zhejiang	11.62	109.35	58.84	1.82	5.95	96.83
安　徽	Anhui	13.41	113.36	58.66	3.07	5.15	97.62
福　建	Fujian	15.11	108.57	54.51	2.79	6.13	97.23
江　西	Jiangxi	24.95	118.66	51.76	4.78	7.23	98.86
山　东	Shandong	18.52	119.23	54.35	3.61	6.57	99.08
河　南	Henan	17.22	118.74	46.81	3.36	7.77	98.30
湖　北	Hubei	14.73	111.98	54.33	3.03	5.75	97.11
湖　南	Hunan	19.94	112.27	53.01	3.92	4.99	98.36
广　东	Guangdong	13.87	109.91	57.79	2.39	6.21	97.13
广　西	Guangxi	15.76	106.93	62.50	2.97	5.60	95.33
海　南	Hainan	10.72	109.04	51.91	1.83	5.56	97.21
重　庆	Chongqing	17.10	116.43	62.03	2.90	6.91	97.97
四　川	Sichuan	13.16	115.00	60.26	2.64	5.87	97.81
贵　州	Guizhou	13.41	113.75	63.52	1.98	7.27	95.24
云　南	Yunnan	13.07	107.39	64.46	1.71	5.42	95.53
西　藏	Tibet	4.38	107.28	39.34	0.73	11.74	94.41
陕　西	Shaanxi	16.15	114.74	55.80	2.27	10.69	95.37
甘　肃	Gansu	9.42	109.82	62.99	2.29	2.71	94.28
青　海	Qinghai	6.61	108.86	67.63	1.51	4.69	94.87
宁　夏	Ningxia	6.01	115.58	66.38	1.48	3.11	95.54
新　疆	Xinjiang	11.55	106.43	62.45	1.95	8.38	96.89

附录 1－9 主要工业产品产量(2014 年)
Output of Major Industrial Products (2014)

地　区		发电量(亿千瓦小时) Electricity (100 million kW·h)	生铁(万吨) Pig Irom (10000 tons)	粗钢(万吨) Rough Steel (10000 tons)	钢材(万吨) Steel Products (10000 tons)	水泥(万吨) Cement (10000 tons)	农用化肥(万吨) Chemical Fertilizers (10000 tons)	汽车(万辆) Truck (10000 units)	布(亿米) Cloth (100 million meter)
Region									
全　国	**National Total**	**56496**	**71160**	**82270**	**112557**	**247614**	**6887**	**2373**	**894**
北　京	Beijing	364.0		2.1	195.0	703.6		206.3	0.0
天　津	Tianjin	625.5	2182.5	2287.1	7303.9	957.9	16.0	51.2	2.3
河　北	Hebei	2499.9	16932.6	18530.3	23995.2	10677.4	203.1	97.8	66.1
山　西	Shanxi	2647.0	4052.0	4325.4	4701.0	4700.0	424.4		0.8
内蒙古	Inner Mongolia	3857.8	1330.7	1661.5	1763.2	6294.0	126.1	2.4	
辽　宁	Liaoning	1647.8	6167.7	6511.4	6946.0	5807.6	71.9	112.1	6.7
吉　林	Jilin	771.7	1132.8	1264.8	1412.2	3702.7	17.9	237.4	0.4
黑龙江	Heilongjiang	881.3	456.7	476.3	483.5	3702.6	48.4	10.8	0.1
上　海	Shanghai	792.3	1643.3	1774.5	2309.1	686.0	1.5	247.4	1.4
江　苏	**Jiangsu**	**4347.1**	**7080.1**	**10195.5**	**13255.2**	**19439.1**	**230.7**	**125.7**	**91.3**
浙　江	Zhejiang	2885.3	1140.3	1748.3	4171.0	12390.0	35.7	30.9	250.7
安　徽	Anhui	2033.9	1998.6	2451.4	3265.7	12921.0	299.7	93.4	12.7
福　建	Fujian	1873.4	907.7	1820.8	3019.6	7760.9	48.9	18.1	74.3
江　西	Jiangxi	873.3	2075.3	2235.3	2611.1	9831.2	135.8	46.2	9.9
山　东	Shandong	3691.1	6719.1	6411.0	8939.4	16496.3	555.0	103.0	128.1
河　南	Henan	2729.9	2779.6	2882.2	4704.1	17080.7	491.7	40.9	32.3
湖　北	Hubei	2382.3	2437.6	3056.4	3429.0	11418.1	1206.0	174.5	84.0
湖　南	Hunan	1313.7	1780.7	1917.6	1989.3	12060.1	113.6	29.5	3.9
广　东	Guangdong	3948.4	1082.4	1710.4	3447.1	14783.4	58.4	216.8	43.6
广　西	Guangxi	1310.0	1231.7	2084.3	3262.6	10706.5	111.5	209.2	0.5
海　南	Hainan	244.6		22.4	29.7	2151.6	66.3	9.0	
重　庆	Chongqing	675.8	444.6	785.6	1322.0	6688.8	215.2	231.4	6.9
四　川	Sichuan	3079.4	1931.4	2243.0	2935.2	14612.7	453.6	32.4	20.3
贵　州	Guizhou	1747.7	498.6	551.6	552.4	9456.4	529.2		
云　南	Yunnan	2550.0	1704.9	1689.1	1935.1	9596.9	318.4	11.0	
西　藏	Tibet	32.3			1.1	342.2			
陕　西	Shaanxi	1620.8	884.0	1038.3	1683.9	9129.7	179.2	37.5	6.7
甘　肃	Gansu	1241.1	898.8	1074.0	1108.1	4931.5	50.2	0.7	
青　海	Qinghai	580.3	127.0	144.3	131.4	1859.6	504.9		
宁　夏	Ningxia	1156.6	201.7	161.5	165.6	1793.9	46.5		
新　疆	Xinjiang	2090.9	1337.5	1213.4	1489.5	4974.6	323.6	1.1	0.6

附录1－10　建筑业主要指标(2014年)
Main Indicators on Construction (2014)

地区 Region		企业个数(个) Number of Construction Enterprises (unit)	从事建筑业活动的从业人员平均人数(万人) the Average Number of Employees Engaged in Principal Business (10000 persons)	建筑业总产值(亿元) Gross Output Value of Construction (100 million yuan)	房屋建筑面积施工面积(万平方米) Floor Space of Building under Construction (10000 sq. m)	房屋建筑面积竣工面积(万平方米) Floor Space of Building Completed (10000 sq. m)	按建筑业总产值计算的劳动生产率(元/人) Calculated by the Gross Output Value of Construction Labor Productivity (yuan/person)
全　国	**National Total**	**81141**	**5516**	**176713**	**1250249**	**423123**	**320366**
北　京	Beijing	3043	160.87	8209.80	56477.12	9274.99	510338
天　津	Tianjin	1629	91.15	4123.49	14158.77	3232.02	452385
河　北	Hebei	2395	146.27	5625.75	37112.73	12582.71	384614
山　西	Shanxi	2357	106.53	3103.49	13928.53	3940.04	291325
内蒙古	Inner Mongolia	863	51.01	1402.93	8053.42	3648.93	275030
辽　宁	Liaoning	6028	242.05	7851.12	48283.22	16272.97	324359
吉　林	Jilin	2195	63.42	2521.00	13990.26	7372.34	397509
黑龙江	Heilongjiang	1825	85.66	2150.75	7034.57	3884.56	251080
上　海	Shanghai	2888	132.21	5499.94	34994.68	7580.77	416000
江　苏	**Jiangsu**	**9220**	**828.27**	**24592.93**	**213038.78**	**76795.04**	**296918**
浙　江	Zhejiang	6057	742.22	22668.19	201851.29	66483.05	305411
安　徽	Anhui	2747	174.85	5482.93	39488.44	15307.92	313579
福　建	Fujian	3109	279.61	6689.21	57385.67	15392.71	239234
江　西	Jiangxi	1712	135.41	4122.63	27732.04	12725.69	304455
山　东	Shandong	5758	332.49	9313.45	71083.33	24220.75	280112
河　南	Henan	4762	257.39	7911.89	48825.35	19818.32	307389
湖　北	Hubei	3217	206.37	10059.59	62227.88	24867.25	487454
湖　南	Hunan	2030	211.57	6020.97	47433.19	16583.00	284585
广　东	Guangdong	4387	222.25	8356.50	53443.21	13885.45	375996
广　西	Guangxi	1079	81.51	2608.91	21168.07	6733.02	320072
海　南	Hainan	149	7.26	276.33	2015.97	778.76	380620
重　庆	Chongqing	2426	183.02	5552.20	32889.54	12815.64	303366
四　川	Sichuan	3415	298.35	8066.66	53362.63	19544.25	270376
贵　州	Guizhou	708	45.86	1640.24	13889.68	2800.77	357662
云　南	Yunnan	2304	107.60	3054.67	15824.43	7246.55	283891
西　藏	Tibet	172	2.85	71.25	225.19	157.50	250000
陕　西	Shaanxi	1656	136.16	4557.71	23031.28	6917.76	334732
甘　肃	Gansu	1281	64.36	1814.52	11531.10	4172.00	281933
青　海	Qinghai	391	14.08	432.91	1072.82	479.39	307464
宁　夏	Ningxia	524	23.81	625.16	4355.18	1493.23	262562
新　疆	Xinjiang	1009	81.52	2306.28	14340.17	6115.37	282910

附录 1－11　客运量和旅客周转量（2014 年）
Passenger Traffic and Turnover Volume of Passenger Traffic（2014）

地区	Region	客运量（万人）Passenger Traffic（10000 persons）	铁路 Railway	公路 Highway	水运 Waterway	旅客周转量（亿人公里）Turnover Volume of Passenger Traffic（100 million person-km）	铁路 Railway	公路 Highway	水运 Waterway
全国	**National Total**	**2209361**	**235704**	**1908198**	**26293**	**30096**	**11605**	**12084**	**74**
北京	Beijing	65063	12709	52354		273.9	135.6	138.3	
天津	Tianjin	18300	3687	14530	83	246.7	158.1	88.5	0.1
河北	Hebei	60726	9571	51151	4	1276.7	985.9	290.5	0.3
山西	Shanxi	34168	6949	27091	128	384.5	202.4	182.0	0.1
内蒙古	Inner Mongolia	18283	4789	13494		363.1	201.7	161.4	
辽宁	Liaoning	94172	12841	80789	542	991.2	609.1	375.6	6.5
吉林	Jilin	35004	6935	27866	203	424.5	251.0	173.3	0.2
黑龙江	Heilongjiang	46841	10096	36379	366	493.1	261.4	231.2	0.4
上海	Shanghai	13317	9194	3754	369	209.9	84.5	124.3	1.1
江苏	**Jiangsu**	**155207**	**15374**	**137270**	**2563**	**1444.6**	**589.6**	**852.0**	**3.0**
浙江	Zhejiang	130144	13648	112915	3581	1076.8	513.1	558.1	5.6
安徽	Anhui	139553	7972	131403	178	1417.3	617.6	799.4	0.3
福建	Fujian	58719	8345	48580	1794	622.7	284.9	334.9	2.9
江西	Jiangxi	67795	7840	59674	281	971.3	654.5	316.5	0.4
山东	Shandong	74378	10304	62052	2022	1143.6	620.4	511.4	11.8
河南	Henan	140180	11647	128279	254	1746.0	900.6	844.9	0.5
湖北	Hubei	100730	12379	87803	548	1209.0	722.2	483.9	2.9
湖南	Hunan	161838	9806	150583	1449	1660.7	881.4	776.5	2.8
广东	Guangdong	180789	20942	157234	2613	2315.4	674.9	1629.8	10.7
广西	Guangxi	51905	4770	46623	512	652.7	237.0	413.2	2.5
海南	Hainan	14209	1543	11042	1624	120.5	28.1	89.1	3.3
重庆	Chongqing	68399	4057	63630	712	507.1	147.0	352.6	7.6
四川	Sichuan	138274	8905	126691	2678	954.7	322.0	630.0	2.7
贵州	Guizhou	86571	4409	80231	1931	635.5	217.4	412.9	5.2
云南	Yunnan	49080	3479	44502	1099	437.3	113.9	321.1	2.4
西藏	Tibet	1571	163	1408		45.1	12.3	32.8	
陕西	Shaanxi	74188	7077	66720	391	804.4	464.7	339.0	0.7
甘肃	Gansu	38985	2672	36224	89	607.1	377.9	229.0	0.2
青海	Qinghai	5444	615	4769	60	102.9	56.3	46.5	0.1
宁夏	Ningxia	9187	657	8311	219	114.2	48.5	65.7	0.1
新疆	Xinjiang	37176	2329	34847		500.0	220.2	279.8	

附录1－12 货运量和货物周转量（2014年）
Freight Traffic and Turnover Volume of Freight Traffic（2014）

地区 Region		货运量（万吨）Freight Traffic（10000 tons）	铁路 Railway	公路 Highway	水运 Waterway	货物周转量（亿吨公里）Turnover Volume of Freight Traffic（100 million ton-km）	铁路 Railway	公路 Highway	水运 Waterway
全国	**National Total**	**4381089**	**381334**	**3332838**	**598283**	**185398**	**27530**	**61017**	**92775**
北京	Beijing	26551	1135	25416		1036.7	871.5	165.2	
天津	Tianjin	49753	8874	31130	9749	3602.4	519.3	349.0	2734.0
河北	Hebei	209946	20619	185286	4041	12684.5	4183.1	7019.6	1481.8
山西	Shanxi	164919	76411	88491	17	3710.8	2347.6	1363.2	
内蒙古	Inner Mongolia	191869	65165	126704		4471.1	2367.6	2103.5	
辽宁	Liaoning	222138	19154	189174	13810	12235.7	1181.3	3074.9	7979.5
吉林	Jilin	48311	6074	41830	407	1703.8	511.7	1190.8	1.4
黑龙江	Heilongjiang	60212	11777	47173	1262	1811.1	794.7	1008.5	7.9
上海	Shanghai	89980	549	42848	46583	18633.4	12.4	300.8	18320.1
江苏	**Jiangsu**	**195867**	**6090**	**114449**	**75328**	**10411.7**	**346.1**	**1978.5**	**8087.1**
浙江	Zhejiang	194250	4343	117070	72837	9539.7	223.1	1419.4	7897.2
安徽	Anhui	434298	10488	315223	108587	13500.6	810.0	7392.4	5298.2
福建	Fujian	111757	3402	82573	25782	4780.2	149.7	974.8	3655.7
江西	Jiangxi	151878	4934	137782	9162	3828.0	539.3	3073.3	215.4
山东	Shandong	264458	20268	230018	14172	8253.0	1314.2	5711.4	1227.4
河南	Henan	200801	11770	179680	9351	7401.1	1963.2	4822.4	615.6
湖北	Hubei	150762	4689	116279	29794	5503.6	846.8	2340.6	2316.2
湖南	Hunan	203053	4753	172613	25687	4138.4	849.5	2578.9	709.9
广东	Guangdong	343491	9136	257136	77219	14801.0	279.4	3113.8	11407.8
广西	Guangxi	163023	6684	134330	22009	4089.7	770.4	2068.5	1250.7
海南	Hainan	23632	854	11015	11763	1488.1	12.4	81.5	1394.2
重庆	Chongqing	97377	2054	81206	14117	2595.0	165.8	797.8	1631.3
四川	Sichuan	159034	8541	142132	8361	2465.1	800.4	1510.5	154.2
贵州	Guizhou	85672	6317	78017	1338	1441.8	633.9	776.9	30.9
云南	Yunnan	108544	4823	103161	560	1445.6	430.1	1002.3	13.1
西藏	Tibet	1914	43	1871		110.4	24.4	86.0	
陕西	Shaanxi	157012	37483	119343	186	3521.5	1603.4	1917.5	0.6
甘肃	Gansu	57239	6448	50781	10	2515.5	1522.9	992.6	
青海	Qinghai	14638	3608	11030		506.9	272.6	234.4	
宁夏	Ningxia	41308	6990	34318		836.8	306.4	530.5	
新疆	Xinjiang	72168	7410	64758		1880.9	843.6	1037.3	

附录 1－13　国内外贸易（2014 年）
Domestic and Foreign Trade（2014）

地　区	Region	社会消费品零售总额（亿元）Total Ratail Sales of Consumer Goods（100 million yuan）	进出口总额（亿美元）Total Value of Imports and Exports Through Customs（USD 100 million）	出　口 Exports	进　口 Imports
全　国	**National Total**	**271896**	**43030**	**23427**	**19603**
北　京	Beijing	9638.00	4156.54	623.48	3533.06
天　津	Tianjin	4738.65	1339.12	525.97	813.16
河　北	Hebei	11820.46	598.83	357.13	241.69
山　西	Shanxi	5717.89	162.49	89.42	73.06
内蒙古	Inner Mongolia	5657.56	145.54	63.94	81.59
辽　宁	Liaoning	11856.98	1139.60	587.59	552.01
吉　林	Jilin	6080.90	263.78	57.78	206.00
黑龙江	Heilongjiang	7015.31	389.00	173.40	215.60
上　海	Shanghai	9303.49	4664.09	2101.63	2562.45
江　苏	**Jiangsu**	**23458.07**	**5637.62**	**3418.69**	**2218.93**
浙　江	Zhejiang	17835.34	3551.47	2733.54	817.94
安　徽	Anhui	7957.03	492.73	314.93	177.80
福　建	Fujian	9346.74	1774.99	1134.57	640.42
江　西	Jiangxi	5292.63	427.83	320.38	107.45
山　东	Shandong	25111.53	2771.15	1447.45	1323.70
河　南	Henan	14004.95	650.33	393.84	256.49
湖　北	Hubei	12449.27	430.64	266.46	164.18
湖　南	Hunan	10723.45	310.27	200.23	110.04
广　东	Guangdong	28471.15	10767.34	6462.22	4305.12
广　西	Guangxi	5772.83	405.53	243.30	162.23
海　南	Hainan	1224.50	158.73	44.17	114.57
重　庆	Chongqing	5710.67	954.50	634.09	320.41
四　川	Sichuan	12392.98	702.52	448.50	254.02
贵　州	Guizhou	2936.85	108.14	93.97	14.17
云　南	Yunnan	4632.87	296.22	188.02	108.20
西　藏	Tibet	364.51	22.55	21.01	1.54
陕　西	Shaanxi	5918.71	274.08	139.29	134.79
甘　肃	Gansu	2668.33	86.49	53.31	33.18
青　海	Qinghai	620.83	17.19	11.28	5.91
宁　夏	Ningxia	737.18	54.35	43.03	11.32
新　疆	Xinjiang	2436.50	276.69	234.83	41.87

常熟市

古城风韵

常熟市位于“长三角”经济带中心，是一座文化之城、生态之城，也是一座创新之城、和谐之城。市域面积1276平方公里，下辖9个镇、2个街道办、1个国家级经济技术开发区、1个省级高新技术开发区及虞山尚湖度假区,户籍人口106.9万人，常住人口151万。

改革开放以来，常熟市地区生产总值、工业产值、财政收入年均增长保持在20%左右。近年来，面对经济下行压力持续加大，常熟市全力以赴稳增长、抓创新、促转型、惠民生，开启了率先基本实现现代化的新征程，巩固和发展了率先发展、科学发展、和谐发展的良好局面，综合实力稳居全国百强县（市）前列。2014年，全市实现地区生产总值2009.36亿元，同比增长7.5%；一般公共预算收入147.4亿元，增长6.4%；社会消费品零售总额618.7亿元，增长9.6%；城镇居民人均可支配收入46571元，增长8.6%；农村居民人均可支配收入23767元，增长10.1%。

新校车投用

体育中心

捷豹路虎汽车生产流水线

南三环高架

虞山公园春色

南通市

老城夜景

南通地处中国东部沿海走廊与长江入海口交汇处，处于长三角一体化和江苏沿海开发两大国家战略叠加优势区，中国首批对外开放的14个沿海城市之一，东临黄海，南濒长江，与上海、苏州灯火相邀，西、北与泰州、盐城接壤，据江海之会、扼南北之喉。南通集“黄金海岸”与“黄金水道”优势于一身，拥有沿海岸线206公里，长江岸线226公里。境内拥有苏通和崇启两座长江大桥，沈海高速、沪陕高速、宁启高速和锡通高速等4条高速，新长铁路、宁启铁路穿境而过，每周133个航班飞往全国15个城市。2014年，全市拥有陆域面积10549平方公里，海域面积约1万平方公里，户籍人口767.6万人，下辖3个市辖区、3个县级市和2个县，拥有6个国家级开发开放平台，9个省级开发区，14个跨国跨江合作园区。近日，经国家发改委批复，江苏省人民政府同意，通州湾江海联动开发示范区正式成立，南通又增添新的重大平台。

在中国近代文化科教史上，南通创办第一所师范学校、第一座民间博物苑、第一所纺织学校、第一所刺绣学校、第一所戏剧学校、第一所中国人办的盲哑学校和第一所气象站等“七个第一”，被誉为“中国近代第一城”。改革开放以来，760万“敢为人先、包容汇通”的江海儿女辛勤奋斗，成为中国著名的文博之乡、长寿之乡、体育之乡、纺织之乡、建筑之乡和教育之乡。先后获得全国文明城市、国家环保模范城市、全国卫生城市、国家园林城市、国家历史文化名城、全国科技进步先进市、全国社会治安综合治理优秀市、跨国公司最佳投资城市、中国投资环境百强市等殊荣，素有“江海明珠”、“扬子第一窗口”之美誉。

近年来，南通市委市政府积极贯彻落实中央和省委、省政府决策部署，紧扣主题主线，坚持稳中求进、改革创新，以“双创双争”为抓手，全面深化以陆海统筹发展综合配套改革为重点的各项改革，与时俱进落

江上看南通

实省委、省政府“八项工程”，经济运行保持平稳发展态势，“两个率先”建设不断深入，全面建成小康社会综合得分高于全省平均水平，继续领跑苏中苏北。2014年，全市实现地区生产总值5652.7亿元，完成一般公共预算收入550亿元，在全国地级市中分别排名第10位和第5位。

2015年，南通将进一步抢抓“一带一路”、长江经济带建设、长三角一体化发展、江苏沿海开发、中国（上海）自贸区建设等国家战略叠加机遇，在开发开放中放大优势、在互动融合中提质发展。进一步紧紧围绕“经济强、百姓富、环境美、社会文明程度高”的新要求，牢牢把握“五个迈上新台阶”的重点任务，争当苏中新一轮发展“领头雁”、建设长三角北翼经济中心，为"迈上新台阶、建设新江苏"作出新贡献，奋力谱写好中国梦的南通新篇章!

位于江苏省南通市国家级海门经济技术开发区招商重工（江苏）有限公司，主要从事海洋工程装备（含模块）的设计、制造和修理，是中国发展最快、最具潜力的海洋工程装备及特种工程船舶建造企业之一。图为深海钻井船的建设工地。

城市变协乐

南通新城区

南京市江宁区

开发区鸟瞰

江宁是南京“三大新市区”之一，面积 1558 平方公里，辖 10 个街道，常住人口 118 万人。作为中国最早的建制县之一，江宁距今已有 2200 多年历史，境内汤山温泉、阳山碑材、南唐二陵、牛首山等众多名胜古迹闻名中外，谢安“东山再起”等人文典故广为流传。江宁地处长江与沿海两大经济带交汇点，是长三角重要区域交通枢纽之一。禄口国际机场坐落境内；拥有 21.5 公里长江岸线；沪宁、宁杭、宁马、绕越等高速公路穿境而过；京沪高铁、宁安城际、宁杭城际铁路穿境而过；地铁一号线南延线、地铁三号线、机场轻轨线与主城无缝对 接。改革开放 30 多年来，江宁已初步建成一个高端要素集聚、创业活力充沛、现代风貌彰显的新城区。

2014 年，全区上下紧扣率先基本实现现代化这个使命不动摇，适应新常态、谋求新作为，协调推进全面深化改革、全面推进依法治区、全面从严治党各项工作，奋力走在“迈上新台阶、建设新江苏”的最前列。2014 年，全区地区生产总值 1405.6 亿元，可比价增长 10.9%，三次产业结构进一步优化，由上年的 4.44∶55.76∶39.8 调整为 3.78∶55.41∶40.81；公共财政预算收入 166.8 亿元，增长 13.0%，列全省第三位；规模以上工业总产值 2828.9 亿元，增长 11.9%；城乡居民人均收入分别为 41330.9 元和 18108.3 元，增长 8.8% 和 10.2%。

2015 年，江宁将以党的十八大、十八届三中四中全会和习近平总书记视察江苏重要讲话精神为指引，主动适应经济发展新常态，紧紧围绕“迈上新台阶，建设新江苏”这个主旋律，牢牢把握率先建设苏南现代化样板区这个光荣使命，坚持全面深化改革和全面推进依法治区两个轮子一起转，坚持“稳增长中持续进、调结构上精心调、转方式里深度转”这条工作主线，坚持强化从严治党这个根本保障，奋力在江苏率先践行“四个全面”的创新实践中，争当先行军，成为示范区。

杏花村

大塘金村

山水间－美丽乡村黄龙岘

江苏省江阴市

江阴，简称“澄”，古称暨阳，北临长江，南接太湖，是历史上著名的军事重镇和重要商港，素有“江海门户”、“锁航要塞”之称。现辖10个镇、5个街道办事处、1个国家级高新区、2个省级开发区，总面积986.97平方公里，户籍人口123.2万，境内35公里长江深水岸线，被专家称为黄金水道的黄金地段。江阴交通便利发达，距上海、南京各150公里，以江阴为圆心，半径160公里范围内有6个机场，江阴大桥连接长江南北，京沪高速、沿江高速、新长铁路、锡澄运河穿境而过，是长江下游新兴的滨江港口城市和交通枢纽城市。

江阴地处温带，四季分明，气候宜人。辖内水网密布，土地肥沃，物产丰富。特产“长江三鲜”(长江鲥鱼、刀鱼、河豚)，是江南著名的“鱼米之乡”。这里自古钟灵毓秀，人文荟萃，拥有7000年人文史、5000年文明史和2500年文字记载的历史，是良渚文化重要的发祥地之一。明清以来，江阴涌现了地理学家徐霞客、“中国近代图书馆之父”缪荃孙、现代文学家刘半农、民族音乐家刘天华、佛学家巨赞等一大批杰出人物，拥有近百名大学校长、60多名两院院士和学科带头人以及41位共和国将军。

改革开放以来，“人心齐、民性刚、敢攀登、创一流”的江阴人坚持科学发展、创新发展、率先发展，乡镇企业异军突起，成为“苏南模式”的重要发源地。江阴先后荣获全国双拥模范城、国家卫生城市、国家环保模范城市、全国科技进步示范市、国家生态市、中国优秀旅游城市、中国最佳经济活力魅力城市、首批国家可持续发展先进示范区等100多项全国性荣誉称号。2008年，江阴被中央确定为改革开放30年全国18个典型地区之一，被誉为“科学发展的先行者”。2014年江阴连续12年蝉联全国县域经济和县域基本竞争力百强县排名第一名，连续7年蝉联中国全面小康十大示范县市（第一名）。全年实现地区生产总值2754.0亿元，全口径财政收入和公共财政预算收入分别达到569.2亿元和200.7亿元，拥有35家上市公司、36只股票，成为证券界独特的“江阴板块”。

2015年，江阴人民将紧紧围绕再创新一轮改革发展新辉煌的总目标，全力推进产业发展、城市品质、生态环境、民生福祉“四个提升”，推动经济社会统筹发展、各项事业全面进步，为实现“十二五”圆满收官、“十三五”良好开局奠定坚实基础，为全面建设经济强、百姓富、环境美、社会文明程度高的新江阴而努力奋斗。

常州市武进区

春秋淹城

武进地处长三角地理中心，南枕太湖，西衔滆湖（西太湖），总面积1246平方公里，下辖14个镇、2个街道、1个国家级高新区、1个综合保税区、1个省级经济开发区、1个省级旅游度假区和1个省级现代农业产业园区，户籍人口103万，常住人口约160万。2014年完成地区生产总值1905亿元，一般公共预算收入129.6亿元，规模以上工业总产值4268亿元，实际到账注册外资9.05亿美元，荣获2014年中国市辖区综合实力百强第三名、中国最具投资潜力中小城市百强区第一名等全国性荣誉。

加快产业培育，质量效益持续提高。作为“苏南模式”的发源地，武进民营经济发达，产业配套完善，有“中国纺织面料之都”、“中国灯具城”、“中国强化木地板之都”等称号。近年来，武进把发展壮大实体经济作为提升竞争实力、应对风险挑战的战略支撑，千方百计做大做强新兴产业、改造提升传统产业，北汽新能源汽车整车及零部件、斯太尔发动机、中国香精香料等一批重大项目成功落户，智能装备制造、新材料等产业在千亿级规模基础上加速壮大，新医药、绿色建筑、电子信息等产业发展态势良好。2014年，全区完成战略性新兴产业产值1250亿元，高新技术产业产值1803亿元，分别占规模以上工业总产值的29.3%和42.2%；规模以上工业企业达到1806家，拥有上市企业14家，6家企业入选中国民营经济500强；中国驰名商标数达49件，居全国县区第二。

中华龙舟赛

深化改革创新，营商环境全面优化。坚持以经济体制改革释放经济社会发展活力，全面启动新一轮行政审批制度改革，对外公布行政审批事项、政府行政权力、政府部门专项资金管理、行政事业性收费等四张清单，不断完善“四证联办”和重点项目代办等服务制度。全区各类市场主体达到10.7万户，840家外资企业在武进落地生根、开花结果，注册资本累计达到82.7亿美元，18家世界500强在武进注册了25家外资企业。

坚持生态文明，美丽形象加快彰显。武进既是国家级生态区，也是联合国环境署命名的国际花园城市、“最佳人居环境特别荣誉奖”城市和中国首个“人居实验城市”。2014年，全区坚持城乡统筹和生态优先的发展理念，成功跻身全国农村改革试验区，全面开展大气污染防治、河湖环境治理、生态绿城建设等十大工程，全区林业覆盖率达23%，环境质量综合指数达84分，单位GDP综合能耗下降5.5%。

突出民生幸福，群众生活更加美好。持续加大资金投入力度，高质量完成民生保障、环境建设、社会治理三大类为民实事工程，多渠道挖掘增收潜力。2014年城镇居民和农民人均可支配收入分别达到4.14万元和2.18万元，城乡居民收入比缩小至1.9:1。各项社会事业全面繁荣进步，被评为全国民生改善典范城市。教育、卫生、文化、养老等公共服务项目日趋丰富、分布更加合理，我区在第18届省运会上蝉联县级金牌榜首位。

夕阳下的西太湖

横林镇新镇区

高新区新貌

中心城区

揽月湾

城南现代服务业集聚区

张家港市

香山景

双山景

城管队

长江文化艺术节

少年足球

暨阳湖

港口夜景

保税区

国家级经济技术开发区

冶金工业园

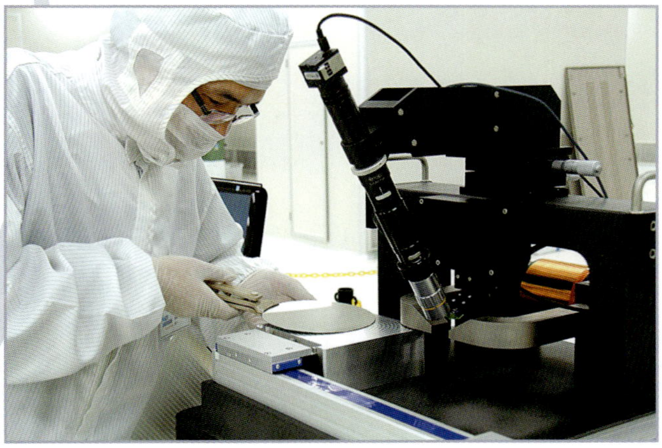

科技企业

科研机构

昆山市

连续两次荣获中国会展业十佳品牌（昆山国际会展中心）

过去的一年，在中共昆山市委市政府的正确领导下，全市上下深入贯彻党的十八大和十八届三中、四中全会，以及习近平总书记系列重要讲话精神，深入开展党的群众路线教育实践活动，大力弘扬“敢于争第一、勇于创唯一”的新昆山精神，协调推进经济、政治、文化、社会、生态文明建设，较好完成了市十六届人大第三次会议确定的各项目标任务。全市完成地区生产总值3001亿元；服务业增加值1284.5亿元；工业总产值8708.5亿元；公共财政预算收入263.7亿元；固定资产投资850.1亿元；社会消费品零售总额640.4亿元；进出口总额847.9亿美元；城镇居民人均可支配收入46920元，农村居民人均可支配收入23921元。实现台湾电电公会中国大陆城市“综合实力极力推荐城市”、福布斯中国大陆最佳县级城市两个“六连冠”。

1.注重质量效益，产业结构持续优化。实施新兴产业“3515”计划，用3~5年的时间培育新增3个千亿级产业、5个数百亿级产业、15个百亿级企业，形成了新显示、现代装备制造、生物技术等一批具有领先地位的产业集群。通过加快发展总部经济、现代金融、商贸物流、会展经济、电子商务等现代服务业，服务业增加值占比每年增加2个百分点左右。通过技术改造、创意设计、品牌创建、兼并重组等途径，提升改造传统产业，向“微笑曲线”的两端攀升。

2.发展创新型经济，内生动力不断增强。抢抓昆山高新区列入苏南国家自主创新核心区机遇，加强资本、人才、技术、市场的有效对接，推动经济发展从要素、资源驱动向创新、财富驱动转变，把创新资源集聚转化为创新驱动产出效应，把人才集聚转化为人才产出效应。2014年，全市高新技术产业产值占规模以上工业的49.1%；全社会研发投入占GDP比重2.9%，科技进步贡献率62%。

3.加速资源集聚和整合，载体建设实现新突破。昆山试验区建设加快推进，人民银行总行跨境人民币试点等金融创新政策效应明显，截至2014年底，昆山试验区已有240多家台资企业集团开设人民币双向借款账户，双向借款规模达110亿元；50多家台资企业已经或正在设立企业总部。同时，依托昆山试验区建设，加快昆山开发区、昆山高新区、花桥经济开发区、旅游度假区等重点园区的转型升级，整体提升园区经济发展层次。加强思路理念、制度创新、功能载体、产业项目、组

昆山旅游度假区

织机构五个方面的对接，建立一整套与上海自贸区全面对接的网络体系，努力把昆山试验区打造成为上海自贸区的功能延伸区、“溢出效应”的重要承接地。

4.做优民生事业，群众幸福感受不断提升。我们要按照总书记的最新要求，全面开展补短补软补缺，进一步加大民生投入力度，办好惠民实事，把功夫真正下在提高全面建成小康社会质量和水平上，努力让人民群众有更好的教育、更稳定的工作、更满意的收入、更可靠的社会保障、更高水平的医疗卫生服务、更舒适的居住条件、更优美的环境，全力打造与经济发展水平相适应的中国和谐幸福城市。

5.突出国际化引领，城市功能品质提档升级。坚持用国际视野、世界眼光来审视城市定位与发展路径，以城乡发展一体化为抓手，通过城市升级引领转型发展，提升城市的人文魅力和综合竞争力。全市城市化率达70.5%。完善现代化的城市功能，加快构建内畅外捷的现代化综合城市交通体系，中环快速路通车，上海轨道交通11号线花桥段正式运行，更好地承接上海的辐射带动效应。以智慧交通、智慧医疗、智慧社区为重点，加快推进智慧城市建设。建立国际化的服务体系，大力推进国际学校、国际医院、国际社区等功能设施建设，逐步形成与国际接轨的服务理念和办事规则。昆山杜克大学已成为昆山城市国际化的一张响亮名片。

6.坚持绿色发展，生态文明建设取得实效。把生态文明建设作为城市提档升级的必要基础、产业转型升级的有力支撑、人才加速集聚的可靠保障，全面融入经济社会发展过程，努力把昆山建设成为“美丽中国”的缩影。一方面，始终把人的生态文明放在首要位置，充分激发全社会的生态自觉，构建生态文化、绿色考评、环保监管等工作机制，教育引导每个企业、每个家庭、每个市民做环保的行动者和推动者，建立符合生态文明要求的生产方式和生活方式。另一方面，注重生态环境的保护和建设，全面落实粮油、水产、果蔬、林木绿地“四个十万亩”的生态布局，重点做好“加减乘除”四法，即生态功能布局的“加法”、落后产能和污染物排放的“减法”、产业转型升级的“乘法”、资源产出效益的“除法”。

中环快速化道路

先导区鸟瞰图

7.创新体制机制，发展活力进一步释放。围绕“简政放权、转变职能、优化服务”，不断深化重点领域和关键环节改革，全面推进体制机制创新，努力向改革要红利、向创新要活力，为转型升级提供坚强的制度环境保障。以省直管县、经济发达镇行政管理体制改革试点为契机，下放管理权限，减少管理层级，降低行政成本，提高效率效能。以建设“小政府、大社会”为目标，按照“放得下、接得住、管得好”的原则，加强社会组织的引进、培育和管理，加快政社互动，推进政府从“管理型”向“服务型”转变。

花桥国际商务城新貌

“水晶之都”东海县

东海水晶

东海县位于江苏省东北部，是闻名中外的“中国水晶之都”、全国首批沿海开放县。全县辖19个乡镇（场）、2个街道、1个省级经济开发区和1个省级旅游度假区，面积2037平方公里，人口121万。近年来，东海县充分发挥自身优势，抢抓江苏沿海开发、“一带一路”国家战略机遇，加快科学发展、绿色发展、创新发展，综合实力得到持续提升，先后荣获全国农业综合实力百强县、国家级生态示范区、全国粮食生产先进县五连冠、全国科技进步考核先进县四连冠、中国最具投资潜力中小城市百强、国家级可持续发展实验区、国家智慧城市试点、省级文明城市、省级园林城市、省级卫生城市、省级生态县等近70项国家和省部级表彰。习近平总书记、李克强总理等党和国家领导人莅临东海视察指导，对东海的发展给予了充分肯定。2014年，全县实现地区生产总值359亿元，增长11.5%；完成公共财政预算收入37.2亿元，增长13.5%；全县居民人均可支配收入16835元，增长10.7%，全国县域经济基本竞争力百强县排名上升至94位。

生产车间

依托独特的资源优势，东海成功打造了“石、泉、湖、井、花、画”等六张特色名片。

石——东海因水晶奇石而闻名世界。东海水晶、石英储量质量均居全国之首，获批国家地理标志保护产品，现存国家地质博物馆重达4.35吨的“水晶大王”即出自东海。自1991年以来，已成功举办12届东海水晶节，成功打造中国水晶工艺礼品城、全国首家水晶文化创意产业园、国内唯一水晶博物馆、全球最大的专业水晶市场四大平台，建成全国最大的水晶工艺品交易中心和国际水晶制品集散地。

东海版画

水——东海因温泉神水而名冠华东。东海温泉地热面积2.4平方公里，井口水温82℃，富含30余种矿物质和微量元素，具有祛病健身、洁肤美容等功效，被誉为“华东第一温泉”、“中国温泉之乡”。温泉旅游度假区成功创建省级旅游度假区和国家4A级景区。

湖——东海因亲水滨湖而灵动优美。东海被称为“百湖之县”，其中坐落在县城西侧的西双湖总面积8.1平方公里，可与杭州西湖媲美。西双湖风景区按照国家5A级景区标准规划建设，已建成以中堤为主轴、环湖为辐射的休闲风光带，目前正在创建国家4A级旅游景区。

井——东海因科钻深井而奥妙神奇。东海地质构造独特，中国“上天入地下海”三大工程之一的大陆科学钻探超深井选址于此，井深5158米，为亚洲第一、世界第三，已成为科普地质游的重要基地，是东海特色旅游功能区之一。

花——东海因鲜切花卉而芳香四溢。东海素有“华东花都”的美誉，已成功举办5届花卉博览会，获评“中国花木之乡”。目前拥有鲜切花日光温室8000余栋，主要集中在双店、山左口等乡镇。

画——东海因少儿版画而底蕴彰显。东海已承办3届全国少儿版画双年展，被命名为“全国少儿版画创作基地”，少儿版画作为省政府对外文化交流的重点项目赴澳大利亚交流展览。

市民广场

森林温泉

敬老游园

西湖

盐城市盐都区

盐都区地处江苏沿海、苏北平原中部，是盐城的两个城市区之一，现辖11个镇（街道）、7个社区街道、1个国家级高新区、1个大纵湖旅游经济区和1个农村经济开发区，拥有250个村（居），面积1015平方公里，户籍人口71.5万人。

2015年5月22日上午，盐城国家高新技术产业开发区建设推进大会在盐都召开，宣告盐城国家高新区揭牌

历史悠久，人杰地灵。早在商、周时期，就有先民在此繁衍生息。西汉元狩四年（公元前119年）因盐置县，始称“盐渎”，至今已有2000多年历史，三国时期孙权之父孙坚是见之于史的第一任县丞。所谓盐渎，就是运盐的河流。东晋安帝义熙7年（公元411年）因“环城皆盐场”而更名为盐城县。1983年，盐城地区实行市管县，盐城县改为盐城市郊区；1996年恢复县建制，设立盐都县；2004年3月，撤销盐都县设立盐都区。在这片土地上，诞生过“建安七子”之一的陈琳、南宋节臣陆秀夫、明初贤达朱升（“高筑墙、广积粮、缓称王”进言者）、明末清初大书法家宋曹、“苏北的鲁迅”宋泽夫、“中共一枝笔”胡乔木、国民党元老郝柏村、全国知青的榜样董加耕等一批杰出人物。

生态独特，资源丰富。境内沟河纵横，水网密布，水绿特色独树一帜，被评为国家级生态示范区。农业生产的自然条件优越，素有“鱼米之乡”的美誉，粮、棉、肉类产量均位列全国百强。近年来，盐都区围绕“一带四节点六基地”空间布局，以开发区的理念发展现代农业，着力打造43公里步湖路沿线300平方公里城乡统筹示范带，重点建设郭猛三湾新村、大纵湖三官新村、盐都七星现代化农场、大纵湖东晋古镇景区，大力提升潘黄葡萄、郭猛花卉和草莓、尚庄番茄、大纵湖优质稻米、滨湖河蟹种养水平，推动传统农业向高效农业、设施农业、观光农业和都市农业转型，使步湖路城乡统筹示范带成为生态观光旅游产业带，用里下河水乡特色的生态之美、人文之美、民风之美尽显盐都田园秀美。

交通便捷，现代新城。宁靖盐高速、沿海高速和盐徐高速三条高速在盐城境内纵横贯通，并在市区外围形成了70公里的

4A级风景区大纵湖风光

盐都七星现代化农场

永宁国际汽车城

研创大厦

省级文化科技产业园

集规划展示、科技会展、商务休闲等功能于一体的科技方舟综合体

高速公路圈。苏通大桥正式通车，从盐都到上海只要2个多小时。近几年来，盐都区积极策应市委、市政府建设沿海中心城市的战略决策，全力加快城西南片区建设，按照节点开发、组团推进的思路，启动建设特色街区、总部基地、物流产业园等现代服务业项目，着力打造“以城市生活功能为主，融商务贸易、行政办公、现代物流、生产制造等功能于一体、具有浓郁水乡风情的现代化新城区”。

革命老区，活力迸发。抗日战争中，震惊中外的皖南事变之后，新四军在盐城重建军部，重振旗鼓，开创了华中抗日根据地，人民领袖刘少奇、开国元帅陈毅等许多老一辈革命家在此留下过战斗的足迹。2014年，面对复杂严峻的宏观形势，我区按照市委、市政府要求,坚持稳增长、调结构、促转型，积极应对新常态，致力推进有质量有效益可持续发展，全区经济总体呈现“稳中有进、结构趋优、质效提升”的良好态势。完成一般公共预算收入31.67亿元，同比增长19.0%；实现地区生产总值370亿元，增长11%；固定资产投资249.36亿元，增长23.1%；社会消费品零售总额168.31亿元，增长13%；城乡居民人均可支配收入分别达27788元、15801元，增长9.2%和11.7%。服务业投资增幅高于工业投资10个百分点、增加值增速高于地区生产总值2.1个百分点。工业全口径开票销售首次突破200亿元，新增规模以上工业企业35家、开票销售超10亿元企业4家。年末各类贷款余额增长17.3%，贷存比82.9%。转型升级扎实推进。国家高新区创建成功，是全市实施创新驱动战略、打造“两城两区”标志性产业创新高地的重要组成部分，最终打造成新能源、电子信息和高端装备的3大主导产业，进而形成全市高新企业和高新产品集聚区。工业“百企升级”工程进展顺利，电商快递产业加快培育，中小文化科技企业集聚区累计吸纳企业126家，生产性服务业增加值占全区服务业的比重提高到32%。农业现代化综合排名稳居全省第二板块，粮食生产实现“十一连增”，新增设施农业1.5万亩。发展后劲持续增强。先后举办在外成功人士中秋家乡行、盐都（深圳）手机产业推介会等系列招商活动，全年新签约亿元以上项目52个，其中10亿元以上项目4个。

充满生机活力、蕴含无限希望的魅力盐都，热忱欢迎海内外宾朋、各界人士视察指导！

华锐风电产业园

麋鹿故乡　湿地之都　黄海港城　上海飞地

Milu Homeland / Capital of Wetlands / Yellow Sea port city / Shanghai exclave

ヘラジカの故郷・湿地の都・黄海港城・上海飛び地

미록의 고향·습지의 도시·황해안 항구도시·상해의 농장

大丰位于江苏省中部、上海市北翼，总人口72.5万，总面积3059平方公里，辖12个镇、两个省级开发区，境内有上海市属农场和江苏省属农场各3家，是国家首批可持续发展先进示范区、国家卫生城市、中国优秀旅游城市、全国科技进步先进县（市）、国家知识产权试点城市，是江苏省文明城市、江苏省社会治安安全市（县）、江苏省园林城市，在苏北首批通过全面小康社会验收。

大丰是麋鹿故乡，建有世界最大的麋鹿自然保护区，被授予“中国麋鹿之乡”称号。大丰是湿地之都，拥有太平洋西岸最大的湿地，被列入世界重要湿地保护名录。大丰是黄海港城，大丰港是江苏中部唯一的出海通道、国家一类对外开放口岸、对台直航港口。大丰是上海“飞地”，上海驻大丰农场辖区面积307平方公里，是上海域外面积最大的“飞地”。

2014年，全市实现GDP486.7亿元，一般公共预算收入突破60亿元，城镇居民人均可支配收入26354元、农村居民人均可支配收入16414元。GDP、一般公共预算收入、规模以上工业增加值、固定资产投资、工业投资、注册外资实际到帐等指标增幅以及工业开票销售收入、固定资产抵扣、注册外资实际到帐、进出口总额、出口总额、银行新增贷款、工业用电量、人均地区生产总值等指标总量盐城第一，列“全国县域经济基本竞争力百强县（市）”第48位。

转型升级
内涵发展
大丰
JIANGSU
DAFENG
六重抓
六发展
★重抓结构调整，实现转型发展
★重抓沿海开放开发，实现集约发展
★重抓现代服务业，实现爆发式发展
★重抓城镇建设，实现协调发展
★重抓绿色生态，实现可持续发展
★重抓民生改善，实现和谐发展

丹阳简介

DANYANG OVERVIEW

丹阳，丹凤朝阳之意，位于江苏省南部，地处长三角核心地带、南京都市圈与上海经济圈的交汇处，西距南京68公里，东距上海200公里。全市总面积1047平方公里，户籍人口81.2万，常住人口近百万，下辖10个镇、1个省级经济开发区（曲阿街道）、云阳街道和练湖度假区。2014年，全市实现GDP1005.24亿元，公共财政预算收入64.16亿元。基本竞争力位居全国百强县（市）第16位，综合实力位居江苏省十强县（市）第7位，拥有上市公司14家。先后获得“国家卫生城市”、“国家生态市”、“中国和谐城市”等称号，并入选“中国特色魅力城市200强”。

丹阳是一座历史悠久、人文荟萃的文化之城。董永与七仙女传说从这里发源。春秋季子碑刻、西晋玉乳泉、南朝石刻、唐中和铜钟、北宋嘉山寺、明朝万善塔等众多名胜古迹和文物遗迹都是丹阳历经朝代更迭、风雨洗礼的珍贵见证。6000年的文化积淀，成就了春秋季子、齐梁帝王等历史名人，也孕育了马相伯、吕凤子、吕叔湘、匡亚明等近现代的名家大家。丹阳是首家“国家旅游产业创新发展实验市”，九里季子吴文化旅游区、水晶山齐梁文化旅游区、天地石刻园、总前委旧址纪念馆都已成为丹阳旅游的靓丽名片。

丹阳是一座产业发达、特色鲜明的工贸之城。经过多年的发展，丹阳已形成眼镜、五金工具、汽车及零部件、木业等传统优势产业，在全国享有“眼镜之都”、“钻头王国”、“灯具世界”、“木业航母”的美誉。在眼镜产业上，拥有国家级眼镜产品质量监督检验中心，是国家乃至国际眼镜行业标准的制定者，也是世界最大的镜片生产基地。年产镜架占全国1/3，镜片占全国80%、占全球50%以上，中国（丹阳）眼镜城不仅是全国最大的眼镜市场，更成为眼镜产品的集散基地和研发基地。在汽车及零部件产业上，与国内外主机厂配套，不仅有农用车、大客车的整车生产能力，而且通过项目引进，积极发展卡车、消防车等整车生产。五金工具产业的钻头和金刚石锯片系列、木业产业的人造板，都做到了亚洲第一、全球前列。在提升传统产业同时，新材料、新装备、新医药及医疗器械等新兴产业快速壮大。在新材料产业上，与国家大飞机项目形成了紧密的合作关系，拥有“空装——丹阳军民融合式发展示范区”、“江苏省军民结合产业示范基地”、“丹阳国家新型工业化产业示范基地（军民结合）”三块“金字招牌”，创建了航空航天产业园和院士工作站，正迈向千亿级产业群。在发展载体建设上，打造的“6+1”重点产业园进一步促进了产业集中集聚集约发展，其中“6”是指高新技术产业园、生命科学产业园、航空航天产业园、家纺产业园、汽车零部件产业园、先进装备制造产业园，“1”是指开发区。当前，丹阳正以建设重点产业园区、建设练湖度假区、改造火车站片区等十项重点工作为抓手，全力推进“四城建设”和苏南现代化示范区建设。

丹阳是一座推崇科技、尊重人才的创新之城。丹阳连续5年被评为全国科技进步先进县（市）。技术创新方面，煤制乙二醇、3兆瓦以上风力叶片、大功率固态激光器、大型熔模铸造、第三代消防车、光扩散综合膜、千吨级高模碳纤维、航空用高性能合金铝、高速工模具钢水平连铸等200多项技术和成果填补国内空白，20多项技术达到国际先进水平。平台建设方面，形成以云阳高新区研发大楼群、5万平方米科技创业孵化器和正在申请建设的省部级企业重点研发机构为载体的研发高地。人才引进方面，目前拥有151个海归创业创新团队、310名高层次人才，其中11人入选国家“千人计划”，53人入选省“双创计划”，被评为省高层次人才创新创业基地。与中科院排名前10位的研究所中的7家建立了战略合作关系，建有33个省级工程技术研究中心、8个博士后工作站和10个院士工作站，40多名院士在丹阳担任特别顾问。金融创新方面，在全省首创天工惠农小额贷款公司，共有上市企业14家，总市值突破600亿元，还有拟上市企业34家，立足于上市的企业70多家。创新驱动、人才带动、金融推动，已成为丹阳发展的主动力。

全国最大的眼镜交易市场——中国眼镜城

丹阳是一座都市繁华、乡村美丽的宜居之城。按照“一体两翼”的城市空间构架和“江南水乡、现代气息，中等工贸城市”的城市定位，着力构建“新市区—新市镇—新社区”三级城镇体系。在城市建设中，重点建设金鹰国际、吾悦广场等高端商贸业及城市综合体，全力将练湖度假区打造成河湖相连、水系流畅、水质清洁的亲水新城，形成老城区以商贸为主、新城区以生态休闲为主的城市板块。积极推进新型城镇化和城乡一体化建设，将原后巷、新桥、埤城三镇合并成新的丹北镇，打造名副其实的城市副中心和全国一流的新市镇，继续推进以界牌为代表的“全镇一体化”建设，形成一批居住集中、乡村风情浓郁、环境自然整洁、配套设施适宜、各具特色的新型农村社区。

丹阳是一座民生殷实、人民幸福的和谐之城。随着经济快速发展，丹阳的教育、文化、卫生等社会事业成效喜人，实现了经济社会和谐发展的新成就。教育资源优化配置，教育投入持续加大，财政对教育的投入以每年15%的速度增长。文化事业繁荣发展，广泛开展“文化乡村行、和谐千万家”等文化娱乐活动和群众性精神文明创建活动。城乡医疗卫生服务网络进一步健全，社区卫生服务站达标率达100%。城镇居民、农民收入持续增长，2014年城镇居民可支配收入35691元，同比增长9.3%；农民人均纯收入18250元，同比增长10.9%。社会保障体系日趋完善，基本医疗保险人数超过16万人，农村合作医疗人数超过60万人，城镇劳动保障三大保险参保率达到99%以上。

当前，丹阳正积极抢抓苏南现代化建设示范区历史性机遇，着力建设现代产业集聚区、创新转型引领区、城乡统筹先行区、民生幸福样板区，走出一条体现时代特征、呈现苏南特点、具有丹阳特色的现代化发展道路。

城市风光

练湖新城

大亚木业工业园

泰兴市

泰兴，寓意“国泰民安、百业兴旺”，素有“教育之乡”、“银杏之乡”、“建筑之乡”、“提琴之乡”、“减速机之乡”等美誉。全市总人口120万，总面积1172平方公里，现辖15个乡镇、1个街道、2个省级经济开发区和4个市级工业园区。先后获得国家卫生城市、全国文化先进市、国家级生态示范区、省级文明城市等称号，连续14次进入全国县域经济基本竞争力百强县（市）行列，被列为国家级循环经济示范城市、江苏省首批创新型试点城市和省直管县试点市。2014年，实现地区生产总值675.8亿元，增长11.9%；工业国税开票销售1002亿元，增长22%；公共财政预算收入45.1亿元，增长18%；完成实际利用外资2.38亿美元。

泰兴置县于南唐升元元年，迄今已有一千多年历史。中国地质之父丁文江，著名剧作家、物理学家丁西林，著名作家陆文夫，国际主义战士杨根思等，都是泰兴名人的杰出代表。

泰兴产业基础雄厚。工业起步早、发展快、质态好，随着转型升级步伐加快，近年来经济总量和发展质量持续提升。化工新材料、塑胶、医药、日化等特色产业链条不断加粗接长；新材料、节能环保、高端装备制造等新兴产业不断做大做强；临江制造业和港口物流业培育不断发展壮大。高效规模农业，现代服务业都呈现出蓬勃发展的良好势头。

泰兴政务商务环境优良。泰兴人民勤劳善良、热情好客、善于创业，电影《生死诺言》男主角的原型，全国道德模范提名人选、江苏省道德模范刘绍安同志，集中体现了泰兴人诚实守信的优良品质。目前，泰兴正在大力实施《中心城市建设三年推进计划》，进一步完善城市功能，提升城市品位。同时深入推进简政放权等各项改革，着力打造“生态、人文、宜居”的生活环境和“审批最简、收费最低、服务最优”的投资环境。

虹桥工业园

书记孙耀灿

市长张玉林

古银杏森林公园

经济开发区

新区新貌

海纳百川 安居乐业

HAINABAICHUANANJULEYE

中共海安县委书记 陆卫东

海安县人民政府县长 顾国标

海安隶属于江苏省南通市，东临黄海，南望长江，是江苏两个县级交通枢纽城市之一,气候宜人，雨水充沛，河道成网，物产丰富。全县总面积1180平方公里，总人口94万，下辖10个区镇，含1个国家级开发区，1个省级高新区，1个省级商贸物流园，1个老坝港滨海新区。

海安近年来一直将创新创业作为推动改革、促进发展的最有力抓手，通过创新推动经济转型升级，通过创业全面激发市场活力，全力打造长三角北翼最具竞争力的新型工业化基地，江苏东部“公铁水”无缝对接的商贸物流高地，科技资源有效聚集、创业活力竞相迸发、社会和谐生态宜居的创新创业型城市。2014年，海安实现地区生产总值624亿元，公共财政预算收入54.1亿元，高新技术产业产值占比46.6%，全社会研发投入占GDP比重为2.42%。先后获得全国科技进步示范县等数十项国家级、省级荣誉称号，重点经济工作考核连续三年南通市第一，科技人才工作连续九年南通折桂。

联发纺织现代化生产车间
爱登堡电梯自动化生产线
上海交大海安机器人研究院机器人产品
铁锚制造动车组玻璃

创新创业在海安

人才公寓

创新创业在海安

省双创计划入选对象、南通中天精密仪器有限公司总经理李政博士指导青年人才开展科研工作